2024

COORDENADORES

MIGUEL
KFOURI NETO

RAFAELLA
NOGAROLI

PREFÁCIO POR **NELSON ROSENVALD**

DIREITO MÉDICO E BIOÉTICA

DECISÕES PARADIGMÁTICAS

ORGANIZADORES
FERNANDA **SCHAEFER**
GABRIEL **MASSOTE**
IGOR **MASCARENHAS**
ISADORA CÉ **PAGLIARI**
JULIANO **RALO**
NATHALIA **RECCHIUTTI**
RAFAELLA **NOGAROLI**
YASMIN FOLHA **MACHADO**

Dados Internacionais de Catalogação na Publicação (CIP) de acordo com ISBD

D599

Direito médico e bioética: decisões paradigmáticas / Adriano Marteleto Godinho...[et al.] ; coordenado por Miguel Kfouri Neto, Rafaella Nogaroli. - Indaiatuba, SP : Editora Foco, 2025.

632 p. ; 17cm x 24cm.

Inclui bibliografia e índice.

ISBN: 978-65-6120-174-2

1. Direito médico. 2. Bioética. I. Godinho, Adriano Marteleto. II. Oliveira, Alexandro de. III. Marcuz, Ana Carolina Quirino. IV. Bandeira, Ana Cláudia Pirajá. V. Monteleone, André Luís. VI. Oliveira, Andressa Jarletti Gonçalves de. VII. Lopes, Antônio Luiz de Jesus. VIII. Roza, Bartira de Aguiar. IX. Plinta, Bianca Braga. X. Althaus, Bruno Margraf. XI. Mendes, Camila Capucho Cury. XII. Cortez, Camila Kitazawa. XIII. Uscocovich, Carolina Martins. XIV. Mildemberger, Carolina Silva. XV. Cavet, Caroline. XVI. Franzolin, Cláudio José. XVII. Maranhão, Clayton de Albuquerque. XVIII. Dantas, Eduardo. XIX. Vieira, Elio Vasconcellos. XX. Corrêa, Felippe Abu-Jamra. XXI. Righetto, Fernanda. XXII. Schaefer, Fernanda. XXIII. Soares, Flaviana Rampazzo. XXIV. Pereira, Gabriel Massote. XXV. Borges, Gabriel Oliveira de Aguiar. XXVI. Cracco, Gabrielle Prado. XXVII. Buonicore, Giovana Palmieri. XXVIII. Clemente, Graziella Trindade. XXIX. Reis, Guilherme Alberge. XXX. Denz, Guilherme Frederico Hernandes. XXXI. Mascarenhas, Igor de Lucena. XXXII. Pagliari, Isadora Cé. XXXIII. Vidolin, Isadora Leardini. XXXIV. Lima, Jordão Horácio da Silva. XXXV. Carvalho, José Américo Penteado de. XXXVI. Faleiros Junior, José Luiz de Moura. XXXVII. Pavão, Juliana Carvalho. XXXVIII. Tito, Karenina Carvalho. XXXIX. Mancia, Karin Cristina Bório. XL. Pires, Katia Christina Elias Gomes. XLI. Amaral, Larissa Fortes do. XLII. Preis, Letícia de Araújo Moreira. XLIII. Borba, Letícia de Oliveira. XLIV. Dadalto, Luciana. XLV. Machado, Maitê Pinheiro. XLVI. Oliveira, Maria Teresa Ribeiro de Andrade. XLVII. Pimentel, Mariana Barsaglia. XLVIII. Iede, Marina Rangel de Abreu. XLIX. Maffeis, Marta Rodrigues. L. Royo, Mayara Medeiros. LI. Silva, Michael César. LII. Acosta, Milene Lima. LIII. Gelinski, Natasha Regina Neves. LIV. Recchiutti, Nathalia. LV. Bortolotto, Patricia Lemes Pinheiro. LVI. Tomé, Patricia Rizzo. LVII. Pereira, Paula Moura Francesconi de Lemos. LVIII. Nogaroli, Rafaella. LIX. Santos, Romualdo Baptista dos. LX. Thomé, Tadeu. LXI. Rebelo, Tertius. LXII. Sofiati, Tiago. LXIII. Fruehling, Vagner Messias. LXIV. Rebello, Vitor Calliari. LXV. Barbosa, Wendell Lopes. LXVI. Machado, Yasmin A. Folha. LXVII. Kfouri Neto, Miguel. LXVIII. Título.

2024-3013

CDD 344.04197   CDU 34:57

Elaborado por Odilio Hilario Moreira Junior - CRB-8/9949

Índices para Catálogo Sistemático:

1. Bioética 344.04197

2. Bioética 34:57

COORDENADORES

MIGUEL
KFOURI NETO

RAFAELLA
NOGAROLI

PREFÁCIO POR **NELSON ROSENVALD**

DIREITO MÉDICO E BIOÉTICA

DECISÕES PARADIGMÁTICAS

ORGANIZADORES

FERNANDA **SCHAEFER**

GABRIEL **MASSOTE**

IGOR **MASCARENHAS**

ISADORA CÉ **PAGLIARI**

JULIANO **RALO**

NATHALIA **RECCHIUTTI**

RAFAELLA **NOGAROLI**

YASMIN FOLHA **MACHADO**

2025 © Editora Foco

Coordenadores: Miguel Kfouri Neto e Rafaella Nogaroli

Organizadores: Fernanda Schaefer, Gabriel Massote, Igor Mascarenhas, Isadora Cé Pagliari, Juliano Ralo, Nathalia Recchiutti, Rafaella Nogaroli e Yasmin Folha Machado

Autores: Adriano Marteleto Godinho, Alexandro de Oliveira, Ana Carolina Quirino Marcuz, Ana Cláudia Pirajá Bandeira, André Luís Monteleone, Andressa Jarletti Gonçalves de Oliveira, Antonio Luiz de Jesus Lopes, Bartira de Aguiar Roza, Bianca Braga Plinta, Bruno Margraf Althaus, Camila Capucho Cury Mendes, Camila Kitazawa Cortez, Carolina Martins Uscocovich, Carolina Silva Mildemberger, Caroline Cavet, Cláudio José Franzolin, Clayton de Albuquerque Maranhão, Eduardo Dantas, Elio Vasconcellos Vieira, Felippe Abu-Jamra Corrêa, Fernanda Righetto, Fernanda Schaefer, Flaviana Rampazzo Soares, Gabriel Massote Pereira, Gabriel Oliveira de Aguiar Borges, Gabrielle Prado Cracco, Giovana Palmieri Buonicore, Graziella Trindade Clemente, Guilherme Alberge Reis, Guilherme Frederico Hernandes Denz, Igor de Lucena Mascarenhas, Isadora Cé Pagliari, Isadora Leardini Vidolin, Jordão Horácio da Silva Lima, José Américo Penteado de Carvalho, José Luiz de Moura Faleiros Junior, Juliana Carvalho Pavão, Karenina Carvalho Tito, Karin Cristina Bório Mancia, Katia Christina Elias Gomes Pires, Larissa Fortes do Amaral, Letícia de Araújo Moreira Preis, Letícia de Oliveira Borba, Luciana Dadalto, Maitê Pinheiro Machado, Maria Teresa Ribeiro de Andrade Oliveira, Mariana Barsaglia Pimentel, Marina Rangel de Abreu Iede, Marta Rodrigues Maffeis, Mayara Medeiros Royo, Michael César Silva, Milene Lima Acosta, Natasha Regina Neves Gelinski, Nathalia Recchiutti, Patricia Lemes Pinheiro Bortolotto, Patricia Rizzo Tomé, Paula Moura Francesconi de Lemos Pereira, Rafaella Nogaroli, Romualdo Baptista dos Santos, Tadeu Thomé, Tertius Rebelo, Tiago Sofiati, Vagner Messias Fruehling, Vitor Calliari Rebello, Wendell Lopes Barbosa e Yasmin A. Folha Machado

Diretor Acadêmico: Leonardo Pereira

Editor: Roberta Densa

Coordenadora Editorial: Paula Morishita

Revisora Sênior: Georgia Renata Dias

Capa Criação: Leonardo Hermano

Diagramação: Ladislau Lima e Aparecida Lima

Impressão miolo e capa: FORMA CERTA

DIREITOS AUTORAIS: É proibida a reprodução parcial ou total desta publicação, por qualquer forma ou meio, sem a prévia autorização da Editora FOCO, com exceção do teor das questões de concursos públicos que, por serem atos oficiais, não são protegidas como Direitos Autorais, na forma do Artigo 8º, IV, da Lei 9.610/1998. Referida vedação se estende às características gráficas da obra e sua editoração. A punição para a violação dos Direitos Autorais é crime previsto no Artigo 184 do Código Penal e as sanções civis às violações dos Direitos Autorais estão previstas nos Artigos 101 a 110 da Lei 9.610/1998. Os comentários das questões são de responsabilidade dos autores.

NOTAS DA EDITORA:

Atualizações e erratas: A presente obra é vendida como está, atualizada até a data do seu fechamento, informação que consta na página II do livro. Havendo a publicação de legislação de suma relevância, a editora, de forma discricionária, se empenhará em disponibilizar atualização futura.

Erratas: A Editora se compromete a disponibilizar no site www.editorafoco.com.br, na seção Atualizações, eventuais erratas por razões de erros técnicos ou de conteúdo. Solicitamos, outrossim, que o leitor faça a gentileza de colaborar com a perfeição da obra, comunicando eventual erro encontrado por meio de mensagem para contato@editorafoco.com.br. O acesso será disponibilizado durante a vigência da edição da obra.

Impresso no Brasil (9.2024) – Data de Fechamento (8.2024)

2025

Todos os direitos reservados à
Editora Foco Jurídico Ltda.
Rua Antonio Brunetti, 593 – Jd. Morada do Sol
CEP 13348-533 – Indaiatuba – SP

E-mail: contato@editorafoco.com.br
www.editorafoco.com.br

PREFÁCIO

Se você não treina o olhar, não percebe. O acaso nada mais é do que uma distração atenta. O risco é você enxergar torto, ou errado. Quantas vezes o sujeito é enganado pela vaidade, acha que a vida faz um giro ao seu redor, e ele na verdade nada mais é que o coadjuvante de outra história, uma história que ele nem chegará a conhecer. Se algo me intriga, não posso deixar de perguntar: qual é o meu papel nisso? (Marcílio França Castro – O último dos copistas).

Quando, em nome do Instituto Miguel Kfouri Neto (IMKN), a amiga Rafaella Nogaroli gentilmente me convidou para prefaciar a obra coletiva "Direito Médico e Bioética: Decisões Paradigmáticas", imediatamente recordei da citada passagem do livro destacado. Ao contrário do que o título possa indicar, jamais me imaginaria como o último a proemiar uma publicação – afinal, muitas ainda virão. Fato é que, tal como um copista, um prefaciador estabelece um diálogo com o(s) autor(es), antes que o público tenha acesso ao conteúdo. Outrossim, sempre me impressionou a dualidade entre protagonistas/coadjuvantes e a importância de compreender os nossos papéis em cada história, afinal, a dinâmica entre os personagens é o que ajuda a formar a trama.

Quando conheci Rafaella e boa parte dos 64 (sessenta e quatro) autores que dividem esta obra coletiva, situava-me no papel de protagonista do IBERC (Instituto Brasileiro de Estudos de Responsabilidade Civil). Lá, esses colegas contribuem com o diálogo entre a responsabilidade civil e o direito médico e a bioética. Todavia, o gratificante papel que aqui me coube é o de coadjuvante do manuscrito que marca o lançamento oficial do IMKN, doravante um Instituto de Direito Médico. Ao contrário do senso comum, coadjuvar não é pior que protagonizar, pois há tempo para tudo. Estou aqui pelas amizades que cultivei, pelo fato de ter acompanhado o nascimento e florescer do instituto e também pelo interesse em comum com as matérias que são versadas ao longo dos 35 (trinta e cinco) artigos que compõem a obra coletiva.

Inicialmente, cumprimento os coordenadores Miguel Kfouri Neto e Rafaella Nogaroli. O DNA da paternidade intelectual está impresso em cada publicação por eles compartilhada. Professor Kfouri é o luminar do direito médico brasileiro e Rafaella é a sua mais devotada discípula, cujos voos vão ao longe. Igualmente, parabenizo os organizadores, Professores Fernanda Schaefer, Juliano Ralo, Igor Mascarenhas, Gabriel Massote, Yasmin Folha Machado, Isadora Cé Pagliari, Nathalia Recchiutti, além da Rafaella Nogaroli. Para quem frequenta o microcosmo do direito médico, os nomes destes oito pesquisadores emergem naturalmente como profissionais aptos a desempenhar com excelência a estruturação do livro.

Impressiona o fôlego dos coordenadores e organizadores. O trabalho coletivo é fracionado em 4 partes, sendo que, ao longo de 35 capítulos, os autores exploram criteriosamente as múltiplas especificidades do Direito Médico e da Bioética, tendo como força motriz o exame de seu movimento na concretude das decisões paradigmáticas.

Sucintamente, a Parte I investiga o sempre desafiador tema das responsabilidades – civil, penal e ética. A Parte II enfrenta aspectos processuais e procedimentais dos litígios no Direito Médico, também reflexionando sobre o entendimento jurisprudencial de diversas questões no âmbito da Saúde Suplementar. A Parte III é devotada à análise de cruciais dilemas bioéticos em diversas expertises médicas. Por fim, a Parte IV cuida da proteção de dados de saúde e os impactos de inovações tecnológicas no setor.

O segredo de uma bem-sucedida obra coletiva não reside unicamente na bem-sucedida escolha de temas que visitem o seu estado da arte ou dialoguem com os tribunais. Há ainda uma questão metodológica que merece nosso aplauso: todos os textos principiam com o destaque da decisão paradigma e resumo do artigo, passam à descrição do caso e enfrentam todas as variáveis doutrinárias, jurisprudenciais e comparatistas do julgado.

Os coadjuvantes auxiliam o protagonista a ganhar perspectiva. Com efeito, para além do privilégio da leitura antecipada do conteúdo generosamente enviado pelos coordenadores (bem antes que eu esteja sendo lido por vocês!), há outra vantagem de prefaciar uma obra coletiva: a percepção da temporalidade de um texto, algo comum na literatura e invulgar em livros técnicos. A obra coletiva "Direito Médico e Bioética: Decisões Paradigmáticas" é premeditadamente datada e não ostenta a pretensão ao acrônico. É assim conforme o "chain novel" de Dworkin. No romance em cadeia cada decisor se incumbe de escrever um novo capítulo em uma trajetória linear, homenageando os antecessores e, de forma coerente e lógica, modestamente adicionando um novo parágrafo – um "insight" – assumindo uma postura colaborativa e preparando o terreno para o porvir. Portanto, não imagino futuras edições deste livro – que como dizia o poeta seriam "museus de grandes novidades" – porém novos livros pensados pelo grupo, abordando futuras decisões paradigmáticas, que também serão inspiradas por aquilo que está aqui escrito. É nessa órbita elíptica que se edifica o melhor Direito.

Não poderia esquecer de congratular cada um dos autores que se propôs a integrar a obra coletiva. Na era pré-internet a fórmula de raros e sólidos compêndios consistia na sistematização de informações escassas e difusas. Hoje, diversamente, em meio a tanto ruído, o artesão jurídico poda os excessos do superinformacionismo, separa o joio do trigo, comprometendo-se a apresentar ao leitor o estágio atual de conhecimento de um certo campo do direito, respeitando as bases jurídicas da matéria, adaptando o direito comparado às nossas vicissitudes, humildemente reconhecendo a sua limitação de avançar de forma verticalizada sobre o universo de assuntos versados.

Endosso as palavras colhidas da apresentação da obra: este livro é um recurso indispensável para todos os profissionais interessados nas complexas intersecções entre Direito e Medicina. A coletânea serve como um guia para advogados, magistrados e bioeticistas que anseiam por compreender a aplicação de teorias jurídicas e (bio)éticas em situações reais, auxiliando na atuação profissional e tomada de decisões. Com uma abordagem multidisciplinar, o livro promove o desenvolvimento contínuo de práticas éticas e legais na área da Saúde, proporcionando aos profissionais da Medicina e do Direito uma densa compreensão das responsabilidades e desafios que enfrentam.

Uma ótima leitura!

Belo Horizonte, julho de 2024.

Nelson Rosenvald

Pós-Doutor em Direito Civil na Università Roma Tre. Pós-Doutor em Direito Societário na Universidade de Coimbra. *Visiting Academic* na Oxford University. Professor do corpo permanente do Doutorado e Mestrado do IDP/DF. Professor Visitante na Universidade Carlos III, Madrid. Doutor e Mestre em Direito Civil pela Pontifícia Universidade Católica de São Paulo – PUC/SP. Presidente do Instituto Brasileiro de Estudos de Responsabilidade Civil – IBERC. Relator da Comissão de responsabilidade Civil na Reforma do Código Civil. Foi Procurador de Justiça do Ministério Público de Minas Gerais. Advogado e Parecerista.

APRESENTAÇÃO

Inicialmente, deixamos um agradecimento a todos os autores dos excelentes trabalhos que compõem este livro e, em especial, fica registrada a nossa admiração e gratidão aos organizadores – Fernanda Schaefer, Gabriel Massote, Igor Mascarenhas, Isadora Cé Pagliari, Juliano Ralo, Nathalia Recchiutti e Yasmin Folha Machado –, que estiveram conosco, por 2 (dois) anos consecutivos, coordenando os trabalhos acadêmicos que deram origem aos 35 (trinta e cinco) capítulos da obra coletiva, escritos por 64 (sessenta e quatro) profissionais do Direito e da Saúde, incluindo advogados, juízes, desembargadores, médicos e enfermeiros.

Por quase seis (6) anos, entre 2017 e 2023, desenvolvemos pesquisas e publicações como um grupo de pesquisas registrado no CNPq e vinculado ao UNICURITIBA. Desde 2023, crescemos e evoluímos para nos tornar um instituto. A presente publicação é um marco para os nossos associados, pois representa o primeiro trabalho científico robusto do Instituto Miguel Kfouri Neto (IMKN) – Direito Médico e da Saúde. Seguimos comprometidos em contribuir com o desenvolvimento de estudos e pesquisas, produção e divulgação de informações e conhecimentos técnicos e científicos em Direito Médico e da Saúde, de forma transversal e multidisciplinar.

Agradecemos à Editora Foco, na pessoa da Dra. Roberta Densa, por todo o cuidado com a revisão e formatação da obra e, sobretudo, por confiar no nosso trabalho e proporcionar a publicação em uma das editoras de livros jurídicos mais renomadas no país. Esta importante parceria reforça o nosso compromisso com a excelência e a disseminação do conhecimento científico.

Dividida em 4 (quatro) partes, a obra coletiva explora, a partir da análise de decisões paradigmáticas, as diversas facetas do Direito Médico e da Bioética: Parte I – Responsabilidade civil, penal e ética no direito (Capítulos 1 a 13); Parte II – Planos de saúde e questões processuais (Capítulos 14 a 20); Parte III – Debates bioéticos (Capítulos 21 a 27); Parte IV – Direito médico, proteção de dados de saúde e inovações tecnológicas (Capítulos 28 a 35).

A Parte I foca nos debates no universo das responsabilidades no Direito Médico. Explora a distribuição da responsabilidade civil entre diferentes membros da equipe médica, a aplicação de teorias jurídicas na prática médica, além da influência de processos ético-profissionais em decisões judiciais. Ademais, analisa a responsabilidade e fiscalização dos profissionais pelo Conselho de Classe, de empresas médicas por atos de terceiros, bem como as consequências ético-jurídicas do uso não autorizado da imagem do paciente. Discute, ainda, reflexos jurídicos da aplicação do Código de Defesa do Consumidor em ensaios clínicos, além da responsabilidade dos fornecedores por medicamentos defeituosos e do Estado por reações adversas a vacinas. Por fim, aborda as complexidades relacionadas à responsabilidade penal no contexto da remoção ilegal de órgãos e da prescrição de medicamentos *off label*.

A Parte II explora aspectos processuais dos litígios no Direito Médico e, ainda, apresenta reflexões sobre o entendimento jurisprudencial de diversas questões no âmbito da Saúde Suplementar. É trazido o debate sobre distribuição dinâmica do ônus da prova em ações de responsabilidade civil médica, além dos critérios para estabelecer o marco prescricional nestas ações. São também explorados os desafios enfrentados pelos planos de saúde e beneficiários, por meio de considerações sobre a taxatividade *versus* exemplificatividade do Rol da ANS, a adequação dos reajustes por faixa etária, segundo os ditames do Estatuto do Idoso, bem como a manutenção das condições assistenciais e de custeio para beneficiários inativos. Debate, por fim, o fenômeno da Judicialização na Saúde Suplementar, apresentando os critérios para cobertura de tratamentos *home care* e o acesso a medicamentos sem registro na ANVISA, destacando as disputas legais e as consequências para pacientes e prestadores de serviços.

A Parte III é dedicada aos estudo de importantes dilemas bioéticos em diversas especialidades médicas. São apresentadas reflexões sobre a geração de bebês-doadores (*savior siblings*) e a legalidade dessa prática nos ordenamentos jurídicos inglês e brasileiro. Também há um debate sobre as ações de *wrongful life*, nos cenários inglês e brasileiro, e as implicações da responsabilidade civil pelo nascimento de uma 'vida indevida'. Aspectos bioéticos e jurídicos são discutidos em casos de morte encefálica. O consentimento do paciente é analisado nos contextos da reprodução assistida *post mortem* e das intervenções médicas envolvendo pacientes com deficiência intelectual. Ainda, é apresentado um panorama luso-brasileiro sobre a recusa de tratamento médico em crianças e adolescentes de famílias Testemunhas de Jeová. Por fim, são discutidos os desafios e considerações éticas dos transplantes renais *inter vivos* entre não parentes por afinidade.

A Parte IV aborda a proteção de dados de saúde e os impactos de inovações tecnológicas no setor da Saúde. É debatida a responsabilidade civil médico-hospitalar por eventos adversos em cirurgias robóticas e a responsabilidade civil médica na Telemedicina. Discute, ainda, a responsabilidade civil por falha do dever de informação na fertilização *in vitro* (e nas clínicas de reprodução humana assistida pela comoditização de gametas femininos. A proteção de dados de saúde é investigada a partir de três perspectivas: divulgação do nome de vacinados contra a Covid-19, incidentes de segurança em estabelecimentos de saúde e a divulgação indevida como dano *in re ipsa*. A publicidade médica, por fim, é debatida no âmbito da Era Digital, com foco no médico influenciador, que expõe a imagem de pacientes e reproduz serviços através das mídias sociais.

Este livro é um recurso indispensável para todos os profissionais interessados nas complexas intersecções entre Direito e Medicina. A coletânea serve como um guia prático para advogados, magistrados e bioeticistas que desejam compreender a aplicação de teorias jurídicas e (bio)éticas em situações reais, auxiliando na atuação profissional e tomada de decisões, tanto em um cenário do Direito Médico Preventivo, bem como em eventuais litígios. Além disso, com uma abordagem multidisciplinar, o livro promove o desenvolvimento contínuo de práticas éticas e legais na área da Saúde, proporcionando aos profissionais da Medicina um entendimento profundo das responsabilidades e desafios que enfrentam.

Nas linhas que seguem, apresenta-se uma síntese com o conteúdo desenvolvido em cada um dos 35 (trinta e cinco) capítulos. Desejamos a todos uma excelente leitura!

Parte I – Responsabilidade civil, penal e ética no direito (Capítulos 1 a 13):

No *Capítulo 1*, André Luís Monteleone, Patricia Lemes Pinheiro Bortolotto e Wendell Lopes Barbosa escrevem artigo intitulado "*A distribuição de responsabilidade civil entre o cirurgião-chefe e o médico anestesista*", no qual debatem a decisão paradigmática do STJ, o Recurso Especial nº 1.790.014/SP.

Os autores discorrem acerca do posicionamento da Corte Superior sobre a distribuição de responsabilidade civil entre o cirurgião-chefe e o anestesista por erro exclusivo deste. Para tanto, explicam os modelos de formação de equipes médicas, distribuição de competências, responsabilidade e dever informacional. No que toca ao embasamento teórico para atribuição da responsabilidade civil por erro exclusivo do médico anestesista, são trazidas reflexões sobre a incidência da Teoria da Causalidade Adequada e *da culpa in eligendo*, em cotejo com o entendimento jurisprudencial brasileiro acerca da solidariedade entre médico cirurgião-chefe e anestesista.

No *Capítulo 2*, Andressa Jarletti Gonçalves de Oliveira e Felippe Abu-Jamra Corrêa escrevem artigo intitulado "*Aplicação da teoria do desvio produtivo na responsabilidade civil médica*", no qual debatem a decisão paradigmática do Superior Tribunal de Justiça, o Recurso Especial nº 1974362/TO.

É analisada a recente decisão do STJ que aplicou a Teoria do Desvio Produtivo do Consumidor em um caso de responsabilidade civil médica. São apresentadas as linhas gerais da referida teoria, para compreender os elementos necessários para sua aplicação nas relações de consumo. São propostas algumas diretrizes para aferir as hipóteses nas quais a perda do tempo pode ser reparada de forma autônoma e, ainda, quando deve ser considerada um elemento na extensão e valoração de danos nos casos de responsabilidade médica e hospitalar.

No *Capítulo 3*, Maria Teresa Ribeiro de Andrade Oliveira e Igor de Lucena Mascarenhas escrevem artigo intitulado "*A crescente influência dos processos ético-profissionais de médicos nas decisões judiciais*", no qual debatem a decisão paradigmática do Tribunal de Justiça do Estado do Paraná, a Apelação Cível nº 0001964-14.2018.8.16.0119.

Os autores explicam que, apesar da independência das esferas de responsabilidade médica – administrativa, cível, penal, trabalhista e ética –, tem havido um crescente diálogo entre os julgadores, para além das exceções expressas em normativas. É proposta a análise de uma decisão judicial do TJPR que exemplifica a maneira pela qual os procedimentos no Conselho Regional de Medicina podem influenciar a esfera judicial, já que o Processo Ético-Profissional foi tido como suficiente para afastar a necessidade de prova pericial. Ainda, são apresentados outros julgados, no intuito de aferir se a separação formal das responsabilidades se sustentar no campo material.

No *Capítulo 4*, Katia Christina Elias Gomes Pires, Maria Teresa Ribeiro de Andrade Oliveira e Igor de Lucena Mascarenhas escrevem artigo intitulado *"Responsabilidade dos conselhos de medicina por deficiência na fiscalização"*, no qual debatem a decisão paradigmática do Tribunal Regional Federal da 3ª Região, a Apelação Cível nº 0001674-02.2001.4.03.6000.

É discutido o primeiro caso, que se tem notícia, reconhecendo a responsabilidade civil solidária do CRM-MS, em caso envolvendo erro médico, diante da omissão qualificada na fiscalização. É traçado um panorama sobre o conceito e as funções dos Conselhos Regionais de Medicina. Em seguida, é analisada a maneira pela qual o exercício do poder de polícia age como instrumento na fiscalização da atuação dos médicos, com o fim de evitar a ocorrência de eventos danosos à sociedade.

No *Capítulo 5*, Camila Kitazawa Cortez, Isadora Cé Pagliari e Natasha Regina Neves Gelinski escrevem artigo intitulado *"Responsabilidade civil por ato de terceiros das empresas médicas: reflexos contemporâneos e medidas de mitigação de riscos"*, no qual debatem a decisão paradigmática do Tribunal de Justiça do Estado de São Paulo, a Sentença proferida nos Autos nº 1009056-69.2020.8.26.0477.

As autoras explicam que o mercado da saúde exige desse profissional conhecimento técnico e instrumentos de gestão, tais como a implementação de programa de compliance e mecanismos de *due diligence* em contratações. A ausência destes elementos não apenas gera risco para a empresa médica, como traz consequências que refletem na sociedade. Nesse cenário, é discutido um caso representativo sobre os reflexos na gestão de riscos e *compliance*, diante da contratação de falso médico durante o período pandêmico da Covid-19.

No *Capítulo 6*, Romualdo Baptista dos Santos escreve artigo intitulado *"A compensação financeira devida aos profissionais e trabalhadores da saúde que atuaram na pandemia da Covid-19 – lei 14.128/2021"*, no qual debate a decisão paradigmática do Tribunal Regional Federal da 3ª Região, a Apelação Cível nº 5000089-41.2022.4.03.6112.

É proposta uma investigação dos contornos da compensação financeira instituída por meio da Lei nº 14.128, de 2021, em favor dos profissionais e trabalhadores da saúde que faleceram ou perderam a capacidade de trabalho em razão do enfrentamento da pandemia da Covid-19. São debatidos os contornos e a natureza jurídica da compensação financeira, bem como os beneficiários diretos e indiretos, além dos requisitos para sua concessão pelo poder público ou para sua obtenção pela via judicial. O estudo tem como base o acórdão do TRF-3, que é uma das primeiras decisões judiciais a acolher esse pedido.

No *Capítulo 7*, Romualdo Baptista dos Santos e Yasmin A. Folha Machado escrevem artigo intitulado *"Responsabilidade civil do médico pelo uso não autorizado da imagem do paciente"*, no qual debatem a decisão paradigmática do Tribunal de Justiça do Estado de São Paulo, a Apelação Cível nº 1104112-67.2018.8.26.0100.

Os autores propõem um panorama sobre a responsabilidade civil do médico pelo uso indevido da imagem dos pacientes, seja em trabalhos científicos apresentados em eventos acadêmicos ou, ainda, artigos publicados em jornais, revistas especializadas e em mídias sociais. Discutem, a partir de julgado pelo TJSP, a licitude na utilização da fotografia de paciente em publicação de artigo científico. Expõem o aparente conflito entre as disciplinas do Código Civil e do Código de Ética Médica à época do referido julgamento. São também apresentadas algumas reflexões sobre a nova Resolução CFM nº 2.336/2023, que moderniza as normas de publicidade médica e permite ao médico divulgar a imagem de pacientes, desde que respeitadas algumas regras e condições.

No *Capítulo 8*, Gabriel Oliveira de Aguiar Borges, Letícia de Oliveira Borba e Vitor Calliari Rebello escrevem artigo intitulado "*Responsabilidade civil do fornecedor por medicamentos defeituosos*", no qual debatem a decisão paradigmática do Superior Tribunal de Justiça, o Recurso Especial nº 1.774.372/RS.

Os autores analisam um julgado sobre a responsabilidade civil do fornecedor por defeito relacionado ao medicamento Sifrol. Explicam que a consumidora, ao fazer uso do referido fármaco, passou a apresentar comportamento de compulsão por jogo – reação adversa não constante na bula –, o que acarretou a dilapidação de seu patrimônio. Nesse cenário, é proposta a discussão sobre risco inerente do medicamento versus risco do desenvolvimento, além do dever de informação qualificada ao consumidor, do risco do desenvolvimento e das hipóteses de exclusão da responsabilidade.

No *Capítulo 9*, Elio Vasconcellos Vieira, Letícia de Araújo Moreira Preis e Patricia Rizzo Tomé escrevem artigo intitulado "*Responsabilidade civil do estado em decorrência das reações adversas causadas pelo uso de vacinas em campanhas de massa*", no qual debatem a decisão paradigmática do Superior Tribunal de Justiça, o Recurso Especial nº 1.388.197/PR.

É debatido um julgamento no qual se aferiu a possibilidade de responsabilizar o Estado por reação adversa (Síndrome de Guillain-Barré) desenvolvida após o autor da demanda vacinar-se contra o vírus influenza. Nesse contexto, são trazidas reflexões sobre o caso fortuito como causa excludente da responsabilidade civil do Estado por reações vacinais. Ainda, os autores investigam se as reações secundárias à vacina – em virtude de falha na prestação dos serviços pelo responsável pela manipulação, conservação, transporte, aplicação ou mesmo de fabricação – correspondem a eventos previsíveis e, portanto, estão acobertados pelo manto do fortuito interno.

No *Capítulo 10*, Camila Capucho Cury Mendes, Mayara Medeiros Royo e Paula Moura Francesconi de Lemos Pereira escrevem artigo intitulado "*A (in)aplicabilidade do código de defesa do consumidor aos ensaios clínicos de medicamentos e seus reflexos na seara da responsabilidade civil*", no qual debatem a decisão paradigmática do Tribunal de Justiça do Estado do Rio Grande do Sul, a Apelação Cível nº 70020090346.

É proposta a análise da (in)aplicabilidade do Código de Defesa do Consumidor – e seus reflexos na seara da responsabilidade civil – no contexto da relação jurídica estabelecida entre os participantes de ensaios clínicos e o pesquisador, patrocinador e das instituições envolvidas nas diferentes fases da pesquisa. O estudo tem como base a investigação de um julgamento envolvendo a responsabilidade civil em situação de tratamento experimental para o câncer, com o uso de medicamentos ministrados por laboratório e sob a observância do corpo médico, nas dependências de uma instituição hospitalar. As autoras defendem a importância de, ao estabelecer um regime jurídico da responsabilidade civil aplicável em atividade de pesquisa, tenha-se por alicerce os princípios da solidariedade, reparação integral e dignidade da pessoa humana.

No *Capítulo 11*, Giovana Palmieri Buonicore e José Américo Penteado de Carvalho escrevem artigo intitulado *"Remoção ilegal de órgãos e responsabilidade penal do médico: análise da (in)competência do tribunal do júri no caso Pavesi"*, no qual debatem a decisão paradigmática do Supremo Tribunal Federal, o Recurso Extraordinário nº 1.313.494/MG.

Os autores analisam uma emblemática decisão que reconheceu a competência do juízo criminal singular comum para julgar médicos acusados de remoção ilícita de órgãos, em caso envolvendo criança que veio a óbito em decorrência do procedimento. É discutida a responsabilidade penal do médico e as espécies de crimes dolosos, preterdolosos e qualificados pelo resultado morte. Também são debatidos os princípios da consunção e da especialidade no Direito Penal, por estarem ligados ao referido julgamento.

No *Capítulo 12*, Isadora Leardini Vidolin, Rafaella Nogaroli e Tiago Sofiati escrevem artigo intitulado *"Autonomia na prescrição de medicamento off label e a responsabilidade penal do médico"*, no qual debatem a decisão paradigmática do Tribunal de Justiça do Estado do Paraná, o Habeas Corpus nº 0066631-70.2021.8.16.0000.

É discutida a autonomia do profissional da Medicina na prescrição *off label* de hidroxicloroquina inalatória para o tratamento da Covid-19. Ademais, é proposta uma investigação sobre o crime de perigo para a vida ou saúde e a licitude do ato médico na prescrição desse medicamento, diante das elementares do delito, bem como do requisito de perigo concreto exigido pelo tipo penal. Ainda, são debatidos os conceitos e limites da autonomia profissional versus consentimento do paciente, no intuito de adentrar à análise da responsabilidade penal do médico, haja vista a indisponibilidade da saúde, integridade física e vida enquanto bens jurídicos tutelados pelo Direito Penal.

No *Capítulo 13*, Carolina Martins Uscocovich e Isadora Cé Pagliari escrevem artigo intitulado *"Optometria versus oftalmologia: um paralelo das normas éticas e legais que regulamentam as profissões"*, no qual debatem a decisão paradigmática do Supremo Tribunal Federal, os Embargos de Instrumento em Arguição de Descumprimento de Preceito Fundamental nº 131.

As autoras apresentam o julgamento da Corte Suprema, no qual se considerou que algumas limitações impostas à atuação dos optometristas não incidam sobre os profissionais qualificados por instituição de ensino superior reconhecida pelo poder público. Explicam as dúvidas que surgem quanto à responsabilização e à fiscalização sanitária destes profissionais. Nesse cenário, buscam analisar a possibilidade de aplicação das regras e exigências feitas ao profissional médico pela ANVISA, Vigilância Sanitária e outros órgãos de fiscalização aos profissionais optometristas. Por fim, discutem como aferir a responsabilização civil e ética do profissional optometrista em casos de erros ensejadores de danos à saúde em razão da sua atuação.

Parte II – Planos de saúde e questões processuais (Capítulos 14 A 20):

No *Capítulo 14*, Gabriel Massote Pereira e Milene Lima Acosta escrevem artigo intitulado "*O debate sobre a taxatividade ou exemplificatividade do rol de procedimentos e eventos em saúde da ANS*", no qual debatem a decisão paradigmática do Superior Tribunal de Justiça, os Embargos de Divergência em Recurso Especial nº 1.886.929/SP e nº 1.889.704/SP.

Os autores explicam que o Sistema Judiciário brasileiro tem sido palco de acirrados debates quanto à natureza exemplificativa ou taxativa da lista de procedimentos e eventos em saúde estabelecida pela Agência Nacional de Saúde Suplementar. Nesse cenário, debatem a decisão da Corte Superior que, em 2022, tornou este rol de taxatividade mitigada. Ainda, são apresentados os reflexos da promulgação posterior da Lei nº 14.454/2022, a qual passou a determinar que procedimentos e eventos não inclusos nessa lista devem ser cobertos pelos planos de saúde, quando há recomendação emitida por uma entidade técnica reconhecida ou com eficácia científica demonstrada conforme as evidências atuais em ciências da saúde. O estudo busca explorar as consequências legislativas e o impacto aos usuários dos planos de saúde decorrentes da decisão do STJ e da mais recente lei.

No *Capítulo 15*, Antônio Luiz de Jesus Lopes escreve artigo intitulado "*Manutenção das condições assistenciais e de custeio do plano de saúde aos beneficiários inativos*", no qual debate a decisão paradigmática do Superior Tribunal de Justiça, o Recurso Especial nº 1.816.482/SP (Tema Repetitivo nº 1.034).

É apresentado um julgamento sobre a isonomia de tratamento aos funcionários inativos no âmbito dos planos de saúde. A partir do instituto da portabilidade de carências, o autor investiga a isonomia entre trabalhadores ativos e inativos inseridos no plano de saúde coletivo único. É ressaltada a necessidade de conferir aos funcionários inativos um tratamento digno, paritário, na área da saúde, especialmente porque eles usualmente se encontram em estado de maior vulnerabilidade, inspirando cuidados de saúde maiores. Sustenta que a permissão para a quebra da solidariedade entre as gerações, que emana do artigo 31 da Lei nº 9.656/98, tem caráter discriminatório aos beneficiários inativos com idade avançada e impõe uma onerosidade excessiva.

No *Capítulo 16*, Carolina Martins Uscocovich, Karin Cristina Bório Mancia e Maitê Pinheiro Machado escrevem artigo intitulado "*Reajustes por faixa etária de planos de saúde da modalidade individual ou familiar à luz do estatuto do idoso*", no qual debatem a decisão paradigmática do Superior Tribunal de Justiça, o Recurso Especial nº 1.568.244/RJ (Tema Repetitivo nº 952).

As autoras avaliam a decisão da Corte Superior que define parâmetros para a aplicação do reajuste conforme a mudança de faixa etária. Explicam que a pujante alteração da pirâmide etária brasileira acendeu um alerta para os planos de saúde, para a necessidade de subir os valores cobrados. Ao mesmo tempo, os consumidores passaram a temer cobranças desmedidas no momento de maior vulnerabilidade de suas vidas, a velhice. Nesse cenário, buscam investigar a maneira pela qual foram assentados os reajustes por faixa etária no referido julgamento, dos planos de saúde da modalidade individual ou familiar. São trazidas reflexões sobre a legalidade das cláusulas contratuais previstas nos contratos de plano de saúde à luz do Estatuto do Idoso e do Código de Defesa do Consumidor

No *Capítulo 17*, Clayton de Albuquerque Maranhão e Guilherme Alberge Reis escrevem artigo intitulado "*O condicionamento da distribuição dinâmica do ônus da prova à vulnerabilidade probatória em demandas indenizatórias por erro médico*", no qual debatem a decisão paradigmática do Superior Tribunal de Justiça, o Recurso Especial nº 1.921.573/MG.

É analisado um caso de Direito Médico, que aplicou a distribuição dinâmica do ônus da prova, prevista pelo artigo 373, §1º, do Código de Processo Civil, utilizando o conceito de vulnerabilidade probatória, pois o hospital tinha acesso mais fácil ao prontuário médico do que o paciente. São apresentadas outras questões instigantes que emanam do julgamento, como a necessidade de que o *onus probandi* seja utilizado como regra de instrução, e não de julgamento, a fim de serem preservadas as garantias constitucionais do contraditório e da ampla defesa. Os autores sustentam que não deve ser utilizado de forma indistinta, com a sua delimitação especificamente às questões cuja produção de provas seja mais facilitada a uma parte em detrimento da outra.

No *Capítulo 18*, Eduardo Dantas escreve artigo intitulado "*Critérios objetivos para o estabelecimento e contagem do marco prescricional nas ações de responsabilidade civil médica*", no qual debate a decisão paradigmática do Superior Tribunal de Justiça, o Recurso Especial nº 844.197/SP.

O autor explica que uma das mais importantes regras capazes de garantir estabilidade às relações jurídicas é o instituto da prescrição, com o estabelecimento de regras claras a respeito do tempo em que um direito de ação pode ser exercido. Nesse cenário, analisa o entendimento jurisprudencial sobre os critérios a serem adotados para a contagem do marco prescricional. A partir da compreensão da relação médico-paciente sob a égide do Código de Defesa do Consumidor (CDC), discute a incidência das regras de prescrição. Sustenta a impossibilidade de ampliação de critérios objetivos para o estabelecimento do marco prescricional nos contratos de serviços médicos. O estudo tem por base um julgamento sobre responsabilidade civil médica que aplica o artigo 27 do CDC e delimita como critério de início da contagem do marco prescricional a ciência inequívoca da extensão do dano.

No *Capítulo 19*, Bianca Braga Plinta e Jordão Horácio da Silva Lima escrevem artigo intitulado "*A judicialização na saúde suplementar e o acesso aos medicamentos sem registro na Anvisa"*, no qual debatem a decisão paradigmática do Superior Tribunal de Justiça, os Recursos Especiais nº 1.712.163 e nº 1.726.563 (Tema Repetitivo nº 990).

Os autores expõem um panorama da Judicialização na Saúde suplementar de medicamentos não registrados pela ANVISA. Debatem questões relacionadas ao registro sanitário e os desafios da assistência farmacêutica, tecendo considerações sobre medicamentos órfãos e o tratamento de doenças raras. Trazem a reflexão de que, com o julgamento da Corte Superior, apontando que os planos de saúde não são obrigados a fornecer medicamentos não registrados pela Agência reguladora, reforçou-se o propósito de garantir que os benefícios relacionados ao uso desses produtos sejam maiores do que os riscos por eles causados. Por outro lado, explicam que isso não significa que as operadoras não estejam compelidas a fornecer fármacos de uso *off label*, ou de importação autorizada e, ainda, aqueles que tenham eficácia comprovada cientificamente, conforme ditames da Lei nº 14.454/22.

No *Capítulo 20*, Bruno Margraf Althaus e Guilherme Frederico Hernandes Denz escrevem artigo intitulado *"Tratamento home care e os critérios para cobertura nos planos de saúde"*, no qual debatem a decisão paradigmática do Superior Tribunal de Justiça, o Recurso Especial nº 1.728.042/SP.

É analisada a *ratio decidendi* do acórdão proferido pela Corte Superior em caso que discute a concessão ou não de tratamento *home care* pela operadora de plano de saúde em favor de paciente com doença grave. Os autores discorrem sobre as modalidades de assistência domiciliar (*home care*) e os atos normativos de regência, delineando os critérios fáticos e jurídicos que devem estar presentes no caso concreto para que a operadora do plano de saúde seja compelida a fornecer esse tipo de cobertura. O objetivo do estudo é abordar com maior detalhamento os critérios acolhidos pelos julgadores para concessão da internação domiciliar, notadamente a importância da prescrição do médico assistente como elemento fundamental na tomada da decisão judicial.

Parte III – Debates bioéticos (Capítulos 21 a 27):

No *Capítulo 21*, Juliana Carvalho Pavão e Mariana Barsaglia Pimente escrevem artigo intitulado *"Geração de bebês-doadores (savior siblings) e sua legalidade nos ordenamentos jurídicos inglês e brasileiro"*, no qual debatem a decisão paradigmática da Casa dos Lordes (Inglaterra), *R Quintavalle v Human Fertilisation and Embryology Authority*.

As autoras contextualizam o conceito de *savior siblings*, perpassando pelos limites e pelas possibilidades da geração do bebê-doador à luz da decisão proferida na Inglaterra. Propõem um comparativo entre entre a regulamentação jurídica do bebê-doador nos ordenamentos jurídicos inglês e brasileiro, concluindo que em ambos os cenários não há impedimentos éticos ou legais. Todavia, explicam que um vácuo legislativo quanto à matéria, sendo a regulamentação muito importante, pois envolve a realização de diversos direitos fundamentais, tais como a saúde, a vida, a liberdade e o livre planejamento familiar.

No *Capítulo 22*, Graziella Trindade Clemente e Adriano Marteleto Godinho escrevem artigo intitulado *"Wrongful life: o debate em torno da responsabilidade civil pelo advento de uma vida indevida"*, no qual debatem a decisão paradigmática da Corte de Cassação Francesa nº 99-13.701 (Caso *Affaire Perruche*).

É discutido um caso internacionalmente conhecido, por ter sido o primeiro no mundo que coloca em causa a tese que permite reconhecer, em circunstâncias extremas, a legitimidade jurídica do direito de não nascer. Os autores explicam que a proposta desse estudo consiste em, tendo em vista os avanços biotecnológicos, verificar a aplicação prática da *wrongful life* como forma de atribuição da responsabilidade civil diante das falhas no diagnóstico pré-natal e pré-implantatório. Nesse contexto, tais falhas afastariam a opção dos pais pela manipulação genética, facultando a erradicação de deficiências em sua prole. Ademais, pretendem analisar se a tese do direito de não nascer, originariamente formulada, encontra viabilidade no sistema jurídico brasileiro.

No *Capítulo 23*, Nathalia Recchiutti, Fernanda Righetto e Luciana Dadalto escrevem artigo intitulado *"Aspectos bioéticos e jurídicos da morte encefálica"*, no qual debatem a decisão paradigmática do Tribunal de Justiça do Estado de Rondônia, a Decisão Liminar proferida nos Autos nº 7002025-06.2022.8.22.0001.

O conceito de morte encefálica é discutido a partir de um caso concreto, no qual o hospital a declarou sem cumprir o protocolo determinado pelo Conselho Federal de Medicina (CFM) na Resolução nº 2173/2017. As autoras explicam que a definição de morte encefálica é um conceito médico-científico que exprime a realidade de uma época e que perdura atualmente. Todavia, em que pese contar com mais de cinquenta anos, tal definição ainda gera insegurança jurídica em muitos países, incluindo o Brasil. Em relação ao julgamento objeto do estudo, as autoras sustentam que o descumprimento do protocolo feito pelo CFM, além de ser um ato ilícito, contribui negativamente para a aceitação da morte encefálica pela sociedade brasileira.

No *Capítulo 24*, Alexandro de Oliveira e Larissa Fortes do Amaral escrevem artigo intitulado *"Consentimento em intervenções médicas envolvendo pacientes com deficiência intelectual"*, no qual debatem duas decisões paradigmáticas dos Tribunais de Justiça dos Estados do Rio de Janeiro e de São Paulo, proferidas, respectivamente, nos autos de nº 0057265-57.2020.8.19.0000 e nº 2101967-64.2017.8.26.0000.

São examinadas decisões judiciais que envolvem intervenções médicas em pacientes com deficiência intelectual, à luz do que preceituam os princípios da Convenção das Pessoas Portadoras de Deficiência e o Estatuto da Pessoa com Deficiência. É exposto um panorama geral da evolução da legislação a respeito da autonomia e do consentimento informado do paciente com deficiência. Diante disso, os autores investigam os conflitos bioéticos envolvidos, tecendo críticas, sob o enfoque legal e bioético, aos mencionados julgamentos.

No *Capítulo 25*, Camila Capucho Cury Mendes e Vagner Messias Fruehling escrevem artigo intitulado *"Consentimento na reprodução assistida post mortem"*, no qual debatem a decisão paradigmática do Superior Tribunal de Justiça, o Recurso Especial nº 1.918.421/SP.

Os autores explicam que atualmente, as técnicas de Reprodução Assistida (RA) tornaram-se importante instrumento para a efetivação do projeto parental, principalmente em contextos nos quais a constituição da prole foi postergada. Nesse cenário, discorrem sobre a RA *post mortem* e o consentimento presumido no ordenamento jurídico brasileiro, além dos desdobramentos jurídicos em situações nas quais se intenta realizar o projeto parental após o falecimento de um dos cônjuges. É apresentado um panorama da regulamentação da RA pelo CFM. O estudo tem por objeto a primeira decisão do STJ que reconhece a impossibilidade de implantação de embriões após falecimento de um dos cônjuges sem autorização expressa e específica.

No *Capítulo 26*, Ana Carolina Quirino Marcuz e Marta Rodrigues Maffeis escrevem artigo intitulado *"Panorama luso-brasileiro da recusa de tratamento médico em crianças e adolescentes de famílias Testemunhas de Jeová"*, no qual debatem duas decisões paradigmáticas: a Apelação Cível nº 2003.71.02.000155-6, julgada pelo Tribunal Regional Federal da 4ª Região (Brasil), e a Apelação Cível nº 17922/21.8T8LSB.L1-7, julgada Tribunal da Relação de Lisboa (Portugal).

A partir da análise comparativa luso-brasileira, as autoras observam que, apesar da Teoria do Menor Maduro não influenciar o Poder Judiciário brasileiro, a delicadeza da discussão tem afetado julgamentos portugueses. Explicam que a recusa e o consentimento para tratamento médico por crianças e adolescentes é um tema nebuloso no Direito à Saúde, pois a aplicação prática aos menores de idade não segue o mesmo compasso dos estudos acadêmicos, havendo uma maior resistência e conservadorismo na adoção do princípio da autonomia da vontade e da referida teoria. Vale consignar que a análise comparativa proposta não é apenas territorial, mas também temporal, visto que a decisão brasileira data de 2006 e a portuguesa de 2021; todavia, possuem o mesmo bojo principiológico. Por fim, concluem que tanto na jurisprudência brasileira, quanto na lusitana, há uma sacralidade do direito à vida em detrimento da liberdade religiosa que, em ambos os julgados, permanece em segundo plano.

No *Capítulo 27*, Bartira de Aguiar Roza, Gabriel Massote Pereira e Tadeu Thomé escrevem artigo intitulado *"Transplantes renais inter vivos entre não parentes por afinidade"*, no qual debatem a decisão paradigmática do Tribunal de Justiça do Estado de São Paulo, a Apelação Cível nº 1021332-13.2016.8.26.0562.

É proposto um debate sobre o *overruling* do tribunal estadual, que levou à revogação de Decreto Federal nº 2.268/97, o qual exigia 4 (quatro) compatibilidades de antígenos leucocitários humanos (HLA) para permitir doação *inter vivos* para o transplante renal entre não parentes mediante decisão judicial. Os autores buscam demonstrar a inconsistência técnica da norma ao permitir doação *inter vivos* entre cônjuges com apenas 1 (uma) compatibilidade de HLA, mesmo sabidamente não havendo consanguinidade, e a ausência de critérios a exigir entre não parentes 4 (quatro) compatibilidades de HLA.

Parte IV – Direito médico, proteção de dados de saúde e inovações tecnológicas (Capítulos 28 a 35):

No *Capítulo 28*, Rafaella Nogaroli escreve artigo intitulado "*Responsabilidade civil médico-hospitalar por eventos adversos em cirurgias robóticas*", no qual debate a decisão paradigmática do Tribunal de Justiça do Estado de Santa Catarina, a Apelação Cível nº 0307386-08.2014.8.24.0023.

A autora analisa a primeira decisão judicial brasileira que debate responsabilidade civil por infecção hospitalar em paciente submetido à cirurgia robótica, com a alegação do autor ter contraído pelo fato de o robô utilizado no procedimento cirúrgico não estar devidamente esterilizado. São investigadas as demandas sobre eventos adversos em cirurgia robótica à luz do ordenamento jurídico norte-americano, tendo em vista o expressivo número de litígios que servirá de fonte para melhor compreensão do tema e delimitação de algumas proposições teóricas. Após, é traçado um estudo dessas demandas sob a ótica do sistema jurídico brasileiro, propondo-se uma breve explanação sobre o entendimento doutrinário e jurisprudencial a respeito da responsabilidade civil em infecção hospitalar e, ainda, a aplicação prática da forma de aferição da responsabilidade civil entre todos os agentes envolvidos na cirurgia robótica: médico, equipe de enfermagem, hospital e fabricante.

No *Capítulo 29*, Ana Cláudia Pirajá Bandeira, Caroline Cavet, Cláudio José Franzolin e Gabrielle Prado Cracco escrevem artigo intitulado "*Telemedicina e a relação médico-paciente: análise de caso sob a perspectiva da responsabilidade civil*", no qual debatem a decisão paradigmática do Tribunal de Justiça do Estado do Alagoas, a Apelação Cível nº 0712949-64.2012.8.02.0001.

Os autores debatem decisão judicial na qual se buscava o ressarcimento pelos valores pagos em consulta particular e indenização por danos morais devido à não concessão de consulta especializada em neuropediatria pelo plano de saúde, que se limitou a ofertar apenas uma consulta à distância com um neurologista. Abordam a interface entre responsabilidade civil e inadimplemento contratual das operadoras, com ênfase nos deveres de conduta médica e na adequação da utilização da Telemedicina. Sustentam que, embora a teleconsulta represente um recurso relevante, sua imposição em determinadas situações pode não atender adequadamente às necessidades do paciente, devendo ser guiada pelos princípios ético-legais. São também demonstrados os impactos profundos da tecnologia na forma de prestação de serviços de saúde e na relação médico-paciente, especialmente no que toca ao dever de informação e obtenção do consentimento.

No *Capítulo 30*, Fernanda Schaefer escreve artigo intitulado "*Responsabilidade civil por falha do dever de informação na prestação de serviços de fertilização in vitro*", no qual debate a decisão paradigmática do Tribunal de Justiça do Estado de Minas Gerais, a Apelação Cível nº 1.0024.13.052326/001.

É apresentado um julgado que discute a possibilidade de indenização dos pais que contrataram serviços de clínica de reprodução humana assistida, tendo gerado criança com Síndrome de Down. A discussão não se deu com as bases das *wrongful actions*, mas sim como falha na prestação de serviço e daí a importância de discuti-la. A autora analisa a decisão a partir da aplicabilidade do Código de Defesa do Consumidor, destacando-se o dever de informação em todas as fases da contratação e como a falha no cumprimento desse dever obriga à reparação de danos.

No *Capítulo 31*, Mayara Medeiros Royo escreve artigo intitulado *"Responsabilidade civil das clínicas de reprodução humana assistida pela comoditização de gametas femininos"*, no qual debate a decisão paradigmática do Tribunal de Justiça do Estado de Minas Gerais, a Apelação Cível nº 1.0000.16.056693-1/004.

A autora discorre sobre a comoditização, que é um processo de transformação pela qual bens (materiais e imateriais), serviços, relações sociais, o corpo humano e dentre outros, que não eram considerados comerciais, passam a ser transformados em mercadorias. A partir da análise do julgado paradigma, é investigada a (im)possibilidade da comoditização de gametas femininos (óvulos) na legislação brasileira e, ainda, a forma de aferição da responsabilidade civil de clínicas de reprodução humana assistida por sua comercialização,

No *Capítulo 32*, Fernanda Schaefer escreve artigo intitulado *"Lei Geral de Proteção de Dados e divulgação do nome de vacinados contra a Covid-19"*, no qual debate duas decisões paradigmáticas do Tribunal de Justiça do Estado de São Paulo, as Apelações Cíveis nº 1002052-68.2021.8.26.0566 e nº 1026946-67.2021.8.26.0224.

A autora analisa dois julgados que discutem a (im)possibilidade de divulgação do nome de vacinados contra a Covid-19 a partir da aplicabilidade da Lei Geral de Proteção de Dados (LGPD) e da Lei de Acesso à Informação (LAI). É discutida a licitude na divulgação da lista de pessoas investigadas por possíveis irregularidades no recebimento de imunizantes contra Covid-19 e o comportamento de fura-filas. São apresentadas reflexões sobre a privacidade de dados de saúde em face da pandemia e, ainda, as consequências jurídicas da divulgação pública de listas de vacinados.

No *Capítulo 33*, José Luiz de Moura Faleiros Junior e Marina Rangel de Abreu Iede escrevem artigo intitulado *"Incidentes de segurança com dados pessoais sensíveis em estabelecimentos de saúde: uma análise sobre os pressupostos da responsabilidade civil"*, no qual debatem a decisão paradigmática do Superior Tribunal de Justiça, o Agravo em Recurso Especial nº 2.008.070/SP.

É discutido um julgado da Corte Superior que versa sobre a ocorrência de incidente de segurança com dados pessoais de paciente em ambiente médico-hospitalar, sinalizando potencial acesso não autorizado, em alegada violação ao Código Civil, ao Código de Defesa do Consumidor e à Lei Geral de Proteção de Dados. Os autores explicam que a a Lei Geral de Proteção de Dados (LGPD) trouxe à luz novos fundamentos de responsabilidade civil relacionados às boas práticas (ou ausência delas) por agentes de tratamento de dados pessoais. Sustentam que tais fundamentos possuem especial relevância no ambiente médico-hospitalar, onde são tratados dados pessoais de saúde e, por conseguinte, de natureza sensível, em especial quando analisa-se o nexo causal entre incidentes de segurança envolvendo este tipo de dado pessoal (sensível) e os danos causados ao titular decorrentes de crimes e fraudes praticadas com sua utilização.

No *Capítulo 34*, Flaviana Rampazzo Soares e Tertius Rebelo escrevem artigo intitulado *"Incidentes de segurança com dados pessoais sensíveis em estabelecimentos de saúde: uma análise sobre os pressupostos da responsabilidade civil"*, no qual debatem a decisão paradigmática do Tribunal de Justiça do Estado de São Paulo, a Apelação Cível nº 1016844-03.2020.8.26.0068.

É analisada uma decisão judicial cuja pretensão indenizatória ocorreu no contexto de uma pessoa que teve alguns de seus dados de saúde (inclusive o fato de ser portadora do vírus do HIV) disponibilizados no website de um município. Os autores explicam que o sistema protetivo normativo de dados pessoais estabelece o dever do sigilo e da proteção dos dados pessoais, incluindo informações de saúde, as quais demandam maior necessidade de proteção por ser qualificadas como dados sensíveis, classe essa que, por suas características específicas, demanda um cuidado superior se comparada com dados não sensíveis. Nesse cenário, a divulgação indevida de dados é uma preocupação crescente, principalmente com o aumento da utilização da tecnologia e da internet, pois os danos dela decorrentes podem ser de grande dimensão. A proposta do estudo é analisar as implicações jurídicas do vazamento de dados sensíveis no âmbito da responsabilidade civil, com a possibilidade de classificação da mera violação dos direitos envolvidos como dano *in re ipsa*, questão que é objeto de intensos debates e de inegável repercussão prática.

No *Capítulo 35*, Michael César Silva, Carolina Silva Mildemberger e Karenina Carvalho Tito escrevem artigo intitulado *"Publicidade médica na era digital e o médico influenciador"*, no qual debatem a decisão paradigmática da 5ª Vara Cível Federal do Estado de São Paulo, a Sentença nº 5019150-55.2021.4.03.6100.

Os autores apresentam um panorama das implicações jurídicas da publicidade na Era Digital, especificamente, a atuação de influenciadores digitais médicos. A problemática reside no possível descumprimento dos preceitos estabelecidos no Código de Ética Médica e na imputação de responsabilidade civil aos influenciadores digitais por danos aos consumidores. O objetivo é realizar uma análise crítica de decisão paradigma, sobre as limitações éticas na publicação em Instagram por médico influenciador. Para tanto, são analisadas as restrições que envolviam a publicidade médica à luz da resolução vigente à época, como, por exemplo, a exposição da imagem do paciente, a reprodução de serviços médicos através das mídias sociais. Além disso, é traçado um comparativo com as novas previsões trazidas com a Resolução CFM nº 2.336/23.

Desejamos a todos uma excelente leitura!

Curitiba, julho de 2024.

Miguel Kfouri Neto
Rafaella Nogaroli

SUMÁRIO

PREFÁCIO
Nelson Rosenvald VII

APRESENTAÇÃO
Miguel Kfouri Neto e Rafaella Nogaroli XXII

PARTE I
RESPONSABILIDADE CIVIL, PENAL E ÉTICA NO DIREITO MÉDICO

A DISTRIBUIÇÃO DE RESPONSABILIDADE CIVIL ENTRE O CIRURGIÃO-CHEFE E O MÉDICO ANESTESISTA

André Luís Monteleone, Patricia Lemes Pinheiro Bortolotto e Wendell Lopes Barbosa 3

APLICAÇÃO DA TEORIA DO DESVIO PRODUTIVO NA RESPONSABILIDADE CIVIL MÉDICA

Andressa Jarletti Gonçalves de Oliveira e Felippe Abu-Jamra Corrêa...................... 23

A CRESCENTE INFLUÊNCIA DOS PROCESSOS ÉTICO-PROFISSIONAIS DE MÉDICOS NAS DECISÕES JUDICIAIS

Maria Teresa Ribeiro de Andrade Oliveira e Igor de Lucena Mascarenhas................ 37

RESPONSABILIDADE DOS CONSELHOS DE MEDICINA POR DEFICIÊNCIA NA FISCALIZAÇÃO

Katia Christina Elias Gomes Pires, Maria Teresa Ribeiro de Andrade Oliveira e Igor de Lucena Mascarenhas 57

RESPONSABILIDADE CIVIL POR ATO DE TERCEIROS DAS EMPRESAS MÉDICAS: REFLEXOS CONTEMPORÂNEOS E MEDIDAS DE MITIGAÇÃO DE RISCOS

Camila Kitazawa Cortez, Isadora Cé Pagliari e Natasha Regina Neves Gelinski 71

A COMPENSAÇÃO FINANCEIRA DEVIDA AOS PROFISSIONAIS E TRABALHADORES DA SAÚDE QUE ATUARAM NA PANDEMIA DA COVID-19 – LEI 14.128/2021

Romualdo Baptista dos Santos 91

RESPONSABILIDADE CIVIL DO MÉDICO PELO USO NÃO AUTORIZADO DA IMAGEM DO PACIENTE

Romualdo Baptista dos Santos e Yasmin A. Folha Machado 109

RESPONSABILIDADE CIVIL DO FORNECEDOR POR MEDICAMENTOS DEFEITUOSOS

Gabriel Oliveira de Aguiar Borges, Letícia de Oliveira Borba e Vitor Calliari Rebello 121

RESPONSABILIDADE CIVIL DO ESTADO EM DECORRÊNCIA DAS REAÇÕES ADVERSAS CAUSADAS PELO USO DE VACINAS EM CAMPANHAS DE MASSA

Elio Vasconcellos Vieira, Letícia de Araújo Moreira Preis e Patricia Rizzo Tomé 141

A (IN)APLICABILIDADE DO CÓDIGO DE DEFESA DO CONSUMIDOR AOS ENSAIOS CLÍNICOS DE MEDICAMENTOS E SEUS REFLEXOS NA SEARA DA RESPONSABILIDADE CIVIL

Camila Capucho Cury Mendes, Mayara Medeiros Royo e Paula Moura Francesconi de Lemos Pereira 157

REMOÇÃO ILEGAL DE ÓRGÃOS E RESPONSABILIDADE PENAL DO MÉDICO: ANÁLISE DA (IN)COMPETÊNCIA DO TRIBUNAL DO JÚRI NO CASO PAVESI

Giovana Palmieri Buonicore e José Américo Penteado de Carvalho 179

AUTONOMIA NA PRESCRIÇÃO DE MEDICAMENTO *OFF LABEL* E A RESPONSABILIDADE PENAL DO MÉDICO

Isadora Leardini Vidolin, Rafaella Nogaroli e Tiago Sofiati 197

OPTOMETRIA *VERSUS* OFTALMOLOGIA: UM PARALELO DAS NORMAS ÉTICAS E LEGAIS QUE REGULAMENTAM AS PROFISSÕES

Carolina Martins Uscocovich e Isadora Cé Pagliari 213

PARTE II
PLANOS DE SAÚDE E QUESTÕES PROCESSUAIS

O DEBATE SOBRE A TAXATIVIDADE OU EXEMPLIFICATIVIDADE DO ROL DE PROCEDIMENTOS E EVENTOS EM SAÚDE DA ANS

Gabriel Massote Pereira e Milene Lima Acosta 231

MANUTENÇÃO DAS CONDIÇÕES ASSISTENCIAIS E DE CUSTEIO DO PLANO DE SAÚDE AOS BENEFICIÁRIOS INATIVOS

Antonio Luiz de Jesus Lopes 251

REAJUSTES POR FAIXA ETÁRIA DE PLANOS DE SAÚDE DA MODALIDADE INDIVIDUAL OU FAMILIAR À LUZ DO ESTATUTO DO IDOSO

Carolina Martins Uscocovich, Karin Cristina Bório Mancia e Maitê Pinheiro Machado 267

O CONDICIONAMENTO DA DISTRIBUIÇÃO DINÂMICA DO ÔNUS DA PROVA À VULNERABILIDADE PROBATÓRIA EM DEMANDAS INDENIZATÓRIAS POR ERRO MÉDICO

Clayton de Albuquerque Maranhão e Guilherme Alberge Reis 283

CRITÉRIOS OBJETIVOS PARA O ESTABELECIMENTO E CONTAGEM DO MARCO PRESCRICIONAL NAS AÇÕES DE RESPONSABILIDADE CIVIL MÉDICA

Eduardo Dantas 295

A JUDICIALIZAÇÃO NA SAÚDE SUPLEMENTAR E O ACESSO AOS MEDICAMENTOS SEM REGISTRO NA ANVISA

Bianca Braga Plinta e Jordão Horácio da Silva Lima 307

TRATAMENTO *HOME CARE* E OS CRITÉRIOS PARA COBERTURA NOS PLANOS DE SAÚDE

Bruno Margraf Althaus e Guilherme Frederico Hernandes Denz 323

PARTE III
DEBATES BIOÉTICOS

SAVIOR SIBLINGS

Juliana Carvalho Pavão e Mariana Barsaglia Pimentel 339

WRONGFUL LIFE: O DEBATE EM TORNO DA RESPONSABILIDADE CIVIL PELO ADVENTO DE UMA *VIDA INDEVIDA*

Graziella Trindade Clemente e Adriano Marteleto Godinho 351

ASPECTOS BIOÉTICOS E JURÍDICOS DA MORTE ENCEFÁLICA

Nathalia Recchiutti, Fernanda Righetto e Luciana Dadalto 369

CONSENTIMENTO EM INTERVENÇÕES ÉDICAS ENVOLVENDO PACIENTES COM DEFICIÊNCIA INTELECTUAL

Alexandro de Oliveira e Larissa Fortes do Amaral 381

CONSENTIMENTO NA REPRODUÇÃO ASSISTIDA *POST MORTEM*

Camila Capucho Cury Mendes e Vagner Messias Fruehling 397

PANORAMA LUSO-BRASILEIRO DA RECUSA DE TRATAMENTO MÉDICO EM CRIANÇAS E ADOLESCENTES DE FAMÍLIAS TESTEMUNHAS DE JEOVÁ

Ana Carolina Quirino Marcuz e Marta Rodrigues Maffeis.. 417

TRANSPLANTES RENAIS INTER VIVOS ENTRE NÃO PARENTES POR AFINIDADE

Gabriel Massote Pereira, Bartira de Aguiar Roza e Tadeu Thomé............................ 431

PARTE IV
DIREITO MÉDICO, PROTEÇÃO DE DADOS DE SAÚDE E INOVAÇÕES TECNOLÓGICAS

RESPONSABILIDADE CIVIL MÉDICO-HOSPITALAR POR EVENTOS ADVERSOS EM CIRURGIAS ROBÓTICAS

Rafaella Nogaroli.. 453

TELEMEDICINA E A RELAÇÃO MÉDICO-PACIENTE: ANÁLISE DE CASO SOB A PERSPECTIVA DA RESPONSABILIDADE CIVIL

Ana Cláudia Pirajá Bandeira, Caroline Cavet, Cláudio José Franzolin e Gabrielle
Prado Cracco.. 471

RESPONSABILIDADE CIVIL POR FALHA DO DEVER DE INFORMAÇÃO NA PRESTAÇÃO DE SERVIÇOS DE FERTILIZAÇÃO *IN VITRO*

Fernanda Schaefer 493

RESPONSABILIDADE CIVIL DAS CLÍNICAS DE REPRODUÇÃO HUMANA ASSISTIDA PELA COMODITIZAÇÃO DE GAMETAS FEMININOS

Mayara Medeiros Royo... 509

LEI GERAL DE PROTEÇÃO DE DADOS E DIVULGAÇÃO DO NOME DE VACINADOS CONTRA A COVID-19

Fernanda Schaefer 525

INCIDENTES DE SEGURANÇA COM DADOS PESSOAIS SENSÍVEIS EM ESTABELECIMENTOS DE SAÚDE: UMA ANÁLISE SOBRE OS PRESSUPOSTOS DA RESPONSABILIDADE CIVIL

José Luiz de Moura Faleiros Junior e Marina Rangel de Abreu Iede......................... 543

AUTODETERMINAÇÃO E A DIVULGAÇÃO INDEVIDA DE DADOS SENSÍVEIS DE SAÚDE COMO DANO *IN RE IPSA*

Flaviana Rampazzo Soares e Tertius Rebelo 561

PUBLICIDADE MÉDICA NA ERA DIGITAL E O MÉDICO INFLUENCIADOR

Michael César Silva, Karenina Carvalho Tito e Carolina Silva Mildemberger 583

Parte I
RESPONSABILIDADE CIVIL, PENAL E ÉTICA NO DIREITO MÉDICO

PARTE I

A DISTRIBUIÇÃO DE RESPONSABILIDADE CIVIL ENTRE O CIRURGIÃO-CHEFE E O MÉDICO ANESTESISTA

André Luís Monteleone[1]

Patricia Lemes Pinheiro Bortolotto[2]

Wendell Lopes Barbosa[3]

> **Decisão paradigma:** BRASIL. Superior Tribunal de Justiça (STJ), **Recurso Especial nº 1.790.014/SP**, 3ª Turma, relator Min. Paulo de Tarso Sanseverino, j. 11 maio 2021.

> **Sumário:** 1. Descrição do caso – 2. Modelos de formação de equipes médicas, distribuição de competências, responsabilidade e dever informacional – 3. Embasamento teórico para atribuição da responsabilidade civil por erro do médico anestesista: a incidência da teoria da causalidade adequada e da *culpa in eligendo* – 4. Análise da decisão paradigma (Resp nº 1.790.014/SP) em cotejo com o entendimento jurisprudencial brasileiro acerca da solidariedade entre médico cirurgião-chefe e anestesista – 5. Notas conclusivas – Referências.

1. DESCRIÇÃO DO CASO

No dia 11.05.2021, o REsp 1.790.014/SP[4] foi julgado pela 3ª Turma do STJ, de relatoria do Ministro Paulo de Tarso Sanseverino, oportunidade na qual reformou o acórdão

---

1. Especialista em Direito Médico na Faculdade Faceres – São José do Rio Preto/SP. Graduado em Direito pela Universidade Federal de Uberlândia. Vice-Presidente e Membro da Comissão de Direito Médico da OAB Subseção de Catanduva/SP. Membro efetivo regional da Comissão de Direito Médico e da Saúde da OAB/SP. Membro fundador do Instituto Miguel Kfouri Neto – Direito Médico e da Saúde. Advogado. E-mail: andre.monteleone@hotmail.com.
2. Especialista em Responsabilidade Civil e Penal no Direito Médico pela Damásio Educacional Direito Médico e Bioética pela EBRADI e em Direito de Família e Sucessões pela EBRADI. Especialista e Pós-graduanda em Direito da Medicina pelo Centro de Direito Biomédico da Universidade de Coimbra. Graduada em Direito pela Faculdade de Direito de Curitiba – UNICURITIBA. Membro da Comissão de Direito à Saúde e da Comissão de Responsabilidade Civil da OAB/PR. Membro fundadora e Diretora Administrativa Instituto Miguel Kfouri Neto – Direito Médico e da Saúde. Advogada. E-mail: patriciabortolottoadv@gmail.com.
3. Pós-Doutor em "Direitos Humanos, Saúde e Justiça" pelo IGC – Ius Gentium Conimbrigae e pelo POSCOHR – Portuguese Speaking Countries Observatory on Human Rights, sediados na Universidade de Coimbra. Doutor e Mestre em Direito Civil Comparado pela PUC-SP. Especialista em Direito Penal pela EPM. Coordenador da pós-graduação em Direito Médico pela Damásio Educacional. MBA em Gestão da Saúde pela FGV. Membro fundador e Conselheiro Administrativo do Instituto Miguel Kfouri Neto – Direito Médico e da Saúde. Autor do livro: *O erro médico nos tribunais*, Editora Foco, 2024. Juiz de Direito do Tribunal de Justiça de São Paulo. E-mail: wlopesbarbosadesouza@yahoo.com.br.
4. **BRASIL.** Superior Tribunal de Justiça (STJ), **Recurso Especial nº 1.790.014 SP**, 3ª Turma, relator Min. Paulo de Tarso Sanseverino, j. 11 maio 2021, DJe 10 jun. 2021.

de apelação, para fins de reconhecer a inexistência de solidariedade na responsabilidade civil entre o médico cirurgião-chefe e o médico anestesista, por erro exclusivo deste.

A autora e seu companheiro ajuizaram ação de reparação de danos em face do médico cirurgião-chefe requerendo danos morais e materiais. Ela foi internada em 19/10/2000 para cirurgia eletiva de mamoplastia redutora. A cirurgia ocorreu sem intercorrências e a paciente foi encaminhada para observação pós-cirúrgica e de procedimento anestésico, aos cuidados do anestesista.

Ocorre que o médico anestesista deixou o estabelecimento hospitalar, ficando a autora sob os cuidados apenas da enfermagem. Neste ínterim, a autora desenvolveu um quadro de hipoxia – baixa de oxigênio – e o médico anestesista demorou para retornar à instituição e iniciar manobras para conter danos, o que causou sequelas permanentes e irreversíveis à paciente.

Os autores buscaram o Judiciário, a fim de responsabilizar o médico cirurgião pelo evento danoso ocorrido no pós-cirúrgico, que veio a causar sérios danos à paciente, culminando em graves lesões neurológicas e estado vegetativo permanente. Buscam a responsabilização solidária do cirurgião chefe, sem, no entanto, demandar o anestesista, alegando que diante da indicação do profissional de anestesia ocorreu a *culpa in eligendo*.

Importante frisar que neste caso o evento cirúrgico transcorreu normalmente, sendo o procedimento concluído tal qual planejado. O que causou o dano foi a demora e inércia do anestesista em agir para evitar o evento danoso. Neste julgado, o debate central é sobre a hipótese de solidariedade na responsabilidade entre os membros da equipe exclusivamente médica, quando necessitam atuar em conjunto em determinado procedimento que envolva mais de uma especialidade.

Em primeiro grau, o juiz entendeu que não há responsabilidade solidária entre o cirurgião-chefe e o anestesista em caso de erro exclusivo do anestesista, adotando a *Teoria da Causalidade Adequada*, segundo a qual cada profissional responde somente pelo dano que der causa direta ou indiretamente, conforme disposto no artigo 403 do Código Civil de 2002,[5] julgando a Ação totalmente improcedente.

O Tribunal de Justiça de São Paulo (TJSP) instado via recurso de apelação, em julgamento na 8ª Câmara de Direito Privado, reformou a sentença para fins de reconhecer a existência de solidariedade entre o cirurgião-chefe e o anestesista, diante da *culpa in eligendo* conforme disposto no artigo 933, do Código Civil, e pelo defeito no serviço nos termos do artigo 14, do Código de Defesa do Consumidor. Assim, condenou o cirurgião-chefe ao pagamento de danos morais e materiais.

Do acórdão houve interposição do Recurso Especial nº 1.790.014/SP, requerendo o afastamento da solidariedade do cirurgião-chefe, suscitando o entendimento pacificado

---

5. **BRASIL. Lei nº 10.406, de 10 de janeiro de 2002.** Institui o Código Civil. Brasília, DF, 10 jan. 2002. Disponível em: https://www.planalto.gov.br/ccivil_03/leis/2002/l10406compilada.htm. Acesso em: 02 fev. 2023.

pela Segunda Seção do STJ (no ERESP nº 605.435/RJ).[6] Em votação apertada por 3 votos a 2, decidiu-se pelo afastamento da solidariedade e que o médico cirurgião-chefe da equipe não pode ser responsabilizado por erro médico cometido exclusivamente pelo médico anestesista, conforme o ocorrido no caso concreto. Prevaleceu, portanto, a tese de que não há relação de subordinação entre o cirurgião-chefe e o anestesista, trabalhando em colaboração, ombro a ombro, cada um responsável pela sua esfera de atuação.

Diante do julgado paradigmático apresentado, propõe-se, no presente artigo, investigar, inicialmente, os modelos de formação de equipes médicas e a distribuição de competências, além de questões relacionadas à responsabilidade e dever informacional. Em seguida, será apresentado o embasamento teórico para atribuição da responsabilidade civil por erro exclusivo do médico anestesista. Por fim, busca-se uma análise verticalizada dos argumentos constantes na decisão paradigma, em cotejo com o entendimento jurisprudencial brasileiro acerca da solidariedade entre o médico cirurgião-chefe e o anestesista.

2. MODELOS DE FORMAÇÃO DE EQUIPES MÉDICAS, DISTRIBUIÇÃO DE COMPETÊNCIAS, RESPONSABILIDADE E DEVER INFORMACIONAL

A anestesiologia surgiu como especialidade médica no Brasil em meados da década de 40 e no ano de 1948 foi fundada a Sociedade Brasileira de Anestesiologia. Antes disso quem ministrava os anestésicos era o médico cirurgião; assim, para além do cuidado com o próprio procedimento, ele também monitorava os sinais vitais e parâmetros anestésicos do paciente.[7] Atualmente, contudo, a anestesiologia é uma especialidade bem estabelecida e os anestesistas são responsáveis exclusivamente pela administração dos anestésicos e pelo monitoramento contínuo dos pacientes durante todo o procedimento cirúrgico. Isso permitiu que os cirurgiões possam focar inteiramente na cirurgia, melhorando a segurança e a eficácia dos procedimentos médicos.

O propósito da anestesia é que por meio da técnica de aplicação de medicamentos, o paciente não sinta dor ou desconforto durante e após o procedimento médico. É comumente utilizada em cirurgias de todos os portes e a escolha da técnica a ser utilizada é exclusiva do médico anestesiologia que, por meio de seus conhecimentos – avaliando o procedimento a ser realizado e condição clínica do paciente –, indicará o melhor anestésico para o caso, sempre individualizando a conduta.

Os anestesiologistas são responsáveis por não apenas administrar os anestésicos, como também monitorar continuamente os sinais vitais do paciente, como a pressão arterial, a frequência cardíaca e a oxigenação. Além disso, os anestesistas ajustam os níveis de anestesia conforme necessário para garantir que o paciente permaneça estável e confortável durante toda a cirurgia. Após o procedimento, devem supervisionar

---

6. **BRASIL**. Superior Tribunal de Justiça (STJ). **Embargos de Divergência em Recurso Especial nº 605435/RJ (2011/0041422-0)**, relator Min. Vice-Presidente do STJ, j. 14 set. 2011, DJe: 28 nov. 2012.

7. História da Anestesiologia no Paraná. **Sociedade Paranaense de Anestesiologia**. Disponível em: https://www.spa.org.br/a-historia-da-anestesiologia-no-parana/. Acesso em: 08 jun. 2024.

a recuperação do paciente até que os efeitos da anestesia diminuam completamente, garantindo uma transição segura para o pós-operatório.

Em que pese posterior ao contexto fático debatido no julgamento paradigmático do STJ ora analisado, vale destacar a previsão da Resolução nº 2.174/2017 do Conselho Federal de Medicina[8], no sentido de que cabe ao médico anestesiologista não só a condução/aplicação de anestesias gerais ou regionais, mas também toda a anamnese para conhecimento das condições prévias de saúde do paciente, bem como o seu acompanhamento permanente até o final do procedimento anestésico.

Deve também o anestesista informar ao paciente sobre os potenciais riscos e benefícios do procedimento para que esse possa consentir com o ato, salvo nas situações de urgência ou emergência, nas quais o consentimento pode ser dispensado para salvaguardar a incolumidade física ou vida do paciente.

Quando falamos sobre modelos de formação de equipes médicas, para que se possa apontar a responsabilidade solidária dos profissionais em eventual caso de erro médico, principalmente no que toca a especialidade de anestesiologia, imprescindível explanar sobre as diversas maneiras de constituição de equipe. Nesse sentido, há 3 (três) principais formas de composição.

Na primeira delas, o médico anestesiologista faz parte do corpo clínico fixo de determinada instituição, na qual os médicos cirurgiões costumam operar. Aqui não há subordinação ou vínculo que una o cirurgião-chefe ao anestesiologista.

Numa segunda composição, o serviço de anestesiologia do nosocômio é terceirizado, comumente para uma cooperativa ou empresa formada por médicos anestesiologistas, que se organizam internamente a fim de oferecer serviços no hospital ou clínica. Neste modelo, também não há qualquer subordinação entre o cirurgião-chefe e o anestesiologista.

Por fim, há equipes que trabalham com médico anestesista próprio, diretamente vinculado à equipe, indicando esse profissional e, assim, caracterizando o vínculo entre ambos os prestadores de serviço, seja pela eventual subordinação ou pela indicação que caracteriza a modalidade de responsabilização do cirurgião-chefe pela *culpa in eligendo*.

O cerne para a definição se há solidariedade entre o cirurgião-chefe e o anestesiologista repousa no vínculo entre eles. Acerca da responsabilidade do anestesista assevera Miguel Kfouri Neto:

> A responsabilidade do anestesista é individual nos períodos pré e pós-operatórios. Durante o ato cirúrgico, no interior da sala de operação, há que examinar possível culpa concorrente. Quanto à anestesia, não se pode imputar culpa ao cirurgião. O anestesista é autônomo e seu campo de atuação é distinto. O quadro fático, porém, é de difícil análise: as competências se interferem e superpõem. Só o exame do caso concreto indicará as conclusões apropriadas.

---

8. **CONSELHO FEDERAL DE MEDICINA. Resolução CFM Nº 2.174 de 14 dez. 2017.** Dispõe sobre a prática do ato anestésico e revoga a Resolução CFM nº 1.801/2006. Diário Oficial da União – DOU, 2016. Disponível em: https://www.legisweb.com.br/legislacao/?id=357006. Acesso em: 28 jan. 2023.

Adquire importância na análise do caso concreto o fato de o anestesista ter sido imposto pelo hospital ou ser parte integrante da equipe da equipe médico-cirúrgica.[9]

Na modalidade de *culpa in eligendo* responderá solidariamente o cirurgião-chefe por ato do anestesista. Essa modalidade de culpa se configura diante da má escolha efetuada pelo profissional que, ao indicar alguém desqualificado ou que age sem os devidos cuidados inerentes à profissão, acaba por causar danos ao paciente sob o seu cuidado.

Outra questão importante diz respeito à responsabilidade pela falha no dever informacional. Devem tanto o cirurgião-chefe quanto o anestesiologista informar adequadamente o paciente acerca dos procedimentos aos quais será submetido, os riscos e benefícios, e, também, sobre os limites da assistência e atuação de cada profissional. Por algumas vezes a própria intervenção anestésica apresenta mais riscos de intercorrências que o procedimento cirúrgico, entretanto cirurgias não acontecem sem que haja aplicação de anestésicos. Sobre o tema, Miguel Kfouri Neto nos ensina que:

> O médico deve ao paciente uma informação leal, completa e acessível, tanto sobre o ato cirúrgico em si e cuidados pós-operatórios como também aos riscos inerentes à cirurgia e ao tratamento, aí incluídos os riscos que apresentem caráter excepcional.[10]

O dever informacional tem a finalidade de esclarecer ao paciente, auxiliando numa decisão real e delimitando a responsabilidade e atuação da equipe médica. Em 2022, houve a condenação por responsabilidade civil solidária pelo STJ de médico cirurgião-chefe e anestesista pela morte de paciente,[11] diante da ausência de Termo de Consentimento Livre e Esclarecido, uma vez que só há autonomia na escolha diante de informações precisas e reais.

O dever informacional decorre do art. 22 do Código de Ética Médica,[12] que veda ao médico "deixar de obter consentimento do paciente ou de representante legal após esclarecê-los sobre o procedimento a ser realizado, salvo no caso de risco iminente de morte", das regras da legislação consumerista (artigos 6º, inciso III, e artigo 14, ambos do Código de Defesa do Consumidor[13]) e do art. 15, do Código Civil, além de estar intrínseco nas relações contratuais, diante do princípio da boa-fé objetiva.

---

9. KFOURI NETO, Miguel. **Responsabilidade Civil do Médico**. 11 ed. São Paulo: Thompson Reuters Brasil, 2021, p. 211.

10. KFOURI NETO, Miguel. **Responsabilidade Civil do Médico**. 11. ed. São Paulo: Thompson Reuters Brasil, 2021, p. 283-284.

11. **BRASIL**. Superior Tribunal de Justiça (STJ), **Recurso Especial nº 1848862 RN**, 3ª Turma, relator Min. Marco Aurélio Bellizze, j. 05 abr. 2022, DJe 08 abr. 2022.

12. CONSELHO FEDERAL DE MEDICINA. **Código de ética médica**. Resolução CFM nº 2.217, de 27 de setembro de 2018, modificada pelas Resoluções CFM nº 2.222/2018 e 2.226/2019. Brasília: Conselho Federal de Medicina, 2019.

13. **BRASIL. Lei nº 8.078, de 11 de setembro de 1990**. Dispõe sobre a proteção do consumidor e dá outras providências. Disponível em: https://www.planalto.gov.br/ccivil_03/leis/l8078compilado.htm. Acesso em: 20 jan. 2023.

3. EMBASAMENTO TEÓRICO PARA ATRIBUIÇÃO DA RESPONSABILIDADE CIVIL POR ERRO DO MÉDICO ANESTESISTA: A INCIDÊNCIA DA TEORIA DA CAUSALIDADE ADEQUADA E DA *CULPA IN ELIGENDO*

Pontuando com a primazia de sempre, afirma Miguel Kfouri Neto[14] que "duas especialidades reclamam especial detença: a cirurgia plástica e a anestesiologia", e em "ambas a repercussão de eventuais insucessos revela-se intensa". Isso porque:

> Na anestesia, pelas consequências quase irreversíveis, as reações tornam-se dramáticas. À simples menção, já nos afloram, de súbito, os trágicos casos da cantora Clara Nunes, do promissor craque flamenguista Geraldo, e, ambos em Campinas, do cadete de West Point e do futebolista árabe, que tinham em comum a juventude, condições físicas invejáveis, saúde perfeita, a busca por cirurgias triviais, varizes, tornozelo e amígdalas, e terminaram por encontrar a morte, em acidentes anestésicos.[15]

Dessa intensa relevância quanto aos efeitos de um resultado indesejado advindo de erro no proceder por parte do médico anestesiologista, extrai-se a questão posta para exame nas linhas que seguem.

Trata-se da celeuma que ainda há acerca da distribuição de responsabilidade civil entre médico anestesista e cirurgião-chefe na causação de dano ao paciente em virtude de erro cometido com exclusividade pelo anestesiologista. As indagações fundamentais que se põem são as seguintes: i) tendo o anestesista, por sua conduta culposa exclusiva, causado um dano ao paciente, também responde o cirurgião-chefe do procedimento operatório por esta indenização à vítima?; ii) em outras palavras, há responsabilidade solidária entre ambos ou cada qual responde individualmente pelo seu próprio erro que tenha gerado dano ao paciente?

Com clareza ímpar, no voto vencedor do ERESP 605.435/RJ do STJ (que será objeto de nosso estudo a seguir), o Ministro Raul Araújo resumiu a questão nos seguintes termos:

No mérito, a divergência cinge-se ao reconhecimento, ou afastamento, de responsabilidade solidária por parte do médico-cirurgião, chefe da equipe que participa da cirurgia que ele realiza, por danos causados ao paciente em decorrência de erro médico cometido exclusivamente pelo médico anestesista.[16]

De acordo com o jurista, há duas teses aqui discutidas.

A primeira, no sentido de que o médico-chefe, por estar no comando do grupo e por escolher os profissionais que o integram, seria responsável, solidariamente, por danos causados ao paciente por erro de qualquer um dos membros da equipe que dirige (outros médicos, enfermeiros, auxiliares e anestesista), nos termos do art. 14, *caput*, do Código de Defesa do Consumidor.

---

14. KFOURI NETO, Miguel. **Responsabilidade Civil do Médico**. 11. ed. São Paulo: Thompson Reuters Brasil, 2021, p. 207.
15. KFOURI NETO, Miguel. **Responsabilidade Civil do Médico**. 11. ed. São Paulo: Thompson Reuters Brasil, 2021, p. 207.
16. **BRASIL**. Superior Tribunal de Justiça (STJ). **Embargos de Divergência em Recurso Especial nº 605435/RJ (2011/0041422-0),** relator Min. Vice-Presidente do STJ, j. 14 set. 2011, DJe 28 nov. 2012.

A segunda, no sentido de que, se o dano decorre em tais casos, exclusivamente, de ato praticado por profissional que, embora participante da equipe médica, atua autonomamente, sem receber ordens do cirurgião-chefe, sua responsabilidade deve ser apurada de forma individualizada, excluindo-se aí a solidariedade do cirurgião-chefe.[17]

Note-se a importância dessa temática para toda a comunidade médica, para as empresas de saúde, obviamente para os pacientes, além de todo o corpo de juristas dedicados ao estudo e militância no Direito Médico, seja no âmbito acadêmico ou na lida forense, uma vez que a questão posta está umbilicalmente ligada a todas as cirurgias realizadas no país, aos milhares diariamente.

Miguel Kfouri Neto afirma que, "em regra, o anestesiologista é o primeiro a entrar e o último a sair da sala de cirurgia",[18] tratando-se de especialidade com autonomia científica e técnica e que, "embora seja vista às vezes como especialidade auxiliar, sem ela não haveria a cirurgia, que efetivamente avançou a partir do momento em que se aperfeiçoou a prática anestésica".[19]

Dada essa incidência da temática na prática cotidiana de todo o sistema de saúde nacional, o ideal é que tivéssemos um posicionamento consolidado no correlato Sistema de Justiça acerca da definição jurídica da questão, com a formatação de um posicionamento vigoroso sobre se existe essa solidariedade entre os médicos ou se anestesista e cirurgião respondem de maneira individualizada, em face dos danos que causarem aos pacientes pela sua própria conduta errônea.

Traçando uma subdivisão ao longo do procedimento cirúrgico, Miguel Kfouri Neto assevera que "a responsabilidade do anestesista é individual nos períodos pré e pós-operatórios", afirmando que "durante o ato cirúrgico, no interior da sala de operação, há que se examinar possível culpa concorrente", e "quanto à anestesia, não se pode imputar culpa ao cirurgião", já que "o anestesista é autônomo e seu campo de atuação é distinto".[20]

Não obstante o quadro acima desenhado, o jurista faz uma ressalva das mais importantes e, certamente, advinda dos olhos atentos de julgador de longa vivência, deixando claro que "o quadro fático, porém, é de difícil análise: as competências se interferem e superpõem", de maneia que "só o exame do caso concreto indicará as conclusões apropriadas".[21] Nesse diapasão, à guisa de exemplo, conclui que "adquire importância

---

17. **BRASIL**. Superior Tribunal de Justiça (STJ). **Embargos de Divergência em Recurso Especial nº 605435/RJ (2011/0041422-0),** relator Min. Vice-Presidente do STJ, j. 14 set. 2011, DJe 28 nov. 2012.
18. KFOURI NETO, Miguel. **Responsabilidade Civil dos Hospitais**: Código Civil e Código de Defesa do Consumidor. 5. ed. São Paulo: Thompson Reuters Brasil, 2022, p. 180.
19. KFOURI NETO, Miguel. **Responsabilidade Civil dos Hospitais**: Código Civil e Código de Defesa do Consumidor. 5. ed. São Paulo: Thompson Reuters Brasil, 2022, p. 179.
20. KFOURI NETO, Miguel. **Responsabilidade Civil dos Hospitais**: Código Civil e Código de Defesa do Consumidor. 5. ed. São Paulo: Thompson Reuters Brasil, 2022, p. 211.
21. KFOURI NETO, Miguel. **Responsabilidade Civil dos Hospitais**: Código Civil e Código de Defesa do Consumidor. 5. ed. São Paulo: Thompson Reuters Brasil, 2022, p. 211.

na análise do caso concreto o fato de o anestesista ter sido imposto pelo hospital ou ser parte integrante da equipe médico-cirúrgica".[22]

Buscando o conhecimento dos demais doutrinadores na matéria, a tese pela imposição da responsabilidade de maneira individualizada ao anestesista, em caso de seu erro médico exclusivo, parece ser o entendimento da maior parte da doutrina especializada.

Para Décio Policastro,[23] "o ato anestésico incumbe ao médico anestesiologista", e "posto que detém especialidade na área, somente ele está qualificado a decidir, de modo soberano e intransferível, a conveniência ou não da realização do procedimento", afirmando que:

> O Conselho Federal de Medicina em antiga disposição já determinava a concepção de que os resultados lesivos do ato anestésico pertencem direta e pessoalmente, aos médicos autorizados a praticá-lo. Por conseguinte, sobre esses especialistas recaem as consequências da conduta anestesiológica danosa.[24]

Nehemias Domingos de Melo constata que: "a responsabilidade do médico anestesista é assunto da maior relevância", "onde acidentes anestésicos são responsáveis por mortes ou por deformações de caráter permanente"[25] e conclui no mesmo sentido:

> O médico anestesiologista, mesmo integrando a equipe médica, responde individualmente pelos atos e ações praticadas no pré e pós-operatório. Já com relação aos acidentes ocorridos durante a realização do ato cirúrgico propriamente dito, pode ocorrer culpa concorrente entre ele e outros membros da equipe.[26]

Essas foram as conclusões a que chegou o Miguel Kfouri Neto numa de suas obras clássicas – a "Responsabilidade Civil do Médico". Não diferem – ao contrário, confirmam – as convicções quando a temática é estudada na sua outra obra correlata. Com efeito, na "Responsabilidade Civil dos Hospitais", pontua o professor:

> Quando o anestesiologista atua em equipe, a divisão do trabalho é horizontal, portanto, não há subordinação ao cirurgião. O anestesiologista detém atribuições específicas sem sujeição hierárquica. Por isso, inexiste, em princípio, solidariedade passiva entre cirurgião e anestesiologista, em caso de comprovada culpa deste último, pela singela razão de inexistir subordinação entre ambos os especialistas.[27]

Muito embora reiterando não haver solidariedade, em tese, entre ambos, ressalva que "em casos excepcionais, poderá haver corresponsabilidade do cirurgião-chefe,

---

22. KFOURI NETO, Miguel. **Responsabilidade Civil dos Hospitais**: Código Civil e Código de Defesa do Consumidor. 5. ed. São Paulo: Thompson Reuters Brasil, 2022, p. 211.
23. POLICASTRO, Décio. **Erro Médico e suas Consequências Jurídicas**. 5. ed. Belo Horizonte: Del Rey, 2019.
24. POLICASTRO, Décio. **Erro Médico e suas Consequências Jurídicas**. 5. ed. Belo Horizonte: Del Rey, pp. 163-164.
25. MELO, Nehemias Domingos de. **Responsabilidade Civil por Erro Médico**. 2. ed. São Paulo: Atlas, 2013, p. 170.
26. MELO, Nehemias Domingos de. **Responsabilidade Civil por Erro Médico**. 2. ed. São Paulo: Atlas, 2013, p. 133.
27. KFOURI NETO, Miguel. **Responsabilidade Civil dos Hospitais**: Código Civil e Código de Defesa do Consumidor. 5. ed. São Paulo: Thompson Reuters Brasil, 2022, p. 179.

quando lhe era dado controlar ou evitar certas ocorrências ligadas à anestesia, e não o fez", exemplificando "com a realização da cirurgia sem que o anestesista disponha de medicação ou aparelho cuja falta expõe o paciente a risco".[28]

Necessário trazer, nesse sentido, o posicionamento da doutrina especializada pela solidariedade no dever indenizatório nessa situação, como, por exemplo, Maria Helena Diniz, na obra clássica "O Estado Atual do Biodireito":

> Havendo dano decorrente da atividade médica, oriunda de obrigação contratual ou aquiliana, surge o dever de indenizar o paciente lesado. Se a lesão advier de cirurgia efetivada por uma equipe médica, a responsabilidade civil será solidária, pois todos os médicos atuam em situação de igualdade, embora o operador-chefe possa ser alcançado nos casos em que deveria vigiar os atos dos seus colaboradores. Deverá haver uma responsabilidade compartida entre todos os membros da equipe, por ser a tarefa executada por todos.[29]

Por fim, Carlos Roberto Gonçalves apresenta uma série de pontos até aqui discutidos, dando a dimensão da complexidade da questão debatida:

> Dentro de uma equipe, em princípio é o médico-chefe quem se presume culpado pelos danos que acontecem, pois ele é quem está no comando dos trabalhos e só sob suas ordens é que são executados os atos necessários ao bom desempenho da intervenção. Mas a figura do anestesista é, nos dias atuais, de suma importância, não só dentro da sala de operação, mas também no período pré e pós-operatório. Dessa forma, não pode mais o operador chefe ser o único responsável por tudo o que aconteça antes, durante e após uma intervenção cirúrgica. A sua responsabilidade vai depender do exame do caso concreto. Fora de dúvida é a existência de responsabilidade autônoma do anestesista no pré e pós-operatório. A divergência ainda remanesce no caso de responsabilidade do anestesista dentro da sala de operação e sob o comando do cirurgião, podendo nesse caso a responsabilidade de ser dividida entre os dois: cirurgião e anestesista.[30]

Como sabido, o nexo causal é um dos três pilares da responsabilidade civil médica. É o elo entre o dano suportado pela vítima e a conduta praticada pelo médico e que permite a imputação de responsabilidade civil médica. Para Genival Veloso França, o nexo causal "é a relação entre a causa e o efeito, um elo entre o ato e o dano".[31]

Já nas lições de Cavalieri Filho, indica-se que "o exame do nexo causal limita-se a verificar se a atividade desenvolvida pelo agente se vincula de algum modo – próximo, direto, necessário, adequado ou eficiente – ao dano".[32]

De acordo com Yasmim Folha Machado e José Ricardo Alvarez Vianna, "para haver dever do profissional de indenizar o paciente em decorrência de evento adverso oriundo da intervenção médica, o nexo causal entre a conduta médica e o dano pro-

---

28. KFOURI NETO, Miguel. **Responsabilidade Civil dos Hospitais**: Código Civil e Código de Defesa do Consumidor. 5. ed. São Paulo: Thompson Reuters Brasil, 2022, p. 179.
29. DINIZ, Maria Helena. **O estado atual do Biodireito**. 6. ed. Saraiva: São Paulo, 2009, p. 678.
30. GONÇALVES, Carlos Roberto. **Responsabilidade Civil**. 10. ed. São Paulo: Saraiva, 2007, p. 403.
31. FRANÇA, Genival Veloso de. **Direito Médico**. 17. ed. Rio de Janeiro: Editora Forense, p. 274.
32. CAVALIERI FILHO, Sergio. **Programa de Responsabilidade Civil**. 10. ed. rev. e ampl., p. 55.

duzido há de ficar evidenciado".[33] Sem nenhuma dúvida, o nexo causal é o elemento de maior complexidade na aferição do dever indenizatório e o que apresenta as maiores dúvidas, a exemplo da questão ora debatida acerca da divisão de responsabilidade civil entre cirurgião e anestesista.

Isso já foi constatado pelos maiores estudiosos da Responsabilidade Civil no nosso país. Segundo Rui Stoco,[34] "entre os elementos ou pressupostos base da responsabilidade civil, o nexo de causalidade é o que maiores desafios ensejam, mercê das várias teorias que o informam".[35] Ademais, de acordo com Caio Mario da Silva Pereira:

> Este é o mais delicado dos elementos da responsabilidade civil e o mais difícil de ser determinado. Aliás, sempre que um problema jurídico vai ter na indagação ou na pesquisa a causa desponta a sua complexidade maior. Ele compreende, ao lado do aspecto filosófico, dificuldades de ordem prática.[36]

Pois bem, a base legal fundamental do nexo causal, no ordenamento jurídico nacional, repousa na cláusula geral de responsabilidade civil inserta no artigo 186 e, especialmente, no artigo 403, ambos do Código Civil de 2002:

> Art. 186. Aquele que, por ação ou omissão voluntária, negligência ou imprudência, violar direito e causar dano a outrem, ainda que exclusivamente moral, comete ato ilícito.
>
> Art. 403. Ainda que a inexecução resulte de dolo do devedor, as perdas e danos só incluem os prejuízos efetivos e os lucros cessantes por efeito dela direto e imediato, sem prejuízo do disposto na lei processual.[37]

Muitas correntes doutrinárias surgiram em torno da questão, com o aparecimento de inúmeras teorias acerca do nexo causal a partir da disciplina legal acima transcrita, em meio a muita controvérsia a respeito. Para se ter uma breve noção, Arnoldo Wald e Brunno Pandori Giancoli procuraram identificar essas inúmeras vertentes doutrinárias, apontando as teorias sobre o nexo causal que conseguiram detectar: a) Teoria da Equivalência dos Antecedentes; b) Teoria da Causa Direta e Imediata; c) Teoria da Causa Próxima; d) Teorias da Causa Eficiente e da Causa Preponderante; e) Teoria da Causalidade Adequada; f) Teoria do Escopo da Norma Jurídica Violada.[38]

Segundo as lições de Caio Mario da Silva Pereira, o artigo 403, do Código Civil, "na esteira do regime anterior, vincula-se à Teoria da Causalidade Necessária, por considerar ressarcíveis os prejuízos efetivos e os lucros cessantes por efeito dela (inexecução) direto e imediato". Prossegue que:

---

33. MACHADO, Yasmin Folha e VIANNA; José Ricardo Alvarez. Necessidade de Equalização da Responsabilidade Civil do Médico Residente. In: KFOURI NETO, Miguel; NOGAROLI, Rafaela (Coord.). **Debates Contemporâneos em Direito Médico e da Saúde**. São Paulo: Thomson Reuters Brasil, 2020, p. 183.
34. Tratado de Responsabilidade Civil, 9. ed. São Paulo: Ed. RT, 2013.
35. STOCO, Rui. **Tratado de Responsabilidade Civil**. 9. ed. São Paulo: Ed. RT, 2013, p. 204.
36. PEREIRA, Caio Mario da Silva. **Responsabilidade Civil**. 10. ed. Rio de Janeiro: GZ Editora, 2012, p. 106.
37. BRASIL. **Lei nº 10.406, de 10 de janeiro de 2002**. Institui o Código Civil. Brasília, DF, 10 jan. 2002. Disponível em: https://www.planalto.gov.br/ccivil_03/leis/2002/l10406compilada.htm. Acesso em: 02 fev. 2023.
38. WALD, Arnoldo; GIANCOLI, Brunno Pandori. **Responsabilidade Civil**. 2. ed. São Paulo: Saraiva, 2012, pp. 111-113.

À conta da locução "direto e imediato" afasta-se o ressarcimento sempre que a causa autônoma mais próxima interrompa o nexo de causalidade, rompendo assim a necessariedade entre causa e efeito danoso. Exige-se, portanto, para a ressarcibilidade do dano, liame de necessariedade entre a causa (conduta) e o efeito (dano).[39]

Referido autor conclui dizendo que "a noção de causalidade necessária se encontra consagrada na jurisprudência", mesmo ressalvando "que a terminologia adotada nem sempre seja uniforme, preferindo-se, por vezes, as expressões: causalidade adequada ou causalidade eficiente".[40]De igual modo, Rui Stoco constata a falta de uniformidade e procura dar um norte, afirmando que "não obstante o elevado número de teorias acerca do tema, as duas que merecem destaque especial são a teoria da equivalência das condições e a teoria da causalidade adequada".[41] Quanto à Teoria da Equivalência das Condições, afirma que "foi abraçada no Código Penal de 1940, sem distinguir causa, condição ou ocasião, de modo que tudo o que concorreu para o resultado é causa dele", mas deixa claro que "no âmbito civil, foi afastada por inadequada".[42]

Já quanto à Teoria da Causalidade Adequada, Rui Stoco afirma que "teria sido formulada por Ludwig Von Bar no século XIX, no ano de 1871", após "desenvolvida por inspiração do alemão Von Kries em 1888", e depois "encontrando desenvolvimento na França sob a denominação de causalidade adequada". Para o jurista, segundo essa teoria, a "causa será algum antecedente não só necessário, mas, ainda, adequado à produção do resultado", afirmando que:

Assim, ao contrário da teoria da equivalência, nem todas as condições serão consideradas causa, mas tão somente aquela que for a mais apropriada a produzir o resultado, ou seja, aquela que, de acordo com a experiência comum, for a mais idônea à realização do evento danoso.[43]

Segue o doutrinador asseverando que "na Teoria da Causalidade busca-se indagar, dentre todos os fatores sem os quais um determinado dano não teria ocorrido, quais devem ser considerados como determinantes desse dano", mas ressalva que "se nos afigura desimportante a distinção entre causa e condição" e "será responsável pela reparação o agente cujo comportamento seja considerado causa eficiente para ocorrência do resultado".[44] E conclui:

Enfim, independentemente da teoria que se adote, como a questão só se apresenta ao Juiz, caberá a este, como dito, na análise do caso concreto, sopesar as provas, interpretá-las como conjunto e estabelecer se houve violação do direito alheio, cujo resultado seja danoso, e se existe um nexo causal entre esse comportamento do agente e o dano verificado. Dessa verificação poderá concluir se a responsabilidade é de apenas um ou também de coautores, do responsável solidário ou, ainda, do ofensor e da vítima, na hipótese de concorrência do dano.[45]

---

39. PEREIRA, Caio Mario da Silva. **Responsabilidade Civil**. 10. ed. Rio de Janeiro: GZ Editora, 2012, p. 112.
40. PEREIRA, Caio Mario da Silva. **Responsabilidade Civil**. 10. ed. Rio de Janeiro: GZ Editora, 2012, p. 112.
41. STOCO, Rui. **Tratado de Responsabilidade Civil**. 9. ed. São Paulo: Ed. RT, 2013, p. 204.
42. STOCO, Rui. **Tratado de Responsabilidade Civil**. 9. ed. São Paulo: Ed. RT, 2013, p. 204.
43. STOCO, Rui. **Tratado de Responsabilidade Civil**. 9. ed. São Paulo: Ed. RT, 2013, p. 205.
44. STOCO, Rui. **Tratado de Responsabilidade Civil**. 9. ed. São Paulo: Ed. RT, 2013, p. 205.
45. STOCO, Rui. **Tratado de Responsabilidade Civil**. 9. ed. São Paulo: Ed. RT, 2013, p. 206.

Finalizando o campo doutrinário da questão, não se pode deixar de mencionar Carlos Alberto Menezes Direito e Sérgio Cavalieri Filho, alertando "que nenhuma teoria oferece soluções prontas e acabadas para todos os problemas envolvendo o nexo causal", e que:

> Como teorias, apenas dão um roteiro mental a seguir o raciocínio lógico a ser desenvolvido na busca da melhor solução. Sempre sobrará espaço para a criatividade do julgador atento aos princípios da probabilidade, da razoabilidade, do bom senso e da equidade. Não há, a rigor, diferenças substanciais entre as várias teorias que se põem a decifrar o nexo causal. Todas realçam aspectos relevantes do problema e seguem caminhos mentais semelhantes para atingir os mesmos resultados.[46]

A jurisprudência, segundo defendem os supracitados juristas, "não tem dado ao nexo causal um tratamento teórico rigoroso, isto é, se filiado a esta ou aquela teoria, mas flexível, adotando em cada caso concreto o entendimento mais justo para a solução do problema, o que nos parece absolutamente correto".[47]

De qualquer modo, vencendo a questão teórica e doutrinária, segundo nos dá conta mais uma vez o voto vencedor do Ministro Raul Araújo no ERESP nº 605.435/RJ, ficou assentado que, na prática, o Superior Tribunal de Justiça elegeu sua teoria a partir da interpretação do art. 403 do Código Civil, *in verbis*:

> Afinal, o nosso sistema jurídico, na esfera civil, adotou como regra a teoria da causalidade adequada (CC/2002, art. 403), de maneira que, salvo exceção prevista em lei, somente responde pelo dano aquele que lhe der causa, direta e imediatamente.[48]

Portanto, em se tratando o presente artigo da análise do resultado de julgamento proferido pelo Superior Tribunal de Justiça, adotamos também a nomenclatura Teoria da Causalidade Adequada para análise do nexo causal como pilar central da responsabilidade civil médica.

A *culpa in eligendo* é modalidade de culpa na qual o agente responde de maneira solidária por atos praticados por outrem que seja a ele subordinado, que atue sob sua supervisão ou ainda que tenha sido por ele indicado. Responde pela falta de diligência na escolha. Está prevista no inciso III, do artigo 932, do Código Civil, *in verbis*: "São também responsáveis pela reparação civil: III – o empregador ou comitente, por seus empregados, serviçais e prepostos, no exercício do trabalho que lhes competir, ou em razão dele".

Por analogia, esse dispositivo pode ser utilizado para os casos de equipes médicas, entretanto, deve haver uma relação de subordinação, que não ocorre na maioria das situações que envolvam erro médico cometido pelo anestesista. Isso porque não há entre ele

---

46. DIREITO, Carlos Alberto Menezes; CAVALIERI, Sérgio. **Comentários ao Novo Código Civil.** 3. ed. Rio de Janeiro: Forense, 2011, v. XIII, p. 78.
47. DIREITO, Carlos Alberto Menezes; CAVALIERI, Sérgio. **Comentários ao Novo Código Civil.** 3. ed. Rio de Janeiro: Forense, 2011, v. XIII, p. 79.
48. **BRASIL. Lei nº 10.406, de 10 de janeiro de 2002.** Institui o Código Civil. Brasília, DF, 10 jan. 2002. Disponível em: https://www.planalto.gov.br/ccivil_03/leis/2002/l10406compilada.htm. Acesso em: 02 fev. 2023.

e o cirurgião-chefe relação de subordinação, mas sim de igualdade, na qual cada um atua buscando o bem maior para o paciente, dentro da sua especialização e esfera de atuação.

Entretanto, defendemos que, se o anestesista fizer parte da equipe e for indicado pelo cirurgião para o paciente, diante da relação de confiança existente nestes casos e porque a indicação passa a ideia de competência e confiabilidade, haverá responsabilidade solidária pelo erro do anestesista.

Dessa sorte, conclui-se que é realmente em face do caso concreto, como alertam os Professores Julgadores Carlos Alberto Menezes Direito e Sérgio Cavalieri Filho, que "teremos que nos valer das contribuições de todas as teorias que possam levar a uma solução razoável que permita a realização da justiça", já que "em última instância, o nexo causal terá que ser examinado e determinado caso a caso" (p. 78).

4. ANÁLISE DA DECISÃO PARADIGMA (RESP Nº 1.790.014/SP) EM COTEJO COM O ENTENDIMENTO JURISPRUDENCIAL BRASILEIRO ACERCA DA SOLIDARIEDADE ENTRE MÉDICO CIRURGIÃO-CHEFE E ANESTESISTA

No julgamento do REsp nº 1.790.014/SP, em primeiro grau de jurisdição, não se reconheceu a solidariedade entre os médicos e não se imputou a responsabilidade pelo pagamento da indenização ao cirurgião-chefe (o único que havia sido demandado), *in verbis*:

> Não resta dúvidas de que a existência de conduta culposa foi atribuída exclusivamente ao anestesista, tendo todos os peritos subscritores afastado qualquer responsabilidade por parte do cirurgião, ora requerido. Certo é que, com base no teor dos laudos periciais, verifica-se que as graves complicações que acometeram a segunda autora, ocorreram logo após o término da cirurgia a que foi a mesma submetida, quando estava sob os cuidados do médico anestesista, que era o responsável por seu restabelecimento, naquela etapa do procedimento cirúrgico, e que não se encontrava na sala de recuperação. Pois bem, pela prova pericial, não se verificou a existência de nenhum erro médico grosseiro cometido pelo cirurgião plástico.[49]

Com o não reconhecimento da solidariedade, houve interposição do recurso de apelação por parte da paciente e seus familiares. Já na segunda instância, a sentença foi reformada para reconhecer da solidariedade entre os médicos, acarretando a condenação do cirurgião:

> O anestesista integrou a equipe de cirurgia chefiada pelo réu, portanto, sem qualquer interferência da parte da autora. Esta contratou apenas o réu e este é responsável por todos os integrantes de sua equipe, sejam eles plantonistas ou não. Nesse trilhar e, no meu sentir, não se pode afastar a responsabilidade do cirurgião plástico responsável pelo procedimento operatório. A responsabilidade médica, na espécie, não se mostra cindível, não sendo possível separar a responsabilidade dos profissionais envolvidos.[50]

---

49. **BRASIL**. Superior Tribunal de Justiça (STJ), **Recurso Especial nº 1.790.014 SP**, 3ª Turma, relator Min. Paulo de Tarso Sanseverino, j. 11 maio 2021, DJe 10 jun. 2021.

50. **BRASIL**. Superior Tribunal de Justiça (STJ), **Recurso Especial nº 1.790.014 SP**, 3ª Turma, relator Min. Paulo de Tarso Sanseverino, j. 11 maio 2021, DJe 10 jun. 2021.

Com o reconhecimento da solidariedade, o médico cirurgião interpôs recurso especial ao Superior Tribunal de Justiça, onde a questão aportou na sua 3ª Turma Julgadora. Num primeiro momento, sob relatoria do Ministro Pauto de Tarso Sanseverino, prevaleceu o entendimento advindo do Tribunal de Justiça, confirmando-se, por ora, a solidariedade entre ambos os médicos. Confira-se a ementa do voto vencido:

> Recurso Especial. Responsabilidade civil. Cirurgia estética. Erro médico na fase de recuperação anestésica. Escolha do anestesista pelo cirurgião. "culpa in eligendo". Responsabilidade solidária. Controvérsia acerca da responsabilidade civil do cirurgião por erro médico do anestesista durante a fase de recuperação anestésica. Existência de autonomia da especialidade do anestesista, não havendo subordinação técnica deste aos demais membros da equipe médica. Precedente específico da Segunda Seção. Caso concreto em que o anestesista foi escolhido pelo cirurgião, devendo ser mantida a responsabilidade solidária deste, por culpa 'in eligendo', conforme constou no acórdão recorrido.[51]

O Min. Cueva acompanhou o Min. Sanseverino pela solidariedade, que até aqui contava, então, com 2 votos a favor, pela condenação do médico cirurgião. Ocorre que o Min. Bellizze abriu divergência pela não solidariedade, nos seguintes termos: "(...) considerando que, no presente caso, é fato incontroverso nos autos que o erro médico foi cometido exclusivamente pelo anestesista, não há como responsabilizar o médico cirurgião, ora recorrente, pelo fatídico evento danoso".[52] O mesmo entendimento foi seguido pelo Min. Moura Ribeiro:

> Relativamente à chefia de equipe, conforme aduziu o Ministro Marco Aurélio Bellizze, na sentença ficou expresso, com base em provas citadas pelo Juiz, que não existe na cidade de Garça/SP a figura do chefe de equipe médica, ou seja, R. e o anestesista A. não formavam um grupo de trabalho com os outros profissionais que participaram do procedimento cirúrgico, não servindo para tanto a circunstância de que R. contratou os demais integrantes da equipem inclusive A. Então, não se há falar em atuação do anestesista sob predominante subordinação do cirurgião. Também aqui não vejo como responsabilizar o cirurgião. No que tange à solidariedade, deve se ter em vista que *a solidariedade não se presume*; resulta da lei ou da vontade das partes, nos exatos termos do art. 265 do CC/02. Também aqui não vejo como responsabilizar o cirurgião. Ademais, o anestesista deixou de acompanhar S. até que os efeitos anestésicos cessassem. E há norma do Conselho Federal de Medicina, segundo a qual, para conduzir as anestesias gerais ou regionais com segurança, o médico anestesista deve permanecer dentro da sala do procedimento, mantendo vigilância permanente, assistindo o paciente até o término do ato anestésico (Resolução CFM nº 2.174, de 14/12/2017). Nessas condições, lamentando uma vez mais o fato ocorrido e todo o sofrimento que dele decorreu, peço vênia ao Ministro Paulo De Tarso Sanseverino e ao Ministro Ricardo Villas Bôas Cueva, para, acompanhando a divergência inaugurada pelo Ministro MARCO Aurélio Bellizze, dar provimento ao recurso especial a fim de excluir a responsabilidade de Roberto.[53]

---

51. **BRASIL**. Superior Tribunal de Justiça (STJ), **Recurso Especial nº 1.790.014 SP**, 3ª Turma, relator Min. Paulo de Tarso Sanseverino, j. 11 maio 2021, DJe 10 jun. 2021.
52. **BRASIL**. Superior Tribunal de Justiça (STJ), **Recurso Especial nº 1.790.014 SP**, 3ª Turma, relator Min. Paulo de Tarso Sanseverino, j. 11 maio 2021, DJe 10 jun. 2021.
53. **BRASIL**. Superior Tribunal de Justiça (STJ), **Recurso Especial nº 1.790.014 SP**, 3ª Turma, relator Min. Paulo de Tarso Sanseverino, j. 11 maio. 2021, DJe 10 jun. 2021.

Até aqui, a questão estava empatada em 2 votos pela solidariedade e 2 votos pela não solidariedade entre os profissionais médicos na questão da responsabilidade civil perante a paciente por dano decorrente de erro do anestesista. Todavia, a contagem foi desempatada pelo voto-vogal da Min. Nancy Andrighi, *in verbis*:

> Nos termos do entendimento firmado no âmbito desta Corte, a *responsabilidade do cirurgião-chefe deve ser afastada caso o dano tenha resultado de conduta culposa perpetrada exclusivamente pelo médico anestesista*. Conforme registrado na sentença, a prova dos autos demonstrou que os graves problemas suportados pela paciente resultaram, exclusivamente, de erro médico praticado pelo anestesista. Observa-se, assim, que a orientação consagrada no acórdão vai de encontro ao entendimento firmado pela Segunda Seção desta Corte. Por essa razão, em homenagem à segurança jurídica, deve-se afastar a responsabilidade do recorrente.[54]

Enfim, o quadro que se construiu foi o seguinte no STJ: *3 votos pela não solidariedade* – Min. Bellizze, Moura Ribeiro e Nancy Andrighi; e *2 votos pela solidariedade* – Min. Sanseverino e Cueva. Esta, portanto, a ementa vencedora no julgamento:

> Recurso Especial. Ação de indenização por danos materiais e morais. 1. Negativa de prestação jurisdicional. Não ocorrência. 2. Erro médico cometido exclusivamente pelo anestesista, que não faz parte do polo passivo. Responsabilização do médico cirurgião. Impossibilidade. Acórdão recorrido em dissonância com o entendimento pacificado pela segunda seção do STJ, por ocasião do julgamento do ERESP 605.435/RJ. 3. Restabelecimento da sentença de improcedência da ação. Recurso provido. 1. Não há que se falar em negativa de prestação jurisdicional, pois todas as alegações formuladas no recurso de apelação interposto pelo ora recorrente foram devidamente analisadas pelo Tribunal de Justiça. 2. O acórdão recorrido está em manifesta dissonância com o entendimento pacificado na Segunda Seção do Superior Tribunal de Justiça, que, por ocasião do julgamento do EREsp 605.435/RJ, entendeu que o médico cirurgião, ainda que se trate de chefe de equipe, não pode ser responsabilizado por erro médico cometido exclusivamente pelo médico anestesista, como ocorrido na hipótese. 3. Recurso especial provido. (REsp n. 1.790.014/SP, relator Ministro Paulo de Tarso Sanseverino, relator para acórdão Ministro Marco Aurélio Bellizze, Terceira Turma, julgado em 11 maio 2021, DJe de 10 jun. 2021).[55]

Verifica-se que a decisão acima proferida no ano de 2021 foi exatamente no mesmo sentido do precedente de 10 anos atrás julgado pela 2ª Seção do mesmo STJ, no ERESP nº 605.435/RJ (5X4), no qual se afastou a culpa do médico-cirurgião – chefe da equipe –, reconhecendo a culpa exclusiva, com base em imperícia, do anestesista:

> Erro médico. Responsabilidade dos médicos cirurgião e anestesista. Culpa de profissional liberal (CDC, art. 14, § 4º). Responsabilidade pessoal e subjetiva. Predominância da autonomia do anestesista, durante a cirurgia. Solidariedade e responsabilidade objetiva afastadas. (...) Predominância da autonomia do anestesista, durante a cirurgia. Solidariedade e responsabilidade objetiva afastadas. (...) 4. Na Medicina moderna a operação cirúrgica não pode ser compreendida apenas em seu aspecto unitário, pois frequentemente nela interferem múltiplas especialidades médicas. Nesse contexto, normalmente *só caberá a responsabilização solidária e objetiva do cirurgião-chefe*

---

54. **BRASIL**. Superior Tribunal de Justiça (STJ), **Recurso Especial nº 1.790.014 SP**, 3ª Turma, relator Min. Paulo de Tarso Sanseverino, j. 11 maio 2021, DJe 10 jun. 2021.

55. **BRASIL**. Superior Tribunal de Justiça (STJ), **Recurso Especial nº 1.790.014 SP**, 3ª Turma, relator Min. Paulo de Tarso Sanseverino, j. 11 maio 2021, DJe 10 jun. 2021.

da equipe médica quando o causador do dano for profissional que atue sob predominante subordinação àquele. 5. No caso de médico *anestesista, em razão de sua capacitação especializada e de suas funções específicas* durante a cirurgia, age com acentuada autonomia, segundo técnicas médico-científicas que domina e suas convicções e decisões pessoais, assumindo, assim, responsabilidades próprias, segregadas, dentro da equipe médica. Destarte, *se o dano ao paciente advém, comprovadamente, de ato praticado pelo anestesista, no exercício de seu mister, este responde individualmente pelo evento. 6.* O Código de Defesa do Consumidor, em seu art. 14, caput, prevê a responsabilidade objetiva aos fornecedores de serviço pelos danos causados ao consumidor em virtude de defeitos na prestação do serviço ou nas informações prestadas - fato do serviço. Todavia, no § 4º do mesmo artigo, excepciona a regra, consagrando a responsabilidade subjetiva dos profissionais liberais. Não há, assim, solidariedade decorrente de responsabilidade objetiva, entre o cirurgião-chefe e o anestesista, por erro médico deste último durante a cirurgia. (...) (EREsp n. 605.435/RJ, relatora Ministra Nancy Andrighi, relator para acórdão Ministro Raul Araújo, Segunda Seção, julgado em 14 set. 2011, DJe de 28 nov. 2012).[56]

Em linhas conclusivas, observa-se que o Superior Tribunal de Justiça (STJ) reafirmou o entendimento de que a responsabilidade do cirurgião-chefe não pode ser atribuída em casos nos quais o erro médico é cometido exclusivamente pelo anestesista. O julgamento do REsp nº 1.790.014/SP, ocorrido em 2021, seguiu a mesma linha do precedente estabelecido pela 2ª Seção do STJ em 2011, no ERESP nº 605.435/RJ. Em ambos os casos, prevaleceu a autonomia técnica e a responsabilidade individual do anestesista, afastando-se a solidariedade e a responsabilidade do cirurgião-chefe.

No caso julgado, aplica-se a Teoria da Causalidade Adequada, pois, ao analisar o contexto fático, o dano sofrido pela paciente está diretamente ligado à conduta omissiva do anestesista. A Teoria da Causalidade Adequada estabelece que, para a atribuição de responsabilidade, é necessário que o ato ou omissão do agente seja adequado para produzir o dano, ou seja, que haja uma relação de causalidade direta e imediata entre a conduta e o resultado lesivo. No presente caso, ficou demonstrado que as graves complicações sofridas pela paciente ocorreram devido à falha do anestesista em monitorar e cuidar adequadamente da paciente durante a fase de recuperação anestésica.

Dessa forma, a omissão do anestesista foi identificada como a causa adequada do dano, excluindo a responsabilidade do cirurgião-chefe, que não teve participação direta no erro cometido. A aplicação desta teoria é crucial para assegurar que a responsabilidade seja atribuída de maneira justa e precisa, baseada na análise concreta dos fatos e das condutas específicas de cada profissional envolvido.

Esse entendimento reforça a importância de distinguir as responsabilidades específicas de cada profissional envolvido em procedimentos médicos, especialmente em contextos nos quais suas atuações são autônomas e não subordinadas.

Ocorre que, muito embora tenhamos, recentemente, no STJ, a reiteração do posicionamento pela individualidade nas responsabilidades, o fato é que a definição da questão no ano de 2021 se deu pela margem de votos mais estreita possível para julgamentos em

---

56. **BRASIL**. Superior Tribunal de Justiça (STJ). **Embargos de Divergência em Recurso Especial nº 605435/RJ (2011/0041422-0)**, relator Min. Vice-Presidente do STJ, j. 14 set. 2011, DJe: 28 nov. 2012.

Turmas (3x2), confirmando orientação anterior da mesma forma pela margem de votos mais apertada possível em julgamento da Seção de Direito Privado (5x4).

5. NOTAS CONCLUSIVAS

No presente artigo, analisou-se a orientação que se sagrou vencedora e que, por enquanto, vigora no c. STJ: o cirurgião-chefe não responde pelo ato culposo do anestesista que tenha gerado dano ao paciente. Isto é, não há solidariedade entre ambos pela indenização devida ao paciente em virtude do erro de apenas um dos médicos.

Essa é a tese jurisprudencial que se formou por votação extremamente apertada (*3x2* no julgamento do REsp nº 1.790.014/SP em 2021 e *5x4* no julgamento do EREsp nº 605.435/RJ em 2011). Assim, cada qual – cirurgião-chefe e anestesista – responde civilmente apenas pelo próprio equívoco que cometeu, pagando indenização ao paciente na medida de sua própria culpabilidade.

Pois bem, dada a construção desse entendimento, dois pontos nos parecem importantes de serem trazidos à evidência. O primeiro é o seguinte: não se pode dizer que a busca pela almejada "segurança jurídica" na questão tenha sido exitosa. Com efeito, não há como concluir que foi alcançada a "segurança jurídica" ao cabo de um julgamento que se finalizou com a votação mais estreita possível (3x2), reiterando uma outra decisão tomada também pela margem mais estreita (5x4).

Note-se que o alcance do mesmo resultado pela não solidariedade, no julgamento do REsp nº 1.790.014/SP (de 2021), se deu por conta da modificação do entendimento da Ministra Nancy Andrighi no voto de desempate (já que havia se posicionado pela solidariedade no REsp nº 605.435/RJ de 2011), na busca pela almejada "segurança jurídica", ajustando-se o resultado final do novo caso (de 2021) ao entendimento do STJ no caso anterior (de 2011).

Mas o fato é que o voto anterior da ministra (no caso de 2011) foi pela solidariedade, e se esse mesmo voto tivesse se repetido no caso novo (de 2021), o julgamento seria pela solidariedade entre cirurgião e anestesista perante o paciente.

Dessa sorte, sob o ponto de vista formal, definitivamente não se constata o alcance pela almejada estabilidade jurisprudencial acerca do assunto, bastando notar que houve uma oscilação entre os posicionamentos que se formaram ao longo das três instâncias julgadoras: em primeiro grau de jurisdição foi dada pela individualidade de responsabilidades entre anestesista e cirurgião; em segunda instância, no Tribunal de Justiça, a situação se reverteu e foi dada pela solidariedade entre ambos os médicos no pagamento da indenização ao paciente; na instância especial, no STJ, o recurso especial primeiramente recebeu dois votos confirmando a solidariedade, mas, na sequência, foi aberta a divergência que acabou sagrando-se vencedora pelo entendimento de individualidade das responsabilidades, numa votação estreita de 3x2 numa das turmas julgadoras, que confirmou decisão de 10 anos atrás por 5x4 na seção julgadora, também pela individualidade das responsabilidades.

Por fim e mais importante, quanto ao segundo ponto a ser evidenciado na questão, vale dizer que, muito embora se tenha construído um posicionamento jurisprudencial acerca da distribuição de responsabilidade civil nessa situação entre cirurgião e anestesista, isso não autoriza o fechamento da questão com base unicamente na mencionada tese jurídica, sendo absolutamente fundamental a abertura de uma ressalva no sentido de que o entendimento judicial em tese deve ser cotejado com as circunstâncias de cada caso concreto e suas peculiaridades.

Claro que há toda uma conscientização moderna acerca do imprescindível movimento de consolidação de teses jurídicas que visam, em última análise, a construção de um ambiente de segurança jurídica por meio da uniformização de posicionamentos, no âmbito da interpretação da legislação federal por parte do Superior Tribunal de Justiça. Nesse sentido, mostra-se absolutamente salutar a edificação de uma tese jurisprudencial preliminar, geral e abstrata, sobre a distribuição de responsabilidade civil entre cirurgião e anestesista.

Entretanto, a lição doutrinária estudada ao longo deste artigo deixou isento de qualquer dúvida o fato de que o alcance da Teoria da Causalidade Adequada na análise do nexo causal, especialmente na questão da distribuição de responsabilidade civil entre cirurgião e anestesista, não pode prescindir jamais da análise do caso concreto e suas nuances.

O estudo aprofundado da Teoria da Causalidade Adequada neste artigo, demonstra sua relevância fundamental para a análise do nexo causal na complexa questão da distribuição de responsabilidade civil entre cirurgião e anestesista. A aplicação rigorosa da teoria ao caso concreto, considerando suas nuances e particularidades, permitiu determinar com precisão a responsabilidade de cada profissional no evento danoso. As conclusões apresentadas contribuem para a compreensão mais clara das relações jurídicas entre os agentes envolvidos em procedimentos médicos, orientando a atuação profissional e subsidiando decisões judiciais justas e precisas.

REFERÊNCIAS

CAVALIERI FILHO, Sergio. **Programa de responsabilidade civil**. 10. ed. São Paulo, Atlas, 2012.

DINIZ, Maria Helena. **O estado atual do Biodireito**. 6. ed. São Paulo: Saraiva, 2009.

DIREITO, Carlos Alberto Menezes; CAVALIERI, Sérgio. **Comentários ao novo Código Civil**. 3. ed. Rio de Janeiro: Forense, 2011. v. XIII.

FRANÇA, Genival Veloso de. **Direito Médico**. 17. ed. Rio de Janeiro: Forense, 2021.

GONÇALVES, Carlos Roberto. **Responsabilidade civil**. 10. ed. São Paulo: Saraiva, 2007.

KFOURI NETO, Miguel. **Responsabilidade civil do médico**. 11. ed. São Paulo: Thomson Reuters Brasil – Revista dos Tribunais, 2021.

KFOURI NETO, Miguel. **Responsabilidade civil dos hospitais:** Código Civil e Código de Defesa do Consumidor. 5. ed. São Paulo: Thomson Reuters Brasil – Revista dos Tribunais, 2022.

MACHADO, Yasmin Folha e VIANNA; José Ricardo Alvarez. Necessidade de Equalização da Responsabilidade Civil do Médico Residente. *In:* KFOURI NETO, Miguel; NOGAROLI, Rafaela (Coord.). **Debates Contemporâneos em Direito Médico e da Saúde**. São Paulo: Thomson Reuters Brasil, 2020.

MELO, Nehemias Domingos de. **Responsabilidade civil por erro médico**. 2. ed. São Paulo: Atlas, 2013.

PEREIRA, Caio Mario da Silva. **Responsabilidade civil**. 10. ed. Rio de Janeiro: GZ, 2012.

POLICASTRO, Décio. **Erro médico e suas consequências jurídicas**. 5. ed. Belo Horizonte: Del Rey, 2019.

STOCO, Rui. **Tratado de responsabilidade civil**. 9. ed. São Paulo: Ed. RT, 2013.

WALD, Arnoldo; GIANCOLI, Brunno Pandori. **Responsabilidade civil**. 2. ed. São Paulo: Saraiva, 2012.

APLICAÇÃO DA TEORIA DO DESVIO PRODUTIVO NA RESPONSABILIDADE CIVIL MÉDICA

Andressa Jarletti Gonçalves de Oliveira[1]

Felippe Abu-Jamra Corrêa[2]

Decisão paradigma: BRASIL. Superior Tribunal de Justiça (STJ), **Recurso Especial nº 1974362/TO**, 4ª Turma, relator Min. Luis Felipe Salomão, j. 18 fev. 2022.

Sumário: 1. Descrição do caso – 2. Fundamentos da teoria do desvio produtivo nas relações de consumo – 3. A teoria do desvio produtivo na jurisprudência do Superior Tribunal de Justiça – 4. Panorama doutrinário e jurisprudencial sobre a aplicação do desvio produtivo em casos de responsabilidade médica – 5. A perda do tempo do paciente na decisão do STJ: reparação autônoma ou elemento de valoração da extensão do dano? – 6. Considerações finais – Referências.

1. DESCRIÇÃO DO CASO

Trata-se de demanda reparatória por erro médico, decorrente da demora do médico réu em diagnosticar intercorrência na paciente e encaminhar para o tratamento correto. Após a realização de procedimento cirúrgico (Tireoidectomia Total), a paciente reclamou por cerca de 2 anos sobre intercorrências no local da cirurgia. Somente após consultar outro médico é que foi diagnosticado e retirado do local granuloma de corpo estranho oriundo de fios cirúrgicos da primeira cirurgia.

A causa de pedir envolve a responsabilidade do médico por negligência, por liberar a paciente com sintomas graves (dores no local do dreno, aparecimento de caroço vermelho, dores de cabeça, repuxos abaixo do queixo, sensação de enforcamento, secreção purulenta e com sangue), sem investigação diagnóstica mais profunda. A demora em identificar o diagnóstico postergou o tratamento adequado para a paciente, prolongando seu sofrimento por dois anos.

---

1. Doutora em Direito pela PUCPR com Doutorado Sanduíche na Universidade de Bologna –Itália (bolsista CAPES). Mestre em Direito pela UFPR. Professora na Escola Superior de Advocacia da OAB/PR, na FAE Business School e em diversos programas de Pós-Graduação e cursos de extensão. Vice-Presidente da Comissão de Direito Bancário da OAB/PR (2022-2024). Foi membro do Grupo de Pesquisa em Direito da Saúde e Empresas Médicas (UNICURITIBA), liderado pelo Prof. Dr. Miguel Kfouri Neto. Membro do Instituto Miguel Kfouri Neto (IMKN) – Direito Médico e da Saúde. Membro do Brasilcon, do IBDCONT e da *International Association of Consumer Law*. Advogada. E-mail: andressajarletti@hotmail.com.

2. Mestre em Direito, formado pela UNICURITIBA. Diretor Regional Norte e membro fundador do Instituto Miguel Kfouri Neto (IMKN) – Direito Médico e da Saúde. Foi membro do Grupo de Pesquisa em Direito da Saúde e Empresas Médicas (UNICURITIBA), liderado pelo Prof. Dr. Miguel Kfouri Neto. Foi membro da comissão de direito médico e da saúde do conselho federal da OAB. Presidente da comissão de direito médico da OAB/TO na gestão 2016/2018. Membro da comissão nacional de direito médico da ABA. Organizador de livros sobre direito médico. Advogado atuante na área de direito médico e da saúde e professor de cursos de direito e medicina. E-mail: felippeacorrea@gmail.com.

O caso ganhou destaque por ter sido o primeiro julgado noticiado em que o STJ confirmou a aplicação da Teoria do Desvio Produtivo em caso de responsabilidade civil médica. Em segundo grau, o acórdão do Tribunal de Justiça do Estado de Tocantins (TJTO) confirmou a condenação do réu ao pagamento de indenização de R$ 50.000,00 (cinquenta mil reais) por danos morais, aplicando a Teoria do Desvio Produtivo do Consumidor, ante as diversas consultas que foram realizadas com o médico ao longo de dois anos, sem êxito.

A decisão proferida pelo STJ[3] abordou três questões: (i) a responsabilidade solidária entre o médico e o plano de saúde, concluindo que não era o caso de litisconsórcio passivo necessário do plano; (ii) a negligência do médico, matéria que não foi analisada pela barreira da Súmula 7/STJ, mantendo a conclusão do acórdão da apelação quanto à configuração dos elementos da responsabilidade civil; (iii) a adequação do valor da indenização por danos morais, concluindo-se que o valor não é exacerbado.

O ponto central da decisão é a fixação da indenização por danos morais com base na Teoria do Desvio Produtivo,[4] que propõe a reparação do tempo perdido pelos consumidores nas tentativas de solucionar os problemas nas relações de consumo. A Teoria do Desvio Produtivo foi aplicada pelo TJTO em razão do longo período de dois anos, em que a paciente consultou diversas vezes com o médico réu, que não adotou as medidas necessárias para o diagnóstico e tratamento corretos.

No presente artigo, propõe-se a análise de quatro questões centrais que envolvem o caso paradigmático. Na primeira parte, discorre-se sobre os fundamentos da Teoria do Desvio Produtivo nas relações de consumo e como referida teoria tem sido aplicada pelo STJ. Em seguida, é apresentada a revisão bibliográfica sobre a responsabilidade civil pela perda do tempo dos consumidores, bem como o estudo de jurimetria, para investigar se há casos semelhantes de aplicação da Teoria do Desvio Produtivo em processos de responsabilidade médica. Adiante, a partir dos elementos do caso paradigma, discute-se se o tempo transcorrido no retardo do diagnóstico poderia ser indenizado de forma autônoma ou se seria um elemento a ser considerado na avaliação da extensão dos danos. Ao final, são sugeridos alguns parâmetros para balizar a aplicação da Teoria do Desvio Produtivo em casos de responsabilidade médica e hospitalar.

2. FUNDAMENTOS DA TEORIA DO DESVIO PRODUTIVO NAS RELAÇÕES DE CONSUMO

A Teoria do Desvio Produtivo do Consumidor, preconizada por Marcos Dessaune, parte da compreensão inicial de que *o tempo é um recurso produtivo limitado, inacumulável e irrecuperável da pessoa consumidora*, recurso que deve dispor de forma consciente e livre para empregá-lo nas atividades de sua preferência. O tempo é qualificado nessa

---

3. **BRASIL**. Superior Tribunal de Justiça (STJ), **Recurso Especial nº 1974362**, 4ª Turma, relator Ministro Luis Felipe Salomão, j. 18 fev. 2022. DJe 22 fev. 2022.

4. DESSAUNE, Marcos. **Teoria aprofundada do desvio produtivo do consumidor**: o prejuízo do tempo desperdiçado e da vida alterada. 2. ed. rev. e ampl. Vitória: Edição especial do autor [s.n.], 2017.

teoria como *vital*, relativo à vida humana, que tem duração limitada no tempo e nele se desenvolve; e também como 'existencial' e 'produtivo', expressões que abarcam as ideias de que o tempo pessoal pode ser destinado à realização de quaisquer atividades humanas que compõem a própria vida, notadamente as existenciais, como estudar, trabalhar, descansar, desfrutar do lazer e do convívio social, adotar cuidados consigo e com sua família, e consumir.[5]

O tempo pode ser compreendido em duas perspectivas: dinâmica e estática. Na perspectiva dinâmica, em movimento, o tempo é um fato jurídico em sentido estrito, um acontecimento físico objetivo que é capaz de deflagrar efeitos no Direito (a exemplo dos prazos prescricionais). Na perspectiva estática, o tempo é um valor e bem passível de tutela jurídica.[6] A Teoria do Desvio Produtivo do Consumidor se debruça sobre o tempo nessa perspectiva estática, pessoal e subjetiva, compreendendo-o como o suporte implícito da vida humana, um bem finito individual que integra o capital pessoal e que é também um bem econômico de maior relevância.[7]

As nomenclaturas do tempo 'vital', 'existencia'l' e 'produtivo' se contrapõem a outros trabalhos doutrinários, que sustentam a reparação pela perda do tempo 'livre' ou 'útil'.[8] *Tempo livre* poderia trazer a ideia mais retrita do tempo que sobra depois de já realizadas as atividades cotidianas essenciais. Já o *tempo útil* pode permitir a interpretação a contrário *sensu* de que há tempo inútil à vida humana. Ao adotar os adjetivos vital, existencial e produtivo, de forma intercambiável, Dessaune se refere ao tempo pessoal e subjetivo relevante para a pessoa consumidora, de forma mais ampla, já que o desvio produtivo do consumidor resulta em lesão não só no tempo, mas também nas atividades planejadas ou desejadas que deixam de ser executadas pelos consumidores, enquanto buscam resolver os problemas nas relações de consumo.[9]

Para Dessaune, a tutela do tempo vital, existencial e/ou produtivo decorre dos mandamentos constitucionais do direito à vida, da dignidade da pessoa humana e da proteção dos consumidores, podendo ser entendido também como um atributo integrante dos direitos da personalidade.[10] A reparação pelo tempo despendido pelos consumidores também tem amparo nas normas de ordem pública do Código de Proteção e Defesa do Consumidor (CDC), que estabelecem os pilares da qualidade-adequação e qualidade--segurança em todos os produtos e serviços colocados no mercado de consumo.

---

5. DESSAUNE, Marcos. **Teoria aprofundada do desvio produtivo do consumidor**: o prejuízo do tempo desperdiçado e da vida alterada. 2. ed. rev. e ampl. Vitória: Edição especial do autor [s.n.], 2017, p. 163.
6. GAGLIANO, Pablo Stolze. Responsabilidade civil pela perda do tempo. **Jus Navigandi**, Teresina, ano 18, n. 3540, 11 maio 2013.
7. DESSAUNE, Marcos. **Teoria aprofundada do desvio produtivo do consumidor**: o prejuízo do tempo desperdiçado e da vida alterada. 2. ed. rev. e ampl. Vitória: Edição especial do autor [s.n.], 2017, p. 165.
8. Nesse sentido, GUGLINSKI, Vitor Vilela. O dano temporal e sua reparabilidade: aspectos doutrinários e visão dos tribunais. São Paulo, **Revista de Direito do Consumidor**, v. 99, p. 125-156, maio/jun. 2015.
9. DESSAUNE, Marcos. **Teoria aprofundada do desvio produtivo do consumidor**: o prejuízo do tempo desperdiçado e da vida alterada. 2. ed. rev. e ampl. Vitória: Edição especial do autor [s.n.], 2017, p. 164.
10. DESSAUNE, Marcos. **Teoria aprofundada do desvio produtivo do consumidor**: o prejuízo do tempo desperdiçado e da vida alterada. 2. ed. rev. e ampl. Vitória: Edição especial do autor [s.n.], 2017, p. 178-193.

Nos termos do CDC, exige-se dos fornecedores que cumpram os deveres de informação clara e adequada sobre os produtos e serviços;[11] que atendam a boa-fé objetiva em todas as fases da relação de consumo (pré-contratual, contratual e pós-contratual);[12] que não adotem práticas de mercado abusivas ou que criem riscos para o consumidor;[13] que sanem os vícios ou defeitos que seus produtos ou serviços possam apresentar[14] e adotem medidas para previnir e reparar os danos eventualmente causados aos consumidores, de forma espotânea, rápida e efetiva.[15] E é justamente da violação desses deveres por parte dos fornecedores que emerge o direito do consumidor à reparação de danos por desvio produtivo.[16]

O desvio produtivo do consumidor tem como ponto inicial os problemas causados pelos fornecedores nas relações de consumo, quando adotam práticas abusivas de mercado, ou quando fornecem produtos ou serviços com *vícios* (violando o vetor *adequação-qualidade*) ou *defeitos* (violando o vetor *adequação-segurança*). Tais problemas emergem quando, por despreparo, desatenção, descaso ou má-fé, os fornecedores infringem as normas do CDC e tentam se eximir de sua responsabilidade em sanar os vícios dos produtos ou serviços, ou de reparar os danos causados aos consumidores em tempo adequado e compatível com suas necessidades. O desvio produtivo se configura quando o consumidor lesado *gasta o seu tempo vital* (recurso produtivo) e se *desvia de*

---

11. Art. 6º. São direitos básicos do consumidor: (...) III – a informação adequada e clara sobre os diferentes produtos e serviços, com especificação correta de quantidade, características, composição, qualidade, tributos incidentes e preço, bem como sobre os riscos que apresentem.

12. Art. 4º A Política Nacional das Relações de Consumo tem por objetivo o atendimento das necessidades dos consumidores, o respeito à sua dignidade, saúde e segurança, a proteção de seus interesses econômicos, a melhoria da sua qualidade de vida, bem como a transparência e harmonia das relações de consumo, atendidos os seguintes princípios: (...) III – harmonização dos interesses dos participantes das relações de consumo e compatibilização da proteção do consumidor com a necessidade de desenvolvimento econômico e tecnológico, de modo a viabilizar os princípios nos quais se funda a ordem econômica (art. 170, da Constituição Federal), sempre com base na boa-fé e equilíbrio nas relações entre consumidores e fornecedores;
Art. 51. São nulas de pleno direito, entre outras, as cláusulas contratuais relativas ao fornecimento de produtos e serviços que: (...) IV – estabeleçam obrigações consideradas iníquas, abusivas, que coloquem o consumidor em desvantagem exagerada, ou sejam incompatíveis com a boa-fé ou a equidade.

13. Art. 8º Os produtos e serviços colocados no mercado de consumo não acarretarão riscos à saúde ou segurança dos consumidores, exceto os considerados normais e previsíveis em decorrência de sua natureza e fruição, obrigando-se os fornecedores, em qualquer hipótese, a dar as informações necessárias e adequadas a seu respeito.

14. Art. 14. O fornecedor de serviços responde, independentemente da existência de culpa, pela reparação dos danos causados aos consumidores por defeitos relativos à prestação dos serviços, bem como por informações insuficientes ou inadequadas sobre sua fruição e riscos.
§ 1º O serviço é defeituoso quando não fornece a segurança que o consumidor dele pode esperar, levando-se em consideração as circunstâncias relevantes, entre as quais: I – o modo de seu fornecimento; II – o resultado e os riscos que razoavelmente dele se esperam; III – a época em que foi fornecido. § 2º O serviço não é considerado defeituoso pela adoção de novas técnicas. § 3º O fornecedor de serviços só não será responsabilizado quando provar: I – que, tendo prestado o serviço, o defeito inexiste; II – a culpa exclusiva do consumidor ou de terceiro. § 4º A responsabilidade pessoal dos profissionais liberais será apurada mediante a verificação de culpa.

15. Art. 6º São direitos básicos do consumidor: (...) VI – a efetiva prevenção e reparação de danos patrimoniais e morais, individuais, coletivos e difusos.

16. DESSAUNE, Marcos. Teoria aprofundada do desvio produtivo: uma visão geral. In: BORGES, Gustavo; MAIA, Maurílio Casas (Org.). **Dano temporal**: o tempo como valor jurídico. Florianópolis: Tirant lo Blanch, 2018, p. 267.

suas atividades cotidianas (em geral, existenciais) para resolver os problemas que deveriam ser solucionados de forma célere e eficiente pelos fornecedores.[17]

Ressalvando que a responsabilidade dos profissionais liberais deve ser apurada mediante culpa (art. 14, § 4º, CDC), Dessaune sugere alguns elementos centrais para configurar a responsabilidade civil por desvio produtivo do consumidor: (i) o problema de consumo potencial ou efetivamente danoso ao consumidor, pela adoção de práticas abusivas ou fornecimento de produtos ou serviços com vícios ou defeitos, surgindo a obrigação do fornecedor em reparar o problema ou indenizar o consumidor, de forma espontânea, rápida e efetivamente; (ii) a prática abusiva do fornecedor de se esquivar de sua responsabilidade pelo problema de consumo; (iii) o fato ou evento danoso do desvio produtivo do consumidor, pelo dispêndio do tempo vital do consumidor nas tentativas de resolver o problema, desviando-o de suas atividades planejadas ou desejadas; (iv) a causalidade entre a esquiva indevida do fornecedor em assumir sua responsabilidade e o desvio do tempo produtivo do consumidor; (v) a configuração do dano extrapatrimonial de natureza existencial sofrido pelo consumidor, pela perda de parcela de seu tempo total de vida e pela alteração não planejada de suas atividades cotidianas; (vi) o dano emergente e/ou lucro cessante pela diminuição patrimonial sofrida pelo consumidor, ao assumir os deveres operacionais e custos materiais que o CDC atribui aos fornecedores; e, por fim, (vii) o dano coletivo, especialmente quando há lesão antijurídica a direito individual homogêneo.[18]

Interessante observar que o desvio produtivo pode ocorrer por meio de dois tipos distintos de condutas dos fornecedores. A primeira, mais corriqueira, ocorre quando empresas nacionais e multinacionais de grande porte dolosamente adotam um *modus solvendi* dos problemas de consumo, utilizando-se de diversos artifícios para omitir, dificultar ou recusar sua responsabilidade junto aos consumidores, com o objetivo de aumentar sua lucratividade. A segunda, que é onde a teoria poderia ser aplicada nos casos de responsabilidade médica e hospitalar, sucede quando profissionais autônomos e empresas de menor porte, por ato culposo e sem a intenção de obter vantagem indevida, deixam de apresentar uma solução espontânea, rápida e efetiva para os problemas ou danos causados aos consumidores (ou pacientes). Em ambos os casos, Dessaune sugere que o desvio produtivo é um dano *in re ipsa*, um dano extrapatrimonial de natureza existencial, que deve ser reparado de forma autônoma.[19]

Compreendidas as linhas gerais da Teoria do Desvio Produtivo do Consumidor, passa-se então a analisar de que modo tem sido aplicada nas decisões proferidas pelo Superior Tribunal de Justiça.

---

17. DESSAUNE, Marcos. Teoria aprofundada do desvio produtivo: uma visão geral. In: BORGES, Gustavo; MAIA, Maurílio Casas (Org.). **Dano temporal**: o tempo como valor jurídico. Florianópolis: Tirant lo Blanch, 2018, p. 267-272.
18. DESSAUNE, Marcos. **Teoria aprofundada do desvio produtivo do consumidor**: o prejuízo do tempo desperdiçado e da vida alterada. 2. ed. rev. e ampl. Vitória: Edição especial do autor [s.n.], 2017, p. 250- 251.
19. DESSAUNE, Marcos. **Teoria aprofundada do desvio produtivo do consumidor**: o prejuízo do tempo desperdiçado e da vida alterada. 2. ed. rev. e ampl. Vitória: Edição especial do autor [s.n.], 2017, p. 268-272.

3. A TEORIA DO DESVIO PRODUTIVO NA JURISPRUDÊNCIA DO SUPERIOR TRIBUNAL DE JUSTIÇA

Como visto, o julgado em estudo no presente trabalho[20] ganhou destaque por ter sido a primeira decisão de que se teve notícia no STJ de aplicação da Teoria do Desvio Produtivo do Consumidor em um caso de responsabilidade civil médica. Trata-se de decisão inédita no âmbito da Corte Superior, que tem aplicado a reparação pelo desvio produtivo em casos típicos de conflitos de consumo em massa.

Conforme levantamento apresentado pelo próprio STJ,[21] a Corte tem reconhecido o tempo do consumidor como um recurso escasso e finito, um componente do próprio direito à vida, por vezes precificado (jornada de trabalho, pagamento por hora) e desfrutado como benefício (tempo de férias, tempo livre com a família). Por ser limitado e valioso, as reiteradas frustações da perda do tempo dos consumidores passaram a ser analisadas como questão de justiça.

A maioria dos casos julgados pelo STJ dizem respeito ao *modus solvendi* de grandes fornecedores, que reiteradamente se esquivam de suas responsabilidades em resolverem os problemas que causam nas relações de consumo. Como exemplo, a decisão proferida no REsp nº 1.634.851[22] tratou de ação civil pública ajuizada contra uma empresa de varejo, pelas recusas em atender o direito dos consumidores em sanar os vícios nos produtos que comercializa, violando o artigo 18, do CDC. No REsp nº 1.737.412,[23] também oriundo de ação civil pública, o STJ restabeleceu a condenação de um banco em danos morais coletivos, ante as reiteradas demoras no atendimento dos consumidores, infringindo as regras de tempo máximo de espera em filas bancárias. Decisão similar foi proferida no REsp nº 1929288,[24] também em ação civil pública, para limitar o tempo de espera dos consumidores nos atendimentos em agências bancárias.

Observa-se que os casos em geral analisados pelo STJ dizem respeito a violações em massa dos deveres por grandes fornecedores, atingindo milhares de consumidores, de modo a autorizar a tutela de direitos individuais homogêneos em ação civil pública. Tratam-se de situações muito distintas dos casos de responsabilidade médica e hospitalar, que são *sui generis*, seja pelos detalhes que devem ser investigados do quadro do paciente, tratamentos realizados, limitações da ciência médica etc., seja por se tratarem de modelo de responsabilidade que em regra é subjetiva.

---

20. **BRASIL**. Superior Tribunal de Justiça (STJ), **Recurso Especial nº 1974362**, 4ª Turma, relator Ministro Luis Felipe Salomão, j. 18 fev. 2022. DJe 22 fev. 2022.
21. STJ. A teoria do desvio produtivo: inovação na jurisprudência do STJ em respeito ao tempo do consumidor. **Notícias STJ**, 26 jun. 2022. Disponível em: https://www.stj.jus.br/sites/portalp/Paginas/Comunicacao/Noticias/26062022-A-teoria-do-desvio-produtivo-inovacao-na-jurisprudencia-do-STJ-em-respeito-ao-tempo--do-consumidor.aspx. Acesso em: 2 jun. 2024.
22. **BRASIL**. Superior Tribunal de Justiça (STJ), **Recurso Especial nº 1.634.851**, 3ª Turma, relatora Ministra Nancy Andrighi, j. 12 set. 2017. DJe 15 fev. 2018.
23. **BRASIL**. Superior Tribunal de Justiça (STJ), **Recurso Especial nº 1.737.412**, 3ª Turma, relatora Ministra Nancy Andrighi, j. 05 fev. 2019. DJe 08 fev. 2019.
24. **BRASIL**. Superior Tribunal de Justiça (STJ), **Recurso Especial nº 1.929.288**, 3ª Turma, relatora Ministra Nancy Andrighi, j. 22 fev. 2022. DJe 24 fev. 2022.

Ainda que parcela da dourina discorde,[25] parte-se da premissa de que à prestação do serviço médico/saúde se aplica o Código de Defesa do Consumidor. Em sendo uma relação de consumo, estaria sujeita à reparação pelo desvio produtivo do consumidor, nos casos em se implementem os elementos para responsabilização. Mas essa premissa não afasta a necessidade de se atentar para as especificidades dos casos concretos e do diferente modelo de responsabilidade dos profissionais médicos no CDC (responsabilidade subjetiva, conforme artigo 14, § 4º).

A discussão sobre aplicação ou não das normas do CDC nos casos de responsabilidade médica e hospitalar é de crucial importância, na medida em que recentemente o STJ decidiu que a Teoria do Desvio Produtivo apenas deve ser aplicada no âmbito das relações de consumo.[26] Conforme assentado no Recurso Especial nº 2.017.194:[27]

> a Teoria dos Desvio Produtivo do Consumidor, como se infere da sua origem, dos seus fundamentos e dos seus requisitos, é predisposta a ser aplicada no âmbito do direito consumerista, notadamente em razão da situação de desigualdade e de vulnerabilidade que são as notas características das relações de consumo, não se aplicando, portanto, a relações jurídicas regidas exclusivamente pelo Direito Civil.

Portanto, o entendimento recente do Superior Tribunal de Justiça conduz a um segundo ponto fundamental: se tal teoria pode ser aplicada apenas no âmbito do atendimento médico e hospitalar privado,[28] posto que ao sistema público se aplicam as disposições da resposabilidade civil do Estado, conforme decidido no REsp 1.771.169.[29]

Feitas essas breves considerações sobre como o STJ tem aplicado a reparação pelo desvio produtivo dos consumidores, cumpre analisar em seguida de que modo a matéria tem sido abordada pela doutrina consumerista e pelos tribunais de segunda instância.

4. PANORAMA DOUTRINÁRIO E JURISPRUDENCIAL SOBRE A APLICAÇÃO DO DESVIO PRODUTIVO EM CASOS DE RESPONSABILIDADE MÉDICA

Os casos que envolvem a responsabilidade civil médica e hospitalar apresentam aos julgadores o desafio de lidar com volume significativo de matéria fática e técnica. Considerando que a apuração da responsabilidade médica, em regra, demanda a demonstraçao de culpa, é comum que a análise dos casos demande ampla revisão de

---

25. Nesse sentido a obra "Responsabilidade Civil dos Hospitais. Código civil e código de defesa do consumidor" do professor Miguel Kfouri Neto, em todo o seu capítulo 1. KFOURI NETO, Miguel. **Responsabilidade civil dos hospitais**. Código Civil e Código de Defesa do Consumidor. 3. ed. atual. e ampl. São Paulo: Ed. RT, 2018., p. 95.

26. STJ. Teoria do desvio produtivo não se aplica fora das relações de consumo. **Notícias STJ**, 03 fev. 2022. Disponível em: https://www.stj.jus.br/sites/portalp/Paginas/Comunicacao/Noticias/2023/03022023-Teoria-do-desvio--produtivo-nao-se-aplica-fora-das-relacoes-de-consumo.aspx. Acesso em: 2 jun. 2024.

27. **BRASIL**. Superior Tribunal de Justiça (STJ), **Recurso Especial nº 2.017.194**, 3ª Turma, relatora Ministra Nancy Andrighi, j. 25 out. 2022. DJe 27 out. 2022.

28. . **BRASIL**. Superior Tribunal de Justiça (STJ), **Recurso Especial nº 1.771.169**, 3ª Turma, relatora Ministra Nancy Andrighi, j. 26 maio 2020. DJe 29 maio 2020.STJ. CDC não é aplicável a atendimento custeado pelo SUS em hospitais privados conveniados. **Notícias STJ**, 06 ago. 2020.

29. **BRASIL**. Superior Tribunal de Justiça (STJ), **Recurso Especial nº 1.771.169**, 3ª Turma, relatora Ministra Nancy Andrighi, j. 26 maio 2020. DJe 29 maio 2020.

conjunto fático-probatório, o que é um impeditivo para a análise das causas na estreita via dos filtros recursais para o STJ (em especial, a Súmula 7/STJ).

Por tal motivo, para compreender se a teoria do desvio produtivo tem sido aplicada reiteradamente em casos de responsabilidade médica e hospitalar, foi feito levantamento jurisprudencial, pesquisado o tema em seis tribunais brasileiros: Paraná, São Paulo, Rio Grande do Sul, Minas Gerais, Rio de Janeiro e Tocantins. A pesquisa se deu com a utilização das expressões "desvio produtivo", "tempo", "responsabilidade médica" e "responsabilidade hospitalar". Quando conduzidas dessa forma, não se encontraram resultados, sendo fundamental destacar que possivelmente possam existir processos sobre a temática, mas que tramitam sob segredo de justiça.

Como forma de hipótese, procedeu-se a busca fracionando as expressões, como por exemplo "desvio produtivo" e "erro médico", "desvio produtivo" e "responsabilidade médica" e, ainda assim, não foram encontrados outros julgados correlatos. Por fim, e como forma de controle, quando se altera a busca apenas para "desvio produtivo" são encontrados julgados em praticamente todos os tribunais pesquisados, mas sempre voltados a problemas nas relações de consumo como cobranças indevidas, recusa em sanar vícios de produtos, tempo demasiado de filas em bancos etc. Como exemplo, a pesquisa no Tribunal de Justiça do Estado do Tocantins informou 116 resultados na busca com a expressão "desvio produtivo", mas nunca conjugados com a expressão "erro médico".

O resultado negativo da pesquisa pode evidenciar que não é comum a aplicação da Teoria do Desvio Produtivo do consumidor em casos de responsabilidade médica. A originalidade do julgado sob estudo reclama então que se aprofunde o tema a partir de revisão bibliográfica sobre a responsabilidade civil pela perda do tempo, bem como sobre o possível enquadramento de uma nova forma de dano reparável nas causas de responsabilidade médica e hospitalar.

As discussões sobre a reparação pela perda do tempo dos consumidores tem encontrado diferentes recortes. Para Bruno Miragem e Claudia Lima Marques,[30] a valorização do tempo e o seu menosprezo passaram a ser identificados como relevantes para o Direito, pois o tempo é entendido como valor e compõe o dano ressarcível, sendo considerado como um elemento na fixação de condenações em danos morais. De forma similar, Vitor Guglinski também reconhece a existência de uma nova modalidade de dano, o *dano temporal*, pela perda do tempo livre ou útil do consumidor, que pode ser reparado como um elemento integrante da indenização por danos morais.[31]

Ou seja, embora se reconheça que a perda do tempo acarrete uma nova forma de dano, em relação ao dano temporal, não há consenso sobre a forma de sua reparação. Enquanto Guglinski sugere que a reparação seja realizada por meio da indenização por danos morais, ante a violação a direitos da personalidade (sobretudo, a liberdade),

---

30. MARQUES, Claudia Lima; MIRAGEM, Bruno. **O novo direito privado e a proteção dos vulneráveis**. São Paulo: Ed. RT, 2012, p. 204-205.

31. GUGLINSKI, Vitor Vilela. O dano temporal e sua reparabilidade: aspectos doutrinários e visão dos tribunais. São Paulo, **Revista de Direito do Consumidor**, v. 99, p. 125-156, maio/jun. 2015.

Dessaune sugere a perda de tempo e o desvio produtivo como danos autônomos, um dano existencial, que não se confundiria nem com os danos materiais e nem com os danos morais. Essa discussão se o dano temporal seria uma nova modalidade de dano é bastante relevante porque poderia introduzir uma nova forma de tutela para os pacientes, nas demandas de responsabilidade civil médica e hospitalar.

Insta dizer que as condenações baseadas em erro médico ou de prestação de serviços são observadas basicamente em três vertentes principais: danos materias, morais e eventualmente estéticos. Quanto aos danos materiais ou patrimoniais, traduzem "lesão aos bens e direitos economicamente apreciáveis do seu titular".[32] Assim, na área médica, é aquele que "atinge o patrimônio da vítima, possível de ser quantificado e reparável por meio de uma indenização pecuniária, quando não se possa restituir o bem lesado à situação anterior".[33] Portanto aqui estariam inseridos todos os danos que se não passíveis de restituição *in natura,* ou seja, devem ser indenizados, por exemplo, os custos com o tratamento, medicações, dias sem poder se apresentar ao trabalho com prejuízos nos vencimentos do paciente etc.

Já pelo abalo moral se entende o "prejuízo ou lesão de direito, cujo conteúdo não é pecuniário, nem comercialmente redutível a dinheiro, como é o caso dos direitos a personalidade".[34] Na mesma linha esse "traduz-se pela violação do direito à vida, à integridade física, psíquica e moral. Portanto, o dano moral é aquele que atinge a esfera personalíssima da pessoa".[35]

Complementando os danos antes relatados há também na seara médica a possibilidade de condenação em danos estéticos, em situações particulares nas quais há de fato por imprudência, negligência ou imperícia um "enfeiamento" definitivo da vítima. Nas palavras de Teresa Ancona Lopes esse se refere a "qualquer modificação duradoura ou permanente na aparência externa da uma pessoa, modificação esta que lhe acerreta um enfeiamento que lhe causa humilhações e desgostos".[36]

Portanto, o desvio produtivo, em tese, seria complementar aos demais danos possíveis e antes acima elencados. Por isso, torna-se necessário delinear em que situações é possível considerar a reparação pelo tempo perdido do paciente, nas relações de consumo de serviços médico e hospitalares.

Analisando especificamente os casos de demora na cobertura de tratamentos no âmbito da saúde suplementar, por exemplo, Cristiano Schmitt aponta que essa demora amplia o sofrimento para o paciente e, por vezes, pode intensificar o estágio da patologia

---

32. GAGLIANO, Pablo Stolze. PAMPLONA FILHO, Rodolfo. **Novo Curso de Direito Civil**: responsabilidade civil. 15. ed. rev. e ampl. São Paulo: Saraiva, 2017, p. 95.

33. MELO, Nehemias Domingos de. **Responsabilidade Civil por erro médico**: doutrina e jurisprudência. 2. ed. São Paulo: Atlas, 2013, p. 30.

34. GAGLIANO, Pablo Stolze. PAMPLONA FILHO, Rodolfo, op. cit, p. 98.

35. FONSECA, Pedro Henrique. FONSECA, Maria Paula. **Direito do Médico** – De acordo com o novo CPC. Belo Horizonte: D´Plácido, 2016, p. 133.

36. LOPEZ, Teresa Ancona. **O dano estético**: responsabilidade civil. 4. ed. rev. e ampl. São Paulo: Almedina, 2021, p. 38.

pela ausência de tratamento em momento inicial. Nesses casos, o doutrinador sugere que o tempo perdido possa ser melhor reparado na estrutura da responsabilidade civil pela perda de uma chance.[37]

Em um estudo focado especificamente no dano temporal do paciente, Gustavo Borges sugere que se trata de um dano autônomo. Confira-se:[38]

> A percepção de espera para o paciente, que sofre com a demora até ser atendido, tem maior relevância do que o tempo social dinâmico já que se está diante de um tempo estático de sofrimento, de dor, que custa a transcorrer. Isto porque a interferência desta espera para o atendimento, de forma psicológica, traz ao paciente um sentiment que parece nunca findar, além da dor e do sofrimento físico.

Portanto, o tempo perdido pelo paciente nos casos de responsabilidade médica e hospitalar pode ser enquadrado: (i) como elemento valorativo da reparação por danos morais; (ii) como dano a ser reparado de forma autônoma; e (iii) como fator que justifica a responsabilidade pela perda de uma chance. Diante de ausência de um consenso na doutrina, cumpre então propor alguns parâmetros para delinear quando o tempo pode ser considerado um elemento de análise na extensão dos danos, e quando pode ser indenizado *in re ipsa*, de forma autônoma, como na vertente do desvio produtivo do consumidor.

5. A PERDA DO TEMPO DO PACIENTE NA DECISÃO DO STJ: REPARAÇÃO AUTÔNOMA OU ELEMENTO DE VALORAÇÃO DA EXTENSÃO DO DANO?

Para sugerir alguns parâmetros para balizar em que casos poderia ser aplicada a Teoria do Desvio Produtivo do Consumidor nas ações de responsabilidade civil médica, valemo-nos da análise do caso concreto julgado recentemente pelo STJ, no REsp nº 1974362.[39]

Da leitura do julgado, pode-se extrair alguns elementos que justificam o enquadramento da perda de tempo e do desvio produtivo. O ponto crucial que chama atenção no acórdão é o fato da paciente ter procurado o médico em diversas consultas, ao longo de dois anos, sem êxito. Apesar das constantes queixas e vários sintomas que lhe causavam dor e desconforto, o quadro de granuloma de corpo estranho somente foi diagnosticado após a paciente procurar outro médico, que identificou o problema e realizou a cirurgia para retirada dos fios cirúrgicos da primeira cirurgia. Confira-se a narrativa dos fatos, transposta no acórdão do STJ:[40]

---

37. SCHMITT, Cristiano Heinek. Do dano moral e do desvio produtivo do consumidor no âmbito dos contratos de seguros e de planos de saúde. In: BORGES, Gustavo; MAIA, Maurílio Casas (Org.). **Dano temporal: o tempo como valor jurídico**. Florianópolis: Tirant lo Blanch, 2018, p. 154-155.
38. BORGES, Gustavo. O paciente, a sua percepção do tempo e dano temporal. *Revista de Direito do Consumidor*, São Paulo, v. 110, p. 187-209, p. 201.
39. **BRASIL**. Superior Tribunal de Justiça (STJ), **Recurso Especial nº 1974362**, 4ª Turma, relator Ministro Luis Felipe Salomão, j. 18 fev. 2022. DJe 22 fev. 2022.
40. **BRASIL**. Superior Tribunal de Justiça (STJ), **Recurso Especial nº 1974362**, 4ª Turma, relator Ministro Luis Felipe Salomão, j. 18 fev. 2022. DJe 22 fev. 2022.

A hipótese dos autos trata-se de demanda reparatória por erro médico perpetrado pelo requerido no atendimento à autora, notadamente após a realização de procedimento cirúrgico (Tireoidectomia Total) diante de reclamações da paciente sobre intercorrências no local da cirurgia, que perdurou por cerca de 2 anos, até consulta e cirurgia realizada por facultativo diverso, que retirou do local granuloma de corpo estranho oriundo de fios cirúrgicos da primeira cirurgia.

Portanto, os elementos sugeridos por Dessaune, para confirgurar o desvio produtivo, encontram-se presentes, já que: (i) existia um dano causado para a paciente por falha na primeira cirurgia (inflamação decorrente de presença dos fios cirúrgicos); (ii) a paciente procurou diversas vezes o médico, ao longo de dois anos, sem que o problema fosse sanado; (iii) o médico agiu de forma negligente ao deixar de firmar o diagnóstico adequado; (iv) o desvio produtivo está configurado, pela desídia do profissional médico, que não cumpriu seu dever de entregar serviço adequado, deixando a paciente desassistida por grande lapso temporal.

Também vale destacar da decisão em comento que, embora faça referência à Teoria do Desvio Produtivo, o acórdão fixou a condenação de R$ 50.000,00 (cinquenta mil reais) por danos morais. Ou seja, o desvio produtivo ao longo de dois anos foi valorado como elemento para a fixação do dano moral, e não como um dano existencial autônomo.

No caso dos autos, interessante observar que o tempo de dois anos suportado pela paciente poderia ser enquadrado tanto como desvio produtivo, como valorado na extensão do dano moral. Como desvio produtivo, o tempo dispendido nas diversas consultas médicas que não remediaram o quadro clínico poderia ser indenizado de forma autônoma, para recompensar o tempo perdido com os atendimentos inadequados. De outro vértice, o tempo também poderia ser valorado como um elemento na extensão dos danos morais, já que o sofrimento, a dor, o desconforto, perduraram por dois anos, prolongando o sofrimento da paciente.

Portanto, entende-se que para a aplicação adequada da Teoria do Desvio Produtivo do Consumidor nas causas de responsabilidade médica e hospitalar é necessário deiferenciar duas situações: (i) quando o tempo desperdiçado deve ser reparado por si só, de forma autônoma, como um dano existencial; e (ii) quando o tempo é um elemento que impacta na extensão dos demais danos (morais, materiais, estéticos), sendo usado na valoração da indenização, e não como uma reparação autônoma. Tal consideração é de suma importância para se evitar confusões propositadas ou ainda má versão da teoria na área médica e hospitalar.

Importante nesse contexto a consideração sobre o cuidado que se deve ter nas petições iniciais que buscam a reparação por erro médico, posto que a argumentação precisa ser robusta e lastreada em teoria jurídica e, especialmente, nas provas. E tal cautela se mostra ainda mais fundamental quando se fala da aplicação da teoria do eventual Desvio Produtivo, evitando-se assim pedidos genéricos ou pouco fundamentados.[41]

---

41. Tal fato se comprova por exemplo por levantamento estatístico realizado no artigo *O erro médico nos tribunais: uma análise das decisões do Tribunal de Justiça da capital brasileira*: "A maioria das decisões judiciais tiveram o desfecho improcedente totalizando mais da metade das decisões nos casos submetidos ao tribunal. Além disso,

Ainda que não se desconsidere a acertada afirmação da Ministra Nancy Andrighi de que "o dano por desvio produtivo do consumidor está inserido no contexto da expansão dos danos indenizáveis, que vão além dos clássicos danos materiais e morais",[42] não se pode estimular ou mesmo aceitar o pedido genérico de condenação baseado na novel teoria, sem a demonstração de preenchimento dos elementos que ensejam essa nova forma de responsabilização.

Ademais, é de se rememorar que no tratamento médico e da saúde na imensa maioria das ocasiões o tempo é exatemente um elemento intrínseco, ou seja, serão necessários exames, retornos, investigação diagnóstica, acompanhamento continuado, dentre outros fatores que jamais poderão ser considerados mero desvio produtivo. Igualmente há que se considerar os casos nos quais há um refinamento ou reabordagem cirúrgicas, ou mesmo acompanhamento continuado do médico por iatrogenia ou fatores pessoais do paciente, que alonguem o tempo de tratamento. Nesses casos ganha ainda mais relevância a boa e adequada documentação médica, na qual conste de forma clara e precisa tais informações no prontuário do paciente, no termo de consentimento (se for o caso) e também no contrato de prestação de serviços médicos (altamente recomendado, mas ainda muito negligenciado).

Vale igualmente lembrar que que a Medicina, apesar de todos os avanços, não é uma ciência exata, e bem por isso o Poder Judiciário encontra tremendas dificuldades para análise desses casos. E para os litígios envolvendo responsabilidade médica, a regra geral continua sendo a da natureza subjetiva, que demanda como elemento crucial a demonstação de culpa. Trata-se de um elemento a mais que deve ser considerado para qualquer reparação de danos, sejam eles morais, materiais, estéticos ou danos temporais.

Sendo assim, e pela própria especificidade do conceito de desvio produtivo, reiterada pela Ministra Nancy Andrighi[43] conclui-se que a aplicação da teoria deverá se dar de forma autônoma, apenas e tão somente nos casos em que se constatar de forma precisa, clara e objetiva a desídia do médico ou do hospital em solucionar problema ou demanda do paciente, esquivando-se de sua obrigação, somadas ainda ao tempo efetivamente relevante perdido por esse. Nos demais casos, se a dita "demora" na resolução da questão for algo intrínseco ao tratamento ou mesmo imprevisível, ou na qual não se constate a desídia em resolver o problema, não deve então ser aplicada.

---

verificou-se redução dos valores das condenações em média 30% a menor do solicitado pela parte." (DEDULQUE, Maria Célia et. al. O erro médico nos tribunais: uma análise das decisões do tribunal de justiça da capital brasileira. **Saúde e Sociedade**, São Paulo, v. 31, n. 3, 2022.)

42. STJ. Teoria do desvio produtivo não se aplica fora das relações de consumo. **Notícias STJ**, 03 fev. 2022. Disponível em: https://www.stj.jus.br/sites/portalp/Paginas/Comunicacao/Noticias/2023/03022023-Teoria-do-desvio--produtivo-nao-se-aplica-fora-das-relacoes-de-consumo.aspx. Acesso em: 2 jun. 2024.

43. "Para os seus partidários, a referida teoria seria aplicável sempre que o fornecedor buscar se eximir da sua responsabilidade de sanar os infortúnios criados aos consumidores de forma voluntária, tempestiva e efetiva, levando a parte vulnerável da relação a desperdiçar o seu tempo vital e a desviar de suas atividades existenciais para solucionar o problema que lhe foi imposto". STJ. Teoria do desvio produtivo não se aplica fora das relações de consumo. **Notícias STJ**, 03 fev. 2022. Disponível em: https://www.stj.jus.br/sites/portalp/Paginas/Comunicacao/Noticias/2023/03022023-Teoria-do-desvio-produtivo-nao-se-aplica-fora-das-relacoes-de-consumo.aspx. Acesso em: 2 jun. 2024.

Portanto, com base no julgado paradigmático, bem como nos elementos que compõem a teoria desenvolvida por Marcos Dessaune e, principalemente, as peculiaridades da complexa relação médico-hospitalar e pacientes, o dano temporal e o desvio produtivo devem ser vistos de forma autônoma, dentro do já mencionado novo cenário 'da expansão dos danos indenizáveis', vindo a complementar – se possível e comprovadamente – os eventuais danos materias, morais e estéticos, já consagrados na doutrina e na jurisprudência.

6. CONSIDERAÇÕES FINAIS

O artigo teve como objetivo a discussão propositiva sobre as diretrizes necessárias para balizar a aplicação da Teoria do Desvio Produtivo do Consumidor nas demandas de responsabilidade civil médica e hospitalar. A reparação do desvio produtivo, do tempo desperdiçado, surge no âmbito das relações de consumo, em geral em relações massificadas com grandes fornecedores, que respondem de forma objetiva pelos danos causados aos consumidores.

A reparação do desvio produtivo dos consumidores na responsabilidade civil médica e hospitalar reclama algumas adaptações, ante as peculiaridades da relação médico-paciente, que é regida em regra pela responsabilidade subjetiva. A demonstração de culpa médica, portanto, é um elemento adicional prévio para qualquer discussão sobre reparação de danos, inclusive da nova categoria de dano temporal.

A escassez de julgados sobre o tema e as diferentes posições doutrinárias sobre a natureza do dano temporal e a forma de sua indenização atestam a necessidade de sugerir alguns critérios interpretativos para o tema. Por isso, é que se propõe a necessária diferenciação de duas situações: (i) quando o tempo dispendido pelos consumidores deve ser considerando indenizável de forma autônoma, como um dano extrapatrimonial de natureza existencial; e (ii) quando o tempo é um elemento na extensão dos demais danos e integra sua valorização, impactando na fixação do montante da indenização, mas sem ser indenizado de forma autônoma.

O estudo refletido sobre o tema pode contribuir tanto para aprimoramento da doutrina na matéria, quanto para o aperfeiçoamento das técnicas de atuação nas demandas de responsabilidade médica e hospitalar, caso o desvio produtivo dos consumidores passe a integrar os debates forenses na área médica.

REFERÊNCIAS

BORGES, Gustavo. O paciente, a sua percepção do tempo e dano temporal. São Paulo: **Revista de Direito do Consumidor**, v. 110, p. 187-209, mar./abr. 2017.

DEDULQUE, Maria Célia et. al. MONTAGNER, Miguel. ALVES, Sandra Mara Campos. MONTAGNER, Maria Inêz. MASCARENHAS, Gisela. O erro médico nos tribunais: uma análise das decisões do tribunal de justiça da capital brasileira. **Saúde e Sociedade**, São Paulo, v. 31, n. 3, 2022.

DESSAUNE, Marcos. **Teoria aprofundada do desvio produtivo do consumidor**: o prejuízo do tempo desperdiçado e da vida alterada. 2. ed. rev. e ampl. Vitória: Edição especial do autor [s.n.], 2017.

DESSAUNE, Marcos. Teoria aprofundada do desvio produtivo: uma visão geral. In: BORGES, Gustavo; MAIA, Maurílio Casas (Org.). **Dano temporal**: o tempo como valor jurídico. Florianópolis: Tirant lo Blanch, 2018.

FONSECA, Pedro Henrique. FONSECA, Maria Paula. **Direito do Médico** – De de acordo com o novo CPC. Belo Horizonte: D´Plácido, 2016.

GAGLIANO, Pablo Stolze. PAMPLONA FILHO, Rodolfo. **Novo Curso curso de Direito Civil**: responsabilidade civil. 15. ed. rev. e ampl. São Paulo: Saraiva, 2017.

GAGLIANO, Pablo Stolze. Responsabilidade civil pela perda do tempo. **Jus Navigandi**, Teresina, ano 18, n. 3540, 11 maio 2013.

GUGLINSKI, Vitor Vilela. O dano temporal e sua reparabilidade: aspectos doutrinários e visão dos tribunais. São Paulo, **Revista de Direito do Consumidor**, São Paulo, v. 99, p. 125-156, maio/jun. 2015.

KFOURI NETO, Miguel. **Responsabilidade civil dos hospitais**. Código Civil e Código de Defesa do Consumidor. 3. ed. atual. e ampl. São Paulo: Ed. RT, 2018.

LOPEZ, Teresa Ancona. **O dano estético**: responsabilidade civil. 4. ed. rev. e ampl. São Paulo: Almedina, 2021.

MARQUES, Claudia Lima; MIRAGEM, Bruno. **O novo direito privado e a proteção dos vulneráveis**. São Paulo: Ed. RT, 2012.

MELO, Nehemias Domingos de. **Responsabilidade Civil civil por erro médico**: doutrina e jurisprudência. 2. ed. São Paulo: Atlas, 2013.

SCHMITT, Cristiano Heinek. Do dano moral e do desvio produtivo do consumidor no âmbito dos contratos de seguros e de planos de saúde. In: BORGES, Gustavo; MAIA, Maurílio Casas (Org.). **Dano temporal**: o tempo como valor jurídico. Florianópolis: Tirant lo Blanch, 2018.

A CRESCENTE INFLUÊNCIA DOS PROCESSOS ÉTICO-PROFISSIONAIS DE MÉDICOS NAS DECISÕES JUDICIAIS

Maria Teresa Ribeiro de Andrade Oliveira[1]

Igor de Lucena Mascarenhas[2]

Decisão paradigma: BRASIL. Tribunal de Justiça do Estado do Paraná (TJPR), **Apelação Cível nº 0001964-14.2018.8.16.0119**, 2ª Câmara Cível, relator Des. Subs. Carlos Mauricio Ferreira, j. 05 jul. 2021.

Sumário: 1. Descrição do caso – 2. Introdução: a aparente independência entre esferas de responsabilização médica – 3. Embasamento teórico da independência e influência entre as esferas de responsabilização médica: limites teóricos e a realidade atual – 4. Análise da decisão que afasta necessidade de perícia devido a existência de decisão do conselho de medicina e panorama jurisprudencial mostrando a interação crescente entre esferas – 5. Notas conclusivas – Referências.

1. DESCRIÇÃO DO CASO

Gestante de 39 semanas com dores e mal-estar busca atendimento em hospital de pequena cidade (2 mil habitantes). Médico avalia e indica transferência a serviço de maior complexidade, entretanto, não havia vagas. A caminho da sala de parto sofre convulsão, sendo realizadas intervenções medicamentosas e cesariana sem auxílio de anestesista ou pediatra. A parturiente vem a óbito, mas o bebê nasce saudável. Como causa da morte foi indicada, na certidão de óbito, "hipertensão".

---

1. Pós-graduada em Acupuntura pela AMBA-PR. Especialista em Direito da Saúde e Proteção de Dados em Saúde pela Universidade de Coimbra, Portugal. Especializanda em Perícias Médicas pela UFPR e Saúde Púbica pela Universidade de São Paulo (USP). Graduada em Medicina pela Universidade Federal do Paraná (UFPR). Graduada em Direito pelo Centro Universitário Curitiba (UNICURITIBA). Foi membro do grupo de pesquisas "Direito da Saúde e Empresas Médicas" (UNICURITIBA), liderado pelo prof. Miguel Kfouri Neto. Conselheira Fiscal e Membro Fundadora do Instituto Miguel Kfouri Neto (IMKN) – Direito Médico e da Saúde. Médica Fiscal Coordenadora do Departamento de Fiscalização do Conselho Regional de Medicina do Estado do Paraná (CRM-PR). E-mail: mariateresapericiamedica@gmail.com.
2. Doutor em Direito pela Universidade Federal do Paraná. Doutorando em Direito pela Universidade Federal da Bahia. Mestre em Ciências Jurídicas pela Universidade Federal da Paraíba. Especialista em Direito da Medicina pelo Centro de Direito Biomédico vinculado à Faculdade de Direito da Universidade de Coimbra. Sócio do Dadalto & Mascarenhas Sociedade de Advogados. Consultor da Comissão Especial de Direito Médico do Conselho Federal da OAB. Foi membro do grupo de pesquisas "Direito da Saúde e Empresas Médicas" (UNICURITIBA), liderado pelo prof. Miguel Kfouri Neto. Diretor científico e Membro Fundador do Instituto Miguel Kfouri Neto (IMKN) – Direito Médico e da Saúde. Advogado e professor universitário no curso de Medicina do UNIFIP. E-mail: igor@igormascarenhas.com.br.

No caso, questionou-se a perícia e prudência da intervenção médica realizada. À época dos fatos ocorreu denúncia junto ao Conselho Regional de Medicina (CRM) que acarretou a sindicância e o Processo Ético-profissional (PEP), com decisão condenatória.

Após completar a maioridade, o filho sobrevivente ingressou com a demanda judicial, objeto de análise no presente trabalho, visando a reparação de danos decorrente da conduta profissional, tanto do médico, quanto do Município gestor do hospital e do Sistema Único de Saúde na região.

Na instrução processual da ação indenizatória ficou incontroverso que o procedimento adotado pelo médico, ou seja, a aplicação intramuscular de sulfato de magnésio, ocorreu sem os devidos cuidados. A conduta médica foi considerada imprudente e imperita pelo CRM. Houve condenação em primeiro grau, ao pagamento do valor de 100 mil reais para o autor, a ser arcado de modo solidário pelos réus.

Em sede recursal, o médico pugnou, perante o Tribunal de Justiça do Estado do Paraná (TJPR), pela nulidade da sentença, ao argumento de que houve cerceamento de defesa "pelo indeferimento do pedido de prova pericial, uma vez que não há provas suficientes no processo e a prova pericial só pode ser indeferida nos casos estampados no art. 464, § 1º, do CPC". Todavia, no julgamento da apelação, afastou-se a preliminar. Ainda, deu-se parcial provimento ao recurso do município, para o fim de reduzir a indenização por danos morais para 50 mil reais.

Para o TJPR, o CRMPR "analisou de modo técnico toda a conduta profissional (...) perante as normas técnicas da Medicina e por agentes capazes de apontar eventuais imprudências e imperícias." Assim, entendeu que inexiste cerceamento de defesa pela não produção da prova pericial, pois havia prova apta e suficiente para respaldar o julgamento. Não houve recurso para o Superior Tribunal de Justiça.

Trata-se de decisão emblemática, visto que exemplifica de modo inédito como procedimentos no CRM podem influenciar a esfera judicial para além do previsto nos Código Civil (CC) e Código de Processo Ético Profissional (CPEP), já que o PEP foi tido como suficiente para afastar a necessidade de prova pericial.

Diante do caso apresentado, a proposta do presente estudo é, inicialmente, analisar a aparente independência entre esferas de responsabilização médica. Num segundo momento, será destacado o embasamento teórico da independência e influência entre os processos cíveis, penais e administrativos. Finalmente, será estudada a decisão que afasta a necessidade de perícia devido à existência de decisão do Conselho de Medicina e outros quatro julgados que ilustram um panorama jurisprudencial de interação crescente.

2. INTRODUÇÃO: A APARENTE INDEPENDÊNCIA ENTRE ESFERAS DE RESPONSABILIZAÇÃO MÉDICA

O Direito está em constante evolução. Historicamente, no Direito Romano, não havia sequer distinção entre as responsabilidades civil e penal,[3] já de longa data obser-

---

3. GONÇALVES, Carlos Roberto. **Responsabilidade Civil**. 8. ed. São Paulo: Saraiva, 2003, p. 18.

va-se uma independência formal entre as instâncias. Entretanto, nas últimas décadas, tem-se verificado uma influência crescente entre as esferas de julgamento, em especial quando se trata de demandas envolvendo Direito Médico, nas quais há o aumento da relevância dada à atuação jurisdicional dos Conselhos de Fiscalização.

A *independência* formal consolidada no século XIX[4] vem sendo flexibilizada pela atual jurisprudência e se transformando em *influência*. Isto é possível porque são inúmeras as situações nas quais um mesmo ato médico representa ilícito penal, civil, ético, trabalhista e administrativo, podendo ensejar responsabilização concomitante nestes diferentes âmbitos. Ademais, frequentemente, nas demandas judiciais que versam sobre responsabilidade médica, as partes e os julgadores dependem do conhecimento técnico de terceiros, em especial devido à dificuldade de analisar questões relativas à própria ciência médica. Nesse cenário, espera-se que em tais demandas seja comum a realização de perícia médica. Contudo, questiona-se: seria o trabalho do *expert* em juízo a única fonte de auxílio à decisão do magistrado?[5]

Como já relatava o vice-presidente do CREMERS (Conselho Regional de Medicina do Rio Grande do Sul) no início do século, "é cada vez mais frequente a busca da condenação em juízo administrativo (ético) para fortalecer as ações cíveis de indenização".[6] Nesse sentido, é plausível imaginar que o resultado dos processos ético-disciplinares possua relevância nos julgamentos das esferas cível e penal.

O fato desses julgamentos serem realizados por colegiado com expertise nesta área da ciência poderia justificar o relato, comum na prática da advocacia, de que os PEPs influenciam nas decisões de jurisdição comum.

> Advogados que atuam na área do Direito Médico percebem que, há alguns anos, uma nova estratégia tem sido usada por alguns litigantes: a propositura, paralela, de ações judiciais cíveis sobre erro médico, representações/ denúncias e notícias crimes perante o Ministério Público / Polícia Civil e de denúncias no âmbito ético do CRM/CFM. A estratégia de litigar na esfera ética pode ser encarada como um mecanismo de produção de provas que auxiliarão na construção de uma possível condenação cível/criminal.[7]

A comunicação é indubitável e o impacto bilateral, pois o Poder Judiciário considera decisão dos Conselhos como valor probatório e o oposto também se observa (utilização de prova emprestada – juízos cíveis e penais – no PEP). É frequente a solicitação de

---

4. PÜSCHEL, Flavia Portella. MACHADO, Marta Rodriguez de Assis. **Questões atuais acerca da relação entre as responsabilidades penal e civil.** Disponível em: http://www.publicadireito.com.br/conpedi/manaus/arquivos/anais/manaus/reconst_da_dogmatica_flavia_puschel_e_marta_machado.pdf. Acesso em: 22 nov. 2022.
5. Reflexão importante pelo impacto que a realização de perícias médicas tem no desenrolar dos processos, em especial visto a garantia fundamental de duração razoável destes.
6. PEREIRA, Luiz Augusto. **Responsabilidade ética e o processo ético-profissional dos conselhos de medicina do Brasil.** J Vasc Br; v. 2, n 3, p: 237-40. 2003. Disponível em: https://jvascbras.org/article/5e20c0f00e88254f7b-939fe1/pdf/jvb-2-3-237.pdf. Acesso em: 10 ago. 2022.
7. MASCARENHAS, Igor. O mito da independência das esferas na responsabilidade ética. **Direito Civil.** Disponível em: https://www.editoraforum.com.br/noticias/coluna-direito-civil/o-mito-da-independencia-de-esferas-na--responsabilidade-medica/. Acesso em: 23 ago. 2022.

decisões da esfera ética pelos juízes, assim como há inquéritos policiais que constituem denúncia dando início à investigação no âmbito dos Conselhos.

> As diferentes esferas de responsabilização do médico, apesar de independentes, possuem uma relação que supera o expresso no artigo 935 do CC e no artigo 5º do CPEP. Somadas às perícias, as decisões do CRM são utilizadas pelas partes e pelos julgadores como meio de superar a natural hipossuficiência técnica.[8]

Observa-se que as condenações éticas são frequentemente utilizadas para auxiliar a fundamentação nas condenações nas demais esferas. E, quando a decisão absolutória de um PEP ou o arquivamento de sindicâncias são juntadas aos processos judiciais pela defesa do médico, é comum encontrar a fundamentação de sentença condenatória, citando o *princípio da independência*, justificando a decisão diversa da esfera administrativa.

Na prática, as hipóteses legalmente previstas de intersecção – analisadas no tópico a seguir – estão sendo ampliadas pelo uso de provas emprestadas e, ainda por meio da análise dos *experts* dos Tribunais de Ética utilizadas para formar o convencimento do juiz. O impacto em cada caso concreto, entretanto, depende do julgador, em conformidade com o *princípio do livre convencimento motivado*, que incide nas três esferas.

3. EMBASAMENTO TEÓRICO DA INDEPENDÊNCIA E INFLUÊNCIA ENTRE AS ESFERAS DE RESPONSABILIZAÇÃO MÉDICA: LIMITES TEÓRICOS E A REALIDADE ATUAL

Ainda que a jurisdição seja una e indivisível, a responsabilidade do médico abrange cinco esferas independentes e que, na atualidade, não se confundem, ainda que um mesmo ato possa representar ilícito penal, civil e ético, administrativo e trabalhista concomitantemente. A distinção se dá no âmbito legislativo: será ilícito penal o que o Código Penal (CP) definir como crime ou contravenção; será ilícito administrativo o que o Código de Ética Médica (CEM) assim caracterizar; por fim, haverá um ilícito civil nos termos do Código Civil (CC). Estas esferas podem se sobreporem no campo material, mas cabem processos e sanções independentes, como explica Cezar Roberto Bitencourt:

> (…) um ilícito penal não pode deixar de ser igualmente ilícito em outras áreas do direito, como a civil, a administrativa etc. No entanto, o inverso não é verdadeiro: um ato lícito no plano jurídico-civil não pode ser ao mesmo tempo um ilícito penal. Contudo, apesar de as ações penal e extrapenal serem independentes, o ilícito penal, em regra, confunde-se com o ilícito extrapenal. Porém, sustentar a independência das instâncias administrativa e penal, como parte da jurisprudência tem insistido, é uma conclusão de natureza processual, ao passo que a afirmação de que ilicitude é única implica uma concepção de natureza material (...)[9]

---

8. OLIVEIRA, Maria; DANTAS, Eduardo. Processos Ético-Profissionais dos Médicos: Aspectos Gerais e Influência nas Decisões Judiciais. In: NETO, Miguel; NOGAROLI, Rafaella (Coord.). **Debates Contemporâneos em Direito Médico e da Saúde**. 2. ed. São Paulo: Thomson Reuters Brasil, 2022, p. 380-400.

9. BITENCOURT, Cezar Roberto. **Tratado de direito penal**: parte geral. 17. ed. rev., ampl. e atual. de acordo com a Lei n. 12.550, de 2011. São Paulo: Saraiva, 2012. v. 1.

A responsabilidade nas diferentes esferas tem escopos diversos. A responsabilização civil busca o retorno ao *status quo* anterior, a recuperação de um estado que foi modificado pela ação ou omissão de alguém, um direito lesado, causando prejuízo – de ordem patrimonial ou moral – a outrem. Já a caracterização da conduta profissional enquanto crime é reservada às ações ou omissões que merecem que o sistema repressivo-preventivo do sistema penal assim o identifiquem, pela gravidade com que afetam a sociedade e caracterizada como *ultima ratio*. Ou seja, a responsabilização penal tem natureza extraordinária quando os demais sistemas de responsabilidade não se mostrarem suficientes e/ou a gravidade do bem jurídico lesado exigir uma maior repressão estatal. Frise-se que a responsabilidade penal é pessoal e intransferível, diferenciando-se da civil, que é patrimonial.

Já a responsabilidade ética está ligada diretamente à regulação do indivíduo por seus pares, num caráter técnico-científico, sendo, portanto, responsabilidade pessoal e intransferível. Esta é inicialmente apurada com exclusividade por Conselheiros médicos,[10] em sindicância que pode ou não resultar em um PEP.

A responsabilidade disciplinar, ou administrativa *stricto sensu,* seria uma quarta modalidade de responsabilidade, aqui compreendida enquanto uma responsabilidade funcional, a qual o médico servidor está exposto, também independente das demais, mas que, como a responsabilidade deontológica, segue os princípios do Direito Administrativo. Possui três características no sistema semijurisdicionalizado: previsão legal de sanções e ilícitos administrativos; órgãos disciplinares; e possibilidade de revisão pelo Poder Judiciário se houver vício de legalidade. Servidores estatutários efetivos sujeitam-se ao regramento estatutário de cada nível federativo, com as especificidades da legislação federal, estadual ou municipal.

A responsabilidade decorre de uma obrigação descumprida. Assim, o comportamento ilícito do médico pode ensejar responsabilização nas diferentes esferas e, visto a natureza distinta destas, devem ser acionadas as respectivas instâncias, provocadas de modo autônomo, por força do *princípio da independência e autonomia* – o que é reafirmado em textos normativos a seguir analisados.

No âmbito do Poder Judiciário, os processos nos juízos penais e cíveis possuem alguma relação, mas não há interdependência, como se pode verificar expressamente no artigo 935 do Código Civil de 2002.[11] O mesmo ocorre com o processo nos Conselhos de Medicina, pois somente haverá influência da decisão penal que concluir pela inexistência do fato ou comprovar que o médico não concorreu para tal. Esta independência está expressa na Lei nº 3268/57 (parágrafo único do artigo 21, *in verbis*: "a jurisdição disciplinar estabelecida neste artigo não derroga a jurisdição comum quando o fato constitua crime punido em lei"). No mesmo sentido, destaca-se a previsão trazida no CPEP:

---

10. Lei 3268/57, art. 21. O poder de disciplinar e aplicar penalidades aos médicos compete exclusivamente ao Conselho Regional, em que estavam inscritos ao tempo do fato punível [...].

11. Art. 935, CC/02: A responsabilidade civil é independente da criminal, não se podendo questionar mais sobre a existência do fato, ou sobre quem seja o seu autor, quando estas questões se acharem decididas no juízo criminal.

> Art. 7º O processo e julgamento das infrações às disposições previstas no Código de Ética Médica (CEM) são independentes, não estando em regra, vinculado ao processo e julgamento da questão criminal ou cível sobre os mesmos fatos.
>
> § 1º A responsabilidade ético-profissional é independente das esferas cível e criminal.
>
> § 2º A sentença penal absolutória somente influirá na apuração da infração ética quando tiver por fundamento o art. 386, incisos I (estar provada a inexistência do fato) e IV (estar provado que o réu não concorreu para a infração penal) do Decreto-Lei no 3.689/1941 (CPP).

A Lei nº 8112/90, em seu artigo 125, ao regulamentar o processo em desfavor do servidor público federal, também reafirma essa independência e afasta a ideia de *bis in idem*: "As sanções civis, penais e administrativas poderão cumular-se, sendo independentes entre si". Já o artigo 126 determina que a responsabilidade será afastada em determinados casos de absolvição no juízo criminal, caso negue a existência do fato ou sua autoria. Cabe destacar que a absolvição penal por ato praticado em estado de necessidade, em legítima defesa, em estrito cumprimento do dever legal ou no exercício regular do direito afasta, em regra, as responsabilidades cível e administrativa.[12]

Como expresso nos textos normativos supracitados, o *princípio da independência e autonomia* se impõe, ainda que não de modo absoluto, em especial, diante da sobreposição da sentença penal que negue a existência do fato ou sua autoria. Ou seja, a referida decisão penal afasta a responsabilização cível, disciplinar e ética, podendo inclusive culminar na revisão do processo administrativo transitado em julgado, nos termos dos artigos 121 e seguintes, do CPEP, e dos artigos 174 e seguintes, da Lei nº 8112/90.

Oportuno registrar que o próprio Código de Processo Civil, reconhecendo essa zona de influência, estabelece no artigo 315 a possibilidade de suspensão do processo cível até a manifestação do juízo criminal.[13] Há também outras previsões legais e jurisprudenciais relevantes ao estudo da relação entre as esferas de julgamento, como as ressaltadas a seguir.

A decisão penal condenatória transitada em julgado constitui-se como título executivo judicial, nos termos do artigo 515 VI do Código de Processo Civil de 2015 (CPC). Assim, somente o *quantum* indenizatório será discutido no juízo cível. Pode o juiz, ao proferir sentença condenatória, fixar o "valor mínimo para reparação dos danos

---

12. Lei 13.869/2019, artigo 8º: Faz coisa julgada em âmbito cível, assim como no administrativo-disciplinar, a sentença penal que reconhecer ter sido o ato praticado em estado de necessidade, em legítima defesa, em estrito cumprimento de dever legal ou no exercício regular de direito.

    Código de Processo Penal (CPP), art. 65: Faz coisa julgada no cível a sentença penal que reconhecer ter sido o ato praticado em estado de necessidade, em legítima defesa, em estrito cumprimento de dever legal ou no exercício regular de direito.

13. Art. 315. Se o conhecimento do mérito depender de verificação da existência de fato delituoso, o juiz pode determinar a suspensão do processo até que se pronuncie a justiça criminal.

    § 1º Se a ação penal não for proposta no prazo de 3 (três) meses, contado da intimação do ato de suspensão, cessará o efeito desse, incumbindo ao juiz cível examinar incidentemente a questão prévia. § 2º Proposta a ação penal, o processo ficará suspenso pelo prazo máximo de 1 (um) ano, ao final do qual aplicar-se-á o disposto na parte final do § 1º.

causados pela infração, considerando os prejuízos sofridos pelo ofendido", nos termos do artigo 387 Código de Processo Penal (CPP).

Já no âmbito disciplinar, a condenação penal pode ensejar a perda de cargo ou função do servidor, nos termos do artigo 92, I, do CP: "São também efeitos da condenação: I – a perda de cargo, função pública ou mandato eletivo (...)". Outro efeito possível da sentença penal condenatória é a suspensão do direito de exercer Medicina.

A pena restritiva de liberdade do médico é frequentemente substituída por interdição temporária de direitos – como impedir o exercício da Medicina por determinado tempo (art. 47, II, CP). Por exemplo, o profissional que atende pelo SUS e incorre em crime de concussão (por. ex.; cobrar de paciente atendido pelo SUS ou para priorizar cirurgias), está sujeito a pena de 2 a 8 anos de reclusão. A suspensão também pode decorrer de medida cautelar tomada no curso do processo judicial.[14]

De todo modo, o CRM deve publicizar que o médico está suspenso por decisão judicial, fiscalizando se a medida está sendo cumprida. Vale ressaltar que a medida não se confunde com pena de suspensão imposta pelo próprio Conselho e prevista na Lei nº 3268/57.

Ainda sobre a influência prática entre as esferas, destaca-se decisão do CFM, proferida em 2020, na qual a sentença penal condenatória tornou os "fatos inquestionáveis na esfera administrativa", mesmo sem haver previsão legal expressa para tal entendimento.

I – O julgado civil ou criminal, em regra, não tem efeitos na esfera administrativa disciplinar por se tratar de instâncias distintas. É possível, todavia, que o conteúdo da sentença penal condenatória seja levado em consideração pelos conselheiros julgadores da ética médica.

II – É possível a utilização da prova emprestada, advinda do Poder Judiciário, no âmbito do PEP. A análise de prova emprestada está afeta ao mérito do recurso e deve ser feita pelos conselheiros julgadores. Por outro lado, *o julgamento penal condenatório sobre os mesmos fatos os tornam inquestionáveis na esfera administrativa*.[15] (grifo nosso)

Frise-se que até mesmo a propositura de ação penal pode ter influência nas demais esferas, com a possibilidade de suspensão da ação (parágrafo único do artigo 64 do CPP) e prescrição cível (artigo 200 do CC). Todavia, esta hipótese não se estende a apuração de infração ética no Conselho, ou seja, o PEP e a Sindicância não interrompem o prazo prescricional cível ou o curso da ação indenizatória. Nesse sentido, destaca-se a jurisprudência do STJ:

Civil. Recurso especial. Ação de compensação de danos morais. *Prescrição. Suspensão prevista no art. 200 do CC/02. Inaplicabilidade*. (...) O propósito recursal é determinar se a representação ético-disciplinar

---

14. A título exemplificativo de uma suspensão judicial anterior a pena, citamos o caso do médico atuante em Hospital no estado do Ceará que é acusado de ter causado a morte de uma criança. O Judiciário, após pedido do Ministério Público, determinou a suspensão do exercício da função pública como médico até a sentença no processo criminal (**BRASIL**. Tribunal de Justiça do Estado do Ceará (TJCE), Processo **0200988-58.2022.8.06.0055**, Vara Única de Canindé, Juiz Flávio Vinicius Alves Cordeiro. 31 jul. 2022).

15. **BRASIL**. Conselho Federal de Medicina (CFM), **Recurso em PEP 00019/2020-SP**, relator Conselheiro Federal Júlio Cesar Vieira Braga – BA, j. 19 ago. 2020.

formulada pela recorrida junto ao CRM/GO, fundada em suposta emissão de atestado médico falso por parte do recorrente, é hábil a suspender, nos termos do art. 200 do CC/02, o lapso prescricional para o ajuizamento de compensação de danos morais por parte deste. (...) Inviável se conceber, portanto, que a prescrição para o ajuizamento de tal ação estaria suspensa (...) não há sequer nos autos qualquer notícia de processo penal em curso ou, ao menos, a tramitação de inquérito policial. Tratou-se, *in casu*, apenas de procedimento administrativo-disciplinar em desfavor do recorrente.[16] (grifo nosso)

No âmbito processo administrativo disciplinar, o Superior Tribunal de Justiça (STJ) vem entendendo ser descabida a suspensão do Processo Administrativo Disciplinar (PAD) pelo curso da ação penal:

Administrativo. Mandado de segurança. Servidor público. (...) *Suspensão do PAD durante prazo de trâmite do processo penal. Descabimento.* Independência das instâncias. (...) 3. É pacífico na doutrina e na jurisprudência que as esferas administrativa e penal são independentes, sendo descabida a suspensão do processo administrativo durante o prazo de trâmite do processo penal.[17] (grifo nosso)

Por outro lado, também não há previsão normativa para um pedido de suspensão da apuração da infração ética do médico até a prolação da sentença do processo criminal ser transitada em julgado, conforme ressalta a decisão CFM abaixo citada. O que pode ocorrer é uma sentença judicial que determina a paralisação de uma apuração ética, neste caso fica suspenso o prazo prescricional no âmbito Conselhal, nos termos do artigo 116 do CPEP.

Ementa: Processo ético-profissional. Recurso de apelação. Preliminares. *Suspensão do pep por existência de ação criminal. Rejeição* [...] o foco de análise dos processos (Sindicância/Processo Ético-Profissional, penal e processo civil) são distintos e independentes.[18] (grifo nosso)

Importante destacar que eventuais acordos realizados nas demais esferas não tem repercussão no PEP, conforme jurisprudência do CFM destaca: "O julgamento de um processo criminal ou civil ou eventuais acordos em seu âmbito, em regra, não afetam a apreciação ética dos Conselhos de Medicina, em razão da independência das instâncias criminal, civil e administrativa".[19]

Relevante notar que, não há qualquer influência nos demais âmbitos das esferas de responsabilidade quando a decisão penal se basear em: absolvição penal por ausência ou insuficiência de provas da existência de fato ou autoria; algumas causas de exclusão de crime ou de isenção de pena; e o fato não constituir infração penal – conforme artigos 66 e 67 do CPP.

Entretanto, decisões administrativas disciplinares podem ser modificadas, pois "não há como ser mantida a incoerência de se ter o mesmo fato por não provado na esfera

---

16. **BRASIL**. Superior Tribunal Justiça (STJ), **REsp 1660182-GO, 2015/0214259-7**, Relatora Ministra Nancy Andrighi, j. 20 mar. 2018.
17. **BRASIL**. Superior Tribunal Justiça (STJ), **MS 18.090-DF**, Relator. Min. Humberto Martins, j. 8 maio 2013.
18. **BRASIL**. Conselho Federal de Medicina (CFM), **Recurso em PEP 010881/2020-PA**, rel. Conselheira Federal Dilza Teresinha Ambros Ribeiro – AC, j. 17 mar. 2021.
19. **BRASIL**. Conselho Federal de Medicina (CFM), **Recurso em PEP 010918/2018-PE**, rel. Conselheira Federal Maria das Graças Creao Salgado – AP, j. 26 nov. 2020.

criminal e por provado na esfera administrativa", conforme relator de recente decisão do STJ, na qual se determinou o cancelamento da falta grave apurada em procedimento administrativo disciplinar no âmbito prisional, pois, se "o único fato que motivou a penalidade administrativa resultou em absolvição no âmbito criminal, ainda que por ausência de provas, a autonomia das esferas há que ceder espaço à coerência que deve existir entre as decisões sancionatórias".[20]

Dante do exposto, observa-se um cenário no qual têm sido questionadas as eventuais contradições que a aplicação do *princípio da independência* possa vir a causar. Como refere Bitencourt,[21] citando Wenzel, "confunde-se, no plano processual, ilicitude ou antijuridicidade única com independência de instâncias, como se se tratasse do mesmo tema", causando decisões incoerentes, pois seria "incompatível com a noção unitária da antijuridicidade, a preconizada impotência das decisões proferidas pelas jurisdições não penais". Ou seja, ainda que haja injusto penal, civil ou administrativo específico, "existe somente uma antijuridicidade para todos os ramos do Direito", visto que esta "é a qualidade de uma forma de conduta proibida pelo ordenamento jurídico".

Em um exemplo de Direito Médico,[22] imagine-se situação na qual o Conselho considera que o médico agiu com perícia, dentro da melhor técnica e a morte do paciente se deu por causas alheias à sua vontade ou controle. Seria ao menos peculiar se, no mesmo caso concreto, mas em outra esfera, o médico fosse condenado por ter agido com imperícia.

Em casos similares ao supracitado, em que não há configurado um ilícito ético, administrativo, se destaca a relevância do *princípio da subsidiariedade* e, sendo o Direito Penal a *ultima ratio* do controle social, "tratado como o instrumento que age apenas diante de ineficácia de outros mecanismos de inibição de condutas, como explicar a legitimidade da pena para uma ação ou omissão considerada lícita na seara cível ou administrativa?",[23] conforme elucida Bottini, citando Roxin:

---

20. **BRASIL**. Superior Tribunal Justiça (STJ), **AgRg nos EDcl no HC 601.533/SP**, Relator Ministro Sebastião Reis Júnior, 6ª Turma, j. 21 set. 2021
21. BITENCOURT, Cezar Roberto. **Tratado de direito penal**: parte geral. 17. ed. rev., ampl. e atual. de acordo com a Lei n. 12.550, de 2011. São Paulo: Saraiva, 2012. v. 1.
22. Adaptação destes exemplos de Bitencourt: "Imagine-se, por exemplo, a eficácia da *sentença proferida no juízo cível que, com anterioridade, reconhece a origem fortuita de um dano patrimonial determinado: constituiria verdadeiro despautério jurídico admitir que a sentença penal, por se tratar de instância independente, pudesse até condenar o autor do mesmo dano pelo crime doloso* por ele praticado. *Mutatis mutandis*, é o que vem ocorrendo, desafortunadamente, no quotidiano forense, especialmente perante alguns dos tribunais federais, em que se admite a *condenação por sonegação fiscal em hipóteses que a própria Receita Federal reconhece não haver tributo devido*, sob o falacioso argumento de que se trata de instâncias independentes e distintas. Ignoram que, quando falamos de ilicitude única, estamos no plano material, e, quando sustentam que se trata de instâncias independentes, estão no plano processual. *Sendo, com efeito, a ilicitude uma só, é inadmissível que, ainda hoje, estejamos arraigados no antigo e retórico preconceito de que a decisão extrapenal não faz coisa julgada na área penal*" (BITENCOURT, Cezar Roberto. **Tratado de direito penal**: parte geral. 17. ed. rev., ampl. e atual. de acordo com a Lei n. 12.550, de 2011. São Paulo: Saraiva, v. 1. 2012).
23. BOTTINI, Pierpaolo Cruz. A independência das instâncias administrativa e penal é um mito. **Consultor Jurídico**. Disponível em: https://www.conjur.com.br/2013-mai-21/direito-defesa-independencia-ambitos--administrativo-penal-mito. Acesso em: 21 maio 2023.

Aceitar que um ato tolerado na esfera administrativa ou cível seja reconhecido como injusto penal seria inverter completamente o princípio da fragmentariedade, que, nas palavras de Roxin "seria uma contradição axiológica insuportável, e contrariaria também a subsidiariedade do direito penal como recurso extremo da política social, que uma conduta autorizada em qualquer campo do direito, no entanto, seja castigada penalmente".[24] (tradução nossa)

A jurisprudência também alerta para os riscos de uma independência levada a extremos ou mal utilizada:

No Estado Democrático de Direito, o devido (justo) processo legal impõe a *temperança do princípio da independência* das esferas administrativa e penal, *vedando-se ao julgador a faculdade discricionária de, abstraindo as conclusões dos órgãos fiscalizadores estatais* sobre a inexistência de fato definido como ilícito, por ausência de tipicidade, ilicitude ou culpabilidade, *alcançar penalmente o cidadão* com a aplicação de sanção limitadora de sua liberdade de ir e vir. É certo que esta independência também funciona como uma garantia de que as infrações às normas serão apuradas e julgadas pelo poder competente, com a indispensável liberdade; entretanto, *tal autonomia não deve erigir-se em dogma, sob pena de engessar o intérprete e aplicador da lei, afastando-o da verdade real almejada,* porquanto não são poucas as situações em que os fatos permeiam todos os ramos do direito.[25]

Como já ressaltado, na prática, as hipóteses de intersecção tem sido ampliadas para além das previsões legais, mas o impacto depende do julgador pelo *princípio do livre convencimento motivado*, que incide nas três esferas – penal, civil e ética – conforme artigo 155 do CPP; artigo 371 do CPC; e artigo 53 do CPEP. Entretanto, há de se ver questionada nos Tribunais Superiores, com cada vez mais frequência, a adequação de decisões desarmônicas entre as esferas, "sob pena do próprio sistema jurídico-constitucional mostrar-se incoerente",[26] como nos ensina Bitencourt.

4. ANÁLISE DA DECISÃO QUE AFASTA NECESSIDADE DE PERÍCIA DEVIDO A EXISTÊNCIA DE DECISÃO DO CONSELHO DE MEDICINA E PANORAMA JURISPRUDENCIAL MOSTRANDO A INTERAÇÃO CRESCENTE ENTRE ESFERAS

Na decisão paradigmática do TJPR,[27] objeto do presente estudo, entendeu-se por inexistir cerceamento de defesa pela negativa de realização da perícia. O relator afirma que a decisão de primeiro grau foi devidamente fundamentada, citando o seguinte trecho da sentença:

---

24. "Sería una contradiccion axiológica insoportable, y contradiria además la subsidiariedad del Derecho penal como recurso extremo de la política social, que una conducta autiruzada en cualquier campo del Derecho no obstante fuera castigada penalmente" (BOTTINI, Pierpaolo Cruz. A independência das instâncias administrativa e penal é um mito. **Consultor Jurídico.** Disponível em: https://www.conjur.com.br/2013-mai-21/direito-defesa-independencia-ambitos-administrativo-penal-mito. Acesso em 21 maio 2023).

25. **BRASIL.** Superior Tribunal Justiça (STJ), **HC 77228/RS (2007/0034711-6)**, Rel. Ministro Napoleão Nunes Maia Filho, 5ª T., j. 07 fev. 2008.

26. BITENCOURT, Cezar Roberto. **Tratado de direito penal**: parte geral. 17. ed. rev., ampl. e atual. de acordo com a Lei n. 12.550, de 2011. São Paulo: Saraiva, 2012. v. 1.

27. **BRASIL.** Tribunal de Justiça do Estado do Paraná (TJPR), **Apelação nº 0001964-14.2018.8.16.0119.** Relator Juiz de Direito Substituto em Segundo Grau Carlos Mauricio Ferreira, em 02 jul. 2021.

Foram acostados aos autos diversos documentos bem como produzida prova testemunhal relatando os fatos ocorridos e procedimentos adotados por ocasião do internamento e cirurgia realizada na genitora do Autor. Entre os documentos, encontra-se fotocópia do procedimento instaurado junto ao CRM, prontuário médico e exames realizados na gestante. Restou incontroverso o procedimento adotado pelo médico requerido, inclusive a aplicação de sulfato de magnésio intramuscular. Não havendo discussão sobre os procedimentos adotados, e diante da documentação acostada, desnecessária se revela a perícia pretendida, na medida, inclusive, que se tratam de fatos ocorridos há mais de vinte anos. Noutro prisma, diante da farta documentação acostada, cumpriria a parte arrolar testemunhas com conhecimento técnico que pudessem, analisando os prontuários médicos, trazer conclusões sobre a correção ou não do procedimento adotado, existência de alternativas ou não, sendo desnecessária a realização de perícia para tal fim, o que oneraria demasiadamente as partes.

Ante ao exposto, indefiro a produção da prova pericial, com fundamento no artigo 464, § 1º, II, do Código de Processo Civil.

O relator, apesar de ressaltar a independência das esferas, embasa seu entendimento de haver "prova apta e suficiente"[28] na existência do PEP, o qual, por sua vez, analisou os fatos de modo técnico, conforme trecho a seguir transcrito:

Ainda, não há o comprovado cerceamento de defesa pela ausência da prova requerida, uma vez que o feito encontra-se carregado de provas, inclusive no mesmo sentido do requerida, qual seja, o processo ético n. 59/2001, do Conselho Regional de Medicina e que embora não possua vinculação obrigatória neste feito, aponta de modo técnico a conduta do profissional apelante, perante o órgão de classe.

Aliás, o CRM analisou de modo técnico toda a conduta profissional do apelante Fernando, perante as normas técnicas da medicina e por agentes capazes de apontar eventuais imprudências e imperícias.

Claro que neste feito indenizatório, se está analisando o caso à luz da responsabilidade civil do agente, diversamente do que ocorreu no CRM. Todavia, entendo que não há razão ao recorrente, quanto a existência de cerceamento de defesa pela não produção da prova pericial, uma vez que concluo pela existência de prova apta e suficiente a respaldar o julgamento do presente caso.

O Conselho Regional de Medicina do Paraná instaurou a Sindicância nº 78/2000 que culminou no Processo Ético-Profissional nº 59/2001, julgado procedente em reconhecer a conduta imprudente e imperita, quais sejam: "a) ato danoso à paciente, pela ministração de sulfato de magnésio, sem as observações técnicas; b) deixou de avaliar pré anestesia; c) não orientou previamente as partes quanto ao quadro de risco; e d) exagero no diagnóstico e prognósticos".

Na apelação, segundo o relator, o posicionamento do Procurador de Justiça se deu pelo provimento do recurso, pois não teria havido a "necessária evidência na relação entre a conduta do médico apelante e o falecimento da vítima", ou seja, ausência de nexo causal inequívoco.

---

28. CPC, art. 464. A prova pericial consiste em exame, vistoria ou avaliação.
§ 1º O juiz indeferirá a perícia quando:
I – a prova do fato não depender de conhecimento especial de técnico;
II – for desnecessária em vista de outras provas produzidas;
III – a verificação for impraticável.

Ao reafirmar entendimento diverso, o relator afirma que "a carência de estrutura e a gravidade da situação não autorizam o profissional médico a efetivar manobras aleatórias e descompassadas das normas técnicas" e que "a conduta adotada por ele, mesmo que tenha sentido nobre, tecnicamente não foi a melhor tese adotada, decorrente em conduta imprudente e imperita, o que evoluiu para o óbito da paciente" e cita novamente o PEP junto ao Conselho Regional de Medicina:

> A contingência do risco de hipermagnesemia produzir parada respiratória impõe-se acompanhamento rigoroso da frequência respiratória materna, da diurese, reflexo patelar efeito mais precoce da ação tóxica da droga). • Pelos riscos ora citados, é de exclusiva responsabilidade do médico em administrá-la, seguido do preparo antecipado do gluconato de cálcio para a proteção dos efeitos indesejáveis da magnesemia materna e em ambiente especial para atendimento imediato dos eventuais riscos.

Assim, para o relator, diante da ausência de indícios para comorbidades da gestante, mas, ao contrário, comprovada suas boas condições de sua saúde e inexistência de hipótese de "causas diversas e independentes da atuação do profissional", a imputação de responsabilidade civil ao médico é decorrente de "sua imprudência e imperícia na administração da situação, quando determinou a aplicação da substância Sulfato de Magnésio de forma inadequada", assim, restou "configurado o nexo causal entre o ação do médico e o óbito da vítima."

Nos trechos supracitados da decisão do TJPR fica evidente que a decisão do relator teve como base a análise técnica do CRMPR acerca da conduta profissional na aplicação da referida substância. Ou seja, o entendimento de seus pares, imbuídos de função pública, determinou o destino do médico. A existência desta análise, isenta e técnica, propiciou uma alternativa ao julgador, que sem esta necessitaria de perícia médica para ter elementos aptos à formação de seu convencimento.

Segue a ementa:

> Apelação cível. Administrativo. Responsabilidade civil do estado. Art. 37, § 6º, da CF/88. 1) Erro médico. Imprudência e imperícia. Vítima gestante que compareceu ao hospital buscando atendimento médico. SUS. Óbito da paciente. Inexistência de comorbidade ou concausa. Médico que aplicou substância (sulfato de magnésio) para controle de convulsão de modo contrário a literatura médica. inexistência de estrutura física e modo adequado para a aplicação do medicamento. Inexistência de anestesista, pediatra e vaga em hospital de maior complexidade, atestada pela central de leitos. médico que optou por realizar o parto após ministrar o sulfato de magnésio. Parto que evoluiu para o óbito da gestante. Ausência de outras causas concomitantes. *condutas médicas verificadas pelo Conselho Regional de Medicina. Procedimento ético que reconheceu a imprudência e a imperícia do profissional na atuação.* Responsabilidade configurada. Nexo causal existente. efeito direto e imediato dos fatos ocorridos com o óbito da gestante. 2) Dano moral. *Quantum* indenizatório fixado em R$ 100.000,00. Possibilidade de minoração. Fixação que deve ser proporcional e razoável a luz dos elementos contidos nos autos. minoração da verba para R$ 50.000,00. Sentença parcialmente reformada. Recursos conhecidos e parcialmente providos.

Contudo, o perigo desse tipo de decisão repousa da restrição na produção da prova no âmbito do CRM. De acordo com o atual Código de Processo Ético Profissional, são admitidas todas as provas em direito, porém, na prática, os CRMs negam a realização de prova pericial, visto que ocorre uma análise técnica não pelo *expert* do juízo com possibilidade de questionamentos e pedidos de diligências, mas por meio de uma análise realizada diretamente pelos julgadores, por vezes, sem especialidade no caso debatido, constituindo uma "prova pericial" sem a possibilidade de realizar quesitos. Neste sentido, insuficiente para a garantia do contraditório e ampla defesa, pela ausência de participação das partes em sua produção.

Destaque-se, portanto, que a prova técnica produzida pelo CRM não é idêntica à prova produzida na esfera judicial e, por vezes, pode estar reduzida, na medida em que não há a necessidade de representação técnica no CRM. Ou seja, é possível que o processo ético-profissional tenha se desenvolvido sem a assistência jurídica, nos termos da Súmula Vinculante nº 5,[29] de modo que a prova oriunda do PEP, se automaticamente transportada para o processo criminal ou cível, por exemplo, não deveria ter o condão de ostentar a natureza absoluta, justamente por inobservar uma correlação de rigor técnico na sua produção.

No âmbito do processo ético profissional, é possível que o instrutor solicite parecer da Câmara Técnica da especialidade, porém, nos termos do art. 57 do CPEP, essa prova é limitada e não tem natureza pericial.[30]

Ao comentar sobre o tema, Rosylane Rocha, Conselheira Federal do CFM e 2ª Vice-Presidente do CFM, em exposição oral durante o VI Congresso Brasileiro de Medicina Legal e Perícia Médica, ocorrido em novembro de 2022 em Aracaju, afirmou que não há a possibilidade de assistência técnica no âmbito dos processos éticos, pois o objetivo é garantir a celeridade processual – e a manifestação do CRM não tem natureza terminativa, pois cabe recurso ao Judiciário.

Adotando a linha argumentativa colocada pela Conselheira, a celeridade e a possibilidade de revisão judicial afastariam o contraditório e a ampla defesa e, pior, o Judiciário estaria, ao validar automaticamente a decisão, suprimindo o controle e buscando uma celeridade em detrimento da verdade real. Provas produzidas no âmbito dos Conselhos devem ser valoradas, conforme o devido convencimento motivado, porém não podem ser simplesmente implantadas nos processos sem a devida parcimônia e adequação.

Nesse contexto, serão analisadas *outras decisões* que demonstram a relevância dada à análise técnica das decisões dos Conselhos de Medicina na esfera cível e penal.

Em acordão proferido pela *10ª Câmara Cível do TJPR*,[31] observa-se que a decisão condenatória pendente de recurso do CRMPR foi entendida como "reforço argumentativo" em ação de indenização por erro médico.

---

29. A falta de defesa técnica por advogado no processo administrativo-disciplinar não ofende a Constituição.
30. Art. 57. O Instrutor poderá requisitar parecer de Câmara técnica em matéria de complexidade científica, servindo como elemento de esclarecimento, sem caráter pericial ou decisório.
    Parágrafo único. Cabe ao Instrutor única e exclusivamente a elaboração dos quesitos às Câmaras técnicas.
31. **BRASIL.** Tribunal de Justiça do Estado do Paraná (TJPR), **Apelação nº 0024214-59.2009.8.16.0021**, 10ª Câmara Cível, Relatora Desembargadora Ângela Khury, j. 04 abr. 2019.

O pleito, iniciado em 2007, foi motivado pelo óbito de paciente de 33 anos submetido a cirurgia eletiva (correção de hérnia inguinal), na qual cirurgião realizou anestesia concomitante ao ato cirúrgico. Para a relatora, a existência de recurso pendente de julgamento no âmbito do Conselho em nada altera "o posicionamento e o parecer dado pelos três médicos conselheiros que indicaram ser imprudente a conduta do apelante ao assumir o risco de cumular as funções de cirurgião e anestesista no mesmo procedimento". O entendimento do Conselheiro fica claro no trecho citado em sentença:

> Apenas a título de reforço argumentativo, *em que pese este juízo não esteja vinculado ao acórdão proferido pelo Conselho Regional de Medicina,* vale constar nesta oportunidade, pertinente comentário exposto pelo conselheiro relator Dr. Carlos Roberto Naufel Júnior que, da análise do conjunto probatório destes autos, isso se confirma: "Ao optar, de livre e espontânea vontade, por realizar dois procedimentos distintos, estando sozinho em um ambiente cirúrgico, o Dr. Diego assumiu uma atitude *imprudente*. Ao tomar esta atitude, ressalva-se imprudente, de anestesiar seu próprio paciente, tinha o mesmo a obrigação de monitorizá-lo continuamente durante todo o procedimento. Ao não realizá-lo, assumiu uma atitude de passividade, *negligência*, que levou a piora clínica progressiva, com ou sem intervenção do Dr. Bernardo e, consequentemente ao óbito do paciente. Em nenhum momento, foi anexo aos autos documentos que mostrassem a habilitação ou a experiência do Dr. Diego em realizar procedimento cirúrgicos ou anestésicos, caracterizando assim, a ocorrência de *imperícia* frente a sua atitude". (grifo nosso)

A importância do entendimento do Conselho neste caso se destaca para além do supracitado, pois foi com base no Parecer nº 376/1993 do CRM/PR que a relatora afastou a alegação do apelante de que a "proibição de acumular a função de médico cirurgião e anestesista só teria sido definida em 31 de janeiro de 2012". Isso porque o documento do Conselho "deixou claro ser atentatória à ética médica a prática de anestesia e ato cirúrgico pelo mesmo profissional, durante um mesmo procedimento".

Este ponto merece destaque pois fica claro que a relatora adotou entendimento de Parecer para concluir pela imprudência da conduta médica. Tal documento possui caráter opinativo de praxe, mas segundo o CFM, é vinculante para os médicos (Nota Técnica SEJUR/CFM nº 162/2013).[32] Neste caso foi realizada perícia médica, mas o laudo não deixa tão claro para o julgador a inadequação da escolha do médico em realizar procedimento eletivo sem auxílio de anestesista:

> 12 Está agindo com zelo o cirurgião que realiza a operação e a anestesia ao mesmo tempo?
>
> R) Sobre a matéria, o CFM divulgou a resolução CFM nº 1.802/2006 [...], que dispõe sobre a prática do ato anestésico. No art. 1º determina aos médicos anestesiologistas, conforme inciso II, que para conduzir as anestesias gerais ou regionais com segurança, deve o médico anestesiologista manter vigilância permanente ao seu paciente...
>
> 13. Anestesiar e realizar a cirurgia ao mesmo tempo, aumenta a exposição de riscos ao paciente?
>
> R) Sim.

---

32. **BRASIL,** Conselho Federal de Medicina (CFM), **Nota Técnica SEJUR nº 162/2013** – Necessidade de observância de parecer emitido por conselho regional em outro estado da Federação. Aprovada em Reunião de Diretoria em 30 out. 2013. Disponível em: https://sistemas.cfm.org.br/normas/visualizar/notas/BR/2013/162. Acesso em: 22 nov. 2023.

Assim, verifica-se que em mais este caso, julgado pelo TJPR, os documentos e decisões do CRM tiveram influência direta na decisão cível, mostrando até mesmo relevância superior à perícia médica.

Em outro caso, este da *2ª Câmara Criminal do TJSP*,[33] a decisão do Conselho Regional de Medicina também foi utilizada para aferir, como "fonte segura" se houve ou não infração profissional. O médico foi denunciado criminalmente por imperícia e negligência, concorrendo para óbito da vítima.

No caso, um parto evoluiu para óbito de parturiente após atonia uterina e consequente hemorragia. De acordo com a sentença, o médico foi absolvido por não existir prova suficiente para a condenação (artigo 386, inciso VII, do CPP) e o Ministério Público recorreu. No tribunal, o relator consignou que o médico foi denunciado no CREMESP (CRM de São Paulo) mas, ainda em sindicância, foi "absolvido" (arquivamento). Considerando a decisão do Conselho, o TJSP negou provimento ao recurso ministerial e alterou o fundamento da absolvição para o inciso III, do art. 386, do CPP (não constituir o fato infração penal).

Para a acusação, a culpa do médico se configurou por ter administrado medicação estimulante de contrações uterinas em velocidade superior à preconizada, o que segundo relatório de Conselheiro Sindicante do CREMESP, poderia ter ocasionado atonia uterina posterior. O Conselheiro destaca, ainda, não haver em prontuário, a anotação de outras medidas como transfusão sanguínea, por exemplo. Entretanto, em seu voto, o Conselheiro conclui pela não culpabilidade do médico em relação aos artigos 1º e 32 do CEM,[34] somente indicando infração ao artigo 87, que se refere à existência e completude de prontuários médicos. Três conselheiros acompanharam o relator e sete acompanharam o voto do revisor pela não culpabilidade do médico denunciado.

Na esfera penal, o relator entendeu que os laudos periciais foram inconclusivos, pois somente referiam que: "com relação a análise do prontuário da vítima a fim de verificar se sua causa mortis decorreu de negligência, imprudência ou imperícia médica, solicita-se seja o caso encaminhado ao Conselho Regional de Medicina do Estado de São Paulo".

É neste contexto que o relator afasta as alegações ministeriais de negligência, referindo que a "prova amealhada não demonstrou que o réu tenha sido displicente e indiferente durante o atendimento da vítima" – e de imperícia, com base no entendimento do Conselho e sua Câmara Técnica de Ginecologia e Obstetrícia, referindo que:

---

33. **BRASIL**. Tribunal de Justiça do Estado se São Paulo (TJSP), **Apelação nº 0000826-52.2012.8.26.0213**, 2ª Câmara Criminal, Relator Desembargador Francisco Orlando, j. 13 dez. 2021.

34. Art. 1º Causar dano ao paciente, por ação ou omissão, caracterizável como imperícia, imprudência ou negligência.

Art. 32. Deixar de usar todos os meios disponíveis de promoção de saúde e de prevenção, diagnóstico e tratamento de doenças, cientificamente reconhecidos e a seu alcance, em favor do paciente.

Imperícia é a falta de aptidão para o exercício da profissão, mas o Conselho Regional de Medicina do Estado de São Paulo, órgão encarregado da fiscalização do exercício da medicina no Estado, avaliou a conduta do réu e nada apontou com relação à suposta inaptidão dele para o exercício da profissão, não cabendo a nós, leigos, concluir o contrário. (grifo nosso)

Neste caso, destaca-se também a preocupação do julgador na coerência das decisões das diferentes esferas, entendendo que, num caso de detalhes técnicos tão peculiares, a opinião de *experts* não deve ser ignorada.

Já em acórdão proferido pela *1ª Câmara Criminal do TJPR*,[35] verifica-se que a decisão do CRM foi igualmente utilizada para subsidiar a decisão judicial, especialmente quando ocorre conflito entre pareceres anexos aos autos. Trata-se de mais um caso de obstetrícia com desfecho fatal, em decorrência de "eclâmpsia" e "Síndrome de Help", conforme atesta a certidão de óbito. Os médicos indiciados foram absolvidos e o Ministério Público interpôs recurso. O relator, diante de pareceres médicos díspares apresentados pelas partes, utilizou a decisão do CRM para nortear o voto e, ainda, ressaltou a importância da opinião técnica do Conselho.

As partes, é verdade, apresentaram pareceres médicos, um, elaborado pelo Dr. Carlos Beltrami, no sentido de que o médico ora acusado se omitiu no tratamento da ofendida, e outro, de autoria do Dr. Dênis José Nascimento, com o arremate de que o atendimento "não iria, em absoluto, modificar a evolução e o desfecho desta doença, no caso em questão" (fls. 188), porém, *diante de conclusões tão díspares, é possível destacar uma solução, a apresentada pelo Conselho Federal de Medicina, que, no voto proferido no Processo Ético-profissional nº 12178/2012,* examinando os mesmos prontuários e documentos constantes neste autuado, *que também serviram de base às opiniões acima,* definiu que a paciente apresentava uma "sintomatologia clássica de uma pré-eclâmpsia com sintomas gritantes aos olhos de qualquer médico, mesmo inexperiente na especialidade da tocoginecologia" (fls. 847) além de afirmar que ele "não utilizou-se de todos os meios disponíveis de diagnósticos e tratamento ao seu alcance". (grifo nosso)

Apesar de vencido em seu voto, fica claro que o relator foi norteado pela decisão do Conselho, pois, segundo o jurista, naquela esfera foi apresentada de modo claro a inadequação da conduta do profissional, que deu alta à gestante, "com sintomas gritantes aos olhos de qualquer médico". Importante notar que, diante de informações conflitantes dadas por pareceres médicos, o julgador utilizou do conhecimento técnico do órgão fiscalizador.

Por fim, observa-se a influência da decisão do CRMPR no julgamento proferido pela *1ª Câmara Cível do TJPR*.[36] Trata-se de decisão cível que ocorreu após sentença penal, a qual, por sua vez, também destacou procedência da denúncia junto ao CRM; isto é, a decisão do Conselho é citada na esfera penal e cível.

Neste caso, uma criança de 3 anos foi a óbito por pneumonia poucos dias após buscar primeiro atendimento em serviço de urgência e emergência. Nos primeiros três

---

35. **BRASIL**. Tribunal de Justiça do Estado do Paraná (TJPR), **Apelação nº 1183198-4**, 1ª Câmara Criminal, Relator Desembargador Jonny De Jesus Campos Marques, j. 11 nov. 2014.

36. **BRASIL**. Tribunal de Justiça do Estado do Paraná (TJPR), **Apelação nº 0002518-64.2015.8.16.0050**, 1ª Câmara Cível, Relator Desembargador Salvatore Antonio Astuti, j. 26 jul. 2022.

atendimentos foi liberada com sintomáticos (medicação que visa aliviar sintomas como febre e dor, sem, contudo, tratar a causa destes). Quando internada evoluiu rapidamente para insuficiência respiratória grave e foi intubada.

Em âmbito cível, o município e o hospital foram condenados ao pagamento de indenização por danos morais visto que havia condenação criminal do médico que prestou os primeiros atendimentos. A sentença penal condenatória foi confirmada pelo TJPR e a decisão transitou em julgado. A ementa abaixo transcrita, foi citada na apreciação da apelação cível:

> Apelação criminal. Homicídio culposo. Erro médico. Pleito de absolvição. Impossibilidade. Elementos dos autos apontam que a infante foi atendida com tosse desde o início, teve piora no quadro respiratório e o réu receitou remédios gastrointestinais, solicitando exame apenas para o dia seguinte à internação. Exame adiantado por equipe de apoio demonstrava comprometimento total de um dos pulmões no dia da internação. *Conselho regional de medicina que condenou o réu por não ter utilizado de forma suficiente os seus conhecimentos médicos para diagnosticar a pneumonia*, em violação ao código de ética médica. Demonstração suficiente de autoria. Sentença mantida. Recurso conhecido e não provido.[37] (grifo nosso)

Em seu voto, relator do acórdão penal cita decisão do CRM que julgou procedente denúncia contra o mesmo médico:

> O médico denunciado *não procedeu a um exame físico minucioso na consulta [...] pois é impossível que a ausculta pulmonar naquele momento não demonstrasse um comprometimento* pulmonar que ficou *gritantemente evidente nove horas depois*, fazendo-se crer que não tenha usado todos os seus conhecimentos médicos para diagnosticar clinicamente um pneumonia. (grifo nosso)

Este é um caso que exemplifica a utilização de uma decisão administrativa (célere, técnica e isenta) como importante reforço probatório no âmbito penal, levando a sentença condenatória que se constitui de título executivo cível e, nesta seara, restou somente a decisão pelo *quantum* indenizatório.

5. NOTAS CONCLUSIVAS

A independência das esferas é, frequentemente, tida como certa nas sociedades modernas. Em uma formação jurídica fragmentada, esta teoria se alia facilmente ao consequente entendimento de que um mesmo ato pode ser analisado sob diferentes perspectivas, mas que tais visões não necessitam ser dialógicas e coerentes – para além das exceções normatizadas expressamente.

Todavia, na prática jurídica, observa-se que, cada vez mais, membros do Ministério Público, delegados e advogados têm usado as decisões dos Conselhos Regionais de Medicina como meio de análise de viabilidade jurídica da ação, ou seja, para formar um mínimo de justa causa para propositura/instrução de procedimento cível/criminal.

---

37. **BRASIL.** Tribunal de Justiça do Estado do Paraná (TJPR), **Apelação nº 0002518-64.2015.8.16.0050**, 1ª Câmara Criminal, Relator juiz de direito substituto em segundo grau Hamilton Rafael Marins Schwartz, j. 25 out. 2021.

A adequação deste entendimento é questionada pela doutrina pois, sendo única a ilicitude, a independência é compreendida como processual – e não material. As condutas proibidas, independente por qual seara jurídica forem reguladas, são antijurídicas para todo o ordenamento. Nesse sentido, os tribunais brasileiros, ao reformar decisões, também vêm demonstrando a necessidade de manter coerência entre os diferentes âmbitos, ainda que pela imposição de uma mitigação crescente ao *princípio da independência das instâncias.*

Na prática, observa-se que, nos últimos cinco anos, tem crescido expressivamente a quantidade de decisões judiciais que citam o entendimento dos Conselhos de Medicina, mas o uso das decisões éticas como prova emprestada já é prática corrente ao menos nos últimos vinte anos. Sendo cada vez mais frequente que um médico responda em três ou mais esferas, o diálogo entre estas tende a tornar-se mais corriqueiro e intenso, com decisões cíveis e penais impactadas por decisões administrativas, uma vez que estas são mais céleres e propiciam uma visão técnica e isenta ao julgador daquelas.

Como visto nas decisões estudadas neste artigo, a análise de um Colegiado de *experts* pode (apesar de nem sempre recomendado) tende a suplantar a necessidade de perícia, como também auxiliar quando houver pareceres díspares, reforçando, assim, a argumentação do julgador. O fato de as decisões administrativas serem utilizadas ainda antes do trânsito em julgado demonstra não somente a relevância dada à opinião dos Conselheiros, mas o fato de que *a separação formal de responsabilidade ética, cível e criminal não se sustenta no campo material.*

Assim, ao ser denunciado, o médico deve se preocupar com todas as esferas, na medida em que decisão em uma área certamente afetará as demais – seja nas hipóteses expressas nas normas analisadas; seja pelo uso de prova emprestada e eventual construção de pré-conceitos sobre a matéria; ou mesmo pela imposição de uma coerência entre as instâncias que, apesar de independentes, fazem parte de uma mesma jurisdição.

REFERÊNCIAS

BITENCOURT, Cezar Roberto. **Tratado de direito penal**: parte geral. 17. ed. rev., ampl. e atual. de acordo com a Lei n. 12.550, de 2011. São Paulo: Saraiva, 2012. v. 1.

BOTTINI, Pierpaolo Cruz. A independência das instâncias administrativa e penal é um mito. **Consultor Jurídico**. Disponível em: https://www.conjur.com.br/2013-mai-21/direito-defesa-independencia-ambitos-administrativo-penal-mito. Acesso em: 21 maio 2023.

GONÇALVES, Carlos Roberto. **Responsabilidade Civil**. 8. ed. São Paulo: Saraiva, 2003.

MASCARENHAS, Igor. O mito da independência das esferas na responsabilidade ética. **Direito Civil**. Disponível em: https://www.editoraforum.com.br/noticias/coluna-direito-civil/o-mito-da-independencia-de-esferas-na-responsabilidade-medica. Acesso em: 22 ago. 2022.

OLIVEIRA, Maria; DANTAS, Eduardo. Processos Ético-Profissionais dos Médicos: Aspectos Gerais e Influência nas Decisões Judiciais. *In*: NETO, Miguel; NOGAROLI, Rafaella (Coord.). **Debates Contemporâneos em Direito Médico e da Saúde**. 2. ed. São Paulo: Thomson Reuters Brasil, 2022.

PEREIRA, Luiz Augusto. Responsabilidade ética e o processo ético-profissional dos conselhos de medicina do Brasil. **J Vasc Br**; v. 2, n 3, p. 237-40. 2003.

PÜSCHEL, Flavia Portella. MACHADO, Marta Rodriguez de Assis. **Questões atuais acerca da relação entre as responsabilidades penal e civil**. Disponível em: http://www.publicadireito.com.br/conpedi/manaus/arquivos/anais/manaus/reconst_da_dogmatica_flavia_puschel_e_marta_machado.pdf. Acesso em: 22 nov. 2022.

ROCHA, Rosylane. O papel do assistente técnico nos processos éticos-profissionais. **Anais do Congresso Brasileiro de Medicina Legal e Perícia Médica**, Ano VI, 2022, Aracaju.

RESPONSABILIDADE DOS CONSELHOS DE MEDICINA POR DEFICIÊNCIA NA FISCALIZAÇÃO

Katia Christina Elias Gomes Pires[1]

Maria Teresa Ribeiro de Andrade Oliveira[2]

Igor de Lucena Mascarenhas[3]

Decisão paradigma: BRASIL. Tribunal Regional Federal da 3ª Região (TRF3). **Apelação Cível nº 0001674-02.2001.4.03.6000**, 4ª Turma, relator Des. Federal Alda Basto, j. 26 jul. 2012.

Sumário: 1. Descrição do caso – 2. Notas introdutórias: conceitos e funções dos conselhos de medicina – 3. O exercício do poder de polícia na fiscalização da atuação dos médicos – 4. Responsabilidade civil por culpa *in omittendo* ou *in vigilando* – 5. Análise da decisão do TRF-3, que reconheceu a responsabilidade civil solidária entre o conselho de medicina e o médico, pelos danos sofridos por culpa *in omittendo* ou *in vigilando* – 6. Notas conclusivas – Referências.

---

1. DESCRIÇÃO DO CASO

A Ação Civil Pública nº 2001.60.00.001674-6, ajuizada em 18.11.1999, que tramitou na 4ª Vara Federal de Campo Grande, refere-se ao primeiro caso brasileiro, que se tem notícia, decorrente de ação indenizatória por erro profissional médico ajuizada contra o profissional e contra o Conselho Regional de Medicina do Estado do Mato Grosso do Sul (CRM-MS), imputando, a este, falha em seu dever fiscalizatório, e, àquele, erro médico.

---

1. Pós-graduada em Direito Médico pela FACERES, Direito Civil e Processo Civil pela UEL. Pós-graduanda em Direito do Paciente pelo IBDPAC. Foi membro do grupo de pesquisas "Direito da Saúde e Empresas Médicas" (UNICURITIBA), liderado pelo prof. Miguel Kfouri Neto. Membro Fundadora do Instituto Miguel Kfouri Neto (IMKN) – Direito Médico e da Saúde. Advogada. E-mail: katia@katiapires.adv.br.

2. Pós-graduada em Acupuntura pela AMBA-PR. Especializada em Direito da Saúde e Proteção de Dados em Saúde pela Universidade de Coimbra, Portugal. Especializanda em Perícias Médicas pela UFPR e Saúde Púbica pela Universidade de São Paulo (USP). Graduada em Medicina pela Universidade Federal do Paraná. Graduada em Direito pelo Centro Universitário Curitiba (UNICURITIBA). Foi membro do grupo de pesquisas "Direito da Saúde e Empresas Médicas" (UNICURITIBA), liderado pelo prof. Miguel Kfouri Neto. Conselheira Fiscal e Membro Fundadora do Instituto Miguel Kfouri Neto (IMKN) – Direito Médico e da Saúde. Médica Fiscal Coordenadora do Departamento de Fiscalização do Conselho Regional de Medicina do Estado do Paraná (CRM-PR). E-mail: mariateresaoliveraadv@gmail.com.

3. Doutor em Direito pela Universidade Federal do Paraná. Doutorando em Direito pela Universidade Federal da Bahia. Mestre em Ciências Jurídicas pela Universidade Federal da Paraíba. Especialista em Direito da Medicina pelo Centro de Direito Biomédico vinculado à Faculdade de Direito da Universidade de Coimbra. Sócio do Dadalto & Mascarenhas Sociedade de Advogados. Foi membro do grupo de pesquisas "Direito da Saúde e Empresas Médicas" (UNICURITIBA), liderado pelo prof. Miguel Kfouri Neto. Diretor científico e Membro Fundador do Instituto Miguel Kfouri Neto (IMKN) – Direito Médico e da Saúde. Advogado e professor universitário no curso Medicina do UNIFIP. Consultor da Comissão Especial de Direito Médico do Conselho Federal da OAB. Email: igor@igormascarenhas.com.br.

A sentença foi prolatada no dia 11.07.2008 e, após recursos, transitou em julgado no Superior Tribunal Federal em 16.12.2016. Ao final, o pedido do Ministério Público foi julgado procedente para condenar o médico e o CRM-MS a, solidariamente, indenizarem todas as pacientes lesionadas por danos materiais, morais e estéticos, além de prestar-lhes amplo tratamento médico-psicológico. Destacou-se, na sentença, que o CRM-MS tinha ciência, desde 28.02.1992, "das barbaridades técnicas efetuadas pelo ex-médico", sendo fixada esta data como termo inicial da sua responsabilidade.

O médico, no exercício de sua profissão, prestava serviço e fazia publicidade como especialista em Cirurgia Plástica, embora não detivesse registro de qualquer especialidade (RQE) junto ao CRM-MS. Era proprietário da "Clínica de Cirurgia Plástica", seguido do seu próprio nome, fato que o tornava "especialista" reconhecido pela sociedade, sendo, inclusive, credenciado na referida especialidade em cooperativa médica e no Instituto de Previdência do Estado. Teria induzido, assim, mais de uma centena de pacientes a tratamentos cirúrgicos infundados, com imperícia e negligência, resultando em graves mutilações.[4]

Beneficiárias do Instituto de Previdência do Estado submetiam-se a cirurgias plástico-estéticas, com cobertura indevida do Instituto, mediante fraude perpetrada pelo médico, que, falsamente, relatava a necessidade de retirada de nódulos, exigindo, além da referida cobertura, contraprestações financeiras das próprias pacientes que endossavam a fraude.

Em contestação, dentre outras alegações, o CRM sustentou a impossibilidade técnica e operacional dos Conselhos, que dependem de denúncia ou notícia do fato delituoso para desencadear o processo de fiscalização. Justificou que a legislação não proíbe o médico não especialista atuar em especialidade, sendo vedada apenas sua publicidade. Por fim, alegou ausência de sua responsabilidade, pois o médico não atuou como agente público.

Diante do fato de que a primeira denúncia ética acerca da imperícia do médico na especialidade datar de 28.02.1992 e que a cassação do registro do profissional ocorreu apenas em 17.02.2001, ficou reconhecida a atuação tardia do CRM-MS. Tal fato ocasionou danos em inúmeras vítimas, seja por negligência ou por omissão administrativa.

Diante desse cenário, o presente artigo se propõe a investigar, por um viés teórico, com pesquisa normativa, doutrinária e jurisprudencial, o conceito e as funções dos Conselhos Regionais de Medicina (CRMs), em especial com relação à obrigação específica do exercício do poder de polícia. Finalmente, será analisada a aplicação, na prática, do instituto da responsabilidade civil por culpa *in omittendo*, que, neste caso paradigmático, determinou a obrigação do CRM na indenização solidária por erro médico, uma vez que este não praticou conduta adequada no sentido de evitar ou minimizar, e ter se omitido provocando o resultado danoso.

---

4. CANASSA, Aline. **Profundas Cicatrizes** – Caso Alberto Rondon. Campo Grande – MS, 2005.

2. NOTAS INTRODUTÓRIAS: CONCEITOS E FUNÇÕES DOS CONSELHOS DE MEDICINA

Em decorrência da doutrina liberal, que surgiu no século XVII, o Estado assumiu comportamento abstencionista e o Brasil privilegiou a liberdade irrestrita do exercício profissional nas Constituições de 1824 e 1891,[5] "chegando-se a conhecidos exageros, como, por exemplo, o de não subordinar a prática da Medicina à prévia obtenção de diploma universitário, por entender-se tal exigência contrária à liberdade individual".[6]

O liberalismo foi perdendo espaço e, ao longo do tempo, houve a necessidade do Estado na fiscalização do exercício profissional. Desde a Carta Magna de 1934, o livre exercício de qualquer profissão está condicionado à capacidade técnica e a outras obrigações que a lei estabelece,[7] tendo por base a tutela dos interesses públicos, no momento em que coloca parâmetros que salvaguardam a sociedade de práticas danosas.[8]

A Constituição Federal de 1988 dispõe, em seu artigo 5º, inciso XII, que "é livre o exercício de qualquer trabalho, ofício ou profissão, atendidas as qualificações profissionais que a lei estabelecer"; de mais a mais, estabelece o inciso XXIV do supramencionado artigo, que compete à União Federal, dentre outras funções, "organizar, manter e executar a inspeção do trabalho"; bem como legislar sobre "organização do sistema nacional de emprego e condições para o exercício de profissões".

Por sua vez, a União Federal, seguindo tendência de descentralização e autarquização do pós I Guerra, delegou a sua função de fiscalizar o exercício profissional, criando, por meio de leis específicas, os conselhos de fiscalização profissional, cuja necessidade se justifica quando o exercício da profissão lidar com a vida, a saúde, a liberdade, a honra e a segurança das pessoas[9], o que lhe confere a dimensão de seu compromisso social com a sociedade, protegendo os cidadãos contra maus profissionais e assegurando atendimento responsável e de qualidade.[10] A função fiscalizatória da técnica e da ética é a atividade principal dos conselhos.[11]

O Conselho Federal e os Regionais de Medicina formam, em seu conjunto, uma autarquia, criada com personalidade jurídica de Direito Público, com autonomia administrativa e financeira, com a finalidade de disciplinar, fiscalizar e julgar a postura ética da atividade profissional médica,[12] e municiada de poderes administrativos, classificados

---

5. FREITAS, Vladimir Passos de et al. (Coord.) **Conselhos de Fiscalização Profissional**: Doutrina e Jurisprudência. 3. ed. São Paulo: Ed. RT, 2013, p. 24.

6. REALE, Miguel. **O Código de Ética Médica**. São Paulo: Ed. RT, 1997, p. 47.

7. FREITAS, Vladimir Passos de et al. (Coord.). **Conselhos de Fiscalização Profissional**: Doutrina e Jurisprudência. 3. ed. São Paulo: Ed. RT, 2013. p. 31.

8. REOLON, Jaques F. **Conselhos de Fiscalização**. 2. ed. Belo Horizonte: Fórum, 2019. p.38-39.

9. FREITAS, Vladimir Passos de et al. (Coord.). **Conselhos de Fiscalização Profissional**: Doutrina e Jurisprudência. 3. ed. São Paulo: Ed. RT, 2013. p. 166-167.

10. FRANÇA, Genival Veloso de. **Direito médico**. 15. ed. Rio de Janeiro: Editora Forense,2019, p. 61.

11. FREITAS, Vladimir Passos de et al. (Coord.). **Conselhos de Fiscalização Profissional**: Doutrina e Jurisprudência. 3. ed. São Paulo: Ed. RT, 2013. p. 167.

12. FRANÇA, FRANÇA, Genival Veloso de. **Direito médico**. 15. ed. Rio de Janeiro: Editora Forense,2019. p. 684.

nos seguintes poderes: vinculado, discricionário, hierárquico, disciplinar, regulamentar e de polícia.[13]

Por meio da competência normativa-regulatória sobre o exercício da respectiva profissão, cujo alcance é limitado ao âmbito de sua atuação,[14] o Conselho, através de Resoluções, define as competências e atividades que podem ser exercidas pelos médicos, visando garantir seu exercício com habilitação técnica apropriada e conduta ética.[15]

Cabe, portanto, aos conselhos profissionais, estabelecer os mecanismos e requisitos que assegurem o exercício da profissão, impondo restrições, de caráter eminentemente preventivo e eventualmente repressivo, assegurando à sociedade um profissional com adequado perfil ético e técnico, a fim de evitar que, no exercício da profissão, haja risco à segurança, à salubridade e à vida da coletividade; e, para efetivação de sua eficácia, a lei instituidora delegou o poder de polícia administrativa.

3. O EXERCÍCIO DO PODER DE POLÍCIA NA FISCALIZAÇÃO DA ATUAÇÃO DOS MÉDICOS

Entende-se por poder de polícia, espécie do gênero poderes administrativos, como a capacidade dos Conselhos de condicionar ou restringir o uso e o gozo de direitos individuais,[16] sempre com o objetivo de adequar o exercício dos mesmos em benefício do interesse público,[17] conforme esclarece a redação do artigo 78, do Código Tributário Nacional:

> Art. 78. Considera-se poder de polícia atividade da administração pública que, limitando ou disciplinando direito, interesse ou liberdade, regula a prática de ato ou abstenção de fato, em razão de intêresse público concernente à segurança, à higiene, à ordem, aos costumes, à disciplina da produção e do mercado, ao exercício de atividades econômicas dependentes de concessão ou autorização do Poder Público, à tranquilidade pública ou ao respeito à propriedade e aos direitos individuais ou coletivos.

Acerca do poder de polícia, destaca-se do voto do Ministro Luiz Fux, no julgamento do RE nº 633782/MG:

> (...) 2. O poder de polícia significa toda e qualquer ação restritiva do Estado em relação aos direitos individuais. Em sentido estrito, poder de polícia caracteriza uma atividade administrativa, que consubstancia verdadeira prerrogativa conferida aos agentes da Administração, consistente no poder de delimitar a liberdade e a propriedade. (...) A doutrina, por sua vez, criou a teoria do ciclo de polícia, que se desenvolve em quatro fases, cada uma correspondendo a um modo de atuação da Administração: a ordem de polícia, o consentimento de polícia, a fiscalização de polícia e a sanção de polícia . De acordo com o magistério de Diogo de Figueiredo Moreira Neto (Curso de Direito Administrativo. Rio

---

13. MEIRELLES, Hely Lopes. **Direito administrativo brasileiro**. 31. ed. São Paulo: Malheiros Editores, 2005.
14. PITTELLI, Sergio Domingos. O poder normativo do Conselho Federal de Medicina e o direito constitucional à saúde. **Revista de Direito Sanitário**, v. 3, n. 1, p. 38-59, 2002.
15. AITH, Fernando Mussa Abujamra et al. Regulação do exercício de profissões de saúde: fragmentação e complexidade do modelo regulatório brasileiro e desafios para seu aperfeiçoamento. **Revista de Direito Sanitário**, v. 19, n. 2, p. 198-218, 2018.
16. REOLON, Jaques F. **Conselhos de Fiscalização**. 2. ed. Belo Horizonte: Fórum, 2019. p.73.
17. DI PIETRO, Maria Sylvia Zanella. **Direito Administrativo**. 32. ed. Rio de Janeiro: Forense, 2019, p.153.

de Janeiro: Forense, 2014. p. 440/444): A ordem de polícia é o preceito legal básico, que possibilita e inicia o ciclo de atuação, servindo de referência específica de validade e satisfazendo a reserva constitucional (art. 5º, II), para que se não faça aquilo que possa prejudicar o interesse geral ou para que se não deixe fazer alguma coisa que poderá evitar ulterior prejuízo público, apresentando-se, portanto, sob duas modalidades (...), em que ambos os casos, a limitação é o instrumento básico da atuação administrativa de polícia. Essas modalidades, referem-se, portanto, respectivamente, a restrições e a condicionamentos. (...) O consentimento de polícia, em decorrência, é o ato administrativo de anuência que possibilita a utilização da propriedade particular ou o exercício da atividade privada, em todas as hipóteses legais em que a ordem de polícia se apresenta sob a segunda modalidade: com a previsão de reserva de consentimento, a provisão pela qual o legislador exige um controle administrativo prévio da efetiva compatibilização do uso de certo bem ou do exercício de certa atividade com o interesse público (...) Segue-se, no ciclo, a fiscalização de polícia, a função que se desenvolverá tanto para a verificação do cumprimento das ordens de polícia, e não apenas quanto à observância daquelas absolutamente vedatórias, que não admitem exceções, como para constatar se, naquelas que foram consentidas, não ocorrem abusos do consentimento nas utilizações de bens e nas atividades privadas, tanto nos casos de outorga de licenças como de autorizações. A utilidade da fiscalização de polícia é, portanto, dupla: porque, primeiramente, realiza a prevenção das infrações pela observação do adequado cumprimento, por parte dos administrados, das ordens e dos consentimentos de polícia; e, em segundo lugar, porque prepara a repressão das infrações pela constatação formal da existência de atos infratores. (...) Finalmente, falhando a fiscalização preventiva, e verificada a ocorrência de infrações às ordens de polícia e às condições de consentimento, desdobra-se a fase final do ciclo jurídico em estudo, com a sanção de polícia – que vem a ser a função pela qual se submete coercitivamente o infrator a medidas inibidoras (compulsivas) ou dissuasoras (suasivas) impostas pela Administração.

A doutrina apontada no voto nos permite concluir que a atuação do poder de polícia dos Conselhos inicia o ciclo com a legislação normativa, que restringe, regulamenta e condiciona o exercício profissional; o consentimento de polícia é ato administrativo de inscrição do médico no Conselho para exercício da profissão regulamentada; e a fiscalização de polícia, com utilidade dupla, a primeira relacionada à prevenção das infrações, através da fiscalização preventiva, observando o adequado cumprimento da legislação e, a segunda relacionada a repressão formal às infrações observadas, garantindo o contraditório e ampla defesa.

Em pesquisa acerca do poder normativo do Conselho Federal de Medicina, Pitteli[18] descreve que as resoluções normativas deveriam ser editadas de forma mais estruturada, direcionando, de forma ativa, a conduta médica. Com isso, potencializaria o poder fiscalizador, que atuaria como importante instrumento para a qualidade do serviço prestado pelo médico aos pacientes, permitindo, assim, maior identificação de condutas eventualmente lesivas para a sociedade e com ações preventivas levadas a efeito com frequência e eficiência, diminuindo a incidência de danos.

Gustavo Binenbojm define que fiscalizar é verificar, por qualquer meio ou processo, a juridicidade do exercício de atividades privadas sujeitas ao poder de polícia.[19] Assim,

---

18. PITTELLI, Sergio Domingos. O poder normativo do Conselho Federal de Medicina e o direito constitucional à saúde. **Revista de Direito Sanitário**, v. 3, n. 1, p. 38-59, 2002.
19. BINENBOJM, Gustavo. **Poder de Polícia, Ordenação, Regulação**. 3. ed. Belo Horizonte: Forum, 2021, p.401.

ao desempenhá-lo, o Conselho deve efetivar tais ações, visando evitar eventuais danos à coletividade e apurar infrações às normas.

Nesse contexto, o amparo legal para o exercício fiscalizador profissional dos conselhos de medicina, por delegação da União, são os artigos 2º e 15, "c" e "d" da Lei 3.268/57, e seu decreto regulamentador (Decreto nº 44.045/58), além do artigo 7º, parágrafo único da Lei nº 12.842/13.

Com efeito, utilizando-se de instrumentos necessários para tornar eficaz e tangível a atuação dos médicos, bem como aplicar as penalidades decorrentes da infração ética, expressão nítida do poder de polícia, o Conselho Federal de Medicina (CFM), desde a década de 70, regula, através de Resoluções, em especial a de nº 2.056/2013, a organização e a operacionalização do sistema fiscalizatório. O médico registrado no Conselho, e autorizado ao exercício da profissão, que não esteja no exercício profissional na esfera militar, fica, portanto, sujeito à fiscalização técnica e ética, e deve cumprir as normas estabelecidas para a profissão.

São, assim, atributos do exercício do poder de polícia para o pleno exercício da fiscalização: i) a autoexecutoriedade, poder que o Conselho possui de decidir e de executar suas decisões, independente de autorização judicial; ii) a coercibilidade, que representa o fato de que todo ato de polícia é imperativo e obrigatório; e a iii) discricionariedade, ou seja, a autonomia do Conselho para escolher o momento em que deve agir, o meio pelo qual se deve dar a ação, bem como qual sanção deve ser imposta para coibir o ato que atenta ao interesse da coletividade – sempre baseada na proporcionalidade e razoabilidade, bem como nos princípios constitucionais da legalidade, moralidade, impessoalidade, publicidade e eficiência.[20]

A ocorrência de violações objetivas ao Código de Ética Médica – chegando esse fato ao conhecimento do Conselho, seja por fiscalização ou por denúncia –ensejará penalidades aos infratores, e a responsabilização ética segue a lógica processual comum, a qual não pode prescindir do estabelecimento do prévio contraditório e ampla defesa, ínsito no artigo 5º, inciso LV, da Constituição Federal.[21]

O Processo Ético Profissional (PEP) surge, portanto, para investigar possíveis infrações à ética específica da profissão, assim entendidas as condutas incompatíveis com o bom desenvolvimento das atividades profissionais, evitando que a Medicina seja exercida de forma danosa à sociedade.[22] Após regular trâmite do PEP, havendo o reconhecimento da antieticidade da conduta, o profissional será condenado com a aplicação da respectiva sanção disciplinar prevista na Lei nº 3.268/57 de forma proporcional ao ilícito.

Nessa conjuntura, as penas seguem a seguinte gradação: advertência confidencial em aviso reservado; censura confidencial em aviso reservado; censura pública em pu-

---

20. REOLON, Jaques F. **Conselhos de Fiscalização**. 2. ed. Belo Horizonte: Fórum, 2019. p. 74-78.
21. REOLON, Jaques F. **Conselhos de Fiscalização**. 2. ed. Belo Horizonte: Fórum, 2019. p. 133.
22. FREITAS, Vladimir Passos de et al. (Coord.). **Conselhos de Fiscalização Profissional**: Doutrina e Jurisprudência. 3. ed. São Paulo: Ed. RT, 2013. p. 278.

blicação oficial; suspensão do exercício profissional até 30 (trinta) dias; e cassação do exercício profissional, *ad referendum* do Conselho Federal, impedindo o apenado de exercer a atividade médica no país em caráter definitivo.

Observa-se que não há qualquer correlação normativa entre as sanções e a infração ética, o que gera alto grau de discricionariedade, cabendo ao intérprete, diante da gravidade da infração, atentar aos princípios da razoabilidade, proporcionalidade e motivação, na definição da penalidade a ser seguida.

As penas mais graves (suspensão e cassação) só devem ser aplicadas quando estritamente necessárias e que não gerem dúvidas acerca de sua imprescindibilidade, e seu agravamento se dará em razão da reincidência, tendo em vista que a finalidade da sanção é a recuperação do infrator.[23] Algumas decisões administrativas tem sido anuladas pelo Judiciário justamente por falta da observância dos princípios administrativos-constitucionais na fixação da pena aplicada. Ou seja, o Judiciário não intervém no mérito administrativo propriamente dito, mas faz o exame da regularidade do procedimento e da legalidade do PEP.

Por outro lado, é possível aplicar as medidas cautelares que antecedem os trâmites do efetivo contraditório e da ampla defesa, garantindo-se um contraditório mitigado, sendo necessária a existência de sérios indícios da prática infracional e do risco representado pela continuidade da conduta potencialmente lesiva à incolumidade pública. Diferentemente da sanção, que retribui pela infração praticada, a providência acauteladora visa eliminar o perigo, de maneira proporcional a sua intensidade.[24]

Aos Conselhos de Medicina, desde o ano de 2006, conforme previsão na Resolução CFM nº 1789/2006, é permitido interditar cautelarmente o exercício profissional de médico cuja ação ou omissão, decorrentes de sua profissão, estejam prejudicando gravemente a população, ou na iminência de fazê-lo.

4. RESPONSABILIDADE CIVIL POR CULPA *IN OMITTENDO* OU *IN VIGILANDO*

O suporte jurídico para a responsabilização cível do CRM, em caso de comprovada a omissão na fiscalização do exercício profissional, está na previsão geral da responsabilidade objetiva da administração pública, nos termos do artigo 37, § 6º, da Constituição Federal.[25]

Nesse contexto, Carlos Roberto Gonçalves afirma que a jurisprudência entende que a atividade administrativa, a que se refere o artigo acima mencionado, abrange tanto a conduta comissiva como a omissiva, sendo que a omissão deve ser a causa direta e

---

23. FREITAS, Vladimir Passos de et al. (Coord.). **Conselhos de Fiscalização Profissional**: Doutrina e Jurisprudência. 3. ed. São Paulo: Ed. RT, 2013.p. 287.

24. BINENBOJM, Gustavo. **Poder de polícia, ordenação, regulação**. 3. ed. Belo Horizonte: Forum, 2021, p.109.

25. DEMARI, Melissa; GAVA, Daiane; BOECHAT, Carlos A. **Conselhos de Fiscalização Profissional** – À Luz da Doutrina e da Jurisprudência. Curitiba: Juruá, 2020, p.9.

imediata do dano,[26] e a responsabilidade não dispensa o requisito, também objetivo, do nexo de causalidade entre a omissão e o dano causado a terceiros.

Omitindo-se, o agente público também pode causar prejuízos. A omissão configura culpa *"in omittendo"* e a culpa *"in vigilando"*: são casos de inércia, de não atos, quando se cruza os braços ou se não vigia, quando deveria agir.

A ação ou omissão do agente, que dá origem à indenização, decorre geralmente da infração a um dever, que pode ser legal. Para configurar a responsabilidade civil por omissão, é necessário que exista o dever de praticar determinado fato (de não se omitir) e que reste demonstrado que, com a sua prática, o dano poderia ser evitado. Decorre daí que a omissão é condição do dano, propiciando a sua ocorrência e deixando de obstar aquilo que podia impedir e estava obrigado a fazê-lo.

Em princípio, o exercício de qualquer profissão está sujeito a erros, omissões, negligências ou imprudências que acabam por causar dano a outrem. Nesse sentido, a fiscalização, obrigação e principal função dos Conselhos, ganha fundamental importância, no ensejo de garantir à coletividade um atendimento seguro e de qualidade por parte dos profissionais registrados.[27]

É obrigação do CRM exercer a fiscalização de forma assídua e eficiente do exercício da medicina, a fim de impedir a ocorrência de eventos danosos[28] para a sociedade, em cumprimento aos seus deveres legais. Tal dever, fica inequívoco em casos, como o analisado, em que o Conselho tinha ciência da atuação irregular do médico.

Conclui-se, então, que há o dever jurídico de agir (de não se omitir[29]), imposto por lei ao CRMs, e a omissão no exercício do dever legal de fiscalização possibilita a responsabilização civil extracontratual do Estado (Conselho) pelos prejuízos causados.[30] Caso a omissão, no dever legal de fiscalizar determinada atividade, acarrete dano a terceiro em virtude dessa conduta omissiva específica, gera o dever de indenização por parte do Estado.

Ocorre que, no caso de omissão do Poder Público, os danos não são causados por agentes públicos, mas por fatos da natureza ou de terceiros, que poderiam ter sido evitados ou minorados se o Estado não se omitisse. Assim, não incidirá a responsabilidade do Estado nos casos em que se demonstre que agiu com diligência, utilizou os meios adequados e disponíveis e que, se não agiu, é porque sua atuação estaria acima do que seria razoável exigir.[31]

---

26. GONÇALVES, Carlos Roberto. **Responsabilidade Civil**. 15. ed. São Paulo: Saraiva, 2014, p. 183.
27. REOLON, Jaques F. **Conselhos de Fiscalização**. 2. ed. Belo Horizonte: Fórum, 2019. p. 132.
28. REOLON, Jaques F. **Conselhos de Fiscalização**. 2. ed. Belo Horizonte: Fórum, 2019. p. 137.
29. FARIAS, Cristiano Chaves de. **Curso de Direito Civil**: Responsabilidade Civil. 7. ed. Salvador: JusPodivim, 2020. v. 3.
30. DEMARI, Melissa; GAVA, Daiane; BOECHAT, Carlos A. **Conselhos de Fiscalização Profissional** – À Luz da Doutrina e da Jurisprudência. Curitiba: Juruá, 2020. p. 97.
31. DI PIETRO, Maria Sylvia Zanella. **Direito Administrativo**. 32. ed. Rio de Janeiro: Forense, 2019, p. 832-833.

5. ANÁLISE DA DECISÃO DO TRF-3, QUE RECONHECEU A RESPONSABILIDADE CIVIL SOLIDÁRIA ENTRE O CONSELHO DE MEDICINA E O MÉDICO, PELOS DANOS SOFRIDOS POR CULPA *IN OMITTENDO* OU *IN VIGILANDO*

A decisão, objeto de nosso estudo, condenou o Conselho Regional de Medicina do Estado do Mato Grosso do Sul (CRM-MS), a indenizar diversos pacientes que sofreram danos materiais e morais causados por médico inscrito na autarquia. No caso específico, restou reconhecido pelo Judiciário um nexo de causalidade material decorrente do comportamento omissivo, o dever de fiscalização e os danos experimentados por pacientes.

Segundo consta na sentença de primeiro grau, o CRM-MS não cumpria a Resolução CFM nº 1.089/82, a qual determinava que se mantivesse no corpo de funcionários, médicos fiscais aptos a fiscalização do exercício da profissão e da publicidade. Todavia, foi somente em 1999 que o CRM-MS regulamentou seu departamento de fiscalização por intermédio da resolução CRM-MS nº 4/1999.

A omissão do CRM-MS evidenciou-se, diante da comprovação de que foi devidamente cientificado por pacientes. Desde o início do ano de 1992, havia indício de conduta médica com imperícia, negligência e infração ética, face aos resultados desastrosos (lesões corporais gravíssimas, verdadeiros aleijões, tamanhas as aberrações dos resultados obtidos) decorrentes de procedimentos cirúrgicos que visavam ao melhoramento estético. Agia o médico consciente de sua "insuficiência técnica"[32] e se utilizava da publicidade enganosa, para transparecer que era especialista em cirurgia plástica, conforme se observa nos processos do TJMS.

Miguel Kfouri Neto esclarece que, em regra, o médico não tem intenção de causar o menor dano ao paciente. Porém, por exceção restritíssima, pode ser reconhecido como autor de um dano intencional, quando presente a culpa grave, a imperícia crassa, negligência e imprudência. O doutrinador exemplifica que se enquadram nessa categoria *quase delitual* as cirurgias plásticas realizadas por profissionais despreparados e não especializados.[33]

No entendimento do juízo sentenciante, o CRM-MS absteve-se de adotar as providências fiscalizatórias preventivas e repreensivas que a situação exigia, ou seja, realizar uma fiscalização de ofício, investigar a atuação do médico e tomar as providências cabíveis para coibir a continuidade delitiva do médico.

A título exemplificativo dessa omissão, observam-se as decisões nos processos éticos contra o profissional em questão, pois mesmo diante do conjunto probatório que "espalha a atuação desastrosa" do cirurgião e de fotos que "são eloquentes quanto a sua

---

32. **BRASIL**. Tribunal de Justiça do Estado do Mato Grosso do Sul. Primeira Vara Criminal de Campo Grande. **Processos nº 000942022-89.2000.8.12.0001; 0032183-17.2000.8.12.0001; 0006775-87.2001.8.12.0001; 0011816-98.2002.8.12.0001; 0022103-57.2001.8.12.0001.**
33. KFOURI NETO, Miguel. **Responsabilidade civil do médico**. 9. ed. São Paulo: Ed. RT, 2018, p. 98.

ilimitada imperícia",[34] o médico foi absolvido por unanimidade de algumas das acusações por falta de provas, sem que se realizasse qualquer diligência para verificar a conduta do profissional posteriormente. Já em outros processos éticos, recebeu sanções como a censura e, no ano 1996, suspensão por 30 dias. Acerca desta pena, o juiz sentenciante pontuou que já caberia a aplicação da pena de cassação,[35] o que somente ocorreu em 2001, após o ajuizamento da ação civil pública – portanto, quase uma década após as primeiras denúncias.

A competência fiscalizatória do CRM-MS, nos termos da Resolução 1.089/92, compreende a verificação da habilitação de auxiliares dos médicos. No caso paradigmático em análise, uma das irregularidades citadas pelo Conselheiro Relator do primeiro PEP que tramitou em desfavor do médico (com decisão absolutória em 1994, tendo o ato cirúrgico ocorrido em 1991) foi a ausência de auxiliar habilitado (enfermeiro). Ocorre que é dever do médico realizar ato profissional com auxiliares médicos, quando necessário, e uma equipe multidisciplinar assistencial. No caso em concreto, ficou reconhecido pelo Judiciário que o profissional operava sem auxiliares médicos, de modo que o Conselho teria falhado em coibir a conduta do médico, visto que adotou medidas efetivas apenas tardiamente.

No entendimento do juízo de primeiro grau, "no primeiro momento faltou fiscalização e depois a adoção de providências mais rápidas e mais enérgicas". Assim, *a atuação tardia do CRM-MS teria concorrido para o resultado danoso*, uma vez que descumpriu o dever de fiscalização e atuação eficaz para evitar que o médico permanecesse praticando, de forma reiterada e consciente, danos a pacientes – configurando, assim, uma missão qualificada e juridicamente relevante.

De acordo com o magistrado que proferiu a sentença condenatória criminal, as pacientes consentiram na cirurgia em razão da intitulação do réu enquanto cirurgião plástico, mas, do contrário, não haveria esse consentimento. Frise-se que a cirurgia plástica é especialidade única e deve ser exercida por médicos devidamente qualificados, utilizando técnicas habituais reconhecidas cientificamente.

A ausência de registro de especialidade de médico não se confunde com o registro do médico perante a autarquia, que decorre da diplomação e viabiliza o desempenho pleno da atividade regulamentada em sua plenitude, conforme previsão contida no art. 17 da Lei n° 3.268/57:

> Art. 17 Os médicos só poderão exercer legalmente a medicina, em qualquer de seus ramos ou especialidades, após o prévio registro de seus títulos, diplomas, certificados ou cartas no Ministério da

---

34. **BRASIL.** Tribunal de Justiça do Estado do Mato Grosso do Sul. (TJMG) Primeira Vara Criminal de Campo Grande. **Processos n° 000942022-89.2000.8.12.0001; 0032183-17.2000.8.12.0001; 0006775-87.2001.8.12.0001; 0011816-98.2002.8.12.0001; 0022103-57.2001.8.12.0001.**

35. Sobre o assunto, é relevante pontuar que não cabe ao Judiciário refletir sobre a pena administrativa que seria cabível, justamente por não ser sua competência. Ao Judiciário cabe a análise das consequencias judiciais (cíveis e criminais), porém não há competência para se imiscuir no mérito administrativo, salvo as exceções previstas na súmula STJ 665.

Educação e Cultura e de sua inscrição no Conselho Regional de Medicina, sob cuja jurisdição se achar o local de sua atividade.

Contudo, nenhum médico pode anunciar-se especialista sem que possua qualificação profissional (registro de qualificação de especialista – RQE) no CRM, pois pode induzir o paciente a crer que possui especialidade, muito embora não tenha passado por todo o processo de aprimoramento para obtenção do título.[36]

A Comissão de Divulgação de Assuntos Médicos (Codame) do CRM-MS havia deliberado "não haver inconveniente em informar as especialidades em que os profissionais médicos atuavam mesmo sem titulação específica, desde que não anunciassem como *especialistas*", conforme previsto na Resolução CRM-MS 5/1999, porém o referido entendimento contrariava o disposto na resolução CFM nº 1.036/80. A suposta *omissão do CRM-MS em coibir a publicidade enganosa e possivelmente punir o médico que atuava em discordância das regras deontológicas* atraiu o debate de que os pacientes, se soubessem que o médico não era especialista ou que já havia sido penalizado publicamente em data anterior, nem sequer teriam cogitado o médico como um profissional a ser procurado.

A propósito, Miguel Kfouri Neto é incisivo na presunção da imperícia na conduta do médico, que, sem habilitação em cirurgia plástica, se aventura a realizar intervenções próprias da especialidade para a qual não se qualificou.[37] Para ilustrar a imperícia do médico não especialista e o envolvimento deste em processos éticos-profissionais relacionados à cirurgia plástica, destaca-se estudo divulgado pelo CREMESP, apontando que 97% dos médicos envolvidos não possuem especialidade na área. Do total de 289 médicos, destes 139 (48,1%) não têm qualquer especialidade, 143 (49,5%) possuíam título de especialidade não relacionados à cirurgia plástica e procedimentos estéticos e somente 6 (2,1%) eram cirurgiões plásticos. Os processos estavam relacionados à publicidade irregular ou enganosa (67%), enquanto que a má-prática profissional (negligência, imperícia ou imprudência) estava presente em 28% dos casos, sendo 38% reincidência.[38]

Importante pontuar que, em outras ações indenizatórias por fatos similares ao apresentado neste estudo, ou seja, médico atuando e se anunciando como cirurgião plástico, quando não o era, foi reconhecida novamente a inação do CRM-MS no dever de fiscalização, reconhecendo o nexo de causalidade entre a omissão e o dano decorrente da morte da paciente, gerando também o dever de indenizar do CRM-MS. Em outra decisão proferida em 2021 pelo TRF3 decorrente da acusação de erro profissional associado à falha de fiscalização, o Judiciário (Apelação cível nº 0010929-32.2011.4.03.6000), entendeu que a falha do Conselho consistiu no fato de que "somente procedeu à fiscalização do exercício da profissão do médico corréu após a informação de que o MPE/MS

---

36. MILDEMBERGER, Carolina Silva; PEREIRA, Paula Moura Francesconi de Lemos Pereira. Publicidade médica nas mídias sociais: proposta de um modelo contemporâneo no Brasil. In: KFOURI NETO, Miguel; NOGAROLI, Rafaella (Coord.). **Debates contemporâneos em direito médico e da saúde**. São Paulo: Ed. RT, 2020, p. 419.

37. KFOURI NETO, Miguel. **Responsabilidade civil do médico**. 9. ed. São Paulo: Ed. RT, 2018, p. 129.

38. CONSELHO REGIONAL DE MEDICINA DO ESTADO DE SÃO PAULO. **Resultados de estudo sobre processos éticos-profissionais em cirurgia plástica surpreendem**. Disponível em: https://www.cremesp.org.br/?siteAcao=Jornal&id= 1065. Acesso em: 07 jan. 2023.

ajuizou uma Ação Civil Pública". Ou seja, descumpriu a Resolução CFM nº 1613/2001, a qual determinava aos Conselhos Regionais que "realizem um trabalho permanente, efetivo e direto junto às instituições de serviços médicos, públicas ou privadas".

Por outro lado, há decisões contrárias ao dever de indenização pelo órgão fiscalizador, quando não restar comprovada conduta omissiva deste. Na Apelação cível nº 0004458-97.2011.4.03.6000, julgada em 2023 pelo TRF-3, decidiu-se que foi provado o cumprimento pelo Conselho da sua obrigação legal, pois suspendeu o registro do médico tão logo teve ciência da irregularidade na sua atuação, decidindo, inclusive ao final, pela pena máxima de cassação do exercício profissional.

Outras decisões reconheceram que a solidariedade não pode ser imputada ao CRM, na medida em que a solidariedade deve decorrer do contrato ou da lei. A suposta inação do CRM, se comprovada, não teria relação direta e imediata com o dano, mas possivelmente poderia gerar repressões civis coletivas como dano coletivo e/ou dano social, mas jamais uma reparação individual, conforme AREsp nº 1.959.633.

Desta forma, na atual conjuntura jurídica, apesar do trânsito em julgado da decisão paradigmática ora analisada, coexistem decisões diametralmente opostas em que a inação administrativa do CRM, per si, nao é suficiente para gerar condenações solidárias com médicos envolvidos em casos de erro médico, ao passo que outras reconhecem que a omissão qualificada do CRM em fiscalizar e punir profissionais com histórico de violações antiéticas pode gerar um dever de indenizar solidário.

Não sendo o Estado um segurador universal, ele não pode responder por todos os males ocorridos na sociedade.[39] Diante disso, o CRM não deve ser responsabilizado por todo e qualquer erro médico, pois não é qualquer omissão que faz surgir o dever de indenizar do Estado.[40] Porém, uma vez demonstrada a omissão qualificada, surge o dever de indenizar estatal.

6. NOTAS CONCLUSIVAS

Durante muitos anos, a omissão não gerava, em regra, responsabilidade do Estado, na medida em que a responsabilidade civil estatal estaria mais centrada nos atos comissivos. A partir de uma evolução da responsabilidade civil do Estado, a omissão também passou a ser uma conduta passível de responsabilização, porém esta não pode ser enxergada de forma banal ou irrestrita.

No caso dos CRMs, a omissão estatal, per si, não é pode ser interpretada como juridicamente relevante, notadamente por ser impossível que o sistema CRM/CFM fiscalize todos os atos médicos praticados no país. No caso analisado no presente trabalho, restou demonstrada uma omissão qualificada do CRM-MS no exercício do poder de

---

39. GONÇALVES, Carlos Roberto. **Responsabilidade Civil**. 15. ed. São Paulo: Saraiva, 2014. p. 197.
40. FARIAS, Cristiano Chaves de. **Curso de Direito Civil**: Responsabilidade Civil. 7. ed. Salvador: JusPodivim, 2020. v. 3. p. 709.

polícia, fato que propiciou ao médico imperito a oportunidade de agir sem repressão efetiva por uma década e em prejuízo de inúmeros pacientes.

De acordo com o entendimento do Judiciário brasileiro, o Conselho tem o dever de prevenir o dano, com uma ação eficiente, ou seja, fiscalizar o cumprimento das normas éticas e controlar, a partir dos julgamentos éticos, os possíveis desvios profissionais cometidos. No caso paradigmático analisado, o longo lapso temporal entre a ciência dos danos e a efetiva atuação para reprimir tais fatos atraiu o dever de indenizar, posto que, durante muitos anos, o profissional agiu impunemente e sob a chancela estatal.

Em linhas conclusivas, a omissão não teria sido a causa direta do erro propriamente dito, mas adquire o status de juridicamente relevante por permitir, durante tanto tempo, que um profissional atue e pratique erros tidos como grosseiros. Todavia, é importante registrar que, apesar da existência da decisão que reconhece a solidariedade e a omissão juridicamente relevante, o próprio STJ possui outras decisões em sentido contrário, ou seja, que os CRMs não podem ser responsabilizados por atos praticados por médicos, posto que não haveria previsão legal para tal responsabilização solidária.

REFERÊNCIAS

AITH, Fernando Mussa Abujamra et al. Regulação do exercício de profissões de saúde: fragmentação e complexidade do modelo regulatório brasileiro e desafios para seu aperfeiçoamento. **Revista de Direito Sanitário**, v. 19, n. 2, p. 198-218, 2018.

BINENBOJM, Gustavo. **Poder de polícia, ordenação, regulação**. 3. ed. Belo Horizonte: Fórum, 2021.

CANASSA, Aline. **Profundas cicatrizes** – Caso Alberto Rondon. Campo Grande – MS, 2005.

CAVALIERI FILHO, Sergio. **Programa de responsabilidade civil**. 10. ed. rev. e ampl. São Paulo: Atlas, 2012.

CONSELHO REGIONAL DE MEDICINA DO ESTADO DE SÃO PAULO. **Resultados de estudo sobre processos éticos-profissionais em cirurgia plástica surpreendem.** Disponível em: https://www.cremesp.org.br/?siteAcao=Jornal&id= 1065. Acesso em: 07 jan. 2023.

DEMARI, Melissa; GAVA, Daiane; BOECHAT, Carlos A. **Conselhos de Fiscalização Profissional** – À Luz da Doutrina e da Jurisprudência. Curitiba: Juruá, 2020.

DI PIETRO, Maria Sylvia Zanella. **Direito Administrativo**. 32. ed. Rio de Janeiro: Forense, 2019.

FARIAS, Cristiano Chaves de. **Curso de Direito Civil**: Responsabilidade Civil. 7. ed. Salvador: JusPodivim, 2020. v. 3.

FRANÇA, Genival Veloso de. **Direito médico**. 15. ed. Rio de Janeiro: Forense, 2019.

FREITAS, Vladimir Passos de et al. (Coord.). **Conselhos de Fiscalização Profissional**: Doutrina e Jurisprudência. 3. ed. São Paulo: Ed. RT, 2013.

GONÇALVES, Carlos Roberto. **Responsabilidade civil**. 15. ed. São Paulo: Saraiva, 2014.

KFOURI NETO, Miguel. **Responsabilidade civil do médico**. 9. ed. São Paulo: Ed. RT, 2018.

MEIRELLES, Hely Lopes. **Direito administrativo brasileiro**. 31. ed. São Paulo: Malheiros Editores, 2005.

MILDEMBERGER, Carolina Silva; PEREIRA, Paula Moura Francesconi de Lemos Pereira. Publicidade médica nas mídias sociais: proposta de um modelo contemporâneo no Brasil. In: KFOURI NETO, Miguel; NOGAROLI, Rafaella (Coord.). **Debates contemporâneos em direito médico e da saúde**. São Paulo: Ed. RT, 2020.

PITTELLI, Sergio Domingos. O poder normativo do Conselho Federal de Medicina e o direito constitucional à saúde. **Revista de Direito Sanitário**, v. 3, n. 1, p. 38-59, 2002.

REALE, Miguel. **O Código de Ética Médica**. São Paulo: Ed. RT,1997.

REOLON, Jaques F. **Conselhos de Fiscalização**. 2. ed. Belo Horizonte: Fórum, 2019.

RESPONSABILIDADE CIVIL POR ATO DE TERCEIROS DAS EMPRESAS MÉDICAS: REFLEXOS CONTEMPORÂNEOS E MEDIDAS DE MITIGAÇÃO DE RISCOS

Camila Kitazawa Cortez[1]

Isadora Cé Pagliari[2]

Natasha Regina Neves Gelinski[3]

Decisão paradigma: BRASIL. Tribunal de Justiça de São Paulo (TJSP). **Sentença proferida nos Autos nº 1009056-69.2020.8.26.0477**, 3ª Vara Cível da Comarca de Praia Grande do Estado de São Paulo, j. 26 nov. 2021.

Sumário: 1. Descrição do caso – 2. Introdução: panorama do *compliance* da saúde no Brasil – 3. Os pilares de um programa de *compliance* e a *due diligence* de terceiros – 4. A responsabilidade das empresas contratantes por atos de terceiros – 5. Análise da ação civil pública proposta pelo Ministério Público de São Paulo que debate a responsabilidade civil pela contratação de profissional "não médico" e seus reflexos éticos e jurídicos – 6. Notas conclusivas – Referências.

1. DESCRIÇÃO DO CASO

O caso cuida de representativa e inovadora decisão brasileira proferida nos autos nº 1009056-69.2020.8.26.0477, pela 3ª Vara Cível da Comarca de Praia Grande – São Paulo.[4] A questão suscitada é afeta a situações até então não enfrentadas judicialmente,

---

1. Mestra em Ciências da Saúde pela Escola Paulista de Medicina (UNIFESP). Especialista em Bioética pela Faculdade de Medicina da USP. Especialista em Direito da Medicina pela Universidade de Coimbra. Certificação em Healthcare Compliance pelo Colégio Brasileiro de Executivos da Saúde (CBEXS). Consultora em Bioética, Direito Médico e Healthcare Compliance. Foi membro do Grupo de Pesquisas "Direito da Saúde e Empresas Médicas" (UNICURITIBA), liderado pelo Professor Miguel Kfouri Neto. Membro do Instituto Miguel Kfouri Neto (IMKN) – Direito Médico e da Saúde. Advogada. E-mail: camilakcortez@gmail.com.
2. Especialista em Direito Médico e em Direito Empresarial e Civil. Bacharela em Direito pelo Centro Universitário Curitiba (UNICURITIBA). Conselheira Jurídica e Científica da Sociedade Brasileira de Direito Médico e Bioética. Foi membro do Grupo de Pesquisas "Direito da Saúde e Empresas Médicas" (UNICURITIBA), liderado pelo Professor Miguel Kfouri Neto. Segunda vice-presidente e membro fundadora do Instituto Miguel Kfouri Neto (IMKN) – Direito Médico e da Saúde. Advogada. E-mail: isadoracepagliari@gmail.com.
3. MBA Executivo em Administração: Gestão da Saúde pela FGV. Especialista em Direito Médico pelo Centro Universitário Curitiba (UNICURITIBA) e Direito e Processo do Trabalho pela Universidade Positivo (UP). Foi membro do Grupo de Pesquisas "Direito da Saúde e Empresas Médicas" (UNICURITIBA), liderado pelo Professor Miguel Kfouri Neto. Conselheira Fiscal e membro fundadora do Instituto Miguel Kfouri Neto (IMKN) – Direito Médico e da Saúde. Advogada. E-mail: natasha@gelinski.adv.br.
4. Desta sentença, foram interpostos recursos por ambas as partes, que, no dia 25.05.2024, ainda aguardam julgamento pelo Tribunal de Justiça de São Paulo.

pois a partir da perspectiva da responsabilidade civil, aborda os reflexos na gestão de riscos e *compliance* quando da contratação de falso médico para atuação hospitalar, especialmente durante o período pandêmico (Covid-19).

O Ministério Público do Estado de São Paulo propôs Ação Civil Pública em face da Associação Paulista para o Desenvolvimento da Medicina (SPDM), CAP Serviços Médicos Ltda. e Unidade de Ortopedia e Traumatologia (UCOT), todas são empresas médicas integrantes da cadeia que teriam contratado falso médico sem considerar os documentos essenciais para a admissão de profissionais.

Na oportunidade, houve investigação através do inquérito civil nº 14.0395.0000709/2020-4 e constatou-se que o falso médico atuou na especialidade de clínica médica – por cerca de um ano, pelo período de 09.08.2019 a 31.07.2020, atendendo a diversos pacientes, que foram enganados e receberam atendimento prestado por uma pessoa sem qualquer formação na área.

Em contestação, a primeira ré, SPDM, pleiteia, em síntese, pela total improcedência da ação, afirmando que ao assumir a gestão do complexo hospitalar optou por dar continuidade ao contrato com a empresa CAP e, após findo o contrato, com a necessidade de novo processo seletivo para prestador de serviços, houve a contratação da empresa UCOT.

Por esta razão, alega não ser responsável pela contratação direta do falso profissional, já que sua atuação se restringe à contratação das empresas de gestão e fornecimento do corpo de profissionais, alegando, portanto, *culpa in eligendo*. Ainda, disse que também foi vítima do aludido falso médico e rechaça o pedido de indenização por danos sociais, considerando, sobretudo, a responsabilidade por conduta de terceiros.

Por sua vez, a segunda ré, CAP, apresentou defesa negando a existência de erros grosseiros e de fácil constatação nos documentos apresentados pelo falso médico, afirmando inexistir laudo pericial capaz de atestar a falsidade dos documentos apresentados. Alega, ainda, que em consulta aos cadastros do Conselho Regional de Medicina do Estado de São Paulo – CREMESP, era possível constatar como ativa a inscrição do falso profissional, induzindo a ré a erro, requerendo, portanto, a solução do litígio de forma extrajudicial, por meio de Termo de Ajustamento de Conduta.

A corré UCOT ofertou contestação, buscando esclarecer que assumiu a função administrativa e o fornecimento de profissionais somente em março de 2020, visto que até então, havia optado por manter o corpo técnico de profissionais que prestavam serviços à empresa anterior (CAP). Não obstante afirmar ter recebido lista de profissionais que não deveriam ser recontratados, alega, ainda, o princípio da boa-fé, visto que não havia menção ao falso médico e ainda, fora verificada a inscrição ativa e sem restrições no sítio eletrônico do CREMESP.

Na sentença, houve o afastamento do pedido de realização de Termo de Ajustamento de Conduta, e no mérito, julgaram-se procedentes os pedidos, nos termos que serão analisados no decorrer deste artigo.

Diante do caso apresentado, a proposta do presente estudo é discutir os reflexos contemporâneos atinentes à responsabilidade civil das empresas médicas contratantes por atos de terceiros, especialmente pelo fato de que há no presente caso elementos de *compliance, due diligence* e *background check*, que são essenciais durante o processo de gestão de riscos das empresas que administram e/ou contratam profissionais para o desenvolvimento de atividades relacionadas à saúde da população, seja no âmbito público ou privado.

Ainda, tem-se o propósito de debater a falha no dever de cuidado da empresa contratante ao apurar indevidamente os documentos fornecidos pelo farsante, bem como o reconhecimento de indenização por danos sociais. Por fim, será analisado um dos primeiros julgados brasileiros que envolve os reflexos na gestão de riscos de *compliance* em contratações de prestadores de serviço em saúde.

2. INTRODUÇÃO: PANORAMA DO *COMPLIANCE* DA SAÚDE NO BRASIL

O cenário do *compliance* no Brasil é marcado por um arcabouço legal que visa mitigar a corrupção e prevenir atos ilícitos conexos. Com a sanção da Lei Federal nº 12.846 em 2013,[5] conhecida como Lei Anticorrupção, e sua posterior regulamentação pelo Decreto nº 11.129/2022,[6] estabeleceu-se um marco legal que atribui responsabilidade administrativa e civil às pessoas jurídicas envolvidas em práticas contra a administração pública, seja ela nacional ou internacional. Esta legislação introduz critérios concretos para avaliar a eficácia dos programas de compliance, anteriormente pautados pelas diretrizes no *US Federal Sentencing Guidelines Manual*.[7]

A adoção dessas normativas reflete uma tendência global, impulsionando o aumento significativo na implementação de programas de *compliance* por parte de entidades privadas no território brasileiro. A implementação de sistemas internos de integridade não só eleva a competitividade dessas organizações, mas também fortalece a sustentabilidade de seu crescimento a longo prazo. O desenvolvimento desses mecanismos visa não apenas a conformidade legal, mas também promove uma cultura de integridade e transparência essencial para o ambiente corporativo.

Atos de corrupção representam uma ameaça latente à estabilidade e à integridade das operações empresariais, acarretando prejuízos substanciais não só aos governos e *stakeholders* envolvidos na cadeia de valor, mas também ao crescimento econômico,

---

5. **BRASIL. Lei nº 12.846, de 1º de agosto de 2013.** Dispõe sobre a responsabilização administrativa e civil de pessoas jurídicas pela prática de atos contra a administração pública, nacional ou estrangeira. Brasília, 1º ago. 2013. Disponível em: https://www.planalto.gov.br/ccivil_03/_ato2011-2014/2013/lei/l12846.htm. Acesso em: 20 maio 2024.

6. **BRASIL. Decreto nº 11.129/2022, de 11 de julho de 2022.** Dispõe sobre a responsabilização administrativa e civil de pessoas jurídicas pela prática de atos contra a administração pública, nacional ou estrangeira. Brasília, 11 jul. 2022. Disponível em: https://www.planalto.gov.br/ccivil_03/_ato2019-2022/2022/decreto/d11129.htm. Acesso em: 20 maio 2024.

7. **ESTADOS UNIDOS. United States Sentencing Commission, Guidelines Manual,** §3E1.1 (nov. 2021). Disponível em: https://www.ussc.gov/guidelines/2021-guidelines-manual-annotated. Acesso em 21 jan. 2023.

empresarial e ao bem-estar social de modo amplo. Essas práticas ilícitas afetam direta e negativamente a sociedade, minando a confiança nas instituições e comprometendo o desenvolvimento sustentável.

Quando existem atos de corrupção, gera-se risco à atividade empresarial como um todo, exsurgindo prejuízos aos governos e demais *stakeholders* da cadeia produtiva, além de comprometer o crescimento econômico, empresarial e social, uma vez que atingem também os cidadãos. Portanto, torna-se necessário um esforço coletivo no seu combate, com o objetivo de promover um ambiente de integridade na esfera pública e privada.

Neste contexto, torna-se imprescindível um esforço coletivo para o real comprometimento dos envolvidos na cultura de combater a corrupção, o que demanda a colaboração entre o setor público e privado. Contudo, independentemente do setor, deve existir uma estrutura de governança corporativa capaz de ordenar de cima para baixo nas instâncias de decisão, a disseminação dessa cultura para que alcance toda a operação em seu dia a dia.

Seguindo tendência mundial, essas legislações resultaram em um aumento na implantação de programas de *compliance* em entidades privadas no Brasil. Isto porque, ao desenvolver um conjunto de diretrizes internas, procedimentos e ações preventivas que visam prevenir, detectar e reprimir atos contrários as leis, estabelecendo padrões de conduta esperada através de manuais de conduta e de procedimentos, bem como, implementando treinamentos sistemáticos e constantes, as empresas estrategicamente estabelecem vantagem competitiva no mercado, possibilitando inclusive, maior efetividade em termos de efetividade e crescimento empresarial.

Na saúde, a importância de uma cultura de *compliance* se destaca ainda mais quando são considerados os fatores únicos dessa área, que exigem o enfrentamento de uma série de desafios peculiares e implementação cuidadosa, uma vez que nesse setor, busca-se essencialmente garantir a qualidade, segurança e melhores experiências para o paciente.

Esse setor lida com questões de vida ou morte, gerenciamento de dados sensíveis de pacientes, e está sujeito a um vasto conjunto de regulamentações e padrões éticos de diferentes conselhos de classe e órgãos de fiscalização. Portanto, a implementação de programas de *compliance* incluindo treinamentos regulares, avaliações de risco, auditorias internas e mecanismos de reporte de inconformidades, não é apenas uma questão legal, mas uma obrigação que traz a consciência de legalidade, moralidade e de valores éticos.

É imprescindível que o setor de saúde continue a evoluir em suas práticas de *compliance*, adotando uma abordagem estratégica e focada, para que as organizações possam superar os desafios da sua implementação, como a complexidade regulatória, os custos financeiros e de recursos envolvidos, a necessidade de mudança cultural e a complexidade operacional das organizações de saúde. Desta forma, o grau de maturidade empresarial será elevado e as adequações que visam conformidade contribuirão ativamente para a construção de uma sociedade mais justa, transparente e saudável.

Para implementar um programa de *compliance* em saúde bem-sucedido, é essencial o comprometimento da alta administração com a integridade, desde a sua implementação, divulgação e, principalmente, no seu cumprimento.[8] Sendo este, inclusive, um parâmetro para a avaliação do programa de integridade.

A integridade deve ser incorporada aos princípios e valores empresariais em saúde, como um pilar central na prestação de cuidado assistencial, assegurando que todas as ações e decisões tomadas nesse setor sejam conduzidas com o mais alto grau de ética e responsabilidade.

Assim sendo, há a necessidade do *compliance* ser independente funcional, financeiramente e estruturalmente, para que a alocação de recursos diversos como financeiros e de pessoas, seja dotado de normas e padrões próprios a serem dirigidos e ordenados por áreas específicas, onde exista o cumprimento das leis e regulamentos, a proteção dos pacientes e a preservação da integridade da organização.

3. OS PILARES DE UM PROGRAMA DE *COMPLIANCE* E A *DUE DILIGENCE* DE TERCEIROS

Estar em conformidade, num setor altamente regulado e fiscalizado por inúmeros órgãos, é um enorme desafio ao gestor de uma empresa de saúde. O mercado da saúde hoje exige desta figura não somente o conhecimento técnico em saúde, mas também instrumentos robustos de gestão.

A contratação de profissionais qualificados, o uso de indicadores para medição das metas e a implementação de um programa de *compliance* são alguns dos mecanismos auxiliares no combate à corrupção, na condução e na administração das organizações que compõem este setor.

Em se tratando de hospital, foco do presente estudo, onde há um paciente no cerne da atenção e do cuidado, os desafios são ainda maiores. Não basta estar em conformidade, pois é necessário entregar todo o acolhimento e tratamento disponíveis de maneira individualizada e humanizada. Este é o entendimento também preconizado por Leonardo Ramos Nogueira:

> Vemos que o desafio do *Compliance* em instituições de saúde, como parte integrante da estrutura de Governança Corporativa, é construir uma estrutura suficiente para perpetuar o negócio, mas que, ao mesmo tempo, não deixe de ter foco nos pacientes, devendo este propósito estar presente de forma expressa e ostensiva nos códigos de conduta, nas políticas e nos procedimentos internos, e, também, nos pilares do programa de *compliance*.[9]

---

8. MUNHOS, Jorge; QUEIROZ, Ronaldo Pinheiro de (Org.). **Lei Anticorrupção e temas de *compliance***. 2. ed. Salvador: JusPodivm, p. 478.
9. NOGUEIRA, Leonardo Ramos. *Compliance* com Foco no Paciente – Reflexões Acerca dos Deveres Éticos e Legais dos Médicos e das Consequências e Aplicações Práticas Para os Hospitais. In: KIETZMANN, Felipe. ***Healthcare Compliance***. Coletânea de Artigos do Programa de Certificação CBEXs. São Paulo: Câmara Brasileira de Livros, 2020, p. 85-117.

É nesta toada que o *compliance* em hospitais, ainda em crescimento e muito longe do ideal no Brasil, torna-se um diferencial tanto para os pacientes como para os médicos e equipe de saúde. Um programa bem estruturado e em constante melhoria oferece aos componentes deste ecossistema um ambiente mais seguro para atuação.

Fato é que o *compliance* no setor da saúde, notadamente em hospitais ainda concentra grandes esforços nas práticas anticorrupção deixando à margem as questões que envolvem a relação médico-paciente e/ou equipe de saúde-paciente.

Não obstante ao que vem sendo praticado no mercado, ao implementar um programa de *compliance* em um hospital, o gestor e seus colaboradores devem destacar como protagonistas os riscos relacionados ao atendimento ao paciente. Corrobora para esse posicionamento o aumento significativo da judicialização da Medicina, cujo objeto de debate, na esmagadora maioria dos casos, é a má prestação da atividade médica ou algum prejuízo por ela causado. Neste cenário, o programa de *compliance* contribui para que os principais riscos sejam mapeados, criando-se mecanismos de prevenção e mitigação de riscos e danos.

De acordo com Saavedra e Garcia,[10] "um sistema de gestão de *compliance* em hospitais se torna imprescindível, pois qualquer deslize coloca em xeque, em última análise, a proteção do próprio bem da vida". Desta forma, as normas que regulamentam a profissão também precisam estar devidamente mapeadas.

A legislação nacional, especialmente o Decreto Federal nº 11.129/22 que regulamenta a Lei nº 12.846/2013, a qual dispõe sobre a responsabilização administrativa e civil de pessoas jurídicas pela prática de atos contra a administração pública, nacional ou estrangeira, estabelece as diretrizes para a criação de um Programa de *Compliance*:[11]

> Art. 56. Para fins do disposto neste Decreto, programa de integridade consiste, no âmbito de uma pessoa jurídica, no conjunto de mecanismos e procedimentos internos de integridade, auditoria e incentivo à denúncia de irregularidades e na aplicação efetiva de códigos de ética e de conduta, políticas e diretrizes, com objetivo de:
>
> I – prevenir, detectar e sanar desvios, fraudes, irregularidades e atos ilícitos praticados contra a administração pública, nacional ou estrangeira; e
>
> II – fomentar e manter uma cultura de integridade no ambiente organizacional.

Para tanto, a referida legislação traz quais são os parâmetros que devem ser observados:

> I – comprometimento da alta direção da pessoa jurídica, incluídos os conselhos, evidenciado pelo apoio visível e inequívoco ao programa, bem como pela destinação de recursos adequados;

---

10. SAAVEDRA, Giovani Agostini; GARCIA, Lara Rocha. *Compliance* em Hospitais. In: CARLINI, Angélica e SAAVEDRA, Giovani Agostini. **Compliance na área da Saúde.** Indaiatuba: Editora Foco, 2020, p. 70-85.

11. BRASIL. Decreto nº 11.129 de 11 de julho de 2022. Regulamenta a Lei nº 12.846, de 1º de agosto de 2013, que dispõe sobre a responsabilização administrativa de pessoas jurídicas pela prática de atos contra a administração pública, nacional ou estrangeira e dá outras providências. Brasília, 12 de junho de 2022. Disponível em: http://www.planalto.gov.br/ccivil_03/_ato2019-2022/2022/decreto/D11129.htm. Acesso em: 05 jan. de 2023.

II – padrões de conduta, código de ética, políticas e procedimentos de integridade, aplicáveis a todos os empregados e administradores, independentemente do cargo ou da função exercida;

III – padrões de conduta, código de ética e políticas de integridade estendidas, quando necessário, a terceiros, tais como fornecedores, prestadores de serviço, agentes intermediários e associados;

IV – treinamentos e ações de comunicação periódicos sobre o programa de integridade;

V – gestão adequada de riscos, incluindo sua análise e reavaliação periódica, para a realização de adaptações necessárias ao programa de integridade e a alocação eficiente de recursos;

VI – registros contábeis que reflitam de forma completa e precisa as transações da pessoa jurídica;

VII – controles internos que assegurem a pronta elaboração e a confiabilidade de relatórios e demonstrações financeiras da pessoa jurídica;

VIII – procedimentos específicos para prevenir fraudes e ilícitos no âmbito de processos licitatórios, na execução de contratos administrativos ou em qualquer interação com o setor público, ainda que intermediada por terceiros, como pagamento de tributos, sujeição a fiscalizações ou obtenção de autorizações, licenças, permissões e certidões;

IX – independência, estrutura e autoridade da instância interna responsável pela aplicação do programa de integridade e pela fiscalização de seu cumprimento;

X – canais de denúncia de irregularidades, abertos e amplamente divulgados a funcionários e terceiros, e mecanismos destinados ao tratamento das denúncias e à proteção de denunciantes de boa-fé;

XI – medidas disciplinares em caso de violação do programa de integridade;

XII – procedimentos que assegurem a pronta interrupção de irregularidades ou infrações detectadas e a tempestiva remediação dos danos gerados;

XIII – diligências apropriadas, baseadas em risco, para:

a) contratação e, conforme o caso, supervisão de terceiros, tais como fornecedores, prestadores de serviço, agentes intermediários, despachantes, consultores, representantes comerciais e associados;

b) contratação e, conforme o caso, supervisão de pessoas expostas politicamente, bem como de seus familiares, estreitos colaboradores e pessoas jurídicas de que participem; e

c) realização e supervisão de patrocínios e doações;

XIV – verificação, durante os processos de fusões, aquisições e reestruturações societárias, do cometimento de irregularidades ou ilícitos ou da existência de vulnerabilidades nas pessoas jurídicas envolvidas; e

XV – monitoramento contínuo do programa de integridade visando ao seu aperfeiçoamento na prevenção, na detecção e no combate à ocorrência dos atos lesivos previstos no art. 5º da Lei nº 12.846, de 2013.

Tais parâmetros, também tratados pelos estudiosos do assunto como "Pilares de um Programa de *Compliance*", podem ser resumidos em nove, senão vejamos: (i) suporte da alta administração; (ii) mapeamento de riscos; (iii) políticas e procedimentos corporativos; (iv) controles e processos internos; (v) treinamentos e comunicação; (vi) canal de denúncias; (vii) investigações internas; (viii) auditoria e monitoramento e (ix) *due diligence* de terceiros.

Para que um programa de *compliance*, portanto, subsista e cumpra seus objetivos de prevenir, detectar e remediar situações de fraude, de corrupção e de conflito ético, precisa contar com uma engrenagem formada por todos esses pilares.

Neste contexto, destaca-se que esta engrenagem não funciona se não contar com o apoio dos colaboradores, devidamente treinados e engajados no tema. É um sistema que depende de uma estrutura múltipla que inclui pessoas, processos, sistemas, documentos, ações e ideias.

O primeiro passo para a implementação de um programa de *compliance* é o apoio da alta administração. O mais alto nível hierárquico da liderança precisa estar alinhado com os preceitos e ações trazidos pelo programa. Além disso, os líderes devem traduzir modelos de comportamento a serem seguidos, sem os quais a base do programa fica comprometida.

Após o alinhamento com a alta liderança, inicia-se o mapeamento de riscos da organização, levantando-se os principais pontos de atenção e os planos de ação para a mitigação dos riscos. No caso de empresas de saúde, objeto ora discutido, os riscos relacionados à prestação da atividade médica devem ser incluídos no mapeamento.

Este mapeamento traz o diagnóstico das principais dores da empresa, atrelado ao nível de criticidade de cada risco, a fim de se construir um plano de ação para mitigar cada um deles. Estabelecidos os planos de ação, eles devem ser monitorados e auditados periodicamente, da mesma forma que, entendidos os riscos e qual a criticidade, os documentos internos começam a ser construídos, tal como o *código de conduta e políticas*.

Todos os colaboradores, desde a mais alta hierarquia da organização até a mais baixa, devem ser devidamente comunicados e treinados sobre as normas internas. Um plano de comunicação estruturado é o diferencial para um programa de *compliance* de sucesso.

Outro pilar que compõe o alicerce deste programa é o *canal de denúncias*, uma via segura por meio da qual os colaboradores podem realizar denúncias de comportamentos antiéticos, fraudes ou corrupções, com a garantia do anonimato e da política de não retaliação. Este *canal* costuma medir a temperatura do programa e por meio dele, é possível entender os principais obstáculos da organização que podem ou não estar de acordo com o mapeamento de riscos previamente realizado. Os temas que mais se apresentam no Canal, sem dúvidas, são os que precisam de tratamento imediato pela organização.

Toda denúncia realizada gera uma investigação, que pode ser procedente ou improcedente. Se procedente, avalia-se a melhora do processo, dos controles internos e, em última análise, a aplicação de sanção no colaborador envolvido; se improcedente, arquiva-se a denúncia, mas avalia-se também o cabimento da melhoria de algum processo.

Por fim, a realização de *due diligence* faz parte desta engrenagem como garantia de relações lícitas e éticas com terceiros. Para estar em conformidade não basta ser ético, é necessário se relacionar com terceiros também éticos.

O Manual de Programa de Integridade da Controladoria Geral da União, ao dispor sobre a política de contratação de terceiros estabelece:

> Para diminuir as chances de que a empresa se envolva em casos de corrupção ou fraude em licitações e contratos, em função da atuação de terceiros, é importante que adote verificações apropriadas

para contratação e supervisão de fornecedores, prestadores de serviço, agentes intermediários e associados, entre outros, principalmente em situações de elevado risco à integridade.[12]

Quando se trata de uma empresa de saúde, a preocupação com o relacionamento com terceiros torna-se ainda mais relevante, já que uma má contratação pode colocar em risco a vida de um paciente, tal como ocorrido no caso judicial paradigmático analisado neste artigo.

Por essa razão, todos os terceiros devem passar pelo processo de *due diligence* antes de iniciar a prestação de serviços, incluindo os médicos e demais profissionais de saúde. Este processo pode ser mais bem entendido da seguinte maneira:

> A *Due Diligence* de terceiros é um processo de avaliação de terceiros com os quais a empresa interage, sobretudo fornecedores de produtos e serviços. Por meio desse processo a organização pode conhecer antecipadamente determinados riscos associados a esse terceiro, tais como antecedentes éticos e conflitos de interesse.[13]

> Logo, antes de realizar a contratação ou permitir que qualquer médico integre o corpo clínico, deve ser realizada uma investigação pormenorizada de antecedentes de processos éticos e judiciais e, consequentemente, de possíveis condenações existentes. Sabemos que a existência de demandas éticas e judiciais não significa que o médico é um mau profissional, porém

> devem ser analisadas eventuais ações ou reclamações reiteradas de pacientes, podendo, inclusive, ser realizada pesquisa em sites e em redes sociais. Além disso, ao ser realizada a entrevista ou reunião de contratação, o responsável pela contratação deve estar alinhado com toda a cultura focada na saúde do paciente, se valendo de diversos questionamentos, previamente acordados com a equipe de *compliance*, para verificar se os valores e as forma de atuação do profissional se encaixam dentro da cultura da empresa.[14]

O processo de *due diligenge* pode ser resumido em 3 etapas: (i) formulário de autodeclaração preenchido pelo terceiro; (ii) pesquisa independente em bases públicas; (iii) avaliação pelo time de *compliance.*

Após a compreensão dos riscos relacionados àquela contratação, a liderança que possui a alçada decide pela contratação ou não daquele terceiro. E, em se tratando de médico, objeto da decisão judicial escolhida para o presente estudo, há alguns requisitos indispensáveis para a prestação de serviço, os quais se destacam: (i) pesquisa de existência e validade de registro em nome do profissional avaliado perante o Conselho Regional de Medicina; (ii) pesquisa de existência de pena disciplinar pública aplicada pelo Conselho Regional de Medicina em nome do profissional avaliado; (iii) pesquisa de existência

---

12. **BRASIL. Programa de integridade** – Diretrizes para empresas privadas. Disponível em: https://www.gov.br/cgu/pt-br/centrais-de-conteudo/publicacoes/integridade/arquivos/programa-de-integridade-diretrizes-para-empresas-privadas.pdf/view. Acesso em: 10 jan. 2023.

13. CORTEZ, Camila Kitazawa. *Due Diligence* de Terceiros no Setor da Saúde. In: ALCÂNTARA, Eunice. ***Healthcare Compliance.*** Coletânea de Artigos do Programa de Certificação CBEXs. São Paulo: Câmara Brasileira de Livros, 2019, p. 61-89.

14. NOGUEIRA, Leonardo Ramos. *Compliance* com Foco no Paciente – Reflexões Acerca dos Deveres Éticos e Legais dos Médicos e das Consequências e Aplicações Práticas Para os Hospitais. In: KIETZMANN, Felipe. ***Healthcare Compliance.*** Coletânea de Artigos do Programa de Certificação CBEXs. São Paulo: Câmara Brasileira de Livros, 2020, p. 85-117.

de vínculo em nome do profissional avaliado com organização de saúde pública com base no sistema integrado do SUS; (iv) pesquisa de existência de processos judiciais ou administrativos em nome da empresa e do profissional avaliado, relevantes do ponto de vista ético e reputacional, tais como corrupção, fraude, conflitos de interesse e desvios de conduta de forma ampla; (v) pesquisa de existência de mídia negativa em nome da empresa e do profissional avaliado, relevantes do ponto de vista ético e reputacional, tais como corrupção, fraude, conflitos de interesse e desvios de conduta de forma ampla; (vi) pesquisa de certidão negativa de antecedentes criminais na base integrada da polícia federal em nome do profissional avaliado.

Sem a pretensão de esgotar todos os pontos que podem ser pesquisados, estes fazem parte do bloco mínimo de buscas que devem ser realizadas antes da contratação de um médico. Mais do que isto, pondera-se que a preocupação com esta investigação não se limita a atos de corrupção, exigência trazida pela Lei Anticorrupção, mas também eventuais práticas, omissões ou comportamentos daquele terceiro que podem de alguma forma, expor a organização de saúde.

Hoje, infelizmente, esta não é a realidade da maioria dos hospitais que faz a contratação de médicos de maneira precária, sem avaliação mínima de pressupostos. A ausência desta verificação prévia coloca a organização em potencial risco de prejuízo direto a seus pacientes, assim como em potencial risco reputacional.

Para que o médico possa exercer a Medicina, é necessário que haja o registro de seu certificado no Conselho Regional de Medicina. Sem esta autorização do órgão que regulamente a profissão, o exercício da Medicina é ilegal e expõe pacientes e a própria organização. Este é um requisito mínimo que sequer é avaliado na maioria das contratações, conforme se depreende da ação judicial objeto deste artigo.

A realização de uma *due diligence*, por meio de acesso ao banco de dados do Conselho Federal de Medicina, elimina um dos problemas que aumentou consideravelmente nos últimos anos, que é a *contratação de falso médico* ou *médico não habilitado*.

O falso médico é aquele sem qualquer formação na área e se faz passar por um médico registrado, utilizando-se das credenciais deste; já o médico não habilitado é aquele formado em Medicina fora do país, sem a devida revalidação de seu diploma e a consequente ausência de registro no Conselho de Fiscalização. Ambos se enquadram como exercício ilegal da Medicina, crime previsto no Código Penal (art. 282).

Além de todas as questões relacionadas à segurança e reputação da organização de saúde, a realização de *due diligence* também é um dos requisitos exigidos para a certificação em *healthcare compliance* conforme estabelece o Manual de Padrões – Sistema de Gestão para Integridade de Serviços de Saúde publicado pelo IQG (*Health Services Accreditation*) no ano de 2019, a saber:

> Sem prejuízo da avaliação técnico-profissional, a organização de saúde deve manter um processo formal de avaliação de antecedentes prévia à contratação de profissionais de saúde.

A avaliação de antecedentes deve incluir formulário de declaração pelo profissional de saúde e pesquisa independente por parte da própria organização de saúde e/ou terceiro independente em bancos de dados públicos, visando identificar fatores de riscos associados ao profissional de saúde.

A avaliação de antecedentes deve considerar, no mínimo, os seguintes fatores de riscos associados ao profissional de saúde:

• Existência de conflitos de interesse potenciais ou efetivos;

• Envolvimento anterior em episódio de corrupção ou outros desvios;

• Cargo público atual, anterior ou perspectiva futura, tais como candidatura;

• Parentesco, relacionamento pessoal ou profissional com autoridades públicas.

O processo de avaliação de antecedentes deve compreender a busca independente pela organização de saúde em bancos de dados públicos para todos os colaboradores da instituição cuja atividade, em sua avaliação, envolver risco superior de corrupção pública ou privada, tais como para profissionais envolvidos em atividades de fiscalização, processos de compras e cadeia de suprimentos e membros das Comissões Hospitalares em geral.

Caso sejam identificados fatores de riscos, o caso deve ser avaliado, no mínimo, pelas áreas Jurídica e de *compliance*, embasando decisão da organização de saúde quanto à medida a ser adotada em relação ao profissional de saúde. Se a decisão for no sentido de contratar ou manter o contrato com o profissional de saúde, ela deverá ser formalmente justificada pelo profissional ou quórum competente, incluindo eventuais medidas adicionais de mitigação de riscos a serem adotadas pela organização de saúde.

A pesquisa de antecedentes deve ser concluída até a contratação e deve ser atualizada periodicamente e/ou após mudança relevante em relação ao escopo da contratação, às leis e às normas aplicáveis em sua jurisdição e/ou ao mapeamento de riscos que impacte o objeto da relação entre as partes.[15]

Resta claro, portanto, em que pese a realização de *due diligence* não ser uma etapa obrigatória por exigência legal, é fundamental para avaliar se o prestador de serviço tem as credenciais necessárias, especialmente no caso de médicos e profissionais da saúde.

4. A RESPONSABILIDADE DAS EMPRESAS CONTRATANTES POR ATOS DE TERCEIROS

Como visto anteriormente, a contratação de terceiros por uma organização de saúde é um processo que demanda análise criteriosa das informações, cuja avaliação pode resultar na recomendação ou não daquela contratação. Isto porque relacionar-se com terceiro antiético ou que não possua as autorizações legais para a prestação da atividade pode colocar a organização em risco.

A Lei Anticorrupção reforça este entendimento ao dispor sobre a responsabilidade objetiva das organizações por atos praticados não apenas por empregados ou prepostos, mas igualmente por quaisquer terceiros agindo em seu interesse.[16]

---

15. **IQG** – Health Services Accreditation. **Manual de Padrões** – Gestão para Integridade de Serviços de Saúde, 2019.

16. **BRASIL. Lei Federal nº 12.846/13.** Art. 2º As pessoas jurídicas serão responsabilizadas objetivamente, nos âmbitos administrativo e civil, pelos atos lesivos previstos nesta Lei praticados em seu interesse ou benefício, exclusivo ou não. Brasília, 02 ago. 2013. Disponível em: https://www.planalto.gov.br/ccivil_03/_ato2011-2014/2013/lei/l12846.htm. Acesso em: 5 jan. 2023.

Modesto Carvalhosa, ao tratar da conduta objetiva no âmbito desta lei, diz que "conduta de pessoa jurídica no cumprimento de fim social é sempre objetiva, não se movendo pela impulsão psicológica e pela livre manifestação de vontade, como ocorre na pessoa física".[17]

Da mesma forma, a Cartilha de *compliance* da ABRAMED (Associação Brasileira de Medicina Diagnóstica) traz uma referência importante a este tema quando trata de *monitoramento de terceiros*:

> Pela legislação anticorrupção brasileira, a responsabilidade das empresas é objetiva. Isso significa que a responsabilidade da empresa que contratou o terceiro é direta pelos atos dele enquanto se representante. Ou seja, a empresa contratante terá responsabilidade se seu fornecedor tiver envolvimento em algum ato de corrupção, mesmo sem seu conhecimento ou consentimento, relacionado à atividade para qual foi contratado.[18]

Neste cenário, avaliar minimante os critérios para contratação de terceiros é fundamental para garantir a segurança da prestação da atividade das organizações de saúde.

O ordenamento jurídico brasileiro traz como diretriz básica de responsabilidade civil que as pessoas jurídicas são responsáveis pelos atos que quaisquer terceiros praticam em seu nome ou mesmo em seu benefício. Por sua vez, o Código Civil é um desses diplomas o qual estabelece a responsabilidade civil objetiva das empresas, ou seja, independentemente de dolo ou culpa, por atos praticados por funcionários ou prepostos.[19]

Com a finalidade de garantir a prestação de serviços de forma ética e efetiva, ao contratar qualquer destes terceiros, a organização deve realizar diligências para verificar os antecedentes, a fim de conhecer os eventuais riscos desta contratação, tal como prevê o artigo 56, do Decreto Federal nº 11.129/22, ao estabelecer os requisitos de um programa de *compliance*:

> XIII – diligências apropriadas, baseadas em risco, para:
>
> a) contratação e, conforme o caso, supervisão de terceiros, tais como fornecedores, prestadores de serviço, agentes intermediários, despachantes, consultores, representantes comerciais e associados.

Em se tratando de omissão quanto aos tópicos tratados pela Lei Anticorrupção, não há dúvidas de que a responsabilidade da organização é objetiva, como já tratado neste artigo. Isto só reforça a necessidade cada vez mais latente de que aos gestores de saúde incumbe um controle efetivo sobre os terceiros que atuam em seu nome.

---

17. CARVALHOSA, Modesto. **Considerações sobre a lei anticorrupção das pessoas jurídicas.** São Paulo: Ed. RT, 2015, p. 41.
18. ASSOCIAÇÃO BRASILEIRA DE MEDICINA DIAGNÓSTICA. Cartilha de *Compliance*. Disponível em: https://abramed.org.br/publicacoes/painel-abramed/cartilha-de-compliance-2/. Acesso em: 5 jan. 2023.
19. BRASIL. Lei Federal nº 10.406/02, Art. 932. São também responsáveis pela reparação civil:
    (...) III – o empregador ou comitente, por seus empregados, serviçais e prepostos, no exercício do trabalho que lhes competir, ou em razão dele;
    (...) Art. 933. As pessoas indicadas nos incisos I a V do artigo antecedente, ainda que não haja culpa de sua parte, responderão pelos atos praticados pelos terceiros ali referidos. **Diário Oficial da União**, 10 jan. 2002. Disponível em: https://www.planalto.gov.br/ccivil_03/leis/2002/l10406compilada.htm. Acesso em: 05 jan. 2023.

Já no que diz respeito à responsabilidade pela prática de ato médico, a legislação prevê a responsabilização solidária da organização de saúde, ou seja, aquela entendida como quando o credor pode exigir o cumprimento da responsabilidade de ambos os devedores ou de apenas um deles, cabendo àquele que cumprir a obrigação o direito de regresso contra o outro devedor solidário. Em outras palavras, em um caso de 'erro médico', o paciente pode acionar o estabelecimento médico, o profissional médico ou ambos.

> É cediço que pode haver a inclusão da instituição de saúde no polo passivo das demandas de responsabilidade civil do médico juntamente com o profissional, pessoa física, para responder solidariamente com este.

> O fundamento desta responsabilidade solidária está previsto no art. 34 do Código de Defesa do Consumidor, a saber:

> Art. 34. O fornecedor do produto ou serviço é solidariamente responsável pelos atos de seus prepostos ou representantes autônomos.[20]

> Se o hospital, de alguma forma, prestar determinado serviço médico através de empresa especializada contratada para este fim estará, da mesma forma, comprometido a não causar qualquer prejuízo às partes contratantes, no caso o consumidor conforme previsto pelo Enunciado nº 26 do Conselho de Justiça Federal editado na 1ª Jornada de Direito Comercial (CJF, 2013).[21]

Sem a pretensão de esgotar o tema relacionado à responsabilidade do profissional médico e das instituições de saúde, o qual possui as mais diversas facetas, importante que alguns apontamentos sejam feitos para contextualizar a matéria:

> O hospital privado é responsável pelos atos de seus administradores e outros empregados, pelos atos dos médicos que sejam seus empregados, pelos atos de integrantes do corpo clínico que atende a pacientes que tenham procurado o hospital (solidariamente) e por danos produzidos por instrumentos usados em seus serviços.[22]

Por outro lado, quando se tratar de hospital público, no que tange à responsabilidade civil pelo ato médico praticado, o Estado responderá objetivamente pelos danos de seus agentes, assegurado o direito de regresso no caso de dolo ou culpa, conforme previsão do artigo 37, § 6º da Constituição Federal.[23]

De todo modo, Miguel Kfouri Neto ao abordar a responsabilidade civil dos hospitais elucida que, para o hospital ser responsabilizado por um dano decorrente de ato essencialmente médico, o profissional deve guardar vínculo de emprego ou preposição com a instituição. Isto é, "se o médico for empregado do hospital – ou sócio-cotista, ou integrante do corpo clínico –, o estabelecimento será solidariamente responsável pelos

---

20. CORTEZ, Camila Kitazawa. A responsabilidade civil, penal e ética do médico no Brasil. In: CARVALHO, Patrícia Carneiro de Andrade; Lopes, Antonio Luiz de Jesus; Cortez, Camila Kitazawa; Pereira, Gabriel Massote; Brandão, Luciano Correia Bueno. **Direito Médico** – Temas atuais. Curitiba: Ed. Juruá, 2019.
21. FELIPE, Márcio Gonçalves. **A aplicação do *Compliance* em Hospitais Privados para prevenção de Erro Médico e Mitigação de Danos**. New York: Lawinter Editions, 2022.
22. MENDES, Nelson Figueiredo. **Responsabilidade Ética, Civil e Penal do Médico**. São Paulo: Sarvier: 2006.
23. CORTEZ, Camila Kitazawa. A responsabilidade civil, penal e ética do médico no Brasil. In: CARVALHO, Patrícia Carneiro de Andrade; LOPES, Antonio Luiz de Jesus; CORTEZ, Camila Kitazawa; PEREIRA, Gabriel Massote; BRANDÃO, Luciano Correia Bueno. **Direito Médico** – Temas atuais. Curitiba: Ed. Juruá, 2019.

atos culposos do seu preposto".[24] Assim, somente será imposta uma indenização ao hospital, quando comprovada a culpa do médico, preposto seu.

Sobre a Teoria da Responsabilidade Objetiva Mitigada, destaca a doutrina:

> (...) Diante das demandas ajuizadas em face de erros médicos, em que figurarem no polo passivo o médico e o hospital, para que possa se exigir a responsabilização do último será necessário antes comprovar a culpa do profissional médico. Continua a existir a responsabilidade subjetiva para os médicos e objetiva para os nosocômios, contudo, em relação à última, trata-se de uma responsabilidade objetiva diferenciada, haja vista não ser suficiente a existência de um ato, comprovação do dano e do nexo causal.[25]

Há muitos pontos de debate e desdobramentos sobre a responsabilidade civil decorrente de ato médico, porém este artigo priorizará o estudo sobre a responsabilidade civil pela má contratação por parte de um hospital público.

Sob um prisma geral, como se vê, a organização de saúde é responsável por qualquer ato de terceiro que atue em seu nome, incluindo administradores e empregados. Uma má contratação, portanto, pode expor a organização de saúde desde a responsabilização pela omissão na realização de diligências anteriores à contratação até a responsabilização pelo ato médico praticado.

Desta feita, sem mecanismos efetivos de controle da contratação de colaboradores e terceiros, a empresa de saúde, seja pública ou privada, poderá responder civilmente pela ausência de critérios e diligências na contratação quando isso resultar prejuízo das mais diversas ordens.

5. ANÁLISE DA AÇÃO CIVIL PÚBLICA PROPOSTA PELO MINISTÉRIO PÚBLICO DE SÃO PAULO QUE DEBATE A RESPONSABILIDADE CIVIL PELA CONTRATAÇÃO DE PROFISSIONAL "NÃO MÉDICO" E SEUS REFLEXOS ÉTICOS E JURÍDICOS

No caso em análise, nota-se que a responsabilidade das empresas médicas deriva do fato de que deixaram de exigir do falso médico a documentação completa necessária para a formalização de uma contratação segura. Igualmente a responsabilidade reside no fato de as empresas terem praticado erros grosseiros na análise e verificação dos poucos documentos apresentados. Este acontecimento resultou na efetiva contratação de pessoa sem qualificação médica, como se médico fosse, e que atuou na especialidade de clínica médica do hospital demandado por quase um ano, atendendo a diversos pacientes.

De acordo com o Ministério Público, quando propôs a ação civil pública:

---

24. KFOURI NETO, Miguel. **Responsabilidade civil dos hospitais**. 5. ed. São Paulo: Thomson Reuters Brasil, 2022.
25. BARBOSA, Ana Beatriz Nóbrega; MASCARENHAS, Igor de Lucena. Responsabilidade hospitalar por erro médico: a necessidade da comprovação da culpa em razão da aplicação da Teoria da Responsabilidade Objetiva Mitigada. In: ROSENVALD, Nelson; MENEZES, Joyceane Bezerra, DADALTO, Luciana (Coord.). **Responsabilidade civil e medicina**. 2. ed. Indaiatuba: Foco, 2020.

Inegável que o atendimento de inúmeras pessoas por um falso médico na especialidade Clínica Médica, no Hospital Municipal Irmã Dulce, nesta cidade de Praia Grande, por aproximadamente um ano, inclusive durante este grave e delicado período que enfrentamos em razão da Pandemia de COVID-19, ocasionaram danos sociais. Isto porque, além de ter sido violado o direito fundamental à saúde dos cidadãos que foram efetivamente atendidos por um falso médico e que possam ter sofrido um agravamento de seu estado de saúde ou até morrido em decorrência destes atendimentos prestados por uma pessoa sem qualquer formação médica, as consequências da atuação desse médico impostor no Hospital Irmã Dulce transcenderam ao aspecto meramente individual, atingindo a toda a sociedade praia grandense, de maneira difusa, acarretando um rebaixamento de seu patrimônio moral e diminuição na sua qualidade de vida, representando o ressarcimento a tais danos sociais a aplicação da função social da responsabilidade civil.[26]

O nexo de causalidade está caracterizado pela conduta omissiva e pouco cautelosa das requeridas que contribuíram para a contratação negligente de falso médico. E por todas estas razões, o representante do *parquet* pleiteou o reconhecimento da negligência das empresas requeridas, diante da equivocada contratação, além de indenização por danos sociais.

Os danos sociais objetivam primordialmente a reparação das lesões sofridas por algum bem jurídico imaterial da sociedade e têm lugar nos casos em que esta tenha sido efetivamente lesada. Essa espécie de dano atinge "a coletividade como um todo, não sendo possível se determinar os seus sujeitos".[27] De acordo com seu precursor Antonio Junqueira de Azevedo:

Um ato, se doloso ou gravemente culposo, ou se negativamente exemplar, não é lesivo somente ao patrimônio material ou moral da vítima, mas sim, atinge a toda a sociedade, num rebaixamento imediato do nível de vida da população. Causa dano social.[28]

No que se refere ao valor a ser fixado a título de ressarcimento por danos sociais, além do seu aspecto compensatório, deve ser levado em conta a sua condição pedagógico-inibitório para que seja ressarcida toda a sociedade, bem como desestimulada a reiteração de condutas semelhantes pelos agentes.[29]

Dessa maneira, enquanto os danos morais coletivos atingem direitos coletivos em sentido estrito e individuais homogêneos (dispondo assim de sujeitos passíveis de determinação), os danos sociais tutelam direitos difusos, não sendo possível a identificação

---

26. **Autos nº 1009056-69.2020.8.26.0477**, da 3ª Vara Cível da Comarca de Praia Grande do Estado de São Paulo, j. em 26 nov. 2021.
27. ANDRADE, Renato Campos. MUNIZ, Marcela. Danos Sociais – A Revitalização do Código Civil quanto à Responsabilidade Civil. **Revista Direitos Democráticos & Estado Moderno**. Faculdade de Direito da PUC-SP. Nº. 02. p. 163-180. jan./jun. 2021. Disponível em: https://revistas.pucsp.br/index.php/DDEM. Acesso em: 02 fev. 2023.
28. AZEVEDO, Antônio Junqueira de. Por uma nova categoria de dano na responsabilidade civil: o dano social. **Revista Trimestral de Direito Civil**, Rio de Janeiro, ano 5º, n. 19, p. 211-218, jul./set. 2004.
29. A V Jornada de Direito Civil do CJF/STJ aprovou o enunciado nº 455 que reconhece a existência dos danos sociais pelo ordenamento pátrio: Art. 944. A indenização mede-se pela extensão do dano. (Código Civil)". Enunciado 455: A expressão "dano" no art. 944 abrange não só os danos individuais, materiais ou imateriais, mas também os danos sociais, difusos, coletivos e individuais homogêneos a serem reclamados pelos legitimados para propor ações coletivas.

dos lesados. Logo, "para que os danos sociais estejam caracterizados, deve haver uma lesão que ultrapasse a esfera individual de cada pessoa, resultado a conduta danosa do agente em um prejuízo a toda coletividade, ocasionando uma desestabilidade social".[30]

No mesmo sentido, Romualdo Baptista dos Santos sintetiza:

> Os danos sociais são modalidade de dano coletivo, que não se confundem com os danos individuais nem com os danos morais coletivos. Sua principal característica é o rebaixamento da qualidade de vida da sociedade como um todo, de maneira indistinguível, ultrapassando a dicotomia dano patrimonial e extrapatrimonial. Esses danos são indenizáveis por si mesmos, cabendo ao Ministério Público a legitimidade para promover ação indenizatória em prol da sociedade.[31]

Somando-se a essas premissas, a reparação dos danos sociais deve ser compreendida como um "importante controle exercido pela sociedade contra aqueles capazes de causar impactos profundos e de amplitude generalizada",[32] como o caso ora discutido.

A sentença proferida pelo Juiz de Direito da 3ª Vara Cível de Praia Grande julgou procedentes os pedidos iniciais. Apesar de as três empresas médicas terem apresentado provas documentais, a fim de demonstrar que adotaram todos os procedimentos para evitar a contratação do falso médico, o julgador entendeu que a conduta desidiosa das requeridas em relação à contratação do falso profissional, ocasionou na submissão de diversos pacientes a assistência médica prestada por pessoa não habilitada. Além disso, houve privação da sociedade local ao efetivo direito à saúde, o que se agravou pelo ocorrido durante o período pandêmico e a exigência máxima da atuação dos profissionais da saúde durante a crise sanitária.

Aliás, restou evidente que a conduta praticada pelas requeridas é socialmente reprovável, pois prejudica diretamente a qualidade de vida da população e ofende o patrimônio moral da sociedade, ainda mais durante a pandemia do Covid-19, momento de extrema delicadeza, que exigiu, ainda mais, a qualificação e o preparo dos profissionais da área de saúde no trato com os pacientes.

A compreensão do julgador considerou, ainda, o relato de que a atuação negligente do falso profissional teria resultado em diversos óbitos, caracterizando-se, a responsabilidade civil solidária das empresas que terceirizavam mão de obra médica. Por consequência, condenando-as ao pagamento de indenização por danos sociais no valor de R$ 500.000,00 (quinhentos mil reais), destinado ao Fundo Estadual de Direitos

---

30. ANDRADE, Renato Campos. MUNIZ, Marcela. Danos Sociais – A Revitalização do Código Civil quanto à Responsabilidade Civil. **Revista Direitos Democráticos & Estado Moderno**. Faculdade de Direito da PUC-SP. Nº. 02. p. 163-180. Jan./Jun. 2021. Disponível em: https://revistas.pucsp.br/index.php/DDEM. Acesso em: 02 fev. 2023.

31. SANTOS, Romualdo Baptista dos. **Danos Sociais**: caracterização, autonomia e legitimidade do MP para postular a reparação. Disponível em: https://www.migalhas.com.br/coluna/migalhas-de-responsabilidade-civil/374782/danos-sociais-caracterizacao-autonomia-e-legitimidade-do-mp. Acesso em: 02 fev. 2023.

32. ANDRADE, Renato Campos; MUNIZ, Marcela. Danos Sociais – A Revitalização do Código Civil quanto à Responsabilidade Civil. **Revista Direitos Democráticos & Estado Moderno**. Faculdade de Direito da PUC-SP, n. 02. p. 163-180, jan./jun. 2021. Disponível em: https://revistas.pucsp.br/index.php/DDEM. Acesso em: 02 fev. 2023.

Difusos e a condenação da empresa gestora do complexo hospitalar, subsidiariamente, na obrigação de pagar a quantia indenizatória fixada.

O valor da condenação amolda-se ao pedido do Ministério Público, diferindo no alcance das responsabilidades, sendo solidária a das empresas que efetivamente contrataram o profissional falso e, subsidiária da empresa gestora.

Os reflexos desta contratação tiveram alcance na imprensa e colocaram em destaque negativo a gestão de conhecida empresa que administra diversos hospitais, centros de assistência e unidades afins no Estado de São Paulo.

Sob estes aspectos, pondera-se que em uma simples análise conjunta dos documentos apresentados pelo suposto profissional à empresa requerida, foi possível constatar incoerências notórias. Dentre elas, uma carteira de habilitação paraguaia em nome discrepante àquele utilizado pelo profissional impostor e a simples busca do nome do falso médico no sítio eletrônico do Conselho de Medicina como ativo ou inativo.

Logo, a falta do dever de cuidado no que diz respeito a uma apuração indevida dos documentos que foram fornecidos pelo falso profissional pelas empresas médicas requeridas, não é efetivamente seguro para atestar a aptidão do médico a ser contratado pela empresa.

Nota-se, ainda, por meio do relato de testemunha médica que afirmou ter trabalhado com o falso profissional, que a atuação negligente deste teria resultado em diversos óbitos e a clara caracterização do rebaixamento da qualidade de vida e a ofensa ao patrimônio moral da sociedade.

Outro ponto de destaque reside na defesa da empresa ré de que o falso médico constava como ativo nos cadastros do Conselho Federal de Medicina. Isso porque, o verdadeiro médico estava ativo e por isso no momento da constatação do sistema, verificou-se que o profissional estava regularmente inscrito. Sublinhe-se que, o farsante fez uso de inscrição em nome de outrem, médico ativo no Conselho Regional de Medicina de São Paulo – CREMESP.

Para o julgador, este mero procedimento de verificação do cadastro junto ao sítio eletrônico do respectivo Conselho não é meio efetivamente seguro para testar aptidão do médico para ser contratado pela empresa.

Portanto, pelos fatos ventilados, pode-se afirmar que a conduta negligente das empresas médicas requeridas é socialmente condenável, uma vez que prejudicou diretamente a qualidade de vida da população, além de abalar o patrimônio moral da sociedade local que se privou do direito à saúde, ao ser submetida à assistência médica prestada por pessoa não habilitada em época de pandemia.

É válido ressaltar que durante o período pandêmico, a sociedade clamava por atendimento célere, eficaz e com a presunção de que os médicos na *linha de frente* detinham a aptidão necessária para os cuidados no combate à doença. Apesar de o tratamento da doença não ser inicialmente de conhecimento de todos, o fato de os profissionais estarem habilitados ao exercício da Medicina chancelou o atendimento vital almejado pela população.

Assim, pondera-se que o valor arbitrado na decisão judicial atende aos princípios da razoabilidade e proporcionalidade, além de compensar a sociedade, ainda que minimamente. O valor corresponde aos danos sociais suportados pelo atendimento médico de profissional não habilitado e que dificultou inclusive as relações interpessoais entre os colegas de trabalho, seja com condutas omissas ou deficitárias, conforme relatos das testemunhas ouvidas durante a instrução do caso.

No mais, o caso enfrenta os reflexos que o não cumprimento dos processos de *compliance* e a atenta análise da veracidade (*due diligence*) dos documentos imprescindíveis na contratação de um profissional de saúde podem ensejar danos imensuráveis à saúde da sociedade como um todo, seja a curto ou em longo prazo, principalmente na seara cível.

Dessa forma, restou provada a necessidade de as empresas médicas se adequarem a um programa de *compliance* efetivo, com respeito aos pilares do referido planejamento para que os riscos do negócio sejam mínimos frente às adversidades apresentadas.

6. NOTAS CONCLUSIVAS

Conforme delineado ao longo deste artigo, o caso lida com aspectos importantes da responsabilidade civil dentro do contexto *empresas médicas, saúde e administração hospitalar*, situações até então não enfrentadas judicialmente, principalmente na esfera cível.

Nesse diapasão, denota-se os atuais pilares de um programa de *compliance* e a *due diligence* de terceiros como mecanismos eficazes para evitar desfechos trágicos para a sociedade, como o elencado na presente discussão, em que houve a contratação de falso médico, sem o mínimo de cautela por parte da instituição hospitalar, ao não proceder à conferência de documentos basilares para o exercício profissional.

Como esclarecido, todos os terceiros devem passar pelo processo de *due diligence* antes de iniciar a prestação de serviços, incluindo os médicos e demais profissionais de saúde. Se esta tomada de decisão tivesse sido adotada pelas empresas requeridas no processo em questão, certamente a população não teria sofrido os danos sociais que agora é merecedora da compensação.

Tanto que, a ausência dessa verificação prévia colocou a organização em potencial risco de prejuízo direto a seus pacientes, assim como em potencial risco reputacional. Neste viés, pode-se afirmar que avaliar minimamente os critérios para a contratação de terceiros é fundamental para garantir a segurança da prestação de serviços pelas organizações de saúde.

Igualmente, não restam dúvidas de que a organização de saúde é responsável por qualquer ato de terceiro que atue em seu nome, incluindo administradores e empregados. No mais, ressalta-se que a decisão judicial demonstrou claramente os elementos que levaram à condenação das empresas médicas ao pagamento de danos sociais ao Fundo Estadual de Direitos Difusos.

Assim, analisou-se a primeira decisão judicial brasileira, da 3ª Vara Cível da Comarca de Praia Grande (SP), que discute a temática e, na data de fechamento deste artigo, o caso ainda aguarda julgamento pelo Tribunal de Justiça de São Paulo.

REFERÊNCIAS

ANAHP –Associação Nacional dos Hospitais Privados. **Código de Conduta Empresarial/ Compliance para Hospitais Privados**. Disponível em: https://www.anahp.com.br/wp-content/uploads/2022/12/Codigo-de-Conduta-para-os-Hospitais-Associados_web.pdf. Acesso em: 21 abr. 2024.

ANDRADE, Renato Campos; MUNIZ, Marcela. Danos sociais – a revitalização do Código Civil quanto à responsabilidade civil. **Revista Direitos Democráticos & Estado Moderno**, São Paulo, n. 2. p. 163-180, jan./jul. 2021.

ASSOCIAÇÃO BRASILEIRA DE MEDICINA DIAGNÓSTICA. **Cartilha de *Compliance*** – Guia de boas práticas para o setor da medicina diagnóstica. ABRAMED, 2019, Disponível em: https://abramed.org.br/publicacoes/painel-abramed/cartilha-de-compliance-2/. Acesso em: 26 mar. 2024.

AZEVEDO, Antônio Junqueira de. Por uma nova categoria de dano na responsabilidade civil: o dano social. **Revista Trimestral de Direito Civil**, Rio de Janeiro, ano 5, n. 19, p. 211-218, jul./set. 2024.

BARBOSA, Ana Beatriz Nóbrega; MASCARENHAS, Igor de Lucena. Responsabilidade hospitalar por erro médico: a necessidade da comprovação da culpa em razão da aplicação da Teoria da Responsabilidade Objetiva Mitigada. In: ROSENVALD, Nelson; MENEZES, Joyceane Bezerra, DADALTO, Luciana (Coord.). **Responsabilidade civil e medicina**. 2. ed. Indaiatuba: Foco, 2020.

BRASIL. MINISTÉRIO DA TRANSPARÊNCIA E CONTROLADORIA-GERAL DA UNIÃO. **Manual para implementação de programa de Integridade** – orientações para o setor público. Ministério da Transparência e Controladoria-Geral da União, 2017. Disponível em: https://www.gov.br/cgu/pt-br/centrais-de-conteudo/publicacoes/integridade/arquivos/manual_profip.pdf. Acesso em: 26 mar. 2024.

BRASIL. CONTROLADORIA-GERAL DA UNIÃO. **Programa de integridade** – diretrizes para empresas privadas. Controladoria-Geral da União, 2015. Disponível em: https://www.gov.br/cgu/pt-br/centrais--de-conteudo/publicacoes/integridade/arquivos/programa-de-integridade-diretrizes-para-empresas--privadas.pdf. Acesso em: 26 mar. 2024.

CARVALHOSA, Modesto. **Considerações sobre a lei anticorrupção das pessoas jurídicas**. São Paulo: Ed. RT, 2015.

CORTEZ, Camila Kitazawa. A responsabilidade civil, penal e ética do médico no Brasil. In: CARVALHO, Patrícia Carneiro de Andrade (Org.). **Direito médico** – temas atuais. Curitiba: Ed. Juruá, 2019.

CORTEZ, Camila Kitazawa. *Due diligence* de terceiros no setor da saúde. In: ALCÂNTARA, Eunice (Coord.). ***Healthcare Compliance***. Coletânea de Artigos do Programa de Certificação CBEXs. São Paulo: Câmara Brasileira de Livros, 2019.

ESTADOS UNIDOS. United States Sentencing Commission, Guidelines Manual, §3E1.1 (nov. 2021). Disponível em: https://www.ussc.gov/guidelines/2021-guidelines-manual-annotated. Acesso em 21 jan. 2023.

FARIA, Aléxia Alvim Machado. *Compliance* como método de controle da corrupção em hospitais públicos brasileiros: uma estratégia viável? **Revista da CGU**, v. 10, n. 17, p. 908-929, 2018.

FELIPE, Márcio Gonçalves. **A aplicação do *compliance* em hospitais privados para prevenção de erro médico e mitigação de danos**. Nova Iorque: Lawinter Editions, 2022.

FRANÇA. Genival Veloso de. **Direito médico.** 12. ed. rev., atual. e ampl. Rio de Janeiro: Forense, 2014.

GORGA. Maria Luiza. **Direito médico preventivo.** *Compliance* **penal na área da saúde.** Belo Horizonte: D´Placido, 2017.

INTERFARMA – Associação da Indústria Farmacêutica de Pesquisa. **Código de Conduta.** Revisão 2021. Disponível em: https://www.interfarma.org.br/wp-content/uploads/2022/06/Codigo-de-conduta_Interfarma_2021_Portugues-2.pdf. Acesso em: 26 dez. 2022.

IQG – *Health Services Accreditation.* **Manual de Padrões** – Gestão para Integridade de Serviços de Saúde, 2019.

KFOURI NETO, Miguel. **Responsabilidade civil dos hospitais.** 5. ed. São Paulo: Thomson Reuters Brasil, 2022.

KIETZMANN, Felipe. *Compliance Healthcare.* In: CARVALHO, André Castro et al. (Coord.). **Manual de compliance.** São Paulo: Forense, 2019.

MÂNICA, Fernando Borges. *Compliance no setor de saúde*: NOHARA, Irene Patrícia; PEREIRA, Flávio de Leão Bastos (Coord.). **Governança,** *compliance* **e cidadania.** São Paulo: Ed. RT, 2018.

MENDES, Nelson Figueiredo. **Responsabilidade ética civil e penal do médico.** São Paulo: Sarvier, 2006.

MUNHOS, Jorge; QUEIROZ, Ronaldo Pinheiro de (Org.). **Lei Anticorrupção e temas de** *compliance.* Salvador: JusPodivm, 2016.

NOGUEIRA, Leonardo Ramos. *Compliance* com foco no paciente – reflexões acerca dos deveres éticos e legais dos médicos e das consequências e aplicações práticas para os hospitais. In: KIETZMANN, Felipe (Coord.). *Healthcare Compliance.* Coletânea de Artigos do Programa de Certificação CBEXs. São Paulo: Câmara Brasileira de Livros, 2020.

PEREIRA, Gustavo Fernandes. **Estrutura de** *Compliance* **em Hospitais Privados no Brasil.** 2019. Dissertação (Mestrado em Gestão para a Competitividade). Fundação Getúlio Vargas. Disponível em: http://bibliotecadigital.fgv.br/dspace/handle/10438/27638. Acesso em: 26 dez. 2022.

PESTANA. Marcio. **Lei Anticorrupção. Exame sistematizado da Lei n. 12.846/2013.** Barueri: Manole, 2016.

SAAVEDRA, Giovani Agostini; GARCIA, Lara Rocha. *Compliance* em hospitais. In: CARLINI, Angélica e SAAVEDRA, Giovani Agostini (Coord.). *Compliance* **na área da saúde.** Indaiatuba: Foco, 2020.

SANTOS, Romualdo Baptista dos. Danos sociais: caracterização, autonomia e legitimidade do MP para postular a reparação. **Migalhas de Responsabilidade Civil**, 6 out. 2022. Disponível em: https://www.migalhas.com.br/coluna/migalhas-de-responsabilidade-civil/374782/danos-sociais-caracterizacao--autonomia-e-legitimidade-do-mp. Acesso em: 2 mar. 2024.

A COMPENSAÇÃO FINANCEIRA DEVIDA AOS PROFISSIONAIS E TRABALHADORES DA SAÚDE QUE ATUARAM NA PANDEMIA DA COVID-19 – LEI 14.128/2021

Romualdo Baptista dos Santos[1]

> **Decisão paradigma:** BRASIL. Tribunal Regional Federal da 3ª Região (TRF3), **Apelação Cível nº 5000089-41.2022.4.03.6112**, 2ª Turma, rel. Des. Wilson Zauhy, j. 03 ago. 2023.

Sumário: 1. Descrição do caso – 2. Introdução – 3. Os contornos da compensação financeira instituída pela Lei 14.128/2021; 3.1 Os beneficiários; 3.2 As parcelas; 3.3 Os requisitos para obtenção; 3.4 A natureza jurídica – 4. Análise do acórdão do Tribunal Regional Federal da 3ª região: possibilidade de obtenção da compensação financeira pela via judicial – 5. Conclusões – Referências.

1. DESCRIÇÃO DO CASO

O propósito deste estudo é investigar os contornos da compensação financeira instituída em favor dos profissionais e trabalhadores da saúde por meio da Lei 14.128, de 26 de março de 2021, tendo como base o acórdão da 1ª Turma do Tribunal Regional Federal da 3ª Região que, confirmando integralmente a sentença de Primeiro Grau, determinou o pagamento da compensação financeira prevista na lei. Trata-se de uma decisão judicial paradigmática por ser uma das primeiras a acolher um pedido de pagamento da compensação financeira devida aos trabalhadores e profissionais da saúde, diante da ausência de regulamentação da referida lei pelo Governo Federal.

No caso, os autores relatam que são esposo e filha de uma médica que foi contaminada pelo novo coronavírus, vindo a falecer no dia 27.01.2021. De acordo com a petição inicial, a falecida desempenhava suas funções em um hospital na cidade de Apiaí/SP, tendo atuado na linha de frente do combate à Covid-19, quando contraiu o vírus e veio a óbito. Em sua contestação, a União alegou que não seria responsável pelo pagamento da indenização, que não havia comprovação de que a falecida atuara no enfrentamento

---

1. Pós-doutorado em Direitos Humanos, Sociais e Difusos pela Universidade de Salamanca – USAL. Doutor e Mestre em Direito Civil pela Universidade de São Paulo – USP. Especialista em Direito Contratual e Direito de Danos (Contratos y Daños) pela Universidade de Salamanca – USAL. Professor convidado em cursos de graduação e pós-graduação. Membro do Instituto Brasileiro de Direito Civil – IBDCivil. Segundo vice-presidente do Instituto Brasileiro de Estudos da Responsabilidade Civil – IBERC. Foi membro do Grupo de Pesquisas "Direito da Saúde e Empresas Médicas" (UNICURITIBA), liderado pelo prof. Miguel Kfouri Neto. Membro fundador do Instituto Miguel Kfouri Neto (IMKN) – Direito Médico e da Saúde. Autor e coautor de várias obras e artigos jurídicos. Ex-Procurador do Estado de São Paulo. Advogado.

à Covid-19 e que não há previsão de fonte de custeio para o pagamento da compensação financeira.

Ao sentenciar o feito, o juiz da causa destacou que o art. 1º da Lei 14.128/2021 estabelece o dever da União de pagar uma compensação financeira aos trabalhadores e profissionais da saúde que, tendo atuado no enfrentamento à pandemia da Covid-19, contraíram a doença e se tornaram incapacitados permanentemente para o trabalho, bem como aos seus dependentes e herdeiros necessários, em caso de óbito. Além disso, restou comprovado nos autos que a falecida exerceu a função de médica durante a pandemia, prestando atendimento no setor de pediatria e neonatologia, tanto a pacientes do SUS como aos conveniados, não se podendo restringir a aplicação da lei somente aos profissionais que tenham trabalhado em UTI ou em ambulatório de infectologia. Os autores comprovaram por documentos, tanto o óbito da profissional de saúde como sua condição de beneficiários da compensação financeira, por serem esposo e filho da falecida.[2]

Consta também da sentença que o Supremo Tribunal Federal julgou improcedente a ADI 6970, na qual o Governo Federal postulava a declaração de inconstitucionalidade da Lei 14.128/2021, bem como que a falta de regulamentação dessa lei por parte da União não pode impedir o direito dos autores, não se podendo protelar indefinidamente o pagamento da indenização sob o singelo argumento da falta de regulamentação.

Atendendo às disposições do art. 3º da Lei 14.128/2021, o juiz condenou a União Federal a pagar a compensação financeira, no importe de RS 50.000,00 (cinquenta mil Reais) para ambos os autores, mediante rateio, mais RS 30.000,00 (trinta mil Reais) para a autora Lidia Kasae Miguel, filha da falecida que contava 18 (dezoito) anos de idade na data do falecimento.

Em seu recurso de apelação, a União Federal reiterou os argumentos expendidos na contestação, no sentido de que a Lei 14.128/2021 ainda pendia de regulamentação e que a própria lei prevê que os pedidos de compensação financeira devem ser formulados pela via administrativa. No mérito, argumentou a ausência de prova do nexo de causalidade entre a contaminação o trabalho exercido pela médica, bem como a falta de previsão orçamentária para realizar o pagamento pretendido.

Ao apreciar o recurso de apelação, a 1ª Turma do Tribunal Regional Federal acolheu integralmente a fundamentação exarada na sentença, lembrando que a Lei 14.128/2021 foi declara constitucional pelo Supremo Tribunal Federal, quando do julgamento da ADI 6970/DF. Ademais, diante do disposto no art. 5º, XXXV, da Constituição Federal, a ausência de prévio requerimento administrativo não impede a formulação do pleito na esfera judicial. O Tribunal consignou também que exigência de avaliação por perito médico, de que cuida o art. 2º, § 3º, da Lei aplica-se exclusivamente aos pedidos ad-

---

2. **BRASIL.** Tribunal Regional Federal da 3ª Região (TRF-3), **Ação Indenizatória 5000089-41.2022.4.03.6112,** Justiça Federal de Primeiro Grau, 3ª Vara Cível de Presidente Prudente, Julgador: Juiz Federal Flademir Jeronimo Belinati Martins, j. 23 ago. 2022, DJ 25 ago. 2022.

ministrativos e não aos processos judiciais. No que respeita ao nexo de causalidade, o Tribunal consignou, referendando a sentença recorrida, que a comprovação nos autos de que a falecida trabalhava em ambiente hospitalar ao tempo em que contraiu a Covid-19 é suficiente para justificar o pagamento da compensação financeira. No que respeita à alegação de falta de previsão orçamentária, os julgadores relembraram que, nos termos da citada ADI 6970/DF, a compensação financeira foi inserida no regime fiscal excepcional disposto nas Emendas Constitucionais 106/2020 e 109/2021, no contexto de enfrentamento das consequências sociais e econômicas da crise sanitária da Covid-19.[3]

Consta do andamento processual que a União Federal apresentou embargos de declaração com efeitos infringentes, os quais foram rejeitados pelo Tribunal. Na sequência, houve interposição de recurso especial ao Superior Tribunal de Justiça, em que a União alega negativa de vigência aos próprios dispositivos da Lei 14.128/2021, relacionados com as pretensas necessidades de regulamentação da lei e de prévio esgotamento da via administrativa. O recurso especial foi admitido pelo Tribunal Regional Federal, com determinação de remessa à Corte Superior e, até a data do fechamento desta obra, continua pendente de julgamento.[4]

2. INTRODUÇÃO

A pandemia da Covid-19 teve início entre outubro e novembro de 2019 e reconhecida como estado de "Emergência de Saúde Pública de Importância Internacional – ESPII", pela Organização Mundial de Saúde – OMS, no dia 30/01/2020.[5] Dados oficiais indicam 759,4 milhões de casos e a morte de 6,866 milhões de pessoas ao redor do mundo,[6] mas a própria OMS reconhece a inconsistência dessas informações e estima que a quantidade real de mortos pode estar próxima dos 15 milhões.[7] No Brasil, houve 37 milhões de casos de Covid-19 e a quantidade de mortos acaba de ultrapassar a marca dos 700 mil.[8]

Uma das consequências mais visíveis deste extraordinário número de casos e de óbitos foi o estrangulamento dos serviços de saúde e também dos serviços funerários,

---

3. **BRASIL.** Tribunal Regional Federal da 3ª Região (TRF-3), **Apelação Cível 5000089-41.2022.4.03.6112,** 2ª Turma, rel. Desemb. Federal WILSON ZAUHY, j. 03 ago. 2023, DJ 08 ago. 2023.

4. Registra-se, por oportuno, a existência de um Recurso Especial interposto pela União Federal contra acórdão do Tribunal Regional Federal da 5ª Região, que determinara o pagamento da compensação financeira aos herdeiros de uma médica falecida em razão da Covid-19, contraída em função de seu trabalho, o qual não foi conhecido pelo Superior Tribunal de Justiça, por decisão monocrática do Ministro relator prolatada em maio de 2024 (**BRASIL.** Superior Tribunal de Justiça (STJ), **Recurso Especial 2126201/SE,** rel. Min. Gurgel Faria, j. 09 mai. 2024, DJE 14 maio 2024).

5. Disponível em: https://www.paho.org/pt/covid19/historico-da-pandemia-covid-19#:~:text=25%20 de%20abril%20de%202009,2014%3A%20dissemina%C3%A7%C3%A3o%20internacional%20de%20 poliov%C3%ADrus. Acesso em: 13 mar. 2024.

6. Disponível em: https://news.google.com/covid19/map?hl=pt-BR&mid=%2Fm%2F02j71&gl=BR&ceid=BR %3Apt-419. Acesso em: 13 mar. 2024.

7. Disponível em: https://www.paho.org/pt/noticias/5-5-2022-excesso-mortalidade-associado-pandemia-covid-19-foi-149-milhoes-em-2020-e-2021; https://www.bbc.com/portuguese/internacional-61332581. Acesso em: 13 mar. 2024.

8. Disponível em: https://infoms.saude.gov.br/extensions/covid-19_html/covid-19_html.html. Acesso em: 31 mar. 2024.

que não se encontravam preparados para receber tamanha quantidade de pacientes nem para lidar com tantos óbitos. Por isso, foram montados "hospitais de campanha" em muitas cidades, às pressas, a fim de atender a demanda desesperadora naquele momento inicial da pandemia e também para evitar o contágio no ambiente dos demais hospitais.

Um problema que não passou despercebido foi o enorme sacrifício exigido dos profissionais de saúde – médicos, enfermeiros, auxiliares de enfermagem e pessoal de apoio – que tiveram que permanecer em seus postos, bem como estender os turnos de trabalho e sacrificar a convivência com os seus familiares, em prol do atendimento às milhares de pessoas que acorreram aos hospitais em decorrência da Covid-19.

Além do sacrifício pessoal, esses profissionais ficaram absolutamente expostos ao risco de contrair o vírus da Covid-19 e, por conseguinte, ao risco de vida, porque no início da pandemia ainda não havia vacinas e as que chegavam se encontravam em fase experimental. Em março de 2021, estima-se que 480 mil profissionais haviam contraído o vírus[9] e, ao final desse ano, contava-se aproximadamente 4.500 mortes de profissionais de saúde no Brasil.[10] Diante desse cenário, o Congresso Nacional aprovou a Lei 14.128, de 26 de março de 2021, que trata da compensação financeira devida aos profissionais e trabalhadores da saúde que atuaram no enfrentamento da pandemia.

Essa lei é o resultado de uma verdadeira queda de braço envolvendo os três Poderes da República. O Projeto, de autoria de deputados de oposição ao Governo, foi aprovado pelo Poder Legislativo, mas sofreu veto presidencial, que foi derrubado pelo Congresso e a lei foi promulgada. No entanto, para ter eficácia, a lei depende de regulamentação por decreto presidencial, o que não aconteceu até o presente momento. Entrementes, o então Presidente da República propôs uma ação direta de inconstitucionalidade perante o Supremo Tribunal Federal (ADI 6970, rel. Min. Carmen Lúcia), a qual foi julgada improcedente, em agosto/2022.[11] Desse modo, a Lei 14.128/2021 encontra-se em vigor, mas a sua eficácia ainda depende de regulamentação.

3. OS CONTORNOS DA COMPENSAÇÃO FINANCEIRA INSTITUÍDA PELA LEI 14.128/2021

A Lei 14.128/2021 diz que é devida compensação financeira a ser paga pela União, com recursos do Tesouro Nacional, aos profissionais e trabalhadores de saúde que, durante o período de emergência de saúde pública de importância nacional decorrente da disseminação do novo coronavírus (SARS-CoV-2), por terem trabalhado no atendimento direto a pacientes acometidos pela Covid-19 ou por terem realizado visitas

---

9. Disponível em: http://www.cofen.gov.br/brasil-perde-ao-menos-um-profissional-de-saude-a-cada-19-horas-para-a-covid_85778.html. Acesso em: 13 mar. 2024.

10. Disponível em: http://rj.corens.portalcofen.gov.br/mais-de-4-500-profissionais-de-saude-morreram-por-covid-19-no-brasil_29112.html#:~:text=Entre%20mar%C3%A7o%20de%202020%20e,vidas%20na%20pandemia%20eram%20mulheres. Acesso em: 13 mar. 2024.

11. **BRASIL**, Supremo Tribunal Federal (STF), **ADI 6970/DF**, rel. Min. CARMEN LÚCIA, Plenário, j. 15 ago. 2022, DJE 29 ago. 2022.

domiciliares em determinado período, no caso de agentes comunitários de saúde ou de combate a endemias, tornarem-se permanentemente incapacitados para o trabalho, ou ao seu cônjuge ou companheiro, aos seus dependentes e aos seus herdeiros necessários, em caso de óbito.

3.1 Os beneficiários

Nos termos do art. 1º, parágrafo único, I, c/c art. 2º, I e II, da Lei 14.128/2021, são beneficiários da compensação financeira os trabalhadores e profissionais da saúde que atuaram diretamente no atendimento a pacientes acometidos pela Covid-19, em caso de morte ou invalidez permanente. São eles:

a) os profissionais de nível superior reconhecidos pelo Conselho Nacional de Saúde – CNS, a saber: assistentes sociais, biólogos, biomédicos, profissionais de educação física, enfermeiros, farmacêuticos, fisioterapeutas; fonoaudiólogos, médicos, médicos veterinários, nutricionistas, odontólogos, psicólogos e terapeutas ocupacionais, inclusive os que trabalham em laboratórios de análises clínicas;[12]

b) os profissionais de nível técnico ou auxiliar vinculados à área da saúde, inclusive os que trabalham em laboratórios de análises clínicas;

c) os agentes de saúde e agentes de endemias que tenham realizado visitas comunitárias no período pandêmico;

d) os profissionais que desempenham funções auxiliares em serviços administrativos, de copa, de lavanderia, de limpeza, de segurança e de condução de ambulâncias, entre outros, além dos trabalhadores dos necrotérios e dos coveiros;

e) os profissionais de nível superior, médio e fundamental reconhecidos pelo Conselho Nacional de Assistência Social – CNAS, a saber: assistente social, psicólogo, advogado, administrador, antropólogo, contador, economista, economista doméstico, pedagogo, sociólogo e terapeuta ocupacional.[13]

De acordo com o art. 2º, III, no caso de falecimento do trabalhador ou profissional da saúde, a compensação financeira é devida aos seus herdeiros necessários e aos seus dependentes especificados no art. 16 da Lei 8.213, de 24 de julho de 1991, a Lei da Previdência Social:

a) o cônjuge, a companheira, o companheiro e o filho não emancipado, de qualquer condição, menor de 21 (vinte e um) anos ou inválido ou que tenha deficiência intelectual ou mental ou deficiência grave;

b) os pais;

c) o irmão não emancipado, de qualquer condição, menor de 21 (vinte e um) anos ou inválido ou que tenha deficiência intelectual ou mental ou deficiência grave.

Um aspecto relevante em relação aos herdeiros e dependentes do falecido é que a legislação não observa a ordem de vocação hereditária prevista no art. 1.829 do Código Civil nem o direito de meação do cônjuge e do companheiro ou companheira, dispondo

---

12. **Resolução CNS 218**, de 6 de março de 1997, disponível em: https://bvsms.saude.gov.br/bvs/saudelegis/cns/1997/res0218_06_03_1997.html. Acesso em: 13 mar. 2024.

13. **Resolução CNAS 17**, de 20 de junho de 2011. Disponível em: http://blog.mds.gov.br/redesuas/resolucao-no-17-de-20-de-junho-de-2011/. Acesso em: 13 mar. 2024.

que a prestação fixa da compensação financeira será distribuída em cotas iguais entre esses beneficiários (art. 3º, I). Além disso, a lei dispõe que a compensação financeira será destinada aos dependentes e aos herdeiros necessários, em cotas iguais, olvidando que há coincidência entre dependentes e herdeiros necessários. Sob este aspecto, o texto legal pode levar a crer que o cônjuge e o companheiro ou companheira, que também são herdeiros necessários,[14] teriam direito a duas cotas da compensação financeira. Isto, porém, não corresponde à finalidade da lei, cujo art. 3º, I, é expresso ao determinar o rateio igualitário da parcela fixa entre os todos beneficiários.

3.2   As parcelas

O art. 3º da Lei 14.128/2021 estabelece dois tipos de compensação financeira aos profissionais e trabalhadores da saúde, conforme se trate de incapacidade permanente ou de falecimento: uma modalidade é paga diretamente ao trabalhador ou profissional de saúde, em caso de incapacidade permanente para o trabalho; outra é paga ao seu cônjuge ou companheiro e aos seus herdeiros e dependentes, em caso de óbito.

Em caso de incapacidade do próprio trabalhador ou profissional da saúde, a lei estipula o pagamento de uma compensação no valor de R$ 50.000,00 (cinquenta mil Reais) (art. 3º, I, primeira parte). No caso de falecimento do trabalhador ou profissional da saúde, essa prestação de R$ 50.000,00 (cinquenta mil Reais) é devida ao cônjuge ou companheiro, aos dependentes e aos herdeiros necessários, mediante rateio (art. 3º, I, segunda parte). Também no caso de falecimento, além da prestação de R$ 50.000,00 (cinquenta mil Reais), rateada entre o cônjuge ou companheiro e os herdeiros e dependentes do falecido, cada um dos dependentes menores de 21 (vinte e um) anos fará jus a uma prestação de valor variável, calculada da seguinte forma: R$ 10.000,00 (dez mil Reais) por anos inteiros ou incompletos, contados desde a data do óbito até a data que cada um dos dependentes completar 21 (vinte e um) anos de idade ou 24 (vinte e quatro) anos de idade se estiverem frequentando curso superior (art. 3º, II). Caso algum dos dependentes do falecido seja pessoa com deficiência, a prestação variável será de R$ 10.000,00 (dez mil Reais) ao ano, independentemente da idade do beneficiário, devendo essa quantia ser multiplicada pelo mínimo de cinco anos. Em todo caso de morte do trabalhador ou profissional, é devido o reembolso das despesas realizadas com o funeral.

O quadro a seguir demonstra, de forma sintética, as prestações devidas aos beneficiários, conforme se trate de incapacidade permanente para o trabalho ou morte do profissional ou trabalhador da saúde:

---

14. A igualdade sucessória entre cônjuges e companheiros foi reconhecida por decisão do Supremo Tribunal Federal, no julgamento do Recurso Extraordinário 646721, de repercussão geral reconhecida, Tema 498, com a seguinte tese aprovada: "No sistema constitucional vigente é inconstitucional a diferenciação de regime sucessório entre cônjuges e companheiros devendo ser aplicado em ambos os casos o regime estabelecido no artigo 1829 do Código Civil" (**BRASIL**, Supremo Tribunal Federal (STF), **Recurso Extraordinário 646.721/RS,** rel. Min. Marco Aurélio Mello, Rel. para o acórdão Min. Luís Roberto Barroso, Plenário, j. 10 maio 2017, DJe 11 set. 2017).

Tipo de evento	Valor da compensação financeira
Incapacidade permanente	R$ 50.000,00 (art. 3º, I, primeira parte)
Morte do profissional	R$ 50.000,00 rateados entre o cônjuge ou companheiro, os herdeiros e os dependentes do falecido (art. 3º, I, segunda parte). R$ 10.000,00 por ano, aos dependentes menores de 21 ou 24 anos (art. 3º, II). R$ 10.000,00 por ano, aos dependentes que sejam pessoas com deficiência, de qualquer idade, com o mínimo de cinco anos (art. 3º, II). Despesas de funeral (art. 3º, § 4º).

De acordo com o art. 3º, § 3º, da Lei, a compensação financeira é consolidada em prestação única, composta pela soma das parcelas devidas de acordo com cada situação concreta, conforme demonstrado no quadro acima. Uma vez deferido o requerimento, a prestação será paga em três parcelas mensais e sucessivas de igual valor. Supondo, por exemplo, a hipótese de falecimento do profissional da saúde, a compensação financeira devida aos seus familiares será a soma da parcela fixa de R$ 50 mil, mais a parcela variável consoante a idade ou a condição de pessoa com deficiência de cada beneficiário e as despesas de funeral.

Havendo vários dependentes e herdeiros do trabalhador ou profissional da saúde falecido, os valores das prestações devidas a cada um dos beneficiários serão distintos porque a parcela variável é calculada com base na data em que cada beneficiário completará 21 (vinte e um) anos de idade ou 24 (vinte e quatro) anos, se estiver cursando a faculdade, com um mínimo de 5 (cinco) anos se tratar-se de pessoa com deficiência. Supondo que o profissional ou trabalhador da saúde, falecido, tenha deixado a esposa e três filhos com 15 (quinze), 17 (dezessete) e 22 (vinte e dois) anos de idade, sendo este último pessoa com deficiência, haverá rateio da parcela fixa de R$ 50 mil entre os quatro beneficiários. Além disso, o filho menor de 15 (quinze) anos receberá R$ 60 mil, o de 17 (dezessete) anos receberá R$ 40 mil e o de 22 (vinte e dois) anos receberá R$ 50 mil, por conta da parcela variável, considerando que nenhum desses filhos esteja cursando a faculdade.

Os valores devidos a cada um dos beneficiários serão consolidados em uma só prestação, cujo pagamento será efetuado em três parcelas mensais e sucessivas, conforme o quadro a seguir:

Classe de beneficiário	Tipo de compensação financeira	Valor das parcelas	Total individual da compensação financeira
Cônjuge ou companheiro	Rateio da parcela fixa	R$ 12.500,00	R$ 12.500,00
Filho com 15 anos de idade	Rateio da parcela fixa Parcela variável (6 anos)	R$ 12.500,00 R$ 60.000,00	R$ 72.500,00
Filho com 17 anos	Rateio da parcela fixa Parcela variável (4 anos)	R$ 12.500,00 R$ 40.000,00	R$ 52.500,00
Filho com 22 anos com deficiência	Rateio da parcela fixa Parcela variável (5 anos)	R$ 12.500,00 R$ 50.000,00	R$ 62.500,00

Dúvida pode surgir a respeito do valor da prestação devida aos herdeiros e dependentes menores de idade, pois a lei estabelece valores diferentes para aqueles que estiverem cursando a faculdade (art. 3º, *caput,* II). No caso do profissional falecido ter deixado filhos menores, calcula-se o valor da prestação variável multiplicando-se a quantia de R$ 10.000,00 (dez mil Reais) pelo número de anos entre a data do óbito e a data em que o filho completará 21 (vinte e um) anos de idade ou até a data em que completará 24 (vinte e quatro) anos de idade, caso esteja cursando a faculdade. O problema é que o pagamento deve ser feito desde já, nos três meses subsequentes à data do deferimento do pedido, não se sabendo a essa altura se o beneficiário estará cursando a faculdade no futuro.

Essa questão poderá ser resolvida pelo Regulamento de que trata o art. 5º da Lei, recorrendo-se aos conceitos de termo e de condição (CC, arts. 121 a 137).[15] Há certeza quanto à data em que o filho menor completará 21 (vinte e um) anos de idade, mas não é certo que ele estará cursando a faculdade até completar 24 (vinte e quatro) anos. Uma solução possível a ser disciplinada pelo Regulamento é efetuar o cálculo da prestação até o termo, que é certo, deixando em suspenso a majoração do valor da prestação caso sobrevenha a condição, que é incerta. Assim, o filho do profissional falecido receberá desde logo a prestação com base no cálculo até a data em que completará 21 (vinte e um) anos, podendo requerer posteriormente a complementação, caso venha a cursar a faculdade até a data em que completará 24 (vinte e quatro) anos de idade.

Convém ressaltar que, conforme foi dito no item anterior, o pagamento é feito mediante rateio igualitário sem considerar a ordem da vocação hereditária nem o direito de meação do cônjuge ou companheiro. Ademais, a lei desconsidera que existe coincidência entre alguns dependentes e os herdeiros necessários. Por fim, a redação do dispositivo poderia levar à conclusão de que o cônjuge ou companheiro participaria duplamente do rateio, mas essa certamente não é a finalidade do legislador.

Por último, quanto a este tópico, cabe asseverar que os recursos financeiros para custeio da compensação financeira devida aos trabalhadores e profissionais da saúde provêm diretamente do Tesouro Nacional, nos termos do art. 6º da Lei. Portanto, uma vez criado ou designado pelo Regulamento o órgão competente para a administração e concessão da compensação financeira, será destacada verba do orçamento da União destinada à realização dos pagamentos.

3.3 Os requisitos para obtenção

O primeiro requisito para obtenção da compensação financeira é a condição de trabalhador ou profissional da saúde, entre as categorias especificadas no art. 1º, parágrafo

---

15. Segundo Orlando Gomes, "Condição é a disposição acessória que subordina a eficácia, total ou parcial, do negócio jurídico a acontecimento futuro e incerto", enquanto "Termo é o momento em que começa ou cessa a eficácia de um negócio jurídico" "Distingue-se [o termo] da condição, porque, nesta, o evento deve ser incerto. A futuridade é comum a ambos os elementos acidentais, mas a incerteza, peculiar à condução, como a certeza, ao termo. Na condição, o *se;* no termo, o *quando*" (GOMES, Orlando. **Introdução ao direito civil**. 6. ed. Rio de Janeiro: Forense, 1979, p. 456 e 469). Ver também: DINIZ, Maria Helena. **Curso de direito civil brasileiro**. 30. ed. São Paulo: Saraiva, 2013, v. 1: teoria geral do direito civil, p. 575 e 581.

único, I, da Lei. Entre os profissionais de saúde, encontram-se os médicos, enfermeiros, auxiliares de enfermagem, técnicos de laboratórios, além dos fisioterapeutas, nutricionistas e assistentes sociais que interagem diretamente com os pacientes. O legislador nomeia também os agentes comunitários de saúde e os agentes de endemias, as pessoas que atuam presencialmente nos serviços de apoio, como limpeza e segurança, além das que trabalham no serviço funerário.

O segundo requisito é que esses trabalhadores e profissionais tenham atuado no enfrentamento à pandemia, no período do Estado de Emergência de Saúde Pública de Importância Nacional – Espin-Covid-19, que foi declarado pela Portaria do GM/MS 188, de 3 de fevereiro de 2020 e encerrado pela Portaria do GM/MS 913, de 20 de abril de 2022.

O terceiro requisito é que, tendo trabalhado no enfrentamento à pandemia, o trabalhador ou profissional de saúde tenha contraído a doença no período do Espin--Covid-19, vindo a óbito ou se tornado incapacitado permanentemente para o trabalho.

A lei exige que se trate de incapacidade permanente para o trabalho, mas essa disposição deve ser interpretada em consonância com a Lei Brasileira de Inclusão da Pessoa com Deficiência (Estatuto da Pessoa com Deficiência).[16] Desse modo, o trabalhador ou profissional de saúde tem direito à compensação financeira em caso de incapacidade permanente para o trabalho desempenhado na área da saúde ao tempo da lesão, embora possa desempenhar outras atividades e profissões. Pela mesma razão, a compensação financeira é devida em caso de incapacidade parcial, desde que permanente.

Há duas classes de beneficiários da compensação financeira: os próprios trabalhadores e profissionais da saúde que tenham contraído a doença e se tornado incapacitados permanentemente para o trabalho; os dependentes e herdeiros necessários, em caso de óbito do profissional ou trabalhador da saúde.

A lei presume o nexo de causalidade entre o óbito ou a incapacidade para o trabalho e Covid-19, uma vez comprovado por laudo médico ou exames laboratoriais que o trabalhador ou profissional de saúde contraiu a doença durante o período do Espin-Covid-19, ainda que o óbito ou a incapacidade seja superveniente e mesmo que a vítima seja portadora de comorbidades (art. 2º).

Para os casos de incapacidade permanente para o trabalho, a lei exige a realização de perícia realizada por servidores integrantes da carreira de Perito Médico Federal (art. 2º, § 3º). Como a lei ainda depende de regulamentação, é possível – e até mesmo provável – que a perícia venha a ser realizada por peritos do Instituto Nacional de Seguridade Social – INSS, que são integrantes da careira de Perito Médico Federal. De todo modo, o legislador afasta a possibilidade de realização da perícia por médico particular.

---

16. A Lei 13.146, de 6 de julho de 2015 institui a Lei Brasileira de Inclusão da Pessoa com Deficiência, em linha com a Convenção de Nova Iorque sobre os Direitos das Pessoas com Deficiência, aprovada pela Assembleia Geral das Nações Unidas de 13 de dezembro de 2006, que tem por objetivo principal "assegurar e promover, em condições de igualdade, o exercício dos direitos e das liberdades fundamentais por pessoa com deficiência, visando à sua inclusão social e cidadania" (texto do art. 1º da referida lei).

Para os casos de óbito do trabalhador ou profissional da saúde, os beneficiários devem fazer prova da condição de dependentes ou de herdeiros necessários. Caso se trate de pessoa com deficiência, é necessário fazer prova dessa condição para fim de obtenção da compensação financeira. Como a Lei não prevê a necessidade de realização de perícia para esses casos, a condição de pessoa com deficiência pode ser demonstrada por qualquer meio de prova, especialmente por documentos como laudos médicos, receituários e prontuários, dos quais conste o diagnóstico. É importante ressaltar que o Regulamento não poderá exigir a realização de perícia para comprovação de deficiência, pena de ilegalidade, uma vez que essa exigência não está prevista na Lei.

De acordo com o art. 4º da Lei, a compensação financeira será deferida mediante requerimento administrativo do interessado, após análise pelo órgão competente a ser definido pelo Regulamento. Neste ponto, devemos ter em mente a resistência oferecida pelo Poder Executivo à aprovação da Lei da Compensação Financeira aos Profissionais e Trabalhadores da Saúde, conforme relatado no item 1, acima. Após a derrubada do veto presidencial pelo Congresso Nacional e a improcedência da Ação Direta de Inconstitucionalidade pelo Supremo Tribunal Federal (ADI 6970), caberia ao Poder Executivo expedir o decreto regulamentar com a criação ou designação do órgão incumbido de imprimir a plena eficácia da Lei. No entanto, isso não ocorreu até o presente momento.

3.4 A natureza jurídica

Em estudo anterior, a compensação financeira tratada pela Lei 14.128/2021 foi analisada à luz dos pressupostos da responsabilidade civil.[17] Sob esse ângulo de visão, a Lei atribui uma superresponsabilidade ao Estado, com dispensa de comprovação do nexo de causalidade e que abrange todos os profissionais e trabalhadores da saúde, independentemente de qualquer vínculo funcional ou empregatício com o poder público. Trata-se de uma responsabilidade objetiva *pura*, na expressão cunhada por Álvaro Villaça de Azevedo,[18] uma vez que não admite excludente de responsabilidade, tampouco ação regresso.[19]

O art. 5º da Lei 14.128/2021 declara que a compensação financeira devida aos trabalhadores e profissionais da saúde tem natureza indenizatória, mas pelo teor do próprio

---

17. RODRIGUES, Monica Cecílio; SANTOS, Romualdo Baptista dos. **Primeiras impressões sobre a Lei 14.128/21**: indenização aos profissionais de saúde por danos na pandemia da Covid-19. Disponível em: https://www.migalhas.com.br/coluna/migalhas-de-responsabilidade-civil/343042/primeiras-impressoes-sobre-a-lei-14-128-21. Acesso em: 29 mar. 2024.

18. A respeito da distinção entre responsabilidade civil objetiva *pura* e *impura*, consulte-se: AZEVEDO, Álvaro Villaça. **Teoria geral das obrigações e responsabilidade civil**. 12. ed. São Paulo: Atlas, 2011, p. 250-252.

19. Consideram-se excludentes da responsabilidade civil, porque rompem o nexo de causalidade, o fato de terceiro, a culpa exclusiva da vítima e o caso fortuito ou força maior, entre os quais se enquadram os desastres naturais, as guerras e as pandemias (DIAS, José de Aguiar. **Da responsabilidade civil**. 2. ed. Rio de Janeiro: Forense, 1950. v. II, p. 260-309; PEREIRA, Caio Mário da Silva. **Responsabilidade civil**. Rio de Janeiro: Forense, 1989, p. 314-323) No entanto, a Lei da Compensação Financeira aos trabalhadores e profissionais da saúde impõe a responsabilidade ao Estado, presumindo o nexo de causalidade e sem possibilidade de ação regressiva contra terceiro que tenha causado diretamente o dano.

dispositivo se infere que essa declaração tem como finalidade afastar a incidência de tributos e de contribuição previdenciária.

Logo, a compensação financeira tem natureza de reparação civil porque se trata de pagamento de uma quantia em dinheiro como forma de compensar os danos sofridos pelas vítimas. No entanto, essa compensação financeira escapa aos contornos e aos pressupostos da responsabilidade civil previstos no Código Civil e da responsabilidade civil do Estado regida pelo art. 37, § 6º, da Constituição. Com efeito, a Lei 14.128/2021 impõe à União uma superresponsabilidade, consistente no dever de pagar uma quantia previamente delimitada estipulada, a todos os profissionais e trabalhadores da saúde que faleceram ou se tornaram permanentemente incapacitados para o trabalho, independentemente de vínculo com o poder público, sem possibilidade de alegação das excludentes de responsabilidade e sem direito de regresso. Trata-se de uma obrigação *sui generis* que decorre diretamente da vontade do legislador e não de uma cláusula geral de responsabilidade civil por danos.

Convém lembrar a existência outras disposições legislativas que preveem o pagamento de compensação financeira a outras categorias profissionais que exercem funções com elevado grau de exposição ao risco, a exemplo da Lei Estadual 14.984, de 12 de abril de 2013, que obriga o Estado de São Paulo ao pagamento de R$ 200 mil aos agentes de segurança ou aos seus familiares, em casos de morte ou invalidez permanente, autorizada a contratação de seguro para essa finalidade. A propósito, o Tribunal de Justiça do Estado de São Paulo confirmou sentença que julgou procedente pedido de pagamento da compensação financeira prevista na Lei Estadual 14.984/2013, em caso de morte de policial que morreu de Covid-19.[20]

No âmbito federal, há dois projetos de lei, um na Câmara outro no Senado, que estabelecem o pagamento de indenização em favor dos agentes das forças de segurança, em caso de óbito ou de invalidez permanente, devido à atuação no enfrentamento à pandemia.[21]-[22]

Algumas leis mais antigas preveem o pagamento de compensações financeiras a determinadas classes de pessoas, como é o caso da pensão especial devida aos ex--combatentes que atuaram na Segunda Guerra Mundial e revertida em favor dos seus dependentes em caso de morte, prevista no art. 53 do ADCT da Constituição de 1988 e na Lei 8.059, de 4 de julho de 1990.[23] Outro exemplo é a concessão de compensação financeira, em prestação única ou sob a forma de pensão mensal, aos anistiados políticos

---

20. **BRASIL**, Tribunal de Justiça do Estado de São Paulo (TJSP), **Apelação Cível 1030371-33.2021.8.26.0053**, São Paulo, 7ª Câm. Dir. Público, Rel. Desemb. Fernão Borba Franco, j. 08 set. 2022, v.u.

21. **PL 2116/2020**, proposto pelo deputado Antônio Nicoletti (PSL/RR). Disponível em: https://www.camara.leg.br/proposicoesWeb/fichadetramitacao?idProposicao=2250424. Acesso em: 30 mar. 2024.

22. **PL 3742/2020**, proposto pelo senador Major Olímpio (PSL/SP). Disponível em: https://www25.senado.leg.br/web/atividade/materias/-/materia/143364. Acesso em: 30 mar. 2024.

23. O art. 178 da Constituição de 1967, regulamentado pela Lei 5.315, de 12 de setembro de 1967, tratou da questão dos ex-combatentes, mas não instituiu nenhum benefício pecuniário. Somente com a Constituição de 1988, no art. 53 do ADCT, foi instituída pensão especial em favor dos ex-combatentes, reversível em favor dos seus dependentes.

de que trata o art. 8º do ADCT da Constituição de 1988, na forma estabelecida pela Lei 10.559, de 13 de novembro de 2002. Em alguns Estados, há leis que concedem indenização especial às pessoas que sofreram perseguição política durante o Regime Militar, como é o caso da Lei 10.726, de 8 de janeiro de 2001, do Estado de São Paulo; e da Lei 5.751, de 4 de novembro de 1998, do Estado do Espírito Santo.

Em todos esses casos, trata-se de compensações financeiras instituídas diretamente pelo legislador, sob a forma de prestação única ou de pensão mensal, em prol de determinadas classes de pessoas que prestaram serviços extraordinários ou que sofreram graves prejuízos relacionados a fatos específicos. Nesses casos, a lei condiciona a concessão do benefício ao preenchimento de certos requisitos que não correspondem aos pressupostos da responsabilidade civil.

A compensação financeira instituída pela Lei 14.128/2021 em favor dos profissionais e trabalhadores da saúde, embora voltada à reparação de um dano, trata-se de obrigação *sui generis,* que não se prende aos pressupostos da responsabilidade civil, mas decorre diretamente da vontade do legislador, que reconhece a ocorrência de um prejuízo, estipula o valor da reparação e atribui a responsabilidade ao Estado.

Tendo em vista a natureza indenizatória da compensação financeira instituída pela Lei 14.128/2021, cumpre indagar se o seu recebimento exaure a pretensão indenizatória dos profissionais e trabalhadores da saúde, assim como de seus herdeiros e dependentes, ou se é possível formular outros pedidos de indenização com base nos pressupostos da responsabilidade civil com vista à reparação integral do dano. Como visto, o legislador estipula os valores das parcelas da compensação financeira que, eventualmente, podem não cobrir toda a extensão do dano.

Antes de tudo, é preciso considerar que a declaração de que a compensação financeira tem natureza indenizatória atende ao propósito de afastar a incidência de tributos e de contribuição previdenciária sobre os valores recebidos pelos beneficiários. Ademais, a compensação financeira tem natureza de reparação civil especial, *sui generis,* que não se prende aos pressupostos da cláusula geral de responsabilidade civil. Tanto isso é fato que os valores são devidos pela União, com recursos oriundos do Tesouro Nacional, a qualquer pessoa que preencha os requisitos estabelecidos na lei, independentemente de qualquer vínculo com o poder público.

Desse modo, o trabalhador ou profissional da saúde que tenha se tornado incapaz em decorrência da Covid-19, assim como seus herdeiros e dependentes em caso de falecimento, ainda que tenha recebido a compensação financeira prevista na Lei 14.128/2021, não está impedido de postular os benefícios previdenciários a que faz jus nem de formular pedido de indenização contra o causador do dano, com base nos pressupostos da responsabilidade civil ou por obrigação estabelecida em contrato de seguro.

A propósito, há um julgado do Tribunal de Justiça do Estado do Paraná que reconhece o direito de receber indenização fixada em um contrato de seguro, em favor de um médico que se tornou incapaz para o trabalho em razão da Covid-19, o que não impede

COMPENSAÇÃO FINANCEIRA DEVIDA AOS PROFISSIONAIS E TRABALHADORES DA SAÚDE **103**

esse profissional de postular a compensação financeira prevista na Lei 14.128/2021.[24] Em outro caso, a 4ª Vara do Trabalho de Canoas (RS) condenou o Hospital Universitário de Canoas, a indenizar a família de uma técnica de enfermagem que contraiu o vírus da Covid-19 e veio a óbito, constatando-se que houve desídia do empregador quanto ao fornecimento de equipamentos de proteção individual – EPI's adequados e suficientes.[25] Também a 76ª Vara do Trabalho de São Paulo (SP) condenou a Empresa Brasileira de Correios e Telégrafos – EBCT a indenizar a família de um carteiro falecido em razão da Covid-19, salientando a desídia da empresa quanto ao fornecimento de EPI's adequados e suficientes.[26] Por sinal, já se encontra assentado o entendimento, no âmbito da Justiça do Trabalho, no sentido de que a Covid-19 se enquadra no conceito de doença laboral, ensejando o pagamento de indenização acidentária, nos termos do art. 19 da Lei 8.213/1991 e do art. 7º, XXVIII, da Constituição.[27]

Em todos esses casos, considerando a especialidade da compensação financeira instituída pela Lei 14.128/2021, o fato de haver recebido benefício previdenciário, indenização securitária ou indenização acidentária não impede o recebimento daquele benefício pelos trabalhadores e profissionais da saúde, desde que preenchidos os requisitos previstos na referida lei.

4. ANÁLISE DO ACÓRDÃO DO TRIBUNAL REGIONAL FEDERAL DA 3ª REGIÃO: POSSIBILIDADE DE OBTENÇÃO DA COMPENSAÇÃO FINANCEIRA PELA VIA JUDICIAL

Conforme foi ressaltado nos itens anteriores, a aprovação da Lei 14.128/2021 é o resultado de uma intensa disputa política e jurídica envolvendo os três Poderes da República. Mesmo após a derrubada do veto presidencial e a improcedência da ADI 6970, a Lei continua sem eficácia porque o Poder Executivo ainda não expediu o decreto regulamentar que deverá criar ou designar o órgão competente para administrar e conceder os benefícios com recursos destacados do Tesouro Nacional.

A falta de regulamentação tem como consequência formal a não eficácia da Lei e, como consequência material, a impossibilidade de formulação dos pedidos de compensação financeira na esfera administrativa. Diante disso, não resta alternativa aos

---

24. BRASIL, Tribunal de Justiça do Estado do Paraná (TJPR), **Apelação Cível 0018335-48.2020.8.16.0001,** Curitiba, 8ª Câmara Cível, rel. Desemb. Clayton Maranhão, j. 29 jul. 2022.
25. BRASIL, Tribunal Regional do Trabalho da 4ª Região (TRT-4), **Ação Trabalhista 0020368-32.2021.5.04.0204,** 4ª Vara do Trabalho de Canoas/RS, Julgadora: Juíza do Trabalho Aline Veiga Borges, j. 19 Jan. 2022.
26. BRASIL, Tribunal Regional do Trabalho da 2ª Região (TRT-2), **Ação Trabalhista 1001144-44.2021.5.02.0076,** 76ª Vara do Trabalho de São Paulo, Julgador: Juiz do Trabalho Hélcio Luiz Adorno Junior, j. 21 Jan. 2022. A decisão foi mantida pelo Tribunal ao apreciar a remessa necessária.
27. Em que pese a tentativa do Governo Federal de afastar o enquadramento da Covid-19 como doença laboral, por meio do art. 29 da Medida Provisória 927/2020, prevaleceu o entendimento contrário no julgamento conjunto das ADI's n. 6.342, 6.334, 6.346 e 6.354, pelo Supremo Tribunal Federal (MOLINA, André Araújo. As consequências jurídicas da contaminação dos trabalhadores pelo coronavírus. **Revista do Tribunal Regional do Trabalho da 14ª Região**, v. 10, n. 1, fev. 2022, p. 23-48). Confira-se também a Nota Técnica SEI\ME nº 56376/2020, de 11.12.2020, da Secretaria Especial de Previdência e Trabalho.

profissionais e trabalhadores da saúde, assim como seus herdeiros e dependentes em caso de falecimento, senão ingressar em juízo para compelir a União a pagar a compensação financeira prevista na Lei 14.128/2021.

É importante lembrar que a tese fixada no julgamento do Tema 350 de Repercussão Geral não se aplica à compensação financeira instituída pela Lei 14.128/2021, a qual tem natureza diversa dos benefícios previdenciários concedidos pelo INSS. Por conseguinte, os interessados podem demandar a União junto ao Poder Judiciário, observada a competência da Justiça Federal, sem necessidade de requerimento prévio nem de esgotamento da via administrativa.[28]

Para formular o pedido de compensação financeira na esfera judicial é necessário, antes de tudo, contratar um advogado. Considerando que a necessidade dessa contratação decorre diretamente da inércia da União em regulamentar a Lei da Compensação Financeira, é lícito pedir o reembolso dos honorários contratuais com base na Tabela da Ordem dos Advogados do Brasil.

No que se refere aos fatos da causa, a parte autora da ação deve comprovar os requisitos elencados no item 2.3, acima, a saber: a condição de profissional ou trabalhador da saúde; que tenha atuado no enfrentamento à pandemia no período do Espin-Covid-19; que contraiu a doença nesse período, vindo a óbito ou se tornado incapacitado permanentemente para o trabalho. Nos casos de incapacidade permanente para o trabalho, a parte autora deve juntar laudo médico, prontuário e receituários para demonstrar essa condição, podendo o juiz, a depender do que for alegado pela União, determinar a realização de perícia por médico designado pelo juízo. Nos casos de óbito do trabalhador ou profissional da saúde, os beneficiários devem fazer prova da condição de dependentes ou de herdeiros necessários, bem como da condição de pessoa com deficiência, se for o caso.

Na esfera judicial, é preciso ter cuidado ao formular os pedidos, especificando e justificando cada uma das prestações postuladas, conforme consta dos quadros ilustrativos acima (item 2.2), uma vez que os pedidos das partes, na inicial e na contestação, delimitam os contornos objetivos da lide (CPC, arts. 322 a 329 e 336). Acaso a parte autora deixe de postular o pagamento de alguma das verbas previstas na lei, o juiz não poderá concedê-la, pena de julgamento *extra petita* (CPC, art. 492). Ainda no que tange aos pedidos, afigura-se difícil a obtenção de tutela de urgência, por tratar-se de obrigação de pagar quantia em dinheiro, cuja reversão é praticamente impossível, no caso de eventual improcedência da ação (CPC, art. 300, § 3º).

Como já mencionado, o acórdão do Tribunal Regional Federal da Terceira Região, que confirmou a sentença proferida pela 3ª Vara Cível da Justiça Federal de Presidente Prudente, é considerado paradigmático, para os propósitos deste estudo, porque é uma das primeiras decisões judiciais a acolher pedido de condenação da União Federal ao

---

28. "A concessão de benefícios previdenciários depende de requerimento do interessado, não se caracterizando ameaça ou lesão a direito antes de sua apreciação e indeferimento pelo INSS, ou se excedido o prazo legal para sua análise" (BRASIL, Supremo Tribunal Federal (STF), **Recurso Extraordinário 631240-MG,** rel. Min. Luís Roberto Barroso, Plenário, j. 03 set. 2014, DJE 10 nov. 2014).

pagamento da compensação financeira à filha e ao marido de uma médica que faleceu em decorrência da Covid-19, em razão de seu trabalho no atendimento a pacientes contaminados pelo novo coronavírus.

Em sua defesa, a União alegou a não comprovação de que a autora atuara no enfrentamento à pandemia e a ausência de fonte de custeio para a realização do pagamento, dada a falta de regulamentação da lei. No entanto, o Poder Judiciário afastou peremptoriamente os argumentos levantados pela União, considerando comprovados os fatos alegados pelos autores, tanto em relação ao trabalho da falecida no enfrentamento da pandemia quanto em relação à sua condição de beneficiários da compensação financeira.

Conforme se extrai da leitura do acórdão e da sentença recorrida, os julgadores fundamentaram a decisão no art. 1º da Lei 14.128/2021, que atribui à União o dever de pagar uma compensação financeira aos trabalhadores e profissionais da saúde que, tendo atuado no enfrentamento à pandemia da Covid-19, contraíram a doença e se tornaram incapacitados permanentemente para o trabalho, bem como aos seus dependentes e herdeiros necessários, em caso de óbito. Destacaram também o julgamento da ADI 6970, pelo Supremo Tribunal Federal, que reconheceu a constitucionalidade da Lei 14.128/2021 e que a compensação financeira foi inserida no regime fiscal excepcional, por meio das EC's 106/2020 e 109/2021, para o enfrentamento da pandemia da Covid-19. Ressaltaram ainda que a regulamentação da lei é ato que compete ao Poder Executivo federal, não se podendo negar o pagamento da indenização pretendida pelos autores sob o singelo argumento da falta de regulamentação da lei. No mais, o acórdão confirmou a parte dispositiva da sentença, que condenou a União Federal ao pagamento da compensação financeira pretendida pelos autores, mediante rateio de R$ 50 mil entre ambos e mais R$ 30 mil para a filha da falecida que contava 18 (dezoito) anos de idade na data do falecimento.

Um ponto relevante na fundamentação do acórdão é que a exigência legal de realização de perícia por servidores integrantes da carreira de Perito Médico Federal somente se aplica aos pedidos administrativos de compensação financeira. Além disso, por força do texto expresso da lei e até mesmo por uma questão de lógica, a exigência de perícia médica não se aplica aos casos de morte do trabalhador ou profissional da saúde, mas somente aos casos de incapacidade permanente (Lei 14.128/2021, art. 2º, § 3º).

Convém destacar que, no caso da decisão em comento, a médica falecida não era funcionária pública, mas era titular de uma empresa que prestava serviços médicos para hospitais, a demonstrar que a responsabilidade da União alcança todos os trabalhadores e profissionais da saúde que atuaram no enfrentamento da pandemia, independentemente de terem vínculo empregatício ou estatutário com o poder público.

A decisão proferida pelo Tribunal Regional Federal da 3ª Região comprova que, diante da inércia do poder público em regulamentar a Lei 14.128/2021, os trabalhadores e profissionais de saúde, assim como seus herdeiros e dependentes em caso de óbito, podem postular o pagamento da compensação financeira perante o Poder Judiciário.

Conforme consta da fundamentação do acórdão, não é necessário esgotar a via administrativa nem aguardar a regulamentação da lei.

Outras duas sentenças da Justiça Federal seguem o mesmo entendimento esposado pela 3ª Vara Cível da Justiça Federal de Presidente Prudente. Com efeito, a 1ª Vara Federal de Manaus julgou procedente pedido de compensação financeira formulado pelo filho e pelo marido de uma profissional da saúde, técnica de enfermagem, que morreu de Covid-19, em virtude do atendimento aos pacientes de um hospital público. Também neste caso, sequer houve necessidade de instrução probatória porque a União se limitou a questionar aspectos formais da Lei, já resolvidos no âmbito da ADI 6970, esquecendo-se de confrontar os fatos da causa.[29] Em outra ação, que tramitou perante a Justiça Federal de Manaus, foi deferido o pedido de compensação financeira previsto na Lei 14.128/2021 à viúva de um médico que atuou diretamente no enfrentamento à pandemia e veio a óbito por causa da Covid-19.[30]

Conquanto ainda não existam decisões de segundo grau a respeito do tema, consta que o Tribunal Regional Federal da 4ª Região (TRF-4) determinou o retorno dos autos ao juízo de primeiro grau para análise de um pedido de compensação financeira formulado pela família de um agente comunitário que morreu em razão da Covid-19. A ação fora extinta pelo juiz federal da primeira vara federal de Pato Branco (PR), sob o argumento de que a compensação somente poderia ser exigida após a regulamentação da lei.[31]

Portanto, a decisão proferida pela Primeira Turma do Tribunal Regional Federal da Terceira Região é considerada paradigmática porque representa uma tendência jurisprudencial no sentido de admitir pedidos judiciais de compensação financeira com base na Lei 14.128/2021, diante da impossibilidade de obtenção da compensação financeira pela via administrativa, por falta de regulamentação pelo Governo Federal.

5. CONCLUSÕES

Conforme foi exposto na introdução, o propósito deste estudo é investigar os contornos da compensação financeira instituída pela Lei 14.128, de 26 de março de 2021, em favor dos profissionais e trabalhadores da saúde, a partir da análise dos textos legislativos e dos estudos doutrinários, adotando como paradigma o acórdão do Tribunal Regional Federal da Terceira Região, que confirmando a sentença de primeiro grau, determinou o pagamento da compensação financeira aos herdeiros de uma médica que faleceu de Covid-19, em razão do seu trabalho no enfrentamento à pandemia.

---

29. BRASIL. Tribunal Regional Federal da 1ª Região (TRF-1), **Ação Indenizatória 1022595-76.2021.4.01.3200**, Justiça Federal de Primeiro Grau, 1ª Vara Federal Cível da Seção Judiciária do Amazonas, Julgadora: Juíza Federal Jaíza Maria Pinto Fraxe, j. 27 abr. 2022.
30. O número e demais dados do processo não foram divulgados. Disponível em: https://portal.trf1.jus.br/sjam/comunicacao-social/imprensa/noticias/viuva-de-medico-falecido-em-decorrencia-da-covid-19-ganha-indenizacao-na-justica-federal.htm. Acesso em: 30 mar. 2024.
31. O número e demais dados do processo não foram divulgados. Disponível em: https://www.trf4.jus.br/trf4/controlador.php?acao=noticia_visualizar&id_noticia=26191. Acesso em: 30 mar. 2024.

O objetivo da lei é recompensar os profissionais e trabalhadores da saúde pelo sacrifício pessoal e profissional extraordinário que realizaram no enfrentamento à pandemia da Covid-19, que teve como resultado muitos casos de morte e de incapacidade permanente para o trabalho desses profissionais.

A compensação financeira consiste no pagamento de uma quantia em dinheiro, composta de uma parcela fixa de R$ 50 mil e de outra parcela variável. A parcela fixa é devida ao próprio trabalhador ou profissional da saúde que se tornar incapacitado para o trabalho ou ao seu cônjuge ou companheiro e seus dependentes e herdeiros necessários, mediante rateio, em caso de falecimento. A parcela variável, devida aos herdeiros necessários e dependentes menores de idade do profissional falecido, é calculada à razão de R$ 10 mil por ano, desde a data do óbito até a data em que o beneficiário completará 21 (vinte e um) anos de idade ou 24 (vinte quatro) anos, se estiver frequentando curso superior. Caso o beneficiário seja pessoa com deficiência, a parcela variável é devida independentemente de sua idade, à razão de R$ 10 mil por ano, pelo múltiplo mínimo cinco anos.

São requisitos para obtenção da compensação financeira: a condição de trabalhador ou profissional da saúde, que tenha atuado efetivamente no enfrentamento à pandemia e que, tendo contraído o vírus da Covid-19 no período do Espin-Covid-19, tenha falecido ou se tornado incapacitado permanentemente para o trabalho. No caso de óbito do trabalhador ou profissional da saúde, os pretendentes à compensação financeira devem comprovar a condição de dependentes e herdeiros ou de pessoa com deficiência, se for o caso.

A lei declara que a compensação financeira tem natureza indenizatória, mas essa declaração tem a finalidade de afastar a incidência de impostos e contribuição previdenciária. Ou seja, embora tenha a natureza de reparação civil, a compensação financeira não se prende aos pressupostos da responsabilidade civil. Por isso, nada impede que o trabalhador ou profissional de saúde, assim como os demais beneficiários indiretos, promovam ação indenizatória com vista à reparação integral do dano. Além disso, considerando a natureza especial da compensação financeira, o fato de haver recebido benefício previdenciário, indenização securitária ou indenização acidentária não impede os trabalhadores e profissionais da saúde de receber daquele benefício, desde que preenchidos os requisitos legais.

A Lei 14.128/2021 prevê a criação ou designação de um órgão, na estrutura da Administração Pública Federal, encarregado de administrar os recursos destacados do Tesouro Nacional para pagamento da compensação financeira, bem como de apreciar e conceder os pedidos formulados administrativamente pelos beneficiários. Como a lei ainda não foi regulamentada pelo Poder Executivo, não houve a criação nem a designação do referido órgão, assim como não foi estabelecido um procedimento para realização dos pedidos administrativos.

Diante da falta de regulamentação e, portanto, da impossibilidade de obtenção da compensação financeira pela via administrativa, os beneficiários podem ingressar com ações judiciais perante a Justiça Federal para compelir a União a realizar o pagamento, mediante comprovação dos requisitos previstos na Lei. Neste sentido, são citadas algumas decisões judiciais de procedência de ações baseadas na Lei 14.128/2021.

O acórdão do Tribunal Regional Federal da Terceira Região é considerado paradigmático por ser um dos primeiros a admitir um pedido judicial de compensação financeira com base na Lei 14.128/2021. Ademais, o julgado cuida de um caso em que a médica vítima da Covid-19 não era funcionária pública, a demonstrar que a responsabilidade da União alcança todos os trabalhadores e profissionais da saúde que atuaram no enfrentamento da pandemia, independentemente de terem vínculo empregatício ou estatutário com o poder público.

REFERÊNCIAS

AZEVEDO, Álvaro Villaça. **Teoria geral das obrigações e responsabilidade civil**. 12. ed. São Paulo: Atlas, 2011.

DIAS, José de Aguiar. **Da responsabilidade civil**. 2. ed. Rio de Janeiro: Forense, 1950. v. II.

DINIZ, Maria Helena. **Curso de direito civil brasileiro**. 30. ed. São Paulo: Saraiva, 2013. v. 1: teoria geral do direito civil.

GOMES, Orlando. **Introdução ao direito civil**. 6. ed. Rio de Janeiro: Forense, 1979.

MOLINA, André Araújo. As consequências jurídicas da contaminação dos trabalhadores pelo coronavírus. **Revista do Tribunal Regional do Trabalho da 14ª Região**, v. 10, n. 1, p. 23-48. fev. 2022.

PEREIRA, Caio Mário da Silva. **Responsabilidade civil**. Rio de Janeiro: Forense, 1989.

RODRIGUES, Monica Cecílio; SANTOS, Romualdo Baptista dos. Primeiras impressões sobre a lei 14.128/21: Indenização aos profissionais de saúde por danos na pandemia da Covid-19. **Migalhas de Responsabilidade Civil**, 6 abr. 2021. Disponível em: https://www.migalhas.com.br/coluna/migalhas-de-responsabilidade-civil/343042/primeiras-impressoes-sobre-a-lei-14-128-21. Acesso em: 29 mar. 2024.

RESPONSABILIDADE CIVIL DO MÉDICO PELO USO NÃO AUTORIZADO DA IMAGEM DO PACIENTE

Romualdo Baptista dos Santos[1]

Yasmin A. Folha Machado[2]

Decisão paradigma: BRASIL. Tribunal de Justiça do Estado de São Paulo (TJSP), **Apelação Cível 1104112-67.2018.8.26.0100**, 3ª Câmara de Direito Privado, relator Des. Viviani Nicolau, j. 21 jul. 2020.

Sumário: 1. Descrição do caso – 2. Direito à imagem no ordenamento jurídico brasileiro – 3. Análise da decisão do TJSP que debate a licitude na utilização da fotografia de paciente em publicação de artigo científico – 4. Reflexões sobre ética na publicidade médica realizada com imagens de pacientes à luz da resolução CFM nº 2.336/2023 – 5. Conclusões – Referências.

1. DESCRIÇÃO DO CASO

No presente artigo, investiga-se a responsabilidade civil dos profissionais de saúde pelo uso não autorizado da imagem dos pacientes em trabalhos científicos apresentados em eventos acadêmicos, em artigos publicados em jornais e revistas especializadas ou para fins de promoção e propaganda dos seus serviços nas mídias sociais. O estudo tem como base um acórdão prolatado pelo Tribunal de Justiça do Estado de São Paulo (TJSP),[3] em caso considerado paradigmático, no qual um médico divulgou a imagem de sua paciente, sem nenhuma espécie de autorização, em trabalho acadêmico publicado em revista especializada.

---

1. Pós-doutorado em Direitos Humanos, Sociais e Difusos pela Universidade de Salamanca – USAL. Doutor e Mestre em Direito Civil pela Universidade de São Paulo – USP. Especialista em Direito Contratual e Direito de Danos (Contratos y Daños) pela Universidade de Salamanca – USAL. Professor convidado em cursos de graduação e pós-graduação em Direito. Membro do Instituto Brasileiro de Estudos da Responsabilidade Civil (IBERC). Foi membro do grupo de pesquisas "Direito da Saúde e Empresas Médicas" (UNICURITIBA), liderado pelo prof. Miguel Kfouri Neto. Membro Fundador do Instituto Miguel Kfouri Neto (IMKN) – Direito Médico e da Saúde. Autor e coautor de várias obras e artigos jurídicos. Procurador do Estado de São Paulo aposentado. Advogado. E-mail: romualdobaptista@gmail.com.
2. Doutoranda em Direito pela PUCPR. Mestre em Direitos Humanos e Políticas Públicas pela PUCPR. Especialista em Direito da Medicina pela Universidade de Coimbra – Portugal. Especialista em Direito Médico pela Unicuritiba. Membro titular do Instituto Brasileiro de Estudos de Responsabilidade Civil (IBERC). Professora Universitária. Foi membro do grupo de pesquisas "Direito da Saúde e Empresas Médicas" (UNICURITIBA), liderado pelo prof. Miguel Kfouri Neto. Diretora financeira e Membro Fundadora do Instituto Miguel Kfouri Neto (IMKN) – Direito Médico e da Saúde. Advogada. E-mail: folhamachadoadvocacia@outlook.com.
3. **BRASIL.** Tribunal de Justiça do Estado de São Paulo (TJSP), **Apelação Cível 1104112-67.2018.8.26.0100**, 3ª Câmara de Direito Privado, relator Des. Viviani Nicolau, j. 21 jul. 2020, DJe 22 jul. 2020.

O método de investigação adotado para a elaboração deste artigo é o dedutivo teórico, no plano dogmático, com abordagem qualitativa, partindo do levantamento doutrinário e jurisprudencial sobre o direito à imagem pelo direito brasileiro.

Com base nesse arcabouço normativo, procede-se à análise crítica do julgado proferido pelo Tribunal de Justiça do Estado de São Paulo, em caso considerado paradigmático, sobre o uso não autorizado da imagem do paciente por profissional médico.

No caso em tela, a autora da ação foi paciente de uma médica dermatologista por mais de 10 anos (maio de 2007 até abril de 2018) para tratamento de acne e manchas no rosto. Em meados de 2018 teve conhecimento de que uma foto sua circulava em um capítulo escrito pela sua então médica em um compêndio de ginecologia do ano de 2009. Esta tentou de forma extrajudicial que sua foto fosse retirada do livro e o dano fosse reparado, contudo, não houve sucesso.

Então, em setembro de 2018, foi proposta uma ação de reparação de dano moral por uso indevido de imagem com pedido de antecipação de tutela pela jovem mulher que viu seu rosto escancarado em uma bibliografia ginecológica pela sua dermatologista sem seu consentimento prévio, livre e esclarecido, em face da médica assistente, da clínica dermatológica e da editora. A foto em questão foi tirada durante uma consulta para que a médica pudesse fazer o acompanhamento da evolução do tratamento dermatológico – o consentimento tácito foi cedido somente para este fim. A título de indenização por dano moral foi pedido R$ 60.000,00 (sessenta mil reais) e pelos direitos de imagem R$ 10.000,00 (dez mil reais).

As rés contestaram e basearam seus argumentos no fato de que a foto estava com tarja nos olhos, além de que a publicação se deu em meio científico com fins exclusivamente acadêmicos e, portanto, não houve danos à imagem.

A sentença prolatada em agosto de 2019 concluiu que a tarja no rosto da paciente era insuficiente para a não identificação, já que a autora foi reconhecida. Decidiu-se pela existência do dano moral *in re ipsa,* nos termos da Súmula 403 do STJ,[4]uma vez que o dano é presumido em razão da própria violação e, por isso, prescinde da prova de eventual constrangimento. Com isso, as corrés foram condenadas solidariamente ao pagamento de R$ 30.000,00 (trinta mil reais) a título de indenização e determinou a retirada da imagem da autora do livro em questão.

As rés interpuseram recurso de apelação para requerer improcedência do feito por prescrição, ausência do dano e, alternativamente, a redução do *quantum* indenizatório. O acórdão[5] reformulou parcialmente a sentença, em julho de 2020, somente para diminuir o valor da indenização para R$ 20.000,00 (vinte mil reais). Essa decisão foi integralmente mantida pelo Superior de Justiça, ao negar provimento ao Agravo

---

4. Súmula n. 403: Independe de prova do prejuízo a indenização pela publicação não autorizada de imagem de pessoa com fins econômicos ou comerciais.
5. BRASIL. Tribunal de Justiça do Estado de São Paulo (TJSP), **Apelação Cível 1104112-67.2018.8.26.0100**, 3ª Câmara de Direito Privado, relator Des. Viviani Nicolau, j. 21 jul. 2020, DJe 22 jul. 2020.

em Recurso Especial manejado pela Editora, com certificação do trânsito em julgado e restituição do feito à vara de origem.[6]

2. DIREITO À IMAGEM NO ORDENAMENTO JURÍDICO BRASILEIRO

A Constituição Federal de 1988 posiciona a dignidade da pessoa humana como um dos fundamentos da ordem jurídica e institucional (art. 1º, III). Trata-se de um princípio fundamental que orienta toda a ordem jurídica e social do Estado brasileiro, do qual emanam os direitos e garantias individuais (art. 5º), os direitos sociais (arts. 6º e 7º) e a ordem econômica (art. 170). Todos os direitos e garantias individuais são relacionados ao princípio da dignidade da pessoa humana, o qual constitui o norte axiológico e epistemológico de todo o sistema jurídico.[7]

A inscrição da dignidade humana no âmago da ordem jurídica traz como consequência a necessidade de tutela da pessoa em todas as suas dimensões existenciais e em suas formas de manifestação. No âmbito das relações privadas, a tutela da pessoa humana se aperfeiçoa pela via dos direitos da personalidade, os quais coincidem com os direitos e garantias individuais e com os direitos sociais e são elevados à categoria de direitos fundamentais a serem tutelados pelo Estado.[8]

Os direitos da personalidade são direitos de liberdade e autonomia porque têm seu nascedouro nos ideais libertários que culminaram com a Revolução Francesa.[9] No entanto, esses direitos adquiram maior ênfase e novo sentido no transcorrer do século XX, principalmente a partir da Declaração Universal dos Direitos Humanos pela ONU, ao término da II Guerra Mundial, evidenciando a necessidade de tutela efetiva da pessoa e de sua dignidade.[10] Esses direitos visam, em última análise, assegurar a autonomia existencial e a liberdade de manifestação da pessoa humana.

Partindo de uma concepção jusnaturalista, Carlos Alberto Bittar sustenta que os direitos da personalidade são inatos à pessoa, cabendo ao ordenamento jurídico

---

6. BRASIL. Superior Tribunal de Justiça (STJ), **Agravo em Recurso Especial 2014989/SP,** 4ª Turma, rel. Min. Isabel Gallotti, j. 14 mar. 2022, DJe 23 mar. 2022.

7. FACHIN, Luiz Edson. **Teoria crítica do direito civil.** 2 ed. Rio de Janeiro: Renovar, 2003, p. 18 e 218; FACHIN, Luiz Edson. **Estatuto jurídico do patrimônio mínimo.** 2. ed. Rio de Janeiro: Renovar, 2006, p. 48.

8. Maria Celina Bodin de Moraes escreve que "Não há mais, de fato, que se discutir sobre a enumeração taxativa ou exemplificativa dos direitos da personalidade porque se está em presença, a partir do princípio constitucional da dignidade, de uma cláusula geral de tutela da pessoa humana". Adiante, a mesma autora complementa que "os direitos das pessoas estão, assim, todos eles, garantidos pelo princípio constitucional da dignidade humana e vêm a ser concretamente protegidos pela cláusula geral de tutela da pessoa humana" (...) "A cláusula geral visa proteger a pessoa em suas múltiplas características, naquilo "que lhe é próprio", aspectos que se recompõem na consubstanciação de sua dignidade, valor reunificador da personalidade a ser tutelada" (BODIN DE MORAES, Maria Celina. **Danos à pessoa humana:** uma leitura civil-constitucional dos danos morais. 2. ed. Rio de Janeiro: Processo, 2017, p. 117 e 127-128).

9. DE CUPIS, Adriano. **Os direitos da personalidade.** Trad. Afonso Celso Rezende Furtado. São Paulo: Quorum, 2008, p. 23-28.

10. DINIZ, Maria Helena. **Curso de direito civil brasileiro.** 30. ed. São Paulo: Saraiva, 2013, v. 1. Teoria geral do direito civil. p. 133. Ver também, sem sentido semelhante: BODIN DE MORAES, Maria Celina. *Danos à pessoa humana:* uma leitura civil-constitucional dos danos morais. 2. ed. Rio de Janeiro: Processo, 2017, p. 66-76.

somente reconhecê-los e dotá-los de proteção própria, razão pela qual existem antes e independentemente do reconhecimento pelo direito positivo.[11] Na mesma linha de entendimento, Anderson Schreiber afirma que são direitos inerentes ao homem, tidos como preexistentes ao seu reconhecimento pelo Estado.[12]

Por seu turno, Adriano de Cupis argumenta que a rigor todos os direitos poderiam se chamar "direitos da personalidade", mas na linguagem jurídica essa expressão é reservada aos direitos subjetivos que têm a função de constituir o mínimo necessário e imprescindível ao conteúdo da personalidade. São direitos essenciais, sem os quais a personalidade restaria esvaziada de seu conteúdo, todos os demais perderiam o interesse e a pessoa não existiria como tal. Por isso, o autor prefere dizer que os direitos da personalidade são direitos essenciais, marcados pelo caráter da essencialidade.[13]

Dentro de uma concepção claramente subjetivista, Maria Helena Diniz sustenta que:

> O direito da personalidade [no singular] é o direito da pessoa de defender o que lhe é próprio, como a vida, a identidade, a liberdade, a imagem, a privacidade, a honra etc. É o direito subjetivo, convém repetir, de exigir um comportamento negativo de todos, protegendo um bem próprio, valendo-se de ação judicial.[14]

Rubens Limongi França explica que os direitos da personalidade se definem, no aspecto objetivo, como emanações da própria personalidade, em suas dimensões física, psíquica, intelectual e espiritual. Em seu aspecto subjetivo, apresentam-se com a faculdade de defender a própria pessoa naquilo que tem de essencial. Neste sentido, os direitos da personalidade se definem como "as faculdades jurídicas cujo objeto são os diversos aspectos da própria pessoa do sujeito, bem como suas emanações e prolongamentos", abrangendo assim os aspectos subjetivos e objetivos.[15]

Portanto, os direitos da personalidade não podem ser definidos como direitos exclusivamente subjetivos, pois a rigor possuem também uma dimensão objetiva, consistente na sua previsão legal e seu tratamento doutrinário e jurisprudencial; e uma dimensão subjetiva, que é faculdade atribuída ao titular de exigir a sua observância pelas outras pessoas.

Os direitos da personalidade são direitos próprios da pessoa, porque lhe são inerentes e indissociáveis, mas não pertencem à pessoa. Por essa razão, são indisponíveis e inalienáveis. A pessoa não pode abdicar do direito à honra ou à imagem nem tampouco pode alienar esses direitos. A pessoa frui desses direitos, mas não pode deles abrir mão nem pode transferi-los, gratuita ou onerosamente, para outra pessoa.

---

11. BITTAR, Carlos Alberto. **Os direitos da personalidade.** 7. ed. Atual. Eduardo Carlos Bianca Bittar. Rio de Janeiro: Forense, 2014, p. 7-8.
12. SCHREIBER, Anderson. **Direitos da personalidade**. 2. ed. São Paulo: Atlas, 2013, p. 5.
13. DE CUPIS, Adriano. **Os direitos da personalidade**, cit., p. 23-28.
14. DINIZ, Maria Helena. **Curso de direito civil brasileiro**. 30. ed. São Paulo: Saraiva, 2013, v. 1. Teoria geral do direito civil. p. 135-136.
15. LIMONGI FRANÇA, **Rubens Manual de direito civil**. 4. ed. São Paulo: Ed. RT, 1980, v. 1, p. 403.

Consoante a célebre classificação apresentada por Limongi França, os direitos da personalidade são agrupados em três blocos: a) direito à integridade física, que abrange o direito à vida, aos alimentos, direito sobre o próprio corpo vivo, sobre o próprio corpo morto, sobre o corpo alheio morto, sobre o corpo alheio vivo, direito sobre as partes do corpo vivo e sobre as partes do corpo morto; b) direito à integridade intelectual, que envolve o direito à liberdade de pensamento, o direito pessoal do autor artístico e científico e o direito pessoal do inventor; c) direito à integridade moral, que reúne o direito à liberdade civil, política e religiosa, o direito à honra, à honorificência, ao recato, o direito ao segredo pessoal, doméstico e profissional, o direito à imagem e o direito à identidade pessoal, familiar e social[16].

Em direção semelhante, Carlos Alberto Bittar sustenta que os direitos da personalidade podem ser agrupados em: a) direitos físicos, referentes à própria estrutura corporal; b) direitos psíquicos, que dizem respeito aos elementos intrínsecos da personalidade; c) direitos morais, que envolvem os atributos valorativos da pessoa em sociedade. Este autor acrescenta que os direitos da personalidade se referem à pessoa em si mesma, com seu patrimônio físico e intelectual; e à pessoa em suas relações com a sociedade, com seu patrimônio moral.[17]

Há consenso na doutrina no sentido de que os direitos da personalidade são intransmissíveis, indisponíveis e irrenunciáveis,[18] portanto, inalienáveis, o que faz todo sentido porque, sendo direitos indissociáveis da própria pessoa, não se pode conceber a possibilidade de qualquer forma de alienação. Aliás, a lei civil brasileira é expressa quanto à intransmissibilidade e irrenunciabilidade dos direitos da personalidade (CC, art. 11). No entanto, a própria lei obtempera que a pessoa pode permitir que a expressão econômica de alguns desses direitos seja objeto de comércio, como é o caso do direito de autor e do direito de imagem (CC, art. 13). No que diz respeito ao direito de imagem, o art. 20 permite a utilização da imagem da pessoa, desde que autorizada.

O direito à imagem se insere na esfera dos direitos morais da pessoa, respeitantes ao seu relacionamento com as demais pessoas e com a sociedade. Na definição de Carlos Alberto Bittar,

> Consiste no direito que a pessoa tem sobre a sua forma plástica e respectivos componentes distintos (rosto, olhos, perfil, busto) que a individualizam no seio da coletividade. Incide, pois, sobre a conformação física da pessoa, compreendendo esse direito um conjunto de caracteres que a identificam no meio social.[19]

Comentando o texto do art. 20 do Código Civil de 2002, Anderson Schreiber sugere que o direito à imagem é "a prerrogativa que cada pessoa detém de impedir a divulgação

---

16. LIMONGI FRANÇA, **Rubens Manual de direito civil.** 4. ed. São Paulo: Ed. RT 1980, v. 1, p. 411-413.
17. BITTAR, Carlos Alberto. **Os direitos da personalidade**, cit., p. 17.
18. DE CUPIS, Adriano. **Os direitos da personalidade**, cit., p. 51-60; DINIZ, Maria Helena. **Curso de direito civil brasileiro.** v. 1. Teoria geral do direito civil, cit., p. 135-136.
19. DE CUPIS, Adriano. **Os direitos da personalidade**, cit., p. 51-60; DINIZ, Maria Helena. **Curso de direito civil brasileiro.** v. 1. Teoria geral do direito civil, cit., p. 94.

de sua própria imagem, como manifestação exterior da sua personalidade".[20] Por seu turno, Maria Helena Diniz sustenta que o direito à imagem é o de ninguém ver a esfinge da pessoa exposta em público ou mercantilizada o seu consentimento, bem como o de ter sua imagem adulterada de modo a causar dano à reputação do titular. Ainda segundo esta autora, o direito à imagem abrange o direito à própria imagem, o direito ao uso ou difusão da imagem, o direito à imagem das coisas próprias e à imagem em coisas ou publicações, o direito de obter a imagem ou consentir em sua captação.[21]

Com efeito, o Código Civil diz que toda pessoa tem o direito de proibir o uso e a exposição de sua imagem, desde que tal uso ou exposição "lhe atingir a honra, a boa fama ou a respeitabilidade". No entanto, a doutrina é uniforme em afirmar a autonomia do direito à imagem cuja proteção é assegurada independentemente da ofensa a outros direitos da personalidade.[22]

Maria Helena Diniz diferencia entre imagem retrato, que é a representação física da pessoa; e a imagem atributo, que é o conjunto de caracteres que identificam a pessoa.[23] No entanto, é possível perceber que a imagem é estampa ou representação gráfica da pessoa, obtida por meio fotográfico, desenho, pintura, caricatura, mas também é significado, sentido ou comunicação por meio do qual se comunica um fato ou situação relacionada à pessoa do titular.

Esta, por sinal, é a exegese que se faz do art. 20 do Código Civil, o qual não se restringe à simples captura da estampa da pessoa, mas à atribuição de um sentido não autorizado, não desejado ou que se mostra prejudicial ao titular deste direito da personalidade.

> Art. 20. Salvo se autorizadas, ou se necessárias à administração da justiça ou à manutenção da ordem pública, a divulgação de escritos, a transmissão da palavra, ou a publicação, a exposição ou a utilização da imagem de uma pessoa poderão ser proibidas, a seu requerimento e sem prejuízo da indenização que couber, se lhe atingirem a honra, a boa fama ou a respeitabilidade, ou se se destinarem a fins comerciais (Vide ADIN 4815).

Assim, por exemplo, a captura da imagem de uma pessoa no meio de uma multidão, como em uma torcida de um time de futebol, embora não autorizada, não caracteriza violação ao direito de imagem. No entanto, essa estampa pode traduzir um fato, uma situação ou alguma finalidade não autorizada, não desejada ou prejudicial à pessoa, fazendo nascer para o titular um legítimo interesse em pedir a remoção da estampa ou pedir a reparação de danos.

---

20. SCHREIBER, Anderson. **Direitos da personalidade**. 2. ed. São Paulo: Atlas, 2013, p. 105.
21. DINIZ, Maria Helena. **Curso de direito civil brasileiro.** 30. ed. São Paulo: Saraiva, 2013, v. 1. Teoria geral do direito civil. p. 147.
22. DINIZ, Maria Helena. **Curso de direito civil brasileiro.** 30. ed. São Paulo: Saraiva, 2013, v. 1. Teoria geral do direito civil. p. 147.
23. DINIZ, Maria Helena. **Curso de direito civil brasileiro.** 30. ed. São Paulo: Saraiva, 2013, v. 1. Teoria geral do direito civil. p. 147.

3. ANÁLISE DA DECISÃO DO TJSP QUE DEBATE A LICITUDE NA UTILIZAÇÃO DA FOTOGRAFIA DE PACIENTE EM PUBLICAÇÃO DE ARTIGO CIENTÍFICO

A decisão do Tribunal de Justiça do Estado de São Paulo[24] é paradigmática porque é uma das primeiras que enfrenta o tema do uso indevido da imagem do paciente pelo médico para fins acadêmicos. O *case* referência demonstra didaticamente a supremacia dos direitos extrapatrimoniais da pessoa e condena o mercantilismo feito com a foto da paciente sem seu consentimento. Nas palavras do relator é possível compreender que "o dano moral não decorre da imagem ser vexatória, mas do uso da imagem sigilosa sem a devida autorização".

Ademais, trata-se de um julgado *modelo* porque a todo instante utiliza do diálogo entre as fontes e noções gerais do Direito Médico para alcançar uma decisão harmônica. Toma-se como exemplo o uso de dispositivos do CEM como fundamentação jurídica da tese do relator. Confira-se:

> Violou-se por tal publicação não apenas a intimidade da autora, como também a confidencialidade que a ré deveria resguardar na relação médico paciente. As informações obtidas pela médica no exercício da profissão, quanto ao paciente, são dados sensíveis e sigilosos, por isso, a sua divulgação sem autorização importa em violação ao direito da autora, mesmo tendo cunho científico a publicação.

Agora, com a finalidade de elucidar como os tribunais brasileiros julgam demandas relacionadas ao uso indevido da imagem do paciente pelo médico, propõe-se, no presente trabalho, a análise de outros julgados relevantes e, assim, compreender o panorama do entendimento jurisprudencial.

O primeiro caso selecionado, julgado em agosto de 2021, é também do Tribunal de Justiça do Estado de São Paulo,[25] de relatoria do Desembargador Ênio Zuliani. Neste julgado, uma mãe ajuizou ação indenizatória contra a Santa Casa de Misericórdia de Capivari porque houve divulgação da imagem do corpo do seu filho morto por facadas em grupos de aplicativos de mensagens – tais fotografias foram tiradas no interior do nosocômio.

O relator manteve a condenação no valor de R$ 15.000,00 (quinze mil reais) a título de indenização por danos morais e, ainda, afirmou que "a divulgação de imagens de corpo em situação degradante gera ofensa aos direitos de imagem e intimidade, previstos constitucionalmente". Concluiu que "a violação do direito de personalidade dispensa maiores considerações para reconhecimento do dano moral".

A segunda decisão é do Tribunal de Justiça do Estado do Rio Grande do Sul,[26] de relatoria do Desembargador Niwton Carpes da Silva e julgado em março de 2019. Tra-

---

24. BRASIL. Tribunal de Justiça do Estado de São Paulo (TJSP), **Apelação Cível 1104112-67.2018.8.26.0100**, 3ª Câmara de Direito Privado, relator Des. Viviani Nicolau, j. 21 jul. 2020, DJe 22 jul. 2020.
25. BRASIL. Tribunal de Justiça do Estado de São Paulo (TJSP), **Apelação Cível 1000365-55.2020.8.26.0125**, relator Des. Enio Zuliani, 4ª Câmara de Direito Privado, j. 06 ago. 2021, DJe 06 ago. 2021.
26. BRASIL. Tribunal de Justiça do Estado do Rio Grande do Sul (TJRS), **Apelação Cível Nº 70079621314**, Sexta Câmara Cível, relator Des. Niwton Carpes da Silva, j. 28 mar. 2019, DJe 10 abr. 2019.

ta-se de ação de indenização por danos morais ajuizada contra médicos, enfermeiros e atendentes do SAMU que teriam filmado e divulgado a filmagem dos procedimentos médicos realizados, dentro do hospital, no filho dos autores, o qual foi alvejado por arma de fogo e, posteriormente, veio a óbito.

Entendeu o relator que restou "evidenciada a falha na prestação do serviço hospitalar, pois os prepostos do nosocômio réu não adotaram as medidas necessárias e eficientes para evitar a realização e publicização de imagens do atendimento médico prestado ao filho dos autores". Como não restou comprovado quem filmou e divulgou a filmagem, apenas o nosocômio foi condenado ao pagamento de R$ 12.500,00 (doze mil e quinhentos reais) para cada autor.

A terceira e última decisão colacionada possui muitas semelhanças com o julgado paradigma. Também se trata da divulgação da imagem de paciente sem nenhuma autorização prévia em uma literatura médica de coautoria dos médicos assistentes. Contudo, a distinção principal se dá pelo fato de a imagem ser de um paciente falecido. O acórdão é do Tribunal de Justiça do Estado do Mato Grosso,[27] de relatoria da Desembargadora Nilza Maria Possas de Carvalho e julgado em junho de 2017.

A ação foi ajuizada pela filha que teve conhecimento de que dezesseis fotos do corpo do seu pai – que cometeu suicídio por enforcamento – estavam publicadas em um livro de Medicina Legal. Estas fotos foram tiradas pelo médico legista enquanto o corpo estava no IML para realização do exame de necropsia. A publicação da foto pelo médico e coautor do Atlas de Medicina Legal não teve autorização de nenhum familiar.

No teor da decisão foram citados os mesmos dispositivos legais do *case* paradigmático, quais sejam: artigo 75 do CEM, artigo 20 do Código Civil, súmula 403 do STJ e o artigo 5º, inciso X, da Constituição Federal.

O acórdão ratificou a decisão de primeiro grau e condenou os réus ao pagamento de R$ 80.000,00 (oitenta mil reais) pelos danos morais causados à imagem e à honra tanto do falecido, quanto da família. Ademais, condenou a editora à proibição em definitivo da edição, venda, divulgação, doação e disponibilização do livro.

Ao expor as três decisões supracitadas, em contraponto com o julgado paradigma, é possível compreender que os tribunais nacionais têm posicionamento uniforme ao julgar processos que tratem do uso indevido e divulgação de imagem de paciente pelo seu médico. O entendimento é de que quando a imagem não for previamente autorizada pelo paciente ou familiar e, ainda assim, for utilizada – mesmo com o uso de tarja buscando não identificar o paciente –, haverá responsabilidade civil configurada e, consequentemente, dever de indenizar. Isto porque configura-se como severa afronta ao direito de imagem.

---

27. BRASIL. Tribunal de Justiça do Estado do Mato Grosso (TJMT), **Agravo de Instrumento Nº 1001647-74.2016.8.11.0000**, Segunda Câmara de Direito Privado, relatora Des. Nilza Maria Possas de Carvalho, j. 22 mar. 2017, DJe 05 abr. 2017.

Argumentar que não houve demonstração inequívoca de dano ao paciente não convence magistrados, haja vista a compreensão e aplicação da Súmula 403 do STJ. Ainda, o posicionamento é de que tal conduta médica viola a intimidade e a confidencialidade da relação. Argumentar que não houve demonstração inequívoca de dano ao paciente não convence magistrados, haja vista a compreensão e aplicação da Súmula 403 do STJ. Ainda, o posicionamento é de que tal conduta médica viola a intimidade e a confidencialidade da relação médico-paciente impostas pelo Código de Ética Médica.[28]-[29]-[30]

4. REFLEXÕES SOBRE ÉTICA NA PUBLICIDADE MÉDICA REALIZADA COM IMAGENS DE PACIENTES À LUZ DA RESOLUÇÃO CFM Nº 2.336/2023

Até 10 de março de 2024 estava em vigor a Resolução CFM nº 1.974/2011, a qual possuía um caráter conservador a respeito da publicização da atividade médica em meio digital e proibia expressamente que o médico fizesse uso da imagem do paciente, mesmo com a sua autorização. Inclusive, por esta razão, demonstrou-se o debate na decisão judicial paradigmática à luz da antiga resolução, vigente à época dos fatos.

A nova Resolução de publicidade médica é mais moderna e conectada com a realidade atual, possui um capítulo exclusivo sobre o uso de imagem do paciente e possibilita ao médico, dentre outras coisas, utilizar a fotos do paciente em suas redes sociais, desde que autorizado expressamente e que a finalidade do *post* seja educativa.[31] Sobre a autorização expressa do paciente, o Manual da Codame dispõe:

> Todo e qualquer uso de imagem é permitido exclusivamente com consentimento expresso do paciente, obtido necessariamente mediante um documento firmado onde esteja explícita a autorização do paciente quanto ao uso de sua imagem, assim como a finalidade e abrangência da autorização e a inexistência de contrapartida financeira entre o médico e o paciente.[32]

A Resolução CFM nº 2.336/2023, ao flexibilizar o uso de imagens de pacientes, transfere maior autonomia aos médicos na divulgação de seus serviços. Essa autonomia, porém, vem acompanhada de uma responsabilidade ampliada, tanto do ponto de vista ético quanto jurídico. Do ponto de vista ético, o médico deve agir com cautela e bom senso, sempre prezando pelo melhor interesse do paciente e pelo sigilo profissional. A utilização de imagens deve ter caráter educativo e informativo, não promocional, e jamais expor o paciente a situações constrangedoras ou que violem sua privacidade.

---

28. **CEM**. XI – O médico guardará sigilo a respeito das informações de que detenha conhecimento no desempenho de suas funções, com exceção dos casos previstos em lei.
29. **CEM**. Art. 73. Revelar fato de que tenha conhecimento em virtude do exercício de sua profissão, salvo por motivo justo, dever legal ou consentimento, por escrito, do paciente.
30. **CEM**. Art. 78. Deixar de orientar seus auxiliares e alunos a respeitar o sigilo profissional e zelar para que seja por eles mantido.
31. **CFM. Resolução CFM nº 2.336/2023**. Art. 14. Fica permitido o uso da imagem de pacientes ou de bancos de imagens com finalidade educativa (...). Disponível em: https://sistemas.cfm.org.br/normas/visualizar/resolucoes/BR/2023/2336 Acesso em 11 jul. 2024.
32. **CFM**. Manual de Publicidade Médica. **Resolução CFM nº 2.336**, de 13 de julho de 2023. Conselho Federal de Medicina. Brasília, DF: 2024.

Vale a ressalta de que, do ponto de vista jurídico, o médico responde civil e penalmente por qualquer dano causado ao paciente em decorrência da utilização indevida de sua imagem. Isso inclui danos à imagem, à honra e à reputação, além de violação do direito à privacidade, como ponderam de Machado e Royo:[33]

> Conferir maior liberdade na propaganda médica tornará o médico ainda mais responsável pelos seus atos – e agora, ainda mais, pelos seus *posts* – tanto na esfera ética, administrativa em razão da Lei geral de Proteção de Dados (lei 13.709/2018, alterada pela lei 13.853/2019), como também na esfera cível.

Existem na Resolução três requisitos validadores para o correto e ético uso da imagem do paciente, são eles:

> Art. 14. Fica permitido o uso da imagem de pacientes ou de bancos de imagens com finalidade educativa, voltado a:
>
> i) Quando as imagens forem de banco de dados do próprio médico ou serviço ao qual pertença:
>
> 1. Obter autorização do paciente para o uso de sua imagem;
>
> 2. Respeitar o pudor e a privacidade do paciente que cedeu as imagens;
>
> 3. Garantir o anonimato do paciente que cedeu as imagens, mesmo que tenha recebido autorização para divulgação.[34]

Ao cientificar-se que preenche os três requisitos de validade ética para a utilização de imagem, o profissional deverá observar e seguir as seguintes diretrizes:

> I. Propósito educacional: A imagem deve ter como objetivo principal o ensino e a informação sobre a área médica de atuação do profissional (Art. 14, *caput*).
>
> II. Conteúdo complementar: A imagem deve estar acompanhada de um texto explicativo que forneça informações relevantes sobre o caso, como indicações terapêuticas, potenciais riscos e outros fatores que podem influenciar o resultado do tratamento (Art. 14, II, a).
>
> III. Especialidade registrada: A imagem deve estar relacionada à especialidade médica registrada do profissional que a utiliza (Art. 14, I).

Ao seguir estas diretrizes, poderá, então, fazer uso da imagem dos pacientes nas seguintes situações: I– elaboração de material direcionado à população a respeito de doenças e procedimentos e, II– a demonstração de resultados de técnicas e procedimentos. A demonstração pode ser em qualquer rede social[35] do médico ou da empresa médica, desde que lícitas e idôneas.

---

33. **CFM. Resolução CFM 2.336/23**: Liberdade, libertinagem e responsabilidade na publicidade médica. Disponível em: https://www.migalhas.com.br/coluna/migalhas-de-responsabilidade-civil/403387/liberdade-libertinagem-e-responsabilidade-na-publicidade-medica. Acesso em: 11 jul. 2024.

34. CFM. **Resolução CFM nº 2.336/2023**. Disponível em: https://sistemas.cfm.org.br/normas/visualizar/resolucoes/BR/2023/2336. Acesso em: 11 jul. 2024.

35. **CFM. Resolução CFM nº 2.336/2023**. Art. 8º, § 1º Para efeito de aplicação desta Resolução, são consideradas redes sociais próprias: sites, blogs, Facebook, Twitter, Instagram, YouTube, WhatsApp, Telegram, Sygnal, TikTok, LinkedIn, Threads e quaisquer outros meios similares que vierem a ser criados. Disponível em: https://sistemas.cfm.org.br/normas/visualizar/resolucoes/BR/2023/2336. Acesso em: 11 jul. 2024.

Outra inovação trazida pela Resolução do CFM de 2023, além do uso da imagem, é a permissão ao profissional publicar *selfies* com seu paciente. Ademais, é trazida a possibilidade da publicação do antes e depois[36] de procedimentos (desde que não identifique o paciente) e até mesmo a captura de imagens por equipes externas de filmagem.[37]

Contudo, conforme dispõe a alínea "f" do artigo 14, é proibido que a imagem utilizada pelo profissional em suas redes sociais sofra qualquer tipo de intervenção a fim de manipular ou melhorar o resultado. Outra importante vedação está na alínea "e" do mesmo artigo e proíbe o uso de imagens de procedimentos que identifique o paciente.

Portanto, a modernização da Resolução de publicidade médica, ao atualizar as normativas sobre o uso da imagem de pacientes, pontuar os requisitos, expor as possibilidade e esclarecer sobre as limitações éticas, chancela e valida que o paciente tenha respeitada sua autonomia de dispor do seu direito de personalidade respeitada e o médico possa fazer o uso devido, ético e lícito da imagem do paciente, sem receio de cometer uma atitude antiética.

5. CONCLUSÕES

Após cuidadosa análise da doutrina, do *case* paradigmático e das demais decisões de diferentes tribunais brasileiros é possível concluir [que é indiscutível] que a utilização da imagem de paciente sem sua autorização prévia constitui um ato ilícito, seja ela veiculada em uma literatura médica ou em uma postagem *online*, tendo cunho científico ou não.

Ao julgar procedente a ação de reparação de danos movida pela paciente em razão do uso indevido e não autorizado de sua imagem, a decisão proferida pelo E. Tribunal de Justiça de São Paulo, tida como paradigmática, harmoniza-se com os preceitos legais e constitucionais e com a toda construção doutrinária relativa à tutela da pessoa humana pela via dos direitos da personalidade.

Ademais, alegar que foi utilizada "tarja" na imagem da face ou que as imagens eram de partes do corpo quase impossíveis de serem identificadas não prevalece sobre a não concessão da disponibilidade do direito de imagem do paciente. Ainda, a compreensão do dano moral *in re ipsa* nestes casos vai ao encontro dos preceitos constitucionais vigentes.

O *case* paradigmático foi analisado à luz da Resolução CFM nº 1.974/2011, vigente à época dos fatos e julgamento, que proibia e sancionava eticamente a publicação de imagem de paciente, mesmo com a autorização expressa deste. Por outro lado, a Resolução

---

36. **CFM. Resolução CFM nº 2.336/2023**. Art. 14, b) demonstrações de antes e depois devem ser apresentadas em um conjunto de imagens contendo indicações, evoluções satisfatórias, insatisfatórias e complicações decorrentes da intervenção, sendo vedada a demonstração e ensino de técnicas que devem limitar-se ao ambiente médico; Disponível em: https://sistemas.cfm.org.br/normas/visualizar/resolucoes/BR/2023/2336. Acesso em: 11 jul. 2024.

37. CFM. **Resolução CFM nº 2.336/2023**. Art. 15, d) a captura de imagens por equipes externas de filmagem, durante a realização de procedimentos, fica autorizada apenas para partos, quando a parturiente e/ou familiares assim desejarem e houver anuência do médico. Disponível em: https://sistemas.cfm.org.br/normas/visualizar/resolucoes/BR/2023/2336. Acesso em: 11 jul. 2024.

CFM nº 2.336/2023, vigente desde março de 2024, permite que o profissional utilize a imagem do paciente, desde que cumpra os requisitos do artigo 14.

Em linhas gerais, observa-se que a modernização da Resolução de publicidade médica trouxe consigo um marco: a regulamentação do uso da imagem de pacientes em redes sociais por médicos. Mais do que atualizar normativas, essa mudança abre um leque de possibilidades para a promoção da medicina de qualidade, com transparência e responsabilidade.

REFERÊNCIAS

BITTAR, Carlos Alberto. **Os direitos da personalidade**. 7. ed. Atual. Eduardo Carlos Bianca Bittar. Rio de Janeiro: Forense, 2014.

BODIN DE MORAES, Maria Celina. **Danos à pessoa humana**: uma leitura civil-constitucional dos danos morais. 2. ed. Rio de Janeiro: Processo, 2017.

DE CUPIS, Adriano. **Os direitos da personalidade**. Trad. Afonso Celso Rezende Furtado. São Paulo: Quorum, 2008.

DINIZ, Maria Helena. **Curso de direito civil brasileiro.** 30. ed. São Paulo: Saraiva, 2013. v. 1. Teoria geral do direito civil.

FACHIN, Luiz Edson. **Teoria crítica do direito civil**. 2. ed. Rio de Janeiro: Renovar, 2003.

FACHIN, Luiz Edson. **Estatuto jurídico do patrimônio mínimo**. 2. ed. Rio de Janeiro: Renovar, 2006.

LIMONGI FRANÇA, Rubens. **Manual de direito civil**. 4. ed. São Paulo: Ed. RT, 1980. v. 1.

MACHADO, Yasmin Aparecida Folha; ROYO, Mayara Medeiros. **Resolução CFM 2.336/23**: Liberdade, libertinagem e responsabilidade na publicidade médica. Disponível em: https://www.migalhas.com.br/coluna/migalhas-de-responsabilidade-civil/403387/liberdade-libertinagem-e-responsabilidade--na-publicidade-medica. Acesso em: 11 jul. 2024.

SCHREIBER, Anderson. **Direitos da personalidade**. 2. ed. São Paulo: Atlas, 2013.

RESPONSABILIDADE CIVIL DO FORNECEDOR POR MEDICAMENTOS DEFEITUOSOS

Gabriel Oliveira de Aguiar Borges[1]

Letícia de Oliveira Borba[2]

Vitor Calliari Rebello[3]

> **Decisão paradigma**: BRASIL. Superior Tribunal de Justiça (STJ), **Recurso Especial nº 1.774.372/RS**, 3ª Turma, relator Min. Nancy Andrighi, j. 05 maio 2020.

> **Sumário:** 1. Descrição do caso – 2. Responsabilidade civil do fabricante de medicamentos por eventos adversos – 3. O dever de informação qualificada aos consumidores de medicamentos – 4. Responsabilidade civil pelo risco do desenvolvimento – 5. Hipóteses de exclusão da responsabilidade civil do fornecedor de medicamentos – 6. Análise do precedente do STJ que debate a responsabilidade civil do fabricante pelo risco do desenvolvimento no medicamento sifrol – 7. Notas conclusivas – Referências.

1. DESCRIÇÃO DO CASO

No presente artigo, analisa-se o primeiro caso decidido pelo STJ (Recurso Especial nº 1774372/RS), no qual se reconheceu a responsabilidade civil do fabricante pelo risco do desenvolvimento. No acórdão paradigmático, julgado em 2020, consignou-se que a reação adversa danosa foi descoberta após o medicamento denominado Sifrol ser inserido no mercado, razão pela qual não constava na bula. Além disso, discutiu-se o risco inerente ao medicamento e o dever qualificado de informação do fabricante.

Em suma, uma paciente, em 1997, foi diagnosticada com mal de Parkinson e passou a usar, em dezembro de 1999, o medicamento Sifrol para tratar a patologia, tendo aumentado a dose em julho de 2000 e novamente em dezembro de 2000, mediante

---

1. Doutorando em Direito Político e Econômico pela Universidade Presbiteriana Mackenzie (SP). Mestre e Direito pela Universidade Federal de Uberlândia (MG). Professor de Direito Civil do Centro Universitário do Triângulo (MG). Foi membro do grupo de pesquisas "Direito da Saúde e Empresas Médicas" (UNICURITIBA), liderado pelo Prof. Dr. Miguel Kfouri Neto. Membro do Instituto Miguel Kfouri Neto (IMKN) – Direito Médico e da Saúde. Advogado. E-mail: gabrieloab@outlook.com.

2. Doutora e Mestre em Enfermagem pela Universidade Federal do Paraná. Especialista em Direito Aplicado pela Escola da Magistratura do Paraná. Foi membro do grupo de pesquisas "Direito da Saúde e Empresas Médicas" (UNICURITIBA), liderado pelo Prof. Dr. Miguel Kfouri Neto. Membro fundadora do Instituto Miguel Kfouri Neto (IMKN) – Direito Médico e da Saúde. Advogada. Enfermeira. E-mail: leticia_ufpr@yahoo.com.br.

3. Especialista em Direito Processual Civil pela PUC/PR. Membro Relator da Comissão de Responsabilidade Civil da OAB/PR. Foi membro do grupo de pesquisas "Direito da Saúde e Empresas Médicas" (UNICURITIBA), liderado pelo Prof. Dr. Miguel Kfouri Neto. Membro fundador do Instituto Miguel Kfouri Neto (IMKN) – Direito Médico e da Saúde. Advogado. E-mail: calliari.adv@gmail.com.

recomendação médica. Entre julho de 2001 a setembro de 2003, desenvolveu um quadro clínico de 'jogo patológico', o que resultou na dilapidação de seu patrimônio, com a perda de mais de 1 milhão de reais. Ademais, a paciente era advogada e foi expulsa do escritório do qual participava em razão da compulsão por jogos que lhe acometeu durante o uso da medicação. Após suspender a utilização deste medicamento, a sua compulsão por jogo cessou.

Frise-se que, quando a paciente iniciou o uso do Sifrol, não constava na bula a possibilidade de dependência compulsiva por jogos, inclusão que só ocorreu posteriormente. Porém, a bula do medicamento informava que a dose máxima diária de Sifrol era de 1,50 mg, devendo ser reduzida a utilização de Levodopa para o caso de aumento da dose do Sifrol, a fim de evitar hiperestimulação dopaminérgica. A paciente fazia uso de 4,50 mg/dia de Sifrol a partir de julho de 2000 e 5 mg/dia desde dezembro de 2000, juntamente com doses progressivas de Cronomet, cujo composto principal é a Levodopa, conforme prescrição médica.

Ficou constatado, ainda, que o laboratório havia alterado a bula do medicamento nos EUA e no Canadá para incluir tal compulsão como reação adversa, tendo sido demandado por vários consumidores nesses países, sendo condenado a pagar indenizações milionárias. No Brasil, essa inclusão foi solicitada e estava em trâmite quando da apresentação de contestação por parte do laboratório réu, sendo tal fato utilizado pela defesa.

Desta forma, a discussão na Justiça se deu em razão de a paciente ter ajuizado ação em face da Boehringer Ingelheim do Brasil Química e Farmacêutica Ltda., alegando que o uso do medicamento Sifrol, fabricado e comercializado exclusivamente pelo laboratório, causou-lhe o quadro compulsivo e incontrolável conhecido por *jogo patológico*, o qual, acarretou a dilapidação do seu patrimônio.

Argumentou a autora que o fato desencadeante do efeito colateral compulsão por jogo foi o uso do medicamento, e não eventual superdosagem ou interação medicamentosa, sendo que esse efeito adverso não constava na bula do medicamento, razão pela qual o fabricante violou o dever de informação. Afirmou também que a responsabilidade por eventual superdosagem ou interação medicamentosa não deveria recair sobre a paciente, que apenas utilizou o que lhe foi prescrito pelo médico.

Também pleiteou a incidência do Código de Defesa do Consumidor, de modo que a hipótese de culpa concorrente do consumidor não enseja a exclusão da responsabilidade do fornecedor. Sobre os lucros cessantes, indicou que a autora ficou impedida de exercer seu ofício durante o período da compulsão e logo após. Ademais, quanto aos danos morais, consignou que a compulsão pelo jogo destruiu sua vida pessoal e profissional.

Por sua vez, o réu alegou não ser possível exigir que os laboratórios garantam a segurança absoluta no uso de medicamentos, podendo surgir efeitos adversos não esperados ou conhecidos. Afirmou também que, o procedimento administrativo de atualização da bula do Sifrol, para constar o jogo patológico como reação adversa, estava em trâmite junto ao órgão regulatório, além de que na bula original continha o alerta de se tratar de medicamento novo, podendo ocorrer reações adversas imprevisíveis e, ainda, não descritas ou conhecidas (risco do desenvolvimento).

Portanto, segundo o fabricante, não houve falha no dever de informação. Por fim, o laboratório alegou que a autora fez uso equivocado do medicamento, tendo sido prescrito em dosagem superior ao que era indicado na bula, de modo que ela teria contribuído para o evento danoso, o que justificaria a exclusão da responsabilidade do fornecedor.

A sentença proferida em primeiro grau julgou improcedentes os pedidos de indenização por danos materiais (R$ 1.166.135,30) e compensação do dano moral. Em segunda instância, o Tribunal de Justiça do Estado do Rio Grande do Sul, reformou a decisão e reconheceu que o Sifrol produziu os danos decorrentes de efeito colateral não informado à consumidora, pois não constava na bula.

Contudo, o TJRS entendeu que a autora concorreu para a produção do dano em razão de não ter tomado o medicamento conforme orientado na bula, de

modo que, o fabricante ficou obrigado a indenizar os danos materiais suportados pela autora, no percentual de 45% da perda patrimonial. Ainda, o fabricante foi condenado a indenizar a consumidora pelo dano extrapatrimonial no montante de R$ 20.000,00.

Já por ocasião do julgamento do Recurso Especial, o Superior Tribunal de Justiça, julgou procedentes os pedidos da autora ao reconhecer a existência de violação do dever de informar qualificado pelo fabricante e a configuração da responsabilidade do fabricante pelo risco do desenvolvimento. A culpa concorrente da consumidora foi afastada, sendo o laboratório condenado ao pagamento integral dos danos patrimoniais pleiteados e a majoração do dano moral para R$ 30.000,00.

Diante do julgado paradigma apresentado, o presente trabalho propõe uma análise sobre a responsabilidade civil do fabricante de medicamentos por eventos adversos e o dever de informação qualificada aos consumidores de medicamentos. Ainda, investiga-se a responsabilidade civil pelo risco do desenvolvimento e as hipóteses de exclusão da responsabilidade civil do fornecedor de medicamentos. Por fim, a partir dos conceitos debatidos, parte-se para uma análise verticalizada do precedente do STJ que debate a responsabilidade civil do fabricante pelo risco do desenvolvimento no medicamento Sifrol.

2. RESPONSABILIDADE CIVIL DO FABRICANTE DE MEDICAMENTOS POR EVENTOS ADVERSOS

No Brasil, após a fase de ensaios clínicos e a partir do momento em que um medicamento[4] é inserido no mercado de consumo a responsabilidade civil do fabricante será

---

4. Importante mencionar que o termo medicamento não é sinônimo de fármaco, haja vista que, medicamento é produto farmacêutico com finalidade profilática, curativa, paliativa ou para fins de diagnóstico, enquanto o fármaco corresponde à substância química que é o princípio ativo do medicamento. Sobre o assunto, consultar: **Directiva 2001/83/CE do Parlamento Europeu e do Conselho**, de 6 de novembro de 2001. Estabelece um código comunitário relativo aos medicamentos para uso humano. Jornal Oficial nº L 311 de 28/11/2001 p. 0067 – 0128; TOMÉ, Patrícia Rizzo. A responsabilidade civil por danos causados em virtude de medicamentos defeituosos.

regida pelo Código de Defesa do Consumidor.[5] A responsabilidade civil do fabricante de medicamentos por eventos adversos se refere à obrigação de um fabricante de garantir que seus produtos sejam seguros e adequados para os usos previstos.

Nenhum medicamento é 100% seguro, tratando-se de produto com periculosidade inerente e, portanto, não se exige que seja fabricado com garantia de segurança absoluta,[6] pois a sua fabricação e comercialização são atividades de risco permitido. Entretanto, exige-se que o fabricante garanta a segurança legitimamente esperada (segurança relativa), tolerando-se os riscos considerados previsíveis e normais à sua natureza, desde que o consumidor receba as informações necessárias e adequadas, conforme previsto nos artigos 6º, inciso III, e 8º, ambos do CDC.

Além disso, nos termos do art. 12, § 1º, do CDC, o produto é defeituoso quando não oferece a segurança que dele legitimamente se espera, levando-se em consideração as circunstâncias relevantes, entre as quais a sua apresentação, o uso e os riscos que razoavelmente dele se esperam e a época em que foi colocado em circulação.

Embora nosso ordenamento jurídico não faça distinção, parte da doutrina classifica os defeitos em três tipos: 1) o de *concepção*, em que há erro na fórmula do medicamento ou quando a esta é inerente uma periculosidade anormal (afetando todos os produtos com a mesma composição química); 2) o de *fabricação*, que surge na fase de produção por falha mecânica ou humana e controle de qualidade insuficiente; e 3) o de *informação*, em que não é fornecida a informação adequada sobre os riscos do medicamento ou sobre a correta forma de utilização deste, ainda que o medicamento seja seguro (consideradas as ressalvas feitas anteriormente acerca da segurança relativa dos medicamentos).[7]

Ainda, vale ressaltar que o avanço científico permite a descoberta de novas substâncias, mas isso por si só não torna os medicamentos disponíveis no mercado até então, defeituosos, devendo-se considerar o estado do conhecimento científico que se havia na respectiva época, conforme art. 12, § 2º, do CDC.

Na ocorrência de lesão à saúde ou à vida do usuário em razão de uma violação ao dever de segurança que se espera de um medicamento, em qualquer das modalidades acima descritas, tratar-se-á de um defeito ou fato do produto, conforme estabelecido pelo art. 12, do CDC. Os eventos adversos são uma ocorrência médica indesejável, não intencional, temporalmente relacionada ao uso de medicamento, podendo incluir sinais,

---

In: ROSENVALD, Nelson; MENEZES, Joyceane Bezerra de; DADALTO, Luciana (Coord.). **Responsabilidade civil e medicina**. Indaiatuba: Foco, 2020; BRASIL. **Portaria nº 3.916, de 30 de outubro de 1998**. Estabelece a Política Nacional de Medicamentos no Brasil. Brasília, 1998.

5. TOMÉ, Patrícia Rizzo. A responsabilidade civil por danos causados em virtude de medicamentos defeituosos. In: ROSENVALD, Nelson; MENEZES, Joyceane Bezerra de; DADALTO, Luciana (Coord.). **Responsabilidade civil e medicina**. Indaiatuba: Foco, 2020. p. 203 e 210.

6. RAPOSO, Vera Lúcia. **Danos causados por medicamentos**: enquadramento jurídico à luz do ordenamento europeu. Coimbra: Almedina, 2018. p. 62.

7. SILVEIRA, Diana Montenegro da. **Responsabilidade civil por danos causados por medicamentos defeituosos**. Coimbra: Coimbra, 2010. p. 148-151.

sintomas ou doenças.[8] Podem ser leves ou até mesmo graves, de modo que a prescrição deve sempre ponderar os benefícios e as desvantagens do uso, variando de caso a caso, eis que a Medicina não é uma ciência exata e cada organismo responde de maneira diversa a um mesmo tratamento.

O fabricante de um medicamento é responsável pela segurança de seu produto e, portanto, pode ser responsabilizado por dano causado por eventos adversos, desde que não esteja presente uma hipótese de exclusão de sua responsabilidade. Havendo responsabilização, pode ser processado e condenado a pagar uma indenização à vítima (seja o próprio paciente ou demais pessoas afetadas, como familiares próximos em caso de eventual morte).

Em casos de eventos adversos causados por utilização incorreta do medicamento, por interação medicamentosa ou por armazenamento incorreto do medicamento por parte do consumidor, a análise da situação será mais complexa, havendo possibilidade para exclusão da responsabilidade do laboratório (a qual poderia recair, então, sobre o próprio paciente ou o médico que lhe atendeu), mas que ainda assim deverá ser observada de forma individual para cada caso.

Há hipóteses de exclusão de responsabilidade do fornecedor, que serão analisadas mais adiante, nas quais a culpa concorrente do consumidor não está elencada no rol previsto no art. 12, § 3°, do CDC ("O fabricante, o construtor, o produtor ou importador só não será responsabilizado quando provar: I – que não colocou o produto no mercado; II – que, embora haja colocado o produto no mercado, o defeito inexiste; III – a culpa exclusiva do consumidor ou de terceiro"). Nestas situações, eventual falha por parte do laboratório, ainda que complementada por uma falha também do médico ou do paciente, será passível de condenação, mediante aferição proporcional da responsabilidade civil.

Considerando a aplicação dos dispositivos legais do CDC acima mencionados, extrai-se que se está diante de casos de responsabilidade civil objetiva, de modo que a comprovação do dano, da conduta e do nexo causal são os requisitos que se exigem para eventual reparação de danos, independentemente da comprovação de culpa.[9] O requisito central destas discussões tende a ser o nexo causal e a sua comprovação.

A previsão legal da responsabilização do fabricante de medicamentos por eventos adversos é importante ferramenta que garante segurança aos pacientes, eis que a obrigação do laboratório em garantir que seus produtos sejam seguros e adequados para o uso previsto, somada à obrigação de notificar rapidamente os órgãos reguladores sobre quaisquer eventos adversos conhecidos, demanda um maior cuidado da empresa a fim de evitar uma perda patrimonial (indenizações e aplicações de penalidades).

---

8. **BRASIL**. Agência Nacional de Vigilância Sanitária. **Farmacovigilância**. Disponível em: https://www.gov.br/anvisa/pt-br/assuntos/fiscalizacao-e-monitoramento/farmacovigilancia. Acesso em: 09 jul. 2024.

9. TOMÉ, Patrícia Rizzo. A responsabilidade civil por danos causados em virtude de medicamentos defeituosos. In: ROSENVALD, Nelson; MENEZES, Joyceane Bezerra de; DADALTO, Luciana (Coord.). **Responsabilidade civil e medicina**. Indaiatuba: Foco, 2020. p. 207.

Vale, por fim, destacar que o risco inerente ao medicamento impõe ao fabricante um *dever de informar qualificado*, com base no art. 9º, do CDC, cuja violação poderá ser entendida como defeito do produto e aplicação da responsabilidade objetiva do fornecedor pelo evento danoso dele decorrente, nos termos do art. 12, § 1º, inciso II, do CDC.[10] Ademais, o *risco do desenvolvimento*, por vezes debatido em demandas contra o fabricante do medicamento, é aquele que não podia ser conhecido ou evitado quando o medicamento foi colocado em circulação, constituindo-se como defeito existente desde o momento da concepção do produto,[11] embora não perceptível a priori – caracterizan-do-se, pois, como hipótese de *fortuito interno*. Estes dois tópicos – *dever de informação qualificado* e *risco do desenvolvimento* –, serão retomados de forma mais profunda na sequência, em tópicos próprios.

3. O DEVER DE INFORMAÇÃO QUALIFICADA AOS CONSUMIDORES DE MEDICAMENTOS

Os medicamentos são utilizados das mais diversas maneiras, seja para aliviar sintomas, curar doenças eliminando a causa determinante como ocorre com o uso de antibióticos, corrigir a função corporal deficiente, como exemplo, uso dos suplementos hormonais e vitamínicos, seja para prevenir doenças, como é o caso das vacinas e soros, ou mesmo para diagnosticar determinada enfermidade ou avaliar o funcionamento dos órgãos, por meio dos contrastes radiológicos.[12]

Contudo, não são isentos de riscos, haja vista a série de reações adversas que podem causar aos seus consumidores, explicitados em um documento legal sanitário que contém informações técnico científicas sobre os medicamentos, que é a bula, cujas regras para elaboração, atualização e publicação, no Brasil, são dispostas na RDC nº 47/2009,[13] da Agência Nacional de Vigilância Sanitária.

Sérgio Cavalieri Filho,[14] ao analisar o risco oferecido pelo medicamento, pontua que, "embora se mostrem capazes de causar acidentes, a periculosidade é normal por-

---

10. CARNAÚBA, Daniela Amaral. **Responsabilidade civil e nascimento indesejado**: fundamentos para a reparação da falha de métodos contraceptivos. Rio de Janeiro: Método, 2021. p. 113-115.

11. SILVEIRA, Diana Montenegro da. **Responsabilidade civil por danos causados por medicamentos defeituosos**. Coimbra: Coimbra, 2010. p. 148.

12. TOMÉ, Patrícia Rizzo. A responsabilidade civil por danos causados em virtude de medicamentos defeituosos. In: ROSENVALD, Nelson; MENEZES, Joyceane Bezerra de; DADALTO, Luciana (Coord.). **Responsabilidade civil e medicina**. Indaiatuba: Editora Foco, 2021. p. 203-226. A autora indica que, "os efeitos adversos correspondem a qualquer ocorrência desfavorável ao paciente, em que se inclui a reação adversa ao medicamento, desvio de qualidade, interações medicamentosas, ineficácia total ou parcial da terapêutica, intoxicação, uso abusivo ou erros na medicação". A reação adversa é espécie do gênero efeito adverso, "corresponde a uma resposta preju-dicial ou indesejável e não intencional a um medicamento, que ocorre nas doses usualmente empregadas em seres humanos para a profilaxia, diagnóstico, terapia ou modificação das funções fisiológicas". p. 209.

13. **BRASIL**. Agência Nacional de Vigilância Sanitária. **RDC nº 47, de 8 de setembro de 2009**. Estabelece regras para elaboração, harmonização, atualização, publicação e disponibilização de bulas de medicamentos para pacientes e para profissionais de saúde. Disponível em: https://bvsms.saude.gov.br/bvs/saudelegis/anvisa/2009/rdc0047_08_09_2009.pdf. Acesso em: 10 mar. 2024.

14. CAVALIERI FILHO, Sérgio. Responsabilidade civil por danos causados por remédios. **Revista da EMERJ**, v. 2, n. 8, 1999. p. 15.

que conhecida e previsível, de modo a não surpreender o consumidor em sua legítima expectativa de segurança", pois o consumidor ao ter acesso a bula do medicamento, tem ali descrito o que pode esperar que lhe aconteça enquanto faz uso daquele produto.

Nesse diapasão, o risco que é inerente ao produto comercializado, porquanto, conhecido e previsível, impõe ao fabricante/produtor um dever de informação qualificada, dever este descrito no art. 6º, III, do CDC, ao dispor que o consumidor tem direito "*a informação adequada e clara sobre* os diferentes produtos e serviços, com especificação correta de quantidade, características, composição, qualidades, tributos incidentes e preço, bem como *sobre os riscos que apresentem*". (destaque nosso)

Mais especificamente, no que se refere a proteção à saúde, como é o caso dos medicamentos como produtos de consumo, o art. 8º, do mesmo diploma legal, traz expressamente consignado que os produtos que oferecem risco previsíveis, em decorrência de sua própria natureza e fruição, obriga aos fornecedores, em qualquer hipótese, a prestar informações necessárias e adequadas a seu respeito. De igual modo, o art. 9º, da lei consumerista, dispõe que: "o fornecedor de produtos e serviços potencialmente nocivos ou perigosos à saúde ou segurança deverá informar de maneira ostensiva e adequada, a respeito da sua nocividade ou periculosidade". A respeito do dever de informação, leciona Sérgio Cavalieri Filho,[15]

> a informação é uma decorrência do princípio da transparência e tem por finalidade dotar o consumidor de elementos objetivos de realidade que lhe permitam conhecer produtos e serviços e exercer escolha consciente. Escolha consciente por sua vez, propicia ao consumidor diminuir os seus riscos e alcançar suas legítimas expectativas. Mas para tanto, repita-se, é preciso que o consumidor esteja bem informado a ponto de poder manifestar a sua vontade refletida.

Esse dever de informação imposto ao fabricante de medicamentos, tem por objetivo, informar o consumidor sobre os riscos envolvidos no uso do produto, para que ele possa decidir se fará ou não uso do medicamento, bem como, informar o consumidor sobre a maneira correta de usar o produto e as precauções que devem ser adotadas, como por exemplo, o efeito sobre dirigir ou operar máquinas, para que não incorra em riscos acrescidos.[16]

Para Diana Montenegro da Silveira,[17] a qualidade da informação é observada quando disponibilizada de "forma explícita, suscinta, apropriada, facilmente perceptível, adequada ao objetivo de informar concretamente o consumidor da natureza dos riscos e da possibilidade e gravidade dos danos". A autora também destaca que, o produto será considerado defeituoso, ainda que não apresente defeito de concepção e de execução, se houver ausência, insuficiência ou inadequação nas informações prestadas aos con-

---

15. CAVALIERI FILHO, Sérgio. **Programa de responsabilidade civil**. 15. ed. rev. atual. reform. Barueri: Atlas, 2021. p. 567.
16. RAPOSO, Vera Lúcia. **Danos causados por medicamentos**. Enquadramento jurídico à luz do ordenamento europeu. Coimbra: Almedina, 2018.
17. SILVEIRA, Diana Montenegro da. **Responsabilidade civil por danos causados por medicamentos defeituosos**. Coimbra: Editora Coimbra, 2010. p. 156.

sumidores, relativas ao uso, à periculosidade, às reações adversas e às contraindicações que lhe estão associadas, tornando o produto inseguro.

Nesse sentido, a violação do dever de informação qualificada, é considerada hipótese de defeito do produto, apta a ensejar a responsabilidade objetiva do fabricante por acidentes de consumo, mesmo que, decorrentes de risco inerente ao produto. Isso é o que se depreende da interpretação do art. 12, § 1º, II, da lei de proteção ao consumidor. Nesse sentido, oportuna a transcrição da análise da Ministra Nancy Andrighi, por ocasião do julgamento do REsp nº 1.774.372/RS,[18] quando menciona que,

> o fato de o uso de um medicamento causar efeitos colaterais ou reações adversas, por si só, não configura defeito de produto se o usuário foi prévia e devidamente informado e advertido sobre tais riscos inerentes, de modo a poder decidir, de forma livre, refletida e consciente sobre o tratamento que lhe é prescrito, além de ter a possibilidade de mitigar eventuais danos que venham a ocorrer em função dele.

Portanto, sendo identificada uma reação adversa conhecida e admissível decorrente do uso do medicamento, desde que tal informação conste na bula do medicamento, tem--se afastado a responsabilidade do fabricante, por de produto defeituoso não se tratar.[19] Contudo, é importante anotar que, se um estudo científico indicar, mesmo que ainda parcialmente, a correlação entre o uso do produto e uma determinada reação adversa, desde esse momento, nasce para o fornecedor o dever de advertir o consumidor sobre a possibilidade da ocorrência dessa reação.[20]

Tal afirmação está em consonância com o disposto no art. 10, §§ 1º e 2º, do CDC, ao impor ao fornecedor o dever de comunicação imediata aos consumidores de medicamentos – produtos potencialmente nocivos ou perigosos à saúde –, quando após a inserção do produto no mercado, tenha conhecimento de fato novo relacionado a potencial nocividade do produto, de modo que, essa nova informação deve ser veiculada em todos os canais possíveis de comunicação a fim de alertar ao consumidor sobre a nova descoberta.

A informação sobre os riscos evidenciados por determinado medicamento não pode ser disponibilizada de maneira diversa entre consumidor-paciente e prescrito-médico, vez que compromete a decisão do consumidor. Para ilustrar essa situação, Vera Lúcia Raposo, menciona a decisão do Tribunal Civil de Bruxelas, em 2005, que reconheceu a responsabilidade do fabricante do medicamento por defeito de informação, no caso de um antibiótico, cujo documento informativo advertia o consumidor de que o medica-

---

18. **BRASIL.** Superior Tribunal de Justiça (STJ), **Recurso Especial nº 1.774.372/RS**, 3ª Turma, relator Min. Nancy Andrighi, j. 05 mai. 2020, *DJe* 18 mai. 2020.
19. Confira decisão do STJ: AgRg no REsp nº 1261815/SC, 3ª Turma, relator Min. Paulo de Tarso Sanseverino, j. 19 fev. 2013, DJe 25 fev. 2013. Afastou-se o dever de indenizar do fabricante do anticoncepcional Mesigyna, considerando que não houve violação ao dever de informação, pois as informações constavam na bula do medicamento.
20. SOARES, Flaviana Rampazzo. O dever de cuidado e a responsabilidade por defeitos. **Revista de Direito Civil Contemporâneo**. v. 13, p. 139-170, 2017. p. 161.

mento poderia causar surdez temporária, ao passo que para os médicos, o documento alertava sobre quadros definitivos de surdez em usuários do produto.[21]

Portanto, o fabricante de medicamentos tem o dever de informar claramente e objetivamente o consumidor sobre os riscos de seu produto, de modo ao garantir a sua legítima expectativa sobre o produto.

4. RESPONSABILIDADE CIVIL PELO RISCO DO DESENVOLVIMENTO

No risco do desenvolvimento, a potencialidade nociva do medicamento, muitas vezes, só é detectada após a sua comercialização, quando efetivamente os danos podem ser identificados. Isso ocorre, mesmo que o fabricante tenha adotado apurada técnica e alta tecnologia durante o processo de fabricação do produto, logo, ele só tem conhecimento sobre esse efeito nocivo, nesse momento, e não quando introduz o medicamento no mercado de consumo.[22]

Aqui, cabe uma distinção entre o conceito de *risco do desenvolvimento*, caracterizado pela imprevisibilidade, do *risco inerente ao produto*, este último, disciplinado pelo art. 8º, do CDC, segundo o qual "os riscos normais e previsíveis, em razão da essência e propriedades natas dos produtos ou serviços, são perfeitamente admissíveis e não os qualificam como defeituosos", desde que, esses riscos esperados sejam adequadamente informados aos consumidores.[23]

Exemplo clássico de risco do desenvolvimento, foi o caso da Talidomida, indicado na década de 1960, para o controle da náusea em grávidas. Somente após o seu uso, com o nascimento de milhares de crianças com uma deformidade congênita, caracterizada pelo encurtamento dos membros, é que foi possível detectar os efeitos teratogênicos do medicamento sobre o feto, contraindicando o uso por mulheres em idade fértil.[24]

Feitas as considerações iniciais sobre o conceito de risco do desenvolvimento, passa-se a análise da viabilidade da responsabilização do fabricante de produtos. Temática essa que encontra divergência na doutrina brasileira.

---

21. RAPOSO, Vera Lúcia. **Danos causados por medicamentos**. Enquadramento jurídico à luz do ordenamento europeu. Coimbra: Almedina, 2018. p. 97.
22. WESENDONCK, Tula. A responsabilidade civil pelos danos decorrentes dos riscos do desenvolvimento do medicamento Sifrol. **Revista de Direito do Consumidor**. v. 123, p. 161-183, 2019.
23. MODENESI, Pedro. A responsabilidade civil por danos causados por medicamentos na jurisprudência do STJ: risco do desenvolvimento e dever de informar. In: MONTEIRO FILHO, Carlos Edison do Rêgo; MARTINS, Guilherme Magalhães; ROSENVALD, Nelson; DENSA, Roberta. **Responsabilidade civil nas relações de consumo**. Indaiatuba (SP): Editora Foco, 2022. p. 324. Sobre sociedade de risco, confira: BECK, Ulrich. **Sociedade de risco**: rumo a uma outra modernidade. 2. ed. São Paulo: Editora 34, 2011.
24. WESENDONCK, Tula. A responsabilidade civil pelos danos decorrentes dos riscos do desenvolvimento do medicamento Sifrol. **Revista de Direito do Consumidor**, v. 123, p. 161-183, 2019. Confira também: REINIG, Guilherme Henrique Lima. **A responsabilidade do produtor pelos riscos do desenvolvimento**. São Paulo: Atlas, 2013. p. 6-17.

Corrente doutrinária que refuta a responsabilização do fabricante por risco do desenvolvimento,[25] o faz a partir da análise interpretativa do art. 12, § 1º, III, da lei consumerista, cuja redação diz que o produto será tido como defeituoso considerando a época em que foi colocado em circulação. Logo, o risco do desenvolvimento não configuraria um defeito do produto, visto que, quando ele é inserido no mercado, o defeito é indetectável, o medicamento quando posto em circulação, é considerado seguro, pois o fabricante mesmo empregando o mais avançado conhecimento científico disponível não tem condições de identificar a potencial nocividade daquele produto.[26]

Contudo, esse argumento é rechaçado por parte da doutrina,[27-28] ao afirmar que o risco do desenvolvimento é considerado como espécie do gênero *defeito de concepção*. Nesse sentido, ainda que determinado risco do produto fosse desconhecido, o defeito já o integrava quando ele foi posto em circulação no mercado de consumo – sendo que a existência de defeito é um dos elementos geradores de responsabilidade objetiva por acidente de consumo. Sobre o tema, Sérgio Cavalieri Filho[29] aponta que "havendo defeito de concepção, ainda que decorrente de carência de informações científicas à época da concepção, não há que se falar em exclusão da responsabilidade do fornecedor". Outro autor que contrapõe o risco de desenvolvimento como excludente de responsabilidade é Guilherme Reinig,[30] ao expor que:

> Embora do ponto de vista da conduta do produtor não seja justo exigir-lhe que não coloque em circulação produtos sobre cuja periculosidade não podia conhecer, em termos de responsabilidade civil o legislador foi claro em optar pela perspectiva do consumidor. Para concluir se determinado produto é ou não defeituoso interessa identificar quais são as legítimas expectativas do consumidor (art. 12, § 1º) e não se o produtor deveria saber se o produto apresenta alto grau de nocividade ou periculosidade à saúde e a segurança.
>
> (...) os "defeitos de desenvolvimento" não consistem numa categoria autônoma, manifestando-se como defeito de projeção, de instrução ou até mesmo de fabricação. Destarte, não há sentido em afirmar que o legislador não os elenca como classe de defeito a ensejar a responsabilidade do produtor. Esta interpretação restritiva desvirtua a regra do artigo 12 do CDC, não devendo ser aceita.

---

25. MARINS, James. **Responsabilidade da empresa pelo fato do produto**: os acidentes de consumo no código de defesa e proteção do consumidor. São Paulo: Ed. RT, 1993; TEPEDINO, Gustavo. A responsabilidade civil por acidentes de consumo na ótima civil-constitucional. **Temas de Direito Civil**. 3. ed. Rio de Janeiro: Renovar, 2004. p. 273-274.
26. WESENDONCK, Tula. A responsabilidade civil pelos danos decorrentes dos riscos do desenvolvimento do medicamento Sifrol. **Revista de Direito do Consumidor**, v. 123, p. 161-183, 2019.
27. BENJAMIN, Antonio Herman de Vasconcellos. **Comentários ao Código de Proteção do Consumido**. São Paulo: Saraiva, 1997. p. 67.
28. MODENESI, Pedro. A responsabilidade civil por danos causados por medicamentos na jurisprudência do STJ: risco do desenvolvimento e dever de informar. In: MONTEIRO FILHO, Carlos Edison do Rêgo; MARTINS, Guilherme Magalhães; ROSENVALD, Nelson; DENSA, Roberta. **Responsabilidade civil nas relações de consumo**. Indaiatuba (SP): Editora Foco, 2022. p. 322.
29. CAVALIERI FILHO, Sérgio. **Programa de responsabilidade civil**. 15. ed. rev. atual. reform. Barueri: Atlas, 2021. p. 585.
30. REINIG, Guilherme Henrique Lima. **A responsabilidade do produtor pelos riscos do desenvolvimento**. São Paulo: Atlas, 2013. p. 57-103.

Doutrinadores que admitem a responsabilidade do fabricante nessas situações[31] ressaltam que, o art. 12, § 3º, do Código de Defesa do Consumidor,[32] ao tratar das causas de exclusão de responsabilidade civil, não indica expressamente o risco do desenvolvimento.[33] Para Flaviana Rampazzo Soares,[34] a determinação da responsabilidade do fabricante/ produtor/fornecedor por risco do desenvolvimento tem como argumento que ele,

> (1) é quem tem o controle sobre a produção e, por isso, deve ter o cuidado de apresentar produtos com qualidade e segurança; (2) deve arcar com o resultado da colocação do produto em circulação, pois foi quem criou o risco de dano; (3) por seu conhecimento quanto ao produto, criação, fabricação, formulação etc., é quem tem a melhor condição de controlar a sua qualidade e segurança; (4) deve antever a possibilidade de defeito e acautelar-se quanto a isso, contratando seguro de responsabilidade civil e incorporando essa despesa ao seu custo de produção e preço de venda.

Insta mencionar que tem prevalecido na doutrina brasileira o entendimento de que incognoscibilidade do defeito do produto quando posto em circulação não é caso de fortuito externo, portanto, não há rompimento do nexo causal, o que implicaria em ausência de pressupostos para responsabilização. Logo, os riscos do desenvolvimento referentes aos medicamentos comercializados são inerentes à atividade do fabricante, não externos a ele.[35] Na mesma linha de pensamento, Sérgio Cavalieri Filho entende que o risco de desenvolvimento deve ser enquadrado como fortuito interno, isto é, um risco que integra a atividade do fabricante, sendo plenamente possível a responsabilidade civil do fabricante.[36]

---

31. MIRAGEM, Bruno. **Curso de direito do consumidor**. 7. ed. São Paulo: Ed. RT, 2018; BENJAMIN, Antonio Herman Vasconcellos; MARQUES, Claudia Lima; BESSA, Leonardo. **Manual de direito do consumidor**. 2. ed. São Paulo: Ed. RT, 2009. CAVALIERI FILHO, Sérgio. **Programa de responsabilidade civil**. 15. ed. rev. atual. reform. Barueri: Atlas, 2021; WESENDONCK, Tula. A responsabilidade civil pelos danos decorrentes dos riscos do desenvolvimento do medicamento Sifrol. **Revista de Direito do Consumidor**, v. 123, p. 161-183, 2019; CALIXTO, Marcelo Junqueira. **A responsabilidade civil do fornecedor de produtos pelos riscos do desenvolvimento**. Rio de Janeiro: Renovar, 2004.

32. Art. 12. CDC. § 3º O fabricante, o construtor, o produtor ou importador só não será responsabilizado quando provar: I – que não colocou o produto no mercado; II – que, embora haja colocado o produto no mercado, o defeito inexiste; III – a culpa exclusiva do consumidor ou de terceiro.

33. A Diretiva Europeia (85/374/CEE), que trata da responsabilidade decorrente dos produtos defeituosos, em seu artigo 7ª, alínea "e", prevê expressamente que não haverá responsabilização do produtor se provar "que o estado dos conhecimentos científicos e técnicos no momento da colocação em circulação do produto pelo produtor não permitiu detectar a existência do defeito". Apesar da exclusão ser a regra, o art. 15, deixou a critério de cada país membro deliberar sobre a inclusão ou exclusão da responsabilidade pelo risco do desenvolvimento. Razão pela qual, Finlândia e Luxemburgo preveem uma responsabilidade irrestrita pelo risco do desenvolvimento. Enquanto, Áustria, Bélgica, Dinamarca, Grécia, Irlanda, Itália, Países Baixos, Portugal, Reino Unido e Suécia, optaram por não responsabilizar o produtor pelos riscos do desenvolvimento e não preveem qualquer exceção à regra. Por sua vez, Alemanha, Espanha e França, instituíram como regra que o produtor não responde pelos riscos do desenvolvimento, com exceções. REINIG, Guilherme Henrique Lima. **A responsabilidade do produtor pelos riscos do desenvolvimento**. São Paulo: Atlas, 2013. p. 57-103.

34. SOARES, Flaviana Rampazzo. O dever de cuidado e a responsabilidade por defeitos. **Revista de Direito Civil Contemporâneo**. v. 13, p. 139-170, 2017. No mesmo sentido: PASQUALOTTO, Adalberto de Souza. A responsabilidade civil do fabricante e os riscos do desenvolvimento. **Revista da Ajuris**. Porto Alegre, n. 59, p. 148-168, 1993.

35. REINIG, Guilherme Henrique Lima. **A responsabilidade do produtor pelos riscos do desenvolvimento**. São Paulo: Atlas, 2013.

36. CAVALIERI FILHO, Sérgio. **Programa de responsabilidade civil**. 15. ed. rev. atual. reform. Barueri: Atlas, 202. p. 584.

Pedro Modenesi propõe que, em relações de consumo, a responsabilidade civil pelos danos decorrentes do risco do desenvolvimento pode ser efetivamente resolvida valendo-se do art. 12, § 1º, II, do próprio CDC, quanto ao fato do produto, pois,

> é feita alusão expressa aos riscos que razoavelmente se esperam do produto e do serviço como parâmetro para a configuração do defeito gerador da responsabilidade civil. Sendo o risco do desenvolvimento desconhecido e imprevisível ao tempo da comercialização do produto ou do serviço, ele, evidentemente, não é um risco que razoavelmente se espera e, acaso concretizado, frustra a legítima expectativa do consumidor quanto ao padrão de segurança.[37]

Entretanto, Tula Wesendonck, sugere que, para garantir a efetiva proteção do consumidor, seja empregado o diálogo das fontes para aplicação subsidiária do Código Civil, especificamente dos arts. 931,[38] e 927, parágrafo único.[39] O primeiro prevê a responsabilização do fabricante por produtos postos em circulação, evitando a discussão sobre a época em que o medicamento foi inserido no mercado. Trata-se de norma específica sobre a responsabilidade civil pelos danos decorrentes de produtos. Já o segundo se refere à responsabilidade objetiva calcada no risco da atividade.[40]

Reforçando a responsabilização do fornecedor pelo risco do desenvolvimento, destaca-se o Enunciado 43, da I Jornada de Direito Civil, do Conselho de Justiça Federal, ao apresentar a seguinte redação: "A responsabilidade civil pelo fato do produto, prevista no art. 931 do novo Código Civil, também inclui os riscos do desenvolvimento".

Assim, no entendimento de Tula Wesendonck, "qualquer alegação de exclusão da responsabilidade civil do fabricante pelos riscos do desenvolvimento, com fundamento no CDC é superada pelo reconhecimento da incidência da norma disposta no CC". Logo, nas demandas que envolvem danos decorrentes de medicamentos que produzem reações adversas não conhecidas, é mais ampla e efetiva a proteção ao consumidor conferida pela aplicação do CC do que pela aplicação do CDC.[41]

Por fim, há que se ponderar que a imputação de responsabilidade ao produtor, pelo risco do desenvolvimento, acaba sendo um incentivo para buscar maior qualidade e segurança dos produtos antes de colocá-los no mercado de consumo, evitando, assim, que os consumidores sejam usados como uma espécie de 'cobaias da indústria'

---

37. MODENESI, Pedro. A responsabilidade civil por danos causados por medicamentos na jurisprudência do STJ: risco do desenvolvimento e dever de informar. In: MONTEIRO FILHO, Carlos Edison do Rêgo; MARTINS, Guilherme Magalhães; ROSENVALD, Nelson; DENSA, Roberta. **Responsabilidade civil nas relações de consumo**. Indaiatuba (SP): Editora Foco, 2022. p. 317.

38. Art. 931 CC. Ressalvados outros casos previstos em lei especial, os empresários individuais e as empresas respondem independentemente de culpa pelos danos causados pelos produtos postos em circulação.

39. Art. 927 CC. Parágrafo único. Haverá obrigação de reparar o dano, independentemente de culpa, nos casos especificados em lei, ou quando a atividade normalmente desenvolvida pelo autor do dano implicar, por sua natureza, risco para os direitos de outrem.

40. WESENDONCK, Tula. A responsabilidade civil pelos danos decorrentes dos riscos do desenvolvimento do medicamento Sifrol. **Revista de Direito do Consumidor**, v. 123, p. 161-183, 2019. p. 8.

41. WESENDONCK, Tula. A responsabilidade civil pelos danos decorrentes dos riscos do desenvolvimento do medicamento Sifrol. **Revista de Direito do Consumidor**, v. 123, p. 161-183, 2019. p. 10.

com o lançamento de um produto sem terem sido investigados adequadamente os seus efeitos.[42]

5. HIPÓTESES DE EXCLUSÃO DA RESPONSABILIDADE CIVIL DO FORNECEDOR DE MEDICAMENTOS

Como indicado anteriormente, em se tratando de uma relação de consumo, eventual exclusão da responsabilidade civil do fornecedor deve encontrar correspondência com o rol do § 3º, art. 12, do CDC. Sendo assim, estas hipóteses ficam limitadas aos casos em que o fornecedor: 1) não colocou o produto no mercado; 2) embora tenha colocado o produto no mercado, o defeito é inexistente, ou seja, não fere a legítima expectativa que dele se espera; ou 3) culpa exclusiva do consumidor ou de terceiro. Diante de tais situações, mesmo que comprovada a existência do dano, o dever de indenizar por parte do fabricante é afastado, pois o nexo causal é rompido.[43]

Importante notar que o próprio dispositivo legal afirma que tais situações dependem de comprovação. Somando-se a isto, vale consignar a aplicação da responsabilidade objetiva do *caput* do art. 12, do CDC e a inversão do ônus da prova em razão da hipossuficiência do consumidor, prevista no art. 6º, inciso VIII, do CDC, imperioso apontar que o ônus probatório recai, obviamente, sobre o laboratório.

Sérgio Cavalieri Filho, indica que o fornecedor pode comprovar que não colocou o medicamento no mercado de consumo, nas situações envolvendo medicamentos falsificados, que são comercializados sem a devida qualidade, segurança e a revelia do fabricante.[44] Já Patrícia Thomé[45] exemplifica casos nos quais há culpa exclusiva do consumidor: uma falha no armazenamento do medicamento por parte do usuário ou o uso de uma quantidade diversa da indicada na bula. São situações que podem excluir a responsabilidade do fabricante do medicamento, assim como o fato de terceiro, quando comportamento de sujeito alheio à relação é o causador do dano sofrido. Sobre esta hipótese, a autora traz o seguinte exemplo: "consumidor que foi a óbito em decorrência das reações adversas pelo uso de um medicamento, mas elas decorreram da venda errônea e consequente consumo inadequado, em virtude da letra ilegível do médico".

Silente a legislação consumerista sobre a possibilidade de admitir a exclusão de responsabilidade ante caso fortuito ou força maior, abre-se margem para discussão

---

42. SILVEIRA, Diana Montenegro da. **Responsabilidade civil por danos causados por medicamentos defeituosos**. Coimbra: Coimbra, 2010. p. 250-251.
43. CAVALIERI FILHO, Sérgio. **Programa de responsabilidade civil**. 15. ed. rev. atual. reform. Barueri: Atlas, 2021.
44. CAVALIERI FILHO, Sérgio. Responsabilidade civil por danos causados por remédios. **Revista da EMERJ**, v. 2, n. 8, 1999.
45. TOMÉ, Patrícia Rizzo. A responsabilidade civil por danos causados em virtude de medicamentos defeituosos. In: ROSENVALD, Nelson; MENEZES, Joyceane Bezerra de; DADALTO, Luciana (Coord.). **Responsabilidade civil e medicina**. Indaiatuba: Foco, 2020. p. 221-222.

doutrinária,[46] sendo, entretanto, certo de que estas previsões não encontram respaldo no rol do art. 12, § 3º, do CDC. Pondera-se que o fortuito externo, pode ser admitido como excludente da responsabilidade do fabricante, "sob pena de lhe impor uma responsabilidade objetiva fundada no risco integral, da qual o Código de Defesa do Consumidor não cogitou".[47]

6. ANÁLISE DO PRECEDENTE DO STJ QUE DEBATE A RESPONSABILIDADE CIVIL DO FABRICANTE PELO RISCO DO DESENVOLVIMENTO NO MEDICAMENTO SIFROL

No julgamento do caso paradigmático do STJ (REsp nº 1.774.372/RS),[48] imputou-se responsabilidade objetiva ao fabricante do medicamento Sifrol, orientada pela incidência da aplicação do Código de Defesa do Consumidor, pois trata-se de acidente de consumo, mais especificamente de fato do produto. Foi considerado o fato de que a reação adversa experimentada pela consumidora – compulsão por jogo patológico –, não constava na bula do medicamento ao tempo de sua comercialização, razão pela qual houve violação das suas legítimas expectativas em relação ao produto, sobretudo, quanto à segurança que dele legitimamente se podia esperar.

No caso, restaram demonstrados o defeito do produto (violação das expectativas da segurança da consumidora em relação ao medicamento consumido); a conduta (o fabricante inseriu no mercado o Sifrol para comercialização, bem como, violou o dever de informação ao não advertir sobre o risco de desenvolver comportamento compulsivo); o dano sofrido (dilapidação do patrimônio e consequências irreparáveis à sua vida pessoal e profissional); e o nexo de causalidade entre a reação adversa e o dano (interrompido o uso do medicamento, cessou a compulsão).[49]

Aspecto dos mais importantes discutidos pela decisão em análise diz respeito a *responsabilidade do fabricante pelos riscos do desenvolvimento*. Nas palavras de Diana Montenegro da Silveira,[50] riscos de desenvolvimento,

> são aqueles que são incognoscíveis e indetectáveis perante o estado da ciência e da técnica no momento em que o produto é posto em circulação. O defeito, intrínseco ao produto, existia mas não era detectável à luz do estado dos conhecimentos científicos e técnicos existentes, no momento da

---

46. TOMÉ, Patrícia Rizzo. A responsabilidade civil por danos causados em virtude de medicamentos defeituosos. In: ROSENVALD, Nelson; MENEZES, Joyceane Bezerra de; DADALTO, Luciana (Coord.). **Responsabilidade civil e medicina**. Indaiatuba: Foco, 2020. p. 222.

47. CAVALIERI FILHO, Sérgio. **Programa de responsabilidade civil**. 15. ed. rev. atual. reform. Barueri: Atlas, 2021. p. 583.

48. **BRASIL.** Superior Tribunal de Justiça (STJ), **Recurso Especial nº 1.774.372/RS**, 3ª Turma, relator Min. Nancy Andrighi, j. 05 maio 2020, DJe 18 maio 2020.

49. SOARES, Flaviana Rampazzo. Responsabilidade civil por falha informativa no fornecimento de medicamentos, na visão do Superior Tribunal de Justiça. In: KFOURI NETO, Miguel; NOGAROLI, Rafaella (Coord.). **Debates contemporâneos em direito médico e da saúde**. 2. ed. rev. atual. ampl. Ed. RT, 2022. p. 769-779.

50. SILVEIRA, Diana Montenegro da. Responsabilidade civil por danos causados por medicamentos defeituosos. In: GOMES, Carla Amado; RAIMUNDO, Miguel Assis; MONGE, Cláudia (Coord.). **Responsabilidade na prestação de cuidados de saúde**. Lisboa: Instituto de Ciências Jurídico-Políticas, 2013. p. 150.

colocação do produto no mercado. Só posteriormente, com o desenvolvimento dos conhecimentos científicos e técnicos, e estando já causados os danos, é que se torna possível detectá-los e qualificar o produto como defeituoso.

A esse respeito, salutar é a importância do julgamento do STJ, que, ao enfrentar tema controvertido no direito brasileiro, reconheceu expressamente a responsabilidade do fabricante de medicamentos com fundamento no risco do desenvolvimento, abrindo precedente para que tal entendimento seja replicado em julgamentos futuros envolvendo a temática.

A decisão analisada inova nesse aspecto, se considerarmos que no Brasil, outros casos de risco do desenvolvimento foram julgados, sem, entretanto, mencionar expressamente que se tratava dessa hipótese. A título de exemplo, cita-se julgamento do caso Survector.[51] O fabricante foi questionado pelos danos decorrentes de reações adversas, não esperadas e desconhecidas quando o produto foi posto em circulação, nesse caso, e o STJ reconheceu a responsabilidade civil do fabricante do medicamento pelos efeitos colaterais, sem fazer referência à expressão risco do desenvolvimento.[52]

No caso Sifrol, como já mencionado, após o medicamento ser comercializado foi identificada reação adversa que não constava na bula do produto, a compulsão por jogo patológico, hipótese, portanto, de *risco do desenvolvimento*, sendo firmado o entendimento de que, o "defeito existente desde o momento da concepção do produto, embora não perceptível a priori" caracteriza fortuito interno, pelo qual, responde o fabricante.[53] Isso em consonância com a doutrina de Sérgio Cavalieri Filho,[54] quando menciona que,

> os riscos de desenvolvimento devem ser enquadrados como fortuito interno – risco integrante da atividade do fornecedor –, pelo que não exonerativo da sua responsabilidade. [...] O risco do desenvolvimento diz respeito a um defeito de concepção, que, por sua vez, dá causa a um acidente de consumo por falta de segurança. Irrelevante saber, se esse defeito era ou não previsível e, consequentemente, evitável. Por ele responde o fornecedor independentemente de culpa.

Ressalta-se que não se exige que os medicamentos apresentem segurança absoluta, até porque, trata-se de atividade de risco permitido o fato do produto causar efeitos adversos e isto, por si só, não configura defeito.[55] Contudo, se o consumidor não foi devidamente informado sobre tais riscos inerentes, afetando a sua capacidade de decidir, livremente, sobre o tratamento prescrito, além de diminuir-lhe a possibilidade de mitigar eventuais danos que venham a ocorrer em função dele, surge para o fabricante o dever

---

51. **BRASIL.** Superior Tribunal de Justiça (STJ), **Recurso Especial nº 971.845/DF**, 3ª Turma, relator Min. Humberto Gomes de Barros, j. 21 ago. 2008, *DJe* 1º dez. 2008.
52. WESENDONCK, Tula. A responsabilidade civil pelos danos decorrentes dos riscos do desenvolvimento do medicamento Sifrol. **Revista de Direito do Consumidor**. v. 123, p. 161-183, 2019.
53. **BRASIL.** Superior Tribunal de Justiça (STJ), **Recurso Especial nº 1.774.372/RS**, 3ª Turma, rel. Min. Nancy Andrighi, j. 5 mai. 2020, *DJe* 18 maio 2020, p. 2-3.
54. CAVALIERI FILHO, Sérgio. **Programa de responsabilidade civil**. 15. ed. rev. atual. reform. Barueri: Atlas, 2021. p. 585-586.
55. Confira: **BRASIL.** Superior Tribunal de Justiça (STJ), **Recurso Especial nº 1.599.405/SP**, relator Min. Marco Aurélio Bellizze, *DJe* 17 mar. 2017.

de indenizar, por falha no dever de informação qualificada sobre o produto, conforme interpretação do disposto nos arts. 8º, 9º, e 12, § 1º, II, todos do CDC. Nesse sentido, a ministra Nancy Andrighi consignou no acórdão paradigma que:

> o desconhecimento quanto à possibilidade de desenvolvimento do jogo patológico como reação adversa ao uso do medicamento, subtraiu da paciente a capacidade de relacionar, de imediato, o transtorno mental e comportamental de controle do impulso ao tratamento médico ao qual estava sendo submetida, sobretudo por se tratar de um efeito absolutamente anormal e imprevisível para a consumidora leiga e desinformada.[56]

Tal situação foi agravada no caso concreto, ao considerar que, apesar de existirem estudos prévios correlacionando o uso do Sifrol ao possível desencadeamento de quadros de comportamentos compulsivos, essa advertência não constava na bula do medicamento ao tempo de sua comercialização no Brasil. Ademais, o alerta sobre a possível reação adversa de compulsão por jogos já constava no documento sanitário disponibilizado em outros países.

O laboratório alegou que já havida dado entrada no pedido de inclusão da informação na bula do Sifrol, junto à Agência Nacional de Vigilância Sanitária, e que a bula era igual em todo o mundo, com variação do tempo do processo burocrático para tal inclusão. Entretanto, essa alegação não se sustenta, quando analisada à luz do art. 10, §§ 1º e 2º, do CDC, que impõe ao fabricante o dever de informação imediata dos consumidores, por anúncios em diferentes meios de comunicação, sobre a descoberta de novos riscos ocasionados pelo uso do produto – o que não ocorreu n caso concreto. Assim foi o entendimento do STJ,

> vale ressaltar, ainda, que, embora a bula seja o mais importante documento sanitário de veiculação de informações técnico-científicas e orientadoras sobre um medicamentos, não pode o fabricante se aproveitar da tramitação administrativa do pedido de atualização junto a Anvisa para se eximir do dever de dar, prontamente, amplo conhecimento ao público – pacientes e profissionais da área da saúde –, por qualquer meio de comunicação, dos riscos inerentes ao uso do remédio que fez circular no mercado de consumo.[57]

Ainda sobre o dever do fabricante do Sifrol disponibilizar informações sobre riscos dos seus produtos, a partir do momento que toma conhecimento, destacam-se lições de Flaviana Rampazzo Soares, ao analisar o mesmo caso paradigmático:

> caberia ao laboratório tão logo soubesse de tão grave efeito adverso providenciar comunicados ostensivos aos consumidores e aos médicos, alertando para isso, enquanto o processo de alteração da bula estivesse em curso. E, aprovada a alteração da bula, caberia ao laboratório, imediatamente providencial *recall*, recolhendo os produtos sem as devidas informações, em atendimento ao mandamento contido no art. 10 do CDC.[58]

---

56. **BRASIL.** Superior Tribunal de Justiça (STJ), **Recurso Especial nº 1.774.372/RS**, 3ª Turma, relator Min. Nancy Andrighi, j. 05 maio 2020, *DJe* 18 mai. 2020. p. 33.
57. **BRASIL.** Superior Tribunal de Justiça (STJ), **Recurso Especial nº 1.774.372/RS**, 3ª Turma, relator Min. Nancy Andrighi, j. 05 maio 2020, *DJe* 18 mai. 2020. p. 33.
58. SOARES, Flaviana Rampazzo. Responsabilidade civil por falha informativa no fornecimento de medicamentos, na visão do Superior Tribunal de Justiça. In: KFOURI NETO, Miguel; NOGAROLI, Rafaella (Coord.). **Debates contemporâneos em direito médico e da saúde**. 2. ed. rev. atual. ampl. Ed. RT, 2022. p. 775.

Também se discutiu na decisão do STJ se a culpa concorrente da consumidora teria o condão de afastar o dever de indenizar do laboratório, pois ela teria utilizado o medicamento em dose superior a indicada e em associação com o Cronomet, que sabidamente, poderia causar hiperestimulação dopaminérgica, ambas informações constavam na bula. Contudo, a jurisprudência pátria entende que, mesmo havendo concorrência de culpa, mas não sendo caso de culpa exclusiva do consumidor do produto defeituoso, e verificando-se atuação determinante do fornecedor, não é possível excluir o dever de indenizar.[59]

Sobre esse aspecto, decidiu o STJ que a culpa concorrente da consumidora não está elencada no art. 12, § 3º, do CDC, portanto, não constituindo hipótese de exclusão de responsabilidade do fabricante por produto defeituoso. Ademais, a Corte entendeu que a responsabilidade por eventual superdosagem ou interação medicamentosa não poderia recair sobre a paciente que ingere a dose prescrita por seu médico, considerando, sobretudo, sua vulnerabilidade técnica enquanto consumidora.[60]

Além do mais, a reação adversa presenciada é inerente ao medicamento, como foi comprovado e reconhecido posteriormente com a alteração da bula, não estando restrita apenas a casos de doses acima do recomendado. Deste modo, restaria afastada também a responsabilidade por culpa exclusiva de terceiro (supostamente do médico que receitou doses mais altas). Portanto, o laboratório foi condenado a responder integralmente pelos danos materiais pleiteados na ação e pelos danos morais.

Para finalizar, vale mencionar que as disposições contidas no CDC se mostraram suficientes para a resolução da controvérsia, tornando-se complementar a referência às regras contidas no Código Civil.

7. NOTAS CONCLUSIVAS

No que se refere à responsabilidade civil do fabricante por medicamentos defeituoso, a partir da análise do *case* paradigma sobre evento adverso do Sifrol (REsp nº 1.774.372/RS), foi possível identificar que, é imputada responsabilidade objetiva, segundo a qual há necessidade de comprovação do dano, da conduta e do nexo causal, para eventual reparação, independentemente da aferição de culpa.

O medicamento é considerado *defeituoso* quando não oferece a segurança que dele legitimamente se espera, levando-se em consideração as circunstâncias relevantes, entre as quais a sua apresentação, o uso e os riscos que razoavelmente são esperados, além da época em que foi colocado em circulação. Salienta-se que não se exige que os medicamentos sejam fabricados com garantia de segurança absoluta, pois se trata de uma atividade de *risco permitido*. Exige-se, contudo, que garantam a segurança legiti-

---

59. **BRASIL.** Superior Tribunal de Justiça (STJ), **Recurso Especial nº 971.845/DF**, 3ª Turma, relator Min. Humberto Gomes de Barros, j. 21 ago. 2008, DJe 1º dez. 2008.
60. **BRASIL.** Superior Tribunal de Justiça (STJ), **Recurso Especial nº 1.774.372/RS**, 3ª Turma, relator Min. Nancy Andrighi, j. 05 maio 2020, DJe 18 maio 2020. p. 33-34.

mamente esperada, tolerando os riscos considerados normais e previsíveis, desde que o consumidor receba as informações necessárias e adequadas.

Em razão do *risco inerente ao medicamento* é que se impõe ao fabricante o dever de informação qualificada ao consumidor, sob pena de ser responsabilizado por defeito do produto, visto que a falta ou insuficiência de informação subtraem do consumidor a segurança que legitimamente se espera do produto.

O *case* paradigmático é relevante, sobretudo no tocante ao reconhecimento do *risco de desenvolvimento* como hipótese de *fortuito interno*, apto a gerar o dever de indenizar pelo fabricante, embora a reação adversa só venha a ser conhecida após a comercialização do produto. Fato é que o defeito já existe desde o momento da concepção do produto. Ademais, trata-se de responsabilidade do fabricante do medicamento tomar conhecimento sobre o risco até então oculto, tornando pública a descoberta para advertir o consumidor.

O dever de indenizar do fabricante por medicamentos defeituosos é afastado quando se está diante das hipóteses previstas no rol do § 3º do art. 12 do CDC. Importante esclarecer que a responsabilidade por eventual superdosagem ou interação medicamentosa não pode recair sobre o consumidor-paciente que ingere a dose prescrita pelo médico, considerando a sua vulnerabilidade técnica enquanto consumidor.

REFERÊNCIAS

BECK, Ulrich. **Sociedade de risco**: rumo a uma outra modernidade. 2. ed. São Paulo: Editora 34, 2011.

BENJAMIN, Antonio Herman de Vasconcellos. **Comentários ao Código de Proteção do Consumido**. São Paulo: Saraiva, 1997.

BENJAMIN, Antonio Herman Vasconcellos; MARQUES, Claudia Lima; BESSA, Leonardo. **Manual de direito do consumidor**. 2. ed. São Paulo: Ed. RT, 2009.

BOEHRINGER-INGELHEIM. **COMUNICADO** – DESCONTINUAÇÃO TEMPORÁRIA DE SIFROL˙ ER (0,375 mg, 0,75 mg e 1,5 mg). Disponível em: https://www.boehringer-ingelheim.com.br/eventos-e-iniciativas/comunicados-regulatorios/comunicado-sifrol-18-09-2018. Acesso em: 5 fev. 2024.

CALIXTO, Marcelo Junqueira. **A responsabilidade civil do fornecedor de produtos pelos riscos do desenvolvimento**. Rio de Janeiro: Renovar, 2004.

CARNAÚBA, Daniela Amaral. **Responsabilidade civil e nascimento indesejado**: fundamentos para a reparação da falha de métodos contraceptivos. Rio de Janeiro: Método, 2021.

CAVALIERI FILHO, Sérgio. Responsabilidade civil por danos causados por remédios. **Revista da EMERJ**, v. 2, n. 8, 1999.

CAVALIERI FILHO, Sérgio. **Programa de responsabilidade civil**. 15. ed. rev. atual. reform. Barueri: Atlas, 2021.

DIRECTIVA 2001/83/CE do Parlamento Europeu e do Conselho, de 6 de novembro de 2001. Estabelece um código comunitário relativo aos medicamentos para uso humano. Jornal Oficial nº L 311 de 28/11/2001 p. 0067 – 0128. Disponível em: https://eur-lex.europa.eu/legal-content/PT/TXT/PDF/?uri=CELEX:02001L0083-20190726&from=PT. Acesso em: 20 jan. 2024.

MARINS, James. **Responsabilidade da empresa pelo fato do produto**: os acidentes de consumo no Código de Defesa e Proteção do Consumidor. São Paulo: Ed. RT, 1993.

MIRAGEM, Bruno. **Curso de direito do consumidor**. 7. ed. São Paulo: Ed. RT, 2018.

MODENESI, Pedro. A responsabilidade civil por danos causados por medicamentos na jurisprudência do STJ: risco do desenvolvimento e dever de informar. In: MONTEIRO FILHO, Carlos Edison do Rêgo; MARTINS, Guilherme Magalhães; ROSENVALD, Nelson; DENSA, Roberta. **Responsabilidade civil nas relações de consumo**. Indaiatuba: Editora Foco, 2022.

PASQUALOTTO, Adalberto de Souza. A responsabilidade civil do fabricante e os riscos do desenvolvimento. **Revista da Ajuris**. Porto Alegre, n. 59, p. 148-168, 1993.

RAPOSO, Vera Lúcia. **Danos causados por medicamentos**: enquadramento jurídico à luz do ordenamento europeu. Coimbra: Almedina, 2018.

REINIG, Guilherme Henrique Lima. **A responsabilidade do produtor pelos riscos do desenvolvimento**. São Paulo: Atlas, 2013.

SILVEIRA, Diana Montenegro da. **Responsabilidade civil por danos causados por medicamentos defeituosos**. Coimbra: Coimbra, 2010.

SILVEIRA, Diana Montenegro da. Responsabilidade civil por danos causados por medicamentos defeituosos. In: GOMES, Carla Amado; RAIMUNDO, Miguel Assis; MONGE, Cláudia (Coord.). **Responsabilidade na prestação de cuidados de saúde**. Lisboa: Instituto de Ciências Jurídico-Políticas, 2013.

SOARES, Flaviana Rampazzo. O dever de cuidado e a responsabilidade por defeitos. **Revista de Direito Civil Contemporâneo**. v. 13, p. 139-170, 2017.

SOARES, Flaviana Rampazzo. Responsabilidade civil por falha informativa no fornecimento de medicamentos, na visão do Superior Tribunal de Justiça. In: KFOURI NETO, Miguel; NOGAROLI, Rafaella (Coord.). **Debates contemporâneos em direito médico e da saúde**. 2. ed. rev. atual. ampl. São Paulo: Ed. RT, 2022.

TEPEDINO, Gustavo. A responsabilidade civil por acidentes de consumo na ótima civil-constitucional. **Temas de Direito Civil**. 3. ed. Rio de Janeiro: Renovar, 2004.

TOMÉ, Patrícia Rizzo. A responsabilidade civil por danos causados em virtude de medicamentos defeituosos. In: ROSENVALD, Nelson; MENEZES, Joyceane Bezerra de; DADALTO, Luciana (Coord.). **Responsabilidade civil e medicina**. Indaiatuba: Foco, 2020.

WESENDONCK, Tula. A responsabilidade civil pelos danos decorrentes dos riscos do desenvolvimento do medicamento Sifrol. **Revista de Direito do Consumidor**. v. 123, p. 161-183, 2019.

RESPONSABILIDADE CIVIL DO ESTADO EM DECORRÊNCIA DAS REAÇÕES ADVERSAS CAUSADAS PELO USO DE VACINAS EM CAMPANHAS DE MASSA

Elio Vasconcellos Vieira[1]

Letícia de Araújo Moreira Preis[2]

Patricia Rizzo Tomé[3]

Decisão paradigma: BRASIL. Superior Tribunal de Justiça (STJ). **REsp nº 1.388.197-PR**, 3ª Turma, relator Min. Herman Benjamin, j. 18 jun. 2015.

Sumário: 1. Descrição do caso – 2. Notas introdutórias: reações e efeitos adversos dos medicamentos – 3. Caso fortuito como causa excludente da responsabilidade civil do estado por reações vacinais – 4. A responsabilidade civil do estado por reações adversas causadas pelo uso das vacinas em campanhas de massa – 5. Análise da decisão do STJ que afasta a responsabilidade do estado por reações adversas com vacina – 6. Considerações finais – Referências.

---

1. Mestre em Direito Privado pelo PUC-Minas. Especializado em Direito Civil Aplicado pela PUC-Minas. Professor convidado da Pós-graduação em Direito Bancário e do Mercado Financeiro da PUC-Minas. Professor no curso preparatório para concursos Pró-Labore. Professor na WR Gestão Pública – capacitando gestores públicos. Professor no Centro de Atualização em Direito. Escritor de artigos jurídicos. Foi membro do grupo de pesquisas "Direito da Saúde e Empresas Médicas" (UNICURITIBA), liderado pelo prof. Miguel Kfouri Neto. Minas. Advogado militante na área do Direito Privado.
2. Especializada em Direito Civil e Processo Civil pela EPD – Escola Paulista de Direito. Especializada em Direito à Saúde pela Verbo Jurídico. Especializada em Direito Médico e Odontológico pela USP. Secretária da Comissão de Direito à Saúde da Ordem dos Advogados do Brasil, Subseção de Maringá. Foi membro do grupo de pesquisas "Direito da Saúde e Empresas Médicas" (UNICURITIBA), liderado pelo prof. Miguel Kfouri Neto. Membro fundadora do Instituto Miguel Kfouri Neto (IMKN) – Direito Médico e da Saúde. Advogada militante na área de Direito Privado, com ênfase no contencioso e consultivo cível.
3. Pós-Doutora em Direito pela Università Mediterranea di Reggio Calabria – Itália. Doutora em Direito pela PUC-SP. Mestre em Direito Civil pela PUC-SP. Especialista em Direito Processual Civil pela PUC-SP. Especialista em Direito da Medicina pela Universidade de Coimbra- Portugal. Cursou Especialização em Direito da Farmácia pela Universidade de Coimbra - Portugal. Cursou Pós-Graduação em Responsabilidade Civil pela Universidade de Lisboa – Portugal. Ex-Coordenadora da Pós-Graduação no Curso Êxito. Professora de Direito na Graduação e Pós-Graduação em vários cursos. Associada ao Instituto Professor Antônio Carlos Lopes. Diretora de Humanidades da Escola Paulista de Ciências Médicas. Integrante da Comissão Científica da Escola Paulista de Ciências Médicas (EPCM) em parceria com o Hospital Militar HMASP. Integrante do Instituto Brasileiro de Direito de Família – IBDFAM. Associada titular do Instituto Brasileiro de Estudo de Responsabilidade Civil – IBERC. Foi membro honorária do Grupo de Pesquisas "Direito da Saúde e Empresas Médicas" (UNICURITIBA), liderado pelo prof. Miguel Kfouri Neto. Membro fundadora do Instituto Miguel Kfouri Neto (IMKN) – Direito Médico e da Saúde. Integrante do Conselho Editorial da Revista Direito e Medicina RT – Thomson Reuters. Parecerista da Revista IBERC. Autora do livro 'Responsabilidade Civil Médica', da Editora Chiado Books e de outros livros em coautoria. Autora de vários artigos publicados, inclusive, no âmbito internacional. Atua na área de Direito Privado, com ênfase no contencioso cível. Advogada.

1. DESCRIÇÃO DO CASO

A decisão paradigmática, objeto do presente estudo, foi proferida em ação indenizatória ajuizada por um paciente em face da União, do Estado do Paraná e do laboratório Sanofi Pasteur Ltda., sob o argumento de que, após vacinar-se contra o vírus influenza (Gripe), teria desenvolvido a 'Síndrome de Guillain-Barré', enfermidade que lhe tolheu a capacidade laborativa, além de lhe causar danos de ordem extrapatrimonial.

O autor da ação esclareceu que tomou a primeira dose da vacina no dia 2 de maio de 2006, por meio da Campanha Nacional de Vacinação de Idosos promovida pelo Ministério da Saúde e, que, após alguns dias, passou a sentir extrema fraqueza e perda da força muscular, o que motivou a sua internação hospitalar na cidade de Cascavel, cerca de 14 dias após a imunização.

Sustentou que o quadro evoluiu nos dias seguintes para a sua paralisia total, com a perda da função muscular e insuficiência respiratória aguda e, por isso, acabou sendo internado na UTI (Unidade de Terapia Intensiva), onde permaneceu até o dia 3 de junho de 2006, ocasião que recebeu o diagnóstico de 'Síndrome de Guillain-Barré', doença que acarreta sequelas permanentes.

O paciente explicou que essa enfermidade está associada aos riscos/complicações da vacina contra a gripe, alertada na bula do imunizante. Nada obstante, o paciente alegou que jamais foi advertido sobre a existência dos riscos à sua saúde ou da possibilidade de desenvolver qualquer doença em razão da vacina. Ressaltou, ainda, que essa enfermidade o levou à invalidez, considerando que lhe tolheu a capacidade de andar, além de diminuir a mobilidade dos membros superiores.

Diante dos danos narrados, o paciente socorreu-se à ação judicial, buscando a condenação solidária da União Federal, do Estado do Paraná e do laboratório Sanofi Pasteur Ltda., sob o argumento de que a vacina contra a Influenza teria sido a causa direta e imediata para o desenvolvimento dos danos. Sustentou a responsabilidade objetiva da administração pública por acidentes de consumo, conforme regra insculpida no art. 37, § 6º, da Constituição Federal.

Além disso, tratando-se de um risco previsível, diante da advertência na bula do imunizante, tal fato, jamais foi alertado pelo Ministério da Saúde – responsável pela divulgação da Campanha Nacional de Vacinação aos Idosos.

Em virtude do exposto, a magistrada da 11ª Vara Federal da Comarca de Curitiba – PR, proferiu sentença no dia 07.11.2011, julgando parcialmente procedente a ação, para reconhecer a responsabilidade objetiva da União pelos danos causados ao paciente, porém, afastou a legitimidade passiva do Estado do Paraná e da indústria farmacêutica.

Em sua fundamentação, a julgadora refutou a aplicação da excludente de responsabilidade civil em relação ao caso fortuito e da força maior, defendida pela União. Explicou que, o Ministério da Saúde tinha ciência sobre os possíveis eventos adversos que o imunizante poderia acarretar à parcela da população, quando iniciou a campanha de vacinação. Assim, assumiu os riscos dessa ação, não podendo isentar-se dos prejuízos suportados por qualquer dos vacinados.

Na sentença, a União foi condenada ao pagamento em indenização por dano moral no valor de R$ 100.000,00 (cem mil reais), determinando-se, ainda, o ressarcimento ao paciente lesado por todas as despesas médicas e de locomoção, despendidas em junho de 2006. Determinou-se também o ressarcimento das mensalidades do plano de saúde, de maio de 2006 até a conclusão do tratamento, bem como das despesas com fisioterapeutas de julho até setembro de 2006 e de toda e qualquer despesa médica que tenha sido necessária para o tratamento ou melhoria ao idoso. No mais, condenou-se a União ao pagamento de: i) indenização a título de lucros cessantes correspondentes ao período de maio de 2006 até a implantação da pensão mensal, mas determinou o abatimento do valor referente ao benefício previdenciário; e ii) pensão mensal até o restabelecimento da capacidade laborativa, a qual deveria ser descontada do valor recebido a título de aposentadoria por invalidez.

Em segundo grau, a 3ª Turma do Tribunal Regional da 4ª Região (TRF-4), no julgamento proferido em 13.06.2012, deu parcial provimento ao recurso interposto pelo idoso para reformar a sentença em relação aos danos materiais, com a finalidade de excluir dos valores a serem ressarcidos, as mensalidades do plano de saúde de maio de 2006 até a conclusão do tratamento. O fundamento utilizado para a decisão foi o fato de que esse custo já existia antes da doença. Assim, apenas os custos adicionais, destinados ao tratamento da doença adquirida como reação a vacinação em massa é que deveriam ser ressarcidos.

Em virtude na nova decisão, a União interpôs o Recurso Especial nº 1.388.197, visando a reanálise da matéria pelo Superior Tribunal de Justiça (STJ). Contudo, por unanimidade foi mantida a decisão atacada , com a indicação expressa do art.. 927, parágrafo único, do Código Civil (CC) e art. 14, do Código de Defesa do Consumidor (CDC), como fundamentos jurídicos para respaldar a responsabilidade objetiva da União pelos danos morais presumidos e pelos danos materiais concernentes ao ressarcimento dos valores adicionais na mensalidade do plano de saúde ou cobranças realizadas para o custeio das despesas para o tratamento da doença desenvolvida pelo uso da vacina.

Para tanto, o presente artigo visa analisar o caso fortuito como possível causa de exclusão da responsabilidade civil do Estado diante de danos causados por uma reação vacinal. Ao mesmo tempo, a possibilidade ou não de aplicação do Código Civil e do Código de Defesa do Consumidor para respaldar a responsabilidade civil do Estado em virtude de danos causados em campanhas de vacinação em massa, considerando tratar-se de matéria de Direito Público. Ademais, para análise dessas questões, é demonstrado um panorama do que são as reações adversas e em que momento elas configuram um defeito na prestação dos serviços, Para desenvolvimento verticalizado do estudo, serão debatidos julgados dos tribunais brasileiros, em especial, o caso paradigma escolhido e entendimento doutrinário para respaldar toda a pesquisa.

2. NOTAS INTRODUTÓRIAS: REAÇÕES E EFEITOS ADVERSOS DOS MEDICAMENTOS

Não é possível pensar em uma sociedade isenta de enfermidades. As doenças estão intimamente ligadas à existência da humanidade. E justamente visando preservar a saúde do homem é que os seres humanos investem massivamente na criação de fármacos eficazes, tanto para a cura, como para a prevenção de doenças.

A indústria farmacêutica faz muitos investimentos na busca de novos e seguros medicamentos. Isso porque, mesmo com o indiscutível benefício à sociedade, os riscos são inerentes e, como tal, podem ser prevenidos e a tecnologia tem viabilizado nesse caminho.

A vacina é uma espécie de medicamento que representa um dos maiores avanços da indústria farmacêutica. O início da vacinação no Brasil está atrelado à vacina para varíola, que começou a ser aplicada efetivamente a partir de 1904 através da interferência do médico sanitarista Oswaldo Cruz,[4] tornando o Brasil uma referência em vacinação[5] no mundo. Com isso, existem várias campanhas de vacinação realizadas pelo próprio Estado como forma de incentivar a imunização, seja para prevenir ou mesmo erradicar doenças.

As indústrias farmacêuticas, na busca de um medicamento capaz de prevenir, tratar ou tentar erradicar as doenças que assombram a humanidade, pesquisam inúmeros princípios ativos ou a conjugação deles, na busca de novos e seguros medicamentos. As vacinas foram o caminho mais efetivo para minimizar as consequências devastadoras de muitas doenças, especialmente entre os idosos. Contudo, a segurança, requisito indissociável, nem sempre é alcançada como desejado, especialmente pelo fato de não existir medicamento totalmente seguro.

Não existe dúvida que o risco da doença poderá ser muito mais letal a algumas pessoas do que a própria vacina. No entanto, existem muitos relatos e comprovações de reações adversas desconhecidas ao tempo da introdução dos produtos no mercado.

---

4. **BRASIL. Instituto do Butantan**. Disponível em: https://butantan.gov.br/noticias/imunizacao-uma-descoberta-da-ciencia-que-vem-salvando-vidas-desde-o-seculo-xviii "As políticas públicas de imunização do Brasil são consideradas referência mundial há décadas e, em muitos casos, a vacinação é obrigatória. Assim como a história da imunização em geral, a história da imunização no Brasil está atrelada à criação da vacina contra a varíola. Ela era obrigatória para crianças desde 1837 e para adultos desde 1846, mas a lei só começou a ser cumprida de verdade em 1904, por influência do médico sanitarista e pioneiro da infectologia Oswaldo Cruz. A obrigatoriedade da vacina não foi bem recebida pela população, dando origem à Revolta da Vacina no Rio de Janeiro (então capital do país). Em menos de duas semanas, houve 30 mortos e 110 feridos, além de 945 pessoas presas e 461 deportadas. A situação mudou em 1908, quando o Rio foi atingido por um violento surto de varíola, e o medo da doença foi maior do que o receio contra a vacina". Acesso em: 03 fev. 2023.
5. **BRASIL. Fiocruz**. Disponível em: https://portal.fiocruz.br/en/node/74687. Acesso em: 03 fev. 2023.

Como exemplo, podemos citar alguns casos relacionados com a recente vacinação para a Covid-19 na Europa,[6] EUA[7] e Brasil.[8]

Nesse contexto, surge a indagação sobre quem será o responsável pelas sequelas ou mortes decorrentes da pós-vacinação da Covid-19 ou mesmo de outras inúmeras vacinas que são aplicadas pelo Estado brasileiro, principalmente, nas campanhas de vacinação. Entretanto, antes de analisar a responsabilidade civil aplicável, é necessária a distinção entre *efeitos adversos* e *reações adversas* pelo uso de medicamentos. Isso porque muitas vezes os termos são tratados como sinônimos, mas a Farmacovigilância[9] brasileira apresenta conceitos diversos.

Os denominados *efeitos adversos*[10](EA), correspondem *a qualquer ocorrência médica* durante o tratamento com um medicamento. Podendo citar: reação adversa, interação medicamentosa (associação de dois ou mais medicamentos; ou ainda medicamento e alimento), uso excessivo de medicamento (intencional ou não), utilização *off-label* e etc.

Por outro lado, as *reações adversas*[11] (RAM), correspondem a uma resposta prejudicial, indesejável e não intencional ao uso normal de um medicamento, dentro da dosagem recomendada para a faixa etária prevista na bula e para a terapêutica pesquisada. Em outras palavras, os efeitos adversos correspondem ao gênero, do qual é espécie a reação, haja vista a especificidade.

Dentre as reações adversas pós-vacina (RAPV), devemos analisar se o caso em estudo corresponde a um efeito colateral conhecido e previsível ou desconhecido e imprevisível. Isso porque os efeitos desconhecidos e/ou imprevisíveis no momento em

---

6. **European Medicines Agency** – Disponível em: https://www.ema.europa.eu/en/human-regulatory/overview/public-health-threats/coronavirus-disease-covid-19/treatments-vaccines/vaccines-covid-19/safety-covid-19-vaccines. Acesso em: 19 maio 2022.

7. **Centers for Disease Control and Prevention**. Disponível em: https://www.cdc.gov/coronavirus/2019-ncov/vaccines/safety/adverse-events.html . Acesso em: 19 maio 2022.

8. **BRASIL. Ministério da Saúde**. Segurança das Vacinas. Disponível em: https://www.gov.br/saude/pt-br/vacinacao/esavi. Acesso em: 15 jul. 2024.

9. **BRASIL. Anvisa**. "Farmacovigilância é definida como a ciência e atividades relativas à identificação, avaliação, compreensão e prevenção de efeitos adversos ou quaisquer problemas relacionados ao uso de medicamentos". Disponível em: http://antigo.anvisa.gov.br/en_US/farmacovigilancia . Acesso em: 19 maio 2022.

10. **BRASIL. Anvisa**. "O evento adverso é conceituado como qualquer ocorrência médica desfavorável que pode ocorrer durante o tratamento com um medicamento, mas que não possui, necessariamente, relação causal com esse tratamento. Tal conceito abrange uma série de problemas relacionados ao uso dos medicamentos, incluindo a reação adversa ao medicamento e a inefetividade terapêutica". Boletim de Farmacovigilância, ano 1, jul./set 2012. Disponível em: https://www.gov.br/anvisa/pt-br/centraisdeconteudo/publicacoes/fiscalizacao-e-monitoramento/farmacovigilancia/boletins-de-farmacovigilancia/boletim-de-farmacovigilancia-no-01.pdf/view . Acesso em: 19 maio 2022.

11. **BRASIL. Anvisa**. "A reação adversa ao medicamento é definida como "qualquer resposta prejudicial ou indesejável, não intencional, a um medicamento, que ocorre nas doses usualmente empregadas para profilaxia, diagnóstico ou terapia de doenças ou para a modificação de funções fisiológicas humanas". Boletim de Farmacovigilância, ano 1, jul./set. 2012. Disponível em: https://www.gov.br/anvisa/pt-br/centraisdeconteudo/publicacoes/fiscalizacao-e-monitoramento/farmacovigilancia/boletins-de-farmacovigilancia/boletim-de-farmacovigilancia-no-01.pdf/view . Acesso em: 19 maio 2022.

que o produto foi colocado à disposição do paciente poderão configurar um defeito no produto, segundo entendimento do STJ.[12]

Contudo, é necessário considerar se os efeitos desconhecidos e/ou imprevisíveis poderiam ter sido identificados no momento da introdução do produto no mercado de consumo. Isso porque, caso a resposta seja positiva, inexoravelmente estaremos diante de um defeito no produto, sujeito a incidência das normas de responsabilidade civil.

No entanto, se no momento em que o produto foi colocado em circulação não poderiam ter sido identificados os efeitos mencionados, pela inexistência de técnica capaz de identificá-lo, estaremos diante do denominado risco do desenvolvimento. Oportuno lembrar que o risco do desenvolvimento é aquele que "não podia ser conhecido ou evitado no momento em que o medicamento foi colocado em circulação, constitui defeito existente desde o momento da concepção do produto, embora não perceptível a priori, caracterizando, pois, hipótese de fortuito interno".[13]

A única alternativa para configurar risco do desenvolvimento é a impossibilidade técnica ou científica de identificação do defeito no momento da colocação do produto, mesmo que estivéssemos diante do exaurimento de todas as fases dos estudos clínicos. Em outras palavras, defeitos não cognoscíveis através do mais avançado estado da ciência e da técnica, independente da conclusão ou não dos estudos.

Por outro lado, as reações conhecidas e previsíveis, como regra, não configurarão defeito no produto, salvo se estivermos diante de uma violação do dever de informação, que deve ser observado pelo fabricante, nos termos do que estabelece expressamente o artigo 12, do CDC.[14] Todo medicamento traz um risco inerente, mas visando controlá-lo, há obrigatoriedade de cumprimento das normas e procedimentos impostos para o estudo clínico, regulamentado pela Farmacovigilância brasileira, que integra a ANVISA, através do que estabelece a RDC nº 9, de fevereiro de 2015.[15]

Os medicamentos só poderão ingressar no mercado brasileiro para comercialização ou disponibilização gratuita à população a partir da fase IV[16] dos estudos clínicos, me-

---

12. **STJ**. Acórdão, **REsp nº 1.599.405-SP**, Min. Marco Aurélio Bellizze. Terceira Turma. Julgado dia 04 abr. 2017. DJe 17 abr. 2017.
13. **STJ**. Acórdão, **REsp nº 1.774.372- RS**, Min. Nancy Andrighi. Terceira Turma. Julgado dia 05 maio 2020. DJe 18 maio 2020.
14. **BRASIL. Lei nº 8.078/90**. Código de Defesa do Consumidor. Art. 12. O fabricante, o produtor, o construtor, nacional ou estrangeiro, e o importador respondem, independentemente da existência de culpa, pela reparação dos danos causados aos consumidores por defeitos decorrentes de projeto, fabricação, construção, montagem, fórmulas, manipulação, apresentação ou acondicionamento de seus produtos, *bem como por informações insuficientes ou inadequadas sobre sua utilização e riscos* (grifos nossos).
15. **ANVISA. RDC nº 9**, de fevereiro de 2015. Disponível em: https://fitoterapiabrasil.com.br/sites/default/files/legislacao/2rdc_09_2015_comp.pdf . Acesso em: 06 maio 2024.
16. O estudo de determinadas substâncias químicas em seres humanos ocorre, como já explicitado, em quatro fases. Na fase IV dos ensaios clínicos, apesar de permanecer a pesquisa, com a verificação da farmacodinâmica dos medicamentos, a observância dos efeitos adversos em número maior de pessoas, para avaliar a segurança do fármaco em uma tipologia de paciente não estudada nas fases anteriores, já houve a aprovação, registro pela ANVISA e comercialização do medicamento. Por isso, a despeito de caracterizar fase experimental, a substância está no mercado de consumo. PEREIRA, Paula Moura Francesconi de Lemos. **Responsabilidade civil nos ensaios clínicos**. Indaiatuba, SP: Editora Foco, 2019. p. 103.

diante autorização provisória e constante fiscalização da Anvisa, pelo período mínimo de um ano. Diante dos procedimentos legais, impostos para a entrada e disponibilização de um medicamento para a população brasileira, é necessária a autorização da agência reguladora (ANVISA) e cumprimento dos requisitos exigidos, incluindo a conclusão dos estudos clínicos, na hipótese de novo medicamento. Cumpridas as exigências legais, se pressupõe que o medicamento possui segurança mínima para utilização e circulação, mesmo com os riscos naturais.

3. CASO FORTUITO COMO CAUSA EXCLUDENTE DA RESPONSABILIDADE CIVIL DO ESTADO POR REAÇÕES VACINAIS

Um dos questionamentos apresentados, no caso paradigma objeto do presente estudo,[17] relaciona-se com a possibilidade do caso fortuito ser considerado uma causa excludente da responsabilidade do Estado, na hipótese de reação vacinal, considerando o entendimento adotado pelo Tribunal de Justiça do Distrito Federal em caso similar.[18]

Todavia, é necessário compreender o que é caso fortuito. Desse modo, temos que tanto o caso fortuito como a força maior são causas excludentes da responsabilidade civil. Porém, a força maior se refere a eventos da natureza, com possibilidade de previsibilidade, mas sem que possam ser evitados. Já o caso fortuito se vincula ao inevitável.[19]

Existem diversas discussões sobre qual é o conceito mais apropriado para o caso fortuito e a força maior, entretanto, a melhor compreensão a respeito de ambos é aquela que entende por força maior o evento inevitável, mas previsível, enquanto o caso fortuito como um evento totalmente imprevisível, como, por exemplo, o sequestro relâmpago.[20]

Outra distinção necessária é entre o fortuito interno e externo. Aquele não exclui a responsabilidade civil, porque o evento integra o processo de elaboração do produto ou da execução do serviço. Já o fortuito externo, por ser alheio ao processo produtivo ou da execução do serviço, poderá excluir a responsabilidade civil, por romper o nexo causal entre a conduta e o resultado danoso.[21]

O fortuito interno corresponde a qualquer situação alheia ao comportamento ou vontade do fornecedor, mas ainda assim é conexo à atividade desenvolvida por ele. Se tratando de risco inerente à atividade, não exonera a respectiva responsabilidade daquele fornecedor/prestador de serviços.[22] Nessa mesma linha de raciocínio, o Ministro Luis Felipe Salomão, no julgamento do REsp nº 1.450.434-SP,[23] traz explicação sobre o

---

17. **TRF4**. Acórdão, **Apelação nº 5037406-84.2011.4.04.7000/PR**. Rel. Sebastiao Ogê Muniz. Quarta Turma. Julgado dia 13 jun. 2012. DJe 15 jun. 2012.
18. TJDF. *Acórdão*, **Apelação nº 20050111196349APO** (0023288-32.2005.8.07.0001). Rel. Angelo Passareli. Quinta Turma Cível. Julgado dia 05.04.2017. DJe. 05.05.2017.
19. MIRAGEM, Bruno. **Curso de Direito do Consumidor**. 6. ed. São Paulo: Ed. RT, 2016, p. 612.
20. MIRAGEM, Bruno. **Curso de Direito do Consumidor**. 6. ed. São Paulo: Ed. RT, 2016, p. 612.
21. MIRAGEM, Bruno. **Curso de Direito do Consumidor**. 6. ed. São Paulo: Ed. RT, 2016, p. 613.
22. MIRAGEM, Bruno. **Curso de Direito do Consumidor**. 6. ed. São Paulo: Ed. RT, 2016, p. 613.
23. **STJ**. Acórdão, **REsp nº 1.450.434-SP**, Min. Luis Felipe Salomão. Quarta Turma. Julgado dia 18 set. 2018.

fortuito interno: "apesar de também ser imprevisível e inevitável, relaciona-se aos riscos da atividade, inserindo-se na estrutura do negócio".

Por outro lado, o fortuito externo corresponde a um fato totalmente alheio e desconexo com a atividade desenvolvida pelo fornecedor/prestador e, como tal, exonera a responsabilidade civil, por força da quebra do nexo causal, isto é, quebra do elemento da causalidade. Importante explicar que será fortuito externo qualquer fato que não se inclua dentro da mínima previsibilidade do Estado, ou seja, estranho ao percurso natural da vacinação. Como por exemplo, o cidadão sofrer uma parada cardíaca enquanto aguardava a preparação da vacina.

Correspondem a eventos previsíveis e que estarão acobertados pelo manto do fortuito interno as reações secundárias à vacina, em virtude de falha na prestação dos serviços durante a manipulação, a conservação, o transporte, a aplicação ou mesmo no transcorrer da fabricação. Genival Veloso de França exemplifica que "infecções, inflamações, reações alérgicas e cicatrizações atípicas"[24] poderão ser consideradas caso fortuito ou força maior, a depender do caso específico. A vacinação traz consigo riscos, no sentido de que "medicamentos são produtos de periculosidade inerente, cujos riscos são normais à sua natureza, pois, em geral, têm efeitos colaterais e contraindicações previsíveis, informados na bula, sendo o consumidor expressamente alertado a respeito deles".[25]

Na hipótese de vacinação em massa, realizada pelo Estado, o STJ entendeu no acórdão paradigmático analisado, que: "O caso fortuito não está configurado porque quando o Ministério da Saúde planeja a vacinação em massa assume, com absoluta previsibilidade, que lesará alguns vacinados. Ao estabelecer um programa de obrigatoriedade de vacinação, chama a si a responsabilidade pelos danos emergentes das possíveis reações adversas, ainda que em ínfima parcela dos vacinados".[26]

Por outro lado, o Tribunal de Justiça do Distrito Federal decidiu na Apelação nº 0023288-32.2005.8.07.0001,[27] que a Síndrome de Guillain-Barré", ocasionada após vacinação para hepatite e febre amarela, tratava-se de caso fortuito, por envolver reação adversa rara, uma vez que não constava nas normas de vacinação do Ministério da Saúde, além de ser controversa na literatura médica. Com isso, o TJDFT excluiu a responsabilidade civil do respectivo ente pelos danos decorrentes da vacinação em massa para hepatite e febre amarela, em virtude do rompimento do nexo causal, causado pelo fortuito externo.

Por meio da análise dos julgados, nota-se que há divergência de entendimento acerca da imputação ou não de responsabilidade do Estado em virtude de eventual

---

24. FRANÇA, Genival Veloso de. **Direito médico**. 11. ed. Rio de Janeiro: Forense, 2013, p. 315.
25. GALLOTTI RODRIGUES, Maria Isabel. Responsabilidade Civil do Estado por possíveis efeitos adversos graves causados pela administração da vacina contra a Covid-19. **Revista de Direito e Atualidades**, [S. l.], v. 1, n. 3, 2022.
26. **STJ**. Acórdão, **REsp nº 1.388.197-PR**, Min. Herman Benjamin, Terceira Turma. Julgado dia 18 jun. 2015. DJe. 19 abr. 2017.
27. **TJDF**. Acórdão, **Apelação nº 20050111196349**. Rel. Angelo Passareli. Quinta Turma Cível. Julgado dia 05 abr. 2017. DJe. 05 maio 2017.

exclusão da responsabilidade, em casos de ocorrência do caso fortuito. No entanto, mesmo com a divergência apresentada, prevalece na jurisprudência que, caso ocorra um fato que configure fortuito interno e cause algum tipo de dano ao cidadão, pouco importando incidir na esfera patrimonial ou extrapatrimonial, existirá o dever de reparar ou indenizar.

4. A RESPONSABILIDADE CIVIL DO ESTADO POR REAÇÕES ADVERSAS CAUSADAS PELO USO DAS VACINAS EM CAMPANHAS DE MASSA

A responsabilidade do Estado "faz parte de uma tradição brasileira desde 1946".[28] Contudo, em 1988 foi introduzido o termo *agente público* no lugar de funcionário público, como explica Felipe Braga Netto. Nesse sentido, o Supremo Tribunal Federal (STF) consolidou o entendimento, no julgamento do RE nº 291.035 e RE nº 163.203, que o agente é qualquer pessoa que atue na qualidade do Estado, independente da forma do vínculo (temporário ou definitivo), da remuneração ou mesmo se estiver ou não em serviço, ou seja, estando de férias, de folga, de licença ou aposentado. Oportuno incluir neste rol o terceirizado (sem vínculo de trabalho com o Estado) e o funcionário de fato (investidura irregular, mas tem aparência de regularidade) como hipóteses que também permitem a responsabilidade do Estado, como ocorre com o agente público. O artigo art. 37 § 6º da Constituição Federal estabelece:

> As pessoas jurídicas de direito público e as de direito privado prestadoras de serviços públicos responderão pelos danos que seus agentes, nessa qualidade, causarem a terceiros, assegurado o direito de regresso contra o responsável nos casos de dolo ou culpa.

Diante do exposto, tem-se que a administração pública direta compreende os entes da federação (União, Estado, Município e DF) e a administração pública indireta as autarquias, fundações públicas, empresas públicas e sociedades de economia mista. Todas são pessoas jurídicas de direito público interno, conforme estabelece art. 41 do CC. Por outro lado, as pessoas jurídicas de direito privado (art. 44, do CC), poderão prestar serviços públicos através da delegação do poder público. Nesse caso, poderão obter autorização através de uma concessão ou permissão (art. 175, da CF).

Não obstante, os prestadores de serviços públicos, seja da administração pública direta ou indireta e independente da forma de contratação, bem como estarem em exercício ou não, são agentes públicos e, como tal, poderão sofrer a incidência da responsabilidade civil para o Estado, nos termos do que dispõe o mencionado art. 37, § 6º, da CF. Mas será que todos os que prestam serviços públicos através de empresas privadas estarão sujeitos ao mesmo regramento? Segundo entendimento do STJ, disposto no julgamento do AgRg no AREsp 183.305,[29] somente os serviços prestados pelo Estado (administração direta ou indireta) serão considerados como serviços públicos.

---

28. BRAGA NETTO. Felipe. **Novo Manual de Responsabilidade Civil**. 2. ed. Salvador: JusPodivm, 2021, p. 90.
29. **STJ**. Acórdão, **AgRg no AREsp nº 183.305**, Min. Eliana Calmon. Segunda Turma. Julgado dia 24 set. 2013. DJe 30 set. 2013.

Assim, serviços de saúde prestados por empresas privadas, embora a essencialidade, são considerados como *serviços de relevância pública*,[30] ou seja, não se confunde com aquele e, portanto, não se sujeita as normas constitucionais aplicáveis a responsabilidade objetiva do Estado para os casos de vacinação e eventuais danos decorrentes de reações adversas.

O fundamento norteador da responsabilidade objetiva do Estado decorre do mencionado art. 37, § 6º da Constituição Federal de 1988 que adota a teoria do risco administrativo, como explica a Ministra do STJ.[31]

Essa teoria estabelece que o dano derivado do funcionamento do serviço público é indenizável, independentemente de culpa ou dolo do agente, bastando provar a relação causal entre o dano sofrido e a ação do agente ou órgão da administração para que a reparação se torne exigível.

Posto isso, o entendimento consagrado no STJ é da ampla indenização, seguindo a reparação integral, como bem explica a Ministra Isabel Galotti:

> A responsabilidade civil da União por efeitos adversos causados por vacina administrada no âmbito do Programa Nacional de Vacinação está assentada em precedentes do Superior Tribunal de Justiça, nos quais foi reconhecido o direito à ampla indenização, abrangente de danos materiais, inclusive pensão vitalícia e danos morais.[32]

Portanto, seja o caso de ato comissivo (ação) ou omissivo (omissão) do qual decorra um e seja praticado por um agente público, terceirizado ou funcionário de fato, o Estado poderá responder objetivamente, mediante a análise fática decorrente de vacinação em massa.

Assim, a teoria da responsabilidade civil do Estado do séc. XXI se sustenta na prevenção concreta, impedindo a violação aos direitos fundamentais ao cidadão. Nesse contexto, a responsabilidade objetiva do Estado deve ser direcionada à luz do princípio da solidariedade social consagrado pelo STF, no RE nº 26.265, visando assegurar a reparação integral do cidadão quando sofrer uma lesão após vacinar-se em campanhas ofertadas pelo Estado.

5. ANÁLISE DA DECISÃO DO STJ QUE AFASTA A RESPONSABILIDADE DO ESTADO POR REAÇÕES ADVERSAS COM VACINA

No caso paradigmático julgado pelo STJ (REsp nº 1.388.197/PR[33]) foi postulada a responsabilização do Estado, visando o ressarcimento das despesas médicas (danos patrimoniais), bem como indenização (compensação) pelos danos morais sofridos, em

---

30. BRAGA NETTO. Felipe. **Novo Manual de Responsabilidade Civil**. 2. ed. Salvador: JusPodivm, 2021, p. 447.
31. GALLOTTI RODRIGUES, Maria Isabel. Responsabilidade Civil do Estado por possíveis efeitos adversos graves causados pela administração da vacina contra a Covid-19. **Revista de Direito e Atualidades**, Brasília, v. 1, n. 3, p. 2-21, jul./dez. 2021.
32. GALLOTTI RODRIGUES, Maria Isabel. Responsabilidade Civil do Estado por possíveis efeitos adversos graves causados pela administração da vacina contra a Covid-19. **Revista de Direito e Atualidades**, Brasília, v. 1, n. 3, p. 2-21, jul./dez. 2021
33. **STJ**. Acórdão, **REsp nº 1.388.197-PR**, Min. Herman Benjamin, Terceira Turma. Julgado dia 18 jun. 2015. DJe. 19 abr. 2017.

razão dos efeitos colaterais da vacina contra influenza, aplicada através de campanha obrigatória de vacinação, realizada pelo Estado do Paraná e Ministério da Saúde.

O dano efetivamente causado pela vacina utilizada pelo Estado do Paraná, vinculou a União, independentemente de tratar-se de um agente público da administração direta ou indireta. O que tem relevância é o dano ser praticado por um agente público.

Tem-se que a vacinação ocorreu em razão de uma campanha pública, cujos atos diretos foram realizados diretamente pelo Estado do Paraná, em cumprimento as determinações do Ministério da Saúde. Todavia, embora a conduta direta dos funcionários do Estado do Paraná, todas as instancias decidiram que a responsabilidade era exclusiva da União, afastando a responsabilidade do Estado do Paraná e da indústria farmacêutica.

Outro aspecto que exige análise no julgado paradigma é o da obrigatoriedade da vacinação. Isso porque, quando a vacinação ofertada pelo Estado se dá num contexto de não obrigatoriedade, pode-se levantar o seguinte questionamento: pode-se falar em uma hipótese de responsabilidade concorrente, considerando o fato de que o cidadão assumiria o risco de ter uma reação adversa? A resposta é não. Isso porque, todo o serviço prestado pelo Estado que causar algum dano ao cidadão, permitirá a aplicabilidade da responsabilidade objetiva as pessoas jurídicas de Direito Público interno para assegurar a efetiva reparação dos danos causados em atenção ao superior interesse coletivo, que tem como foco resguardar o interesse da vítima, desde que se faça presente o nexo causal.

Ainda no que diz respeito à obrigatoriedade da vacinação, deve-se lembrar uma relevante decisão proferida pelo Supremo Tribunal Federal (STF), durante a pandemia da Covid-19. Trata-se da Ação Direta de Inconstitucionalidade (ADI) nº 6.587,[34] a qual concluiu pela constitucionalidade da obrigatoriedade de vacinação, além de legitimar a imposição de restrições aos não vacinados, tal como a impossibilidade de ingresso de pessoas não vacinadas em determinados locais públicos.

Em que pese a constitucionalidade da compulsoriedade de vacinação em massa, visando atender um interesse coletivo notório, este direito do Estado vem acompanhado da responsabilidade civil indissociável na sua atuação estatal. Sob outro ângulo, tem-se o questionamento sobre a aplicação e os contornos do *princípio da informação* dentro do contexto das vacinas oferecidas pelo Estado. Para compreensão, ressalta-se que no Direito Administrativo, regramento aplicável aos atos praticados pelo Estado em sentido amplo, há o princípio da publicidade previsto no art. 37, da CF, ao estabelecer: "A Administração Pública Direta e Indireta de qualquer dos Poderes da União, dos Estados, do Distrito Federal e dos Municípios obedecerá aos princípios de legalidade, impessoalidade, moralidade, *publicidade* e eficiência (...)". Por sua vez, o § 1º explica que: "A *publicidade* dos atos, programas, obras, *serviços* e campanhas dos órgãos públicos deverá ter caráter educativo, *informativo* ou de *orientação social* (...)" (grifos nossos).

---

34. **STF**. Acórdão, **ADI nº 6.587-DF**. Min. Ricardo Lewandowski. Tribunal Pleno. Julgado dia 17 dez. 2020, DJe. 07 abr. 2021.

Portanto, o dever de informação é imposto ao Estado, por intermédio do princípio da publicidade, exigido como requisito de eficácia dos atos administrativos. De modo que, danos decorrentes de atos lícitos ou ilícitos do Estado ocasionam a inevitável responsabilização. Seguindo esse raciocínio, a campanha de vacinação realizada pelo Ministério da Saúde deve conter informações claras e objetivas à população a respeito dos riscos, benefícios, reações e efeitos adversos, sob pena de violação direta ao dever imposto.

Esse dever informacional torna-se ainda mais expressivo quando se está diante de grupos de risco, ou seja, pessoas mais vulneráveis aos efeitos ou reações adversas em virtude de alguma doença ou característica individual que interfira na vacinação. Além disso, quando estamos diante de um grupo muito vasto de pessoas o que aumenta a possibilidade de reação em algumas delas.

O dever de informação tem extrema relevância quando estamos tratando de medicamento. Isso porque, a possibilidade de riscos integra naturalmente a essência desse produto. Esse direito do cidadão é cumprido pelos laboratórios na medida em que informam de forma clara nas bulas, rótulos, embalagens e na documentação que consta dos estudos clínicos todos as reações adversas possíveis e esperadas, mesmo que em percentual ínfimo.

Quando o laboratório cumpre com esse dever que lhe é imposto diretamente pela aplicação da boa-fé objetiva ao inserir um produto no mercado de consumo, a ocorrência de qualquer reação constatada nos estudos clínicos e devidamente informada e, portanto, previsível ao cidadão usuário do produto. Por outro lado, o Estado deve informar o cidadão quando realizada a campanha de vacinação as possíveis reações adversas conhecidas e identificadas nos estudos clínicos, bem como todas as advertências, restrições e impedimentos impostos aos que sejam acometidos de doenças ou estados de saúde que impossibilitem a utilização do medicamento.

Esse dever pode ser atendido através da divulgação na mídia, através do fornecimento de folhetos informativos nos locais de aplicação, através de questionários a serem respondidos de forma física ou digital antes ou no momento da aplicação dos produtos. Do mesmo modo, podem ser disponibilizados de forma física e digital orientações e informações constantes no sistema do governo, a fim de impedir danos e prevenir de forma efetiva as reações adversas previsíveis.

O cumprimento desse dever faculta ao cidadão, inclusive, o direito de escolha quanto à vacinação ofertada, doses, utilização de outras espécies de vacinas ofertadas por outros laboratórios ou, ainda, outros meios preventivos disponíveis, inclusive, o direito de não se vacinar.

Com base nisso, no julgado paradigma do STJ, tem-se que o idoso desconhecia os efeitos colaterais da vacina da gripe que lhe acarretou a "Síndrome de Guillain-Barré", ante a falta de informações pelo Estado e, igualmente, na bula do medicamento e, por essa ausência, houve a caracterização de defeito na prestação de serviços, além de corresponder a risco inerente à atividade do Estado, tornando-se acertada a decisão do STJ ao manter a condenação do Estado.

Em que pese a relevância do dever de informação dentro do contexto dos medicamentos, a decisão paradigmática do STJ seguiu o entendimento de que a simples veiculação de campanhas e políticas públicas sobre a necessidade e importância de vacinação justifica a responsabilidade da União na hipótese de ocorrência de danos ao cidadão que fez uso.

Isso porque, o Estado 'chamou para si' a responsabilidade integral dos danos patrimoniais e extrapatrimoniais, experimentados pela população em decorrência das previsíveis reações adversas da vacina, conhecidas ou não por ele. Em outras palavras, quando o Estado aplica uma vacina em um número elevado de pessoas, tem previa ciência de que poderá causar danos em uma ou algumas pessoas. Portanto, sendo tal fato previsível é responsável pelos riscos que assume com a vacinação em massa.

Na contramão do que acabou de ser pontuado, merece atenção a Apelação Cível nº 0023288-32.2005.8.07.0001,[35] julgada pelo Tribunal de Justiça do Distrito Federal (TJDFT). Isso porque, em entendimento diametralmente oposto à decisão do STJ, considerou-se que meros anúncios e divulgações das políticas de vacinação não atraem, por si só, a responsabilidade ao ente Estatal, principalmente em razão da imprevisibilidade.

Considerou a liberdade de autodeterminação do paciente afastou a responsabilidade objetiva do Estado, por entender que, naquele caso, o ente público realizou meros anúncios e divulgações das campanhas de vacinação, e, principalmente, em razão da imprevisibilidade dos efeitos indesejáveis, enquadrando-os como fortuito externo, entendimento esse que se choca frontalmente com a decisão paradigma do STJ.

Por ser matéria afeta à própria vacinação, inclusive, com riscos ainda que embrionários, mas conhecidos, entende-se que resta configurado o fortuito interno, atraindo, assim, a responsabilidade do Estado. As reações previsíveis ou imprevisíveis, estão, inequivocamente, dentro da esfera de conhecimento estatal. Com isso, tem plena ciência quanto à ocorrência de algum fato danoso quando se tratar de vacinação em massa, independente de qual vacina estejamos analisando. Não podendo ser afastada a responsabilidade do Estado, sob pena de violarmos o princípio da solidariedade social que visa resguardar a vítima do dano.

Como se verifica, o Tribunal de Justiça do Distrito Federal considerou as reações adversas conhecidas e previsíveis como "efeitos meramente indesejáveis" fatos imprevisíveis, os quais configuram, segundo entendimento pontual, como uma hipótese de fortuito externo, justificando a exclusão da responsabilidade civil do Estado. Notoriamente a importância da vacinação e a imposição como medida de saúde pública a ser implementada pelo Estado, como forma de cumprir os deveres constitucionais que lhes são atribuídos.

Contudo, ao mesmo tempo, o cidadão faz jus, inexoravelmente, à reparação de todos os danos patrimoniais e extrapatrimoniais que sofrer em decorrência de efeitos

---

35. **TJDF**. Acórdão, **Apelação nº 20050111196349APO**. Rel. Angelo Passareli. Quinta Turma Cível. Julgado dia 05 abr. 2017. DJe. 05 maio 2017.

adversos ou reações adversas da vacinação, inclusive quando realizada por qualquer um dos entes da federação.

Em razão disso, o sistema aplicável ao Estado, por condutas lícitas ou ilícitas, que causem dano ao cidadão, inclusive, decorrentes da vacinação é o da responsabilidade objetiva, baseada na teoria do risco administrativo, como exposto. Contudo, existem decisões excluindo essa responsabilidade do Estado, por considerarem o rompimento do nexo causal diante da compreensão de tal fato corresponder a um fortuito externo.

Para tanto, no Recurso Especial nº 1.388.197-PR[36] (decisão paradigma), há um verdadeiro marco histórico para a responsabilidade civil do Estado na hipótese de reações indesejáveis de medicamentos. Isso porque, a mencionada decisão serviu de fundamento para que outros tribunais também se posicionassem no sentido de reconhecer a responsabilidade objetiva do Estado em casos similares, haja vista a configuração de fortuito interno.

Seguindo o mencionado entendimento, oportuno citar a decisão proferida na Apelação Cível nº 5003127-71.2018.4.04.7115/RS[37] do TRF-4, que condenou o Estado a indenizar todos os prejuízos que parte dos vacinados sofrearam em decorrência de reação adversa de imunização realizada em campanhas obrigatórias, afastando a alegação de fortuito externo. Para a 4ª Turma, basta a comprovação do ato lesivo e injusto imputável à administração pública, bem como dos danos suportados pela suplicante e do nexo causal entre eles para que exsurgisse o dever indenizatório.

Um outro ângulo que exige análise nas demandas que envolvem responsabilidade civil do Estado por eventos adversos de vacinas – apesar de não ter sido debatido no julgado paradigma – é a possibilidade de existência de uma característica ou doença individual capaz de desencadear determinada reação adversa e, assim, não configurará um defeito no produto ou no serviço, propriamente analisado.

Nesse caso, destaca-se a decisão proferida pelo Tribunal Regional Federal da 1ª Região (TRF-1), na Apelação Cível nº 0037910-40.2003.4.01.3800.[38] Analisou-se o óbito de uma jovem, dez dias após ser imunizada contra a febre amarela em posto de saúde em Belo Horizonte. O TRF-1 ponderou que os benefícios do imunizante são infinitamente maiores do que os riscos provocados por ele, mormente por considerar que mais de 800 mil pessoas receberam aquela vacina sem apresentarem reações indesejáveis tão gravosas quanto as sofridas. Contudo, além do óbito, a necessidade de hospitalização, o prolongamento de uma hospitalização ou sequelas transitórias ou permanentes se enquadram como hipótese de danos.

Além disso, mesmo tendo sido reconhecida a sintomatologia que culminou no óbito da paciente e, que, indiscutivelmente, fora decorrente do fármaco oferecido pelo

---

36. **STJ**. Acórdão, **REsp nº 1.388.197-PR**, Min. Herman Benjamin, Terceira Turma. Julgado dia 18 jun. 2015. DJe. 19 abr. 2017.
37. TRF4. Acórdão, **Apelação nº 5037406-84.2011.4.04.7000/PR**. Rel. Sebastiao Ogê Muniz. Quarta Turma. Julgado dia 13 jun. 2012. DJe 15 jun. 2012.
38. **TRF1**. Acórdão. **Apelação nº 0037910-40.2003.4.01.3800** – MG. Rel. Marcelo Dolzany da Costa. Julgado dia 13 ago. 2013. DJe. 18 set. 2013.

município demandado, o TRF-1 entendeu que os efeitos estavam intimamente ligados a fatores genéticos da vítima e que não existia nenhuma medida ou procedimento que pudesse ter sido adotado pelo ente público, a fim de evitar tais reações ou mesmo identificar os indivíduos que estariam sob potencial risco de sofrerem efeitos indesejáveis. Com isso, foi afastada a responsabilidade objetiva do município.

Outra questão relevante para análise do caso paradigma do STJ é o fato de que envolve um serviço prestado pelo Estado para um cidadão, todavia, foi utilizou como fundamento jurídico o disposto no art. 14, do CDC, e o art. 927, parágrafo único, do CC, para confirmar a responsabilidade objetiva do Estado pelos danos patrimoniais e extrapatrimoniais sofridos pelo idoso.

Quanto ao tema, conforme apresentado em capítulo anterior, a responsabilidade civil do Estado no séc. XXI encontra seu pilar de sustentação na solidariedade social, cujo propósito é de garantidor dos direitos fundamentais. Assim, do mesmo modo que se verifica uma mudança no Direito privado com a constitucionalização, observa-se uma união de conceitos do Direito Administrativo, Constitucional e Civil, na busca de se alcançar a efetiva proteção da vítima do dano, independente da antiga divisão entre Direito público e Direito privado.

O foco deve ser direcionado para a segurança dos jurisdicionados e da sociedade como um todo, principalmente, se for considerado que as normas privadas podem ser utilizadas de maneira subsidiária diante das normas de Direito público, diante da inexistência de leis específicas que versem sobre o defeito de produtos fornecidos pelo ente público. Nesse cenário, torna-se possível compreender que entes públicos sejam destinatários da aplicação de normas de direito privado.

Contudo, não é o entendimento que predomina no STJ,[39] inclusive, considerando a fundamentação do acórdão analisado. O parâmetro utilizado para definir a aplicação ou não do CDC em relação aos serviços prestados pelo Estado é a existência de contrapartida (remuneração por meio de tarifa ou preço público) para que seja admitida a incidência do regramento analisado. Portanto, se a situação fática não envolver a remuneração, o caso será de aplicação da CF, como explica Felipe Braga Netto.[40]

Diante desse cenário, em que pese a assertividade da decisão do STJ confirmando a decisão do TJDF, a fundamentação utilizada no mencionado acórdão, não encontra coerência com o entendimento majoritário da Corte.

6. CONSIDERAÇÕES FINAIS

A partir da investigação de decisão paradigmática do STJ, verifica-se que a responsabilidade do Estado é objetiva em relação a possíveis casos de reações adversas de vacinação, obrigatória ou não, realizada por qualquer ente da federação ou mesmo pela

---

39. STJ. Acórdão, REsp nº 1.187.456-RJ. Min. Castro Meira. Segunda Turma. Julgado dia 19 nov. 2010. DJe. 1º dez. 2010.
40. BRAGA NETTO. Felipe. **Novo Manual de Responsabilidade Civil**. 2. ed. Salvador: JusPodivm, 2021, p. 449.

Administração Indireta. Ademais, concluiu-se que as reações secundárias à vacina – em virtude de falha na prestação dos serviços pelo responsável pela manipulação, conservação, transporte, aplicação ou mesmo de fabricação – correspondem a eventos previsíveis e, portanto, estão acobertados pelo manto do fortuito interno. Assim, caso ocorram e causem algum tipo de dano ao cidadão, pouco importando ser na esfera patrimonial ou extrapatrimonial, existirá o dever de reparar ou indenizar do Estado. Esse é o entendimento que prevalece na jurisprudência, mesmo com as peculiaridades analisadas.

As reações conhecidas e previsíveis, como regra, não configurarão defeito no produto, salvo se estivermos diante de uma violação do dever de informação, que deve ser observado pelo fabricante e pelo Estado. Embora a compreensão do defeito no produto e no serviço seja extraído do CDC, a responsabilidade civil do Estado terá por parâmetro, como regra, a Constituição Federal, salvo serviços públicos ou de relevância social ofertados mediante tarifa ou preço público.

REFERÊNCIAS

BRAGA NETTO. Felipe Braga. **Novo manual de responsabilidade civil**. 2. ed. Salvador: JusPodivm, 2021.

BRASIL. História da vacinação no Brasil: país é referência mundial em imunização. **Portal Fiocruz**, 4 set. 2019. Disponível em: https://portal.fiocruz.br/en/node/74687. Acesso em: 20 jun. 2024.

BRASIL. Imunização, uma descoberta da ciência que vem salvando vidas desde o século XVIII. **Portal Butantan**, 10 jun. 2021. Disponível em: https://butantan.gov.br/noticias/imunizacao-uma-descoberta-da-ciencia-que-vem-salvando-vidas-desde-o-seculo-xviii. Acesso em: 20 jun. 2024.

FRANÇA, Genival Veloso de. **Direito médico**. 11. ed. Rio de Janeiro: Forense, 2013.

GALLOTTI RODRIGUES, Maria Isabel. Responsabilidade Civil do Estado por possíveis efeitos adversos graves causados pela administração da vacina contra a Covid-19. **Revista de Direito e Atualidades**, Brasília, v. 1, n. 3, p. 2-21, jul./dez. 2021.

MIRAGEM, Bruno. **Curso de direito do consumidor**. 6. ed. São Paulo: Ed. RT, 2016.

PEREIRA, Paula Moura Francesconi de Lemos. **Responsabilidade civil nos ensaios clínicos**. Indaiatuba: Foco, 2019.

A (IN)APLICABILIDADE DO CÓDIGO DE DEFESA DO CONSUMIDOR AOS ENSAIOS CLÍNICOS DE MEDICAMENTOS E SEUS REFLEXOS NA SEARA DA RESPONSABILIDADE CIVIL

Camila Capucho Cury Mendes[1]

Mayara Medeiros Royo[2]

Paula Moura Francesconi de Lemos Pereira[3]

Decisão paradigma: BRASIL. Tribunal de Justiça do Estado do Rio Grande do Sul (TJRS), **Apelação Cível nº 70020090346**, 9ª Câmara Cível, relator Des. Odone Sanguiné, j. 26 set. 2007.

Sumário: 1. Descrição do caso – 2. Introdução: os contornos dos ensaios clínicos de medicamentos e a importância do seu enquadramento jurídico mediante o advento da Lei nº 14.874/2024 – 3. As relações jurídicas advindas dos ensaios clínicos: estrutura e função – 4. A (in)aplicabilidade do Código de Defesa do Consumidor dos ensaios clínicos de medicamentos e seus reflexos na seara da responsabilidade civil à luz das decisões do TJRS e TJMG – 5. Notas conclusivas – Referências.

---

1. DESCRIÇÃO DO CASO

Em 27.09.2007, a 9ª Câmara Cível do Tribunal de Justiça do Estado do Rio Grande do Sul, no julgamento da Apelação Cível nº 70020090346,[4] enfrentou a temática a

---

1. Doutora em Educação (UTP). Mestre em Ciências da Saúde (PUC-PR). Especialista em Direito Administrativo (UNIDERP). Especialista em Vigilância em Saúde (UTP). Servidora Pública Federal. Membro do Comitê de Ética em Pesquisa envolvendo Seres Humanos. Farmacêutica-Bioquímica. Foi membro do grupo de pesquisas "Direito da Saúde e Empresas Médicas" (UNICURITIBA). Membro fundadora do Instituto Miguel Kfouri Neto (IMKN) – Direito Médico e da Saúde. Advogada. E-mail camilacuryadv@gmail.com.

2. Especialista em Direito Médico pelo Centro Universitário Curitiba – UNICURITIBA. Pós-Graduanda em Direito Previdenciário e Prática Processual pelo Centro Universitário Internacional – UNINTER. Bacharel em Direito pela Universidade Positivo do Positivo – UP. Foi membro do grupo de pesquisas "Direito da Saúde e Empresas Médicas" (UNICURITIBA). Secretária da Comissão de Responsabilidade Civil e Membro Relatora da Comissão de Juizados Especiais da OAB/PR (gestão 2022/2024). Membro fundadora e integrante da Diretoria como Conselheira Administrativa no Instituto Miguel Kfouri Neto (IMKN). Advogada. E-mail: mayaramedeirosroyo@gmail.com.

3. Doutora e mestre em Direito Civil pela Universidade do Estado do Rio de Janeiro (UERJ). Especialista em Advocacia Pública pela PGE-CEPED-UERJ. Especialista em Direito Médico pela Universidade de Coimbra-PT e em Direito da Farmácia, do Medicamento e das Novas Tecnologias pela Universidade de Coimbra-PT. Professora do Departamento de Direito da PUC-Rio. Vice-presidente da Comissão da OAB-RJ de Órfãos e Sucessões. Membro da Comissão da OAB-RJ de Direito Civil. Coordenadora de Direito Médico da ESA-RJ. Foi membro *ad hoc* do grupo de pesquisas "Direito da Saúde e Empresas Médicas" (UNICURITIBA). Membro fundadora do Instituto Miguel Kfouri Neto (IMKN) – Direito Médico e da Saúde. Advogada. E-mail: plemos77@hotmail.com.

4. **BRASIL**. Tribunal de Justiça do Estado do Rio Grande do Sul (TJRS). **Apelação Cível nº 70020090346/2007**. 9ª Câmara Cível, relator Des. Odone Sanguiné, j. 26 set. 2007, DJe 2 out. 2007.

ser debatida no presente trabalho, sobre a (in)aplicabilidade do Código de Defesa do Consumidor às pesquisas clínicas. Em breve síntese, o caso versa sobre uma ação indenizatória ajuizada por uma participante de um ensaio clínico de um medicamento em face do laboratório farmacêutico, responsável por avaliar os efeitos do medicamento Premarin Creme Vaginal juntamente com baixas doses de Premarin/MPA e, por ser o responsável pela fabricação do referido medicamento.

Sob o argumento fático, a participante do ensaio clínico alegou que aderiu às pesquisas, em 15.05.2003, e que, na época, realizou todos os exames solicitados e participou da pesquisa até final de julho de 2003, quando foi surpreendida por uma suposta intercorrência, que acarretou na retirada de seu consentimento e abandono ao estudo clínico. Narrou que, em 01.08.2003, sentiu dores insuportáveis na região abdominal, que teve que se encaminhar a um hospital, onde foi medicada, mas que as dores continuaram, com apresentação de outros sintomas, de modo que foram realizados exames de raio X e de ecografia abdominal, os quais constataram a presença de concreção calcária na topografia de vesícula biliar, com cerca de 1,5 cm e vesícula biliar contendo em seu interior cálculo único com cerca de 1,7cm, necessitando de intervenção cirúrgica para a retirada urgente da vesícula biliar, o que ocorreu em 03.08.03, e que teve de permanecer acamada até a alta hospitalar em 05.08.03, condicionada a repouso domiciliar por cerca de 15 dias.

Apresentado os fundamentos legais e jurídicos pertinentes com base no Código de Defesa do Consumidor e na Resolução nº 196, de 10 de outubro de 1996 do Conselho Nacional de Saúde (CNS), vigente à época, apontou que a responsabilidade civil da empresa farmacêutica deveria ser apurada de forma objetiva, independente da demonstração de culpa. Que os fatos desencadeados pelo medicamento objeto de estudo lhe causaram danos, os quais deveriam ser reparados, pleiteando a indenização no importe de R$ 10.182,91 (dez mil cento e oitenta e dois reais e noventa e um centavos) a título de danos materiais e a indenização de R$ 101.829,10 (cento e um mil oitocentos e vinte e nove reais e dez centavos) a título de danos morais.

Em sede de contestação, a farmacêutica alegou, em síntese: a) inaplicabilidade do Código de Defesa do Consumidor, defendendo que a natureza da relação jurídica estabelecida entre as partes é eminentemente de cunho civil; b) que a voluntária se submeteu à pesquisa de forma livre e consciente, e tinha ciência de todos os riscos e efeitos secundários que poderiam ser causados pela medicação objeto de estudo e que só após dois anos, buscou a indenização em decorrência de fato pretérito e absolutamente infundado; c) ausência de nexo causal, pois o medicamento, objeto das pesquisas, não tinha o condão de causar o cálculo biliar apresentado pela voluntária, tanto que a voluntária utilizou o medicamento ginecológico composto de um creme de Estrogênios Conjugados Naturais (ECN) por via vaginal, acrescido de acetato de medroxiprogesterona (AMP) por via oral, em baixas doses, durante aproximadamente 75 dias (de 15.05.03 a 30.07.03), até a constatação do agravamento da crise biliar, apontou inclusive, que o cálculo biliar se desenvolve diante de condições propiciais e inerentes à estrutura da própria vesícula biliar, acrescido a fatores exteriores como idade, sexo, genética e outros; d) ausência dos pressupostos para a indenização dos danos materiais e morais; e e) improcedência da ação.

Instruído o feito, sobreveio sentença de improcedência da pretensão indenizatória da participante do ensaio clínico. No que concerne à relação jurídica havida entre partes, o juízo entendeu que é nitidamente de consumo, pois a autora da ação, ao participar do ensaio clínico de medicamento e utilizar o produto, qualifica-se como consumidora, conforme artigo 2º do Código de Defesa do Consumidor. E a empresa farmacêutica, por ser produtora do medicamento objeto da pesquisa clínica, qualifica-se como fornecedora, nos termos do artigo 3º do referido diploma. Ainda, entendeu pela ausência de nexo de causalidade na ação e condenou a participante demandante ao pagamento de custas e honorários no importe de R$5.000,00 (cinco mil reais).

Irresignada, a participante do ensaio clínico ajuizou recurso de apelação cível pleiteando a reforma da sentença retromencionada. Distribuído o recurso para julgamento pela 9ª Câmara Cível do Tribunal de Justiça do Estado do Rio Grande do Sul, a qual negou provimento ao apelo da participante do ensaio clínico, por unanimidade de votos. No que concerne à natureza da relação jurídica entre as partes, a Câmara entendeu que a participante não se qualificava como consumidora, justamente porque participou voluntariamente dos ensaios clínicos de terapia de reposição hormonal patrocinada pela empresa farmacêutica, divergindo do entendimento adotado pelo juízo de primeiro grau.

Ademais, estabeleceram que a relação jurídica é de cunho civil, pois as pessoas voluntárias das pesquisas clínicas, constituem meros experimentadores voluntários do produto, aderindo às regras estabelecidas no Termo de Consentimento Livre e Esclarecido (TCLE).[5] Portanto, para caracterização do dever de indenizar do laboratório farmacêutico, é necessário, além da conduta ilícita, o nexo de causalidade e o dano, a efetiva demonstração de culpa, nos termos do artigo 927 e 186 do Código Civil, por se tratar de hipótese de responsabilidade subjetiva. Em razão disso, o acórdão proferido pela Nova Câmara, foi pela ausência dos pressupostos caracterizadores da responsabilidade civil, mantendo-se hígida a sentença objurgada.

Posto isto, o referido caso, foi escolhido como paradigmático, justamente por se tratar de um caso referência, que enfrentou diretamente sobre a (in)aplicabilidade do Código de Defesa do Consumidor nas pesquisas clínicas aos participantes de ensaios clínicos de medicamento, temática que será explorada no decorrer dos tópicos subsequentes.[6] Contudo, cabe aqui estabelecer que não há consenso jurisprudencial para a questão, pois além de ser um tema pouco debatido nos Tribunais brasileiros, observa-se,

---

5. Flaviana Rampazzo Soares ensina que o consentimento, sob o prisma civilista, é um "ato jurídico em sentido amplo", em que o elemento da vontade de se submeter a um ato médico, ou mesmo de uma pesquisa, do ser humano deve se fazer presente. SOARES, Flaviana Rampazzo. **Consentimento do paciente no Direito Médico**: validade, interpretação e responsabilidade. São Paulo: Foco, 2021.

6. Artigo finalizado em 10 de julho de 2024. Ressalta-se que, à data de conclusão deste artigo, foram introduzidas mudanças decorrentes da publicação da Lei nº 14.874/2024, que dispõe sobre a pesquisa com seres humanos e institui o Sistema Nacional de Ética em Pesquisa com Seres Humanos, que entrará em vigor em agosto de 2024, pelo que há alterações normativas em trâmite que podem impactar o contexto aqui analisado.

dentre os poucos julgados disponíveis, que há posição divergente, principalmente entre o Tribunal de Justiça do Estado do Rio Grande do Sul e o Tribunal de Justiça do Estado de Minas Gerais. Para tanto, será necessário trazê-los à baila, bem como pretende-se realizar o cotejo entre o acórdão paradigmático e os demais julgados, nos tópicos subsequentes.

2. INTRODUÇÃO: OS CONTORNOS DOS ENSAIOS CLÍNICOS DE MEDICAMENTOS E A IMPORTÂNCIA DO SEU ENQUADRAMENTO JURÍDICO MEDIANTE O ADVENTO DA LEI Nº 14.874/2024

Para que um medicamento[7] possa ser inserido no mercado de consumo ou seja introduzido no sistema de saúde pública e constitua uma nova alternativa terapêutica, o novo princípio ativo (ou insumo) necessita transcorrer uma série de estudos científicos que envolvem seres humanos, sendo assim denominados como ensaios clínicos, pesquisas clínicas, pesquisas biomédicas ou investigações clínicas.[8]-[9]

Com a promulgação da Lei das Pesquisas Clínicas no país,[10] tem-se a partir de então uma definição legal para a conceituação de ensaios clínicos, que pode ser considerado espécie de pesquisa clínica, disposta em seu artigo 2º, inciso XXXIII, como sendo:

pesquisa clínica com seres humanos: conjunto de procedimentos científicos desenvolvidos de forma sistemática com seres humanos com vistas a:

a) avaliar a ação, a segurança e a eficácia de medicamentos, de produtos, de técnicas, de procedimentos, de dispositivos médicos ou de cuidados à saúde, para fins terapêuticos, preventivos ou de diagnóstico;

b) verificar a distribuição de fatores de risco, de doenças ou de agravos na população;

c) avaliar os efeitos de fatores ou de estados sobre a saúde.[11]

---

7. A Lei nº 5.991/1973, define medicamento em seu artigo 3º, inciso II, como um "produto farmacêutico, tecnicamente obtido ou elaborado, com finalidade profilática, curativa, paliativa ou para fins de diagnóstico. **BRASIL. Lei nº 5.991, de 17 de dezembro de 1973**. Dispõe sobre o Controle do Comércio de Drogas, Medicamentos, Insumos Farmacêuticos e Correlatos, e dá outras Providências. Diário Oficial da União, Brasília, DF, 21, dez. 1973. Disponível em: https://www.planalto.gov.br/ccivil_03/leis/l5991.htm. Acesso em: 20 jan. 2023.

8. Como não há diferenciação adotada pelas terminologias descritas no ordenamento jurídico brasileiro, para o presente trabalho, os termos serão utilizados indistintamente. Os ensaios clínicos não se restringem a novos medicamentos, mas também podem ser realizados para dispositivos médicos, vacinas e outros, entretanto, o presente estudo limitará-se-á a análise dos ensaios clínicos de novos medicamentos, também chamado de pesquisa clínica, estudo clínico.

9. A Organização Pan-Americana de Saúde considera pesquisa clínica como sendo um "estudo sistemático de medicamentos e/ou especialidades medicinais em voluntários humanos", o qual tem por objetivo "descobrir ou confirmar os efeitos e/ou identificar as reações adversas ao produto investigado e/ou estudar a farmacocinética dos ingredientes ativos, de forma a determinar sua eficácia e segurança". Disponível em: https://bvsms.saude.gov.br/bvs/publicacoes/boas_praticas_clinicas_opas.pdf. Acesso em: 25 jan. 2023. No Brasil, utiliza-se comumente o termo "pesquisas envolvendo seres humanos", segundo a denominação dada pela Resolução do Conselho Nacional de Saúde nº 466/2012, podendo a mesma ser diferenciada em "pesquisa biomédica", "pesquisa clínica", ao se pesquisar novas drogas e insumos correlatos para a saúde humana.

10. A Lei nº 14.874/2024 teve vetos parciais, conforme mensagem nº 246, de 28 de maio de 2024, sob o fundamento de inconstitucionalidade e contrariedade ao interesse público. Disponível em: https://www2.camara.leg.br/legin/fed/lei/2024/lei-14874-28-maio-2024-795693-veto-171917-pl.html. Acesso em: 14 jul. 2024.

11. Por sua vez, a Resolução da Diretoria Colegiada – RDC nº 9, de 20 de fevereiro de 2015, no artigo 6, inciso XII, da ANVISA define ensaio clínico como "pesquisa conduzida em seres humanos com o objetivo de descobrir ou confirmar os efeitos clínicos e/ou farmacológicos e/ou qualquer outro efeito farmacodinâmico do medicamento

Dallari, em sua obra "Contratos de Pesquisa Clínica: aspectos práticos e jurídicos" considera que essas pesquisas se revestem das características de um "estudo sistemático de medicamentos ou especialidades medicinais em voluntários humanos, que deve seguir estritamente diretrizes de métodos científicos rigorosos".[12] Portanto, configuram uma relação jurídica complexa que envolve várias situações existenciais, como o direito do corpo e a saúde da pessoa. O que justifica a maior importância da vontade subjetiva nas situações existenciais – e assim nos estudos clínicos – é a correlação personalíssima entre o participante titular e o interesse envolvido, de maneira que as consequências do ato de autonomia atingem aspectos da personalidade do disponente.[13] E a disposição do próprio corpo, pela pessoa[14] voluntária da pesquisa clínica, traz implicações éticas e jurídicas tanto para o paciente quanto para os pesquisadores.

Adicionalmente ao rigor metodológico que deve ser dispensado às pesquisas clínicas, necessário que estas estejam respaldadas em normativos legais, pois estão envolvidas esferas relacionadas ao ser humano, como a esfera da integridade corporal, psíquica, moral, dentre outras. Por consequência, nascem assim relações jurídicas entre a pessoa participante das pesquisas e os responsáveis pela condução dos estudos.

A disposição do próprio corpo por um participante de pesquisa clínica é permeada por desdobramentos éticos e jurídicos. Sob o prisma jurídico, as relações que dele eclodirem deverão estar amparadas em atos normativos legais e infralegais.

A Lei nº 14.874, de 28 de maio de 2024,[15] que entrará em vigor 90 (noventa) dias de sua publicação oficial (D.O.U. 29.5.2024), após longo vácuo legislativo, passou a disciplinar a pesquisa com seres humanos, e institui o Sistema Nacional de Ética em Pesquisa com Seres Humanos. O diploma legal é resultado da tramitação de dois projetos de lei em trâmite nas casas legislativas do país, desde os anos de 2015 (Projeto de Lei da Câmara dos Deputados PL 7082/2017) e de 2017 (Projeto de Lei do Senado PL 200/2015).[16] Esta Lei, conhecida como Lei da Pesquisa Clínica, mas que

---

experimental e/ou identificar qualquer reação adversa ao medicamento experimental e/ou estudar a absorção, distribuição, metabolismo e excreção do medicamento experimental para verificar sua segurança e/ou eficácia".

12. DALLARI, Annalluza Bolivar. **Contrato de pesquisa clínica:** aspectos práticos e jurídicos. São Paulo: Ed. RT, 2020, p. 8.

13. GUEDES, Gisela Sampaio; MEIRELES, Rose Melo Venceslau. Princípios da Responsabilidade Civil nos Estudos Clínicos em Medicamentos. In: TEPEDINO, Gustavo; TEIXEIRA, Ana Carolina Brochado; ALMEIDA, Vitor (Coord.). **O Direito Civil entre o sujeito e a pessoa.** Estudos em homenagem ao Professor Stefano Rodotá. Fórum, Belo Horizonte, 2016, p. 236.

14. REZENDE, Joffre Marcondes de. Pessoa, Indivíduo e Sujeito. **Revista de Patologia Tropical**, Goiânia, v. 39, n. 1, p. 69-72, 2010. Disponível em: https://revistas.ufg.br/iptsp/article/view/9501. Acesso em: 20 jan. 2023.

15. BRASIL. Lei nº 14.874, de 28 de maio de 2024. Disponível em: https://www.planalto.gov.br/ccivil_03/_Ato2023-2026/2024/Lei/L14874.htm#art65. Acesso em 05 jul. 2024.

16. Os projetos de lei acima mencionados são: Projeto de Lei da Câmara dos Deputados nº 7.082 (PL 7082/2017), que "dispõe sobre a pesquisa clínica com seres humanos e institui o Sistema Nacional de Ética em Pesquisa Clínica com Seres Humanos", apresentado no dia 13 de março de 2017, data em que também foi aprovado pelo Senado, o Projeto de Lei nº 200 (PL 200/2015) apresentado em 07 de março de 2015, que "Dispõe sobre princípios, diretrizes e regras para a condução de pesquisas clínicas em seres humanos por instituições públicas ou privadas." O PL 200/2015, foi aprovado em Plenário, com modificações ao texto original e remetido à Câmara dos Deputados no dia 13 de março de 2017, e recepcionado na Câmara sob o nº 7.082. O referido projeto está

versa sobre estudos envolvendo seres humanos em diversas áreas do saber, embora esteja guarnecida por especificações técnicas quanto aos direitos dos participantes da pesquisa clínica no Brasil e pela instituição do Sistema Nacional de Ética em Pesquisa, mostrou-se silente quanto à delimitação das responsabilidades dos atores da pesquisa clínica, a exemplo de responsabilidade no âmbito cível e penal, mormente quanto ao regime jurídico aplicável.

Neste sentido, a despeito da nova lei de pesquisa em seres humanos no Brasil, o arcabouço jurídico pátrio ainda carece de interpretação, sob diversos aspectos que afetam os direitos dos participantes, inclusive sob o prisma de uma definição das responsabilidades dos atores, seja contratual, extracontratual, subjetiva ou objetiva, e também de um delineamento acerca da natureza jurídica das pesquisas clínicas desenvolvidas no território brasileiro, se natureza cível ou consumerista. Porém, no país existe um emaranhado de leis que versam direta ou indiretamente sobre as pesquisas com medicamentos, como questões ligadas à vigilância sanitária (Lei nº 6.360/1976), à publicidade (Lei nº 9.294/1996) e sobre as patentes dos medicamentos (Lei nº 9.279/1996).[17]

Ademais, em que pese o surgimento da Lei das Pesquisas Clínicas, a regulação das pesquisas clínicas é basicamente realizada por meio de atos infralegais, e há a previsão de regulamento para diversas matérias (artigos 4º, 5º, 8º, 9º, 11 etc.). Atualmente, apesar da publicação da Lei nº 14.874/2024, ainda está em vigor a Resolução nº 466, de 12 de dezembro de 2012, que dispõe sobre as diretrizes e normas regulamentadoras de pesquisas que envolvem seres humanos, do Conselho Nacional de Saúde; a Resolução da Diretoria Colegiada nº 9, de 20 de fevereiro de 2015, a qual dispõe sobre a realização de ensaios clínicos com medicamentos no Brasil, da Agência Nacional de Vigilância Sanitária; bem como a Resolução do Conselho Nacional de Saúde nº 251, de 07 de agosto de 1997, que dispõe as normas de pesquisa envolvendo seres humanos para a área temática de pesquisa com novos fármacos, medicamentos, vacinas e testes diagnósticos. Os dois diplomas acima mencionados (Resolução nº 466/2012 e Resolução nº 251/1997) foram elaborados e aprovados pelo Conselho Nacional de Saúde, no uso de suas competências regimentais e atribuições conferidas pela Lei nº 8.080, de 19 de setembro de 1990, e pela Lei nº 8.142, de 28 de dezembro de 1990.

Em razão disso, é necessário trazer a este estudo a normatividade constitucional, em especial aspectos relacionados ao Princípio da Dignidade da Pessoa Humana. Também hão de ser consideradas as prerrogativas para os pesquisadores, os quais detêm o princípio da promoção e o incentivo, por parte do Estado, da Pesquisa, da Tecnologia e da Inovação.

O indivíduo participante de pesquisa clínica é detentor de direitos, decorrentes da sua integridade física, e do direito à autodeterminação, no sentido de que possui a

---

sujeito à apreciação do plenário. Disponível em: https://www.camara.leg.br/proposicoesWeb/fichadetramitacao?idProposicao=2125189. Acesso em: 14 jan. 2023.

17. PEREIRA, Paula Moura Francesconi de Lemos Pereira. **A responsabilidade civil nos ensaios clínicos.** Indaiatuba: Foco, Indaiatuba, 2019. p. 51.

capacidade de manifestação, nas esferas que permeiam o corpo físico, mental e social; e do direito à personalidade (artigos 18 a 25 da Lei nº 14.874/2024). Ademais, o ser humano é também o titular da vontade em participar, permanecer ou se retirar da pesquisa, conforme lhe aprouver, no caso de possuir capacidade civil para tanto (artigo 18, parágrafo 7º, 40, III, da Lei 14.874/2024). Contudo, na ausência desta, o indivíduo poderá ser representado ou devidamente assistido por seus responsáveis e externar seu assentimento[18] quando for possível, como se verifica em pesquisas envolvendo crianças e adolescentes, idosos, pessoas com deficiências, entre outros.[19]

Como decorrência da participação de seres humanos em pesquisa clínica, eclodem elementos jurídicos de responsabilidades também para o pesquisador, os quais subsidiarão a efetivação da condução dos ensaios. Esses elementos, em adição ao ser humano, são o objeto da pesquisa e o vínculo jurídico.

Adicionalmente, também merece atenção questões relacionadas à eventual mercantilização do corpo humano envolvido na pesquisa, bem como desdobramentos futuros à permanência do voluntário em etapas posteriores de uma pesquisa em específico (fases mais avançadas, como a fase de farmacovigilância). Da mesma forma, há de se considerar, em pesquisas clínicas, a equiparação dos voluntários à figura de um consumidor, como na situação específica de investigação de novas drogas, e os desdobramentos futuros deste ensaio clínico, no tocante à possibilidade de receber ganhos medicamentos para tratamento de enfermidades, objeto da pesquisa clínica. Neste sentido, serão trazidos a este artigo discussões doutrinárias acerca da consideração da figura do ser humano envolvido em pesquisas clínicas, enquanto voluntário sujeito de direitos e obrigações, sob o prisma da seara consumerista.

O indivíduo participante de pesquisa clínica submete-se ao regramento de todo um arcabouço jurídico pátrio, adicionalmente à Lei nº 14.874/2024 que regulamenta as pesquisas clínicas no país, recém promulgada, o qual subsidia as relações jurídicas que advêm da efetivação das pesquisas, das quais é voluntário. Sob a esfera do "consumo" de medicamentos e insumos para a saúde, estudos abordam os desdobramentos jurídicos (e éticos) do ser humano enquanto "consumidor" do medicamento ou produto a que está sendo submetido.

Assim sendo, procura-se neste artigo expor a luz do caso paradigmático abordado no tópico anterior, sobre a (in)aplicabilidade do Código de Defesa do Consumidor à re-

---

18. Lei nº 14.874/2024. Art. 2º Para os efeitos desta Lei, consideram-se: (...) II – assentimento: anuência da criança, do adolescente ou do indivíduo legalmente incapaz em participar voluntariamente da pesquisa, após ter sido informado e esclarecido sobre todos os aspectos relevantes de sua participação, na medida de sua capacidade de compreensão e de acordo com suas singularidades, sem prejuízo do necessário consentimento dos responsáveis legais;

19. Brevemente, por autonomia entende-se a possibilidade de o indivíduo compreender o que lhe é exposto e tomar decisões acerca de um dado procedimento ou intervenção médica, ou quanto a participação em pesquisas. Já a capacidade se refere à aptidão que o indivíduo possui para exercer os atos da vida civil. Neste sentido, em pesquisas envolvendo seres humanos, tem-se que o indivíduo capaz possui a capacidade de decidir, por ele mesmo, participar ou não dos experimentos, ao apor o seu consentimento; ou no caso de negativa, o mesmo poderá manifestar sua discordância, ao dissentir da proposta objeto do protocolo de pesquisa.

lação jurídica estabelecida entre os indivíduos participantes da pesquisa e o pesquisador, patrocinador e das instituições envolvidas nas diferentes fases da pesquisa.

Na sequência será analisado o perfil estrutural e funcional da situação jurídica resultante desta atividade, em outras palavras, será analisado qual é o objeto das pesquisas; e quais são suas fases, agentes e os órgãos que atuam na condução na condução da pesquisa clínica no Brasil.

3. AS RELAÇÕES JURÍDICAS ADVINDAS DOS ENSAIOS CLÍNICOS: ESTRUTURA E FUNÇÃO

As pesquisas clínicas são realizadas por meio de um processo científico e são consideradas uma "atividade complexa e multifacetada",[20] com "relação jurídica multiconectada (pesquisa clínica multicêntrica e internacional)".[21] São estruturadas com o intuito de salvaguardar, por meio de regulamentações e instituições, padrões éticos rigorosos, tanto nacionais quanto internacionais, para garantir que os participantes não fiquem expostos a riscos, e assegurem que os dados decorrentes dessas pesquisas sejam válidos e precisos, garantindo-se a privacidade, o sigilo e a segurança.[22] Portanto, para que seja definido o enquadramento jurídico da pesquisa clínica e as normas aplicáveis, antes é preciso identificar suas fases e agentes envolvidos.

No Brasil, as autoridades regulatórias das pesquisas clínicas são o Ministério da Saúde e a Agência Nacional de Vigilância Sanitária (ANVISA). O Ministério da Saúde desempenha um papel fundamental na garantia da integridade ética e científica das pesquisas clínicas, promovendo a saúde pública e protegendo os direitos dos participantes. É a entidade responsável pela elaboração e atualização de normas e diretrizes, como a Resolução nº 466/2012, do Conselho Nacional de Justiça, que regulamentam as pesquisas clínicas no país. Por meio de colegiados vinculados, o Ministério realiza a regulação, fiscalização e controle ético das pesquisas para assegurar a integridade e dignidade dos participantes das pesquisas clínicas, com o advento da Lei nº 14.874/2024 foi instituída a instância nacional de ética em Pesquisa (artigo 5º), que será regulamentada pelo Poder Executivo, cujas atribuições estão previstas no artigo 8º, e que, nos termos do artigo 2º, XXV é definida como:

> colegiado interdisciplinar e independente, integrante do Ministério da Saúde, sob a coordenação da área técnica responsável pelo campo da ciência e tecnologia, de caráter normativo, consultivo, deliberativo e educativo, competente para proceder à regulação, à fiscalização e ao controle ético da pesquisa, com vistas a proteger a integridade e a dignidade dos participantes da pesquisa, e para contribuir para o desenvolvimento da pesquisa dentro de padrões éticos.

---

20. PEREIRA, Paula Moura Francesconi de Lemos Pereira. **A responsabilidade civil nos ensaios clínicos.** Indaiatuba: Foco, Indaiatuba, 2019. p. 49.
21. DALLARI, Annaluza Bolivar. **Contrato de pesquisa clínica**: aspectos práticos e jurídicos. São Paulo: Ed. RT, 2020. p. 41.
22. DALLARI, Annaluza Bolivar. **Contrato de pesquisa clínica**: aspectos práticos e jurídicos. São Paulo: Ed. RT, 2020, p. 23.

A ANVISA é uma autarquia sob regime especial, vinculada ao Ministério da Saúde, criada por meio da Lei nº 9.782, de janeiro de 1999, tem um papel crucial na regulamentação das pesquisas clínicas no Brasil, tais como: a) estabelecer as diretrizes, publicar documentos para adoção e cumprimento das Boas Práticas Clínicas (BPC) e manter registros de inspeções das mesmas e de estudos auditáveis, tanto para inspeções nacionais como internacionais; b) inspecionar os centros de pesquisas brasileiros quanto ao cumprimento das diretrizes de BPC nos estudos clínicos; c) avaliar o protocolo e autorizar do Dossiê de Desenvolvimento Clínico de Medicamento (DDCM) e do Dossiê de Desenvolvimento de Ensaio Clínico, para cada protocolo, conforme preceitua a Resolução nº 09/2015 da ANVISA; d) avaliar a qualidade e segurança do medicamento experimental e autorizar a sua utilização em participantes de pesquisas; e) estabelecer a regulamentação para garantir a segurança e validade dos dados que são gerados pelas pesquisas clínicas.[23]

Para que um medicamento seja aprovado para comercialização ou seja introduzido no sistema de saúde pública e constitua uma nova alternativa terapêutica, a pesquisa clínica em seres humanos é uma exigência que deve ser cumprida para a sua utilização e comercialização, sendo o único meio de comprovar a sua eficácia e segurança.

De acordo com os artigos 5º ao 11, da Lei de Pesquisas Clínicas nº 14.874/2024, o Sistema Nacional de Ética em Pesquisa com Seres Humanos no Brasil é estruturado em duas principais instâncias: a instância nacional de ética em pesquisa e a instância de análise ética em pesquisa, representada pelos Comitês de Ética em Pesquisa (CEPs).

Em resumo a instância nacional de ética em pesquisa tem como atribuições editar normas regulamentadoras sobre ética em pesquisa, avaliar a efetividade do sistema, credenciar e acreditar os CEPs, além de acompanhar, apoiar e fiscalizar os CEPs quanto à análise dos protocolos de pesquisa e ao cumprimento das normas. Também promove a capacitação dos integrantes dos CEPs, especialmente nos aspectos éticos e metodológicos, e atua como instância recursal das decisões dos CEPs (artigo 8º, inciso I ao VI).

Por sua vez, o CEP, enquanto instância de análise ética em pesquisa, é composto por uma equipe interdisciplinar nas áreas médica, científica e não científica, garantindo qualificação e experiência para analisar todos os aspectos da pesquisa, incluindo aspectos médicos, científicos, éticos e as boas práticas clínicas (artigo 9º, inciso I). Cada CEP deve estar credenciado na instância nacional de ética em pesquisa, operar regularmente com

---

23. **BRASIL. Agência Nacional de Vigilância Sanitária.** Ensaios clínicos. Disponível em: https://antigo.anvisa.gov.br/informacoes-tecnicas13?p_p_id=101_INSTANCE_R6VaZWsQDDzS&p_p_col_id=column-1&p_p_col_pos=1&p_p_col_count=2&_101_INSTANCE_R6VaZWsQDDzS_groupId=10181&_101_INSTANCE_R6VaZWsQDDzS_urlTitle=ensaios-clinicos&_101_INSTANCE_R6VaZWsQDDzS_struts_action=%2Fasset_publisher%2Fview_content&_101_INSTANCE_R6VaZWsQDDzS_assetEntryId=2864110&_101_INSTANCE_R6VaZWsQDDzS_type=content#:~:text=Papel%20da%20Anvisa&text=Favorecer%20e%20dar%20as%20diretrizes%20para%20o%20cumprimento%20das%20Boas%20Pr%C3%A1ticas%20Cl%C3%ADnicas%3B&text=Publicar%20documentos%20relativos%20%C3%A0%20ado%C3%A7%C3%A3o%20de%20Princ%C3%ADpios%20de%20BPC%20em%20seus%20territ%C3%B3rios%3B&text=Manter%20registros%20de%20inspe%C3%A7%C3%B5es%20de,para%20inspe%C3%A7%C3%B5es%20nacionais%20como%20internacionais. Acesso em: 06 jun. 2024.

infraestrutura adequada e manter registros de suas atividades e membros publicamente disponíveis (artigo 9º, inciso II ao VII).

A análise ética das pesquisas é realizada em reuniões agendadas, com quórum mínimo definido no regimento interno do CEP (artigo 9º, § 3º). Somente membros efetivos têm direito a emitir parecer e deliberar sobre a adequação ética das pesquisas submetidas (artigo 9º, §4º). Em casos específicos, o CEP pode convidar especialistas externos e representantes de grupos vulneráveis para opinar sobre questões específicas, mas esses convidados não possuem direito a voto (artigo 9º, § 5º).

Os CEPs possuem autonomia para proferir pareceres, desde que devidamente credenciados ou acreditados, observando sempre as boas práticas clínicas (artigo 9º, § 6º). A instituição que abriga o CEP é responsável por promover a capacitação contínua de seus integrantes, com foco nos aspectos éticos e metodológicos relacionados aos direitos dos participantes da pesquisa (artigo 10). A atuação do CEP está sujeita à fiscalização e acompanhamento pela instância nacional de ética em pesquisa, e o descumprimento das normas pode levar ao seu descredenciamento conforme regulamento específico (artigo 11).

O processo de investigação clínica, no Brasil, se inicia por meio de um protocolo de pesquisa clínica[24] junto com toda a documentação solicitada pelo CEP, levando-se em consideração a natureza de cada pesquisa, devendo ser submetida à Plataforma BRASIL,[25] que é o sistema oficial para lançamento, análise, aprovação e monitoramentos das pesquisas clínicas do CEP.[26]

Além de seguir todos os requisitos e exigências procedimentais do protocolo de pesquisa perante as autoridades regulatórias para sua aprovação, previstos nas Resoluções do CNS de nº 466/2012 e nº 251/1997, as pesquisas clínicas devem preceder uma fase pré-clínica, e sucessivamente as fases clínicas: I, II, III e IV.

---

24. O Protocolo de Ensaio Clínico é o "documento que descreve os objetivos, desenho, metodologia, considerações estatísticas e organização do ensaio. Provê também o contexto e a fundamentação do ensaio clínico", de acordo com artigo 6º, inciso XXXVII, da RDC 9º/2015 da ANVISA. Ademais, o conteúdo e formalidades a serem observados, também são tratados na Resolução 251/1997, capítulo IV do CNS. A Lei nº 14.874/2024 define no artigo 2º, "XLVI – protocolo de pesquisa: documento que descreve os objetivos, o desenho, a metodologia, as considerações estatísticas, a organização do estudo, o contexto e a fundamentação, entre outros elementos".

25. "A Plataforma Brasil é uma base nacional e unificada de registros de pesquisas envolvendo seres humanos para todo o sistema CEP/Conep. Ela permite que as pesquisas sejam acompanhadas em seus diferentes estágios – desde sua submissão até a aprovação final pelo CEP e pela Conep, quando necessário – possibilitando inclusive o acompanhamento da fase de campo, o envio de relatórios parciais e dos relatórios finais das pesquisas (quando concluídas).O sistema permite, ainda, a apresentação de documentos também em meio digital, propiciando ainda à sociedade o acesso aos dados públicos de todas as pesquisas aprovadas. Pela Internet é possível a todos os envolvidos o acesso, por meio de um ambiente compartilhado, às informações em conjunto, diminuindo de forma significativa o tempo de trâmite dos projetos em todo o sistema CEP/CONEP". Sobre a Plataforma **Brasil. Plataforma Brasil**. Disponível em: https://www.google.com/search?q=como+citar+site+normas+abnt&oq=como+citar+site+no&aqs=chrome.5.0i512j69i57j0i512l8.7239j0j7&sourceid=chrome&ie=UTF-8. Acesso em: 24 jan. 2023.

26. **BRASIL**. Conselho Nacional de Saúde. **Resolução nº 466, de 12 de dezembro de 2012**. Aprovar as seguintes diretrizes e normas regulamentadoras de pesquisas envolvendo seres humanos. Diário Oficial da União: seção 1, Brasília, DF, 13 jun. 2013. Disponível em: chrome-extension://efaidnbmnnnibpcajpcglclefindmkaj/https://conselho.saude.gov.br/resolucoes/2012/Reso466.pdf. Acesso em: 14 jan. 2023.

A fase pré-clínica é a fase de identificação de um novo componente em laboratórios e/ou em animais. Nesta etapa, são realizados testes em animais para conduzir estudos preliminares, visando detectar a atividade farmacológica específica e estabelecer um perfil de toxicidade aceitável.

Dando continuidade, a fase clínica envolve estudos em humanos e é subdividida em quatro fases. Na Fase I, os estudos são realizados em pequenos grupos de indivíduos (20 a 100 pessoas), geralmente saudáveis, para avaliar a segurança preliminar e o perfil farmacocinético do novo princípio ativo ou formulação. A Fase II, considerada um Estudo Terapêutico Piloto, visa demonstrar a atividade do princípio ativo e estabelecer sua segurança a curto prazo em pacientes com a condição patológica alvo, envolvendo de 70 a 200 participantes. A Fase III expande esses estudos para grandes e variados grupos de pacientes, avaliando o risco/benefício a curto e longo prazos, o valor terapêutico e as reações adversas mais frequentes, além de características especiais do medicamento, como interações relevantes e fatores modificadores do efeito. Finalmente, a Fase IV, ou farmacovigilância, ocorre após a comercialização do produto, monitorando sua segurança e eficácia em uma população mais ampla.[27]

Seguindo na contextualização da estrutura e função das pesquisas clínicas, passa-se a analisar os agentes envolvidos nessa atividade, são: i) patrocinador; ii) centro de pesquisa; iii) participante da pesquisa; e iv) pesquisador-coordenador ou investigador.

Consoante o artigo 2º da Lei de Pesquisas Clínicas, o conceito de patrocinador abrange tanto pessoas físicas quanto jurídicas, sejam de direito público ou privado, que oferecem suporte à pesquisa por meio de financiamento, infraestrutura, recursos humanos ou suporte institucional (inciso XXXI). O patrocinador desempenha um papel crucial ao viabilizar o desenvolvimento e a condução das pesquisas.

O centro de pesquisa é o local físico onde todas as atividades relacionadas à pesquisa são realizadas (inciso IX). É nesse ambiente que os protocolos de pesquisa são implementados, os dados são coletados, e os participantes são recrutados e monitorados ao longo do estudo. O centro de pesquisa deve proporcionar as condições necessárias para a condução ética e eficaz da pesquisa.

O participante da pesquisa é o indivíduo que, de maneira voluntária e esclarecida, ou mediante autorização de seu responsável legal, decide participar do estudo (inciso XXX). É a pessoa que contribui diretamente para a coleta de dados e para o avanço do conhecimento científico, sendo crucial para o sucesso e validade dos resultados da pesquisa.

---

27. **BRASIL**. Conselho Nacional de Saúde. **Resolução nº 251, de 07 de agosto de 2023**. Aprovar as seguintes normas de pesquisa envolvendo seres humanos para a área temática de pesquisa com novos fármacos, medicamentos, vacinas e testes diagnósticos. Disponível em: https://bvsms.saude.gov.br/bvs/saudelegis/cns/1997/res0251_07_08_1997.html. Acesso em: 14 jan. 2023.

O pesquisador-coordenador ou investigador-coordenador assume a responsabilidade principal pela coordenação global da pesquisa. É quem supervisiona os pesquisadores envolvidos em diferentes centros de pesquisa em estudos multicêntricos e compartilha a responsabilidade pela integridade e bem-estar dos participantes da pesquisa (inciso XXXVII).

É necessário destacar, por fim, que as pesquisas clínicas podem ser classificadas como terapêuticas ou não terapêuticas. As pesquisas terapêuticas têm como finalidade o diagnóstico ou tratamento, oferecendo benefícios diretos aos participantes. Por outro lado, as pesquisas não terapêuticas, ou puras, não visam benefícios imediatos para os participantes, sendo realizadas em pessoas saudáveis ou em pacientes com doenças que não são o foco do estudo.[28]

4. A (IN)APLICABILIDADE DO CÓDIGO DE DEFESA DO CONSUMIDOR DOS ENSAIOS CLÍNICOS DE MEDICAMENTOS E SEUS REFLEXOS NA SEARA DA RESPONSABILIDADE CIVIL À LUZ DAS DECISÕES DO TJRS E TJMG

A complexidade e as peculiaridades das relações jurídicas advindas da atividade de pesquisa clínica, transferem ao aplicador do Direito a árdua tarefa de estabelecer o enquadramento jurídico da pesquisa clínica, assim como as normativas aplicáveis, que devem se dar por meio de uma visão sistemática do ordenamento pátrio.

A Constituição Federal, em seu artigo 5º, inciso IX, confere status de direitos e garantias fundamentais à liberdade científica, além de garantir a livre iniciativa em seu artigo 1º, inciso IV, e artigo 170. Desse modo, enquadra a ciência como atividade individual e de interesse coletivo, dedicando todo um capítulo à Ciência, Tecnologia e Inovação (capítulo IV do título VIII – artigos 218 e 219, Lei nº 10.973/2004). Além disso, nos artigos 1º, inciso III, 5º, incisos II e III, e 196, confere direitos e garantias fundamentais aos envolvidos na pesquisa.

É válido ressaltar que, além da aplicação dos substratos axiológicos constitucionais, a legislação atual, incluindo a Lei nº 14.874/2024 que regula a pesquisa com seres humanos e institui o Sistema Nacional de Ética em Pesquisa com Seres Humanos, também engloba normas infraconstitucionais. Ressalta-se que a legislação infraconstitucional disciplina, pormenorizadamente, a atuação dos agentes envolvidos na pesquisa clínica no país, como patrocinadores, pesquisadores e seres humanos, sendo esta a importância para a regulamentação da matéria.

O cerne da pesquisa clínica é a proteção do participante, seus direitos humanos fundamentais, sua dignidade, sua saúde, sua vida, sua integridade psicofísica, sua intimidade, a proteção rigorosa de seus dados pessoais e sensíveis (artigos 39, 51, parágrafo 1º e 61 da Lei nº 14.874/2024). Isso se alia à busca do progresso científico e do desenvolvimento de mecanismos que aprimorem a saúde da população. O interesse

---

28. PEREIRA, Paula Moura Francesconi de Lemos Pereira. **A responsabilidade civil nos ensaios clínicos.** Indaiatuba: Foco, 2019. p. 2.

científico da sociedade não pode se sobrepor aos interesses da pessoa humana, pois esta não pode ser instrumentalizada, princípio basilar de pesquisa clínica (artigo 3º, I, da Lei nº 14.874/2024).[29] Por isso, no que for pertinente, aplicar-se-ão os institutos jurídicos próprios para salvaguardar os interesses merecedores de tutela dos participantes, a exemplo de demais leis e atos normativos infralegais.

Aplicam-se, desta forma, o Código Civil, no que se refere às normas atinentes ao início da vida, aos direitos da personalidade, aos negócios jurídicos e à responsabilidade civil; a Lei Geral de Proteção de Dados, Lei nº 13.709/2018, para salvaguardar os dados pessoais e sensíveis do participante, titular de dados (artigo 61, Lei nº 14.874/24); o Código Penal quando praticado crime, entre outras leis. Além de normas administrativas e éticas promulgadas pelos órgãos reguladores e competentes para disciplinar os ensaios clínicos, como o Ministério da Saúde, em que se insere o Conselho Nacional de Saúde; a ANVISA, entre outros.

O ciclo de vida do medicamento passa por várias etapas, que abrange desde o início os estudos investigatórios, intitulada fase da Descoberta, passando pela fase de Desenvolvimento, a forma de aprovação, regulação, a farmacovigilância, até a retirada do mercado. A fase da Descoberta é composta pela etapa pré-clínica e a fase do desenvolvimento pelas etapas clínicas. A primeira, com testes em animais ou em laboratórios e a segunda em seres humanos. Após concluída a fase dos testes, segue a etapa da Aprovação de Introdução no Mercado (AIM), feita no Brasil pela ANVISA, para posterior comercialização e uso no mercado de consumo.

Cabe ressaltar que, mesmo tratando-se de um momento pós-comercialização, as pesquisas continuam a ser realizadas, o que ocorre na chamada fase IV de desenvolvimento e também conhecida como farmacovigilância. Esta fase existe até que haja a retirada do medicamento do mercado. A retirada pode ocorrer por ato voluntário do fabricante ou em razão dos efeitos mais maléficos do que benéficos do produto, por decisão da própria ANVISA, passando por um processo.[30-31]

No presente trabalho, a análise jurídica se restringe à definição do regime jurídico da responsabilidade civil aplicável na fase inicial da pesquisa em seres humanos, quais sejam, as fases I, II e III. Na fase IV já ocorre a autorização pela ANVISA da comercia-

---

29. Esse princípio foi consagrado na Declaração de Helsinque; Resolução nº 251/1997 do CNS.

30. **BRASIL**. Agência Nacional De Vigilância Sanitária. **Resolução da Diretoria Colegiada nº 18 de 04 abr. 2014**. Dispõe sobre a comunicação à Agência Nacional de Vigilância Sanitária - ANVISA dos casos de descontinuação temporária e definitiva de fabricação ou importação de medicamentos, reativação de fabricação ou importação de medicamentos, e dá outras providências. Disponível em: https://bvsms.saude.gov.br/bvs/saudelegis/anvisa/2014/rdc0018_04_04_2014.pdf. Acesso em: 09 jul. 2024.

31. BRASIL. Agência Nacional De Vigilância Sanitária. **Resolução da Diretoria Colegiada nº 625, de 9 mar. 2022** (Publicada no DOU nº 51, de 16 de março de 2022). Dispõe sobre os requisitos mínimos relativos à obrigatoriedade, por parte das empresas detentoras de registros de medicamentos, de comunicação da implementação da ação de recolhimento de medicamentos às autoridades sanitárias competentes e aos consumidores, em hipótese de indícios suficientes ou comprovação de desvio de qualidade que representem risco, agravo ou consequência à saúde, bem como por ocasião de cancelamento de registro relacionado à segurança e eficácia. https://antigo.anvisa.gov.br/documents/10181/6407711/RDC_625_2022_.pdf/3413d4ad-5043-4920-bb8e-5391a0a360e8. Acesso em: 09 jul. 2024.

lização do medicamento e os testes são diferentes, ocorrendo a avaliação em vida real por um grande número de pessoas. No que tange à fase IV, não restam dúvidas quanto à aplicação do Código de Defesa do Consumidor, pois o produto já é objeto de amplo consumo, observada as indicações constantes da bula do medicamento e a prescrição médica.[32] Nesse caso, na hipótese de haver um dano decorrente do fato do produto, a responsabilidade incidirá sobre o fabricante e solidários, observados os pressupostos do dever de indenizar pelas regras consumeristas.

Nas fases I, II, e III da pesquisa clínica, surgem as primeiras indagações quanto à aplicação do CDC e que repercutirá na definição do regime da responsabilidade: Os agentes de pesquisa se inserem no conceito de fornecedores do produto experimental ou no de prestadores de serviços de pesquisa? E os participantes, estariam inseridos no conceito de consumidores?

O conceito de fornecedor é extraído do artigo 3° do CDC, englobando qualquer pessoa física ou jurídica, pública ou privada, nacional ou estrangeira, bem como entes despersonalizados, que ofereçam no mercado produtos (bens) ou serviços, mediante remuneração (atividades, benefícios oferecidos à venda). Já o conceito de consumidor é retirado dos artigos 2°, 17 e 29, todos do CDC. O primeiro artigo, referente ao conceito de consumidor, compreende os consumidores que utilizam os serviços e produtos como destinatários finais (consumidor padrão ou standard) e toda coletividade que intervém na relação de consumo (artigo 2°, parágrafo único, do CDC). Os dois últimos artigos referem-se aos consumidores *bystanders* (consumidores por equiparação), às vítimas de evento de consumo, e as pessoas expostas às práticas comerciais ou contratuais abusivas.

O propósito da norma consumerista é estabelecer, por meio de regras e princípios próprios, a proteção das pessoas e de determinados grupos vulneráveis inseridos no mercado de consumo. A atividade de pesquisa clínica nas fases I, II, e III não está inserida no mercado de consumo. Cuida-se de fase preliminar, antes de aprovação para comercialização do medicamento, em que se coloca em teste a eficácia, a tolerância e a segurança de um tratamento farmacológico sobre a pessoa humana. O medicamento chamado experimental e que é administrado nos participantes nestas fases não é um bem de consumo presente no mercado; ao revés, a autorização de uso é exclusiva para fins de pesquisa, controlado, não podendo ser empregado fora dos limites do estudo clínico.[33]

Além disso, o participante não paga para se submeter ao teste, nem pelo produto experimental. O tratamento da saúde do participante não é objeto da pesquisa clínica, apesar de ele receber cuidados de saúde, assistência médica e não deixar de ser tratado quando se tratar de ensaio terapêutico, mas o ato de experimentação se difere do ato

---

32. CAVALIERI FILHO, Sérgio. Responsabilidade civil por danos causados por remédios. Remédios: benfeitores ou vilões? **Revista da EMERJ**, Rio de Janeiro, v. 2, n. 8, p. 11-20, 1999.

33. BRASIL. Agência Nacional De Vigilância Sanitária. **Resolução da Diretoria Colegiada n° 9, de 20 de fevereiro de 2015**. Dispõe sobre o Regulamento para a realização de ensaios clínicos com medicamentos no Brasil. Diário Oficial da União: seção 1, Brasília, DF, n° 41, p. 69, 3 mar. 2015. Disponível em https://antigo.anvisa.gov.br/documents/10181/3503972/RDC_09_2015_COMP.pdf/e26e9a44-9cf4-4b30-95bc-feb39e1bacc6f. Acesso em: 11 jan. 2023.

médico propriamente dito, acrescido ao fato do medicamento experimental não ser comercializado nessas etapas.

Para os serviços prestados fora da pesquisa, mas a ela atrelados, poder-se-ia aplicar a lei consumerista como, por exemplo, se paciente internado em hospital que se submete à pesquisa, mas também recebe serviços hospitalares; e quando se tratar do ato médico em si, para os que defendem que a relação médico-paciente é de consumo,[34] aplica-se o CDC. Da mesma forma, não deve haver pagamento, nem remuneração (item II. 10, da Resolução nº 466/2012 do CNS)[35] à pessoa que se submete à pesquisa, pois seria um negócio nulo (artigo 104, II, c/c artigo 166, II, VII, ambos do Código Civil), contrário à lei, já que se aplica o princípio da não comercialização, extraído do artigo 199, parágrafo 4º, da Constituição Federal,[36]-[37] apesar da Lei 14.874/2024 prever essa possibilidade, artigo 20, parágrafo 2º, da Lei 14874/2024 O que pode haver é o ressarcimento de despesas efetuadas pelo participante (item II. 21, da Resolução nº 466/2012 do CNS) que não descaracteriza a gratuidade. Se voluntariar para a experimentação, independentemente de haver interesse pessoal na busca da cura de uma doença, é um ato altruísta, de solidariedade social.

Os participantes de pesquisas não se enquadram no conceito *standard* de consumidor estabelecido no artigo 2º, *caput*, do Código de Defesa do Consumidor. Isto porque, durante a fase de estudo, não há aquisição de produtos, nem utilização de serviço de pesquisa como destinatário final, independentemente da corrente adotada acerca da abrangência do conceito de consumidor, se maximalista, finalista, ou finalista aprofundado ou mitigado. Ao contrário, o participante atua como colaborador voluntário da investigação científica, seja para benefício próprio (ensaios clínicos terapêuticos) ou indireto (ensaios clínicos puros).

De igual modo, o participante de pesquisa não pode ser considerado consumidor por equiparação (artigos 2º, parágrafo único, 17 e 29, todos do CDC), pois a atividade não se insere no mercado. Da atividade de pesquisa nasce uma relação de direito civil e por mais que haja a vulnerabilidade do participante, que gera um desequilíbrio, esse não é o fator que caracteriza uma relação de consumo. Logo, danos porventura sofridos pelos participantes da pesquisa ou por pessoas a eles relacionadas, dano em ricochete, não configuram vício ou fato do serviço ou produto (acidente de consumo), que atrairia a aplicação dos artigos 12, 14, 18 e 20 do CDC.[38]

---

34. Eduardo Souza Nunes defende a não aplicação da lei consumerista na relação médico-paciente. SOUZA, Eduardo Nunes de. **Do Erro à culpa:** Na responsabilidade civil do médico. Rio de Janeiro: Renovar, 2015. p. 95-96.

35. O item II. 10, da Resolução nº 466/2012 do CNS prevê a possibilidade de remuneração na fase de bioequivalência e fase I, o que deve ser considerado inconstitucional.

36. Nesse sentido, OLIVEIRA, Aline Albuquerque S. de; BARBOZA, Heloisa Helena. Remuneração dos participantes de pesquisas clínicas: considerações à luz da Constituição. **Revista Bioética do Conselho Federal de Medicina,** Brasília, v. 24, n. 1, p. 29-36. 2016.

37. PEREIRA, Paula Moura Francesconi de Lemos; TERRA, Aline de Miranda Valverde. **Considerações acerca do estatuto jurídico do corpo humano**. São Paulo: Ed. RT, 2015.

38. Esse foi o posicionamento adotado por Paula Moura Francesconi de Lemos Pereira expresso em sua obra "**A responsabilidade civil nos ensaios clínicos**. São Paulo: Foco, 2019", e cujos trechos foram extraídos para o desenvolvimento do presente artigo.

Em uma primeira leitura, poderia se imaginar que a aplicação da lei consumerista seria mais benéfica ao participante, especialmente, no que tange à aplicação do regime da responsabilidade civil que é objetivo e solidário, salvo para os profissionais liberais que é subjetivo. No entanto, o CDC coloca em apreciação a Teoria do Risco do Desenvolvimento, que para alguns doutrinadores seria uma causa de exoneração de responsabilidade do fornecedor,[39] enquanto para outros, a não caracterização de defeito de produto[40] (artigo 12, parágrafo 1º, III). Há, ainda, uma terceira corrente, de que seria uma espécie de gênero defeito de concepção, e, como tal, incluído no risco do fornecedor, fortuito interno,[41-42-43-44] sendo para esse último posicionamento o fundamento para caracterizar a responsabilidade do fornecedor.

Apesar de toda controvérsia doutrinária sobre a Teoria do Risco do Desenvolvimento no âmbito internacional[45-46] e pátrio,[47-48] sua aplicação seria prejudicial para o participante de pesquisa, já que participa justamente da fase experimental, em que a Ciência não tem respostas quanto aos efeitos produzidos pelo medicamento experimental, seus riscos e defeitos. A pesquisa clínica existe justamente para se evitar que se coloque no mercado produto nocivo à saúde humana, realizando testes e passando por várias etapas controladas até efetiva aprovação pela ANVISA, o que estaria em consonância, inclusive, com o artigo 10 do CDC, que dispõe que o "fornecedor não poderá colocar

---

39. STOCO, Rui. **Defesa do consumidor e responsabilidade pelo risco do desenvolvimento**. São Paulo: Ed. RT, 2007.

40. Antonio Herman de Vasconcellos e Benjamin "Cuidando-se de responsabilidade objetiva, não seria consentido ao intérprete admitir excludente não prevista em lei, fonte da responsabilidade objetiva. Daí o acerto da legislação europeia em tratar expressamente do tema, evitando-se imprecisões ou incertezas. Na realidade brasileira, tratando-se de responsabilidade objetiva, tanto os pressupostos para deflagrar o dever de reparar quanto às excludentes só podem ser extraídos da fonte legislativa, no caso, o Código de Defesa do Consumidor. Seria arbitrária tanto a admissão de excludente não prevista em lei, quanto a responsabilização que não encontra respaldo dos pressupostos legislativos que lhe dão origem (fonte da responsabilidade objetiva)". TEPEDINO, Gustavo. A responsabilidade civil por acidentes de consumo na ótica civil constitucional. In: TEPEDINO, Gustavo (Coord.). **Temas de direito civil**. Rio de Janeiro: Renovar, 2001, t. I, p. 287.

41. MARQUES, Claudia Lima. **Contratos no Código de Defesa do Consumidor**: o novo regime das relações contratuais. São Paulo: Ed. RT, 1991, p. 277.

42. CAVALIERI FILHO, Sergio; MENEZES DIREITO, Carlos Alberto. **Comentários ao novo Código Civil**. Rio de Janeiro: Forense, 2004, p. 194.

43. SILVA, Marco Aurélio Lopes Ferreira da. Responsabilidade pelo risco do desenvolvimento. **Revista Jurídica Notadez**, Porto Alegre, v. 345, p. 54. 2006.

44. WESENDONK, Tula. A responsabilidade civil pelos riscos do desenvolvimento: evolução histórica e disciplina no direito comparado. **Direito e justiça**, v. 38, n. 2, p. 213-227, p. 215. jul./dez. 2012.

45. A Diretiva 85/374/CEE expressamente prevê os riscos do desenvolvimento como hipótese excludente da responsabilidade do produtor (artigo 7º, alínea "e"), ainda que tenha permitido aos países-membros da Comunidade Europeia que, ao tempo em que incorpora as normas da diretiva, poderiam derrogar a hipótese excludente.

46. **COMUNIDADE EUROPEIA**. Conselho da Comunidade Europeia. **Diretiva nº 85/374/CEE**. Trata das disposições legislativas, regulamentares e administrativas dos Estados-Membros em matéria de responsabilidade decorrente dos produtos defeituosos. Bruxelas, Conselho da Comunidade Europeia, 1985. Disponível em: https://eur-lex.europa.eu/legal-content/PT/TXT/?uri=CELEX:31985L0374&print=true. Acesso em: 10 jul. 2024.

47. BRASIL. Superior Tribunal de Justiça (STJ). Recurso Especial nº 1.774.372-RS (2018/0272691-3), relatora Ministra Nancy Andrighi, da 3ª Turma do STJ, j. 05 maio 2020, DJe 18 maio 2020.

48. WESENDONK, Tula. A responsabilidade civil pelos riscos do desenvolvimento: evolução histórica e disciplina no direito comparado. **Direito e justiç**a, v. 38, n. 2, p. 213-227, jul./dez. 2012.

no mercado de consumo produto ou serviço que sabe ou deveria saber apresentar alto grau de nocividade ou periculosidade à saúde ou segurança".

Por isso, inaplicável a Teoria do Risco do Desenvolvimento nesta etapa, visto que os agentes de pesquisa são responsáveis pelos eventos adversos que ocorrem em decorrência do medicamento experimental, fundado no risco integral, mesmo que haja por parte do participante o consentimento livre e esclarecido e esteja ciente dos riscos do experimento, não podendo ser este uma causa de autorresponsabilidade que afaste o dever de indenizar quando presentes os pressupostos da responsabilidade civil. Os riscos do desenvolvimento serão objeto de análise após o ingresso do produto no mercado de consumo, e ao aplicar o artigo 931 do Código Civil afasta-se a Teoria do Risco do Desenvolvimento.

A doutrina brasileira não enfrenta muito a questão da (in)aplicabilidade do CDC nas pesquisas clínicas. Fernanda Schaefer tem um posicionamento dividido quanto à incidência do CDC nas diferentes fases das pesquisas. Entende que o CDC não se aplica à relação entre pesquisador e o voluntário, considerando essa uma relação contratual atípica subordinada às leis civis, sob o fundamento de que quem está efetivamente prestando um serviço de forma não habitual é o participante, que se oferece voluntária e gratuitamente para participar da pesquisa. Já nas pesquisas que utilizam placebos em ensaios clínicos com fins comerciais, entende-se por sua aplicabilidade, pois o participante deverá ser considerado a um consumidor por equiparação (artigo 29, do CDC), eis que destinatários de prática comercial.[49] No entanto, essa diferenciação não deve prevalecer, tendo em vista que quando se tem um ato fora de pesquisa a relação será regulada pelas normas pertinentes.

Diante do exposto na primeira parte deste capítulo, parte-se para análise do caso paradigmático julgado, em 2007, pela 9ª Câmara Cível do Tribunal de Justiça do Estado do Rio Grande do Sul (TJRS).[50] Afastou-se a incidência da lei consumerista em atividade que envolvia pesquisa clínica de terapia de reposição hormonal patrocinada por um laboratório, pois a participante não se enquadrava no conceito de consumidor, já que se submeteu ao estudo de forma voluntária e nos termos do consentimento livre e esclarecido, cuidando-se, portanto, de uma situação de cunho civil.

Da mesma forma, destaca-se outra decisão proferida, em 2014, pela 9ª Câmara Cível do Tribunal de Justiça de Minas Gerais (TJMG)[51] que, em sede de agravo de instrumento, afastou a aplicação do Código de Defesa do Consumidor tendo como base o pedido de inversão do ônus da prova, sob o seguinte fundamento: levando-se em consideração a relação decorrente da assinatura do Termo de Consentimento Livre e Esclarecido para

---

49. RIVABEM, Fernanda Schaefer. Uso de placebos em pesquisas com fins comerciais: Limitações jurídicas à luz do ordenamento brasileiro. **Revista de Direito Sanitário da Universidade de São Paulo** (USP), São Paulo: v. 17, n. 2, p. 148-149, 2016.
50. BRASIL. Tribunal de Justiça do Estado do Rio Grande do Sul (TJRS). Apelação Cível nº 70020090346/2007. 9ª Câmara Cível, relator Des. Odone Sanguiné, j. 26 set. 2007, DJe 2 out. 2007.
51. **BRASIL**. Tribunal de Justiça do Estado de Minas Gerais (TJMG). **Agravo de Instrumento nº 1.0702.11.037027-8/001**, Comarca de Uberlândia, relator: Des. Moacyr Lobato, j. 27 ago. 2014, DJe 04 set. 2014.

uso de medicamento experimental e o laboratório responsável pela pesquisa, não há configuração de uma relação de consumo, pois não há a subsunção perfeita aos conceitos jurídicos de consumidor e fornecedor (artigo 2º, *caput*, e 3º, *caput*, e § 2º, do Código de Defesa do Consumidor). Logo, a relação é de cunho civil e não consumerista, o que por si só não afasta a apuração da ocorrência ou não do dever de indenizar.

Outra decisão mais recente, proferida em 2021, pela 12ª Câmara Cível do Tribunal de Justiça do Estado do Rio Grande do Sul,[52] aplicou o Código Civil para análise da responsabilidade civil de cada agente da pesquisa, a saber, o laboratório patrocinador, o pesquisador médico e a instituição de pesquisa. A decisão não foi unânime, prevalecendo o voto condutor da relatora, que deu parcial provimento ao apelo da participante de pesquisa, para reformar a sentença que afastou a responsabilidade de alguns dos réus (hospital, instituição de pesquisa, e médico-pesquisador), condenando solidariamente tão somente os réus (laboratórios), ao pagamento da indenização por danos morais reclamada na inicial, no valor de R$ 55.000,00 (cinquenta e cinco mil reais).[53]

Em sentido contrário, a 10ª Câmara Cível do Tribunal de Justiça do Rio Grande do Sul,[54] em julgamento realizado em 2013, aplicou o Código de Defesa do Consumidor para julgar um caso envolvendo a responsabilidade civil na situação de tratamento experimental para o câncer, com o uso de medicamentos ministrados por laboratório e sob a observância do corpo médico, nas dependências de uma instituição hospitalar. O fundamento reside no fato de que há a presença, em tais relações, da figura do fornecedor, do tomador de serviços e do consumidor (artigos 2º e 3º do CDC).

A inaplicabilidade do Código de Defesa do Consumidor para atividade de pesquisa fases I, II, e III, implica na regulação do regime de responsabilidade civil estabelecido no Código Civil, mais especificamente o artigo 927, parágrafo único. A pesquisa clínica é indubitavelmente uma atividade de risco,[55] mas que deve ser considerada como um *risco integral*, pois abrange os riscos previsíveis e imprevisíveis. A responsabilidade é objetiva, independentemente de dolo ou culpa, motivo pelo qual não se fará juízo de censura da conduta do agente, seja o patrocinador, o pesquisador ou a instituição de pesquisa. Ressalta-se que, mesmo o pesquisador-médico, profissional liberal, responderá de forma objetiva, apesar de posicionamento contrário na doutrina,[56] já que o que está em questão

---

52. **BRASIL**. Tribunal de Justiça do Estado do Rio Grande do Sul (TJRS). **Apelação Cível nº 70084078724**. 12ª Câmara Cível, relatora Desa. Ana Lúcia Carvalho Pinto Vieira Rebout, j. 21 out. 2021, *DJe* 12 nov. 2021.

53. PEREIRA, Paula Moura Francesconi de Lemos. Análise jurisprudencial da responsabilidade civil nos ensaios clínicos. In: TEPEDINO, Gustavo; ALMEIDA, Vitor (Coord.). **Trajetórias do Direito Civil**: Livro em homenagem à Professora Heloisa Helena Barboza. Indaiatuba: Foco, 2023.

54. **BRASIL**. Tribunal de Justiça do Estado do Rio Grande do Sul (TJRS). **Apelação Cível nº 70020090346/2007**. 9ª Câmara Cível, relator Des. Odone Sanguiné, j. 26 set. 2007, DJe 2 out. 2007.

55. BARBOZA, Heloisa Helena. Responsabilidade civil em face das pesquisas em seres humanos: efeitos do consentimento livre e esclarecido. In: MARTINS-COSTA, Judith; MÖLLER, Letícia Ludwig (Coord.). **Bioética e responsabilidade**. Rio de Janeiro: Forense, 2009, p. 214.

56. FERNANDES, Márcia Santana; GOLDIM, José Roberto; MAFRA, Márcia Robalo; MORAIS, Leonardo Stoll de. A responsabilidade civil do pesquisador "responsável" nas pesquisas científicas envolvendo seres humanos e a Resolução CNS 466/2012. **Revista de Direito Civil Contemporâneo**: RDCC, São Paulo: Ed. RT, v. 2, n. 5, 2015.

não é o ato médico propriamente dito, mas a pesquisa. Esse regime de responsabilidade civil ajuda o participante vulnerável a obter a reparação com mais facilidade.

A responsabilidade objetiva tem amparo nos pressupostos que deram ensejo à mudança do eixo da culpa para o risco, na distribuição dos danos sofridos entre a coletividade que se beneficia da pesquisa, do progresso científico, socializando os riscos, o que não afasta a necessidade de criar e utilizar mecanismos que assegurem não só a prevenção, mas também a reparação e a compensação dos danos (seguro).[57] Fundamento este que também confere base para a defesa de haver solidariedade entre os agentes de pesquisa, a fim de se instituir a possibilidade da reparação integral do dano injusto, mesmo que não tenha sido o ator principal, pelo que incide o artigo 275 cumulado com o artigo 942, ambos do Código Civil (Resolução nº 466/2012 do CNS, item IV.4, "c"). Aos agentes que forem responsabilizados, caberá ação regressiva contra o responsável direto, observado o disposto nos artigos 934, 884, 932, III e 933, todos do Código Civil.

A responsabilidade civil pode ser negocial, contratual, ou extracontratual, apesar da mitigação desse diferencial. Essa classificação vai depender de cada agente, e se os danos resultantes dos ensaios clínicos decorrem de uma situação negocial ou não, podendo um mesmo fato resultar em um concurso de responsabilidade e impactar no prazo prescricional.[58]

São pressupostos ensejadores do dever de indenizar quando se está diante de uma atividade de pesquisa: i) o exercício da pesquisa clínica; ii) a existência de dano reparável, de natureza patrimonial ou extrapatrimonial, resultante do estudo clínico, e iii) o nexo de causalidade entre o dano e a pesquisa.

A responsabilidade civil em pesquisa clínica pode incidir em diversas hipóteses, como: i) violação do sigilo das informações e confidencialidade dos dados pessoais e sensíveis dos participantes e inerentes à atividade (monitoramento, rastreabilidade, propagação); ii) falha na obtenção do consentimento livre e esclarecido necessário para validar a submissão do participante à pesquisa; iii) ocorrência de eventos adversos durante ou após a pesquisa, os quais acarretam danos de várias espécies; iv) falha no dever de assistência à saúde do participante de pesquisa, para citar alguns etc.

No entanto, apesar do risco ser integral, a responsabilidade não é integral, podendo afastar o dever de indenizar quando ausente um dos pressupostos, em especial, ausência de danos e de nexo de causalidade ou quebra do nexo, o que deverá ser analisado casuisticamente. Existem danos que não são passíveis de indenização, nomeadamente, pequenas reações, náusea, dor de cabeça, coceira, entre outros. E existem casos em que o evento danoso decorreu da própria doença do participante ou por fato externo, que afastam a responsabilidade civil.

---

57. PEREIRA, Paula Moura Francesconi de Lemos; GOULART, Úrsula. Os Ensaios Clínicos e o Seguro de Responsabilidade Civil. **Revista Brasileira de Direito Contratual**, v. 1, n. 1, p. 66-91, out./dez. 2019, p. 66.

58. O prazo prescricional deverá ser considerado de acordo com a responsabilidade ser contratual ou extracontratual, aplicando o artigo 205 ou artigo 206, parágrafo 3º, V, ambos do Código Civil, e caso se trate de pessoa jurídica de direito público a norma pertinente.

Estabelecer o regime jurídico da responsabilidade civil aplicável em atividade de pesquisa clínica de forma uniforme é fundamental para salvaguardar os participantes em razão de potencial vulnerabilidade diante de todos os riscos a que estão submetidos. O instituto da responsabilidade civil é um instrumento de proteção, mesmo que no seu lado reparatório. O ideal seria sua faceta preventiva, mas caso ocorra dano os princípios da solidariedade, da reparação integral do dano, da dignidade da pessoa humana servirão de alicerce para efetiva tutela dos participantes de pesquisa.

5. NOTAS CONCLUSIVAS

Após analisar o caso paradigma do TJRS e outras decisões correlatas, é possível concluir que as pesquisas clínicas, devido à sua natureza investigatória e ao potencial de riscos previsíveis e imprevisíveis, são categorizadas como atividades de "risco integral". Nesse contexto, o consentimento informado do participante emerge como elemento fundamental, garantindo sua autodeterminação e possibilitando uma decisão esclarecida sobre sua participação na pesquisa.

A responsabilidade decorrente das pesquisas clínicas, conforme abordado neste artigo, deve ser examinada à luz do Código Civil, uma vez que os produtos em desenvolvimento ainda não alcançaram o estágio de produtos comerciais. Portanto, os Tribunais precisam considerar cuidadosamente a incidência do Código de Defesa do Consumidor em casos envolvendo pesquisas clínicas, uma vez que não existe uma relação jurídica típica de consumo. Os participantes não estão adquirindo um produto finalizado como os que já estão inseridos no mercado de consumo, mas sim colaborando em um estudo científico.

A interpretação da atividade de pesquisa clínica no Brasil é fundamental, dada a dispersão normativa, doutrinária e jurisprudencial, o que compromete a segurança jurídica dessa atividade essencial para a saúde pública.

Em suma, novos desafios jurídicos e normativos precisam ser enfrentados para garantir uma estrutura regulatória robusta que proteja adequadamente os direitos dos participantes e promova avanços científicos necessários para enfrentar desafios de saúde pública, especialmente em contextos de pandemias severas.

REFERÊNCIAS

BARBOZA, Heloisa Helena. Responsabilidade civil em face das pesquisas em seres humanos: efeitos do consentimento livre e esclarecido. In: MARTINS-COSTA, Judith; MÖLLER, Letícia Ludwig (Coord.). **Bioética e responsabilidade.** Rio de Janeiro: Forense, 2009.

CAVALIERI FILHO, Sergio; MENEZES DIREITO, Carlos Alberto. **Comentários ao novo código civil.** Rio de Janeiro: Forense, 2004.

CAVALIERI FILHO, Sérgio. Responsabilidade civil por danos causados por remédios. Remédios: benfeitores ou vilões? **Revista da EMERJ,** Rio de Janeiro, v. 2, n. 8, p. 11-20, 1999.

DALLARI, Annaluza Bolivar. **Contrato de pesquisa clínica:** aspectos práticos e jurídicos. São Paulo: Ed. RT, 2020.

FERNANDES, Márcia Santana; GOLDIM, José Roberto; MAFRA, Márcia Robalo; MORAIS, Leonardo Stoll de. A responsabilidade civil do pesquisador "responsável" nas pesquisas científicas envolvendo seres humanos e a Resolução CNS 466/2012. **Revista de Direito Civil Contemporâneo**: RDCC, São Paulo: Ed. RT, v. 2, n. 5, p. 97-118, out./dez. 2015.

GUEDES, Gisela Sampaio; MEIRELES, Rose Melo Venceslau. Princípios da Responsabilidade Civil nos Estudos Clínicos em Medicamentos. In: TEPEDINO, Gustavo; TEIXEIRA, Ana Carolina Brochado; ALMEIDA, Vitor (Coord.). **O Direito Civil entre o sujeito e a pessoa.** Estudos em homenagem ao Professor Stefano Rodotá. Fórum, Belo Horizonte, 2016.

MARQUES, Claudia Lima. **Contratos no Código de Defesa do Consumidor**: o novo regime das relações contratuais. São Paulo: Ed. RT, 1991.

OLIVEIRA, Aline Albuquerque S. de; BARBOZA, Heloisa Helena. Remuneração dos participantes de pesquisas clínicas: considerações à luz da Constituição. **Revista Bioética do Conselho Federal de Medicina**, Brasília, v. 24, n. 1, 2016. p. 29-36.

PEREIRA, Paula Moura Francesconi de Lemos Pereira. **A responsabilidade civil nos ensaios clínicos.** Indaiatuba: Foco, 2019.

PEREIRA, Paula Moura Francesconi de Lemos. Análise jurisprudencial da responsabilidade civil nos ensaios clínicos. In: TEPEDINO, Gustavo; ALMEIDA, Vitor (Coord.). **Trajetórias do Direito Civil**: Livro em homenagem à Professora Heloisa Helena Barboza. Foco, Indaiatuba. 2023.

PEREIRA, Paula Moura Francesconi de Lemos; GOULART, Úrsula. Os Ensaios Clínicos e o Seguro de Responsabilidade Civil. **Revista Brasileira de Direito Contratual**, v. 1, n. 1, p. 66-91, out./dez. 2019.

PEREIRA, Paula Moura Francesconi de Lemos; TERRA, Aline de Miranda Valverde. **Considerações acerca do estatuto jurídico do corpo humano.** São Paulo: Ed. RT, 2015.

REZENDE, Joffre Marcondes de. Pessoa, Indivíduo e Sujeito. *Revista de Patologia Tropical*, Goiânia, v. 39, n. 1, p. 69-72, 2010.

RIVABEM, Fernanda Schaefer. Uso de placebos em pesquisas com fins comerciais: Limitações jurídicas à luz do ordenamento brasileiro. **Revista de Direito Sanitário da Universidade de São Paulo (USP)**, São Paulo: v. 17, n. 2, p. 148-149, 2016.

SILVA, Marco Aurélio Lopes Ferreira da. Responsabilidade pelo risco do desenvolvimento. **Revista Jurídica Notadez**, Porto Alegre, v. 345, 2006.

SOARES, Flaviana Rampazzo. **Consentimento do paciente no Direito Médico**: validade, interpretação e responsabilidade. São Paulo: Foco, 2021.

SOUZA, Eduardo Nunes de. **Do erro à culpa na responsabilidade civil do médico.** Rio de Janeiro: Renovar, 2015.

STOCO, Rui. **Defesa do consumidor e responsabilidade pelo risco do desenvolvimento**. São Paulo: Ed. RT, v. 96, n. 855, p. 46-53, jan. 2007.

TEPEDINO, Gustavo. A responsabilidade civil por acidentes de consumo na ótica civil constitucional. In: TEPEDINO, Gustavo (Coord.). **Temas de direito civil.** Rio de Janeiro: Renovar, 2001. t. I.

WESENDONK, Tula. A responsabilidade civil pelos riscos do desenvolvimento: evolução histórica e disciplina no direito comparado. **Direito e justiça**, v. 38, n. 2, p. 213-227, jul./dez. 2012.

REMOÇÃO ILEGAL DE ÓRGÃOS E RESPONSABILIDADE PENAL DO MÉDICO: ANÁLISE DA (IN)COMPETÊNCIA DO TRIBUNAL DO JÚRI NO CASO PAVESI

Giovana Palmieri Buonicore[1]

José Américo Penteado de Carvalho[2]

> **Decisão paradigma**: BRASIL. Supremo Tribunal Federal (STF), **Recurso Extraordinário nº 1.313.494/MG**, 1ª Turma, relator Min. Dias Toffoli, j. 14 set. 2021.

> **Sumário:** 1. Descrição do caso – 2. Panorama geral da responsabilidade penal do médico na remoção ilegal de órgãos – 3. Crimes dolosos, preterdolosos e qualificados pelo resultado morte – 4. Os princípios da consunção e da especialidade no homicídio pela remoção ilegal de órgãos – 5. Análise da decisão do STF (caso Pavesi) que decidiu pela incompetência do tribunal do júri, em relação a alguns médicos – 6. Notas conclusivas – Referências.

1. DESCRIÇÃO DO CASO

Em 14 de setembro de 2021, a 1ª Turma do Supremo Tribunal Federal (STF) julgou o Recurso Extraordinário nº 1.313.494,[3] Minas Gerais, de relatoria do Ministro Dias Toffoli, para o fim de definir a competência para julgamento da responsabilidade penal de médicos. O caso versa sobre as circunstâncias criminosas da morte de uma criança, Paulo Veronesi Pavesi.

Em 19 de abril de 2000, Paulo Pavesi, à época com apenas 10 anos de idade, sofrera queda de aproximadamente 10 metros de altura no prédio em que residia, sendo encaminhado ao Hospital Pedro Sanches, localizado em Poços de Caldas/MG. Em decor-

---

1. Mestre em Ciências Criminais pela PUCRS. Especialista em *Compliance* pela mesma Universidade. Foi membro do Grupo de Pesquisas em Direito da Saúde e Empresas Médicas da UNICURITIBA, liderado pelo prof. Dr. Miguel Kfouri Neto. Membro fundadora do Instituto Miguel Kfouri Neto (IMKN) – Direito Médico e da Saúde. Parecerista do Boletim de Ciências Criminais do IBCCRIM (Instituto Brasileiro de Ciências Criminais) e da Revista da Defensoria Pública do Estado do Rio Grande do Sul. Associada à ABRARC (Associação Brasileira de Auditoria, Riscos e *Compliance*) como profissional. Integrante do *Compliance Women Committee*, bem como das Comissões da Advocacia Criminal; Direito à Saúde e de Estudos sobre *Compliance* e Anticorrupção Empresarial, ambas da OAB/PR. Advogada. Sócia fundadora do Buonicore & Cintra Advogados Associados.
2. Especialista e Mestre em Ciências Jurídicas Criminais pela Universidade de Lisboa. Médico formado pela Universidade Federal do Paraná. Foi membro do Grupo de Pesquisas em Direito da Saúde e Empresas Médicas da UNICURITIBA, liderado pelo prof. Dr. Miguel Kfouri Neto. Membro fundador do Instituto Miguel Kfouri Neto (IMKN) – Direito Médico e da Saúde. Desembargador do Tribunal de Justiça do Estado do Paraná.
3. **BRASIL**. Supremo Tribunal Federal (STF), **Recurso Extraordinário nº 1.313.494**, 1ª Turma, relator Min. Dias Toffoli, j. 14 set. 2021, DJe 6 de dez. 2021.

rência da falta de aparelhagem, a vítima teve de ser transferida para a Clínica Centro de Diagnóstico por Imagem para verificar a localização e extensão do hematoma cerebral.

Depois da realização dos exames, a vítima teria retornado ao Hospital Pedro Sanches e, em virtude do desaparecimento dos documentos referentes à tomografia computadorizada e pela ausência de registro do procedimento adotado pelo médico, teria realizado uma craniectomia, em vez de uma craniotomia,[4] que seria a cirurgia adequada para a situação fática. Em 21 de abril, no Hospital Pedro Sanches, foi declarado o seu óbito. Após, foi encaminhado à Santa Casa de Poços de Caldas/MG para cirurgia de retirada e doação de órgãos, estando, na realidade, ainda vivo.

Diversos médicos participaram do atendimento do menino, desde sua chegada ao hospital até a remoção e a transplantações de seus órgãos, de modo que houve a denúncia de sete médicos. Os médicos J.L.G.S., J.L.B. e M.A.P.F. foram denunciados por homicídio qualificado e, transcorrido o processo, foram pronunciados, com decisão de pronúncia confirmada pelo Tribunal de Justiça de Minas Gerais, tendo o Júri sido marcado para 28 de janeiro de 2021, no Fórum Lafayette, em Belo Horizonte, quase 21 anos após. O resultado foi a condenação dos médicos J.L.G.S. e J.L.B. à pena de 25 anos e 10 meses em regime fechado por homicídio qualificado, enquanto M.A.P.F., à época anestesista, restou absolvido. Os médicos condenados, que respondiam em liberdade, recorreram, porém, em 16 de abril de 2024[5] os recursos foram desprovidos, tendo sido expedido mandado de prisão para ambos.

Por outro lado, os médicos S.P.G., C.R.F.S. e C.R.C.F., por suas vezes, foram denunciados por remoção ilegal de órgãos. Pelo delito de remoção de órgãos em pessoa viva, com o resultado morte, o médico S.P.G. foi condenado às penas de 14 anos de reclusão, no regime inicial fechado, e de 250 (duzentos e cinquenta) dias-multa, fixado o valor do dia-multa em 2,5 (dois e meio) salários-mínimos. Pelo mesmo delito, o médico C.R.F.S. foi condenado às penas de 18 (dezoito) anos de reclusão, no regime inicial fechado, e de 320 (trezentos e vinte) dias-multa, fixado o valor do dia-multa em 3 (três) salários-mínimos.

O médico C.R.C.F., também pelo mesmo delito, foi condenado às penas de 17 (dezessete) anos de reclusão, no regime inicial fechado, e de 320 (trezentos e vinte) dias-multa, fixado o valor do dia-multa em 3 (três) salários-mínimos. Aos três médicos foi

---

4. A craniectomia descompressiva é um procedimento neurocirúrgico em que parte do osso craniano é removido, para permitir que uma porção cerebral inchada se expanda sem ser comprimida. É realizado em vítimas de traumatismo cranioencefálico, acidente vascular cerebral e outras condições associadas à pressão intracraniana elevada. Craniotomia, por sua vez, é uma operação cirúrgica em que um retalho ósseo é temporariamente removido do crânio para acessar o cérebro. Craniotomia é uma operação crítica realizada em pacientes que sofrem de lesões cerebrais ou traumatismo cranioencefálico craniotomia se distingue da craniectomia (em que o retalho ósseo do crânio não é reposto imediatamente, permitindo o cérebro inchar, reduzindo assim a pressão intracraniana) e de trepanação, a criação de um orifício através do crânio para acessar a dura-máter. Disponível em: https://pebmed.com.br/craniectomia-descompressiva-para-tce-evidencias-incertezas-e-direcoes-futuras/#:~:text=A%20Craniectomia%20Descompressiva%20(CD)%20%C3%A9,efeitos%20delet%-C3%A9rios%20do%20edema%20cerebral. Acesso em: 30. jan. 2023.

5. **BRASIL**. Tribunal de Justiça do Estado de Minas Gerais, **Apelação nº 1.0518.08.148802-6/006**,1ª Câmara Criminal, relator Des. Eduardo Machado, j. 16 abr. 2024, DJe 18 abr. 2024.

imposta, na sentença condenatória, prisão preventiva, que, contudo, restou cassada em *habeas corpus* e fixadas medidas cautelares diversas da prisão. Os três réus recorreram, tendo sido mantida a condenação em segundo grau, mas sem ser ordenada a prisão. Por último, o médico A.I. teve seu processo desaforado para Belo Horizonte, com o fito de evitar influência na cidade de Poços de Caldas. O Júri foi retomado dia 19 de abril de 2022, tendo restado condenado à pena a 21 anos e 8 meses de prisão em regime fechado. Em maio de 2022, o Superior Tribunal de Justiça (STJ)[6] deferiu liminar em *habeas corpus* para suspender a execução provisória da pena. O Supremo Tribunal Federal (STF), todavia, cassou a mencionada liminar. Depois, o médico recorreu da condenação, contudo, o Tribunal de Justiça do Estado de Minas Gerais (TJMG)[7] manteve sua prisão, desprovendo, recentemente, seu recurso.[8]

Após contextualizar o caso, o presente capítulo esmiuçará o julgamento envolvendo os médicos S.P.G., C.R.F.S. e C.R.C.F., tendo-se em vista serem o foco da decisão emblemática analisada, uma vez que houve mudança no tocante à competência, influenciando, assim, o desfecho, conforme será posteriormente elucidado. Nota-se que de todos os médicos envolvidos, esses foram os únicos denunciados com fulcro na Lei nº 9.434/97, Lei dos Transplantes de Órgãos, e não por homicídio doloso.

Em primeiro grau, os médicos foram condenados pela prática prevista no artigo 14 da citada Lei Federal nº 9.434/97, que incrimina a conduta de "remover tecidos, órgãos ou partes do corpo de pessoa ou cadáver, em desacordo com as disposições desta Lei" e, no seu § 4º, prevê hipótese qualificada no caso de resultar morte ("Se o crime é praticado em pessoa viva e resulta morte: Pena: reclusão, de oito a vinte anos, e multa de 200 a 360 dias-multa").

Todavia, foi suscitada, de ofício, pela 1ª Câmara Criminal do Tribunal de Justiça do Estado de Minas Gerais, no Processo de nº 1.0518.13.001937-6/001, de relatoria do Des. Flávio Leite em 03.05.2016, preliminar de nulidade da sentença. Na sequência, o colegiado, vencido o vogal, reconheceu a competência do Tribunal do Júri e anulou a sentença condenatória de primeiro grau, determinado que se procedesse à *emendatio libelli*,[9] com a correta capitulação do crime como doloso contra a vida e a observância do rito processual próprio, iniciando-se a discussão acerca da tipificação no caso Pavesi.

---

6. **BRASIL**. Superior Tribunal de Justiça (STJ), **Habeas Corpus nº 737.749**, 6ª Turma, relator Min. Ministro Rogerio Schietti Cruz, j. 28 jun. 2022, DJe 30 jun. 2022.

7. **BRASIL**. Tribunal de Justiça do Estado de Minas Gerais, **Apelação nº 1.0518.22.001000-4/001**,1ª Câmara Criminal, relator Des. Eduardo Machado, j. 16 abr. 2024, DJe 16 abr. 2024.

8. **BRASIL**. Supremo Tribunal Federal (STF), **Reclamação nº 57.257**, Decisão Monocrática, relator Min. Ricardo Lewandowski j. 4 abr. 2023, DJe 10 de abr. 2023.

9. *Emendatio libelli* é uma expressão em latim empregada no Direito para os casos de aditamento da peça acusatória. Porém, cabe destacar, segundo os ensinamentos de Lopes Jr. que a *emendatio libelli* não se ocupa de fatos novos, surgidos na instrução, mas sim de fatos que integram a acusação e que devem ser objeto de uma mutação na definição jurídica. (LOPES JR., Aury. **Direito Processual Penal**. 16. ed. São Paulo: Saraiva, 2019. p. 897). Ademais, cf. art. 383 do CPP: "O juiz, sem modificar a descrição do fato contida na denúncia ou queixa, *poderá atribuir-lhe definição jurídica diversa, ainda que, em consequência, tenha de aplicar pena mais grave*. § 1º Se, em consequência de definição jurídica diversa, houver possibilidade de proposta de suspensão condicional do processo, o juiz procederá de acordo com o disposto na lei. § 2º Tratando-se de infração da competência

Para o Tribunal estadual mineiro, a situação não se encaixa no previsto na Lei Federal nº 9.434/97, que versa, na verdade, acerca de crime preterdoloso no qual o agente, por exemplo, durante uma cirurgia de transplante de rim é negligente e, em razão da negligência, o paciente morre, sendo, para os julgadores, diferente da situação posta na denúncia, na qual o paciente vivo teve seus órgãos retirados e, em decorrência disso, foi a óbito, assumindo, no mínimo, a morte. Ou seja, não seria preterdoloso, mas sim, homicídio doloso, competência, portanto, do Tribunal do Júri.

O Ministério Público do Estado de Minas Gerais (MPMG), por seu lado, interpôs Recurso Extraordinário, com fundamento no artigo 102, inciso III, alínea a, da Constituição Federal, contra o referido acórdão.

Em 14 de setembro de 2021, a 1ª Turma do Supremo Tribunal Federal afastou a competência do Tribunal do Júri para julgar o crime de remoção ilegal de órgãos que resultou em morte, pois entenderam que a intenção não era a morte, mas a remoção ilegal, não se tratando, assim, de crime doloso contra a vida, sendo este o panorama geral da decisão eleita.

Insta destacar, a título de complementação, que foi requerido pelo réu J. L. B. – julgado pelo Tribunal do Júri, conforme anteriormente exposto –, pedido de extensão ao Recurso Extraordinário nº 1.313.494, objetivando tratamento jurídico isonômico por se tratar de situação jurídica idêntica, tendo sido, contudo, não concedido em 16 de maio de 2022.[10]

Por derradeiro, a questão colocada no Recurso Extraordinário nº 1.313.494 diz respeito à definição conceitual dos crimes relacionados aos transplantes com resultado morte, para fins de reconhecimento da competência constitucional do Tribunal do Júri, mormente nos delitos em que o homicídio constitui desdobramento causal inevitável na conduta dos agentes, voltada finalisticamente à remoção ilegal de órgãos.

2. PANORAMA GERAL DA RESPONSABILIDADE PENAL DO MÉDICO NA REMOÇÃO ILEGAL DE ÓRGÃOS

O médico poderá ser responsabilizado tanto em âmbito administrativo, como civilmente ou na seara criminal, pois se constituem em esferas independentes. A responsabilidade penal é a *ultima ratio* na intervenção legal, no sentido de que o resultado poderá ser a privação da liberdade do médico, tendo, inclusive, ocorrido no caso em tela. A responsabilidade penal poderá ser por dolo ou culpa médica, nos termos dos artigos do Código Penal[11] abaixo transcritos:

---

de outro juízo, a este serão encaminhados os autos. (Destaques nossos) BRASIL". Decreto-lei nº 3.689, de 3 de outubro de 1941. **Código de Processo Penal**. Disponível em: https://www.planalto.gov.br/ccivil_03/decreto-lei/del3689.htm. Acesso em: 5. dez. 2022.

10. **BRASIL**. Supremo Tribunal Federal (STF), **Recurso Extraordinário nº 1.313.494 Extn**, 1ª Turma, relator Min. Dias Toffoli, j. 16 maio 2022, *Dje* 8 de jun. 2022.

11. BRASIL. Decreto-lei nº 2.848, de 7 de dezembro de 1940. **Código Penal**. Disponível em: https://www.planalto.gov.br/ccivil_03/decreto-lei/del2848compilado.htm. Acesso em: 10. dez. 2022.

Art. 18. Diz-se o crime: (Redação dada pela Lei nº 7.209, de 11.7.1984)

Crime doloso (Incluído pela Lei nº 7.209, de 11.07.1984)

I – doloso, *quando o agente quis o resultado ou assumiu o risco de produzi-lo*; (Incluído pela Lei nº 7.209, de 11.07.1984)

Crime culposo (Incluído pela Lei nº 7.209, de 11.07.1984)

II – culposo, *quando o agente deu causa ao resultado por imprudência, negligência ou imperícia*. (Incluído pela Lei nº 7.209, de 11.07.1984)

Parágrafo único. Salvo os casos expressos em lei, ninguém pode ser punido por fato previsto como crime, senão quando o pratica dolosamente. (Incluído pela Lei nº 7.209, de 11.07.1984). (Destaques nossos)

Nas ações dolosas, conforme referido, o agente quis o resultado ou assumiu o risco de produzi-lo. Dessa forma, no caso em comento, a intenção primeira do médico deverá ser analisada com o fito de delinear em que medida o médico quis ou aceitou o risco no tocante à morte de Paulo Pavesi.

Para a configuração da responsabilidade penal do médico na modalidade culposa, alguns elementos devem ser constatados. Segundo Sporleder de Souza[12] seriam "a) violação do dever objetivo de cuidado; b) previsibilidade objetiva do resultado; c) princípio da confiança; d) previsibilidade subjetiva; e) imputabilidade, potencial consciência da ilicitude e exigibilidade de conduta diversa". Em que pese não seja o cerne do presente capítulo esmiuçar cada item, cumpre aprofundar o elemento violação do dever objetivo de cuidado, tendo em vista a sua relação com as formas de culpa previstas no artigo 18, inciso II, do Código Penal, uma vez que o dever de cuidado poderá ser violado mediante imprudência, negligência e imperícia, quando a chamada *leges artis* é ignorada.

Para Gomes Rodrigues,[13] "as *leges artis* são o conjunto de regras e princípios profissionais, aceitos genericamente pela ciência médica num momento histórico determinado, e que são ajustáveis à realidade individual do paciente", no sentido de que "a finalidade das *leges artis* é apurar a correção do ato médico, servindo como parâmetro para verificar o acerto do ato". O Código de Ética Médica[14] também trata da prática culposa, versando, em seu artigo 29 refere ser "vedado ao médico praticar atos profissionais danosos ao paciente que possam ser caracterizados *como imperícia, imprudência ou negligência*". (Destaques nossos) Mas afinal, em âmbito criminal, o que seria imperícia, imprudência ou negligência? De acordo com os ensinamentos de Sporleder de Souza:[15]

Por imprudência entende-se a culpa na sua forma ativa, que pode ocorrer devido precipitação, imoderação, afoiteza, insensatez ou conduta arriscada por parte do médico. Por exemplo, o médico que acelera o

---

12. SOUZA, Paulo Vinicius Sporleder de. O médico e o dever legal de cuidar: algumas considerações jurídico-penais. **Revista Bioética**. v. 14. n. 2, p. 229. 2006.
13. GOMES RODRIGUES, Álvaro da Cunha. **Responsabilidade médica em direito penal**: Estudo dos pressupostos sistemáticos. Coimbra: Edições Almedina, 2007. p. 54.
14. BRASIL. Conselho Federal de Medicina. Resolução CFM nº 2.217 de 27 de setembro de 2018. **Código de Ética Médica**. Disponível em: https://portal.cfm.org.br/images/PDF/cem2019.pdf. Acesso em: 11. dez. 2022.
15. SOUZA, Paulo Vinicius Sporleder de. O médico e o dever legal de cuidar: algumas considerações jurídico-penais. **Revista Bioética**. v. 14. n. 2, 2006. p. 230.

procedimento duma cirurgia por qualquer motivo ou a realiza embriagado e, em ambos os casos, o paciente acaba morrendo.

A negligência é a *culpa na forma passiva, quando há desleixo, desatenção, displicência ou falta de cautela na conduta do médico*. Exemplifica tal conduta causar lesões corporais ao paciente por esquecer agulha de sutura ou compressa de gaze dentro do seu organismo; ou por, distraidamente, não esterilizar os instrumentos cirúrgicos.

Considera-se imperícia *a falta de habilidade ou competência técnica no exercício de determinada arte*, profissão ou ofício.[16] Para que haja imperícia, portanto, pressupõe-se certa qualidade de habilitação para o exercício profissional. Com efeito, a imperícia médica pode ocorrer se o médico não souber praticar uma intervenção cirúrgica ou prescrever dado medicamento. (Destaques nossos)

A Lei Federal nº 9.434, de 04 de fevereiro de 1997,[17] cerne da discussão em tela, dispõe sobre a remoção de órgãos, tecidos e partes do corpo humano para fins de transplante e tratamento e prevê, no capítulo V acerca das sanções penais e administrativas. Os crimes estão previstos nos artigos 14 a 20, na seção I. O artigo 14 é, assim, o primeiro que trata de crime e é o foco do caso envolvendo os médicos no caso Pavesi:

> Art. 14. *Remover tecidos, órgãos ou partes do corpo de pessoa ou cadáver*, em desacordo com as disposições desta Lei:
>
> Pena: reclusão, de dois a seis anos, e multa, de 100 a 360 dias-multa.
>
> § 1º Se o crime é cometido mediante paga ou promessa de recompensa ou por outro motivo torpe:
>
> Pena: reclusão, de três a oito anos, e multa, de 100 a 150 dias-multa.
>
> § 2º Se o crime é praticado em pessoa viva, e resulta para o ofendido:
>
> I – incapacidade para as ocupações habituais, por mais de trinta dias;
>
> II – perigo de vida;
>
> III – debilidade permanente de membro, sentido ou função;
>
> IV – aceleração de parto:
>
> Pena: reclusão, de três a dez anos, e multa, de 100 a 200 dias-multa
>
> § 3º Se o crime é praticado em pessoa viva e resulta para o ofendido:
>
> I – Incapacidade para o trabalho;
>
> II – Enfermidade incurável;
>
> III – perda ou inutilização de membro, sentido ou função;
>
> IV – deformidade permanente;
>
> V – aborto:
>
> Pena: reclusão, de quatro a doze anos, e multa, de 150 a 300 dias-multa.
>
> § 4º *Se o crime é praticado em pessoa viva e resulta morte:*
>
> *Pena: reclusão, de oito a vinte anos, e multa de 200 a 360 dias-multa.* (Destaques nossos)

---

16. BITENCOURT CR. **Tratado de direito penal**. São Paulo: Saraiva, 2006. v. 2: 294-359 apud SOUZA, Paulo Vinicius Sporleder de. O médico e o dever legal de cuidar: algumas considerações jurídico-penais. **Revista Bioética**. v. 14. n. 2, p. 230. 2006.

17. **BRASIL. Lei nº 9.434, de 4 de fevereiro de 1997**. Dispõe sobre a remoção de órgãos, tecidos e partes do corpo humano para fins de transplante e tratamento e dá outras providências. Disponível em: http://www.planalto. gov.br/ccivil_03/leis/L9434compilado.htm. Acesso em: 10. dez. 2022.

No caso objeto do Recurso Extraordinário nº 1.313.494 houve a remoção ilegal de órgãos e o óbito de Paulo Pavesi. A discussão central diz respeito ao óbito, uma vez que em relação à remoção ilegal de órgãos não há dúvida se tratar de conduta dolosa, pois os médicos sabiam se tratar de remoção em desacordo com a lei. No que concerne ao óbito em si, poderia ocorrer em razão de uma conduta culposa, nos termos dos conceitos anteriormente apresentados, configurando, assim, o crime preterdoloso, conforme será verticalizado no próximo tópico, ou por conduta dolosa, ao querer o óbito ou assumi-lo. Outrossim, de acordo com § 4º do tipo penal acima exposto, a morte é qualificadora, havendo entendimento de que poderia ocorrer tanto por dolo ou culpa, conforme sustentado pelos Ministros no paradigmático caso escolhido, bem como pelo Ministério Público do Estado de Minas Gerais.

O acórdão do TJMG, bem como o acórdão do STF no referido Recurso Extraordinário, além de discutirem a intenção dos médicos no caso em questão, abordam o bem jurídico violado e a sua ligação ou não com os crimes dolosos contra a vida, de modo que é de suma importância conceituá-lo, bem como esmiuçar o tipo penal objeto da discussão, qual seja o art. 14 da mencionada lei. De acordo com Figueiredo Dias, bem jurídico seria "a expressão de um interesse, da pessoa ou da comunidade, na manutenção ou integridade de um certo estado, objeto ou bem em si socialmente relevante e por isso juridicamente reconhecido como valioso".[18]

Quanto ao tipo penal em específico, no tocante ao *caput*, Andreucci salienta que a objetividade jurídica no caso de remoção de tecidos, órgãos ou partes do corpo de pessoa viva é a proteção da integridade corporal e da saúde da pessoa e consequentemente a vida. Já no caso *post mortem*, seria a proteção do respeito aos mortos.[19] Nesse caso, nota-se que o autor usa do termo integridade corporal para tratar da temática.

O autor Sporleder de Souza,[20] por sua vez, esclarece que no tipo objetivo, em relação à pessoa viva, se vislumbra como bem jurídico a integridade física e a liberdade (de autodeterminação) de dispor do corpo e no que tange ao cadáver a dignidade corporal. Vale ressaltar o entendimento de Nucci que sustenta que a lei anterior em relação à doação presumida – que presumia que todos eram doadores salvo em contrário –, estava mais adequada, pois, segundo esse autor:

> se a morte é o término da personalidade jurídica e não mais se considera humano o cadáver, que deve ser sepultado, logo, perdido, não há sentido algum em se preservar o corpo do morto, com o fim de cremá-lo, ou enterrá-lo, vale dizer, destruí-lo. Pensamos que todos deveriam ser doadores universais, sem qualquer restrição. Dispõe-se do próprio corpo até morrer. A partir daí, o que se faz com o cadáver depende dos costumes, da tradição e dos interesses da sociedade em geral.[21]

---

18. DIAS, Jorge de Figueiredo. **Direito Penal**. Parte Geral. 2. ed. Coimbra: Ed. RT, 2007. t. I. p. 114.
19. ANDREUCCI, Ricardo Antonio. **Legislação Penal Especial**. 9. ed. São Paulo: Saraiva, 2013. p. 275.
20. SOUZA, Paulo Vinicius Sporleder de. Transplante de órgãos e Direito Penal: comentários sobre a Lei 9.434/97. **Direito Penal no século XXI**: desafios e perspectivas. Florianópolis: conceito, 2012. p. 427.
21. NUCCI, Guilherme de Souza. Transplantes. Lei 9.434/97 de 4 de fevereiro de 1997. **Leis Penais e Processuais Penais Comentadas**. 7. ed. São Paulo: Ed. RT, 2013. v. 1. p. 589.

Por derradeiro, a título de complementação, cumpre frisar que o Ministério Público de Minas Gerais entendeu, em seu parecer em segundo grau, que o bem jurídico protegido no crime previsto no § 4° do art. 14 da Lei n° 9.434/97 é a ética e a moralidade no contexto da doação de tecidos, órgãos e partes do corpo humano e a preservação da integridade física e da vida das pessoas e respeito à memória dos mortos, não se tratando, portanto, de homicídio doloso, concordando, dessa forma, com a maioria dos votos dos Ministros no Recurso Extraordinário n° 1.313.494, conforme será apresentado posteriormente.

Os médicos envolvidos na decisão emblemática analisada foram denunciados com fulcro no citado art. 14. Porém, o que se discute é qual a intenção verdadeira dos médicos. Ou seja, a questão central estaria em saber se o dolo se constituiu pela intenção de levar o menino a óbito ou essa foi a consequência qualificada prevista no tipo penal. Ou: a denúncia foi fidedigna ao ocorrido ou seria o caso de denunciá-los por homicídio doloso nos termos nas demais denúncias de outros médicos em relação ao mesmo caso, conforme pleiteado pelo TJMG?

O artigo 14 da mencionada lei trata de crime preterdoloso ou o resultado qualificado pela morte poderia derivar, também, de dolo? Esses são os questionamentos que embasam o Recurso Extraordinário n° 1.313.494 e que poderão servir como base para os próximos casos análogos, sendo um divisor de águas na temática envolvendo o comércio ilegal de órgãos,[22] revelando-se, o referido julgado, como relevante paradigma na aplicação dos dispositivos penais incriminadores indicados.

Por conseguinte, o próximo tópico visa verticalizar os crimes dolosos, preterdolosos e qualificados pelo resultado morte a fim de subsidiar a discussão cerne da decisão paradigmática eleita para o presente capítulo.

3. CRIMES DOLOSOS, PRETERDOLOSOS E QUALIFICADOS PELO RESULTADO MORTE

O acordão eleito para investigação neste trabalho discute a competência do Tribunal do Júri, sendo o dolo o ponto central do questionamento, mais especificamente quanto a se tratar de crime preterdoloso ou qualificado pelo resultado morte no tocante à Lei Federal n° 9.434/97. Ademais, discute-se se a legislação que versa sobre os transplantes de órgãos, citada anteriormente, é abarcada pela previsão de crimes dolosos contra a vida ou não, considerando que o resultado morte é elementar do tipo previsto no art. 14 da referida lei.

De acordo com o artigo 5°, inciso XXXVIII, alínea 'd', da Constituição Federal, "é reconhecida a instituição do júri, com a organização que lhe der a lei, assegurados: d) a competência para o julgamento dos crimes dolosos contra a vida". Assim, a discussão gira em torno do dolo, de modo que a intenção no crime ocorrido em 21 de abril de 2000, mais de vinte anos atrás, deverá ser analisada pelo viés fático, bem como jurídico,

---

22. Ver: BUONICORE, Giovana Palmieri. **Tráfico de Órgãos Humanos**: Análise Jurídico-Penal e (Bio)Ética. 3. ed. Rio de Janeiro: Lumem Juris, 2021.

objetivando avaliar a conduta dos médicos autores do delito, ou seja, a responsabilidade penal do médico.

Tendo em vista ser a questão do dolo e sua caracterização no caso penal como tema fundamental para análise do Recurso Extraordinário nº 1.313.494, cumpre expor a doutrina envolvendo-o e suas variáveis. De acordo com o Código Penal, o crime é doloso quando o agente quis o resultado ou assumiu o risco de produzi-lo. Porém, essa definição singela e utilizada para nortear o Direito Penal é muito mais ampla e profunda. Dolo é a consciência e a vontade de realização da conduta descrita em um tipo penal, segundo os ensinamentos de Bitencourt,[23] ou na expressão de Welzel, citado pelo referido autor, "dolo, em sentido técnico penal, é somente a vontade de ação orientada à realização do tipo de um delito".[24]

O dolo, para Bitencourt,[25] compõe o tipo subjetivo, sendo constituídos por dois elementos: um cognitivo que é o conhecimento ou consciência do fato constitutivo da ação típica e o elemento volitivo, que é a vontade de realizá-lo. No tocante às espécies de dolo, Cirino dos Santos[26] classifica como três, sendo a) *dolus directus* de 1º grau; b) *dolus directus* de 2º grau e c) *dolus eventualis*. O dolo direto de 1º grau, conforme Cirino dos Santos,[27] tem por conteúdo o fim proposto pelo autor, também definido como pretensão dirigida ao fim ou ao resultado típico ou como pretensão de realizar a ação ou o resultado típico. O dolo direto de 2º grau, por seu lado, compreende, segundo Cirino dos Santos:[28]

> os meios de ação escolhidos para realizar o fim e, de modo especial, *os efeitos secundários representados com certos ou necessários* (ou as consequências e circunstancias representadas como certas ou necessárias, segundo Roxin, ou a existência de circunstancias e a produção de outros resultados típicos considerados como certos ou prováveis, conforme Jescheck/Weigend) – independentemente de serem esses efeitos ou resultados desejados ou indesejados pelo autor: *os efeitos secundários (consequências, circunstâncias ou resultados típicos) da ação reconhecidos como certos ou necessários pelo autor são atribuíveis como dolo direto de 2º grau, ainda que indesejados ou lamentados por estes.* (Destaques nossos)

O dolo eventual, por seu turno, é quando o agente não quiser diretamente a realização do tipo, mas a aceita como possível ou até provável, assumindo o risco da produção do resultado, segundo Bitencourt.[29] Cerezo Mir[30] trata com cuidado dessa relação entre a vontade e os elementos objetivos do tipo, no destaque para o resultado pretendido pelo agente. Quando o resultado delitivo é o fim ou um dos fins perseguidos pelo sujeito ativo,

---

23. BITENCOURT, Cesar Roberto. **Tratado de Direito Penal**. Parte Geral. São Paulo: Saraiva, 2019. v. I. p. 367.

24. Welzel, Derecho Penal alemán, cit., p. 95; Basileu Garcia, Instituições de Direito Penal, São Paulo, Max Limonad, 1982, v. 1, p. 277: "O dolo vem a ser a vontade, que tem o agente, de praticar um ato, previsto como crime, consciente da relação de causalidade com a ação e o resultado". apud BITENCOURT, Cesar Roberto. **Tratado de Direito Penal**. Parte Geral. São Paulo: Saraiva, 2019. v. I. p. 367.

25. BITENCOURT, Cesar Roberto. **Tratado de Direito Penal**. Parte Geral. São Paulo: Saraiva, 2019. v. I. p. 368.

26. SANTOS, Juarez Cirino dos. **Direito Penal**. Parte Geral. 4. ed. Florianópolis: Conceito Editorial, 2010. p. 128.

27. SANTOS, Juarez Cirino dos. **Direito Penal**. Parte Geral. 4. ed. Florianópolis: Conceito Editorial, 2010. p. 130.

28. SANTOS, Juarez Cirino dos. **Direito Penal**. Parte Geral. 4. ed. Florianópolis: Conceito Editorial, 2010. p. 131.

29. BITENCOURT, Cesar Roberto. **Tratado de Direito Penal**. Parte Geral. São Paulo: Saraiva, 2019. v. I. p 375.

30. MIR, José Cerezo. **Derecho Penal**. Parte Geral. São Paulo: Ed. RT, 2007, p. 537.

cuida-se de dolo direto de primeiro grau ou dolo imediato. No momento em que o agente considera que a produção do resultado irá necessariamente provir unida à consecução do fim primordial por ele pretendido, estar-se-á diante do dolo direto de segundo grau ou dolo mediato ("e neste caso é evidente que o resultado fica compreendido na vontade de realização do autor, mesmo que não o deseje"). Equivale a dizer, "o autor sabe que, alcançar a meta de sua ação, importa necessariamente (com segurança) a produção e outro resultado, que inclusive pode ser-lhe indiferente ou não desejado".[31]

Assim, igualmente, Zaffaroni e Pierangeli, reportando-se ao dolo direto como aquele em que o autor quis diretamente a produção do resultado típico, como fim diretamente proposto – e este seria o *dolo direto de primeiro grau* – ou como um dos meios para obter este fim – este seria o *dolo direto de segundo grau* ou *dolo de consequências necessárias* –, situação esta em que "o resultado é almejado pelo agente como consequência necessária do meio escolhido para obtenção do fim", nas palavras dos referidos doutrinadores.[32] Mas ambas as categorias – advertem com razão – "estão abrangidas pela primeira parte do art. 18, I, do CP: 'quando o agente quis o resultado'", o que justificaria que esta distinção fosse desde logo aplicada no caso penal julgado no acórdão paradigma estudado.

A doutrina em geral faz a distinção das classes do dolo segundo seu aspecto volitivo com compreensível razão técnica, porque a compreensão das classes de dolo se constitui em ferramenta relevante para efeitos de tipificação do fato de subsunção aparentemente dúbia. De efeito, na literatura penal clássica, "a distinção destas três classes de dolo é de importância, porque a lei, em seus diversos tipos penais e em razão de seus diferentes elementos típicos, estabelece variadas exigências pertinentes ao dolo".[33]

No caso em tela, os médicos, no mínimo, assumiram o risco de levar Pavesi a óbito ou se enquadraram na espécie denominada de dolo direto de 2º grau, considerando os efeitos secundários e circunstâncias, contudo, entende-se para o presente capítulo de livro que houve, por parte dos médicos, independentemente da modalidade, o dolo no tocante ao óbito, conforme será esmiuçado posteriormente. O menino teve sua morte

---

31. BACIGALUPO ZAPATER, Enrique. **Manual de Derecho Penal**. Parte Geral. Santa Fé de Bogotá: Editora Temis, 1996. p. 112. De dolo necessário escrevia a doutrina tradicional, como se percebe na literatura clássica do autor português *Germano Marques da Silva*, representativo da doutrina com esse raciocínio e classificação ("Direito Penal Português. Parte Geral. Teoria do Crime. Tomo II.", Lisboa, editorial Verbo, p. 165). Para o autor, apoiando-se em julgados do *Supremo Tribunal de Justiça português*, "no dolo necessário o facto tipicamente ilícito não constitui o fim que o agente se propõe, mas é consequência necessária da realização pelo agente do fim que se propõe. (...) Agora o agente para a realização do fim que se propõe, que pode ser um facto lícito, representa como consequência necessária da sua conduta a perpetração de um facto tipicamente ilícito, mas a representação não o impede de agir. O fim subjectivo do agente não coincide com o fim objectivo da acção, mas esta é o meio necessário para a realização daquele e, por isso, querendo o agente o fim que se propõe, quer também o facto típico, pois sem a realização deste não realiza aquele. A diferença entre o dolo necessário e o do dolo directo ou intenção reside especialmente no elemento volitivo, pois que a realização do facto típico não é no dolo necessário o fim subjectivo que o agente se propõe, mas consequência necessária para sua realização.

32. ZAFFARONI, Eugenio Raúl; PIERANGELI, José Henrique. **Manual de Direito Penal Brasileiro**. Parte Geral. 11. ed. São Paulo: Editora Revista dos Tribunais. p. 448.

33. MAURACH, Reinhart; ZIPF, Heinz. **Derecho Penal**. Parte geral. 7. ed. Trad. Jorge Bofill Genzsch e Enrique Aimone Gibson. Buenos Aires: Editorial Astrea, t. I. 1994.

cerebral forjada, estando, durante a remoção de seus órgãos, vivo. O resultado morte seria, assim, óbvio, uma vez que os dois rins foram retirados, levando-se ao óbito.

Insta salientar que o acórdão proferido pelo Tribunal de Justiça de Minas Gerais parte do princípio de que o § 4º do art. 14 da Lei nº 9.434/97 tipifica um crime preterdoloso, embasando esse entendimento na doutrina especializada quanto ao tema. Nessa senda, destacou-se que o crime preterdoloso é uma "espécie de crime agravado pelo resultado, no qual o agente pratica uma conduta anterior dolosa, e desta decorre um resultado posterior culposo. Há dolo no fato antecedente e culpa no consequente".[34]

Dessa forma, no julgado daquela Corte estadual, o dolo estaria na remoção de órgãos enquanto a culpa no óbito da vítima, no sentido de que essa situação é completamente diversa do caso em comento. Para o TJMG, o § 4º do art. 14 da referida lei poderia ser exemplificado em casos nos quais durante a cirurgia de retirada de órgãos, o médico, ao ser negligente, leva o paciente a óbito, conforme exposto na descrição do caso.

Por outro lado, no caso Pavesi, houve, de acordo com os nobres julgadores do Tribunal mineiro, homicídio doloso, na medida em que se visou, desde o início, a retirada de seus dois rins. Ou seja, sabendo-se que ao retirar os dois rins a vítima seria levada a óbito, os médicos no mínimo assumiram o risco do resultado morte, conduta compatível com o dolo eventual, anteriormente apresentado.

Ponto diverso igualmente destacado no acórdão do TJMG é que, conforme narrado na denúncia, os médicos sabiam que a criança estava viva, deduzindo-se que agiram com dolo direto para o resultado morte. Não havia dúvida aos profissionais de saúde denunciados que a retirada dos dois rins causaria a morte, o que conduzia, assim, que se procedesse à *emendatio libelli*, capitulando-se o crime como doloso contra a vida e observando-se o rito processual próprio.

O MPMG,[35] por sua vez, frisou, em sua manifestação no acórdão do Tribunal de Justiça mineiro, a diferença entre o crime preterdoloso e o crime qualificado pelo resultado, na medida que o:

> *crime qualificado pelo resultado é gênero, que tem como uma de suas espécies o crime preterdoloso. Enquanto naquele abarcam-se todas as formas de dolo e culpa nas condutas antecedentes e nas condutas consequentes, no crime preterdoloso somente é possível o dolo na conduta antecedente e o resultado culposo em conduta subsequente.* (Destaques nossos)

Não obstante os entendimentos doutrinários quanto ao crime preterdoloso e o crime qualificado pelo resultado morte, o âmago da presente controvérsia reside na intenção dos agentes e de se tratar do previsto em lei específica quanto ao tema, qual seja a Lei nº

---

34. GOMES, Luiz Flávio, GARCIA PABLOS DE MOLINA, Antonio. **Direito Penal**: parte geral. 2. ed. RT/SP, 2009, p. 422 apud **BRASIL**. Tribunal de Justiça do Estado de Minas Gerais (TJMG), **Apelação Criminal nº 1.0518.13.001937-6/001**, Relator Des. Flávio Leite, 1ª Câmara Criminal, j. 3 maio 2016, DJe 13 maio 2016.

35. **BRASIL**. Tribunal de Justiça do Estado de Minas Gerais (TJMG), **Apelação Criminal nº 1.0518.13.001937-6/001**, Relator Des. Flávio Leite, 1ª Câmara Criminal, j. 3 maio 2016, DJe 13 maio 2016.

9.434/97 ou se a conduta se enquadra como homicídio doloso, independentemente de ser de 1º, 2º ou eventual, competente, portanto, o Tribunal do Júri.

4. OS PRINCÍPIOS DA CONSUNÇÃO E DA ESPECIALIDADE NO HOMICÍDIO PELA REMOÇÃO ILEGAL DE ÓRGÃOS

O princípio da consunção é também conhecido como princípio da absorção. Pelo princípio da consunção ou absorção, segundo Bitencourt, a norma definidora de um crime constitui meio necessário ou fase normal de preparação ou execução de outros crimes. Para o autor, de maneira bem esquemática, "há consunção quando o fato previsto em determinada norma é compreendido em outra, mais abrangente, aplicando-se somente esta".[36]

Na relação consuntiva, ainda segundo Bitencourt,[37] os fatos não se apresentam em relação de gênero e espécie, mas de *minus e plus*, de continente e conteúdo, de todo e parte, de inteiro e fração. Por tal motivo, segundo o autor, o crime consumado absorve o crime tentado e o crime de perigo é absorvido pelo crime de dano. Ainda quanto ao princípio da consunção, Figueiredo Dias[38] ensina que ele existiria quando "*o conteúdo de um ilícito-típico inclui em regra o de outro facto, de tal moo que, em perspectiva jurídico-normativa, a condenação pelo lícito-típico mais grave exprime já de forma bastante o desvalor de todo o comportamento: lex consumens derogat legi consuntae*". (Destaques nossos)

O princípio da especialidade, por seu turno, estabelece que a lei especial derroga a geral. Ou seja, a lei especial prevalece. Para Bitencourt,[39] uma norma penal será considerada especial, em relação a outra geral, quando reúne todos os elementos desta, acrescidos de mais alguns, denominados especializantes. Isto é, a norma especial acrescenta elemento próprio à descrição típica prevista na norma geral. Ainda, para o autor, "o princípio da especialidade evita o *bis in idem*, determinando a prevalência da norma especial em comparação com a geral, e pode ser estabelecido *in abstracto*, enquanto os outros princípios exigem o confronto *in concreto* das leis que definem o mesmo fato".[40]

Uma relação de especialidade entre normas típicas abstratamente aplicáveis a um fato existe, segundo Figueiredo Dias,[41] sempre que um dos tipos legais (*lex specialis*) integra todos os elementos de um outro tipo legal (*lex generalis*) e só dele se distingue porque contém um qualquer elemento adicional, seja relativo à ilicitude ou seja relativo à culpa. O autor ainda sustenta que:

> uma das leis, repetindo ou incorporando todos os elementos constitutivos de um outro tipo (relação lógica de inclusão), todavia caracteriza o facto através de elementos suplementares e especializadores; pelo que a outra lei se subordina a esta (relação lógica de subordinação). *Assim dando fundamento à velha asserção segundo a qual lex specialis derogat legi generali.* (Destaques nossos)

---

36. BITENCOURT, Cesar Roberto. **Tratado de Direito Penal**. Parte Geral. São Paulo: Saraiva, 2019. v. I. p. 268.
37. BITENCOURT, Cesar Roberto. **Tratado de Direito Penal**. Parte Geral. São Paulo: Saraiva, 2019. v. I. p. 268-269.
38. DIAS, Jorge de Figueiredo. **Direito Penal**. Parte Geral. 2. ed. Coimbra: Ed. RT, 2007. t. I. p. 1000.
39. BITENCOURT, Cesar Roberto. **Tratado de Direito Penal**. Parte Geral. São Paulo: Saraiva, 2019. v. I. p 267.
40. BITENCOURT, Cesar Roberto. **Tratado de Direito Penal**. Parte Geral. São Paulo: Saraiva, 2019. v. I. p. 267.
41. DIAS, Jorge de Figueiredo. **Direito Penal**. Parte Geral. 2. ed. Coimbra: Ed. RT, 2007. t. I. p. 994.

No caso emblemático eleito, os mencionados princípios da consunção e da especialidade foram usados como argumentação por parte do Ministro Alexandre de Moares com o fito de afastar a competência do Tribunal do Júri no caso Pavesi, no sentido de que, de acordo com o descrito na denúncia, a intenção dos médicos era a obtenção de lucro, ou seja, lei especial dos transplantes de órgãos, não se tratando, assim, de crime doloso contra a vida, além de aplicar a consunção em relação aos demais delitos.

5. ANÁLISE DA DECISÃO DO STF (CASO PAVESI) QUE DECIDIU PELA INCOMPETÊNCIA DO TRIBUNAL DO JÚRI, EM RELAÇÃO A ALGUNS MÉDICOS

A decisão paradigmática do Supremo Tribunal Federal, eleita para análise no presente capítulo de livro, concebe que a intenção dos médicos réus no Recurso Extraordinário nº 1.313.494 estava relacionada à remoção ilegal de órgãos, tendo ocasionado a morte de Paulo Pavesi, salvo o voto vencido da Ministra Cármem Lúcia, restando ausente, de maneira justificada, o Ministro Luís Roberto Barroso.

O Ministro Alexandre de Moraes, em seu voto,[42] sustenta que a legislação define os crimes dolosos contra a vida, sendo eles o homicídio, aborto e infanticídio, não definindo o crime previsto no aludido artigo 14 da Lei Federal nº 9.434/97 como sendo crime doloso contra a vida. Indica que a objetividade jurídica desse delito é a "incolumidade pública, a moralidade no âmbito das doações nos transplantes de órgãos, a integridade física no transplante de órgãos e, inclusive, o respeito à memória dos mortos, porque há, em um dos parágrafos, o transplante realizado após a morte". Em seu voto, há menção a dois princípios básicos do direito penal, quais sejam os princípios da consunção e da especialidade, anteriormente esmiuçados. Para esse Ministro, o âmago será analisar o descrito na denúncia.

Se a intenção – e isso esteve descrito da denúncia – foi obter lucro, participar do mercado clandestino de transplantes de órgãos, causando ou não a morte, dolosa ou culposamente, o elemento subjetivo do tipo que o levou à prática penal é especial – princípio da especialidade, não se encaixando, assim, no crime doloso contra a vida e, aí, aplica-se a consunção, absorção também, em relação aos demais delitos. O Ministério Público denunciou os médicos pela subtração de órgãos para o mercado clandestino e isso gerou a morte.

O voto do Ministro Dias Toffoli, por seu turno, versa sobre a distinção entre o delito com a morte como evento qualificado e o crime preterdoloso. Em um dos tópicos anteriores, foi possível esmiuçar os institutos, porém, cabe destacar o entendimento do Ministro Dias Toffoli, uma vez que foi a justificativa para sustentar seu voto no sentido de não ser competente o Tribunal do Júri para julgar o caso em tela. De acordo com o Ministro Toffoli:[43]

---

42. **BRASIL**. Supremo Tribunal Federal (STF), **Recurso Extraordinário nº 1313494**, 1ª Turma, relator Min. Dias Toffoli, j. 14 set. 2021, *Dje* 6 de dez. 2021.
43. **BRASIL**. Supremo Tribunal Federal (STF), **Recurso Extraordinário nº 1313494**, 1ª Turma, relator Min. Dias Toffoli, j. 14 set. 2021, DJe 6 dez. 2021.

o evento qualificador (morte) só pode ocorrer com culpa. Não é o caso do delito previsto no art. 14 desta Lei. *Em momento algum se encontra a vedação da ocorrência do resultado qualificador gerado com dolo. Não cabe ao intérprete, por qualquer motivo, inovar onde a lei não o faz, especialmente com nítido prejuízo ao réu. Da mesma forma que, havendo um roubo seguido de morte, com dolo ou culpa no tocante ao evento morte, cuida-se de latrocínio (art. 157, § 3º, CP), ocorrendo um transplante ilegal, com resultado mais grave, inclusive a morte, pode-se falar em crime qualificado pelo resultado e não em dois delitos (transplante ilegal + homicídio), em concurso de crimes.* Por óbvio, se o agente quer matar a vítima e, *aproveitando-se disso, extrai-lhe algum tecido, órgão ou parte do corpo*, cuida-se de homicídio qualificado. Note-se, entretanto, *o cuidado de analisar o elemento subjetivo inicial: realizar transplante, podendo-se até assumir o risco de morte da vítima ou matar o ofendido, aproveitando-se para a retirada de parte do corpo. São situações diferentes, com ânimos diversificados, merecendo a correta adequação típica.* (Destaques nossos)

Assim, para Toffoli, independentemente do dolo ou da culpa, seria o caso de afastamento do Tribunal do Júri por ter sido com base no tipo penal do artigo 14 da lei especial que a denúncia foi baseada. Nota-se que o próprio Ministro refere que se o agente quer matar a vítima e, aproveitando-se disso, extrai-lhe algum tecido, órgão ou parte do corpo será homicídio qualificado. Ora, parece ser exatamente o caso Pavesi. Os médicos quiseram a morte do menino, senão não teriam forjado o óbito. Já a Ministra Rosa Weber, sucinta em seu voto, segue o entendimento dos demais Ministros, afirmando não se tratar de crime preterdoloso, e sim de um crime qualificado pelo resultado – terrível – morte, não se tratando, dessa forma, de competência do Tribunal do Júri. Conforme mencionado anteriormente, outros médicos foram julgados pelo Tribunal do Júri, pois a denúncia foi com fulcro no artigo 121 do Código Penal, que trata do homicídio.

O objetivo do TJMG parece ter sido, ao debruçar-se de maneira pormenorizada no caso Pavesi, corrigir a denúncia ao perceber que o caso dos autos se trata, na verdade, de homicídio doloso, aproveitando-se da retirada dos órgãos e não a intenção de remoção de órgãos com a consequência morte, uma vez que os médicos tinham conhecimento de que a vítima estava viva e que seriam retirados dois rins, motivo pelo qual determinou que se procedesse à *emendatio libelli*, capitulando-se o crime como doloso contra a vida e observando-se o rito processual próprio.

Nessa senda, o voto da Ministra Cármem Lúcia merece destaque, tendo em vista ter sido a única a focar nos fatos, discordando dos votos anteriormente expostos. Para a Ministra:[44]

Consoante se tem dos autos, sem a necessidade de reexame do material fático-probatório, *a intenção dos recorridos, em tese, era matar a vítima com a finalidade de retirar-lhe os órgãos, o que desconfigura por completo a prática do delito previsto no § 4º do art. 14 da Lei n. 9.434/97, para o qual a morte deveria ter sido culposa não dolosa, amoldando-se, por outro lado, com perfeição, ao tipo penal de homicídio doloso, sujeito a julgamento pelo Tribunal do Júri*".

[...]

---

44. **BRASIL**. Supremo Tribunal Federal (STF), **Recurso Extraordinário nº 1313494**, 1ª Turma, relator Min. Dias Toffoli, j. 14 set. 2021, DJe 6 dez. 2021.

Ou seja, *não se saiu atrás de uma pessoa para encontrar esses órgãos, mas se tomaram todas as medidas para que o resultado morte tivesse necessariamente que acontecer, para que se tivesse então a retirada dos órgãos.* (Destaques nossos)

A Ministra afirma que a conduta qualificada prevista no § 4º do artigo 14 da Lei dos Transplantes prevê que a morte seja culposa, tratando-se de preterdoloso – assim como aduzido no acórdão do TJMG –, o que não ocorreu no caso do menino Pavesi, pois, desde o início, objetivou-se a morte de maneira intencional, senão jamais os médicos fariam a extração de órgãos de uma criança que sabiam estar viva. Cabe frisar que a morte cerebral foi forjada. O pai do menino somente autorizou a retirada de seus órgãos por acreditar, fielmente, que seu filho havia falecido, tendo sido induzido a erro pelos médicos que manusearam o documento que forjou a morte. Insta salientar que o pai do menino Pavesi mandou confeccionar placas em homenagem aos médicos que, posteriormente, se revelaram como os causadores da morte de seu filho.

A Ministra sustenta, ainda, que a lei dos transplantes de órgãos visa à proteção da correção e licitude da remoção de órgãos, não se atendo à hipótese de profissional de saúde que busca a morte para conseguir a remoção dos órgãos com a obtenção até do consentimento, pois, nesse caso, prevaleceria a norma do art. 121 do Código Penal. Entende que o crime é preterdoloso na medida em que a morte só pode ser culposa, pois, se a morte for dolosa, ainda que eventualmente, será homicídio doloso. Nesse diapasão, refere a Julgadora que "morte, no crime da lei especial, advém porque o agente não a previa, embora fosse previsível",[45] bem como que "o § 4º cuida de crime preterdoloso com resultado morte".[46] Portanto, para ela, a competência será sim do Tribunal do Júri.

Todavia, os Ministros, por maioria, vencida a Ministra Cármen Lúcia, que, – na questão de fundo, negava provimento ao recurso extraordinário –, decidiram em dar a ele provimento para fixar a competência do juízo criminal singular para processar e julgar a causa, afastando a competência do Tribunal do Júri, anulando, por consequência, o acórdão recorrido e determinando que o tribunal *a quo* prossiga no julgamento da apelação deduzida nos autos.

6. NOTAS CONCLUSIVAS

A partir do estudo verticalizado do acórdão do STF, bem como da matéria envolvendo a remoção ilegal de órgãos, é possível concluir, primeiramente, que o Recurso Extraordinário nº 1.313.494 é uma decisão paradigmática, na medida em que define a competência em relação ao art. 14 da Lei Federal nº 9.434/97, gerando, assim, precedente importantíssimo para essa temática. Outrossim, o acórdão é emblemático ao destacar a importância de uma denúncia tecnicamente bem confeccionada, uma vez que os termos

---

45. CUNHA, Rogério Sanches. **Leis Penais Especiais**: Comentadas, Artigo por Artigo. In: CUNHA, Rogério Sanches; PINTO, Ronaldo Batista; SOUZA, Renee do Ó (Coord.). 2. ed. Salvador: JusPodivm, 2019. p. 1185.
46. LAVORENTI, Wilson. **Leis penais especiais anotadas**. 13. ed. Campinas SP: Millennium Editora, 2016. p. 240.

nela definidos podem comprometer o processo como um todo, no qual não será sempre possível aplicar o instituto da *emendatio libelli* e alterar a capitulação do crime.

No caso em questão, foi decidido por maioria que a intenção dos médicos estava direcionada à remoção de órgãos de maneira ilegal, nos termos da denúncia do Ministério Público Estadual de Minas Gerais em primeiro grau, descrita com base no artigo 14 da Lei Federal nº 9.434/97, bem como que a morte do menino Pavesi foi consequência, qualificando o crime. Para os ministros, a referida lei é incompatível com o descrito no art. 5º, inciso XXXVIII, alínea 'd', da Constituição Federal, não podendo o caso, dessa forma, ser julgado pelo Tribunal do Júri. A decisão baseou-se, também, no bem jurídico que visa ser protegido no art. 14 da Lei Federal nº 9.434/97, tratando-se da ética e da moralidade no contexto da doação de tecidos, órgãos e partes do corpo humano e a preservação da integridade física e da vida das pessoas e respeito à memória dos mortos – incompatível, portanto, com o homicídio doloso, bem como a competência do Tribunal do Júri.

Ante todo o exposto, não parece haver dúvida de que, caso um delito hipotético de remoção ilegal de órgãos ocorra e, por negligência, por exemplo, a pessoa venha a óbito, a partir dos princípios da especialidade e da consunção, antes desenvolvidos, a competência será do juízo comum com fulcro no art. 14 da Lei Federal nº 9.434/97, sendo, neste ponto, tecnicamente correta a decisão do STF. Contudo, o caso narrado na denúncia não se coaduna, em tese, com a lei especial, na medida em que as suas particularidades e peculiaridades – ao se tratar, na verdade, de organização criminosa voltada ao comércio ilegal de órgãos –, demonstram que a intenção, desde o início, fora sim a morte do menino para ser doador.

Diversos outros médicos foram denunciados por homicídio doloso e levados ao Tribunal do Júri, causando, no mínimo, estranheza no tocante ao desfecho objeto do recurso ora esmiuçado em relação a alguns médicos, pois fizeram parte da mesma organização criminosa. Desse modo, em que pese suas condutas tenham sido diferentes, é impossível desvinculá-los da morte da criança e da intenção de levá-la a óbito ao saber que estava viva e, ainda sim, retirar dois rins. Foi justamente este o argumento utilizado, inclusive, pela defesa no pedido de extensão do Recurso Extraordinário nº 1.313.494, porém, para se valerem do Juízo comum e não da condenação por parte do Tribunal do Júri, na qual restaram condenados.

Assim, examinando-se o todo do complexo caso em comento, o voto da Ministra Cármem Lúcia é o mais coerente com o que de fato aconteceu, pois ao analisar minuciosamente a situação fática, chegou à conclusão de que a responsabilidade penal dos médicos foi, na verdade, na modalidade dolosa em relação ao óbito do menino Paulo Pavesi, pois era de conhecimento notório que ele estava vivo e que, ao extraírem seus dois rins, morreria.

Por conseguinte, em que pese a denúncia, bem como os brilhantes argumentos apresentados pela maioria dos ministros no Recurso Extraordinário nº 1.313.494, a complexidade do caso ensejaria que fosse negado seu provimento, por ter havido o dolo no tocante à morte de Paulo Pavesi há mais de 20 anos, seja dolo de segundo grau, seja dolo eventual, nos moldes do exposto ao longo deste trabalho. Entendemos que o caso deveria ser julgado pelo Tribunal do Júri, na esteira da decisão do TJMG, pois "o dolo é a substância básica indispensável do fato punível doloso",[47] cuja distinção científica de sua composição e de suas classes revelava-se como essencial para a correta tipificação no caso penal julgado.

REFERÊNCIAS

ANDREUCCI, Ricardo Antonio. **Legislação Penal Especial.** 9. ed. São Paulo: Saraiva, 2013.

BACIGALUPO ZAPATER, Enrique. **Manual de Derecho Penal**. Parte General. Santa Fé de Bogotá: Temis, 1996.

BITENCOURT, César Roberto. **Tratado de Direito Penal**. Parte Geral. São Paulo: Saraiva, 2019. v. I.

CUNHA, Rogério Sanches. **Leis Penais Especiais**: Comentadas, Artigo por Artigo. In: CUNHA, Rogério Sanches; PINTO, Ronaldo Batista; SOUZA, Renee do Ó (Coord.). 2. ed. Salvador: JusPodivm, 2019.

DIAS, Jorge de Figueiredo. **Direito Penal**. Parte Geral. 2. ed. Coimbra: Ed. RT, 2007. t. I.

GOMES RODRIGUES, Álvaro da Cunha. **Responsabilidade Médica em Direito Penal**: Estudo dos Pressupostos Sistemáticos. Coimbra: Edições Almedina, 2007.

LAVORENTI, Wilson. **Leis Penais Especiais Anotadas**. 13. ed. Campinas SP: Millennium Editora, 2016.

LOPES JR., Aury. **Direito Processual Penal**. 16. ed. São Paulo: Saraiva, 2019.

MAURACH, Reinhart; ZIPF, Heinz. **Derecho Penal**. Parte geral. 7. ed. Trad. Jorge Bofill Genzsch e Enrique Aimone Gibson. Buenos Aires: Editorial Astrea, 1994. t. I.

MIR, José Cerezo. **Derecho Penal**. Parte geral. São Paulo: Ed. RT, 2007.

NUCCI, Guilherme de Souza. **Leis Penais e Processuais Penais Comentadas**. 7. ed. São Paulo: Ed. RT, 2013. v. 1.

SANTOS, Juarez Cirino dos. **Direito Penal**. Parte geral. 4. ed. Florianópolis: Conceito Editorial, 2010.

SOUZA, Paulo Vinicius Sporleder de. O médico e o dever legal de cuidar: algumas considerações jurídico--penais. **Revista Bioética**, Brasília, v. 14. n. 2, p. 229-238, 2006.

SOUZA, Paulo Vinicius Sporleder de. Transplante de órgãos e Direito Penal: comentários sobre a Lei 9.434/97. **Direito Penal no Século XXI: Desafios e Perspectivas**. Florianópolis: conceito, 2012.

ZAFFARONI, Eugenio Raúl; PIERANGELI, José Henrique. **Manual de Direito Penal Brasileiro**. Parte geral. 11. ed. São Paulo: Ed. RT, 2015.

---

47. MAURACH, Reinhart; ZIPF, Heinz. **Derecho Penal**. Parte geral. 7. ed. Trad. Jorge Bofill Genzsch e Enrique Aimone Gibson. Buenos Aires: Editorial Astrea, 1994. t. I.

AUTONOMIA NA PRESCRIÇÃO DE MEDICAMENTO *OFF LABEL* E A RESPONSABILIDADE PENAL DO MÉDICO

Isadora Leardini Vidolin[1]

Rafaella Nogaroli[2]

Tiago Sofiati[3]

Decisão paradigma: BRASIL. Tribunal de Justiça do Estado do Paraná (TJPR). **Habeas Corpus nº 0066631-70.2021.8.16.0000**, 1ª Câmara Criminal, relator Des. Miguel Kfouri Neto, j. 27 nov. 2021.

Sumário: 1. Descrição do caso – 2. O crime de perigo para a vida ou saúde e o ato médico na prescrição de medicamento *off label* – 3. Limites da autonomia do médico e do consentimento do paciente: a indisponibilidade da integridade física e da vida enquanto bens jurídicos tutelados pelo direito penal – 4. Análise da decisão do Tribunal de Justiça do Estado do Paraná à luz das elementares do delito previsto no artigo 132 do código penal – 5. Considerações finais – Referências.

1. DESCRIÇÃO DO CASO

O presente trabalho tem o intuito de analisar o Habeas Corpus nº 0066631-70.2021.8.16.0000, julgado em 2021 pela 1ª Câmara Criminal do Tribunal de Justiça

---

1. Mestre em Direito Empresarial e Cidadania pela UNICURITIBA. Especialista em Direito Penal e Processo. Especialista em Criminologia. Foi membro do grupo de pesquisas "Direito da Saúde e Empresas Médicas" (UNICURITIBA), liderado pelo prof. Des. Miguel Kfouri Neto. Membro fundadora do Instituto Miguel Kfouri Neto (IMKN) – Direito Médico e da Saúde. Advogada atuante na defesa médica e hospitalar. E-mail: isadoraleardini@hotmail.com.
2. Mestre em Direito pela Universidade Federal do Paraná (UFPR). Presidente do Instituto Miguel Kfouri Neto (IMKN) – Direito Médico e da Saúde. Especialista em Direito Médico e Processo Civil. Professora convidada em cursos de extensão e especialização do Centro de Direito Biomédico da Universidade de Coimbra (Portugal), onde atuou como pesquisadora visitante em 2023. Supervisora acadêmica do curso de especialização "Direito Médico e Bioética" (EBRADI). Atuou como coordenadora executiva do grupo de pesquisas "Direito da Saúde e Empresas Médicas" (UNICURITIBA), liderado pelo prof. Des. Miguel Kfouri Neto. Diretora do Instituto Brasileiro de Estudos de Responsabilidade Civil (IBERC). Escritora do livro "Responsabilidade civil médica e inteligência artificial" (2023) e coordenadora da obra coletiva "Debates contemporâneos em direito médico e da saúde" (2. ed., 2022). Pesquisadora e escritora em Direito Médico e novas tecnologias. E-mail: nogaroli@gmail.com.
3. Mestrando em Direito pela Universidade Estadual de Ponta Grossa (UEPG). Especialista em Direito Ambiental. Professor de Direito Penal e do Núcleo de Prática Jurídica Criminal da Faculdade de Pinhais (UNIFAPi). Pesquisador e escritor em Direito Penal e Processo Penal. Foi membro do grupo de pesquisas "Direito da Saúde e Empresas Médicas" (UNICURITIBA), liderado pelo prof. Des. Miguel Kfouri Neto. Membro fundador do Instituto Miguel Kfouri Neto (IMKN) - Direito Médico e da Saúde. Advogado. E-mail: tiagosofiatiadv@gmail.com.

do Paraná (TJPR), no qual se discutiu a autonomia do profissional da Medicina e a responsabilidade penal na prescrição *off label* de hidroxicloroquina inalatória, durante a pandemia, para o tratamento da Covid-19.

Trata-se de uma das primeiras decisões judiciais brasileiras debatendo as repercussões penais dessa prescrição *off label*, que se refere ao uso do medicamento de maneira diferente daquela prevista na bula e aprovada pelas agências regulatórias.[4] O caso, portanto, traz um exemplo da expansão do Direito Penal na esfera da autonomia médica, considerando a movimentação do órgão acusatório para ajustar a conduta adotada no tratamento do paciente ao crime de expor a vida ou a saúde de outrem a perigo direto e iminente.

Faz-se necessário trazer a narração fática debatida nos autos, ainda que em apertada síntese. Em março de 2021, durante uma consulta por teleatendimento, o médico denunciado prescreveu ao seu paciente com sintomas de Covid-19 um tratamento por hidroxicloroquina inalatória, mas não chegou a ser iniciado, pois logo em seguida precisou ser internado. A situação chegou ao conhecimento da 24ª Promotoria de Londrina-PR, sendo instaurado o Termo Circunstanciado de Infração (nº 0066631-70.2021.8.16.0000), para investigar, inicialmente, a conduta de exercício ilegal da profissão (prevista no artigo 282 do Código Penal) diante da prescrição *off label* do referido medicamento.

Em seguida, após manifestação da defesa, o Ministério Público recapitulou a conduta para o disposto no artigo 132 do Código Penal ("expor a vida ou a saúde de outrem a perigo direto e iminente"), argumentado que, embora a prescrição médica tenha sido feita em data anterior à restrição imposta pelo Conselho Federal de Medicina na Resolução nº 2.292/2021 (estabelecendo que a administração de hidroxicloroquina e cloroquina em apresentação inalatória só pode ser utilizada por meio de protocolos de pesquisa aprovados pelo sistema CEP/CONEP) – de modo a afastar a incidência do delito disposto no artigo 282 do Código Penal –, a conduta do médico se amoldaria ao crime descrito no artigo 132 do mesmo diploma legal.

Em audiência de conciliação, o *parquet* ofereceu a transação penal sob a condição de prestação pecuniária de três salários-mínimos, mas ela não foi aceita. Na sequência, o médico impetrou habeas corpus em face da promotora de justiça atuante no caso, considerando o risco iminente "de ser denunciado e processado criminalmente de forma ilegal e abusiva", pelo crime em comento, pugnando pelo trancamento de quaisquer atos decorrentes do termo circunstanciado. Ao analisar o caso, a discussão jurídica mais relevante proposta pelo TJPR reside na avaliação da (não) tipicidade da conduta do médico, haja vista o crime de periclitação exigir a demonstração inequívoca e concreta do dolo de praticar a conduta ilegal e não admitir a modalidade tentada.

Diante da decisão paradigma, o presente trabalho propõe-se ao exame do crime de perigo para a vida ou saúde e do ato médico na prescrição de medicamento *off label*

---

4. **ORGANIZAÇÃO MUNDIAL DA SAÚDE**. Off-label use of medicines for COVID-19. Disponível em: https://www.who.int/news-room/commentaries/detail/off-label-use-of-medicines-for-covid-19. Acesso em: 10 mar. 2024.

PRESCRIÇÃO DE MEDICAMENTO *OFF LABEL* E RESPONSABILIDADE PENAL DO MÉDICO

diante das elementares do delito em comento, com o estudo dos elementos objetivos e subjetivos, bem como do requisito de perigo concreto exigido pelo tipo penal. Ainda, são debatidos os conceitos e limites da autonomia profissional *versus* consentimento do paciente, no intuito de adentrar à análise da responsabilidade penal do médico, haja vista a indisponibilidade da saúde, integridade física e vida enquanto bens jurídicos tutelados pelo Direito Penal.

2. O CRIME DE PERIGO PARA A VIDA OU SAÚDE E O ATO MÉDICO NA PRESCRIÇÃO DE MEDICAMENTO *OFF LABEL*

No que se refere ao estudo das elementares do tipo previsto no artigo 132 do Código Penal, vale dizer que, nos termos estabelecidos pelo legislador penal, aquele que expõe a vida ou a saúde de outrem a perigo direto e iminente comete o crime no dispositivo indicado. Para além da intenção de proteger a integridade da saúde e da vida,[5] a responsabilização pela prática deste delito segue regras bastante rígidas, a ponto de, na impossibilidade de observá-las integralmente, restar obstaculizada a subsunção do fato à norma penal.

É precisamente o encaixe entre conduta praticada e conduta descrita (o tipo) que caracteriza a tipicidade da conduta.[6] Em outras palavras, a conduta será típica apenas quando o indivíduo decide e realiza todos os elementos que formam, juntos, o crime de perigo para a vida ou saúde de outrem. Assim como ocorre com os demais tipos penais, o crime previsto no artigo 132 é estruturado a partir de elementos objetivos e subjetivos. O elemento objetivo é o verbo-núcleo do tipo, assim, o verbo 'expor' deve ser compreendido como 'colocar' ou 'submeter' um terceiro a uma situação de perigo – que, além de dever ser direto e iminente, como a própria redação do tipo expressamente pede, precisa ser concreto.

Ainda que existam crimes de perigo abstrato, o delito previsto no artigo 132 do Código Penal exige um perigo concreto, ou seja, uma situação que revele um risco palpável,[7] isto é, um risco real de dano.[8] A vítima precisa experimentar uma situação muito próxima ao dano.[9] Portanto, o perigo enfrentado não pode ser presumido.[10] Por certo, então, a possibilidade futura, incerta ou remota será insuficiente para configurar o perigo concreto, direto e determinado exigido pelo tipo penal.[11]

---

5. BITENCOURT. Cezar Roberto. **Tratado de Direito Penal**. Parte especial. 20. ed. São Paulo: Saraiva, 2020, v. 2. p. 856.

6. O tipo é uma figura conceitual, que descreve formas possíveis de condutas humanas. A norma proíbe a realização dessas formas de conduta. Se se realiza a conduta descrita conceitualmente no tipo de uma norma proibitiva, essa conduta real entra em contradição com a exigência da norma (WELZEL, Hans. **O novo sistema jurídico-penal**: uma introdução à doutrina da ação finalista. 2. ed. São Paulo: Ed. RT, 2009, p. 55).

7. NUCCI, Guilherme de Souza. **Manual de Direito Penal**. 16. ed. Rio de Janeiro: Forense, 2020, p. 916.

8. GRECO, Rogério. **Código Penal comentado**. 11. ed. Rio de Janeiro: Impetus, 2017, p. 569.

9. NUCCI, Guilherme de Souza. **Manual de Direito Penal**. 16. ed. Rio de Janeiro: Forense, 2020, p. 916.

10. FRAGOSO, Heleno Cláudio. **Lições de Direito Penal**. 2. ed. São Paulo: José Bushatsky Editor, 1962, p. 108.

11. BITENCOURT. Cezar Roberto. **Tratado de Direito Penal**. Parte especial. 20. ed. São Paulo: Saraiva, 2020, v. 2. p. 860.

Além disso, a concretude do perigo, quando inserido no ato de prescrever medicamento *off label* (hidroxicloroquina inalatória na decisão paradigmática), amplifica e densifica o debate. Isso porque, neste caso, ao tempo dos fatos narrados havia manifestações do Conselho Federal de Medicina (CFM) atestando a impossibilidade de se garantir e mensurar possíveis riscos e danos decorrentes desta prescrição.[12] Em termos penais, esteve evidenciada, então, a dúvida quanto ao risco e ao dano. Assim, pode o CFM ter, à época, afastado categoricamente um dos elementos que compõe o tipo penal: o perigo concreto.

Num outro lado, afora os elementos objetivos já apresentados, o elemento subjetivo é o que representa a *vontade consciente* de realizar todos os elementos objetivos do tipo. No caso do crime previsto no artigo 132 do Código Penal, este elemento é o *dolo*, que, por sua vez, exige que a conduta típica ocorra após consciência e vontade de expor a vítima a uma situação de perigo concreto.[13] O dolo, assim, não é de dano, mas de perigo.[14]

O *dolo direto*,[15] quando considerado o médico como sujeito ativo deste delito, deverá indicar que este profissional, ao prescrever medicamento *off label*, assim o fez especialmente para expor seu paciente a uma situação de perigo concreto. Em outras palavras, a intenção do médico, durante seu exercício profissional e, ainda, exercendo atividade

---

12. "Entretanto, até o momento, não existem evidências robustas de alta qualidade que possibilitem a indicação de uma terapia farmacológica específica para a Covid-19. Desde o final de 2019 existem dezenas de medicamentos em testes, e muitos dos resultados desses estudos estão sendo divulgados diariamente. Muitos desses medicamentos têm sido promissores em testes em laboratório e através de observação clínica, mas nenhum ainda foi aprovado em ensaios clínicos com desenho cientificamente adequado, não podendo, portanto, serem recomendados com segurança (..) A administração de um medicamento que não tem efeito comprovado, como alternativa para o tratamento de pacientes com maior gravidade, assume, muitas vezes de forma equivocada que o benefício será maior que o prejuízo. Entretanto, frequentemente não é possível saber se um medicamento não testado para determinada doença terá maior benefício ou maior prejuízo se não houver um grupo controle (..) Apesar de haver justificativas para a utilização desses medicamentos, como suas ações comprovadamente anti-inflamatórias e contra outros agentes infecciosos, seu baixo custo e o perfil de efeitos colaterais ser bem conhecido, não existem até o momento estudos clínicos de boa qualidade que comprovem sua eficácia em pacientes com Covid-19. Esta situação pode mudar rapidamente, porque existem dezenas de estudos sendo realizados ou em fase de planejamento e aprovação (Parecer CFM nº 4/2020 em Processo-Consulta CFM nº 8/2020, de 16 de abril de 2020); "Em busca de estudos clínicos sobre a intervenção com a HCQ inalatória encontramos artigos de opinião e alguns raros estudos de farmacocinética (..) A decisão de usar uma nova apresentação (inalada) de HCQ ainda não registrada em nenhuma parte do mundo acrescenta ainda mais incerteza ao tratamento e maior responsabilidade ao médico, pois ele não tem garantida sua eficácia e segurança" (Resolução CFM nº 2.292/2021, publicada em 13 de maio de 2021).

13. NUCCI, Guilherme de Souza. **Manual de Direito Penal**. 16. ed. Rio de Janeiro: Forense, 2020, p. 916.

14. BITENCOURT. Cezar Roberto. **Tratado de Direito Penal**. Parte especial. 20. ed. São Paulo: Saraiva, 2020, v. 2. p. 864.

15. O dolo direto refere-se a uma pretensão de realização do resultado típico, que resulta explicitada nas circunstâncias em que se desenvolve a conduta. (BUSATO, PAULO CÉSAR. **Direito Penal**. Parte geral. São Paulo: Atlas, 2013, p. 420). Sistematicamente, o dolo direto compõe-se de três aspectos, quais sejam, representação, 'querer' e 'anuir', compreendidos da seguinte maneira: i) a 'representação' do resultado, dos meios necessários e das consequências secundárias; ii) o 'querer' a ação/o resultado, bem como os meios escolhidos para a sua consecução; iii) por fim, o 'anuir' na realização das consequências previstas como certas, necessárias ou possíveis, decorrentes do uso dos meios escolhidos para atingir o fim proposto (BITENCOURT, Cezar Roberto. **Tratado de Direito Penal**. Parte geral. 24 ed. São Paulo: Saraiva, 2018, v. 1. p. 370).

típica (prescrição de medicamentos), foi a de não apenas agir desinteressadamente na saúde do seu paciente, como foi a de causar-lhe mal.

Ademais, o crime de perigo à vida ou saúde de outrem também é punido à título de *dolo eventual*, ou seja, quando o indivíduo, apesar de não querer diretamente a realização do tipo penal, aceita aquele resultado como possível e até mesmo provável, assumindo o risco de sua produção, não se importando com a sua ocorrência.[16] Logo, as questões que precisam ser enfrentadas são as seguintes: i) qual a possibilidade de um médico assumir um risco que foi previamente tido por incerto pela comunidade médica?; ii) haveria como um médico contrariar pareceres técnicos, garantir um risco e, então, assumi-lo?

Uma análise panorâmica parece indicar, desde logo, que médico algum poderia contrariar documentos científicos que garantiram não ser possível o catálogo de efeitos certos da hidroxicloroquina inalatória. Desta forma, a tipicidade da conduta do médico restaria sumariamente afastada pela impossibilidade de se demonstrar qualquer perigo concreto. Contudo, conclusão diversa pode ser ao menos debatida quando considerado um caso real.

A existência de um perigo concreto pode ser possível quando consideradas as características particulares do paciente. A prescrição do medicamento *off label*, associada às condições daquele que está sob os cuidados do médico, pode colocá-lo efetivamente em uma situação de perigo. Ainda assim, mesmo superada a necessidade de se vislumbrar essa situação de perigo concreto, o dolo de expor o paciente (a esta situação de perigo) não restaria ainda caracterizado.

Há necessidade, pois, de responder outras questões. A intenção do texto, especificamente neste ponto, é provocar o pensamento reflexivo do leitor sobre as seguintes indagações: i) o perigo, neste caso, era previsível?; ii) se previsível, o médico assumiu de fato o risco de colocar o paciente nesta situação de perigo?; iii) se previsível, o médico agiu com a certeza de que essa situação de perigo não se evidenciaria?; ou, ainda, iv) o médico apenas errou na escolha do tratamento?

As respostas às questões formuladas têm a força de afastar ou não a responsabilidade penal do médico no caso em estudo. Evidenciarão, em suma, o dolo eventual ou a culpa consciente ou inconsciente. Por ora, resta a ênfase de que o crime de perigo à vida ou a saúde de outrem não é punido à título de culpa. Portanto, fica claro que os contornos por meio dos quais o médico poderá ser responsabilizado são bastante limitados e rígidos.

---

16. O dolo eventual baseia-se na eventualidade da produção do resultado. A transmissão de sentido da conduta é de que o autor projeta um resultado, que é previsto como uma hipótese possível, até mesmo provável. No entanto, a projeção a respeito da produção deste resultado não o intimida no que tange à realização da ação. Em outras palavras, a despeito da possibilidade ou probabilidade da superveniência do resultado, o indivíduo, ainda assim, atua. Desta maneira, o compromisso com a produção do resultado se estabelece através do desprezo das possibilidades e não por meio da identificação do sentido de um direcionamento de intenção na produção do resultado. Essa avaliação (do dolo eventual) é feita a partir das circunstâncias, em busca de verificar se há indicadores objetivos, capazes de revelar que o autor, nas circunstâncias em que ocorreu o fato, tinha condições de antever o resultado e, a despeito disso, poderia ter atuado (BUSATO, PAULO CÉSAR. **Direito Penal**. Parte geral. São Paulo: Atlas, 2013, p. 421 e 422).

Além disso, há outro sinal de alerta quando da tentativa deste enquadramento típico que merece destaque. O legislador penal, no momento da estipulação de crimes, age, sempre, em resposta de eventos que ocorreram na comunidade. Na verdade, embora o Direito não consiga acompanhar as transformações sociais em tempo real, ele se esforça para responder às demandas da sociedade. Assim, busca adaptar-se às novas necessidades e mudanças que surgem continuamente, o que se verifica igualmente em relação ao legislador penal.

Nesse sentido, vale consignar que o crime de perigo à vida ou saúde de outrem foi previsto inicialmente no anteprojeto suíço que, atendendo as exigências de sua época, teve o intuito de coibir acidentes de trabalho, para proteger a integridade física de operários ameaçada de lesão durante o desempenho de suas atividades laborais. Por seu turno, a Exposição de Motivos do Código Penal brasileiro assinalou que o exemplo frequente e típico desde crime é o caso do empreiteiro que, para poupar-se ao dispêndio com medidas técnicas de prudência, na execução de obra, expõe operário ao risco de grave acidente.[17] Outra hipótese é a do empreiteiro que omite, para evitar despesa, a colocação habitual de aparelhos ou dispositivos de segurança ou proteção de operários na construção de um arranha-céu ou, ainda, o dono de um circo que promove espetáculos ou exercícios insolitamente perigosos, para atrair clientela, a ama de leite que, embora sabendo-se atacada de sífilis, amamenta criança.[18]

Esses exemplos, ainda que não componham um rol exaustivo de condutas subsumidas ao tipo do artigo 132 do Código Penal, podem, por outro ângulo, apresentar a direção imaginada pelo legislador quando da criação deste crime. Vale, assim, questionar se as situações supracitadas, em todas as suas dimensões, se aproximam de eventual perigo que poderia decorrer da prescrição de medicamento *off label* por um médico.

Nesse enredo, parece ainda razoável pontuar que o legislador situa os crimes praticados especialmente pelo médico em uma porção específica do diploma penal. Ainda que essa escolha topográfica não impeça o médico de praticar outros crimes, trata-se de um direcionamento a ser observado. Neste sentido, com alguma relevância para a presente discussão, Cezar Roberto Bitencourt assinala que inexistirá o crime de perigo à vida ou à saúde quando se tratar de perigos inerentes a certas profissões ou atividades, como a dos enfermeiros.[19]

As particularidades e as exigências do crime de perigo para a vida ou saúde de outrem e as regras do Direito Penal parecem ter colocado o ato de prescrever medicamento *off label* em um universo nunca antes imaginado. Muito se deve, claro, às diversas e insistentes tentativas de se resolver os problemas sociais a partir da criação de tipos penais. Contudo, independentemente da (in)adequação do Direito Penal, todas as regras apontadas neste capítulo, por si só, já têm a força de, para além de frear a tentativa de se

---

17. PRADO, Luiz Regis. **Curso de Direito Penal brasileiro**. 8. ed. São Paulo: Ed. RT, 2010, p. 141. v. 2.

18. PRADO, Luiz Regis. **Curso de Direito Penal brasileiro**. 8. ed. São Paulo: Ed. RT, 2010, p. 141, p. 141. v. 2.

19. BITENCOURT. Cezar Roberto. **Tratado de Direito Penal**. Parte especial. 20. ed. São Paulo: Saraiva, 2020, v. 2. p. 860.

enquadrar o ato médico de prescrição *off label* ao tipo penal, fomentar uma discussão dogmática acerca do seu cabimento.

3. LIMITES DA AUTONOMIA DO MÉDICO E DO CONSENTIMENTO DO PACIENTE: A INDISPONIBILIDADE DA INTEGRIDADE FÍSICA E DA VIDA ENQUANTO BENS JURÍDICOS TUTELADOS PELO DIREITO PENAL

Como exposto anteriormente, na perspectiva do ato médico de prescrição de medicamento *off label*, não há subsunção do fato à norma (artigo 132 do Código Penal). Todavia, a ausência de tipicidade nos moldes discutidos não significa dizer que ao médico é permitida a prescrição *off label* sem qualquer possibilidade de repercussão na seara criminal.

Aliás, à título de curiosidade, menciona-se que em maio de 2021 fora proposto e, posteriormente retirado de pauta, a avaliação de um projeto de lei (PL nº 1.1912/21) que visava alterar o Código Penal para tornar crime a prescrição de medicamentos *off label*, cuja pena imputada ao profissional poderia variar de seis meses a dois anos de detenção e multa.

Como já mencionado, as prescrições de medicamento *off label*, com algumas exceções (como a hidroxicloroquina inalatória), foram permitidas, pela Agência Nacional de Vigilância Sanitária (ANVISA) e pelo CFM. Todavia, ambos ressalvavam que eventuais danos causados aos pacientes são riscos a serem suportados pelo médico prescritor e, ainda, pelo paciente que com ele tenha expressamente assentido.

O uso *off label* de medicamentos no período inicial da pandemia foi não só tolerado, mas incentivado por órgãos de controle sanitário ao redor do mundo. Posteriormente, contudo, começaram a surgir diversas pesquisas de acompanhamento atestando a ineficácia – além de graves efeitos colaterais – dos medicamentos presentes no 'kit Covid'. A Associação Médica Brasileira (AMB), em julho de 2020, afirmou que os médicos deveriam ter autonomia para prescrição *off label* de medicamentos para a Covid-19, todavia, em março de 2021, passou a não recomendar o uso de remédios sem eficácia comprovada para tratar a doença.[20]

A prescrição *off label* é frequentemente realizada na ausência de opções de tratamento aprovadas, na falta de resposta do paciente aos tratamentos regulamentados ou com base em evidências clínicas que justificam esse uso. A prática é legal, como sustenta Roberto Nogueira, e o médico não será civilmente responsabilizado, desde que tenha uma justificativa clínica sólida e informe adequadamente o paciente sobre os riscos e

---

20. Diz o novo texto da AMB: "medicações como hidroxicloroquina/cloroquina, ivermectina, nitazoxanida, azitromicina e cloroquina, entre outras drogas, não possuem eficácia científica comprovada de benefício no tratamento ou prevenção da Covid-19, quer seja na prevenção, na fase inicial ou nas fases avançadas dessa doença, sendo que, portanto, a utilização desses fármacos deve ser banida" (Disponível em: https://amb.org. br/noticias/associacao-medica-brasileira-diz-que-uso-de-cloroquina-e-outros-remedios-sem-eficacia-con-tra-covid-19-deve-ser-banido/. Acesso em: 10 mar. 2024).

benefícios.[21] Embora legitimada e aceita no período inicial da pandemia da Covid-19, a prescrição de medicamento *off label* pode representar um risco acrescido ao paciente e, por isso, neste cenário, a responsabilização penal encontra peculiares contornos.

A partir da perspectiva da autonomia profissional e do consentimento informado, deve-se discutir a possibilidade de o médico prescritor ser responsabilizado penalmente pela conduta da prescrição de medicamento *off label* além dos limites já estudados no exame dos elementos do artigo 132. Em outras palavras, busca-se a análise da eventual responsabilização do médico a depender do exercício de sua autonomia *versus* a autonomia do paciente, bem como diante do consentimento livre e esclarecido deste sobre a adesão à prescrição.

Em que pese o consentimento do paciente ter grande proteção jurídica na seara do Direito Médico, frise-se que no Direito Penal os contornos são diferentes. O que legitima as intervenções médicas é o consentimento,[22] mas no âmbito criminal a autonomia, tanto do médico quanto do paciente, encontra obstáculo na indisponibilidade da integridade física e da vida enquanto bens jurídicos tutelados pelo Direito Penal.

O consentimento do ofendido significa, em linhas gerais, o ato de anuir ou concordar com a lesão ou perigo de lesão a bem jurídico do qual é titular. O consentimento do ofendido só pode ser reconhecido validamente se presentes os seguintes requisitos, em caráter cumulativo: bem jurídico disponível, ofendido capaz, consentimento livre, indubitável e anterior ou, no máximo, contemporâneo à conduta, bem como que o autor do consentimento seja titular exclusivo ou expressamente autorizado a dispor sobre o bem jurídico.

Mais especificamente sobre o primeiro requisito, Hans-Heinrich Jescheck e Thomas Weigend consideram que o marco dentre os bens jurídicos de caráter individual, a vida e a integridade física ocupam uma posição especial.[23] Rogério Greco, por sua vez, ensina que a integridade física é um bem disponível somente se as lesões sofridas sejam consideradas de natureza leve. Caso sejam graves ou gravíssimas, o consentimento do ofendido não terá o condão de afastar a ilicitude da conduta levada a efeito pelo agente.[24]

---

21. Sobre o tema, destacam-se as lições de Roberto Nogueira: "O médico possui a prerrogativa da prescrição, a ele conferida por lei. A Anvisa promove uma limitação legítima quando dos registros dos medicamentos, sendo que, uma vez liberada a comercialização para um determinado fim, outras indicações seriam, em princípio, lícitas. (...) em princípio, a prescrição off-label de medicamentos é lícita (...). Será considerado ato lícito a prescrição off-label de medicamentos não antijurídica. Será antijurídica quando forem transgredidos os limites ao direito de prescrever, conforme não sejam observados os ditames da boa-fé, do fim econômico e social dos bons costumes. Poderá ser culposo o ilícito nos casos em que, com negligência, imprudência ou imperícia, o profissional deixar de observar os alicerces técnicos-científicos para a prescrição off-label" (NOGUEIRA, Roberto Henrique Pôrto. **Prescrição *off label* de medicamentos**: ilicitude e responsabilidade do médico. Belo Horizonte: Editora PUC Minas, 2017, p. 141-142).

22. SIQUEIRA, Flávia; LIMA, Marcelo Chiavassa de Mello Paula. Reflexões sobre a responsabilidade civil e penal do médico por violação do dever de esclarecimento para a autodeterminação. **Revista de Direito e Medicina**, v. 1, jan./mar. 2019.

23. JESCHECK, Hans-Heinrich; WEIGEND, Thomas. **Tratado de Derecho Penal**. Trad. Miguel Olmedo Cardenete. Granada: Comares, 2002, p 406.

24. GRECO, Rogério. **Curso de Direito Penal**. 9. ed. Rio de Janeiro: Impetus, 2007, v. 1. p. 379.

Já a vida, segundo Claus Roxin, é um bem jurídico individual indisponível, que torna o consentimento totalmente ineficaz. O autor fundamenta a indisponibilidade na impossibilidade de irrevogabilidade do consentimento, ou de reparação dos efeitos do mesmo em caso de vícios na manifestação do titular do bem, sendo que a indisponibilidade é uma forma de proteção do titular do bem.[25]

Nesse sentido, na perspectiva do Direito Penal, o esclarecimento do paciente acerca do tratamento *off label*, em contraponto da indisponibilidade dos bens jurídicos em jogo, invalida a consideração jurídica do consentimento informado (leia-se, livre e esclarecido). Em linhas simples, é possível assumir que a sua autonomia e o consentimento são mitigados pela indisponibilidade dos bens jurídicos que estão em risco.

Repisando a discussão do capítulo anterior, o crime de periclitação depende da comprovação de dolo, ao passo que as hipóteses de administração de medicamento *off label*, quando prejudiciais ao paciente, encaixam-se mais nas modalidades de culpa. Sabe-se que a comprovação de erro de tratamento depende diretamente da verificação de culpa – e é neste aspecto que pode residir viável expansão do Direito Penal na autonomia médica.

Como não há no Brasil um tipo penal específico para efeitos adversos decorrentes de prescrição médica de tratamento, haja vista o supramencionado projeto de lei ter sido retirado de pauta, importa elencar alguns tipos penais para serem discutidos à luz da prescrição de medicamentos *off label* que suportam a modalidade culposa, como homicídio e lesão corporal, que podem com mais precisão tipificar a responsabilização penal do médico.

A redação do artigo 129 do Código Penal, por exemplo, parece trazer com mais exatidão à tipificação da conduta quando há dano ao paciente proveniente de tratamento *off label*, vez que, de acordo com o diploma criminal, a lesão corporal caracteriza-se pela ofensa à integridade corporal ou saúde de outrem. Tal qual o crime de homicídio (que pode ser configurado a depender da extensão do dano à integridade física, transformando-se em dano à vida), o tipo também admite a modalidade culposa.

Cabe o exercício de imaginação: uma situação na qual o médico opta por prescrever fármaco, cujas indicações em bula não apontam especificamente à enfermidade enfrentada pelo paciente e, ainda, há normativa do Conselho profissional recomendando a não prescrição *off label* para uma finalidade específica. Se desta prescrição, ocorre dano real e efetivo a sua saúde, com muito mais razão pode a autoridade acusatória subsumir o ato médico a um dos tipos penais acima mencionados, uma vez que, havendo nexo de causalidade entre a prescrição *off label* (conduta positiva) e o dano à saúde, integridade física ou vida do paciente, estará aberto o espaço para a expansão do Direito Penal na autonomia médica.

---

25. ROXIN, Claus. **Derecho Penal**. Parte general. Fundamentos, la estructura de la teoría del delito. Madrid: Civitas, 1997, t. I. p. 529.

Nesse sentido, nota-se que a prescrição de tratamento fora das diretrizes das indicações homologadas para determinado fármaco pode ser a linha de costura da responsabilização penal. Em outras palavras, o fenômeno da expansão da judicialização da Medicina força as margens do Direito Civil, avançando até na *ultima ratio*,[26] de modo que se faz necessário o debate a respeito do maior risco de responsabilização penal do médico em caso de falha do tratamento, uma vez que a prescrição *off label* abre maior espaço para a configuração de uma das modalidades de culpa.

Como o próprio CFM preceitua (Parecer CFM nº 2/2016), o uso *off label* de um medicamento é feito por conta e risco do médico que o prescreve. Portanto, pode eventualmente caracterizar erro médico, essencialmente pela limitação da autonomia diante da indisponibilidade dos bens jurídicos resguardados.

Repise-se: não há validade jurídica no âmbito penal do consentimento do paciente se do tratamento advier lesão corporal ou morte, respondendo o médico por eventuais insucessos.[27] Há, portanto, grande margem para a assunção de riscos exclusivamente pelo profissional da Medicina, em que pese o paciente e o seu médico que opta, juntos, pela submissão e prescrição de tratamento fora das indicações da bula.

Portanto, nos casos de utilização dos medicamentos *off label*, é prudente ao profissional da Medicina que esteja respaldado de uma indicação segura ou em conformidade com os procedimentos em casos análogos, pois há o risco de responsabilização criminal.

4. ANÁLISE DA DECISÃO DO TRIBUNAL DE JUSTIÇA DO ESTADO DO PARANÁ À LUZ DAS ELEMENTARES DO DELITO PREVISTO NO ARTIGO 132 DO CÓDIGO PENAL

No caso paradigmático do TJPR foram apresentados os seguintes argumentos pela defesa do médico para fins do trancamento do termo circunstanciado: i) o médico não excedeu suas funções quando da prescrição *off label* da hidroxicloroquina inalatória para o tratamento da Covid-19, pois foi realizada antes de sua restrição pelo CFM; ii) o tratamento sequer foi iniciado; e iii) inexistiu o dolo exigido no crime de exposição de perigo à vida e saúde.

Por seu turno, o TJPR concedeu a ordem de habeas corpus para trancar, em definitivo, quaisquer atos decorrentes do Termo Circunstanciado nº 0044606-21.2021.8.16.0014,

---

26. Afirmar que o Direito Penal é a *ultima ratio* significa dizer que ele deve ser utilizado pelo Estado como o último recurso. Ou seja, antes de recorrer ao Direito Penal, deve-se buscar esgotar as possibilidades de resolução do conflito por meio de outros ramos do Direito, como o Direito Civil. Somente quando esses meios se mostrarem insuficientes ou inadequados é que se justifica a intervenção penal.

27. No que se refere ao âmbito cível, a doutrina já estabeleceu alguns parâmetros de análise do dever de informação e da conduta médica, razoável e minimamente exigida de um profissional prudente, a fim de evitar responsabilidade civil: Confira-se: KFOURI NETO, Miguel; DANTAS, Eduardo; NOGAROLI, Rafaella. Medidas extraordinárias para tempos excepcionais: da necessidade de um olhar diferenciado sobre a responsabilidade civil dos médicos na linha de frente do combate à Covid-19. In: KFOURI NETO, Miguel; NOGAROLI, Rafaella (Coord.). **Debates contemporâneos em direito médico e da saúde**. São Paulo: Thomson Reuters Brasil, 2020, p. 603-644.

com base nas seguintes questões: i) valorização da relação médico-paciente e da autonomia do profissional da Medicina; ii) a prescrição foi realizada antes das restrições impostas à hidroxicloroquina inalatória; iii) eventual erro de tratamento depende de comprovação científica; iv) incertezas quanto à forma de enfrentamento da Covid-19, à época dos fatos.

No que se refere à relevância do momento da prescrição de medicamento *off label*, observa-se que o médico prescreveu em 19 de março de 2021, antes da publicação da Resolução CFM nº 2.292/2021, em 13 de maio de 2021. Referida normativa trouxe, posteriormente aos fatos, a previsão expressa de que "a administração de hidroxicloroquina e cloroquina em apresentação inalatória é *procedimento experimental*, só podendo ser utilizada por meio de protocolos de pesquisa aprovados pelo sistema CEP/CONEP".

Vale consignar a necessária distinção entre tratamento meramente experimental de prescrição *off label*. Aquele primeiro não tem garantia e segurança previamente estabelecidos com relação a posologia e seus efeitos no corpo humano. Já o medicamento prescrito fora de seu propósito original foi testado e aprovado pelas autoridades sanitárias, e tem efeitos colaterais conhecidos, possuindo um grau de segurança diferenciado com relação às substâncias ainda em fase de ensaios clínicos. Frise-se que a utilização *off label* de um fármaco pode incluir a situação da prescrição para uma patologia/condição clínica diferente do previsto em bula ou, ainda, em dose ou forma diversa daquela aprovada pela agência regulatória.

Dito isso, vale destacar que a resolução supracitada foi decisiva para afastar a prática do crime previsto no artigo 282 do Código Penal.[28] Por outro lado, o presente trabalho busca verificar se há impacto em relação ao crime previsto no artigo 132 do mesmo diploma legal.

É sabido que, para fins penais, apenas a lei pode criar crimes e cominar penas.[29] Por isso, é possível compreender por qual razão o conteúdo de uma resolução, como a nº 2.292/2021 do Conselho Federal de Medicina (CFM), não tem a força necessária para criar ou abolir crimes, haja vista a posição inferior na hierarquia das normas.

Ademais, neste mesmo enredo, há outra questão que tangencia o debate. Ainda que fosse possível considerar uma repercussão criminal importante a partir da resolução do Conselho, a permissão ou não da prescrição da hidroxicloroquina inalatória parece não interferir, em nenhum aspecto, na proibição de "expor alguém a perigo" (redação do tipo penal). O crime previsto no artigo 132 do Código Penal é um crime de forma livre, ou seja, pode ser praticado por qualquer meio, inclusive, mediante

---

28. Isso porque, se existe uma norma que proíbe a prescrição de um medicamento e o médico, dolosamente, a prescreve, realiza o crime de exercício ilegal da Medicina.

29. A legalidade em sentido estrito ou penal guarda identidade com a reserva legal, vale dizer, somente se pode considerar crime determinada conduta, caso exista previsão em lei. O termo lei, nesta hipótese, é reservado ao sentido estrito, ou seja, norma emanada do Poder Legislativo, dentro de sua esfera de competência (NUCCI, Guilherme de Souza. **Princípios constitucionais penais e processuais penais**. 2. ed. São Paulo: Ed. RT, 2012, p. 92).

a prescrição da hidroxicloroquina inalatória, caso esta seja capaz de atingir o fim desejado (perigo).

Portanto, ainda que o CFM autorizasse a prescrição, poderia ainda restar configurado o crime de perigo a vida ou saúde de outrem se um médico, dolosamente, prescrevesse o medicamento *off label* sabendo que, com essa ação, seu paciente seria colocado em uma situação de perigo concreto. Da mesma forma, caso o profissional tivesse prescrito a medicação após a mencionada resolução, só teria realizado a conduta prevista no artigo 132 se, e somente se, a hidroxicloroquina, comprovadamente, pudesse, novamente, colocar o paciente na mesma situação de perigo.

Percebe-se, então, que – em sentido contrário ao alegado na decisão do TJPR[30] – o momento da prescrição pouco contribui para compreensão e confirmação da subsunção da conduta realizada pelo profissional à norma penal. Não é, assim, o núcleo essencial desta análise. Neste sentido, o Parecer CFM nº 4/2020, em sede do Processo-Consulta CFM nº 8/2020, que antecedeu a resolução citada, estabelece critérios e condições para a prescrição de cloroquina e de hidroxicloroquina em pacientes com diagnóstico confirmado de Covid-19, ou seja, afasta-se apenas a prática de infração ética pela prescrição do uso da hidroxicloroquina. Eventual responsabilização na esfera penal esteve sempre intacta.

Afora isso, a decisão paradigmática do TJPR indicou que "suposto erro de tratamento, que dependeria de comprovação científica, não existiu". Também apresentou trechos de artigo elaborado pelo presidente do CFM e, ainda, indicou o Parecer CFM nº 04/2020 que, em síntese, afirma: "a ciência ainda não concluiu de maneira definitiva se existe algum benefício ou não com o uso dessas drogas".

A decisão do TJPR traz a conclusão de que as eventuais incertezas quanto à forma de enfrentamento da Covid-19 "que ainda não foram desfeitas pelos organismos que disciplinam a saúde pública –, não caracterizam culpa médica, a priori, em qualquer das suas modalidades". Nesse recorte, portanto, parece residir o núcleo fundamental do estudo. Contudo, há que se fazer ainda uma ressalva.

Nos termos do parágrafo único do artigo 18 do Código Penal, ninguém poderá ser punido por fato previsto como crime, senão quando o pratica dolosamente. O crime de perigo para a vida e saúde de outrem não foge à regra.

Como já mencionado acima, o médico só pode ser responsabilizado pelo delito do artigo 132 se – e quando agir – com dolo, ou seja, com intenção de expor seu paciente. Num outro lado, erro de tratamento sugere imperícia, imprudência ou negligência, todas hipóteses inseridas no universo da culpa. Assim, nenhum médico poderia ser responsabilizado por esse crime se agisse com culpa. Neste caso, a prescrição de medicamento *off label*, como eventual erro de tratamento, não se amolda ao crime em estudo.

---

30. Na decisão do TJPR, considerou-se que, "ainda mais em se tratando de período anterior à restrição imposta à utilização do referido fármaco, e diante da autonomia do médico em prescrever o tratamento que entender mais adequado – bem como do paciente, que pode exercer seu direito à recursa", não há espaço para apuração da prática de qualquer delito.

Agora, por outro ângulo, são as inúmeras dúvidas que reinaram durante a pandemia da Covid-19[31] – e que foram registradas no acórdão – que têm o condão de impactar decisivamente a compreensão da responsabilidade penal do médico quando da prescrição da hidroxicloroquina inalatória, sobretudo quando uma das incertezas atinge os possíveis efeitos, positivos ou negativos, decorrentes do seu uso.[32]

Constou na decisão paradigmática que "existem inúmeras questões que aguardam resposta da ciência" e há "na literatura médica dezenas de trabalhos científicos mostrando benefício com o tratamento precoce com as drogas citadas e, outros tantos, apontam que elas não possuem qualquer efeito benéfico contra a Covid". Esses excertos, analisados à luz do Direito Penal, significam que o perigo concreto, exigido pelo crime de perigo a vida ou saúde de outrem, não pode ser evidenciado.

Certo é, justamente, que não se poderia saber, com segurança, quais seriam os efeitos (riscos) da prescrição do uso deste medicamento na situação fática discutida. O perigo, nessa hipótese, só poderia ser presumido, que, como visto, não basta para a caracterização do delito do artigo 132 do Código Penal.

A relevância desta particularidade é tamanha que, ainda que o médico tenha agido dolosamente, ou seja, tenha prescrito a hidroxicloroquina com a intenção de expor seu paciente a uma situação de perigo, a escolha da prescrição deste medicamento como meio poderia configurar – ou, ao menos, ensejar uma discussão salutar – o chamado crime impossível.[33] Neste caso, em razão da ineficácia do meio escolhido.

Outros importantes fios condutores da fundamentação do acórdão residiram na autonomia do profissional da Medicina e na valorização da relação médico-paciente, circunstâncias que se relacionam diretamente com o consentimento livre e esclarecido tão discutido no Direito Médico e que, pela relevância ímpar, merece análise sob a ótica do Direito Penal.

5. CONSIDERAÇÕES FINAIS

O fenômeno da expansão da judicialização da saúde já experimenta contornos criminais. Atualmente, há decisões judiciais brasileiras que revelam a possível subsun-

---

31. A respeito dos possíveis contextos de discussão sobre a responsabilidade civil médica em tempos de pandemia do Covid-19, remeta-se a KFOURI NETO, Miguel; DANTAS, Eduardo; NOGAROLI, Rafaella. Medidas extraordinárias para tempos excepcionais: da necessidade de um olhar diferenciado sobre a responsabilidade civil dos médicos na linha de frente do combate à Covid-19. In: KFOURI NETO, Miguel; NOGAROLI, Rafaella (Coord.). **Debates contemporâneos em direito médico e da saúde**. 2. ed. São Paulo: Thomson Reuters Brasil, 2022, p. 603-644.

32. No cenário da pandemia da Covid-19, muito se debateu a respeito da prescrição off label do medicamento Remdesivir, um antiviral para o HIV (lopinavir/ritonavir), e dois outros utilizados no tratamento da malária e artrite reumatoide (Cloroquina e Hidroxicloroquina). A respeito dos dilemas bioéticos e da responsabilidade civil médica associada ao uso off label de tais medicamentos, remeta-se a SOARES, Flaviana Rampazzo; DADALTO, Luciana. Responsabilidade médica e prescrição *off-label* de medicamentos no tratamento da Covid-19. **Revista IBERC**, Belo Horizonte, v. 3, n. 2, p. 1-22, maio/ago. 2020.

33. O crime impossível está previsto no artigo 17, do CP, *in verbis*: "Não se pune a tentativa quando, por ineficácia absoluta do meio ou por absoluta impropriedade do objeto, é impossível consumar-se o crime".

ção da autonomia médica a um tipo penal. Em que pese tenha restado demonstrada, ao longo deste trabalho, a impossibilidade de tipificação do ato médico de prescrição *off label* de hidroxicloroquina inalatória ao crime previsto no artigo 132 do Código Penal – demonstrando a assertividade da decisão paradigmática analisada do TJPR –, a ausência de tipicidade nos moldes discutidos não significa a inexistência de quaisquer repercussões e possíveis enquadramentos, especialmente à título de culpa, na seara criminal.

Sobre a utilização de medicamentos e tratamentos para fins diversos daqueles para os quais foram aprovados, foi possível constatar que, embora existam situações permitindo ao médico exercer a sua autonomia profissional, a prescrição de tais medicamentos ou tratamentos estão sempre ligadas a um risco majorado e que, mesmo diante do consentimento do paciente, é possível que o profissional seja responsabilizado criminalmente.

À luz dos reflexos da decisão emblemática, a presente pesquisa buscou refletir sobre a prescrição de medicamentos *off label* e a responsabilidade penal médica sob o prisma do consentimento informado e a sua mitigação diante da indisponibilidade dos bens jurídicos tutelados pelo Direito Penal. Em outros termos, pretendeu-se demostrar que o consentimento do ofendido não é capaz de determinar o recuo da tutela penal. Ao profissional da Medicina é essencial buscar a melhor evidência científica que sustenta a prescrição pretendida e as consequências para os pacientes em decorrência de sua utilização e não utilização. Após, resta o dever de cuidar. Desse modo, caso comprovada cientificamente a ineficácia de determinado tratamento, entende-se possível a ingerência do Direito Penal na autonomia do ato médico.

Não se intentou exaurir as possibilidades em que o médico pode ser penalmente responsabilizado em decorrência de prescrição *off label*, mas apontar que, embora a decisão paradigmática não tenha sido exitosa para as pretensões acusatórias, releva o fenômeno da autonomia médica sob o radar do Ministério Público.

REFERÊNCIAS

BITENCOURT. Cezar Roberto. **Tratado de Direito Penal**. Parte especial. 20. ed. São Paulo: Saraiva, 2020. v. 2.

BITENCOURT, Cezar Roberto. **Tratado de Direito Penal**. Parte geral. 24. ed. São Paulo: Saraiva, 2018. v. 1.

BUSATO, PAULO CÉSAR. **Direito Penal**. Parte geral. São Paulo: Atlas, 2013.

FRAGOSO, Heleno Cláudio. **Lições de Direito Penal**. 2. ed. São Paulo: José Bushatsky Editor, 1962.

GRECO, Rogério. **Curso de Direito Penal**. 9 ed. Rio de Janeiro: Impetus, 2007. v. 1.

GRECO, Rogério. **Código Penal comentado**. 11. ed. Rio de Janeiro: Impetus, 2017.

JESCHECK, Hans-Heinrich; WEIGEND, Thomas. **Tratado de Derecho Penal**. Tradução de Miguel Olmedo Cardenete. Granada: Comares, 2002.

KFOURI NETO, Miguel; DANTAS, Eduardo; NOGAROLI, Rafaella. Medidas extraordinárias para tempos excepcionais: da necessidade de um olhar diferenciado sobre a responsabilidade civil dos médicos na linha de frente do combate à Covid-19. In: KFOURI NETO, Miguel; NOGAROLI, Rafaella (Coord.). **Debates contemporâneos em direito médico e da saúde**. São Paulo: Thomson Reuters Brasil, 2020.

NOGUEIRA, Roberto Henrique Pôrto. **Prescrição *off label* de medicamentos**: ilicitude e responsabilidade do médico. Belo Horizonte: Editora PUC Minas, 2017.

NUCCI, Guilherme de Souza. **Manual de Direito Penal**. 16. ed. Rio de Janeiro: Forense, 2020.

NUCCI, Guilherme de Souza. **Princípios constitucionais penais e processuais penais**. 2. ed. São Paulo: Ed. RT, 2012.

PRADO, Luiz Regis. **Curso de Direito Penal brasileiro**. 8 ed. São Paulo: Ed. RT, 2010. v. 2.

ROXIN, Claus. **Derecho Penal**. Parte general. Fundamentos, la estructura de la teoria del delito. Madrid: Civitas, 1997. t. I.

ROXIN, Claus. **Estudos de Direito Penal**. Rio de Janeiro: Renovar, 2006.

SIQUEIRA, Flávia; LIMA, Marcelo Chiavassa de Mello Paula. Reflexões sobre a responsabilidade civil e penal do médico por violação do dever de esclarecimento para a autodeterminação. **Revista de Direito e Medicina**, v. 1, jan./mar. 2019.

SOARES, Flaviana Rampazzo; DADALTO, Luciana. Responsabilidade médica e prescrição *off-label* de medicamentos no tratamento da Covid-19. **Revista IBERC**, Belo Horizonte, v. 3, n. 2, p. 1-22, maio/ago. 2020.

TAVARES, J. **Fundamentos de teoria do delito**. 2. ed. São Paulo: Editora Tirant, 2020.

WELZEL, Hans. **O novo sistema jurídico-penal**: uma introdução à doutrina da ação finalista. 2. ed. São Paulo: Ed. RT, 2009.

OPTOMETRIA *VERSUS* OFTALMOLOGIA: UM PARALELO DAS NORMAS ÉTICAS E LEGAIS QUE REGULAMENTAM AS PROFISSÕES

Carolina Martins Uscocovich[1]

Isadora Cé Pagliari[2]

Decisão paradigma: BRASIL. Supremo Tribunal Federal (STF). **Embargos de Instrumento em Arguição de Descumprimento de Preceito Fundamental nº 131**, relator Min. Gilmar Mendes, j. 25 nov. 2021.

Sumário: 1. Descrição do caso – 2. Notas introdutórias sobre a atividade da optometria – 3. A necessidade de delimitação da responsabilidade do optometrista no código de ética profissional por meio da equiparação das condutas éticas exigidas dos médicos – 4. Análise da decisão do STF que afasta restrições à atuação de optometristas com formação superior no pedido de exames, consultas e prescrição de lentes – 5. Conclusão: a prática de atos privativos de médicos oftalmologistas após a ADPF nº 131 e os órgãos de fiscalização profissional – Referências.

---

1. DESCRIÇÃO DO CASO

O caso cuida de disputa judicial travada ao longo de 13 anos entre médicos oftalmologistas (especialistas da Medicina que investigam, previnem e tratam as doenças que afetam os olhos e a visão) e profissionais optometristas (técnicos que diagnosticam e corrigem problemas da visão, sem prescrição de drogas ou tratamentos cirúrgicos), gerando discussões sobre responsabilidade civil e até mesmo penal (crime de exercício ilegal da Medicina).

O Conselho Brasileiro de Ótica e Optometria (CBOO), na data de 19.02.2008, impetrou Ação de Descumprimento de Preceito Fundamental nº 131 contra os artigos 38, 39 e 41 do Decreto nº 20.931/32, que regulamentava o exercício da Medicina e de outras profissões da área da saúde e dos artigos 13 e 14 do Decreto nº 24.492/34, que regulamenta a venda de lentes de óculos de grau, sob o argumento de que afrontariam a

---

1. Mestranda UFPR. Pós-graduada em Direito Médico pela Fundação Escola do Ministério Público (FMP) e pela Pontifícia Universidade Católica do Paraná (PUCPR). Foi membro do Grupo de Pesquisas "Direito da Saúde e Empresas Médicas" (UNICURITIBA), liderado pelo Professor Miguel Kfouri Neto. Membro fundadora do Instituto Miguel Kfouri Neto (IMKN) – Direito Médico e da Saúde. Advogada. E-mail: caroluscocovich@gmail.com.

2. Especialista em Direito Médico e em Direito Empresarial e Civil. Bacharela em Direito pelo Centro Universitário Curitiba (UNICURITIBA). Foi membro do Grupo de Pesquisas "Direito da Saúde e Empresas Médicas" (UNICURITIBA), liderado pelo Professor Miguel Kfouri Neto. Segunda vice-presidente e membro fundadora do Instituto Miguel Kfouri Neto (IMKN) – Direito Médico e da Saúde. Advogada. E-mail: isadoracepagliari@gmail.com.

liberdade profissional dos profissionais da optometria. Para uma melhor compreensão da temática, transcrevem-se, os dispositivos legais objetos da ação:

> Decreto nº 20.931/32
>
> Art. 38 É terminantemente proibido aos enfermeiros, massagistas, optometristas e ortopedistas a instalação de consultórios para atender clientes, devendo o material aí encontrado ser apreendido e remetido para o depósito público, onde será vendido judicialmente a requerimento da Procuradoria dos leitos da Saúde Pública e a quem a autoridade competente oficiará nesse sentido. O produto do leilão judicial será recolhido ao Tesouro, pelo mesmo processo que as multas sanitárias.
>
> Art. 39 É vedado às casas de ótica confeccionar e vender lentes de grau sem prescrição médica, bem como instalar consultórios médicos nas dependências dos seus estabelecimentos.
>
> Art. 41 As casas de ótica (...) devem possuir um livro devidamente rubricado pela autoridade sanitária competente, destinado ao registro das prescrições médicas.
>
> Decreto nº 24.492/34
>
> Art. 13 É expressamente proibido ao proprietário, sócio-gerente, ótico prático e demais empregados do estabelecimento, escolher ou permitir escolher, indicar ou aconselhar o uso de lentes de grau, sob pena de processo por exercício ilegal da medicina, além das outras penalidades previstas em lei.
>
> Art. 14 O estabelecimento de venda de lentes de graus poderá fornecer lentes de grau mediante apresentação da fórmula ótica de médico, cujo diploma se ache devidamente registrado na repartição competente.

De acordo com o Autor da ação, as normas impugnadas violam a liberdade ao exercício de trabalho, ofício e profissão (art. 1º, IV, e art. 5º, XIII); a livre iniciativa (art. 1º, IV); o princípio da isonomia (art. 1º, IV, e art. 5º, caput); a dignidade da pessoa humana (art. 1º, III); o princípio da segurança jurídica, enquanto expressão do devido processo legal substantivo (art. 5º, LVI); e os princípios da proporcionalidade e da razoabilidade (art. 1º, III; art. 3º, I; art. 5º, *caput*, II, XXXV, LIV, §§ 1º e 2º; e art. 60, § 4º, IV), todos estes, princípios e direitos fundamentais descritos na Constituição Federal. Afirma, ainda, que a negativa de direito ao trabalho dos optometristas alcança o art. 6º, *caput*, e o art. 196 da Constituinte, que trata da obrigação de o Estado prover adequado atendimento à saúde, em especial no seu aspecto preventivo. É assinalado que a optometria é uma ciência especializada no estudo da visão, com enfoque na atuação dos cuidados primários da saúde visual.

Para a associação autora, na década de 30, quando editados os decretos impugnados, a intenção era limitar a atuação de práticos, que eram verdadeiros entusiastas e ao que consta, à época não existiam cursos técnicos de optometristas, sequer cursos superiores. Até porque, não havia a especialização de oftalmologia na própria medicina, uma vez que os primeiros programas de residência nessa área originaram-se apenas em 1976. Assim, defende que a profissão optométrica não guarnece mais relação com o superado contexto técnico-científico da década de 30.

Indo adiante, o arguente reflete que a restrição atualmente imposta à liberdade profissional dos optometristas é antagônica, uma vez que há instituições de ensino superior com currículo plenamente reconhecido pelo Ministério da Educação a oferecer a especialidade. Logo, a restrição à liberdade profissional não passaria pelo crivo da proporcionalidade, defendendo que a referida limitação se consubstancia em:[3]

> (1) negativas e cassações de alvarás sanitários por parte da ANVISA, sem atuação da Vigilância Sanitária; (2) instauração de processo-crime por exercício ilegal da medicina; (3) tramitação de ações civis públicas que objetivam o fechamento de estabelecimentos optométricos e a apreensão de equipamentos e (4) sucessivas decisões judiciais, proferidas em ações mandamentais, que indeferem concessão de alvarás sanitários.

No mais, a associação autora acrescentou que a profissão de optometria é reconhecida pela Organização Mundial de Saúde, Organização Pan-Americana de Saúde, Organização das Nações Unidas e Organização Internacional do Trabalho, além de ser reconhecida mundialmente como meio de combate à cegueira evitável e ao fornecimento de atendimento apropriado à saúde visual.

Como pedido da ação, foi requerida a concessão de medida liminar para a suspensão da vigência e dos efeitos dos dispositivos legais impugnados relativamente aos optometristas contemporâneos graduados por instituição de nível superior reconhecida por órgão competente, permitindo-se a estes profissionais o exercício do seu ofício dentro das prerrogativas para as quais foram capacitados. Foi pedido também, liminarmente, a suspensão de todos os processos administrativos, cíveis e criminais demandados contra os optometristas graduados por instituição de nível superior reconhecida por órgão competente. No mérito, foi requerido a declaração de não recepção material dos artigos 38, 39 e 41 do Decreto nº 20.931/32 e dos artigos 13 e 14 do Decreto nº 24.492/34.

A Advocacia-Geral da União pronunciou-se pelo conhecimento parcial da ADPF, opinando pelo indeferimento da medida cautelar e improcedência dos pedidos. De outro lado, a Procuradoria-Geral da República opinou pela constitucionalidade dos dispositivos impugnados. O Conselho Federal de Medicina e o Conselho Brasileiro de Oftalmologia formularam pedido para intervirem no feito na condição de *amici curiae*, com pedido de extinção do feito sem julgamento do mérito, por ilegitimidade ativa do arguente.

Para o Conselho Federal de Medicina, as ametropias (vícios de refração) não podem ser tratadas isoladamente, porque possuem exígua relação com várias doenças oculares, muitas vezes graves. Além disso, defende que os exames oftalmológicos são hábeis a diagnosticar várias patologias congênitas, erros inatos de metabolismo, comprometimento de genes estruturais, doenças vasculares, doenças infecciosas, inflamatórias, degenerativas e multifatoriais. Acrescenta que nem sempre uma ametropia requer o uso de lentes corretoras. Em outras palavras, afirma que os optometristas possuem uma visão restrita e primária dos princípios básicos da fisiopatologia ocular.

O Conselho Brasileiro de Oftalmologia (CBO) manifestou-se pela vigência dos decretos impugnados.

---

3. **BRASIL**. Supremo Tribunal Federal (STF). **Ação Direta de Inconstitucionalidade 131 DF**, Tribunal Pleno, Relator: Min. Gilmar Mendes, j. 25 out. 2021, DJe 24 nov. 2021.

Fez-se, portanto, necessário discutir na arguição se a referida vedação profissional seria contrária à Constituição Federal, considerando que, para atender à reserva legal qualificada prevista no artigo 5°, inciso XIII, da Constituição Federal, deverá a exigência dos decretos justificar-se enquanto "qualificação profissional exigida por lei".

É válido destacar que o Supremo Tribunal Federal tem entendimento firme no sentido de que as restrições legais à liberdade de exercício profissional somente podem ser levadas a efeito no tocante às qualificações profissionais. A restrição legal desproporcional e que viola o conteúdo essencial da liberdade deve ser declarada inconstitucional (ou não recepcionada).

Diante das razões apresentadas, em 29.06.2020, o Supremo Tribunal Federal decidiu, por maioria, julgar improcedente a ADPF n° 131, para o fim de "1) declarar a recepção dos arts. 38, 39 e 41 do Decreto n° 20.931/32 e dos arts. 13 e 14 do Decreto n° 24.492/34"; e "2) realizar apelo ao legislador federal para apreciar o tema, tendo em conta a formação superior reconhecida pelo Estado aos tecnólogos e bacharéis em optometria, nos termos do voto do Relator, vencidos os Ministros Marco Aurélio, Edson Fachin, Roberto Barroso e Celso de Mello".[4]

Em seguida, no dia 29.10.2020, o CBOO opôs embargos declaratórios, os quais foram parcialmente providos, integrando o acórdão embargado, para o fim de promover "a modulação dos efeitos subjetivos da anterior decisão de recepção dos Decretos n° 20.931/32 e 24.492/34 quanto aos optometristas de nível superior"; e firmar e enunciar expressamente que "as vedações veiculadas naquelas normas não se aplicam aos profissionais qualificados".[5] Em 12.11.2021, o CFM opôs embargos declaratórios contra a decisão do plenário, que não foram conhecidos pelo Ministro Relator. O processo transitou em julgado no dia 21.12.2021.

Diante da modulação dos efeitos, surgem dúvidas quanto à responsabilização e aplicação de medidas regulatórias e sancionatórias administrativas, eis que a partir desta decisão paradigmática, inexistem razões para que ópticos graduados realizem suas atividades, o que motiva no presente trabalho, investigar tais questões.

2. NOTAS INTRODUTÓRIAS SOBRE A ATIVIDADE DA OPTOMETRIA

A popularização de cursos de ensino superior na área da saúde, bem como o surgimento de novas tecnologias tornam cada vez mais comum a chegada ao Judiciário de disputas entre conselhos profissionais.[6]

---

4. **BRASIL**. Supremo Tribunal Federal (STF). **Ação Direta de Inconstitucionalidade 131 DF**, Tribunal Pleno, Relator: Min. Gilmar Mendes, j. 25 out. 2021, DJe 24 nov. 2021.
5. **BRASIL**. Supremo Tribunal Federal (STF). **Embargos de Declaração em Ação Direta de Inconstitucionalidade 131 DF**, Tribunal Pleno, Relator: Min. Gilmar Mendes, j. 22 nov. 2021, DJe 05 nov. 2021.
6. Veja-se o exemplo de novembro de 2022, quando o Superior Tribunal de Justiça teve que pacificar a disputa entre o Conselho Regional de Medicina do Rio Grande do Sul (CREMERS) e o Conselho Federal de Fisioterapia e Terapia Ocupacional (COFITO) quanto à realização de acupunturas e outros tratamentos, bem como a determinação de diagnóstico. Outra discussão análoga ocorreu em 2020 entre o Conselho Federal de Medicina (CFM) e o Conselho Federal de Biomedicina (CBFM), quanto à possibilidade de procedimentos estéticos. Sobre

A ADPF analisada no presente artigo refere-se aos limites da atividade dos óticos práticos em face da lei do ato médico e dos médicos oftalmologistas. A disputa entre oftalmologistas e optometristas é antiga. Marinho[7] regressa ao início das especializações médicas no Brasil para demonstrar que oftalmologistas já se preparavam para enfrentar questionamentos por parte dos optometristas desde 1888[8], sendo retomada nos anos 1930 por uma série de reportagens do jornal "Folha da Manhã".

O embate foi reacendido após a retomada dos debates em 2007 pelo Congresso Brasileiro em razão do PL 1.791-A,[9] que restou rejeitado e, posteriormente, com a autorização pelo Ministério da Educação em 2016 dos cursos superiores de optometria no país,[10] por meio dos quais profissionais formam-se no terceiro grau como optometristas.

Essencialmente, o serviço do optometrista complementa o diagnóstico do médico oftalmologista. A atividade do optometrista enquadra-se no âmbito dos serviços de saúde ocular, na qual há a prescrição de lentes corretivas para ajustar anomalias visuais do paciente por meio do uso de óculos. Quando bem executado, contribui significativamente para a saúde da população; contrariamente e, por óbvio, se mal prestado, pode causar danos à saúde, pois poderia gerar atrasos no tratamento do paciente.

Vale consignar que o optometrista, objeto de discussão no presente artigo, não se confunde com o óptico, proprietário de loja de óculos de grau. Inclusive, a associação do óptico à estabelecimento comercial com fins de captação de clientela é vedada pelo Código de Ética dos ópticos, como será demonstrado adiante.

Em linhas gerais, enquanto a oftalmologia é a especialidade médica dedicada à saúde dos olhos, realizando tanto procedimentos cirúrgicos quanto clínicos, a optometria envolve a prática não médica por meio de avaliação de acuidade visual. O optometrista não possui formação médica, embora prescreva óculos de grau com o auxílio de equipamentos especializados.[11] Ambas as profissões, portanto, estão focadas nos mesmos órgãos do corpo humano, gerando o conflito quanto à permissão para realizar diagnósticos de problemas oculares, uma atividade tradicionalmente reservada ao campo médico.

---

tais disputas, recomenda-se o estudo do REsp: 1592450 RS, referente à disputa CREMERS v. COFITO, bem como do AI 5015230-13.2021.4.04.0000 do TRF4, quanto à disputa CFM v. CBFM.

7. MARINHO, João Marcos Barbosa. A desqualificação do optometrista como profissional de saúde visual no Brasil. **XXVII Simpósio Nacional de História**, Florianópolis, 27-31 jul. 2015. Disponível em: http://www. snh2015.anpuh.org/resources/anais/39/1434339446_ARQUIVO_JoaoMarcosBarbosaMarinho.pdf. Acesso em: 20 jan. 2023. p. 3.

8. Idem.

9. **BRASIL**. Câmara dos Deputados. **PL 1.791-A**. Dispõe sobre a regulamentação da profissão de optometrista e dá outras providências. Brasília: DF. Disponível em: https://www.camara.leg.br/proposicoesWeb/prop_mostrarintegra;jsessionid=18F6AB086BEC1EB4B62B617EA7DC51D2.node2?codteor=499090&filename=A-vulso+-PL+1791/2007#:~:text=O%20Projeto%20de%20Lei%20n%C2%BA,na%20%C3%A1rea%20da%20sa%C3%BAde%20visual. Acesso em: 27 maio 2024.

10. **BRASIL**. Ministério da Educação. Secretaria de Regulação e Supervisão da Educação Superior - SERES. **Atos Autorizativos publicados em julho de 2016**. Disponível em: http://portal.mec.gov.br/docman/dezembro--2016-pdf/55291-atos-publicados-julho-2016-pdf/file. Acesso em: 27 maio 2024.

11. Academia brasileira de optometria (ABO). **Optometrista**. Disponível em: https://abopto.com.br/optometrista/. Acesso em: 27 maio 2024.

Apesar de se tratar de profissional atuante na atenção primária de saúde, a atuação de profissionais optometristas no Sistema Único de Saúde ainda é reduzida: existe registro de promoção de saúde visual para população indígena em 2020 por meio de consultas optométricas em conjunto com oftalmológicas[12] e posteriormente, em 2023, ocorreu aprovação da moção de nº 121 na Conferência Nacional de Saúde[13] em favor da inclusão da prestação de serviços por optometristas no sistema de saúde pública.

São possíveis atuações do profissional optométrico o primeiro contato do paciente, a identificação de dificuldade visual e a tomada de medidas visuais para fins de formulação de óculos. Cabe ao optometrista, inclusive, o esclarecimento quanto aos riscos aos quais o paciente está exposto, o que, por consequência, torna possível afirmar que cabe a realização de processo de consentimento livre e esclarecido ao paciente. É papel do profissional, ademais, o controle por meio de visitas posteriores do paciente, para fins de certificação de que a utilização das lentes está sendo corretamente praticada. Neste sentido, diante da dificuldade de adaptação do paciente e de suspeita de patologia, é dever do optometrista o encaminhamento ao médico oftalmologista.

Diante da atuação em saúde primária, sendo profissional responsável por informar o paciente e eventualmente encaminhá-lo a acompanhamento especializado médico, se faz preciso refletir como se dá a responsabilização ética desse profissional.

3. A NECESSIDADE DE DELIMITAÇÃO DA RESPONSABILIDADE DO OPTOMETRISTA NO CÓDIGO DE ÉTICA PROFISSIONAL POR MEIO DA EQUIPARAÇÃO DAS CONDUTAS ÉTICAS EXIGIDAS DOS MÉDICOS

Embora tangencial ao escopo principal deste artigo, é pertinente mencionar brevemente o tema da personalidade jurídica do CBOO, haja vista a razão de ser de um conselho de classe é a descentralização do poder de polícia estatal, permitindo controle, fiscalização e eventual punição de seus membros.[14] Conselhos de classe profissionais

---

12. BORGES, Karina. GOV.BR – Ministério da Saúde. **Notícias**. Saúde leva atendimento oftalmológico à indígenas do Rio Grande do Sul. Disponível em: https://www.gov.br/saude/pt-br/assuntos/noticias/2020/dezembro/saude-leva-atendimento-oftalmologico-a-indigenas-do-rio-grande-do-sul. Acesso em: 27 maio 2024.

13. Conforme texto da Res. 719 do Conferência Nacional de Saúde "Moção – 121 Pela inserção do profissional optometrista em todas as políticas e programas da saúde visual, em parceria com o Ministério da Educação. Instituição destinatária: Ministério da Saúde. Ementa: O Ministério da Saúde aponta que mais de 1/3 da população nunca teve acesso a uma consulta voltada à saúde visual e ocular. Já vivemos uma epidemia de miopia que, somada a outros problemas retrativos, é responsável por mais de 80% dos casos de cegueira evitável, males que, dentre outros, poderiam ser solucionados ou muito amenizados ainda na atenção primária". **BRASIL**. Conselho Nacional de Saúde (CNS). **Resolução nº 719**. Dispõe sobre as diretrizes, propostas e moções aprovadas na 17ª Conferência Nacional de Saúde. Disponível em: https://conselho.saude.gov.br/resolucoes-cns/resolucoes-2023/3120-resolucao-n-719-de-17-de-agosto-de-2023. Acesso em: 27 maio 2024.

14. Conforme o Decreto-lei 968/69: "Art. 1º As entidades criadas por lei com atribuições de fiscalização do exercício de profissões liberais que sejam mantidas com recursos próprios e não recebam subvenções ou transferências à conta do orçamento da União, regular-se-ão pela respectiva legislação específica, não se lhes aplicando as normas legais sobre pessoal e demais disposições de caráter-geral, relativas à administração interna das autarquias federais". Disponível em: https://www.planalto.gov.br/ccivil_03/decreto-lei/del0968.htm. Acesso em: 20 jan. 2023.

possuem, em verdade, natureza jurídica análoga à autárquica, com autonomia administrativa e financeira[15] e atribuição fiscalizadora, sendo impossível considerar regular um conselho profissional que não se enquadre nesses contornos.

O CBOO, entidade de classe que figurou como parte autora na ADPF analisada no presente trabalho, fundou-se em 1997, na modalidade de sociedade civil sem fins lucrativos. A personalidade jurídica do Conselho Brasileiro de Óptica de Optometria, contudo, adota estrutura de direito privado para a organização.

Apesar da irregularidade, o CBOO organizou-se e instituiu códigos de conduta e punições. Demonstrando competência fiscalizadora de seus profissionais, o Estatuto do CBOO[16] traz previsão de existência de Comissão de Ética e Defesa Profissional, a qual tem competência para aplicação de penalidades ao Código de Ética da profissão (art. 44, parágrafo único).[17]

O texto do referido Código de Ética e conduta da optometria (CECBOO)[18] assemelha-se deveras ao Código de Ética Médica (CEM) tanto na organização, quanto na escolha dos termos utilizados, bem como a lógica e estruturação do Código do CBOO utilizados. No art. 3º, o inc. VII prevê a possibilidade de objeção de consciência do profissional optometrista; já o inc. XIV indica um dever de transparência e informação.[19] Referido dever também é mencionado no art. 4º, inc. IV,[20] do CEBOO, ao prever a orientação e o esclarecimento profissionais quanto aos riscos e cuidados que deverão ser tomados. O site institucional do Conselho, inclusive, possui modelos de termo de consentimento livre e esclarecido para utilização pelos associados, bem como oferece modelo de termo de concessão de autorização do uso de imagem do paciente.[21]

---

15. LIMA, Mariana Moraes de. Natureza, atribuições e competências dos conselhos profissionais. **Capital jurídico**. Disponível em: https://www.revistacapitaljuridico.com.br/post/natureza-atribuicoes-e-competencias-dos-conselhos-profissionais. Acesso em: 20 jan. 2023.

16. CONSELHO BRASILEIRO DE ÓPTICA E OPTOMETRIA (CBOO). **Sobre nós**. Disponível em: https://www.cboo.org.br/sobre-nos#estatuto. Acesso em: 27 maio 2024.

17. Conforme o CBOO: "Art. 44, parágrafo único: A Comissão de Ética e Defesa Profissional poderá decidir pela advertência, suspensão ou demissão do filiado, ou atendidos os procedimentos previstos no código de ética do CBOO". Conselho Brasileiro de Óptica e Optometria – CBOO. **Código de Ética**. Disponível em: https://www.cboo.org.br/codigo-etica. Acesso em: 19 jan. 2023.

18. Conselho Brasileiro de Óptica e Optometria – CBOO. **Código de Ética**. Disponível em: https://www.cboo.org.br/codigo-etica. Acesso em: 27 maio 2024.

19. "Art. 3º Constituem princípios éticos dos Ópticos e dos Optometristas associados: (...) VII – o exercício da sua atividade com autonomia, não sendo obrigado a prestar serviços que contrariem os ditames de sua consciência ou a quem não deseje; (...) XIV – a manutenção da transparência e clareza nas informações fornecidas ao cliente/usuário, seja em relação à natureza e características da profissão exercida, como as inerentes aos serviços executados e ou achados clínicos verificados, bem assim sobre os produtos indicados; (...)". Conselho Brasileiro de Óptica e Optometria – CBOO. **Código de Ética dos Profissionais Associados ao Conselho Brasileiro de Óptica e Optometria (CECBOO)**. Disponível em: https://www.cboo.org.br/codigo-etica. Acesso em: 19 jan. de 2023.

20. "Art. 4º. São deveres gerais dos Ópticos e dos Optometristas associados: IV – esclarecer e orientar o cliente/usuário apropriadamente sobre os riscos, as influências sociais e ambientais dos meios ópticos que este utilizará, sobre as etapas e possíveis sintomas de adaptação à compensação óptica estabelecida, bem como sobre os prejuízos do não uso ou de uma eventual interrupção do uso da respectiva órtese e ou prótese" (...). Idem.

21. Idem.

Outra similaridade entre os códigos profissionais é apresentada nos inc. VI e VII do art. 4º,[22] do CEBOO, os quais mencionam a possibilidade de o profissional recusar-se a atender em instituições que não lhes confiram a estrutura e apoio ideal para a realização da profissão. Ainda, o CECBOO indica a necessidade de um técnico responsável nos estabelecimentos óticos, no art. 18 e seguintes,[23] sobre o qual recairão maiores responsabilidades, similar a um responsável técnico médico.

Vale menção ao capítulo dedicado à publicidade do ótico, Capítulo XI, art. 31 e seguintes no qual o CECBOO novamente se assemelha muito à atual Resolução de Publicidade Médica[24] do CFM, permitindo marketing por meio de "anúncios, placas e impressos", sem limitar a publicidade de especialidades e os equipamentos que o profissional utiliza.[25] Por outro lado, CECBOO veda o anúncio de preços e formas de pagamento (salvo durante a promoção de cursos) e a utilização de nome e imagens de pacientes sem o devido consentimento, imagens sensacionalistas e dos símbolos do Conselho.[26]

---

22. "Art. 4º. São deveres gerais dos Ópticos e dos Optometristas associados: (...) VI – recusar-se a exercer sua profissão em instituições ou estabelecimentos públicos ou privados onde as condições de trabalho não sejam dignas, seguras e salubres para si ou para o cliente/usuário, que não obedeçam às exigências mínimas de uma profissão sujeita à fiscalização da vigilância sanitária, quando as julgar incompatíveis com o exercício da atividade ou com este Código; (...) VII – apontar falhas nos regulamentos, procedimentos e normas de instituições e/ou empresas quando as julgar incompatíveis com o exercício da atividade, com este Código ou prejudiciais ao cliente/usuário, devendo dirigir-se aos órgãos competentes caso não prontamente sanadas as falhas (...)". Idem.

23. Conforme o Código de Ética do CBOO: "Art. 18. O técnico em óptica que estiver responsável por um estabelecimento óptico deverá acompanhar e fiscalizar todos os procedimentos, atualizando sempre o livro ou sistema eletrônico de receitas e orientando os vendedores e outros funcionários no pleno exercício de suas funções. Art. 19. É dever do técnico fiscalizar todos os procedimentos para não permitir que funcionários e pessoas não habilitadas assinem documentos se responsabilizando pelos serviços do estabelecimento como se ópticos fossem. Art. 20. É de inteira responsabilidade do técnico em óptica todo e qualquer procedimento técnico realizado pelo estabelecimento, desde que inerente ao cargo. Art. 21. Ao término do contrato, é de obrigação do técnico entregar ao ente regional filiado uma "Declaração de Desligamento de Responsabilidade Técnica" (vide anexo III) com evidência de ciência estabelecimento/unidade ou qualquer outra forma idônea que demonstre estar o estabelecimento ciente do rompimento da relação (ex. CTPS com a respectiva baixa). Art. 22. Consiste em infração ética inerente à responsabilidade técnica em óptica: I – não exigir do estabelecimento o livro físico ou meio eletrônico apto a registrar as prescrições recebidas e as respectivas lentes aviadas; II – compactuar ou ser conivente com procedimentos irregulares no estabelecimento tais como a venda de uma marca de lente e confecção de outra de qualidade similar ou inferior ou com a contrafação e ou pirataria (falsificação)". Conselho Brasileiro de Óptica e Optometria – CBOO. **Código de Ética dos Profissionais Associados ao Conselho Brasileiro de Óptica e Optometria (CECBOO)**. Disponível em: https://www.cboo.org.br/codigo-etica. Acesso em: 23 jan. 2023.

24. CONSELHO FEDERAL DE MEDICINA (CFM-Brasil). **Resolução CFM nº 2.336/2023**. Dispõe sobre publicidade e propaganda médicas. Diário Oficial da União (DOU) 13 set. 2023.

25. "Art. 32. Nos anúncios, placas e impressos deve constar o nome do profissional ou respectiva empresa, identificação da sua profissão, número do registro profissional no ente regional filiado, podendo ainda constar: I – as especialidades para as quais o óptico ou o optometrista esteja habilitado; II – os títulos de formação acadêmica; III – o endereço, telefone, endereço eletrônico, horário de trabalho, convênios e credenciamentos; IV – instalações, equipamentos e métodos de tratamento; V – logomarca, logotipo ou símbolos relacionados à óptica ou a optometria". Conselho Brasileiro de Óptica e Optometria – CBOO. Op. cit.

26. Conforme o Código de Ética do CBOO: "Art. 33. Consiste em infração ética aos meios e formas de divulgação: I – anunciar preços e modalidade de pagamento em publicações abertas, exceto na divulgação de cursos, palestras, seminários e afins; II – indicar compensações ópticas por quaisquer meios de comunicação de massa; III – induzir a opinião pública a acreditar que exista reserva de atuação para determinados procedimentos; IV – utilizar de termos e ou imagens que configurem sensacionalismo, autopromoção ou promovam concorrência desleal; V – utilizar o nome e ou imagem do cliente/usuário, sem consentimento expresso do mesmo (Termo

Quanto ao processo ético-profissional do ótico prático, pelo qual se dará a responsabilização de nível administrativo (na associação), novamente verifica-se a inspiração com disposições do CEM. De acordo com o CECBOO, o processo será instaurado por denúncia, com prazo para defesa prévia de 30 dias[27] e prescricional de 2 anos,[28] podendo o profissional ser penalizado em advertência, conciliação, suspensão e cancelamento do registro.

Vale destacar que, em paralelo à atuação fiscalizadora dos conselhos profissionais na área da saúde, há também a importante função de garantia de qualidade do atendimento ao paciente, por meio de regras de fiscalização sanitária. Cabe à Agência Nacional de Vigilância Sanitária (ANVISA) a fiscalização, regulamentação e controle dos serviços que envolvam riscos à saúde pública, nos termos do § 2º do art. 8º da Lei nº 8782/99.[29]

Essas condições sanitárias são previstas tanto pelo CEM e CECBOO. No primeiro, o art. 21[30] veda ao médico obstaculizar a atividade das autoridades sanitárias; já no outro, apesar de não ser indicado expressamente, aparece enquanto recomendação a promoção das condições sanitárias na atividade do optometrista no art. 6º.[31] A atividade optométrica pode ser entendida enquanto atividade abarcada pelo rol de serviços fiscalizados pela ANVISA, nos termos do art. 8º, §2º, bem como do §4º do mesmo dispositivo.[32]

---

de Consentimento do Uso de Imagem – vide anexo IV); VI – utilizar, sob qualquer meio, da nomenclatura, abreviatura e ou logo marcas do CBOO ou ente regional filiado, para fins de publicidade, inclusive em cartões de visita, formulário de prescrição e laudos, salvo se expressamente autorizado; VII – não proceder imediata e expressa advertência a qualquer entidade de que trata o art. 15 supra, caso sua publicidade contenha informações equivocadas sobre os serviços, formação ou natureza profissional do Óptico e ou do Optometrista, bem como caso publique conteúdo que conflite com as normas éticas deste Código". Idem.

27. Conforme o Código de Ética do CBOO: "Art. 40. Parágrafo primeiro – Se o representado não for encontrado nos endereço físico ou eletrônico que consta em seu cadastro junto ao CBOO, será permitida notificação via edital em jornal de grande circulação, convocando-o a ofertar sua defesa no prazo máximo de 30 (trinta) dias corridos a contar do recebimento físico e ou eletrônico da notificação ou da publicação do edital". Conselho Brasileiro de Óptica e Optometria – CBOO. **Código de Ética dos Profissionais Associados ao Conselho Brasileiro de Optica e Optometria (CECBOO)**. Disponível em: https://www.cboo.org.br/codigo-etica. Acesso em: 23 jan. 2023.

28. Conforme o Código de Ética do CBOO: "Art. 38. Parágrafo primeiro – São requisitos de admissibilidade da representação: d) a inocorrência de prescrição, que se verificará caso ultrapassados 2 (dois) anos entre a data do fato imputado como faltoso e o recebimento da representação". Idem.

29. Conforme a Lei 9782/99: "Art. 8º, § 2º Incumbe à Agência, respeitada a legislação em vigor, regulamentar, controlar e fiscalizar os produtos e serviços que envolvam risco à saúde pública. (...) Consideram-se serviços submetidos ao controle e fiscalização sanitária pela Agência, aqueles voltados para a atenção ambulatorial, seja de rotina ou de emergência, os realizados em regime de internação, os serviços de apoio diagnóstico e terapêutico, bem como aqueles que impliquem a incorporação de novas tecnologias. (...)". **BRASIL. Lei 9782/99**. Define o Sistema Nacional de Vigilância Sanitária, cria a Agência Nacional de Vigilância Sanitária, e dá outras providências. Brasília, DF: Diário Oficial da União, 1999.

30. Conforme o Código de Ética Médica: "Art. 21. Deixar de colaborar com as autoridades sanitárias ou infringir a legislação pertinente". Conselho Federal de Medicina. **Código de Ética Médica**: Resolução CFM nº 2.217, de 27 de setembro de 2018, modificadas pelas Resoluções CFM nº 2.222/2018 e 2.226/2019. Brasília: DF.

31. Conselho Brasileiro de Óptica e Optometria – CBOO. Op. cit.

32. Conforme a Lei 9782/99: "Art. 8º, § 4º A Agência poderá regulamentar outros produtos e serviços de interesse para o controle de riscos à saúde da população, alcançados pelo Sistema Nacional de Vigilância Sanitária". **BRASIL. Lei 9782/99**. Define o Sistema Nacional de Vigilância Sanitária, cria a Agência Nacional de Vigilância Sanitária, e dá outras providências. Brasília, DF: Diário Oficial da União, 1999.

A necessidade de fiscalização pela Agência após o julgamento da ADPF nº 131 é bastante evidente, apesar de que a ANVISA já atuava em alguns municípios antes da decisão do Supremo, mesmo que para somente encerrar as atividades optométricas. Isso porque, em algumas localidades, a fiscalização se baseava em lei municipal, a exemplo do município de Campinas.[33]

É preciso destacar que eram frequentes as controvérsias sobre a questão, tendo em vista as decisões no sentido de que os serviços de optometria extrapolavam o âmbito de fiscalização da ANVISA[34] e, por outro lado, decisões que afirmavam o dever da Agência de fiscalização[35] e liberação de alvarás.[36]

Nessa perspectiva, os art. 6º[37] e 8º[38] do CECBOO expressam a responsabilidade do óptico em manter as instalações onde prestam seus serviços adequados às regras sanitárias vigentes, expressando a possibilidade de fiscalização sanitária pela autarquia responsável.

---

33. CAMPINAS (SP). **Lei complementar nº 219, de 26 de junho de 2019.** Inclui o art. 15-A na Lei nº 11.749, de 13 de novembro de 2003, para definir exigências para a concessão do Alvará de Uso a gabinetes optométricos. Campinas, DOM 27/06/2019.
34. PARECER CONS. Nº 127/06-PROC da ANVISA. **Conselho Regional de Óptica e Optometria do Estado de São Paulo.** Disponível em: http://www.croosp.org.br/work/noticias/index30.html. Acesso em: 23 jan. 2023.
35. LOPES, Cezar Romero da Mata. **Vigilância Sanitária Municipal de Belo Horizonte.** Disponível em: http://www.pbh.gov.br/smsa/biblioteca/gevis/man_fiscaliza_otica.pdf. Acesso em: 23 jan. 2023.
36. Mandado de Segurança – Revelia – Processo Eletrônico – Contestação ofertada em desacordo com as regras da lei que o instituiu – Resistência sequer amparada por prova pré-constituída – Ofensa a direito líquido e certo não demonstrado – Processo extinto sem resolução de mérito. Segundo dispõe o artigo 10 da Lei nº 11.419/06, e seu parágrafo 3º, a juntada de contestação, considerando a disponibilidade de equipamentos para tanto, sob pena de revelia, deverá se realizar impreterivelmente em formato digital. (TJ-MT – MS: 2782008 MT, Relator: Serly Marcondes Alves, Data de Julgamento: 02.04.2008, 1ª Turma Recursal, Data de Publicação: 22.04.2008). **BRASIL.** Tribunal de Justiça do Mato Grosso (TJMT). **Mandado de Segurança 2782008 MT,** 1º Turma Recursal, Relator: Serly Marcondes Alves, j. 02 abr. 2008, DJe: 22 abr. 2008.
37. Conforme o Código de Ética do CBOO: "Art. 6º São responsabilidades específicas dos Ópticos associados: I – pugnar e promover ideais condições sanitárias do estabelecimento em que exerce suas atividades, em conformidade com a legislação vigente; II – verificar a regularidade e ou regulagem e estado de manutenção dos equipamentos que manuseia; III – pugnar pela autenticidade e qualidade das lentes, armações e demais produtos comercializados sob sua Responsabilidade Técnica (RT); IV – assegurar a conformidade da Ordem de Serviço para com a prescrição do especialista e produtos escolhidos pelo cliente/usuário; V – assegurar a conformidade das lentes e produtos dispensados ao cliente/usuário, para com a respectiva Ordem de Serviço e produtos escolhidos pelo cliente/usuário; VI – primar pelas boas práticas e lealdade comercial, denunciando atos contrários a estes princípios". Conselho Brasileiro de Óptica e Optometria – CBOO. **Código de Ética dos Profissionais Associados ao Conselho Brasileiro de Optica e Optometria (CECBOO).** Disponível em: https://www.cboo.org.br/codigo-etica. Acesso em: 23 jan. 2023.
38. Conforme o Código de Ética do CBOO: "Art. 8º São responsabilidades específicas dos Optometristas associados: I – pugnar e promover ideais condições sanitárias do estabelecimento em que exerce suas atividades, em conformidade com a legislação vigente; II – verificar a regularidade e ou regulagem e estado de manutenção dos equipamentos que manuseia; III – primar pelas boas práticas e lealdade comercial; IV – promover clara e ostensiva informação ao cliente/usuário sobre sua profissão, sua formação e prerrogativas, alertando, inclusive formalmente, via "Termo de Consentimento Informado" (vide modelo – anexo I) tratar-se de um Optometrista; V – identificando suspeitas patológicas promover clara e ostensiva informação ao cliente/usuário sobre a necessidade deste buscar imediato atendimento médico", inclusive colhendo assinatura no Termo de Encaminhamento" (vide modelo – anexo II)." Conselho Brasileiro de Óptica e Optometria – CBOO. **Código de Ética dos Profissionais Associados ao Conselho Brasileiro de Optica e Optometria (CECBOO).** Disponível em: https://www.cboo.org.br/codigo-etica. Acesso em: 23 jan. 2023.

4. ANÁLISE DA DECISÃO DO STF QUE AFASTA RESTRIÇÕES À ATUAÇÃO DE OPTOMETRISTAS COM FORMAÇÃO SUPERIOR NO PEDIDO DE EXAMES, CONSULTAS E PRESCRIÇÃO DE LENTES

Em síntese, no presente caso, as normas impugnadas tratam da qualificação profissional para a prescrição de lentes óticas, reservando-as para prescrições médicas e olvidando os optometristas. Nas palavras do relator da ação proposta, "resta saber se existe alguma razão de ordem prático-jurídica (potencial lesividade do exercício da atividade) que justifique a diminuição do âmbito de proteção da norma prevista no inciso XIII do art. 5º, da CF para os optometristas".[39]

As proibições conferidas aos optometristas podem ser resumidas em: a) instalação de consultórios isoladamente (art. 38 do Decreto nº 20.931/32); b) confecção e venda de lentes de grau sem prescrição médica (art. 39 do Decreto nº 20.931/32); c) escolha, permissão de escolha, indicação ou aconselhamento sobre o uso de lentes de grau (art. 13 do Decreto nº 24.492/34); e d) fornecimento de lentes de grau sem apresentação da fórmula de ótica de médico sem diploma registrado (art. 14 do Decreto nº 24.492/34).

Como se nota da redação dos Decretos nº 20.931/32 e nº 24.492/34, a opção do legislador é traçada por deveres técnico-profissionais, em ramos afetos diretamente à saúde pública. Por outro lado, ainda que controvertida a posição técnica, a Constituição Federal reservou à lei, a opção de qualificar profissionalmente atividades que tenham potencial danoso, como é o caso de atividades vinculadas à saúde pública em atenção à obrigação do Estado de proteção desse bem jurídico, expresso no art. 196.[40]

No contexto ora debatido, a restrição da liberdade de profissão foi realizada por instrumento normativo constitucional à época de sua edição e, ainda, amolda-se pela qualidade profissional de atividade com potencial lesivo, qual seja, a prescrição de lentes óticas, das quais, a aplicação sem a correta tecnicidade pode agravar doenças e condições oftalmológicas ou corromper qualquer diagnóstico preventivo ou repressivo realizado inicialmente.

Além disso, o relator do acórdão inferiu que a restrição discutida não é desproporcional e nem inconstitucional, ao menos antes da formação dos primeiros tecnólogos ou bacharéis em optometria, especialmente pelo fato de estar alinhada em risco de dano coletivo à saúde de forma concreta e, sopesando que a maioria dos optometristas são práticos. Anotou, ainda, trecho da manifestação feita de maneira conjunta pelos *amici curiae*, Conselho Federal de Medicina (CFM) e Conselho Brasileiro de Oftalmologia (CBO):

---

39. **BRASIL**. Supremo Tribunal Federal (STF). **Ação Direta de Inconstitucionalidade 131 DF**, Tribunal Pleno, Relator: Min. Gilmar Mendes, j. 25 out. 2021, DJe 24 nov. 2021.

40. Constituição Federal. Art. 196: A saúde é direito de todos e dever do Estado, garantido mediante políticas sociais e econômicas que visem à redução do risco de doença e de outros agravos e ao acesso universal e igualitário às ações e serviços para sua promoção, proteção e recuperação. **BRASIL**. [Constituição (1988)]. **Constituição da República Federativa do Brasil**. Brasília, DF: Senado Federal, 2016. 496 p. Disponível em: https://www2.senado.leg.br/bdsf/bitstream/handle/id/518231/CF88_Livro_EC91_2016.pdf. Acesso em: 08 jul. 2024.

(...) A autorização para a atuação dos optometristas seria uma excentricidade jurídica, pois como poderá ele responder pelo resultado de sua avaliação ou diagnóstico, a exemplo do que ocorre com o médico, sobre o qual recai o ônus da chamada Responsabilidade Civil, que o leva a responder judicialmente por negligência, imprudência ou imperícia no ato médico? A atuação desse optometrista, embora insuficiente para prestar o atendimento primário e secundário como se propõe, é uma atividade médica e como tal deve ser fiscalizada, regulamentada e normatizada.[41]

Para o julgador, é necessário ter cautela na liberação para optometristas realizarem exame técnico-operacional de forma indiscriminada, especialmente diante da quantidade de doenças que podem ser descobertas com esta "simples conduta", de modo que não se pode desmembrar o diagnóstico de ametropias e das moléstias oculares correlatas. Isso porque, a incerteza ou a dúvida sobre os riscos de determinada atividade frente à saúde da população, com argumentos científicos razoáveis, desautoriza a sua liberação indiscriminada e, desse modo, opta-se pela "preservação da saúde de parcela de população mais frágil do ponto de vista do conhecimento técnico-econômico-social".[42]

No mais, a decisão sopesou não ser possível admitir ao graduado em tecnologia ou bacharelado em optometria exercer as mesmas atribuições daqueles com formação de ensino médio (como os práticos), sob pena de violação ao princípio da isonomia em sua vertente material. Logo, expôs como solução manter a vigência das normas questionadas, apesar de reconhecer seu processo de inconstitucionalização, por prazo razoável, convocando ao legislador, que diante da exacerbação da capacidade técnico--científica da atividade do optometrista, regulamente a profissão diante do fato de o próprio Estado fomentar essa atividade com reconhecimento de cursos de graduação para os tecnólogos e bacharelados.

Diante disso, o Plenário do STF julgou improcedente a arguição de descumprimento de preceito fundamental para: i) declarar a recepção dos artigos 38, 39 e 41 do Decreto nº 20.931/32 e dos artigos 13 e 14 do Decreto nº 24.492/34; e ii) realizar apelo ao legislador federal para apreciar o tema, tendo em conta a formação superior reconhecida pelo Estado aos tecnólogos e bacharéis em optometria.

No entendimento da Corte, os decretos estão alinhados com o texto constitucional, tanto para a autorização da liberdade profissional, desde que atendidas as qualificações que a lei estabelece, quanto para a competência privativa da União de legislar sobre condições para o exercício de qualquer profissão. Em suma, a ADPF julgou a constitucionalidade das restrições profissionais impostas nos dois decretos discutidos.

Com a decisão, restou permitido aos optometristas com graduação em instituição de ensino superior reconhecida pelo MEC (bacharéis ou tecnólogos), a instalação de consultório para atendimento de clientes, limitando-se a somente: executar fielmente prescrições médicas, indicar e confeccionar lentes de grau mediante prescrição médica,

---

41. **BRASIL**. Supremo Tribunal Federal (STF). **Ação Direta de Inconstitucionalidade 131 DF**, Tribunal Pleno, Relator: Min. Gilmar Mendes, j. 25 out. 2021, DJe 24 nov. 2021.
42. Idem.

e escolher ou permitir escolher ou orientar o uso de lentes de grau sem emitir qualquer prescrição ou receita, uma vez que estes atos continuam sendo privativos de médicos.

Após o julgamento da ação ora examinada, houve a oposição de embargos de declaração pelo CBOO. Nos embargos, o Conselho Brasileiro de Óptica e Optometria (CBOO), autor da ADPF, argumenta que o resultado do julgamento, na prática, desnatura e suprime o livre exercício da profissão dos optometristas com qualificação técnica (graduados em nível superior). A entidade pede que os efeitos da decisão recaiam apenas sobre os práticos, excluindo, expressamente, das vedações os profissionais qualificados por instituição de ensino regularmente instituída mediante autorização do Estado e por ele reconhecida. Após análise de ambos os embargos, foi deferida liminar para esclarecer que as limitações impostas aos optometristas não incidem sobre os profissionais de nível superior.

Os embargos foram julgados em 22.10.2021, com acolhimento do pedido de modulação dos efeitos da decisão, a fim de que a restrição se aplicasse somente aos práticos. Para o relator, apesar da ausência de regulamentação ampla, não há vedação ao exercício profissional dos optometristas com formação superior. Assim, deve ser permitido a eles prescrever órteses e próteses oftalmológicas e desempenhar as atividades descritas na classificação brasileira de ocupações, além das expectativas de exercício profissional decorrentes de um diploma de nível superior, com exceção a realização de diagnóstico.

De acordo com o Ministro relator, condicionar o livre exercício da profissão ao prazo incerto da edição de disciplina normativa abrangente pelo legislativo é, na prática, condenar os atuais graduados em curso superior a não exercerem sua profissão nos limites que o Estado já definiu. Logo, a decisão confirmou que as limitações impostas à atuação dos optometristas não se aplicam aos profissionais com formação técnica de nível superior em instituições reconhecidas pelo poder público, mantendo a decisão somente aos "optometristas práticos" (profissionais sem formação técnica superior) e foi enfatizado que a matéria precisa de regulamentação por lei.

Portanto, após ocorrido o julgamento desse caso, afirma-se que o optometrista com diploma de nível superior pode atender a população para realizar atos referentes a confecção de lentes de grau, pois é a única previsão legal existente, eis que o diagnóstico nosológico permanece como ato exclusivo do médico, nos termos da Lei do Ato Médico (Lei nº 12.842/13), que prevê de forma expressa as atribuições dos profissionais médicos.

Nesta direção, portanto, se é permitido ao optometrista formado exercer atividades antes restritas ao médico especialista em oftalmologia, abre-se a possibilidade de responsabilizar esse profissional correspondente ao que se discute na responsabilidade civil do médico (que no caso, se discute uma obrigação de meio), já que passa a realizar ato – não mais – exclusivamente médico. Em paralelo, emerge-se a necessidade de delimitar a responsabilidade ética do profissional optometrista, a partir do Código de Ética dos Profissionais Associados ao Conselho Brasileiro de Óptica e Optometria, tal como previsto nas diretrizes do Código de Ética Médica.

Apesar de o maior numerário de ações judiciais que envolvem a oftalmologia abordar falhas cirúrgicas, procedimentos não realizados por optometristas, não se pode olvidar das possíveis omissões ou ações lesivas nos cuidados primários da saúde visual, inclusive na violação ao dever de informação durante o aspecto preventivo. Se, de um lado, é exigido do médico agir com diligência, sob pena de ser responsabilizado (civil e eticamente), de outro, deve o optometrista estar adstrito às exigências semelhantes, não diferindo de qualquer outro profissional de saúde.

5. CONCLUSÃO: A PRÁTICA DE ATOS PRIVATIVOS DE MÉDICOS OFTALMOLOGISTAS APÓS A ADPF Nº 131 E OS ÓRGÃOS DE FISCALIZAÇÃO PROFISSIONAL

O julgamento da ADPF nº 131 encerrou, em parte, o entrave de mais de uma década entre médicos oftalmologistas e profissionais optometristas a respeito do exercício profissional destes em detrimento a atos que seriam exclusivos dos profissionais médicos. Ainda que a atividade profissional de ambos não se equipare totalmente, tanto um quanto o outro profissional zelam pela saúde da visão.

Soma-se a isso, a irregularidade do Conselho Brasileiro de Óptica e Optometria, estabelecido por meio de associação e não por meio de lei, torna ineficaz qualquer fiscalização do CBOO sobre seus associados, eis que as punições são ilegítimas. Afinal, se não há regularidade formal do respectivo Conselho, as punições da associação não produzem efeitos de punição ético-administrativa. Logo, é imprescindível a formalização do Conselho por meio de lei, a fim de que haja efetiva fiscalização e punição aos ópticos práticos, bem como seja garantido atendimento de qualidade à população. No mesmo sentido, é imprescindível a tomada de posição da ANVISA sobre a fiscalização e requisitos dos estabelecimentos ópticos práticos, que passam a inserir-se nos quadros de saúde.

Ademais, diante da discussão da ADPF, percebeu-se que há necessidade de delimitar a responsabilidade do optometrista, a partir do seu Código de Ética, comparando com as determinações do Código de Ética Médica. Isso, pois o profissional optometrista formado, conforme a decisão modulada em sede de embargos declaratórios, pode realizar atividades antes restritas ao médico oftalmologista. Essa circunstância abre a possibilidade de responsabilizar o profissional no mesmo sentido da responsabilidade civil do médico, eis que agora pode realizar ato – não mais – exclusivamente médico.

Desse modo, buscou-se, sem pretensão de esgotar a temática, apresentar os contornos ético-jurídicos que envolvem a atividade do optometrista frente à do oftalmologista, especialmente após o julgamento da ADPF. Por fim, resta a expectativa da sociedade para que o legislativo solucione efetivamente a questão dos optometristas formados em instituição superior entrelaçada a delimitação de sua responsabilização em conselho de ética regular.

REFERÊNCIAS

ACADEMIA BRASILEIRA DE OPTOMETRIA (ABO). **Optometrista**. Disponível em: https://abopto.com. br/optometrista/. Acesso em: 27 maio 2024.

BORGES, Karina. GOV.BR – Ministério da Saúde. **Notícias**. Saúde leva atendimento oftalmológico à indígenas do Rio Grande do Sul. Disponível em: https://www.gov.br/saude/pt-br/assuntos/noticias/2020/ dezembro/saude-leva-atendimento-oftalmologico-a-indigenas-do-rio-grande-do-sul. Acesso em: 27 maio 2024.

LIMA, Mariana Moraes de. Natureza, atribuições e competências dos conselhos profissionais. **Capital jurídico**. Disponível em: https://www.revistacapitaljuridico.com.br/post/natureza-atribuicoes-e-competencias--dos-conselhos-profissionais. Acesso em: 20 jan. 2023.

LIMA, Mariana Moraes de. Natureza, atribuições e competências dos conselhos profissionais. **Revista Capital jurídico**, 6 jul. 2022. Disponível em: https://www.revistacapitaljuridico.com.br/post/natureza-atribui-coes-e-competencias-dos-conselhos-profissionais. Acesso em: 20 jan. 2024.

MARINHO, João Marcos Barbosa. A desqualificação do optometrista como profissional de saúde visual no Brasil. **XXVII Simpósio Nacional de História**, Florianópolis, 27-31 jul. 2015. Disponível em: http://www.snh2015.anpuh.org/resources/anais/39/1434339446_ARQUIVO_JoaoMarcosBarbosaMarinho. pdf. Acesso em: 20 jan. 2023.

PARTE II
PLANOS DE SAÚDE E QUESTÕES PROCESSUAIS

Part II
PLANOS DE SAÚDE
E QUESTÕES PROCESSUAIS

O DEBATE SOBRE A TAXATIVIDADE OU EXEMPLIFICATIVIDADE DO ROL DE PROCEDIMENTOS E EVENTOS EM SAÚDE DA ANS

Gabriel Massote Pereira[1]

Milene Lima Acosta[2]

> **Decisão paradigma: B**RASIL. Superior Tribunal de Justiça (STJ), Embargos de Divergência em Recurso Especial – **EREsp 1.886.929/ SP** e **EREsp 1.889.704/SP**, 2ª Seção, relator Min. Luis Felipe Salomão, j. 08 jun. 2022.

> **Sumário:** 1. Descrição do caso – 2. O direito fundamental à saúde nas relações entre particulares e o panorama da judicialização da saúde no Brasil – 3. O papel da Agência Nacional de Saúde Suplementar (ANS) na instituição do rol de procedimentos e eventos em saúde – 4. Análise crítica da decisão do STJ quanto à natureza do rol de procedimentos e eventos em saúde – 5. Movimentos legislativos sobre o rol da ANS após a decisão paradigmática até a promulgação da Lei nº 14.454/2022 – 6. Notas conclusivas – Referências.

1. DESCRIÇÃO DO CASO

Em 2022, a Segunda Seção do STJ, ao julgar os EREsps nº 1.886.929/SP e nº 1.889.704/SP, uniformizou a jurisprudência da Corte, concluindo pela natureza taxativa, em regra, do rol da Agência Nacional de Saúde Suplementar (ANS).[3] Esse julgamento teve grande repercussão social, provocando reações de diversos segmentos da sociedade e a mobilização do Congresso Nacional.

No caso concreto julgado através do EREsp nº 1.886.929/SP, a parte autora sofria de esquizofrenia paranoide e quadro depressivo severo e, como os tratamentos medicamentosos não surtiam efeito, levou ao judiciário pedido de estimulação magnética transcraniana – EMT, que não era incluído no Rol da ANS, apesar de o Conselho Fe-

---

1. Mestre em Direito Médico pela UNISA. Professor nas Pós-graduações em Direito Médico do IGD, PUC-PR, Damásio e EBRADI. Professor convidado da Especialização em Direito da Medicina do Centro de Direito Biomédico da Universidade de Coimbra. Advogado. Autor de obras jurídica. Diretor e membro fundador do Instituto Miguel Kfouri Neto (IMKN) – Direito Médico e da Saúde.

2. Pós-graduada em Direito Médico e Serviços da Saúde pela Verbo Jurídico – SP. Graduada pela Universidade Católica de Petrópolis – RJ. Professora convidada na pós-graduação de práticas em Direito Médico pela Verbo Jurídico – SP. Foi membro do grupo de pesquisas "Direito da Saúde e Empresas Médicas" (UNICURITIBA), liderado pelo prof. Miguel Kfouri Neto. Diretor Membro fundadora do Instituto Miguel Kfouri Neto (IMKN) – Direito Médico e da Saúde. Advogada.

3. **STJ.** Superior Tribunal de Justiça. **Comunicação.** Notícias. Decisão. 08.06.2022. Disponível em: https://www. stj.jus.br/sites/portalp/Paginas/Comunicacao/Noticias/08062022-Rol-da-ANS-e-taxativo--com-possibilidades-de-cobertura-de-procedimentos-nao-previstos-na-lista.aspx#:~:text=%E2%80%8BEm%20julgamento%20 finalizado%20nesta,tratamentos%20n%C3%A3o%20previstos%20na%20lista. Acesso em: 31 jan. 2023.

deral de Medicina – CFM, conforme a Resolução CFM nº 1.986/2012, reconhecer a eficácia da técnica, com indicação para depressões uni e bipolar, alucinações auditivas, esquizofrenias, bem como para o planejamento de neurocirurgia, mantendo o caráter experimental para as demais indicações.

Já no ERESP nº 1.889.704/SP, a discussão envolvia pedido de acesso a cobertura para tratamento multidisciplinar pelo método ABA (*Applied Behavior Analysis)* para autismo, sem limitação do número de sessões de terapia ocupacional e de fonoaudiologia. Na oportunidade, o STJ destacou que, a ANS, através da Resolução Normativa nº 469/2021, tornou ilimitado o número de consultas com psicólogos, terapeutas ocupacionais e fonoaudiólogos para tratamento de autismo no Rol da ANS.

Esse movimento da 2ª Seção do STJ, ainda que os julgados não tenham sido submetidos ao rito dos recursos repetitivos e, portanto, sem eficácia vertical em relação às instâncias ordinárias, causou forte reverberação na jurisprudência pátria e robusta inquietação social, levando o Poder Legislativo a aprovar de forma bastante célere o Projeto de Lei nº 2.033/2022, consolidado pela Lei nº 14.454/2022, que alterou a Lei nº 9.656/98 (Lei dos Planos de Saúde) e fixou o caráter exemplificativo do Rol da ANS, mediante a observância de critérios mínimos.[4]

Este artigo, assim, terá por função demonstrar o impacto de tal decisão no efetivo acesso a tratamentos de saúde, e em especial a reverberação legislativa de urgência que promoveu profundo discordância com a conclusão a que chegou o Superior Tribunal de Justiça.

2. O DIREITO FUNDAMENTAL À SAÚDE NAS RELAÇÕES ENTRE PARTICULARES E O PANORAMA DA JUDICIALIZAÇÃO DA SAÚDE NO BRASIL

Para compreensão do protagismo do Poder Judiciário na definição das políticas públicas e privadas, relacionadas à saúde, é importante o registro de que, as decisões dos tribunais brasileiros possuem direta influência sobre as agências reguladoras, muitas vezes imiscuindo-se na competência do Poder Legislativo em definir o alcance e as fontes de financiamento destas políticas e regulamentos.

Desde a promulgação da Constituição Federal de 1988 no Brasil, houve um notável aumento na conscientização cidadã acerca de direitos individuais e coletivos. A Carta Magna estabeleceu novos direitos e ampliou as possibilidades de defesa desses direitos por meio de representação ou substituição processual. Este contexto propiciou uma maior atuação do Poder Judiciário nas questões de saúde suplementar e complementar, consolidando o seu papel como um ator central na garantia de direitos na sociedade brasileira.[5]

---

4. **SENADO FEDERAL.** Publicada lei que derruba rol taxativo para cobertura de planos de saúde. **Senado Notícias,** 22 set. 2022. Disponível em: https://www12.senado.leg.br/noticias/materias/2022/09/22/publicada-lei-que-derruba-rol-taxativo-para-cobertura-de-planos-de-saude. Acesso em: 11 jan. 2024.
5. BARROSO, Luís Roberto. **Curso de direito constitucional contemporâneo:** os conceitos fundamentais e a construção do novo modelo. 7. ed. São Paulo: Saraiva Educação, 2018, p. 78.

Um evento crucial na expansão dos direitos dos cidadãos foi a crescente demanda por tratamentos para o vírus HIV durante os anos 90. Neste período, diante da insuficiência do Sistema Único de Saúde (SUS) em prover medicamentos essenciais, indivíduos infectados recorreram ao Judiciário para assegurar o acesso gratuito à terapia necessária. Este movimento reflete a busca pela materialização do princípio da dignidade da pessoa humana, um dos fundamentos da Constituição.[6]

Este processo culminou na consolidação do fenômeno conhecido como 'Judicialização da Saúde', caracterizado pela transferência de decisões sobre políticas de saúde, tradicionalmente atribuídas ao legislativo, para o âmbito judicial. Tal mudança representou uma transformação significativa na gestão da saúde pública no Brasil, influenciando as políticas de saúde e ampliando o debate sobre os limites e implicações da intervenção judicial em questões de saúde pública. Considerando a relevância econômica do setor, que representa quase 10% do Produto Interno Bruto (PIB) nacional,[7] o direito à saúde tem sido palco de intensas discussões jurídicas no Brasil, particularmente no âmbito da saúde suplementar. A controvérsia mais notável diz respeito à natureza do Rol de Procedimentos e Eventos em Saúde da ANS, especificamente se este deve ser interpretado de forma taxativa ou exemplificativa. Observa-se um aumento significativo de 130% de demandas judiciais relativas à saúde entre 2008 e 2017,[8] o que revela a indispensabilidade de abordar este tema.

Na perspectiva das operadoras de saúde, o Rol da ANS deve ser taxativo como condição mínima para se manter as balizas atuariais, a previsibilidade e o equilíbrio econômico-financeiro dos contratos. Ainda, defendem que, caso o Rol seja exemplificativo, torna-se inviável conter exacerbados aumentos nas mensalidades dos usuários, resultando em prejuízo aos próprios consumidores.

Já do ponto de vista daqueles que defendem a natureza exemplificativa do Rol, a Agência não pode definir, de forma exaustiva, os procedimentos que são ou não cobertos pelas operadoras, pois isso contraria a indicação do médico assistente e, sobretudo, vai de encontro aos direitos constitucionais à saúde e à vida.

Não se descura que o Judiciário assumiu papel importante na garantia dos referidos direitos fundamentais, funcionando como efetivo garante dos direitos e interesses da sociedade, com foco especial na estabilidade nas relações jurídicas. Todavia, esta estabi-

---

6. XAVIER, Gustavo Silva; IRIBURE JUNIOR, Hamilton da Cunha. Judicialização da Saúde e Direitos Fundamentais: critérios judiciais para concessão de medicamentos à luz dos tribunais superiores. **Revista de Administração Hospitalar e Inovação em Saúde (RAHIS)**, Belo Horizonte, v. 16, n. 2, p. 69-80, abr./jun. 2019. Disponível em: https://revistas.face.ufmg.br/index.php/rahis/article/view/6000. Acesso em: 20 jan. 2024.

7. ENSP. Escola Nacional de Saúde Pública Sergio Arouca. Despesas com saúde em 2019 representam 9,6% do PIB. **Informe ENSP,** 14 abr. 2022. Disponível em: https://informe.ensp.fiocruz.br/noticias/52950#:~:text=As%20 despesas%20relativas%20%C3%A0%20sa%C3%BAde,produzidos%20pelo%20Brasil%20no%20ano. Acesso em: 18 jan. 2024.

8. CONSELHO NACIONAL DE JUSTIÇA. Demandas judiciais relativas à saúde crescem 130% em dez anos. **Notícias CNJ,** 18 mar. 2019. Disponível em: https://www.cnj.jus.br/demandas-judiciais-relativas-a-saude--crescem-130-em-dez-anos/. Acesso em: 16 jan. 2024.

lidade jurídica ficou comprometida por vários anos, devido às decisões marcadamente divergentes proferidas por duas Turmas distintas do STJ sobre a natureza do Rol da ANS.

Esse cenário de insegurança não foi completamente solucionado pela Segunda Seção do tribunal, mesmo com o julgamento, em 2022, dos Embargos de Divergência em Recurso Especial (EREsp 1.886.929/SP e EREsp 1.889.704/SP). Isso porque, além de ter sido submetida essa decisão ao Rito dos Recursos Repetitivos, consolidaram-se regras de exceção de aplicação bastante limitada, para aquilo que se denominou como 'taxatividade mitigada' do Rol da ANS. Consequentemente, iniciaram-se acirrados debates na sociedade e em âmbito legislativo.

Frise-se que a tese defendida, por maioria, pelos Ministros da 2ª Seção da Corte, ainda que admita exceções, gerou insegurança e extrema dificuldade ao consumidor na tentativa de enquadrar o seu quadro de saúde como de situação excepcional, a fim de atrair a cobertura assistencial suplementar. Na prática, isso repercutiu como um convite para que o direito à saúde de beneficiários dos planos fosse ultimado pelos já combalidos cofres públicos através do SUS, sobrecarregando ainda mais o sistema público de saúde.

3. O PAPEL DA AGÊNCIA NACIONAL DE SAÚDE SUPLEMENTAR (ANS) NA INSTITUIÇÃO DO ROL DE PROCEDIMENTOS E EVENTOS EM SAÚDE

Com a vigência do Código de Defesa do Consumidor (Lei 8.078/1990) e a criação da Lei nº 9.656/98 dispondo acerca dos planos de saúde, houve a necessidade de regulamentação da saúde suplementar, trazendo conjugação aos interesses de consumidores e operadoras de saúde. O Estado brasileiro passou por uma grande reforma gerencial em 1995, distinguindo 'o núcleo estratégico, onde as decisões são tomadas, das agências executivas e reguladoras, que devem ser mais autônomas do que em sistemas burocráticos clássicos e prestar mais contas'.[9]

Como consequência desse processo, foi estabelecida a Agência Nacional de Saúde Suplementar (ANS) como uma autarquia de regime especial, possuindo personalidade jurídica de direito público e vinculação ao Ministério da Saúde. Esta configuração foi oficializada pelo Decreto nº 3.327, de janeiro de 2000. Como uma autarquia especial, a ANS é caracterizada por possuir autonomia administrativa, financeira, técnica e patrimonial, além de independência na gestão de seus recursos humanos. Os seus dirigentes têm mandatos fixos, reforçando sua estabilidade e independência administrativa. A criação efetiva da Agência foi regulamentada pela Lei nº 9.961, de 28 de janeiro de 2000. Esta legislação conferiu à ANS a responsabilidade pela regulação, normatização, controle e fiscalização das atividades de assistência à saúde suplementar em todo o território nacional.

---

9. BRESSER-PEREIRA, L. C. A reforma gerencial do Estado de 1995. **Revista de Administração Pública,** Rio de Janeiro, RJ, v. 34, n. 4, p. 7 a 26, 2000. Disponível em: https://bibliotecadigital.fgv.br/ojs/index.php/rap/article/view/6289. Acesso em: 17 jan. 2023.

A função da ANS estende-se para além da simples normatização, englobando um papel estratégico decisivo para influenciar positivamente as práticas dos agentes do setor de saúde suplementar. Os artigos 173 e 179 da Constituição Federal estabelecem que o Estado atuará como agente normatizador, fiscalizador e incentivador da atividade econômica privada, papel no qual a ANS é fundamental. Ela deve promover o consenso e colaboração entre os regulados. Esta interação estratégica é essencial para garantir que a regulamentação em saúde suplementar esteja em consonância com as políticas públicas, visando a acessibilidade, sustentabilidade e excelência no serviço de saúde. A agenda regulatória deve ter como base a clareza e transparência, dando previsibilidade e induzindo uma melhoria na atenção dos beneficiários. Ademais, ela qualifica e organiza os serviços prestados e garante, sobretudo, a participação social.

Ademais, a ANS desempenha um papel crucial na regulação do setor de saúde suplementar no Brasil, sendo responsável por garantir a qualidade e a acessibilidade dos serviços de saúde oferecidos pelas operadoras privadas. Uma das ferramentas mais importantes nesse contexto é o Rol de Procedimentos e Eventos em Saúde, que a ANS institui e atualiza periodicamente. Neste sentido, a previsão do inciso III do art 4º da Lei nº 9.961/2000, segundo o qual compete à ANS 'elaborar o rol de procedimentos e eventos em saúde, que constituirão referência básica para os fins do disposto na Lei no 9.656, de 3 de junho de 1998, e suas excepcionalidades'.

O Rol estabelece a lista mínima de procedimentos, exames, tratamentos e eventos em saúde que as operadoras de planos de saúde são obrigadas a oferecer aos seus beneficiários. O estabelecimento desta lista é fundamental para assegurar que todos os consumidores tenham acesso aos serviços essenciais para a manutenção de sua saúde.

A ANS revisa e atualiza o Rol regularmente para incluir novos tratamentos e tecnologias que são comprovadamente eficazes e seguros, baseando-se em evidências científicas e consultas públicas. Esse processo de atualização é essencial para adaptar a cobertura dos planos de saúde aos avanços médicos e às mudanças nas necessidades de saúde da população. O Rol é regido pelas tecnologias devidamente analisadas e aprovadas pela Agência, visando o bom emprego de recursos.

Todavia, na perspectiva dos que defendem a não taxatividade, esta listagem desacompanha todos os avanços tecnológicos necessários ao consumidor. Por ser estritamente delimitada, pode não estar alinhada de forma adequada aos rápidos avanços tecnológicos e científicos na Medicina. Essa crítica ressalta uma possível lacuna entre a necessidade de inovação e a capacidade de resposta regulatória. Além disso, mesmo que o procedimento seja aprovado pela Agência, o efetivo acesso à tecnologia pelo beneficiário deve vir acompanhado do atendimento a DUT – Diretrizes de Utilização muito específicas, o que resulta em expressivo número de negativas por parte das operadoras.

Em relação à frequência de atualização do Rol da ANS, a Resolução Normativa nº 439/2018 previa atualização a cada 2 (dois) anos, sendo alterado pela Resolução Normativa nº 470/2021, que reduziu a frequência para 6 (seis) meses, sendo hoje contínua nos termos da Lei nº 14.307/2022. Além disso, esta última resolução alterou, indiretamente, a lei de criação da Agência, que indicava ser o Rol uma "referência básica" de cobertura, passando a prever o Rol como taxativo. Esta alteração suscitou intensas discussões sobre os limites do poder regulamentar da ANS, sugerindo a possibilidade de uma extensão para além do previsto na legislação de criação da Agência.[10]

Como afirmado anteriormente, a velocidade com que novas tecnologias são desenvolvidas e aprovadas em outras instâncias, muitas vezes, supera o ritmo das revisões regulatórias, criando um descompasso entre as necessidades atuais dos consumidores e as coberturas disponíveis. Para mitigar tais desafios, poderia cogitar-se que a ANS explore mecanismos mais flexíveis e dinâmicos de atualização do Rol, talvez aumentando a frequência das revisões ou implementando processos mais ágeis para a inclusão de tecnologias emergentes. Além disso, poderiam ser consideradas abordagens que permitam a utilização de procedimentos fora do Rol sob condições específicas, como em casos onde não há alternativa disponível no Rol ou mediante aprovação em um processo de revisão caso a caso.

Justamente nesta linha, com promulgação da a Lei nº 14.307/2022, atualmente vigente, foi alterada a Lei nº 9656/1998, estabelecendo-se critérios que permitem a cobertura de exames ou tratamentos de saúde que não estão incluídos no Rol. Esta mudança é um passo significativo para alinhar as regulamentações com as necessidades médicas emergentes.

Ainda há muito a evoluir com relação ao Rol de Procedimentos e Eventos em Saúde, uma vez que há incorporações obsoletas e as de maior tecnologia e vantagens ao paciente continuam fora do Rol, seja por ausência de avaliação, ou por negativa administrativa da Agência reguladora, tudo a evidenciar a complexidade do tema e a relevância da discussão.

4. ANÁLISE CRÍTICA DA DECISÃO DO STJ QUANTO À NATUREZA DO ROL DE PROCEDIMENTOS E EVENTOS EM SAÚDE

Até 2019, eram incontáveis os precedentes[11] das 3ª e 4ª Turmas do STJ sobre a natureza meramente exemplificativa do Rol da ANS, ou seja, que a lista configuraria uma referência básica de cobertura, não esgotando a possibilidade de acesso do paciente a tratamentos eventualmente extrarrol em casos de expressa indicação médica.

---

10. **BRASIL. ANS. Resolução Normativa – RN nº 465, de 24 de fevereiro de 2021.** Atualiza o Rol de Procedimentos e Eventos em Saúde que estabelece a cobertura assistencial obrigatória a ser garantida nos planos privados de assistência à saúde contratados a partir de 1º de janeiro de 1999 e naqueles adaptados conforme previsto no artigo 35 da Lei nº 9.656, de 3 de junho de 1998; fixa as diretrizes de atenção à saúde; e revoga a Resolução Normativa – RN nº 428, de 7 de novembro de 2017, a Resolução Normativa – RN nº 453, de 12 de março de 2020, a Resolução Normativa – RN nº 457, de 28 de maio de 2020 e a RN nº 460, de 13 de agosto de 2020. Disponível em https://www.ans.gov.br/component/legislacao/?view=legislacao&task=TextoLei&format=raw&id=NDAzMw== Acesso em: 02 fev. 2023.

11. Consolidou a jurisprudência do STJ o entendimento de que é abusiva a negativa de cobertura para o tratamento prescrito pelo médico para o restabelecimento do usuário de plano de saúde por ausência de previsão no rol de procedimentos da ANS, em razão de ser ele meramente exemplificativo. Ver: BRASIL. Superior Tribunal de Justiça (STJ), **REsp nº 1.682.692/RO,** 4ª Turma, relatora: Min. Maria Isabel Galotti, Brasília, DF, j. 30 abr. 2018.

No entanto, a partir de 2020, observou-se uma mudança significativa na jurisprudência com o *overruling* realizado pela 4ª Turma do STJ, no julgamento do REsp 1733013/PR. Trata-se de um marco da transição para um novo entendimento, segundo o qual a Turma passou a considerar 'inviável o entendimento de que o rol é meramente exemplificativo e de que a cobertura mínima, paradoxalmente, não tem limitações definidas'.[12] A 3ª Turma da Corte, por sua vez, mesmo após a adoção do novo entendimento pela Quarta Turma, manteve o seu entedimento pelo caráter exemplificativo do Rol por ocasião do julgamento do AgInt no REsp 1829583/SP.[13]

> nos termos da jurisprudência pacífica desta Turma, o rol de procedimentos mínimos da ANS é meramente exemplificativo (...) Existência de precedente recente da Quarta Turma no sentido de que seria legítima a recusa de cobertura com base no rol de procedimentos mínimos da ANS. Reafirmação da jurisprudência desta TURMA no sentido do caráter exemplificativo do referido rol de procedimentos.

Estava naquele momento emoldurada uma batalha jurisprudencial no Superior Tribunal de Justiça. Um momento histórico em que o STJ, cuja competência é de resolver e pacificar entendimentos jurisprudenciais, passou a ter decisões absolutalente díspares sobre a natureza do Rol da ANS em suas duas Turmas de Direito Privado. Como consequência, a solução dos litígios envolvendo acesso a tratamentos extrarrol "seria decidida como em um jogo de azar: no momento da distribuição eletrônica do recurso".[14] Ou seja, devido aos divergentes posicionamentos, a determinação dos resultados dos recursos relativos à coberturas pelas operadoras pareceria aleatória, dependendo substancialmente da distribuição eletrônica do recurso para determinada Turma. Neste momento de instabilidade jurisprudencial, intimamente ligada à ideia de (in)segurança jurídica, a Corte passou a ser pressionada pela comunidade jurídica e sociedade como um todo para unificar o seu entendimento.

Diante desse cenário, referida polêmica sobre a natureza do Rol chegou para julgamento pela 2ª Seção da Corte (reunindo os membros das Turmas de Direito Privado), por ocasião de dois Embargos de Divergência (EREsp 1.886.929/SP e EREsp 1.889.704/SP). Em decisão permeada por manifestações sociais,[15] a 2ª Seção, por 6 votos a 3, concluiu que o Rol de Procedimentos e Eventos em Saúde da ANS passaria a ser considerado em regra como *taxativo,* ressalvadas exceções que demandariam o preenchimento de requisitos específicos, levando à uma noção de *taxatividade mitigada.*

---

12. **BRASIL.** Superior Tribunal de Justiça (STJ), **REsp nº 1733013/PR,** Quarta Turma, relator Min. Luis Felipe Salomão, Brasília, DF, j. 10 dez. 2019, DJe 20 fev. 2020.
13. BRASIL. Superior Tribunal de Justiça (STJ), **AgInt REsp 1829583/SP,** Terceira Turma, relator Min. Paulo de Tarso Sanseverino, Brasília, DF, j. 22 jun. 2020, DJe 26 jun. 2020.
14. PEREIRA, Gabriel Massote. **Discussão sobre Rol da ANS consolida divergência definitiva entre Turmas do STJ.** Disponível em: https://www.migalhas.com.br/depeso/332621/discussao-sobre-rol-da-ans-consolida-divergencia-definitiva-entre-turmas-do-stj. Acesso em: 30 jan. 2023.
15. ATIVISTAS fazem novos protestos contra rol taxativo da ANS. **Canal Autismo,** 28 abr. 2022. Disponível em: https://www.canalautismo.com.br/noticia/ativistas-fazem-novos-protestos-contra-rol-taxativo-da-ans/. Acesso em: 20 jan. 2024.

Estudiosos do Direito, a exemplo de Julio Moraes Oliveira,[16] de plano verificaram a dificuldade na aplicação da decisão do Superior Tribunal de Justiça:

> O problema desse tipo de decisão é a imensa insegurança jurídica que ela provoca, tanto para os consumidores quanto para os fornecedores, já que taxativo é aquilo que não admite extensão e a expressão taxatividade mitigada não contribui em nada para a pacificação do problema.

Outros, como Clenio Schulze, defensor do Rol Taxativo, comemorou a decisão do STJ, entendendo que "a falta de previsibilidade da cobertura assistencial pode comprometer a sustentabilidade do sistema para a coletividade. A manutenção do rol taxativo é a forma de oferecer o cuidado certo, para o paciente certo, no lugar certo".[17]

Na decisão paradigmática do STJ, consignou-se a tese de que devem ser observados 4 (quatro) critérios cumulativos, a fim de se alcançar a cobertura fora do Rol:[18]

> Cabem serem observados os seguintes parâmetros objetivos para admissão, em hipóteses excepcionais e restritas, da superação das limitações contidas no Rol:
>
> 1 – o Rol de Procedimentos e Eventos em Saúde Suplementar é, em regra, taxativo;
>
> 2 – a operadora de plano ou seguro de saúde não é obrigada a arcar com tratamento não constante do Rol da ANS se existe, para a cura do paciente, outro procedimento eficaz, efetivo e seguro já incorporado à lista;
>
> 3 – é possível a contratação de cobertura ampliada ou a negociação de aditivo contratual para a cobertura de procedimento extrarrol;
>
> 4 – não havendo substituto terapêutico ou estando esgotados os procedimentos do Rol da ANS, pode haver, a título de excepcionalidade, a cobertura do tratamento indicado pelo médico ou odontólogo-assistente, desde que (i) não tenha sido indeferida expressamente pela ANS a incorporação do procedimento ao Rol da Saúde Suplementar; (ii) haja comprovação da eficácia do tratamento à luz da medicina baseada em evidências; (iii) haja recomendações de órgãos técnicos de renome nacionais (como Conitec e NatJus) e estrangeiros; e (iv) seja realizado, quando possível, o diálogo interinstitucional do magistrado com entes ou pessoas com expertise na área da saúde, incluída a Comissão de Atualização do Rol de Procedimentos e Eventos em Saúde Suplementar, sem deslocamento da competência do julgamento do feito para a Justiça Federal, ante a ilegitimidade passiva ad causam da ANS.

Com essta restritiva hipótese de exceção, passaram os acórdãos de tribunais estaduais a reafirmar a regra geral de taxatividade do Rol e a inexistência de obrigatoriedade de fornecimento de tratamentos extrarrol em havendo outros procedimentos na lista da Agência. E é justamente destes critérios que se verifica a dificuldade de se alcançar as exceções ao Rol taxativo. O primeiro deles, ao indicar que o acesso ao tratamento não

---

16. OLIVEIRA, Júlio Moraes. Afinal de contas, o que diabos é "taxatividade mitigada" no rol da ANS? **Magis Portal Jurídico** – Coluna Descomplicando o Direito Civil e do Consumidor, 20 jul. 2022. Disponível em: https://magis.agej.com.br/afinal-de-contas-o-que-diabos-e-taxatividade-mitigada-no-rol-da-ans/ Acesso em: 2 fev. 2024.

17. **IATS** – Instituto de Avaliação de Tecnologia em Saúde, 9, jun. 2022. Disponível em: https://www.iats.com.br/2022/06/juiz-e-pesquisador-opinam-sobre-rol-de-medicamentos-taxativos/. Acesso em: 08 jul. 2024.

18. **STJ.** Superior Tribunal de Justiça. Segunda Seção do Superior Tribunal de Justiça, Embargos de Divergência em Recurso Especial – **EREsp 1.886.929/SP.** Embargante: UNIMED Campinas cooperativa de trabalho médico. Embargado: Gustavo Guerazo Lorenzetti. Relator Min. Luis Felipe Salomão, DJe 03 ago. 2022.

constante do Rol é condicionado a não ter sido expressamente indeferido pela Agência Nacional de Saúde Suplementar é de todo contraditório, a merecer reflexão.

Ora, se o acórdão admite exceções à decisão da ANS em deixar de incorporar determinado tratamento, por óbvio não poderá ser critério válido o fato de justamente a ANS ter indeferido a incorporação da tecnologia. A se pressupor tal regra, continuará sendo da Agência – não pela listagem do Rol, mas pela negativa administrativa de incorporação – a decisão final e imutável que impedirá qualquer espécie de exceção. Logo, isso revela que o primeiro critério de exceção previsto no acórdão elimina (ou restringe drasticamente) a possibilidade de se avançar aos demais critérios.

Poder-se-ia alegar que a decisão deixou em aberta a possibilidade de que seja tangível a excepcionalidade nos casos em que a ANS ainda não tenha deliberado (positiva ou negativamente) pela incorporação. Todavia, não se pode desconsiderar que bastaria um esforço da Agência em rapidamente deliberar administrativamente pela não incorporação para que o Rol passe a ser absolutamente taxativo, sem qualquer possibilidade de modulação.

Para ilustrar a dificuldade em se acessar qualquer exceção ao rol taxativo, confiram-se excertos da restritiva conclusão a que chegou a 2ª Seção, nos autos do EREsp 1.886.929/SP:[19]

> Por conseguinte, considerar esse mesmo rol meramente exemplificativo – devendo, ademais, a cobertura mínima, paradoxalmente, não ter limitações definidas – tem o condão de efetivamente padronizar todos os planos e seguros de saúde e restringir a livre concorrência, obrigando-lhes, tacitamente, a fornecer qualquer tratamento prescrito para garantir a saúde ou a vida do segurado, o que representaria, na verdade, suprimir a própria existência do "Rol mínimo" e, reflexamente, negar acesso à saúde suplementar à mais extensa faixa da população.

Nesse trecho, entendeu a Corte, por maioria, que a ideia de rol exemplificativo estaria a impor ao mercado um plano de saúde único: aquele que, segundo o acórdão, deveria 'fornecer qualquer tratamento prescrito para garantir a saúde ou a vida do segurado'.[20] O raciocínio adotado comporta críticas, pois inversamente do que preconiza a decisão, os diferentes planos de saúde podem ter substanciais diferenças em relação à rede de cobertura, área de abrangência territorial e/ou tipo de acomodação, mantendo-se incólume a livre concorrência.

Ao contrário do que entendeu por maioria o STJ, independentemente do "nível" do plano de saúde, ou ainda, independentemente da extensão ou da qualidade ou do preço que o beneficiário paga pela assistência suplementar, esta não pode ser responsável em carimbar a sua situação de saúde como de menor ou de maior relevância perante a operadora, a revelar que se devidamente comprovada a necessidade de acesso a medicamento ou a tratamento de saúde que não esteja no Rol de Procedimentos e Eventos

---

19. Idem.
20. **BRASIL.** Superior Tribunal de Justiça. Segunda Seção do Superior Tribunal de Justiça, Embargos de Divergência em Recurso Especial – **EREsp 1.886.929/SP.** Embargante: UNIMED Campinas cooperativa de trabalho médico. Embargado: Gustavo Guerazo Lorenzetti. Relator Min. Luis Felipe Salomão, DJe 03 ago. 2022.

em Saúde da ANS, mas que ostente robusta evidência científica, a sua cobertura deverá ser garantida.

O STJ procurou, embora sem êxito, adotar uma fórmula que encontrasse correspondência no equilíbrio e ponderação, trazendo as hipóteses em que se admitiria a cobertura de tratamento fora do rol da ANS. No entanto os acórdãos do STJ de início já deixam claro que não mais bastaria a prescrição do médico ou odontólogo que acompanha o paciente, dando primazia ao que consta do Rol da ANS:[21]

> Diante desse cenário e buscando uma posição equilibrada e ponderada, conforme o entendimento atual da Quarta Turma, a cobertura de tratamentos, exames ou procedimentos não previstos no Rol da ANS somente pode ser admitida, de forma pontual, quando demonstrada a efetiva necessidade, por meio de prova técnica produzida nos autos, não bastando apenas a prescrição do médico ou odontólogo que acompanha o paciente, devendo ser observados, prioritariamente, os contidos no Rol de cobertura mínima.

Muito antes de a 2ª Seção ter se debruçado sobre a taxatividade ou não do Rol da ANS, a Agência já havia tomado sua decisão pela sua taxatividade total desde a publicação da Resolução 465, de 24 de fevereiro de 2021,[22] que prevê:

> Art. 2º Para fins de cobertura, considera-se taxativo o Rol de Procedimentos e Eventos em Saúde disposto nesta Resolução Normativa e seus anexos, podendo as operadoras de planos de assistência à saúde oferecer cobertura maior do que a obrigatória, por sua iniciativa ou mediante expressa previsão no instrumento contratual referente ao plano privado de assistência à saúde.

Já tivemos a oportunidade de escrever sobre a orientação da ANS em prestigiar o Rol taxativo, a ponto de ter a Agência escolhido deliberadamente em favor de uma das linhas jurisprudencias divergentes do STJ vigentes à época.[23]

> Isso significa que para a ANS, se o tratamento ou medicamento não estiver no rol, as operadoras de saúde não terão que cobrir, e ponto final. A nota da própria Agência para a imprensa[24] indica a repentina mudança pretendida: "Segundo a agência, "a troca do uso da expressão "cobertura mínima" para a redação"... considera-se exaustivo o Rol de Procedimentos e Eventos em Saúde..."tem o objetivo de trazer para a resolução normativa da ANS o entendimento adotado no ano passado pela 4ª turma do STJ."

---

21. Idem.
22. BRASIL. ANS. Resolução Normativa – **RN nº 465, de 24 de fevereiro de 2021.** Atualiza o Rol de Procedimentos e Eventos em Saúde que estabelece a cobertura assistencial obrigatória a ser garantida nos planos privados de assistência à saúde contratados a partir de 1º de janeiro de 1999 e naqueles adaptados conforme previsto no artigo 35 da Lei nº 9.656, de 3 de junho de 1998; fixa as diretrizes de atenção à saúde; e revoga a Resolução Normativa – RN nº 428, de 7 de novembro de 2017, a Resolução Normativa – RN nº 453, de 12 de março de 2020, a Resolução Normativa – RN nº 457, de 28 de maio de 2020 e a RN nº 460, de 13 de agosto de 2020. Disponível em https://www.ans.gov.br/component/legislacao/?view=legislacao&task=TextoLei&format=raw&id=NDAzMw==. Acesso em: 02 fev. 2023.
23. PEREIRA, Gabriel Massote. **A (in)constitucionalidade das novas regras de cobertura da ANS.** 05 de março de 2021. Disponível em: https://www.migalhas.com.br/depeso/341289/a-in-constitucionalidade-das-novas--regras-de-cobertura-da-ans. Acesso em: 1º fev. 2023.
24. BRÊTAS, Pollyana. ANS diz que planos de saúde são obrigados a pagar apenas procedimentos listados no rol. **O Globo,** 24 jan. 2021. Disponível em: https://oglobo.globo.com/economia/defesa-do-consumidor/ans-diz-que-planos-de-saude-sao-obrigados-pagar-apenas-procedimentos-listados-no-rol-veja-lista-24897566. Acesso em: 31 jan. 2024.

Notem que a ausência de alteração legislativa é justificada pela ANS em suposto cumprimento a uma decisão da 4ª turma do STJ nos autos do REsp 1.733.013/PR6, em que o ministro relator Luis Salomão concluiu o que o Rol da ANS seria taxativo. Para o Ministro, "é inviável o entendimento de que o rol é meramente exemplificativo e de que a cobertura mínima, paradoxalmente, não tem limitações definidas".

Mas a autarquia nada fala sobre o fato de a 3ª turma do mesmo STJ ter entendimento diametralmente oposto, indicando, mesmo após o precedente da 4ª Turma, que a referência do Rol da ANS continua sendo exemplificativa, não esgotando ao consumidor, portanto, a possibilidade de acesso a tratamentos e medicamentos que não constassem do rol.

(...) A situação é duplamente grave: ao mesmo tempo em que a Agência se auto intitula capaz de promover uma ilegal alteração legislativa, passa a indicar como competência da ANS definir qual corrente jurisprudencial se filiará, como fazem os advogados na busca de seus legítimos direitos diante de uma divergência entre decisões distintas de um mesmo tribunal.

A 2ª Seção do STJ, ao dar a primazia à decisão administrativa final da ANS como primeiro critério para se admitir exceções extrarrol, na prática está a dizer que sem o aval da Agência, em nenhuma hipótese de exceção ao Rol de Procedimentos e Eventos em Saúde da ANS será admitida. É dizer que, de nada adiantariam os outros critérios de excepcionalidade (comprovação da eficácia do tratamento baseada em evidências, a recomendação de órgãos técnicos de renome nacionais e estrangeiros, e diálogo interinstitucional), se o primeiro critério cumulativo não for atendido: 'não tenha sido indeferida expressamente pela ANS a incorporação do procedimento ao Rol'.

Daí a se pressupor que a regra disciplinada pelo STJ, além de vulnerar a própria lei de criação da ANS (artigo 4º, III, da inciso III da Lei nº 9.961/2000), estabelece, ainda, um utópico enredo em que as exceções só seriam possíveis caso a mesma ANS não indefira a incorporação. Nesta hipótese, todos os pacientes da saúde suplementar do país só conseguiriam cobertura extrarrol arrimada na suposta mora da Agência em avaliar o pedido de incorporação, ou da potencial estratégia do detentor da tecnologia em não postular a inclusão no Rol antevendo o seu indeferimento.

Em qualquer dos casos, a mensagem direta passada pelos acórdãos do julgamento paradigma é de que se estaria diante de uma taxatividade completa, apesar da roupagem de taxatividade mitigada que reveste a decisão.

Diante desse cenário, é preciso se ponderar os elementos técnicos que justificaram a decisão de 6 (seis) dos 9 (nove) Ministros votantes, dentre os quais, a insegurança das operadoras em relação ao que deve ou não ser coberto poderia levar ao aumento indiscriminado das mensalidades, aumentaria os fatores de sinistralidade e, em tese, levaria o sistema de saúde suplementar ao colapso, em prejuízo aos consumidores. Nesse sentido, o posicionamento do Ministro Salomão Luis Felipe Salomão (EREsp nº 1886929/SP[25]):

Diante desse cenário, por um lado, não se pode deixar de observar que o Rol mínimo e obrigatório de procedimentos e eventos em saúde constitui relevante garantia do consumidor para assegurar

---

25. **BRASIL.** Superior Tribunal de Justiça (STJ). Segunda Seção, Embargos de Divergência em Recurso Especial – **EREsp 1.886.929/SP.** Relator Min. Luis Felipe Salomão, DJe 03 ago. 2022.

direito à saúde, a preços acessíveis, contemplando a camada mais ampla e vulnerável da população. Por conseguinte, considerar esse mesmo rol meramente exemplificativo representaria, na verdade, negar a própria existência do "rol mínimo" e, reflexamente, negar acesso à saúde suplementar à mais extensa faixa da população. Lamentavelmente, salvo os planos de saúde coletivos empresariais, subvencionados pelo próprio empregador, em regra, os planos de saúde, hoje em dia, são acessíveis apenas às classes média alta e alta da população.

Contudo, é importante trazer alguns trechos do voto da Ministra Nancy Andrighi nos autos Embargos de Divergência em EREsp 1886929/SP,[26] que divergiu da maioria dos membros da 2ª Seção da Corte. Em relação às receitas e lucros líquidos das operadoras, a ministra ressalta o substancial aumento da lucratividade do setor, mesmo com a jurisprudência nacional alinhada à ideia de Rol exemplificativo:

De 2014 a 2018, receita do setor aumentou mesmo com queda no número de usuários.

(...) O lucro líquido per capita no mercado de planos de saúde mais que dobrou em termos reais no período, de R$ 3,825 bilhões para R$ 8,755 bilhões.

Referida ministra, em relação à taxatividade do Rol, indica a manifesta impossibilidade de o beneficiário ter conhecimento daquilo que lhe será garantido ou tolhido no momento da contratação, além de sua hipossuficiência em relação à operadora de saúde:[27]

(...) seria, no jargão popular, dar com uma mão e tirar com a outra, situação agravada pelo fato de o consumidor/aderente saber – ou pensar que sabe – o que lhe é dado, mas desconhecer completamente o que lhe é tirado. (...)

De nada adiantaria garantir a cobertura para todas as doenças listadas na CID, se não fosse assegurada a cobertura de todos os eventos e procedimentos necessários ao tratamento correspondente. (...)

Entre os fortes e os fracos, é a liberdade que oprime e a lei que liberta: aqui, de fato, a liberdade de contratar coloca as operadoras em posição de dominância sobre os usuários de plano de saúde, sendo, portanto, crucial a intervenção da lei, por força da atuação do Poder Judiciário, para proteger os usuários-fracos de qualquer abuso praticado pelas operadoras-fortes e permitir, assim, o equilíbrio material entre os contratantes.

A Ministra Andrighi ainda destaca a exorbitância da ANS em seu poder regulamentar ao defender a taxatividade do Rol na Resolução Normativa nº 465/2021. Ressalta também o perigo da orientação jurisprudencial pela taxatividade, que recomendaria às instâncias *a quo de*ixarem de se aprofundar nas nuances técnicas do caso concreto: Segundo a Ministra:

Negar a natureza exemplificativa do rol de procedimentos e eventos em saúde ou reconhecer a sua natureza taxativa é aceitar a exorbitância do poder regulamentar exercido pela ANS e, por conseguinte, a usurpação da competência legislativa da União.

O reconhecimento, por esta Corte, da natureza taxativa do rol da ANS representaria, para as instâncias ordinárias, orientação jurisprudencial que desestimula a análise minuciosa e individualizada que o jurisdicionado, enquanto paciente em busca da sua cura, merece.

---

26. Idem.
27. Idem.

Mas o fato é que, por maioria, a 2ª Seção do STJ se inclinou à concepção de *taxatividade mitigada* do Rol da ANS, passando a ser a mais alta baliza jurisprudencial do país sobre o tema, gerando forte influência sobre julgados dos Tribunais Estaduais e Regionais Federais.

Por fim, vale destacar um ponto de importante reflexão: o fato de que o julgamento da 2ª Seção não foi submetido ao Rito dos Recursos Repetitivos, o qual é assim denominado pelo STJ:

> É o recurso julgado pela sistemática descrita no Código de Processo Civil (Lei nº 13.105/2015), em que o STJ define uma tese que deve ser aplicada aos processos em que discutida idêntica questão de direito. A escolha do processo para ser julgado como repetitivo pode recair em processo encaminhado pelos tribunais de origem como representativo de controvérsia (art. 256-I do RISTJ) ou em recurso já em tramitação.[28]

Observa-se, assim, que a não indicação dos Embargos de Divergência como representativos da controvérsia pela sistemática dos Recursos Repetitivos não trouxe segurança jurídica aos jurisdicionados, mormente pela inexistência de eficácia vertical da decisão,[29] como bem ponderou o Desembargador Clayton Maranhão, ao não aplicar o precedente da 2ª Seção do STJ em processo de sua relatoria no Tribunal de Justiça do Paraná:[30]

> Não se olvida que recentemente o STJ definiu como taxativo o rol de procedimentos, em regra, ao julgar os Embargos de Divergência 1.704.520 e 1.889.704. Todavia, cabe registrar que os Embargos de Divergência (...) não tem efeito vinculante perante juízes e Tribunais (eficácia vertical), mas apenas eficácia vinculante horizontal, perante as Turmas daquela Corte da Federação por argumento *a contrario* na interpretação do art. 927 do CPC. Isso porque no tipo recursal dos embargos de divergência não há amplo contraditório, eis que inexiste previsão de intervenção de *amicus curiae,* tampouco realização de audiência pública, impedindo ampla participação dos setores da sociedade interessados no desate do conflito, enfraquecendo o contraditório-influência e a deliberação qualificada, de modo que o precedente é meramente persuasivo.

Todavia, na prática, mesmo sem efeitos verticais, a decisão do STJ acabou por influenciar bastante a orientação jurisprudencial dos tribunais estaduais sobre o tema.

Destaca-se a relevância das reflexões indicadas nos votos vencidos dos ministros Nancy Andrigui, Moura Ribeiro e Paulo Sanseverino. Através do PL nº 2.033/2022,[31]

---

28. **BRASIL.** Superior Tribunal de Justiça (STJ). **Tema ou Recurso Repetitivo.** Disponível em: https://www.stj.jus.br/sites/portalp/Precedentes/informacoes-gerais/recursos-repetitivos. Acesso em: 02 fev. 2023.
29. O pressuposto a admitir a eficácia vinculante vertical parte justamente da afetação do acórdão e seu julgamento pelo rito dos recursos repetitivos, momento a partir do qual, autoras como Teresa Arruda Alvim Wambier indicam como "evidente que o codificador de 2015 decidiu instituir um regime de precedentes vinculantes que deverá mandatoriamente ser observado desde o juiz de primeiro grau até os órgãos fracionários que compõem o STF e o STJ". **Recurso especial, recurso extraordinário e a nova função dos tribunais superiores no direito brasileiro:** (de acordo com o CPC de 2015 e a Lei 13.256/16) WAMBIER, Teresa Arruda Alvim; DANTAS, Bruno. 3. ed. rev., atual. e ampl. São Paulo: Ed. RT, 2016. p. 536.
30. **BRASIL.** Tribunal de Justiça do Paraná (TJPR). **Apelação Cível nº 0032522-95.2019.8.16.0001,** 8ª Câmara Cível, relator Juiz Clayton Maranhão, j. 23 jun. 2022. Disponível em: https://www.jusbrasil.com.br/jurisprudencia/tj-pr/1559548199. Acesso em: 1º fev. 2023.
31. **SENADO FEDERAL.** Atividade Legislativa. **Projeto de Lei nº 2033, 2022.** Disponível em: https://www25.senado.leg.br/web/atividade/materias/-/materia/154313. Acesso em: 06 jan. 2023.

o Congresso Nacional aprovaria, de forma definitiva, o caráter exemplificativo do Rol (com condições de acesso razoáveis), movido justamente pela decisão do STJ que, segundo os autores do então Projeto de Lei, criava embaraço definitivo para a qualidade dos serviços prestados para os beneficiários da saúde suplementar no país.

5. MOVIMENTOS LEGISLATIVOS SOBRE O ROL DA ANS APÓS A DECISÃO PARADIGMÁTICA ATÉ A PROMULGAÇÃO DA LEI Nº 14.454/2022

Logo após o julgamento dos Embargos de Divergência EREsp nº 1886929 e EREsp nº 1889704, ocorrido em 08.06.2022, foi apresentado no Senado Federal o Projeto de Lei 2.033/2022, no dia 13.07.2022. Tratou-se de movimento legislativo para combater o que, por muitos, foi considerado um ativismo do Superior Tribunal de Justiça, ao se envederar para decidir os limites da cobertura assistencial no país.

A insatisfação com a decisão do STJ foi expressamente consignada na justificativa do projeto,[32] que também destaca todos os movimentos da sociedade civil que anseavam rápida e firme posição do Legislativo sobre o novo cenário que seria observado no campo da assistência suplementar:

O Superior Tribunal de Justiça (STJ), em julgamento finalizado em 08 de junho de 2022, entendeu que os planos de saúde devem oferecer aos usuários apenas os procedimentos listados pela Agência Nacional de Saúde Suplementar (ANS), o chamado rol taxativo, ressalvadas excessões. (...)

Sobreveio, em seguida, ao julgamento um importante movimento de organizações da sociedade civil, especialistas e usuários da saúde suplementar para modificações na atual legislação, de modo a possibilitar a continuidade de tratamentos de saúde que poderiam ser excluídos com a referida interpretação de taxatividade do rol.

A justificativa do projeto ainda destacou a criação de um grupo de trabalho com representantes da ANS, sociedade civil e institutos de defesa do consumidor, que se dedicaram a apresentar propostas com rápida solução àquela nova realidade que se anunciava – da taxatividade do Rol com remotas possibilidade de se alcançar exceções:[33]

A Câmara dos Deputados, atenta aos anseios sociais e necessidade de pacificação sobre o tema, por meio deste Grupo de Trabalho, se propôs analisar a questão, abordando a complexidade do assunto com a participação de Parlamentares representantes de diversos segmentos da sociedade e da difusão de suas experiências, além de demonstrar à sociedade de modo geral a preocupação desta Casa Legislativa com o tema. (...)

O Grupo reuniu-se diversas vezes e promoveu ampla discussão com a sociedade civil, tendo como pauta a discussão do tema, as implicações da decisão do Superior Tribunal de Justiça e a definição de texto base para propositura de projeto de lei pelo Grupo de Trabalho, tendo sido recebidas as sugestões dos membros. (...) Devido a urgência do tema e necessidade de rápida resposta do parlamento a questão, não foram realizadas audiências públicas, mas foram ouvidos diversos órgãos técnicos, tais como a Agência Nacional de Saúde Suplementar (ANS), e organizações da sociedade civil, tais como o Instituto Nacional de Defesa do Consumidor (IDEC), a Comunidade Pró-Autismo, a Associação

---

32. Idem.
33. Idem.

Brasileira de Linfoma e Leucemia, a Associação de Pessoas com Paralisia Cerebral, o Instituto Lagarta Vira Pupa, além de especialistas e cidadãos de todo o brasil. Dessa forma, consideramos que os temas mais relevantes a requererem urgência na sua aprovação foram avaliados e apreciados pelo Grupo de Trabalho. Assim, temos a honra de apresentar a presente proposição, agradecendo a confiança do Senhor Presidente da Câmara dos Deputados, que instituiu o grupo, bem como requerendo sua urgente apreciação pela Câmara dos Deputados.

O Projeto teve a relatoria do Senador Romário (PL-RJ), que classificou a decisão do STJ acerca da taxatividade do Rol como "injusta" e "a pior possível".[34] Outro ponto de destaque no projeto foi declinado pelo Senador Izalci Lucas (PSDB-DF), que atento às preocupações externadas pelos ministros do julgamento paradigmático, ao votarem pelo Rol taxativo, externou que o texto não estaria liberando ampla e irrestritamente,[35] na medida em que a cobertura extrarrol estaria condicionada ao cumprimento de critérios específicos.

O fato é que em 29.08.2022 o Projeto de Lei foi aprovado, e em 21/09/2022 foi sancionado pela Presidência da República, se tornando a Lei Federal nº 14.454/2022[36] e, na parte que interessa ao presente artigo, publicado com a seguinte redação:

§ 13. Em caso de tratamento ou procedimento prescrito por médico ou odontólogo assistente que não estejam previstos no rol referido no § 12 deste artigo, a cobertura deverá ser autorizada pela operadora de planos de assistência à saúde, desde que:

I – exista comprovação da eficácia, à luz das ciências da saúde, baseada em evidências científicas e plano terapêutico; ou

II – existam recomendações pela Comissão Nacional de Incorporação de Tecnologias no Sistema Único de Saúde (Conitec), ou exista recomendação de, no mínimo, 1 (um) órgão de avaliação de tecnologias em saúde que tenha renome internacional, desde que sejam aprovadas também para seus nacionais.

A diferença entre o quanto estabelecido pelo STJ, em comparação com o texto da lei aprovada é realmente significativa. Isso porque enquanto a 2ª Seção do STJ exigia o cumprimento cumulativo de quatro requisitos para se chegar a uma hipótese de exceção, o Congresso Nacional, logo de plano, excluiu o requisito de que o indeferimento da incorporação pela ANS seria, por si só, apto a excluir qualquer possibilidade de acesso ao tratamento.

Sem descurar da necessidade de que a cobertura extrarrol seja lastreada em Medicina baseada em evidência, a nova lei exige de forma alternativa (e não cumulativa como pressupunha o STJ) o atendimento a critérios sólidos, para que o beneficiário da saúde suplementar tenha acesso à cobertura indicada pela autoridade médica. Nesse

---

34. **SENADO FEDERAL.** Senado aprova obrigatoriedade de cobertura de tratamentos fora do rol da ANS. **Senado Notícias,** 29 ago. 2022. Disponível em: https://www12.senado.leg.br/noticias/materias/2022/08/29/senado--aprova-obrigatoriedade-de-cobertura-de-tratamentos-fora-do-rol-da-ans. Acesso em: 6 jan. 2024.

35. Idem.

36. **BRASIL. Lei nº 14.454, de 21 de setembro de 2022.** Altera a Lei nº 9.656, de 3 de junho de 1998, que dispõe sobre os planos privados de assistência à saúde, para estabelecer critérios que permitam a cobertura de exames ou tratamentos de saúde que não estão incluídos no rol de procedimentos e eventos em saúde suplementar. Disponível em: https://www.in.gov.br/en/web/dou/-/lei-n-14.454-de-21-de-setembro-de-2022-431275000. Acesso em: 02 fev. 2023.

sentido, a fim de auxiliar o entendimento destas diferenças, propõe-se o quadro comparativo abaixo:

Tabela 1 – Análise da Cobertura extrarrol taxativo

Critérios	Cobertura extrarrol	
	STJ (EREsp nº 1.886.929/SP e nº 1.889.704/SP)	Lei nº 14.454/2022
1º	Não tenha sido indeferida expressamente pela ANS a incorporação do procedimento ao Rol da Saúde Suplementar	–
2º	Haja comprovação da eficácia do tratamento à luz da medicina baseada em evidências, **e**	Exista comprovação da eficácia, à luz das ciências da saúde, baseada em evidências científicas e plano terapêutico, **ou**
3º	Haja recomendações de órgãos técnicos de renome nacionais (como Conitec e NatJus) e estrangeiros, **e**	Existam recomendações pela Comissão Nacional de Incorporação de Tecnologias no Sistema Único de Saúde (Conitec), **ou**
4º	Seja realizado, quando possível, o diálogo interinstitucional do magistrado com entes ou pessoas com expertise na área da saúde, incluída a Comissão de Atualização do Rol de Procedimentos e Eventos em Saúde Suplementar, sem deslocamento da competência do julgamento do feito para a Justiça Federal, ante a ilegitimidade passiva ad causam da ANS.	Exista recomendação de, no mínimo, 1 (um) órgão de avaliação de tecnologias em saúde que tenha renome internacional, desde que sejam aprovadas também para seus nacionais.

Fonte: Levantamento dos autores, a partir da Lei nº 14.454, de 21 de setembro de 2022.

A leitura desatenta dos critérios estabelecidos pelo STJ e aqueles declinados pela lei federal poderia sugerir a ocorrência de alterações sutis. Contudo, a grande mudança fica por conta da alteração do caráter cumulativo de critérios adotados pela Corte (ou se cumpre os quatro critérios, ou não se alcança a cobertura extrarrol) com o disciplinado na novel legislação, que traz o caráter alternativo ("ou"). Com isso, basta o cumprimento de um dos três requisitos previstos para que o acesso ao tratamento se torne obrigatório (medicina baseada em evidência, aprovação pela CONITEC ou aprovação em agências de renome internacional, desde que aprovada para os seus nacionais).

Na perspectiva jurisprudencial pós publicação da Lei nº 14.454/2022, há robusta inclinação para não mais divergir sobre o caráter exemplificativo do Rol da ANS. O próprio STJ, mesmo atento a não descumprir a eficácia horizontal das decisões da 2ª Seção nos Embargos de Divergência nº 1.886.929/SP e dos EREsp 1.889.704/SP (DJe 03.08.2022), já faz alusão ao cumprimento dos critérios da nova lei:[37]

A prescrição do tratamento medicamentoso pelo médico assistente da beneficiária-recorrida está amparada no conceito de saúde baseada em evidências – SBE, em consonância seja com a tese da taxatividade mitigada do rol da ANS, firmada pela Segunda Seção, no julgamento dos EREsp 1.886.929/SP e dos EREsp 1.889.704/SP (DJe 03.08.2022), seja com a tese do rol exemplificativo com condicionantes, da Lei nº 14.454/2022.

---

37. **BRASIL.** Superior Tribunal de Justiça (STJ). **REsp 2.019.618/SP,** Terceira Turma, relatora: Min. Nancy Andrighi, j. 29 nov. 2022.

A rapidez na aprovação da lei (projeto apresentado em 13.07.2022 e lei publicada em 21.09.2022), e as fortes críticas do Diretor Presidente da ANS garantindo que reverteria a própria redação do Projeto aprovado[38] deram a tônica da importância de ter o Congresso suprimido a primazia absoluta da Agência em definir exceções para cobertura extrarrol. O avanço legislativo caminha, assim, para encerrar (ou expressivamente diminuir) discussões jurisprudenciais sobre o tema, até mesmo porque a 2ª Seção do STJ terá que se reunir em dado momento para alinhar/ajustar seu atendimento ao que disciplina a Lei nº 14.454/2022.

6. NOTAS CONCLUSIVAS

O tema proposto no presente artigo é bastante polêmico, envolvendo a possibilidade de limitação de acesso a tratamentos de saúde a partir de uma lista que, em uma análise primária, garantiria ao mesmo tempo alternativas viáveis de tratamento a pacientes e a higidez atuária das operadoras de saúde. Não se descura que, em tese, seria o modelo ideal.

A prática, no entanto, revela que não obstante a incorporação de tecnologias no Rol tenha aumentado nos últimos anos, incluindo a diminuição da frequência de atualização, que era de 2 (dois) anos (RN ANS nº 439/2018), passou para 6 (seis) meses (RN ANS nº 470/2021), e hoje é contínua (Lei nº 14.307/2022), estas não conseguem acompanhar a evolução da Medicina de forma satisfatória.

Definitivamente, não é tarefa fácil conciliar os antogônicos interesses do consumidor e das operadoras de saúde (que salvo as de autogestão, pressupõe a busca pelo lucro). O que há de se ponderar, no entanto, é que 1.187 (mil cento e oitenta e sete) operadoras de saúde possuem registro no Brasil,[39] os lucros crescem de forma exponencial,[40] e a prestação de serviços de saúde é o risco assumido pela operadora de saúde – e não pelo usuário, especialmente para garantir tratamento para as doenças com cobertura assistencial prevista em contrato.

Não se cogita de uma "carta em aberto" para que qualquer procedimento seja autorizado, a exemplo dos milhares de pedidos de acesso à fosfoetanolamina, medicamento que, sem qualquer evidência científica, seria responsável por curar qualquer tipo de neoplasia em qualquer estadiamento da doença.

---

38. Após Câmara "derrubar" rol taxativo dos planos de saúde, presidente da ANS diz que vai reverter decisão. **INFOMONEY**, 4 ago. 2022. Expert XP. Disponível em: https://www.infomoney.com.br/consumo/apos-camara-derrubar-rol-taxativo-dos-planos-de-saude-presidente-da-ans-diz-que-vai-reverter-decisao/. Acesso em: 31 jan. 2024.

39. **BRASIL. Ministério da Saúde.** Disponível em: https://www.ans.gov.br/perfil-do-setor/dados-e-indicadores-do-setor. Acesso em: 31 jan. 2023.

40. Trecho de voto da Ministra Nancy Andrighi no EREsp 1.886.929/SP "De 2014 a 2018, receita do setor aumentou mesmo com queda no número de usuários. (...) O lucro líquido per capita no mercado de planos de saúde mais que dobrou em termos reais no período, de R$ 3,825 bilhões para R$ 8,755 bilhões".

A conclusão a que se chega é que dentro do universo de 50,8 milhões de beneficiários de planos de saúde no Brasil,[41] atentando-se à necessidade de adaptação dos direitos e deveres das operadoras de saúde, foi do Congresso Nacional o melhor cotejo entre a necessidade de acesso às tecnologias e tratamentos de saúde extrarrol, sem descurar de um critério técnico relevante e indene de dúvidas em relação a sua eficácia, representados pelos três critérios alternativos incorporados à Lei dos Planos de saúde: "a) comprovação de eficácia à luz da medicina baseada em evidência; b) aprovação pela CONITEC; ou c) recomendação de agência internacional de renome desde que aprovadas aos seus nacionais".[42]

Elastecer tais exigências, como pretendeu a 2ª Seção do STJ – no julgamento paradigmático analisado no presente artigo – representaria obstáculo virtualmente insuperável a gerar evidente desequilíbrio, colocando o consumidor em demasiada desvantagem, até porque de nada adianta a prestação suplementar em saúde se a mesma não for dirigida a todas as doenças com codificação internacional e se não alcançar os tratamentos adequados para cada patologia. Prevaleceu o Legislativo e a primazia à indicação médica feita de forma responsável e baseada em evidências científicas, esta sim como parâmetro balizador de acesso à saúde suplementar.

REFERÊNCIAS

ATIVISTAS fazem novos protestos contra rol taxativo da ANS. **Canal Autismo,** 28 abr. 2022. Disponível em: https://www.canalautismo.com.br/noticia/ativistas-fazem-novos-protestos-contra-rol-taxativo--da-ans/. Acesso em: 20 jan. 2024.

BARROSO, Luís Roberto. **Curso de direito constitucional contemporâneo:** os conceitos fundamentais e a construção do novo modelo. 7. ed. São Paulo: Saraiva Educação, 2018.

BRESSER-PEREIRA, Luis Carlos. A reforma gerencial do Estado de 1995. **Revista de Administração Pública,** Rio de Janeiro, v. 34, n. 4, p. 7- 26, jan. 2000. Disponível em: https://bibliotecadigital.fgv.br/ojs/index.php/rap/article/view/6289. Acesso em: 17 jan. 2024.

BRÊTAS, Pollyana. ANS diz que planos de saúde são obrigados a pagar apenas procedimentos listados no rol. **O Globo,** 24 jan. 2021. Disponível em: https://oglobo.globo.com/economia/defesa-do-consumidor/ans-diz-que-planos-de-saude-sao-obrigados-pagar-apenas-procedimentos-listados-no-rol-veja-lista-24897566. Acesso em: 31 jan. 2024.

OLIVEIRA, Júlio Moraes. Afinal de contas, o que diabos é "taxatividade mitigada" no rol da ANS? Magis Portal Jurídico – **Coluna Descomplicando o Direito Civil e do Consumidor,** 20 jul. 2022. Disponível em: https://magis.agej.com.br/afinal-de-contas-o-que-diabos-e-taxatividade-mitigada-no-rol-da-ans/. Acesso em: 2 fev. 2024.

---

41. Junho: setor registra 50,8 milhões de beneficiários em planos de assistência médica. **Agência Nacional de Saúde Suplementar (ANS),** 07 ago. 2023. Disponível em: https://www.gov.br/ans/pt-br/assuntos/noticias/numeros-do-setor/junho-setor-registra-50-8-milhoes-de-beneficiarios-em-planos-de-assistencia-medica. Acesso em: 02 fev. 2024.

42. **BRASIL. Lei nº 14.454, de 21 de setembro de 2022.** Altera a Lei nº 9.656, de 3 de junho de 1998, que dispõe sobre os planos privados de assistência à saúde, para estabelecer critérios que permitam a cobertura de exames ou tratamentos de saúde que não estão incluídos no rol de procedimentos e eventos em saúde suplementar. Disponível em: https://www.in.gov.br/en/web/dou/-/lei-n-14.454-de-21-de-setembro-de-2022-431275000. Acesso em: 02 fev. 2023.

PEREIRA, Gabriel Massote. A (in)constitucionalidade das novas regras de cobertura da ANS. **Migalhas de Peso,** 5 mar. 2021. Disponível em: https://www.migalhas.com.br/depeso/341289/a-in-constitucionalidade-das-novas-regras-de-cobertura-da-ans. Acesso em: 2 fev. 2024.

PEREIRA, Gabriel Massote. **Discussão sobre Rol da ANS consolida divergência definitiva entre turmas do STJ.** Disponível em: https://www.migalhas.com.br/depeso/332621/discussao-sobre-rol-da-ans--consolida-divergencia-definitiva-entre-turmas-do-stj. Acesso em: 30 jan. 2024.

SENADO FEDERAL. Publicada lei que derruba rol taxativo para cobertura de planos de saúde. **Senado Notícias,** 22 set. 2022. Disponível em: https://www12.senado.leg.br/noticias/materias/2022/09/22/publicada-lei-que-derruba-rol-taxativo-para-cobertura-de-planos-de-saude. Acesso em: 11 jan. 2024.

SENADO FEDERAL. Senado aprova obrigatoriedade de cobertura de tratamentos fora do rol da ANS. **Senado Notícias,** 29 ago. 2022. Disponível em https://www12.senado.leg.br/noticias/materias/2022/08/29/senado-aprova-obrigatoriedade-de-cobertura-de-tratamentos-fora-do-rol-da-ans. Acesso em: 6 jan. 2024.

STJ define que planos de saúde não precisam cobrir procedimentos fora da lista da Agência Nacional de Saúde Suplementar. **GZH SAÚDE,** 6 jun. 2022. Disponível em: https://gauchazh.clicrbs.com.br/saude/noticia/2022/06/stj-define-que-planos-de-saude-nao-precisam-cobrir-procedimentos-fora-da-lista-da-agencia-nacional-de-saude-suplementar-cl45yzqc8000m0167txnbsdwy.html. Acesso em: 6 jan. 2024.

WAMBIER, Teresa Arruda. DANTAS, Bruno. **Recurso especial, recurso extraordinário e a nova função dos tribunais superiores no direito brasileiro:** (de acordo com o CPC de 2015 e a Lei 13.256/16). 3. ed. rev., atual. e ampl. São Paulo: Ed. RT, 2016.

XAVIER, Gustavo Silva; IRIBURE JUNIOR, Hamilton da Cunha. Judicialização da Saúde e Direitos Fundamentais: critérios judiciais para concessão de medicamentos à luz dos tribunais superiores. **Revista de Administração Hospitalar e Inovação em Saúde (RAHIS),** Belo Horizonte, v. 16, n. 2, p. 69-80, abr./jun. 2019.

MANUTENÇÃO DAS CONDIÇÕES ASSISTENCIAIS E DE CUSTEIO DO PLANO DE SAÚDE AOS BENEFICIÁRIOS INATIVOS

Antonio Luiz de Jesus Lopes[1]

> **Decisão paradigma:** BRASIL. Superior Tribunal de Justiça (STJ). Tema Repetitivo nº 1.034. **Recurso Especial nº 1.816.482/SP**, 2ª Seção, relator Min. Antonio Carlos Ferreira, j. 9 dez. 2020.

> **Sumário:** 1. Descrição do caso – 2. Isonomia entre trabalhadores ativos e inativos inseridos no plano de saúde coletivo único e o instituto da portabilidade de carências – 3. Análise dos julgados e da tese fixada pelo STJ sobre as condições assistenciais e de custeio do plano de saúde para beneficiários inativos – 4. Considerações finais – Referências.

1. DESCRIÇÃO DO CASO

Trata-se de 3 Recursos Especiais (RESP n. 1.818.487/SP,[2] RESP n. 1.816.482/SP[3] e RESP n. 1.829.862/SP[4]) afetados ao rito dos recursos especiais repetitivos, para servirem de paradigma do Tema n. 1034 do Superior Tribunal de Justiça (STJ),[5] o qual define quais condições assistenciais e de custeio do plano de saúde devem ser mantidas a beneficiários inativos.

---

1. Mestre em Ciências da Saúde pela UniFOA. Especialista em Direito Médico, Odontológico e Hospitalar pela Escola Paulista de Direito (EPD). Especialista em Direito da Medicina pela Faculdade de Direito da Universidade de Coimbra (Portugal). Pós-graduando em Bioética pela Universidade de Lisboa (Portugal). Professor da Pós-Graduação de Direito Médico e da Saúde do Hospital IGESP em São Paulo. Professor da Pós-Graduação em Direito Médico da Saúde e Odontológico do Instituto Goiano de Direito (IGD). Professor da Pós-Graduação em Direito Médico e Bioética da Escola Brasileira de Direito (EBRADI), coordenada pelo Professor Desembargador Miguel Kfouri Neto e pela Professora Dra. Rafaela Nogaroli. Professor convidado do Curso de Especialização em Direito da Medicina na Universidade de Coimbra. Professor na Especialização em Prótese Dentária na Faculdade IPPEO em São Paulo. Professor na Especialização em Ortodontia da Atna. Ex-Presidente da Comissão de Direito Médico e da Saúde da OAB de Volta Redonda. Membro Fundador da Associação Brasileira de Advogados da Saúde (ABRAS). Autor do livro "Direito médico: temas atuais", da Editora Juruá. Foi membro do grupo de pesquisas "Direito da Saúde e Empresas Médicas" (UNICURITIBA), liderado pelo Prof. Miguel Kfouri Neto. Membro do Instituto Miguel Kfouri Neto (IMKN) – Direito Médico e da Saúde. Advogado sócio do escritório Antonio Lopes & Advogados Associados.

2. BRASIL. Supremo Tribunal Federal. Recurso Especial 1.818.487/SP, 2ª Turma, relator Min. Antonio Carlos Ferreira, j. 25 nov. 2020, DJe 1º fev. 2021.

3. BRASIL. Supremo Tribunal Federal. Recurso Especial 1.816.482/SP, 2ª Turma, relator Min. Antonio Carlos Ferreira, j. 9 dez. 2020, DJe 1º fev. 2021.

4. BRASIL. Supremo Tribunal Federal. Recurso Especial 1.829.862, 2ª Turma, relator Min. Antonio Carlos Ferreira, j. 9 dez. 2020, DJe 1º fev. 2021.

5. BRASIL. Superior Tribunal de Justiça. Tema nº 1.034. Definir quais condições assistenciais e de custeio do plano de saúde devem ser mantidas a beneficiários inativos, nos termos do art. 31 da Lei n. 9.656/1998. Relator: Presidente do STJ. Brasília, DF: Superior Tribunal de Justiça, 2022. https://www.stj.jus.br/internet_docs/biblioteca/clippinglegislacao/Sumula_608_2018_segunda_secao.pdf. Acesso em: 2 fev. 2023.

O Tema n 1.034[6] explora a possibilidade de a ex-empregadora contratar planos coletivos empresariais distintos para empregados ativos e inativos. O ponto fulcral da discussão são os prejuízos causados aos trabalhadores inativos caso não sejam mantidas as mesmas condições de assistência que gozavam quando da vigência do contrato de trabalho.

O **primeiro caso paradigmático – REsp n. 1.818.487/SP**[7] –, em 1º Grau, trata da pretensão autoral de manutenção da condição do autor como beneficiário do plano de saúde que vigia a época que era empregado da empresa, bem como toda a cobertura que gozava durante o contrato de trabalho. A sentença de 1º Grau foi improcedente. Na sua decisão, o magistrado acentua que a assistência à saúde ofertada pela ré era mantida por meio de um plano de autogestão, que é um sistema fechado, sem fins lucrativos, não comercializável, destinado exclusivamente a uma população definida de beneficiários (ativos).

Em resumo, o juiz de 1º Grau considerou ser permitido o reajuste por mudança de faixa etária, autorizado pela Agência Nacional de Saúde Suplementar (ANS), não sendo o percentual considerado abusivo, por isso julgou improcedente.

Em sede de 2º Grau, a sentença foi mantida e o recurso desprovido. No STJ deu-se provimento ao recurso especial admitindo a possibilidade de o ex-funcionário continuar a gozar dos benefícios do referido contrato de plano de saúde, devendo efetuar o pagamento da diferença que era paga pelo empregador. Considerou-se que o artigo 31 da Lei n. 9.656/98[8] impõe que ativos e inativos devam ser inseridos em plano de saúde coletivo único, contendo as mesmas condições de cobertura assistencial e prestação de serviços.

No **segundo caso paradigmático – REsp n. 1.816.482/SP**[9] –, a sentença de 1º Grau considerou ilegal a diferenciação entre ativos e inativos e determinou a concessão de todos os benefícios do contrato de plano de saúde do autor e de sua dependente, contanto que o autor assuma parcela patronal. Em 2º Grau foi dado provimento parcial ao recurso de apelação da ré, no tocante ao valor da mensalidade: "O direito à continuidade como beneficiário não implica o de pagar o mesmo custo antes existente, mas sim de pagar os custos atuais",[10] devendo a quantia ser apurada em liquidação.

---

6. BRASIL. Superior Tribunal de Justiça. Tema nº 1.034. Definir quais condições assistenciais e de custeio do plano de saúde devem ser mantidas a beneficiários inativos, nos termos do art. 31 da Lei n. 9.656/1998. Relator: Presidente do STJ. Brasília, DF: Superior Tribunal de Justiça, 2022. https://www.stj.jus.br/internet_docs/biblioteca/clippinglegislacao/Sumula_608_2018_segunda_secao.pdf. Acesso em: 2 fev. 2023.

7. BRASIL. Supremo Tribunal Federal. Recurso Especial 1.818.487/SP, 2ª Turma, relator Min. Antonio Carlos Ferreira, j. 25 nov. 2020, DJe 1º fev. 2021.

8. BRASIL. Lei nº 9.656, de 3 de junho de 1998. Dispõe sobre os planos e seguros privados de assistência à saúde. Diário Oficial da União: Brasília, DF, 4 jun. 1998. Disponível em: https://www.planalto.gov.br/ccivil_03/leis/l9656.htm. Acesso em: 17 jan. 2023.

9. BRASIL. Supremo Tribunal Federal. Recurso Especial 1.816.482/SP, 2ª Turma, relator Min. Antonio Carlos Ferreira, j. 9 dez. 2020, DJe 1º fev. 2021.

10. BRASIL. Supremo Tribunal Federal. Recurso Especial 1.816.482/SP, 2ª Turma, relator Min. Antonio Carlos Ferreira, j. 9 dez. 2020, **DJe** 1 fev. 2021.

A decisão ocorre sob o entendimento de não se aplicar o artigo 30, § 1º, da Lei n. 9.656/98,[11] pois deve-se apenas computar o período de contribuição do recorrido a outros planos de saúde, e não apenas ao plano pleno. Soma-se a esta leitura o fato de o Recorrido não ter permanecido como beneficiário pelo período mínimo de 10 anos exigido pelo dispositivo. Interpreta também a aplicação do artigo 31 do mesmo título da norma balizadora, elucidando assim a determinação pela manutenção do plano pleno, não devendo existir segregação entre os empregados ativos e inativos.

No **terceiro julgado, REsp n. 1.829.862/SP**[12] – 1º Grau – Proposta a Ação de Obrigação de Fazer, plano coletivo, com pretensão de manutenção do contrato de plano de saúde estabelecido com a ex-empregadora mediante pagamento de prestação integral. A sentença foi improcedente, pois considerou que os valores exigidos estão compatíveis com as tabelas apresentadas de ativos e inativos. Em 2º Grau o recurso foi improvido e a sentença mantida, apesar de a autora esclarecer que preenche todos os requisitos do artigo 31 da Lei n. 9.656,[13] e que a recorrida, para manter a autora no contrato, altera faixa de cobrança para faixa etária e aplica índice de reajuste que inviabiliza a manutenção do plano.

Em interposição de recurso especial, a recorrente esteia-se novamente no dispositivo citado nas fases anteriores, adicionado aos artigos 2º, 5º, 7º e 16 da Resolução Normativa 279/2011 da ANS,[14] além de diversos artigos do Código de Defesa do Consumidor (CDC),[15] a fim de sustentar o direito à manutenção, por período indeterminado, de seu plano de saúde. Também assevera não ter havido transparência no contrato quanto às informações da transição de empregada ativa para inativa, fato que conduz o trabalhador inativo a um cenário menos vantajoso. Porém, teve inadmitido seu recurso.

O Tema n. 1034[16] revela os perigos do tratamento diferenciado entre funcionários e ex-funcionários e que esta diferenciação caracteriza-se como violação aos preceitos

---

11. BRASIL. Lei nº 9.656, de 3 de junho de 1998. Dispõe sobre os planos e seguros privados de assistência à saúde. Diário Oficial da União: Brasília, DF, 4 jun. 1998. Disponível em: https://www.planalto.gov.br/ccivil_03/leis/l9656.htm. Acesso em: 17 jan. 2023.

12. BRASIL. Supremo Tribunal Federal. Recurso Especial 1.816.482/SP, 2ª Turma, relator Min. Antonio Carlos Ferreira, j. 9 dez. 2020, **DJe** 1 fev. 2021.

13. BRASIL. Lei nº 9.656, de 3 de junho de 1998. Dispõe sobre os planos e seguros privados de assistência à saúde. Diário Oficial da União: Brasília, DF, 4 jun. 1998. Disponível em: https://www.planalto.gov.br/ccivil_03/leis/l9656.htm. Acesso em: 17 jan. 2023.

14. AGÊNCIA NACIONAL DE SAÚDE SUPLEMENTAR. Resolução Normativa nº 279, de 24 de novembro de 2011. Dispõe sobre a regulamentação dos artigos 30 e 31 da Lei nº 9.656, de 3 de junho de 1998, e revoga as Resoluções do CONSU nºs 20 e 21, de 7 de abril de 1999. Rio de Janeiro: ANS, 2011. Disponível em: https://www.ans.gov.br/component/legislacao/?view=legislacao&task=TextoLei&format=raw&id=MTg5OA==. Acesso em: 10 jan. 2023.

15. BRASIL. Lei nº 8.078, de 11 de setembro de 1990. Dispõe sobre a proteção do consumidor e dá outras providências. Diário Oficial da União: Brasília, DF, 11 set. 1990. Disponível em: http://www.planalto.gov.br/ccivil_03/LEIS/L8078.htm. Acesso em: 2 jan. 2023.

16. BRASIL. Superior Tribunal de Justiça. Tema nº 1.034. Definir quais condições assistenciais e de custeio do plano de saúde devem ser mantidas a beneficiários inativos, nos termos do art. 31 da Lei n. 9.656/1998. Relator: Presidente do STJ. Brasília, DF: Superior Tribunal de Justiça, 2022. https://www.stj.jus.br/internet_docs/biblioteca/clippinglegislacao/Sumula_608_2018_segunda_secao.pdf. Acesso em: 2 fev. 2023.

do CDC[17] e também como desobediência ao princípio da isonomia e da dignidade da pessoa humana. Destarte, estamos diante de uma decisão (Tema n. 1034[18]) que obedece a normas de ordem pública: CDC; Estatuto da Pessoa Idosa,[19] norma cogente, de natureza imperativa, de ordem pública e que não admite interpretação extensiva. Além disso, de acordo com o entendimento pacificado na Segunda Seção, colegiado formado pela 3ª e 4ª Turmas do STJ, o referido estatuto tem aplicação imediata sobre todas as relações jurídicas de trato sucessivo, o que resta aqui muito bem observado.

No STJ, firmou-se entendimento de que:

a) Eventuais mudanças de operadora, de modelo prestação de serviço, de forma de custeio e de valores de contribuição não implicam interrupção da contagem do prazo de 10 (dez) anos previsto no art. 31 da Lei n. 9.656/1998, devendo haver a soma dos períodos contributivos para fins de cálculo da manutenção proporcional ou indeterminada do trabalhador aposentado no plano coletivo empresarial;

b) O art. 31 da lei n. 9.656/1998 impõe que ativos e inativos sejam inseridos em plano de saúde coletivo único, contendo as mesmas condições de cobertura assistencial e de prestação de serviço, o que inclui, para todo o universo de beneficiários, a igualdade de modelo de pagamento e de valor de contribuição, admitindo-se a diferenciação por faixa etária se for contratada para todos, cabendo ao inativo o custeio integral, cujo valor pode ser obtido com a soma de sua cota-parte com a parcela que, quanto aos ativos, é proporcionalmente suportada pelo empregador;

c) O ex-empregado aposentado, preenchidos os requisitos do art. 31 da Lei n. 9.656/1998, não tem direito adquirido de se manter no mesmo plano privado de assistência à saúde vigente na época da aposentadoria, podendo haver a substituição da operadora e a alteração do modelo de prestação de serviços, da forma de custeio e os respectivos valores, desde que mantida paridade com o modelo dos trabalhadores ativos e facultada a portabilidade de carências.[20]

O julgado no Tema n. 1.034,[21] demonstrará: a) obediência ao artigo 31 da Lei n. 9.656/98;[22] b) combate à discriminação em razão da idade; c) respeito ao Pacto de

---

17. BRASIL. Lei nº 8.078, de 11 de setembro de 1990. Dispõe sobre a proteção do consumidor e dá outras providências. Diário Oficial da União: Brasília, DF, 11 set. 1990. Disponível em: http://www.planalto.gov.br/ccivil_03/LEIS/L8078.htm. Acesso em: 2 jan. 2023.

18. BRASIL. Superior Tribunal de Justiça. Tema nº 1.034. Definir quais condições assistenciais e de custeio do plano de saúde devem ser mantidas a beneficiários inativos, nos termos do art. 31 da Lei n. 9.656/1998. Relator: Presidente do STJ. Brasília, DF: Superior Tribunal de Justiça, 2022. https://www.stj.jus.br/internet_docs/biblioteca/clippinglegislacao/Sumula_608_2018_segunda_secao.pdf. Acesso em: 2 fev. 2023.

19. BRASIL. Lei nº 10.741, de 1º de outubro de 2003. Dispõe sobre o Estatuto da Pessoa Idosa e dá outras providências. (Redação dada pela Lei nº 14.423, de 2022). Diário Oficial da União: Brasília, DF, 3 out. 2003. Disponível em: https://www.planalto.gov.br/ccivil_03/leis/2003/l10.741.htm. Acesso em: 25 jan. 2023.

20. BRASIL. Superior Tribunal de Justiça. Tema nº 1.034. Definir quais condições assistenciais e de custeio do plano de saúde devem ser mantidas a beneficiários inativos, nos termos do art. 31 da Lei n. 9.656/1998. Relator: Presidente do STJ. Brasília, DF: Superior Tribunal de Justiça, 2022. https://www.stj.jus.br/internet_docs/biblioteca/clippinglegislacao/Sumula_608_2018_segunda_secao.pdf. Acesso em: 2 fev. 2023.

21. BRASIL. Superior Tribunal de Justiça. Tema nº 1.034. Definir quais condições assistenciais e de custeio do plano de saúde devem ser mantidas a beneficiários inativos, nos termos do art. 31 da Lei n. 9.656/1998. Relator: Presidente do STJ. Brasília, DF: Superior Tribunal de Justiça, 2022. https://www.stj.jus.br/internet_docs/biblioteca/clippinglegislacao/Sumula_608_2018_segunda_secao.pdf. Acesso em: 2 fev. 2023.

22. BRASIL. Lei nº 9.656, de 3 de junho de 1998. Dispõe sobre os planos e seguros privados de assistência à saúde. Diário Oficial da União: Brasília, DF, 4 jun. 1998. Disponível em: https://www.planalto.gov.br/ccivil_03/leis/l9656.htm. Acesso em: 17 jan. 2023.

Gerações; d) respeito ao CDC[23] e Código Civil (CC)[24] (onerosidade excessiva); e) a isonomia como pilar constitucional, tendo como objetivo analisar e revelar a importância paradigmática da decisão do STJ que garante a isonomia entre funcionários ativos e inativos. Para isso, faremos uma análise dos julgados e principalmente do Tema n. 1.034,[25] trazendo os pontos mais relevantes das decisões e o posicionamento da melhor doutrina sobre o tema que garante a isonomia entre funcionários ativos e inativos, tendo como foco o direito dos consumidores e os princípios da isonomia e da dignidade da pessoa humana.

Diante desse cenário, o presente artigo se propõe a analisar os artigos 39, 47 e 51 do CDC[26] e o artigo 31 da Lei n. 9.656/1998,[27] bem como os princípios da isonomia e da dignidade da pessoa humana, essenciais no direito da saúde. Serão aqui analisados recursos repetitivos à luz desses dois dispositivos, cuja aplicabilidade legal é fundamental para a manutenção e, sobretudo, para a proteção do direito à saúde no Brasil.

2. ISONOMIA ENTRE TRABALHADORES ATIVOS E INATIVOS INSERIDOS NO PLANO DE SAÚDE COLETIVO ÚNICO E O INSTITUTO DA PORTABILIDADE DE CARÊNCIAS

Sabe-se que, na prática, os grandes planos de saúde costumeiramente se esquivam de obrigações legais e morais nos momentos em que o beneficiário mais precisa. Enquanto o usuário é jovem e usa pouco o plano, ele é um excelente negócio para as operadoras, no entanto, ao passo que a idade do detentor do plano avança, aumentam exponencialmente os problemas de saúde causados pela idade.

Quando isso acontece, vê-se que as operadoras, de forma equivocada, oneram os contratos das pessoas idosas de forma desproporcional. Essa tática por vezes é capaz de fazer pessoas que tiveram um plano de saúde a vida toda ficarem desamparadas quando mais precisam.

---

23. BRASIL. Lei nº 8.078, de 11 de setembro de 1990. Dispõe sobre a proteção do consumidor e dá outras providências. Diário Oficial da União: Brasília, DF, 11 set. 1990. Disponível em: http://www.planalto.gov.br/ccivil_03/LEIS/L8078.htm. Acesso em: 2 jan. 2023.
24. BRASIL. Código Civil (2002). Código civil brasileiro e legislação correlata. 2. ed. Brasília: Senado Federal, Subsecretaria de Edições Técnicas, 2008. 616 p. Disponível em: https://www2.senado.leg.br/bdsf/bitstream/handle/id/70327/C%C3%B3digo%20Civil%202%20ed.pdf. Acesso em: 5 jan. 2023.
25. BRASIL. Superior Tribunal de Justiça. Tema nº 1.034. Definir quais condições assistenciais e de custeio do plano de saúde devem ser mantidas a beneficiários inativos, nos termos do art. 31 da Lei n. 9.656/1998. Relator: Presidente do STJ. Brasília, DF: Superior Tribunal de Justiça, 2022. https://www.stj.jus.br/internet_docs/biblioteca/clippinglegislacao/Sumula_608_2018_segunda_secao.pdf. Acesso em: 2 fev. 2023.
26. BRASIL. Lei nº 8.078, de 11 de setembro de 1990. Dispõe sobre a proteção do consumidor e dá outras providências. Diário Oficial da União: Brasília, DF, 11 set. 1990. Disponível em: http://www.planalto.gov.br/ccivil_03/LEIS/L8078.htm. Acesso em: 2 jan. 2023.
27. BRASIL. Lei nº 9.656, de 3 de junho de 1998. Dispõe sobre os planos e seguros privados de assistência à saúde. Diário Oficial da União: Brasília, DF, 4 jun. 1998. Disponível em: https://www.planalto.gov.br/ccivil_03/leis/l9656.htm. Acesso em: 17 jan. 2023.

O CDC[28] é peça fundamental para a proteção e tutela do direito à saúde no Brasil, e não menos importante é a Lei n. 9.656/1998.[29] A lei dos planos de saúde tem um relevante papel na defesa dos consumidores; o legislador foi muito feliz quando, em seu artigo 31, fez com que fosse vedado o tratamento desigual e desproporcional, proibindo medidas discriinatórias.

Quanto ao CDC, bem observa a Súmula nº 608 do STJ: "Aplica-se o CDC aos contratos de plano de saúde, salvo os administrados por entidades de autogestão".[30]

A súmula foi devidamente aplicada e os seus princípios foram rigorosamente observados, especialmente no que diz respeito à facilitação da defesa dos interesses dos requerentes, à interpretação das cláusulas contratuais favoráveis ao beneficiário e, principalmente, à inversão do ônus da prova.

> No que tange ao CDC, com a ressalva já feita aos contratos de autogestão (súmula 608/STJ), observa Aurisvaldo Melo Sampaio: "mesmo os poderes normativo e regulamentar da ANS devem ser exercidos com observância das normas insertas no CDC, inclusive os seus princípios, revelando-se ilegais, ofensivos à ordem jurídica, sempre que desses limites discreparem, sujeitando-se ao controle judicial em tais hipóteses".[31]

O artigo 39, XIII do CDC, dispõe que é vedado ao fornecedor de produtos e serviços aplicar fórmula ou índice de reajuste diverso do legal ou contratualmente estabelecido. Em seguida, os artigos 47[32] e 51[33] deste diploma legal são claros ao determinar que as cláusulas contratuais devem ser interpretadas da maneira mais favorável ao consumidor,

---

28. BRASIL. Lei nº 8.078, de 11 de setembro de 1990. Dispõe sobre a proteção do consumidor e dá outras providências. Diário Oficial da União: Brasília, DF, 11 set. 1990. Disponível em: http://www.planalto.gov.br/ccivil_03/LEIS/L8078.htm. Acesso em: 2 jan. 2023.
29. BRASIL. Lei nº 9.656, de 3 de junho de 1998. Dispõe sobre os planos e seguros privados de assistência à saúde. Diário Oficial da União: Brasília, DF, 4 jun. 1998. Disponível em: https://www.planalto.gov.br/ccivil_03/leis/l9656.htm. Acesso em: 17 jan. 2023.
30. BRASIL. Superior Tribunal de Justiça. Súmula nº 608. Aplica-se o Código de Defesa do Consumidor aos contratos de plano de saúde, salvo os administrados por entidades de autogestão. DJe: seção 1, Brasília, DF, p. 1.571-1.572, 17 abr. 2018. Disponível em: https://www.stj.jus.br/internet_docs/biblioteca/clippinglegislacao/Sumula_608_2018_segunda_secao.pdf. Acesso em: 2 fev. 2023.
31. O regime jurídico dos contratos de plano de saúde e a proteção do sujeito mais fraco das relações de consumo. São Paulo: Ed. RT, 2010. p. 267. (trecho do acordão Tema 1034, p. 67).
32. Art. 47. As cláusulas contratuais serão interpretadas de maneira mais favorável ao consumidor. (BRASIL. Lei nº 8.078, de 11 de setembro de 1990. Dispõe sobre a proteção do consumidor e dá outras providências. Diário Oficial da União: Brasília, DF, 11 set. 1990. Disponível em: http://www.planalto.gov.br/ccivil_03/LEIS/L8078.htm. Acesso em: 2 jan. 2023.)
33. Art. 51. São nulas de pleno direito, entre outras, as cláusulas contratuais relativas ao fornecimento de produtos e serviços que:
    IV – estabeleçam obrigações consideradas iníquas, abusivas, que coloquem o consumidor em desvantagem exagerada, ou sejam incompatíveis com a boa-fé ou a equidade;
    XV – estejam em desacordo com o sistema de proteção ao consumidor;
    § 1º Presume-se exagerada, entre outros casos, a vantagem que:
    I – ofende os princípios fundamentais do sistema jurídico a que pertence [...] (BRASIL. Lei nº 8.078, de 11 de setembro de 1990. Dispõe sobre a proteção do consumidor e dá outras providências. Diário Oficial da União: Brasília, DF, 11 set. 1990. Disponível em: http://www.planalto.gov.br/ccivil_03/LEIS/L8078.htm. Acesso em: 2 jan. 2023.)

e que são nulas de pleno direito aquelas que estejam em desacordo com o sistema de proteção ao consumidor.

A respeito da imporância da aplicabilidade do princípio da isonomia entre funcionários ativos e inativos, nas palavras de Rui Barbosa, a isonomia nada mais é do que a obrigação de tratar os iguais de maneira igual, e os desiguais de maneira desigual na medida das suas desigualdades.

> A regra da igualdade não consiste senão em quinhoar desigualmente aos desiguais, na medida em que se desigualam. Nesta desigualdade social, proporcionada à desigualdade natural, é que se acha a verdadeira lei da igualdade... Tratar com desigualdade a iguais, ou a desiguais com igualdade, seria desigualdade flagrante, e não igualdade real.[34]

Pode-se ver que Rui Barbosa demonstra uma preocupação muito maior com a chamada isonomia material do que propriamente com a isonomia formal. Qual seria a diferença entre elas? Quando o texto da lei diz "todos são iguais perante a lei",[35] refere-se ao Rui Barbosa chamava de isonomia formal que, neste caso, não é o que interessa aqui. O que importa para o tema escolhido é a chamada isonomia material, ou seja, quais são as medidas e as previsões práticas que efetivamente buscam reduzir a desigualdade entre as pessoas.

O direito de igualdade consiste em dizer que todos são iguais perante a lei, sem distinção de qualquer natureza, de acordo com a Constituição Federal[36] (CF), artigo 5º, **caput**. Não se admite discriminação de qualquer natureza em relação aos seres humanos. Ora, se não se admite distinção entre os seres humanos, não se poderá sequer cogitar a tomada de direitos dos mais frágeis que, além de tudo, suportaram o peso dos mais jovens anteriormente. Não parece justo, nem mesmo para os leigos, que uma pessoa que se dedicou a pagar um plano de saúde por mais de uma década seja deixada à deriva no momento que mais precisa.

O direito à vida e à saúde é inseparável do princípio da isonomia, que não permite tratamento desigual àqueles que se encontram na mesma situação.

Sendo assim, percebe-se que:

> É inegável que o direito à saúde é fruto e construção histórica e que ele de fato existe, porém a viabilização deste deverá efetivar-se de forma a não proporcionar injustiças, favorecendo aqueles que possuem como única alternativa o tratamento gratuito, devendo o Estado priorizar as ações sociais para quem delas mais necessitem.[37]

---

34. BARBOSA, Rui. Oração aos moços. 5. ed. Rio de Janeiro: Casa de Rui Barbosa, 1997. p. 26. Edição popular anotada por Adriano da Gama Kury. p. 26.
35. BRASIL. Constituição da República Federativa do Brasil: promulgada em 5 de outubro de 1988. 25. ed. São Paulo: Saraiva, 2000. (Coleção Saraiva de Legislação).
36. Art. 5, **caput**. BRASIL. Constituição da República Federativa do Brasil: promulgada em 5 de outubro de 1988. 25. ed. São Paulo: Saraiva, 2000. (Coleção Saraiva de Legislação).
37. GARCIA, Janay. Custeio pelo Estado de medicamentos em fase experimental. Palmas: Appris, 2016. p. 30.

O insituto da portabilidade de carências é também um importante instrumento garantidor do direito à saúde no Brasil. Ele se configura no direito do usuário do plano de saúde de mudar de plano na mesma ou em outra operadora sem ter que cumprir novamente as carências que já foram cumpridas.

Dados fornecidos pela ANS revelam que entre dezembro de 2020 e janeiro de 2021 houve um aumento de 45% na consulta para portabilidade de carências.[38] Esse crescimento se deve à possibilidade de o consumidor que teve o seu contrato muito onerado buscar um plano mais adequado ao seu orçamento sem perder a sua cobertura e voltar a cumprir o período de carência.

O STJ foi muto feliz em contemplar neste julgado também a possibilidade de os usuários terem o direito à portabilidade garantido; isso traz segurança jurídica e autonomia aos consumidores.

Vale ressaltar que a portabilidade[39] pode ser requerida a qualquer tempo, nos termos da Resolução Normativa nº 438, de 2018, da ANS,[40] desde que se cumpra o tempo mínimo de permanência nos planos. Existe também a possibilidade de o ex-funcionário que teve o término do seu vínculo buscar a portabilidade em outros planos. Têm direito a essa possibilidade as pessoas que sofrerem morte do titular do contrato; beneficiário que perde o vínculo de dependência (como filho que atinge a idade limite do plano ou nos casos de divórcio); todos os casos de demissão, exoneração e aposentadoria em que o beneficiário perde o vínculo com a empresa contratante de seu plano de saúde; e quando a operadora ou a pessoa jurídica contratante rompe o contrato.

3. ANÁLISE DOS JULGADOS E DA TESE FIXADA PELO STJ SOBRE AS CONDIÇÕES ASSISTENCIAIS E DE CUSTEIO DO PLANO DE SAÚDE PARA BENEFICIÁRIOS INATIVOS

Como se observa, este julgado é de grande relevância para a jurisprudência nacional, pois estabelece um paradigma que visa proteger os consumidores de abusos praticados por operadoras de saúde em nome do interesse econômico. Ele reforça a necessidade de

---

38. AGÊNCIA NACIONAL DE SAÚDE SUPLEMENTAR. Planos de saúde: interesse pela portabilidade de carências cresceu 12,5% em 2021. Rio de Janeiro: ANS, 2022. Disponível em: https://www.gov.br/ans/pt-br/assuntos/noticias/sobre-ans/planos-de-saude-interesse-pela-portabilidade-de-carencias-cresceu-12-5-em-2021. Acesso em: 20 abr. 2024.

39. AGÊNCIA NACIONAL DE SAÚDE SUPLEMENTAR. Planos de saúde: interesse pela portabilidade de carências cresceu 12,5% em 2021. Rio de Janeiro: ANS, 2022. Disponível em: https://www.gov.br/ans/pt-br/assuntos/noticias/sobre-ans/planos-de-saude-interesse-pela-portabilidade-de-carencias-cresceu-12-5-em-2021. Acesso em: 20 abr. 2024.

40. AGÊNCIA NACIONAL DE SAÚDE SUPLEMENTAR. Resolução Normativa nº 438, de 3 de dezembro de 2018. Dispõe sobre a regulamentação da portabilidade de carências para beneficiários de planos privados de assistência à saúde, revoga a Resolução Normativa – RN nº 186, de 14 de janeiro de 2009 [...] e revoga os artigos 1º, 3º, 4º e 7º e o § 2º do artigo 9º, todos da RN nº 252, de 28 de abril de 2011, que dispõe sobre as regras de portabilidade e de portabilidade especial de carências. Rio de Janeiro: ANS, 2018. Disponível em: https://www.ans.gov.br/component/legislacao/?view=legislacao&task=TextoLei&format=raw&id=MzY1NA==. Acesso em: 10 jan. 2023.

discussão da aplicabilidade do CDC[41] nos contratos de planos de saúde e do princípio da isonomia entre os trabalhadores ativos e inativos, uma vez que a função primeira do contrato de plano de saúde é resguardar a saúde do trabalhador, por isso seria um contrassenso retirar ou até mesmo diminuir a cobertura quando o trabalhador já está em idade avançada e, portanto, mais vulnerável a problemas de saúde.

Assim, este artigo visa a exaltar uma v. decisão que desautoriza a conduta discriminatória por parte do plano de assistência médica, que, repentinamente, optou por aumentar excessivamente os valores da mensalidade para o grupo de inativos em idade avançada, mantendo as condições pactuadas para o grupo de ativos sem alteração significativa de valores, ou seja, fazendo não apenas mera diferenciação – mas efetiva discriminação – entre estes dois grupos, em violação aos preceitos da Lei n. 9.656/98[42] e aos princípios basilares do CDC.[43]

Na prática, a condição verificada nos autos do agravo interno do Recurso Especial n. 1.818.487/SP,[44] na primeira decisão paradigmática apresentada para o Tema n. 1.034,[45] onde a sentença de primeiro grau fora improcedente, e em sede de segundo grau a sentença foi mantida e o recurso desprovido.

> Na sentença, inicialmente o magistrado justifica, que, "na hipótese dos autos, [...] o plano gerido e administrado pela em-empregadora (autogestão), que era destinado apenas aos empregados ativos, foi encerrado, isto é, não mais existe. Por consequência da extinção do plano de saúde mantido pela Volkswagen do Brasil Indústria de Veículos Automotores LTDA, toda a carteira de beneficiários (ativos e inativos) foi migrada para o plano de saúde operado pela Mediservice Operadora de Planos de Saúde S/A (págs. 237/238), nos termos da deliberação aprovada em assembleia do sindicado da categoria profissional do autor (pág. 308)"(e-STJ fl. 387). **O magistrado adotou os seguintes fundamentos: A ex-empregadora ofereceu ao autor "o direito de manutenção como beneficiário, nas mesmas condições de cobertura assistencial de que gozava quando da vigência do contrato de trabalho".** Não há qualquer ressalva de restrição à rede cedenciada de atendimento. **Com isso, o valor integral da prestação mensal deverá corresponder à mensalidade do novo plano de saúde Mediservice Operadora de Planos de Saúde S/A, válido para ativos e inativos (...). Não se justifica a revisão da prestação, que não é abusiva e também não destoa de outros valores praticados pelas operadoras no mercado de consumo. [...] A migração operada pela ex-empregada para o plano de saúde Mediservice Operadora de Planos de Saúde S/A, com forma de custeio**

---

41. BRASIL. Lei nº 8.078, de 11 de setembro de 1990. Dispõe sobre a proteção do consumidor e dá outras providências. Diário Oficial da União: Brasília, DF, 11 set. 1990. Disponível em: http://www.planalto.gov.br/ccivil_03/LEIS/L8078.htm. Acesso em: 2 jan. 2023.

42. BRASIL. Lei nº 9.656, de 3 de junho de 1998. Dispõe sobre os planos e seguros privados de assistência à saúde. Diário Oficial da União: Brasília, DF, 4 jun. 1998. Disponível em: https://www.planalto.gov.br/ccivil_03/leis/l9656.htm. Acesso em: 17 jan. 2023.

43. BRASIL. Lei nº 8.078, de 11 de setembro de 1990. Dispõe sobre a proteção do consumidor e dá outras providências. Diário Oficial da União: Brasília, DF, 11 set. 1990. Disponível em: http://www.planalto.gov.br/ccivil_03/LEIS/L8078.htm. Acesso em: 2 jan. 2023.

44. BRASIL. Supremo Tribunal Federal. Recurso Especial 1.818.487/SP, 2ª Turma, relator Min. Antonio Carlos Ferreira, j. 25 nov. 2020, **DJe** 1 fev. 2021.

45. BRASIL. Superior Tribunal de Justiça. Tema nº 1.034. Definir quais condições assistenciais e de custeio do plano de saúde devem ser mantidas a beneficiários inativos, nos termos do art. 31 da Lei n. 9.656/1998. Relator: Presidente do STJ. Brasília, DF: Superior Tribunal de Justiça, 2022. https://www.stj.jus.br/internet_docs/biblioteca/clippinglegislacao/Sumula_608_2018_segunda_secao.pdf. Acesso em: 2 fev. 2023.

pautado em faixas etárias e com as mesmas condições de cobertura ao do antigo plano, é lícita. "Não há ilegalidade na migração de inativo de plano de saúde se a recomposição da base de usuários (trabalhadores ativos, aposentados e demitidos em justa causa) em um modelo único, na modalidade pré-pagamento por faixas etárias, foi medida necessária para se evitar a inexequibilidade do modelo antigo" (STJ, acórdão supramencionado) (e-STJ fls. 387/389, grifo nosso).[46]

Ora, o respeitável magistrado considerou que o plano de saúde era destinado exclusivamente aos funcionários ativos como podemos observar na decisão supracitada e também considerou que a não abusividade se escorando nos valores praticados pelo mercado.

Esta decisão afrontava a própria finalidade básica dos contratos de saúde, uma vez que, com o aumento exacerbado das mensalidades para os inativos com idade avançada, seria inviável a manutenção do contrato, quebrando a lídima expectativa de consumidores que contribuíram por mais de 10 anos para fazer jus ao benefício, e que, quando mais necessitassem, se veriam desamparados.

Esse tipo de prática chama atenção pela sua notória desproporcionalidade e, por que não dizer, desigualdade. Não há qualquer liame de razoabilidade em deixar os segurados – justamente na faixa etária em que mais precisam – sem o amparo e a proteção do plano de saúde. O que estava ocorrendo é que os funcionários inativos tinham o seu contrato onerado de forma abusiva; assim, a operadora de saúde, bem como a empresa contratante do plano, forçavam os inativos a abandonarem o plano, que se tornava muito oneroso.

Enfim, o CDC[47] foi o pilar que sustentou a tese esposada na v. decisão e deve, sim, ser sempre fonte de proteção aos consumidores, somente o CDC tem o condão de proteger de forma efetiva e proporcianal os consumidores diante da imposição do interesse economico sobre os verdadeiros ideais constitucionais, garantindo assim uma equiparação da força frente às grandes e multimilionárias operadoras de planos de saúde.

O artigo 31 da Lei n. 9.656/98[48] trata da paridade de preços e condições entre ativos e inativos. Com uma mera análise do dispositivo, nota-se a intenção do legislador em proteger o beneficiário que utiliza o plano há mais de uma década. Confira-se:

> Art. 31. Ao aposentado que contribuir para produtos de que tratam o inciso I e o § 1º do art. 1º desta Lei, em decorrência de vínculo empregatício, pelo prazo mínimo de dez anos, é assegurado o direito de manutenção como beneficiário, **nas mesmas condições de cobertura assistencial de que gozava quando da vigência do contrato de trabalho**, desde que assuma o seu pagamento integral (grifo nosso).[49]

---

46. BRASIL. Supremo Tribunal Federal. Recurso Especial 1.818.487/SP, 2ª Turma, relator Min. Antonio Carlos Ferreira, j. 25 nov. 2020, DJe 1 fev. 2021.
47. BRASIL. Lei nº 8.078, de 11 de setembro de 1990. Dispõe sobre a proteção do consumidor e dá outras providências. Diário Oficial da União: Brasília, DF, 11 set. 1990. Disponível em: http://www.planalto.gov.br/ccivil_03/LEIS/L8078.htm. Acesso em: 2 jan. 2023.
48. BRASIL. Lei nº 9.656, de 3 de junho de 1998. Dispõe sobre os planos e seguros privados de assistência à saúde. Diário Oficial da União: Brasília, DF, 4 jun. 1998. Disponível em: https://www.planalto.gov.br/ccivil_03/leis/l9656.htm. Acesso em: 17 jan. 2023.
49. BRASIL. Lei nº 9.656, de 3 de junho de 1998. Dispõe sobre os planos e seguros privados de assistência à saúde. Diário Oficial da União: Brasília, DF, 4 jun. 1998. Disponível em: https://www.planalto.gov.br/ccivil_03/leis/l9656.htm. Acesso em: 17 jan. 2023.

Além disso, a legislação consumerista também assegura expressamente a impossibilidade de que a diferença se dê de forma discriminatória e excessivamente onerosa ao consumidor. Em relação à afetação de recursos especiais (recursos repetitivos), a jurisprudência majoritária do STJ para a hipótese dos autos garantem o direito obtido pelos requerentes: a primeira corrente, amplamente majoritária, pressupõe a impossibilidade total de se estabelecerem critérios e preços diferenciados entre funcionários ativos e inativos que levam em consideração tanto o CDC quanto o supracitado artigo 31 da Lei n. 9.656/98.[50]

E também, calcadas no artigo 39 da Lei n. 8.078/90,[51] que dispõe: "É vedado ao fornecedor de produto ou serviços, dentre outras práticas abusivas: [...] XIII – aplicar fórmula ou índice de reajuste diverso do legal ou contratualmente estabelecido".

Já a segunda corrente, minoritária, flexibiliza, de forma excepcionalíssima, a possibilidade de se estabelecerem critérios diferenciados de modelo de custeio entre ativos e inativos, mas destaca a impossibilidade de que a diferença se dê de forma discriminatória e excessivamente onerosa ao consumidor. Assim sendo, o que se verifica é que, seja qual for a orientação a ser adotada, a manobra pretendida pela operadora não encontra qualquer amparo de legalidade.

No Tribunal de Justiça de Minas Gerais,[52] a orientação jurisprudencial vigente está alinhada com o majoritário entendimento do STJ, no sentido de que o artigo 31 da Lei n. 9.656/98[53] garante ao inativo "as mesmas condições de que gozava", por certo se refere também ao preço pactuado.

Na interpretação dos artigos 30 e 31 da Lei n. 9.656/1998,[54] deve-se atender à finalidade das normas, que é a de proteger a saúde do ex-empregado, demitido sem justa causa ou aposentado, assegurando-lhe a faculdade de se manter como beneficiário do plano de saúde usufruído em decorrência da relação de emprego; nas mesmas condições de cobertura assistencial de que gozava quando da vigência do contrato de trabalho. Para os fins destes dois artigos, deve-se entender por pagamento integral; valor da contribuição do ex-empregado, enquanto vigente seu contrato de trabalho, e da parte

---

50. BRASIL. Lei nº 9.656, de 3 de junho de 1998. Dispõe sobre os planos e seguros privados de assistência à saúde. Diário Oficial da União: Brasília, DF, 4 jun. 1998. Disponível em: https://www.planalto.gov.br/ccivil_03/leis/l9656.htm. Acesso em: 17 jan. 2023.

51. BRASIL. Lei nº 8.078, de 11 de setembro de 1990. Dispõe sobre a proteção do consumidor e dá outras providências. Diário Oficial da União: Brasília, DF, 11 set. 1990. Disponível em: http://www.planalto.gov.br/ccivil_03/LEIS/L8078.htm. Acesso em: 2 jan. 2023.

52. BRASIL. Tribunal de Justiça de Minas Gerais. Apelação Cível 1.0000.16.079133-1/002, 15ª Câmara Cível, relator Des. Tiago Pinto, j. 17 out. 2019, DJe 18 out. 2019.

53. BRASIL. Lei nº 9.656, de 3 de junho de 1998. Dispõe sobre os planos e seguros privados de assistência à saúde. Diário Oficial da União: Brasília, DF, 4 jun. 1998. Disponível em: https://www.planalto.gov.br/ccivil_03/leis/l9656.htm. Acesso em: 17 jan. 2023.

54. BRASIL. Lei nº 9.656, de 3 de junho de 1998. Dispõe sobre os planos e seguros privados de assistência à saúde. Diário Oficial da União: Brasília, DF, 4 jun. 1998. Disponível em: https://www.planalto.gov.br/ccivil_03/leis/l9656.htm. Acesso em: 17 jan. 2023.

antes subsidiada por sua ex-empregadora, pelos preços praticados aos funcionários em atividade acrescido dos reajustes legais.[55]

No segundo caso paradigmático – REsp n. 1.816.482/SP[56] –, a decisão de 1º Grau considerou ilegal a diferenciação entre ativos e inativos e determinou a concessão de todos os benefícios do contrato de plano de saúde do autor. Em 2º Grau foi dado provimento parcial ao recurso de apelação da ré, no tocante ao valor da mensalidade: "O direito à continuidade como beneficiário não implica o de pagar o mesmo custo antes existente, mas sim de pagar os custos atuais", devendo a quantia ser apurada em liquidação.

A decisão ocorre sob o entendimento da não aplicabilidade do artigo 30, § 1º, da Lei n. 9.656/98,[57] pois deve-se apenas computar o período de contribuição do recorrido a outros planos de saúde, e não apenas ao plano pleno. Soma-se a esta leitura o fato de o recorrido não ter permanecido como beneficiário pelo período mínimo de 10 anos exigido pelo dispositivo. Interpreta também a aplicação do artigo 31 do mesmo título da norma balizadora, elucidando assim a determinação pela manutenção do plano pleno, não devendo existir segregação entre os empregados ativos e inativos.

Neste caso é possível verificar claramente a aplicação do princípio da isonomia para que se faça a diferenciação dos planos referentes aos funcionários ativos e inativos. Isto se vê na decisão do Tribunal de Justiça de São Paulo a seguir, em que o magistrado se balizou em critérios para a não concessão do benefício ao funcionário inativo:

> E. Tribunal de Justiça de São Paulo afirmou que (i) não deve ser aplicado o artigo 30, § 1º, da Lei 9.656/98, pois deve ser computado o período que o Recorrido contribuiu com outros planos de saúde, e não apenas no Plano Pleno, e (ii) ao interpretar o artigo 31 da mesma lei, afirmou que o Recorrido deve ser mantido no Plano Pleno e não em plano exclusivo para ex-empregados, pois seria "inviável a segregação das apólices dos funcionários ativos e dos inativos" (fls. 577). Nesse contexto, restou negada vigência ao artigo 30, § 1º da Lei 9.656/98, pois o próprio acórdão reconhece que o Recorrido não permaneceu como beneficiário do Documento: 1996523 – Inteiro Teor do Acórdão.[58]

A correta aplicação do artigo 31 da Lei n. 9.656/1998[59] requer que ativos e inativos sejam inseridos em um modelo único de plano de saúde, oferecendo a todos condições assistenciais, no que se inclui paridade na forma e nos valores de custeio. No entanto,

---

55. STJ, REsp 1713619/SP, Rel. Ministra Nancy Andrighi, Terceira Turma, julgado em 16.10.2018, DJe 12.11.2018). (TJMG – Apelação Cível 1.0554.16.001349-2/002, Relator: Des. Fernando Lins, 18ª Câmara Cível, julgamento em 12.02.2019, publicação da súmula em 15.02.2019) (BRASIL. Supremo Tribunal Federal. Recurso Especial 1.818.487/SP, 2ª Turma, relator Min. Antonio Carlos Ferreira, j. 25 nov. 2020, **DJe** 1 fev. 2021).

56. BRASIL. Supremo Tribunal Federal. Recurso Especial 1.816.482/SP, 2ª Turma, relator Min. Antonio Carlos Ferreira, j. 9 dez. 2020, **DJe** 1 fev. 2021.

57. BRASIL. Lei nº 9.656, de 3 de junho de 1998. Dispõe sobre os planos e seguros privados de assistência à saúde. Diário Oficial da União: Brasília, DF, 4 jun. 1998. Disponível em: https://www.planalto.gov.br/ccivil_03/leis/l9656.htm. Acesso em: 17 jan. 2023.

58. BRASIL. Supremo Tribunal Federal. Recurso Especial 1.816.482/SP, 2ª Turma, relator Min. Antonio Carlos Ferreira, j. 9 dez. 2020, DJe 1º fev. 2021.

59. BRASIL. Lei nº 9.656, de 3 de junho de 1998. Dispõe sobre os planos e seguros privados de assistência à saúde. Diário Oficial da União: Brasília, DF, 4 jun. 1998. Disponível em: https://www.planalto.gov.br/ccivil_03/leis/l9656.htm. Acesso em: 17 jan. 2023.

faz-se necessária a fixação de critérios como foi feito na supracitada decisão quando tratou da exigência do tempo de permanência.

> 2. O propósito recursal é definir o alcance da determinação legal "mesmas condições de cobertura assistencial de que gozava quando da vigência do contrato de trabalho, desde que assuma o seu pagamento integral", expressa no art. 31 da Lei 9.656/98, para o aposentado ou o demitido sem justa causa mantido no plano de saúde fornecido por seu ex-empregador. [...] 4. O art. 31 da Lei 9.656/98, regulamentado pela Resolução Normativa 279/2011 da ANS, não alude a possibilidade de um contrato de plano de saúde destinado aos empregados ativos e outro destinado aos empregados inativos. E, quanto ao ponto da insurgência recursal, não faz distinção entre "preço" para empregados ativos e empregados inativos. 5. O "pagamento integral" da redação do art. 31 da Lei 9.656/98 deve corresponder ao valor da contribuição do ex-empregado, enquanto vigente seu contrato de trabalho, e da parte antes subsidiada por sua ex-empregadora, pelos preços praticados aos funcionários em atividade, acrescido dos reajustes legais. Precedentes.[60]

No que tange à análise do terceiro caso paradigmático – REsp n. 1.829.862/SP[61] –, a sentença foi improcedente, pois considerou que os valores exigidos estão compatíveis com as tabelas apresentadas de ativos e inativos. Em 2º Grau o recurso foi improvido e a sentença mantida, apesar de a autora esclarecer que preenche todos os requisitos artigo 31 da Lei n. 9.656,[62] e que a recorrida, para manter a autora no contrato, altera faixa de cobrança para faixa etária e aplica índice de reajuste que inviabiliza a manutenção do plano. Vejamos techo importante da decisão de primeiro grau sobre a matéria:

> Em síntese, se a parte autora estivesse em atividade, arcaria com os mesmos valores que ora lhes são cobrados, ressalvado o benefício concedido, razão pela qual inexiste abusividade. No tocante à taxa média familiar nacional, não se aplica aos inativos, visto que deixaram de receber subsídio do empregador, passando a arcar com a integralidade do valor da mensalidade, nos termos do contrato. Argumentar de forma contrária implicaria estender o subsidio à inatividade.[63]

Pode-se ver na decisão supracitada que o magistrado, apesar de verificar o aumento de 151%, que teria elevado a mensalidade de R$ 407,07 para R$ 1.024,66, considerou que este aumento foi devido à ausência da parcela que cabia ao empregador, não havendo violação ao disposto no artigo 31 da Lei n. 9.656/1998[64] (e-STJ fl. 198).

Fato é que não seria razoável fazer com que o empregador continue suportando parcela do plano de saúde de funcionários inativos, no entanto há que se haver a apli-

---

60. BRASIL. Supremo Tribunal Federal. Recurso Especial 1.713.619/SP, 3ª Turma, relatora Ministra Nancy Andrighi, j. 16 out. 2018, DJe 12 nov. 2018.
61. BRASIL. Supremo Tribunal Federal. Recurso Especial 1.816.482/SP, 2ª Turma, relator Min. Antonio Carlos Ferreira, j. 9 dez. 2020, DJe 1º fev. 2021.
62. BRASIL. Lei nº 9.656, de 3 de junho de 1998. Dispõe sobre os planos e seguros privados de assistência à saúde. Diário Oficial da União: Brasília, DF, 4 jun. 1998. Disponível em: https://www.planalto.gov.br/ccivil_03/leis/l9656.htm. Acesso em: 17 jan. 2023.
63. BRASIL. Supremo Tribunal Federal. Recurso Especial 1.829.862, 2ª Turma, relator Min. Antonio Carlos Ferreira, j. 9 dez. 2020, DJe 1º fev. 2021.
64. BRASIL. Superior Tribunal de Justiça. Tema nº 1.034. Definir quais condições assistenciais e de custeio do plano de saúde devem ser mantidas a beneficiários inativos, nos termos do art. 31 da Lei n. 9.656/1998. Relator: Presidente do STJ. Brasília, DF: Superior Tribunal de Justiça, 2022. https://www.stj.jus.br/internet_docs/biblioteca/clippinglegislacao/Sumula_608_2018_segunda_secao.pdf. Acesso em: 2 fev. 2023.

cação de critérios que protejam os consumidores de forma objetiva contra aumentos dessa natureza. Não se pode considerar que o aumento de 151% em um plano de saúde seja plausível.

A conclusão é clara: se a lei federal, a partir da vontade do legislador, optou por conferir ao empregado inativo que tenha contribuído com o plano por mais de 10 anos "direito de manutenção como beneficiário, nas mesmas condições de cobertura assistencial de que gozava quando da vigência do contrato de trabalho",[65] não pode a ANS inovar, corromper a **mens legis** da norma, e muito menos revogar artigo de lei federal sob a suposta alegação de estar regulamentando o sistema privado de saúde, mesmo porque a finalidade da ANS é ou deveria ser de regulamentar o setor com o intuito de proteger o consumidor, e não jogá-lo aos leões.

A incongruência do argumento sustentado pela operadora de fato não resiste a nenhum critério hermenêutico de valoração e escalonamento da norma. Isso porque quando o artigo 31 da Lei n. 9.656/98[66] condiciona o exercício do benefício e a continuidade do plano "desde que assuma o seu pagamento integral", por certo está se referindo ao valor pago pelo funcionário ativo somado ao valor complementado pela operadora. É simples! Do contrário, teria a norma estabelecido a possibilidade de prática de valores diversos a depender da condição do beneficiário (ativo ou inativo).

Tudo a revelar que é manifestamente ilegal a diferenciação pretendida pelas operadoras que, antes de tudo, achacam os requerentes com um sistema deliberadamente preparado para extirpar o grupo de idade avançada da cobertura assistencial, de forma assumidamente discriminatória.

Vale ainda ressaltar recente precedente da Terceira Turma, publicado em abril de 2020, que, além dos argumentos já lançados para atestar a afronta ao artigo 31 da Lei dos Planos de Saúde,[67] destaca a figura da solidariedade entre as gerações, ao afirmar que "na contratação de plano exclusivo para os ex-empregados, as condições de preço do ex-empregado poderão ser diferentes das dos empregados ativos":

> 1. Polêmica acerca da paridade entre os preços e condições de reajuste dos planos de saúde para empregados e ex-empregados. [...] 3. Necessidade de se assegurar paridade entre os preços e critérios de reajuste dos planos para ativos e inativos, tendo em vista o elevado índice de sinistralidade da classe dos inativos. 4. Preservação da solidariedade entre gerações que emana Lei 9.656/1998, segundo a qual mais jovens contribuem com um valor maior, proporcionalmente

---

65. BRASIL. Superior Tribunal de Justiça. Tema nº 1.034. Definir quais condições assistenciais e de custeio do plano de saúde devem ser mantidas a beneficiários inativos, nos termos do art. 31 da Lei n. 9.656/1998. Relator: Presidente do STJ. Brasília, DF: Superior Tribunal de Justiça, 2022. https://www.stj.jus.br/internet_docs/biblioteca/clippinglegislacao/Sumula_608_2018_segunda_secao.pdf. Acesso em: 2 fev. 2023.

66. BRASIL. Lei nº 9.656, de 3 de junho de 1998. Dispõe sobre os planos e seguros privados de assistência à saúde. Diário Oficial da União: Brasília, DF, 4 jun. 1998. Disponível em: https://www.planalto.gov.br/ccivil_03/leis/l9656.htm. Acesso em: 17 jan. 2023.

67. BRASIL. Lei nº 9.656, de 3 de junho de 1998. Dispõe sobre os planos e seguros privados de assistência à saúde. Diário Oficial da União: Brasília, DF, 4 jun. 1998. Disponível em: https://www.planalto.gov.br/ccivil_03/leis/l9656.htm. Acesso em: 17 jan. 2023.

à sinistralidade, a fim de custear parte da elevadaconstribuição devida pelos assistidos idosos. Doutrina sobre o tema.[68]

Realmente, a medida pretendida pelas operadoras traz uma ilegalidade insuperável, pois desconsidera que funcionários inativos contribuíram durante longos anos com o mesmo valor de referência dos funcionários ativos. Em outras palavras, enquanto jovens e ativos, e quando não traziam sinistralidade relevante para o grupo de funcionários da empresa, os ora requerentes contribuíram financeiramente com um valor proporcionalmente maior do que aqueles que, naquele momento, já eram idosos ou aposentados. Depreende-se que a manutenção das condições, na hipótese dos autos, é uma consequência positivada do mutualismo existente, revelando um pacto tácito entre as diversas gerações de empregados passados, atuais e futuros, a fim de que seja viável a manutenção do contrato de assistência médica para todos.

O fato é que justamente quando mais necessitam, os requerentes não podem ter extirpado o benefício ou tê-lo alterado de forma discriminatória e casuística, especialmente pela leitura canhestra e ilegal da norma de regência pretendida pela operadora. A permissão para a quebra da solidariedade entre as gerações, que emana da Lei n. 9.656/98,[69] tem caráter discriminatório aos beneficiários inativos com idade avançada e impõe uma onerosidade excessiva.

A única linha que daria azo à outra perspectiva jurisprudencial diz respeito à possibilidade de que sejam separados os ativos e inativos em diferentes modalidades de custeio, em situações excepcionalíssimas, e quando comprovadamente esta se justificar para evitar o colapso e a ruína da operadora de saúde e da empregadora, como se oberva nesta jurisprudência:

> 1. Na hipótese do artigo 31 da Lei 9.656/98, mantidas as condições de cobertura assistencial da ativa, não há que se falar em direito adquirido do aposentado ao regime de custeio do plano de saúde coletivo empresarial vigente à época do contrato de trabalho, revelando-se lícita sua migração para novo plano, na modalidade pré-pagamento por faixa etária, se necessário o redesenho do sistema para evitar o seu colapso (exceção da ruína), afastadas a onerosidade excessiva ao consumidor e a discriminação ao idoso.[70]

A exceção trazida por parte da jurisprudência definitivamente não se aplica ao caso dos autos. Até porque a exceção de ruína, ao passo que permite que o rigorismo e a perenidade do vínculo existente entre as partes sofram excepcionalmente algumas flexibilizações, não legitima a odiosa discriminação aos beneficiários inativos.

---

68. BRASIL. Supremo Tribunal Federal. Recurso Especial 1.818.488/SP, 3ª Turma, relator Min. Ricardo Villas Bôas Cueva, j. 17 jun. 2019, DJe 1º jul. 2019.

69. BRASIL. Lei nº 9.656, de 3 de junho de 1998. Dispõe sobre os planos e seguros privados de assistência à saúde. Diário Oficial da União: Brasília, DF, 4 jun. 1998. Disponível em: https://www.planalto.gov.br/ccivil_03/leis/l9656.htm. Acesso em: 17 jan. 2023.

70. BRASIL. Supremo Tribunal Federal. Recurso Especial 1.629.259/SP, 4ª Turma, relator Min. Luis Felipe Salomão, j. 21 jun. 2018, DJe 28 jun. 2018.

4. CONSIDERAÇÕES FINAIS

Diante de tudo que foi dito, temos por certo que o princípio da isonomia é um dos marcos fundadores do estado democrático de direito, e deve sempre prevalecer sobre o interesse puramente econômico.

O artigo 5º da nossa Carta Magna é claro quando diz que todos são iguais perante a lei. Na prática, sabe-se não funciona desta maneira, no entanto cabe ao poder judiciário a função de proteger os interesses dos vulneráveis e assegurar o fiel cumprimento dos mandamento constitucionais.

Quando se fala em princípios contitucionais, há de se considerar que eles são indissociaveis, isto é, não há como separar o princípio da isonomia da garantia do direito à saúde, da liberdade e até mesmo da dignidade da pessoa humana.

No presente artigo, apesar da vasta legislação e posicionamentos jurisprudenciais citados, pode-se dizer que o princípio mais importante que está presente é, sem dúvida, o princípio da isonomia.

O Judiciário sempre será chamado para suprir as lacunas legais e garantir a efetiva aplicabilidade da norma que garante os direitos personalíssimos dos cidadãos. Diante disso, cabe aos operadores do direito exaltarem e revelarem a importância da aplicabilidade dos princípios constitucionais como forma de proteger os mais vulneráveis frente ao interesse meramente econômico.

Sabe-se que a legislação brasileira é bem robusta quando se trata de direitos personalíssimos, no entanto o Judiciário sempre será a pedra de toque que garante o respeito e a efetividade desses direitos. Com isso, conclui-se que o respeito a toda a legislação pertinente à saúde é direito fundacional do estado democrático de direito, e sem a atuação e a tutela do poder judiciário as pessoas ficariam desamparadas diante dos grandes e poderosos.

REFERÊNCIAS

BARBOSA, Rui. Oração aos moços. 5. ed. Rio de Janeiro: Casa de Rui Barbosa, 1997. Edição popular anotada por Adriano da Gama Kury.

GARCIA, Janay. Custeio pelo Estado de medicamentos em fase experimental. Palmas: Appris, 2016.

MARINONI, Luiz Guilherme; ARENHART, Sérgio Cruz; MITIDIERO, Daniel. Novo curso de processo civil: teoria do processo civil. 5. ed. São Paulo: Ed. RT, 2019. v. 1.

VIEIRA, Oscar Vilhena. Direitos fundamentais: uma leitura da jurisprudência do STF. São Paulo: Malheiros Editores, 2007.

REAJUSTES POR FAIXA ETÁRIA DE PLANOS DE SAÚDE DA MODALIDADE INDIVIDUAL OU FAMILIAR À LUZ DO ESTATUTO DO IDOSO

Carolina Martins Uscocovich[1]

Karin Cristina Bório Mancia[2]

Maitê Pinheiro Machado[3]

Decisão paradigma: BRASIL. Superior Tribunal de Justiça (STJ). Tema Repetitivo nº 952. **Recurso Especial nº 1568244/RJ**, 2ª Seção, relator Min. Ricardo Villas Bôas Cueva, 2ª Seção, j. 14. dez. 2016.

Sumário: 1. Descrição do caso – 2. Notas introdutórias sobre os planos de saúde: a forma de atualização das mensalidades e outros aspectos contratuais – 3. Exame das normas da ans acerca dos reajustes contratuais – 4. A legalidade das cláusulas contratuais previstas nos contratos de plano de saúde, à luz do estatuto do idoso e do código de defesa do consumidor – 5. Análise da decisão do STJ que define parâmetros para a aplicação do reajuste conforme a mudança da faixa-etária em planos individuais ou familiares – 6. Conclusão – Referências.

1. DESCRIÇÃO DO CASO

Trata-se de acórdão proferido pelo Superior Tribunal de Justiça no julgamento do REsp 1568244/RJ, tendo como relator o Ministro Ricardo Villas Bôas Cueva, o qual fora indicado como representativo de controvérsia, resultando no Tema 952 do STJ.

A parte autora ajuizou ação de revisão de cláusulas contratuais combinada com pedido de indenização por danos morais contra seu plano de saúde visto que, após completar a idade de 59 anos, em julho de 2010, foi informada que em setembro de 2010 o valor das prestações mensais do plano na modalidade individual, sofreria majoração de 88%, passando de "R$ 157,80 para R$ 316,63 em virtude da mudança de faixa etária". Sustentou, assim, que o reajuste seria ilegal e abusivo e requereu:

---

1. Pós-graduada em Direito Médico pela FMP e pela PUC/PR. Membro do Grupo Direito da Saúde e Empresas Médicas (UNICURITIBA), liderado pelo prof. Miguel Kfouri Neto. Advogada.
2. Mestre em Direito Econômico e Socioambiental pela PUC/PR. Pós-graduada em Direito Empresarial pela PUC/PR. Professora de Direito Empresarial no UniCuritiba. Coordenadora Geral da Escola Paranaense de Direito. Advogada.
3. Pós-graduada em Direito Médico pelo Centro Universitário Curitiba (UNICURITIBA). Bacharel em Direito pela Pontifícia Universidade Católica do Paraná (PUC/PR). Membro do Grupo Direito da Saúde e Empresas Médicas (UNICURITIBA), liderado pelo prof. Miguel Kfouri Neto. Membro da Comissão de Saúde da OAB/PR Gestão 2022-2024. Advogada. Endereço eletrônico: maitepinheiromachado@gmail.com.

a) seja declarada nula a cláusula nona, parágrafo 1º do contrato firmada e ao agastamento do reajuste abusivo da mensalidade pela faixa etária de 88% (oitenta e oito por cento), aplicado a partir de setembro de 2010; b) a fixação do reajuste pelo índice anual estabelecido pela ANS que em 2010 foi de 6,76 ou a média dos últimos três reajustes por faixa etária previstos no contrato (9%); c) a condenação da ré a devolver os valores pagos indevidamente, em dobro ou ao menos, na forma simples; d) a condenação da ré ao pagamento de danos morais. (trecho retirado da exordial)

Em primeiro grau, decidiu-se que, diante da ciência da autora do reajuste contratual e como a autora não era considerada idosa (59 anos), os pedidos restaram improcedentes. A autora recorreu e, no Tribunal estadual, reiterou-se a interpretação de que os reajustes não eram ilegais ou abusivos.

A autora, inconformada, recorreu ao Superior Tribunal de Justiça. O julgamento do Recurso Especial em questão foi submetido à Segunda Seção do STJ, conforme o rito dos artigos 1.036 e 1.037 do Código de Processo Civil (Recurso Especial repetitivo). Foram admitidas como *amici curia* diversas entidades, como o Instituto Brasileiro de Política e Direito do Consumidor – BRASILCON; União Nacional das Instituições de Autogestão em Saúde – UNIDAS; Associação de Defesa dos Usuários de Seguros, Planos e Sistemas de Saúde – ADUSESP; e Confederação Nacional das Cooperativas Médicas – UNIMED DO BRASIL, evidenciando a grande importância e relevância do julgado, bem como o largo espectro de discussão envolvido.

Perante o STJ, a interpretação foi similar para a autora, não restando configurada excessiva onerosidade ou cobrança discriminatória. Houve, contudo, importante orientação firmada no julgado: ainda que tenha se decidido pela validade do reajuste das mensalidades dos planos de saúde individual ou familiar, o reajuste somente será válido se houver expressa previsão contratual, cumulada com observância das normativas de órgãos regulamentadores e os percentuais de reajustes aplicados não sejam "desarrazoados ou aleatórios que, concretamente e sem base atuarial idônea, onerem excessivamente o consumidor ou discriminem o idoso".

Apesar do entendimento delineado na decisão, o tema ainda é bastante polêmico. Afinal, é justo aumentar o valor do plano no momento em que o usuário, pessoa idosa, mais necessita fazer uso dele? Será que existe observância das operadoras a esses limites? Existe transparência com os usuários acerca dos valores que estão sendo pagos e a forma dos reajustes? É explicado aos usuários essas regras quando adquirem planos? A fim de elucidar tais questionamentos, compõe-se o presente estudo.

2. NOTAS INTRODUTÓRIAS SOBRE OS PLANOS DE SAÚDE: A FORMA DE ATUALIZAÇÃO DAS MENSALIDADES E OUTROS ASPECTOS CONTRATUAIS

O sistema de saúde brasileiro é complexo. Organizado a partir do mandamento do direito fundamental dos art. 6º e 196 da Constituição da República, o modelo nacional de realização do direito à saúde segue um arranjo solar, no qual o Sistema Único de Saúde (SUS) figura enquanto sol e a seu redor orbitam saúde complementar e suplementar.

Sendo o SUS a estrela-guia da saúde brasileira, gravita para si toda a prestação do direito à saúde, em suas mais diferentes facetas: vigilância em saúde, vigilância sanitária, vigilância ambiental, assistência farmacêutica e saúde enquanto prestação de serviços à população. Diante de rol tão extenso, não surpreende que exista necessidade de assistência privada para realização de todas as promessas constitucionais.

Neste cenário aparecem saúde complementar e suplementar. Enquanto saúde complementar é a prestação de serviços SUS por serviços particulares, saúde suplementar refere-se à prestação de serviços por planos de saúde.

A saúde complementar é regulada pela Agência Nacional de Saúde Suplementar (ANS), autarquia em regime especial vinculada ao Ministério da Saúde, que realiza a fiscalização da qualidade de prestação e dos custos dos planos e seguros de saúde, o que figura enquanto tema do presente trabalho.

Pode ser conceituado plano de saúde enquanto serviço de "prestação privada de assistência médico-hospitalar na esfera do subsistema da saúde privada por operadoras de planos de saúde",[4] no qual se dá:

> (...) cobertura das despesas associadas a doenças e acidentes pessoais que afetem a saúde do consumidor, os quais são eventos de natureza aleatória, imprevisíveis e indesejados pelo consumidor. Tem-se, assim, a caracterização do risco protegido pelo plano de saúde: a despesa decorrente de tratamentos de doença ou de acidente pessoal. Tratam-se de eventos incertos em sua grande maioria, ou certos porém de data e magnitude incertas, e cuja ocorrência independe da vontade das partes.[5]

Quanto aos tipos de planos de saúde disponíveis no mercado, podemos listar planos individuais, familiares, coletivo empresarial, coletivo por adesão e, mais modernamente, planos para Microempreendedor Individual (MEI), Micro e Pequenas Empresas (MPE) ou Pequenas e Médias Empresas (PME). Cada um desses planos conterá o atendimento específico para o grupo de pessoas para os quais se destina, podendo incluir atendimento ambulatorial, hospitalar com ou sem obstetrícia e, até, odontologia.

Quanto à precificação de um serviço de plano de saúde, trata-se de tarefa desafiadora.[6] Compreender a fundo a "caixa preta" da precificação ultrapassa os propósitos do presente trabalho. Mas vale uma breve incursão: para entregar uma proposta de plano de saúde, a operadora deve considerar a possível frequência de uso, com base no total de usuários, em face do custo médio dos procedimentos que serão acobertados pelo

---

4. SCHULMAN, Gabriel. **Planos de Saúde**: Saúde e Contrato na Contemporaneidade. São Paulo: Renovar, 2009. p. 201.

5. CARNEIRO, Luiz Augusto Ferreira. Princípios básicos de seguros e planos de saúde. p. 67-94. In: MELLO, Marco Aurélio; CARNEIRO, Luiz Augusto Ferreira et al (Coord.). **Planos de saúde**: aspectos jurídicos e econômicos. Rio de Janeiro: Forense, 2013. p. 80.

6. Segundo o Ministro Marco Aurélio Mello, inclusive, se o judiciário interferir na formação de preços das operadoras de planos de saúde, estará formando "(...) modalidade de jurisprudência paternalista é aquela que insiste em rever as formas e métodos de cálculos dos contratos privados de assistência à saúde". MELLO, Marco Aurélio. Saúde suplementar, segurança jurídica e equilíbrio econômico-financeiro. p. 3-16. In: MELLO, Marco Aurélio; Luiz Augusto Ferreira Carneiro et al (Coord.). **Planos de saúde**: aspectos jurídicos e econômicos. Rio de Janeiro: Forense, 2013. p. 8.

plano. Somado a isso, precisa considerar uma taxa de aumento de preços por segurança a ser aplicada anualmente, bem como "obter uma mensalidade que permita, além de financiar o uso, cobrir todos os demais custos do plano de saúde e ainda proporcionar algum retorno à operadora".[7]

Neste sentido, destaca a doutrina:

> (...) a organização do mercado de seguros [e planos de saúde] pressupõe que se possam segregar os consumidores em grupos de riscos semelhantes, de forma que todos os indivíduos do mesmo grupo tenham a mesma probabilidade de incorrer no risco segurado e, portanto, paguem prêmios do mesmo valor. (...) Logo, no contexto do plano de saúde, quanto mais idosa a pessoa, maiores tendem a ser os riscos relacionados aos gastos com a sua saúde.[8]

Determinar o preço justo é a maior dificuldade das operadoras e seguradoras de saúde suplementar, quando ofertam os planos de saúde,[9] ainda mais diante da iminente inversão da pirâmide etária, bem como da transformação da prestação de saúde em bem de consumo por parte da saúde complementar que atende à população idosa.

Com essa mudança no setor, mais do que nunca prestando serviços à população acima dos 60 anos, importa investigar as cláusulas contratuais constantes nos planos de saúde.

3. EXAME DAS NORMAS DA ANS ACERCA DOS REAJUSTES CONTRATUAIS

Inicialmente, quando pensamos em reajuste, o termo nos remete à alteração de valores de um determinado contrato, que busca um equilíbrio, tanto para o contratante, como para o contratado. Em termos de reajuste contratual aplicado às mensalidades de plano de saúde, a ANS regula tanto os planos individuais e familiares,[10] como os coletivos,[11] ainda que as regras e aplicações sejam diferentes para cada uma das modalidades.

---

7. MONTENEGRO, Roberto Alves de Lima. **Formação de preços para planos de saúde**: assistência médica e odontológico. São Paulo: Érica, 2015. p. 175.

8. CARNEIRO, Luiz Augusto Ferreira. Princípios básicos de seguros e planos de saúde. p. 67-94. In: In: MELLO, Marco Aurélio; Luiz Augusto Ferreira Carneiro et al (Coord.). **Planos de saúde**: aspectos jurídicos e econômicos. Rio de Janeiro, Forense, 2013. p. 82.

9. CORDEIRO FILHO, Antônio. **Cálculo atuarial aplicado**: teorias e aplicações – exercícios resolvidos e propostos. 2. ed. São Paulo: Atlas, 2014. p. 200.

10. **BRASIL**. Diretoria Colegiada da Agência Nacional de Saúde. **Resolução Normativa nº 565, de 2022**. Dispõe sobre os critérios para aplicação de reajuste das contraprestações pecuniárias dos planos privados de assistência suplementar à saúde, médico-hospitalares, com ou sem cobertura odontológica, e dos planos privados de assistência suplementar à saúde exclusivamente odontológicos, contratados por pessoas físicas ou jurídicas e dispõe sobre o agrupamento de contratos coletivos de planos privados de assistência à saúde para fins de cálculo e aplicação de reajuste. "Art. 3º Dependerá de prévia autorização da ANS a aplicação de reajustes das contraprestações pecuniárias dos planos individuais ou familiares de assistência suplementar à saúde médico-hospitalares, com ou sem cobertura odontológica, que tenham sido contratados após 1º de janeiro de 1999 ou adaptados à Lei nº 9.656, de 1998".

11. **BRASIL**. Diretoria Colegiada da Agência Nacional de Saúde. **Resolução Normativa nº 565, de 2022**. Dispõe sobre os critérios para aplicação de reajuste das contraprestações pecuniárias dos planos privados de assistência suplementar à saúde, médico-hospitalares, com ou sem cobertura odontológica, e dos planos privados de assistência suplementar à saúde exclusivamente odontológicos, contratados por pessoas físicas ou jurídicas e dispõe sobre o agrupamento de contratos coletivos de planos privados de assistência à saúde para fins de

Nesse sentido, os tipos de reajustes, legalmente previstos, que podem incidir sobre os contratos de plano de saúde são: (i) reajuste por variação dos custos assistenciais,[12] popularmente conhecido como "reajuste de aniversário de contrato", pois a cada 12 (doze) meses completados da data da contratação, há reajuste a ser aplicado, que tem como base a variação do custo médico-hospitalar; (ii) reajuste por mudança de faixa etária,[13] popularmente conhecido como "reajuste por idade", o qual determina o período da vida/idade em que haverá tal reajuste; e (iii) reajuste por sinistralidade,[14] popularmente conhecido como "reajuste por reavaliação técnica".

Em consulta ao sítio da ANS, encontra-se a explicação com relação ao reajuste anual das diversas modalidades:

> Nos planos individuais ou familiares, o percentual máximo de reajuste que pode ser aplicado pelas operadoras é definido pela ANS. (...) No caso dos planos coletivos com 30 beneficiários ou mais, estes possuem reajuste definido em contrato e estabelecido a partir da relação comercial entre a empresa contratante e a operadora, em que há espaço para negociação entre as partes. [...] No caso dos reajustes de planos coletivos com até 29 beneficiários, a ANS estabelece uma regra específica de agrupamento de contratos. Dessa forma, todos os contratos coletivos com até 29 vidas de uma mesma operadora devem receber o mesmo percentual de reajuste anual. O objetivo é diluir o risco desses contratos, oferecendo maior equilíbrio no cálculo do reajuste.[15]

Quanto ao reajuste por idade, a autarquia indica que o reajuste deve seguir as faixas etárias determinadas e por ela autorizadas, a fim de proteger o contratante que, com o passar dos anos de vida, precisa ainda mais dos serviços do plano de saúde. Ainda, a

---

cálculo e aplicação de reajuste. "Art. 24. Nenhum contrato coletivo poderá sofrer qualquer variação positiva na contraprestação pecuniária em periodicidade inferior a doze meses, inclusive aquela decorrente de revisão ou reequilíbrio econômico-atuarial do contrato, ressalvadas as variações em razão de mudança de faixa etária, migração e adaptação do contrato à Lei nº 9.656, de 1998, bem como a regra prevista no art. 11-A da Resolução Normativa nº 137, de 14 de novembro de 2006, ou outra norma que vier a sucedê-la."

12. **BRASIL. Lei nº 9.656, de 3 de junho de 1998**. Dispõe sobre os planos e seguros privados de assistência à saúde. **Diário Oficial da República Federativa do Brasil,** Brasília, DF, 3 junho 1998. "Art. 17-A. As condições de prestação de serviços de atenção à saúde no âmbito dos planos privados de assistência à saúde por pessoas físicas ou jurídicas, independentemente de sua qualificação como contratadas, referenciadas ou credenciadas, serão reguladas por contrato escrito, estipulado entre a operadora do plano e o prestador de serviço. § 3º A periodicidade do reajuste de que trata o inciso II do § 2º deste artigo será anual e realizada no prazo improrrogável de 90 (noventa) dias, contado do início de cada ano-calendário".

13. **BRASIL. Lei nº 9.656, de 3 de junho de 1998**. Dispõe sobre os planos e seguros privados de assistência à saúde. **Diário Oficial da República Federativa do Brasil,** Brasília, DF, 3 junho 1998.
"Art. 15. A variação das contraprestações pecuniárias estabelecidas nos contratos de produtos de que tratam o inciso I e o § 1º do art. 1º desta Lei, em razão da idade do consumidor, somente poderá ocorrer caso estejam previstas no contrato inicial as faixas etárias e os percentuais de reajustes incidentes em cada uma delas, conforme normas expedidas pela ANS, ressalvado o disposto no art. 35-E. Parágrafo único. É vedada a variação a que alude o *caput* para consumidores com mais de sessenta anos de idade, que participarem dos produtos de que tratam o inciso I e o § 1º do art. 1º, ou sucessores, há mais de dez anos".

14. **BRASIL**. Diretoria Colegiada da Agência Nacional de Saúde. **Resolução Normativa nº 19, de 2002**. Dispõe sobre a revisão técnica dos planos privados de assistência à saúde e dá outras providências. "Art. 2º Define-se por Revisão Técnica a correção de desequilíbrios constatados nos planos privados de assistência à saúde a que se refere o art. 1º, mediante reposicionamento dos valores das contraprestações pecuniárias, mantidas as condições gerais do contrato".

15. **ANS**. Agência Nacional de Saúde. Disponível em: https://www.ans.gov.br/aans/noticias-ans/consumidor/ 6202-entenda-o-reajuste-do-plano-de-saude. Acesso em: 23 jan. 2023.

ANS determina que as faixas etárias de reajuste devam ser as mesmas, independente do tipo de plano contratado, ou seja, individual/familiar ou coletivo, variando somente "conforme a data de contratação do plano e os percentuais de variação precisam estar expressos no contrato".[16]

Num primeiro momento, as situações de reajustes parecem muito simples, porém, é preciso enfatizar a diferença entre os contratos individuais e familiares para os coletivos, existindo nestes últimos um contraponto importante.[17] Para os contratos individuais ou familiares, visto a informação acima colacionada, o percentual de reajuste anual é definido pela ANS com base nas planilhas de custos apresentadas pelas operadoras de plano de saúde, ou seja, todo ano a Agência é quem autoriza o percentual máximo de reajuste pelas operadoras de planos de saúde nesta modalidade.[18] Com relação ao reajuste dos contratos coletivos, a ANS exige diversas regras,[19] mas o percentual anual acaba sendo definido pela própria operadora de plano de saúde que presta o serviço à determinada categoria profissional ou empresa contratante.

Conhecido o panorama geral, direcionando as normativas estudadas à luz dos direitos da pessoa idosa, o art. 15 da Lei nº 9.656/98[20] demonstra o cuidado com o idoso, pois no parágrafo, indica a vedação da variação de mensalidade para os consumidores com mais de 60 anos de idade, o que também é garantido pelo Estatuto do Idoso, no art. 15, §

---

16. **ANS**. Agência Nacional de Saúde. Disponível em: https://www.ans.gov.br/aans/noticias-ans/consumidor/6202-entenda-o-reajuste-do-plano-de-saude. Acesso em: 23 jan. 2023.
17. Ainda que não seja objeto deste trabalho analisarmos o cálculo aritmético utilizado para aplicar os reajustes, é importante ressaltarmos a forma com que este custo é operado, pois impacta diretamente à última faixa etária, que é alvo do presente estudo.
18. **BRASIL**. Diretoria Colegiada da Agência Nacional de Saúde. **Resolução Normativa nº 565, de 2022**. Dispõe sobre os critérios para aplicação de reajuste das contraprestações pecuniárias dos planos privados de assistência suplementar à saúde, médico-hospitalares, com ou sem cobertura odontológica, e dos planos privados de assistência suplementar à saúde exclusivamente odontológicos, contratados por pessoas físicas ou jurídicas e dispõe sobre o agrupamento de contratos coletivos de planos privados de assistência à saúde para fins de cálculo e aplicação de reajuste. "Art. 4º As autorizações de reajuste devem ser solicitadas por meio do aplicativo Gestão Eletrônica de Autorização de Reajuste – GEAR, conforme procedimentos descritos na Instrução Normativa nº 51, de 27 de janeiro de 2017, da Diretoria de Normas e Habilitação dos Produtos, ou em norma que vier a sucedê-la".
19. "Além disso, as operadoras devem seguir regras determinadas pela ANS para aplicação dos reajustes coletivos, tais como: obrigatoriedade de comunicação do índice aplicado e de informações no boleto de pagamento e fatura; periodicidade do reajuste e impossibilidade de discriminação de preços e reajustes entre beneficiários de um mesmo contrato e produto; obrigatoriedade de disponibilização à pessoa jurídica contratante da memória de cálculo do reajuste e metodologia utilizada com o mínimo de 30 dias de antecedência da data prevista para a aplicação do reajuste. E, após a efetiva aplicação do reajuste em contrato coletivo, os consumidores podem solicitar formalmente à administradora de benefícios ou à operadora a memória de cálculo e a metodologia utilizada, que têm prazo máximo de 10 dias para o fornecimento". ANS. Disponível em: https://www.ans.gov.br/aans/noticias-ans/consumidor/6202-entenda-o-reajuste-do-plano-de-saude. Acesso em: 23 jan. 2023.
20. **BRASIL. Lei nº 9.656, de 3 de junho de 1998**. Dispõe sobre os planos e seguros privados de assistência à saúde. **Diário Oficial da República Federativa do Brasil**, Brasília, DF, 3 junho 1998. Art. 15. A variação das contraprestações pecuniárias estabelecidas nos contratos de produtos de que tratam o inciso I e o § 1º do art. 1º desta Lei, em razão da idade do consumidor, somente poderá ocorrer caso estejam previstas no contrato inicial as faixas etárias e os percentuais de reajustes incidentes em cada uma delas, conforme normas expedidas pela ANS, ressalvado o disposto no art. 35-E.

3º[21]. Além destes dispositivos, a Resolução Normativa nº 63/2003 da ANS, regulamenta quais são as faixas etárias, atualmente, em que haverá a aplicação do reajuste por idade, sendo 59 anos a última faixa em que pode haver o reajuste por idade.

Outra análise importante, dentro do contexto dos direitos da pessoa idosa, é relativa à data de comercialização do plano de saúde, pois para planos que tenham sido comercializados entre 02.01.1999 e 31.12.2003, as faixas etárias nas quais incidirão reajuste são aquelas disciplinadas na Resolução do CONSU nº 06/98, ocorrendo a limitação de reajuste apenas aos 70 anos, oportunidade em que o valor da mensalidade não poderá corresponder a 6 vezes o valor da primeira faixa etária.

Após exposição do panorama geral das normas relacionadas à legalidade dos reajustes, existindo definição legal e com entendimento consolidado pelo STJ, pode-se concluir que a aplicação de reajustes é lícita, desde que sejam respeitadas as permissões legais, sem abusividades, visando, de fato, o equilíbrio econômico-financeiro do contrato, sendo o percentual de reajuste a ser aplicado razoável e que o reajuste aplicado possibilite a permanência do usuário no plano.

4. A LEGALIDADE DAS CLÁUSULAS CONTRATUAIS PREVISTAS NOS CONTRATOS DE PLANO DE SAÚDE, À LUZ DO ESTATUTO DO IDOSO E DO CÓDIGO DE DEFESA DO CONSUMIDOR

Uma das principais preocupações da população é com a sua saúde, e em relação aos idosos esse cuidado é ainda maior. Em um sistema público de saúde que não consegue alcançar a totalidade da população com excelência, muitos recorrem à saúde suplementar com o intuito de obter um serviço de qualidade e que atenda às suas necessidades, seja através da contratação de um plano de saúde na modalidade individual, familiar e até mesmo por meio dos coletivos.

A mudança demográfica no Brasil[22] traz uma atenção especial quanto ao acesso dos idosos ao plano de saúde, pois o envelhecimento populacional gera uma maior cautela com a saúde, e em sendo utilizado com mais frequência, o custo anual aumenta significativamente, o que pode desencadear em um quadro de rescisão contratual em massa, ou em inadimplência e consequentemente sobrecarga do SUS.

---

21. **BRASIL. Lei nº 10.741, de 1 de outubro de 2003**. Dispõe sobre o Estatuto da Pessoa Idosa e dá outras providências. **Diário Oficial da República Federativa do Brasil,** Brasília, DF, 3 outubro 2003 Art. 15. É assegurada a atenção integral à saúde da pessoa idosa, por intermédio do Sistema Único de Saúde (SUS), garantindo-lhe o acesso universal e igualitário, em conjunto articulado e contínuo das ações e serviços, para a prevenção, promoção, proteção e recuperação da saúde, incluindo a atenção especial às doenças que afetam preferencialmente as pessoas idosas.§ 3º É vedada a discriminação da pessoa idosa nos planos de saúde pela cobrança de valores diferenciados em razão da idade.

22. "(...) O número de jovens começou a decrescer e o de idosos a crescer, assim houve uma mudança na estrutura etária da população brasileira." DO NASCIMENTO, M. V.; DIAS DIÓGENES, V. H. Transição Demográfica no Brasil: Um Estudo Sobre o Impacto do Envelhecimento Populacional na Previdência Social. **Revista Evidenciação Contábil &amp**; Finanças, *[S. l.]*, v. 8, n. 1, p. 43, 2020. Disponível em: https://periodicos.ufpb.br/index.php/recfin/article/view/45463. Acesso em: 24 jan. 2023.

Se analisado pelo lado do consumidor, diversas são as indagações, pois, no momento em que o idoso mais precisa do plano de saúde, as mensalidades alcançam valores exorbitantes, as quais aumentam substancialmente com o passar dos anos, em razão dos reajustes. Como já afirmado, o cerne do presente artigo se traduz na verificação acerca da legalidade das cláusulas contratuais, previstas nos contratos de plano de saúde, à luz do Estatuto do Idoso e do Código de Defesa do Consumidor (CDC).

Inicialmente, há necessidade de visualizar a relação plano de saúde *versus* beneficiários à luz do Código de Defesa do Consumidor (Lei nº 8.078/90), pois antecede a Lei nº 9.656/98, conhecida como "Lei dos Planos de Saúde" e, desta forma, influencia a forma como ocorre – ou deveriam ocorrer – as obrigações entre as partes contratantes.

Gregori[23] ensina que o CDC tem regras imperativas e obrigatórias, e que seus ditames legais estabelecem normas de proteção e defesa do consumidor, razão pela qual as cláusulas estabelecidas pelas partes não podem contrariar ditas regras, uma vez que as normativas sobrepõem aos interesses da sociedade e não dos particulares. Extrai-se dessa ideia, que o CDC contém preceitos gerais que fixam princípios fundamentais das relações de consumo[24] e, face à vulnerabilidade do beneficiário/consumidor, o microssistema é aplicável aos contratos de planos de saúde, exceto aos administrados por entidades de autogestão,[25] sendo tal perquirição pertinente.

A primeira premissa que se faz importante analisar é acerca dos dispositivos do CDC que influenciam diretamente na relação entre beneficiário e operadora de plano de saúde quanto ao dever informativo, quais sejam, os art. 6º,[26] 31[27] e 46[28] do Código de Defesa do Consumidor. Esses artigos merecem uma análise mais atenta em razão da carga protetiva ao consumidor nos contratos de consumo, dentre os quais figura o contrato de plano de saúde.

O art. 6º apresenta o dever de informação clara sobre o produto que está sendo contratado; o art. 31 reassegura o dever informativo, destacando a necessidade de informação quanto a prazos e riscos à saúde e segurança do consumidor, o que, em

---

23. GREGORI, Maria Stella. **Planos de Saúde**: a ótica de proteção do consumidor. 4. ed. rev., atual e ampl. São Paulo: Thomson Reuters Brasil, 2019. p. 93.
24. GREGORI, Maria Stella. **Planos de Saúde**: a ótica de proteção do consumidor. 4. ed. rev., atual e ampl. São Paulo: Thomson Reuters Brasil, 2019. p. 94.
25. **BRASIL**. Supremo Tribunal de Justiça. **Súmula nº 608**. Aplica-se o Código de Defesa do Consumidor aos contratos de plano de saúde, salvo os administrados por entidades de autogestão. Disponível em https://www.stj.jus.br/internet_docs/biblioteca/clippinglegislacao/Sumula_608_2018_segunda_secao.pdf. Acesso em: 25 jan. 2023.
26. Art. 6º São direitos básicos do consumidor: [...] III – a informação adequada e clara sobre os diferentes produtos e serviços, com especificação correta de quantidade, características, composição, qualidade, tributos incidentes e preço, bem como sobre os riscos que apresentem.
27. Art. 31. A oferta e apresentação de produtos ou serviços devem assegurar informações corretas, claras, precisas, ostensivas e em língua portuguesa sobre suas características, qualidades, quantidade, composição, preço, garantia, prazos de validade e origem, entre outros dados, bem como sobre os riscos que apresentam à saúde e segurança dos consumidores.
28. Art. 46. Os contratos que regulam as relações de consumo não obrigarão os consumidores, se não lhes for dada a oportunidade de tomar conhecimento prévio de seu conteúdo, ou se os respectivos instrumentos forem redigidos de modo a dificultar a compreensão de seu sentido e alcance.

matéria de planos de saúde, tem importância ainda mais premente; por fim, o art. 46 também alude ao dever de informação, ao assegurar que ao consumidor não é obrigatório o conhecimento prévio do que está sendo contratado, sendo o ônus de explanar do contratado.

Ademais, em consonância com as disposições do CDC, verifica-se que o artigo 16 da Lei n° 9.656/98[29] traz o rol de cláusulas obrigatórias que devem constar de todos os contratos de plano de saúde. São elencados os requisitos do contrato de plano de saúde, dentre eles a exigência de apresentar o prazo de vigência, o tipo de produto e cobertura contratada e, principalmente, as faixas para reajustes.

Em exame ao dispositivo acima, correlacionado aos deveres do CDC, verifica-se que, obrigatoriamente, as cláusulas contratuais que disponham sobre os critérios para aplicação dos reajustes das mensalidades do plano de saúde devem ser claras e devidamente informadas, necessitando existir material explicativo que descreva em "linguagem simples e precisa todas as suas características, direitos e obrigações".

Nesse mesmo sentido Nelson Nery Júnior aduz que a informação, para ser devidamente entregue e compreendida pelo consumidor, não deve ser somente lida, mas preferencialmente demonstrada por meio de formulários e outras estratégias didáticas. Desta feita, não estariam satisfeitos os deveres do microssistema consumerista diante da "mera cognoscibilidade das bases do contrato, pois o sentido teleológico e finalista da norma indica dever do fornecedor dar efetivo conhecimento ao consumidor de todos os direitos e deveres que decorrerão do contrato".[30]

Ocorre que, no caso dos reajustes anuais na modalidade individual ou familiar, apenas a título de exemplo, a memória de cálculo e a metodologia utilizada para aplicá-los não possui linguagem simples e precisa, muito pelo contrário. Os cálculos se constroem através de linguagem hermética e que, na maioria das vezes, necessita de um profissional especializado para avaliar se, de fato, o reajuste aplicado estava correto.

Seguindo o mesmo pensamento, Cláudia Lima Marques infere que cláusulas de contratos de adesão não são transparentes ao consumidor, em razão de sua unilateralidade, em favor do fornecedor dos serviços, sendo também abusivas as cláusulas

---

29. Art. 16. Dos contratos, regulamentos ou condições gerais dos produtos de que tratam o inciso I e o § 1° do art. 1° desta Lei devem constar dispositivos que indiquem com clareza: I – as condições de admissão; II – o início da vigência; III – os períodos de carência para consultas, internações, procedimentos e exames; *IV – as faixas etárias e os percentuais a que alude o caput do art. 15;* V – as condições de perda da qualidade de beneficiário; VI – os eventos cobertos e excluídos; VII – o regime, ou tipo de contratação: a) individual ou familiar; b) coletivo empresarial; ou c) coletivo por adesão; VIII – a franquia, os limites financeiros ou o percentual de coparticipação do consumidor ou beneficiário, contratualmente previstos nas despesas com assistência médica, hospitalar e odontológica; IX – os bônus, os descontos ou os agravamentos da contraprestação pecuniária; X – a área geográfica de abrangência; *XI – os critérios de reajuste e revisão das contraprestações pecuniárias;* XII – número de registro na ANS. Parágrafo único. *A todo consumidor titular de plano individual ou familiar será obrigatoriamente entregue, quando de sua inscrição, cópia do contrato, do regulamento ou das condições gerais dos produtos de que tratam o inciso I e o § 1° do art. 1°, além de material explicativo que descreva, em linguagem simples e precisa, todas as suas características, direitos e obrigações.*

30. JUNIOR, Nelson Nery. **Código de Defesa do Consumidor**. 5. ed. São Paulo: Forense, 2004, p. 384-385.

contratuais que preveem reajustes de planos de saúde, as quais não indiquem a forma pela qual serão reajustados os valores.[31]

Sobre os cálculos, a Resolução Normativa nº 441/2018 da ANS traz os seguintes parâmetros:

Art. 2º O IRPI será o resultado da ponderação do Índice de Valor das Despesas Assistenciais (IVDA) e do Índice de Preços ao Consumidor Amplo do Instituto Brasileiro de Geografia e Estatística Expurgado do subitem Plano de Saúde (IPCA Expurgado), nas seguintes proporções: I – 80% (oitenta por cento) para o IVDA; II – 20% (vinte por cento) para o IPCA Expurgado. Art. 3º O IVDA é composto pelos seguintes fatores: I – Variação das Despesas Assistenciais (VDA) dos planos individuais de cobertura médico-hospitalar celebrados após a vigência da Lei nº 9.656, de 1998; II – Fator de Ganhos de Eficiência (FGE); e III – Variação da Receita por Faixa Etária (VFE) dos planos individuais de cobertura médico-hospitalar celebrados após a vigência da Lei nº 9.656, de 1998. Art. 4º A VDA é o índice único que mensura a variação da despesa assistencial média dos planos individuais de cobertura médico-hospitalar celebrados após a vigência da Lei nº 9.656, de 1998. Art. 5º O FGE é o índice único que estabelece um estímulo a ganhos de eficiência na gestão das despesas assistenciais pelas Operadoras de Planos de Assistência à Saúde.

Parágrafo único. O FGE corresponderá a um percentual da VDA, calculado a cada quatro anos e aplicado anualmente. Art. 6º O VFE é o índice único que mensura a recomposição da receita das Operadoras de Planos de Assistência à Saúde pelos reajustes por mudança de faixa etária dos planos individuais de cobertura médico-hospitalar celebrados após a vigência da Lei nº 9.656, de 1998. Art. 7º O IPCA Expurgado é o índice único de correção da parcela referente às despesas não assistenciais das Operadoras de Planos de Assistência à Saúde.

Como forma de cálculo, a mesma Resolução apresenta a seguinte disposição:

Art. 8º O IRPI será calculado por meio das seguintes parcelas, conforme critérios dispostos nos Anexos desta Resolução Normativa – RN: I – VDA deduzida do FGE e dividida pelo VFE, cujo resultado será multiplicado por 80% (oitenta por cento); e II – IPCA Expurgado multiplicado por 20% (vinte por cento).

A leitura dos dispositivos supramencionados não é, de forma alguma, simples, o que confirma que muitas informações são mantidas exclusivamente pelas operadoras de planos de saúde, em que a 'caixa preta' não é aberta e divulgada aos usuários. A situação se agrava quando estamos diante de um consumidor/beneficiário de idade avançada, pois se a compreensão das informações sobre os reajustes é obscura e de difícil entendimento ao público em geral, eleva-se a dificuldade do idoso em assimilar e até mesmo questionar a operadora sobre a metodologia utilizada.

Somado a isso, os contratos de plano de saúde são interpretados, em geral, como contratos de adesão, não tendo o beneficiário poder de alterar e discutir as cláusulas do contrato. Ou seja, as cláusulas são impostas aos usuários, que se submetem à assinatura sem qualquer poder de negociação, é o que nos ensina Rizzato Nunes: "contrato de adesão tem esse nome pelo fato de que suas cláusulas são estipuladas unilateralmente

---

31. MARQUES, Claudia Lima. **Contratos no Código de Defesa do Consumidor**: o novo regime das relações contratuais. 6. ed., atual. e ampl. São Paulo: Ed. RT, 2011, p. 1143.

(no caso, pelo fornecedor), cabendo à outra parte (aqui o consumidor) aquiescer a seus termos, aderindo a ele".[32]

Contudo, apesar de o consumidor não possuir o poder de alterar as cláusulas contratuais, possui a proteção do CDC. Neste sentido, insta mencionar que o artigo 51, inc. IV, do CDC[33] esclarece que as cláusulas que estabeleçam obrigações abusivas e que coloquem o consumidor em desvantagem exagerada são consideradas nulas de pleno direito.

Dito isto, faz-se necessário observar os ditames do Estatuto do Idoso (Lei nº 10.741/2003) que baseiam algumas das indagações realizadas no presente artigo.[34] O principal dispositivo, que traz a reflexão sobre a legalidade desta diferenciação de cobrança, em face tão somente da idade, está consubstanciado no artigo 15, § 3º, do Estatuto do Idoso,[35] do qual se extrai que, não somente é vedada a discriminação do idoso com relação à cobrança de valores diferenciados, mas também quanto à discriminação dos idosos em um contexto geral de saúde.

Tal proibição se reflete na grande quantidade de processos judiciais que envolvem discussões acerca dos valores de mensalidades dos planos de saúde de pessoas idosas, bem como da rescisão unilateral imotivada, presumindo uma seletiva contratual baseada meramente no aspecto financeiro.[36] Nesse sentido, segue um exemplo de julgado do TJSP, no qual

> (...) Autores idosos com 80 e 82 anos de idade, que ficaram privados do plano de saúde por três meses, mesmo estando com as mensalidades em dia e não terem solicitado cancelamento da apólice, correndo risco, em razão da idade, de necessitar de atendimento emergencial que certamente seria negado. Danos materiais e morais devidos. Indenização extrapatrimonial fixada em R$5.000,00 para cada um dos autores adequada (...)[37]

---

32. GREGORI, 2019 apud RIZZATO NUNES, 2000, p. 128.

33. "Art. 51. São nulas de pleno direito, entre outras, as cláusulas contratuais relativas ao fornecimento de produtos e serviços que: (...) IV – estabeleçam obrigações consideradas iníquas, abusivas, que coloquem o consumidor em desvantagem exagerada, ou sejam incompatíveis com a boa-fé ou a equidade (...)".

34. Não tem o presente artigo a intenção de exaurir os dispositivos legais que permeiam a relação beneficiário x operadora de plano de saúde, concentrando-se apenas e tão somente na legalidade dos reajustes da mensalidade dos planos de saúde, quando em pauta a hipervulnerabilidade da pessoa idosa e a sua necessidade e preocupação quanto ao cuidado com a sua saúde.

35. Art. 15. É assegurada a atenção integral à saúde da pessoa idosa, por intermédio do Sistema Único de Saúde (SUS), garantindo-lhe o acesso universal e igualitário, em conjunto articulado e contínuo das ações e serviços, para a prevenção, promoção, proteção e recuperação da saúde, incluindo a atenção especial às doenças que afetam preferencialmente as pessoas idosas. § 3º É vedada a discriminação da pessoa idosa nos planos de saúde pela cobrança de valores diferenciados em razão da idade.

36. Conforme resultados obtidos por meio de pesquisa realizada, pelos autores do presente artigo, no website do TJPR (https://portal.tjpr.jus.br/jurisprudencia/), entre 01 de fevereiro de 2013 e 01 fevereiro de 2023, foram encontrados 166 registros em resposta à pesquisa com as palavras-chaves "plano de saúde"; "faixa etária" e "idoso". Já no âmbito do TJSP (https://www.tjsp.jus.br/SecaoDireitoPrivado/SecaoDireitoPrivado/JurisprudenciaSecao), a pesquisa feita por subseções, perante a subseção de Direito Privado I, foram localizados 23.885 resultados, mas vale ressaltar que não foi possível selecionar o período de 10 anos no buscador do referido tribunal, o qual limita o período de busca a somente 1 ano.

37. **BRASIL**. Tribunal de Justiça do Estado de São Paulo (TJSP). **Apelação Cível nº 1006920-71.2022.8.26.0011**, 7ª Câmara de Direito Privado, relator Des. José Rubens Queiroz Gomes, j. 5 dez. 2022, *DJe* 5 dez. 2022.

Conclui-se que, apesar de existirem normas acerca do reajuste aplicável aos contratos de planos de saúde, ainda que válidas e lícitas, a redação e prática dessas normas, quando empregadas aos contratos das pessoas idosas, devem ser contextualizadas à luz do Código de Defesa do Consumidor e Estatuto do Idoso. Isso porque há vedação quanto à cobrança dos valores diferenciados em razão da idade, bem como quanto à informação para que seja transmitida de forma clara e transparente, restando vedado o enriquecimento sem causa do plano de saúde.

5. ANÁLISE DA DECISÃO DO STJ QUE DEFINE PARÂMETROS PARA A APLICAÇÃO DO REAJUSTE CONFORME A MUDANÇA DA FAIXA-ETÁRIA EM PLANOS INDIVIDUAIS OU FAMILIARES

Como mencionado anteriormente, o acórdão em Recurso Especial repetitivo, proferido pelo Superior Tribunal de Justiça (STJ), no julgamento do REsp nº 1568244/RJ, teve como relator o Ministro Ricardo Villas Bôas Cueva e foi indicado como representativo de controvérsia, resultando no Tema 952 do STJ.

A questão central debatida no acórdão foi a validade de cláusula contratual de plano de saúde na modalidade individual ou familiar, a qual prevê aumento da mensalidade conforme a mudança de faixa etária do usuário. O STJ avaliou, sob a luz da legislação pátria, a legalidade do acórdão proferido pelo Tribunal de Justiça do Rio de Janeiro (TJRJ), que havia concluído não serem ilegais ou abusivos os reajustes praticados pelo Plano de saúde individual demandado.

Segundo o TJRJ, nos contratos de seguro de saúde, de trato sucessivo, os valores cobrados a título de prêmio ou mensalidade guardam relação de proporcionalidade com o grau de probabilidade de ocorrência do evento risco coberto. Maior o risco, maior o valor do prêmio. Assim, "parece óbvia a constatação que quanto mais avançada a idade da pessoa, independente de estar ou não ela enquadrada legalmente como idosa, maior é a probabilidade de contrair problema que afete sua saúde".

O Estatuto do Idoso, em seu art. 15, § 3º, continuou o TJRJ, "veda 'a discriminação do idoso nos planos de saúde pela cobrança de valores diferenciados em razão da idade'. Entretanto, "a incidência de tal preceito não autoriza uma interpretação literal que determine, abstratamente, que se repute abusivo todo e qualquer reajuste baseado em mudança de faixa etária do idoso".

Assim, somente "o reajuste desarrazoado, injustificado, que, em concreto, vise de forma perceptível a dificultar ou impedir a permanência do segurado idoso no plano de saúde implica na vedada discriminação, violadora da garantia da isonomia". Portanto, se o reajuste está previsto contratualmente e guarda proporção com o risco e se foram preenchidos os requisitos estabelecidos na Lei nº. 9.656/1998, o aumento seria legal, concluiu o TJRJ.

Ao julgar o Recurso Especial em comento, o STJ cancelou o julgamento do TJRJ, compreendendo que, para evitar abusividades (Súmula nº 469/STJ) nos reajustes das contraprestações pecuniárias dos planos de saúde da modalidade individual ou familiar, alguns parâmetros deveriam ser observados, tais como (i) a expressa previsão contratual; (ii) não serem aplicados índices de reajuste desarrazoados ou aleatórios, que onerem em demasia o consumidor; (iii) respeito às normas expedidas pelos órgãos governamentais. Relativamente ao respeito às normas, destacou o STJ que:

a) No tocante aos contratos antigos e não adaptados, isto é, aos seguros e planos de saúde firmados antes da entrada em vigor da Lei nº 9.656/1998, deve-se seguir o que consta no contrato, respeitadas, quanto à abusividade dos percentuais de aumento, as normas da legislação consumerista e, quanto à validade formal da cláusula, as diretrizes da Súmula Normativa nº 3/2001 da ANS.

b) Em se tratando de contrato (novo) firmado ou adaptado entre 2/1/1999 e 31.12.2003, deverão ser cumpridas as regras constantes na Resolução CONSU nº 6/1998, a qual determina a observância de 7 (sete) faixas etárias e do limite de variação entre a primeira e a última (o reajuste dos maiores de 70 anos não poderá ser superior a 6 (seis) vezes o previsto para os usuários entre 0 e 17 anos), não podendo também a variação de valor na contraprestação atingir o usuário idoso vinculado ao plano ou seguro saúde há mais de 10 (dez) anos.

c) Para os contratos (novos) firmados a partir de 1º/1/2004, incidem as regras da RN nº 63/2003 da ANS, que prescreve a observância (i) de 10 (dez) faixas etárias, a última aos 59 anos; (ii) do valor fixado para a última faixa etária não poder ser superior a 6 (seis) vezes o previsto para a primeira; e (iii) da variação acumulada entre a sétima e décima faixas não poder ser superior à variação cumulada entre a primeira e sétima faixas.

Deste modo, para o STJ, a abusividade dos aumentos das mensalidades de plano de saúde por inserção do usuário na nova faixa de risco, notadamente de participantes idosos, deverá ser aferida em cada caso concreto. Será adequado e razoável sempre que o percentual de majoração for justificado atuarialmente, a permitir a continuidade contratual tanto de jovens quanto de idosos, bem como a sobrevivência do próprio fundo e da operadora, haja vista a natureza da atividade econômica explorada.

Em que pese o acerto do STJ, sobretudo ao identificar que a questão do aumento da mensalidade em razão da mudança de faixa etária do usuário merecia tratamento uniforme entre os Tribunais Pátrios, por intermédio da sistemática dos recursos repetitivos, pecou o STJ ao deixar de enfrentar o maior problema quando o assunto é o aumento por faixa etária aos idosos, qual seja, a tendência dos planos de saúde em aumentar exageradamente a cobrança dos valores da última faixa etária (uma questão, aliás, levada de forma recorrente ao Judiciário).

Neste sentido, relembre-se o anteriormente exposto, que a Resolução Normativa da ANS nº 63, de 20 de dezembro de 2003 (revogada em dezembro de 2022 pela RN nº 563, porém, sem alterações em seu texto) estabeleceu faixas e limites adicionais para a variação dos prêmios: entre a primeira e a sétima faixa e entre a sétima e a décima faixa. Ainda, o ato normativo determina que o valor fixado para a última faixa etária (59 anos ou mais) não pode ser superior a seis vezes o valor da primeira faixa (0 a 18). Além disso, a variação acumulada entre a sétima e a décima faixas não pode ser superior à variação acumulada entre a primeira e a sétima faixas.

Com base nas diretrizes da ANS, e realizando-se uma conta pelo critério de soma aritmética de percentuais, não raro há um excesso relevante judicializável. No entanto, sob o rito dos recursos repetitivos, por ocasião do julgamento do Tema 1.016 do STJ,[38] relativamente aos planos coletivos, a incompreensível e ininteligível forma de cálculo realizada pelas operadoras passou a ser considerada legal, e por consequência, os aumentos, ainda que percentualmente altos, passaram a ser considerados legais.

Como destacou o Ministro Paulo de Tarso Sanseverino, Relator do Tema 1.016, a metodologia de cálculo das proporções definidas na Resolução Normativa ANS 63/2003 é controvérsia presente em grande número de recursos, fato que levou à instauração do Incidente de Resolução de Demandas Repetitivas (IRDR) 11 no Tribunal de Justiça de São Paulo (TJSP), o qual ascendeu ao STJ nos autos do REsp 1.873.377 – um dos recursos representativos da controvérsia do Tema 1.016.

A polêmica, esclareceu o Ministro, situa-se na proporção estatuída no inciso II, e consiste em saber se o cálculo da variação acumulada deve ser feito por meio da soma aritmética de índices, ou por meio do cotejo dos valores absolutos dos preços. Sanseverino ressaltou que, no IRDR 11, o TJSP firmou tese segundo a qual "a interpretação correta do artigo 3º, II, da Resolução 63/2003 da ANS é aquela que observa o sentido matemático da expressão 'variação acumulada', referente ao aumento real de preço verificado em cada intervalo, devendo-se aplicar, para sua apuração, a respectiva fórmula matemática, estando incorreta a soma aritmética de percentuais de reajuste ou o cálculo de média dos percentuais aplicados em todas as faixas etárias".

Confira-se, nesse sentido, a fórmula referenciada pelo STJ: *Variação acumulada no intervalo = {[(i1/100) +1] x [(i2/100) +1] ... x [(in/100) +1] – 1}x100.* Trata-se, a toda evidência, de equação incompreensível para o consumidor, e até mesmo para o operador de Direito razoavelmente familiarizado com a temática, dificultando sobremaneira a compreensão apriorística de uma cobrança abusiva praticada pelo plano de saúde.

Portanto, com base no julgamento firmado STJ a partir dos Temas 952 e 1.016, a forma de cálculo realizada pelas operadoras passou a ser considerada legal, e por consequência, os aumentos, ainda que percentualmente altos, passaram a ser considerados legais, o que parece estar, em última síntese, em confronto com as diretrizes emanadas pelo Código de Defesa do Consumidor e o Estatuto do Idoso, ofendendo o princípio da razoabilidade e impingindo desvantagem exagerada ao consumidor idoso.

Inobstante o entendimento fixado pelo STJ, é preciso que sejam analisados os reajustes tendo em consideração a essencialidade dos planos de saúde, especialmente para os idosos, e a vedação de reajustes de caráter discriminatório a eles. Cabe também aos usuários buscarem os órgãos competentes, especialmente a ANS e o próprio Poder

---

38. O Superior Tribunal de Justiça publicou, em 08/04/2022, o acórdão de mérito dos Recursos Especiais nºs 1.873.377/SP, 1.716.113/DF e 1.715.798/RS, paradigmas da controvérsia repetitiva descrita no Tema 1016, cuja tese foi firmada nos seguintes termos: "(a) Aplicabilidade das teses firmadas no Tema 952/STJ aos planos coletivos, ressalvando-se, quanto às entidades de autogestão, a inaplicabilidade do CDC; (b) A melhor interpretação do enunciado normativo do art. 3º, II, da Resolução n. 63/2003, da ANS, é aquela que observa o sentido matemático da expressão 'variação acumulada', referente ao aumento real de preço verificado em cada intervalo, devendo-se aplicar, para sua apuração, a respectiva fórmula matemática, estando incorreta a simples soma aritmética de percentuais de reajuste ou o cálculo de média dos percentuais aplicados em todas as faixas etárias".

Judiciário, quando verificarem que o percentual de reajuste aplicado a título de faixa etária inviabiliza sua permanência no plano de saúde, estando acima da média praticada pelo mercado.

6. CONCLUSÃO

O artigo propôs-se a analisar o reajuste de planos de saúde à luz do Estatuto do Idoso, sob o prisma do quanto decidido, especialmente, pelo Superior Tribunal de Justiça no julgamento do REsp 1568244/RJ.

O acórdão analisado negou provimento ao Recurso Especial da beneficiária de plano de saúde, sob a fundamentação de que não restaram configuradas onerosidade excessiva, política de preços desmedidos ou tentativa de formação de "cláusula de barreira" cujo intento seria repelir a usuária, quase idosa, da relação contratual com o plano de saúde por impossibilidade financeira.

No entanto, sua relevância consiste no fato de que, em sede de demandas repetitivas, foram estabelecidos critérios e normas para os reajustes dos referidos planos, a fim de, concomitantemente, permitir a viabilidade dos planos e coibir abusos.

Deste modo, foram definidos critérios para os contratos antigos, os quais devem ser balizados pelo que foi pactuado. Aos contratos novos ou adaptados entre 02.01.1999 e 31.12.2003, deve-se seguir a Resolução CONSU nº 6/1998. Já nos contratos novos (firmados a partir de 1º.01.2004), incidem as regras da RN nº 63/2003 da ANS. Os atos normativos, no entanto, não indicam a exata fórmula de cálculo dos reajustes, o que na prática não resolve a questão dos reajustes excessivos.

Trata-se de uma tentativa de conciliar os interesses das operadoras e dos beneficiários, a qual gerou críticas, face à classificação automática dos usuários, sendo necessária a análise de cada caso concreto.

O louvável acerto do STJ, sobretudo ao identificar que a questão do aumento da mensalidade em razão da mudança de faixa etária do usuário merecia tratamento uniforme entre os Tribunais Pátrios, por intermédio da sistemática dos recursos repetitivos, não resta indene de críticas, sobretudo ao se ponderar o indesejável silêncio no que tange à tendência dos planos de saúde em aumentar exageradamente a cobrança dos valores da última faixa etária.

Neste ponto, parece que com o julgamento do Tema 1.016, relativamente aos planos coletivos, a Segunda Seção do Superior Tribunal de Justiça (STJ) sedimentou o entendimento de que a complexa forma de cálculo realizada pelas operadoras passou a ser considerada legal, e por consequência, os aumentos, ainda que percentualmente altos, tornaram-se preocupantemente legais.

As críticas e ponderações são relevantes, e remetem a uma aparente colisão de princípios e normas, uma vez que, ao categorizar os beneficiários em faixas etárias específicas, o direito ao lucro das empresas estaria por obstar a autonomia privada dos beneficiários. Ademais, tal medida implicaria em afronta direta ao Código de Defesa do

Consumidor e ao Estatuto do Idoso, vez que o contrato com plano de saúde seria mais oneroso para este, se comparado ao estabelecido com um usuário não idoso.

REFERÊNCIAS

CARNEIRO, Luiz Augusto Ferreira. Princípios básicos de seguros e planos de saúde. In: MELLO, Marco Aurélio et al. (Coord.) **Planos de saúde**: aspectos jurídicos e econômicos. Rio de Janeiro, Forense, 2013.

CORDEIRO FILHO, Antônio. **Cálculo atuarial aplicado**: teorias e aplicações – exercícios resolvidos e propostos. 2. ed. São Paulo: Atlas, 2014.

GREGORI, Maria Stella. **Planos de Saúde**: a ótica de proteção do consumidor. 4. ed. rev., atual e ampl. São Paulo: Thomson Reuters Brasil, 2019.

MARQUES, Claudia Lima. **Contratos no Código de Defesa do Consumidor**: o novo regime das relações contratuais. 6. ed. atual. e ampl. São Paulo: Ed. RT, 2011.

MELLO, Ministro Marco Aurélio. Saúde suplementar, segurança jurídica e equilíbrio econômico-financeiro. In: CARNEIRO, Luiz Augusto Ferreira et al. (Coord.). **Planos de saúde**: aspectos jurídicos e econômicos. Rio de Janeiro: Forense, 2013.

MONTENEGRO, Roberto Alves de Lima. **Formação de preços para planos de saúde**: assistência médica e odontológico. São Paulo: Érica, 2015.

NASCIMENTO, Michelly Vieira do; DIÓGENES, Victor Hugo Dias. Transição demográfica no Brasil: um estudo sobre o impacto do envelhecimento populacional na previdência social. **Revista Evidenciação Contábil & Finanças**, João Pessoa, v. 8, n. 1, p. 40-61, 2020.

NERY JUNIOR, Nelson. **Código de Defesa do Consumidor**. 5. ed. São Paulo: Forense, 2004.

SCHULMAN, Gabriel. **Planos de Saúde**: Saúde e Contrato na Contemporaneidade. São Paulo: Renovar, 2009.

O CONDICIONAMENTO DA DISTRIBUIÇÃO DINÂMICA DO ÔNUS DA PROVA À VULNERABILIDADE PROBATÓRIA EM DEMANDAS INDENIZATÓRIAS POR ERRO MÉDICO

Clayton de Albuquerque Maranhão[1]

Guilherme Alberge Reis[2]

Decisão paradigma: BRASIL. Superior Tribunal de Justiça (STJ), **REsp nº 1.921.573/MG**, 1ª Turma, relator Min. Sérgio Kukina, j. 15 fev. 2022.

Sumário: 1. Descrição do caso – 2. Introdução: a necessidade de garantia aos princípios do contraditório e da ampla defesa e a distribuição dinâmica do ônus da prova como regra de instrução – 3. Aplicabilidade da distribuição dinâmica do ônus da prova a questões fáticas específicas – 4. Análise do precedente do STJ que condiciona a distribuição dinâmica à vulnerabilidade probatória – 5. Conclusão – Referências.

1. DESCRIÇÃO DO CASO

O precedente do STJ (REsp 1.921.573/MG), tem como pano de fundo uma ação indenizatória ajuizada por menor impúbere em desfavor de um hospital e do município de Belo Horizonte, com o fim de obter reparação pelos danos estéticos e morais que alega ter sofrido em razão de aventado 'erro médico' durante a realização de seu parto. O Tribunal de Justiça local consignou que a parte autora não se desincumbiu do ônus que lhe competia, qual seja a juntada de prontuários médicos, a fim de demonstrar o nexo causal entre os danos alegados e a conduta dos profissionais que assistiram à parturiente e à recém-nascida.

Nas razões do recurso especial, a parte sustentou que a hipótese autoriza a dinamização do ônus da prova, tendo em vista sua hipossuficiência probatória, nos termos do art. 373, § 1º, do CPC. Argumentou que, no caso, está impossibilitada de juntar o referido prontuário, por *'se tratar de prova diabólica, pois, o paciente jamais conseguirá elaborar ou obter o prontuário médico se o hospital em questão não o fizer/produzir ou não o fornecer'*.

---

1. Doutor e Mestre em Direito Processual Civil pela Universidade Federal do Paraná. Professor Associado da UFPR. Desembargador do TJPR. Conselheiro Fiscal e membro fundador do Instituto Miguel Kfouri Neto (IMKN) – Direito Médico e da Saúde.
2. Mestre em Direito das Relações Sociais pela Universidade Federal do Paraná. Vice-Presidente da Comissão de Responsabilidade Civil da OAB/PR (2022-2024). Membro fundador do Instituto Miguel Kfouri Neto (IMKN) – Direito Médico e da Saúde. Advogado.

O STJ deu provimento ao recurso para determinar o retorno dos autos à instância de origem, a fim de que fosse reaberta a fase instrutória da ação indenizatória, observada a dinamização do ônus probatório. Entendeu que, o fato de a parte autora não ter alegado eventual óbice do nosocômio em fornecer o documento não afasta a possibilidade de os réus produzirem a aludida prova, sendo certo que possuem maior facilidade, não apenas na obtenção e juntada do prontuário médico, mas também na indicação das testemunhas que tenham participado do procedimento hospitalar.

Ademais, segundo o STJ, a configuração do alegado ´erro médico´ na condução do parto pode demandar a juntada de documentos outros, cuja necessidade possa passar despercebida pela parte autora, que não detém conhecimentos técnicos para aferir a pertinência com os fatos a serem provados em juízo. Concluiu, portanto, que o entendimento adotado pela Corte estadual não se coaduna com a disposição do art. 373, § 2º, do CPC, visto que estava delineada a hipossuficiência probatória da parte autora, razão pela qual se fazia necessária a dinamização do ônus da prova.

Em razão da Súmula nº 7 do STJ, que veda o reexame de matéria fático-probatória, há poucos julgados que enfrentam a violação ao dispositivo que determina a carga dinâmica do ônus da prova. Por este motivo, o precedente em questão foi escolhido, vez que adota o pouco explorado critério de ´vulnerabilidade probatória´ como requisito suficiente para a distribuição dinâmica, nos termos do art. 373, § 2º, do CPC.

Dessa situação fática, emanam diversas outras discussões doutrinárias, tais como a obrigatoriedade da inversão do ônus da prova como regra de instrução, e não de julgamento, e a adequada delimitação do alcance dos efeitos da distribuição dinâmica, as quais passarão a ser exploradas a seguir.

2. INTRODUÇÃO: A NECESSIDADE DE GARANTIA AOS PRINCÍPIOS DO CONTRADITÓRIO E DA AMPLA DEFESA E A DISTRIBUIÇÃO DINÂMICA DO ÔNUS DA PROVA COMO REGRA DE INSTRUÇÃO

Nas demandas de responsabilidade civil médica, há aspectos probatórios que se apresentam dificultosos ao paciente, por diversos motivos, que vão desde a impossibilidade de acesso à prova, composta por documentos médicos em posse de terceiros e pela experiência vivenciada pelos profissionais que participaram do ato, como também à dificuldade de compreensão técnico-científica sobre a sequência de fatos e reações químico-biológicas que culminaram no evento danoso.

Tais situações relacionam-se, sobretudo, ao nexo de causalidade e à culpabilidade, em sentido amplo, vez que a responsabilidade civil do profissional liberal será sempre subjetiva, quando então *´o juiz pode determinar que (...) o médico, a seu turno, prove aqueles [fatos] que lhe sejam mais fáceis de comprovar´*.[3]

---

3. KFOURI Neto, Miguel. **Culpa médica e ônus da Prova**. São Paulo: Ed. RT, 2002. p. 140.

Do excerto doutrinário acima se depreende que, mesmo antes da entrada em vigor do CPC/15, já havia parte da doutrina e da jurisprudência, que, tal como a decisão paradigmática do STJ ora estudada, aplicava o conceito de *vulnerabilidade probatória*, reconhecendo que a tecnicidade das demandas de responsabilidade civil médica enseja a presunção de que os prestadores de serviços de saúde possuem melhores condições de esclarecer os fatos.

A distribuição dinâmica da prova se justifica na medida em que, caso a distribuição estática fosse regra absoluta, é dizer, ao autor fosse sempre exigido demonstrar os fatos constitutivos de seu direito, ainda que dependam da utilização de provas que não estão ao seu alcance, inexoravelmente a ação seria julgada improcedente, implicando, na prática, vedação ao acesso à justiça[4] – em tais termos:

> Haverá, então, choque evidente entre o art. 333 em comento e o preceito contido no art. 5o, inc. XXXV, da Constituição Federal, na medida em que a existência, no ordenamento jurídico infraconstitucional, daquela regra importa em exclusão (indireta, mas existente, já que de nada adianta alegar a violação se não há forma de prová-la) da apreciação pelo Judiciário de lesão ou ameaça a lesão a direito.[5]

Assim, a alteração legislativa que introduziu a possibilidade de distribuição dinâmica da carga probatória caso a parte contrária detenha acesso facilitado à prova, ainda que se trate de hipótese em que a regra geral cominaria ao autor o ônus da prova, antes de tudo pode ser considerada uma forma de garantir o acesso da parte à Justiça. Por decorrência, a técnica viabiliza igualmente o objetivo institucional do processo na busca da verdade dos fatos juridicamente relevantes, ainda que não seja um mecanismo próprio de incentivo à completude do acervo probatório, mediante atividade das partes, e, sim, um dever do juiz ante o resultado probatório existente.[6]

Portanto, a partir de uma interpretação teleológica, houve opção legislativa para ampliar, flexibilizar e adequar as técnicas processuais de distribuição da carga probatória, reduzindo-se o âmbito de aplicação da regra geral estática e abrindo-se espaço à carga dinâmica. Essa visão também é consagrada a partir de uma interpretação sistêmica, à medida que o juiz oportunize à parte emendar ou completar a petição inicial, caso essa apresente *'defeitos e irregularidades capazes de dificultar o julgamento de mérito'* (art. 321. CPC).

As mudanças fazem parte da migração de um modelo processual historicamente apegado ao princípio dispositivo em sentido material e paradoxalmente forjado na

---

4. GARCIA, André Almeida. A Distribuição do ônus da Prova e sua inversão judicial no Sistema Processual Vigente e no Projetado. **Revista de Processo**, São Paulo, v. 37, n. 208 p. 91-124, jun. 2012. p. 4.
5. ARENHART, Sérgio Cruz. Ônus da prova e sua modificação no processo civil brasileiro. **Revista Jurídica**, Porto Alegre, v. 54, n. 343, p. 25-60, maio 2006. p. 35.
6. O processo jurisdicional tem por objetivo institucional buscar a verdade dos fatos juridicamente relevantes e, para cumprir esse mister, necessita de incentivos para a completude do acervo probatório, sendo que a técnica processual da dinamização do ônus da prova não tem correspondido na prática, segundo dados recentemente divulgados. A esse respeito, conferir em PAULA RAMOS, Vitor. **Ônus da prova no processo civil**: do ônus ao dever de provar. 3. ed. Salvador: JusPodivm, 2022. p. 140-144.

hierarquia entre o juiz e as partes para um modelo processual colaborativo e dialógico, no contexto dos direitos fundamentais, enquanto resultado do Neoconstitucionalismo:

> Não é mais possível reduzir o processo a uma relação jurídica vista como um mecanismo no qual o Estado-juiz implementa sua posição de superioridade de modo que o debate processual é relegado a segundo plano. Essa visão olvida que o processo deve se desgarrar dessa concepção de mecanismo de dominação e deve ser percebido em perspectiva democrática e garantidora de direitos fundamentais, permitindo, de um lado, uma blindagem (limite) às atividades equivocadas das partes, advogados e juízes e, de outro lado, garantindo a participação e influência de todos os envolvidos e de seus argumentos nas decisões por ele (processo) formadas.[7]

A distribuição dinâmica do ônus da prova pressupõe que se oportunize à parte contra a qual é deferido que dele se desincumba, já na fase do saneamento e organização do processo, para que se evite decisão surpresa. Tal determinação decorre da redação contida na parte final do art. 373, § 1º, do CPC. O instituto, assim, deverá ser sempre utilizado como regra de instrução, e não de julgamento.

Todavia, na prática forense, é muito comum que o ônus da prova seja invertido na fase decisória, em especial nas hipóteses de inversão do ônus da prova com base no art. 6º, VIII, do CDC (*ope iudicis*). Caso, assim, estejamos diante de decisões que invertem o ônus da prova apenas em sentença, sem que se tenha oportunizado, previamente, à parte contra o qual foi deferido de produzir a contraprova, estaremos diante de flagrante nulidade por cerceamento de defesa e violação aos princípios do contraditório e da ampla defesa e boa-fé processual.

Seja na hipótese de distribuição dinâmica (art. 373, § 1º, do CPC) ou na inversão do ônus *probandi* (art. 6º, VIII, do CDC), o art. 357, III, do CPC não deixa margem de dúvidas de que se trata de regra de instrução, haja vista que atribui o dever de o juiz, '*em decisão de saneamento e de organização do processo (...) definir a distribuição do ônus da prova*'.

Esclarecida a necessidade de que se oportunize à parte que produza provas adicionais, sem que se descure da possibilidade de iniciativas probatórias oficiosas (art. 370, do CPC), cabe tecer comentários acerca da necessidade de que o instituto não seja utilizado de forma indistinta, restringindo-se de fato e exclusivamente aos aspectos que sejam mais facilmente demonstráveis pela parte adversa.

3. APLICABILIDADE DA DISTRIBUIÇÃO DINÂMICA DO ÔNUS DA PROVA A QUESTÕES FÁTICAS ESPECÍFICAS

A distribuição dinâmica do ônus da prova, embora tenha sido introduzida em nossa legislação apenas em 2015, com a entrada em vigor do Código de Processo Civil, há muito vem sendo debatida pela doutrina. A racionalidade do emprego da técnica reside na circunstância de a parte que possua acesso facilitado à determinada prova seja

---

7. PEDRON, Flávio Quinaud. O ônus da prova dinâmico no código de processo civil de 2015. **Revista de Processo**, São Paulo, v. 285, p. 121-156, nov. 2018. p. 10.

onerada pelo juiz a juntá-la ao processo em prazo razoável, antes ou durante a instrução do processo. Apenas quando, encerrada a instrução, o conjunto probatório for insuficiente é que a *dita regra funciona de modo específico como regra de juízo, determinando a sucumbência da parte que não cumpriu o seu ônus probatório*.[8]

Nesse aspecto, a distribuição dinâmica do ônus *probandi* seria técnica mais adequada e justa do que a inversão do ônus probatório, sendo *'suficiente que o juiz ordenasse à parte que dispõe da prova produzi-la, eventualmente sancionando a falta de observância a tal ordem'*,[9] analisando cada ponto controvertido específico, ao invés de carregar o ônus da prova exclusivamente para uma das partes. Taruffo vai além, elaborando uma ferrenha crítica à inversão do ônus da prova, ao apresentar a distribuição dinâmica como método mais adequado de modo a atingir a verdade dos fatos:

> (...) ineficaz a inversão do ônus da prova operada pelo juiz: atribuindo ao réu o ônus de fornecer a prova contrária do fato alegado pelo autor, e declarando o réu sucumbente se não cumpriu com este ônus, o juiz não chega certamente a estabelecer a veracidade daquele fato. Ao contrário, a situação permanece em um estado de incerteza cognitiva, cujas consequências negativas deveriam ser imputadas ao autor que não provou o fato constitutivo da demanda, e não ao réu que não conseguiu provar o contrário.[10]

Para que se aproxime do estabelecimento da verdade dos fatos, assim, são indesejáveis regras estanques e absolutas, entre as quais se enquadram as regras gerais de distribuição e a inversão do ônus da prova. Embora possam parecer semelhantes, inversão e distribuição dinâmica se distinguem na medida em que a segunda é fluida e pode operar sobre uma ou algumas questões de fato, além de possuir requisitos subjetivos a partir de critérios legais analisados pelo magistrado, enquanto que a primeira é rígida e objetiva:

> A primeira diferença entre os dois institutos é que a inversão do ônus da prova ocorre quando estiver presente a hipossuficiência do consumidor ou a verossimilhança das alegações, ou seja, a partir de critérios objetivos, sendo que a distribuição dinâmica possui critérios subjetivos para estipular a flexibilização do ônus probatório (...).
>
> Nesse diapasão, parte da doutrina defende que a distribuição dinâmica do ônus da prova não exige prévia apreciação do magistrado de critérios preestabelecidos, como ocorre na inversão do ônus da prova no Código de Defesa do Consumidor.
>
> Com efeito, na distribuição dinâmica do ônus da prova, não há uma verdadeira inversão, porque só se poderia falar em inversão caso o ônus fosse estabelecido prévia e abstratamente.[11]

Assim, estamos diante de um ônus subjetivo, que atribui à parte a necessidade de demonstração de determinado fato, que, caso não ocorra, acarretará um prejuízo pela

---

8. TARUFFO, Michele. O ônus como figura processual. Trad. Guilherme Luis Quaresma Batista Santos et al. **Revista Eletrônica de Direito Processual – REDP**, Rio de Janeiro, ano 7, v. XI, 2013. p. 6.
9. TARUFFO, Michele. O ônus como figura processual. Trad. Guilherme Luis Quaresma Batista Santos et al. **Revista Eletrônica de Direito Processual – REDP**, Rio de Janeiro, ano 7, v. XI, 2013. p. 10.
10. TARUFFO, Michele. O ônus como figura processual. Trad. Guilherme Luis Quaresma Batista Santos et al. **Revista Eletrônica de Direito Processual – REDP**, Rio de Janeiro, ano 7, v. XI, 2013. p. 12.
11. PEDRON, Flávio Quinaud. O ônus da prova dinâmico no código de processo civil de 2015. **Revista de Processo**, São Paulo, v. 285, p. 121-156, nov. 2018. p. 12.

falta ou impossibilidade de produção da prova, aí sim entrando em cena a regra de juízo (ônus objetivo).[12]

A distribuição dinâmica encontra também amparo em uma interpretação sistêmica da nova legislação processual: o princípio da cooperação atribui às partes um dever de colaborar com o juízo a fim de realizar as diligências necessárias para estabelecer a correta apuração dos fatos e, por via de consequência, um julgamento justo.[13] Em outros termos, se uma parte possui acesso facilitado a determinada prova, nada mais justo que a ela incumba a sua juntada ao processo, o que emanaria naturalmente até mesmo da interpretação do dever de cooperação, positivado no art. 6º do CPC,[14] garantindo-se, assim, uma efetiva posição de igualdade e de paridade de armas entre as partes, conferindo-se a ambas um tratamento isonômico.

Esse 'dever de esclarecimento',[15] que ocorre independente dos interesses materiais de cada parte, assemelha-se ao dever de *disclosure* presente nos ordenamentos jurídicos dos países de *common law*, que se consubstancia no dever de disponibilizar todas as provas que uma das partes tem em seu dispor ao seu adversário processual, ainda que sejam desfavoráveis ao seu pleito. Afinal, caso o réu pudesse se aproveitar de uma regra estática de ônus da prova, bastando a ele deixar de exibir a prova em seu poder para que fulmine o direito do autor, estaríamos diante de uma premiação institucionalizada à má-fé. Tal abordagem potencializa inclusive a realização de acordos:[16] isso ocorre porque os advogados fazem uma pré-valoração epistêmica das provas da contraparte, avaliando o grau de suporte dos enunciados apresentados quando da instrução e em momento anterior à sentença.

A carga dinâmica, assim, configura-se como um constante incentivo para que a parte que tenha acesso à prova não deixe de produzi-la, o que 'é algo muito distinto do que dizer que tem um *dever* em sentido estrito'.[17] Caso as regras fossem sempre estanques, a parte em posse da prova que lhe seria desfavorável, mas cujo ônus de provar não lhe pertence consoante as regras gerais, não teria qualquer incentivo em trazê-la ao processo, como consequência da carga da prova como regra de juízo, o que afastaria o processo de seu objetivo epistemológico.

---

12. ARENHART, Sérgio Cruz. Ônus da prova e sua modificação no processo civil brasileiro. **Revista Jurídica**, Porto Alegre, v. 54, n. 343, p. 25-60, maio 2006. p. 35.

13. MITIDIERO, Daniel. Processo justo, colaboração e ônus da prova. **Revista do TST**, Brasília, v. 78, n. 1, p. 67–77, jan./mar. 2012. p. 5.

14. Art. 6º Todos os sujeitos do processo devem cooperar entre si para que se obtenha, em tempo razoável, decisão de mérito justa e efetiva.

15. BARBOSA MOREIRA, José Carlos. Julgamento e ônus da prova. **Temas de Direito Processual**. Segunda Série. São Paulo: Saraiva, 1980. p. 77.

16. AVELINO, Murilo Teixeira. Admissibilidade da prova pericial na jurisprudência norte-americana: o que podemos aprender com os casos Frye, Daubert e Kumho. **Revista ANNEP de Direito Processual**, v. 1, n. 1, p. 68-81, jan./jun. 2020.

17. BELTRÁN, Jordi Ferrer. La carga dinámica de la prueba: Entre la confusión y lo innecesario. In: FENOLL, Jordi Nieva; BELTRÁN, Jordi Ferrer; GIANNINI, Leandro J (Coord.). **Contra la carga de la prueba**. Madri: Marcial Pons, 2019, p. 53-87. (tradução livre).

A própria existência das normas de direito processual se justifica para que os conflitos sejam resolvidos, de maneira que não encontram um fim em si mesmas, fazendo com que haja uma flexibilização de algumas regras que possam melhor atender ao desiderato de buscar a verdade dos fatos – trata-se do princípio da 'adaptação do procedimento',[18] mormente quando se perceber que a produção de determinada prova seria impossível à parte (prova diabólica):

> O desiderato que se assinala ao ônus da prova, nessa perspectiva, está em possibilitar que se alcance a justiça do caso concreto. Eis aí a sua razão motivadora. E, evidentemente, não se pode imaginar que se chegará a uma solução justa atribuindo-se a produção de prova diabólica a uma das partes, ainda mais quando a outra parte, dadas as contingências do caso, teria melhores condições de provar.[19]

É imprescindível que a decisão de distribuição dinâmica seja devidamente fundamentada,[20] a fim de que possa ser rebatida, destacando por que e sobre quais aspectos uma parte possui acesso facilitado sobre uma prova em detrimento da outra: 'exige-se que haja uma precisa demonstração de que a alteração procedimental pretendida terá o efeito de tornar mais adequado o caminho para a obtenção da solução final de mérito'.[21]

Tal como abordamos no tópico anterior, em geral a ausência ou presença de culpa e o nexo de causalidade, são mais facilmente demonstráveis pelo demandado na ação indenizatória – seja o médico ou o estabelecimento no qual ocorreu o evento danoso. Isso porque verifica-se uma maior facilidade de acesso à prova ou mesmo o domínio da técnica que permite que se demonstre, sempre sob a égide da responsabilidade subjetiva, que o evento danoso não foi produzido pela ação de negligência, imprudência ou imperícia médicas.

Nesta toada, a demonstração de outros aspectos, como a extensão dos danos, sejam eles materiais, morais ou estéticos, é, em regra, facilitada ao paciente, vez que se relacionam a fatos inerentes a si, razão pela qual a decisão que distribui o ônus da prova de forma dinâmica não pode ser proferida de forma indistinta, sob pena de se atribuir à parte requerida a produção de provas diabólicas.

A partir da ótica de que a distribuição dinâmica do ônus da prova deve ser regra de instrução, em decisão fundamentada e específica sobre alguns pontos cuja demonstração seja facilitada a determinada parte, passaremos a analisar outros precedentes nacionais que abordam a matéria, em complementariedade ao acórdão paradigma do STJ.

---

18. AMARAL, Paulo Osternack. **Provas. Atipicidade, liberdade e instrumentalidade**. São Paulo: Ed. RT, 2015. p. 151.
19. MITIDIERO, Daniel. Processo justo, colaboração e ônus da prova. **Revista do TST**, Brasília, v. 78, n. 1, p. 67–77, jan./mar. 2012. p. 10.
20. GODINHO, Robson. **Negócios processuais sobre o ônus da prova no novo código de processo civil**. São Paulo: Ed. RT, 2015. p. 215.
21. AMARAL, Paulo Osternack. **Provas. Atipicidade, liberdade e instrumentalidade**. São Paulo: Ed. RT, 2015. p. 151.

4. ANÁLISE DO PRECEDENTE DO STJ QUE CONDICIONA A DISTRIBUIÇÃO DINÂMICA À VULNERABILIDADE PROBATÓRIA

Como visto, o conceito utilizado pelo STJ para determinar a redistribuição dinâmica do ônus da prova foi o de vulnerabilidade probatória, abordado a partir do enfoque doutrinário nos tópicos anteriores. A ementa do precedente estudado foi a seguinte:

Administrativo e processual civil. Recurso especial. Responsabilidade civil do município. Erro médico. Parto realizado em nosocômio público. Uso de fórceps. Lesões causadas na recém-nascida. Caso em que se verifica a hipossuficiência da parte autora na produção das provas necessárias à demonstração do direito alegado. Inversão do ônus da prova. Caso concreto. Possibilidade.

1. Trata-se, na origem, de ação indenizatória ajuizada por menor então impúbere em desfavor do Hospital Santa Lúcia e do Município de Belo Horizonte, com o fim de obter reparação pelos danos estéticos e morais que alega ter sofrido em razão de falha médica durante a realização de seu parto.

2. A sentença de piso julgou procedente o pedido, tendo sido reformada pelo Tribunal estadual, que concluiu pela ausência das provas necessárias à demonstração do nexo de causalidade entre a conduta médica e os danos alegados (moral e estético).

3. A jurisprudência do Superior Tribunal de Justiça trilha o entendimento de que a distribuição do ônus probatório é regra dinâmica que deve ser interpretada conforme o caso concreto, devendo o referido ônus recair sobre a parte que tiver melhores condições de produzir a prova.

4. No caso, o Tribunal de origem concluiu que a parte autora deixou de apresentar documento que se encontra em poder do hospital onde ocorreu o nascimento. Contudo, o fato de não ter alegado eventual óbice do nosocômio em fornecer a documentação não afasta a possibilidade de os réus produzirem a aludida prova, sendo certo que possuem maior facilidade não apenas na obtenção e juntada do prontuário médico, mas também na indicação das testemunhas que tenham participado do procedimento hospitalar.

5. Ademais, a configuração do alegado erro médico na condução do parto pode demandar a juntada de documentos outros cuja necessidade pode passar despercebida pela parte autora, que não detém conhecimentos técnicos para aferir a pertinência com os fatos a serem provados.

6. Recurso especial provido.[22]

Fica claro, a partir da leitura do acórdão, que o precedente paradigmático do STJ utilizou-se do conceito de vulnerabilidade probatória para reformar a decisão de origem, relacionada a uma ação indenizatória por danos estéticos e morais sofridos por uma criança durante o parto, por supostos erros médicos. O tribunal de origem decidiu que o autor não se desincumbiu do ônus de juntar o prontuário médico, mas, para o STJ, a produção de tal prova não seria possível à vítima. Assim, determinou que fosse o hospital responsável pela sua juntada, com o retorno dos autos à origem para continuidade da instrução, observada a ´inversão´ do ônus *probandi*.

A partir da interpretação do art. 373, § 1º, do CPC, o STJ dinamizou a distribuição do ônus da prova, vez que seria impossível à parte autora demonstrar o necessário nexo de causalidade entre a conduta dos prepostos do hospital demandado e os danos produzidos sem a análise dos prontuários médicos, que estavam em posse do hospital.

---

22. Superior Tribunal de Justiça (STJ), REsp nº 1.921.573/MG, Primeira Turma, relator Ministro Sérgio Kukina, j. 15 fev. 2022, DJe 23 fev. 2022.

Utilizou-se, portanto, o conceito de vulnerabilidade probatória – é dizer, quando o paciente não possuir acesso aos documentos que permitam demonstrar a veracidade de um determinado enunciado fático ('prova diabólica'), facultar-se-á à parte contrária a produção da prova, sob pena de não se desincumbir de seu ônus *probandi* e pesar contra si um julgamento potencialmente desfavorável.

Caso, hipoteticamente, os prontuários tenham sido extraviados e não sejam apresentados em juízo, apesar do nexo de causalidade dizer respeito a fato constitutivo do direito do autor, com a redistribuição dinâmica emanaria a presunção, a menos que outras provas permitam concluir em sentido contrário, de que as alegações autorais são verídicas.

Vale dizer que, com a redistribuição dinâmica do ônus da prova, 'altera-se também o encargo financeiro de seu custeio.'[23] Sob essa ótica, no precedente paradigmático do STJ a partir do qual o presente artigo é desenvolvido, a determinação de que o hospital seja responsável por trazer aos autos o prontuário médico implica não apenas a simples anexação de tal documento, como também, a partir disso, a demonstração de que não houve nexo de causalidade entre a conduta de seus prepostos e os danos produzidos no paciente – com isso, os encargos financeiros de eventual custeio de uma prova pericial também recairiam sobre o hospital.

Resta verificar como as Cortes estaduais vêm se comportando na análise da matéria. Em complemento ao caso paradigmático do STJ, destaca-se julgado do TJPR,[24] em caso de procedimento médico realizado em hospital conveniado ao SUS, no qual houve um suposto erro de diagnóstico de Covid-19 quanto ao falecimento que interferiu na forma do sepultamento. Embora não se aplique a inversão do ônus da prova prevista pelo art. 6º, VIII, do CDC – por não se tratar de relação de consumo –, é perfeitamente cabível a distribuição dinâmica do ônus da prova, nos termos do art. 373, § 1º, do CPC. O relator bem destacou o seguinte:

> Percebe-se que há questão técnica a ser esclarecida relativa à adequação do procedimento diagnóstico adotado pelo agravante, em relação ao qual não possui a recorrida qualquer expertise, vislumbrando-se maior facilidade à recorrente quanto à prova da correção da conduta observada em seu âmbito hospitalar, notadamente porque detentora do conhecimento técnico pertinente e dos documentos comprobatórios dos procedimentos internos efetivamente adotados.

Como visto, a viúva da pessoa falecida, que foi supostamente diagnosticada com Covid-19 de forma errônea e sepultado em caixão fechado com as restrições impostas durante a pandemia, não possuiria conhecimento técnico nem acesso aos documentos que permitiriam aferir a correção do diagnóstico, o que se encaixa no conceito de vulnerabilidade probatória utilizado pelo julgado paradigmático do STJ.

---

23. DINAMARCO, Cândido Rangel. *Instituições de Direito Processual Civil III*. 7. ed. Malheiros Editores. 2017. p. 87.
24. TJPR – 8ª Câmara Cível – 0048011-10.2021.8.16.0000 – Campo Largo – Rel.: Desembargador Clayton De Albuquerque Maranhao – J. 16.11.2021.

Em outro julgado, o TJPR[25] rebateu a tese defensiva de que a inversão do ônus da prova consistiu em decisão surpresa – por não ter sido requerida na inicial, nem discutida no processo anteriormente –, ao consignar que a inversão do ônus da prova prevista pelo art. 6º, VIII, do CDC é matéria de ordem pública. Isso significa que ela pode ser deferida *ex officio* ainda que não tenha sido pretendida na inicial, e que, ademais, por previsão legal expressa (art. 357, III, CPC), não se fala em decisão surpresa se a inversão ocorre em decisão de saneamento.

No caso, o que torna a matéria discutida ainda mais relevante é o fato de que a inversão do ônus da prova não abrangeu a demonstração dos danos e de sua extensão, haja vista que os autores possuiriam 'melhores condições de demonstrar os danos sofridos, notadamente os fatos relacionados ao alegado abalo moral, assim como à suposta perda de renda a ensejar o pretendido pensionamento'. Assim, a inversão do *onus probandi* ficou adstrita a questões cuja produção da prova é facilitada ao profissional de saúde, como a 'ocorrência de erro médico e negligência no atendimento'.

Ao contrário do que habitualmente se vê na prática, no caso analisado acima prevaleceu o rigor técnico, novamente utilizando o conceito de vulnerabilidade probatória do precedente paradigmático do STJ para restringi-la a aspectos cuja demonstração seja mais facilitada contra a parte que foi deferida. Lamentavelmente, na maioria dos casos, a inversão do ônus da prova é feita de forma indistinta, sem especificar sobre qual dos enunciados fáticos recai.

Por evidente, os danos e a sua extensão pertencem à esfera íntima da vítima, que pode facilmente demonstrar os danos materiais (as despesas havidas em decorrência do evento danoso), lucros cessantes e os danos morais (que, embora *in re ipsa*, podem ter o seu grau de extensão demonstrado). Relegar a produção de tais provas ao hospital ou ao médico seria equivalente a imputar-lhes, na prática, a produção de prova diabólica, impossível de ser produzida, vez que se referem a questões pessoais do paciente.

5. CONCLUSÃO

A introdução do art. 373, §§ 1º e 2º, do CPC, indica claramente, em complementaridade a outros dispositivos legais, que devem se privilegiar os julgamentos de mérito, tendo em vista que a regra estática de distribuição do ônus da prova acaba por premiar a má-fé daquele que detém a posse da prova de determinado fato que não lhe beneficia – com as regras ordinárias, bastaria à parte maliciosamente omitir a existência da prova. A regra, portanto, possui inegável objetivo epistemológico e se assemelha, embora com técnica distinta, ao dever de *disclosure* prescrito pelos países de *common law* – o desiderato é o mesmo, ou seja, não permitir que uma das partes seja prejudicada e garantir, simultaneamente, que a decisão se aproxime da verdade.

---

25. TJPR – 8ª Câmara Cível – 0067589-56.2021.8.16.0000 – Guarapuava – Rel.: Desembargador Clayton De Albuquerque Maranhao – J. 15.03.2022.

A partir daí, outros conceitos se desdobraram – observa-se no caso paradigmático que o STJ não adentrou ao mérito: para além de a causa não estar madura para julgamento, caracterizando supressão de instância caso o mérito fosse analisado, utilizar a redistribuição do ônus da prova como regra de julgamento configuraria inequívoca violação aos princípios da ampla defesa e do contraditório.

Isso porque à parte contra a qual é deferida (seja redistribuição dinâmica ou a inversão do ônus da prova prevista pelo art. 6º, inc. VIII, do CDC) deve ser oportunizada a adaptação de suas estratégias de defesa, bem como a apresentação de provas adicionais. Trata-se inequivocamente de regra de instrução, o que é corroborado pela determinação do art. 357, inc. III, do CPC, segundo o qual a inversão do ônus da prova deve ser objeto da decisão saneadora.

Vimos, ademais, que se configura em um ônus subjetivo, o que significa que a parte ficará responsável por demonstrar determinado fato e, somente caso não o faça, é que estaremos diante de um ônus objetivo, consubstanciado na improcedência da demanda por insuficiência de provas.

Outro ponto de relevância é que a redistribuição do ônus da prova deve se ater a algumas questões específicas, e não deferida de forma genérica, indiscriminada. Isso porque, ao paciente, ainda que não haja dúvidas quanto à sua hipossuficiência técnica e, na maioria dos casos, concomitantemente econômica, ainda há alguns aspectos cuja demonstração são mais fáceis a si. Um deles é a prova dos danos, sejam materiais, lucros cessantes, estéticos ou morais – como dizem respeito à esfera íntima do paciente, imputar tal prova ao médico ou ao hospital seria equivalente a exigir que produzam uma prova impossível ou diabólica.

Por fim, analisamos dois julgados do TJPR em complementariedade ao paradigma do STJ, também atinentes a distintos casos de responsabilidade civil médica. O primeiro deles reconhece que a assimetria técnica em caso de erro de diagnóstico autoriza a imputação da demonstração de ausência de culpabilidade à seara médica. O segundo, a seu turno, afirma que a distribuição dinâmica do ônus *probandi* deve se ater ao nexo de causalidade e à culpa, haja vista que, tal como exposto acima, a demonstração dos danos seria facilitada ao paciente.

Ambos os acórdãos, portanto, ainda que sob enfoques distintos, estão em consonância com o acórdão paradigma e com o marco teórico aplicável aos conceitos estudados.

REFERÊNCIAS

AMARAL, Paulo Osternack. **Provas**. Atipicidade, liberdade e instrumentalidade. São Paulo: Ed. RT, 2015.

ARENHART, Sérgio Cruz. Ônus da prova e sua modificação no processo civil brasileiro. **Revista Jurídica**, Porto Alegre, v. 54, n. 343, p. 25-60, maio 2006.

AVELINO, Murilo Teixeira. Admissibilidade da prova pericial na jurisprudência norte-americana: o que podemos aprender com os casos Frye, Daubert e Kumho. **Revista ANNEP de Direito Processual**, v. 1, n. 1, p. 68-81, jan./jun. 2020.

BARBOSA MOREIRA, José Carlos. Julgamento e ônus da prova. **Temas de Direito Processual**. Segunda Série. São Paulo: Saraiva, 1980.

BELTRÁN, Jordi Ferrer. La carga dinámica de la prueba: Entre la confusión y lo innecesario. In: FENOLL, Jordi Nieva; BELTRÁN, Jordi Ferrer; GIANNINI, Leandro J (Coord.). **Contra la carga de la prueba**. Madri: Marcial Pons, 2019.DINAMARCO, Cândido Rangel. **Instituições de direito processual civil**. 7. ed. São Paulo: Malheiros, 2017. v. III.

FRANÇA, Genival Veloso de. **Direito médico**. Rio de Janeiro: Editora Forense, 2007.

GARCIA, André Almeida. A Distribuição do ônus da Prova e sua inversão judicial no Sistema Processual Vigente e no Projetado. **Revista de Processo**, São Paulo, v. 37, n. 208 p. 91-124, jun. 2012.

GIOSTRI, Hildegard Taggesell. **Erro médico à luz da jurisprudência comentada**. Curitiba: Juruá, 2005.

GODINHO, Robson. **Negócios processuais sobre o ônus da prova no novo código de processo civil**. São Paulo: Ed. RT, 2015.

KFOURI Neto, Miguel. **Culpa médica e ônus da Prova**. São Paulo: Ed. RT, 2002.

KFOURI Neto, Miguel. **Responsabilidade civil dos hospitais**. 4. ed. São Paulo: Ed. RT, 2019.

KFOURI Neto, Miguel. **Responsabilidade civil do médico**. 11. ed. São Paulo: Ed. RT, 2021.

MELO, Nehemias Domingos de. **Responsabilidade civil por erro médico**. São Paulo: Atlas, 2013.

MITIDIERO, Daniel. Processo justo, colaboração e ônus da prova. **Revista do TST**, Brasília, v. 78, n. 1, p. 67-77, jan./mar. 2012.

PAULA RAMOS, Vitor. Novos debates sobre o "ônus" da prova: acordos e desacordos entre a doutrina sobre o tema. In: OSNA, Gustavo *et* al. (Org.) **Direito Probatório**. Londrina: Thoth, 2023.

PAULA RAMOS, Vitor. **Ônus da prova no processo civil**: do ônus ao dever de provar. 3. ed. Salvador: JusPodivm, 2022.

PEDRON, Flávio Quinaud. O ônus da prova dinâmico no código de processo civil de 2015. **Revista de Processo**, São Paulo, v. 285, p. 121-156, nov. 2018.

STOCCO, Rui. **Tratado de responsabilidade civil**. São Paulo: Ed. RT, 2013.

TARUFFO, Michele. O ônus como figura processual. Trad. Guilherme Luis Quaresma Batista Santos et al. **Revista Eletrônica de Direito Processual – REDP**, Rio de Janeiro, ano 7, v. XI, 2013.

CRITÉRIOS OBJETIVOS PARA O ESTABELECIMENTO E CONTAGEM DO MARCO PRESCRICIONAL NAS AÇÕES DE RESPONSABILIDADE CIVIL MÉDICA

Eduardo Dantas[1]

Decisão paradigma: Tribunal de Justiça do Estado de São Paulo (TJSP), **Agravo Regimental em Recurso Especial nº 844.197/SP**, 4ª Turma, relator Min. Antonio Carlos Ferreira, j. 07 jun. 2016.

Sumário: 1. Descrição do caso – 2. Aspectos históricos da prescrição em responsabilidade médica – 3. A relação médico-paciente sob a égide do CDC e a incidência das regras de prescrição – 4. Impossibilidade de ampliação de critérios objetivos para o estabelecimento do marco prescricional nos contratos de serviços médicos – 5. Análise da decisão do STJ sobre responsabilidade civil médica que aplica o art. 27 do CDC e delimita como critério de início da contagem do marco prescricional a ciência inequívoca da extensão do dano – 6. Considerações finais – Referências.

---

1. DESCRIÇÃO DO CASO

O *leading case* aqui em estudo tem sua importância como definidor de critérios objetivos para o estabelecimento da contagem do marco prescricional em ações de responsabilidade civil médica. O elemento a chamar atenção na frase acima são os critérios objetivos, uma vez que, como regra geral, situações que envolvam tratamentos de saúde ou intervenções cirúrgicas são personalíssimos, dependendo de fatores múltiplos que raramente se repetem de maneira idêntica, o que impede o estabelecimento de uma fórmula única para sua análise.

Entretanto, a estabilidade e a segurança jurídica são incompatíveis com a personalização exacerbada dos processos e ações judiciais, sendo necessária a criação de instrumentos que possibilitem definir com segurança e precisão o instante até onde é possível demandar em juízo em busca do ressarcimento de eventuais danos.

---

1. Doutorando em Direito Civil pela Universidade de Coimbra. Mestre em Direito Médico pela *University of Glasgow* (2007). Especialista em Direito de Consumo pela *Universidad de Castilla-La Mancha* (2001). Bacharel em Direito pela Universidade Federal de Pernambuco (1995). Ex Vice-Presidente e membro do *Board of Governors* da *World Association for Medical Law*. Procurador Jurídico do Conselho Regional de Odontologia de Pernambuco. Autor dos livros Direito Médico, Comentários ao Código de Ética Médica, *Droit Médical au Brésil*; Aspectos Jurídicos da Reprodução Humana Assistida; e *Contemporary Issues in Medical Law*); Membro da Comissão Especial de Direito Médico do Conselho Federal da Ordem dos Advogados do Brasil (Gestões 2013/2015 e 2016/2018); Diretor de relações públicas e membro fundador do Instituto Miguel Kfouri Neto (IMKN) – Direito Médico e da Saúde. Membro do Conselho Editorial da *Medicine & Law Journal*, revista da *World Association for Medical Law*. Advogado, inscrito nas Ordens do Brasil e de Portugal. Sócio titular do Escritório Eduardo Dantas Advocacia & Consultoria. E-mail: eduardodantas@eduardodantas.adv.br.

O caso em concreto trata de decisão que reitera a aplicação do art. 27 do Código de Defesa do Consumidor (CDC), reconhecendo a orientação da própria Corte (STJ) no sentido de que a relação estabelecida é de consumo, afastando ideias mantidas em julgados anteriores, a exemplo do AgRg no Agravo de instrumento nº 1.098.461/SP (da mesma 4ª Turma, e relatoria do Min. Raul Araújo Filho, julgado em 22 de junho de 2010) que ampliava os critérios de início da contagem do marco prescricional, acrescendo não apenas o conhecimento do dano e sua autoria, mas também a ciência inequívoca da extensão do dano (critério este não estabelecido pela lei, subjetivo e de difícil estabelecimento, dada a própria natureza de mutabilidade dos efeitos de um tratamento ou intervenção em saúde).

Na situação em análise, foi proferido acórdão em AgRg no Agravo em Recurso Especial nº 844.197/SP, julgado por unanimidade pela 4ª Turma do STJ em 07 de junho de 2016, tendo como relator o Min. Antonio Carlos Ferreira, onde foi reconhecida e mantida a incidência da Súmula nº 83 do próprio tribunal, e o prazo prescricional previsto no art. 27 do CDC para os serviços médicos objeto da discussão.

O julgado é originário da ação nº 9201819-20.2009.8.26.000, da 1ª Vara Cível da Comarca de São José dos Campos/SP. Trata-se de ação indenizatória, perseguindo danos morais, materiais e estéticos em virtude de problemas relatados em cirurgia coletora de nódulos. Foi levantada pelo hospital réu a tese da prescrição trienal, acolhida inicialmente em primeira instância. É discutido se a parte recorrente se encaixava ou não no conceito de fornecedor de serviços previsto no CDC, o que afastaria a prescrição quinquenal e atrairia a aplicação da prescrição trienal, prevista no Código Civil (CC).

Em primeira instância, o processo foi julgado improcedente, tendo sido reconhecida a prescrição trienal prevista no art. 206, § 3º do CC. Em segundo grau, foi dado provimento à apelação autoral, reafirmando entendimento de que, em virtude da relação de consumo havida, deveria ser aplicada a prescrição quinquenal prevista no art. 27 do CDC, sendo determinada a devolução dos autos para prosseguimento do feito na primeira instância.

O STJ manteve a decisão do TJSP. A 1ª Câmara Cível do tribunal de origem utilizou de sua própria jurisprudência para assim decidir, acrescentando ainda que o Superior Tribunal de Justiça já havia firmado o entendimento de que à prestação de serviços que envolvam serviços médicos aplica-se o *prazo quinquenal* do art. 27 do CDC.[2]

Qual a relevância do julgado, então, se em princípio não há discussão sobre a aplicabilidade ou não do artigo 27 do CDC ao caso em concreto? A resposta se encontra nos critérios estabelecidos como definidores do marco prescricional: os exatos termos dos requisitos previstos naquele diploma legal.

---

2. Nesse sentido: **BRASIL**, Superior Tribunal de Justiça (STJ), **AgRg no AREsp 204.419/SP**, rel. Ministro Sidnei Beneti, 3ª Turma, j. 16 out 2012, DJe 06 nov. 2012; **BRASIL**, Superior Tribunal de Justiça (STJ), **EDcl no REsp 704.272/SP**, rel. Ministra Maria Isabel Gallotti, 4ª Turma, j. 02 ago. 2012, DJe 15 ago. 2012; **BRASIL**, Superior Tribunal de Justiça (STJ), **AgRg no Ag 1213352/SP**, rel. Ministro Aldir Passarinho Junior, 4ª Turma, j. 23 nov. 2010, DJe 03 dez 2010; **BRASIL**, Superior Tribunal de Justiça (STJ), **AgRg no Ag 1229919/PR**, rel. Ministro Sidnei Beneti, 3ª Turma, j. 15 abr. 2010, DJe 07 maio 2010; **BRASIL**, Superior Tribunal de Justiça (STJ), **REsp 731.078/SP**, rel. Ministro Castro Filho, 3ª Turma, j. 13 dez 2005, , DJ 13 fev. 2006.

Afasta-se, com o julgado, um critério inexistente no texto normativo (a ciência inequívoca da extensão do dano), sendo reconhecidos apenas aqueles relativos a critérios objetivos (e efetivamente constantes do referido artigo 27: o conhecimento do dano e sua autoria). Como se observará, ao longo do presente artigo, esta definição se mostra essencial para garantir a efetividade do instituto da prescrição, evitando a possibilidade de eternização do direito à demandar por reparação civil, estabelecendo um marco jurídico efetivamente seguro e pacificador de relações sociais.

2. ASPECTOS HISTÓRICOS DA PRESCRIÇÃO EM RESPONSABILIDADE MÉDICA

A prescrição é um instituto de vital importância para garantir a estabilidade jurídica, uma vez que delimita o tempo em que as partes podem exigir o cumprimento do que entendem ser direitos seus, ou o ressarcimento por danos sofridos. A estabilidade daí decorrente, ao determinar um marco temporal definitivo, é fundamental para o próprio funcionamento da sociedade, por permitir que as relações entre as pessoas – físicas e jurídicas – sejam claras e previsíveis, e que haja um equilíbrio entre a proteção dos direitos das partes e a necessidade de preservar a segurança jurídica.

O instituto da prescrição é, portanto, uma forma de proteger e tornar efetiva essa estabilidade, uma vez que previne que uma parte seja compelida a responder por ações ou demandas fundamentadas em situações antigas, que já possam ter perdido sua relevância, ou cujos fatos tenham se tornado impossíveis de serem comprovados.

Alternativas à prescrição poderiam eventualmente incluir a aplicação de prazos mais curtos para a propositura de ações, ou mesmo a impossibilidade de se cobrar o ressarcimento por danos em certas situações, mas tais soluções poderiam gerar insegurança jurídica e dificultar a previsibilidade das relações havidas entre profissionais de saúde e estabelecimentos provedores de serviços médicos de um lado, e de pacientes e familiares no polo oposto.

3. A RELAÇÃO MÉDICO-PACIENTE SOB A ÉGIDE DO CDC E A INCIDÊNCIA DAS REGRAS DE PRESCRIÇÃO

Desde sua publicação em 1992, o Código de Defesa do Consumidor se mostrou passível de aplicação à relação entre médicos e pacientes, e tal entendimento se consolidou ao longo da última década do século passado, solidificando a posição de que, nos termos da legislação aplicável – e a despeito de notáveis posições doutrinárias em contrário – a atividade médica está enquadrada como relação de consumo, e como tal, subordinada aos preceitos do Código de Defesa do Consumidor.

Neste diapasão, significativo é o acórdão datado de 1992, do Tribunal de Justiça do Rio Grande do Sul,[3] que teve no voto de seu relator, o Desembargador Osvaldo Stefanello, a taxativa conclusão, então historicamente pioneira:

---

3. **BRASIL**. Tribunal de Justiça do Estado do Rio Grande do Sul (TJRS), **Agravo de Instrumento nº 47.716-5/92**, 6ª Câmara Cível, relator Des. Osvaldo Stefanello, j. 16 jun. 1992, DJe 14 ago. 1992.

Vê-se, sem maior esforço intelectivo, que a lei não se dirige apenas a comerciantes, como pretende a agravante, mas a todas as pessoas físicas ou jurídicas que se envolvam com as atividades expressamente mencionadas no texto legal. E a atividade médico-hospitalar é uma atividade tipicamente de prestação de serviços, além de envolver atividades de comercialização de produtos necessários ao medicamento dos pacientes, internados ou não.

Não há, pois, como fugir da constatação de que a atividade médico-hospitalar sujeita está ao Código de Defesa do Consumidor.

Há outro julgamento que segue tal posicionamento, desta vez do Superior Tribunal de Justiça, analisando apelação também oriunda do Estado do Rio Grande do Sul, relatado pelo Ministro Waldemar Zveiter. Trata-se caso que debate a responsabilidade civil, tanto do médico quanto do centro hospitalar, em virtude de infecção que resultou em amputação da ponta de um dedo, tendo sido assim relatado em voto unânime:

> Dentro desse contexto probatório deve ser encontrado o elemento definidor da existência ou não da culpa dos réus, sendo esta ensejadora, o fato gerador, do dever de indenizar e, tratando-se a controvérsia de uma relação de consumo posto que o autor é um usuário do serviço médico e os réus, prestadores de tal serviço, resulta cabível a inversão do ônus da prova, como promana do art. 6º, VIII, do CDC (Lei nº 8.078/90), já que verossímil a legação do autor, e, se assim não fosse, com certeza hipossuficiente, segundo as regras da experiência, pois encontra-se o autor em patamar de inferioridade em relação ao médico e ao hospital para discutir a qualidade do atendimento prestado.[4]

Atualmente, firmado está o entendimento de que há plena sujeição da atividade médica aos princípios e regras estabelecidos pelo Código de Defesa do Consumidor, sendo a jurisprudência farta em exemplos.[5] Em regra, e como elemento mais importante para este estudo, o enquadramento da relação médico-paciente sob a égide do CDC faz com que o prazo prescricional se amplie, saindo da esfera de influência do artigo 206, § 3º, inc. V, do CC que estabelece a prescrição para a pretensão de reparação civil em 3 (três) anos, fazendo incidir o prazo prescricional de 5 (cinco) anos, presente na regra geral estabelecida no artigo 27 do CDC, com a importante ressalva de que tal prazo inicia sua contagem a partir do conhecimento do dano e de sua autoria.

Importante observar que o conectivo 'e', presente no texto do mencionado artigo 27 do CDC, estabelece duas condições concomitantes: conhecimento do dano e conhecimento da autoria. 'Conhecimento do dano' refere-se ao momento em que o paciente toma ciência da ocorrência do dano e da sua relação com a ação ou omissão do médico. Por exemplo, se um paciente tem uma cirurgia e só depois de alguns dias, ou mesmo meses, descobre que houve complicações que resultaram em danos permanentes, esse seria o momento em que ele adquiriu o conhecimento do dano.

'Conhecimento da autoria' refere-se ao momento em que o paciente tem certeza da identidade do médico ou da instituição responsável pelo dano. Por exemplo, se o paciente

---

4. STJ, 3ª Turma, Recurso Especial nº 171.988/RS, julg. em 24 maio 1999.
5. TJ-SP – 0000876-79.2011.8.26.0030, Relator: Elcio Trujillo, 10ª Câmara de Direito Privado, julg. em 13.04.2022. TJ-MG – AI: 10000204591424001 MG, Relator: Alberto Henrique, Data de Julgamento: 29.10.2020, Câmaras Cíveis / 13ª Câmara Cível, Data de Publicação: 29.10.2020.

sabe que foi submetido a uma cirurgia por um determinado médico e posteriormente descobre que houve complicações que resultaram em danos permanentes, esse seria o momento em que ele adquiriu o conhecimento da autoria.

Todavia, em nenhum local ou em momento algum, se tem como condição legalmente estabelecida o conhecimento da extensão do dano, de forma definitiva, conclusiva, final. Tal fato, por certo, levanta alguns questionamentos. O momento do conhecimento do dano precisa estar marcado pelo conhecimento da extensão deste dano, ou apenas do momento em que é produzido? Há diferenças relevantes entre as duas situações?

O momento do conhecimento do dano pode ser marcado tanto pelo conhecimento da extensão do dano quanto pelo momento em que ele é produzido. A diferença relevante entre as duas situações é que, no primeiro caso, o paciente já tem informações suficientes para entender a natureza e a extensão do dano e sua relação com a ação ou omissão do médico. Já no segundo caso, o paciente só tem conhecimento da existência do dano, mas não necessariamente da sua extensão ou relação com a ação ou omissão do médico.

Em ambos os casos, a partir do momento do conhecimento do dano, começa a contar o prazo de prescrição para a ação de indenização. No entanto, é importante destacar que o conhecimento da extensão do dano pode ser relevante para o sucesso da ação, uma vez que é necessário comprovar o dano e sua relação com a ação ou omissão do médico. Além disso, quanto mais tardiamente o paciente tiver conhecimento do dano e sua extensão, mais difícil pode ser comprovar a relação entre o dano e a ação ou omissão do médico.

Tal situação, todavia, não é impeditiva para a aplicação do cutelo prescricional. A extensão do dano pode ser avaliada durante o curso da ação judicial, através de perícia médica. Esta possibilidade é regulamentada pela legislação processual civil, em seus artigos 464 a 480, que prevê a realização de perícias médicas para a comprovação de lesões e danos corporais.

De acordo com os artigos 369 e 370 do Código de Processo Civil (CPC), as provas – e dentre elas, as perícias médicas – podem ser requeridas pelas partes ou pelo juiz, a fim de esclarecer questões relevantes para o julgamento da ação. A perícia médica é realizada por um médico especialista na área relevante para o caso, e o relatório pericial é utilizado como prova na ação judicial.

Além da regulamentação processual civil, as perícias médicas em processos judiciais que envolvem responsabilidade civil médica também estão sujeitas a normas éticas e deontológicas aplicáveis ao exercício da medicina. O Conselho Federal de Medicina (CFM) possui normas éticas que regulamentam a atuação de médicos como peritos em processos judiciais, incluindo a obrigação de prestarem informações verdadeiras e imparciais e a proibição de se envolver em práticas que possam prejudicar o paciente ou o processo.

4. IMPOSSIBILIDADE DE AMPLIAÇÃO DE CRITÉRIOS OBJETIVOS PARA O ESTABELECIMENTO DO MARCO PRESCRICIONAL NOS CONTRATOS DE SERVIÇOS MÉDICOS

Apenas a título de comparação, na esfera deontológica, no âmbito dos processos ético-profissionais nos Conselhos de Medicina, a questão é atualmente é (equivocadamente) regulamentada pela Resolução CFM nº 2.306/2022, o assim chamado Código de Processo Ético-Profissional (CPEP), que em seu artigo 116 assim disciplina: "Art. 116. A punibilidade por falta ética sujeita a PEP prescreve em 5 (cinco) anos, contados a partir da data do efetivo conhecimento do fato pelo CRM".

Sobre o assunto, assim se posicionam os professores Genival França e Roberto Lana:[6]

> A punibilidade do profissional liberal, por falta sujeita a processo disciplinar, através de órgão em que esteja ele inscrito, prescreve em cinco anos, contados da data do conhecimento do fato punível, se público ou notório, ou da data do protocolo da representação ou reclamação no Conselho Regional de Medicina.

Na mesma linha, o entendimento de Irineu Ramos Filho e Domingos Kriger Filho:[7]

> A principal questão que se coloca na interpretação do presente artigo é a de saber 'quando' o Conselho judicante passa a ter conhecimento do fato infracional, vez que *vincular a prescrição da punibilidade ao conhecimento do fato infracional pode gerar a perpetuidade do jus puniendi, dado a conveniência de se poder alegar que somente após determinado tempo é que se teve acesso a tal conhecimento*. Face a isto, é óbvio que quando o fato for notório, pela notícia em imprensa, por exemplo, o prazo prescricional começará a fluir a partir da data em que se tornou público.
>
> Mas em relação aos fatos que não venham a se tornar notórios, pois somente as partes envolvidas é que dele têm conhecimento, a prescrição começará a correr da data em que o denunciante levar o fato ao Conselho. O intuito de legislador ao elaborar este dispositivo, divergente do que previa a Lei nº 6.838/80, é elastecer o tempo para o Conselho judicante abrir o processo ético contra os médicos infratores, que teria sua ação prejudicada se o prazo prescricional começasse a fluir da data de verificação do respectivo fato. (original sem realces)

Há, todavia, que se discordar. O prazo previsto naquele dispositivo legal é quinquenal, independentemente da data de conhecimento pelo Conselho Regional da ocorrência do fato ou da infração ética. Uma interpretação diferente acarreta um conjunto de insegurança jurídica, tornando qualquer médico refém de acusações passíveis de serem realizadas até mesmo décadas depois do fato, quando não haverá mais possibilidade de apresentação de testemunhas, indicação de prova da boa conduta, análise de documentos, prontuários, ou mesmo a hipótese de realização de uma instrução processual minimamente adequada.

O que importa, neste caso, é o conhecimento do fato por parte do denunciante e não do órgão julgador. A analogia com o processo judicial é patente: passados cinco anos do

---

6. In: FRANÇA, Genival Veloso; LANA, Roberto Lauro. **Comentários ao Código de Processo Ético-Profissional dos Conselhos de Medicina do Brasil**. 3. ed. São Paulo: Forense, 2009, p. 124.

7. In: RAMOS FILHO, Irineu; Kriger filho, Domingos. **Código de Processo Ético-Profissional Comentado e Anotado**. 2. ed. Porto Alegre: Síntese, 1999, p. 113.

conhecimento do fato, por parte daquele que se sentiu lesado, prescreve o seu direito à pretensão de ver determinada situação punida ou reparada. Já sob o ponto de vista ético, prescreve o direito à pretensão de ver fiscalizada a atuação de determinado profissional.

Frise-se que o texto normativo (o já mencionado artigo 116 do CPEP) não faz nenhuma distinção entre fato público e notório, e fato de conhecimento apenas do paciente prejudicado. Não pode a interpretação ser extensiva a ponto de prejudicar o investigado, transformando em prazo perpétuo aquele previsto em cinco anos, posto que estar-se-ia dando ao proponente da representação ou reclamação o direito de escolher se e quando iria solicitar ao Conselho a investigação da conduta profissional. Não bastasse, esse entendimento tornaria praticamente imprescritível toda e qualquer acusação de falta ética, somente deixando de caber direito à denúncia com a morte do médico eventualmente denunciado.

Em nosso livro 'Direito Médico',[8] já descrevíamos desde sua primeira edição, em 2009, o risco de situação semelhante, cujo raciocínio segue válido para os processos judiciais:

> Imagine-se, portanto, a possibilidade de se propor representação por infração ética passados oito, doze, ou mesmo quinze anos após a ocorrência de fato danoso, até mesmo contra médico que esteja aposentado há seis anos, não mais exercendo sua profissão, por motivos de vingança, apenas para abalar sua imagem junto à sociedade, sob a alegação de desconhecimento do fato. Não se pode permitir que distorções de tamanha monta venham a ocorrer, para evitar que se convulsione a estabilidade das relações jurídicas no meio social, finalidade das mais prioritárias do Direito.

> Entender de outro modo é distorcer o sentido do texto legal, perpetuando assim a incerteza e a insegurança jurídica, o que não corresponde ao desejo do legislador quando da adoção em nosso ordenamento jurídico do instituto da prescrição.

Necessário, assim, reforçar a necessidade do estabelecimento de critérios objetivos e marcos prescricionais efetivamente definidos, para garantir estabilidade, clareza de regras e segurança jurídica nas relações estabelecidas, não importando se o processo é judicial ou administrativo, no âmbito dos Conselhos Regionais e Federal de Medicina.

5. ANÁLISE DA DECISÃO DO STJ SOBRE RESPONSABILIDADE CIVIL MÉDICA QUE APLICA O ART. 27 DO CDC E DELIMITA COMO CRITÉRIO DE INÍCIO DA CONTAGEM DO MARCO PRESCRICIONAL A CIÊNCIA INEQUÍVOCA DA EXTENSÃO DO DANO

A decisão se origina de discussão tratada em ação de responsabilidade civil por danos materiais, moral e estético, protocolada no ano de 2009, tendo sido, em breve síntese, alegado pelo autor ter se submetido à cirurgia de coleta de nódulos para análises, durante o ano de 2004, nas dependências da ré, recebendo alta no dia seguinte, havendo retirado os pontos e, mediante autorização do médico assistente, viajado com familiares. No segundo dia de viagem o corte decorrente da cirurgia começou a incomodar, causando

---

8. DANTAS, Eduardo. **Direito Médico**. 6. ed. Salvador: JusPodivm, 2022, p. 182.

fortes dores, e as vísceras intestinais saltaram para fora do organismo, em razão do que procurou auxílio médico, sofrendo nova intervenção cirúrgica, pretendendo assim ser compensado por danos materiais, moral e estético.

A sentença, reconheceu a prescrição, com base no art. 206, § 3º, inciso V, do Código Civil, condenando o autor ao pagamento das custas, despesas processuais e honorários advocatícios de 10% sobre o valor da causa. O autor então apelou, afirmando que a ação indenizatória anteriormente ajuizada, que tramitou perante a mesma Vara Cível, protocolada e extinta no ano de 2007 havia interrompido a prescrição nesse período, devendo ser afastada a causa extintiva.

Sobre isso, o Superior Tribunal de Justiça firmou entendimento de que, à prestação de serviços que envolvam serviços médicos, aplica-se o prazo quinquenal do art. 27 do CDC, sendo este fator determinante para fulminar as pretensões autorais, reafirmando e estabelecendo marco objetivo para a contagem prescricional.

O Superior Tribunal de Justiça, no julgado aqui em comento, consolidou o entendimento de que o prazo prescricional nas ações que envolvem responsabilidade civil médica se inicia a partir do momento em que o paciente tem conhecimento da existência do dano e da sua autoria.

De acordo com a jurisprudência do STJ, o conhecimento da existência do dano e da sua autoria é fundamental para o início da contagem do prazo prescricional, uma vez que é a partir desse momento que o paciente tem a possibilidade de exigir o ressarcimento pelos danos sofridos.

Além disso, o STJ destacou a importância de se avaliar, caso a caso, as circunstâncias específicas de cada situação em concreto para determinar o momento exato em que o paciente adquiriu conhecimento da existência do dano e da sua autoria, uma vez que essa questão pode variar de acordo com a natureza do dano, a relação entre médico e paciente, e outros fatores relevantes para o caso, o que não afasta a necessidade de obediência aos estritos critérios objetivos estabelecidos pela legislação, não cabendo falar em ampliação ou flexibilização de tais condições, ao arrepio da lei.

Em resumo, o STJ tem entendido que o prazo prescricional nas ações que envolvem responsabilidade civil médica começa a contar a partir do momento em que o paciente tem conhecimento da existência do dano e da sua autoria, estabelecidas em conjunto estas condições, sem afastar-se da legalidade.

Cabível, aqui, o entendimento já exposto em nosso livro Direito Médico:[9]

> Tendo em vista esta sujeição da atividade médica às regras previstas pelo Código de Defesa do Consumidor, cumpre destacar algumas particularidades que podem ser aplicadas ao cotidiano das relações aqui em estudo.
>
> Um destes aspectos se refere justamente à prescrição pela busca da reparação de danos causados pela má prestação do serviço. O artigo 27 daquele diploma legal limita em cinco anos o prazo prescricional,

---

9. DANTAS, Eduardo. **Direito Médico**. 6. ed. Salvador: JusPodivm, 2022, p. 108-109.

vale dizer, iniciada sua contagem a partir da data do conhecimento do dano e de sua autoria, e não necessariamente a partir da ocorrência do fato danoso.

Esta distinção é especialmente importante quando se trata de situações em que o dano causado não é visível ou imediatamente identificável, tais como o esquecimento de material cirúrgico dentro do corpo do paciente, a remoção equivocada de determinado órgão no lugar de outro, ou mesmo a realização de tratamento ou procedimento inadequado ao quadro clínico do paciente, situações em que, via de regra, só vêm apresentar consequências após a passagem de determinado lapso de tempo.

As decisões e ementas de acórdão citados no julgado paradigma aqui em estudo consolidam o entendimento, não permitindo qualquer espaço para interpretação diversa ou flexibilização dos critérios efetivamente dispostos na legislação consumerista, no tocante à contagem do prazo prescricional.

Dadas as particularidades da relação, ainda que exista uma individualização sobre o momento de seu início, este momento segue cumprindo a necessidade de obedecer ao rito legal, saindo da esfera de subjetividade do paciente, e impedindo uma indevida imprescritibilidade prática para casos deste quilate.

6. CONSIDERAÇÕES FINAIS

Em nosso artigo "Processos ético-profissionais no âmbito dos Conselhos Regionais de Medicina: Da necessidade de adequação ao ordenamento jurídico em questões relativas à prescrição",[10] defendemos que uma das razões fundamentais para a existência do devido processo legal reside na necessidade de estabelecer regras que sejam imparciais, claras e prévias. A presença dessas normas é crucial para garantir a análise e o julgamento adequados de situações e conflitos que surgem no âmbito dos Conselhos Regionais de Medicina, assegurando a integridade do processo e a justiça das decisões.

O devido processo legal é um princípio constitucional que visa assegurar que todos os indivíduos, independentemente de sua posição ou circunstância, sejam tratados com equidade perante a lei. Esse princípio é particularmente relevante nos processos ético--profissionais conduzidos pelos Conselhos Regionais de Medicina, onde a imparcialidade e a transparência são essenciais para manter a confiança da sociedade nas instituições médicas. A implementação de regras claras e prévias garante que os profissionais de saúde saibam de antemão quais são os padrões de conduta esperados e as consequências de seu descumprimento.

A previsibilidade é um dos principais benefícios proporcionados pelo devido processo legal. Em um ambiente onde as normas são claras e conhecidas antecipadamente, os profissionais de saúde podem ajustar seu comportamento de acordo com as expectativas regulatórias, minimizando o risco de infrações éticas e legais. Além disso, a previsibilidade fortalece a confiança no sistema, pois os profissionais sabem que serão

---

10. DANTAS, Eduardo. "Processos ético-profissionais no âmbito dos Conselhos Regionais de Medicina: Da necessidade de adequação ao ordenamento jurídico em questões relativas à prescrição". In: ALVIM, Arruda; MELLO, Cecília; RODRIGUES, Daniel Colnago; ALVIM, Thereza. **Direito Médico** – Aspectos Materiais, Éticos e Processuais. São Paulo: Thomsom Reuters, 2021, p. 192.

julgados com base em critérios objetivos e justos, reduzindo a possibilidade de decisões arbitrárias ou discriminatórias.

A segurança jurídica é outro pilar importante garantido pelo devido processo legal. Em processos ético-profissionais, a segurança jurídica assegura que as decisões tomadas pelos Conselhos Regionais de Medicina sejam consistentes e fundamentadas em normas previamente estabelecidas. Isso proporciona uma base sólida para a aplicação das sanções e evita interpretações divergentes que possam comprometer a credibilidade e a legitimidade das decisões. A segurança jurídica também protege os direitos dos profissionais, garantindo que suas defesas sejam consideradas de maneira justa e equilibrada.

A equidade no tratamento das partes é uma garantia essencial proporcionada pelo devido processo legal. Nos processos ético-profissionais, é crucial que todas as partes envolvidas tenham a oportunidade de apresentar suas alegações e defesas de maneira justa. A existência de regras imparciais e prévias assegura que nenhum profissional seja favorecido ou prejudicado indevidamente durante o julgamento, promovendo a justiça e a integridade do processo. Essa equidade é fundamental para manter a confiança dos profissionais de saúde no sistema regulatório e para garantir que as decisões sejam respeitadas e acatadas.

O devido processo legal é um instrumento vital para a promoção da justiça e da transparência nos processos ético-profissionais dos Conselhos Regionais de Medicina. Ao estabelecer regras claras, imparciais e prévias, ele proporciona previsibilidade, segurança jurídica e tratamento equânime para todos os envolvidos. Essas garantias são indispensáveis para a manutenção da confiança da sociedade nas instituições médicas e para a proteção dos direitos dos profissionais de saúde, assegurando que os processos sejam conduzidos de maneira justa e eficiente.

A passagem do tempo opera em favor do investigado, não sem motivo, posto que não poderia ele permanecer indefinidamente com a suspeita pendente sobre sua conduta, sem ver ajuizado processo no qual é acusado de má prática profissional, posto que tal postergação poderia servir para fins de pressão, intimidação, ou fins diversos pouco recomendados, além de lançar permanentemente uma nódoa sobre sua reputação profissional.

Como questão mais importante, o reconhecimento de que não se pode aplicar critérios subjetivos como o momento de ciência de uma lesão irreparável, consoante vinha sendo anteriormente reconhecido pelo STJ, por haver a possibilidade de eternização do direito de ação.

Apenas dois critérios, portanto, subsistem para o estabelecimento do início do marco prescricional, sendo ambos objetivos, e presentes na legislação pertinente: conhecimento do dano e sua autoria. O conhecimento sobre a extensão ou grau de reparabilidade de referido dano não se constitui em elemento capaz de postergar a ocorrência da prescrição, ou permitir a eternização de eventual direito de ação.

REFERÊNCIAS

DANTAS, Eduardo. **Direito Médico**. 6. ed. Salvador: JusPodivm, 2022.

DANTAS, Eduardo. Processos ético-profissionais no âmbito dos Conselhos Regionais de Medicina: Da necessidade de adequação ao ordenamento jurídico em questões relativas à prescrição. In: ALVIM, Arruda et al. (Coord.). **Direito Médico** – aspectos materiais, éticos e processuais. São Paulo: Thomsom Reuters Brasil, 2021.

FRANÇA, Genival Veloso; LANA, Roberto Lauro. **Comentários ao Código de Processo Ético-Profissional dos Conselhos de Medicina do Brasil**. 3. ed. São Paulo: Forense, 2009.

RAMOS FILHO, Irineu; Kriger filho, Domingos. **Código de Processo Ético-Profissional Comentado e Anotado**. 2. ed. Porto Alegre: Síntese, 1999.

A JUDICIALIZAÇÃO NA SAÚDE SUPLEMENTAR E O ACESSO AOS MEDICAMENTOS SEM REGISTRO NA ANVISA

Bianca Braga Plinta[1]

Jordão Horácio da Silva Lima[2]

Decisão paradigma: BRASIL. Superior Tribunal de Justiça (STJ). Tema Repetitivo nº 990. **Recursos Especiais nº 1.712.163 e nº 1.726.563**, 2ª Seção, relator Min. Moura Ribeiro, Segunda Seção, j. 8 nov. 2018.

Sumário: 1. Descrição dos casos: – 2. Introdução: a judicialização na saúde suplementar de medicamentos não registrados pela Anvisa – 3. Registro sanitário de medicamentos no Brasil e os desafios da assistência farmacêutica: conceitos, finalidades, patenteamento e precificação – 4. Medicamentos órfãos e o tratamento de doenças raras no Brasil – 5. Análise da tese fixada pelo STJ que reconhece a não obrigação do plano de saúde em fornecer medicamento não registrado pela Anvisa e a inaplicabilidade do precedente em casos específicos (*distinguishing*) – 6. Notas conclusivas – Referências.

---

1. DESCRIÇÃO DOS CASOS:

O Tema nº 990 do Superior Tribunal de Justiça (STJ)[3] afetou dois recursos (Recurso Especial nº 1.712.163 e Recurso Especial sob o nº 1.726.563), a serem analisados no presente artigo científico, julgados em 08.11.2018. Trata-se de uma decisão paradigmática, assinalando o caráter multitudinário da contenda, haja vista ser um tema de extrema relevância – obrigatoriedade das operadoras de planos de saúde a fornecerem medicamentos não registrados pela Anvisa –, que está relacionado não só com a qualidade de saúde e à dignidade das partes interessadas, como também à manutenção de suas vidas.

---

1. Pós-graduada pela Faculdade Legale em Direito Médico e da Saúde. Bacharel em Direito pela Faculdade de Ensino Superior do Paraná – FESP. Membro da Comissão de Direito à Saúde da OAB/PR. Foi membro do grupo de pesquisas em "Direito da Saúde e Empresas Médicas" (UNICURITIBA). Membro fundadora do Instituto Miguel Kfouri Neto (IMKN) – Direito Médico e da Saúde. Advogada especialista em direito à saúde. E-mail: biancaplinta@gmail.com.

2. Doutor em Saúde Global e Sustentabilidade pela Universidade de São Paulo (USP). Mestre em Saúde Global e Diplomacia da Saúde pela Fiocruz e Especialista em Direito Internacional (UFG). Professor pesquisador da Faculdade Evangélica Raízes e da Universidade Estadual de Goiás (UEG). Advogado e membro da Comissão de Direito da Saúde da OAB/GO. Foi membro do grupo de pesquisas em "Direito da Saúde e Empresas Médicas" (UNICURITIBA). Membro Associado do Instituto de Direito Sanitário Aplicado (IDISA). Membro da Comissão Nacional de Direito Médico da Associação Brasileira de Advogados (ABA). Membro da Associação Lusófona do Direito da Saúde (ALDIS). Membro do Instituto Miguel Kfouri Neto (IMKN) – Direito Médico e da Saúde. E-mail: jordaohoracio@hotmail.com.

3. **BRASIL**. Superior Tribunal de Justiça (STJ). **Tema Repetitivo nº 990**. Recurso Especial nº 1.712.163 e nº 1.726.563, 2ª Seção, relator Min. Moura Ribeiro, Segunda Seção, j. 8 nov. 2018, Dje 03 dez. 2018.

O Recurso Especial nº 1.712.163, com o nº dos autos de origem 1094967-89.2015.8.26.0100, da 27ª Vara Cível, da Comarca de São Paulo, versava sobre uma paciente de 84 (oitenta e quatro) anos de idade, que ajuizou ação condenatória com pedido de tutela antecipada em face da operadora de plano de saúde e do seu seguro saúde, aduzindo que possuía diagnóstico de cirrose pelo vírus da hepatite C, e necessitava do fornecimento de 6 (seis) caixas do medicamento Ledispasvir/Sofosbuvir (Harvoni®).

Já o segundo recurso afetado, Recurso Especial sob o nº 1.726.563, com o nº dos autos de origem 1060357-95.2015.8.26.0100, da 8º Vara Cível, também da Comarca de São Paulo, tratava de uma paciente de 65 (sessenta e cinco) anos de idade, a qual ajuizou ação de obrigação de fazer com pedido de tutela antecipada em face da operadora de plano de saúde, alegando que diante de uma recidiva de câncer de pâncreas metastático para peritônio, o médico assistente, em virtude da agressividade do câncer, e da falha terapêutica com os medicamentos disponíveis no rol da Agência Nacional de Saúde Suplementar (ANS), prescreveu terapia sistêmica à base da combinação de Gencitabina com Nab-Paclitaxel (Abraxane®).

Ambas as medicações foram indeferidas pelas operadoras de planos de saúde, sob o argumento de que os fármacos pleiteados não pertenciam ao Rol de Procedimentos e Eventos em Saúde, da ANS.

Apesar da tramitação dos processos em varas distintas, os pedidos liminares das ações foram deferidos e, em primeiro e segundo grau as requeridas foram condenadas de forma solidária a fornecer o medicamento, sob o fundamento de que a consumidora era a parte mais vulnerável da demanda. Além disso, entendeu-se que, apesar de não incluído no Rol de medicamentos de referência básica para cobertura assistencial, os fármacos haviam sido prescritos por médico assistente competente para tratar a doença das pacientes, e a conduta das requeridas em recusarem o fornecimento constituía prática abusiva, eis que a evolução da ciência médica estaria além de procedimentos burocráticos.

No entanto, a decisão do STJ, ao analisar os referidos recursos, consolidou a tese de que as operadoras de planos de saúde não estão obrigadas a fornecerem medicamentos não registrados pela Anvisa, levando em consideração a eficácia, segurança e qualidade do produto, que devem ser analisados pelo órgão sanitário. Além disso, o relator ministro Moura Ribeiro observou que constituiria, em tese, infração de natureza sanitária a importação de medicamentos sem prévio registro, não podendo o Judiciário criar norma sancionadora.

Sendo assim, em ambos os casos, os efeitos da decisão foram modulados, reconhecendo o dever de cobertura, apenas após o registro na Anvisa – o que, inclusive, ocorreu durante o decorrer do processo, isto é, os medicamentos foram devidamente registrados no órgão de vigilância sanitária.

Diante desse cenário, a proposta do presente estudo é, inicialmente, realizar uma análise de como se dá a judicialização na saúde suplementar de medicamentos não registrados pela Anvisa, realizando uma abordagem do direito à saúde como direito um direito fundamental, bem como realizar um apanhado histórico das normas que regulamentam a saúde suplementar para a concretização do direito à saúde no âmbito privado.

Num segundo momento, será desenvolvido estudo a fim de abordar a importância dos registros de ensaios clínicos, os quais contribuem no desenvolvimento da ciência, permitindo que pacientes e profissionais tenham acesso à informação, o que colabora pela transparência da pesquisa. Da mesma forma, buscar-se-á aprofundar na análise dos chamados medicamentos órfãos e no tratamento de doenças raras no Brasil, uma vez que tais compostos muitas vezes não possuem registro sanitário junto à Anvisa. Finalmente, será analisada a tese fixada pelo Superior Tribunal de Justiça, no intuito de verificar a aplicação prática, bem como, realizar uma análise de casos em que são possíveis a inaplicabilidade do precedente.

2. INTRODUÇÃO: A JUDICIALIZAÇÃO NA SAÚDE SUPLEMENTAR DE MEDICAMENTOS NÃO REGISTRADOS PELA ANVISA

O direito à saúde tornou-se um direito social básico influenciado pelos tratados de direitos humanos desenvolvidos durante a Segunda Guerra Mundial, e teve sua primeira aparição como direito fundamental apenas na Constituição Federal de 1988, onde a positivação dos direitos e garantias fundamentais vão além da função limitadora de poder e passa a ser a base e o próprio fundamento do Estado de Direito.[4]

As operadoras de planos de saúde fazem parte do sistema privado, definido como suplementar, devido à opção de se pagar um seguro privado para ter acesso à assistência médica.[5] A partir da década de 90, diante da adesão em massa de consumidores aos seus contratos de prestação de serviços, com a criação do Código de Defesa do Consumidor (CDC) tal relação jurídica ganha grande visibilidade, pois os consumidores começam a protestar em face do reajuste abusivo das mensalidades, e das restrições da assistência que excluíam doenças e procedimentos terapêuticos.

Assim sendo, levando em consideração o crescimento do número de consumidores de planos de saúde, após anos sem qualquer regulamentação específica, é então editada a Lei nº 9.956/98 (Lei dos Planos de Saúde), com o objetivo de estabelecer regras a respeito dos contratos de plano e seguro de saúde. Sobreveio, após, a criação da Agência Nacional de Saúde Suplementar (ANS) com a Lei nº 9.961/00, que tem como objetivo controlar e fiscalizar as operadoras, a fim de inibir práticas lesivas aos consumidores e estimular comportamentos que reduzam conflitos, promovendo a estabilidade do setor.

Nessa tentativa de inibir conflitos, a ANS editou uma lista chamada de Rol de Procedimentos e Eventos em Saúde, onde elenca os procedimentos obrigatórios que

---

4. CANOTILHO. Joaquim José Gomes. **Metolodogia Fuzzy e camaleões normativos na problemática actual dos direitos econômicos, sociais e culturais. Estudos sobre Direitos Fundamentais**. Coimbra: Livraria Almedina, 1992.

5. BAHIA, Ligia; VIANA, Ana Luiza, **Breve histórico do mercado de planos de saúde no Brasil**. Ministério da Saúde. Regulação e saúde: estrutura, evolução e perspectivas da assistência médica suplementar. Rio de Janeiro: ANS, 2002.

devem ser concedidos por todos os planos de saúde, estabelecendo um rol de cobertura assistencial obrigatória. A judicialização na saúde suplementar se dá justamente através das recusas administrativas de medicamentos ou procedimentos que não estão incluídos no Rol, fazendo com que os consumidores recorram ao Poder Judiciário.

O Conselho Nacional de Justiça, em 2019, na pesquisa *Judicialização da Saúde no Brasil: perfil das demandas, causas e propostas de solução*, constatou o aumento de 130% do número de demandas sobre saúde de 2008 a 2017. Foi possível identificar ainda, que os termos '*off-label*' ou 'tratamento experimental' constavam em 18% das sentenças proferidas em processos de saúde no ano de 2015, 13% em 2016 e 12% em 2017.[6]

A partir dessa situação, deparamo-nos com a seguinte questão jurídica: as operadoras de planos privados de assistência à saúde estão obrigadas a cobrirem serviços não contemplados pelos contratos celebrados entre operadora e consumidor, em especial aos medicamentos ou procedimentos não registrados pela Anvisa?

Medicamentos com a ausência de registro podem ser classificados como medicamentos experimentais ou medicamentos com eficácia e segurança comprovadas e testes concluídos, mas que ainda não foram submetidos ou concluíram todas as fases de aprovação da Anvisa. Nesse cenário, a dificuldade do direito à saúde está justamente na sua aplicação. O Poder Judiciário exerce um papel fundamental na efetivação dos direitos constitucionais, e os desafios iminentes representam uma estrutura complexa que busca viabilizar com que a atuação de todos esses agentes ocorra de maneira articulada.

Na prática, a velocidade dos mecanismos racionais e burocráticos no desenvolvimento de um fármaco não acompanha a necessidade humana, gerando um desiquilíbrio entre a urgência do indivíduo e a disponibilização ou indicação formal de determinado medicamento. É possível visualizar tal situação em casos de doenças raras e ultrararas, que impede, como regra geral, o seu fornecimento por decisão judicial, sob o fundamento do risco sanitário da comercialização de produtos não submetidos a testes de segurança e eficácia.

3. REGISTRO SANITÁRIO DE MEDICAMENTOS NO BRASIL E OS DESAFIOS DA ASSISTÊNCIA FARMACÊUTICA: CONCEITOS, FINALIDADES, PATENTEAMENTO E PRECIFICAÇÃO

O risco, e os efeitos adversos decorrentes do uso de medicamentos é conhecido desde a antiguidade. No entanto, somente após o desastre causado pela talidomida, em 1961, é que os esforços internacionais foram dirigidos quanto à segurança de medica-

---

6. BRASIL. Conselho Nacional de Justiça (CNJ). **Justiça Pesquisa. Judicialização da Saúde no Brasil: perfil das demandas, causas e propostas de solução**. Instituto de Ensino e Pesquisa – INSPER. Disponível em: https://www.cnj.jus.br/wp-content/uploads/2018/01/f74c66d46cfea933bf22005ca50ec915.pdf . Acesso em: 17 jun. 2024.

mentos, ainda que a farmacovigilância[7] como atividade institucional tenha sua origem no século XIX, no Reino Unido.[8]

No Brasil, a criação da Anvisa, em 1999, representou um grande avanço organizacional na medida em que centralizou diversas competências regulatórias relacionadas com os aspectos sanitários dos medicamentos. Como coordenadora legal do Sistema Nacional de Vigilância Sanitária (SNVS), a Anvisa vem participando do fortalecimento político-regulatório de medicamentos em âmbito nacional.[9]

Destaca-se que a comercialização de produtos industrializados no Brasil, com finalidade terapêutica, ou seja, como medicamento, devem atender a normas sanitárias específicas. A Lei Federal nº 5.991/1973 dispõe sobre o controle sanitário do comércio de drogas, medicamentos, insumos farmacêuticos e correlatos, e a Lei nº 6.360/1976 dispõe sobre a vigilância sanitária a que ficam sujeitos os medicamentos, as drogas, os insumos farmacêuticos e correlatos, cosméticos, saneantes e outros produtos. A Lei nº 6.437/1977, por sua vez, dispõe sobre as infrações à legislação sanitária federal, e estabelece as sanções respectivas.

De acordo com o art. 16 da Lei nº 6.360, para que um medicamento venha a ser registrado e comercializado, é necessário que a Anvisa avalie a documentação administrativa e técnico-científica relacionada à qualidade, à segurança e à eficácia do medicamento. O registro sanitário é um dos recursos de que a vigilância sanitária dispõe para monitorar a entrada em circulação de todos os medicamentos, e constitui o suporte dos dados sobre eles para o Sistema Nacional de Vigilância Sanitária. Trata-se de instrumento imprescindível para garantir a qualidade, a segurança e a eficácia do medicamento.

Portanto, para submissão do pedido de registro de um medicamento, faz-se necessário que o solicitante encaminhe à Agência um dossiê contendo, em linhas gerais, documentação administrativa, comprovação de qualidade, segurança e eficácia do fármaco objeto do registro, além da certificação de cumprimento dos princípios de boas práticas de fabricação da linha em que esse medicamento será fabricado e as respectivas autorizações sanitárias para o funcionamento da empresa, de acordo com o disposto em legislação vigente.

No que tange à comprovação de segurança e eficácia, devem constar no dossiê de registro, dentre outros documentos, os relatórios de estudos pré-clínicos (não clínicos) e os relatórios de estudos clínicos fase I, II e III (realizados em seres humanos).[10] Na fase

---

7. Compreende-se a farmacovigilância como *"a ciência e as atividades relativas à identificação, avaliação, compreensão e prevenção de efeitos adversos ou qualquer possível problema relacionado a fármacos"*.

8. ORGANIZAÇÃO MUNDIAL DA SAÚDE (OMS). Departamento de Medicamentos Essenciais e Outros Medicamentos. **A importância da Farmacovigilância**. Brasília: Organização Pan-Americana da Saúde, 2005.

9. AITH, Fernando Mussa Abujamra; CUNHA, Ana Carolina Navarrete M. F. da; CASTELLARO, Felipe Angel Bocchi; SOARES, Darnise Francinne Lopes; DALLARI, Sueli Gandolf. **Regulação de medicamentos no Brasil: desafios no contexto do mundo globalizado**. Centro de Estudos e Pesquisas de Direito Sanitário (CEPEDISA). Regulação de medicamentos no mundo globalizado. Org. Fernando Aith, Sueli Gandolfi Dallari. São Paulo: Cepedisa, 2014.

10. BRASIL. Ministério da Ciência, Tecnologia e Inovações. **Relatório de Atividades do Grupo de Trabalho sobre a Fosfoetalonamina** (22.12.2015). Disponível em: https://antigo.mctic.gov.br/mctic/export/sites/institucio-

I são avaliados segurança e toxicidade da molécula testada e normalmente é feita em indivíduos saudáveis. Na fase II é avaliada a eficácia do medicamento em indivíduos doentes e é realizada em um número pequeno de pacientes.

Caso o uso do medicamento testado se mostre favorável, é executada a fase III, que avalia o uso do fármaco em muitos pacientes. Somente após a aprovação do registro e comercialização é que se dá a fase IV, que avalia a confirmação e retificação dos resultados obtidos anteriormente.

Cabe salientar que o desenvolvimento de ensaios clínicos no Brasil está condicionado ao cumprimento de normas éticas, dispostas na Resolução nº 466/2012,[11] do Conselho Nacional de Saúde, que estabelece as normas básicas da Bioética e tem por objetivo assegurar os direitos e deveres dos participantes de pesquisas clínicas, da comunidade científica e do Estado como um todo.

Os preceitos éticos e o rigor metodológico atribuído às pesquisas direcionadas a novos medicamentos e produtos para a saúde têm por finalidade minimizar danos à população e buscar garantir a segurança e a eficácia dos produtos. Além dos requisitos clínicos, para serem registrados no Brasil, os medicamentos devem apresentar no dossiê garantias sobre a qualidade do produto em estudo, o prazo de validade e condições de armazenamento.

Esses requisitos são obrigatórios e o não cumprimento de especificações de qualidade consideradas imprescindíveis pode resultar em sérias implicações na saúde dos pacientes. Dessa forma, visando garantir a qualidade, a segurança e a eficácia dos fármacos, a sua produção e liberação para o uso devem ser baseadas no cumprimento da regulamentação sanitária.

Para além dos aspectos relacionados ao registro sanitário, tem-se que a assistência farmacêutica ainda encontra desafios quanto ao acesso, especialmente em relação à precificação. Medicamentos de referência (que se encontram em situação de monopólio patentário), por exemplo, possuem preços definidos pela Câmara de Regulação do Mercado de Medicamentos (CMED), mas não são acessíveis para a grande maioria das famílias brasileiras.

A justificativa dos altos preços, segundo argumentação geralmente alinhavada pela indústria farmacêutica, por conta dos custos de pesquisa e desenvolvimento (P&D), não merece prosperar. Estudos apontam que os medicamentos contra o câncer, por exemplo, por meio de seus preços elevados, geraram retornos financeiros substanciais para as empresas que os originaram. Retornos excessivos sobre o investimento podem distorcer o papel central da P&D.[12]

---

nal/ciencia/SEPED/Saude/fosfoetanolamina/arquivos/22-12-2015-Relatorio-de-Atividades-do-Grupo-de--Trabalho-sobre-a-Fosfoetanolamina.pdf. Acesso em: 17 jun. 2024.

11. Recentemente, foi sancionada no Brasil a Lei nº 14.874, de 28 de maio de 2024, que dispõe sobre a pesquisa com seres humanos e institui o Sistema Nacional de Ética em Pesquisa com Seres Humanos.

12. TAY-TEO, Kiu; ILBAWI, Andre; HILL, Suzanne R.. Comparison of Sales Income and Research and Development Costs for FDA-Approved Cancer Drugs Sold by Originator Drug Companies. **JAMA Network Open.**

Os preços altos restringem o acesso dos pacientes e comprometeram a sustentabilidade financeira dos sistemas de saúde. Para se ter uma ideia, dados apontam que para cada $1,00 (um dólar americano) investido em P&D para desenvolvimento do trastuzumabe, gerou um retorno financeiro para o laboratório detentor da patente de $31,20 (trinta e um dólares americanos e vinte centavos).[13]

Verifica-se, porquanto, que a plena satisfação do direito à saúde e à assistência farmacêutica integral encontra obstáculos quando se trata do acesso a medicamentos de alto custo, incluindo aqueles que não possuem registro sanitário junto à Anvisa. Tal situação se torna ainda mais problemática no caso dos medicamentos órfãos e das pessoas com doenças raras, que apresentam uma situação de desvantagem e fragilidade em relação aos portadores de doenças mais prevalentes.

4. MEDICAMENTOS ÓRFÃOS E O TRATAMENTO DE DOENÇAS RARAS NO BRASIL

Conforme a Portaria nº 199/2014 do Ministério da Saúde,[14] que institui a Política Nacional de Atenção Integral às Pessoas com Doenças Raras, tais moléstias são aquelas que afetam até 65 pessoas a cada 100 mil indivíduos. Atualmente 7 mil dessas enfermidades são reconhecidas pela literatura médica, mas para 95% dos casos não há tratamento, apenas cuidados paliativos e serviço de reabilitação. No Brasil estima-se que tais enfermidades atingem cerca de 13 milhões de brasileiros.[15]

Nesse contexto, reveste-se de extrema relevância a análise dos chamados medicamentos órfãos.[16] Para enquadrar um fármaco nessa condição, é necessário observar

---

2019;2(1):e186875. Disponível em: https://jamanetwork.com/journals/jamanetworkopen/fullarticle/2720075. Acesso em: 17 jun. 2024.

13. TAY-TEO, Kiu; ILBAWI, Andre; HILL, Suzanne R.. Comparison of Sales Income and Research and Development Costs for FDA-Approved Cancer Drugs Sold by Originator Drug Companies. **JAMA Network Open**. 2019;2(1):e186875. Disponível em: https://jamanetwork.com/journals/jamanetworkopen/fullarticle/2720075. Acesso em: 17 jun. 2024.

14. **BRASIL**. Ministério da Saúde. **Portaria nº 199, de 30 de janeiro de 2014**. Institui a Política Nacional de Atenção Integral às Pessoas com Doenças Raras, aprova as Diretrizes para Atenção Integral às Pessoas com Doenças Raras no âmbito do Sistema Único de Saúde (SUS) e institui incentivos financeiros de custeio. Disponível em: https://bvsms.saude.gov.br/bvs/saudelegis/gm/2014/prt0199_30_01_2014.html. Acesso em: 18 jun. 2024.

15. **BRASIL**. Senado Federal. **Doenças raras atingem cerca de 13 milhões de brasileiros (Publicada em 02 fev. 2022)**. Disponível em: https://www12.senado.leg.br/radio/1/noticia/2022/02/02/doencas-raras-atingem-cerca-de-13-milhoes-de-brasileiros. Acesso em: 18 jun. 2024.

16. Esta nomenclatura foi usada inicialmente em 1968, para descrever medicamentos potencialmente úteis, não disponíveis no mercado; sua exploração não era considerada lucrativa por motivos como dificuldade de produção ou, ainda, por serem destinados ao tratamento de doenças raras. O FDA criou, em 1982, um setor específico para tratar do tema, e na sequência foi aprovado o *Orphan Drug Act*, em 1983, pelo Congresso Americano. Este define medicamento órfão como aquele direcionado para uma doença que atinja menos de 200.000 casos/ano nos EUA (cerca de 75/100.000 habitantes), e cria, para os medicamentos assim classificados, linhas especiais de financiamento governamental, impostos diferenciados, além de protocolos especiais e mais céleres de pesquisa e aprovação (SOUZA, Mônica Vinhas de; KRUG, Bárbara Corrêa; PICON, Paulo Dornelles; SCHWARTZ, Ida Vanessa Doederlein, Medicamentos de alto custo para doenças raras no Brasil: o exemplo das doenças lisossômicas. **Ciência & Saúde Coletiva**, v. 15, p. 3443-3454, nov. 2010) (Food and Drug Administration – FDA. **Orphan Products Grants Program** [content current as of: 10.14.2021]. Disponível em: https://www.fda.gov/

dois conceitos, que são utilizados conjuntamente: o epidemiológico (prevalência ou incidência da doença numa população) e o econômico (presunção de não rentabilidade do medicamento destinado à terapêutica da doença em questão).[17]

Outrossim, os portadores de doenças raras apresentam uma situação de desvantagem e fragilidade em relação aos portadores de doenças mais prevalentes, pois em virtude da baixa lucratividade, empresas farmacêuticas não têm interesse em investir na pesquisa e no desenvolvimento desses remédios. E, uma vez produzidos, os fármacos órfãos possuem um custo elevado, tornando-se inacessíveis para seu público-alvo, sendo que a própria indústria farmacêutica muitas vezes não tem interesse de registrar seus produtos em todos os países, já que não há público consumidor para justificar tal investimento.[18]

A Anvisa define 'medicamento órfão' como aquele que se mostre eficaz no tratamento ou diagnóstico de doenças raras ou negligenciadas.[19] Na mesma esteira do FDA, instituiu Resoluções da Diretoria Colegiada (RDC) para fomentar a pesquisa e a distribuição de fármacos órfãos. Dentre elas, as RDCs nº 205/2017 e nº 260/2018 são consideradas marcos regulatórios na área, uma vez que regulamentam a aprovação de medicamentos órfãos e ensaios clínicos no Brasil.

De acordo com as normas vigentes, o prazo mínimo para o registro de um fármaco órfão no Brasil é de 150 dias, considerando que a Anvisa não solicite esclarecimentos adicionais à empresa farmacêutica. No caso de medicamentos já registrados em outros países, o prazo de registro no Brasil pode ser reduzido quando for apresentado o relatório técnico de avaliação do produto, emitido pelas respectivas autoridades reguladoras.[20]

Não é raro, dentro desta realidade, que um determinado medicamento tenha registro em outras agências regulatórias, como a *Food and Drug Administration* (FDA) dos EUA, a *European Agency for the Evaluation of Medicinal Products* (EMEA) da União Europeia, e a *Japanese Ministry of Health & Welfare* do Japão, mas não tenha registro

---

industry/medical-products-rare-diseases-and-conditions/orphan-products-grants-program. Acesso em: 18 jun. 2024).

17. SOUZA, Mônica Vinhas de; KRUG, Bárbara Corrêa; PICON, Paulo Dornelles; SCHWARTZ, Ida Vanessa Doederlein, Medicamentos de alto custo para doenças raras no Brasil: o exemplo das doenças lisossômicas. **Ciência & Saúde Coletiva**, v. 15, p. 3443-3454, nov. 2010.

18. O professor Gabriel Massote pugna, nesse contexto, pela absoluta inaplicabilidade da teoria da reserva do possível em detrimento à dignidade humana do paciente com doença rara, que segundo ele é triplamente vulnerável: vulnerabilidade clínica, financeira e no acesso a políticas públicas (MASSOTE, Gabriel. **Doenças raras e a inaplicabilidade da teoria da reserva do possível**: supremacia do mínimo existencial como balizador de direitos fundamentais. Indaiatuba/SP: Editora Foco, 2024).

19. **BRASIL**. Agência Nacional de Vigilância Sanitária (ANVISA). **Resolução – RDC nº 28, de 04 de abril de 2007**. Dispõe sobre a priorização da análise técnica de petições, no âmbito da Gerência-Geral de Medicamentos da ANVISA, cuja relevância pública se enquadre nos termos desta Resolução. Disponível em: https://bvsms.saude. gov.br/bvs/saudelegis/anvisa/2007/rdc0028_04_04_2007.html. Acesso em: 18 jun. 2024.

20. **BRASIL** – Agência Nacional de Vigilância Sanitária (ANVISA). **Resolução – RDC nº 205, de 28 de dezembro de 2017**. Estabelece procedimento especial para anuência de ensaios clínicos, certificação de boas práticas de fabricação e registro de novos medicamentos para tratamento, diagnóstico ou prevenção de doenças raras. Disponível em: https://bvsms.saude.gov.br/bvs/saudelegis/anvisa/2017/rdc0205_28_12_2017.pdf. Acesso em: 19 jun. 2024.

no Brasil. Outra hipótese que pode dificultar o acesso a fármacos órfãos em território brasileiro é a mora irrazoável da Anvisa em apreciar o pedido de registro.

Tais questões foram enfrentadas pelo Supremo Tribunal Federal (STF), em 2020, quando do julgamento do RE 657718 (*Leading Case*),[21] que culminou na formulação do Tema 500, acerca do *dever do Estado de fornecer medicamento não registrado pela Anvisa*. Na ocasião, decidiu-se que a ausência de registro na Anvisa impede, como regra geral, o fornecimento de fármaco por decisão judicial, mas é possível, excepcionalmente, a concessão judicial sem registro sanitário, em caso de mora irrazoável da Agência em apreciar o pedido, quando preenchidos três requisitos: a) a existência de pedido de registro do medicamento no Brasil (salvo no caso de medicamentos órfãos para doenças raras e ultrarraras); b) a existência de registro do medicamento em renomadas agências de regulação no exterior; e c) a inexistência de substituto terapêutico com registro no Brasil.

O relator do caso, ministro Luís Roberto Barroso, asseverou a necessidade de conferir especial deferência em relação à atuação da Anvisa, mas disse que também enxergava possíveis atuações oportunistas das empresas farmacêuticas, especialmente no caso de doenças raras. Isso porque seria mais vantajoso instituir um mercado paralelo para o fornecimento de medicamento no Brasil (pela via judicial), já que, nesse caso, ficariam isentas dos elevados custos envolvidos no processo de registro, bem como do controle dos preços praticados pela CMED, conforme já tratado no escopo no presente trabalho.

A decisão proferida pelo STJ no Tema nº 990, porquanto, ao definir de forma taxativa que os planos de saúde não são obrigados a fornecerem medicamentos sem registro na Anvisa, gera enorme preocupação, especialmente para os pacientes de doenças raras, e até mesmo insegurança jurídica, pois o usuário do plano teria que, invariavelmente, pleitear a referida medicação junto ao SUS, uma vez que, como observou-se, o STF entendeu que é possível, de forma excepcional, a concessão judicial de medicamento pelo Estado sem registro sanitário.

Retomando os precedentes que deram origem ao Tema nº 990, tem-se que no âmbito do Recurso Especial nº 1.712.163 havia a solicitação do medicamento Harvoni® (combinação Sofosbuvir + Ledispavir), por paciente com quadro de fibrose e cirrose hepática. O protocolo da ação se deu 16/09/2015, sendo que o referido fármaco gozava de registro junto ao FDA desde 10 de outubro de 2014.[22] O registro na Anvisa só veio em dezembro de 2017, no curso da ação.

Já no contexto do Recurso Especial sob o nº 1.726.563 havia a solicitação do medicamento Abraxane® (combinação Gemcitabina +Nab Paclitaxel), por paciente acometida por neoplasia maligna de pâncreas. O protocolo da ação se deu em 19.06.2015, sendo

---

21. **BRASIL**. Supremo Tribunal Federal. **Tema 500**. RE 657718, Relator(a):Marco Aurélio Relator(a) p/ Acórdão: Roberto Barroso, Tribunal Pleno, j. em 22 maio 2019, DJe 09 nov. 2020.

22. FOOD AND DRUG ADMINISTRATION (FDA). **CDER Breakthrougt Terapty Designation Aprovals (2014)**. Disponível em: https://www.fda.gov/media/95302/download. Acesso em: 18 jun. 2024.

que tal composto já possuía registro no FDA desde 06 de setembro de 2013,[23] mas só registrado pela Anvisa em 2017.

Percebe-se, portanto, que no momento da propositura da ação, ambas as pacientes estariam elegíveis para pleitear os medicamentos em face do Estado, conforme decisão do STF no Tema nº 500, pois os fármacos vindicados tinham registro em renomada Agência de regulação no exterior, no caso a FDA. Todavia, não lograram êxito em pleitear tais medicamentos em face dos planos de saúde, diante da limitação que viria a ser imposta pelo Tema nº 990 do STJ, pois ainda não eram registrados pela Anvisa. Frise-se que, na decisão dos recursos, reconheceu-se o dever de obrigação das operadoras de planos de saúde em fornecerem os medicamentos pleiteados apenas após os seus devidos registros.

Trata-se de um verdadeiro descalabro jurídico, pois coloca as operadoras de planos de saúde em posição de vantajosidade em relação ao já debilitado Sistema Público de Saúde, além de submeter os pacientes/consumidores, que já estão em posição de fragilidade, a uma situação vexatória e desarrazoada, pois arcam com as faturas mensais esperando amparo em momentos de enfermidade.

Cumpre observar, ainda, que o próprio STF vem ampliando as possibilidades de concessão de medicamentos sem registro sanitário, mesmo após o julgamento do Tema nº 500. Em 2021, a Suprema Corte analisou o Recurso Extraordinário nº 1.165.959,[24] no qual uma paciente menor, portadora de encefalopatia crônica por citomegalovírus congênito com epilepsia intratável, pleiteava junto ao Estado a concessão do medicamento Hemp Oil (RSHO) Canabidiol. O referido composto não possuía registro na Anvisa, mas tinha importação autorizada pela Agência de vigilância sanitária.

Na ocasião, o relator, ministro Marco Aurélio Mello, observou que não havia tal exceção dentro dos parâmetros definidos pelo Tema nº 500 e, por isso, a Suprema Corte precisava ampliar o entendimento outrora exposto, autorizando a concessão do medicamento vindicado, sob pena de submeter a sobrevivência do cidadão a ato estritamente formal – deliberação da Anvisa no sentido do registro. O ministro Alexandre de Moraes, nesse mesmo julgamento, foi ainda mais peremptório, ao asseverar que, *in verbis*:

> uma compreensão tão taxativa da padronização da política de atenção à saúde teria o efeito de submeter pessoas necessitadas de tratamentos mais complexos ou portadoras de doenças de baixa prevalência e por isso vitimadas pela ausência de interesse da indústria farmacêutica a uma condição de dupla vulnerabilidade, obrigando-as a suportar um sacrifício absolutamente desproporcional (...).[25]

Sendo assim, pode-se até compreender que o STJ, ao apontar que os planos de saúde não devem fornecer medicamentos não registrados pela Anvisa, reforça o propósito de

---

23. FOOD AND DRUG ADMINISTRATION (FDA). **Abraxane (Paclitaxel) Label (2013).** Disponível em: https://www.accessdata.fda.gov/drugsatfda_docs/label/2020/021660s047lbl.pdf . Acesso em: 18 jun. 2024.
24. **BRASIL.** Supremo Tribunal Federal. **Tema 1161.** RE 1.165.959, Relator: Min. Marco Aurélio. Redator: Min. Alexandre de Moraes, Tribunal Pleno, j. em 21 jun. 2021, Dje em 08 jul. 2021.
25. **BRASIL.** Supremo Tribunal Federal. **Tema 1161.** RE 1.165.959, Relator: Min. Marco Aurélio. Redator: Min. Alexandre de Moraes, Tribunal Pleno, j. em 21 jun. 2021, Dje em 08 jul. 2021.

garantir que os benefícios relacionados ao uso desses produtos sejam maiores do que os riscos por eles causados.

No entanto, tal interpretação não pode ser literal nem taxativa, pois a ausência de registro sanitário não significa que as operadoras não estejam compelidas a fornecer fármacos de uso *off-label*, ou de importação autorizada e, ainda, aqueles que tenham eficácia comprovada cientificamente, sejam recomendados pela Comissão Nacional de Incorporação de Tecnologias no Sistema Único de Saúde (Conitec),[26] ou seja, reco- mendados por pelo menos um órgão de avaliação de tecnologias em saúde com renome internacional, conforme ditames da Lei nº 14.454, de 21 de setembro de 2022.

5. ANÁLISE DA TESE FIXADA PELO STJ QUE RECONHECE A NÃO OBRIGAÇÃO DO PLANO DE SAÚDE EM FORNECER MEDICAMENTO NÃO REGISTRADO PELA ANVISA E A INAPLICABILIDADE DO PRECEDENTE EM CASOS ESPECÍFICOS (*DISTINGUISHING*)

Inicialmente, convém reforçar que a ausência de registro sanitário, tal como prevista no Tema 990, não se confunde com a prescrição *off-label* de medicamentos. A prática *off-label* refere-se ao uso de medicamentos aprovados pela Anvisa, mas que possui pelo menos uma das seguintes características:

1) possui indicações diferentes daquelas que constam na bula do medicamento; 2) usado em posologias não comuns; 3) a via de administração do medicamento é diferente da preconizada; 4) a administração ocorre em faixas etárias para as quais o medicamento não foi testado; 5) a administração do medicamento é feita para tratamento de doenças que não foram estudadas; 6) indicação terapêutica é diferente da aprovada para o me- dicamento; 7) administração de formulações extemporâneas ou de doses elaboradas a partir de especialidades farmacêuticas registradas; 8) uso de medicamentos importados e substâncias químicas sem grau farmacêutico.[27]

Nesse contexto, pode-se observar que somente a ausência de registro, para deter- minada terapêutica específica, pela Anvisa, não caracteriza que a mesma não possua segurança e eficácia, que poderá ser atestada caso o medicamento possua reconheci- mento pelas autoridades regulatórias de outros países, ou em ensaios clínicos e pesquisas científicas. O uso *off-label* poderá, assim, ser considerado como alternativa terapêutica,

---

26. Conforme art. 10, § 10, da Lei 9.656/1998 (Lei dos Planos de Saúde), após alteração promovida pela Lei nº 14.307, de 3 de março de 2022: "*As tecnologias avaliadas e recomendadas positivamente pela Comissão Nacional de Incorporação de Tecnologias no Sistema Único de Saúde (Conitec), instituída pela Lei nº 12.401, de 28 de abril de 2011, cuja decisão de incorporação ao SUS já tenha sido publicada, serão incluídas no Rol de Procedimentos e Eventos em Saúde Suplementar no prazo de até 60 (sessenta) dias*" (BRASIL. **Lei nº 14.307, de 03 de março de 2022**. Altera a Lei nº 9.656, de 3 de junho de 1998, para dispor sobre o processo de atualização das coberturas no âmbito da saúde suplementar. Disponível em: https://legislacao.presidencia.gov.br/atos/?tipo=LEI&nume-ro=14307&ano=2022&ato=98eMzZE1kMZpWT1ca. Acesso em: 18 jun. 2024.).).

27. ANICETO, Dalmo Luiz Faria Pires. **Anvisa e o uso *off-label* de medicamentos: as relações entre evidência e regulação**. 2019. Dissertação (Mestrado Profissional em Farmacologia Clínica) – Universidade Federal do Ceará. Disponível em: https://repositorio.ufc.br/bitstream/riufc/49579/1/2019_dis_dlfpaniceto.pdf. Acesso em: 19 jun. 2024.

dependendo do caso, desde que haja comprovação médico-científica da sua segurança e eficácia.[28]

Em 2018, o STJ, ao julgar o REsp nº 1.729.566/SP,[29] enfrentou a controvérsia entre a obrigatoriedade de cobertura, pelas operadoras de planos de saúde, de medicação fora das hipóteses da bula, e a eventual inexistência de obrigação de garantia para tratamento *off-label*. Na ocasião, a 4ª Turma do STJ unificou o entendimento do tribunal sobre a questão, pois a 3ª Turma, que também analisa processos de direito privado, já havia se manifestado, no mesmo sentido, de que a falta de indicação específica na bula não é motivo para a negativa de cobertura do tratamento. O acórdão dispôs, na ocasião:

> 4. Havendo evidências científicas que respaldem a prescrição, é universalmente admitido e corriqueiro o uso *off-label* de medicamento, por ser fármaco devidamente registrado na Anvisa, aprovado em ensaios clínicos, submetido ao Sistema Nacional de Farmacovigilância e produzido sob controle estatal, apenas não aprovado para determinada terapêutica.[30]

Conclui-se, portanto, que não havendo exclusão expressa e direta pelo contrato de cobertura de determinada enfermidade, a recusa da prestadora dos serviços em custear medicamento de uso *off-label* torna-se abusiva e arbitrária, constituindo afronta direta ao art. 6º, inc. III c/c art. 46 c/c art. 54, § 4º, do Código de Defesa do Consumidor.

Ainda em relação à inaplicabilidade do Tema nº 990 em determinados casos concretos, calha observar a questão dos medicamentos de importação autorizada pela Anvisa.

Em 2021, ao fazer a distinção (*distinguishing*) entre o caso sob análise e o Tema Repetitivo nº 990, a Terceira Turma do STJ, julgou o REsp n. 1.923.107/SP.[31] Na oportunidade, determinou que uma operadora de plano de saúde arcasse com a importação do medicamento Thiotepa/Tepadina, para tratamento de câncer, o qual, apesar de ainda não ser registrado pela Anvisa, teve a importação autorizada em caráter excepcional pela própria agência. A decisão, na ocasião, se deu nos seguintes termos:

> 6. A autorização da ANVISA para a importação excepcional do medicamento para uso hospitalar ou sob prescrição médica, é medida que, embora não substitua o devido registro, evidencia a segurança sanitária do fármaco, porquanto pressupõe a análise da Agência Reguladora quanto à sua segurança e eficácia, além de excluir a tipicidade das condutas previstas no art. 10, IV, da Lei 6.437/77, bem como nos arts. 12 c/c 66 da Lei 6.360/76.

> 7. Necessária a realização da distinção (*distinguishing*) entre o entendimento firmado no precedente vinculante e a hipótese concreta dos autos, na qual o medicamento (Thiotepa/Tepadina) prescrito à beneficiária do plano de saúde, embora se trate de fármaco importado ainda não registrado pela

---

28. GOMES, Josiane Araújo. **Contratos de Plano de Saúde**. Leme (SP): JH Mizuno, 2016.
29. **BRASIL**. Superior Tribunal de Justiça. **Recurso Especial 1.729.566**, Relator: Min. Luis Felipe Salomão, Quarta Turma, j. em 04 out 2018, DJe de 30 out. 2018.
30. **BRASIL**. Superior Tribunal de Justiça. **Recurso Especial 1.729.566**, Relator: Min. Luis Felipe Salomão, Quarta Turma, j. em 04 out 2018, DJe de 30 out. 2018.
31. BRASIL. Superior Tribunal de Justiça. **Recurso Especial 1.923.107**, Relatora: Min. Nancy Andrighi, Terceira Turma, j. em 10 ago. 2021, DJe de 16 ago. 2021.

ANVISA, teve a sua importação excepcionalmente autorizada pela referida Agência Nacional, sendo, pois, de cobertura obrigatória pela operadora de plano de saúde.[32]

Esse entendimento foi reforçado no julgamento de outros processos subsequentes: Agravo Interno no Recurso Especial 2.002.069/SP, em 24.11.2022;[33] Recurso Especial 1.983.097/SP, em 03.05.2022;[34] e Recurso Especial 1.886.178/SP, em 29.11.2021.[35]

Porquanto, segundo entendimento do STJ, ainda que a importação atípica não substitua o registro do medicamento, a autorização dada pela Anvisa evidencia a segurança sanitária do fármaco, pois pressupõe que houve a análise da agência reguladora em relação à sua validade e eficácia.

Por fim, vale destacar que a Lei nº 14.454, de 21 de setembro de 2022, também apresenta exceções ao Tema nº 990, ao apontar a obrigatoriedade de cobertura pelas operadoras de planos de saúde dos tratamentos não listados no Rol da ANS – desde que: i) exista comprovação da eficácia, à luz das ciências da saúde, baseada em evidências científicas e plano terapêutico; ou ii) haja recomendações pela Comissão Nacional de Incorporação de Tecnologias no Sistema Único de Saúde (Conitec); ou iii) tenha recomendação de, no mínimo, 1 (um) órgão de avaliação de tecnologias em saúde que tenha renome internacional, desde que sejam aprovadas também para seus nacionais.

A edição do referido diploma legal se deu como uma espécie de efeito *backlash*, ou seja, foi uma reação legislativa célere, após apenas dois meses do precedente judicial analisado pela Segunda Seção do STJ, no âmbito EREsp nº 1.886.929/SP e dos EREsp nº 1.889.704/SP, publicado em 03.08.2022.

Na ocasião, o STJ firmou o entendimento pela taxatividade mitigada do Rol da ANS, e que foi bastante criticada por setores da sociedade civil organizada, por estabelecer critérios inflexíveis e desarrazoados para o fornecimento excepcional de medicamentos, como, por exemplo, que não tivesse sido indeferido expressamente, pela ANS, a incorporação do procedimento ao Rol da saúde suplementar. Ou seja, bastaria que a ANS indeferisse a incorporação de tal medicamento administrativamente, para que os planos de saúde não fossem compelidos a fornecê-lo.[36]

Mais recentemente, o STJ já vem fazendo menção à Lei nº 14.454/2022 em seus julgados, como no caso da decisão proferida pela Terceira Turma no âmbito do Recurso

---

32. BRASIL. Superior Tribunal de Justiça. **Recurso Especial 1.923.107**, Relatora: Min. Nancy Andrighi, Terceira Turma, j. em 10 ago. 2021, DJe de 16 ago. 2021.

33. BRASIL. Superior Tribunal de Justiça. **Agravo em Recurso Especial 2.002.069**, Relator: Min. Humberto Martins, Decisão Monocrática, j. em 24 nov. 2021, Dje em 25 nov. 2021.

34. BRASIL. Superior Tribunal de Justiça. **Recurso Especial 1.983.097**, Relatora: Min. Nancy Andrighi, Terceira Turma, j. em 03 maio 2022, DJe 05 maio 2022.

35. BRASIL. Superior Tribunal de Justiça. **Recurso Especial 1.886.178**, Relatora: Min. Nancy Andrighi, Terceira Turma, j em 25 nov. 2021, DJe em 29 nov. 2021.

36. SILVEIRA, Yone Cristina Vasconcelos de Andrade. **A decisão do Superior Tribunal de Justiça que considerou taxativo o rol dos procedimentos e eventos em saúde suplementar e a consequente reação legislativa (05.01.2023)**. Disponível em: https://conteudojuridico.com.br/consulta/artigos/60752/a-deciso-do-superior-tribunal-de-justia-que-considerou-taxativo-o-rol-dos-procedimentos-e-eventos-em-sade-suplementar-e-a-consequente-reao-legislativa. Acesso em: 19 jun. 2024.

Especial nº 2.019.618/SP, em 29.11.2022,[37] que determinou a obrigatoriedade do fornecimento do medicamento Purodiol 200 mg pelo plano de saúde, com fundamento na comprovação da eficácia à luz das ciências da saúde baseada em evidências, mesmo que sem registro na Anvisa.

Verifica-se, portanto, que as operadoras dos planos de saúde estarão obrigadas a garantir a cobertura de determinados medicamentos, mesmo que não possuam registro na Anvisa, em situações específicas e casuísticas, conforme distinção (*distinguishing*) entre o entendimento firmado no precedente vinculante (Tema nº 990), e a hipótese concreta dos autos.

6. NOTAS CONCLUSIVAS

A intervenção judiciária nos conflitos inerentes ao setor de saúde suplementar mostra-se como uma realidade no cenário atual, especialmente no sentido de validar o direito à saúde, no propósito de preservar a vida humana, especialmente diante da ineficiência no atendimento, reajustes abusivos, apropriação de valores, limitações de cobertura e acesso aos serviços.

O Superior Tribunal de Justiça (STJ), nesse contexto, ao analisar os Recursos Especiais nº 712.163 e o nº 1.726.563, ambos de São Paulo, empenhou-se na solução do imbróglio relacionado aos pedidos de medicamentos não registrados pela Agência Nacional de Vigilância Sanitária (Anvisa), em face das operadoras de planos de saúde.

No julgamento do Tema Repetitivo nº 990, o STJ decidiu que os planos de saúde não devem fornecer medicamentos não registrados pela Anvisa, reforçando o propósito de garantir que os benefícios relacionados ao uso desses produtos sejam maiores do que os riscos por eles causados.

Contudo, observou-se que isso não significa que as operadoras não estejam compelidas a fornecer fármacos de uso *off-label,* ou de importação autorizada e, ainda, aqueles que tenham eficácia comprovada cientificamente, sejam recomendados pela Comissão Nacional de Incorporação de Tecnologias no Sistema Único de Saúde (Conitec), ou sejam recomendados por pelo menos um órgão de avaliação de tecnologias em saúde com renome internacional, conforme ditames da Lei nº 14.454, de 21 de setembro de 2022.

Há que se refletir, nesse caso, acerca da necessidade de se aprimorar a regulamentação na seara dos planos e seguros de saúde privados no Brasil, garantindo maior sustentabilidade, eficiência e representatividade do setor. Liames burocráticos e clientelistas que regem os interesses setoriais só tendem a serem superados através de uma pactuação em bases democráticas, com participação social equânime de todos os atores envolvidos. A garantia da autonomia técnica da ANS, e o fomento ferramentas efetivas de natureza extrajudicial para a resolução dos conflitos entre os beneficiários e as prestadoras de planos de saúde, apresentam-se como alternativas exequíveis a serem ponderadas.

---

37. BRASIL. Superior Tribunal de Justiça. **Recurso Especial 2.019.618**, Relatora: Min. Nancy Andrighi, Terceira Turma, j em 29 nov. 2022, DJe em 29.11.2022.

REFERÊNCIAS

AITH, Fernando Mussa Abujamra; CUNHA, Ana Carolina Navarrete M. F. da; CASTELLARO, Felipe Angel Bocchi; SOARES, Darnise Francinne Lopes; DALLARI, Sueli Gandolf. **Regulação de medicamentos no Brasil: desafios no contexto do mundo globalizado.** Centro de Estudos e Pesquisas de Direito Sanitário (CEPEDISA). Regulação de medicamentos no mundo globalizado. Org. Fernando Aith, Sueli Gandolfi Dallari. São Paulo: Cepedisa, 2014.

ANICETO, Dalmo Luiz Faria Pires. **Anvisa e o uso *off-label* de medicamentos: as relações entre evidência e regulação.** 2019. Dissertação (Mestrado Profissional em Farmacologia Clínica) – Universidade Federal do Ceará. Disponível em: https://repositorio.ufc.br/bitstream/riufc/49579/1/2019_dis_dlfpaniceto. pdf. Acesso em: 19 jun. 2024.

BAHIA, Ligia; VIANA, Ana Luiza. **Breve histórico do mercado de planos de saúde no Brasil**. Ministério da Saúde. Regulação e saúde: estrutura, evolução e perspectivas da assistência médica suplementar. Rio de Janeiro: ANS, 2002.

BRASIL. Ministério da Ciência, Tecnologia e Inovações. **Relatório de Atividades do Grupo de Trabalho sobre a Fosfoetalonamina (22.12.2015)**. Disponível em: https://antigo.mctic.gov.br/mctic/export/ sites/institucional/ciencia/SEPED/Saude/fosfoetanolamina/arquivos/22-12-2015-Relatorio-de-Ati- vidades-do-Grupo-de-Trabalho-sobre-a-Fosfoetanolamina.pdf. Acesso em: 19 jun. 2024.

CANOTILHO. Joaquim José Gomes. **Metolodogia Fuzzy e camaleões normativos na problemática ac- tual dos direitos econômicos, sociais e culturais. Estudos sobre Direitos Fundamentais**. Coimbra: Livraria Almedina, 1992.

FRACETO, Leonardo Fernandes. Fármacos: Do desenvolvimento à retirada do mercado. **Revista Eletrônica de Farmácia**, v. VI, n. 1, p. 14-24, 2009.

GOMES, Josiane Araújo. **Contratos de Plano de Saúde**. Leme (SP): JH Mizuno, 2016.

MASSOTE, Gabriel. **Doenças raras e a inaplicabilidade da teoria da reserva do possível: supremacia do mínimo existencial como balizador de direitos fundamentais**. Indaiatuba/SP: Editora Foco, 2024

ORGANIZAÇÃO MUNDIAL DA SAÚDE (OMS). Departamento de Medicamentos Essenciais e Outros Medicamentos. **A importância da Farmacovigilância**. Brasília: Organização Pan-Americana da Saúde, 2005. (Monitorização da segurança dos medicamentos).

SILVEIRA, Yone Cristina Vasconcelos de Andrade. **A decisão do Superior Tribunal de Justiça que con- siderou taxativo o rol dos procedimentos e eventos em saúde suplementar e a consequente reação legislativa (05.01.2023)**. Disponível em: https://conteudojuridico.com.br/consulta/artigos/60752/a- -deciso-do-superior-tribunal-de-justia-que-considerou-taxativo-o-rol-dos-procedimentos-e-even- tos-em-sade-suplementar-e-a-consequente-reao-legislativa. Acesso em: 19 jun. 2024.

SOUZA, Mônica Vinhas de; KRUG, Bárbara Corrêa; PICON, Paulo Dornelles; SCHWARTZ, Ida Vanessa Doederlein, Medicamentos de alto custo para doenças raras no Brasil: o exemplo das doenças lisossô- micas. **Ciência & Saúde Coletiva**, v. 15, p. 3443–3454, nov. 2010.

TAY-TEO, Kiu; ILBAWI, Andre; HILL, Suzanne R.. Comparison of Sales Income and Research and Develo- pment Costs for FDA-Approved Cancer Drugs Sold by Originator Drug Companies. **JAMA Network Open**. Disponível em: https://jamanetwork.com/journals/jamanetworkopen/fullarticle/2720075. Acesso em: 17 jun. 2024.

TRATAMENTO *HOME CARE* E OS CRITÉRIOS PARA COBERTURA NOS PLANOS DE SAÚDE

Bruno Margraf Althaus[1]

Guilherme Frederico Hernandes Denz[2]

Decisão paradigma: BRASIL, Superior Tribunal de Justiça (STJ), **Recurso Especial nº 1.728.042/SP**, 3ª Turma, relator Min. Ricardo Villas Bôas Cueva, j. 23 out. 2018.

Sumário: 1. Descrição do caso – 2. Modalidades de assistência domiciliar (*home care*) e os atos normativos de regência – 3. Planos e seguros privados de assistência à saúde e a cobertura da internação domiciliar – 4. Relevância da prescrição pelo médico assistente e demais critérios estabelecidos no caso julgado pelo STJ para a cobertura da internação domiciliar – 5. Considerações finais – Referências.

---

1. DESCRIÇÃO DO CASO

O Recurso Especial nº 1.728.042-SP, julgado em 23 de outubro de 2018, engloba discussões em saúde suplementar e a cobertura mínima obrigatória a partir dos desdobramentos da Lei nº 9.656/98, no que toca a uma modalidade específica de assistência: o *home care*.

A autora da ação é beneficiária de plano de saúde desde 1984 e, em razão de problemas de saúde, agravado por Doença de Parkinson, recebeu orientação médica de neurologista para o tratamento *home care*. A operadora do plano de saúde negou o custeio do tratamento domiciliar, sob alegação de não haver a respectiva cobertura no instrumento contratual.

A usuária do plano de saúde ajuizou ação de obrigação de fazer contra a operadora visando a garantia da cobertura de internação médica domiciliar (*home care)* para o tratamento de sua doença (Mal de Parkinson) e outras comorbidades (gastrostomia com dependência de dieta enteral, aspiração frequente e imobilismo).

---

1. Mestre em Direito pela Universidade Federal do Paraná (UFPR). Especialista em Direito Médico e Bioética pela PUC-Minas. Foi membro do grupo de pesquisas "Direito da Saúde e Empresas Médicas" (UNICURITIBA), liderado pelo Prof. Miguel Kfouri Neto. Membro fundador do Instituto Miguel Kfouri Neto (IMKN) – Direito Médico e da Saúde. Advogado.

2. Mestre em Direito Econômico e Social pela PUC/PR. Especialista em Direito Processual Civil e Direito Civil. Pós-graduando em Direito Eleitoral pela PUC/Minas. Foi membro do grupo de pesquisas "Direito da Saúde e Empresas Médicas" (UNICURITIBA), liderado pelo prof. Miguel Kfouri Neto. Membro fundador do Instituto Miguel Kfouri Neto (IMKN) – Direito Médico e da Saúde. Desembargador Substituto em 2º Grau no Tribunal de Justiça do Paraná e Juiz Membro do Tribunal Regional Eleitoral do Paraná.

Em primeiro grau, o magistrado julgou procedente o pedido, determinando o custeio pela ré de todas as despesas concernentes ao *home care*. Irresignada, interpôs apelação, provida pelo Tribunal de Justiça de São Paulo, para excluir tal obrigação da operadora. Admitido o recurso especial interposto pela autora, no Superior Tribunal de Justiça, por maioria de votos, deu-se provimento ao recurso, para determinar o custeio da internação domiciliar, restabelecendo o entendimento da sentença.

O julgado se revela paradigmático na medida em que a Terceira Turma do Superior Tribunal de Justiça empreende as distinções sobre as modalidades de *home care* e expõe os requisitos jurídicos e fáticos necessários para que a operadora de plano de saúde seja compelida a custear a internação domiciliar como substituto à internação hospitalar.

A peculiaridade do *case d*eriva também por não ter sido unânime, isto é, há o voto vencido do relator Ministro Villa Bôas Cueva, no sentido de que a situação dos autos é de atendimento/assistência domiciliar, entendido como o conjunto de atividades de caráter ambulatorial, programadas e continuadas desenvolvidas em domicílio, e que não estaria coberto pelo plano de saúde.

O voto divergente, condutor da lavratura do acórdão, por sua vez, conclui que a cobertura deve ser concedida pela operadora, amparado no argumento de que a situação de saúde da usuária narrada nos autos se enquadra nas hipóteses de internação domiciliar em alternativa ao hospital, o que obriga a ré a fornecer o tratamento.

Diante desse contexto, o presente artigo apresentará, inicialmente, as modalidades de assistência domiciliar (*home care*) e os atos normativos de regência. Em seguida, serão debatidos aspectos dos planos e seguros privados de assistência à saúde e a cobertura da internação domiciliar. Por fim, serão analisados os critérios estabelecidos no caso paradigma, julgado pelo Superior Tribunal de Justiça, para a cobertura da internação domiciliar, com especial investigação sobre a relevância da prescrição pelo médico assistente.

2. MODALIDADES DE ASSISTÊNCIA DOMICILIAR (*HOME CARE*) E OS ATOS NORMATIVOS DE REGÊNCIA

O primeiro aspecto a ser destacado se refere às distinções conceituais adotadas pelo relator, no caso paradigma, entre atendimento domiciliar, assistência domiciliar e internação domiciliar, que são imprescindíveis para a compreensão da controvérsia e a precisa solução das diversas situações submetidas à julgamento.[3]

A discussão sobre o tratamento *home care,* no âmbito da saúde suplementar, reveste-se de alta complexidade na medida em que envolve a interpretação de cláusulas contratuais, direitos e expectativas dos usuários e a sustentabilidade econômico-finan-

---

3. Registre-se que o Min. Villas Bôas Cueva já delimitou essas distinções em julgado anterior. *In* BRASIL, Superior Tribunal de Justiça (STJ), Recurso Especial nº 1.537.301-RJ, 3ª Turma, relator Min. Ricardo Villas Bôas Cueva, j. 18 ago. 2015, DJe 23 out. 2015.

ceira das operadoras do plano de saúde. Some-se a isso, a confusão terminológica sobre as diversas acepções da palavra *home care*.

A expressão *home care* encerra notória vagueza semântica, na medida em que *home* remete a domicílio e o termo *care* significa cuidado. Ou seja, podem traduzir qualquer serviço que implique cuidados/tratamentos de saúde em domicílio e indicar, portanto, desde uma complexa internação domiciliar até uma simples sessão de fisioterapia em domicílio.

Outras variações terminológicas, tais como atendimento domiciliar, assistência domiciliar, tratamento domiciliar, internação domiciliar, enfermagem 24h e atenção domiciliar são igualmente utilizadas na área de saúde para se referir a serviços prestados no âmbito domiciliar. O emprego dessas expressões se dá de maneira confusa e sem maior rigor semântico ou técnico, tanto pelos prestadores de serviços de saúde, como também por médicos, advogados e magistrados.[4]

Pode-se afirmar que a confusão terminológica advém, principalmente, da falta de uniformização dos diversos atos normativos que cuidam dos serviços domiciliares.

No âmbito do Sistema Único de Saúde (SUS), a atenção domiciliar foi disciplinada no art. 19-I, da Lei nº 8.080/1990, incluído pela Lei nº 10.424/2002. Da seguinte forma prescreve a norma:

> Art. 19-I. São estabelecidos, no âmbito do Sistema Único de Saúde, o atendimento domiciliar e a internação domiciliar.
>
> § 1. Na modalidade de assistência de atendimento e internação domiciliares incluem-se, principalmente, os procedimentos médicos, de enfermagem, fisioterapêuticos, psicológicos e de assistência social, entre outros necessários ao cuidado integral dos pacientes em seu domicílio.
>
> § 2. O atendimento e a internação domiciliares serão realizados por equipes multidisciplinares que atuarão nos níveis da medicina preventiva, terapêutica e reabilitadora.
>
> § 3. O atendimento e a internação domiciliares só poderão ser realizados por indicação médica, com expressa concordância do paciente e de sua família.

A Resolução da Diretoria Colegiada (RDC) nº 11/2006, da Agência Nacional de Vigilância Sanitária (ANVISA), trata do assunto e dispõe que as ações de promoção à saúde, prevenção, tratamento de doenças e reabilitação desenvolvidas em domicílio pertencem ao gênero 'atenção domiciliar', e podem se dividir em duas espécies: a) *assistência domiciliar,* entendida como o conjunto de atividades de caráter ambulatorial, programadas e continuadas desenvolvidas em domicílio; e, b) *internação domiciliar,* conceituada como o conjunto de atividades prestadas no domicílio, caracterizadas pela atenção em tempo integral ao paciente com quadro clínico mais complexo e com necessidade de tecnologia especializada.

Além disso, há atos normativos regulando os profissionais que atuam a nível de *home care,* especialmente médicos, enfermeiros e técnicos de enfermagem. Dentre esses

---

4. DAHINTEN, A. F., & DAHINTEN, B. F. (2020). Os planos de saúde e a cobertura de *home care*. *Revista De Direito Sanitário*, 20(2), 177-195. jul./out. 2019.

níveis de regulação do exercício da profissão, destaca-se a Resolução nº 1668/2003, do Conselho Federal de Medicina, que dispõe de critérios técnicos para as equipes multidisciplinares, tanto no nível de saúde pública quanto suplementar.

> Art. 3º As equipes multidisciplinares de assistência a pacientes internados em regime domiciliar devem dispor, sob a forma de contrato ou de terceirização, de profissionais de Medicina, Enfermagem, Fisioterapia, Terapia Ocupacional, Fonoaudiologia, Serviço Social, Nutrição e Psicologia. Parágrafo único. As equipes serão sempre coordenadas pelo médico, sendo o médico assistente o responsável maior pela eleição dos pacientes a serem contemplados por este regime de internação e pela manutenção da condição clínica dos mesmos.
>
> Art. 4º A assistência domiciliar somente será realizada após avaliação médica, registrada em prontuário específico.

No que toca especificamente à saúde suplementar, a Agência Nacional de Saúde (ANS), a quem incumbe o poder regulamentar e normativo sobre o setor, por força constitucional, prevista nos art. 3º e 174 da Constituição Federal, e nas Leis nº 9.656/98 e 9.961/00, dispõe sobre as definições dos tratamentos nas resoluções que cuidam da atualização do rol de procedimentos e eventos em saúde.

Na época do acórdão paradigmático objeto do presente estudo, vigia a Resolução nº 428/2017, que normatizava a questão tão somente no art. 14.[5] Posteriormente, entrou em vigor, no dia 1º.04.2021, a Resolução nº 465/2021 adotando nova nomenclatura e estabelecendo as seguintes definições no art. 4º:

> II – atenção domiciliar: termo genérico que envolve ações de promoção à saúde, prevenção, tratamento de doenças e reabilitação desenvolvidas em domicílio;
>
> III – internação domiciliar: conjunto de atividades prestadas no domicílio, caracterizadas pela atenção em tempo integral ao paciente com quadro clínico mais complexo e com necessidade de tecnologia especializada;

A última resolução, ainda, impõe à operadora do plano de saúde, caso haja previsão para a concessão do tratamento da internação hospitalar, os requisitos mínimos a serem observados. A previsão consta do art. 13:

> Art. 13. Caso a operadora ofereça a internação domiciliar em substituição à internação hospitalar, com ou sem previsão contratual, deverá obedecer às exigências previstas nos normativos vigentes da Agência Nacional de Vigilância Sanitária – ANVISA e nas alíneas "c", "d", "e" e "g" do inciso II do art. 12 da Lei nº 9.656, de 1998.
>
> Parágrafo único. Nos casos em que a atenção domiciliar não se dê em substituição à internação hospitalar, deverá obedecer à previsão contratual ou à negociação entre as partes.

---

5. Art. 14. Caso a operadora ofereça a internação domiciliar em substituição à internação hospitalar, com ou sem previsão contratual, deverá obedecer às exigências previstas nos normativos vigentes da Agência Nacional de Vigilância Sanitária – ANVISA e nas alíneas "c", "d", "e" e "g" do inciso II do art. 12 da Lei nº 9.656, de 1998. Parágrafo único. Nos casos em que a assistência domiciliar não se dê em substituição à internação hospitalar, tal assistência deverá obedecer à previsão contratual ou à negociação entre as partes.

Considerando-se que a concessão ou não do *home care* deve ser estudada, no presente caso, no âmbito da saúde suplementar, a terminologia a ser privilegiada é aquela feita pelas resoluções e atos normativos da ANS.

No acórdão ora estudado, o Min. Villas Bôas Cueva assentou como premissa, no que foi acompanhado pelos demais, a distinção entre a *atenção domiciliar* e a *internação domiciliar,* configurando-se esta última como sendo aquela recomendada como substituição à internação hospitalar.

3. PLANOS E SEGUROS PRIVADOS DE ASSISTÊNCIA À SAÚDE E A COBERTURA DA INTERNAÇÃO DOMICILIAR

No setor da saúde suplementar, inexiste previsão legal *stricto sensu à* obrigatoriedade de cobertura mínima ao *home care (*v. Lei nº 9.656/98), assim como não há no rol de procedimentos e eventos em saúde (atualmente Res. 465/2021 da ANS).

Todavia, a Agência Nacional de Saúde Suplementar (ANS), como assinalado no capítulo anterior, normatizou a questão no art. 4º e art. 14 da Resolução n. 465/2021. Quando do julgamento do recurso especial ora estudado, estava em vigor a Resolução n. 428/2017 e a regulação da matéria vinha contemplada no art. 14 da referida norma, no seguinte sentido:

> Art. 14. Caso a operadora ofereça a internação domiciliar em substituição à internação hospitalar, com ou sem previsão contratual, deverá obedecer às exigências previstas nos normativos vigentes da Agência Nacional de Vigilância Sanitária – ANVISA e nas alíneas 'c', 'd', 'e' e 'g' do inciso II do art. 12 da Lei nº 9.656, de 1998.
>
> Parágrafo único. Nos casos em que a assistência domiciliar não se dê em substituição à internação hospitalar, esta deverá obedecer à previsão contratual ou à negociação entre as partes.

Sobreleva salientar, a propósito, que o advento da nova resolução não teve o condão de alterar o entendimento e as conclusões exaradas no acórdão do REsp. 1.728.042/SP.

Ao apreciar os fatos narrados nos autos, o Ministro relator do recurso em comento destacou que "*a atenção domiciliar nos planos de saúde não foi vedada, tampouco se tornou obrigatória, devendo obedecer à previsão contratual [...] respeitados os normativos da ANVISA no caso da internação domiciliar" (sic).* Reforça-se, assim, a existência de um "limbo" jurídico-normativo do *home care no* âmbito da saúde suplementar.

Juridicamente, embora a regulamentação normativa dos contratos de saúde emane de um ente autárquico, as partes detêm entre si certa liberdade contratual. Isto é, prevalece, em última análise, a autonomia privada e o princípio do *pacta sunt servanda. Entretanto,* uma vez que os eventos sociais por regra antecedem ao Direito, cumpre a este dar uma resposta mesmo quando decorre de sua inércia, especialmente quando decorrem de certa abusividade, por ora encontradas em meio consumerista. Nesse sentido, vale destacar que o Tribunal de Justiça do Estado de São Paulo já publicou a Súmula 90, segundo a qual "*havendo expressa indicação médica para a utilização dos serviços de 'home care', revela-se abusiva a cláusula de exclusão inserida na avença, que não pode prevalecer".*

Contratualmente, existem segmentações de coberturas mínimas aos contratos de saúde suplementar. Afinal, seria desarrazoado obrigar o consumidor a aderir a um plano superior do que o desejado. As distinções decorrem da própria lei 9.656/98 (art. 10 e art. 12), cuja divergência, para os fins deste artigo, reside entre os planos de segmento ambulatorial, hospitalar, e de referência. Explica-se.

Inexiste obrigação aos planos de saúde, por força de ato normativo positivo, de fornecer o *home care* como cobertura mínima. O máximo previsto pela ANS foi a normativa citada recentemente, que excetua a cobertura apenas para os casos de internação domiciliar em substituição à hospitalar. Nesses casos, quando previsto o segmento hospitalar, a cobertura atenderá às mesmas alíneas c), d), e), g), inc. II, art. 12, da Lei 9.656/98.

Diante deste cenário, as discussões recaem sobre os planos com cobertura hospitalar nas hipóteses quando o *home care* não é de modalidade de internação domiciliar, assim como àqueles com cobertura meramente ambulatorial, quando o médico recomenda expressamente o serviço domiciliar de internação. Nestas hipóteses, a lacuna normativa à obrigação de cobertura mínima desassiste, *a priori, o* paciente recomendado ao *home care,* tal como ocorreu com o caso em comento.

4. RELEVÂNCIA DA PRESCRIÇÃO PELO MÉDICO ASSISTENTE E DEMAIS CRITÉRIOS ESTABELECIDOS NO CASO JULGADO PELO STJ PARA A COBERTURA DA INTERNAÇÃO DOMICILIAR

A questão de fundo primordial debatida no recurso especial consiste em definir se a operadora de plano de saúde deve ser compelida a fornecer cobertura de internação domiciliar à paciente portadora de Mal de Parkinson, com comorbidades.

Como já indicado no presente artigo, o tribunal estadual de origem proveu a apelação da operadora do plano de saúde, reformando a sentença de primeiro grau, e excluiu a obrigatoriedade de fornecimento desse tipo de serviço médico. Isso porque, entendeu-se que a cláusula de exclusão não era abusiva, uma vez que a situação narrada não se enquadra na hipótese de *home care.* Irresignada, a usuária interpôs recurso, chegando à corte especial para julgamento.

A relatoria, de início, destinou-se ao Min. Ricardo Villas Bôas Cueva que, em voto vencido, reconheceu a incidência do Código de Defesa do Consumidor e concluiu que *"aos casos recomendados de internação domiciliar em substituição à internação hospitalar, há a obrigatoriedade de custeio desse tratamento pela operadora de plano de saúde".* Porém, votou pelo não-provimento ao recurso especial, ao entender que *"a situação dos autos é de atendimento domiciliar, cuja cobertura é vedada no plano de saúde contratado, não se tratando de internação em domicílio alternativa ao hospital".*

A Min. Nancy Andrighi, divergindo do relator, asseverou estar de pleno acordo com as distinções conceituais entre *internação domiciliar* e *assistência domiciliar* assentadas pelo Min. Villas Bôas Cueva. Entretanto, analisando as circunstâncias fáticas delineadas pelas instâncias ordinárias, chegou à conclusão diversa, e deu provimento ao recurso, para o fim de determinar que a operadora do plano de saúde forneça a internação domiciliar em favor da usuária.

Na hipótese, assim, de ausência de previsão contratual quanto à concessão do tratamento domiciliar, o acórdão do Superior Tribunal de Justiça definiu alguns requisitos que, se presentes, obrigam à operadora do plano de saúde a garantir cobertura do *home care.*

Processualmente, pode-se dizer que acórdão paradigmático é aquele que detém potencialidade para orientação dos jurisdicionados e dos magistrados. As razões do julgado se revestem de qualidade e força suficientes que irão pautar futuras decisões. Nessa perspectiva, importa se identificar com precisão as razões que amparam a decisão paradigmática. Luiz Guilherme Marinoni, ao comentar sobre a *ratio decidendi* de um precedente, afirma que "*a razão de decidir, numa primeira perspectiva, é a tese jurídica ou a interpretação da norma consagrada na decisão*".[6]

Importa, assim, definir-se os motivos jurídicos determinantes que orientaram o julgado paradigmático eleito e que, identificados em casos futuros, poderão embasar a concessão da internação domiciliar.

Embora a questão esteja pacificada, é sempre relevante ressaltar que o acórdão reafirma a incidência do Código de Defesa do Consumidor nas relações envolvendo as operadoras dos planos de saúde e os usuários.

O Min. Villas Bôas Cueva invoca a Súmula 608 do STJ[7] e assenta que "*apesar de os planos e seguros privados de assistência à saúde serem regidos pela Lei nº 9.656/1998, as operadoras da área que prestarem serviços remunerados à população enquadram-se no conceito de fornecedor, existindo, pois, relação de consumo, devendo ser aplicadas também, nesses tipos contratuais, as regras do Código de Defesa do Consumidor (CDC). Com efeito, ambos os instrumentos normativos incidem conjuntamente, sobretudo porque esses contratos, de longa duração, lidam com bens sensíveis, como a manutenção da vida, ou seja, visam ajudar o usuário a suportar riscos futuros envolvendo a sua higidez física e mental, assegurando o devido tratamento médico*".

Especificamente sobre os serviços de *home care,* o acórdão traça as distinções conceituais entre a *internação domiciliar* e a *assistência domiciliar,* tomando-as como modalidades da atenção domiciliar, como já visto em capítulo anterior.

Partindo-se dessa diferenciação, o julgador assenta no voto que a atenção domiciliar, como gênero, não foi vedada, porém não se revela obrigatória, exceto quando expressamente prevista no contrato ou objeto de livre negociação entre as partes. Nesse sentido, consta do trecho do voto:

---

6. MARINONI, Luiz Guilherme. *Precedentes obrigatórios*. 6. ed. São Paulo: Thomsom Reuters Brasil, 2019, p. 158.
7. Súmula 608 do STJ: Aplica-se o Código de Defesa do Consumidor aos contratos de plano de saúde, salvo os administrados por entidades de autogestão.

Todavia, na Saúde Suplementar, o tratamento médico em domicílio não foi incluído no rol de procedimentos mínimos ou obrigatórios que devem ser oferecidos pelos planos de saúde. Efetivamente, o home care não consta das exigências mínimas para as coberturas de assistência médico-ambulatorial e de internação hospitalar previstas na Lei nº 9.656/1998.

Mesmo não figurado como procedimento obrigatório, porquanto ausente sua previsão no rol de procedimentos e eventos em saúde, a ANS sempre normatizou as exigências mínimas a que se subordinam as operadoras, caso ofertem ou sejam compelidas a fornecer o atendimento domiciliar.

No último ato normativo editado sobre a cobertura assistencial mínima, Resolução nº 465/2021, a previsão consta do art. 13.[8]

Portanto, dependendo do contrato, nem sempre pacientes que necessitem de cuidados domiciliares especiais se enquadrarão nos critérios de adoção de serviços de *home care* e, por isso, as operadoras dos planos de saúde não tem o dever legal de fornecê-los. A hipótese de obrigatoriedade de custeio desse tratamento pela operadora do plano de saúde, mesmo sem previsão contratual, dar-se-á nos casos recomendados pelo médico de internação domiciliar em substituição à internação hospitalar. Nas palavras do Min. Villas Bôas Cueva:

Efetivamente, nessa hipótese, é considerada abusiva a cláusula contratual que importe em vedação da internação domiciliar como alternativa à internação hospitalar, visto que se revela incompatível com a equidade e a boa-fé, colocando o usuário (consumidor) em situação de desvantagem exagerada (art. 51, IV, da Lei nº 8.078/1990).

Ao justificar a obrigatoriedade da operadora do plano de saúde em custear a internação domiciliar como sucedâneo da internação hospitalar, o ministro invoca razões de ordem de saúde, de eficiência do tratamento e, também, de cunho econômico:

Isso porque o serviço de saúde domiciliar não só se destaca por atenuar o atual modelo hospitalocêntrico, trazendo mais benefícios ao paciente, pois terá tratamento humanizado junto da família e no lar, aumentando as chances e o tempo de recuperação, sofrendo menores riscos de reinternações e de contrair infecções e doenças hospitalares, mas também, em muitos casos, é mais vantajoso para o plano de saúde, já que há a otimização de leitos hospitalares e a redução de custos: diminuição de gastos com pessoal, alimentação, lavanderia, hospedagem (diárias) e outros.[9]

Na decisão, porém, consta a ressalva de que a internação domiciliar não pode ser concedida de forma automática, tampouco por livre disposição ou comodidade do paciente e de seus familiares. Na ausência de regras contratuais que disciplinem a utilização do serviço, a internação domiciliar pode ser obtida não como extensão da internação hospitalar, mas como conversão desta.

---

8. Registre-se que, no acordão do REsp. 1.728.042, ainda vigorava a Resolução n. 428/2017 e o artigo citado é o de número 14.
9. No REsp. 1.537.301, o Min. Villas Bôas Cueva esquadrinha com mais profundidade os motivos que o fizeram adotar esse entendimento, inclusive com citações doutrinárias.

TRATAMENTO *HOME CARE* E OS CRITÉRIOS PARA COBERTURA NOS PLANOS DE SAÚDE **331**

Embora o julgado não defina explicitamente, por inferência lógica, a concessão da internação domiciliar deve tão somente ser cogitada quando o beneficiário estiver vinculado a plano de saúde que contemple a segmentação hospitalar.

Na sequência, o Ministro cita os requisitos que devem ser comprovados no caso concreto de modo que a internação domiciliar possa ser obtida como conversão da internação hospitalar:

> Assim, para tanto, há a necessidade (i) de haver condições estruturais da residência, (ii) de real necessidade do atendimento domiciliar, com verificação do quadro clínico do paciente, (iii) da indicação do médico assistente, (iv) da solicitação da família, (v) da concordância do paciente e (vi) da não afetação do equilíbrio contratual, como nas hipóteses em que o custo do atendimento domiciliar por dia não supera o custo diário em hospital.

Vale destacar que a imposição do último requisito revela a preocupação com um eventual desequilíbrio econômico-financeiro do plano de saúde que pudesse comprometer a sustentabilidade das carteiras. Isso se deve porque como os serviços de atenção domiciliar, via de regra, não compõem o cálculo atuarial, a sua concessão indiscriminada, quando mais onerosos que os procedimentos convencionais já cobertos e previstos, poderá causar desajustes no fundo mutual.

De fato, a preocupação é pertinente e compete ao julgador, ao examinar as questões referentes aos contratos celebrados entre usuários e plano de saúde, levar com consideração o mutualismo e a estrutura técnico-econômica.

Se há, por um lado, a preocupação com o equilíbrio financeiro da operadora, de outro, a negativa do plano não pode se lastrear em argumentos abstratos e ao usuário se dá a oportunidade para custear parte do tratamento.

O ministro, no próprio julgado, confere solução para evitar que o usuário fique desamparado. Estabelece que, quando for inviável a substituição da internação hospitalar pela internação domiciliar apenas por questões financeiras, *"a operadora deve sempre comprovar a recusa com dados concretos e dar oportunidade ao usuário de complementar o valor da tabela"*.

Resulta, portanto, a importância do julgado, pois o voto do Min. Villas Bôas Cueva aponta e explicita as razões jurídicas necessárias e indispensáveis para a concessão do procedimento médico-domiciliar. Quanto a esses fundamentos, o colegiado manifestou acolhimento irrestrito.

A despeito da concordância quanto aos requisitos para a concessão da internação domiciliar, soluções para julgamentos futuros podem ser díspares a se considerar a avaliação sobre as circunstâncias fáticas do caso concreto.

Foi o que se deu no acórdão escolhido, na medida em que a Min. Nancy Andrighi, condutora do voto vencedor, extraiu conclusões diversas do relator, mesmo admitindo sua aquiescência com as premissas jurídicas adotadas. Em específico, destaca-se que a ministra se lastreou na prescrição médica trazida pela usuária, a fim de formar o seu convencimento pela procedência do pedido.

Extrai-se daí a relevância da prescrição médica para a adequada solução dos casos em que discute o fornecimento da internação domiciliar. Afinal, para que a operadora do plano de saúde seja obrigada a fornecer qualquer tratamento médico, é indispensável a apresentação pelo usuário da solicitação do médico assistente.

A Lei nº 9.656/98 contempla em diversos artigos que as coberturas de procedimentos somente serão asseguradas quando solicitadas pelo médico assistente (art. 12, inciso I, "b", e inciso II, "b" e "d" e art. 35-C, inciso I).

Além disso, a ANS, nas resoluções normativas que cuidam do Rol de Procedimentos e Eventos em Saúde, dispõe sobre a obrigatoriedade da prescrição médica.

Nesses termos, a redação do art. 6º, § 1º, da Resolução nº 465/2021:

Art. 6º (...).

§ 1º Os procedimentos listados nesta Resolução Normativa e em seus Anexos serão de cobertura obrigatória uma vez solicitados pelo:

I – médico assistente; ou

II – cirurgião-dentista assistente, quando fizerem parte da segmentação odontológica ou estiverem vinculados ao atendimento odontológico, na forma do art. 4º, inciso I.

Especificamente sobre a internação domiciliar, no Manual de Tópicos da Saúde Suplementar para o Programa Parceiros da Cidadania, obra sobre a atividade regulatória da ANS, existe orientação reiterando que o médico assistente do beneficiário é que poderá determinar se há ou não indicação de internação domiciliar em substituição à internação hospitalar – e que a operadora não pode suspender uma internação hospitalar pelo simples pedido de internação domiciliar.[10]

Avulta, nesse aspecto, que o médico assistente, nas situações de internação domiciliar, apresente prescrição detalhada e circunstanciada, descrevendo o quadro médico indicador da necessidade desse tipo de assistência domiciliar.

Vale sublinhar que as empresas de serviços de atendimento domiciliar se utilizam de critérios objetivos para análise do perfil do paciente e seu enquadramento como indicativo para a internação. Os critérios utilizados para o enquadramento como ´apto´ para a internação domiciliar são, dentre outros, paciente traqueostomizado, grau de independência do paciente, uso de suporte ventilatório (uso de oxigênio), modo como se alimenta, existência de úlceras de pressão, dentre outros.

Em cenários que exigem a internação, é comum que os pacientes necessitem de repouso, façam uso de oxigenoterapia, alimentem-se por sondas gástricas (nutrição enteral), realizem sessões de fisioterapia motora ou respiratória. A internação domiciliar é recomendada para pacientes portadores de sequelas causados por acidentes vasculares

---

10. **Manual de tópicos da saúde suplementar para o programa parceiros da cidadania.** Agência Nacional de Saúde Suplementar (Brasil). Rio de Janeiro: ANS, 2021, p. 89.

cerebral, portadores de Alzheimer ou Mal de Parkinson em estado avançado, desde que necessitem efetivamente permanecer internados.[11]

Da análise do julgado, constata-se que a divergência se instaura justamente pelas diferentes apreciações sobre o estado clínico da paciente, isto é, se sua condição de saúde se configurava ou não apta para o tratamento da internação domiciliar.

Note-se que o Min. Villas Bôas Cueva, ao analisar o relatório médico, perfilhou entendimento de que a hipótese se cuidava de assistência domiciliar, *"entendida como o conjunto de atividades de caráter ambulatorial, programadas e continuadas desenvolvidas em domicílio, a qual não estava coberta pelo plano de saúde"*, não se tratando, assim de internação domiciliar como alternativa à internação hospitalar.

A Min. Nancy Andrighi, em compreensão oposta, inferiu que a paciente possui diversos problemas de saúde que recomendam, com fulcro no laudo do seu neurologista, a intervenção domiciliar.

Importante ressaltar que, na petição inicial a paciente afirma que sofria de Mal de Parkinson, com terríveis consequências inerentes a tal enfermidade, razão pela qual foi solicitado pelo seu médico neurologista a adoção da internação domiciliar (*home care*).

Segundo o acórdão, a prescrição do médico assistente carreada aos autos está assim redigida:

> Paciente com Doença de Parkinson (G.24.0) atualmente com grande piora funcional, gastro-nomia, dependendo de dieta enteral, aspiração frequente e imobilismo. Solicito avaliação de pedido de *home care,* fisioterapeuta diária, fonoaudiologia 2 vezes por semana e nutricionista 2 vezes por mês.

Embora na prescrição, o médico explicite a enfermidade da paciente (Mal de Parkinson), com as comorbidades, indicando superficialmente os tratamentos indispensáveis, deixou de apresentar o detalhamento necessário que pudesse afastar quaisquer dúvidas sobre a imprescindibilidade da internação domiciliar.

Frise-se que a internação domiciliar não deve ser conferida ao paciente que deman-da tão somente os cuidados básicos, vinculados à alimentação, à higiene, ao vestuário, ou à ministração de medicamentos, cuja responsabilidade recai sobre os familiares ou sobre cuidadores contratados e não à operadora do plano de saúde. É o que se denomina, de 'home care social', ou seja, são serviços básicos cuja incumbência repousa sobre as famílias ou sobre cuidadores de custeio exclusivo do paciente.

Pondere-se, ainda, de máxima importância, como faz a doutrina, que se esclareçam sempre quais são as condições clínicas do paciente e os serviços que se pretende sejam

---

11. GUIMARÃES, Daniela Braga. *Home care*: análise das principais controvérsias envolvendo o atendimento do-miciliar. In: CALADO, Vinícius de Negreiros et al (Org.). **Judicialização da saúde & bioética:** estudo de casos e práticas atuais: Recife: Fasa, 2021, p. 217.

efetivamente fornecidos em cada caso. Não basta a mera indicação de *home care*, visto que tal expressão carrega pluralidade de possíveis significados.[12]

A prescrição do médico assistente, portanto, deve ser fundamentada e circunstanciada sobre a situação clínica do paciente, indicando especificamente os cuidados exigidos, os quais, de fato, ensejam a internação domiciliar como substituição à internação hospitalar.

Saliente-se, finalmente, que sendo direito do usuário do plano de saúde a internação domiciliar, assegura-se a ele o mesmo tratamento a que teria direito se estivesse no hospital. Sobre o tema, destaca a doutrina:

> O paciente terá direito à cobertura de todas as despesas médicas e hospitalares, nos moldes do artigo 12 da Lei n. 9656/98, tais como despesas com médicos, enfermeiros, fisioterapeutas, exames, medicamentos, fraldas, remoção do paciente, nutrição (dieta parenteral), oxigênio, cama hospitalar, enfim, todos os itens fornecidos caso o paciente estivesse no hospital.[13]

Corroborando esse entendimento, tem-se orientação da Agência Nacional de Saúde, no Parecer Técnico n. 04/GEAS/GGRAS/DIPRO/2016:

> (...) Ademais, quando a operadora, por sua livre iniciativa ou por exigência contratual, oferecer a internação domiciliar como alternativa à internação hospitalar, o serviço de Home Care deverá obedecer às exigências mínimas previstas na Lei 9.656, de 1998, para os planos de segmentação hospitalar, em especial o disposto nas alíneas "c", "d", "e" e "g", do inciso II, do artigo 12, da referida Lei.

A toda evidência que os critérios delineados pelo Superior Tribunal de Justiça para a concessão da internação domiciliar pelas operadoras de planos de saúde são fundamentais para orientar a solução de casos futuros e conferir previsibilidade aos julgamentos, porém, ainda persiste a relevância da prescrição médica.

Ao médico assistente incumbe detalhar pormenorizadamente o estado de saúde do paciente e os motivos técnicos que levam a necessidade do tratamento *home care* na sua forma de internação domiciliar em substituição a internação hospitalar possibilitando, portanto, a solução jurídica mais acertada para o caso concreto.

5. CONSIDERAÇÕES FINAIS

Diante do exposto, considera-se que o REsp n. 1.728.042-SP promoveu colaboração significativa da jurisprudência do Superior Tribunal de Justiça ao setor da saúde suplementar. As discussões envolvendo o tratamento *home care* são recorrentes nos processos judiciais e não havia definição precisa a respeito dos requisitos necessários para se acolher ou não o pedido dos usuários dos planos de saúde no que se refere a esse tipo de cobertura.

---

12. DAHINTEM, Augusto Franke e DAHINTEM, Bernardo Franke. Os planos de saúde e a cobertura de *home care*. **Revista de Direito Sani**tário, São Paulo, V. 20, n. 2, p. 192, jul./out. 2019.
13. GUIMARÃES, Daniela Braga. Home care: análise das principais controvérsias envolvendo o atendimento domiciliar. In: CALADO, Vinícius de Negreiros et al (Org.). **Judicialização da saúde & bioética:** estudo de casos e práticas atuais: Recife: Fasa, 2021, p. 223.

Importa realçar do julgado as distinções conceituais esquadrinhadas entre a internação domiciliar e a assistência domiciliar, tomando-as como modalidades da atenção domiciliar, e os requisitos que devem ser comprovados no caso concreto de modo que a internação domiciliar possa ser obtida como conversão da internação hospitalar. Na ausência de previsão contratual, esses critérios técnicos-jurídicos adotados no acórdão constituem-se em elementos indispensáveis para a concessão da internação domiciliar.

Não obstante os critérios mencionados sejam importantes para a adequada solução dos litígios envolvendo o *home care,* é fato que decisões futuras neste tema poderão ainda ensejar soluções dispares, a depender das circunstâncias fáticas dos casos submetidos a julgamento. Nesse aspecto, emerge a importância da solicitação do médico assistente que deve ser circunstanciada e devidamente fundamentada, apresentando todas as condições clínicas do paciente e os serviços necessários de modo a deixar bem delineada a internação domiciliar como sucedâneo da internação hospitalar.

REFERÊNCIAS

DAHINTEM, Augusto Franke; DAHINTEM, Bernardo Franke. Os planos de saúde e a cobertura de *home care.* **Revista de Direito Sanitário,** São Paulo, v. 20, n. 2, p. 177-195, jul./out. 2019.

GUIMARÃES, Daniela Braga. Home care: análise das principais controvérsias envolvendo o atendimento domiciliar. In: CALADO, Vinícius de Negreiros; SOUZA JR., José Diógenes C. de; FREIRE, Luíza Trindade (Org.). **Judicialização da saúde & bioética:** estudo de casos e práticas atuais. Recife: Fasa, 2021.

MARINONI, Luiz Guilherme. **Precedentes obrigatórios. 6**. ed. São Paulo: Thomsom Reuters Brasil, 2019.

Parte III
DEBATES BIOÉTICOS

SAVIOR SIBLINGS

Juliana Carvalho Pavão[1]

Mariana Barsaglia Pimentel[2]

> **Decisão paradigma:** INGLATERRA. Caso Quintavalle. **Decisão da Casa dos Lordes (*House of Lords*) – R *Quintavalle v Human Fertilisation and Embryology Authority***, relator Lord Steyn, j. 28 de abr. 2005.

> **Sumário:** 1. Descrição do caso – 2. Notas introdutórias sobre a geração dos bebês-doadores (*savior siblings*) – 3. Limites e possibilidades na geração do bebê-doador à luz da decisão proferida na Inglaterra – 4. Comparativo entre a regulamentação jurídica do bebê-doador nos ordenamentos jurídicos inglês e brasileiro – 5. Conclusão – Referências.

1. DESCRIÇÃO DO CASO

O presente artigo trata do caso Quintavalle, R *(on behalf of Comment on Reproductive Ethics) v. Human Fertilisation and Embryology Authority,* julgado, em última instância, pela Casa dos Lordes, na Inglaterra, em abril de 2005. O caso tem especial relevância porque se trata da primeira demanda no Reino Unido em que se discutiu a legalidade da geração de um bebê-doador.

No plano fático, um menino de seis anos, Zain Hashmi, foi diagnosticado com a doença genética *beta talassemia major* (o que significa que a medula óssea dele não produzia glóbulos vermelhos, por isso ele passava mal e precisava de medicamentos diários e transfusões de sangue regulares). A cura só seria possível por intermédio de transplante. Nenhum dos três irmãos mais velhos eram compatíveis para doar. O doador não poderia ter a mesma doença também. A mãe de Zain engravidou duas vezes de forma natural em busca de que um dos novos filhos fossem compatíveis (o primeiro tinha a doença, então ela realizou um aborto, o segundo nasceu, mas não era compatível). Depois dessas duas tentativas, a família decidiu requerer uma licença à Autoridade de Fertilização Humana e Embriologia (HFEA) para gerar um filho compatível para doar células-tronco para Zain. Aquela criança seria o bebê-doador.

Após a concessão da licença da Autoridade, Quintavalle (autora), representando os interesses do grupo *Comment on Reproductive Ethics ('CORE')* – que defende a pro-

---

1. Doutora em Direitos Humanos e Democracia pela UFPR. Mestra em Direito Negocial pela UEL. Advogada e professora. Foi membra do grupo de pesquisas "Direito da Saúde e Empresas Médicas" (UNICURITIBA), liderado pelo prof. Miguel Kfouri Neto. Membro fundadora do Instituto Miguel Kfouri Neto (IMKN) – Direito Médico e da Saúde.

2. Doutora e Mestra em Direito das Relações Sociais (PPGD-UFPR). Advogada e professora. Pesquisadora do Núcleo de Estudos em Direito Civil Constitucional do PPGD-UFPR. Foi membra do grupo de pesquisas "Direito da Saúde e Empresas Médicas" (UNICURITIBA), liderado pelo prof. Miguel Kfouri Neto.

teção absoluta do embrião humano – obteve permissão para buscar a revisão judicial da decisão. Alegou que o HFEA não teria poder para emitir uma licença que permitisse o uso da tipagem HLA para selecionar os embriões saudáveis.

O caso foi julgado pela *Queen's Bench Division Administrative Court and Divisional Court* (divisão da Alta Corte) em dezembro de 2002 (*Justice Maurice Kay*), sendo objeto de recurso perante a *Court of Appeal (Civil Division) Decisions,* que reformou a decisão. A decisão da Corte de Apelação, proferida em maio de 2003, foi confirmada pela Casa dos Lordes em abril de 2005.

2. NOTAS INTRODUTÓRIAS SOBRE A GERAÇÃO DOS BEBÊS-DOADORES (*SAVIOR SIBLINGS*)

Bebê-doador, ou bebê-medicamento (como é mais conhecido), é uma criança gerada com o intuito de ser doadora para um irmão que está doente. Segundo Mária Garcia Moyano et al: "*Se denominan "bebé medicamento" a los niños concebidos con el propósito de que sean donantes compatibles para salvar, por ejemplo, mediante um transplante medular, a un Hermano que sufre uma enfermedad congénita inmunitaria*".[3]

Diante disso, a criança é gerada por meio da fertilização *in vitro* com o diagnóstico genético pré-implantacional.[4] Por meio desse procedimento, é possível, em laboratório, selecionar o embrião que apresenta a compatibilidade desejada e não tenha a mesma doença do irmão, caso seja o caso de uma doença genética. Deve-se destacar que os casos de bebês-doadores que já foram gerados no mundo buscaram compatibilidade para doação de células-tronco, por isso, durante os procedimentos, foram analisadas a compatibilidade do sistema HLA.

Esclarece-se que no presente artigo adota-se o termo "bebê-doador", proposto por Juliana Carvalho Pavão, na obra "Bebê-doador: limites e possibilidades do negócio biojurídico", porque:

> Um ponto interessante que deve ser observado é a utilização do termo "bebê- medicamento: no Brasil e em Portugal. Esse termo apresenta a noção de coisificação do bebê, ao compará-lo com o remédio.[5] Dessa forma, o sentido da vida do novo ser cede espaço para o objetivo daquele nascimento, promover a cura do irmão mais velho. Muito interessante a utilização desse termo, porque, em um primeiro momento, pode parecer apenas uma nova denominação; todavia carrega uma carga semântica muito interessante para a discussão ética sobre esse novo ser vivo.

---

3. MOYANO, Loreto María García; GARCÍA, Begoña Pelliger; TRICAS, Begoña Buil; VELA, Raúl Juárez; PORTILLO, Sandra Guerrero; SOLANAS, Isabel Antón. Análisis bioético de la generación de "bebés medicamento". **Revista de Bioética y Derecho & Perspectivas Bioéticas, n**. 36, p. 55-65, 2016; 36:55-65. Disponível em: http://scielo.isciii.es/pdf/bioetica/n36/original3.pdf. Acesso em: 4 fev. 2023.

4. ESPOLADOR, Rita de Cássia Resquetti Tarifa; PAVÃO, Juliana Carvalho. "Bebê medicamento": diferenças entre os contextos português e brasileiro. In: FACHIN, Zulmar; FACHIN, Jéssica; VINCE, Fernando Navarro (Org.). **Educação inclusiva e a dignidade da pessoa humana.** Londrina: Thoth, 2017, p. 159-182.

5. MAROJA, Flaviana Estrela; LAINÉ, Agès. Esperando o messias: reflexão sobre os bebês nascidos para curar um irmão. **Mental,** v. IX, n. 17, jul./dez., 2011. Disponível em: https://www.redalyc.org/pdf/420/42023679005.pdf. Acesso em: 4 fev. 2023. p. 581-582.

Diante da percepção de que o termo "bebê-medicamento" detém uma carga pejorativa sobre esse novo indivíduo, e entendendo-se que, para um estudo adequado, científico e imparcial, é necessário proceder a investigação de forma neutra, a presente obra propõe-se utilizar o termo bebê-doador, uma terminologia nova empregada pela autora. Além da importância desse termo para o estudo, deve-se compreender que o ser humano gerado não sofre apenas malefícios, sendo exclusivamente um objeto, mas também existe uma melhoria na sua vida com a separação de um gene causador de uma enfermidade. Então, o termo "bebê-doador", relacionado ao indivíduo gerado com o objetivo do seu nascimento, a saber, doar células-tronco para o irmão, é mais adequado.[6]

Após essa breve observação, e retornando ao tema do artigo, percebe-se que apesar de a Inglaterra ser pioneira no desenvolvimento das técnicas de reprodução humana assistida, o primeiro caso de um bebê-doador foi registrado nos Estados Unidos da América, com o nascimento do bebê Adam Nash em 2000.[7]

No final da década de 1990, um casal teve uma filha chamada Molly, que foi diagnosticada com anemia de Fanconi. Essa doença, hereditária e rara, afeta diretamente a medula óssea, impedindo-a de produzir células sanguíneas novas para o corpo, e com o decorrer do tempo gera falência da medula óssea. O tratamento da doença é o transplante de células-tronco. Entretanto, naquele caso, os pais não eram compatíveis.[8]

A família e os médicos tentaram encontrar um doador, contudo não tiveram sucesso e, aos poucos, o quadro clínico da menina foi se agravando mais. Diante dessa situação, o médico de Molly, após conversa com os pais da menina, decidiu utilizar o diagnóstico genético pré-implantacional para selecionar um embrião compatível e sem o gene da Anemia de Fanconi.[9] Foram produzidos vários embriões "*in vitro*", sendo todos submetidos a vários testes com a finalidade de saber quais tinham o gene causador da doença. Os embriões que os continham foram destruídos.[10] Após essa análise, foi implantado o embrião que resultou o bebê Adam Nash, o primeiro bebê-doador do mundo.

As células-tronco do cordão umbilical de Adam foram coletadas e doadas para Molly, assim que ele nasceu. As vantagens, nesse caso, eram que o transplante visava ajudar a recompor a própria medula óssea de Molly e com baixo risco de rejeição.[11] O procedimento teve sucesso e ela ficou curada. Após esse caso, outras situações de bebês-doadores surgiram em vários países, como na Inglaterra e no Brasil. Entretanto, a regulamentação dessas gestações varia de acordo com o ordenamento jurídico interno.

---

6. PAVÃO, Juliana Carvalho. **Bebê-doador:** limites e possibilidade do negócio biojurídico. Londrina: Thoth, 2021.
7. ZATZ, Mayana. **Genética:** escolhas que nossos avós não faziam. E-book. São Paulo: Globo Livros, 2012.
8. ZATZ, Mayana. **Genética:** escolhas que nossos avós não faziam. E-book. São Paulo: Globo Livros, 2012.
9. ZATZ, Mayana. **Genética:** escolhas que nossos avós não faziam. E-book. São Paulo: Globo Livros, 2012.
10. Vide: AGÊNCIAS INTERNACIONAIS. Casal produz embrião para salvar outro filho. **Folha de S. Paulo,** São Paulo, 04 out. 2000. Disponível em: https://www1.folha.uol.com.br/fsp/ciencia/fe0410200003.htm. Acesso em: 28 jun. 2024.
11. Vide: AGÊNCIAS INTERNACIONAIS. Casal produz embrião para salvar outro filho. **Folha de S. Paulo,** São Paulo, 04 out. 2000. Disponível em: https://www1.folha.uol.com.br/fsp/ciencia/fe0410200003.htm. Acesso em: 28 jun. 2024.

3. LIMITES E POSSIBILIDADES NA GERAÇÃO DO BEBÊ-DOADOR À LUZ DA DECISÃO PROFERIDA NA INGLATERRA

O caso em análise, no presente trabalho, é paradigmático por discutir a legalidade da geração dos *savior siblings* na Inglaterra e se trata do primeiro julgado que tivemos contato sobre tais aspectos. Conforme já exposto, a ação foi proposta por Quintavalle, representando o CORE, e sob o argumento que o HFEA não teria competência para autorizar a geração dos bebês-doadores. A questão acerca da competência surgiu porque na Inglaterra o órgão *Human Fertilisation and Ebryology Authority* (HFEA) é o responsável por tratar dos procedimentos de reprodução humana assistida, conceder licenças e autorizações para certos tratamentos.

No caso envolvendo a família Hashmi, houve a necessidade de autorização do HFEA para a geração do bebê-doador, concedida em 2001, desde que fosse visando a doação de células-tronco e tivesse o risco de a criança ter a mesma doença.[12] Entretanto, diante dessa licença favorável à família, Quintavalle ingressou com a ação judicial.

O caso foi julgado, a princípio, pela *Queen's Bench Division Administrative Court and Divisional Court* (divisão da Alta Corte) em dezembro de 2002 (*Justice* Maurice Kay). A autora obteve resultado favorável, entendendo o magistrado que o HFEA não teria competência para autorizar o procedimento. Assim, a decisão da Autoridade de Fertilização Humana e Embriologia foi caçada.

Todavia, a *Court of Appeal (Civil Division) Decisions* reformou a decisão. Destacou-se que: (i) o tratamento de fertilização *in vitro* pode ajudar as mulheres a ter filhos quando são incapazes de fazê-lo pelo processo normal de fertilização e que a triagem de embriões antes da implantação permite a escolha das características da criança a nascer com o auxílio do tratamento; (ii) o Parlamento colocou essa escolha nas mãos da HFEA, que detém competência para decidir sobre a viabilidade do procedimento; (iii) a regulamentação é ampla o suficiente para garantir que o embrião não sofra de um defeito genético e de incompatibilidade tecidual, de modo que a decisão do HFEA encontra amparo na previsão legal que dispõe ser possível a realização de "práticas destinadas a determinar se os embriões são adequados" para fins de implantação. A decisão da Corte de Apelação, proferida em maio de 2003, foi confirmada pela Casa dos Lordes em abril de 2005.

Assim, o principal ponto que a decisão discutiu é se o HFEA teria competência para autorizar os procedimentos que envolvem a geração do *savior sibling*. Segundo a autora da demanda, o HFEA poderia conceder licença apenas para atividade de prestação de serviço de tratamento, que envolve médico, cirúrgico e obstetra. Nos casos envolvendo reprodução humana, o tratamento deveria ter como intuito auxiliar a mulher a ter filhos.

Entretanto, segundo a autora, a utilização do diagnóstico genético pré-implantacional com a seleção de embrião compatível no sistema HLA, como é o do caso, não

---

12. CHERKASSKY, Lisa. The wrong harvest: the law on saviour siblings. **International Journal of Law, Policy and the Family**, v. 29, n. 1, p. 36-55, 2015.

tem o objetivo de ajudar a mulher a ter um filho sem determinada doença, mas visa principalmente aliviar o sofrimento de uma terceira pessoa. Dessa forma, o argumento da autora era de que o órgão não poderia conceder a licença.

O próprio Lord Brown of Eaton-Under-Heywood, um dos julgadores do caso dentro da Câmara dos Lordes, sintetizou o argumento da seguinte forma:

> Initially, I confess to having found some considerable force in the appellant's argument that PGD screening is one thing, and properly licensable under the 1990 Act, tissue typing a completely different concept and impermissible. It is one thing to enable a woman to conceive and bear a child which will itself be free of genetic abnormality; quite another to bear a child specifically selected for the purpose of treating someone else. One can read into the statutory purpose specified by section 2(1), that of "assisting women to carry children", the notion of healthy children – only a genetically healthy embryo being "suitable" for placing in the woman within the meaning of paragraph 1(1)(d). To read into section 2(1), however, the notion that the child will be a suitable future donor for the health of another would be to stretch the statutory language too far. And it may be said to raise ethical questions of a quite different order from those arising out of straightforward PGD screening.[13-14]

Em contraponto a esse argumento, a HFEA afirma que tanto o diagnóstico pré--implantacional como a tipagem do HLA são atividades realizadas durante a prestação do serviço de tratamento de fertilização *in vitro*, com o intuito de indicar qual embrião é inadequado. Ademais, aponta que é direito da mulher ser informada, uma vez que ela pode decidir, com base nessa informação, se deseja ou não implantar o embrião. Assim, também foi discutido pelos lordes se era direito da mulher escolher qual embrião seria implantado.

Para decidir a questão, o Lorde Hoffmann analisou o contexto da publicação da *Human Fertilisation and Embryology Act* 1990. Segundo ele, antes da lei, houve a publicação do '*Humana Fertilization and Embryology: a framework for legislation*', em 1987, a qual orienta que sejam aceitas as recomendações do Comitê Warnock. Comitê este que analisou os avanços biotecnológicos e teceu recomendações, como a de que a autoridade poderia, dependendo das circunstâncias, como por motivos sociais, autorizar a seleção de sexo. Assim, o Comitê concedeu uma liberdade para seleção de embriões por outros motivos que não exclusivamente de anormalidade genética.

---

13. Tradução livre: "Inicialmente, confesso ter encontrado alguma força considerável no argumento do recorrente de que a triagem PGD é uma coisa, e devidamente licenciável sob a Lei de 1990, a tipagem de tecido é um conceito completamente diferente e inadmissível. Uma coisa é permitir que uma mulher conceba e dê à luz um filho que estará livre de anormalidades genéticas; outra bem diferente é ter um filho escolhido especificamente com o propósito de tratar outra pessoa. Pode-se ler no propósito estatutário especificado na seção 2(1), aquele de "ajudar as mulheres a carregar filhos", a noção de filhos saudáveis – apenas um embrião geneticamente saudável sendo "adequado" para ser colocado na mulher na acepção do parágrafo 1(1)(d). Ler na seção 2(1), no entanto, a noção de que a criança será um futuro doador adequado para a saúde de outra pessoa seria estender demais a linguagem estatutária. E pode-se dizer que levanta questões éticas de uma ordem bem diferente daquelas que surgem da triagem direta do PGD".

14. INGLATERRA. **House of Lords.** Judgments – Quintavalle v Human Fertilisation and Embryology Authority. 28 de abril de 2005. Disponível em: https://publications.parliament.uk/pa/ld200405/ldjudgmt/jd050428/quint-1. htm. Acesso em: 1º fev. 2024.

Ademais, no relatório do Comitê estava previsto que a autoridade responsável deveria tratar de pesquisa e tratamento envolvendo embriões humanos *in vitro*. Dessa forma, delineou-se que "A intenção era, portanto, definir as funções da autoridade em termos muito amplos. Para garantir que a legislação seja flexível o suficiente para lidar com 'desenvolvimentos de tratamento ainda imprevistos que possam levantar novas questões éticas'".[15-16] Apesar dessa análise histórica, o lorde também pontuou que quando a legislação foi criada não havia o procedimento existente naquele momento e, por isso, a lei deveria ser sempre revisada e analisada também segundo o contexto da época em questão.

Diante disso, o lorde Hoffmann votou favorável à possibilidade de a autoridade conceder licença tanto do diagnóstico genético pré-implantacional para detecção de doenças, como para tipagem do HLA, com o intuito de selecionar o embrião adequado. Outros lordes acompanharam o voto de Lorde Hoffmann, ao passo que apenas Lorde Brown of Eaton-under-Heywood teceu mais comentários.

É bem oportuno citar um trecho do voto do Lorde Hoffmann que trata das críticas sobre o tratamento da criança que nascerá, apontando a necessidade de os profissionais da saúde observarem sempre o melhor interesse delas, pois, caso contrário, há a possibilidade de acionamento do Poder Judiciário:

> Não tenho dúvidas de que os médicos levam muito a sério a lei de que qualquer operação em uma criança para a qual não haja razão clínica relacionada à própria criança deve ser justificada por outras razões no melhor interesse da criança. Se a questão parecer duvidosa, uma decisão do tribunal pode ser obtida. A autoridade tem, na minha opinião, o direito de presumir que uma criança concebida de acordo com sua licença receberá, após o nascimento, a proteção total da lei.[17-18]

De forma mais tangencial, alguns lordes levantaram debates éticos sobre a seleção embrionária, questionando, por exemplo, o que seria um embrião viável para fins de seleção ou, ainda, o direito de mulher de escolher qual embrião será implantado.

Os lordes afirmaram que existem diversos conflitos éticos no caso, mas que a discussão seria apenas se a lei poderia autorizar esses procedimentos ou não (entendendo-se

---

15. Texto original:'The intention was therefore to define the functions of the authority in very broad terms. To ensure that the legislation was flexible enough to deal with "as yet unforeseen treatment developments which may raise new ethical issues".

16. **INGLATERRA. House of Lords.** Judgments – Quintavalle v Human Fertilisation and Embryology Authority. 28 de abril de 2005. Disponível em: https://publications.parliament.uk/pa/ld200405/ldjudgmt/jd050428/quint-1. htm. Acesso em: 1º fev. 2024.

17. Texto original: "I have no doubt that medical practitioners take very seriously the law that any operation upon a child for which there is no clinical reason relating to the child itself must be justified as being for other reasons in the child's best interests. If the question appears to be doubtful, a ruling from the court may be obtained. The authority is in my opinion entitled to assume that a child conceived pursuant to its licence will, after birth, receive the full protection of the law".

18. **INGLATERRA. House of Lords.** Judgments – Quintavalle v Human Fertilisation and Embryology Authority. 28 abr. 2005. Disponível em: https://publications.parliament.uk/pa/ld200405/ldjudgmt/jd050428/quint-1.htm. Acesso em: 1º fev. 2024.

que sim). Destacou-se, ainda, que o caso não se enquadraria na hipótese de seleção de embriões por questões sociais, mas sim por questões de saúde:

> O fato é que, uma vez feita a concessão (como necessariamente tinha de ser) de que o próprio PGD é licenciável para produzir não apenas um feto viável, mas também uma criança geneticamente saudável, não pode haver nenhuma base lógica para interpretar o poder da autoridade para terminar nesse ponto. O DGP, com vista a produzir uma criança saudável, ajuda uma mulher a ter um filho apenas no sentido de que a ajuda a decidir se o embrião é "adequado" e se ela irá gerar o filho. Considerando, no entanto, que a adequação cabe à mulher, os limites da seleção permitida de embriões cabem à autoridade. No caso improvável de a autoridade propor o licenciamento da selecção genética por razões puramente sociais, o Parlamento agiria certamente imediatamente para eliminar essa possibilidade, sem dúvida utilizando para o efeito o poder de regulamentação previsto na secção 3(3)(c). Caso contrário, num caso extremo, a jurisdição de supervisão do tribunal poderá ser invocada.[19-20]

Assim, a conclusão do julgado foi favorável à *Human Fertilisation and Embryology Authority* (HFEA) e, partir desse momento, passou a ser considerada a legalidade na geração de bebê-doadores no Reino Unido.

4. COMPARATIVO ENTRE A REGULAMENTAÇÃO JURÍDICA DO BEBÊ-DOADOR NOS ORDENAMENTOS JURÍDICOS INGLÊS E BRASILEIRO

A Inglaterra apresenta um grande destaque na discussão sobre reprodução humana assistida no mundo, porque é o berço do primeiro bebê de proveta em 1978. Diante desse nascimento, e percebendo que a técnica poderia levantar várias questões médicas e éticas, o governo do Reino Unido criou uma comissão para analisar essas técnicas. A Comissão escreveu um relatório no qual recomentou a criação de uma autoridade estatutária de licenciamento para regulamentar as pesquisas e tratamentos que envolvessem o uso de embriões humanos e fertilização *in vitro*.[21]

Frente a essa recomendação, em 1990 foi publicada a Lei de Fertilização Humana e Embriologia (*Human Fertilisation and Embryology Act*),[22] que foi atualizada em 2008.[23] Essa lei trata da criação e desenvolvimento de embriões humanos, e também

---

19. Texto original: The fact is that once the concession is made (as necessarily it had to be) that PGD itself is licensable to produce not just a viable foetus but a genetically healthy child, there can be no logical basis forconstruing the authority's power to end at that point. PGD with a view to producing a healthy child assists a woman to carry a child only in the sense that it helps her decide whether the embryo is "suitable" and whether she will bear the child. Whereas, however, suitability is for the woman, the limits of permissible embryo selection are for the authority. In the unlikely event that the authority were to proposelicensing genetic selection for purely social reasons, Parliament would surely act at once to remove that possibility, doubtless using for the purpose the regulation making power under section 3(3)(c). Failingthat, in an extreme case the court's supervisory jurisdiction could be invoked.

20. **INGLATERRA. House of Lords.** Judgments – Quintavalle v Human Fertilisation and Embryology Authority. 28 de abril de 2005. Disponível em: https://publications.parliament.uk/pa/ld200405/ldjudgmt/jd050428/quint-1. htm. Acesso em: 1º fev. 2024.

21. **INGLATERRA. House of Lords.** Judgments – Quintavalle v Human Fertilisation and Embryology Authority. 28 abr. 2005. Disponível em: https://publications.parliament.uk/pa/ld200405/ldjudgmt/jd050428/quint-1.htm. Acesso em: 1º fev. 2024.

22. Para acessar a lei, vide: https://www.legislation.gov.uk/ukpga/1990/37/introduction.

23. Para acessar a lei, vide: https://www.legislation.gov.uk/ukpga/2008/22/pdfs/ukpga_20080022_en.pdf.

cria a *Human Fertilisation and Embryology Authory*, autoridade que regulamenta os procedimentos de reprodução humana assistida e manejo de embriões humanos no Reino Unido.[24]

A Autoridade é formada por membros que são nomeados pelo secretário de Estado, tendo presidente e vice-presidente que são leigos (isto é, não atuam na Medicina, nem exercem tratamento nem pesquisa de fertilização *in vitro*). Além deles, os demais membros têm experiência nas seguintes áreas: social, legal, gerencial, religiosa, filosófica, médica e científica.[25] Assim, percebe-se que a Autoridade é composta por uma diversidade de profissionais, gerando uma equipe interdisciplinar.

Conforme informações no site do órgão, ele concede licenças, monitora e fiscaliza as clínicas de fertilidade, além de fornecer informações gratuitas, claras e imparciais a respeito de tratamento de fertilidade, clínicas e doação de óvulos, esperma e embriões. Além de conceder licença par as clínicas, o órgão também pode alterá-la, suspendê-la e até revogá-la, dependendo do caso.

Um dos procedimentos regulamentado pelo órgão é o diagnóstico genético pré-implantacional, que pode ser feito quando envolver uma doença com risco de transmissão para a prole e, ainda, que apresente sintomas graves, conforme análise pela Autoridade. Assim, para facilitar o procedimento, a Autoridade apresenta uma lista de doenças que já estão autorizadas, então, caso uma pessoa deseje testar os embriões, deve observar se a doença consta na lista da Autoridade e, em caso positivo, ela pode realizar o procedimento. Entretanto, caso a doença não esteja prevista na lista, a clínica de fertilidade deverá solicitar autorização da Autoridade.[26]

Especificamente sobre os casos dos bebês-doadores, a Autoridade apresenta uma página específica tratando da possibilidade de teste embrionário para tratamento de crianças que tenham distúrbios sanguíneos que limitam a vida. Faz-se também a análise da compatibilidade do tecido para posterior doação de células-tronco, o procedimento é chamado de PTT (*Pre-implantation tissue typing*).

Existe, ainda, uma lista de doenças autorizadas, que tratam de distúrbios sanguíneos graves. Caso a doença que a família deseja testar não esteja na lista de doenças já aprovadas, a clínica deverá solicitar autorização e pedido para adicionar na lista. Assim, como no DGPI, a análise seguirá critério rigorosos, podendo ser aceita ou não pelo órgão. Dessa forma, percebe-se que a lista de doenças é atualizada com o decorrer do tempo.

---

24. **INGLATERRA. House of Lords.** Judgments – Quintavalle v Human Fertilisation and Embryology Authority. 28 abr. 2005. Disponível em: https://publications.parliament.uk/pa/ld200405/ldjudgmt/jd050428/quint-1.htm. Acesso em: 1º fev. 2024.

25. **INGLATERRA. House of Lords.** Judgments – Quintavalle v Human Fertilisation and Embryology Authority. 28 de abril de 2005. Disponível em: https://publications.parliament.uk/pa/ld200405/ldjudgmt/jd050428/quint-1. htm. Acesso em: 1º fev. 2024.

26. Vide: https://www.hfea.gov.uk/treatments/embryo-testing-and-treatments-for-disease/pre-implantation-genetic-testing-for-monogenic-disorders-pgt-m-and-pre-implantation-genetic-testing-for-chromosomal-structural-rearrangements-pgt-sr/.

Essa é a regulamentação mais atual no Reino Unido, não obstante, no passado, já tenham existido controvérsias sobre a legalidade ou não de tal geração. Essa polêmica resultou no caso judicial narrado anteriormente (*Quintavelle Vs HFEA*), cuja decisão, por unanimidade (cinco lordes), foi no sentido de que o HFEA tem autoridade para conceder licença sobre tratamentos de fertilidade destinados a salvar a vida de um irmão,[27] o chamado bebê-doador. Após essa decisão, ficou pacífico no Reino Unido que a geração do bebê-doador é legal e regulamentada pela Autoridade do HFEA.

No Brasil, o primeiro caso de nascimento de um bebê-doador ocorreu em 2012, na capital de São Paulo. Um casal tinha uma filha que foi diagnosticada com Talassemia Major, uma doença genética rara do sangue que gera uma anemia profunda e pode resultar na morte. Devido a doença, a menina precisava, desde os cinco meses, receber transfusões de sangue e tomar mediação para reduzir o ferro no corpo.[28] O tratamento da doença ocorre por meio do transplante de células-tronco, contudo, o doador, além de ser compatível, não podia ter o gene da doença.

Assim, o casal resolveu ter um segundo filho, com auxílio da fertilização *in vitro* e do diagnóstico genético pré-implantacional, para ser compatível e sem a doença. Por meio desse procedimento, nasceu a segunda filha do casal em 2012 e, em 2013, doou as células-tronco da bacia para a irmã mais velha. Dois anos depois do transplante, foi concluído que a irmã mais velha estava curada.[29]

No Brasil, não há nenhuma legislação específica sobre a geração de um bebê-doador. Quando teve o primeiro caso brasileiro de um bebê-doador, esperava-se que houvesse alguma regulamentação, como defendido por Juliano Ralo Monteiro, em 2012.[30] Em 2021, Juliana Carvalho Pavão apresentou uma sugestão de lei sobre o assunto na sua já mencionada obra, baseada na experiência inglesa e portuguesa.[31] Todavia, até o momento não há regulamentação específica sobre o assunto. No campo jurídico, apenas deve-se destacar que o transplante de células-tronco envolvendo crianças e adolescentes é autorizado pela Lei dos Transplantes (Lei n. 9.434/97), no artigo 9º, parágrafo sexto.

Diante da lacuna jurídica, o Conselho Federal de Medicina (CFM) tem regulamentado o assunto, com o intuito de orientar os médicos sobre como proceder frente a esses casos. Dessa forma, a mais recente Resolução a tratar do tema é a Resolução CFM nº 2.320/2022, *in verbis*:

---

27. DYER, Clare. Creating a baby to save sibling is legal, rule lords. **The Guardian:** UK news. Publicado 29 abr. 2005. Disponível em: https://www.theguardian.com/uk/2005/apr/29/research.lords. Acesso: 2 fev. 2024.

28. DA REDAÇÃO. Casal brasileiro gera filha selecionada geneticamente para curar a irmã. **Veja:** Saúde. Publicado em 15 fev. 2012. Disponível em: https://veja.abril.com.br/saude/casal-brasileiro-gera-filha-selecionada-geneticamente-para-curar-a-irma/. Acesso: 2 fev. 2024.

29. G1. Menina nasce para tentar curar irmã de doença grave. **Fantástico.** Publicado em 05/04/15. Disponível em: https://g1.globo.com/fantastico/noticia/2015/04/menina-nasce-para-tentar-curar-irma-de-doenca-grave.html. Acesso em: 2 fev. 2023.

30. MONTEIRO, Juliano Ralo. Congresso deve legislar sobre "savior sibling". **Consultor Jurídico.** 20 fev. 2012. Disponível em: https://www.conjur.com.br/2012-fev-20/savior-sibling-brasileiro-motivar-congresso-legislar-tema. Acesso em: 4 fev. 2023.

31. PAVÃO, Juliana Carvalho. **Bebê-doador:** limites e possibilidade do negócio biojurídico. Londrina: Thoth, 2021.

VI – Diagnóstico genético pré-implantacional de embriões

1. As técnicas de reprodução assistida podem ser aplicadas à seleção de embriões submetidos a diagnóstico de alterações genéticas causadoras de doenças, podendo nesses

casos ser doados para pesquisa ou descartados, conforme a decisão do(s) paciente(s), devidamente documentada com consentimento informado livre e esclarecido.

2. As técnicas de reprodução assistida também podem ser utilizadas para tipagem do Antígeno Leucocitário Humano (HLA) do embrião, no intuito de selecionar embriões HLA-compatíveis com algum irmão já afetado pela doença e cujo tratamento efetivo seja o transplante de células-tronco, de acordo com a legislação vigente.

3. O tempo máximo de desenvolvimento de embriões in vitro é de até 14 (quatorze) dias.

Diante disso, percebe-se que, no Brasil, a geração de um bebê-doador é permitida, visando selecionar um embrião para doar células-tronco para um irmão que está doente. No Judiciário brasileiro, existem algumas ações judiciais tramitando em segredo de justiça, que discutiram a geração de um bebê-doador, mas não no aspecto da sua legalidade e eticidade, mas sim sobre a obrigatoriedade ou não do plano de saúde custear o procedimento.

Uma decisão que foi divulgada é da Sexta Turma Cível do Tribunal de Justiça do Distrito Federal e Territórios que, em agosto de 2019, que condenou o plano de saúde a custear o procedimento, tendo em vista o diagnóstico da criança de anemia falciforme, que necessitava de doação de células-tronco. A decisão foi baseada nos seguintes princípios e direitos: planejamento familiar, dignidade da pessoa humana e vida.[32]

Com efeito, a Constituição Federal "reconhece a todos o direito ao livre planejamento familiar. Tal direito abrange não somente a não interferência no exercício do direito de fundar uma família, mas também o direito à procriação".[33] Apesar de os dilemas éticos que possam circundar a geração do bebê-doador, há valores constitucionais que devem ser sopesados (como o direito à vida, à saúde, à dignidade, à liberdade etc.), garantindo-se a realização e a efetivação das escolhas existenciais familiares.

5. CONCLUSÃO

Ao longo do presente artigo foram analisados os desdobramentos da decisão proferida pela Corte dos Lordes da Inglaterra (Quintavalle, R v. *Human Fertilisation and Embryology Authority*), que enfrentou, pela primeira vez naquele país, a legalidade da geração de um bebê-doador (*savior sibling*).

A questão posta a julgamento perpassou, principalmente, pela competência do órgão *Human Fertilisation and Ebryology Authority* para autorizar a geração de bebês-

---

32. **TRIBUNAL DE JUSTIÇA DO DISTRITO FEDERAL E DOS TERRITÓRIOS.** Plano de saúde deve custear fertilização *in vitro* para tratamento de criança com doença genética. Notícias: 2019. Publicado em 2019. Disponível em: https://www.tjdft.jus.br/institucional/imprensa/noticias/2019/agosto/plano-de-saude-deve-custear-fertilizacao-in-vitro-para-tratamento-de-crianca-com-doenca-genetica. Acesso em: 28 jun. 2024.

33. YOUNG, Beatriz Capanema. Os contratos nas técnicas de reprodução assistida. In: BARBOZA, Heloísa Helena; LEAL, Livia Teixeira; ALMEIDA, Vitor. **Biodireito:** tutela jurídica das dimensões da vida. Indaiatuba: Foco, 2021. p. 3-18.

-doadores. Contudo, ainda que indiretamente, a Corte também reconheceu a legalidade da geração do bebê-doador na Inglaterra e, de forma mais tangencial, enfrentou alguns aspectos éticos, destacando que a geração dos bebês-doadores não se enquadraria na hipótese de seleção de embriões por questões sociais, mas sim por questões de saúde.

Em um comparativo com o ordenamento jurídico brasileiro, conclui-se que não há impedimentos para a geração de bebês-doadores, existindo um vácuo legislativo quanto à matéria. No Judiciário brasileiro, as questões levadas a conhecimento dos julgadores sobre a questão dizem respeito, em sua grande maioria, ao dever dos planos de saúde de custear os tratamentos.

Seria muitíssimo importante, entretanto, que a matéria fosse devidamente regulamentada, na medida em que envolve a realização de diversos direitos fundamentais, tais como a saúde, a vida, a liberdade e o livre planejamento familiar.

REFERÊNCIAS

CHERKASSKY, Lisa. The wrong harvest: the law on saviour siblings. **International Journal of Law, Policy and the Family,** v. 29, n. 1, p. 36-55, 2015.

DYER, Clare. Creating a baby to save sibling is legal, rule lords. **The Guardian:** UK news. Publicado 29 abr. 2005. Disponível em: https://www.theguardian.com/uk/2005/apr/29/research.lords. Acesso em: 2 fev. 2024.

ESPOLADOR, Rita de Cássia Resquetti Tarifa; PAVÃO, Juliana Carvalho. "Bebê medicamento": diferenças entre os contextos português e brasileiro. In: FACHIN, Zulmar; FACHIN, Jéssica; VINCE, Fernando Navarro (Org.). **Educação inclusiva e a dignidade da pessoa humana.** Londrina: Thoth, 2017.

MAROJA, Flaviana Estrela; LAINÉ, Agès. Esperando o messias: reflexão sobre os bebês nascidos para curar um irmão. **Mental,** v. IX, n. 17, jul./dez., 2011. Disponível em: https://www.redalyc.org/pdf/420/42023679005.pdf. Acesso em: 4 fev. 2023.

MONTEIRO, Juliano Ralo. Congresso deve legislar sobre "savior sibling". **Consultor Jurídico.** 20 fev. 2012. Disponível em: https://www.conjur.com.br/2012-fev-20/savior-sibling-brasileiro-motivar-congresso--legislar-tema. Acesso em: 4 fev. 2023.

MOYANO, Loreto María García; GARCÍA, Begoña Pelliger; TRICAS, Begoña Buil; VELA, Raúl Juárez; PORTILLO, Sandra Guerrero; SOLANAS, Isabel Antón. Análisis bioético de la generación de "bebés medicamento". **Revista de Bioética y Derecho & Perspectivas Bioéticas, n**. 36, p. 55-65, 2016; 36:55-65. Disponível em: http://scielo.isciii.es/pdf/bioetica/n36/original3.pdf. Acesso em: 4 fev. 2023.

PAVÃO, Juliana Carvalho. **Bebê-doador:** limites e possibilidade do negócio biojurídico. Londrina: Thoth, 2021.

YOUNG, Beatriz Capanema. Os contratos nas técnicas de reprodução assistida. In: BARBOZA, Heloísa Helena; LEAL, Livia Teixeira; ALMEIDA, Vitor. **Biodireito:** tutela jurídica das dimensões da vida. Indaiatuba: Foco, 2021.

ZATZ, Mayana. **Genética:** escolhas que nossos avós não faziam. E-book. São Paulo: Globo Livros, 2012.

WRONGFUL LIFE:
O DEBATE EM TORNO DA RESPONSABILIDADE CIVIL PELO ADVENTO DE UMA *VIDA INDEVIDA*

Graziella Trindade Clemente[1]

Adriano Marteleto Godinho[2]

Decisão paradigma: FRANÇA. Caso *Affaire Perruche*. **Decisão da Corte de Cassação Francesa nº 99-13.701,** de 17 de novembro de 2000, afetada diretamente à formação mais ampla desse Tribunal, a Assembleia Plena. Relator M. Canivet.

Sumário: 1. Descrição do caso – 2. Introdução: as dimensões do direito à vida e à saúde – 3. A demanda de *wrongful life* e a tese do *direito de não nascer* no acórdão da corte de cassação francesa – *affaire perruche* – 4. A (in)viabilidade da tese do *direito de não nascer* no sistema jurídico brasileiro – 5. Notas conclusivas – Referências.

---

1. DESCRIÇÃO DO CASO

Nicolas Perruche nasceu em 1983, sendo portador de sintomas da denominada *síndrome de Gregg,* em grau elevado: problemas neurológicos graves, surdez bilateral, cegueira quase completa e cardiopatia. Sua saúde extremamente debilitada exigiria cuidados médicos intensos durante toda a sua vida.

A mãe de Nicolas Perruche havia contraído rubéola durante a gravidez – doença que pode implicar em graves consequências para o feto, dentre elas uma série de anomalias que, em conjunto, caracterizam a aludida síndrome e afirmara sua vontade de interromper a gestação caso o feto estivesse infectado pelo vírus. A genitora foi submetida a dois exames de sangue que confirmaram a suspeita de rubéola.

Entretanto, um teste controle, falso negativo, foi suficiente para que o médico garantisse que ela estava imunizada para a doença. Um erro do laboratório se somou

---

1. Pós-doutora em Democracia e Direitos Humanos pelo *Ius Gentium Conimbrigae* – Universidade de Coimbra. Doutora em Biologia Celular pela UFMG. Mestre em Ciências Morfológicas pela UFMG. Pós-graduada em Direito da Medicina pelo Centro de Direito Biomédico – Universidade de Coimbra. Professora da Graduação no Centro Universitário Newton Paiva e Faculdade de Ciências Médicas de Minas Gerais. Professora da Pós-graduação em Direito Médico e Bioética – (IEC) PUC Minas e em Direito Médico, da Saúde e Bioética – Faculdade Baiana de Direito. Membro do Comitê de Ética e Pesquisa do Centro Universitário Newton Paiva. Coordenadora do Grupo de Estudo e Pesquisa em Direito da Saúde – GepForum do Centro Universitário Newton Paiva. Membro Instituto Miguel Kfouri Neto (IMKN). E-mail: grazitclemente@gmail.com.
2. Pós-Doutor em Direito Civil pela Universidade de Coimbra. Doutor em Ciências Jurídicas pela Universidade de Lisboa. Mestre em Direito Civil pela Universidade Federal de Minas Gerais. Professor dos cursos de graduação e de pós-graduação *stricto sensu d*a Universidade Federal da Paraíba. Membro Instituto Miguel Kfouri Neto (IMKN). E-mail: adrgodinho@hotmail.com.

à negligência do médico, pois ainda que o teste de controle apontasse, erroneamente, a imunização, a gravidade do caso e os indícios significativos da rubéola exigiriam, do profissional da Medicina, conduta diversa: quando menos, uma investigação mais aprofundada do quadro clínico da paciente. Assim sendo, a genitora renunciou ao direito de escolha em relação à interrupção da gestação.

A questão deu ensejo a um longo processo judicial movido pelo casal Perruche e pela Caixa Primária de Seguro de Saúde, em face do médico, do laboratório e das respectivas seguradoras. Ressalta-se que os pais agiram judicialmente não apenas em nome próprio, pretendendo a reparação dos prejuízos experimentados por eles, mas, também, em nome da criança, em razão dos danos por ela suportados.

Em 1992, o Tribunal de Grande Instância de Evry, na França, deu razão aos autores. Determinou a realização de perícia médica para verificar os prejuízos à saúde da Sra. Perruche e declarou que os réus eram igualmente responsáveis pelo estado de saúde de Nicolas, condenando-os a reparar os danos corporais sofridos pela criança e a reembolsar as prestações assumidas pela Caixa Primária de Seguro de Saúde.

A Corte de Apelação de Paris reformou parte dessa decisão. Apesar de confirmarem a responsabilidade dos réus pelos danos à saúde da mãe, ressaltaram que inexistiria relação de causalidade entre a conduta dos réus e os prejuízos alegados pelo menor. A reversão da condenação favorável a Nicolas levou o litígio, pela primeira vez, para apreciação da Corte de Cassação.

Em 1996, a Primeira Câmera Civil censurou o entendimento da Corte de Apelação de Paris, assentando que as falhas imputáveis ao médico e ao laboratório induziram a gestante em erro quanto à sua opção pelo aborto e, portanto, provocaram o dano experimentado pela criança em função da rubéola contraída por sua mãe.

Tendo sido, nessa parte, cassada a decisão de segundo grau, a questão foi reenviada para julgamento da Corte de Apelação de Orléans. Os magistrados de Orléans, não se convencendo da decisão proferida pela Corte de Cassação, resistiram ao entendimento e julgaram improcedente o pedido indenizatório, alegando que não existiria prejuízo à criança, visto que não há como reconhecer juridicamente um suposto *direito de não nascer*.

Considerando que a consequência ligada ao erro dos profissionais seria o nascimento de Nicolas, e que sua vida ou a sua supressão não podem ser considerados como uma chance ou como um infortúnio do qual pode-se extrair consequências jurídicas, a Corte de Apelação não se curvou à decisão do tribunal superior já proferida no processo. Em meio a esse cenário, sobreveio o acórdão de 17 de novembro de 2000, pela Assembleia Plena – formação mais ampla da Corte de Cassação.

A partir da interposição de novo recurso pelo casal Perruche e pela Caixa Primária de Seguro de Saúde, o órgão máximo do tribunal ratificou o entendimento anteriormente esboçado pela Primeira Câmera Civil:[3]

---

3. Assem. Plén., 17 nov. 2000, n. pourvoir 99-13.701, bull. civ., nº 9. Para a íntegra do acórdão: https://www.legifrance.gouv.fr/juri/id/JURITEXT000007041543?dateDecision=17%2F11%2F2000+%3E+17%2F11%2F

Considerando, contudo, que uma vez que falhas cometidas pelo médico e pelo laboratório na execução dos contratos celebrados com a Sra. Perruche impediram-na de exercer sua escolha de interromper sua gravidez, a fim de evitar o nascimento de um filho portador de deficiência, este último pode demandar a reparação do prejuízo resultante desta deficiência e causado pelas falhas constatadas.

A partir do precedente inaugurado pelo *Affaire Perruche,* diversas famílias processaram o Estado Francês em razão do nascimento de filhos portadores de incapacidades, sob o fundamento do *direito de não nascer.* Diante dessa onda de processos e com a intenção de acalmar os ânimos da coletividade e modificar a jurisprudência Perruche, a associação de deficientes e médicos conseguiu que o Parlamento Francês aprovasse, em 11 de janeiro de 2002, uma lei em que se estabelece, de forma expressa, que ninguém pode reclamar judicialmente por haver sido prejudicado, simplesmente por ter nascido.

Uma vez estabelecidos os argumentos empregados na decisão paradigmática em apreço, cumpre verificar a admissibilidade de um pretenso *direito de não nascer* em conformidade com os princípios e regras que sustentam o sistema jurídico brasileiro vigente, o que exige, à partida, estabelecer apontamentos sobre o sentido e as dimensões do direito à vida e compreender o embasamento teórico que se confere à tese do *wrongful life,* temas que compõem o objeto dos dois tópicos a seguir.

2.   INTRODUÇÃO: AS DIMENSÕES DO DIREITO À VIDA E À SAÚDE

Todo o vasto rol de direitos atribuídos aos seres humanos deriva de um bem jurídico que lhes serve como condição: a vida, que corresponde ao suporte que permite a cada indivíduo exercitar suas faculdades pessoais, seu desenvolvimento existencial, aspirações e metas, enfim, seu destino individual e social.[4]

A vida é, pois, a mais elementar de todas as bases que sustentam a pessoa humana. Desde a concepção, assegura-se ao nascituro o *direito à vida,* bem como acompanhar todo e qualquer indivíduo durante a sua existência. Este direito à vida implica, já para aquele que está a se desenvolver no ventre materno, o direito a nascer com vida, de ser inserido no mundo, e se completa quando conjugado com o *direito de viver,* isto é, o direito de permanecer vivo, de gozar plenamente a vida. Este direito de viver confere à pessoa, mesmo quando incapaz ou enferma, o direito de ser tratada, de retomar a vida, e de ser integrada e reintegrada plenamente no seio familiar, profissional e social.[5]

Em sendo o direito à vida um direito fundamental conferido a todo e qualquer indivíduo – o que sequer cabe contestar –, ainda cumpre estabelecer uma relevante

---

2000&page=1&pageSize=10&query=*&searchField=ALL&searchType=ALL&sortValue=DATE_DESC&tab_selection=juri&typePagination=DEFAULT.

4.   ROMEO CASABONA, Carlos María. **El derecho y la bioética ante los límites de la vida humana.** Madrid: Centro de Estudios Ramón Areces, 1994, p. 27.

5.   PIETERS, Guy. Le droit de vivre, le droit de mourir et l'acharnement thérapeutique. **I diritti dell'uomo nell'ambito della medicina legale:** prima sessione di studio e formazione sui diritti dell'uomo. Milano: Giuffrè, 1981, p. 186-187.

questão, particularmente significativa para os propósitos deste estudo: qual o sentido a atribuir ao direito à vida de que todos gozamos?

Abrem-se duas concepções antagônicas sobre o significado a atribuir à vida humana, ao seu exercício e à sua tutela: numa, prevalecem as noções de *sacralidade* (ou *santidade)* da vida; noutra, vigora o critério da *qualidade.*

Os adeptos da primeira vertente, também denominada *vitalista,* consideram que o valor eminente da vida é indisponível. Segundo esta concepção, tem-se então que é inadmissível a prevalência de um direito à morte ou de um direito a não nascer com vida, havendo apenas um *direito-dever de viver,* sendo o homem mero usufrutuário do seu corpo e da sua existência.[6]

Já os defensores da segunda vertente, por entenderem que o simples fato de existir não implica um *dever de viver,* atribuem notável relevo à autonomia privada, o que permitiria às pessoas a faculdade de renunciar até mesmo ao direito à própria vida – neste caso, o direito à vida seria também um direito *sobre* a vida.

Maria José Parejo Guzmán[7] aprofunda o significado destas correntes. Segundo a concepção vitalista, a presença da vida humana se determina de acordo com critérios científicos (biológicos e fisiológicos), num sentido eminentemente naturalístico.[8] Haverá vida humana, portanto, sempre que se verifiquem tais pressupostos biofisiológicos, independentemente do estado ou condição em que se ache o indivíduo. Pertencer à espécie *homo sapiens é* o que basta para definir que, durante todo o ciclo vital, que começa com a gestação e somente termina com a morte, haverá vida humana a ser tutelada, ainda que a pessoa se encontre em coma profundo ou em qualquer outra condição que lhe prive o discernimento sobre a própria existência.

O princípio de sacralidade ou santidade da vida humana, marco dessa vertente, assenta raízes em concepções judias e cristãs, e impõe uma hierarquia normativa e principiológica fixa e inquebrantável: não seria admissível, neste domínio, qualquer tipo de relativização do valor da vida humana, que sempre prevaleceria sobre qualquer outro que com ela venha a colidir, inclusive a autonomia do próprio indivíduo, que não poderá, por ato de vontade, dispor da sua vida.[9]

Noutro giro, a defesa do critério da qualidade de vida como vetor determinante para apurar a presença de uma vida humana digna de tutela abandona a ideia de que os critérios estritamente biofisiológicos bastem. Segundo esta linha de raciocínio, a pessoa humana, para merecer tal qualificação, deveria, quando menos, ter consciência de si mesma. Isto implica uma inegável relativização do conceito de vida humana, que não seria um valor em si; sua valia somente seria reconhecida caso fossem preenchidas certas condições existenciais mínimas, sem as quais caberia afirmar que não se atinge

---

6. VIEIRA, Tereza Rodrigues. **Bioética: temas atuais e seus aspectos jurídicos.** Brasília: Consulex, 2006, p. 34.
7. PAREJO GUZMÁN, María José. **La eutanasia, ¿un derecho?** Navarra: Thomson-Aranzadi, 2005, p. 273-274.
8. DEL CANO, Ana María Marcos. **La eutanasia:** estudio filosófico-jurídico. Madrid: Marcial Pons, 1999, p. 75.
9. PAREJO GUZMÁN, María José. **La eutanasia, ¿un derecho?** Navarra: Thomson-Aranzadi, 2005, p. 276-277.

um grau adequado de *qualidade de vida*, donde se deduziria que esta mesma vida não seria digna de proteção normativa.[10]

Contrapostas tais posições, é preciso constatar que, conduzidas a extremos, ambas ensejariam conclusões insuficientes para abarcar com razoabilidade a enorme gama de vicissitudes que as discussões sobre a vida e a morte ensejam. Caso se considere que deva prevalecer sem restrições a vertente vitalista, manter vivo um ser humano será, sob quaisquer condições, um imperativo ético e jurídico absoluto.

Por outro lado, endossando-se os critérios da concepção oposta, permitir-se-á a conclusão de que algumas vidas são "menos dignas" que as outras, o que poderá reconduzir a humanidade aos tempos em que se legitimava a seleção de quais seres humanos merecem ou não viver. Tal distinção representaria uma execrável abertura para a reintrodução de formas de discriminação de todo o gênero, inclusive aquela calcada no estado de desenvolvimento físico-psíquico-social, na capacidade de expressar certas propriedades ou de exercitar algumas funções, e na possibilidade de manifestar determinados comportamentos.[11]

Para atingir uma posição de equilíbrio, faz-se necessário um temperamento entre as duas perspectivas. Se é verdade que não se pode chegar ao absurdo de conceber que algumas vidas humanas valham mais que as outras, ao sabor do arbitrário julgamento a estabelecer sobre as condições em que se encontrem seus titulares, também não cabe proclamar a ideia de que a essência do existir consiste em prorrogar a sobrevivência a todo custo. A vida humana, segundo adequadamente propõe a vertente vitalista, possui de fato um valor intrínseco, isto é, vale enquanto tal, independentemente dos gostos, preferências, atitudes ou juízos que o seu titular ou os outros tenham a seu respeito.[12]

Haverá circunstâncias, contudo, em que o prorrogar da existência de determinadas pessoas (jamais se lhes nega, vê-se, a condição de pessoas), vítimas de enfermidades incuráveis e imersas em estado de terminalidade, somente contribuirá para causar-lhes sérios danos à integridade, intimidade e dignidade. A vida, afinal, é um bem básico, mas não um bem absoluto.[13]

Uma aproximação entre as tendências é perfeitamente viável: parte-se da premissa fundamental da vertente da sacralidade, o que evitaria a crescente degradação da proteção da existência humana, mas ao mesmo tempo se reconhece que a noção de qualidade de vida, se bem compreendida, poderá contribuir para a solução das situações-limite, nas quais uma concepção rígida da sacralidade da vida seria desmedida.[14]

---

10. Ibidem, PAREJO GUZMÁN, María José. **La eutanasia, ¿un derecho?** Navarra: Thomson-Aranzadi, 2005, p. 277.
11. DEL CANO, Ana María Marcos. **La eutanasia:** estudio filosófico-jurídico. Madrid: Marcial Pons, 1999, p. 93.
12. DEL CANO, Ana María Marcos. **La eutanasia: estudio filosófico-jurídico.** Madrid: Marcial Pons, 1999, p. 103.
13. LOUREIRO, João Carlos. Os rostos de Job: tecnociência, direito, sofrimento e vida. *Boletim da Faculdade de* **Direito da Universidade de Coimbra,** Coimbra, v. 80, p. 174-175, 2004.
14. CARVALHO, Gisele Mendes de. Alguns aspectos da disciplina jurídica da eutanásia no direito penal brasileiro. **Revista dos Tribunais,** São Paulo, v. 91, n. 798, p, 490, abr. 2002.

Há que ter extremo cuidado, pois, com o sentido a atribuir à expressão *qualidade de vida*, para evitar que ela sirva como parâmetro apto a dividir os seres humanos em categorias, segundo uma suposta superioridade que alguns exerçam sobre outros. A vida e a dignidade humana não são mais ou menos valorosas em razão da eventual degradação da qualidade de vida e das condições de saúde de um ou de alguns indivíduos. De outro lado, é preciso reconhecer também que a dimensão biológica da vida não pode ser analisada à margem da discussão sobre a qualidade de vida do indivíduo; atentar para este critério "significa estar a serviço não só da vida, mas também da pessoa".[15]

De todo modo, este é um ponto que cumprirá retomar adiante: se a noção de qualidade de vida pode não ser bastante para justificar um pretenso "direito de não nascer" – em uma perspectiva que reconhece que impedir o nascimento de uma criança com sérias debilidades em sua saúde será preferível a dar-lhe a vida, ainda que mediante grave comprometimento de sua saúde –, ainda se pode ponderar a possibilidade de, por meio de um redimensionamento das demandas de *wrongful life*, reconhecer-se a legitimidade de se pleitear a reparação dos custos acrescidos que uma situação peculiar de vida com severas deficiências impõe.

Assim, abre-se espaço para a discussão de uma renovada hipótese de fundamentação jurídica para tais demandas, em situações específicas, como no caso da edição genética. É o que se discutirá adiante, particularmente quando do enfrentamento do conteúdo do derradeiro tópico deste estudo, muito embora este intento exija, como ponto preliminar, uma análise mais acurada sobre os fundamentos que sustentam as demandas de *wrongful life*.

3. A DEMANDA DE *WRONGFUL LIFE* E A TESE DO *DIREITO DE NÃO NASCER* NO ACÓRDÃO DA CORTE DE CASSAÇÃO FRANCESA – *AFFAIRE PERRUCHE*

Doutrinas e tribunais em todo mundo têm se dedicado à discussão das questões tortuosas envolvendo a temática da responsabilidade civil pelo nascimento indesejado. Nesse contexto, um dos desafios iniciais é, exatamente, a classificação das espécies de pretensão indenizatória pertencente à classe de demandas conhecidas como *wrongful actions*.

Dentre as *wrongful actions* distinguem-se três espécies distintas: *wrongful conception, wrongful birth* e *wrongful life* que, muito embora encontrem amparo em determinados fatores em comum, não podem ser individualmente confundidas. Em geral, a expressão *wrongful conception* é utilizada para designar as ações reparatórias em que os pais se queixam da falha do método contraceptivo empregado por eles, redundando no nascimento indesejado de um filho saudável.

---

15. SÁ, Maria de Fátima Freire de. **Direito de morrer: eutanásia, suicídio assistido.** 2. ed. Belo Horizonte: Del Rey, 2001, p. 59-60.

A expressão *wrongful birth,* por sua vez, diz respeito às ações ajuizadas pelos pais em razão da falha de procedimentos especificamente destinados a impedir o nascimento de uma criança com deficiência, como testes de compatibilidade genética do casal ou exames pré-natais, que dariam, aos genitores a oportunidade de evitar a concepção de feto acometido por doença, bem como a interrupção da gestação. Nesses casos, a enfermidade é o elemento central do pedido reparatório dos pais, que se insurgem contra o nascimento de um filho portador de determinada e previsível enfermidade. Em seu turno, a *wrongful life* é utilizada para denominar as ações reparatórias ajuizadas pela própria criança deficiente, em decorrência da falha que impediu que sua mãe realizasse um aborto ou evitasse sua concepção.[16]

Ainda, no sentido de se diferenciar tais pretensões indenizatórias, pode-se extrair das lições de Paulo Mota Pinto[17] precisos conceitos e exemplos de cada uma das referidas figuras, além de importantes considerações com relação ao seu cabimento. Nos casos de *wrongful conception,* o autor destaca que a concepção indesejada pode ser resultado de erro médico (a exemplo da prescrição de métodos contraceptivos ineficazes ou da falta de informação adequada a respeito de tais métodos) ou mesmo derivar da prática de violência sexual contra a mulher.

Quanto à hipótese *wrongful birth,* o nascimento indesejado pode decorrer de casos em que a concepção da criança foi fruto de um projeto parental livremente designado pelos pais, muito embora o nascimento do filho tenha se dado após erro médico afetando-se a autodeterminação reprodutiva do casal. Sobrevém, desse modo, a pretensão de responsabilidade civil em face do médico no contexto do *dano vida,* ou seja, a indenização corresponde ao dano da privação do conhecimento dessa circunstância, no quadro das respectivas opções reprodutivas, quando esse conhecimento ainda apresentava potencialidade para determinar ou modelar essas opções.

Assim, o adequado diagnóstico pré-natal de certas anomalias viabilizaria, nos ordenamentos jurídicos que não proíbam o aborto fundado em doença ou malformação embrionária ou fetal, o direito de decidir de forma livre e esclarecida pela interrupção voluntaria da gravidez. Outra situação implica no cenário em que a edição gênica se

---

16. CARNAÚBA, Daniel Amaral. **Responsabilidade civil e nascimento indesejado:** fundamentos para a reparação da falha de métodos contraceptivos. Belo Horizonte: Método, 2021, p. 417. No tocante à terminologia, esclarece que há autores e tribunais que utilizam a expressão *wrongful birth* de forma ampla, de modo a abranger toda e qualquer demanda formulada pelos pais em razão do nascimento indesejado, contrapondo-a apenas às ações reparatórias do tipo *wrongful life,* que seriam aquelas ajuizadas pela própria criança. Outras vezes, *wrongful conception* é utilizado para designar as ações fundadas na falha de métodos contraceptivos, ao passo que *wrongful birth* englobaria as ações fundadas na falha de procedimentos abortivos. Por fim, há aqueles que distinguem simplesmente os casos em que a criança nascida é saudável, designados como *wrongful conception,* reservando a expressão wrongful birth àqueles que envolvem o nascimento de crianças com deficiência.

17. PINTO, Paulo Mota. **Ainda a indemnização por "nascimento indevido" (wrongful birth) e "vida indevida" (wrongful life).** Disponível em: http://www.centrodedireitobiomedico.org/sites/cdb-dru7-ph5.dd/files/Livro_SM_23.pdf, p. 545-547. Acesso em: 15 jan. 2023.

configure como possível alternativa, no sentido de evitar, tratar ou minorar os efeitos de tais deficiências.[18-19]

Cabe ressaltar que tais anormalidades/deficiências devem ser suficientemente relevantes para motivar essa opção tornando-se, imprescindível, ponderar sobre qual tipo de dano determinaria uma *vida não saudável*. Mesmo considerando a inexistência de lei obrigando a equipe médica a garantir o nascimento de criança sem deficiência, espera-se, no momento do diagnóstico pré-natal, conduta diligente, perita e prudente.

Diante da situação de ineficácia do diagnóstico pré-natal em função da negligência no dever de informar sobre tais deficiências ou, até mesmo, diante do erro diagnóstico, justifica-se que os pais demandem judicialmente, em nome próprio, a reparação de um *dano de planejamento familiar*, equivalente às despesas necessárias para o sustento de um filho com deficiência.[20]

Nesse caso, a constatação do nexo de causalidade entre a vida com deficiência e a correspondente omissão de informação do médico quanto ao diagnóstico é essencial, visto que tais pretensões amoldam-se à responsabilidade contratual. São, portanto, indenizáveis danos não patrimoniais e patrimoniais incluindo-se, nesses últimos, apenas os relacionados com a deficiência, a partir de uma comparação entre os custos de criar uma criança nessas condições e as despesas inerentes a uma criança sem deficiências.

Em contraposição ao posicionamento de parte da doutrina, não se vê como tal ação seria incompatível com a dignidade da pessoa humana e com a proteção ou com a inviolabilidade da vida humana. Como bem pontuado por Paula Moura Francesconi de Lemos Pereira,[21] não pode a indisponibilidade da vida humana ser afetada por se reconhecer uma indenização aos pais da criança:

> A alegação de uma gravidez injusta pelo nascimento de uma criança com alguma doença genética ou alteração cromossômica não é o que atrai o direito à compensação de danos, pois o que se indeniza não é propriamente o nascimento de uma criança debilitada, mas a perda de oportunidade de decidir de forma consciente pelo descarte do embrião e a não continuidade do projeto parental, ou até mesmo de seu tratamento, caso seja possível e aceito pelo ordenamento jurídico este tipo de intervenção.

Ressalta-se que não caberia a aplicação do *paradoxo da não existência* no sentido de que a existência de um dano conduziria a uma contradição valorativa insuperável.

---

18. SOUZA, Iara. Antunes de. **Aconselhamento genético e responsabilidade civil:** as ações de concepção indevida (wrongful conception), nascimento indevido (*wrongful birth*), e vida indevida (*wrongful life*). Belo Horizonte: Arraes, 2014, p. 60.

19. CLEMENTE, Graziella Trindade; ROSENVALD, Nelson. Dano ao projeto de vida no contexto da edição genética: uma possibilidade. In: ROSENVALD, Nelson; MENEZES, Joyceane Bezerra de; DADALTO, Luciana (Coord.) **Responsabilidade Civil e Medicina.** 2. ed. Indaiatuba: Foco, 2021, p. 245-254.

20. BORGES, Gabriel de Oliveira Aguiar. **Responsabilidade civil do médico por *wrongful birth* e *wrongful life*.** São Paulo: LAECC, 2021, p. 174.

21. PEREIRA, Paula Moura Francesconi de Lemos. Diagnóstico genético embrionário e o nascimento indesejado. In: BORGES, Gustavo; MAIA, Maurilio Casas (Org.). **Novos danos na pós-modernidade.** Belo Horizonte: D'Palácio, 2019, p. 344.

Pelo contrário, o que não se justifica é excluir da tutela indenizatória os destinatários da informação contida em diagnóstico resultante de uma má-prática médica.[22]

No que tange às demandas de *wrongful life,* hipótese que merece especial atenção, sobretudo por ser a que se debateu na decisão paradigma que inspira a edição deste texto, a mesma é invocada nos casos em que sobrevém nascimento indesejado ou *vida indevida* de uma criança com graves deficiências. Nesse caso, com a particularidade de que, nestas circunstâncias, será o próprio infante o autor da ação, que tem por objeto discutir se o fato de ele ter nascido em uma situação de extrema vulnerabilidade em termos de sua saúde não pode ser caracterizado como um autêntico dano, passível, pois, da respectiva reparação em toda sua plenitude.

Nessa situação, o dano concretamente sofrido reside em ter que coexistir com uma deficiência, ou seja, uma malformação que jamais se geraria se o nascimento não tivesse sucedido – é o dito *dano de viver.*[23] Precisamente, nas hipóteses de *wrongful life,* o que se tem em xeque é o debate acerca de um eventual *direito à não existência* ou *direito de não nascer,* baseado na ideia de que, em circunstâncias extremas, não viver – isto é, sequer vir à vida – será melhor que experimentar uma existência marcada por deficiências e vulnerabilidades variadas.

A tese do *direito de não nascer* coloca em pauta a aplicação do instituto da responsabilidade civil em um contexto extremamente delicado: caberá atestar que o nascimento com vida, em determinado contexto, pode significar um dano passível de reparação? Outro aspecto que deve ser observado nessas ações é o fato de que elas podem ser interpostas contra os médicos, instituições hospitalares e, até mesmo, em face dos pais. Esta última hipótese é a que gera mais controvérsias em nível doutrinal e jurisprudencial.

Retomando-se a análise da decisão paradigmática proferida pela justiça francesa, é fato que a decisão do caso Perruche foi amplamente criticada nos círculos jurídicos daquele país, bem como por estudiosos do tema mundo afora. Os mais diversos fundamentos justificaram tais críticas dirigidas desde o fato de a Corte ter assegurado à criança o direito de não nascer, até a questão de o acórdão ter imposto à mãe uma suposta *obrigação de abortar,* ou, por fim, que a Corte teria reconhecido que certas vidas não merecem ser vividas.

Entretanto, parte dessa polêmica merece ser ponderada, de imediato, citando-se, como exemplo, o fato de a Corte de Cassação, tanto em 1996, quanto em 2000, ter enfatizado que o direito à indenização da criança decorreria das falhas dos profissionais, os quais teriam impedido a gestante de exercer sua escolha pelo aborto (fato que pressupõe liberdade de escolha da mãe). Entretanto, mesmo nesta circunstância, o dano

---

22. Acórdão nº 55/2016, do Tribunal Constitucional de Portugal.
23. SILVA, Sara Elisabete Gonçalves da. **Vida indevida (*wrongful life*) e direito à não existência.** RJLB, ano 3 (2017), nº 2, p. 907-56. Como esclarece a autora, "a ação não manifestaria tantas controvérsias se o filho se limitasse a pedir uma compensação pecuniária para poder, durante o resto da sua vida, cobrir as suas despesas especiais devido ao seu estado de saúde. Mas, diversamente, o que o filho pretende é o ressarcimento pelo facto de ter de existir".

eventualmente sofrido diz respeito aos genitores, sobretudo à mãe, pela violação do direito de decidir pelo aborto. A criança, por sua vez, não seria vítima de qualquer dano, particularmente um suposto dano pela *existência indigna*.

É inegável, todavia, a dificuldade de identificar qual interesse da criança teria sido violado pelo ato que impediu que ela fosse abortada. A Corte de Cassação enfrentou esse dilema, recorrendo ao interesse da criança na plena preservação de sua saúde; argumentou-se, neste domínio, que "a criança é deficiente e é possível afirmar que existe, portanto, um dano". Seria essencialmente esta a ideia subjacente quando o tribunal sustentou que a criança poderia, no caso, demandar a reparação do prejuízo resultante da deficiência causado pelas falhas constatadas.

Ocorre que essa argumentação foi considerada insustentável. Primeiro, porque a doença que acometia a criança não foi causada pelo médico, cujo erro teria sido, em tese, permitir o nascimento do filho com deficiência. Segundo, porque a deficiência não pode ser considerada um autêntico prejuízo para a criança e, sim, uma característica intrínseca inerente. Em suma, a posição dominante nos sistemas jurídicos em que o aborto voluntário é legalizado é no sentido de se admitir as ações fundadas na tese do "nascimento indevido" (*wrongful birth*), tendo como autores os pais e com fundamento nos danos por eles sofridos – sejam eles decorrentes da violação à autonomia pelo aborto, sejam derivados das despesas materiais com os cuidados com a criança –, mas rejeitar as pretensões baseadas na tese do *wrongful life*, levadas a juízo pela própria criança, por danos.

Entretanto, merece destaque, o ponto de vista contramajoritário de Paulo Mota Pinto no sentido de não ver como a atribuição de uma indenização também à própria criança atinge a sua dignidade, pois essa pretensão indenizatória não tem de assentar na conclusão de que a existência como deficiente é menos valiosa do que a não-existência. Ao atribuir uma indenização à própria criança que nasceu deficiente em consequência de um erro ilícito está-se, pelo contrário, justamente a promover a dignidade humana da criança, com base em um padrão contrafactual de comparação, que é o da pessoa humana sem malformações e regularmente funcional.[24] Neste sentido se postou a decisão do Supremo Tribunal Holandês, de 2005, em caso de *wrongful birth* e *wrongful life*, conhecido por *Baby Kelly*.[25]

---

24. PINTO, Paulo Mota. **Ainda a indemnização por nascimento indevido (*wrongful birth*) e vida indevida (*wrongful life*).** Acrescenta ainda outro argumento: "Não há, porém, qualquer obstáculo, nem muito menos é "paradoxal" a inclusão do nascituro no âmbito de proteção do contrato celebrado entre os progenitores e os médicos, antes do nascimento daquele. São perfeitamente configuráveis deveres contratuais, e legais, dirigidos à proteção da saúde de pessoas não nascidas (e até não concebidas), as quais, como é evidente, não podem ser parte nesses contratos. No entanto, caso venham a nascer, adquirirão a proteção resultante das disposições contratuais e legais em causa — não existindo, aliás, qualquer taxatividade dos direitos que podem ser atribuídos ao nascituro, que os adquirirá depois do seu nascimento. Isto, sendo certo que a indemnização atribuída aos progenitores pode ser insuficiente, quer por poder consumida nas suas despesas (ou dívidas), quer por estes poderem já não existir, ou estar disponíveis, quando a criança necessita de meios patrimoniais". Disponível em: http://www.centrodedireitobiomedico.org/sites/cdb-dru7-ph5.dd/files/Livro_SM_23.pdf, p. 545-547. Acesso em: 15 jan. 2023.

25. No caso baby Kelly, os progenitores foram indemnizados quanto às despesas relativas ao sustento da criança deficiente, até esta atingir os 21 anos. Para além de danos morais, advindos da violação do direito à autodeter-

Embora até a presente data os processos de *wrongful life* se insiram no contexto de uma reprodução sexual, passarão a ser muito frequentes nos casos de procriação medicamente assistida, sobretudo quando teve lugar um diagnóstico pré-implantatório. S (suponha-se, por exemplo, que o médico não informou aos pais de que os embriões padeciam de determinadas anomalias, pelo que estes autorizaram a sua transferência).[26]

Ainda nesse sentido, Vera Raposo adverte que se, por um lado, o advento das técnicas de reprodução humana assistida associadas aos meios de diagnóstico pré-implantatório e, inclusive, às técnicas de edição genética ampliou as possibilidades de garantia do exercício dos direitos reprodutivos, por outro, aumentou a responsabilidade dos genitores no que concerne aos deveres reprodutivos. Diante desse contexto de ampliação da liberdade procriativa deve-se assegurar que sejam garantidas decisões que impeçam danos ao embrião, feto ou pessoa que vier a nascer.[27]

Podemos avançar em tal raciocínio para admitir que filhos processem genitores por comportamentos de risco associados a infecções como o HIV, ou ao uso excessivo de álcool –, v.g. Síndrome Alcoólica Fetal –, cujos efeitos danosos serão por ele sentidos. Tal situação equivale aos danos decorrentes de transmissão de moléstias genéticas previamente conhecidas pelos pais. Não se trata de responsabilizá-los por terem gerado filhos deficientes, porém, pela prática de atos ilícitos danosos.[28] Por tudo isto, quanto aos danos morais deferidos ao próprio filho, não se trata de considerar a sua vida um dano, mas antes de atender ao sofrimento, às lesões psicofísicas e às repercussões que os mesmos provocarão na esfera dinâmica da vida (dano existencial) que o autor (a criança) apresenta devido à vida com deficiências.[29]

Em perspectiva diversa, com os olhos voltados para o futuro que já se anuncia, a realidade reprodutiva de genitores com alto risco de terem filhos afetados por sérias doenças genéticas, modifica-se diante de um cenário em que as manipulações genéticas

---

minação da mãe nos cuidados de saúde, fundamentada na privação de uma decisão esclarecida e informada, relativamente à gestação, presumiu-se que, uma vez conhecida a anomalia congênita de que Kelly viria a sofrer, seria expectável que a mãe tivesse consentido na interrupção da gravidez. A mãe ainda foi indenizada, e só ela, pelas despesas advindas de tratamento psiquiátrico devido ao nascimento de uma criança com deficiência. Relativamente à criança, atendendo ao fato de ter nascido, coube-lhe uma indenização pelos danos não patrimoniais.

26. RAPOSO, Vera Lúcia. As wrong actions no início da vida (*wrongful conception, wrongful birth e wrongful life*) e a responsabilidade médica. **Revista Portuguesa do Dano Corporal,** Coimbra, ano XIX, n. 21, dez. 2010.

27. RAPOSO, V.L. Bons pais, bons genes? Deveres reprodutivos no domínio da saúde e procreative beneficence. Cadernos da Lex Medicinae – **Saúde, novas tecnologias e responsabilidades,** Coimbra, v. II, nº 4, p. 471- 487, 2019.

28. Em 2016, uma singular decisão veio da Inglaterra. Um homem nascido com graves deficiências em razão de sua mãe ter sido estuprada pelo próprio pai, obteve compensação por danos morais contra o avô. Em um precedente histórico, o Upper Tribunal entendeu que a vítima –, agora um homem de 28 anos –, é legitimado a obter a reparação. O jovem é epiléptico, possui graves dificuldades de aprendizado e sério comprometimento visual e auditivo. Segundo a defesa, o demandante não se enquadrava no conceito legal de pessoa, pois se o crime não fosse cometido contra a sua mãe, ele não existiria. Ademais, um ilícito causado antes da concepção, cujas consequências se revelam após o nascimento, não pode ser tratado como lesão a uma pessoa viva. Contudo, para os magistrados, não há norma preceituando que a vítima seja uma pessoa ao tempo do crime. O decisivo é que as desordens genéticas sejam consequências diretamente atribuídas ao ato incestuoso.

29. SILVA, Sara Elisabete Gonçalves da. **Vida indevida (wrongful life) e direito à não existência.** RJLB, ano 3 (2017), nº 2, p. 907-56.

se configurem como possível alternativa. Na eventualidade da técnica de edição genética tornar-se opção terapêutica viável caberá, então, questionar os efeitos danosos da sua não utilização, principalmente nos casos de doenças que comprometam a saúde de modo a limitar o exercício do projeto de vida da pessoa.[30]

Assim, no que se refere às manipulações gênicas, embora a preocupação preponderante seja a possibilidade de danos consequentes à sua utilização, não se pode negar a potencialidade lesiva da situação contrária, bem como sua possível repercussão no âmbito da responsabilidade civil. Os riscos morais e jurídicos não podem ser evitados e, diante da iminente realidade da edição gênica, bem como do diagnóstico que justifique sua indicação, não utilizar a técnica pode representar a certeza de dano juridicamente relevante, irreversível, permanente e, possivelmente, com potencial de justificar demandas reparatórias tais como as *wrongful birth* e *wrongful life*.[31-32]

Assim, nas situações em que a técnica estiver disponível, e não for utilizada, seja por falha no aconselhamento genético, seja por opção consciente dos genitores, configurariam exemplos da aplicabilidade dessas demandas. Diante disso, pode-se inferir que a edição gênica, apesar de ser prática ainda em desenvolvimento, apresenta-se como alternativa prática do aconselhamento genético. Além da possibilidade de dano ao embrião pela perda da chance[33-34] de ter as alterações genéticas corrigidas, verifica-se o dano causado aos genitores pelo cerceamento de seu direito de tomada de decisão livre e esclarecida, seja em relação à continuidade da gestação (conforme previsão do ordenamento jurídico),[35] seja pela realização da edição gênica.[36-37]

No primeiro caso, a falha no processo de aconselhamento genético é representada pela falta de esclarecimento em relação à disponibilidade de exames diagnósticos (ineficácia do consentimento livre e esclarecido), ou possibilidade de erro de diagnóstico (por

---

30. CLEMENTE, Graziella Trindade; ROSENVALD, Nelson. Dano ao projeto de vida no contexto da edição genética: uma possibilidade. In: ROSENVALD, Nelson; MENEZES, Joyceane Bezerra de; DADALTO, Luciana (Coord.) **Responsabilidade Civil e Medicina.** 2. ed. Indaiatuba: Foco, 2021, p. 245-254.

31. SOUZA, Iara Antunes de. **Aconselhamento genético e responsabilidade civil:** as ações de concepção indevida (*wrongful conception*), nascimento indevido (*wrongful birth*), e vida indevida (*wrongful life*). Belo Horizonte: Arraes, 2014, 164 p.

32. CLEMENTE, Graziella Trindade; ROSENVALD, Nelson. Dano ao projeto de vida no contexto da edição genética: uma possibilidade. In: ROSENVALD, Nelson; MENEZES, Joyceane Bezerra de; DADALTO, Luciana (Coord.). **Responsabilidade Civil e Medicina.** 2. ed. Indaiatuba: Foco, 2021, p. 245-254.

33. GOZZO, Débora. Diagnóstico Pré-Implantatório e Responsabilidade Civil à luz dos Direitos Fundamentais, In: MARTINS-COSTA, J.; MÖLLER, L.L. **Bioética e Responsabilidade.** Rio de Janeiro: Gen/Forense, 2009, p. 400- 422.

34. CLEMENTE, Graziella Trindade; GOZZO, Débora. Tecnologias de edição genética (CRISPR/Cas9) e sua aplicabilidade na reprodução humana assistida: desafios de uma nova realidade. In: SÁ, Maria de Fátima Freire de. et al. (Coord.). **Direito e Medicina:** interseções científicas – genética e biotecnologia. Belo Horizonte: Conhecimento, 2021, p. 109-122.

35. SÁ, Maria de Fátima Freire de; NAVES, Bruno Torquato de Oliveira. **Bioética e Biodireito.** 5. ed. Indaiatuba, SP: Editora Foco, 2021. 355 p.

36. MOTA PINTO, Paulo. **Direitos de Personalidade e Direitos Fundamentais** – Estudos. Coimbra: GESTLEGAL, 2018. p. 735-772.

37. RAPOSO, V.L. CRISPR-Cas9 and the promise of a better future. **European Journal of Health Law,** v. 4, n. 26, p. 308-329, out. 2019.

falha do médico ou do laboratório responsável pela realização dos exames). Situação diversa refere-se à circunstância da disponibilidade da técnica de edição e de sua não utilização em função de consciente e deliberada opção dos genitores. Em ambos os casos, o diagnóstico pré-implantatório associado à edição gênica configurariam alternativas terapêuticas viáveis para os concepturos comprometidos pelas alterações genéticas.[38]

Assim, independentemente da possibilidade do nascimento da criança estar vinculado ao comportamento falho, o padrão contra factual de comparação deveria ser o da pessoa sem deficiências, ou seja, completamente funcional.[39]

Com efeito, um processo de *wrongful life* se propõe a cobrir não uma perda, mas um ganho: o fato da existência de alguém.

4. A (IN)VIABILIDADE DA TESE DO *DIREITO DE NÃO NASCER* NO SISTEMA JURÍDICO BRASILEIRO

Investigar a possível admissibilidade de pretensões baseadas em demandas de *wrongful life* no ordenamento jurídico brasileiro implica, à partida, refletir sobre a tutela jurídica destinada ao direito à vida; afinal, as aludidas demandas têm por base, consoante analisado no tópico anterior, a invocação de um pretenso *direito de não nascer* ou, noutros termos, de um suposto direito a não vir à vida extrauterina.

Por se tratar do mais basilar dos direitos que compõem a personalidade humana, é natural que o direito à vida mereça o mais amplo resguardo do ordenamento jurídico brasileiro. Não por acaso, as ordens constitucional, civil e penal consagram algumas de suas mais elevadas normas para promover a salvaguarda da vida, o atributo mais primordial das pessoas naturais.

Ao inaugurar o Título dedicado ao reconhecimento dos direitos e garantias fundamentais, o art. 5º da Constituição da República, logo em seu *caput,* consagra o princípio da inviolabilidade da vida humana. Antes mesmo de enumerar outros direitos fundamentais, o texto constitucional conferiu adequada primazia ao direito à vida, atribuindo-lhe, em acréscimo, a qualidade de *inviolável.*

Para além disso, o direito à vida é cercado das características da inalienabilidade, no sentido de que não se pode dele dispor e nem sobre ele agir de modo a embaraçar ou impossibilitar seu exercício, e da irrenunciabilidade, típica dos direitos da personalidade (vide o teor do art. 11 do Código Civil), cujo núcleo duro não pode ser eliminado, sob

---

38. CLEMENTE, Graziella Trindade; ROSENVALD, Nelson. Edição gênica e os limites da responsabilidade civil. In: MARTINS, G. M.; ROSENVALD, N. (Coord.). **Responsabilidade civil e novas tecnologias.** Indaiatuba: Foco, 2020, p. 235-261.

39. "Quer-nos parecer que a negação de uma indenização com fundamento na inadmissibilidade de uma bitola "contra-factual", ou hipotética, a que aquela criança que formula a pretensão possa recorrer, quase envolve, nos resultados a que chega (que são evidentemente o teste decisivo), como que uma renovada afirmação da ofensa que lhe foi feita: não só a criança nasceu com uma grave deficiência, como, na medida em que não poderia existir de outro modo, é-lhe vedado sequer comparar-se à uma pessoa "normal", para o efeito de obter uma reparação." (MOTA PINTO, Paulo. **Direitos de Personalidade e Direitos Fundamentais** – Estudos. Coimbra: GESTLEGAL, 2018. p. 735-772).

pena de supressão do próprio direito em si. Em se tratando do direito à vida, aliás, sequer seria concebível sua disposição, ainda que parcial, pois qualquer limitação voluntária deste direito acarretaria a sua inevitável e irrevogável supressão.

É no ordenamento penal, contudo, que o vigor da tutela da vida humana se manifesta com maior intensidade. A primazia do direito à vida faz com que os primeiros crimes tipificados no Código Penal sejam precisamente aqueles que contra ela atentam. Em se tratando da vida, bem jurídico da mais elevada estirpe, cerca-se o ordenamento de instrumentos tanto para propiciar a sua tutela quanto para reprimir agudamente as violações contra ela dirigidas.

Essa especial tutela penal da vida humana se manifesta, aliás, em todos os estágios da existência humana, como demonstra a incriminação, como regra, de atos que atentem contra a formação da vida intrauterina.[40] Por isso, são punidos com severas penas os crimes de aborto, de infanticídio, de homicídio e de induzimento, instigação ou auxílio ao suicídio.

Com base nos dispositivos legais declinados, torna-se inviável supor que o sistema jurídico brasileiro possa acobertar pretensões calcadas em um suposto *direito de não nascer,* nos moldes em que a tese do *wrongful life* foi originariamente cunhada. O direito à vida, inviolável e irrenunciável por força de comandos normativos constitucionais e infraconstitucionais, não poderia ser limado em razão de eventuais vulnerabilidades ou deficiências de ordem sanitária. O nascimento com vida, portanto, jamais poderia ser considerado como um autêntico e indenizável dano.

Entretanto, é importante enfatizar que, muito embora a tese do *direito de não nascer* tenha, supostamente, justificado as intensas críticas em relação à decisão Perruche, talvez a simplificação, de certo modo injusta, dos propósitos da Corte de Cassação tenha, de fato, sido a responsável por comover a opinião pública francesa o que levou à promulgação do dispositivo legal destinado a impedir a reparação nesse tipo de situação – Lei AntiPerruche. Nesse sentido, Daniel Amaral Carnaúba argumenta:[41]

> Nota-se que não há, no texto de decisão, qualquer menção expressa a um suposto "direito de não nascer" ou à ideia de que a vida de certas pessoas com deficiência não merece ser vivida. O que a Corte de Cassação de fato afirmou é que o erro de diagnóstico teria "causado" os danos decorrentes da deficiência de Nicolas Perruche. E isso nos leva à verdadeira origem da controvérsia: o fato de que "Perruchistas" e "AntiPerruchistas" enxergam as ações de *wrongful life* sob perspectivas bastante distintas.

O real propósito da Corte de Cassação teria sido incluir Nicolas no sistema de proteção aos acidentes corporais (seguros de responsabilidade civil), de modo a garantir sua vivência digna. Contudo, a Corte extrapolou os limites da responsabilidade civil trazendo ao litígio contradições insuperáveis. Ainda que em sua concepção primeira a

---

40. COSTA, José de Faria. O fim da vida e o direito penal. In: ANDRADE, Manuel da Costa et al (Coord.). **Liber discipulorum para Jorge de Figueiredo Dias.** Coimbra: Coimbra Editora, 2003, p. 768.

41. CARNAÚBA, Daniel Amaral. Direito de não-nascer: entendendo o acórdão Perruche. **Conjur,** 02.05.2022. Disponível em: https://www.conjur.com.br/2022-mai-02/direito-civil-atual-direito-nao-nascer-entendendo-acordao-perruche. Acesso em: 09 jan. 2023.

tese do *wrongful life* não possa prosperar, cumpre colocar em pauta o seguinte questionamento: e se houver um redimensionamento do seu significado, em razão dos novos e aparentemente irrefreáveis avanços tecnológicos na área médica?

A crescente evolução das técnicas preventivas/terapêuticas que podem ser implementadas após o diagnóstico de anomalias/doenças genéticas, no momento pré-implantacional, ampliou, de modo significativo, as possibilidades de se corrigir tais defeitos, representando uma nova e revigorada forma de enfrentar a questão do nascimento e da deficiência em nossa sociedade. Essa nova realidade implica na necessária adaptação da ordem jurídica, que deve estar atenta às consequências derivadas das inovações médicas, particularmente no âmbito dos diagnósticos científicos pré-natais.

Noutros tempos, diante do diagnóstico pré-implantacional de anomalias e doenças, restava, como única alternativa, a não implantação embrionária (seleção de embriões) ou a interrupção da gestação (nos sistemas jurídicos em que ela é permitida). Como apresentado no tópico anterior, em sentido contrário, em tempos vindouros, serão disponibilizadas técnicas de manipulação biológica – edição genética – com potencial de curar tais deficiências.

Por fim, considerando a potencialidade da edição genética como futuro método terapêutico profilático, merece destaque, um novo olhar sobre algumas das inconsistências evidenciadas no acórdão Perruche: a questão da causalidade e da identificação da deficiência como dano. Primeiramente, vislumbra-se o problema do dano a ser reparado – a doença de Nicolas.

É fato que, o quadro sindrômico apresentado por Nicolas, não poderia ter sido provocado pelo médico ou laboratório, visto que suas alterações se configuram como manifestações congênitas. Ou seja, a falha imputada ao médico/laboratório em nada alteraria sua condição de saúde – Nicolas não nasceria sem a enfermidade. Contudo, condição diversa seria enfrentada caso, diante de problemas congênitos e/ou hereditários, houvesse a possibilidade de se tratar ou minorar os prejuízos à saúde como, por exemplo, diante de um cenário em que a edição gênica se configure como possível alternativa.[42]

Nesse sentido, também nos posicionamos sobre outro aspecto questionável evidenciado no caso Perruche – a identificação da deficiência como dano. De fato, diante da viabilidade da edição genética como medida terapêutica, pode-se alegar que haveria uma situação de depreciação do estado de saúde, ou seja, um prejuízo, caso o tratamento não fosse indicado pelo médico em função de um erro no diagnóstico da enfermidade ou erro laboratorial.

---

42. CLEMENTE, Graziella Trindade; ROSENVALD, Nelson. Responsabilidade civil por lesão a direito fundamental no contexto da edição genética. *In:* MONTEIRO FILHO, Carlos Edison de Rego; RUSYK, Carlos Eduardo Pianovski, ROSENVALD, Nelson (Coord.) **Responsabilidade Civil e a luta pelos Direitos Fundamentais.** Indaiatuba: Foco, 2023, p. 207-227. "Com o implemento da revolucionária tecnologia de edição genética – CRISPR/Cas9 – ferramenta capaz de promover relevantes intervenções em fragmentos do DNA humano, amplia-se a possibilidade de desenvolvimento futuro de alternativas terapêutico-preventivas nos casos de doenças graves, de caráter hereditário, na maioria das vezes incuráveis e de difícil tratamento...".

Além disso, diante da opção deliberada dos genitores pelo não tratamento, ficaria evidente o prejuízo na medida em que representaria para esse futuro ser um estado de depreciação que poderia, ao menos, ter sido minorado em função do tratamento. Nesse sentido, as consequências da escolha dos genitores têm o potencial de gerar uma vida marcada por uma autonomia cerceada, restringindo-se a existência do outro, na medida em que deixa de prevenir dano capaz de impedir ou modificar todo um projeto de vida.[43]

Assim, nesse contexto de inovações, reexaminando a questão, reforça-se que as objeções em relação à reparação de danos pleiteada pela própria criança (*wrongful life*) talvez sejam superáveis e plenamente contempladas no plano da responsabilidade civil, emergindo, neste plano, os seguintes questionamentos: a) e se a deficiência dessa criança pudesse ser curada ou tratada por qualquer ato do médico?; b) e se existissem, em função dos avanços biotecnológicos, alternativas para tratar ou curar tal condição, até mesmo, *in utero?*; c) existindo a possibilidade de tratamento da condição, não sendo submetido a tal procedimento, seria possível alegar que essa criança foi indevidamente relegada à condição de pessoa com deficiência?; d) estaria comprovado o prejuízo experimentado pela criança se, existindo tratamento da condição, lhe fosse negada a oportunidade de alcançar uma situação mais favorável?

Aos questionamentos apontados, particularmente quanto ao derradeiro, quer parecer que, nos casos em que a criança tenha sido privada de um tratamento cabível e adequado, que poderia dar-lhe melhores condições de vida e de saúde, o advento de determinada deficiência evitável pode ser caracterizado, à partida, como autêntico dano, donde resultaria, como consequência jurídica, a potencial responsabilização civil dos profissionais de saúde.

5. NOTAS CONCLUSIVAS

No âmbito das denominadas *wrongful actions,* e muito particularmente no que diz respeito à tese da *wrongful life,* o principal precedente emanado de um órgão judicial foi o conhecido *Affaire Perruche,* que colocou em pauta temas como um pretenso *direito de não nascer* e a responsabilidade civil dos médicos em razão do advento de enfermidades que pudessem ser diagnosticadas e eventualmente tratadas durante o período pré-natal.

Caso se leve em consideração a concepção original e mais difundida acerca da tese do *wrongful life,* será forçoso reconhecer que, no Brasil, jamais se poderia admitir, diante dos princípios e regras que orientam o sistema jurídico pátrio, que o fato de uma criança vir à vida extrauterina pode ser considerado um dano *de per si,* ou mesmo que seria supostamente preferível evitar o nascimento de um indivíduo a permitir que ele venha a nascer acometido de graves deficiências.

---

43. CLEMENTE, Graziella Trindade; ROSENVALD, Nelson. Dano ao projeto de vida no contexto da edição genética: uma possibilidade. In: ROSENVALD, Nelson; MENEZES, Joyceane Bezerra de; DADALTO, Luciana (Coord.) **Responsabilidade Civil e Medicina.** 2. ed. Indaiatuba: Foco, 2021, p. 245-254.

O propósito deste trabalho, pois, consistiu em averiguar uma potencial revisão do apontado sentido da tese do *wrongful life,* sobretudo em razão do avanço científico de técnicas que permitem, mesmo no período pré-implantacional, diagnosticar com precisão e sanar eventuais enfermidades ou deficiências. Afinal, se outrora um eventual diagnóstico pré-implantacional de anomalias facultava como alternativa a não implantação embrionária (seleção de embriões) ou a interrupção da gestação (nos sistemas jurídicos em que ela é permitida), o presente e o futuro apontam para a perspectiva de ampla manipulação biológica, por meio da edição genética, com potencial de curar eventuais deficiências que acometam seres humanos ainda por nascer.

Assim, um novo olhar sobre o tema permitirá refletir sobre circunstâncias em que a edição gênica se revele como uma alternativa válida para a cura de problemas congênitos devidamente diagnosticados no período pré-natal. Neste domínio, outras questões hão de emergir, particularmente sobre a vinculação causal entre o fato de se deixar de diagnosticar corretamente ou de tratar enfermidades diagnosticadas em relação ao nascituro – discutindo-se, a partir daí, sobre se a deficiência que demarcará a existência do indivíduo não poderia ter sido evitada – e se caberia atestar como dano passível de reparação o nascimento da criança a quem se negou tratamento adequado, que poderia ter-lhe propiciado melhores condições de vida e de saúde. A tese, à partida, parece viável, o que pode implicar o debate em torno da responsabilidade civil pela não atuação, a tempo e modo, que pudesse evitar o advento de enfermidades e deficiências que outrora poderiam ter sido debeladas.

REFERÊNCIAS

BORGES, Gabriel de Oliveira Aguiar. **Responsabilidade civil do médico por *wrongful birth* e *wrongful life.*** São Paulo: LAECC, 2021.

CARNAÚBA, Daniel Amaral. Direito de não-nascer: entendendo o acórdão Perruche. **Conjur,** 02.05.2022. Disponível em: https://www.conjur.com.br/2022-mai-02/direito-civil-atual-direito-nao-nascer-entendendo-acordao-perruche. Acesso em: 9 jan. 2023.

CARNAÚBA, Daniel Amaral. **Responsabilidade civil e nascimento indesejado:** fundamentos para a reparação da falha de métodos contraceptivos. Belo Horizonte: Método, 2021.

CARVALHO, Gisele Mendes de. Alguns aspectos da disciplina jurídica da eutanásia no direito penal brasileiro. **Revista dos Tribunais,** São Paulo, v. 91, n. 798, p. 478-501, abr. 2002.

CLEMENTE, Graziella Trindade; ROSENVALD, Nelson. Dano ao projeto de vida no contexto da edição genética: uma possibilidade. In: ROSENVALD, Nelson; MENEZES, Joyceane Bezerra de; DADALTO, Luciana (Coord.) **Responsabilidade Civil e Medicina.** 2. ed. Indaiatuba: Foco, 2021.

CLEMENTE, Graziella Trindade; ROSENVALD, Nelson. Responsabilidade civil por lesão a direito fundamental no contexto da edição genética. In: MONTEIRO FILHO, Carlos Edison de Rego; RUSYK, Carlos Eduardo Pianovski; ROSENVALD, Nelson (Coord.) **Responsabilidade Civil e a luta pelos Direitos Fundamentais,** Indaiatuba: Foco, 2023.

CLEMENTE, Graziella Trindade; GOZZO, Débora. Tecnologias de edição genética (CRISPR/Cas9) e sua aplicabilidade na reprodução humana assistida: desafios de uma nova realidade. In: SÁ, Maria de Fátima Freire de. et al (Coord.). **Direito e Medicina:** interseções científicas – genética e biotecnologia. Belo Horizonte: Conhecimento, 2021.

CLEMENTE, Graziella Trindade; ROSENVALD, Nelson. Edição gênica e os limites da responsabilidade civil. In: MARTINS, Guilherme Martins; ROSENVALD, Nelson (Coord.). **Responsabilidade civil e novas tecnologias.** Indaiatuba: Foco, 2020.

COSTA, José de Faria. O fim da vida e o direito penal. In: ANDRADE, Manuel da Costa et al (Coord.). *Liber discipulorum* **para Jorge de Figueiredo Dias.** Coimbra: Coimbra Editora, 2003.

DEL CANO, Ana María Marcos. **La eutanasia:** estudio filosófico-jurídico. Madrid: Marcial Pons, 1999.

GOZZO, Débora. Diagnóstico Pré-Implantatório e Responsabilidade Civil à luz dos Direitos Fundamentais, *In:* MARTINS-COSTA, J.; MÖLLER, L.L. (Coord.) **Bioética e responsabilidade.** Rio de Janeiro: Forense, 2009.

LOUREIRO, João Carlos. Os rostos de Job: tecnociência, direito, sofrimento e vida. *B***oletim da Faculdade de Direito da Universidade de Coimbra,** Coimbra, v. 80, p. 137-183, 2004.

PAREJO GUZMÁN, María José. **La eutanasia, ¿un derecho?** Navarra: Thomson-Aranzadi, 2005.

PEREIRA, Paula Moura Francesconi de Lemos. Diagnóstico genético embrionário e o nascimento indesejado. In: BORGES, Gustavo; MAIA, Maurilio Casas. (Org.) **Novos danos na pós-modernidade,** Belo Horizonte: D'Palácio, 2019.

PIETERS, Guy. Le droit de vivre, le droit de mourir et l'acharnement thérapeutique. **I diritti dell'uomo nell'ambito della medicina legale:** prima sessione di studio e formazione sui diritti dell'uomo. Milano: Giuffrè, 1981.

PINTO, Paulo Mota. **Ainda a indemnização por "nascimento indevido" (***wrongful birth***) e "vida indevida" (***wrongful life***).** Disponível em: http://www.centrodedireitobiomedico.org/sites/cdb-dru7-ph5.dd/files/Livro_SM_23.pdf, p. 545-547. Acesso em: 15 jan. 2023.

RAPOSO, Vera Lúcia. *B*ons pais, bons genes? Deveres reprodutivos no domínio da saúde e procreative beneficence. **Cadernos da Lex Medicinae** – *S*aúde, novas tecnologias e responsabilidades, Coimbra, v. II, n. 4, p. 471-487, 2019.

RAPOSO, Vera Lúcia. CRISPR-Cas9 and the promise of a better future. **European Journal of Health Law,** v. 4, n. 26, p. 308-329, out. 2019.

RAPOSO, Vera Lúcia. As *wrong actions* no início da vida (*wrongful conception, wrongful birth e wrongful life)* e a responsabilidade médica. *R*evista Portuguesa do Dano Corporal, Coimbra, ano XIX, n. 21, p. 61-99, dez. 2010.

ROMEO CASABONA, Carlos María. **El derecho y la bioética ante los límites de la vida humana.** Madrid: Centro de Estudios Ramón Areces, 1994.

SÁ, Maria de Fátima Freire de; NAVES, Bruno Torquato de Oliveira. **Bioética e Biodireito.** 5. ed. Indaiatuba: Foco, 2021.

SILVA, Sara Elisabete Gonçalves da. **Vida indevida (***wrongful life***) e direito à não existência.** RJLB, ano 3, n. 2, p. 907-956, 2017.

SOUZA, Iara Antunes de. **Aconselhamento genético e responsabilidade civil:** as ações de concepção indevida (*wrongful conception)*, nascimento indevido (*wrongful birth),* e vida indevida (*wrongful life).* Belo Horizonte: Arraes, 2014.

VIEIRA, Tereza Rodrigues. **Bioética:** temas atuais e seus aspectos jurídicos. Brasília: Consulex, 2006.

ASPECTOS BIOÉTICOS E JURÍDICOS DA MORTE ENCEFÁLICA

Nathalia Recchiutti[1]

Fernanda Righetto [2]

Luciana Dadalto[3]

> **Decisão paradigma:** BRASIL. Tribunal de Justiça do Estado de Rondônia (TJRO), **Decisão Liminar proferida nos Autos nº 7002025-06.2022.8.22.0001**, 1ª Vara de Fazenda Pública de Porto Velho, rel. Juiz Edenir Sebastião A. da Rosa, j. 25 jan. 2022.

> **Sumário:** 1. Introdução: descrição do caso – 2. Notas introdutórias sobre a morte encefálica sob a perspectiva jurídica e médica – 3. Protocolo e critérios para o diagnóstico de morte encefálica à luz da Lei nº 9.434/97 e da resolução CFM nº 2.173/2017 – 4. Análise da decisão paradigma do TJRO que debate os critérios para declaração da morte encefálica – 5. Notas conclusivas – Referências.

1. INTRODUÇÃO: DESCRIÇÃO DO CASO

Trata-se de ação de obrigação de fazer proposta pelo genitor de F.C.D.O.V, 13 anos, em face do Estado de Rondônia. O menor deu entrada no Hospital Cosme e Damião no mês de novembro de 2021 para tratamento de lúpus eritematoso sistêmico, porém, devido ao agravamento do quadro, evoluiu para a morte encefálica (ME) em janeiro de 2022.

Apesar de o Conselho Federal de Medicina (CFM) determinar que, para comprovação da ME se faz necessário o cumprimento de um protocolo estabelecido na Resolução nº 2.173/2017, o hospital realizou somente os exames de eletroencefalograma digital e mapeamento cerebral, que evidenciaram sinais de ausência de atividade bioelétrica cortical; sem, contudo, realizar os exames complementares e obter o parecer de um segundo médico.

---

1. Especialista em Direito Médico, Odontológico e da Saúde (EPD). Pós-Graduada em Auditoria e Gestão em Saúde pela Universidade TUIUTI/PR. Especialista em Direito Médico. Foi membro do grupo de pesquisas "Direito da Saúde e Empresas Médicas" (UNICURITIBA), liderado pelo prof. Miguel Kfouri Neto. Conselheira administrativa suplente e membro fundadora do Instituto Miguel Kfouri Neto (IMKN). Direito Médico e da Saúde. Advogada, Enfermeira.
2. Especialista em Direito da Saúde pela PUC-RIO. Especialista em Direito das Famílias e Sucessões pela ABD-Const. Foi membro do grupo de pesquisas "Direito da Saúde e Empresas Médicas" (UNICURITIBA), liderado pelo prof. Miguel Kfouri Neto. Membro fundadora do Instituto Miguel Kfouri Neto (IMKN) – Direito Médico e da Saúde. Advogada.
3. Mestre em Direito Privado pela PUCMinas. Doutora em Ciências da Saúde pela Faculdade de Medicina da UFMG. Administradora do portal www.testamentovital.com.br. Foi membro honorária do grupo de pesquisas "Direito da Saúde e Empresas Médicas" (UNICURITIBA), liderado pelo prof. Miguel Kfouri Neto. Diretora institucional e membro fundadora do Instituto Miguel Kfouri Neto (IMKN) – Direito Médico e da Saúde. Advogada.

Observado o não cumprimento do protocolo estabelecido para o correto diagnóstico, a família solicitou a realização dos demais exames complementares, bem como a confirmação por outro médico, antes da declaração da ME; o que não foi autorizado pelo pelo hospital. Então, os familiares solicitaram a transferência do menor para outra instituição a fim de que houvesse o cumprimento do protocolo estabelecido; novamente, a instituição negou o pedido da família.

Inconformado com a situação e após ser informado de que os aparelhos de suporte artificial seriam desconectados às 18h do dia 15.01.2022, o pai imediatamente ingressou em juízo solicitando autorização para transferência do seu filho a outra unidade hospitalar com a finalidade de realizar os exames complementares e de obter parecer de outro profisisonal. Ademais, o genitor do menor solicitou que o Poder Judiciário ordenasse que o hospital se abstivesse de desligar qualquer aparelho até que o protocolo fosse finalizado e, nestes autos, houve a prolação da decisão aqui analisada.[4]

No caso em questão, o objetivo da ação era evitar a interrupção de tratamento sem que houvesse a confirmação de irreversibilidade do quadro, uma vez que o hospital não seguiu o protocolo estabelecido pelo CFM para a comprovação da ME, objetivo este que foi acolhido pela magistrado e ensejou a suspensão da desconexão dos aparelhos.

Todavia, no dia 20.01 o pai do paciente peticionou no processo informando que aceitou "o diagnóstico médico e concordou com o desligamento dos aparelhos que mantém o corpo de seu filho com vida", razão pela qual requereu a revogação da liminar, para "que possa realizar o funeral de seu filho condignamente enquanto ainda isso é possível".[5] Neste mesmo momento, ele desistiu da ação e requereu a expedição de autorização para que o Hospital realizasse as medidas que julgar cabíveis. A desistência foi homologada.

2. NOTAS INTRODUTÓRIAS SOBRE A MORTE ENCEFÁLICA SOB A PERSPECTIVA JURÍDICA E MÉDICA

Segundo Luciana Kind,[6] a construção do conceito de ME foi precedida da descoberta do pulmão de aço pelos estaduninenses Drinker e Shaw na década de 1930, do aperfeiçoamento desta tecnologia pelos dinamarqueses Lassen e Ibsen, do desenvolvimento das unidades de terapia intensiva durante a Segunda Guerra Mundial e do aprimoramento das técnicas de ressuscitação.

Penna[7] afirma que a primeira descrição do estado de ME ocorreu em 1959 e foi feita pelos neurologistas franceses Mollaret e Goullon a partir de achados clínicos e patoló-

---

4. **TRIBUNAL DE JUSTIÇA DE RONDÔNIA. Decisão liminar proferida nos autos nº 7002025-06.2022.8.22.0001.** 1ª Vara de Fazenda Pública de Porto Velho. DJ 25.01.2022.
5. TRIBUNAL DE JUSTIÇA DE RONDÔNIA. **Autos nº 7002025-06.2022.8.22.0001.** 1ª Vara de Fazenda Pública de Porto Velho.
6. KIND, Luciana. Máquinas e argumentos: das tecnologias de suporte da vida à definição de morte cerebral. **História, Ciências, Saúde** – Manguinhos, Rio de Janeiro, v.16, n.1, p.13-34, jan.-mar. 2009.
7. PENNA, Maria Lúcia Fernandes. Anencefalia e morte cerebral (neurológica). **Phisis:** revista de saúde coletiva, Rio de Janeiro, v. 15, jun. 2005. Disponível em: https://www.scielo.br/j/physis/a/zbfT64W8T6tShGNWbTmdPxB/?lang= Acesso em: 30 jan. 2023.

gicos. Eles classificaram a condição clínica atualmente definida como morte encefálica como coma *depasé*,[8] termo traduzido como "estado além do coma" e que nomeava o último grau de coma – o mais profundo, dentre quatro tipos: coma *vigile*, coma *type*, coma *carus* e coma depasé. Para Mollaret e Goullon, este coma acontece quando há uma abolição total das funções da vida relacional e das funções da vida vegetativa.

No coma *depasé*, muito embora o encéfalo tenha morrido, o coração pode continuar batendo por meio de suporte artificial, existindo, assim, circulação de sangue pelo corpo e manutenção de uma série de funções vitais.

Morato[9] afirma que, atualmente, existem 87 protocolos para o diagnóstico de ME, ou seja, o conceito e a forma de diagnosticá-la difere muito de um país para outro. Assim, faz-se necessário voltar na história e compreender que o conceito de morte varia, sobretudo em decorrência da evolução da Medicina e de influências de valores religiosos, éticos e culturais.

Em dezembro de 1967, a realização do primeiro transplante cardíaco na África do Sul evidenciou a necessidade de elaboração de critérios mais específicos para o chamado coma *depassé* e a definição de quais pacientes poderiam doar os seus órgãos.[10] Desta forma, em janeiro de 1968, uma comissão denominada *Harvard Ad Hoc Commitee* estabeleceu o novo critério de morte com a publicação do artigo intitulado *A definition of irreversible coma*.[11] Justifica-se no documento que a mudança se baseia no fato de que as técnicas de reanimação cardíaca e de suporte mecânico da vida, em alguns casos, podem levar a situações nas quais o coração do indivíduo continua batendo, muito embora seu encéfalo esteja irreversivelmente danificado.

Como tentativa de padronizar e especificar alguns dos critérios já utilizados desde 1968, o *Royal College of Medicine* da Grã-Bretanha introduziu, em 1976, o teste de apneia e também a orientação para que fossem utilizados outros exames complementares além do eletroencefalograma.[12] Em 1981, os Estados Unidos da América uniformizaram o conceito de ME por meio do *Uniform Determination of Death*, e definiram que será considerado morto o indivíduo que apresentar cessação irreversível das funções cardiovasculares ou encefálicas.[13] Essa definição foi endossada *pela American Medical Association, pela National Conference for Commissioners on Uniform State Laws e pela*

---

8. MOLLARET, P; GOULON M. Le coma dépassé. **Rev Neurol** (Paris). 1959; 101: 3-15.
9. MORATO, Eric Grossi. Morte encefálica: conceitos essenciais, diagnóstico e atualização. **Rev Med Minas Gerais**, 19(3): 227-236. 2009.
10. MORATO, Eric Grossi. Morte encefálica: conceitos essenciais, diagnóstico e atualização. **Rev Med Minas Gerais**, 19(3): 227-236. 2009.
11. A DEFINITION of Irreversible Coma: Report of the Ad Hoc Committee of the Harvard Medical School to Examine the Definition of Brain Death. **JAMA**. 205(6): p.337-340. 1968; Disponível em: https://jamanetwork. com/journals/jama/article-abstract/340177. Acesso em: 04.fev.2023.
12. CONFERENCE of Royal Colleges and their Faculties in the United Kingdom. Diagnosis of brain death. **BMJ** 1976;ii:1187-8. Disponível: https://www.bmj.com/content/2/6045/1187. Acesso em: 04 fev. 2023.
13. GUIDELINES for the determination of death. Report of the medical consultants on the diagnosis of death to the President's Commission for the Study of Ethical Problems in Medicine and Biomedical and Behavioral Research. **JAMA**. 246: p. 2184-6. 1981. Disponível em: https://jamanetwork.com/journals/jama/article-abstract/364199. Acesso em: 04 fev.2023.

President's Commission for the Study of Ethical Problems in Medicine and Biomedical and Behavioral Research.[14] Em 1995, a Associação Americana de Neurologia (AAN) constituiu um comitê que revisou e uniformizou os critérios de morte encefálica, os quais são utilizados até os dias de hoje.[15]

As discussões sobre ME no Brasil tornaram-se pungentes com a promulgação da Lei nº 9.434/1997, que dispõe sobre a remoção de órgãos, tecidos e partes do corpo humano para fins de transplante e tratamento. Isto porque a referida norma determinou, em seu artigo 3º, a competência do CFM para estabelecer o diagnóstico de ME. A regulamentação desta lei se deu mediante a promulgação do Decreto nº 2.268 de 30 de junho de 1997, posteriormente revogado pelo Decreto nº 9.175, de 18 de outubro de 2017.

Apesar de comumente utilizado, é preciso destacar que o conceito de *morte cerebral* não é sinônimo de *morte encefálica*, pois cérebro e encéfalo não são a mesma coisa. O encéfalo, engloba, além do cérebro, o mesencéfalo, a ponte, o bulbo, o cerebelo, o tálamo e o hipotálamo, de modo que um paciente pode ter extensa lesão cerebral sem que esses centros tenham sido afetados, caso em que não cabe o diagnóstico de morte encefálica. É, portanto, incorreto utilizar a terminologia de morte cerebral para se referir ao critério presente na legislação de transplantes.[16]

A partir dessa premissa, a doutrina jurídica compreende que a morte encefálica equivale à morte da pessoa natural, e é um o evento que põe fim à personalidade jurídica da pessoa, conforme disposto no art. 6º do Código Civil: "A existência da pessoa natural termina com a morte; presume-se esta, quanto aos ausentes, nos casos em que a lei autoriza a abertura de sucessão definitiva".[17]

Sobre o tema, Flávio Tartuce afirma que "a lei exige, dessa forma, a morte cerebral (morte real), ou seja, que o cérebro da pessoa pare de funcionar. Isso consta, inclusive, do art. 3º da lei 9.434/97, que trata da morte para fins de remoção de órgãos para transplantes".[18]

Seguindo este entendimento, Nelson Rosenvald e Cristiano Chaves de Farias afirmam: "Entende-se, a partir da regra inserida no art. 3º da Lei de Transplantes, que a cessação da vida ocorre com a morte encefálica, atribuindo-se ao Conselho Federal de Medicina a fixação dos critérios clínicos e tecnológicos para determiná-la, o que foi

---

14. KIPPER, Délio José; PIVA, Jeferson Pedro; GARCIA, Pedro Celiny Ramos. Morte encefálica e doação de órgãos. In: PIVA, Jeferson Pedro; CARVALHO, Paulo; GARCIA, Pedro Celiny. **Terapia intensiva em pediatria**. Rio de Janeiro: Revinter, p. 773-783. 2005.

15. MORATO. Eric Grossi. Morte encefálica: conceitos essenciais, diagnóstico e atualização. **Rev Med Minas Gerais**; 19(3): p.227-236. 2009.

16. CORRÊA NETO, Ylmar. Morte encefálica: cinquenta anos além do coma profundo. **Revista Brasileira de Saúde Materno Infantil**, Recife, v. 10, supl. 2, p. 356. dez. 2010 Disponível em: https://www.scielo.br/j/rbsmi/a/mLWfwKh9ck6W3hkj7bpCswp/abstract/?lang=pt.

17. BRASIL. **Lei nº 10.406, de 10 de janeiro de 2002**. Disponível em: https://www.planalto.gov.br/ccivil_03/leis/2002/l10406compilada.htm. Acesso em: 1º fev. 2023.

18. TARTUCE, Flávio. **Direito civil**: Lei de Introdução e parte geral. 11. ed. São Paulo: Método, 2015, v. 1. p. 202.

ASPECTOS BIOÉTICOS E JURÍDICOS DA MORTE ENCEFÁLICA | **373**

feito através da Resolução n° 1480/97".[19] Segundo Morato,[20] o estabelecimento da ME como critério de morte ocorreu também por questões utilitaristas, seja na tentativa de viabilização dos transplantes ou na liberação de leitos hospitalares.

A verdade é que, independentemente das razões por detrás da definição de ME, os parâmetros definidos pelo Comitê de *Harvard* e revisados pela AAN foram rapidamente adotados na maior parte do mundo, permanecendo vigentes no Brasil com respaldado pela doutrina e pelas normas.

3. PROTOCOLO E CRITÉRIOS PARA O DIAGNÓSTICO DE MORTE ENCEFÁLICA À LUZ DA LEI N° 9.434/97 E DA RESOLUÇÃO CFM N° 2.173/2017

Cumprindo a determinação legal, o CFM definiu o protocolo e os critérios do diagnóstico de ME, inicialmente, por meio da Resolução n° 1.480 de 21 de agosto de 1997 que, posteriormente, foi revogada pela Resolução n° 2.173 de 15 de dezembro de 2017, vigente no momento.

O Decreto n° 2.268/1997 estabelecia que: (i) o diagnóstico de ME seria confirmado segundo os critérios clínicos e tecnológicos definidos em resolução do CFM, por dois médicos, no mínimo, sendo obrigatório que um deles possuísse título de especialista em neurologia e (ii) a impossiblidade de os médicos integrantes das equipes que iriam realizar os transplantes participarem participação do processo de verificação de morte encefálica.[21]

A partir de tal decreto, o CFM publicou a Resolução n° 1.480/1997, na qual estabelecia que, para a caracterização da ME, era preciso a realização de exames clínicos e complementares durante intervalos de tempo variáveis, próprios para cada faixas etárias determinada na normativa.[22] A referida norma estabelecia, ainda, que o coma aperceptivo com ausência de atividade motora supra-espinal e a apneia[23] deveriam ser constatados para o início do diagnóstico e da consequente caracterização da ME. Os

---

19. FARIAS, Cristiano Chaves de; ROSENVALD, Nelson. **Curso de direito civil**: Parte geral e LINDB. 13. ed. São Paulo: Atlas, 2015, v. 1. p. 305.
20. MORATO, Eric Grossi. Morte encefálica: conceitos essenciais, diagnóstico e atualização. **Rev Med Minas Gerais**, 19(3):p. 227-236. 2009.
21. Art. 16. A retirada de tecidos, órgãos e partes poderá ser efetuada no corpo de pessoas com morte encefálica.

    § 1° O diagnóstico de morte encefálica será confirmado, segundo os critérios clínicos e tecnológicos definidos em resolução do Conselho Federal de Medicina, por dois médicos, no mínimo, um dos quais com título de especialista em neurologia reconhecido no País.

    § 3° Não podem participar do processo de verificação de morte encefálica médicos integrantes das equipes especializadas autorizadas, na forma deste Decreto, a proceder à retirada, transplante ou enxerto de tecidos, órgãos e partes.
22. Art. 1°. A morte encefálica será caracterizada através da realização de exames clínicos e complementares durante intervalos de tempo variáveis, próprios para determinadas faixas etárias.
23. Art. 4° Os parâmetros clínicos a serem observados para constatação de morte encefálica são: coma aperceptivo com ausência de atividade motora supraespinal e apneia.

resultados deveriam demonstrar inequivocamente a ausência de: atividade elétrica cerebral, atividade metabólica cerebral ou perfusão sanguínea cerebral.[24]

Em 2008, o Processo-Consulta nº 399 questionou o CFM, a repseito dos critérios previstos na Resolução nº 1.480/1997, especificamente em relação à pacientes que apresentavam situações de lesão timpânica ou ocular. Em resposta, a Câmara Técnica de Morte Encefálica do CFM afirmou que:

> Nas situações como traumatismo grave de face, otorragias, agenesia de globo ocular, em que há impedimento da realização de parte do exame clínico, porém o restante da determinação (pré-requisitos, teste de apneia e exame complementar) é compatível com morte encefálica, *esta poderá ser determinada em caráter de excepcionalidade.*[25]

Todavia, o conselheiro Hermann Alexandre Vivacqua, foi contrário à esta posição e frisou a necessidade de diagnóstico da ME por meio de critérios clínicos e tecnológicos, sustentando não ser possível acatar caráter de excepcionalidade como um critério de diagnóstico de ME. Tal posicionamento prevaleceu e deu origem ao Parecer nº 10 de 2010 do CFM, o qual determinou à Câmara Técnica de Morte Encefálica a modificação da Resolução CFM nº 1.489/97. Apesar de o referido parecer ser de 2010, da nova resolução, vigente até o momento, demorou 7 anos para ser escrita e aprovada.

Na exposição de motivos da Resolução CFM 2.173/2017,[26] afirmou-se que os avanços tecnológicos permitiram um melhor entendimento do processo de ME razão pela qual a nova norma modificava quatro pontos: (i) os parâmetros clínicos e o tempo de observação para o início do diagnóstico, (ii) o intervalo mínimo entre as duas avaliações clínicas, (iii) a maneira pela qual se dá a confirmação da morte encefálica e (iv) a especialização dos médicos examinadores.

Ainda, a nova resolução passou a estabelecer que os procedimentos para determinação de ME devem ser iniciados em todos os pacientes que apresentem coma não perceptivo, ausência de reatividade supraespinhal e apneia persistente. Cumulado a isto, determinou que o quadro clínico do paciente seja analisado com base nos seguintes fatores:

---

24. Art. 6º Os exames complementares a serem observados para constatação de morte encefálica deverão demonstrar de forma inequívoca:a) ausência de atividade elétrica cerebral ou, b) ausência de atividade metabólica cerebral ou, c) ausência de perfusão sanguínea cerebral.

    Art. 7º Os exames complementares serão utilizados por faixa etária, conforme abaixo especificado: a) acima de 2 anos – um dos exames citados no Art. 6º, alíneas "a", "b" e "c"; b) de 1 a 2 anos incompletos: um dos exames citados no Art. 6º, alíneas "a", "b" e "c". Quando optar – se por eletroencefalograma, serão necessários 2 exames com intervalo de 12 horas entre um e outro; c) de 2 meses a 1 ano incompleto – 2 eletroencefalogramas com intervalo de 24 horas entre um e outro; de 7 dias a 2 meses incompletos – 2 eletroencefalogramas com intervalo de 48 horas entre um e outro.

25. **CONSELHO FEDERAL DE MEDICINA. Processo-consulta CFM nº 399/08** – parecer CFM nº 10/10. Brasília, 06 de maio de 2010. Disponível em: https://sistemas.cfm.org.br/normas/arquivos/pareceres/BR/2010/10_2010.pdf. Acesso em: 04 nov. 2022.

26. **CONSELHO FEDERAL DE MEDICINA. Resolução CFM nº 2.173 de 23 de novembro de 2017**. Define os critérios do diagnóstico de morte encefálica. Diário Oficial da União, 15 de dezembro de 2017. Disponível: https://sistemas.cfm.org.br/normas/visualizar/resolucoes/BR/2017/2173. Acesso em: 04 nov.2022.

Art. 1º: Os procedimentos para determinação de morte encefálica (ME) devem ser iniciados em todos os pacientes que apresentem coma não perceptivo, ausência de reatividade supraespinhal e apneia persistente, e que atendam a todos os seguintes pré-requisitos:

a) presença de lesão encefálica de causa conhecida, irreversível e capaz de causar morte encefálica;

b) ausência de fatores tratáveis que possam confundir o diagnóstico de morte encefálica;

c) tratamento e observação em hospital pelo período mínimo de seis horas. Quando a causa primária do quadro for encefalopatia hipóxico-isquêmica, esse período de tratamento e observação deverá ser de, no mínimo, 24 horas;

d) temperatura corporal (esofagiana, vesical ou retal) superior a 35°C, saturação arterial de oxigênio acima de 94% e pressão arterial sistólica maior ou igual a 100 mmHg ou pressão arterial média maior ou igual a 65mmHg para adultos, ou conforme a tabela a seguir para menores de 16 anos.

Idade	Pressão Arterial	
	Sistólica (mmHg)	PAM (mmHg)
Até 5 meses incompletos	60	43
De 5 meses a 2 anos incompletos	80	60
De 2 anos a 7 anos incompletos	85	62
De 7 a 15 anos	90	65

Além dos requisitos acima elencados, o art. 2º[27] estabeleceu como procedimento mínimo para a determinação da ME a realização de pelo menos 1 (um) exame complementar que comprove ausência de atividade encefálica. Neste contexto, o Anexo I da Resolução (intitulado "Manual de procedimentos para determinação da morte encefálica") descreve todas as etapas do procedimento, especificamente quanto aos exames complementares e estabelece os principais a serem executados: angiografia cerebral, eletroencefalograma, doppler transcraniano, Cintilografia e SPECT Cerebral.

Ademais, o novo protocolo reduziu o tempo entre os dois exames obrigatórios que devem ser realizados por médicos diferentes e retirou a obrigatoriedade de um dos médicos possuir exclusivamente título de especialista em neurologia. Ainda, previu a necessidade de que o médico que realize o exame clínico seja "especificamente capacitado", determinando os requisitos por meio do art. 3º da Resolução, bem como indicando especialidades específicas para um dos médicos capacitados.[28]

---

27. Art. 2º É obrigatória a realização mínima dos seguintes procedimentos para determinação da morte encefálica: a) dois exames clínicos que confirmem coma não perceptivo e ausência de função do tronco encefálico; b) teste de apneia que confirme ausência de movimentos respiratórios após estimulação máxima dos centros respiratórios; c) exame complementar que comprove ausência de atividade encefálica.

28. Art. 3º O exame clínico deve demonstrar de forma inequívoca a existência das seguintes condições: a) coma não perceptivo; b) ausência de reatividade supraespinhal manifestada pela ausência dos reflexos fotomotor, córneo-palpebral, oculocefálico, vestíbulo-calórico e de tosse.

§ 1º Serão realizados dois exames clínicos, cada um deles por um médico diferente, especificamente capacitado a realizar esses procedimentos para a determinação de morte encefálica.

§ 2º Serão considerados especificamente capacitados médicos com no mínimo um ano de experiência no atendimento de pacientes em coma e que tenham acompanhado ou realizado pelo menos dez determinações de ME ou curso de capacitação para determinação em ME, conforme anexo III desta Resolução.

§ 3º Um dos médicos especificamente capacitados deverá ser especialista em uma das seguintes especialidades: medicina intensiva, medicina intensiva pediátrica, neurologia, neurologia pediátrica, neurocirurgia ou medicina

Para sanar os apontamentos feitos no Parecer n° 10/2010, o art 6° da nova Resolução[29] apresentou expressamente determinações para casos de alterações morfológicas ou orgânicas, congênitas ou adquiridas, que impossibilitam a realização de alguma das etapas do protocolo.

Por fim, a Resolução estabeleceu em seu art. 11 que a realização dos procedimentos para determinação de ME deve seguir as orientações e a metodologia descritas nos anexos do manual de procedimentos, no termo de declaração de ME e no documento de capacitação para determinação do diagnóstico.[30] Previu, ainda, que o CFM poderá atualizar tais regras quando julgar necessário.

4. ANÁLISE DA DECISÃO PARADIGMA DO TJRO QUE DEBATE OS CRITÉRIOS PARA DECLARAÇÃO DA MORTE ENCEFÁLICA

Esta é a íntegra da parte dispositiva da decisão paradigma:[31]

Para a concessão da tutela de urgência, nos termos do art. 300, § 2° do CPC, impõe-se a ocorrência dos requisitos do *fumus boni iuris* e do *periculum in mora*. O primeiro referindo-se à plausibilidade do direito substancial vindicado e o segundo à possibilidade de tornar-se inócuo, caso não seja acolhida desde logo a pretensão. Estes pressupostos, todavia, devem ser evidenciados conjuntamente, pelo que, em via obíqua, tornar-se-á defesa a concessão da liminar.

Diante da iminência relatada na inicial, que será (sic) desligado aparelhos que mantém em vida o adolescente F.C.D.O.V, hoje, às 18 hs,tendo em vista o fumus boni iuris que se demonstra pela manifestação contrária da família com tal procedimento aliado ao fato que pode não ter sido realizado outros exames de morte cerebral do adolescente, e ainda a proteção a vida, o maior bem jurídico tutelado, tenho por bem conceder parcialmente a tutela para suspender qualquer ato do hospital Cosme Damião, tendente a desligar aparelhos que o adolescentes encontra-se submetido ao tratamento hospitalar e que lhe mantém a vida, sob pena de multa de R$50.000, além de eventuais responsabilidades advindas de tal ato.

Ressalto que diante da falta de indicação em qual hospital e qual médico realizaria os exames complementares no adolescente, sendo necessário em virtude da logística que envolve uma transferência em

---

de emergência. Na indisponibilidade de qualquer um dos especialistas anteriormente citados, o procedimento deverá ser concluído por outro médico especificamente capacitado.

§ 4° Em crianças com menos de 2 (dois) anos o intervalo mínimo de tempo entre os dois exames clínicos variará conforme a faixa etária: dos sete dia anos completos (recém-nato a termo) até dois meses incompletos será de 24 horas; de dois a 24 meses incompletos será de doze horas. Acima de 2 (dois) anos de idade o intervalo mínimo será de 1 (uma) hora.

29. Art. 6° Na presença de alterações morfológicas ou orgânicas, congênitas ou adquiridas, que impossibilitam a avaliação bilateral dos reflexos fotomotor, córneo-palpebral, oculocefálico ou estíbulo-calórico, sendo possível o exame em um dos lados e constatada ausência de reflexos do lado sem alterações morfológicas, orgânicas, congênitas ou adquiridas, dar-se-á prosseguimento às demais etapas para determinação de morte encefálica. Parágrafo único.A causa dessa impossibilidade deverá ser fundamentada no prontuário.

30. Art. 11. Na realização dos procedimentos para determinação de ME deverá ser utilizada a metodologia e as orientações especificadas no Anexo I (Manual de Procedimentos para Determinação da Morte Encefálica), no Anexo II (Termo de Declaração de Morte Encefálica) e no Anexo III (Capacitação para Determinação em Morte Encefálica) elaborados e atualizados quando necessário pelo Conselho Federal de Medicina.

31. A decisão explicita o nome do paciente e de seu genitor, mas as autoras deste artigo científico optaram por mantê-los em sigilo afim de preservar a intimidade deles.

tal situação de saúde, tenho que, neste momento, deixo de decidir sobre novos exames requeridos até que a parte autora complemente.[32]

Percebe-se que o magistrado pautou sua decisão em três argumentos, os quais passa-se a analisar:

(i) pode não ter sido realizado outros exames de morte cerebral do adolescente e (ii) proteção à vida,

Sem dúvida, esta-se diante dos argumentos centrais da – acertada – decisão judicial. Segundo as normas éticas e legais brasileiras, a ME só poderá ser diagnosticada e os aparelhos só poderão ser desconectados após a realização de todos os procedimentos e preenchimento de todos os critérios previstos na Resolução CFM nº 2.173/2017.

Significa dizer que a desconexão dos aparelhos, sem que os requisitos desta Resolução tenham sido devidamente preenchidos, é ato ilícito, pois viola normas jurrídicas e deontológicas e, por conseguinte, direitos fundamentais do paciente.

(iii) manifestação contrária da família

Mais complexa é a análise do argumento acerca da manifestação contrária da família, pois este nos leva ao seguinte questionamento: a desconexão dos aparelhos em paciente diagnosticado com ME deve ser precedida de consentimento dos familiares?

A verdade é que a ME é morte. Logo, a priori, assim como um médico que constata a morte cardiopulmonar de um paciente não precisa de autorização dos familiares para constatá-la, seria natural a conclusão de que um médico que diagnostica a ME não precisaria de autorização dos familiares para desconectar os aparelhos porque, em verdade, o paciente já está morto.

Todavia, a questão não é simples. Esta-se, aqui, diante de um verdadeiro dilema bioético e problema jurídico. Isto porque, a assunção de que há necessidade de consentimento dos familiares implica na conclusão de que terceiros podem interferir em um ato médico que não alterará a realidade fática da vida/morte do paciente; por outro lado, a conclusão de que o consentimento não é condição *sine qua non* pode ter impacto social importante, notadamente em sociedades como a brasileira, que ainda têm dificuldades em compreender a morte encefálica.

Segundo Thaddeus Pope,[33] atualmente há, no mundo, sete posicionamentos sobre o tema, que podem ser agrupados em três categorias: a) o consentimento informado deve ser obtido antes de o protocolo ser aberto; b) o consentimento deve ser obtido para cada um dos passos do protocolo; c) o consentimento não é necessário.

No Brasil, a Resolução CFM nº 2.173/2017 não dispõe acerca do consentimento informado. Há, na referida norma, a expressa determinação de que os procedimentos para

---

32. **TRIBUNAL DE JUSTIÇA DE RONDÔNIA. Decisão liminar proferida nos autos nº 7002025-06.2022.8.22.0001**. 1ª Vara de Fazenda Pública de Porto Velho. DJ 25.01.2022.
33. POPE, Thaddeus Manson. Brain Death Testing: Time for National Uniformity. **The American Journal of Bioethics**, 20(6), 1-3. 2020.

a determinação da ME "devem ser iniciados" nos pacientes que preencham os critérios, ou seja, a iniciação dos procedimentos nestes pacientes é dever profissional dos médicos. Ademais, dispõe em seu artigo 8º que o "médico assistente do paciente ou seu substituto deverá esclarecer aos familiares do paciente sobre o processo de diagnóstico de ME e os resultados de cada etapa, registrando no prontuário do paciente essas comunicações".[34]

Percebe-se, assim, que há o dever de obtenção de consentimento, mas sim o dever de esclarecimento, conceitos que não se equivalem. Vale também consignar que, nos termos do Anexo II da Resolução, após a finalização de todos os procedimentos e constatada a ME:

> o médico tem autoridade ética e legal para suspender procedimentos de suporte terapêutico em uso e assim deverá proceder, exceto se doador de órgãos, tecidos ou partes do corpo humano para transplante, quando deverá aguardar a retirada dos mesmos ou a recusa à doação (Resolução CFM nº 1.826/2007). Essa decisão deverá ser precedida de comunicação e esclarecimento sobre a ME aos familiares do paciente ou seu representante legal, fundamentada e registrada no prontuário.[35]

Observa-se, do mesmo modo, a inexistência de previsão de consentimento dos familiares, mas sim de comunicação e esclarecimento. Em suma, após constatada a ME, os aparelhos devem ser desconectados para que os trâmites fúnebres ocorram, situação que não acontecerá apenas se o paciente for doador de órgãos, pois neste caso os aparelhos permanecerão conectados até que ocorra a retirada dos órgãos.

Quanto a isto, existe a compreensão de que a continuidade da manutenção dos aparelhos é justificável até a captação dos órgãos que serão doados, em razão do interesse público. Todavia, não é possível interpretar a existência deste interesse quando o paciente não se enquadrar nos requisitos legais para a doação.

Assim se, sob a ótica penal, afirma-se que não há repercussão na manutenção do suporte de vida em crianças e adolescentes após a morte encefálica, a pedido dos genitores,[36] é possível, sob a ótica da ética médica e também da responsabilidade civil, afirmar que estas repercussões existem.

Na esfera da ética médica, o descumprimento à Resolução CFM nº 2.173/2017 poderá ensejar responsabilização ética junto ao conselho regional no qual o médico está inscrito. Já na esfera cível, é possível pensar em uma responsabilização quando ficar comprovado que, em um contexto de escassez de recursos, a não desconexão impossibilitou o tratamento de outro paciente, que se beneficiaria dos aparelhos que estavam sendo usados em um paciente juridicamente morto.

---

34. **CONSELHO FEDERAL DE MEDICINA. Resolução CFM n. 2.173 de 23 de novembro de 2017.** Define os critérios do diagnóstico de morte encefálica. Diário Oficial da União, 15 de dezembro de 2017. Disponível: https://sistemas.cfm.org.br/normas/visualizar/resolucoes/BR/2017/2173. Acesso em 04 nov.2022.
35. Op. cit.
36. CESTO, Mariana. Manutenção do Suporte de Vida em crianças e Adolescentes após a morte Encefálica. In: DADALTO, Luciana (Coord). **Cuidados Paliativos Pediátricos**: Aspectos Jurídicos. Indaiatuba: Foco, 2022. p. 249-268.

Em suma, verifica-se que, no caso em comento, a manifestação em contrário da família não tem o condão de impedir ou suspender a realização dos procedimentos necessários para o diagnóstico de ME. O que a família poderia fazer – e fez – foi exigir o fiel cumprimento dos procedimentos previstos na Resolução nº 2.173/2017.

Mas é preciso, ainda, analisar o desfecho do caso: após conseguir liminar, os familiares acabaram concordando com a desconexão sem que o protocolo do CFM fosse cumprido, o que vai de encontro com as normas brasileiras. Afinal, se o determinado pela Resolução CFM nº 2.173/2027 não foi observado, não seria possível a desconexão e a consequente declaração da ME.

5. NOTAS CONCLUSIVAS

O conceito de morte encefálica provocou uma mudança científica no tratamento da morte. Entretanto, apesar de ter sido determinado em 1968, a mudança cultural para a aceitação deste ainda está em curso no Brasil (e em muitos países ao redor do mundo), fato que foi evidenciado pela decisão paradigma analisada.

Mais do que analisar o protocolo de morte encefálica para decidir se a referida decisão está correta, o presente artigo teve por objetivo entender o tecido histórico no qual este conceito foi cunhado, bem como a forma como repercute ainda hoje nas normativas éticas, deontológicas e jurídicas brasileiras.

Percebeu-se que, apesar das previsões da Lei nº 10.211/2001 e da Resolução CFM nº 2173/2017, a aceitação social da morte encefálica ainda não é uma realidade em nosso país. Tal fato parece ser uma consequência da confluência de alguns fatores, como a complexidade científica do conceito, a falta de uniformização mundial do tema e a cultura da negação da morte.

Assim, no caso analisado, o descumprimento, pelo Hospital Cosme e Damião, do protoloco de morte encefálica estabelecido pelo Conselho Federal de Medicina, bem como a posterior declaração da morte encefálica porque a família aceitou o diagnóstico – e não porque o protoloco foi cumprido – são atos ilícitos e contribuem negativamente para a aceitação da morte encefálica pela sociedade brasileira.

REFERÊNCIAS

A DEFINITION of Irreversible Coma: Report of the Ad Hoc Committee of the Harvard Medical School to Examine the Definition of Brain Death. **JAMA,** v. 205, n. 6, p.337-340. 1968. Disponível em: https://jamanetwork.com/journals/jama/article-abstract/340177. Acesso em: 04 fev. 2023.

CESTO, Mariana. Manutenção do Suporte de Vida em crianças e Adolescentes após a morte Encefálica. In: DADALTO, Luciana (Coord). **Cuidados Paliativos Pediátricos**: Aspectos Jurídicos. Indaiatuba: Foco, 2022.

CONFERENCE of Royal Colleges and their Faculties in the United Kingdom. Diagnosis of brain death. BMJ 1976, 2, p. 1187-1188. Disponível: https://www.bmj.com/content/2/6045/1187. Acesso em: 04 fev. 2023.

CORRÊA NETO, Ylmar. Morte encefálica: cinquenta anos além do coma profundo. **Revista Brasileira de Saúde Materno Infantil**, Recife, v. 10, supl. 2, p. 356-361, dez. 2010.

CURITIBA. **Manual para Notificação, Diagnóstico de Morte Encefálica e Manutenção do Potencial Doador de Órgãos e Tecidos**. Curitiba: SESA/SGS/CET, 2018.

FARIAS, Cristiano Chaves de; ROSENVALD, Nelson. **Curso de direito civil**: parte geral e LINDB. 13. ed. São Paulo: Atlas, 2015. v. 1.

GUIDELINES for the determination of death. Report of the medical consultants on the diagnosis of death to the President's Commission for the Study of Ethical Problems in Medicine and Biomedical and Behavioral Research. **JAMA**. v. 246, p. 2184-2186. 1981 Disponível em: https://jamanetwork.com/journals/jama/article-abstract/364199. Acesso em: 04 fev.2023.

KIND, Luciana. Máquinas e argumentos: das tecnologias de suporte da vida à definição de morte cerebral. **História, Ciências, Saúde**. Rio de Janeiro: Manguinhos, v. 16, n. 1, p. 13-34, jan./mar. 2009.

KIPPER, Délio José; PIVA, Jeferson Pedro; GARCIA, Pedro Celiny Ramos. Morte encefálica e doação de órgãos. In: PIVA, Jeferson Pedro; CARVALHO, Paulo; GARCIA, Pedro Celiny. **Terapia intensiva em pediatria**. Rio de Janeiro: Revinter, 2005.

MOLLARET, P; GOULON M. Le coma dépassé. **Rev Neurol**, Paris, v. 101, p. 3-15. 1959.

MORATO, Eric Grossi. Morte encefálica: conceitos essenciais, diagnóstico e atualização. **Rev Med Minas Gerais**, v. 19, n. 3, p. 227-236. 2009.

RODRIGUES FILHO, Edison; JUNGES, José Roque. Morte encefálica: uma discussão encerrada? **Revista de Bioética**, Brasília, v. 23, n. 3, p. 485-494. 2015.

PENNA, Maria Lúcia Fernandes. Anencefalia e morte cerebral (neurológica). **Phisis:** revista de saúde coletiva, Rio de Janeiro, v. 15, jun. 2005. Disponível em: https://www.scielo.br/j/physis/a/zbfT64W8T6tShG-NWbTmdPxB/?lang= Acesso em: 30 jan. 2023.

POPE, Thaddeus Manson. Brain Death Testing: Time for National Uniformity. **The American Journal of Bioethics**, v.20, n.6, p.1-3. 2020.

TARTUCE, Flávio. **Direito civil:** Lei de Introdução e parte geral. 11. ed. São Paulo: Método, 2015. v. 1.

CONSENTIMENTO EM INTERVENÇÕES MÉDICAS ENVOLVENDO PACIENTES COM DEFICIÊNCIA INTELECTUAL

Alexandro de Oliveira[1]

Larissa Fortes do Amaral[2]

> **Decisões paradigmas:** BRASIL. Tribunal de Justiça do Estado do Rio de Janeiro (TJRJ). **Decisão Liminar proferida no autos do Agravo de Instrumento nº 0057265-57.2020.8.19.0000**, 18ª Câmara Cível, relator Des. Carlos Passos, j. 25 set. 2020. BRASIL. TJSP, **Decisão proferida no autos do Agravo de Instrumento nº 2101967-64.2017.8.26.0000**, rel. Des. Fernão Borba Franco, 7ª Câmara de Direito Público, j. 09 out. 2017.

> **Sumário:** 1. Descrição dos casos – 2. Notas introdutórias: panorama histórico das intervenções médicas em pessoas com deficiência – 3. Análise crítica das decisões do TJRJ e TJSP relacionadas à autonomia e consentimento em intervenções médicas em pacientes com deficiência intelectual – 4. Notas conclusivas – Referências.

1. DESCRIÇÃO DOS CASOS

Trata-se de decisões judiciais em que se analisa sob a ótica do Estatuto da Pessoa com Deficiência, se os pacientes foram envolvidos como protagonistas das decisões que sobre o seu próprio corpo.

No Agravo de Instrumento sob o nº 0057265-57.2020.8.19.0000,[3] interposto perante o Tribunal de Justiça do Estado do Rio de Janeiro, na data de 20 de agosto de 2020, o filho de um paciente interpôs recurso contra a decisão interlocutória, com o objetivo de autorizar que a equipe médica do Hospital Getúlio Vargas realizasse a intervenção cirúrgica em seu pai, que apresentava quadro demencial, independentemente de seu consentimento, avocando a redação dos artigos 22[4] e 31,[5] do Código de Ética Médica (Resolução CFM nº 2.217/18).

---

1. Doutorando e mestre em Bioética, Ética Aplicada e Saúde Coletiva – UFRJ. Presidente da Comissão Nacional de Bioética da Associação Brasileira de Advogados – ABA. Membro da Comissão de Bioética da OAB/RJ e da Comissão de Bioética do Estado de OAB/SP. Membro da Sociedade Brasileira de Bioética – SBB e da Academia Nacional de Cuidados Paliativos – ANCP. Advogado.
2. Pós-graduada em Direito Civil, do Consumo e Processo pela Universidade Positivo. Graduada em Direito pela Universidade Positivo em 2014. Advogada.
3. Os autores optaram pela supressão dos nomes das partes.
4. **CONSELHO FEDERAL DE MEDICINA. Resolução CFM nº 2.217, de 27 de setembro de 2018**. Art. 22. Deixar de obter consentimento do paciente ou de seu representante legal após esclarecê-lo sobre o procedimento a ser realizado, salvo em caso de risco iminente de morte. Disponível em: https://portal.cfm.org.br/images/PDF/cem2019.pdf. Acesso em: 05 jul. 2024.
5. **CONSELHO FEDERAL DE MEDICINA. Resolução CFM nº 2.217, de 27 de setembro de 2018**. Art. 31. Desrespeitar o direito do paciente ou de seu representante legal de decidir livremente sobre a execução de práticas

O filho do agravado sustentou que a intervenção cirúrgica era classificada como "urgente" (amputação de membro inferior diante da existência de gangrena mista grave), e que o paciente evoluiria a óbito. Ainda, destacou que a cirurgia foi autorizada pelos familiares, mas o paciente se recusava a se submeter ao procedimento.

O que ensejou o recurso, foi o conteúdo da decisão interlocutória, em que na oportunidade, o magistrado indeferiu o pedido de tutela provisória de urgência, sob o fundamento de que a medida pleiteada pelo filho importava em evidente violação a direito fundamental do paciente, visto que implicaria na imposição compulsória da perda de um membro do seu corpo e que seria considerada drástica.

No caso em apreço, em um primeiro momento, o paciente possuía episódios intermitentes de desorientação (baseada em laudo médico expedido pelo cirurgião vascular) e apresentava um quadro clínico que necessitava de um procedimento cirúrgico sob pena de evoluir a óbito em decorrência de prognostico desfavorável (sem iminência).

Após indeferida a tutela, fora emitido laudo por psiquiatra, entendendo pela apresentação de quadro demencial do paciente e a nomeação de Curador Especial. Todavia, o paciente já havia recusado o procedimento em outras três oportunidades, assumindo, assim, os riscos associados, inclusive a possibilidade da morte.

No entanto, o fator determinante para reforma da decisão foi o entendimento do desembargador relator sobre uma suposta urgência da medida, "dado o risco de evolução do quadro para infecção generalizada e óbito". Portanto, em segundo grau, o julgador reformou a decisão interlocutória para autorizar a realização de cirurgia de amputação de membro inferior de paciente com demência moderada, alegando que ao médico, nos casos de iminente risco de morte, é facultado a utilização de medidas para preservação da vida mecânica/biológica do paciente, mesmo diante a discordância do paciente.

Tendo em vista a realização do procedimento cirúrgico, o juízo de 1º grau julgou extinto a ação "por da perda superveniente do interesse de agir, na forma do art. 485, IV do CPC".

Por outro lado, no Recurso de Agravo de Instrumento nº 2101967-64.2017.8.26.000, julgado pelo Tribunal de Justiça do Estado de São Paulo, discutiu-se a realização de procedimento cirúrgico de laqueadura em uma paciente com quando clínico de retardo mental com consideráveis déficits cognitivos. A curadoria sustentou que, diante do quadro clínico da curatelada, não apresentava maturidade mental para cuidar de si, tampouco de uma criança, postulava a contracepção definitiva (laqueadura).

O juízo de primeiro grau indeferiu o pedido de concessão de médica liminar para realização do procedimento cirúrgico, fundamentado que a deficiência não afeta a plena capacidade civil. Além disso, aduziu que a curatela é uma faculdade para pessoa com deficiência, devendo afetar apenas os direitos de natureza patrimonial e negocial, excluindo-se as de natureza existencial.

---

diagnósticas ou terapêuticas, salvo em caso de iminente risco de morte. Disponível em: https://portal.cfm.org.br/images/PDF/cem2019.pdf. Acesso em: 05 jul. 2024.

Por fim, requisitou perícia médica para a apreciação da tutela pretendida, para que a requerente demonstrasse, apesar de suas limitações, entender o intuito da cirúrgica proposta.

A curadora interpôs Recurso de Agravo de Instrumento contra a decisão interlocutória que indeferiu o pedido liminar para a realização do procedimento, e o TJ/SP entendeu pela manutenção da decisão em sua integralidade, pois antes de autorizar qualquer intervenção cirúrgica que coloca em risco imediato e/ou propõe uma alteração biológica complexa e delicada, devia-se determinar uma perícia médica para avaliar a capacidade cognitiva da curatela.

2. NOTAS INTRODUTÓRIAS: PANORAMA HISTÓRICO DAS INTERVENÇÕES MÉDICAS EM PESSOAS COM DEFICIÊNCIA

A Organização Mundial da Saúde (OMS) divulgou, em 17 de julho de 2022, sua maior revisão mundial sobre saúde mental. Em 2019, quase um bilhão de pessoas – incluindo 14% dos adolescentes do mundo – viviam com algum transtorno mental, sendo a principal causa de incapacidade. Pessoas com condições graves de saúde mental morrem em média 10 a 20 anos mais cedo do que a população em geral, principalmente devido a doenças físicas evitáveis.[6] Em todos os países, são as pessoas mais pobres e desfavorecidas que correm maior risco de problemas de saúde mental e, ainda, elas são as menos propensas a receber serviços de saúde adequados, segundo a mesma pesquisa da OMS.

Cabe destacar que todos os 194 Estados Membros da OMS – incluindo o Brasil – assinaram o Plano de Ação Integral de Saúde Mental 2013-2030, comprometendo-se com metas globais para transformar a saúde mental.[7] Contudo, um diminuto percentual de pessoas necessitadas de acesso à saúde mental teve oportunidade de tratamento eficaz e de qualidade. Segundo a OMS:

> Por exemplo, 71% das pessoas com psicose em todo o mundo não acessam serviços de saúde mental. Enquanto 70% das pessoas com psicose são tratadas em países de alta renda, apenas 12% das pessoas com essa condição recebem cuidados de saúde mental em países de baixa renda. Para a depressão, as lacunas na cobertura dos serviços são amplas em todos os países: mesmo em países de alta renda, apenas um terço das pessoas com depressão recebe cuidados formais de saúde mental e estima-se que o tratamento minimamente adequado para depressão varie de 23% em países de baixa renda para 3% em países de baixa e média-baixa renda.

O aumento dos casos de portadores de doenças incapacitantes demonstra-se como um desafio para os membros da família, da sociedade e dos entes estatais, atraindo a análise dos casos em suas esferas individuais e das políticas públicas que devem ser

---

6. Disponível em: https://www.paho.org/pt/noticias/17-6-2022-oms-destaca-necessidade-urgente-transformar-saude-mental-e-atencao. Acesso em: 26 jan. 2023.
7. Disponível em: https://cdn.who.int/media/docs/default-source/campaigns-and-initiatives/world-mental-health-day/2021/mental_health_action_plan_flyer_member_states.pdf?sfvrsn=b420b6f1_7&download=true. Acesso em: 26 jan. 2023.

enfrentadas para os casos similares.[8] Nesse contexto, a ausência de debates maduros, bem como a discriminação que recai sobre os portadores, resultam estigmatização, total ausência do cuidado e enfrentamento aquém do devido, refletindo não apenas nos portadores, mas afeta "os cuidadores, familiares e a sociedade física, psicológica e economicamente".[9]

Acerca das inúmeras distinções sobre o conceito de *deficiência mental* e *doenças mentais*, destaque-se que a sua diferenciação é importante para o manejo de políticas públicas.

Todavia, no presente trabalho, tomamos como parâmetro uma interpretação elástica sobre o sentido da palavra deficiência, em situações de impedimentos de longo tempo, variando em natureza física, mental, sensorial ou intelectual, e que, em decorrência delas, impede o indivíduo na condução de sua própria vida perante a sociedade com os demais cidadãos, na inteligência do art. 2º do Estatuto da Pessoa com Deficiência.[10]

Nessa linha de debate, emergem conceitos jurídicos relacionados à proteção das pessoas com deficiências, em especial o conceito do cuidado e da solidariedade constitucional e da cláusula geral de tutela da pessoa humana.[11] As decisões relativas à saúde das pessoas com deficiência têm um largo histórico de desrespeito à manifestação e autonomia e autodeterminação do paciente.

O ordenamento jurídico brasileiro detém inúmeras legislações[12] a respeito do consentimento informado, especialmente quando se trata de um tema tão sensível como as intervenções médicas envolvendo pessoas com deficiência mental e intelectual.

Na prática, até pouco tempo atrás, os indivíduos classificados como doentes mentais eram rotulados como absolutamente incapazes, enquadrando-se no rol do que dispunha o artigo 3º, II do Código Civil de 2002[13] e, desta forma, deveriam contar com represen-

---

8. GAMA, Guilherme Calmon Nogueira; NUNES, Marina Lacerda. In: BARLETTA, Fabiana Rodrigues; ALMEIDA, Vitor (Coord.). **A tutela Jurídica da pessoa idosa.** Indaiatuba: Foco, 2020. p. 91.

9. Ibidem, p. 92.

10. **BRASIL. Lei nº 13.146.** Art. 2º Considera-se pessoa com deficiência aquela que tem impedimento de longo prazo de natureza física, mental, intelectual ou sensorial, o qual, em interação com uma ou mais barreiras, pode obstruir sua participação plena e efetiva na sociedade em igualdade de condições com as demais pessoas. Disponível em: https://www.planalto.gov.br/ccivil_03/_ato2015-2018/2015/lei/l13146.htm. Acesso em: 27 jan. 2023.

11. BARBOZA, Heloisa Helena. In: BARLETTA, Fabiana Rodrigues; ALMEIDA, Vitor (Coord.). **A tutela Jurídica da pessoa idosa.** 2020 .p. 93.

12. Vide: Art. 5, XIV da CF. art. 14, § 4º do e art. 6, III do CDC. Código de ética Médica. 34, arts. 22, 77, 102 e 110, 123. Resolução 2.136/2015.

13. Art. 3º CC: São absolutamente incapazes de exercer pessoalmente os atos da vida civil: I – os menores de dezesseis anos; II – os que, por enfermidade ou deficiência mental, não tiverem o necessário discernimento para a prática desses atos; III – os que, mesmo por causa transitória, não puderem exprimir sua vontade. Art. 4º São incapazes, relativamente a certos atos, ou à maneira de os exercer: I – os maiores de dezesseis e menores de dezoito anos; II – os ébrios habituais, os viciados em tóxicos, e os que, por deficiência mental, tenham o discernimento reduzido; III – os excepcionais, sem desenvolvimento mental completo; IV – os pródigos. Parágrafo único. A capacidade dos índios será regulada por legislação especial.

tantes para os atos da vida civil, por meio do instituto da curatela, conforme previsão contida no art. 1.767 do Código Civil,[14] independentemente se apresentassem algum grau de discernimento. Não era incomum o Poder Judiciário interditar o indivíduo em praticamente todos os atos da vida civil. Como exemplo, cita-se decisão proferida no ano de 2009, pelo Tribunal de Justiça do Estado do Rio de Janeiro (Apelação Cível nº 0001537-32.2005.8.19.0008[15]), que reformou a sentença de primeiro grau, declarando a incapacidade do requerido para gerir os atos da vida civil, mesmo com o laudo pericial tendo concluído que o indivíduo apresentava quadro compatível com transtorno ansioso e depressivo, estando incapacitado temporariamente, para as atividades laborativas – e não para a prática dos atos da vida civil.

Os julgadores entenderam que o genitor do requerido não possuía "qualquer vantagem" em interditar o requerido, pois ele não possuía bens materiais e, ainda, levando em conta as "anomalias mentais", enquadrou o caso do requerido com um dos sujeitos à curatela.

Diante deste tipo de decisões e das barreiras que por vezes impedem ou restringem a participação social da pessoa com deficiência, foi instituída a Lei Brasileira de Inclusão da Pessoa com Deficiência, (Lei 13.146/2015[16]), para ocorrer a adequação à Convenção Internacional dos Direitos da Pessoa com Deficiência, também conhecida como Convenção de Nova Iorque, recepcionada por meio do Decreto nº 6.949 de 25 de agosto de 2009, foi promulgada a Convenção Internacional dos Direitos da Pessoa com Deficiência e seu Protocolo Facultativo, assinados em Nova York, em 30 de março de 2007.

Em seu artigo 12, a Convenção estabeleceu que *"Os Estados Partes reconhecerão que as pessoas com deficiência gozam de capacidade legal em igualdade de condições com as demais pessoas em todos os aspectos da vida."* Dessa forma, com advento do Estatuto da Pessoa com Deficiência (Lei nº 13.146/2015), buscou-se alterar profundamente o regime das incapacidades no Código Civil de 2002,[17] sendo reformada a redação dos artigos 3º e 4º do Código Civil, esvaziando com o enquadramento dos maiores com deficiência intelectual e mental como absolutamente incapazes (art. 3º, CC[18]).

---

14. Art. 1.767. Estão sujeitos a curatela: I – aqueles que, por enfermidade ou deficiência mental, não tiverem o necessário discernimento para os atos da vida civil; II – aqueles que, por outra causa duradoura, não puderem exprimir a sua vontade; III – os deficientes mentais, os ébrios habituais e os viciados em tóxicos; IV – os excepcionais sem completo desenvolvimento mental; V – os pródigos.

15. **TRIBUNAL DE JUSTIÇA DO ESTADO DO RIO DE JANEIRO. Decisão proferida nos autos nº** 0001537-32.2005.8.19-0008. Vigésima Câmara de Direito Privado (Antiga 11ª Câmara Cível. Data de Julgamento: 03 dez. 2008 – Data de Publicação: 07 jan. 2009.

16. **BRASIL. Lei nº 13.146, de 6 de julho de 2015**. Disponível em: https://www.planalto.gov.br/ccivil_03/_ato2015-2018/2015/lei/l13146.htm. Acesso em: 1º jul. 2024.

17. BRASIL. **Lei nº 10.406, de 10 de janeiro de 2002**. Disponível em: https://www.planalto.gov.br/ccivil_03/leis/2002/l10406compilada.htm. Acesso em: 1º jul. 2024.

18. Art. 3º São absolutamente incapazes de exercer pessoalmente os atos da vida civil os menores de 16 (dezesseis) anos. (Redação dada pela Lei nº 13.146, de 2015): I – (Revogado); (Redação dada pela Lei nº 13.146, de 2015); II – (Revogado); (Redação dada pela Lei nº 13.146, de 2015); III – (Revogado). (Redação dada pela Lei nº 13.146, de 2015)

Noutra feita, incluindo como relativamente incapazes os ébrios habituais, os viciados, além daqueles que, por causa transitória ou permanente não puderam expressar sua vontade (art. 4º, II e III do CC).[19]

Observa-se, portanto, que o Estatuto buscou incluir as pessoas com deficiência intelectual ou psicossocial como protagonistas das decisões que envolvem a sua própria vida social. Dessa forma, conforme ensina Nevares e Schreiber,[20] o EPD é um sistema abstrato e formal onde todas as pessoas sem discernimento são consideradas capazes e assim deve ter suas manifestações respeitadas e consideradas dentro de uma possibilidade e legalidade.

Por força do artigo 11 e 12 da referida legislação, a pessoa com deficiência não poderá ser obrigada a se submeter à intervenção clínica ou cirúrgica, a tratamento ou a institucionalização,[21] restando como regra, a obtenção do seu consentimento prévio, livre e esclarecido.

O Estatuto da Pessoa com Deficiência estabelece em seu artigo 2º, § 1º, que o indivíduo poderá ser submetido a uma avaliação biopsicossocial para considerar eventuais restrições de sua autonomia, pois o que se estimula é que haja plena participação na sociedade em igualdade de condições em relação às demais pessoas.

Revela-se indispensável dar a oportunidade ao indivíduo de demonstrar suas limitações e identificar em qual proporção compreende o intuito das decisões médicas que envolvem o seu próprio corpo, pois a regra passou a ser a plena autonomia.

3. ANÁLISE CRÍTICA DAS DECISÕES DO TJRJ E TJSP RELACIONADAS À AUTONOMIA E CONSENTIMENTO EM INTERVENÇÕES MÉDICAS EM PACIENTES COM DEFICIÊNCIA INTELECTUAL

No tocante à decisão proferida pelo Tribunal de Justiça do Estado do Rio de Janeiro, é importante o resgate do conteúdo das decisões em sede de 1º grau, que indeferiu a liminar e 2º grau que deferiu a liminar para a ocorrência do procedimento de aputação.

Decisão de 1º grau:

> Importa ressaltar que o réu se encontra internado em hospital, e que a equipe médica possui o "poder-dever" de oferecer ao paciente todo o tratamento que ela entender necessário para resguardar a sua vida e a sua saúde, ainda que esse tratamento seja imposto contra a vontade expressa do paciente, conforme já ressaltado na decisão proferida em 14 de agosto de 2020. Ao impor o tratamento ao paciente, contra a sua vontade expressa, o médico que apura a vigência de risco de morte não comete o crime de constrangimento ilegal ou de lesão corporal, como previsto em dispositivos específicos do

---

19. TEIXEIRA, Ana Carolina Brochado. RODRIGUES, Renata de Lima. **Autoridades parental: dilemas e desafios contemporâneos**. 2. ed. Indaiatuba: Foco, 2021. p. 22.
20. NEVARES, Ana Luiza Maia; SCHREIBER, Anderson. Do sujeito à pessoa: uma análise da incapacidade civil. *Quaestio iuris*, v. 9, n. 3, p. 1545-1558, 2016.
21. Art. 11. A pessoa com deficiência não poderá ser obrigada a se submeter a intervenção clínica ou cirúrgica, a tratamento ou a institucionalização forçada. Parágrafo único. O consentimento da pessoa com deficiência em situação de curatela poderá ser suprido, na forma da lei.

Código Penal. Está o médico amparado, ainda, pelo Código de Ética Médica, devendo agir no caso de risco iminente de morte, aplicando ao paciente os procedimentos terapêuticos que ele entender como necessários. Pelo que se observa da análise dos autos, os familiares já assinaram termo de autorização dirigido ao hospital. Nesse cenário, entendo que nada impede o corpo médico de impor ao paciente o tratamento que julgue necessário, se estiver convicto da vigência de risco de morte, e das medidas técnicas corretas a serem manejadas. Diante de todo o exposto, e do impedimento legal consagrado no texto do parágrafo 3º do art. 300 do CPC, indefiro o pedido de tutela antecipada. Comunique-se, com urgência, ao Relator do agravo distribuído à 18ª Câmara Cível. Dê-se ciência à DP e ao M.[22]

No que tange a decisão de 2º grau, cabe breve leitura:

Paciente portador de diabetes mellitus internado com quadro de gangrena mista do membro inferior, irreversível até o joelho, com áreas de necrose e indicação de amputação em caráter urgente. Quadro demencial do paciente atestado por laudo psiquiátrico. Aplicação do Estatuto da Pessoa com deficiência (Lei nº 13.146/15). Revisão do conceito de capacidade civil e dos institutos protetivos correlatos, à luz do princípio da dignidade da pessoa humana. Impedimento de longo prazo, de natureza física, mental, intelectual ou sensorial, que não mais implica em incapacidade civil. Nova perspectiva da curatela, restrita aos atos de conteúdo patrimonial ou negocial. Não indicação de patrimônio a zelar em prol da pessoa com deficiência. Requerimento destinado a garantir a saúde e a vida do agravado, que extrapola os limites da curatela. Risco de evolução do quadro para infecção generalizada e óbito, a autorizar o suprimento do consentimento do paciente por seu representante legal, diante da impossibilidade de manifestação livre e consciente da própria vontade. Tutela recursal deferida em parte.[23]

A decisão de 1º grau, destacou a ausência de (i) consentimento informado baseado nos artigos 22 e 24[24] do Código de Ética Médica do CFM (Resolução 2.217/2018[25]); (ii) comprovação do iminente risco de morte[26] e (iii) informações objetivas da capacidade de compreensão do paciente.[27]

Já na decisão de 2º grau, os principais elementos são: (i) advento da Lei nº 13.145/15 a curatela estaria restrita aos interesses de cunho patrimonial, não atingindo a esfera existencial da pessoa com deficiência, entres eles o direito à saúde e à disposição do proprio corpo; (ii) supresão de consentimento da pessoa com deficiência mediante ordem judicial diante a constatação da falta de dicernimento para atos da vida civil; (iii) alegaçao de risco de morte o que justificaria a supressão da vontade do paciente (art.

---

22. **TRIBUNAL DE JUSTIÇA DO ESTADO DO RIO DE JANEIRO. Decisão proferida nos autos nº** 0005240-28.2020.8.19.0207. 13ª Vara Cível da Comarca da Capital.

23. **TRIBUNAL DE JUSTIÇA DO ESTADO DO RIO DE JANEIRO. Decisão proferida nos autos nº** 0057265-57.2020.8.19.0000. 18ª Câmara Cível. 26 ago. 2024.

24. Art. 24. Deixar de garantir ao paciente o exercício do direito de decidir livremente sobre sua pessoa ou seu bem-estar, bem como exercer sua autoridade para limitá-lo.

25. CONSELHO FEDERAL DE MEDICINA. **Resolução CFM nº 2.217, de 27 de setembro de 2018.** Disponível em: https://portal.cfm.org.br/images/PDF/cem2019.pdf. Acesso em: 05 jul. 2024.

26. Posteriormente entendeu o magistrado no caso entendeu que no caso de "risco de morte" o paciente poderia ser submetido a procedimento contra sua vontade. **TRIBUNAL DE JUSTIÇA DO ESTADO DO RIO DE JANEIRO. Decisão proferida nos autos nº** 0005240-28.2020.8.19.0207. 13ª Vara Cível da Comarca da Capital. No dia 21 ago. 2020.

27. No dia 21.08.2020 emerge nova manifestação judicial reconhecendo o estado demencial do paciente, bem como a ausência de comprovação de risco de vida do autor. Diante disso, o Juízo de 1º grau mante o indeferimento da liminar para amputação.

22^{28} e 31^{29} do Código de Ética Médica (Resolução CFM nº 2.217/2018); (iv) vedação a abreviação da vida do paciente, ainda que pedido deste, baseado no art. 41 da Resolução CFM nº 2.217/2018 e (v) uma colisão entre direitos fundamentais. Diante esses destaques, passa-se a analisar:

Acertada a decisão de primeiro grau sobre o resgate normativo relativo a necessidade do consentimento e da participação do paciente sobre o procedimento no fomento do exercício de sua autodeterminação nos cenários de saúde, tanto nos aspectos jurídicos quanto deontológicos.

Na decisão de 2º grau, que reformou a decisão de primeiro piso, não existiria o risco iminente de morte – o que foi o motivo central da recusa da autorização de amputação em 1º grau – mas, sim, o risco de sepse e óbito em caso de agravamento do quadro clínico e a possibilidade de óbito, ou seja, um prognóstico clínico desfavorável da progressão da doença do paciente.

Contudo, o ponto central de ambas as decisões seria a presença ou a ausência do elemento "risco de morte do paciente" como fator ensejador para afastamento do exercício de sua autodeterminação e de consentimento do paciente, e nesse ponto surge nossa crítica.

Em ambas as decisões não foram observadas duas importantes Resoluções do CFM: (i) Resolução CFM nº 2.232/2019,[30] que estabelece de recusa terapêutica por pacientes e objeção de consciência e a (ii) Resolução 1.995/2012,[31] que dispõe as diretivas antecipadas do paciente. No caso em tela, conforme destacado, o paciente previamente já havia recusado por três oportunidades aos procedimentos, não sendo possível saber se antes do agravamento do seu estado demencial e desorientação[32] ou após esses eventos. O ponto central dessa manifestação é a utilização do § 2º, do art. 2 da Resolução 1.995/2012, que prevê.

> Art. 1º Definir diretivas antecipadas de vontade como o conjunto de desejos, prévia e expressamente manifestados pelo paciente, sobre cuidados e tratamentos que quer, ou não, receber no momento em que estiver incapacitado de expressar, livre e autonomamente, sua vontade.
>
> § 2º O médico deixará de levar em consideração as diretivas antecipadas de vontade do paciente ou representante que, em sua análise, estiverem em desacordo com os preceitos ditados pelo Código de Ética Médica.

---

28. Art. 22. Deixar de obter consentimento do paciente ou de seu representante legal após esclarecê-lo sobre o procedimento a ser realizado, salvo em caso de risco iminente de morte.
29. Observa-se, do mesmo modo, a inexistência de previsão de consentimento dos familiares, mas sim de comunicação e esclarecimento. Em suma, após constatada a ME, os aparelhos devem ser desconectados para que os trâmites fúnebres ocorram, situação que não acontecerá apenas se o paciente for doador de órgãos, pois neste caso os aparelhos permanecerão conectados até que ocorra a retirada dos órgãos.
30. **CONSELHO FEDERAL DE MEDICINA. Resolução CFM nº 2.232/2019.** Disponível em: https://sistemas. cfm.org.br/normas/visualizar/resolucoes/BR/2019/2232. Acesso em: 05 jul. 2024.
31. CONSELHO FEDERAL DE MEDICINA. **Resolução CFM nº 2.232/2019.** Disponível em: https://sistemas.cfm. org.br/normas/visualizar/resolucoes/BR/2012/1995. Acesso em: 05 jul. 2024.
32. Consta nos autos laudos médicos informando o quadro demencial e orientação a precisão exata no início desse episódios.

§ 3º As diretivas antecipadas do paciente prevalecerão sobre qualquer outro parecer não médico, inclusive sobre os desejos dos familiares.[33]

Observa-se que os referidos dispositivos da Resolução nº 1.995/12 citam expressamente em seu art. 1º que diretivas antecipadas de vontade como o conjunto de desejos, prévia e expressamente manifestados pelo paciente, sobre cuidados e tratamentos que quer, ou não, receber no momento em que estiver incapacitado de expressar, livre e autonomamente, sua vontade.

Todavia, em ambos os laudos médicos proferidos, em nenhum emerge o espaço tempo em que o paciente passou a não ter orientação. Entende-se que esses questionamentos deveriam ter sido feitos pelos magistrados nas duas instâncias, em especial pelo juízo de 1 grau que reconheceu que a medida seria violadora ao "direito fundamental do paciente" e "imposição compulsória da perda de um membro do seu corpo".

Chama a atenção, ainda, que ambos os laudos médicos transformam a doença como protagonista, deixando o paciente como espectador do seu próprio corpo. Outro ponto de destaque é a informação acerca dos "episódios intermitentes de desorientação", logo, por vezes o paciente demonstrava lucidez, portanto, agente capaz e de autonomia descensional sobre o seu tratamento de saúde.

Os conteúdos das decisões apontam no sentido de que não foi realizada a avaliação multiprofissional do paciente em observância ao art. 2º, § 1º do EPD,[34] tampouco, se durante as recusas do procedimento, o paciente demonstrava estar lúcido e orientado, com algum grau de capacidade para compreensão acerca do seu quadro clínico.

O Código Civil[35] positivou em seu artigo 15, no capítulo dos Direitos de Personalidade que "ninguém pode ser constrangido a submeter-se, com risco de vida, a tratamento médico ou a intervenção cirúrgica". Todavia, a interpretação do referido artigo merece uma nova interpretação, conforme ensina Diaulas Costa Ribeiro,[36] sendo crucial sua desconstrução e a necessária e importante releitura do artigo, enaltecendo que "[...] ninguém, nem com risco de vida, será constrangido a tratamento ou a intervenção cirúrgica, em respeito à sua autonomia, um destacado direito desta Era dos Direitos que não concebeu, contudo, um direito fundamental à imortalidade".

Não bastasse isso, o Enunciado nº 533, da VI Jornada de Direito Civil, do CJF, sugere "O paciente plenamente capaz poderá deliberar sobre todos os aspectos concernentes a tratamento médico que possa lhe causar risco de vida, seja imediato ou mediato, salvo

---

33. CONSELHO FEDERAL DE MEDICINA. **Resolução CFM nº 2.232/2019**. Disponível: https://sistemas.cfm. org.br/normas/visualizar/resolucoes/BR/2012/1995. Acesso em: 05 jul. 2024.

34. Art. 2º Considera-se pessoa com deficiência aquela que tem impedimento de longo prazo de natureza física, mental, intelectual ou sensorial, o qual, em interação com uma ou mais barreiras, pode obstruir sua participação plena e efetiva na sociedade em igualdade de condições com as demais pessoas. § 1º A avaliação da deficiência, quando necessária, será biopsicossocial, realizada por equipe multiprofissional e interdisciplinar e considerará.

35. BRASIL. **Lei nº 10.406, de 10 de janeiro de 2002**. Disponível em: https://www.planalto.gov.br/ccivil_03/leis/2002/l10406compilada.htm. Acesso em: 1º jul. 2024.

36. RIBEIRO, D.C. A eterna busca da imortalidade humana: a terminalidade da vida e a autonomia. **Bioética**, v. 13, n. 2, p. 112-120, dez. 2005.

as situações de emergência ou no curso de procedimentos médicos cirúrgicos que não possam ser interrompidos".[37]

É crível entender que a recusa prévia do paciente decorreu do exercício da autonomia e de sua autodeterminação antecipadamente manifestado por três oportunidades. Cabe relembrar, que a manifestação prévia pode e deve ser considerada como uma diretiva antecipada, inclusive conforme previsão do § 4º,[38] do art. 1º da Resolução 1.995/2012.

Vale lembrar que a autodeterminação, segundo Joaquim de Sousa Ribeiro seria o "poder de cada indivíduo gerir livremente a sua esfera de interesses, orientando a sua vida de acordo com as suas preferências".[39]

Ensina Júnior,[40] esse modo de regência da vida humana em um plano individual encontra abrigo constitucional (art. 1º, inciso III), materializando a dignidade da pessoa sob o prisma de uma personalidade vista através do personalismo ético-social e limitada ao reconhecimento absoluto do valor da pessoa humana.

Portanto, a abrangência da autodeterminação encampa o conceito de autonomia privada, logo relativo as escolhas individuais relativas da própria vontade, incluindo as preferências pessoais em relação à ideologia, partido político, religião e estilo de vida, orientações sexuais e direitos de renunciar à propria vida.

Todavia, o julgado demonstra resitência na aceitação, restringindo ao conceito de uma vida meramente biológica e não de amplo espectro como a bibliográfica.

A interpretação jurídica do direito à vida não pode ser ignorada, pois deve estar sempre em consonância com a dignidade. É importante ressaltar que existem várias formas de interpretações, algumas consideradas absolutas e outras relativas – inclusive sob o contexto sagrado e indisponível.[41] Beijato Junior[42] explica que a proteção fornecida a Constituição não o mero direito à vida, mas o direito ao gozo de uma vida com dignidade de cada individuo, uma vez que a dignidade compõe o basilar desse direto.

---

37. VI Jornada de Direito Civil. **Enunciado 533**. Coordenador-Geral. Ministro Ruy Rosado de Aguiar. Disponível: https://www.cjf.jus.br/enunciados/enunciado/144. Acesso em: 4 jul. 2024.
38. § 4º O médico registrará, no prontuário, as diretivas antecipadas de vontade que lhes foram diretamente comunicadas pelo paciente.
39. RIBEIRO, Joaquim de Sousa. **O problema do contrato**: as cláusulas contratuais gerais e o princípio da liberdade contratual. Coimbra: Almedina, 1999, p. 22.
40. JUNIOR, Otavio Luiz Rodrigues. **Autonomia da vontade, autonomia privada e autodeterminação Notas sobre a evolução de um conceito na Modernidade e na Pós-modernidade**. Disponível em: https://www2.senado.leg.br/bdsf/bitstream/handle/id/982/R163-08.pdf?sequence=4&isAllowed=y. Acesso em: 3 jun. 2024.
41. "O princípio do caráter sagrado da vida se tornou para nós tão familiar que o parecemos esquecer que a Grécia Clássica, à qual devemos a maior parte de nossos conceitos éticos-políticos, não somente ignorava este princípio, mas não possuía um termo que exprimisse em todo uma complexidade a esfera semântica que nós indicamos como o único termo "vida". A oposição zoé e bios, entre zen e eú zen (ou seja, entre a vida em geral e o modo de vida qualificado que é o próprio dos homens) ainda que tão decisiva para a origem da política ocidental, não contém nada que possa fazer pensar em um privilégio ou em uma sacralidade como tal". AGABEM, Giorgio. **Homo Sacer**: o poder soberano e a vida nua. 2. ed. Trad. Henrique Burigo. Belo Horizonte: UFMG, 2010, p. 71.
42. BEIJATO Junior, Roberto. **Vida**: direito ou dever?: um estudo constitucional da eutanásia. Rio de Janeiro: Lumem Juris. 2018.

Goldim[43] destaca que do ponto de vista da Bioética Principialista de Beuchamp e Childress, a partir da publicação da *obra Principles of Biomedical Ethics*,[44] o princípio da autonomia é na realidade a preservação de autodeterminação, logo, a liberdade de tomar suas próprias decisões.

Dalmir Junior e Letícia Maciel[45] destacam que sob o primas da Bioética, "defende formas de se verificar a capacidade do indivíduo de modo casuístico, adaptável à situação de saúde na qual o paciente está inserido, dando azo à sua autonomia e uma relação médico-paciente mais ética e humanizada".

Não bastasse isso, importante abordagem não pode ser obscurecida, qual seja, a suposta falacia relativa a colisão entre o direito à vida e o direito à liberdade. A Constituição se inspira na consideração da pessoa como um sujeito moral, capaz de assumir as consequências dos seus resultados.

Novamente ensina Beijato Junior,[46] as escolhas feitas e restritas no exercício da autonomia, são uma faceta do direito fundamental à liberdade e concede ao seu titular o direito de conduzir a sua existência lastreado em suas próprias convicções, crenças e com base em sua vontade, desde que não afronte o direito de outrem.

No caso do Agravo de Instrumento interposto perante o Tribunal de Justiça do Estado do Rio de Janeiro, embora tenha sido reconhecido que a pessoa com deficiência não pode ser obrigada a se submeter à intervenção médica, sendo necessária a obtenção do seu consentimento, o julgador reformou decisão de primeiro grau para autorizar a realização de cirurgia de amputação de membro inferior de paciente com demência moderada.

O fator determinante foi "dado o risco de evolução do quadro para infeção generalizada e óbito". A concepção de vida bibliográfica do paciente amputado, apesar de suas inúmeras recusas, inclusive quando ainda de sua lucidez, foram esvaziadas em pretexto de proteção de sua vida física.

Importante reflexão levantadas por Dalmir Junior e Letícia Maciel,[47] sobre a necessidade de separar Recusa Terapêutica da morte. Nem todos os casos de recusa de tratamento levará à mortalidade e essa decisão permanece um direito do indivíduo. Isso não diminui a responsabilidade dos profissionais em preservar vidas humanas, mas

---

43. GOLDIM, José Roberto. Autonomia e autodeterminação: confusões e ambiguidades. In: MARTINS-COSTA, Judith (Coord.). **Conversa sobre autonomia privada**. Canela: IEC, 2015.

44. BEAUCHAMP, Tom L.; CHILDRESS, James F. Principles of Biomedical Ethics. 5. ed. New York: Oxford, 2001.

45. LESCURA, Letícia Maciel. LOPES Jr. Dalmir. **Direitos personalíssimos**: perspectivas atuais e implicações bioéticas. Bioética e suas multiplicidades [recurso eletrônico]. In: LOPES JR., Dalmir; FRANCO, Túlio Batista (Og.). Niterói: Eduff, 2024. 2.68 mb.; PDF. p. 142. Disponível em: https://www.eduff.com.br/produto/bioetica--e-suas-multiplicidades-e-book-pdf-785. Acesso em: 5 jul. 2024.

46. BEIJATO JUNIOR, Roberto. **Vida**: direito ou dever?: um estudo constitucional da eutanásia. Rio de Janeiro: Lumem Juris. 2018.

47. LESCURA, Letícia Maciel. LOPES Jr. Dalmir. **Direitos personalíssimos**: perspectivas atuais e implicações bioéticas. Bioética e suas multiplicidades [recurso eletrônico]. In: LOPES JR., Dalmir; FRANCO, Túlio Batista (Org.). Niterói: Eduff, 2024. 2.68 mb.; PDF. Disponível em: https://www.eduff.com.br/produto/bioetica-e-suas-multiplicidades-e-book-pdf-785. Acesso em: 5 jul. 2024.

nos convida para uma reflexão mais ampla: até que ponto manter alguém vivo envolve submetê-lo a procedimentos indesejados?

Mas questiona-se, o que seria vida nesse contexto, um critério meramente mecânico ou com as particularidades, qualidades, subjetividades e mais, de ser observado sob o olhar do próprio detentor do bem jurídico tutelado?

Beijato Junior[48] reforça que é impossível definir um conceito atribuível à dignidade, todavia, é crucial um esboço mínimo de forma que se afaste o tão frequente "descionismo judicial" e a fundamentação do preceito de dignidade humana e vida como fundamento genéricos.

Quando o mesmo tema foi enfrentado no Tribunal de Justiça do Estado de São Paulo, ainda que por outro enfoque, pois não havia risco de evolução à óbito, percebe-se que houve uma clara preocupação com a participação da pessoa com deficiência intelectual ou psicossocial na delimitação do seu melhor interesse.

O Estatuto da Pessoa o estatuto da pessoa com deficiência tutela o protagonismo. No artigo 6º da referida legislação, há previsão legal de que a deficiência não afeta a plena capacidade civil da pessoa, inclusive no que tange a seus direitos reprodutivos e à sua fertilidade, estabelecendo expressa vedação de esterilização compulsória. As decisões proferidas no caso destacado (primeiro e segundo grau), evidenciam a preocupação em escutar a Curatelada e identificar qual é capacidade de compreender o intuito da cirurgia proposta, uma vez que a capacidade para prestar consentimento informado não se confunde com a capacidade para praticar negócios jurídicos patrimoniais. Desta forma, houve atendimento ao que estabelece o artigo 12, § 1º do Estatuto da Pessoa com Deficiência, pois para a realização de qualquer procedimento cirúrgico, deve ser assegurada a participação da pessoa em situação de curatela, no maior grau possível, para obtenção de consentimento.

Considerando que a Lei nº 9.263/1996, que trata a respeito do planejamento familiar, em seu artigo art. 10, §6º, exige prévia autorização judicial para realização da esterilização cirúrgica em pessoas absolutamente incapazes, na hipótese em que o paciente perde sua capacidade de manifestação clara e objetiva e não tendo a pessoa com deficiência deixado orientações específicas sobre os cuidados de saúde, o juiz deve tomar uma decisão em consonância com a história de vida dela com base em juízo hipotético, a decisão deve resultar da melhor interpretação da vontade e das preferências da pessoa com deficiência.

Finalmente, restando frustrados os caminhos anteriores, entendemos que a decisão deve estar consubstanciada com o critério do melhor interesse, buscando, assim, privilegiar a qualidade de vida, segundo o padrão médico. A esterilização forçada em comunidades minoritárias é histórica,[49] por muitas vezes não terem a suas vozes escutadas e serem considerados menos dignos de reprodução. Por outro lado, negar a todos

---

48. Op. cit., p. 105.
49. Disponível em: https://pubmed.ncbi.nlm.nih.gov/26322647/. Acesso em: 5 jun. 2024.

os pacientes com deficiência o acesso aos procedimentos médicos, também é uma forma de discriminação o que é vedado pelo artigo 4º do Estatuto da Pessoa com Deficiência.

Desta forma, acertada a decisão judicial proferida pelo Tribunal de Justiça do Estado de São Paulo quando determinou a escuta da pessoa com deficiência antes da autorização (ou não) da realização do procedimento de esterilização.

O artigo 13, do Estatuto da Pessoa com Deficiência, autoriza o atendimento médico sem prévio consentimento informado somente naquelas situações envolvendo risco de morte e emergência de saúde que não sejam consequências diretas e imediatas de decisões anteriores e legítimas sobre cuidados de saúde tomadas pela própria pessoa com deficiência.

Se a pessoa estiver submetida a curatela, a atuação do curador não alcançará os atos relativos aos direitos de personalidade, como o direito ao próprio corpo, nos termos do art. 85, § 1º, do Estatuto da Pessoa com Deficiência. Ademais, nos termos do art. 85, § 1º, do Estatuto da Pessoa com Deficiência, "é necessário dar-se a oportunidade à reque-rente de demonstrar suas limitações e verificar se esta é capaz de entender o intuito da cirurgia proposta".

4. NOTAS CONCLUSIVAS

Em respeito aos princípios da Convenção das Pessoas Portadoras de Deficiência (CPDP) e do Estatuto da Pessoa com Deficiência (EPD), que reformou também o princípio da curatela, as pessoas com deficiência devem ter sua vontade respeitada na maior medida possível. As decisões relativas à pessoa com deficiência somente serão medidas tomadas "em respeito ao seu melhor interesse" em última instância, quando não for possível a verificação da sua vontade ou, ainda, possível resgatar elementos da sua biografia determinantes para aferir seus valores.[50]

A vida não é um dever jurídico ao próprio portador, mas, noutra feita, a autonomia concede ao seu detentor escolhas próprias de condução, escoradas em critérios íntimos, não sendo lícito sua revisitação, desde que as escolhas não afetem bem jurídico de ter-ceiros. Nessa esteira, forçoso concluir que a morte com dignidade é direito fundamental decorrente da autonomia.[51]

Lembrando, ainda, que o Estatuto da Pessoa com Deficiência foi cirúrgico no sen-tido de reforçar que a curatela da pessoa com deficiência não abrange os temas relativos aos seus direitos existenciais, mas apenas aos assuntos patrimonial e negocial (art. 6, I e 85, § 1º).

Desse modo, harmonizando-se com o artigo 230 da Constituição Federal, o qual enaltece a promoção da autonomia da pessoa com deficiência. Nota-se, portanto, que

---

50. TEIXEIRA, Ana Carolina Brochado; RODRIGUES, Renata de Lima. **Autoridades parental**: dilemas e desafios contemporâneos. 2. ed. Indaiatuba: Foco, 2021. p. 22.

51. BEIJATO JUNIOR, Roberto. **Vida**: direito ou dever?: um estudo constitucional da eutanásia. Rio de Janeiro: Lumen Juris, 2018. p. 106.

diferente da decisão proferida pelo TJSP, a qual buscou incluir a pessoa com deficiência como protagonista das decisões que envolvem o seu próprio corpo, decisão do TJRJ, ao longo deste trabalho, está imbuída de uma postura paternalista, por interferir na esfera da autonomia existencial sem o consentimento, livre e esclarecido do paciente.

REFERÊNCIAS

AGABEM, Giorgio. **Homo Sacer: o poder soberano e a vida nua.** Trad. Henrique Burigo. 2. ed. Belo Horizonte: UFMG, 2010.

ALMEIDA, Taynara Oliveira de. DADALTO, Luciana. Benefícios do Planejamento de Cuidados. **Lex Medicina e Revista Portuguesa de Direito da Saúde.** ano 20. n. 39. jan./jun. 2023.

BARBOZA, Heloisa Helena. **A tutela Jurídica da pessoa idosa.** In: BARLETTA, Fabiana Rodrigues; ALMEIDA, Vitor (Coord.). Indaiatuba: Foco, 2020.

BARBOZA, Heloisa Helena. Vulnerabilidade e cuidado: aspectos jurídicos. In: OLIVEIRA, Guilherme de Pereira, SILVA, Tânia da (Coord.). *Cuidado & vulnerabilidade.* São Paulo: Atlas, 2009.

BARROSO, Luís Roberto. **A dignidade da pessoa humana no direito constitucional contemporâneo**: a construção de um conceito jurídico à luz jurisprudência mundial. Trad. Humberto Laport de Mello. 4. reimpr. Belo Horizonte. Fórum, 2016.

BEIJATO JUNIOR, **Roberto. Vida: direito ou dever**?: um estudo constitucional da eutanásia. Rio de Janeiro: Lumen Juris, 2018.

BEAUCHAMP, Tom L.; CHILDRESS, James F. Principles of Biomedical Ethics. 5. ed. New York: Oxford, 2001.

DADALTO, L.; PIMENTEL, W. Direito à recusa de Tratamento: análise da sentença proferida nos autos nº 201700242266 – TJGO. **Revista Brasileira de Direito Civil**, v. 15, p. 159-175, jan./mar. 2018.

DADALTO, Luciana. **Testamento Vital**. 5. ed. Indaiatuba: Foco, 2020.

DADALTO, Luciana. Responsabilidade Civil pelo descumprimento do testamento vital no contexto da Covid-19. In: MONTEIRO FILHO, Carlos Edison do Rêgo; ROSENVALD, Nelson; DENSA, Roberta. **Coronavírus e responsabilidade civil**: impactos contratuais e extracontratuais. Indaiatuba: Foco, 2020.

DADALTO, Luciana: SANTOS, Sarah Carvalho. A tomada de decisão em fim de vida e a COVID-19. In: DADALTO, Luciana (Coord.). **Bioética e COVID-19.** Indaiatuba: Foco, 2020. *E-book.*

DADALTO, Luciana; GODINHO, Adriano Marteleto; LEITE, George Salomão (Coord.). **Tratado brasileiro sobre direito fundamental à morte digna.** São Paulo: Almedina, 2017.

DADALTO, Luciana; SÁ, Maria de Fátima Freire. **Direito e medicina**: a morte digna nos tribunais. Indaiatuba, Sp. Editora Foco, 2018.

DADALTO, Luciana. GONSALES, Nathalia Recchiutti. Testamento Vital e Responsabilidade Civil. In: KFOURI NETO, Miguel e NOGAROLI, Rafaella (Coord.). **Debates Contemporâneos em direito médico**. 2. ed. São Paulo: Thomson Reuters, 2022.

DE CUPIS, A. **Os direitos da personalidade**. São Paulo: Quorum, 2008.

DIAS PEREIRA, A. G. **O consentimento informado na relação médico-paciente: estudo de direito civil.** Coimbra: Coimbra, 2004.

DIAS, Maria Clara (Org.). **Perspectiva dos Funcionamentos**: Fundamentos teóricos e aplicações. Rio de Janeiro: Ape'Ku, 2019.

DWORKIN, Ronald. **Domínio da Vida**: aborto, eutanásia e liberdade individuais. Trad. Jerferson Luiz Camargo. Revisão da tradução Silvana Vieira. 2. ed. São Paulo. Editora WMF Martins Fontes, 2009.

GAMA, Guilherme Calmon Nogueira. NUNES, Marina Lacerda. **A tutela Jurídica da pessoa idosa.** In: BARLETTA, Fabiana Rodrigues; ALMEIDA, Vitor (Coord.). Indaiatuba: Foco, 2020.

GOLDIM, José Roberto. Autonomia e autodeterminação: confusões e ambiguidades. In: Judith Martins-Costa (Coord.). **Conversa sobre autonomia privada.** Canela: IEC, 2015.

LESCURA, Letícia Maciel; LOPES Jr. Dalmir. **Direitos personalíssimos:** perspectivas atuais e implicações bioéticas. Bioética e suas multiplicidades [recurso eletrônico]. In: LOPES JR., Dalmir; FRANCO, Túlio Batista (Org.). Niterói: Eduff, 2024.

MORAES, Maria Celina Bodin de. O conceito de dignidade humana: substrato axiológico e conteúdo normativo. In: COUTINHO, Aldacy Rachid; SARLET, Ingo Wolfgang et al (Org). **Constituição, direitos fundamentais e direitos privado.** 2. ed. rev. ampl. Porto Alegre. Livraria do advogado, 2006.

NEVARES, Ana Luiza Maia; SCHREIBER, Anderson. Do sujeito à pessoa: uma análise da incapacidade civil. *Quaestio iuris*, v. 9, n. 3, p. 1545-1558, 2016.

RIBEIRO, D.C. A eterna busca da imortalidade humana: a terminalidade da vida e a autonomia. **Bioética**, v. 13, n. 2, dez. 2005.

RIBEIRO, Joaquim de Sousa. **O problema do contrato:** as cláusulas contratuais gerais e o princípio da liberdade contratual. Coimbra: Almedina, 1999.

SÁ, Maria de Fátima de; MOREIRA, Diogo Luna. **Autonomia para morrer:** eutanásia, suicídio, diretivas antecipadas de vontade e cuidados paliativos. 2. ed. Belo Horizonte: Del Rey, 2015.

SOARES, Flaviana Rampazzo. **Consentimento do paciente no direito médico:** validade, interpretação e responsabilidade. Indaiatuba, SP. Editora Foco, 2021.

STRECK, Lênio Luiz. **Tratado brasileiro sobre direito fundamental à morte digna.** In: GODINHO, Adriano Marteleto; LEITE, George Salomão; DADALTO, Luciana (Coord.). São Paulo: Almeida, 2017.

TEIXEIRA, Ana Carolina Brochado. RODRIGUES, Renata de Lima. **Regime das Incapacidades e autoridade parental:** qual o legado do estatuto da pessoa com deficiência para o direito infantojuvenil. Autoridades parental: dilemas e desafios contemporâneos. 2. ed. Indaiatuba: Foco, 2021.

CONSENTIMENTO NA REPRODUÇÃO ASSISTIDA *POST MORTEM*

Camila Capucho Cury Mendes[1]

Vagner Messias Fruehling[2]

Decisão paradigma: BRASIL. Superior Tribunal de Justiça (STJ). **Recurso Especial nº 1.918.421/ SP**, 4ª Turma, relator Min. Luiz Felipe Salomão, j. 08 jun. 2021.

Sumário: 1. Descrição do caso – 2. Regulamentação das técnicas de reprodução humana assistida (RHA) pelo Conselho Federal de Medicina (Resolução nº 2.320/2022) – 3. A RHA *post mortem* e o "consentimento presumido" no ordenamento jurídico brasileiro – 4. Análise da decisão paradigma que reconhece a impossibilidade de implantação de embriões após falecimento de um dos cônjuges sem autorização expressa e específica – 5. Notas conclusivas – Referências.

1. DESCRIÇÃO DO CASO

A fim de trazer, ao presente estudo, tópicos relacionados ao consentimento para as técnicas de Reprodução Humana Assistida (RHA), passa-se a expor, nas linhas abaixo, a contextualização fática que balizou o julgado do Acórdão em Recurso Especial nº 1.918.421/SP,[3] julgamento proferido na data de 08 de junho de 2021, pelo Superior Tribunal de Justiça (STJ). Trata-se do primeiro julgamento, proferido por uma Corte Superior, o qual delibera acerca da reprodução assistida *post mortem*, e a manifestação da vontade de cônjuge falecido, expressa ainda em vida.

Inicialmente, dois filhos do primeiro casamento do *de cujus* ajuizaram ação em face da terceira esposa do pai falecido e do hospital em que foi realizado o procedimento de coleta de gametas (material genético do falecido e da então esposa), sendo o mesmo nosocômio que realizara, previamente, a manipulação, bem como a criopreservação e

---

1. Mestre em Ciências da Saúde. Doutora em Educação. Membro do Comitê de Ética em Pesquisas envolvendo Seres Humanos da Universidade Tecnológica Federal do Paraná. Especialista em Vigilância em Saúde. Especialista em Direito Administrativo. Foi membro do grupo de pesquisas "Direito da Saúde e Empresas Médicas" (UNICURITIBA), liderado pelo prof. Miguel Kfouri Neto. Membro fundadora do Instituto Miguel Kfouri Neto (IMKN) – Direito Médico e da Saúde. Advogada. Farmacêutica-Bioquímica. E-mail: camilacuryadv@gmail.com.

2. Pós-graduado em Direito Médico e da Saúde pela UNICURITIBA. Graduando em Direito pela PUC-PR. Foi membro do grupo de pesquisas "Direito da Saúde e Empresas Médicas" (UNICURITIBA), liderado pelo prof. Miguel Kfouri Neto. Membro fundador do Instituto Miguel Kfouri Neto (IMKN) – Direito Médico e da Saúde. Médico. E-mail: dr.vagnermessias@gmail.com.

3. **BRASIL**. Superior Tribunal de Justiça (STJ). **Acórdão em Recurso Especial nº 1.918.421 – SP**, 4ª Turma, Relator Ministro Marco Buzzi, j. 08 jun. 2021. *DJe* 26 ago. 2021.

o armazenamento de embriões. Pleiteavam a impossibilidade de implantação de dois embriões criopreservados e armazenados, sob a guarda do cônjuge supérstite, diante da argumentação de inexistência de autorização expressa e específica, por parte do pai falecido, manifestada em vida. Em tutela de urgência, o pedido dos autores fora concedido, impedindo a viúva de dar continuidade à implantação dos embriões.

Em sede de apelação ao Tribunal de Justiça do Estado de São Paulo (TJSP), a viúva argumentou a existência da vontade do falecido em dar continuidade à família, uma vez que se submetera a coleta dos seus gametas para posterior formação do embrião.

No julgamento do recurso, o TJSP entendeu pela desnecessidade de novas provas,[4] em razão de documentos já trazidos aos autos (dentre eles, contrato de prestação de serviços); e pela rejeição de preliminares arguidas. Desta feita, a sentença foi reformada.

Em linhas gerais, o Tribunal considerou a suficiência da manifestação de vontade, externada pelos contratantes do serviço de criopreservação de embriões, aposta em contrato hospitalar denominado "Declaração de opção de encaminhamento de material criopreservado em caso de doença incapacitante, morte, separação ou não utilização no prazo de 3 anos ou 5 anos". Ressalta-se que os contratantes, em vida, acordaram que os embriões ficariam sob a custódia do cônjuge sobrevivente, ao invés de serem descartados ou doados.

Para o TJSP, a manifestação de ambos os cônjuges, sob a forma de uma cláusula contratual, constituir-se-ia como uma "autorização" para a implantação dos dois embriões criopreservados, vez que estariam desprovidos de outra destinação que não fosse a implantação para fins reprodutivos, unicamente.

Diante do provimento da apelação, os filhos do falecido, irresignados, interpuseram Recurso Especial perante o Superior Tribunal de Justiça (STJ). A alegação, em sede de Tribunal Superior, se baseou no fato da insuficiência de documentação, dentre elas Termo de Consentimento, para o procedimento de implantação dos embriões criopreservados vez que o julgamento em sede de Tribunal de Justiça fora unicamente baseado em um contrato celebrado entre o casal e o hospital. Neste sentido, o referido Tribunal *a quo* entendeu que o instrumento contratual estava suficientemente guarnecido por cláusulas "adequadas" e "permissivas", as quais se constituiriam como "prova da manifestação de vontade do *de cujus*, para permitir a implantação dos embriões no caso de seu falecimento.[5] Em Acórdão em Recurso Especial nº 1.918.421-SP, objeto deste estudo, o Tribunal Superior (STJ) entendeu pela impossibilidade de implantação dos dois embriões em comento, em razão da ausência de manifestação da vontade expressa e formal de ambos os cônjuges, afastando os efeitos das cláusulas contratuais celebradas em vida entre o casal e o nosocômio, nos seguintes termos:

---

4. **BRASIL**. Tribunal de Justiça de São Paulo (TJSP). **Apelação Cível nº 1082747-88.2017.8.26.0100**. 9ª Câmara de Direito Privado. Relatora: Angela Lopes, j. 19 nov. 2019. *DJe* 27 nov. 2019.

5. **BRASIL**. Tribunal de Justiça de São Paulo (TJSP). **Apelação Cível nº 1082747-88.2017.8.26.0100**. 9ª Câmara de Direito Privado. Relatora: Angela Lopes, j. 19 nov. 2019. *DJe* 27 nov 2019.

A declaração posta em contrato padrão de prestação de serviços de reprodução humana é instrumento absolutamente inadequado para legitimar a implantação *post mortem* de embriões excedentários, cuja autorização, expressa e específica, haverá de ser efetivada por testamento ou por documento análogo.[6]

Por maioria, a 4ª Turma do STJ concedeu provimento ao Recurso Especial interposto pelos autores, em razão de inequívoca ausência de instrumento hábil e adequado para o procedimento de implantação de embriões criopreservados. Entendeu-se que a celebração de um contrato de prestação de serviços de reprodução humana não tem o condão de substituir o instrumento de Termo de Consentimento. Este sim seria o meio adequado para a manifestação da vontade de pacientes que se submetem a procedimentos médicos, ao se legitimar a intenção para constituição de prole futura, e seus desdobramentos sucessórios, como direito de herança. Para a Corte,

(...) a decisão de autorizar a utilização de embriões consiste em disposição *post mortem*, que, para além dos efeitos patrimoniais, sucessórios, relaciona-se intrinsecamente à personalidade e dignidade dos seres humanos envolvidos, genitor e os que seriam concebidos, atraindo, portanto, a imperativa obediência à forma expressa e incontestável, alcançada por meio do testamento ou instrumento que o valha em formalidade e garantia.[7]

O elemento paradigma deste caso em tela repousa no fato de que este é o primeiro julgado em que um Tribunal Superior (STJ) deliberou acerca da reprodução assistida *post mortem* e a (in)validade do meio (contrato de prestação de serviços) pelo qual foi externada a suposta vontade, o qual proporcionou, segundo as palavras da Ministra Maria Isabel Gallotti, "um debate muito rico e inédito".[8]

Diante desse contexto, pretende-se explorar, neste trabalho, um debate acerca de um instrumento válido para expressar o consentimento diante de possíveis desdobramentos futuros relacionados aos embriões criopreservados, em especial nos casos de falecimento de cônjuge, sem deixar de lado o cenário da previsão normativa disponível no ordenamento jurídico brasileiro. Assim sendo, serão temas de estudo neste artigo as Resoluções do Conselho Federal de Medicina nº 2.294/2021[9] (já revogada) e nº 2.320/2022[10] (atualmente em vigor).

---

6. **BRASIL**. Superior Tribunal de Justiça (STJ). **Acórdão em Recurso Especial nº 1.918.421 – SP,** 4ª Turma, Relator Ministro Marco Buzzi, j. 08 jun. 2021. *DJe* 26 ago. 2021.
7. **BRASIL**. Superior Tribunal de Justiça (STJ). **Acórdão em Recurso Especial nº 1.918.421 – SP,** 4ª Turma, Relator Ministro Marco Buzzi, j. 08 jun. 2021. *DJe* 26 ago. 2021.
8. **BRASIL**. Superior Tribunal de Justiça (STJ). **Acórdão em Recurso Especial nº 1.918.421 – SP,** 4ª Turma, Relator Ministro Marco Buzzi, j. 08 jun. 2021. *DJe* 26 ago. 2021.
9. **CONSELHO FEDERAL DE MEDICINA. Resolução nº 2.294/2021**. Adota as normas éticas para a utilização das técnicas de reprodução assistida – sempre em defesa do aperfeiçoamento das práticas e da observância aos princípios éticos e bioéticos que ajudam a trazer maior segurança e eficácia a tratamentos e procedimentos médicos, tornando-se o dispositivo deontológico a ser seguido pelos médicos brasileiros e revogando a Resolução CFM nº 2.168, publicada no D.O.U. de 10 de novembro de 2017, Seção I, p. 73. Revogada pela Resolução CFM nº 2.320/2022.
10. CONSELHO FEDERAL DE MEDICINA. **Resolução nº 2.320/2022**. Adota normas éticas para a utilização de técnicas de reprodução assistida – sempre em defesa do aperfeiçoamento das práticas e da observância aos princípios éticos e bioéticos que ajudam a trazer maior segurança e eficácia a tratamentos e procedimentos médicos,

2. REGULAMENTAÇÃO DAS TÉCNICAS DE REPRODUÇÃO HUMANA ASSISTIDA (RHA) PELO CONSELHO FEDERAL DE MEDICINA (RESOLUÇÃO Nº 2.320/2022)

As técnicas de Reprodução Humana Assistida (RHA) assumem grande importância, em especial no contexto de uma sociedade em que o desenvolvimento da carreira profissional se sobrepõe ao desejo de se constituir uma família, pelo menos em termos de idade considerada ideal para a procriação. Por outro lado, essas técnicas são largamente utilizadas como alternativa para situações de esterilidade, ou seja, como uma possibilidade de se instituir o projeto parental, inclusive após morte de um dos cônjuges.

Nesse sentido, é necessário que sejam considerados os aspectos bioéticos, biojurídicos e legais que permeiam a reprodução assistida no Brasil, principalmente em termos de legislação regulamentadora do tema e do consentimento de cônjuges que se submeteram a criopreservação de gametas e de embriões, em especial as situações de falecimento de um deles.

Em termos legais, considerando que a temática da reprodução humana se constitui como um tema cujos desdobramentos avançam para além do Direito Médico, a exemplo do Direito Civil (em relação ao Direito da Personalidade e do Direito Sucessório), observa-se que o Brasil é carente de uma regulamentação específica. Inclusive, por isso, discute-se a falta de segurança jurídica para o manejo destas técnicas, principalmente diante do contexto da implantação de embriões *post mortem*, a qual é objeto de discussão deste artigo.

Além disso, na esfera ética, o Conselho Federal de Medicina (CFM) assume uma posição de relevante importância, tanto em termos de regulamentação deontológica quanto ao balizamento ético para o respaldo do profissional médico. Ressalta-se que o CFM, diante do silêncio legislativo do ordenamento jurídico brasileiro para a temática da RHA, possui a prerrogativa para a elaboração de normas atinentes à atuação da classe médica, pois é um Conselho Fiscalizador de profissão regulamentada no país. Tais resoluções serão oportunamente trazidas ao presente artigo.

Em termos de diplomas legais, atualmente, no país, encontram-se em tramitação, em ambas as Casas Legislativas (Câmara dos Deputados e Senado Federal), dois projetos de lei para a regulamentação das técnicas de RHA.

O Projeto de Lei (PL) nº 1.851/2022,[11] em tramitação no Senado Federal, trata do consentimento presumido para a continuidade de implantação de embriões criopreservados, propondo uma alteração no artigo nº 1.597, do Código Civil, com a inserção de dois parágrafos ao mesmo.

---

tornando-se o Dispositivo deontológico a ser seguido pelos médicos brasileiros e revogando a Resolução CFM nº 2.294, publicada no Diário Oficial da União de 15 de junho de 2021, Seção I, p. 60.

11. **BRASIL. Projeto de Lei do Senado nº 1851, de 2022**. Altera o art. 1.597 do Código Civil para dispor sobre o consentimento presumido de implantação, pelo cônjuge ou companheiro sobrevivente, de embriões do casal que se submeteu conjuntamente a técnica de reprodução assistida.

O primeiro parágrafo deste projeto trata da permissão, ao cônjuge sobrevivente, para a implantação de embriões previamente armazenados e criopreservados, dispensando-se a autorização prévia (ou seja, em vida) e expressa do cônjuge falecido. O referido parágrafo traz em seu texto, adicionalmente, uma orientação acerca do cabimento de eventual "disposição em sentido contrário", caso o casal, no momento em que se submeteram às técnicas de RHA, já tenham manifestado o consentimento relacionado à reprodução.

Traz-se, portanto, a possibilidade de implantação de embriões criopreservados por meio de uma espécie de *consentimento presumido*, o que, atualmente, não encontra guarida no ordenamento jurídico brasileiro, confrontando o atual entendimento acerca do Consentimento Informado, bem como a já revogada Resolução nº 2.294/2021[12] do Conselho Federal de Medicina. Este projeto de lei vai de encontro, igualmente, à doutrina majoritária do direito médico, a qual considera que o Termo de Consentimento Livre e Esclarecido (TCLE) deva ser um documento de importância ímpar para a disposição do corpo humano (e seus desdobramentos), no sentido de que deve ser aposta a concordância quanto a procedimentos que envolvem o organismo humano, em momentos anteriores à efetivação de algum procedimento, demandando assim um dado período de tempo para o paciente assimilar e internalizar as informações a ele repassadas.

Já o segundo parágrafo do Projeto de Lei (PL) nº 1.851/2022 propõe que os serviços responsáveis pelas técnicas de RHA deverão questionar – aos que se submetem a tal procedimento, no momento da autorização para a efetivação da técnica reprodutiva – acerca de eventual discordância quanto à utilização do referido material (embrião) para a fecundação artificial ou implantação (do embrião) após a sua morte. Esta manifestação, que estaria especificamente relacionada à discordância do paciente, deveria ser registrada no mesmo documento mencionado no parágrafo anterior.

Em que pese o direito de planejamento familiar, este projeto de lei deve ser considerado com cautela, pois envolve não apenas o direito de disposição do próprio corpo (neste caso, das células sexuais reprodutivas que foram utilizadas para a formação do embrião), mas também os direitos sucessórios decorrentes do direito de herança, ao se tratar de uma hipótese em que se presumiria eventual concordância de um dos genitores (falecido), externada em vida.

Ademais, com o advento da Resolução CFM nº 2.320/2022,[13] este projeto de lei há de ser, ainda, considerado com a devida prudência de praxe, no sentido de até mesmo

---

12. **CONSELHO FEDERAL DE MEDICINA. Resolução nº 2.294/2021.** Adota as normas éticas para a utilização das técnicas de reprodução assistida – sempre em defesa do aperfeiçoamento das práticas e da observância aos princípios éticos e bioéticos que ajudam a trazer maior segurança e eficácia a tratamentos e procedimentos médicos, tornando-se o dispositivo deontológico a ser seguido pelos médicos brasileiros e revogando a Resolução CFM nº 2.168, publicada no D.O.U. de 10 de novembro de 2017, Seção I, p. 73. Revogada pela Resolução CFM nº 2.320/2022.

13. **CONSELHO FEDERAL DE MEDICINA. Resolução nº 2.320/2022.** Adota normas éticas para a utilização de técnicas de reprodução assistida – sempre em defesa do aperfeiçoamento das práticas e da observância aos princípios éticos e bioéticos que ajudam a trazer maior segurança e eficácia a tratamentos e procedimentos médicos, tornando-se o Dispositivo deontológico a ser seguido pelos médicos brasileiros e revogando a Resolução CFM nº 2.294, publicada no Diário Oficial da União de 15 de junho de 2021, Seção I, p. 60.

ter sua tramitação revista, no que se refere ao consentimento presumido. Isso porque ele continua desprovido de guarida e sedimentação no ordenamento jurídico pátrio, a exemplo de ainda não ter sido regulamentado, até os dias atuais, pelo Conselho Federal de Medicina.

Na mesma esteira de entendimento, é necessário também, trazer à baila o Projeto de Lei nº 90, de 1999,[14] já aprovado no Senado e que segue em trâmite na Casa Revisora (Câmara dos Deputados).[15] O texto trata, dentre outras questões, acerca do descarte obrigatório de gametas (excetuados os descartes de embriões) apenas em situações em que houver, para tanto, consentimento livre e esclarecido, ou para os casos de falecimento do doador ou do depositante – ressalvada a hipótese em que este último tenha autorizado, por meio de TCLE ou testamento, a utilização póstuma de seus gametas pela esposa ou companheira. Adicionalmente, esse projeto de lei dispõe que a utilização de gametas, sem autorização prévia de depositantes falecidos, se constituiria em crime, a ser punível com pena de reclusão de um a três anos, acrescido de multa.

Dos projetos de lei que estão em tramitação nas Casas Legislativas, importa que sejam discutidos de forma ampla, abrangendo um grande número de estudiosos, de diferentes ramos de atuação do saber científico, vez que estas legislações compartilham temáticas cujos desdobramentos afetam tanto interesses públicos, como a submissão de regras de planejamento familiar ao poderio normativo institucional do Estado Democrático de Direito, como afeta também interesses particulares, em eventuais direitos sucessórios.

Necessário, ainda, trazer para a discussão os desdobramentos e efeitos éticos das técnicas de RHA *post mortem*, como uma forma de respeito à disposição do próprio corpo, cuja vontade deve ser emanada ainda em vida.

Em termos de regulamentação deontológica, no Brasil, as técnicas de criopreservação de gametas (células sexuais femininas e masculinas) e de embriões são atualmente regulamentadas pela Resolução nº 2.320/2022, de 20 de setembro de 2022, do CFM, que revogou a Resolução CFM nº 2.294, de 15 de junho de 2021. Na resolução em vigor apontada acima, há previsão de que o consentimento para o destino dos embriões criopreservados deve ser elaborado por meio de um "formulário específico", o qual ganharia completude por meio da "concordância, por escrito, obtida a partir de discussão entre as partes envolvidas nas técnicas de reprodução assistida".[16]

---

14. **BRASIL. Projeto de Lei do Senado nº 90, de 1999**. Dispõe sobre a Reprodução Assistida..
15. Nos dias atuais, este Projeto de Lei ainda encontra-se em tramitação na Câmara dos Deputados, a qual se institui como Casa Revisora para a apreciação deste normativo. Disponível em: https://www.congressonacional.leg.br/materias/materias-bicamerais/-/ver/pls-90-1999. Acesso em: 25 jun. 2024.
16. **CONSELHO FEDERAL DE MEDICINA. Resolução nº 2.320/2022**. Adota normas éticas para a utilização de técnicas de reprodução assistida –sempre em defesa do aperfeiçoamento das práticas e da observância aos princípios éticos e bioéticos que ajudam a trazer maior segurança e eficácia a tratamentos e procedimentos médicos, tornando-se o Dispositivo deontológico a ser seguido pelos médicos brasileiros e revogando a Resolução CFM nº 2.294, publicada no Diário Oficial da União de 15 de junho de 2021, Seção I, p. 60.

Em um breve estudo comparativo, a Resolução anterior alinhou, com a atual Resolução, os entendimentos doutrinários no que se refere à necessidade de um Termo de Consentimento Livre e Esclarecido ser elaborado em um formulário próprio para tanto. Infere-se, assim, ser imprescindível um documento detentor de características específicas e ricas em detalhamento, o que pode ser entendido como um balizamento para esclarecimentos técnicos, jurídicos e éticos tanto para o profissional quanto para os pacientes.

Em alinhamento com as demais normatividades expedidas pelo próprio Conselho Federal de Medicina, como o Código de Ética Médica,[17] destacam-se os artigos 13, 22, 24, 31, 34, que qualificam a autonomia do paciente, edificando-a como um princípio deontológico fundamental da ética médica, sendo vedado ao profissional deixar de obter consentimento do paciente (ou de seu representante legal), após o devido esclarecimento, para os procedimentos a serem executados, ressaltadas as situações de iminente risco de morte.

Ressalta-se que a Resolução nº 2.320/2022 do CFM manteve a recomendação da resolução anterior no intuito de orientar para a elaboração de um Termo de Consentimento em formulário específico, no sentido de se afastar eventuais previsões, no mesmo documento, de assuntos alheios e diversos à manifestação quanto à Reprodução Assistida. A importância da previsão e da confecção deste formulário específico tem seu fundamento de validade no fato de que o futuro documento a ser elaborado tenha um objetivo único e focado no real interesse dos seus subscritores: a destinação do seu material biológico criopreservado após a morte.

Observa-se a importância de se obter o consentimento do cônjuge ainda em vida, pois pode trazer desdobramentos atinentes à esfera cível, como o Direito Sucessório e reivindicação de herança. Na ausência do consentimento expresso, poder-se-ia cogitar a possibilidade da figura de um eventual "consentimento presumido", nos termos do que dispõe o Projeto do Lei nº 1.851/2022, que será a seguir debatido.

3. A RHA *POST MORTEM* E O "CONSENTIMENTO PRESUMIDO" NO ORDENAMENTO JURÍDICO BRASILEIRO

O objeto de estudo proposto para este artigo tem sustentação no consentimento para as técnicas de reprodução humana no país, em especial nos casos de falecimento de um dos cônjuges, o que sedimenta a reprodução assistida *post mortem*. Assim sendo, é necessário trazer o embasamento teórico a respeito do Termo de Consentimento e dos princípios que o balizam. Ademais, será também debatido neste tópico o consentimento presumido, o qual fora objeto de deliberação por parte de um órgão judiciário do país e que trouxe a necessidade de analisar, pormenorizadamente, os documentos e termos

---

17. **CONSELHO FEDERAL DE MEDICINA. Resolução nº 1.931/2009.** Aprova o Código de Ética Médica. Disponível em: https://portal.cfm.org.br/images/stories/biblioteca/codigo%20de%20etica%20medica.pdf. Acesso em: 09 ago. 2022.

relacionados ao processo de reprodução humana assistida, em especial em casos de falecimento de cônjuge.

De acordo com a Recomendação nº 01/2016[18] do Conselho Federal de Medicina, para que sejam respeitadas a autonomia e a dignidade da pessoa humana, é necessária a obtenção do consentimento, preferencialmente sob a forma escrita, para fins de procedimentos médicos, sejam eles cirúrgicos ou não. Neste termo, deverão estar previstas as informações e esclarecimentos relacionados ao procedimento ou tratamento, os quais servirão de suporte tanto para a compreensão quanto para a decisão do paciente. Para o CFM, o Termo de Consentimento (TCLE) tem a função de subsidiar as

> (...) justificativas, objetivos esperados, benefícios, riscos, efeitos colaterais, complicações, duração, cuidados e outros aspectos específicos inerentes à execução tem o objetivo de obter o consentimento livre e a decisão segura do paciente para a realização de procedimentos médicos.[19]

O TCLE tem a função de veicular as principais informações a serem fornecidas ao paciente, no sentido de que possa tomar conhecimento, sendo esclarecido para deliberar a respeito do seu conteúdo e, acima de tudo, consentir, de forma livre (desprovida de simulação, fraude ou coação) a respeito do procedimento/tratamento médico, ainda mais em se tratando de prole futura, como é o caso de RHA *post mortem*.

Para Flaviana Rampazzo Soares, o consentimento do paciente se caracteriza como um ato jurídico, o qual pode ser unilateralmente externado pelo próprio paciente, no momento em que ele se manifesta, voluntariamente, concordando ou não com um determinado procedimento ou tratamento, exposto geralmente sob a forma de um TCLE. Vale consignar que um ato jurídico diferencia-se de negócios jurídicos, os quais são caracterizados, de modo resumido, pela liberdade de negociação de suas cláusulas. Assim sendo, para a civilista:

> (...) o consentimento é ato jurídico em sentido amplo, pois nele, indubitavelmente, há o envolvimento do elemento volitivo, com incontestável proeminência: o paciente autoriza o ato médico porque deseja submeter-se a um tratamento ou procedimento (causa e gênese) e, conforme visto, essa ocorrência tem repercussões jurídicas.[20]

A obtenção de um TCLE confere segurança jurídica ao ato médico, legitimando assim a conduta do profissional, sob os prismas da Bioética e do Biodireito. Sob o olhar do paciente, esse termo também possui desdobramentos jurídicos, no sentido de que a ele é concedida a oportunidade de se manifestar a respeito da concordância (ou não) com aquilo proposto pelo profissional.

---

18. **CONSELHO FEDERAL DE MEDICINA. Recomendação nº 01/2016.** Dispõe sobre o processo de obtenção de consentimento livre e esclarecido na assistência médica.
19. **CONSELHO FEDERAL DE MEDICINA. Recomendação nº 01/2016.** Dispõe sobre o processo de obtenção de consentimento livre e esclarecido na assistência médica.
20. SOARES, Flaviana Rampazzo. **Consentimento do Paciente no Direito Médico. Validade, interpretação e responsabilidade.** São Paulo: Foco. 2021, p. 66.

A esse respeito, Miguel Kfouri Neto[21] ensina que o Termo de Consentimento é um documento de grande valia, o qual subsidia a boa relação médico-paciente. Neste sentido, o documento deverá não apenas informar, mas sobretudo esclarecer, ao ponto de que a informação a ser repassada ao paciente deverá conter clareza e precisão, atingindo o seu nível de entendimento, além de ser completa, quanto aos detalhes. O autor ainda menciona que o TCLE reveste-se de quatro requisitos preponderantes: deve ter voluntariedade, expresso por pessoa capaz, após o devido esclarecimento e com informações a respeito de futuras etapas/procedimentos que envolvam a sua saúde.

Hodiernamente, é este o atual estágio da relação médico-paciente, o qual se sustenta no dever informacional, por parte do profissional de saúde. Neste diapasão, a Recomendação nº 1/2016 do Conselho Federal de Medicina[22] vem ao encontro deste estudo, no sentido de se trazer à discussão as suas diretrizes, naquilo que diz respeito ao consentimento. Para a referida normativa, o consentimento deverá ser redigido em linguagem acessível ao paciente, de forma que o receptor possa compreender os desdobramentos do procedimento. Adicionalmente, a relação dialética entre o profissional responsável e o paciente conduzirá à obtenção do melhor resultado possível, no sentido de que o paciente cumprirá as recomendações previstas pelo profissional.

É no bojo desta breve exposição que se passará a estudar a contextualização do referido Termo de Consentimento Livre e Esclarecido, sob o prisma das técnicas de reprodução assistida, desenvolvidas no Brasil. E, para tanto, faz-se imprescindível ater-se às lições de Genival Veloso de França.

De acordo com o autor, a utilização de técnicas de reprodução assistida deve considerar o contexto da sociedade atual, no que se refere ao advento de doenças a serem tratadas, mediante a utilização de quimioterápicos potencialmente danosos às células sexuais. A utilização destas técnicas pode retirar o seu fundamento de validade mediante a argumentação de que "o aumento das taxas de sobrevida e cura após os tratamentos das neoplasias malignas, possibilita às pessoas acometidas um planejamento reprodutivo antes da intervenção com risco de levar à infertilidade".[23]

Soma-se a isso o fato de que as mulheres buscam, prioritariamente, a independência financeira e social para, posteriormente, constituírem família. Sob este prisma, França afirma que "existe diminuição da probabilidade de solucionar vários casos de problemas de reprodução humana", sendo imprescindível que se busque "harmonizar o uso destas técnicas com os princípios da ética médica".[24]

Ainda, o autor entende que a reprodução assistida pode se dar sob duas modalidades: i) a fecundação intraconjugal, homóloga ou homofecundação (realizada por meio

---

21. KFOURI NETO, Miguel. **Responsabilidade Civil do Médico**. 10. ed. rev. atual. e ampl. São Paulo: Ed. RT, 2019. p. 266.
22. **CONSELHO FEDERAL DE MEDICINA**. **Recomendação nº 01/2016**. Dispõe sobre o processo de obtenção de consentimento livre e esclarecido na assistência médica.
23. FRANÇA, Genival Veloso de. **Direito Médico**. 17. ed. rev. atual. ampl. Rio de Janeiro: Forense, 2021, p. 389.
24. FRANÇA, Genival Veloso de. **Direito Médico**. 17. ed. rev. atual. ampl. Rio de Janeiro: Forense, 2021, p. 389.

de gametas do próprio casal, o que não encontra grandes obstáculos, vez que não fere as normas da moral nem do Direito); ou ii) a fecundação extraconjugal, heteróloga ou heterofecundação (técnica em que se utilizam fontes diversas de gametas, a exemplo de bancos de sêmen, banco de óvulos, o que pode vir a gerar desdobramentos na esfera do Direito, dentre outras). Assim sendo, a obtenção do consentimento nas técnicas de RHA abrange todas as pessoas envolvidas no procedimento, abarcando também no instrumento consensual os desdobramentos inerentes à inteireza humana.[25]

O Conselho Federal de Medicina, ao regulamentar as técnicas de RHA no país, orienta, por meio da Resolução nº 2.320/2022, que o Termo de Consentimento Livre e Esclarecido (TCLE) é obrigatório, dotado de diversas particularidades (item I.4 – Anexo). Dentre elas, citam-se a necessidade do detalhamento das etapas dos procedimentos, bem como acerca dos possíveis resultados a serem alcançados. Ademais, há a preocupação em orientar o profissional quanto ao cuidado com o tratamento dos dados pessoais dos pacientes, sob o prisma das esferas biológica, jurídica e ética. Esta normativa, embora dotada de *status* normativo infralegal, congrega elementos da Bioética à prática médica, orientando o profissional no balizamento da sua conduta.

Nesse sentido, Isadora Pagliari e Débora Gozzo[26] destacam a importância de transmitir essas informações aos pacientes, para que compreendam as peculiaridades da RHA e de cada procedimento. Como bem pontuado pelas autoras, o TCLE permitirá uma relação dialética entre o profissional e os pacientes, contribuindo para o esclarecimento e a transparência do procedimento.

Em se tratando de reprodução assistida após o falecimento de um dos cônjuges, no Brasil, são permitidas as técnicas de RHA *post mortem* para determinadas (e excepcionais) situações em que se deseja dar continuidade ao planejamento familiar. Contudo, há algumas particularidades, as quais passarão a ser expostas.

A Resolução CFM nº 2.320/2022 prevê que somente será possível o desenvolvimento das técnicas de RHA diante de autorização específica do(a) falecido(a), nos seguintes termos:

VIII – Reprodução assistida *post mortem*
É permitida a reprodução assistida post mortem, desde que haja autorização específica para o uso do material biológico criopreservado em vida, de acordo com a legislação vigente.

A atual determinação do Conselho é clara no sentido de que a permissão para a disposição do próprio corpo, agora em se tratando de indivíduos falecidos, deverá ser manifestada pelo mesmo, de forma específica e inequívoca, contudo "em vida". A especificidade se refere a contextos em que o esclarecimento devido ao paciente e a deliberação do mesmo acerca de determinado procedimento deverão estar dispostos

---

25. FRANÇA, Genival Veloso de. **Direito Médico**. 17. ed. rev. atual. ampl. Rio de Janeiro: Forense, 2021, p. 384.
26. PAGLIARI, Isadora; GOZZO, Débora. Responsabilidade Civil dos Médicos e as Clínicas de Reprodução Humana Assistida. In: KFOURI NETO, Miguel; NOGAROLI, Rafaella (Coord.). **Debates contemporâneos em direito médico e da saúde**. São Paulo: Ed. RT, 2020, p. 123.

em um documento único, no qual seja afastada a previsão de outros assuntos, alheios à constituição de prole futura em casos de falecimento de um dos cônjuges

A autorização, do mesmo modo, deverá ser inequívoca, ou seja, não poderá veicular margem para outras interpretações que não unicamente aquela que foi manifestada ainda em vida, pelo próprio paciente em questão. Ademais, a Resolução inovou no sentido de determinar que o consenso para a implantação de embriões criopreservados, no caso de morte de um dos genitores, seja manifestado em vida, justificando-se o fato de que o sucesso da técnica e do nascimento inevitavelmente acarretará desdobramentos futuros para o nascido vivo, como o direito de personalidade e o direito sucessório.

Esta foi uma inovação de grande importância frente à resolução anterior, a qual era silente. Como um dos desdobramentos das técnicas de RHA no país na seara dos direitos da personalidade, o Provimento nº 63, da Corregedoria do Conselho Nacional de Justiça, de 2017,[27] já previa a necessidade de autorização específica para o registro civil das pessoas naturais, nos seguintes termos:

> Art. 17. Será indispensável, para fins de registro e de emissão da certidão de nascimento, a apresentação dos seguintes documentos:
>
> (...) § 2º Nas hipóteses de reprodução assistida *post mortem*, além dos documentos elencados nos incisos do *caput* deste artigo, conforme o caso, deverá ser apresentado termo de autorização prévia específica do falecido ou falecida para uso do material biológico preservado, lavrado por instrumento público ou particular com firma reconhecida.

O registro civil a ser executado para fins de registro do surgimento de pessoa natural, mesmo em se tratando de eventual reprodução assistida *post mortem*, encontra amparo no ordenamento jurídico brasileiro. É neste sentido que reside a importância do instrumento consensual, advindo do cônjuge falecido, o qual deverá manifestar previamente, aqui entendido como "em vida", a sua concordância com eventual formação de prole futura.

Sobretudo por se tratar do princípio da paternidade responsável, deve-se ter em mente que o embrião criopreservado, implantado e nascido vivo, inevitavelmente irá se deparar com a ausência de um dos seus genitores, o que deverá ser tratado com cautela, em razão de eventuais desdobramentos psicológicos ao nascituro. É neste sentido que a Resolução nº 2.32/2022 do CFM toma assento, na contextualização dos fatos da vida presente.

Ainda enquanto vigente a antiga Resolução CFM nº 2.168/2017,[28] O Conselho Nacional de Justiça (CNJ) já se posicionara no que se refere aos registros civis dos nas-

---

27. **CONSELHO NACIONAL DE JUSTIÇA. Provimento nº 63, de 14 de novembro de 2017.** Institui modelos únicos de certidão de nascimento, de casamento e de óbito, a serem adotadas pelos ofícios de registro civil das pessoas naturais, e dispõe sobre o reconhecimento voluntário e a averbação da paternidade e maternidade socioafetiva no Livro "A" e sobre o registro de nascimento e emissão da respectiva certidão dos filhos havidos por reprodução assistida.

28. **CONSELHO FEDERAL DE MEDICINA. Resolução nº 2.168/2017.** Adota as normas éticas para a utilização das técnicas de reprodução assistida – sempre em defesa do aperfeiçoamento das práticas e da observância aos

cimentos havidos por conta de técnicas de RHA *post mortem*, a fim de regulamentar a filiação de indivíduos nascidos por meio desta técnica. Assim sendo, destaque seja dado à expressão "termo de autorização prévia específica do falecido ou falecida para uso do material biológico preservado", o que pode ser entendido como um respeito à manifestação (específica) expedida pelo *de cujus*, acerca da disposição do seu próprio corpo (seus gametas e embriões, eventualmente), após a sua morte. Nesse sentido, a referida manifestação do CNJ dá o devido respaldo fático e normativo para o reconhecimento da prole constituída por meio das técnicas de RHA *post mortem*, o que garante a filiação legítima da mesma, mediante a manifestação expressa em vida.

Disso, infere-se que a manifestação da vontade para a utilização de eventual material biológico criopreservado, no contexto deste estudo, tratando-se de embriões criopreservados, deverá ser concretizada de forma direcionada especificamente para este fim. Em outros termos, esta manifestação da disposição do corpo (sob a forma de gametas ou embriões criopreservados) deverá estar disposta em documento especificamente elaborado para este propósito, não devendo ser confundido com outras informações, sem relação com esta temática. A esta inferência exsurge o *princípio da especificidade* no Direito, o que traz aos profissionais (médicos e operadores do Direito) garantia quanto ao balizamento de sua atuação.

Neste sentido é que se traz à presente discussão os julgados que balizaram a elaboração deste estudo. A Sentença do juízo *a quo* impedira a implantação dos embriões criopreservados, dando razão à argumentação dos autores, no sentido de que a viúva não apresentara autorização expressa e específica para tanto (a implantação).[29]

Em se tratando do atual entendimento acerca de consentimento para as técnicas de reprodução humana assistida no país, em que pese o referido julgado tenha sido prolatado em data anterior à Resolução nº 2.320/2022, permanece a mesma ponderação de que o consentimento para a implantação de embriões no país merece ser tratado de forma específica e detalhada em instrumento próprio para tanto. Os doutos Julgadores entenderam que o contexto fático apontado pelos autores da ação não trazia, nos autos, a comprovação deste documento, sentenciando no sentido do provimento da ação, o que corresponde à realidade no país. Este entendimento encontra sustentação no ordenamento jurídico brasileiro, tendo em vista as Resoluções do Conselho Federal de Medicina, o qual se presta a elaborar a legislação específica para as técnicas de RHA no país.

Por sua vez, a *contrario sensu*, o Tribunal, em sede de Recurso de Apelação, entendera de forma diversa, provendo o recurso promovido pela viúva do falecido. Para a 9ª Câmara de Direito Privado do Tribunal de Justiça de São Paulo, bastou nos autos a comprovação de um mero instrumento, sob a forma de uma "Declaração de opção de

---

principíos éticos e bioéticos que ajudam a trazer maior segurança e eficácia a tratamentos es procedimentos médicos, tornando-se o dispositivo deontológico a ser seguido pelos médicos brasileiros e revogando a Resolução CFM nº 2.121, publicada no D.O.U. de 24 de setembro de 2015, seção I, p. 117.

29. **BRASIL**. Tribunal de Justiça de São Paulo (TJSP). **Apelação Cível nº 1082747-88.2017.8.26.0100**. 9ª Câmara de Direito Privado. Relatora: Angela Lopes, j. 19 nov. 2019. *DJe* 27 nov. 2019.

encaminhamento de material criopreservado em caso de doença incapacitante, morte, separação ou não utilização no prazo de 3 anos ou 5 anos", para que fosse considerada a vontade de procriação futura, do cônjuge falecido, sob a forma de um eventual "consentimento presumido".

O referido posicionamento, ao se considerar um instrumento de veiculação de vontade sob a forma de uma simples declaração, merece ser avaliado com cautela. Uma manifestação de disposição do próprio corpo, a exemplo de doação de sangue, participação em pesquisas envolvendo seres humanos, deverá, inequivocadamente, ser veiculada sob uma forma solene, qual seja, sob a forma de um Termo, em que estejam previstas cláusulas atinentes ao procedimento ou tratamento, que veiculem riscos, benefícios, consequências, dentre outros. O simples fato de se considerar um instrumento de declaração de vontade como um Termo de Consentimento não encontra respaldo nas normatividades do Conselho Federal de Medicina, o que merecidamente fora revisto, em sede de Recurso Especial, por um Tribunal Superior (STJ).

Neste diapasão, do exposto supra, um eventual Termo de Consentimento presumido seria, inequivocadamente, desprovido de sustentação moral, ética e legal dentro do ordenamento jurídico brasileiro, vez que as técnicas de reprodução humana assistida possuem desdobramentos que ultrapassam a esfera do corpo humano, a exemplo da esfera dos direitos civis da personalidade e da cadeia sucessória. Assim sendo, uma simples manifestação de intenção em gerar prole futura, externada por um dos cônjuges e materializada por meio da contratação de serviço de criopreservação e armazenamento de gametas ou de embriões não se faz, baseado no peso legislativo das Leis e das Resoluções do Conselho Federal de Medicina, um instrumento suficiente para ser considerado e comparado à grandeza de um Termo de Consentimento. Nele, faltariam elementos essenciais para a viabilidade de um consenso, como riscos, benefícios, desdobramentos jurídicos futuros, dentre outros tópicos de relevância fundamental. As breves reflexões apresentadas servem, portanto, de sustentáculo para o desdobramento deste artigo, no sentido de se permitir elaborar análises acerca da decisão proferida no Recurso Especial, elencado para este estudo como um julgado paradigma no Direito Brasileiro, a qual poderá firmar questões acerca de posicionamentos futuros para a jurisprudência pátria.

4. ANÁLISE DA DECISÃO PARADIGMA QUE RECONHECE A IMPOSSIBILIDADE DE IMPLANTAÇÃO DE EMBRIÕES APÓS FALECIMENTO DE UM DOS CÔNJUGES SEM AUTORIZAÇÃO EXPRESSA E ESPECÍFICA

A jurisprudência quando analisada em âmbito de STJ e STF não traz outros casos, sendo o Recurso Especial nº 1.918.421 considerado inédito, por ser o primeiro que debate RHA *post mortem*, a importância do TCLE e a manifestação de vontade daqueles a quem pertenciam os gametas.

O caso em pauta deve ser analisado desde o início, para que se possa ter dimensão da importância desse julgamento do STJ. Trata-se de alguém que manifesta vontade de usar gametas do cônjuge para serem inseridos *post mortem* do mesmo. De forma a contrapor, os filhos do *de cujus* promovem demanda a impedir o procedimento, frente à última companheira e ao hospital, sendo o qual responsável pela guarda dos gametas. Apesar da negativa para implantação concedida em primeira instância, a reforma da decisão no Tribunal Justiça de São Paulo conferia a possibilidade da realização do procedimento. O entendimento do STJ foi em concordância com a decisão do Juízo de piso, e, portanto, favorável aos autores, quando da decisão da não possibilidade de uso dos gametas *post mortem*, por entenderem que havia uma simples declaração de vontade manifestada do doador como documento, porém sem um Termo de Consentimento Livre e Esclarecido que daria ênfase a real vontade do falecido, sendo indispensável.

Nessa toada, o entendimento, do Min. Marco Buzzi, nesse Recurso Especial, é enfatizado:

> (...) A despeito da discussão atinente à forma da autorização, é absolutamente incontroverso, pois constante da lei de regência, que a manifestação de vontade do cônjuge ou companheiro deve ser livre, prévia e expressa, ou seja, a declaração volitiva tem, necessariamente, de ser conclusiva, contundente, categórica e explícita, a fim de que seja conhecida de maneira imediata e sem titubeio a verdadeira intenção do indivíduo [30].

De forma semelhante, acompanhando o mesmo sentido, acrescenta o Min. Luis Felipe Salomão:

> (...) concluo que, nos casos em que a expressão da autodeterminação significar a projeção de efeitos para além da vida do sujeito de direito, com repercussões existenciais e patrimoniais, imprescindível que sua manifestação se dê de maneira inequívoca, leia-se expressa e formal, efetivando-se por meio de instrumentos jurídicos apropriadamente arquitetados pelo ordenamento, sob de pena de ser afrontada [31].

Argumentos importantes foram apontados no Acórdão desse Recurso especial sobre a reflexão que o tema incita. A fecundação assistida, sendo interpretada como técnica de reprodução assistida, foi motivo de amplo debate e ainda permanece com pautas em aberto e lacunas dentro da legislação, porém não falha em reiterar que em casos do uso *post mortem* dos gametas de um falecido por um companheiro (a)/ cônjuge (seja do sexo masculino ou feminino), há a imprescindibilidade de concordância daquele. O caso concreto expõe sobre o falecimento de alguém do sexo masculino, mas não há impedimento que seja implantado gametas do sexo feminino *post mortem* pelo chamado útero de substituição, desde que previamente autorizado documentalmente com expresso consentimento da falecida. O conceito de igualdade paira sobre o ordenamento, sendo prevista tal hipótese para ambos os gêneros.

---

30. **BRASIL**. Superior Tribunal de Justiça (STJ). **Acórdão em Recurso Especial nº 1.918.421 – SP,** 4ª Turma, Relator Ministro Marco Buzzi, j. 08 jun. 2021. *DJe* 26 ago. 2021.
31. **BRASIL**. Superior Tribunal de Justiça (STJ). **Acórdão em Recurso Especial nº 1.918.421 – SP,** 4ª Turma, Relator Ministro Marco Buzzi, j. 08 jun. 2021. *DJe* 26 ago. 2021.

A problematização não estaria nas formas de constituição de uma família ou o número de filhos. Esses pontos fundamentais não figuram entre os temas a serem discutidos. O que se apregoa é a forma como se faz a expressão da vontade de alguém, concedendo permissão para uso dos gametas *post mortem*. E consequentemente o efeito que essa decisão traz na sucessão patrimonial.

Decidiu-se, portanto, que há a necessidade de consentimento, de forma expressa e declarada, para que se possa prosseguir com a implantação do gameta *post mortem* do doador. Em outras palavras, a vontade das partes em constituir família, na ausência de um dos cônjuges, deve ser declarada em conformidade com os ditames legais ou como manifestada no TCLE.

Na prática, observa-se que a complexidade quanto ao termo de consentimento se caracteriza por conta de estipulações engessadas, somente explicativas, nas quais as partes concordam, sem ter manifestada a sua vontade propriamente dita. Geralmente, os itens dos TCLEs incluem os interesses clássicos dos laboratórios que realizam a fertilização *in vitro*, não correspondendo em total consonância com a vontade das partes interessadas. A concordância com pontos do documento não deveria ser tendenciosa à assinatura, mas sim à discussão das questões que estão presentes no documento.

Alternativamente aos itens de um Termo de Consentimento emplacadas por uma clínica de fertilização, pensa-se na busca por outro documento em apartado, com diferentes tópicos e abordagem distinta sobre o mesmo tema, permitindo que o paciente possa escolher não somente acerca da capacidade técnica de um laboratório que realizará o procedimento, como também a respeito dos pontos fundamentais para o seu consentimento livre e esclarecido a respeito da técnica de RHA.

Observa-se que, a fim de evitar distorções quanto a interpretação se há vontade ou não de um dos cônjuges, na implantação do seu gameta *post mortem*, há a tendência de que a lei e a jurisprudência seguirem a necessidade de manifestação da declaração da vontade, por instrumento público ou particular, não suscitando dúvidas quanto ao real interesse das partes – como pontuado pelo CNJ, sobre o uso de material biológico *post mortem*.[32] Ainda assim, faz-se necessário considerar o estado de saúde do cônjuge no momento da assinatura do TCLE, ou de outro documento declaratório de vontade, pois estados críticos interferem em decisões, não sendo exatamente a tradução fidedigna do propósito da parte.

A importância da documentação externando o que cada um dos cônjuges espera sobre a destinação dos gametas, como já abordado, também reflete sobre a linha sucessória e divisão patrimonial. Não se trata somente da demonstração interpretativa

---

32. **CONSELHO NACIONAL DE JUSTIÇA. Provimento nº 63, de 14 de novembro de 2017.** Institui modelos únicos de certidão de nascimento, de casamento e de óbito, a serem adotadas pelos ofícios de registro civil das pessoas naturais, e dispõe sobre o reconhecimento voluntário e a averbação da paternidade e maternidade socioafetiva no Livro "A" e sobre o registro de nascimento e emissão da respectiva certidão dos filhos havidos por reprodução assistida.

do desejo de uma das partes em querer constituir prole, mas refere-se à necessidade da objetividade documentada para que tenha efeito legal.

Também conforme já apresentado, a Resolução nº 2.320/2022 do CFM reitera a importância da manifestação das partes na elaboração do TCLE, não devendo ser unilateral por imposição de laboratórios e clínicas, pois reforça a necessidade de concordância entre os interessados. Para tanto, deve conter elementos que exponham as características biológicas que compõem o procedimento, pontos éticos e jurídicos que regem o cunho legal da implantação do material genético. O destino dos embriões, caso haja falecimento, divórcio ou dissolução da união deve ser deliberado antes mesmo da geração desses episódios.

Para a reprodução assistida *post mortem*, o CFM se posiciona no sentido de que é permitido o uso do material genético criopreservado, desde que haja autorização específica, contida na legislação vigente. A importância de antecipar decisões sobre o destino do material genético é fundamental e indispensável, já que uma vez implantado não se pode retroceder, consumando na geração do embrião. Considerando que a lei dá o amparo ao nascituro, o ato de uma reprodução assistida que não seja por vontade explícita de uma das partes, traz evidente impacto com repercussão significativa.

A capacidade de entendimento de todos os elementos presentes no TCLE e os pontos fundamentais quanto ao destino dos gametas coletados é essencial para que as partes concordem com todas as questões que integram esse documento. Texto prolixo, ou que não perfaça o entendimento das partes, não se emoldura na essência do que se espera para um Termo de Consentimento.

É um documento que, na prática, frequentemente apresenta ambiguidade. Se por um lado traz o respeito à autonomia dos pacientes, conferindo a humanização das relações, com cunho explicativo sobre o procedimento, na outra ponta os termos técnicos podem atrapalhar a tomada de decisão para assinatura desse documento.[33] Por isso, a linguagem que se aplica, sendo um pilar para confecção do TCLE, deve ser a mais fácil possível, com uso de vocábulos que permitam o entendimento de pessoas leigas ou que tragam a explicação para termos técnicos complexos.

O prestador de serviço médico tem a responsabilidade sobre a informação transmitida ao paciente sobre o serviço que lhe será prestado. Entende-se como uma conduta ética, quando é baseada na boa-fé objetiva, revelando informações com clareza, exprimindo uma relação de confiança. O descumprimento desse preceito legal incorre em responsabilidade no âmbito civil, penal e administrativo.[34]

---

33. MENEGON, Vera Mincoff. Consentindo ambiguidades: uma análise documental dos termos de consentimento informado, utilizados em clínicas de reprodução humana assistida. **Cadernos de Saúde Pública**. Rio de Janeiro, v. 20, 2004.

34. DE MORAIS, Leonardo Stoll; FERNANDES, Márcia Santana. Aspectos médicos, bioéticos e jurídicos do uso de material genético na reprodução humana assistida "*post mortem*" a partir de um estudo casuístico. **Revista da AJURIS**: Porto Alegre, v. 41, n. 135, 2014.

CONSENTIMENTO NA REPRODUÇÃO ASSISTIDA *POST MORTEM* **413**

Apesar de ser entendido que a busca pela paternidade ou maternidade, ainda que seja por meios não naturais, como a RHA, e completamente aceitável, fazendo parte da estrutura familiar primordial, é fundamental que os casos sejam individualizados. Pontos basilares devem ser analisados, como aconteceu no caso concreto exposto. Inicialmente o que tem-se, pareando o exposto, é o alto valor do espólio.

Se analisado conjuntamente o desejo da transmissão da genética paterna, com a vontade da última esposa ser mãe de um filho do *de cujus*, agregando com o alto montante dos valores dispostos para a divisão hereditária, não se pode ignorar tal fato. Além disso, outro ponto que não se pode negligenciar é o fato de o falecido já ter prole constituída, estando os outros filhos em fase adulta, despertando questionamento do real interesse em transmitir novamente o conteúdo genético. Reforça-se com isso ser fundamental a documentação objetiva para a implantação de gametas quando do falecimento de um dos cônjuges.

Da importância desse ato, observa-se a gênese de outros desdobramentos com responsabilidades familiares, individuais e coletivas. A utilização do material criopreservado pode, como aqui mencionado, instituir situações de herança e espólio que não se travariam previamente. Traz a irreversibilidade completa e absoluta para a questão.

O dilema que aborda a lacuna jurídica com efeito sobre o destino do material genético de um cônjuge falecido ainda deixa dúvidas quanto à melhor aplicação da lei. Com novas situações de conflitos, os desafios estão quanto a decisão para um caso com vários meandros e possíveis desenlaces. Maria Helena Diniz[35] elenca pontos importantes sobre a RHA, que refletem a polêmica envolvida sobre o assunto.

Questiona sobre a violação da intimidade e da imagem do falecido quanto ao uso do seu conteúdo genético. Pondera que a paternidade póstuma também é dúbia, pois aquele que morre não exerce mais direitos nem tem deveres a cumprir. Tampouco há como aplicar a presunção de paternidade, uma vez que o casamento se extingue com a morte. Acrescenta a autora que não se pode conferir direitos sucessórios a esse herdeiro, pois não foi gerado ao tempo que o pai havia falecido. Isto porque, do artigo 1.798 do Código Civil, extrai-se que um "filho" póstumo não possui legitimação para suceder, visto que foi concebido após o óbito do seu "pai".[36] Ainda, incita que se preze pela proteção da criança, pois seria cerceada de conhecer o pai fisicamente, não compartilhando seu desenvolvimento: "Poderia isso interferir na personalidade da criança?" Para dirimir conflitos como o exposto, reforça que se faz necessária a manifestação da vontade por instrumento público ou testamento, como formas de deixar inequívoco o desejo do cônjuge falecido. Por todo o imbróglio que pode ser provocado por uma fecundação *post mortem*, contesta:

---

35. DINIZ, Maria Helena. **O estado atual do Biodireito**. São Paulo: Saraiva, 2017. Disponível em: http//revistacej. cjf.jus.br/cej/index.php/revcej/article/view/789. Acesso em: 09 jul. 2024.
36. BRASIL. **Lei n. 10.406, 10 de janeiro de 2002**. Institui o Código Civil. Diário Oficial da União, Brasília, DF, 11 jan. 2002.

Por isso, necessário será que se proíba legalmente a reprodução humana assistida *post mortem*, e, se porventura houver prévia permissão do falecido para o uso do material biológico criopreservado, de acordo com a legislação vigente (Res. CFM n. 2.121/2015, Seção VIII), dever-se-á prescrever quais serão os direitos do filho, inclusive sucessórios, diante, p. ex., do disposto no art. 1.798 do Código Civil.

Em via oposta, é possível a manifestação favorável pela RHA *post mortem*, quando se observa a motivação para buscar uma clínica que conserve os gametas. O planejamento familiar interrompido pelo falecimento de um dos cônjuges, a impossibilidade temporária para a gestação ou a possibilidade de tratamento de doenças específicas com o nascimento são pontos que devem ser incluídos no rol de pontos positivos que adereçam a crioconservação.

Uma análise explicativa sobre a falta de legislação que confira segurança jurídica ao tema foi apresentada por Moreira Filho:

> Apesar da evolução biotecnológica andar a passos largos, o Direito não a acompanha, primeiramente porque existe a necessidade de que tais inovações sejam amplamente discutidas na sociedade para serem incorporadas ao ordenamento jurídico pátrio; em segundo lugar, porque, mesmo após o debate e o consenso, é necessário um longo e moroso processo legislativo para que ganhe força de lei; e, finalmente, porque o Direito deve evitar inserir em seu bojo normas relativas a fatos ainda não consolidados, e nem mesmo totalmente incorporados no costume social, sob pena de se tornar obsoleto, ultrapassado e sem eficácia.[37]

O TCLE é um dos documentos possíveis que exprime tanto o consentimento quanto à vontade das partes. Permite que se defina o destino do material coletado e se o mesmo poderia ser usado por um dos cônjuges após o falecimento de um deles. Atende à função do negócio jurídico celebrado, assegurando o efetivo consentimento do declarante. Em um negócio existencial, o princípio do consentimento qualificado reforça a imprescindibilidade de se obter vontade expressa, espontânea, pessoal, atual e esclarecida, perfazendo o cuidado preventivo, demonstrando a real vontade do interessado. Considerando o vínculo paterno-filial e as situações existenciais e patrimoniais geradas a partir disso, o engano, ou presunção quanto à autorização da reprodução humana *post mortem*, culminaria com um cenário irreversível, caso percebida a inexistência do consentimento.[38]

5. NOTAS CONCLUSIVAS

Após o exame da doutrina e da jurisprudência relacionadas ao caso concreto, ao encerrar o presente artigo, infere-se que a autonomia da vontade do paciente que se submete à técnica de RHA é um dos princípios norteadores de um eventual desdobramento da utilização dos embriões criopreservados. No advento da morte de um dos cônjuges, este deverá ter manifestado o seu consentimento por escrito, ainda em vida,

---

37. MOREIRA FILHO, José Roberto. As novas formas de filiação advindas das técnicas de inseminação artificial homóloga *post mortem* e as suas consequências no direito de família e das sucessões. **Revista IBDFAM**, Belo Horizonte, 2015.

38. MEIRELES, Rose Melo Venceslau. Comentário ao Recurso Especial nº 1.918.421–SP: desafios da reprodução humana assistida *post mortem*. **Civilistica.com**, v. 10, n. 3, dez. 2021.

no que se refere ao destino e à utilização dos embriões mantidos em algum serviço de banco de criogenia. Neste sentido, o referido Projeto de Lei nº 1.851/2022 poderá, por consequência, perder o seu objeto, uma vez que a manifestação por escrito, em vida, exarada pelo falecido, sustentará eventuais decisões acerca de formação de prole futura.

Motivos diversos levam pessoas a buscar pela criopreservação de gametas. Todavia, o seu uso após a falta de um dos parceiros acaba por ultrapassar o debate sobre vontade da procriação e do planejamento familiar. Para um tema com pontos bastante controversos e pensamentos distintos, que ainda carece de legislação autorizando ou não a implantação de gametas *post mortem*, a base para o consenso é alicerçada em fatos objetivos dentro da regulamentação vigente: é imprescindível a expressão escrita da vontade.

A necessidade de documentação que formaliza a expressão da vontade é condição essencial para que, no momento, seja permitido o uso de gametas *post mortem* de um dos cônjuges. É indispensável, como no caso estudado, que haja por escrito o desejo dos envolvidos para o destino final dos gametas coletados e criopreservados. Além de testamento e escritura pública, o TCLE é decisivo para que seja implantado o material genético após o falecimento.

REFERÊNCIAS

DE MORAIS, Leonardo Stoll; FERNANDES, Márcia Santana. Aspectos médicos, bioéticos e jurídicos do uso de material genético na reprodução humana assistida "post mortem" a partir de um estudo casuístico. **Revista da AJURIS**, v. 41, n. 135, 2014.

DINIZ, Maria Helena. **O estado atual do Biodireito**. São Paulo: Saraiva, 2017.

FRANÇA, Genival Veloso de. **Direito Médico**. 17. ed. rev. atual. ampl. Rio de Janeiro: Forense, 2021.

KFOURI NETO, Miguel. **Responsabilidade Civil do Médico**. 10. ed. rev. atual. e ampl. São Paulo: Ed. RT, 2019.

KFOURI NETO, Miguel. **Responsabilidade Civil do médico**. 11. ed. São Paulo: Revista dos Tribunais. 2021.

MEIRELES, Rose Melo Vencelau. Comentário ao Recurso Especial nº 1.918.421–SP: desafios da reprodução humana assistida post mortem. Civilistica.com, v. 10, n. 3, p. 1-15, dez. 2021.

MOREIRA FILHO, José Roberto. As novas formas de filiação advindas das técnicas de inseminação artificial homóloga post mortem e as suas consequências no direito de família e das sucessões. **Revista IBDFAM**, Belo Horizonte, 2015.

MENEGON, Vera Mincoff. Consentindo ambiguidades: uma análise documental dos termos de consentimento informado, utilizados em clínicas de reprodução humana assistida. **Cadernos de Saúde Pública**, Rio de Janeiro, v. 20, p. 845-854, 2004.

PAGLIARI, Isadora; GOZZO, Débora. Responsabilidade Civil dos Médicos e as Clínicas de Reprodução Humana Assistida, in: KFOURI NETO, Miguel; NOGAROLI, Rafaella (Coord.). **Debates contemporâneos em direito médico e da saúde**. São Paulo: Thompson Reuters Brasil – Revista dos Tribunais, 2020.

SOARES, Flaviana Rampazzo. **Consentimento do Paciente no Direito Médico**. Validade, interpretação e responsabilidade. Indaiatuba: Foco. 2021.

PANORAMA LUSO-BRASILEIRO DA RECUSA DE TRATAMENTO MÉDICO EM CRIANÇAS E ADOLESCENTES DE FAMÍLIAS TESTEMUNHAS DE JEOVÁ

Ana Carolina Quirino Marcuz[1]

Marta Rodrigues Maffeis[2]

Decisões paradigmas: BRASIL. Tribunal Regional Federal da 4ª Região (TRF4), **Apelação Cível nº 2003.71.02.000155-6**, 3ªTurma, relatora Juíza Federal Vânia Hack de Almeida, j. 26 out. 2006. PORTUGAL. Tribunal da Relação de Lisboa (TRL), **Apelação Cível nº 17922/21.8T8LSB.L1-7**, 7ª Secção Cível, relator Juiz Carlos Oliveira, j. 14 set. 2021.

Sumário: 1. Descrição dos casos – 2. Notas introdutórias sobre a capacidade do paciente e o direito à autodeterminação – 3. Poder familiar no contexto de tratamento médico dos filhos menores – 4. O princípio do melhor interesse do menor e a recusa terapêutica por motivos de liberdade religiosa frente ao direito fundamental à vida – 5. Análise das decisões portuguesa e brasileira sobre a recusa de transfusão de sangue em crianças e adolescentes por motivos religiosos – 6. Conclusão – Referências.

1. DESCRIÇÃO DOS CASOS

A primeira decisão analisada no presente artigo é o acórdão proferido Tribunal Regional Federal da 4ª Região, nos autos de recurso de apelação nº 2003.71.02.000155-6, cujo objetivo era a reforma da sentença para fornecer a uma criança de 10 (dez) anos medicação alternativa à transfusão de sangue ou hemoderivativos.

A parte autora ajuizou demanda judicial contra a Universidade Federal de Santa Maria (UFSM), o Município de Santa Maria, o Estado do Rio Grande do Sul e a União Federal, pleiteando a concessão dos fármacos Neumega 5mg frasco/ampola e heritropoietina.

---

1. Pós-graduada em Direito e Processo Penal pela Universidade Estadual de Londrina. Pós-graduada em Direito Médico, Odontológico e da Saúde pelo Instituto Paulista de Estudos Bioéticos e Jurídicos. Pós-graduanda em Direito Empresarial pela Fundação Getúlio Vargas. Graduada em Direito pela Universidade Estadual de Londrina. Advogada membro das comissões de Direito à Saúde e Bioética e Biodireito da OAB/PR Subseção Londrina. Foi membro do grupo de pesquisas "Direito da Saúde e Empresas Médicas" (UNICURITIBA), liderado pelo prof. Miguel Kfouri Neto. Membro fundadora do Instituto Miguel Kfouri Neto (IMKN) – Direito Médico e da Saúde.

2. Doutora em Direito, Doutora em Direito Civil pela Universidade de São Paulo. Graduada em Direito pela Universidade de São Paulo. Professora visitante do Leopold-Wenger Institut da Faculdade de Direito de Munique/Alemanha. Juíza de Direito do Tribunal de Justiça de São Paulo. Foi membro do grupo de pesquisas "Direito da Saúde e Empresas Médicas" (UNICURITIBA), liderado pelo prof. Miguel Kfouri Neto.

Os medicamentos seriam utilizados no tratamento de Histiocitose, tumor raro que afeta principalmente crianças e que ataca o glóbulo branco cuja função é a destruição de corpos estranhos ao organismo e o combate de infecções. Foi informado pela parte requerente que, além da utilização das medicações, o tratamento para a doença da infante também consistia na aplicação de radioterapia e quimioterapia.

O pleito judicial se deu em razão de que os medicamentos não se encontravam disponíveis no nosocômio, tampouco no Sistema Único de Saúde e que a família, devido as suas condições financeiras e ao alto custo dos fármacos não detinha condições de adquiri-los. Além da concessão dos sobreditos fármacos foi requerida autorização de fornecimento de todo e qualquer tratamento que envolvesse a moléstia em debate.

O juízo deferiu a tutela de urgência, determinando que os réus fornecessem as medicações à paciente, levando em consideração os fatos alegados pela parte autora no processo judicial.

Em defesa, a União Federal e a Universidade Federal de Santa Maria sustentaram que a parte autora omitiu o fato de os fármacos pleiteados, além de serem de altíssimo custo para o Estado, não eram equivalentes em eficácia à transfusão de sangue. Os réus também aduziram que a prescrição dos medicamentos apenas ocorreu em razão da recusa dos genitores em autorizar as transfusões de sangue e plaquetas.

Em primeira instância, a demanda foi julgada parcialmente procedente, condenando os requeridos de maneira solidária, a fornecerem à requerente apenas o tratamento alternativo Eritropoietina, com especial fim de minimizar as sequelas do tratamento quimioterápico.

Ambas as partes recorreram, buscando a reforma total da sentença.

No julgamento do recurso de apelação, o órgão jurisdicional trouxe à baila que o bojo do debate não era em si a concessão dos fármacos, mas a possibilidade ou não dos familiares da autora, menor impúbere, recusarem tratamento médico em virtude de convicções religiosas.

Em que pese um voto divergente proferido pelo Juiz Federal Dr. Fernando Quadros da Silva, afirmando a possibilidade do respeito à liberdade de credo da família através da concessão dos fármacos solicitados, o acórdão se posicionou no sentido da supremacia do direito à vida quando contrastado com o direito de livre expressão religiosa, determinado que só poderiam ser prescritos tratamentos alternativos enquanto não houvesse urgência ou real perigo de morte do paciente.

Já a segunda decisão a ser analisada, no presente trabalho, foi proferida pelo Tribunal da Relação de Lisboa, em Portugal, envolvendo adolescente de 16 anos, portador de leucemia aguda, também da religião Testemunhas de Jeová e que se recusa a receber transfusões de sangue.

Todavia, neste segundo caso, o procedimento foi ajuizado pelo Ministério Público para autorizar a equipe médica a realizar todos os esforços terapêuticos necessários à preservação da vida do adolescente, além de impedir os progenitores de retirar o jovem da instituição hospitalar sem alta clínica.

A medida foi autorizada pelo tribunal de origem e o jovem e sua família recorreram na tentativa de reformar a decisão, sob fundamento de que ele tinha 16 (dezesseis) anos de idade e que tanto a legislação vigente quanto as convenções internacionais lhe conferiam a possibilidade de recusar ou consentir tratamentos em saúde.

A seu turno, o tribunal superior reconheceu o cenário legal que embasa a pretensão do adolescente em recusar o tratamento médico proposto. Todavia, apenas a idade de 16 (dezesseis) anos não é o único requisito para o consentimento do menor, devendo restar comprovada, obrigatoriamente, a maturidade e discernimento do paciente para entender as nuances de sua saúde, bem como as consequências de sua decisão.

Nos autos em apreço não havia qualquer demonstração da referida maturidade do adolescente, além do fato de que este discernimento não pode ser presumido. Deste modo, tanto o tribunal de origem quanto o tribunal superior firmaram o entendimento de que deveria se garantir a manutenção da vida do paciente, para posteriormente avaliar as condições psíquicas do adolescente em recusar ou consentir com a lesão de acordo com suas próprias determinações.

Tendo por base os casos apresentados, o intuito do presente estudo é analisar de maneira comparativa os posicionamentos jurisprudenciais lusitano e brasileiro acerca da recusa terapêutica por pacientes menores de idade e professadores da religião Testemunhas de Jeová. De mais a mais, a reflexão não busca apenas a análise jurídica regional, mas também um exame da evolução do entendimento dos tribunais ao longo do tempo, considerando que a decisão brasileira foi proferida no ano de 2006 e a decisão portuguesa no ano de 2021.

2. NOTAS INTRODUTÓRIAS SOBRE A CAPACIDADE DO PACIENTE E O DIREITO À AUTODETERMINAÇÃO

No Direito Médico é essencial a discussão acerca do consentimento, uma vez que ele representa pressuposto de legitimidade para toda ação médica. Em relação ao paciente, a exigência do consentimento significa a realização e a defesa de seu direito de autodeterminação. De outro lado, para o médico, a ausência do consentimento ou sua ineficácia pode acarretar responsabilidade civil ou criminal, mesmo em caso de tratamento realizado conforme as normas técnicas e sem acarretar qualquer dano corporal ao paciente.

Essa temática é significativa para os casos de intervenções médicas em menores, pois traz uma questão bastante importante, que é a da capacidade para consentir. Quando o procedimento médico tiver por paciente uma pessoa menor de idade, apresenta-se a questão de saber quem deve ser informado antes do procedimento e quem deve dar o consentimento para que o tratamento seja executado.

No Brasil, assim como em outros países, não existe uma regulamentação legal esclarecendo sobre o consentimento para procedimentos médicos em menores. O Código

Civil brasileiro contém apenas regras sobre a capacidade de agir para os negócios jurídicos em geral, mas nada em relação à capacidade para consentir em tratamentos médicos.

Para João Vaz Rodrigues "o consentimento informado implica mais do que a mera faculdade de o paciente escolher o médico, ou de recusar um tratamento médico indesejado, antes constitui garantia da proteção contra invasões na esfera de qualquer pessoa humana".[3]

A questão se mostra tormentosa porque alguns sustentam que o consentimento é declaração de vontade negocial, aplicando-se a ele as normas do Código Civil que tratam da capacidade de agir (arts. 3º e 4º). A eficácia do consentimento, portanto, vincula-se à capacidade de agir.[4] Afirma-se que as normas da capacidade de agir têm como objetivo a proteção do menor, a garantia da segurança jurídica e a segurança do direito dos pais de criar seus filhos. Disso decorre que para a eficácia do consentimento do menor é necessária a concordância dos seus representantes legais.[5]

Ao contrário, outros defendem a ideia de que é necessário em cada caso concreto verificar e determinar se o paciente, em decorrência de seu direito de autodeterminação, é capaz de entender, ainda que de forma genérica, a essência, significado, necessidade e extensão do procedimento médico e decidir de forma autônoma a favor ou contra tal procedimento.[6] Sob esse ponto de vista, sustenta-se que as normas sobre capacidade de agir têm como finalidade incidir principalmente sobre interesses de tráfego nos negócios contratuais e de negócios de massa. A relação médico-paciente, entretanto, refere-se a bens jurídicos personalíssimos e tem por fundamento o consentimento esclarecido, afastando-se por completo da noção contratualista que a capacidade de agir abarca.[7]-[8]

Em relação à necessidade de proteção aos menores, é verdade que deve ocorrer também no campo dos tratamentos médicos. Mas, mesmo assim, é justificável afastar o tratamento médico do campo dos negócios jurídicos, tendo em vista as diferenças essenciais entre ambos. As regras da capacidade de agir não levam em conta a crescente capacidade de autodeterminação dos menores.

Enquanto se mostra aceitável a determinação alheia por meio dos pais nos negócios jurídicos em geral, no consentimento em relação a bens jurídicos personalíssimos há

---

3. RODRIGUES, João Vaz. **O consentimento informado para o acto médico no ordenamento jurídico português**: Elementos para o estudo da manifestação da vontade do paciente. Coimbra: Coimbra, 2001.

4. ENNECERUS, Ludwig; NIPPERDEY, Hans Carl. **Lehrbuch des bürgerlichen Rechts, Allgemeinet Teil des bürgerlichen Rechts, Zweiter Halbband**: Entstehung, Untergang und Veränderung der Rechte, Ansprüche und Einreden, Ausübung und Sicherung der Rechte. 15. ed. Tübingen: Mohr, 1960. p. 933, §151 II 1e, Fn. 11, p. 1315, § 212 II 3.

5. SCHMITT, Jochem. **Münchener Kommentar zur Bürgerlichen Gesetzbuch** – §105 BGB. München: Beck, 2008, v. 1. p 22.

6. DEUTSCH, Erwin; SPICKHOFF, Andreas. **Medizinrecht.** Azrtrecht, Arzneimittelrecht, Medizinproduktrecht und Transfusionsrecht. 7. ed., Heidelberg: Springer, 2014, pp. 271 e 648.

7. GLEIXNER-EBERLE, Elisabeth. **Die Einwilligung in die medizinische Behandlung Minderjähriger**. Heidelberg: Springer, 2014, p. 279.

8. ULSENHEIMER, Klaus. §139 Die fahrlässige Körperverletzung. In: LAUFS, Adolf. UHLENBRUCK, Wilhelm. **Handbuch des Arztrechts**. München: Beck, 2002, p. 1249.

que se atentar, de forma especial e diferenciada, para a autodeterminação crescente do menor. Trata-se de decisões que tocam diretamente a personalidade do menor, o qual deve ser chamado a participar conforme seu desenvolvimento.[9]

No campo do tratamento médico existe uma íntima relação com o direito de personalidade do menor, o que não ocorre no âmbito dos negócios jurídicos.[10] Os limites rígidos da capacidade de agir não são adequados para sustentar um consentimento para procedimentos médicos, diante das diferentes exigências que estes podem apresentar.

Assim é que, quanto mais complexo for um determinado tratamento, maiores serão as exigências para a capacidade de consentir.[11] Entretanto, os limites de idade da capacidade de agir podem oferecer um ponto de partida para a avaliação da capacidade de consentir, mas não substituí-la no caso em apreço.[12-13]

O cerne da questão é analisar se e em que medida o menor tem capacidade de decisão sobre tratamentos médicos, tendo-se em vista sua necessidade de proteção de um lado, e seu direito de autodeterminação de outro.[14]

3. PODER FAMILIAR NO CONTEXTO DE TRATAMENTO MÉDICO DOS FILHOS MENORES

A relação jurídica familiar entre o menor e seus pais se desenvolve no âmbito do poder familiar, que no Código Civil brasileiro é tratado entre os artigos 1.630 e 1.638. Melhor teria sido se o legislador, ao promulgar o Código em 2002, tivesse lançado mão da expressão "cuidado familiar" ao invés de "poder familiar", uma vez que a palavra "poder" infere a ideia de que a relação jurídica entre pais e filhos ocorre numa situação em que aqueles possuem poder sobre estes, acabando por subjugá-los à sua vontade e a tratá-los como objeto da relação.[15]

O conteúdo do poder familiar descrito no art. 1.634 do Código Civil demonstra justamente a obrigação de cuidado que os pais têm em relação aos filhos, quando deter-

---

9. REIPSCHLÄGER, Christiane. **Die Einwilligung Minderjähriger in ärztliche Heileingriffe und die elterliche Personensorge**. Frankfurt: Peter Lang, 2004, p. 40.
10. WÖLK, Florian. **Der minderjährige Patient in der ärztlichen Behandlung**. Heidelberg: Springer, 2001, p. 80, 82.
11. ULSENHEIMER, Klaus. §139 Die fahrlässige Körperverletzung. In: LAUFS, Adolf; UHLENBRUCK, Wilhelm. **Handbuch des Arztrechts**. München: Beck, 2002, pp. 1249-1250.
12. DEUTSCH, Erwin; SPICKHOFF, Andreas. **Medizinrecht**. Azrtrecht, Arzneimittelrecht, Medizinproduktrecht und Transfusionsrecht. 7. ed., Heidelberg: Springer, 2014, pp. 271 e 648.
    GLEIXNER-EBERLE, Elisabeth. **Die Einwilligung in die medizinische Behandlung Minderjähriger**. Frankfurt: Springer, 2014, p. 279.
13. ULSENHEIMER, Klaus. §139 Die fahrlässige Körperverletzung. In: LAUFS, Adolf; UHLENBRUCK, Wilhelm. **Handbuch des Arztrechts**. München: Beck, 2002, p. 1249.
14. GLEIXNER-EBERLE, Elisabeth. **Die Einwilligung in die medizinische Behandlung Minderjähriger**. Frankfurt: Springer, 2014, p. 276.
15. REIPSCHLÄGER, Christiane. **Die Einwilligung Minderjähriger in ärztliche Heileingriffe und die elterliche Personensorge**. Frankfurt: Peter Lang, 2004, p. 85.

mina que lhes compete dirigir a criação e educação de seus filhos[16] (inciso I); tê-los em sua companhia e guarda (inciso II); conceder-lhes ou negar-lhes consentimento para casarem (inciso III); nomear-lhes tutor, por testamento ou documento autêntico, se o outro dos pais não lhe sobreviver, ou o sobrevivo não puder exercer o poder familiar (inciso IV) e representá-los até os dezesseis anos, nos atos da vida civil, e assisti-los, após essa idade, nos atos em que forem partes, suprindo-lhes o consentimento (inciso V).

Dessa forma, o legislador foi claro ao demonstrar o aspecto de cuidado que embasar a relação entre pais e filhos. A terminologia "cuidado familiar" corresponderia muito mais ao reconhecimento de que os direitos dos menores dispostos no Código Civil e no Estatuto da Criança e do Adolescente não deveriam se expressar apenas por meio de prescrições legais, mas, também, por uma terminologia própria que indicasse seu real conteúdo.[17]

O cuidado familiar abrange a totalidade das relações entre pais e filhos menores. Ele decorre do direito dos pais estabelecido nos artigos 227 e 229, primeira parte da Constituição Federal[18] e dos direitos fundamentais das crianças e adolescentes.[19] Trata-se de uma relação jurídica ambivalente, caracterizada pelo direito subjetivo dos pais, advindo da Carta Magna, quanto à criação e educação dos filhos e pelo direito fundamental das crianças em receber cuidado e proteção.[20]

No cuidado familiar, estão em primeiro plano a responsabilidade dos pais e o caráter de obrigação. Seu fundamento não é uma pretensão de poder dos pais, mas sim, a necessidade de proteção e ajuda dos filhos para que desenvolvam sua personalidade como pessoas competentes e autônomas no seio da sociedade. Conteúdo essencial do cuidado familiar é promover o desenvolvimento do menor, atuar conforme seu interesse e promover seu bem estar.[21-22]

Embora o conceito de bem-estar seja difuso e indeterminado, pois não existe uma definição universal, é compreendido de forma ampla, como bem-estar corporal, espiritual e intelectual da criança e adolescente.[23-24]

---

16. FACHIN, Luiz Edson. Paradoxos do Direito da Filiação na Teoria e Prática do Novo Código Civil Brasileiro – Intermitências da Vida. In: PEREIRA, Rodrigo da Cunha. **Família e Solidariedade**. Anais do VI Congresso Brasileiro de Direito de Família. Rio de Janeiro: Lumen Juris – IBDFAM. 2008. p. 433.

17. HUBER, Peter. **Münchener Kommentar zum Bürgerlichen Gesetzbuch**. München: Beck, 2008, v. 8. p. 04.

18. Art. 227: É dever da família, da sociedade e do Estado assegurar à criança, ao adolescente e ao jovem, com absoluta prioridade, o direito à vida, à saúde, à alimentação, à educação, ao lazer, à profissionalização, à cultura, à dignidade, ao respeito, à liberdade e à convivência familiar e comunitária, além de colocá-los a salvo de toda forma de negligência, discriminação, exploração, violência, crueldade e opressão.

Art. 229: "Os pais têm o dever de assistir, criar e educar os filhos menores, e os filhos maiores têm o dever de ajudar e amparar os pais na velhice, carência ou enfermidade". Embora a redação da Carta refira-se apenas ao termo "dever", trata-se também de um direito fundamental dos pais, conforme explicado no corpo desse trabalho.

19. PALANDT, Otto. **Bürgerliches Gesetzbuch**. 74. ed. München: Beck, 2015, v. 7. p. 2030.

20. PALANDT, Otto. **Bürgerliches Gesetzbuch**. 74. ed. München: Beck, 2015, v. 7. p. 2030.

21. ELIAS, Roberto João. **Pátrio Poder**: guarda dos filhos e direito de visita. São Paulo: Saraiva, 1999, p. 6.

22. ELIAS, Roberto João. **Pátrio Poder: deveres e direito para proteção dos filhos.** 1998. Tese (Livre-Docência). Universidade de São Paulo, São Paulo, 1998, p. 57.

23. DÖLL, Yves. In: ERMAN, Walter. **Bürgeliches Gesetzbuch**. Köln: Otto Schmidt, 2014, p. 5197.

24. OLZEN, Dirk. **Münchener Kommentar zum Bürgerlichen Gesetzbuch**. München: Beck, 2008. v. 9. p. 996.

É direito dos pais definir o que é bom ou razoável para a vida atual e futura de seus filhos, pois os genitores são os titulares da concretização e interpretação do bem estar dos menores, transmitindo a eles valores sobre política e religião, dentre outros.[25] Disso decorre uma especial responsabilidade dos pais em relação a seus filhos menores e uma consequente proteção da criança na comunidade.[26]

4. O PRINCÍPIO DO MELHOR INTERESSE DO MENOR E A RECUSA TERAPÊUTICA POR MOTIVOS DE LIBERDADE RELIGIOSA FRENTE AO DIREITO FUNDAMENTAL À VIDA

Ao promover o bem-estar dos filhos menores, os pais têm que se preocupar com todos os aspectos nele compreendidos, ou seja, seu bem-estar físico, intelectual e espiritual. Isso significa empregar esforços para o restabelecimento de sua saúde e assumir a responsabilidade de acompanhá-los ao médico quando estiverem doentes, além de promoverem sua saúde no amplo sentido quando não estiverem doentes. Expressar o consentimento em tratamentos médicos necessários representa, portanto, conteúdo do cuidado familiar.[27-28]

Quando um paciente menor não está em condições de compreender o significado e a abrangência do procedimento médico, ao invés de seu consentimento, os pais devem agir como seus representantes legais.[29] Portanto, no caso dos pacientes menores incapazes de consentir, os titulares de tal capacidade são, em princípio, ambos os pais, pois cabe a eles o desempenho do cuidado familiar. Apenas o consentimento conjunto pode legitimar um procedimento médico.[30]

No exercício do cuidado familiar os pais devem agir em conformidade, buscando sempre um acordo, caso contrário deve-se recorrer ao Poder Judiciário.[31] No contexto das intervenções médicas e na realização do cuidado familiar, ao atender o bem estar do filho, cabe aos genitores dar o consentimento para um procedimento quando este for necessário. A necessidade do procedimento médico implica numa pré-condição para o consentimento.[32]

---

25. COESTER, Michael. Elternautonomie und Staatsverantwortung bei der Pflege und Erziehung von Kindern. **Zeitschrift für das gesamte Familienrecht**. Munchen, v. 43, n 19, 1996, p. 1181-1182.
26. REIPSCHLÄGER, Christiane. **Die Einwilligung Minderjähriger in ärztliche Heileingriffe und die elterliche Personensorge**. Frankfurt: Peter Lang, 2004, p. 86-87.
27. PALANDT, Otto. **Bürgerliches Gesetzbuch**. 74. ed. München: Beck, 2015, v. 7. p. 2030.
28. OLZEN, Dirk. **Münchener Kommentar zum Bürgerlichen Gesetzbuch**. v. 9. München: Beck, 2008, p. 1006.
29. REIPSCHLÄGER, Christiane. **Die Einwilligung Minderjähriger in ärztliche Heileingriffe und die elterliche Personensorge**. Frankfurt: Peter Lang, 2004, p. 110.
30. KATZENMEIER, Christian. **Arzthaftung**. München: Beck, 2002, p. 340.
31. Art. 1631, parágrafo único do Código Civil: "Durante o casamento e a união estável, compete o poder familiar aos pais; na falta ou impedimento de um deles, o outro exercerá com exclusividade. Parágrafo único: Divergindo os pais quanto ao exercício do poder familiar, é assegurado a qualquer um deles recorrer ao juiz para solução do desacordo".
32. KERN, Bernd-Rüdiger. Der Minderjährige als Blutspender. **FamRZ**, v. 28, p. 738-740, 1981.

Em princípio, os pais são obrigados a tomar as providências médicas necessárias para manter a vida de seu filho ou evitar um dano grave à sua saúde. Há situações que geram risco de vida, em que o tratamento médico é imprescindível para a manutenção da vida da criança, de modo que se deve optar pela medida médica.[33]

A recusa dos pais para a realização de um tratamento médico necessário para preservar a vida de seu filho menor de idade, como por exemplo, a transfusão de sangue, não deve preponderar. Trata-se de uma recusa abusiva do consentimento.[34]-[35] Nesses casos, os motivos pelos quais os pais agem assim, mesmo que mais nobres, não importam. A recusa de transfusão de sangue necessária para salvar a vida do filho, mesmo que por motivos religiosos, em princípio não é aceita.[36]

É verdade que a Constituição Federal garante a liberdade de consciência e de crença, em seu artigo 5º, inciso VI, de modo que todos podem aderir a qualquer tipo de religião, bem como adotar o ateísmo.[37] Entretanto, se a medida médica contradisser concepções religiosas dos pais, estes não podem ser obrigados a dar um consentimento. Nesse caso, caberá ao juízo da Vara da Infância e Juventude decidir no lugar dos genitores.[38]

Salienta-se que, mesmo em se tratando de menores de idade, o médico possui o exato mesmo dever de informação e consentimento, sendo vedada a atuação médica sem autorização dos genitores. Neste esteio, Miguel Kfouri Neto pontua que:

> o médico deve informar ao paciente o diagnóstico, prognóstico, risco e objetivos do tratamento. Haverá, também, de aconselhá-lo, prescrevendo cuidados que o enfermo deverá adotar. O inadimplemento desse dever conduzirá à obrigação de indenizar.[39]

Ainda neste norte, a Recomendação nº 1/2016 do Conselho Federal de Medicina dispõe que, após efetivado todo o procedimento de informação por parte do médico, o paciente ou seu representante legal assumem a responsabilidade de cumprir fielmente todas as recomendações orientadas pelo profissional.[40]

Portanto, ao optar pela não transfusão de sangue, os genitores colocam em risco todo o tratamento orientado para a criança, assumindo então toda responsabilidade pelo que vier a ocorrer à saúde do menor.

A propósito, quando a decisão dos pais se tornar um perigo para a vida e incolumidade física da criança, o Poder Judiciário deve ser acionado para tomar as medidas

---

33. RIXEN, Stephan. **Das todkranke Kind zwischen Eltern und Arzt**. Frankfurt: Springer, 1997, pp. 351 e 353.
34. PALANDT, Otto. **Bürgerliches Gesetzbuch**. 74. ed. München: Beck, 2015, v. 7. p. 2059.
35. DÖLL, Yves. In: ERMAN, Walter. **Bürgeliches Gesetzbuch**. Köln: Otto Schmidt, 2014, p. 5136-5137 e p. 5199.
36. OLZEN, Dirk. **Münchener Kommentar zum Bürgerlichen Gesetzbuch**. München: Beck, 2008, v. 9. p. 1006.
37. AFONSO DA SILVA, José. **Comentário contextual à Constituição**. 7. ed. São Paulo: Malheiros, 2010, p. 95-96.
38. TAUPITZ, Jochen. **Empfehlen sich zivilrechtliche Regelungen zu Absicherung der Patientenautonomie am Ende des Lebens?** München: C.H. Beck, 2000, p. 74.
39. KFOURI NETO, Miguel. **Responsabilidade civil do médico**. São Paulo: Ed. RT, 2013, p. 51.
40. **BRASIL**. Conselho Federal de Medicina. **Recomendação CFM nº 1/2016**. Dispõe sobre o processo de obtenção de consentimento livre e esclarecido na assistência médica. Diário Oficial [da] República Federativa do Brasil/D.O.U., Brasília, 21 jan. 2016. Disponível em: https://sistemas.cfm.org.br/normas/visualizar/recomendacoes/BR/2016/1. Acesso em: 1º jul. 2024.

necessárias em prol do bem estar do menor. Mas, se não houver tempo para acionar o tribunal, o médico poderá executar o tratamento apesar da recusa dos pais. Trata-se de situações de negligência do cuidado familiar.[41]

Alguns[42] sustentam que, nesse caso, o médico age de forma justificada pelo estado de necessidade ou pela urgência. Outros justificam a intervenção com o dever médico de prestar socorro ou com a aceitação de um consentimento presumido do Tribunal. De qualquer forma, existe unanimidade de que o médico, diante de uma situação de perigo iminente, age de forma justificada quando desconsidera a recusa dos pais em dar o consentimento para uma medida médica necessária.[43]

5. ANÁLISE DAS DECISÕES PORTUGUESA E BRASILEIRA SOBRE A RECUSA DE TRANSFUSÃO DE SANGUE EM CRIANÇAS E ADOLESCENTES POR MOTIVOS RELIGIOSOS

No julgamento brasileiro, datado do ano de 2006, a 3ª Turma do Tribunal Regional Federal da 4ª Região[44] analisou não somente a questão do dever do Estado em fornecer medicamentos aos cidadãos, mas o direito dos pacientes menores de idade em recusar tratamento médico convencional que fere suas convicções religiosas e ter garantida terapêutica alternativa em substituição.

Neste esteio, o órgão jurisdicional debateu o conflito entre os direitos constitucionais da vida e da liberdade de credo. Confira-se o excerto da decisão:

> Denota-se de todos os elementos constantes dos quatros volumes destes autos que se encontram em conflito, no caso concreto, dois princípios fundamentais consagrados em nosso ordenamento jurídico- constitucional: de um lado, o direito à vida e, de outro, a liberdade de crença religiosa.
>
> A liberdade de crença abrange não apenas a liberdade de cultos, mas também a possibilidade de indivíduo orientar-se segundo posições religiosas estabelecidas.
>
> No caso em concreto, a menor autora não detém capacidade civil para expressar sua vontade. A menor não possui consciência suficiente das implicações e da gravidade da situação para decidir conforme sua vontade. Esta é substituída pela de seus pais, que recusam o tratamento consistente em transfusões de sangue.

De mais a mais, o julgado brasileiro é taxativo em afirmar que o direito à vida e o princípio do melhor interesse da criança sempre prevalecerão em face da liberdade religiosa, principalmente quando se tratar de menores impúberes.

---

41. REIPSCHLÄGER, Christiane. **Die Einwilligung Minderjähriger in ärztliche Heileingriffe und die elterliche Personensorge**. Frankfurt: Peter Lang, 2004, p. 113.
42. ULSENHEIMER, Klaus. § 139 Die fahrlässige Körperverletzung. In: LAUFS, Adolf; UHLENBRUCK, Wilhelm. **Handbuch des Arztrechts**. München: Beck, 2002, p. 1600.
43. GLEIXNER-EBERLE, Elisabeth. **Die Einwilligung in die medizinische Behandlung Minderjähriger**. Frankfurt: Springer, 2014, p. 311.
44. **BRASIL**. Tribunal Regional Federal da 4ª Região (TRF4), **Apelação Cível nº 2003.71.02.000155-6**, 3ª Turma, relatora Juíza Federal Vânia Hack de Almeida, j. 26 out. 2006, Dje 1º nov. 2006.

Ou seja, os responsáveis pela menor é que impedem o tratamento em face de suas convicções e crenças litúrgicas. Quem sofre o ressico de vida é a menor, e não aqueles que manifestam sua vontade. Ou seja, os pais estão dispondo de vida alheia em nome de crença religiosa. Ora, os pais não têm o direito à vida do próprio filho. A vida é bem jurídico indisponível, principalmente por terceiros.

[...] A restrição à liberdade de crença religiosa encontra amparo no princípio da proporcionalidade, porquanto ela é adequada a preservar a saúde da autora. É necessária porque em face de risco de vida a transfusão de sangue torna-se exigível e, por fim ponderando-se entre vida e liberdade de crença, pesa mais o direito à vida, principalmente em se tratando da vida de filha menor impúbere.

Cabe salientar que do referido debate surgiu voto divergente proferido pelo Juiz Federal Dr. Fernando Quadros da Silva, cujo conteúdo se posicionou no sentido de harmonizar as garantias constitucionais em conflito, através da concessão dos fármacos pleiteados na demanda. Segundo o voto do magistrado, tal conduta asseguraria igualmente o exercício de ambos os direitos, sem que um fosse subjugado em face do outro.

Por outro lado, a segunda decisão abordada, datada do ano de 2021 e proferida pelo Tribunal da Relação de Lisboa, nos autos 17922/21.8T8LSB.L1-7,[45] debate anos depois, a mesma questão envolvendo um adolescente de 16 (dezesseis) anos que recusa transfusão sanguínea pelos mesmos motivos religiosos. No caso em comento, é fixada a controvérsia sobre a possibilidade de um menor relativamente capaz em decidir sobre suas decisões da saúde.

A recusa do adolescente e sua família traz diversa fundamentação jurídica sobre a possibilidade do paciente menor expressar sua vontade, cabendo salientar os ditames da Convenção das Nações Unidas sobre os Direitos das Crianças:[46]

Artigo 12

Os Estados Partes devem assegurar à criança que é capaz de formular seus próprios pontos de vista o direito de expressar suas opiniões livremente sobre todos os assuntos relacionados a ela, e tais opiniões devem ser consideradas, em função da idade e da maturidade da criança. Para tanto, a criança deve ter a oportunidade de ser ouvida em todos os processos judiciais ou administrativos que a afetem, seja diretamente, seja por intermédio de um representante ou de um órgão apropriado, em conformidade com as regras processuais da legislação nacional.

No mesmo norte destaca-se o conteúdo da Convenção de Oviedo em seu artigo 6º:[47]

Artigo 6º

Protecção das pessoas que careçam de capacidade para prestar o seu consentimento:

1 – Sem prejuízo dos artigos 17º e 20º, qualquer intervenção sobre uma pessoa que careça de capacidade para prestar o seu consentimento apenas poderá ser efectuada em seu benefício directo.

---

45. **PORTUGAL**. Tribunal da Relação de Lisboa (TRL), **Apelação Cível nº 17922/21.8T8LSB.L1-7**, 7ª Secção Cível, relator Juiz Carlos Oliveira, j. 14 set. 2021, Dj 14 set. 2021.

46. CONVENÇÃO das Nações Unidas sobre os Direitos das Crianças. 20 novembro 1989. Disponível em: https://www.unicef.org/brazil/convencao-sobre-os-direitos-da-crianca. Acesso em: 1º fev. 2024.

47. CONVENÇÃO de Oviedo para a Protecção dos Direitos do Homem e da Dignidade do Ser Humano face às Aplicações da Biologia e da Medicina. 04 abril 1997. Disponível em: http://www.dhnet.org.br/direitos/sip/euro/principaisinstrumentos/16.htm. Acesso em: 1º fev. 2024.

2 – Sempre que, nos termos da lei, um menor careça de capacidade para consentir numa intervenção, esta não poderá ser efectuada sem a autorização do seu representante, de uma autoridade ou de uma pessoa ou instância designada pela lei. A opinião do menor é tomada em consideração como um factor cada vez mais determinante, em função da sua idade e do seu grau de maturidade.

Em que pese os argumentos acima expendidos, o tribunal julgou que a prova dos autos não era suficiente para determinar que o jovem detinha a maturidade e discernimento para a recusa do tratamento, além de salientar que a idade de 16 (dezesseis) anos não era o único requisito para a tomada de decisão por menores.

Deste modo, na análise do caso concreto o julgador não ignora a possibilidade do adolescente em consentir ou não com o tratamento que lhe é proposto, mas examina de modo mais rígida a capacidade sanitária do paciente, tendo em vista que esta não pode ser simplesmente presumida. Confira-se o excerto da decisão proferida:

Não pomos em causa a pertinência de todas as disposições legais, inclusivamente constantes de instrumentos internacionais, relativamente ao respeito pela liberdade religiosa e à necessidade de auscultação da vontade dos menores em todas as decisões que lhe digam respeito, quer relativamente a decisões judiciais, quer relativamente à realização de atos médicos.

O julgador ainda segue em reflexão:

Ora, se a lei confere ao menor com mais de 16 anos o direito de legitimamente consentir na lesão, concomitantemente deve entender-se que lhe reconhece necessariamente a capacidade de gozo para não dar esse mesmo consentimento, nomeadamente quando em causa esteja uma intervenção cirúrgica que lese a sua integridade física, mesmo que realizada com propósito de prevenir, diagnosticar, debelar ou minorar uma doença. No entanto, o requisito do "discernimento necessário para avaliar o sentido e alcance da sua decisão" é cumulativo com o requisito da idade mínima considerada.

O caso lusitano ressalta que não há liberdade religiosa que seja superior à perda de uma vida humana, ainda mais em se tratando de criança ou adolescente menor de idade. Portanto, o tribunal reafirmou a decisão de primeira instância para o especial fim de que se faça a transfusão contra a vontade do jovem e de sua família, porém deixa aberta a possibilidade de que, comprovada sua capacidade sanitária, todo tratamento forçoso seja cessado e sua posição religiosa seja respeitada.

Ao traçar uma análise luso-brasileira verifica-se que o posicionamento quanto à recusa terapêutica por menores de idade tendo em vista motivos religiosos ainda permanece reticente. Denota-se que o Poder Judiciário, seja este brasileiro ou português, continua estabelecendo a supremacia do direito à vida e postergando debates importantes sobre a capacidade de discernimento e decisão de crianças e adolescentes.

6. CONCLUSÃO

Com base na comparação dos julgados debatidos no presente trabalho, infere-se que as questões relevantes à sociedade uma hora ou outra batem à porta do Poder Judiciário para que este traga a decisão mais arrazoada e ponderável ao caso. No entanto, no que tange ao assunto da recusa terapêutica de crianças e adolescentes por motivos religiosos, mesmo se passando mais de uma década, não há uma busca aprofundada por equilibrar o conflito entre a vida e a liberdade de credo.

O que se verifica é a continuidade da determinação de que o direito à vida é absoluto e indisponível e que as demais prerrogativas sempre ocuparão importância secundária. Com a ausência do debate adequado, as instâncias jurídicas e sociais deixam de encontrar meios para que as demandas de grupos religiosos sejam resolvidas a contento, desincentivando, assim, a busca por soluções alternativas aos tratamentos preestabelecidos e que contrariam a fé e convicções dos indivíduos.

REFERÊNCIAS

AFONSO DA SILVA, José. **Comentário contextual à Constituição**. 7. ed. São Paulo: Malheiros, 2010.

COESTER, Michael. Elternautonomie und Staatsverantwortung bei der Pflege und Erziehung von Kindern. **Zeitschrift für das gesamte Familienrecht**. Munchen, v. 43, n. 19, p. 1181-1182. 1996.

DEUTSCH, Erwin; SPICKHOFF, Andreas. **Medizinrecht.** Azrtrecht, Arzneimittelrecht, Medizinproduktrecht und Transfusionsrecht. 7. ed. Heidelberg: Springer, 2014.

DIERKS, Christian; GRAF-BAUMANN, Toni; LENARD, Hans-Gerd. **Therapieverweigerung bei Kindern und Jugendlichen**. Frankfurt: Springer, 1995.

DÖLL, Yves. In: ERMAN, Walter. **Bürgeliches Gesetzbuch**. Köln: Otto Schmidt, 2014.

ELIAS, Roberto João. **Pátrio Poder**: guarda dos filhos e direito de visita. São Paulo: Saraiva, 1999.

ELIAS, Roberto João. **Pátrio Poder: deveres e direito para proteção dos filhos.** Tese (Livre-Docência). Universidade de São Paulo, São Paulo, 1998.

ENNECERUS, Ludwig; NIPPERDEY, Hans Carl. **Lehrbuch des bürgerlichen Rechts, Allgemeinet Teil des bürgerlichen Rechts, Zweiter Halbband**: Entstehung, Untergang und Veränderung der Rechte, Ansprüche und Einreden, Ausübung und Sicherung der Rechte. 15 ed. Tübingen: Mohr, 1960.

FACHIN, Luiz Edson. Paradoxos do Direito da Filiação na Teoria e Prática do Novo Código Civil Brasileiro – Intermitências da Vida. In: PEREIRA, Rodrigo da Cunha. Família e Solidariedade. **Anais do VI Congresso Brasileiro de Direito de Família**. Rio de Janeiro: Lumen Juris – IBDFAM. 2008.

GLEIXNER-EBERLE, Elisabeth. **Die Einwilligung in die medizinische Behandlung Minderjähriger**. Frankfurt: Springer, 2014.

HUBER, Peter. **Münchener Kommentar zum Bürgerlichen Gesetzbuch**. München: Beck, 2008. v. 8.

KATZENMEIER, Christian. **Arzthaftung**. München: Beck, 2002.

KERN, Bernd-Rüdiger. Der Minderjährige als Blutspender. **FamRZ**, v. 28, p. 738-740, 1981.

KFOURI NETO, Miguel. **Responsabilidade civil do médico**. São Paulo: Ed. RT, 2013.

OLZEN, Dirk. **Münchener Kommentar zum Bürgerlichen Gesetzbuch**. München: Beck, 2008. v. 9.

PALANDT, Otto. **Bürgerliches Gesetzbuch**. 74. ed. München: Beck, 2015. v. 7.

REIPSCHLÄGER, Christiane. **Die Einwilligung Minderjähriger in ärztliche Heileingriffe und die elterliche Personensorge**. Frankfurt: Peter Lang, 2004.

RIXEN, Stephan. **Das todkranke Kind zwischen Eltern und Arzt**. Frankfurt: Springer, 1997.

SCHMITT, Jochem. **Münchener Kommentar zur Bürgerlichen Gesetzbuch** – §105 BGB. München: Beck, 2008. v. 1.

TAUPITZ, Jochen. **Empfehlen sich zivilrechtliche Regelungen zu Absicherung der Patientenautonomie am Ende des Lebens?** München: C.H. Beck, 2000.

ULSENHEIMER, Klaus. §139 Die fahrlässige Körperverletzung. In: LAUFS, Adolf. UHLENBRUCK, Wilhelm. **Handbuch des Arztrechts**. München: Beck, 2002.

WÖLK, Florian. **Der minderjährige Patient in der ärztlichen Behandlung**. Frankfurt: Springer, 2001.

TRANSPLANTES RENAIS INTER VIVOS ENTRE NÃO PARENTES POR AFINIDADE

Gabriel Massote Pereira[1]

Bartira de Aguiar Roza[2]

Tadeu Thomé[3]

Decisão paradigma: BRASIL. Tribunal de Justiça do Estado de São Paulo (TJSP), **Apelação Cível nº 1021332-13.2016.8.26.0562**, 5ª Câmara Cível, relator Des. James Siano, j. 05 fev. 2017.

Sumário: 1. Descrição do caso – 2. Notas introdutórias sobre o panorama médico-jurídico da doação e dos transplantes de órgãos, tecidos e células no Brasil – 3. Legislação em transplantes e doação de órgãos, tecidos e células – 4. Capacidade e disposição do próprio corpo: exigência cumulativa de capacidade e consentimento – 5. A escassez de doadores renais falecidos e a doação inter vivos – 5. Análise do acórdão paradigmático do TJSP que proveu apelação para permitir doação renal inter vivos entre não parentes por afinidade – 6. Conclusão – Referências.

1. DESCRIÇÃO DO CASO

É extremamente árida a jurisprudência que envolve a doação de órgãos inter vivos entre não parentes, especialmente pela pouca ocorrência de casos concretos em que um doador, motivado apenas por afinidade, avance em obter alvará judicial para doar um órgão a um amigo (não parente).

---

1. Mestre em Direito Médico pela UNISA. Professor nas pós-graduações em Direito Médico do IGD, PUC-PR, Damásio e EBRADI. Professor convidado da Especialização em Direito da Medicina do Centro de Direito Biomédico da Universidade de Coimbra. Autor de obras jurídicas. Ex-membro do Grupo "Direito da Saúde e Empresas Médicas" (UNICURITIBA), liderado pelo prof. Miguel Kfouri Neto e do GEDOTT – Grupo de Estudos em Doação de Órgãos e Tecidos e Transplante, liderado pela prof. Bartira de Aguiar Roza. Diretor de eventos científicos e membro fundador do Instituto Miguel Kfouri Neto (IMKN) – Direito Médico e da Saúde. Advogado.
2. MD, Ph.D. in Health Science. Professora Associada da Escola Paulista de Enfermagem da Universidade Federal de São Paulo (UNIFESP). Líder do Grupo de Estudos em Doação e Transplante de Órgãos e Tecidos (GEDOTT/UNIFESP). Ex-membro do Grupo "Direito da Saúde e Empresas Médicas" (UNICURITIBA), liderado pelo prof. Miguel Kfouri Neto. Membro do Instituto Miguel Kfouri Neto (IMKN) – Direito Médico e da Saúde. Enfermeira.
3. Mestrando em Enfermagem pela Universidade Federal de São Paulo (UNIFESP). Pesquisador do Grupo de Estudos em Doação de Órgãos e Tecidos e Transplante (GEDOTT/UNIFESP). Ex-membro do Grupo "Direito da Saúde e Empresas Médicas" (UNICURITIBA), liderado pelo prof. Miguel Kfouri Neto. Vice-Coordenador do Departamento de Coordenação em Transplantes da Associação Brasileira de Transplante de Órgãos (ABTO). Coordenador do Programa de Transplantes do Hospital Sírio-Libanês. Enfermeiro.

O caso analisado (1) se refere ao enredo de duas amigas desafiadas a uma noção de solidariedade. Uma delas acometida por um quadro de Insuficiência Renal Crônica Irreversível – CID nº 18.9 sem que houvesse entre os familiares doadores compatíveis.[4] Sua amiga de longa data, sensível com tal condição, habilita-se para se tornar doadora de um dos seus rins. Após realização de exames médicos, verifica-se a viabilidade técnica da doação, o que em tese abriria a possibilidade de provocação do Poder Judiciário em busca da autorização para realização do ato, arrimada na previsão do art. 9º da Lei 9.434/97, que prevê:[5]

> Lei 9.434/97 – Art. 9º É permitida à pessoa juridicamente capaz dispor gratuitamente de tecidos, órgãos e partes do próprio corpo vivo, para fins terapêuticos ou para transplantes em cônjuge ou parentes consanguíneos até o quarto grau, inclusive, na forma do § 4º deste artigo, ou em qualquer outra pessoa, mediante autorização judicial, dispensada esta em relação à medula óssea.

No entanto, o pedido de jurisdição voluntária foi indeferido pelo juízo da 9ª Vara Cível de Santos, que entendeu pela impossibilidade de doação de órgãos inter vivos entre amigos, ao entendimento de que apesar do permissivo legal, não havia entre doadora e receptora ao menos 4 (quatro) compatibilidades de antígenos leucocitários humanos (HLA)[6] – exigência que constava do art. 15, § 3º do Decreto Federal nº 2.268/97, vigente à época da judicialização:[7]

> Art. 15. Qualquer pessoa capaz, nos termos da lei civil, pode dispor de tecidos, órgãos e partes de seu corpo para serem retirados, em vida, para fins de transplantes ou terapêuticas.
>
> § 1º Só é permitida a doação referida neste artigo, quando se tratar de órgãos duplos ou partes de órgãos, tecidos ou partes, cuja retirada não cause ao doador comprometimento de suas funções vitais e aptidões físicas ou mentais e nem lhe provoque deformação.
>
> § 2º A retirada, nas condições deste artigo, só será permitida, se corresponder a uma necessidade terapêutica, comprovadamente indispensável e inadiável, da pessoa receptora.
>
> § 3º Exigir-se-á, ainda, para a retirada de rins, a comprovação de, pelo menos, quatro compatibilidades em relação aos antígenos leucocitários humanos (HLA), salvo entre cônjuges e consanguíneos, na linha reta ou colateral, até o terceiro grau inclusive.

---

4. CID10 – Código Internacional de Doenças. Disponível em: https://cid10.com.br/%5Ebuscadescr$?-query=N18.9+Insuf+renal+cronica+NE. Acesso em: fev. 2024.

5. **BRASIL. Lei nº 9.434, de 04 de fevereiro de 1997**. Dispõe sobre a remoção de órgãos, tecidos e partes do corpo humano para fins de transplante e tratamento e dá outras providências. Brasília, DF: Diário Oficial da União, 1997.

6. A compatibilidade necessária nos transplantes renais (...) chama-se HLA (*Human Leukocyte Antigen*). O exame de HLA é feito por laboratórios especializados em uma amostra de sangue simples, como as que são coletadas para fazer um hemograma. O HLA está no nosso código genético e leva à produção de proteínas que ficam em todas as células do corpo. Estas proteínas avisam nosso sistema imunológico que nós somos nós mesmos, para que nossas células de defesa não nos ataquem. Por isso são tão importantes no transplante.
Compatibilidade HLA. Associação de Medula Óssea – Ameo. São Paulo, 26 nov. 2016. Disponível em: https://ameo.org.br/compatibilidade-hla/. Acesso em: fev. 2024.

7. **BRASIL. Decreto 2.268 de 1997**. Regulamenta a Lei nº 9.434, de 4 de fevereiro de 1997, que dispõe sobre a remoção de órgãos, tecidos e partes do corpo humano para fim de transplante e tratamento, e dá outras providências. Brasília, DF: Diário Oficial da União, 1997.

O pedido pretendido por estas amigas não era considerado fácil, na medida em que o Tribunal de Justiça de São Paulo (Agravo de Instrumento nº 2113475-41.2016.8.26.000), local em que a jurisdição voluntária foi distribuída, e o STJ (REsp nº 1.144.720/DF) era, assim como o juízo da 9ª Vara de Santos, contrário ao entendimento pela possibilidade de doação entre amigos sem a comprovação de 4 (quatro) compatibilidades de HLA.

Tais decisões serão amplamente discutidas neste artigo, assim como o paradigmático acórdão da 5ª Câmara de Direito Privado do Tribunal de Justiça de São Paulo que, dando provimento ao Recurso de Apelação interposto, abriu espaço para um novo olhar regulatório e jurisprudencial sobre o tema, já que o Decreto, revogado no mesmo ano de 2017 (Decreto nº 9.175/2017) por influência do *overruling*, exigia algo de todo improvável como condição para doação entre amigos – quatro compatibilidades de HLA entre não parentes.[8]

2. NOTAS INTRODUTÓRIAS SOBRE O PANORAMA MÉDICO-JURÍDICO DA DOAÇÃO E DOS TRANSPLANTES DE ÓRGÃOS, TECIDOS E CÉLULAS NO BRASIL

O Brasil possui hoje o maior programa público de transplantes de órgãos, tecidos e células do mundo, sendo o Sistema Único de Saúde responsável por 88% dos transplantes realizados no país.[9] Todavia, a robustez e eficácia do programa nacional ainda encontra limitação na relação entre doadores disponíveis e pacientes que necessitam do transplante. A existência do doador, muito antes da estrutura apta à realização do transplante, é o primeiro pré-requisito para que o transplante se efetive.

Para se ter um registro da desproporção de doadores em relação aos receptores, basta verificar o mais recente dado emitido pela Associação Brasileira de Transplantes de Órgãos – ABTO, dando conta que ao final de 2021, 48.673 pessoas aguardavam em lista de espera por órgãos, liderando a lista os transplantes de rim (27.613), córnea (18.892), fígado (1.330), pâncreas (301), coração (321) e pulmão (216).[10]

De se ressaltar, neste campo, a higidez da fila nacional de espera de órgãos, lastreada não apenas em critério de antiguidade de inclusão na lista, mas em requisitos de índole técnica, como bem ressalta o Programa Estadual de Transplantes do Rio de Janeiro:[11]

A lista de espera de um transplante é única em todo o país e o sistema é informatizado. Cada órgão tem uma fila específica, baseada na Lei nº 9.434/1997, no Decreto nº 2.268/1997 e na Portaria GM/

---

8. **BRASIL. Decreto 9.175/2017**. Regulamenta a Lei nº 9.434, de 4 de fevereiro de 1997, para tratar da disposição de órgãos, tecidos, células e partes do corpo humano para fins de transplante e tratamento. Brasília, DF: Diário Oficial da União, 2017.

9. **BRASIL**. Ministério da Saúde. Sistema Nacional de Transplantes. Disponível em: https://www.gov.br/saude/pt-br/composicao/saes/snt. Acesso em: jan. 2024.

10. Associação Brasileira de Transplante de Órgãos – ABTO. Registro Brasileiro de Transplantes – RBT/ABTO. Ano XXVIII. Associação Brasileira de Transplante de Órgãos. São Paulo. Valter Duro Garcia e Lúcio Pacheco, 2021. Disponível em: https://site.abto.org.br/publicacao/xxvii-no-4/.4. Acesso em: jan. 2023.

11. **SES-RJ**. Programa Estadual de Transplantes – Rio de Janeiro. [Online] Disponível em: http://www.transplante.rj.gov.br/Site/Conteudo/Noticia.aspx?C=0MVRWOjnaPE%3D. Acesso em: jan. 2023.

MS nº 2.600/2009. E, ao contrário do que muitas pessoas podem imaginar a ordem de inscrição não determina que o primeiro a se inscrever receberá o órgão antes do segundo e assim consecutivamente. Mas, sim, as condições médicas como: compatibilidade dos grupos sanguíneos, tempo de espera e gravidade da doença. Ou seja, pacientes com maior risco de morte têm a preferência.

Apesar da lista única nacional, é importante o registro de que a distribuição é regionalizada, mormente considerando que cada órgão extraído do doador possui um período determinado para ser transplantado, pois o tempo de isquemia aumentado prejudica a qualidade do órgão a ser transplantado e posterior qualidade de vida do receptor. Assim, a distribuição regionalizada minimiza perdas devido ao tempo necessário para cada tipo de transplante. Quando a doação ocorre entre Estados, é utilizado o transporte aéreo justamente para evitar a perda pelo tempo de isquemia acima do recomendado pela sociedade transplantadora.

A falta de doadores por diferentes motivos, seja recusa familiar, condições clínicas entre outros apresentados pela Associação Brasileira de Transplantes de Órgãos (ABTO), junta-se ao fato de a atual legislação de transplantes depositar na família (até segundo grau) a escolha entre doar ou não órgãos em caso de um familiar com morte encefálica:[12]

> Lei 9.434/97 – Art. 4º A retirada de tecidos, órgãos e partes do corpo de pessoas falecidas para transplantes ou outra finalidade terapêutica, dependerá da autorização do cônjuge ou parente, maior de idade, obedecida a linha sucessória, reta ou colateral, até o segundo grau inclusive, firmada em documento subscrito por duas testemunhas presentes à verificação da morte.

O fato de a família já estar passando por um momento de extrema vulnerabilidade, representado pelo óbito de ente querido, pode ser suficiente para desestimular a doação, já que o estigma que envolve a morte é capaz de fazer com que as famílias, em vida, deixem de falar sobre o assunto. Afinal, qual seria a vontade daquele familiar que acabara de falecer? O caminho mais conservador tende a ser a recusa quando a família não conhece a decisão de seu parente falecido. Por outro lado, as pesquisas mostram que os familiares tendem a respeitar seu desejo, quando já tinham prévio conhecimento da sua intenção em vida.[13]

É, no fim, um dado estatístico. Dentre as razões que levam à não efetivação da doação se destaca a não notificação de potenciais doadores, isto é, indivíduos em morte encefálica cuja família não outorga autorização para o ato. Ademais, dos casos notificados, sobressaem os motivos de inviabilidade relacionados a questões clínicas, tais como parada cardíaca precoce e contraindicação médica à doação, que corresponderam a 41% (n=3.669) em 2021. A recusa familiar apareceu com 29% (n=2.642) deste quantitativo

---

12. **BRASIL. Lei nº 9.434, de 04 de fevereiro de 1997.** Dispõe sobre a remoção de órgãos, tecidos e partes do corpo humano para fins de transplante e tratamento e dá outras providências. Brasília, DF: Diário Oficial da União, 1997.

13. ROZA, Bartira de Aguiar. **Efeitos do processo de doação de órgãos e tecidos em familiares**: intencionalidade de uma nova doação. 2005. Tese (Doutorado em Ciências) – Universidade Federal de São Paulo, São Paulo, 2005.

e outras causas com 30% (n=2.670).[14] Desse modo, fica clara a iminente necessidade de que a sociedade volte a discutir o direito do cidadão de garantir, em vida, a sua intenção em doar órgãos *post mortem* em caso de morte encefálica comprovada.

Nesta perspectiva, em que milhares de transplantes deixam de ser realizados no país por recusa da família, indaga-se: seria inviável, por exemplo, que dentro da ferramenta gov.br, amplamente difundida entre os nacionais, houvesse um formulário de indicação do desejo de doação do cidadão, manifestado em vida, com rápida consulta por parte de qualquer médico do país com prévia autorização e consentimento do cidadão? Ou mesmo incluindo, como formalmente já solicitado pelos autores, que no Censo do IBGE seja viabilizada a construção de políticas públicas de educação da população sobre o tema, baseada em evidência científica.

Fruto para uma alongada discussão, o fato é que a ausência de doadores *post mortem* disponíveis traz a relevância da discussão acerca das doações de órgãos duplos inter vivos. Adicionalmente, esta modalidade de transplante precisa de mecanismos jurídicos no Brasil para proteger os vulneráveis e garantir que o transplante ocorra sem coação, ou nas formas previstas na Declaração de Istambul sobre tráfico de órgãos e turismo para transplante.[15]

Feito este registro, não se descura da importância de fortalecer políticas públicas e a legislação para que não tragam limitações a este direito da pessoa que, em atendidos os critérios técnicos, bioéticos, clínicos e de segurança, possa dispor em vida de seus órgãos, o que dentro deste capítulo culmina no *overruling* que afastou a aplicação de Decreto Federal que impunha como condição para doação renal não aparentada 4 (quatro) compatibilidades de HLA, algo incomum mesmo entre parentes.

Os entraves que levam à judicialização começam pela própria redação da norma de regência (art. 9º da Lei nº 9.434/97),[16] que antevendo os perigos de uma eventual mercancia de órgãos e (in)voluntariedade da doação, exige alvará para que o Poder Judiciário avalie a legalidade e regularidade do ato de doação inter vivos entre não parentes.

Porém, é de se evidenciar a necessidade premente de sistematização dessas autorizações instrumentalizadas com documentos que evidenciem a relação entre doador e receptor para além das suas condições cirúrgicas e clínicas, mas sobretudo para abranger o aspecto social e ético na proteção de vulneráveis e para impedir a mercantilização de órgãos no país. A dúvida reside justamente neste ponto: seria necessário um pronunciamento judicial para se atestar ausência de vícios para a realização do ato?

---

14. Associação Brasileira de Transplante de Órgãos – ABTO. Registro Brasileiro de Transplantes – RBT/ABTO. Ano XXVIII. Associação Brasileira de Transplante de Órgãos. São Paulo. Valter Duro Garcia e Lúcio Pacheco, 2021. Disponível em: https://site.abto.org.br/publicacao/xxvii-no-4/.4. Acesso em: jan. 2023.

15. International Summit on Transplant Tourism and Organ Trafficking. The Declaration of Istanbul on Organ Trafficking and Transplant Tourism. ***Clinical journal of the American Society of Nephrology***. CJASN, v. 3, p. 1227-1231, set. 2008.

16. BRASIL. **Lei nº 9.434, de 04 de fevereiro de 1997**. Dispõe sobre a remoção de órgãos, tecidos e partes do corpo humano para fins de transplante e tratamento e dá outras providências. Brasília, DF: Diário Oficial da União, 1997.

Não descurando de que a exigência de alvará judicial se trata de uma medida asseguratória, especialmente na proteção de pessoas em situação de vulnerabilidade, os profissionais mais aptos e mais próximos do doador e do receptor são justamente os médicos, enfermeiros, e assistentes sociais, com condições de aferir e atestar em prontuário a inexistência de qualquer vício em relação ao consentimento, capacidade, e ausência de motivação diversa da solidariedade[17] para a doação. Mas qualquer alteração neste campo, por certo, passaria por necessária alteração legislativa.

Outro ponto que leva à indesejável judicialização é a (falta de) cobertura de transplante de órgãos tecidos e células pelas operadoras de saúde. Mesmo representado percentual mínimo do total de transplantes realizados no país, as operadoras ainda militam com veemência de que todos os transplantes sejam custeados pelo SUS, sem interveniência da saúde suplementar.

No entanto, em consulta ao Rol de Procedimentos e Eventos em Saúde da Agência Nacional de Saúde Suplementar (ANS), vê-se que transplantes como o de medula óssea, tecido musculoesquelético, córneas, rins e, mais recentemente, fígado já constam como de cobertura obrigatória, mas todos com Diretrizes de Utilização – DUT muito específicos que acabam levando à recusa pela operadora – e consequentemente à judicialização.[18]

Transplantes como o de coração, pulmão, pâncreas e intestino, que ainda não constam do Rol, geram uma dificuldade adicional ao consumidor, pois a maior parte dos contratos das operadoras de saúde prevê cláusula expressa de limitação de cobertura para transplantes.

Para esses casos, o STJ tem relativizado a regra contratual e a tendência com a aprovação da Lei nº 14.454/2022,[19] que volta a categorizar o Rol da ANS como exemplificativo (com critérios), é a de que haja uma redução das negativas das operadoras de saúde relacionadas a transplantes de órgãos e, consequentemente, redução da judicialização sobre o tema. Feito esse enredo, passa-se a estratificar todo o compêndio de normas associado aos transplantes de órgãos, tecidos e células no país.

3. LEGISLAÇÃO EM TRANSPLANTES E DOAÇÃO DE ÓRGÃOS, TECIDOS E CÉLULAS

Nas últimas décadas, os transplantes de órgãos se estabeleceram em todo o mundo com resultados cada vez melhores, convertendo-se de uma técnica antes tida por

---

17. Utilizamos o termo "solidariedade" ao invés de "altruísmo", pois por definição, o último significa ajudar sem qualquer nível de interesse. No caso da doação de órgãos intervivos entre amigos, há nítida noção de solidariedade, já que o doador, pela própria afinidade com o receptor, tem o interesse de que o paciente reestabeleça sua saúde.

18. **BRASIL**. Agência Nacional de Saúde Suplementar. [Online] Disponível em: https://www.ans.gov.br/planos--de-saude-e-operadoras/espaco-do-consumidor/o-que-o-seu-plano-de-saude-deve-cobrir/o-que-e-o-rol-de--procedimentos-e-evento-em-saude/consultar-se-procedimento-faz-parte-da-cobertura-minima-obrigatoria. Acesso em: jan. 2023.

19. **BRASIL. Lei nº 14.454/2022** - Altera a Lei nº 9.656, de 3 de junho de 1998, que dispõe sobre os planos privados de assistência à saúde, para estabelecer critérios que permitam a cobertura de exames ou tratamentos de saúde que não estão incluídos no rol de procedimentos. Brasília, DF: Diário Oficial da União, 2022.

experimental para o tratamento de escolha de muitas doenças terminais, incluindo as renais.[20] Segundo o *Global Observatory on Donation and Transplantation* (GODT), foram realizados, entre os anos de 2000 e 2021, mais de 2,3 milhões de transplantes de órgãos em todo o mundo. Destes, 1,5 milhão (65%) foram transplantes renais, sendo 41% (613 mil) realizados no Continente Americano.[21]

No Brasil, os transplantes de órgãos tiveram início efetivo na década de 60, iniciando com os procedimentos renais e, em 1968, foi sancionada sua primeira regulamentação, a Lei nº 5.479 de 10/08/1968, que dispunha sobre a retirada e transplante de tecidos, órgãos e partes de doadores falecidos para finalidade terapêutica e científica.[22]

Em 1997, a Lei nº 9.434 (04/02/1997), revoga a de 1968 e, conjuntamente com o seu Decreto nº 2.268 (30/06/1997), trazem as disposições sobre doadores *post mortem*, isto é, em morte encefálica, e sobre os doadores vivos.[23] Nesse Decreto, o parágrafo 3º do artigo 15º determinava que, para a doação inter vivos, tenha-se a comprovação de, pelo menos, 4 (quatro) compatibilidades em relação aos antígenos leucocitários humanos (HLA), salvo entre cônjuges e consanguíneos, na linha reta ou colateral, até o terceiro grau inclusive.[24]

Justamente por isso que, em 2017, o Decreto 9.175 (18/10/2017),[25] retirando a exigência anterior de 4 (quatro) compatibilidades para doação inter vivos entre não parentes, atualiza as regulamentações dos transplantes, incluindo as doações em vida. A Seção I do Capítulo IV estabelece que, qualquer pessoa capaz, nos termos da lei civil, poderá dispor de órgãos, tecidos, células e partes de seu corpo para serem retirados, em vida, para fins de transplantes ou enxerto em receptores cônjuges, companheiros ou parentes até o quarto grau, na linha reta ou colateral e, ainda, que as doações entre indivíduos vivos não relacionados dependerão de autorização judicial.

Ademais, referido Decreto estabelece que somente será permitida a doação inter vivos quando se tratar de órgãos duplos, de partes de órgãos, tecidos, células e partes do corpo, cuja retirada: i) não impeça o organismo do doador de continuar vivendo sem

---

20. GARCIA, Valter Duro et al. Aspectos éticos dos transplantes. In: GARCIA, Clotilde Druck et al. (Coord.). **Manual de doação e transplantes**. Rio de Janeiro: Elsevier, 2013, p. 167-179.

21. Global Observatory on Donatin and Transplantation (GODT). [Online]. Disponível em: https://www.trans-plant-observatory.org/. Acesso em: fev. 2023.

22. **BRASIL. Lei nº 5.479/1968** – Dispõe sobre a retirada e transplante de tecidos, órgãos e partes de cadáver para finalidade terapêutica e científica, e dá outras providências. Brasília, DF: Diário Oficial da União, 1968.

23. **BRASIL. Lei nº 9.434, de 04 de fevereiro de 1997**. Dispõe sobre a remoção de órgãos, tecidos e partes do corpo humano para fins de transplante e tratamento e dá outras providências. Brasília, DF: Diário Oficial da União, 1997.

24. **BRASIL. Decreto 2.268 de 1997**. Regulamenta a Lei nº 9.434, de 4 de fevereiro de 1997, que dispõe sobre a remoção de órgãos, tecidos e partes do corpo humano para fim de transplante e tratamento, e dá outras providências. Brasília, DF: Diário Oficial da União, 1997.

25. **BRASIL. Decreto 9.175/2017**. Regulamenta a Lei nº 9.434, de 4 de fevereiro de 1997, para tratar da disposição de órgãos, tecidos, células e partes do corpo humano para fins de transplante e tratamento. Brasília, DF: Diário Oficial da União, 2017.

risco para a sua integridade; ii) não represente grave comprometimento de suas aptidões vitais e de sua saúde mental; iii) não cause mutilação ou deformação inaceitável.[26]

Por último, a Portaria de Consolidação GM nº 4 (28/09/2017) define os critérios para doação inter vivos, entre outras disposições. Descreve, em seu artigo 60, para fins de doação de rim, objeto central deste artigo, que é necessária rigorosa investigação clínica, laboratorial e de imagem, e que o doador esteja em condições satisfatórias de saúde, possibilitando que a doação seja realizada dentro de um limite de risco aceitável. Ademais, há o alerta para que doações envolvendo doadores não aparentados sejam submetidas previamente à autorização judicial, além de aprovação da Comissão de Ética do estabelecimento de saúde transplantador e da Central Estadual de Transplantes, assim como comunicadas ao Ministério Público.[27]

Em caso de doação inter vivos, são necessários exames de HLA para aferição de prova cruzada (*crossmatch*) com o doador, que necessariamente deverá ser negativa. A presença de anticorpos em receptores de transplante renal específicos para antígenos leucocitários humanos do doador está associada a um aumento na frequência de rejeição e perda do enxerto. A técnica do *crossmatch* detecta tais anticorpos e evitam os resultados adversos.[28]

No entanto, no relatório médico juntado ao caso analisado neste artigo descreve-se a necessidade formal de compatibilidade HLA, exigência apenas para indivíduos não aparentados, sem correlação com os resultados do transplante renal, não podendo, por si só, inviabilizar a doação. O relatório destaca, inclusive, que até mesmo irmãos podem não ter identidade de HLA, e ainda assim a doação ser viável:

> 2 – A compatibilidade HLA é um parâmetro comumente encontrado entre pessoas geneticamente relacionadas. É importante ressaltar que os indivíduos irmãos podem não apresentar nenhuma compatibilidade HLA e isso não compromete o sucesso do transplante. Indivíduos não aparentados têm uma chance pequena de apresentar identidades HLA semelhantes ao seu doador. No entanto, quando comparados aos pacientes transplantados com doadores vivos pais ou irmãos, os pacientes transplantados com doadores não aparentados apresentam evolução médica semelhante com relação ao funcionamento de seus rins. Este tema foi motivo de estudo em nosso Centro e publicação em revista médica da área (1). A exigência de compatibilidade HLA se aplica aos indivíduos não aparentados com exceção de cônjuge com união oficial. Desta maneira, fica claro que a necessidade de compatibilidade HLA, uma exigência formal apenas para indivíduos não aparentados, nada se relaciona com o sucesso do transplante.

A evolução da legislação brasileira sobre o tema é, no fim, a exteriorização do avanço da ciência em permitir o incremento dos transplantes de órgãos, sobretudo ao diminuir

---

26. **BRASIL. Decreto 9.175/2017**. Regulamenta a Lei nº 9.434, de 4 de fevereiro de 1997, para tratar da disposição de órgãos, tecidos, células e partes do corpo humano para fins de transplante e tratamento. Brasília, DF: Diário Oficial da União, 2017.

27. **BRASIL. Portaria de Consolidação nº 4, de 28 de setembro de 2017**. Consolidação das normas sobre os sistemas e os subsistemas do Sistema Único de Saúde. Brasília, DF: Diário Oficial da União, 2017.

28. SALVALAGGIO, Paolo R. et al. Crossmatch testing in kidney transplantation: patterns of practice and associations with rejection and graft survival. *Saudi J Kidney Dis Transpl.*, Arábia Saudita, v. 20, p. 577-589, jul. 2009.

exigências técnicas de compatibilidade sem vulnerar a segurança do procedimento na perspectiva do doador e do receptor.

4. CAPACIDADE E DISPOSIÇÃO DO PRÓPRIO CORPO: EXIGÊNCIA CUMULATIVA DE CAPACIDADE E CONSENTIMENTO

De plano, é de evidente importância a diferenciação didática do que venha a ser capacidade e suas interfaces em relação ao consentimento. Pela orientação do Conselho Nacional do Ministério Público,[29] capacidade significa

> a aptidão que a pessoa tem de adquirir e exercer direitos. Pelo Código Civil toda pessoa é capaz de direitos e deveres na ordem civil; a incapacidade é a exceção, ou seja, são incapazes aqueles discriminados pela legislação (menores de 16 anos, deficientes mentais etc.). A capacidade divide-se em dois tipos: a) capacidade de direito: em que a pessoa adquire direitos, podendo ou não exercê-los, e b) capacidade de exercício ou de fato: em que a pessoa exerce seu próprio direito. Com isso, conclui-se que todas as pessoas têm capacidade de direito, mas nem todas possuem a capacidade de exercício do direito. Artigo 1º e seguintes do Código Civil.

Assim, para fins de doação de órgãos inter vivos, a capacidade do doador será aferida mediante detida análise do art. 9º da Lei nº 9.434/1997,[30] *in verbis*:

> Art. 9º É permitida à pessoa juridicamente capaz dispor gratuitamente de tecidos, órgãos e partes do próprio corpo vivo, para fins terapêuticos ou para transplantes em cônjuge ou parentes consanguíneos até o quarto grau, inclusive, na forma do § 4º deste artigo, ou em qualquer outra pessoa, mediante autorização judicial, dispensada esta em relação à medula óssea.

Desde já um registro importante, na medida em que a legislação prevê, para pessoas igualmente capazes, regimes jurídicos distintos para exercício do direito. Enquanto o familiar do receptor consanguíneo até o quarto grau poderá amplamente exercer seu direito de doação (capacidade de exercício ou de fato), o doador não relacionado, salvo nos casos de transplante de medula óssea, mesmo sendo plena e juridicamente capaz para o ato, depende de autorização judicial para promovê-la (capacidade de direito).

A legislação pressupõe como regra geral ao doador de órgãos vivo sua plena capacidade civil e autorização judicial, dispensando-se a outorga judicial quando se trata de doação de medula óssea, mesmo entre não parentes. Mas o que dizer se este doador não alcançou a maioridade civil? Para tal hipótese, há a previsão do art. 9º, § 6º da Lei nº 9.434/97:[31]

---

29. Conselho Nacional do Ministério Público. www.cnmp.mp.br. Conselho Nacional do Ministério Público. [Online]. Disponível em: https://https://www.cnmp.mp.br/portal/institucional/476=-glossario8140/-capacidade-civil#:~:text-Capacr/portal/institucional/476-glossario/8140-capacidade-civil#:~:text=Capacidade%20significa%20a%20 aptid%C3%A3o%20que,anos%2C%20deficientes%20mentais%20etc). Acesso em: jan. 2023.

30. **BRASIL. Lei nº 9.434, de 04 de fevereiro de 1997**. Dispõe sobre a remoção de órgãos, tecidos e partes do corpo humano para fins de transplante e tratamento e dá outras providências. Brasília, DF: Diário Oficial da União, 1997.

31. **BRASIL. Lei nº 9.434, de 04 de fevereiro de 1997**. Dispõe sobre a remoção de órgãos, tecidos e partes do corpo humano para fins de transplante e tratamento e dá outras providências. Brasília, DF: Diário Oficial da União, 1997.

Art. 9º (...) § 6º O indivíduo juridicamente incapaz, com compatibilidade imunológica comprovada, poderá fazer doação nos casos de transplante de medula óssea, desde que haja consentimento de ambos os pais ou seus responsáveis legais e autorização judicial e o ato não oferecer risco para a sua saúde.

Verificada a possibilidade de o menor proceder a doação, poderia o próprio genitor, enquanto beneficiário direto do ato de doação, representar o menor doador, suprindo sua incapacidade jurídica para o ato? Há que se perquirir, neste caso, o expresso consentimento/assentimento do doador. Na prática, o que se busca com o processo de consentimento/ assentimento informado é buscar do doador o seu absoluto discernimento,[32] sem o qual, em qualquer hipótese, não se cogita da doação.

Por fim, nos casos de doação *post mortem*, em que a legislação optou em delegar à família o direito sobre o corpo do *de cujus*, as críticas, já emolduradas neste artigo, caminham no sentido de que se deveria privilegiar a livre capacidade e consentimento do cidadão de, em vida, autodeterminar-se no sentido de indicar ser (ou não) doador de órgãos, tecidos e células, já que a indevida invasão do núcleo familiar nesta decisão pode vulnerar uma declarada vontade da pessoa manifestada em vida de forma legítima.

Afinal, se há compêndio legislativo para que a pessoa possa determinar disposição de seus bens (testamento), se toda a jurisprudência entende que há dano moral indenizável mesmo após o óbito do ofendido,[33] por qual razão a pessoa maior e capaz não poderia livremente dispor sobre a destinação de seu próprio corpo (órgãos e tecidos) sem a necessidade de que tal decisão seja referendada por sua família?

Toda esta reflexão sobre extremos relacionados à capacidade e consentimento foi evidenciada para estimular, na perspectiva do leitor, a necessidade de uma quarta fase[34] de evolução em relação ao consentimento: aquela cuja validade jurídica deverá prevalecer inclusive após o óbito daquele que consentiu.[35] O fato é que sendo a doação *post mortem* ou inter vivos, deve prevalecer a efetiva autonomia da vontade do agente doador, cujo irrestrito respeito reverberará na redução da fila de espera por órgãos, beneficiando o sistema de transplantes como um todo.

---

32. DADALTO, Luciana. **Testamento vital**. 4. ed. Indaiatuba: Foco, 2018.
33. **Súmula 642 do STJ** – O direito à indenização por danos morais transmite-se com o falecimento do titular, possuindo os herdeiros da vítima legitimidade ativa para ajuizar ou prosseguir a ação indenizatória.
34. Miguel Kfouri Neto pressupõe a existência de três fases do consentimento: "A primeira fase situa-se no pós--Segunda Guerra, quando se firmou a indispensabilidade do consentimento voluntário dos indivíduos em experimentos médicos. Em seguida, há a fase do consentimento marcada pelo dever do esclarecimento informacional, ou seja, não basta a informação, ela precisa ser completa, clara, e precisa, mas se entendendo pela aplicação, em algumas situações, do princípio da benevolência. Por fim, destacamos a terceira (atual) fase, em que há o consentimento livre e esclarecido do paciente, abandonando-se a visão paternalista da relação médico paciente." KFOURI NETO, Miguel. A quantificação do dano na ausência de consentimento livre e esclarecido do paciente. **Revista IBERC**, Minas Gerais, v. 2, n. 1, p. 01-21, jan./abr. 2019.
35. Idem.

5. A ESCASSEZ DE DOADORES RENAIS FALECIDOS E A DOAÇÃO INTER VIVOS

Segundo o Censo de Diálise da Sociedade Brasileira de Nefrologia (SBN), no ano de 2021, o Brasil possuía mais de 148 mil pacientes em tratamento dialítico atendidos nas 849 clínicas de diálise espalhada por todo o território nacional. Na última década, esse número tem crescido, em média, 5% ao ano.[36]

O Registro Brasileiro de Transplante de Órgãos da Associação Brasileira de Transplante de Órgãos – RBT/ABTO, mostra que, em 2021, foram realizados 4.750 transplantes renais, sendo 581 (12%) com doador vivo. No mesmo ano, foram inscritos 15.640 novos casos (incidência) e evoluíram a óbito 3.009 pacientes. Ao final do ano, 27.613 pacientes ainda aguardavam, em lista de espera, por um transplante renal. Estes números mostram a enorme disparidade entre a oferta e demanda nesta modalidade terapêutica, justificando, novamente, a utilização de enxertos oriundos de doadores vivos. O Gráfico 1 demonstra os números evolutivos anuais dos últimos 9 (nove) anos, relacionando as entradas e saídas na lista de espera para o transplante renal. Confira-se:[37]

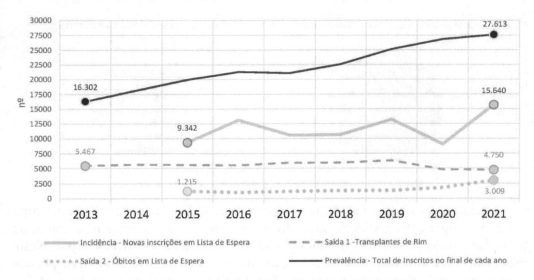

Gráfico 1. Número anual de novas inscrições em Lista de Espera para o transplante de rim (Incidência), de Transplantes de Rim (Saída 1), óbitos em Lista de Espera (Saída 2) e total de Inscritos no final de cada ano (Prevalência). Brasil. De 2013 a 2021.[38]

Ademais, do total de transplantes renais realizados nos últimos 11 anos, o percentual médio de procedimentos realizados com doador vivo se manteve em 21%. No ano de 2021, foram 581 (12%) doadores vivos e, destes, 155 (27%) foram com doadores vivos não relacionados – 95 cônjuges e 60 outros. (Gráficos 2 e 3)

---

36. Sociedade Brasileira de Nefrologia. **Censo de Diálise 2021**. [Online]. Disponível em: https://www.sbn.org.br. Acesso em: fev. 2023.
37. Associação Brasileira de Transplante de Órgãos – ABTO. Registro Brasileiro de Transplantes – RBT/ABTO. ano XXVIII. Associação Brasileira de Transplante de Órgãos. São Paulo. Valter Duro Garcia e Lúcio Pacheco, 2021. Disponível em: https://site.abto.org.br/publicacao/xxvii-no-4/.4. Acesso em: jan. 2023.
38. Idem.

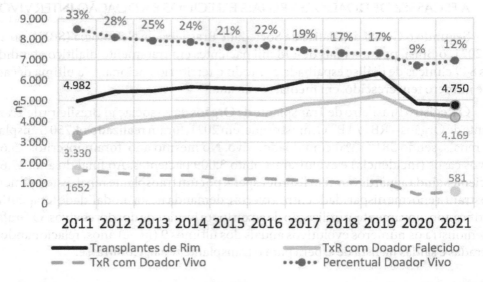

Gráfico 2. Número anual de transplantes de rim por tipo de doador e percentual anual de doadores vivos. Brasil. De 2011 a 2021.[39]

Gráfico 3. Número de doadores vivos por grau de parentesco. Brasil. Ano de 2021.[40]

Destaque-se, ainda, o fato de que, segundo Pêgo-Fernandes et al.,[41] o Brasil ocupa o segundo lugar entre todos os países do mundo em relação ao número absoluto de transplantes renais realizados, mas ainda aquém na necessidade verificada no país. Neste mesmo artigo, é informada a necessidade teórica estimada de 70 (setenta) transplantes renais por milhão de população por ano. Isso significa que seriam necessários 14.710 procedimentos anuais, considerando a população brasileira de 210.147.125 habitantes.[42]

Portanto, com os 4.750 transplantes realizados anualmente, o país atinge apenas 32% das cirurgias necessárias. O Gráfico 4 demonstra o panorama evolutivo de 10 (dez) anos

---

39. Idem.
40. Associação Brasileira de Transplante de Órgãos – ABTO. Registro Brasileiro de Transplantes – RBT/ABTO. Ano XXVIII. Associação Brasileira de Transplante de Órgãos. São Paulo. Valter Duro Garcia e Lúcio Pacheco, 2021. Disponível em: https://site.abto.org.br/publicacao/xxvii-no-4/.4. Acesso em: jan. 2023.
41. PÊGO-FERNANDES, Paulo Manuel; PESTANA, José Osmar Medina; GARCIA, Valter Duro. Transplants in Brazil: where are we?. *Clinics*, São Paulo, Brasil, v. 74, p. e832, 2019. DOI: 10.6061/clinics/2019/e832. Disponível em: https://www.revistas.usp.br/clinics/article/view/158482. Acesso em: fev. 2024.
42. **IBGE** – Instituto Brasileiro de Geografia e Estatística. Censo Brasileiro de 2020. Rio de Janeiro: IBGE, 2020.

desse percentual, indicando a disparidade crônica enfrentada no país nesta modalidade terapêutica e, ainda, a grande queda dos procedimentos evidenciada no período crítico pandêmico da infecção pela Covid-19.[43]

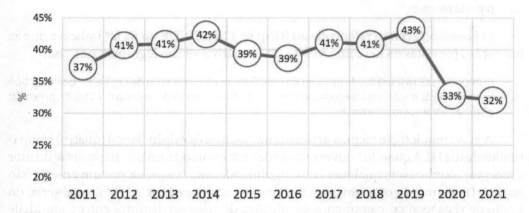

Gráfico 4. Número percentual evolutivo da taxa de realização de transplantes em relação a sua necessidade teórica estimada).[44]

Diante dos dados apresentados, revela-se que as políticas institucionais para salvaguardar a doação de órgãos inter vivos são não apenas necessárias, para impedir óbitos absolutamente evitáveis, mas ainda intimamente ligadas à noção de dignidade da pessoa humana. Isso, porque se retira o paciente de uma sacrificante batalha pela vida através de desgastantes sessões de hemodiálise sem qualquer finalidade curativa enquanto aguarda por um doador viável. Ganha, ainda, o SUS, por reduzir gastos com pacientes crônicos, além de que a economia do país devolve estes pacientes ao mercado de trabalho.

5. ANÁLISE DO ACÓRDÃO PARADIGMÁTICO DO TJSP QUE PROVEU APELAÇÃO PARA PERMITIR DOAÇÃO RENAL INTER VIVOS ENTRE NÃO PARENTES POR AFINIDADE

Era, de fato, uma judicialização improvável: a busca de alvará judicial para permitir a doação de um rim de uma amiga saudável a outra, com falência renal crônica irreversível, em um contexto em que o Tribunal de Justiça de São Paulo (TJSP), bem como o STJ, eram contrários ao ato quando não houvesse, entre doador e receptor, 4 (quatro) compatibilidades de HLA.

O TJSP, local em que o pedido foi apresentado, tinha firme a sua posição pela impossibilidade de doação nestes moldes – quando ausentes vínculos parentais e com menos de 4 (quatro) compatibilidades –, mesmo nos casos em que o transplante era considerado de urgência pela autoridade médica, conforme excerto adiante:

---

43. Associação Brasileira de Transplante de Órgãos – ABTO. Registro Brasileiro de Transplantes – RBT/ABTO. Ano XXVIII. Associação Brasileira de Transplante de Órgãos. São Paulo. Valter Duro Garcia e Lúcio Pacheco, 2021. Disponível em: https://site.abto.org.br/publicacao/xxvii-no-4/.4. Acesso em: jan. 2023.
44. Idem.

Não comprovação de, pelo menos, quatro compatibilidades em relação aos antígenos leucocitários humanos (HLA), exigível quando não houver relação de parentesco ou de matrimônio e união estável entre doador e receptor – Inteligência § 3º do art. 15 da Lei n. 2.268/1997 – Desnecessidade, no caso de transplante feito a pessoa específica, da prova da inscrição da Lista Única de Transplantes – Recurso provido em parte.[45]

O acórdão, fazendo referência ao REsp nº 1144720/DF do STJ,[46] indicava que as limitações previstas na Lei e no Decreto do Executivo seriam legítimas, por visar

(I) impedir lesão à integridade física do doador; (II) impedir o comércio de órgãos ou qualquer tipo de contraprestação; e, (III) assegurar, na forma do § 3º do artigo 15 do Decreto n. 2.268/97, potencial eficácia ao transplante de rim.[47]

A grave inquietação técnica, arrimada na ausência de exigência de 4 (quatro) compatibilidades de HLA quando houver relação de matrimônio ou união estável entre doador e receptor – ambos sem qualquer consanguinidade, estava a pressupor um critério não técnico (matrimônio ou a união estável) para afastar a exigência.[48] Mas qual seria, do ponto de vista técnico-científico, a justificativa de critérios distintos entre a afinidade entre amigos e a afinidade entre cônjuges para efetivação da doação? Por qual razão se exige de cônjuges 1 (uma) compatibilidade de HLA, e entre amigos 4 (quatro), se em ambos os casos não há consanguinidade?

Afinal, não é a certidão de casamento que irá "evitar que o sistema de defesa imunológica do receptor rejeite o novo rim",[49] como pretendeu justificar a decisão que então prevalecia no TJSP até o *overruling* no caso ora analisado.

Mas o fato é que mesmo com esse panorama judicial desfavorável, as amigas que ilustram o enredo deste artigo optaram pelo pedido de alvará judicial, distribuído à 9ª Vara Cível de Santos, autos nº 1021332-13.2016.8.26.0562. O pleito foi instruído com todos os relatórios médicos indicando a absoluta viabilidade do ato de doação com a compatibilidade de 1 (um) antígeno. O juízo da causa solicitou diversos esclarecimentos técnicos à equipe responsável pelo transplante, que inclusive foram mencionados pelo Ministério Público em seu parecer pelo deferimento do alvará:[50]

---

45. **BRASIL**. Tribunal de Justiça do Estado de São Paulo (TJSP), **Agravo de Instrumento nº 2113475-41.2016.8.26.0000**, 1ª Câmara Cível, relator Des. Alcides Leopoldo e Silva Junior, j. 22 jun. 2016.
46. **BRASIL**. Superior Tribunal de Justiça (STJ), **REsp nº 1144720/DF**, 2ª Turma, relator Min. Humberto Martins, Brasília, DF, j. 03 dez. 2009, DJe 16 dez. 2009.
47. **BRASIL. Decreto 2.268 de 1997**. Regulamenta a Lei nº 9.434, de 4 de fevereiro de 1997, que dispõe sobre a remoção de órgãos, tecidos e partes do corpo humano para fim de transplante e tratamento, e dá outras providências. Brasília, DF: Diário Oficial da União, 1997.
48. De acordo com a norma, as 4 (quatro) compatibilidade de HLA seria "exigível quando não houver relação de parentesco ou de matrimônio e união estável entre doador e receptor".
    BRASIL. Decreto 2.268 de 1997. Regulamenta a Lei nº 9.434, de 4 de fevereiro de 1997, que dispõe sobre a remoção de órgãos, tecidos e partes do corpo humano para fim de transplante e tratamento, e dá outras providências. Brasília, DF: Diário Oficial da União, 1997.
49. **BRASIL**. Tribunal de Justiça do Estado de São Paulo (TJSP), **Agravo de Instrumento nº 2113475-41.2016.8.26.0000**, 1ª Câmara Cível, relator Des. Alcides Leopoldo e Silva Junior, j. 22 jun. 2016.
50. **BRASIL**. Tribunal de Justiça do Estado de São Paulo (TJSP), **Apelação Cível nº 1021332-13.2016.8.26.0562**, 5ª Câmara Cível, relator Des. James Siano, j. 05 fev. 2017, DJe 05 abr. 2017.

Como se pode notar pelo parecer técnico, de fls. 80/105, emitido pelo Diretor Técnico do Serviço de Saúde Renal – HCFMUSP, mesmo diante do entendimento legal e jurisprudencial no sentido da necessidade de compatibilidade de 4 (quatro) antígenos, na hipótese das partes envolvidas no procedimento não serem aparentadas, há estudos concretos e dados estatísticos que possibilitam concluir pelo sucesso do procedimento de transplante.

Sendo assim, com a resposta do corpo clínico responsável pelo procedimento, restou evidente que não se trata de uma tentativa de burlar a legislação ou fraudar o sistema de doação de órgãos, submetendo pacientes a riscos de vida desnecessários.

Ainda assim, optou o magistrado de 1º grau em julgar improcedentes os pedidos, aos seguintes argumentos:[51]

Não é possível se ficar indiferente ao drama enfrentado pela jovem em questão, que se vê forçada a transpor todas as vicissitudes de três sessões semanais de hemodiálise, em decorrência do quadro de insuficiência renal crônica que lhe afeta. Entretanto, no que pesem os bem alinhados argumentos perfilados pelo Professor da área específica do HC da USP, observo que o óbice legal não é propriamente uma novidade. Ao reverso, o dispositivo do art. 15, § 3º, do Decreto Federal n. 2.268, de 30 de junho de 1997 já está vem vigor há quase duas décadas, constando a exigência de pelo menos, quatro compatibilidades em relação aos antígenos leucocitários humanos (HLA), quanto não há vínculo de parentesco. No caso vertente as partes têm apenas, segundo o ilustre Professor, uma identidade HLA (fls. 85), ou seja apenas a quarta parte do mínimo exigido pela legislação. Nesse contexto, considerando a clareza do texto legal, no que pesem respeitáveis decisões em contrário, não vejo como "substituir" o legislador. Como já consignado alhures, o Colendo Superior Tribunal de Justiça já teve oportunidade de decidir que é legal a exigência de comprovação de quatro compatibilidades HLA para a retirada de rins (REsp 1.144.720/DF – fls. 40). Na mesma linha decidiu, recentemente, o E. Tribunal da Justiça de São Paulo (A. I. N. 2113475-41.2016;8.26.000 – fls. 40/41). Diante dos argumentos do eminente Professor, remeti nesta data mensagem à Ouvidoria do Senado Federal sugerindo novos estudos sobre a matéria. A rejeição do pedido se impõe.

A sentença, nos termos em que proferida, e mesmo com todas as garantias técnicas de viabilidade de doação prestadas pelo médico assistente com 1 (uma) compatibilidade de HLA, optou por negar o pedido arrimado na análise taxativa do Decreto Federal nº 2.268/1997, que à época estava vigente há 20 (vinte) anos e que, na perspectiva do julgador era, por si só, suficiente para impedir a doação entre as amigas. De se notar, inclusive, que o magistrado se mostra sensível ao quadro da paciente, mas tergiversa em lhe garantir a possibilidade de cura pela redação restritiva do Decreto Federal.

De forma assertiva, a minuta do recurso de apelação[52] interposto destacou a ausência de risco para o receptor, a inexistência de indícios de comércio de órgãos, além da potencial eficácia do ato, tudo arrimado nos relatórios médicos emitidos. O que a apelação fez, na prática, foi buscar o *distinguishing* em relação ao supracitado acórdão do STJ,[53] cujo entendimento era consolidado à época e foi expressamente referido na sentença denegatória.

---

51. Idem.
52. **BRASIL**. Tribunal de Justiça do Estado de São Paulo (TJSP), **Apelação Cível nº 1021332-13.2016.8.26.0562**, 5ª Câmara Cível, relator Des. James Siano, j. 05 fev. 2017, *DJe* 05 abr. 2017.
53. **BRASIL**. Superior Tribunal de Justiça (STJ), **REsp nº 1144720/DF**, 2ª Turma, relator Min. Humberto Martins, Brasília, DF, j. 03 dez. 2009, DJe 16 dez. 2009.

A autorização judicial exigida no caput do artigo 9º da Lei n. 9.434/97 tem três objetivos: (I) impedir lesão à integridade física do doador;

(II) impedir o comércio de órgãos ou qualquer tipo de contraprestação; e,

(III) assegurar, na forma do § 3º do artigo 15 do Decreto n. 2.268/97, potencial eficácia ao transplante de rim.

Todas as exigências proporcionais e razoáveis colocadas pelo Poder Legislativo e pelo Poder Executivo para evitar o comércio de órgão ou qualquer tipo de contraprestação e assegurar a potencial eficácia do transplante de rim (direito à saúde) são ratificadas pelo ordenamento jurídico pátrio. É legal a exigência, para a retirada de rins, de comprovação de, pelo menos, quatro compatibilidades em relação aos antígenos leucocitários humanos (HLA), salvo entre cônjuges e consanguíneos, na linha reta ou colateral, até o terceiro grau, inclusive. A Lei n. 10.211/01, ao alterar o caput do art. 9º da Lei n. 9.434/97, não revogou ou retirou a eficácia do § 3º do artigo 15 do Decreto n. 2.268/97, portanto correto o Tribunal de origem na aplicação da Lei e do Decreto.

Há a necessidade de, neste estágio do presente trabalho, fazer expressa remissão à qualidade do Parecer emitido pela Procuradoria Geral de Justiça do Estado de São Paulo, que trouxe pela primeira vez o enfrentamento do fato de ter o Decreto Federal (que exigia as quatro compatibilidades entre não parentes) extrapolado sua órbita de atuação, trazendo restrição não prevista na Lei nº 9.434/1997. O Parecer, assinado pelo Procurador de Justiça Paulo Sérgio Cornaccioni,[54] é o precursor da mudança de entendimento dos Tribunais Pátrios sobre o tema:

(...) o requisito em questão (quatro compatibilidades HLA) não está previsto em Lei, mas em regulamento (Decreto 2.268) (...) A própria lei não impôs a restrição em apreço e relegou à regulamentação do Poder Executivo apenas a especificação dos exames relacionados aos riscos de "infecção e infestação". Nenhuma restrição concernente à compatibilidade dos envolvidos foi relegada à regulamentação infralegal.

É regra comezinha de hermenêutica e aplicação do direito que nenhuma norma de regulamento pode expurgar ou restringir alcance de lei. E diferente nem poderia ser, já que a autoridade do regulamento emana da Lei, de sorte que a esta não poderia aquele se contrapor.

E foi com arrimo no Parecer Ministerial que se chega ao acórdão paradigmático, responsável por inaugurar, no âmbito jurisprudencial, um caminho sólido para viabilizar que não parentes pudessem doar órgãos em vida movidos por afinidade e solidariedade – tudo o que o Decreto Federal estava por restringir. O acórdão foi concluído da seguinte forma:

(...) Apela a autora sustentando haver relação amistosa entre as partes; parecer médico favorável; inexistência do interesse de comércio e pronunciamento concordante do Ministério Público. Cabimento. Autora-apelante subscreveu Termo de Consentimento e apresentou solicitação de autorização judicial do Hospital das Clínicas. Manifestação médica favorável. Apelante declarou em Juízo o intuito de doar por força de amizade. Ausente indício de comércio de órgão humano. Pedido em consonância com o previsto no art. 9º, §§ 3º e 4º, da Lei nº 9.434/97. Óbice seria a existência de apenas uma compatibilidade entre as partes em relação ao HLA, quando o § 3º do art. 15 do Decreto nº 2.268/97, que regulamente

---

54. BRASIL. Tribunal de Justiça do Estado de São Paulo (TJSP), **Apelação Cível nº 1021332-13.2016.8.26.0562**, 5ª Câmara Cível, relator Des. James Siano, j. 05 fev. 2017, DJe 05 abr. 2017.

> a Lei nº 9.434/97, exige ao menos quatro compatibilidades. Dispositivo não se amolda aos conceitos médicos atuais e cria injustificável desigualdade de tratamento entre doadores não aparentados (em relação a amigos). Mais grave é o fato de que o regulamento extrapolou sua órbita de atuação. Restringiu mais do que a lei e, notadamente, nessa extensão não tem o condão de produzir efeitos. Restrição exorbitante vulnera o direito à vida e o princípio da dignidade da pessoa humana. Parecer médico favorável e manifestação expressa e válida da doadora. Elementos de convicção devidamente demonstrados. Recurso provido para autorizar a autora a doar um de seus rins para sua amiga.

A inovação trazida no acórdão, a revelar o seu caráter paradigmático, é que estava o Judiciário, pela primeira vez, a enfrentar a (i)legitimidade de um Decreto Federal em impor restrições que a própria lei não fez para fins de doação de órgãos inter vivos. Em outras palavras: enquanto a Lei dos Transplantes permite doação inter vivos entre não parentes para o transplante renal exigindo-se apenas decisão judicial (Lei 9.434/97, artigo 9º, §§ 3º e 4º), o Decreto Federal extrapolou sua órbita de atuação, exigindo, como condição para doação, 4 (quatro) compatibilidades de HLA entre receptor e doador. Citando Hely Lopes Meireles, o Acórdão não deixa espaço para a interpretação restritiva que vigia até então:[55]

> Sendo o regulamento, na hierarquia das normas, ato inferior à lei, não a pode contrariar, nem restringir ou ampliar suas disposições. Só lhe cabe explicitar a lei, dentro dos limites por ela traçados. (...) No que o regulamento infringir ou extravasar da lei, é írrito e nulo.

O acórdão, além de enfatizar a nulidade do Decreto Federal, especialmente por limitar direitos previstos em lei, é categórico em destacar a impossibilidade de se tratar de forma diferente cônjuges e amigos (ambos não consanguíneos) para um ato de elevada solidariedade, aviltando noções básicas de dignidade da pessoa humana.[56]

> Como visto, o disposto no decreto não se amolda aos conceitos médicos atuais e cria uma injustificável desigualdade de tratamento entre doadores não aparentados (cônjuges em relação a amigos) (...) A restrição exorbitante vulnera o direito à vida e o princípio da dignidade da pessoa humana, ao criar sem fundamento legal embaraço para a realização de um ato de elevado altruísmo.

Outros pontos, como a existência de termo de consentimento livre de qualquer vício, a ausência de indícios de se tratar de mercancia de órgãos humanos, o comprovado lastro de amizade entre as amigas, associado à previsão do art. 9º da Lei de Transplantes, foram amplamente abordados na decisão.

Fato é que ao prover o recurso de apelação, e assim autorizar o transplante tão desejado pela doadora e receptora, estava o Tribunal de Justiça de São Paulo a influenciar definitivamente, e de forma paradigmática, todo o entendimento sobre a matéria. Tanto que, coincidência ou não, pouco mais de 60 (sessenta) dias depois da publicação do acordão, realizada em 05 de abril de 2017, o Governo Federal, em 30 de junho do mesmo ano, revogou integralmente o Decreto nº 2.268/1997, sendo substituído pelo

---

55. **BRASIL**. Tribunal de Justiça do Estado de São Paulo (TJSP), **Apelação Cível nº 1021332-13.2016.8.26.0562**, 5ª Câmara Cível, relator Des. James Siano, j. 05 fev. 2017, DJe 05 abr. 2017.
56. Os autores defendem, inclusive, que a doação entre amigos possui em seu âmago lastro de solidariedade ainda maior, pela inexistência de parentesco.

Decreto nº 9.175, de 30 de outubro de 2017,[57] que não mais trouxe a exigência de 4 (quatro) compatibilidades de HLA como condição para doação inter vivos entre não parentes. Constou de sua redação, em seu art. 28:

> Art. 28. As doações entre indivíduos vivos não relacionados dependerão de autorização judicial, que será dispensada no caso de medula óssea.[58]

Finda a exigência das 4 (quatro) compatibilidade de HLA entre não parentes, agora também sob a ótica do Poder Executivo, o caminho para a doação baseada unicamente na afinidade entre receptor e doador ganhou lastro definitivo no Brasil. E a prova cabal desta mudança jurisprudencial se observa até os idos de 2022 em demanda judicial, em que, sem as dificuldades das restritivas jurisprudências anteriores à revogação do Decreto 1º 2.268/97, obteve-se alvará judicial nos autos nº 5000595-88-2022-8-13-0232.[59]

Nesse caso mais recente, viabilizou-se a doação de rins entre dois amigos residentes no município de Dores do Indaiá, no interior de Minas Gerais, já estando o paciente em condição de falência renal avançada, e cujo ato de solidariedade do amigo lhe "salvou a vida" – no sentido mais comezinho do termo. Sobram razões para se festejar o avanço sobre a matéria na jurisprudência e na regulação nacional sobre o tema derivados do *overruling* do Tribunal de Justiça de São Paulo.

6. CONCLUSÃO

O caso paradigmático analisado demonstra como o Poder Judiciário, tantas vezes criticado por avançar sobre questões afetas ao Executivo e Legislativo, pode influenciar positivamente na elaboração de políticas públicas. Nesta situação, para salvaguardar a possibilidade de doação inter vivos entre não parentes que, anteriormente, por imposição (indevida) de Decreto do Poder Executivo, revelava-se utópica e de aplicação material remotíssima, ao exigir entre não parentes 4 (quatro) compatibilidades de HLA como condição para a doação.

A doação de órgãos, especialmente na modalidade inter vivos, é a maior categorização de solidariedade que um ser humano pode experimentar em vida, com forte impacto espiritual e humanístico. Ao Estado, neste caso, incumbe o dever ético, constitucional e legal de assegurar a doação de forma contundente, sobretudo para impedir o ato de doação sem arrimo técnico, como ocorria até 2017.

Vale destacar que ao Estado cabe, também, o desenvolvimento de políticas públicas que garantam a proteção de vulneráveis, como já ocorre com mecanismos em hospitais

---

57. **BRASIL. Decreto 9.175/2017**. Regulamenta a Lei nº 9.434, de 4 de fevereiro de 1997, para tratar da disposição de órgãos, tecidos, células e partes do corpo humano para fins de transplante e tratamento. Brasília, DF: Diário Oficial da União, 2017.

58. **BRASIL. Decreto 9.175/2017**. Regulamenta a Lei nº 9.434, de 4 de fevereiro de 1997, para tratar da disposição de órgãos, tecidos, células e partes do corpo humano para fins de transplante e tratamento. Brasília, DF: Diário Oficial da União, 2017.

59. **BRASIL**. Tribunal de Justiça do Estado de Minas Gerais (TJMG), **autos nº 5000595-88-2022-8-13-0232**, Vara Única da Comarca de Dores do Indaiá, Juiz Rodrigo Péres Pereira, j. 06 maio 2022.

de São Paulo, que implantaram modelos para avaliar a dupla de doador inter vivos em relação ao aspecto socioeconômico, ou mesmo a capacitação de um profissional para ser o mediador (*donor advocate*) – e, assim, assegurar que outra disparidade para além da falta de órgãos não ocorra. Isso porque não interessa a nenhuma equipe de saúde, ou país, que se obtenha um doador fruto de comercialização ou turismo para transplantação, ferindo qualquer noção bioética.

Em homenagem aos que ainda padecem na fila de espera por órgãos, resistindo em meio às diárias sessões de hemodiálise, ficam as palavras de Friedrich Nietzsche, para quem "o que não provoca minha morte faz com que eu fique mais forte". E que o Estado, neste processo, procure não criar obstáculos à doação pura, legítima e verificada, sobretudo em razão da finalidade pretendida ser a de manutenção do direito fundamental de maior envergadura, sem o qual, dificilmente se efetivam os demais: o direito à vida.

REFERÊNCIAS

ASSOCIAÇÃO BRASILEIRA DE TRANSPLANTE DE ÓRGÃOS – ABTO. Registro Brasileiro de Transplantes – RBT/ABTO. Ano XXVIII. Associação Brasileira de Transplante de Órgãos. São Paulo. Valter Duro Garcia e Lúcio Pacheco, 2021. Disponível em: https://site.abto.org.br/publicacao/xxvii-no-4/.4. Acesso em: jan. 2023.

CALNE, Roy. Essay History of transplantation. Medicine and Creativity, *The Lancet*, Londres, vol. 368, p. S51-S52, dez. 2006.

DADALTO, Luciana. **Testamento vital**. 4. ed. Indaiatuba: Foco, 2018.

GARCIA, Valter Duro et al. Aspectos éticos dos transplantes. In: GARCIA, Clotilde Druck et al. (Coord.). **Manual de doação e transplantes**. Rio de Janeiro: Elsevier, 2013.

INTERNATIONAL Summit on Transplant Tourism and Organ Trafficking. The Declaration of Istanbul on Organ Trafficking and Transplant Tourism. *Clinical journal of the American Society of Nephrology*. CJASN, v. 3, p. 1227-1231, set. 2008.

KFOURI NETO, Miguel. A quantificação do dano na ausência de consentimento livre e esclarecido do paciente. **Revista IBERC**, Minas Gerais, v. 2, n. 1, p. 01-21, jan./abr. 2019.

PÊGO-FERNANDES, Paulo Manuel; PESTANA, José Osmar Medina; GARCIA, Valter Duro. Transplants in Brazil: where are we? *Clinics*, São Paulo, Brasil, v. 74. Disponível em: https://www.revistas.usp.br/clinics/article/view/158482. Acesso em: fev. 2024.

ROZA, Bartira de Aguiar. **Efeitos do processo de doação de órgãos e tecidos em familiares**: intencionalidade de uma nova doação. 2005. Tese (Doutorado em Ciências) – Universidade Federal de São Paulo, São Paulo, 2005.

SALVALAGGIO, Paolo R. et al. Crossmatch testing in kidney transplantation: patterns of practice and associations with rejection and graft survival. *Saudi J Kidney Dis Transpl.*, Arábia Saudita, v. 20, p. 577-589, jul. 2009.

SES-RJ. **Programa Estadual de Transplantes**. Rio de Janeiro. [Online] Disponível em: http://www.transplante.rj.gov.br/Site/Conteudo/Noticia.aspx?C=0MVRWOjnaPE%3D. Acesso em: jan. 2023.

SOCIEDADE BRASILEIRA DE NEFROLOGIA. **Censo de Diálise 2021**. [Online]. Disponível em: https://www.sbn.org.br. Acesso em: fev. 2023.

PARTE IV
DIREITO MÉDICO, PROTEÇÃO DE DADOS DE SAÚDE E INOVAÇÕES TECNOLÓGICAS

RESPONSABILIDADE CIVIL MÉDICO-HOSPITALAR POR EVENTOS ADVERSOS EM CIRURGIAS ROBÓTICAS

Rafaella Nogaroli[1]

Decisão paradigma: BRASIL. Tribunal de Justiça do Estado de Santa Catarina (TJSC), **Apelação Cível nº 0307386-08.2014.8.24.0023**, 8ª Câmara de Direito Civil, relator Des. Alexandre Morais da Rosa, j. 19 set. 2023.

Sumário: 1. Descrição do caso – 2. Benefícios, riscos e panorama dos litígios norte-americanos no contexto da cirurgia robótica – 3. Embasamento teórico para atribuir responsabilidade civil por evento adverso ocorrido com paciente submetido à cirurgia robótica – 4. Panorama doutrinário e jurisprudencial sobre a responsabilidade civil por infecção hospitalar – 5. Análise da primeira decisão judicial brasileira sobre responsabilidade civil por evento adverso em cirurgia robótica – 6. Notas conclusivas – Referências.

1. DESCRIÇÃO DO CASO

No dia 17/12/2019, foi julgado o primeiro caso brasileiro, que se tem notícia, de um paciente que sofreu danos após ser submetido à cirurgia assistida por robô. O paciente ajuizou ação indenizatória em face do Hospital Albert Einstein, em São Paulo, no qual ficou internado, em 2010, para realizar cirurgia robótica para retirada de um tumor renal. Na oportunidade, realizou nefrectomia parcial esquerda assistida por robô e pielolitotomia esquerda laparoscópica com colocação de cateter ureteral. O procedimento cirúrgico durou cerca de 5 horas, sem intercorrências.

Contudo, após alta hospitalar, o paciente retornou à cidade de Florianópolis onde residia, com fortes dores abdominais e febre alta, motivo pelo qual foi internado num hospital local. Após terem sido realizados inúmeros exames, constatou-se a presença de bactéria '*burkholderia cepácia*', que, segundo o médico do hospitalar catarinense, havia sido contraída pelo fato de o robô utilizado não estar devidamente esterilizado, transmitindo a bactéria para o autor.

Diante disso, o paciente ajuizou ação contra a Sociedade Beneficente Israelita Brasileira – Albert Einstein, afirmando que contraiu a bactéria pela má esterilização do

---

1. Mestre em Direito pela Universidade Federal do Paraná (UFPR). Especialista em Direito Médico e Processo Civil. Professora convidada em cursos de extensão e especialização do Centro de Direito Biomédico da Universidade de Coimbra (Portugal), onde atuou como pesquisadora visitante em 2023. Supervisora acadêmica do curso de especialização "Direito Médico e Bioética" (EBRADI). Presidente do Instituto Miguel Kfouri Neto (IMKN) – Direito Médico e da Saúde. Atuou como coordenadora executiva do grupo de pesquisas "Direito da Saúde e Empresas Médicas" (UNICURITIBA), liderado pelo prof. Des. Miguel Kfouri Neto. Diretora do Instituto Brasileiro de Estudos de Responsabilidade Civil (IBERC). Escritora do livro "Responsabilidade civil médica e inteligência artificial" (2023) e coordenadora da obra coletiva "Debates contemporâneos em direito médico e da saúde" (2. ed., 2022). Pesquisadora e escritora em Direito Médico e novas tecnologias. E-mail: nogaroli@gmail.com.

robô pelos prepostos do nosocômio. Alegou também que o médico não teve o cuidado devido sobre o risco de contrair alguma infecção, observando os seus sintomas e, ainda, disse que não foi correta a alta médica após o procedimento cirúrgico.

Em contestação, o hospital asseverou que os serviços de hotelaria e de fornecimento de insumos postos à disposição do autor e médico ocorreram de forma adequada. Ainda, disse que as alegações do paciente, a respeito da alta médica, procedimento e medicação, estavam relacionadas apenas com a atuação médica, tendo sido o profissional contratado diretamente pelo autor, não sendo funcionário, preposto ou representante do hospital, motivo pelo qual não poderia ser responsabilizado. Arguiu, ainda, que a alegação de infecção contraída em decorrência da cirurgia também envolveria a atuação médica e, neste sentido, não teria como incidir responsabilidade sobre a entidade hospitalar.

Por fim, o réu ressaltou que não havia provas de que ele foi o causador do mal que afligiu o paciente, ou seja, de que o robô não estava devidamente esterilizado, o que teria, em tese, causado a infecção. Neste ponto, defendeu a inexistência de nexo de causalidade entre a conduta do nosocômio e os problemas de saúde que acometeram o autor. Concluiu, assim, que o surgimento da infecção não foi decorrente da atuação do hospital, pois todos os procedimentos hospitalares foram adequados, sendo que o robô e demais insumos foram devidamente esterilizados.

Ao julgar essa demanda, a juíza da 4ª Vara Cível da Comarca de Florianópolis-SC, em sentença proferida em 30.10.2019, julgou procedente o pedido formulado pelo autor, reconhecendo o nexo de causalidade entre a infecção contraída pelo autor e o procedimento cirúrgico realizado nas dependências do nosocômio réu. A Sociedade Beneficente Israelita Albert Einstein e, solidariamente, a seguradora chamada ao processo, foram condenadas ao pagamento de R$ 10.000,00 (dez mil reais) a título de danos morais.

Todavia, em dia 22.09.2023, o Tribunal de Justiça do Estado de Santa Catarina (TJSC) reformou a decisão, ao julgar os recursos de apelação interpostos pelo autor e réus. A demanda foi julgada improcedente, acolhendo a tese defensiva de ausência de responsabilidade objetiva. O acórdão indicou a inexistência de prova de que a infecção contraída decorreu (nexo causal) da "má atuação e falta de cuidado e providências da instituição hospitalar, causando descontrole nocivo".

Considerando a decisão proferida, o autor interpôs recurso especial no STJ, em 30.10.2023, que restou inadmitido em 18.12.2023. Inconformado, o demandante interpôs agravo em recurso especial – que, até a data de fechamento da presente obra coletiva (05.07.2024), aguardava julgamento pelo STJ.

Diante da decisão paradigmática apresentada, busca-se, inicialmente, investigar as demandas sobre eventos adversos na cirurgia robótica à luz do ordenamento jurídico norte-americano, tendo em vista o expressivo número de litígios que servirá de fonte para melhor compreensão do tema e delimitação de algumas proposições teóricas. Após, será traçado um estudo dessas demandas sob a ótica do sistema jurídico brasileiro.

RC MÉDICO-HOSPITALAR EM CIRURGIAS ROBÓTICAS

Ainda, propõe-se uma breve explanação sobre o entendimento doutrinário e jurisprudencial a respeito da responsabilidade das instituições de saúde no que tange à infecção hospitalar (serviço extramédico). Por fim, propõe-se a análise do primeiro julgado nacional sobre o tema, no intuito de verificar a aplicação prática da forma de atribuição da responsabilidade civil entre todos os agentes envolvidos na cirurgia robótica: médico, equipe de enfermagem, hospital e fabricante.

2. BENEFÍCIOS, RISCOS E PANORAMA DOS LITÍGIOS NORTE-AMERICANOS NO CONTEXTO DA CIRURGIA ROBÓTICA

As plataformas robóticas, nas últimas duas décadas, têm ampliado as fronteiras das inovações em tecnologias da saúde, para obtenção de melhores resultados clínicos. Surgiram em um momento que cirurgiões demandavam, cada vez mais, tecnologias cirúrgicas minimamente invasivas, mais precisas e seguras, para aperfeiçoarem sua atuação.

Milhões de cirurgias robóticas já foram realizadas ao redor do mundo com o chamado *robô Da Vinci*, desde 2000.[2] Durante a cirurgia, o médico permanece num console, manuseando dois controladores gerais (*joysticks*) – e os movimentos das suas mãos são traduzidos pelo robô, em tempo real, em instrumentos dentro do paciente, eliminando-se, assim, o tremor natural das mãos do ser humano e possibilitando um procedimento executado com maior precisão. Devido à maior flexibilidade dos braços robóticos em comparação com as ferramentas laparoscópicas convencionais, além da ampliação da visão do cirurgião por meio de uma microcâmera, tornam-se completamente acessíveis locais anteriormente de difícil acesso ou até mesmo inacessíveis.[3]

A utilização do robô torna a cirurgia mais segura e precisa, eliminando o tremor natural das mãos do ser humano; a microcâmera amplia a visão do cirurgião e a tomada de decisões no decorrer do procedimento cirúrgico se torna mais rápida e exata.[4] Em 2002, um cirurgião, localizado nos Estados Unidos, realizou a primeira telecirurgia em uma paciente que estava a milhares de quilômetros de distância, na França.[5]

As plataformas robóticas, nas últimas duas décadas, têm ampliado as fronteiras das inovações em tecnologias da saúde, para obtenção de melhores resultados clínicos. Surgiram em um momento que cirurgiões demandavam, cada vez mais, tecnologias cirúrgicas minimamente invasivas, mais precisas e seguras, para aperfeiçoarem sua atuação. No Brasil, o Hospital Israelita Albert Einstein, em São Paulo, é o pioneiro em

---

2. About da Vinci Systems. Disponível em: https://www.davincisurgery.com/da-vinci-systems/about-da-vinci-systems##. Acesso em: 12 fev. 2024.
3. SCHANS, Emma M. et. al. From Da Vinci Si to Da Vinci Xi: realistic times in draping and docking the robot. **Journal of Robotic Surgery**, v. 4, p. 835-839, dez. 2020.
4. FIORINI, Paolo. History of robots and robotic surgery. In: FONG, Yuman et al. (Ed.). **The sages Atlas of robotic surgery**. Cham: Springer, 2018, p. 1-14.
5. Operation Lindbergh – A world first in telesurgery: the surgical act crosses the atlantic! Disponível em: https://www.ircad.fr/wp-content/uploads/2014/06/lindbergh_presse_en.pdf. Acesso em: 10 fev. 2024.

cirurgia robótica desde 2008, quando um paciente idoso foi submetido à extirpação da próstata com a assistência do robô.[6]

Apesar dos notáveis benefícios dessa tecnologia, há inúmeros relatos, especialmente em contexto norte-americano, de eventos adversos ocorridos durante cirurgias assistidas por robô, além de dezenas de *recalls* de instrumentos robóticos defeituosos, levando diversos pacientes à pleitearem indenização por danos sofridos durante a performance desses robôs, tanto por defeito do produto, culpa médica ou violação do dever de informação.[7]

Até o momento, quase todos os conflitos envolvendo eventos adversos em cirurgia robótica nos Estados Unidos foram resolvidos extrajudicialmente com a fabricante, com cláusula de confidencialidade sobre os seus termos ou, ainda, decididos sumariamente pelo juiz (*summary judgment*) na fase processual chamada *pretrial*, com exceção de dois casos que foram levados a julgamento pelos tribunais norte-americanos, os quais, posteriormente, também resultaram em acordo: *Zarick v. Intuitive Surgical* (2016) e *Taylor v. Intuitive Surgical* (2017). Mais recentemente, em abril de 2021, julgou-se o caso *Rosenberg v. 21st Century Oncology*, no qual se debateu a culpa do médico por um rasgo retal (e o gerenciamento deste dano) ocorrido durante uma cirurgia robótica de prostatectomia, realizada em 2018.[8]

Em 2015, a *Intuitive Surgical* publicou um relatório anual[9] no qual expôs que tinha sido demandada judicialmente em aproximadamente 102 ações individuais e 1 ação com 20 demandantes, que foram submetidos a cirurgias robóticas. Ainda, a empresa recebeu 4.800 reclamações de pacientes que sofreram danos após serem submetidos a cirurgias robóticas entre 2004 e 2013, período em que foram executadas cerca de 2 milhões de cirurgias assistidas por robôs em hospitais estadunidenses. A fabricante, a fim de evitar enormes custos com ações judiciais, empreendeu esforços para celebrar acordos com esses pacientes em 2014, o que resultou num montante de US$ 82,4 milhões em indenizações concedidas nessas mediações.

---

6. Brasil comemora 10 anos de cirurgia robótica. Disponível em: https://www.einstein.br/sobre-einstein/imprensa/press-release/brasil-comemora-10-anos-de-cirurgia-robotica. Acesso em: 2 abr. 2024.

7. Ao propósito do estudo sobre os *cases law* norte-americanos relacionados à eventos adversos nas cirurgias robóticas, remeta-se aos seguintes trabalhos: i) NOGAROLI, Rafaella. **Responsabilidade civil médica e inteligência artificial**: culpa médica e deveres de conduta no século XXI. São Paulo: Thomson Reuters Brasil, 2023. ii) KFOURI NETO, Miguel; NOGAROLI, Rafaella. Responsabilidade civil pelo inadimplemento do dever de informação na cirurgia robótica e telecirurgia: uma abordagem de direito comparado (Estados Unidos, União Europeia e Brasil). In: ROSENVALD, Nelson; MENEZES, Joyceane Bezerra, DADALTO, Luciana (Coord.). **Responsabilidade civil e medicina**. 2. ed. Indaiatuba: Foco, 2020, p. 173-203. iii) NOGAROLI, Rafaella; KFOURI NETO, Miguel. Estudo comparatístico da responsabilidade civil do médico, hospital e fabricante na cirurgia assistida por robô. In: KFOURI NETO, Miguel; NOGAROLI, Rafaella (Coord.). **Debates contemporâneos em direito médico e da saúde**. 2. ed. São Paulo: Thomson Reuters Brasil, 2023, p. 47-88.

8. *Rosenberg v. 21St Century Oncology*, et. al. Disponível em: https://cvn.com/proceedings/rosenberg-v-21st-century-oncology-et-al-trial-2021-04-15. Acesso em: 12 fev. 2024.

9. Securities and Exchange Commission. Form 10-K. Annual Report Pursuant to Section 13 or 15(d) of The Securities Exchange Act of 1934. Intuitive Surgical, Inc. Disponível em: https://isrg.intuitive.com/static-files/73dc5b72-0444-4450-99b9-51d330c3d67e. Acesso em: 12 fev. 2024.

Na grande parte dessas reclamações, alegou-se complicações na cirurgia robótica decorrente de defeitos em instrumentos robóticos, tal como o acessório de isolamento elétrico denominado *tip cover accessory*, que é uma espécie de cobertura que fica na ponta da tesoura cirúrgica chamada *Monopolar Curved Scissor* (MCS) e visa evitar que cargas elétricas vazem para outros tecidos e órgãos localizados fora do sítio cirúrgico. Destaque-se que esse acessório do instrumento robótico sofreu *recall* em 2012, após diversas pessoas terem sido lesionadas pela sua tendência de desenvolver microfissuras, causando queimaduras em órgãos e tecidos internos fora do local cirúrgico, sem o médico conseguir perceber isto durante a cirurgia.[10]

Outra questão bastante debatida em litígios envolvendo cirurgia robótica diz respeito ao fato de que, até poucos anos atrás, notava-se uma realidade de médicos com pouca prática, que realizavam cirurgias assistidas por robôs depois de realizarem pouquíssimos procedimentos com auxílio do *proctor*.[11] Por isso, a questão da culpa médica, especialmente imperícia com a tecnologia, devido ao insuficiente treinamento, já foi bastante criticada pela comunidade jurídica norte-americana e europeia. Ademais, há cirurgiões com extensa experiência na tecnologia que declaram terem se sentido proficientes com o sistema Da Vinci depois de realizarem ao menos 200 procedimentos.[12]

Nesse ponto, vale abrir um parênteses para dizer que, no Brasil, já se observa uma tendência de aprimoramento cada vez maior do modelo de treinamento em cirurgia robótica, especialmente pela criação de diretrizes para o desenvolvimento de proficiência na realização de procedimentos com as plataformas robóticas, bem como devido à implementação de simuladores do robô, com treinamento em realidade virtual, para que os médicos possam praticar no próprio hospital onde atuam. Importante a ponderação de que, somente em março de 2022 – após 14 anos de cirurgias robóticas realizadas em território brasileiro – o Conselho Federal de Medicina publicou a Resolução CFM nº 2.311/2022, que regulamenta a cirurgia robótica no país e traz as diretrizes para capacitação e política de treinamento por médicos e hospitais.

Voltando para o contexto norte-americano, Edoardo Datteri[13] expõe dois casos de suposta imperícia médica em cirurgia robótica, relatados no *The Wall Street Journal*. Em 2002, um paciente morreu no Hospital *St. Joseph*, em Tampa (Flórida), dois dias após se submeter à cirurgia na qual o robô cortou 'acidentalmente' duas artérias, incluindo a aorta. Já em 2009, outro robô cortou os dois ureteres de uma mulher durante procedimento no Hospital *Wentworth-Douglass*, em Dover (Massachusetts). Em ambas as ocasiões, os movimentos do robô Da Vinci causaram ferimentos graves e fatais aos

---

10. NOGAROLI, Rafaella; KFOURI NETO, Miguel. Estudo comparatístico da responsabilidade civil do médico, hospital e fabricante na cirurgia assistida por robô. In: KFOURI NETO, Miguel; NOGAROLI, Rafaella (Coord.). **Debates contemporâneos em direito médico e da saúde**. 2. ed. São Paulo: Thomson Reuters Brasil, 2023, p. 47-88.

11. *Proctor* é o médico altamente especializado em cirurgia robótica, que possui elevado grau de conhecimento do robô Da Vinci.

12. PAGALLO, Ugo. **The Laws of Robots**: crimes, contracts, and torts. Londres: Springer, 2013, p. 88-94.

13. DATTERI, Edoardo. Predicting the long-term effects of human-robot interaction: a reflection on responsibility in medical robotics. **Science and Engineering Ethics**, v. 19, p. 139-160, 2013.

pacientes, sem que nenhuma anomalia (mensagem de erro ou mau funcionamento) do dispositivo tenha sido detectada, o que sugere a possibilidade de culpa por parte do médico, na modalidade imperícia.[14]

Já em contexto europeu, noticiou-se um caso ocorrido em 2015, no qual um senhor com cerca de 70 anos morreu após se submeter à cirurgia robótica no *Freeman Hospital*, em *Newcastle*, Inglaterra.[15] O robô fez um movimento brusco e dilacerou parte do coração do paciente durante a cirurgia. Abriu-se inquérito policial para determinar a causa da morte.

O cirurgião acabou revelando que "poderia ter realizado a cirurgia com mais treinamento prévio no robô, antes da intervenção cirúrgica"[16] e, ainda, relatou que o *proctor*, que deveria estar presente durante toda a cirurgia, saiu da sala na metade do procedimento. Além disso, constatou-se que o hospital, no qual ocorreu a intervenção, não possuía nenhuma política de treinamento dos médicos em cirurgias assistidas por robô. O diretor clínico, inclusive, emitiu um pedido de desculpas, reconhecendo que "falhou em garantir um padrão de cuidado razoavelmente esperado em cirurgia robótica".

Na situação do hospital inglês, fica ainda mais evidente a hipótese de dano diretamente ocasionado por imperícia do profissional. A imperícia se caracteriza pela deficiência de conhecimentos técnicos, o despreparo prático, a falta de habilidade ou ausência dos conhecimentos necessários para realização da cirurgia robótica.

Ademais, no caso supracitado da entidade hospitalar *Wentworth-Douglass*, alguns membros da equipe médica que realizavam cirurgias robóticas, à época do ocorrido, declararam que tiveram apenas uma certificação junto à fabricante do robô, consistente em dois dias de treinamento em animais e algumas horas de prática em um cadáver humano, antes de realizarem sua primeira cirurgia em um paciente no próprio hospital onde atuavam.

Há doutrinadores que inclusive levantam a hipótese de intencionalidade de alguns hospitais em priorizar seus interesses econômicos acima de melhores políticas internas de treinamento em cirurgias assistidas por robôs; isto é, após empregarem elevado investimento na aquisição da plataforma robótica e certificação dos seus médicos, esperam que eles realizem cirurgias robóticas o mais breve possível, até sem mesmo um auxílio do *proctor*, a fim de receberem logo um retorno financeiro.[17] Essa racionalidade

---

14. Surgical robot examined in injuries. Disponível em: https://www.wsj.com/articles/SB10001424052702304703 10457517395214590752
6. Acesso em: 13 fev. 2024.

15. Coroner says decision to use robot in UK-first heart op led to patient's death as it emerges blundering surgeon now has new job at another hospital. Disponível em: https://www.dailymail.co.uk/news/article-6367481/Patient-died-robot-used-heart-op-surgeon-99-chance-surviving.html. Acesso em: 13 fev. 2024.

16. Heart-breaking robotic surgery: patient dies as a result of robotic assisted heart surgery. Disponível em: https://www.kingsleynapley.co.uk/insights/blogs/blog-medical-negligence-law/heart-breaking-robotic-surgery-patient-dies-as-a-result-of-robotic-assisted-heart-surgery#page=1. Acesso em: 13 fev. 2024.

17. DATTERI, Edoardo. Predicting the long-term effects of human-robot interaction: a reflection on responsibility in medical robotics. **Science and Engineering Ethics**, v. 19, p. 139-160, 2013.

econômica ardilosa – benefícios econômicos acima da segurança do paciente – poderia ser alvo de fixação de danos punitivos nos sistemas do *common law*.[18]

Diante do cenário apresentado, Thomas R. Mc Lean delineia o perfil geral das demandas indenizatórias envolvendo cirurgia robótica nos Estados Unidos, as quais, geralmente, envolvem discussões em três frentes: 1ª) *responsabilidade do médico*: por culpa profissional, especialmente imperícia decorrente do treinamento insuficiente, ou violação do dever de informação do paciente; 2ª) *responsabilidade do hospital*: por falha na política de treinamento, má conservação do robô ou incorreta esterilização dos instrumentos robóticos pelos seus prepostos, desrespeitando orientações do fabricante; 3ª) *responsabilidade do fabricante*: por defeito do produto (robô) ou falta de informações corretas sobre sua utilização ou riscos associados.[19]

Esses litígios são conhecidas como *finger-pointing cases*.[20] Isso, porque há sempre o dilema de quem deve responder quando há um dano ao paciente submetido à cirurgia robótica: o médico ou o fabricante do equipamento. O médico e o hospital, diante de evento adverso na intervenção, 'apontam' para o fabricante, alegado que há defeito no próprio robô e consequente responsabilidade do fabricante. Este, por sua vez, 'aponta' para o profissional, defendendo que o dano decorre de erro médico ou, ainda, da má conservação ou incorreta regulagem do robô pelos prepostos do hospital.

Contudo, em 2017, desenvolveu-se um dispositivo chamado *dVLogger*, espécie de 'caixa preta' acoplada ao robô cirurgião Da Vinci, que grava vídeo e metadados durante a cirurgia.[21] Por meio desse recurso, captura-se o posicionamento dos instrumentos e como o médico está conduzindo o movimento do robô. Pode-se constatar, por exemplo, que durante a cirurgia o robô emitiu algum alerta ou aviso de erro, mas o médico desconsiderou o alerta e optou por assumir o risco de dar continuidade ao ato cirúrgico. Ou, ainda, pode-se verificar um mau funcionamento do próprio robô, que realizou inesperadamente algum movimento.

Ademais, por meio do *dVLogger* é possível restar provado que o médico, durante a realização da cirurgia robótica, atuou com a diligência que legitimamente se esperava dele – ou seja, não agiu com culpa –, tampouco há defeito no robô cirurgião, sendo o evento danoso decorrente de um risco associado à própria tecnologia. Nesse caso,

---

18. Para melhor compreensão sobre os *punitive damages*, remeta-se a BONNA, Alexandre; NOGAROLI, Rafaella; USCOCOVICH, Carolina Martins. Funções da responsabilidade civil médica e o dano moral por erro médico: análise doutrinária e jurisprudencial do Tribunal de Justiça do Estado do Paraná entre os anos de 2013 e 2017. In: KFOURI NETO, Miguel; NOGAROLI, Rafaella (Coord.). **Debates contemporâneos em direito médico e da saúde**. 2. ed. São Paulo: Thomson Reuters Brasil, 2023, p. 315-348.

19. Sobre o assunto, remeta-se aos seguintes artigos: i) MCLEAN, Thomas R; WAXMAN, S. Robotic surgery litigation. **Journal of Mechanical Engineering Science**, v. 224, p. 1539-1545, jul. 2010. ii) MCLEAN, Thomas R. Principle of robotic surgery litigation in the United States. **Clinical Risk**, v. 14, p. 179-181, set. 2008. iii) MCLEAN, Thomas R. The complexity of litigation associated with robotic surgery and cybersurgery. **The International Journal of Medical Robotics and Computer Assisted Surgery**, v. 3, p. 23-29, fev. 2007.

20. MCLEAN, Thomas R. The complexity of litigation associated with robotic surgery and cybersurgery. **The International Journal of Medical Robotics and Computer Assisted Surgery**, v. 3, p. 23-29, fev. 2007.

21. Disponível em: https://www.eurekalert.org/pub_releases/2017-12/uosc-br120817.php. Acesso em: 02 dez. 2023.

caberá ao médico e/ou entidade hospitalar provar que obteve o consentimento livre e esclarecido do paciente sobre aquele possível risco específico na utilização do robô. O fato gerador da indenização na situaçõão de violação do dever de informação, não será o dano em si, isoladamente considerado, mas a falha (ou ausência) de informação.[22]

3. EMBASAMENTO TEÓRICO PARA ATRIBUIR RESPONSABILIDADE CIVIL POR EVENTO ADVERSO OCORRIDO COM PACIENTE SUBMETIDO À CIRURGIA ROBÓTICA

No dia 23 de março de 2022, o Conselho Federal de Medicina publicou a Resolução nº 2.311/2022, que regulamenta a cirurgia robótica no Brasil, trazendo importantes temas ético-jurídicos, dentre eles: consentimento do paciente, política de treinamento de hospitais, capacitação da equipe, responsabilidade médico-hospitalar e solidariedade na responsabilidade da equipe médica. A partir do estudo acerca dos litígios envolvendo eventos adversos ocorridos na cirurgia robótica, em contexto norte-americano, po-de-se observar que a grande complexidade na análise da responsabilidade civil dá-se, sobretudo, na determinação da *causa eficiente do dano* – e a quem se atribuir o dever de indenizar: fabricante, hospital ou médico. Diante disso, ao trazer a investigação de tal problemática para o ordenamento jurídico brasileiro, considerando a escassa doutrina brasileira relacionada ao tema, propõe-se a metodologia descrita nas linhas que se seguem.

Para atribuição da responsabilidade por eventos adversos em cirurgia robótica, partindo-se da hipótese de uma relação de consumo entre médico e paciente, com o procedimento realizado de modo particular[23] e em hospital privado,[24] deve-se verificar, antes de mais, a gênese do dano, ou seja, se este decorreu de:

---

22. Ao propósito estudo sobre responsabilidade civil por violação ao dever de informação do paciente submetido à cirurgia robótica, remeta-se a NOGAROLI; Rafaella. A prática da Medicina centrada na pessoa e o novo modelo de consentimento na cirurgia robótica à luz da Resolução nº 2.311/2022 do CFM. In: SÁ, Maria de Fátima Freire de; ARAÚJO, Ana Thereza Meirelles Araújo; NOGUEIRA, Roberto Henrique Pôrto; SOUZA, Iara Antunes de (Coord.). **Direito e Medicina**: intersecções científicas. Relação médico-paciente. Belo Horizonte: Conhecimento Editora, 2022, v. II. p. 215-232.

23. No caso de cirurgia/atendimento médico realizado pelo plano de saúde, respondem as operadoras e os médicos a ela vinculados, solidariamente, diante dos danos causados pelo profissional. Nesse sentido, entendimento do Superior Tribunal de Justiça: "A operadora de plano de saúde ostenta legitimidade passiva ad causam em demanda cujo objeto é a responsabilização civil por suposto erro médico de profissional por ela referenciado, porquanto a cooperativa tem por objeto a assistência médica e celebra contrato com seus associados, regulamentando a prestação de seus serviços de maneira padronizada, por meio dos médicos e hospitais a ela filiados" (STJ, **AgRg no REsp 1319848/RJ**, relator Min. Luis Felipe Salomão, 4ª Turma, j. 3 jun. 2014, DJe 11 jun. 2014). Mais recentemente, há jurisprudência firmada do STJ no sentido de que a operadora do plano de saúde, na qualidade de fornecedora de serviços, é solidariamente responsável perante o consumidor pelos danos causados por profissional conveniado. Cf.: STJ, **AgInt no AREsp 1797202/SP**, relator Min. Paulo De Tarso Sanseverino, 3ª Turma, J. 29 nov. 2021, DJe 1º dez. 2021.

24. Quando se trata de hospital público, aplica-se a responsabilidade objetiva, fundada na Teoria do Risco Administrativo (art. 37, § 6º, da CF), prescindindo-se da demonstração da culpa da Administração ou de seus agentes, bastando apenas que o paciente demonstre a ocorrência do evento danoso em virtude de ação ou omissão do ente público (STJ, **REsp 1388822/RN**, relator Min. Benedito Gonçalves, 1ª Turma, j. 16 jun. 2014, DJe 1º jul. 2014). Também no caso de hospitais privados conveniados ao SUS – que prestam serviço público, realizando

a) *serviço essencialmente médico*: quando o dano decorre de atos praticados exclusivamente pelos profissionais da Medicina, implicando formação e conhecimentos médicos, isto é, domínio das *leges artis* da profissão. A responsabilidade do médico é subjetiva, calcada na culpa, nos termos dos artigos 186, 927, *caput*, e 951 do Código Civil (CC) e do artigo 14, § 4º, do Código de Defesa do Consumidor (CDC). A culpa consiste no desvio do modelo ideal de conduta; assim, o profissional não visa causar prejuízo à vítima, mas causa o dano a outrem devido à sua ação negligente, imprudente ou imperita. Reconhecida a culpa do médico, responderá solidariamente o hospital (art. 932, III, do CC).[25]

Pode-se imaginar um caso de imperícia quando se verifica a falta de capacitação do médico, de treinamento adequado para realizar a cirurgia com assistência do robô. Já a imprudência constata-se quando o profissional assume um risco de forma desnecessária, tal como na situação de realizar injustificadamente a cirurgia robótica na metade do tempo, que sempre costumava fazer esta mesma cirurgia em dezenas de outros pacientes. Por fim, a negligência pode ocorrer na hipótese de o médico demorar demasiadamente para adotar condutas de emergência na transformação da cirurgia robótica para uma cirurgia aberta ou laparoscópica, quando o robô começa a ter problema de funcionamento no meio do procedimento.

Destaque-se que, caso o médico não tenha vínculo – seja de emprego ou de mera preposição – com o hospital, apenas alugando o espaço da entidade hospitalar, a fim de realizar o procedimento cirúrgico com auxílio do robô, não será possível atribuir a obrigação de indenizar ao nosocômio, ou seja, nesta hipótese, a responsabilidade é subjetiva e exclusiva do profissional.[26]

b) *serviço paramédico*: ocorre quando o dano advém da falha na atuação da enfermagem e outros profissionais da saúde, auxiliares ou colaboradores, sob as ordens do médico. Eventuais lesões sofridas pelos pacientes, advindas da má prestação desses serviços, subordinam-se às regras do CDC. Assim, incide a responsabilidade objetiva do hospital, pelos atos da equipe de enfermagem, nos termos do art. 14, do CDC.

Há uma falha na prestação de um serviço paramédico quando, por exemplo, o dano sofrido pelo paciente decorre da falha na intervenção dos enfermeiros com a

---

atividade típica da Administração –, o Estado tem legitimidade *ad causam* para figurar no polo passivo em demandas indenizatórias relacionadas à erro médico ocorrido nesses nosocômios. Ademais, consoante o entendimento externado pelo Superior Tribunal de Justiça, "o município possui legitimidade passiva nas ações de indenização por falha em atendimento médico ocorrida em hospital privado credenciado ao SUS, sendo a responsabilidade, nesses casos, solidária" (STJ, **REsp 1852416/SP**, relator Min. Benedito Gonçalves, 1ª Turma, j. 23 mar. 2021, *DJe* 25 mar. 2021).

25. Caberá ao magistrado investigar se existe algum tipo de subordinação entre o médico e o hospital – e se há manobra no sentido de ocultar tal condição.

26. Nesse sentido, segundo a jurisprudência majoritária do STJ, quanto aos atos técnicos praticados de forma defeituosa pelos profissionais da saúde vinculados de alguma forma ao hospital, "respondem solidariamente a instituição hospitalar e o profissional responsável, apurada a sua culpa profissional; nesse caso, o hospital é responsabilizado indiretamente por ato de terceiro, cuja culpa deve ser comprovada pela vítima de modo a fazer emergir o dever de indenizar da instituição, de natureza absoluta (artigos 932 e 933 do Código Civil) (STJ, REsp **1832371**/MG, relatora Min. Nancy Andrighi, 3ª Turma, j. 22 jun. 2021, DJe 1º jul. 2021).

correta regulagem do robô ou inadequada esterilização dos instrumentos robóticos. Vale consignar outros exemplos de atos paramédicos: a colocação de gesso em membro fraturado, administração de medicamentos, aplicação de injeções, exames radiológicos, curativos, controle de pressão arterial e temperatura.

c) *serviço extramédico*: ocorre quando o dano resulta de serviços de alojamento, alimentação, conforto das instalações, deslocamento do doente nas dependências do hospital, manutenção e funcionamento regular dos equipamentos. Estes serviços são desempenhados por pessoal auxiliar, sob as ordens da administração do hospital. Nesses casos, também responderá o hospital, de forma objetiva, nos termos do art. 14, do CDC.

O paciente sofre um dano decorrente de serviço extramédico quando verificado o nexo causal com a má conservação do robô pelo não atendimento aos cuidados recomendados pelo fabricante ou, ainda, pela inadequada/inexistente política hospitalar de treinamento de médicos e outros profissionais. Destaque-se que o contrato firmado entre hospital e paciente pressupõe, por parte do estabelecimento, "a obrigação de organizar corretamente seus serviços, fornecer materiais e produtos sem defeito, pôr à disposição dos enfermos pessoal qualificado e assegurar adequada vigilância ao paciente".[27]

Evidentemente, na cirurgia assistida por robô é o médico quem continua a comandar o ato cirúrgico, valendo-se de instrumentos robóticos como extensão de suas próprias mãos. Alude-se à existência de sinergia entre o homem e a máquina, não à substituição daquele por esta. Assim, no eventual exame da responsabilidade civil, a equação é conhecida: em primeiro plano, analisa-se a atuação pessoal do médico, com o intuito de se reconhecer a ocorrência de culpa *stricto sensu* (imperícia, imprudência ou negligência) por parte do médico; reconhecida a culpa do seu preposto ou empregado, responderá solidariamente o hospital.

Já por defeito do robô cirurgião (do *software* ou de um instrumento robótico), responderá o fabricante, independentemente da existência de culpa (art. 14, do CDC), pela reparação dos danos causados ao paciente. O robô será considerado defeituoso quando não oferecer a segurança que legitimamente se espera (art. 12, § 1º, do CDC), levando-se em consideração sua apresentação, uso e riscos que dele se esperam e à época em que foi colocado em circulação. O fornecedor também será responsabilizado pelas informações insuficientes ou inadequadas sobre a fruição e riscos acerca do seu produto, pois isto é considerado 'defeito' e, como tal gera o dever de reparar.

Vale lembrar que o paciente lesionado, após ser submetido a uma cirurgia robótica, é compreendido como consumidor do robô por equiparação, nos termos do art. 17 do CDC, pois é terceiro atingido pela relação de consumo entre o hospital e o fabricante do robô.[28] Frise-se ainda que, segundo o art. 7º, parágrafo único, do CDC, há responsabili-

---

27. NOGAROLI, Rafaella. **Responsabilidade civil médica e inteligência artificial**: culpa médica e deveres de conduta no século XXI. São Paulo: Thomson Reuters Brasil, 2023, p. 145.

28. A determinação da qualidade de consumidor deve, em regra, ser feita mediante aplicação da Teoria Finalista. Contudo, em situações excepcionais, essa teoria pode ser mitigada, para autorizar a incidência do CDC nas hipóteses em que a parte, embora não seja a destinatária final do produto ou serviço, apresenta-se em situação

dade solidária na cadeia de fornecimento de um produto e, por isso, o hospital responde solidariamente pelos danos decorrentes de defeitos do dispositivo médico, de modo que o paciente poderá demandar em face da entidade hospitalar.

4. PANORAMA DOUTRINÁRIO E JURISPRUDENCIAL SOBRE A RESPONSABILIDADE CIVIL POR INFECÇÃO HOSPITALAR

A responsabilidade civil das instituições de saúde é objetiva, nos termos do art. 14, *caput*, do CDC, no que se refere às obrigações decorrentes da prestação de *serviços extramédicos*,[29] ligados ao fornecimento de recursos humanos e materiais – alojamento, instalação, alimentação, manutenção ou funcionamento regular de equipamentos – necessários ao atendimento dos pacientes. Há uma obrigação de assegurar a incolumidade dos enfermos e, neste contexto, a infecção hospitalar se constitui, *a priori*, como uma falha no cumprimento a esse dever.

Índice zero de infecção hospitalar, como sustenta Miguel Kfouri Neto, é utopia, pois "mesmo nos hospitais dos países mais desenvolvidos do mundo, as infecções ocorrem".[30] A eliminação desse mal nosocomial é inexequível, mesmo diante do trabalho das comissões de controle de infecção atuando intensamente para baixar, ao mínimo possível, a ocorrência de infecções.

Vale destacar que apenas a ocorrência de infecção por *bactéria comprovadamente hospitalar* configura-se como um descumprimento da obrigação contratual assumida pela instituição de saúde de prestar serviço adequado, notadamente ante a necessidade de caracterização do nexo causal. Para que haja a responsabilização deve-se comprovar, cumulativamente, os seguintes requisitos:

a) o paciente, antes de ingressar no hospital, não portava nenhum agente infeccioso ou apresentava baixa imunidade;

b) a infecção não se classifica como endógena, gerada pelo próprio organismo;

c) a infecção surgiu *quando o paciente já se encontrava* sob o exclusivo controle do hospital e dos respectivos médicos; e

---

de vulnerabilidade, tal como no caso da entidade hospitalar em relação ao fabricante do robô de assistência cirúrgica. Nesse sentido, recente jurisprudência do STJ: "Somente em situações excepcionais essa teoria pode ser mitigada, para autorizar a incidência do CDC nas hipóteses em que a parte, embora não seja a destinatária final do produto ou serviço, apresenta-se em situação de vulnerabilidade (técnica, jurídica, fática ou informacional)" (STJ, **AgInt no REsp 1925971/SP**, relator Min. Luis Felipe Salomão, 4ª Turma, j. 29 nov. 2021, DJe 1º dez. 2021); "(...) aplica a teoria finalista de forma mitigada, permitindo-se a incidência do CDC nos casos em que a parte, embora não seja destinatária final do produto ou serviço, esteja em situação de vulnerabilidade técnica, jurídica ou econômica em relação ao fornecedor" (STJ, **AgInt no AREsp 1873076/SP**, relator Min. Og Fernandes, 2ª Turma, j. 29 nov. 2021, DJe 17 dez. 2021).

29. O STJ assentou entendimento de que a infecção decorre da internação, e não da responsabilidade médica em si, razão pela qual há responsabilidade objetiva, por defeito do serviço, verificável na atividade do hospital. Nesse sentido, cf.: **STJ, AgInt no REsp 1.472.367/SP**, 3ª Turma, relatora Min. Nancy Andrighi, j. 6 dez. 2016, DJe 1º fev. 2017.

30. KFOURI NETO, Miguel. **Responsabilidade civil dos hospitais**. 5. ed. São Paulo: Thomson Reuters Brasil, 2022, p. 424.

d) a infecção foi causada por *agente infeccioso tipicamente hospitalar*.[31]

Em se tratando de agente infeccioso tipicamente nosocomial, se cumpridos os requisitos acima elencados, os tribunais brasileiros têm reiteradamente afirmado que há responsabilidade objetiva dos estabelecimentos hospitalares. Nesse sentido, basta ser comprovada a ocorrência da infecção no ambiente hospitalar – e não demonstrado que a contaminação se deveu à causa diversa – responde objetivamente o hospital, nos termos do CDC. Nesse sentido, vale destacar decisão do STJ:

> (...) qualquer infecção adquirida após a internação de um paciente em hospital e que se manifeste durante a internação ou mesmo após a alta, quando puder ser relacionada com a hospitalização será de responsabilidade do nosocômio, salvo estrita e comprovada culpa exclusiva de terceiro. (...) demonstrado que a infecção por micobactéria ocorreu durante a realização do procedimento cirúrgico enquanto a paciente estava hospitalizada, não há como afastar a responsabilidade do hospital.[32]

Aplicam-se às hipóteses de infecção hospitalar as excludentes de responsabilidade civil (art. 14, § 3º, do CDC). Há situações nas quais afasta-se a obrigação de indenizar quando, por exemplo, o perito constata um quadro de infecção anterior à entrada no estabelcimento ou, ainda, que a infecção hospitalar foi associada à ventilação mecânica, complicações esperadas de pacientes graves ou em choque hipovolêmico (culpa exclusiva da vítima), mas que foram tratados de acordo com os protocolos clínicos mundiais. Além disso, quando não se tratar de uma bactéria multirresistente, tipicamente nosocomial, mas, ao contrário, de um agente multissensível (sensível a maioria dos antibióticos) e que habita naturalmente a pele humana, poderá restar caracterizado o rompimento do nexo causal.[33]

Em conclusão, observa-se que, à entidade nosocomial, caberá, em juízo, fazer prova cabal de que: i) cumpriu com a legislação sanitária;[34] ii) a bactéria é de natureza não hospitalar, ou incide culpa exclusiva do paciente, ou se trata de responsabilidade de terceiro. Somente assim, poderá se esquivar de responder pelos danos advindos ao paciente contaminado.

5. ANÁLISE DA PRIMEIRA DECISÃO JUDICIAL BRASILEIRA SOBRE RESPONSABILIDADE CIVIL POR EVENTO ADVERSO EM CIRURGIA ROBÓTICA

Ao julgar o caso paradigmático, objeto de investigação no presente trabalho, a juíza, da 4ª Vara Cível da Comarca de Florianópolis-SC, ponderou que se debatida nos

---

31. KFOURI NETO, Miguel. **Responsabilidade civil dos hospitais**. 5. ed. São Paulo: Thomson Reuters Brasil, 2022, p. 411.

32. STJ, **REsp n. 1.642.307/RJ**, relatora Min. Nancy Andrighi, 3ª Turma, j. 5 dez. 2017, DJe 18 dez. 2017. Ainda, no mesmo sentido, cf.: STJ, **AgInt nos EDcl no AREsp n. 1.544.082/SP**, relator Min. Moura Ribeiro, 3ª Turma, j. 23 nov. 2020, *DJe* 27 nov. 2020. STJ, **AgInt no REsp 1.653.046/DF**, relator Min. Marco Buzzi, 4ª Turma, j. 15 maio 2018, *DJe* 28 maio 2018.

33. Nesse sentido, destaca-se julgado pelo TJPR: **AC n. 0037967-12.2010.8.16.0001**, relator Des. Clayton de Albuquerque Maranhão, j. 27 out. 2022, DJe 28 out. 2022.

34. Por exemplo, provar que há um Programa de Controle de Infecções Hospitalares, seguindo todas as normas previstas na Portaria do Ministério da Saúde n. 2.616/98.

autos uma situação a ser analisada a partir da responsabilidade objetiva do hospital, que dispensa a demonstração de culpa, bastando a verificação de nexo causal entre a conduta e o dano, nos termos do art. 14, do CDC.

A fim de se verificar o nexo causal entre a infecção hospitalar e a realização do procedimento cirúrgico robótico nas dependências do hospital demandado, nomeou-se perita do juízo e as partes indicaram assistente técnico. Em quesitos complementares, a perita judicial respondeu da seguinte maneira aos quesitos formulados:

A ocorrência de infecção por *Burkholderia Cepacia* no PO imediato da cirurgia realizada nas dependências da reclamada é compatível com o diagnóstico de infecção adquirida em consequência do procedimento realizado?

– Sim.

Existiam fatores externos e/ou pessoais do autor pré e pós alta hospitalar compatíveis e/ou predisponentes com a infecção adquirida? – Não.

A alta hospitalar na instituição reclamada nas condições referidas pelo autor deveria ser precedida de competente investigação diagnóstica? – Sim.

O assistente da parte autora, por sua vez, explicou que,

Burkholderia cepacia é uma espécie de bactéria patogênica oportunista gram-negativa de sistema respiratório em pacientes hospitalizados (Síndrome cepacia), especialmente em pacientes com fibrose cística. Tem baixa virulência, raramente causa problemas a indivíduos saudáveis. Geralmente transmitido por fluídos ou *cateteres contaminados* [...] restou incontroverso o nexo de causalidade entre a infecção por Burkholderia cepacia e o procedimento cirúrgico realizado nas dependências da reclamada.

Por outro lado, o assistente do hospital réu, argumentou que,

No documento anexado, não existe a assertiva feita pelo médico do paciente que a infecção foi adquirida através do aparelho que realizou a cirurgia. Primeiro, porque não existe comprovação científica do fato; segundo porque toda documentação dos procedimentos adequados para esterilização do material foi anexada ao processo. [...] entre a alta hospitalar (21.08.2010) e a internação do paciente com o resultado de urocultura no dia 28.08.2010 em outro nosocômio demonstrando a presença da *Burkholderia cepacia*, existe um intervalo de 7 dias sem certeza de que houve alguma manipulação da via urinária (considerado principal fator de risco para aquisição de infecção urinária relacionada à assistência à saúde), como por exemplo, se o paciente visitou algum atendimento médico e houve passagem de sonda vesical de demora ou outra manipulação neste período.

Apesar das partes terem trazido pareceres diferentes de seus assistentes técnicos, a magistrada ressaltou que "ocorrendo divergência entre os laudos do perito oficial e do assistente técnico da parte, prevalece a perícia oficial por ser alheia aos interesses das partes e merecedora de credibilidade". Ademais, por meio de toda a prova documental e pericial produzida nos autos, entendeu restar provado que, muito embora o hospital alegasse ter cumprido todos os procedimentos de praxe quanto a esterilização do robô cirúrgico e demais insumos, a bactéria *Burkholderia cepacia* é compatível com o diagnóstico de infecção adquirida em consequência da cirurgia realizada, conforme resposta da perita judicial.

Por outro lado, no que diz respeito à tentativa da parte autora, por meio do seu assistente técnico, levar atenção ao intervalo entre a alta do paciente e a nova internação do mesmo em outro hospital, sob alegação de que poderia ter contraído a bactéria neste ínterim, a nobre julgadora entendeu que tais suposições não foram devidamente provadas pelo réu, pois a este incumbia o *onus probandi*, nos termos do art. 6º, inc. VIII, do CDC.

Como já afirmado, em sentença, o hospital foi condenado, diante do reconhecimento do nexo causal entre a infecção hospitalar e a realização do procedimento cirúrgico robótico nas dependências do nosocômio. Todavia, o TJSC reformou a decisão, julgando a improcedência da demanda, ao entender que, no caso de infecção hospitalar, "deve ser considerada a impossibilidade de obter índice zero de infecção" e "o que importa é o controle, buscando-se estabelecer um equilíbrio razoável de bactérias, de modo a não se tornarem nocivas ao paciente". Ainda, sustentou o tribunal que "a simples existência de certo grau de poder infectante, com a presença de microrganismos no local da prática médica, não conduz à responsabilização", sendo que só ocorrerá quando "o desequilíbrio causador da infecção decorrer da má atuação e falta de cuidado e providências da instituição hospitalar, causando descontrole nocivo".

Em linhas gerais, o TJSC entendeu que não basta prova de contaminação no ambiente hospitalar e até o dano vivenciado, mostrando-se indispensável estabelecer o nexo causal do dano sofrido pelo paciente e "evidenciar o ato falho praticado pelo hospital" – o que entendeu não estar evidenciado nos autos. Sustentou que deve ser analisado "se o hospital falhou no seu dever de precaução, concorrendo para a proliferação e evolução de infecção".

Contudo, discordamos do entendimento consignado pelo tribunal, seguindo entendimento majoritário da doutrina e jurisprudência pátrias, nos termos anteriormente delineados. Trata-se de bactéria tipicamente nosocomial, ou seja, sendo uma infecção contraída durante a internação e compatível com o procedimento realizado. Nesse sentido, vale destacar que inúmeros estudos científicos[35] atestam a associação da *Burkholderia cepacia* com infecções nosocomiais, multirresistência antibiótica e causas exógenas.

Frise-se, ademais, que o fato de o hospital requerido ter seguido protocolos e recomendações hospitalares e médicas não afasta o nexo de causalidade entre o dano sofrido pelo paciente e o serviço prestado pelo hospital. No presente caso, apesar de a instituição ter apresentado provas documentais (relatório descrevendo as rotinas de controle de qualidade dos processos de esterilização), a fim de demonstrar que adotou

---

35. Confira-se os seguintes estudos atestando a multirresistência da *Burkholderia cepacian*: i) SARAN, Sai; AZIM, Afzal; GURJAR, Mohan. Multidrug-resistant Burkholderia cepacia bacteremia in an immunocompetent adult diagnosed with dengue and scrub coinfection. **International Journal of Critical Illness & Injury Science**, v. 8, n. 3, p. 173-175, jul./set. 2018. ii) AVGERI, Sophia G. et al. Therapeutic options for Burkholderia cepacia infections beyond co-trimoxazole: a systematic review of the clinical evidence. **International Journal of Antimicrobial Agents**, v. 33, n. 5, p. 394-404, maio 2009.

todos os devidos procedimentos de esterilização do robô cirurgião, o seguimento desses parâmetros não é apto à configuração da prestação de um serviço como não defeituoso e, consequentemente, eximir a responsabilidade do demandado. Caso se adotasse tal entendimento, fragilizaria a própria sistemática da responsabilidade objetiva prevista no CDC.

Interessante também trazer a observação de que o TJSC afirma que a cirurgia foi classificada como "potencialmente contaminada", frisando que o laudo pericial menciona "o risco de desenvolvimento de infecção em locais do organismo com maior concentração de microrganismos, o que é o caso do autor, que é diabético e hipertenso, fatores que também contribuíram com a fragilidade do sistema imunológico".

Contudo, conforme indicado no laudo pericial, não foi possível constatar que as condições estritamente particulares do paciente acabaram conduzindo ao quadro infeccioso. Destaque-se que o fato exclusivo do consumidor ou de terceiro deve ser cabalmente comprovado pelo hospital, a fim de romper o nexo de causalidade e, desta maneira, ilidir a sua responsabilidade objetiva, o que não ocorreu no caso vertente. Seguindo esta linha de entendimento, inclusive, há recente decisão do STJ.[36] Além disso, o entendimento majoritário da Corte Superior é o de que a concorrência de causas para o evento danoso só deve ser admitida em situações excepcionais, "quando não se cogita de preponderância causal manifesta e provada da conduta do agente".[37]

Em linhas conclusivas, concordamos com o entendimento disposto pelo juízo de primeiro grau, ao fundamentar que a responsabilidade do hospital é objetiva no caso dos autos, e que a infecção bacteriana é um risco intrínseco da atividade, devendo ser considerado um fortuito interno que, apesar dos alegados cuidados do estabelecimento para evitá-lo, não tem o condão de elidir a causalidade, devendo o nosocômio responder pela falha de serviço.

O caso paradigmático aguarda julgamento pelo STJ. Pelo que se observa do seu entendimento em julgados similares, há uma chance expressiva de que se mantenha a aplicação da Súmula 7, ao argumento da impossibilidade de incursão fático-probatória pela Corte.[38]

---

36. Confira-se trecho da decisão do STJ: "Recursos especiais. Ação indenizatória. Responsabilidade civil objetiva. Infecção hospitalar. Recém-nascido. Sequelas irreversíveis. Fato exclusivo da vítima. Não evidenciado. Prematuridade. Baixo peso. Concorrência de causas. Nexo de causalidade. Não evidenciado. (...) 2. Segundo a jurisprudência desta Corte Superior, a responsabilidade dos hospitais e clínicas (fornecedores de serviços) é objetiva, dispensando-se a comprovação de culpa, notadamente nos casos em que os danos sofridos resultam de infecção hospitalar. 2.1. O fato exclusivo do consumidor ou de terceiro deve ser cabalmente comprovado pelo fornecedor de serviços, a fim de romper o nexo de causalidade e, dessa maneira, ilidir a sua responsabilidade objetiva, o que não ocorreu no caso vertente. Precedentes" (STJ, **REsp n. 2.069.914/DF**, relator Min. Marco Buzzi, 4ª Turma, j. 6 jun. 2023, DJe de 23 jun. 2023).

37. STJ, **REsp n. 1.808.079/PR**, relatora Min. Nancy Andrighi, 3ª Turma, j. ago. 2019, DJe de 8 ago. 2019.

38. Confira-se dois exemplos de situações similares que o STJ aplicou a Súmula 7: "2. A alteração das conclusões adotadas pela Corte de origem (quanto à inexistência de culpa exclusiva da vítima; da necessidade de prova do dano e do nexo de causalidade; da infecção ter ocorrido durante o atendimento médico-hospitalar; da existência ou não de provas de que o hospital contribuiu para a ocorrência da infecção; da avaliação do fato de que a infecção teria sido inerente ao risco do procedimento cesariano; da validade do depoimento utilizado

6. NOTAS CONCLUSIVAS

Conforme visto neste trabalho, os avanços tecnológicos na área da saúde, especialmente em cirurgia robótica, podem tornar ainda mais aleatória a intervenção médica. Há benefícios, mas também riscos e possíveis eventos adversos na utilização dos robôs nas cirurgias, o que requer certas ponderações a respeito da forma de atribuição da responsabilidade civil dos diversos agentes envolvidos, desde médicos, equipe de enfermagem, entidade hospitalar, até o próprio fabricante do robô.

Tendo em vista o reduzidíssimo número de julgados dos tribunais brasileiros, em relação a eventos adversos em cirurgias robóticas, procurou-se extrair da casuística norte-americana subsídios para a indicação de soluções à luz do ordenamento jurídico pátrio. Foram consideradas, sem dúvida, as peculiaridades de cada sistema. Para análise da responsabilidade civil em cirurgia robótica no Brasil, estipulou-se a metodologia de sempre identificar se o dano advém da atividade exercida, *essencialmente pelo médico*, de *serviços paramédicos* ou *extramédicos*. A metodologia proposta neste trabalho, de verificar a gênese do dano, busca oferecer um caminho para a análise de futuros casos, contribuindo para uma melhor compreensão e aplicação do Direito no contexto dessa inovação tecnológica.

Por fim, analisou-se a primeira decisão judicial brasileira sobre eventos adversos em cirurgia robótica, julgada pelo TJSC, a qual proporcionou importantes reflexões sobre a responsabilidade civil no contexto da infecção hospitalar (falha em *serviço extramédico*). Verificou-se que, embora a natureza objetiva da responsabilidade civil do nosocômio nestas situações seja amplamente aceita na doutrina e jurisprudência, a aferição prática desta responsabilidade ainda suscita debates acalorados, especialmente em casos que envolvem novas tecnologias.

É fundamental que o Judiciário e os operadores do Direito estejam atentos às evoluções tecnológicas e às suas implicações jurídicas, buscando sempre um equilíbrio entre a proteção dos pacientes e o incentivo ao desenvolvimento e utilização de novas tecnologias. Com isso, espera-se que futuras decisões possam consolidar um entendimento mais uniforme e robusto sobre a responsabilidade civil em cirurgias robóticas, promovendo justiça e segurança para todos os envolvidos.

---

como base para a sua condenação; e acerca da verificação do valor a ser disponibilizado à beneficiária para sua subsistência para fins de arbitramento da pensão mensal) demandaria, necessariamente, novo exame do acervo fático-probatório constante dos autos, providência vedada em recurso especial, conforme o óbice previsto no enunciado sumular n. 7 deste Tribunal Superior." (**STJ, AgInt no REsp n. 1.770.371/PR**, relator Min. Marco Aurélio Bellizze, 3ª Turma, j. 24 jun. 2019, *DJe* 27 jun. 2019.). "1. O Tribunal estadual assentou que a infecção decorreu da falha na esterilização dos aparelhos de uso cirúrgico pelo nosocômio, que já tinha ciência do surto da bactéria há mais de um ano, não estando demonstrado o caso fortuito ou força maior. Alterar as conclusões do acórdão impugnado exigiria incursão fático-probatória, em afronta à Súmula nº 7 do STJ" (STJ, **AgInt no AREsp n. 2.415.362/MT**, relator Min. Moura Ribeiro, 3ª Turma, j. 4 mar. 2024, DJe 6 mar. 2024).

REFERÊNCIAS

AVGERI, Sophia G. et al. Therapeutic options for Burkholderia cepacia infections beyond co-trimoxazole: a systematic review of the clinical evidence. **International Journal of Antimicrobial Agents**, v. 33, n. 5, p. 394-404, maio 2009.

BONNA, Alexandre; NOGAROLI, Rafaella; USCOCOVICH, Carolina Martins. Funções da responsabilidade civil médica e o dano moral por erro médico: análise doutrinária e jurisprudencial do Tribunal de Justiça do Estado do Paraná entre os anos de 2013 e 2017. In: KFOURI NETO, Miguel; NOGAROLI, Rafaella (Coord.). **Debates contemporâneos em direito médico e da saúde**. 2. ed. São Paulo: Thomson Reuters Brasil, 2023.

DATTERI, Edoardo. Predicting the long-term effects of human-robot interaction: a reflection on responsibility in medical robotics. **Science and Engineering Ethics**, v. 19, p. 139-160, 2013.

FIORINI, Paolo. History of robots and robotic surgery. In: FONG, Yuman et al. (Ed.) **The sages Atlas of robotic surgery**. Cham: Springer, 2018.

KFOURI NETO, Miguel. **Responsabilidade civil dos hospitais**. 5. ed. São Paulo: Thomson Reuters Brasil, 2022.

MCLEAN, Thomas R. Principle of robotic surgery litigation in the United States. **Clinical Risk**, v. 14, p. 179-181, set. 2008.

MCLEAN, Thomas R. The complexity of litigation associated with robotic surgery and cybersurgery. **The International Journal of Medical Robotics and Computer Assisted Surgery**, v. 3, p. 23-29, fev. 2007.

MCLEAN, Thomas R; WAXMAN, S. Robotic surgery litigation. **Journal of Mechanical Engineering Science**, v. 224, p. 1539-1545, jul. 2010.

NOGAROLI, Rafaella. **Responsabilidade civil médica e inteligência artificial**: culpa médica e deveres de conduta no século XXI. São Paulo: Thomson Reuters Brasil, 2023.

NOGAROLI, Rafaella; KFOURI NETO, Miguel. Estudo comparatístico da responsabilidade civil do médico, hospital e fabricante na cirurgia assistida por robô. In: KFOURI NETO, Miguel; NOGAROLI, Rafaella (Coord.). **Debates contemporâneos em direito médico e da saúde**. 2. ed. São Paulo: Thomson Reuters Brasil, 2023.

NOGAROLI, Rafaella; KFOURI NETO, Miguel. Responsabilidade civil pelo inadimplemento do dever de informação na cirurgia robótica e telecirurgia: uma abordagem de direito comparado (Estados Unidos, União Europeia e Brasil). In: ROSENVALD, Nelson; MENEZES, Joyceane Bezerra, DADALTO, Luciana (Coord.). **Responsabilidade civil e medicina**. 2. ed. Indaiatuba: Foco, 2020.

NOGAROLI; Rafaella. A prática da Medicina centrada na pessoa e o novo modelo de consentimento na cirurgia robótica à luz da Resolução nº 2.311/2022 do CFM. In: SÁ, Maria de Fátima Freire de; ARAÚJO, Ana Thereza Meirelles Araújo; NOGUEIRA, Roberto Henrique Pôrto; SOUZA, Iara Antunes de (Coord.). **Direito e Medicina**: intersecções científicas. Relação médico-paciente. Belo Horizonte: Conhecimento Editora, 2022. v. II.

PAGALLO, Ugo. **The Laws of Robots**: crimes, contracts, and torts. Londres: Springer, 2013.

SARAN, Sai; AZIM, Afzal; GURJAR, Mohan. Multidrug-resistant Burkholderia cepacia bacteremia in an immunocompetent adult diagnosed with dengue and scrub coinfection. **International Journal of Critical Illness & Injury Science**, v. 8, n. 3, p. 173-175, jul./set. 2018.

SCHANS, Emma M. et. al. From Da Vinci Si to Da Vinci Xi: realistic times in draping and docking the robot. **Journal of Robotic Surgery**, v. 4, p. 835-839, dez. 2020.

TELEMEDICINA E A RELAÇÃO MÉDICO-PACIENTE: ANÁLISE DE CASO SOB A PERSPECTIVA DA RESPONSABILIDADE CIVIL

Ana Cláudia Pirajá Bandeira[1]

Caroline Cavet[2]

Cláudio José Franzolin[3]

Gabrielle Prado Cracco[4]

Decisão paradigma: Tribunal de Justiça do Estado do Alagoas (TJAL), **Apelação Cível nº 0712949-64.2012.8.02.0001**, 2ª Câmara Cível, relator Des. Pedro Augusto Mendonça de Araújo, j. 21 fev. 2019.

Sumário: 1. Descrição do caso – 2. Notas introdutórias sobre conceito, modalidades e regulamentação da telemedicina – 3. Teleconsulta e a mudança de paradigma no atendimento médico – 4. Deveres de conduta médica na teleconsulta: a informação e o consentimento – 5. Análise da decisão do tribunal de justiça do estado de Alagoas sobre responsabilidade civil no atendimento à distância – 6. Notas conclusivas – Referências.

---

1. Mestre em Direito Civil pela Universidade Estadual de Maringá (UEM). Pós-graduada em Direito de Família e Sucessões pelo EBRADI. Pós-graduada em Direito Civil e Processo Civil pelo INBRAPE. Professora da Graduação e Pós-graduação na Universidade Estadual de Maringá (UEM). Autora do livro "Consentimento no Transplante de Órgãos" pela Editora Juruá. Presidente da Subseção de Maringá da OABPR (gestão 2019-2021). Conselheira Federal da OAB (gestão 2022-2024). Presidente da Comissão Especial de Direito da Saúde da OAB Nacional (gestão 2022-2024). Membro honorária do grupo de pesquisas "Direito da Saúde e Empresas Médicas" (UNICURITIBA), liderado pelo prof. Miguel Kfouri Neto. Advogada. Sócia Fundadora do escritório de advocacia Bandeira Campos Rossi Advogadas Associadas. E-mail: ana@bandeiracampossi.adv.br.
2. Mestre em Direito das Relações Sociais – Novos Paradigmas do Direito, pela Universidade Federal do Paraná (UFPR). Pós-graduada em Direito Médico pela UNICURITIBA e em Direito Público pela UNIBRASIL, especialista em Direito da Medicina pela Faculdade de Direito da Universidade de Coimbra. Pós-graduanda em Direito Civil e Empresarial pela Pontifícia Universidade Católica do Paraná (PUCPR). Presidente da Comissão de Responsabilidade Civil da OABPR (gestão 2022-2024). Membro da Comissão de Responsabilidade Civil do Conselho Federal da OAB (gestão 2022-2024). Diretora executiva e membro do grupo de pesquisas "Direito da Saúde e Empresas Médicas" (UNICURITIBA), liderado pelo prof. Miguel Kfouri Neto. Advogada. Sócia Fundadora do escritório de advocacia Caroline Cavet Advocacia. E-mail: caroline@carolinecavet.adv.br.
3. Doutor e mestre em Direito pela Pontifícia Universidade Católica São Paulo (PUC-SP). Professor pesquisador e titular do Programa de Pós-Graduação em Direito (PPGD) da Pontifícia Universidade Católica de Campinas (Puc-Campinas) e na graduação em Direito na mesma Universidade. Especialista em direito dos contratos (CEU Law School). Participou dos Grupo de pesquisa "Saúde, direitos humanos e vulnerabilidades" e "Direito da saúde e empresas médicas" (UNICURITIBA), liderado pelo prof. Miguel Kfouri Neto. Membro titular do Comitê de Ética e pesquisa com seres humanos (Puc-Campinas). Advogado. E-mail: cfranzol30@gmail.com.
4. Pós-Graduada em Direito Obrigacional pela CENES e graduada pela Universidade Estadual de Maringá (UEM), com láurea acadêmica. Membro do grupo de pesquisas "Direito da Saúde e Empresas Médicas" (UNICURITIBA), liderado pelo prof. Miguel Kfouri Neto. Técnica Judiciária no Tribunal de Justiça do Estado do Paraná. E-mail: gabriellecracco@gmail.com.

1. DESCRIÇÃO DO CASO

O acórdão paradigmático, objeto do presente artigo, representa o primeiro caso judicial, que se tem notícia, em que se debate a adequação da prestação de serviço médico à distância. Em 2012, o autor da ação, menor e representado por seu genitor, teve um problema de saúde e, necessitando de atendimento de urgência, procurou a operadora de saúde ré para consulta com um neuropediatra.

Contudo, o demandante relata ter sido informado da inexistência de um especialista credenciado (neuropediatra) e, apenas no dia seguinte, foi atendido por teleconsulta por um médico, porém numa outra especialidade, qual seja, em neurologia. Alega que não consentiu previamente com o atendimento à distância e que esta modalidade não era adequada para obter um diagnóstico preciso. Além disso, afirma que não foram respeitados todos os cuidados previstos na Resolução n. 1.643/2002 do Conselho Federal de Medicina (CFM), vigente à época dos fatos.

O autor afirma que precisou buscar assistência médica presencial, de modo particular, com um neuropediatra, ocasião em que foi informado de que, "caso desse positivo o exame ultrassom do crânio, o autor deveria ser submetido a procedimento cirúrgico com urgência, [sob pena de] ter consequências irreversíveis, podendo chegar ao óbito".

Nesse cenário, foi ajuizada a ação de repetição de indébito para o ressarcimento dos valores pagos pela consulta particular, cumulada com indenização por danos morais, em decorrência do inadimplemento contratual do plano de saúde.

Em contestação, o plano de saúde alega que cumpriu sua obrigação contratual, pois agiu com boa-fé e forneceu ao demandante a possibilidade de atendimento por intermédio de Telemedicina, o que, segundo a operadora, foi anuído pelo paciente e regulamentado pelo CFM.

O juízo de primeiro grau julgou a demanda parcialmente procedente, reconhecendo a falha na prestação de serviço pela operadora, à medida que esta disponibilizou um médico de outra especialidade e não aquele buscado pelo autor, o que poderia impossibilitar um diagnóstico mais preciso. Esse fato foi caracterizado como inadimplemento contratual, o que tem impacto direto no direito de personalidade do autor, conforme o princípio da dignidade da pessoa humana (art. 1º, III, da CF/88), pelo agravamento da integridade física e da saúde do autor. Dessa forma, a lesão ao direito de personalidade caracteriza um dano moral, conforme fundamentou o juízo em sua decisão, que condenou a operadora ao pagamento de indenização no importe de R$ 10.000,00 (dez mil reais), além da restituição dos valores desembolsados pela consulta particular, no montante de R$ 150,00 (cento e cinquenta reais).

A operadora de plano de saúde interpôs recurso de apelação, que foi desprovida, mantendo-se incólume a sentença proferida pelo juízo de origem. Em contraste com a abordagem indireta da telemedicina na decisão de primeira instância, o órgão colegiado, em acordão, enfatizou que, embora reconhecida pelo ordenamento jurídico, a telemedicina não deve ser aplicada indiscriminadamente. De acordo com o Tribunal de Justiça do Estado de Alagoas, as condições específicas do paciente exigiam atendimento presencial por um médico especializado em neuropediatria, serviço que não foi disponibilizado pelo plano de saúde, configurando assim uma falha na prestação de serviços conforme o art. 14 do Código de Defesa do Consumidor (CDC).

Vale destacar que, na ação cuja decisão é objeto do presente estudo, o debate jurídico girou em torno do (in)adimplemento contratual da operadora de saúde, diante da não concessão de consulta médica especializada na área de neuropediatria. Nesse sentido, reforça-se que em sentença não se evidencia discussão sobre o uso da telemedicina, já que o cerne da decisão foi sobre a ausência da especialidade necessária conforme esperado pelo autor. No entanto, o contexto factual que originou o litígio suscita reflexões substanciais sobre os deveres de conduta na relação médico-paciente e a aplicabilidade da telemedicina em situações específicas.

Nesse contexto, o presente trabalho, partindo do acórdão paradigma, tem como objetivo, por meio de método dedutivo, conceituar e analisar a Telemedicina, suas modalidades e base normativa para, na sequência, explorar a mudança de padrão no atendimento à distância, especificamente na teleconsulta, explorando os deveres de conduta do médico e o consentimento do paciente e, ao final, examinar o caso paradigma, com base nos preceitos legais e doutrinários.

2. NOTAS INTRODUTÓRIAS SOBRE CONCEITO, MODALIDADES E REGULAMENTAÇÃO DA TELEMEDICINA

Antes de adentrar na abordagem sobre Telemedicina e suas modalidades, faz-se necessária uma breve exposição sobre a Telemática da Saúde. Este termo, que combina telecomunicação e informática, engloba uma variedade de serviços de saúde à distância, subdividindo-se em 2 (duas) categorias: *i.* a Telessaúde, voltada para soluções tecnológicas na gestão da saúde e educação continuada;[5] *ii.* e a Telemedicina, focada na orientação e atendimento clínico.[6] Apesar da abrangência desses conceitos, tanto pela

---

5. Com efeito, tem-se que a "Telessaúde "engloba todas as ações de medicina a distância voltadas à prevenção de doenças (medicina preventiva), educação e coleta de dados, e, portanto, direcionada a uma coletividade, a políticas de saúde pública e disseminação do conhecimento". (SCHAEFER, Fernanda. **Telemática em Saúde e Sigilo Profissional**: A Busca pelo Equilíbrio entre Privacidade e Interesse Social. Curitiba: Juruá, 2010, p. 82). A esse respeito, confira-se: RIBEIRO, José Mendes. **Saúde digital:** um sistema de saúde para o século XXI. Lisboa: Fundação Francisco Manuel dos Santos, 2019. p. 35-42; SCHAEFER, Fernanda. **Procedimentos Médicos realizados à distância e o CDC**. 1. reimpr. Curitiba: Juruá, 2009; MAGRINI, Eduardo. **Entre dados e robôs**: ética e privacidade na era da hiperconectividade. 2. ed. Porto Alegre: Arquipélago Editorial, 2019, p. 19-25.

6. SCHAEFER, Fernanda. **Procedimentos Médicos realizados à distância e o CDC**. 1. reimpr. Curitiba: Juruá, 2009, p. 45-49.

doutrina, quanto pelas técnicas legislativas e normativas,[7] o atendimento remoto visa tornar o cuidado à saúde mais acessível social[8] e economicamente.[9]

Nesse cenário, o estudo limita-se a explorar a Telemedicina,[10] que se destaca como a oferta de serviços relacionados à saúde,[11] voltada ao atendimento clínico em que "o profissional da saúde e o paciente não estão presentes fisicamente no mesmo local".[12] Sua finalidade precípua é promover o cuidado à saúde, um direito social e universal, tanto para o indivíduo quanto para a comunidade.[13]

O emprego da Telemedicina teve importante debate na 51ª Assembleia Geral da Associação Médica Mundial, em 1999, sendo traçadas as primeiras diretrizes para a sua utilização de forma ética, o que foi consubstanciado na edição da Declaração de *Tel'Aviv*.[14] Referido documento indica 5 (cinco) modalidades, ressaltando que sua aplicação não se restringe a essas,[15] conforme será discutido ao longo deste tópico, a constar:

---

7. Adverte Schaefer que reiteradamente nos atos normativos, legislação e entidades, há confusão terminológica, apresentando conceito que, amplos ou restritos, aproxima-se mais do que se pretende por telemática da saúde (telecomunicação e informática), uma vez que incorporam a os elementos de suas espécies, a constar: da Telemedicina e da Telessaúde. SCHAEFER, Fernanda. Telemedicina: conceituar é preciso. In: SCHAEFER, Fernanda; GLITZ, Frederico. **Telemedicina:** desafios éticos e regulatórios. 2 ed. Indaiatuba/SP: Editora Foco, 2024. p. 4-10.

8. GARCIA, Lara Rocha. **Inovação Tecnológica e Direito à Saúde**: Aspectos Jurídicos, Econômicos, Tecnológicos e de Políticas Públicas. Curitiba: Juruá, 2017. p. 65-90.

9. HARARI, Yuval Noah. **21 lições para o século 21**. Trad. Paulo Geiger. São Paulo: Companhia das Letras, 2018, p. 45.

10. Schaefer adverte que "a história da telemedicina não é tão recente quanto se imagina. O seu surgimento, assim como questionamentos éticos e jurídicos que de sua prática decorrem, remontam há mais de um século, confundindo-se com o próprio desenvolvimento das tecnologias de comunicação e informática". SCHAEFER, Fernanda. Telemedicina: conceituar é preciso. In: SCHAEFER, Fernanda; GLITZ, Frederico. **Telemedicina**: desafios éticos e regulatórios. 2 ed. Indaiatuba/SP: Editora Foco, 2024. p. 9.

11. A saúde é compreendida como "um estado de completo bem-estar físico, mental e social e não somente a ausência de afecções e enfermidades". Texto original: *"Health is a state of complete physical, mental and social well-being and not merely the absence of disease or infirmity"*. (World Health Organization (WHO). **Constituição da Organização Mundial da Saúde**, 1946. Disponível em: https://edisciplinas.usp.br/pluginfile.php/5733496/mod_resource/content/0/Constitui%C3%A7%C3%A3o%20da%20Organiza%C3%A7%C3%A3o%20Mundial%20da%20Sa%C3%BAde%20%28WHO%29%20-%201946%20-%20OMS.pdf. Acesso em: 04 nov. 2022.

12. PEREIRA, Alexandre Libório Dias. **Telemedicina e Farmácia Online**: Aspectos Jurídicos da E-health. Disponível em: l1nq.com/AnusY. Acesso em: 17 ago. 2021.

13. "São sistemas que pretendem disponibilizar atendimento médico, com um custo relativamente baixo e em tempo bastante rápido, para clientes em todo mundo. (SCHAEFER, Fernanda. **Procedimentos Médicos realizados à distância e o CDC**. 1. reimpr. Curitiba: Juruá, 2009).

14. CAVET, Caroline Amadori; SCHULMAN, Gabriel. As violações de dados pessoais na telemedicina: tecnologia, proteção e reparação ao paciente 4.0. In p. 169. KFOURI, Miguel Neto; NOGAROLI, Rafaella. **Debates contemporâneos em direito médico e da saúde**. 2. ed. São Paulo: Thomson Reuters Brasil, 2022, p. 169.

15. A esse respeito, Schaefer apresenta as modalidades de telepatologia, teleradiologia, tele eletrocardiografia, telediagnóstico, tele consultoria, teleconferência, teleassistencia, teleatendimento, telecirurgia, teletriagem, videoconferência, sistemas de apoio à decisão. Para maior detalhamento, confira-se: SCHAEFER, Fernanda. Telemedicina: conceituar é preciso. p. 1-19. In: SCHAEFER, Fernanda; GLITZ, Frederico. (Coord.). **Telemedicina: desafios éticos e regulatórios**. 2 ed. Indaiatuba/SP: Editora Foco, 2024. p. 6-8.

i, a Teleconsulta,[16] objeto do presente artigo, refere-se à consulta não presencial, realizada por meio de dispositivo de telecomunicação, sem o contato direto entre o médico e o paciente ou o acompanhamento por profissional da área de saúde;[17]

ii. A interação entre dois médicos[18] envolve o atendimento em que um médico está presente fisicamente e recebe o amparo remoto de outro médico com determinada expertise (especialidade) para o atendimento;

iii. A Teleassistência[19] permite a avaliação, por meio de dispositivos como sensores, do quadro clínico do paciente e, em emergência, a orientação ou adoção de protocolos iniciais de atendimento;

iv. A Televigilância[20] consiste no monitoramento do paciente, com a transmissão de informações médicas eletronicamente (pressão arterial, eletrocardiograma etc.) ao médico, possibilitando a vigilância regular do estado do paciente;

v. A Teleintervenção,[21] modalidade sem previsão expressa, abrange a realização de diagnósticos ou procedimentos cirúrgicos de forma remota, com o apoio de um médico assistente ou de robôs no local onde o paciente se encontra.

No Brasil, o Código de Ética Médica, em seu art. 37, § 1º, admite como lícito o atendimento médico de forma remota, nos moldes da Telemedicina ou outro método. Entretanto, estabelece que as diretrizes para a sua adoção serão regulamentadas pelo Conselho Federal de Medicina (CFM).[22]

Nessa senda, o CFM editou a Resolução nº 1.643/2002, revogada atualmente, que definia a Telemedicina como "o exercício da Medicina através da utilização de metodologias interativas de comunicação audiovisual e de dados, com o objetivo de assistência, educação e pesquisa em saúde".[23] Nota-se a confusão terminológica ao apresentar, em sua definição, elementos típicos da Telessaúde, como a pesquisa e a educação em saúde.

---

16. Item 5.3 da Declaração de Tel Aviv. Ida Declaração de Tel Aviv. ASSOCIAÇÃO MÉDICA MUNDIAL, **Declaração de Tel'Aviv sobre responsabilidades e normas éticas na utilização da telemedicina.** Israel, outubro de 1999.
17. SCHAEFER, Fernanda. **Procedimentos Médicos realizados à distância e o Código de Defesa do Consumidor.** Curitiba: Juruá, 2009. p. 56-59.
18. Item 5.4 da Declaração de Tel Aviv. Ida Declaração de Tel Aviv. ASSOCIAÇÃO MÉDICA MUNDIAL, **Declaração de Tel'Aviv sobre responsabilidades e normas éticas na utilização da telemedicina.** Israel, outubro de 1999.
19. Item 5.1 da Declaração de Tel Aviv. Ida Declaração de Tel Aviv. ASSOCIAÇÃO MÉDICA MUNDIAL, **Declaração de Tel'Aviv sobre responsabilidades e normas éticas na utilização da telemedicina.** Israel, outubro de 1999.
20. Item 5.2 da Declaração de Tel Aviv. Ida Declaração de Tel Aviv. ASSOCIAÇÃO MÉDICA MUNDIAL, **Declaração de Tel'Aviv sobre responsabilidades e normas éticas na utilização da telemedicina.** Israel, outubro de 1999.
21. Item 2 da Declaração de Tel Aviv. Ida Declaração de Tel Aviv. ASSOCIAÇÃO MÉDICA MUNDIAL, **Declaração de Tel'Aviv sobre responsabilidades e normas éticas na utilização da telemedicina.** Israel, outubro de 1999.
22. BRASIL, **CFM. Resolução nº 2.217/2018.** Publicada no D.O.U. de 01 de novembro de 2018, seção I, p. 179, e modificada pelas Resoluções CFM nº 2.222/2018 e 2.226/2019.
23. BRASIL. CFM. **Resolução CFM nº 1.643/2002.** Publicada no Diário Oficial da União de 26 de agosto de 2002, Seção I, p. 205.

A brevidade do ato normativo e a época de edição (que datava de mais de 20 anos) acarretavam lacunas e incompletudes para a implementação de sua prática, notadamente pela falta de delimitação sobre a forma de seu emprego,[24] além da ausência de previsão expressa sobre as modalidades permitidas,[25] embora fizesse referência à Declaração de *Tel'Aviv*, o que, por congruência, indicava sua adesão às modalidades ali previstas.

Com o advento da pandemia da Covid-19,[26] a Telemedicina, até então controvertida, despontou como meio para viabilizar a manutenção do atendimento básico à saúde.[27] Para conferir maior segurança jurídica ao seu uso durante o enfrentamento da crise sanitária, foi editada a Lei nº 13.989/2020,[28] que, em caráter excepcional e temporário, autorizou ampla e indiscriminadamente[29] a adoção da prática médica à distância.

Após o exponencial crescimento da aplicação da Telemedicina durante o período pandêmico, foi promulgada a Resolução nº 2.341/2022 do CFM,[30] que, apesar de outorgar ao médico a faculdade de adotar o atendimento à saúde de forma remota em benefício do paciente por meio das TDCIs, mantém certa resistência ao seu emprego ao qualificar como "padrão ouro" a consulta médica presencial.[31]

Além disso, a nova regulamentação apresenta de forma expressa as modalidades permitidas no ordenamento jurídico. Estas modalidades são as indicadas pela Declaração de *Tel'Aviv*, listadas anteriormente, com o acréscimo da teletriagem[32] e

---

24. A esse respeito, confira-se: FALEIROS JÚNIOR, José Luiz de Moura; NOGAROLI, Rafaella; CAVET, Caroline Amadori. Telemedicina e proteção de dados: reflexos sobre a pandemia da Covid-19 e os impactos da tecnologia aplicada à saúde. **Revista dos Tribunais**. São Paulo. v. 1016/2020, DTR\2020\7334. p. 4-6. Jun. 2020.

25. Registra-se que o CFM, além da resolução sobre o uso da Telemedicina, regulamentou em resoluções apartadas a Tele patologia (BRASIL. CFM, Resolução 2.264/2019. Publicada no D.O.U. de 12 de novembro de 2019, Seção I, p. 404-5) e a Teleradiologia (BRASIL, CFM. Resolução 2.107/2014. Publicado no D.O.U. de 17 dez 2014, Seção I, p. 157-158) que, em última análise, correspondem a modalidade de tele intervenção, descrita na Declaração de Tel'Aviv.

26. Registra-se que a qualificação da Covid-19 como pandemia foi reconhecida por meio de pronunciamento feito por Tedros Adhanom Ghebreyesus, Diretor Geral da Organização Mundial de Saúde (WHO, 2020). E no Brasil, esta foi reconhecida como estado de calamidade pública por meio do Decreto Legislativo nº 6, de 20 de março de 2020 e enquadrada como uma emergência de saúde pública por meio da Lei nº 13.979/ 2020.

27. MANCIA, Karin Cristina Bório. Telemedicina e as *healthtechs* – avanços, perspectivas e desafios do setor. In: SCHAEFER, Fernanda; GLITZ, Frederico. **Telemedicina**: desafios éticos e regulatórios. 2 ed. Indaiatuba/SP: Editora Foco, 2022. p. 103-104.

28. Artigo, 1º. **BRASIL. Lei nº 13.989/2020**, República Federativa Brasileira, Publicada em Diário Oficial da União em 20 de agosto de 2020.

29. A amplitude se refere tanto às possibilidades de sua aplicação, quanto sua definição, na medida em que o artigo 3º, "entende como telemedicina, entre outros, o exercício da medicina mediado por tecnologias para fins de assistência, pesquisa, prevenção de doenças e lesões e promoção de saúde" (SCHAEFER, Fernanda. Telemedicina: conceituar é preciso. In: SCHAEFER, Fernanda; GLITZ, Frederico. **Telemedicina**: desafios éticos e regulatórios. 2 ed. Indaiatuba/SP: Editora Foco, 2022. p. 10).

30. **BRASIL. Resolução CFM nº 2.314/2022.** Publicada no D.O.U. de 05 de maio de 2022, Seção I, p. 227.

31. Artigo 6º, § 1º. **BRASIL. Resolução CFM nº 2.314/2022.** Publicada no D.O.U. de 05 de maio de 2022, Seção I, p. 227.

32. Conforme se depreende do artigo 11, da Resolução CFM nº 2.314/2022, consiste na avaliação ambulatorial de paciência para o seu direcionamento ao especialista. (**BRASIL. Resolução CFM nº 2.314/2022.** Publicada no D.O.U. de 05 de maio de 2022, Seção I, p. 227).

a subdivisão da teleintervenção em 2 (duas) categorias: i) o telediagnóstico;[33] e ii) a telecirurgia.[34]

Por fim, frente à superação do estado de calamidade da pandemia da Covid-19, foi publicada a Lei nº 14.510/2022.[35] Nessa legislação, observa-se novamente uma confusão terminológica, dessa vez com a adoção do termo "Telessaúde", definido no art. 26-B como "prestação de serviços de saúde a distância, por meio da utilização das tecnologias e de comunicação, que envolve, entre outros, a transmissão segura de dados e informações de saúde, por meio de textos, de sons, imagens e outras formas adequadas". Em outras palavras, a lei emprega o termo Telessaúde para se referir à Telemática da Saúde.

Além disso, a nova legislação amplia o rol de profissionais habilitados para a prática da Telemedicina, ao assegurar a liberdade e a independência para a sua adoção por todos os profissionais de saúde,[36] bem como delega a sua regulamentação ética aos conselhos federais de exercício profissional das respectivas áreas da saúde.

A adoção de Telemedicina traz uma mudança significativa na dinâmica da prática médica e de saúde, especialmente pela alteração da forma de comunicação,[37] o que exige de seus profissionais uma adaptação a esse novo formato, inclusive, com adequações práticas para que todos os envolvidos – profissionais de saúde, outros profissionais e pacientes – possam se beneficiar. E essa transição implica em novos deveres de conduta, tais como o conhecimento das limitações do atendimento remoto e a habilidade para converter esses atendimentos em presenciais, a preservação da privacidade e segurança dos dados do paciente, a manutenção de um padrão elevado de cuidado mesmo à distância, e a obtenção de consentimento informado específico para os teleatendimentos, entre outros deveres essenciais para uma prestação de serviços adequada e humanizada,[38] o que será melhor abordado em tópico próprio.

---

33. Prevista pelo artigo 8º da Resolução CFM nº 2.314/2022, consiste na elaboração de exames médicos por transmissão de imagens e dados para emissão de laudo ou parecer. (**BRASIL. Resolução CFM nº 2.314/2022.** Publicada no D.O.U. de 05 de maio de 2022, Seção I, p. 227).

34. Modalidade prevista no artigo 9º da Resolução CFM nº 2.314/2022, que consiste em ou procedimentos cirúrgicos, por meio remoto, com auxílio de médico assistente ou de robôs. (**BRASIL. Resolução CFM nº 2.314/2022.** Publicada no D.O.U. de 05 de maio de 2022, Seção I, p. 227).

35. **BRASIL. 14.510/2022.** República Federativa Brasileira, Publicada em Diário Oficial da União em 28 de dezembro de 2022.

36. Com base no artigo 26-C, a Lei nº 14.510/2022 amplia-se o uso aos profissionais de saúde que, conforme a Norma Regulamentar nº 32 da Segurança e Saúde no Trabalho em Serviços de Saúde, abrangem aqueles que prestam assistência à saúde da população, e todas as ações de promoção, recuperação, assistência, pesquisa e ensino em saúde em qualquer nível de complexidade. Dessa forma, estão incluídos como profissionais de saúde, os médicos, os enfermeiros, os psicólogos, os fisioterapeutas, e outros profissionais de saúde que possuem registros profissionais e são regulamentados por seus respectivos conselhos federais (**BRASIL. Portaria MTE nº 485/2005.** Publicada no D.O.U. de 16 de novembro de 20005 – Seção 1).

37. FREIRE DE SÁ, Maria de Fátima; LIMA, Taisa Maria Macena de; NAVES, Bruno Torquato de Oliveira. As transformações da relação médico-paciente em razão da telemedicina. **Revista dos Tribunais.** v. 1033, p. 197-216, nov. 2021, p. 197.

38. Com o avanço do Estado Constitucional, os conceitos de liberdade e igualdade se ampliam, tornando-se mais complexos. Segundo Bobbio, a expressão "direitos do homem" tornou-se genérica, levantando a questão: "Que homem?". À medida que o Estado Constitucional evolui, os direitos fundamentais se fortalecem, abrangendo novos grupos que requerem proteção específica, promovendo uma abordagem mais humanizada na garantia

Denota-se, portanto, a partir do cenário normativo, a necessidade de verdadeiro esforço hermenêutico ao intérprete do Direito, exigindo-se que este esteja atento às possibilidades que orbitam nessa nova realidade, consoante a avaliação das consequências, ponderação dos fatos, circunstâncias e valores. Nesse contexto, como será a seguir apresentado, a mudança de paradigma no atendimento à saúde, especialmente no que se refere à teleconsulta, apresenta novos deveres de conduta na atuação médica, no intuito de melhor promover a tutela do paciente diante dessa tecnologia.

3. TELECONSULTA E A MUDANÇA DE PARADIGMA NO ATENDIMENTO MÉDICO

A Telemedicina desloca o atendimento clínico de um meio analógico,[39] em que os atos médicos ocorriam eminentemente de forma presencial, para um meio virtual, com a incorporação de TDCIs que permitem o atendimento à distância, com a adoção de prontuários eletrônicos, consultas por videoconferências, diagnósticos elaborados por máquinas, monitoramento de paciente por *smartwatch*, cirurgias realizadas por intermédio de robôs autônomos ou não, entre outros.[40]

Entretanto, essa mudança de paradigma no atendimento médico e de saúde, introduzida pelo admirável mundo novo,[41] não afasta a complexidade inerente à atividade médica.[42] A evolução tecnológica impõe uma adaptação nos métodos de atendimento à saúde pelos profissionais,[43] com o intuito de garantir a prestação de serviços em saúde, sem perder de vista o atendimento conforme as situações existenciais de cada indivíduo, de forma humanizada.[44]

A teleconsulta, objeto de análise do presente artigo, em decorrência da premissa consolidada da soberania clínica,[45] é modalidade que merece especial cuidado, sendo--lhe atribuído um caráter complementar. Isso é, mantém-se como atendimento médico

---

dos direitos individuais e sociais, incluindo o direito fundamental à saúde. (BOBBIO, Norberto. **Teoria geral da política:** a filosofia política e a lição dos clássicos as lições dos clássicos. Organizado por Michelangelo Bovero. Trad. Daniela Beccaccia Versiani. 12. reimp. Rio de Janeiro: Elsevier, 2000, p. 482).

39. PINHEIRO, Patrícia Peck. **Direito digital**. 7. ed. São Paulo: Saraiva, 2021, p. 41.
40. DANTAS, Eduardo; NOGAROLI, Rafaella. Consentimento informado do paciente frente às novas tecnologias da saúde (telemedicina, cirurgia robótica e inteligência artificial. **Lex Medicinae**. Revista Portuguesa de Direito da Saúde, Coimbra. ano 17, nº 33, p. 25-63, jan./jun. 2020, p. 26-27.
41. HUXLEY, Aldous. **Admirável Mundo Novo**. Tradu. Lino Vallandro; Vidal Serrano. 22. ed. São Paulo: Editora Globo, 2014.
42. ROONEY, Ane. **A História da Medicina:** das primeiras curas aos milagres da medicina moderna. São Paulo: M. Books do Brasil Editora, 2013, p. 17.
43. PINHEIRO, Patrícia Peck. **Direito digital**. 7. ed. São Paulo: Saraiva, 2021, p. 41.
44. Topol expressa a preocupação de que a introdução de novas tecnologias na saúde possa diminuir o contato humano direto e a interação terapêutica, substituindo-os por uma excessiva dependência em monitoramento remoto através de dispositivos – como varreduras, resultados de DNA e dados de biossensores – em detrimento da avaliação clínica direta do paciente (TOPOL, Eric J. **The destruction of medicine:** how digital revolution will create better health care. Nova Iorque: Basic Biiks, 2013, p. xi).
45. FALEIROS JÚNIOR, José Luiz de Moura; NOGAROLI, Rafaella; CAVET, Caroline Amadori. Telemedicina e proteção de dados: reflexos sobre a pandemia da Covid-19 e os impactos da tecnologia aplicada à saúde. **Revista dos Tribunais**. São Paulo. v. 1016, DTR\2020\7334. jun. 2020.

TELEMEDICINA E A RELAÇÃO MÉDICO-PACIENTE **479**

desejável e esperado a consulta de forma presencial (padrão-ouro).[46] Isso ocorre porque a consulta médica à distância, por não permitir a realização de exame físico completo, apresenta uma série de limitações que podem influenciar na avaliação precisa do quadro clínico e, consequentemente, na prescrição médica.

Para evitar o distanciamento na relação médico-paciente e garantir o acompanhamento contínuo com exames físicos completos e periódicos em pacientes acometidos de doenças crônicas ou com acompanhamento contínuo, o art. 6º, § 2º da Resolução 2.314/2022[47] proíbe a utilização da consulta à distância com intervalos superiores a 180 (cento e oitenta) dias entre consultas presenciais.

Além da preocupação com o distanciamento físico associado à consulta remota, emerge a necessidade de atenção às limitações inerente à consulta por videoconferência. A qualidade, a posição, a iluminação e sonoplastia, podem afetar a percepção do profissional de saúde e refletir uma imagem desvirtuada[48] ou recortada, o que pode conduzir a interpretação equivocada do quadro clínico. Essa preocupação já era destacada na Resolução nº 1.643/2002 que, em seus "considerandos", alertava quanto à cautela necessária na avaliação de informações obtidas virtualmente antes do profissional emitir opiniões ou recomendações.[49]

Assim, o desafio é conciliar as inovações tecnológicas e as novas interações, tais como: i) o acompanhamento de pacientes de forma virtual ou híbrida,[50] por intermédio e apoio em plataformas digitais; ii) o aparecimento de novos equipamentos eletrônicos e dispositivos móveis; iii) a incorporação da realidade virtual como técnica preventiva e preparatória;[51] com a melhor prática médica com o intuito de gerar a confiança, tanto no profissional, quanto no paciente, na consulta médica à distância.

Emergem assim os deveres de conduta associados à teleconsulta, sensíveis a uma carga axiológica,[52] que têm o intuito de incrementar a relação médico-paciente, não

---

46. BRASIL. **Resolução CFM nº 2.314/2022.** Publicada no D.O.U. de 05 de maio de 2022, Seção I, p. 227.
47. Artigo 6º, § 4º. BRASIL. **Resolução CFM nº 2.314/2022.** Publicada no D.O.U. de 05 de maio de 2022, Seção I, p. 227.
48. Narra o Byung-Chul que "As imagens que como reproduções, apresentam uma realidade otimizada, aniquilam justamente o valor icônico original da imagem". HAN, Byung-Chul. **No enxame:** perspectivas do digital. Trad. Lucas Machado. Petrópolis: Editora Vozes, 2018, p. 43.
49. **BRASIL.** CFM. **Resolução CFM nº 1.643/2002.** Publicada no Diário Oficial da União de 26 de agosto de 2002, Seção I, p. 205.
50. Denominação que passou a ser utilizada para identificar o formato de ato ou evento que ocorra, concomitantemente, no modelo virtual e presencial.
51. Nesse sentido, destaca-se o caso de gêmeos siameses, na cidade do Rio de Janeiro, que foram separados por meio de uma cirurgia que foi prescindida por uma etapa de simulação em realidade virtual. MCCALLUM, Shiona. O revolucionário método com realidade virtual que separou gêmeos brasileiros unidos pelo crânio. **BBC News.** Disponível em: encr.pw/c0VI5. Acesso em: 1º fev. 2023.
52. Nesse sentido, tem-se que os deveres de conduta tem o intuito de "resgatar a substância da lei e, mais do que isso, encontrar os instrumentos capazes de permitir a sua limitação e conformação aos princípios de justiça"; e para que esses deveres de conduta sejam revelados e exigidos, o intérprete também passa a incorporar no discurso jurídico, elementos metajurídicos, por exemplo, a confiança; a afetividade, expectativas legítimas, além da necessidade de tutelar a pessoa do paciente. A esse respeito, confira-se: MARINONI, Luiz Guilherme; ARENHART, Sérgio Cruz; MITIDIERO, Daniel. **Curso de processo civil: teoria do processo civil.** 2. ed. São

apenas para alcançar o resultado útil da consulta (realização do ato), mas também para promover a tutela de outros interesses, os quais orbitam no núcleo fundamental do serviço de saúde contratado, tendo em vista a proteção dos valores e direitos dos pacientes.

Dentre os deveres de conduta na relação médico-paciente na teleconsulta, que podem ser inferidos ainda que indiretamente do preceito dos art. 26-A e 26-G, da Lei nº 14.510/2022,[53] destacam-se vários aspectos essenciais. Esses deveres visam assegurar uma prática médica ética e eficaz, garantindo que os pacientes recebam cuidados adequados mesmo à distância. Dentre os principais deveres, estão:

i) o esclarecimento, informação e recomendação sobre os limites e possibilidades do uso da teleconsulta. Este dever visa garantir que os pacientes compreendam plenamente as vantagens e desvantagens desse tipo de atendimento. Embora as consultas virtuais ofereçam diversas vantagens, como a redução da necessidade de deslocamento físico e a conveniência para pacientes, além da possibilidade de acompanhamento contínuo de doenças crônicas, é importante reconhecer que esses métodos têm suas limitações. Por exemplo, problemas relacionados à qualidade da conexão de internet e/ou qualidade do equipamento e iluminação do local utilizado podem resultar em uma interpretação inadequada do quadro clínico do paciente, o que pode conduzir a diagnósticos imprecisos ou incompletos;[54]

ii) a proteção da integridade psíquica do paciente. Este dever tem como intuito assegurar que o atendimento remoto não comprometa a saúde mental do paciente. Isso inclui a criação de um ambiente virtual que promova o bem-estar emocional e a confiança entre o médico e o paciente, garantindo que o paciente se sinta seguro e acolhido durante a consulta remota;

iii) a obtenção do consentimento informado do paciente para o atendimento virtual e não presencial, a fim de respeitar o direito do paciente de ser plenamente informado sobre o tipo de atendimento que receberá e a possibilidade de conversão do mesmo e, consequentemente, garantir a sua autodeterminação;

iv) a segurança na utilização da tecnologia. Este dever decorre da necessidade de que os meios tecnológicos usados sejam seguros e confiáveis. Isso implica em utilizar plataformas e dispositivos que ofereçam proteção contra acessos não autorizados, ciberataques e outras vulnerabilidades, assegurando que a integridade das informações e a continuidade do atendimento não sejam comprometidas.

v) a proteção dos dados do paciente que visa garantir a privacidade e confidencialidade das informações médicas, em conformidade com o disposto no art. 11 e seguintes

---

Paulo: Ed. RT, 2016, v. 1. p. 57. FRADA, Manuel António de Castro Portugal Carneiro da. **Teoria da Confiança e responsabilidade civil.** (coleção teses). Coimbra: Almedina, 2004. CALDERÓN, Ricardo. **Princípio da afetividade no direito de família.** Rio de Janeiro: Forense, 2017. BRANCO, Gerson Luiz Carlos. A proteção das expectativas legítimas derivadas das situações de confiança: elementos formadores do princípio da confiança e seus efeitos. **Revista de direito privado,** n. 12, p. 169-225. out./dez. 2002.

53. **BRASIL. 14.510/2022.** República Federativa Brasileira, Publicada em Diário Oficial da União em 28 dez. 2022.

54. CAETANO, Rosângela; SILVA, Angélica Baptista Silva et al. Desafios e oportunidades para telessaúde em tempos da pandemia pela COVID-19: uma reflexão sobre os espaços e iniciativas no contexto brasileiro **Cad. Saúde Pública** 2020; 36(5), 1-16.

da Lei de Proteção de Dados,[55] a fim de assegurar que os dados sensíveis de pacientes sejam acessados apenas por profissionais autorizados e protegidos contra qualquer forma de violação ou uso indevido

vi) a manutenção da assistência técnica e atualização constante dos recursos tecnológicos utilizados pelo médico. Este dever visa garantir a eficiência e eficácia dos serviços prestados, incluindo a necessidade de treinamento contínuo para os profissionais de saúde no uso das novas tecnologias, bem como a manutenção regular dos equipamentos e softwares utilizados nas teleconsultas.

Portanto, fica evidente que os novos deveres de conduta decorrentes da Teleconsulta, como apontado por Freire de Sá, como destaca Freire de Sá, revelam a complexidade inerente a essa modalidade de atendimento e seus possíveis impactos na relação entre médico e paciente.[56] Isso ressalta a necessidade de redimensionar o consentimento livre e esclarecido como medidas cruciais para estabelecer limites éticos nesse contexto dinâmico.

Nesse contexto, este artigo destaca os deveres de informação e obtenção do consentimento informado do paciente e usuário do plano de saúde. Esses aspectos éticos são intimamente ligados ao caso paradigma, cujo entendimento é essencial não apenas para avaliar a presença de falhas na prestação de serviços, mas também para abordar os desafios éticos emergentes nesse tipo de atendimento à saúde.

4. DEVERES DE CONDUTA MÉDICA NA TELECONSULTA: A INFORMAÇÃO E O CONSENTIMENTO

No contexto do atendimento clínico à distância, o dever de informação[57] é essencial para garantir o respeito e a consideração à contraparte.[58] Esse dever se manifesta na apresentação completa e de forma compreensível de todas as informações relacionadas à forma de atendimento e ao estado clínico do paciente,[59] evitando assim surpresas ou frustrações de expectativas. Como ensina Kfouri, "deve haver uma correlação entre informação e consentimento, a fim de que a autorização do paciente adquira validade".[60]

---

55. **BRASIL. Lei 13.709/2019**. República Federativa Brasileira, Publicada em Diário Oficial da União em 15 ago. 2018, e republicado parcialmente em 15 ago. 2018 – edição extra.

56. FREIRE DE SÁ, Maria de Fátima; LIMA, Taisa Maria Macena de; NAVES, Bruno Torquato de Oliveira. As transformações da relação médico-paciente em razão da telemedicina. **Revista dos Tribunais**. v. 1033, p. 197-216, nov. 2021, p. 209.

57. Conforme Ghersi, "la información aparece cumpliendo una función de trascendencia, así en la toma de decisiones (aspecto psicológico); en la conveniencia o utilidad de los precios y o sus financiamientos; la cobertura o satisfacción de una necesidad (aspecto antropológico); la defensa o tutela del consumidor (aspecto jurídico) etc., sin embargo no podemos afirmar o fundamentar con firmeza y convicción que socialmente esto sea satisfactorio" (GHERSI, Carlos A. Derecho e información. **Revista de direito privado**, n. 14, p. 55-59, em especial, p. 55. abr./jun. 2003).

58. Oportuno destacar que a relação é pautada na boa-fé objetiva, sendo necessária "maior transparência, maior informação e maior lealdade ao informar e oportunizar a informação ao consumidor sobre o regime (e coberturas) de seu plano ou seguro de saúde". (MARQUES, Cláudia Lima. **Contratos no Código de Defesa do Consumidor**: o novo regime das relações contratuais. 8 ed. São Paulo: Ed. RT, 2016, p 1-263).

59. KFOURI NETO, **Responsabilidade civil do médico**. 11 ed. rev. São Paulo: Ed. RT, 2021, p. 46.

60. KFOURI NETO, Miguel. **Culpa médica e ônus da prova**. São Paulo: Ed. RT, 2002, p. 297.

O direito à informação no atendimento médico, seja aquele realizado mediante contratação direta ou por convênio médico (plano e seguro de saúde), é tutelado pelo Código de Defesa do Consumidor (CDC) e é elevado a um direito básico dos consumidores, conforme disposto pelo art. 6º, inciso III, do referido diploma.

Partindo-se da premissa de que o atendimento médico é uma interação regida por contrato,[61] o dever de informação, segundo Uda,[62] não se restringe apenas aos aspectos econômicos do acordo, mas também engloba a necessidade de esclarecer fatos e situações que possam influenciar a funcionalidade e as expectativas legítimas das partes envolvidas. Na verdade, esse dever de informar[63] também abrange a necessidade de que sejam esclarecidos fatos e situações que possam, de alguma forma, afetar a funcionalidade, o interesse e/ou a expectativa legítima da contraparte. Portanto, sob a perspectiva dogmática, corresponde ao "mecanismo que auxilia, modela, complementa, aperfeiçoa, preenche, numa sociedade cada vez mais multifacetada, a dinâmica da constituição das relações contratuais".[64]

Assim, na teleconsulta, esse dever de informação vai além da simples exposição da condição clínica do paciente e dos protocolos de atendimento. Este dever também abrange questões relacionadas às limitações inerentes ao atendimento remoto, bem como à possibilidade de converter o atendimento em uma consulta presencial, conforme estipulado no art. 6º, § 4º da Resolução 2.314/2022.[65]

No que diz respeito ao dever de conduta referente à obtenção do consentimento livre e esclarecido (TCLE)[66] na teleconsulta, este deve contemplar uma dupla perspectiva:[67] o consentimento específico para o tratamento dos dados sensíveis do paciente e a informação detalhada sobre a forma de atendimento, incluindo seus riscos e benefícios.[68] Isso preserva a autonomia do paciente na decisão de se submeter ou não a essa modalidade.[69]

---

61. KFOURI NETO, **Responsabilidade civil do médico**. 11 ed. rev. São Paulo: Ed. RT, 2021, p. 47.
62. UDA, Maria Giovanni. **La buena fede nell'esecuzione del contratto.** Torino: G. Giappichelli Editore, 2004.
63. KFOURI NETO, **Responsabilidade civil do médico**. 11 ed. rev. São Paulo: Ed. RT, 2021, p. 47.
64. FRANZOLIN, Cláudio José. **Inadimplemento dos deveres anexos decorrentes do contrato.** Tese de doutorado (Puc-São Paulo), 2009. p. 304.
65. Artigo 6º, § 4º. **BRASIL. Resolução CFM nº 2.314/2022.** Publicada no D.O.U. de 05 de maio de 2022, Seção I, p. 227.
66. A adjetivação do consentimento se dá no intuito de operacionalizá-lo, com o intuito de que seja instrumento efetivo e não uma ilusão ou com pouca efetividade. BIONI, Bruno Ricardo. **Proteção de dados pessoais:** a função e os limites do consentimento. 2. ed. Rio de Janeiro: Forense, 2020, p. 84.
67. KFORI NETO, Miguel, NOGAROLI, Rafaella. O consentimento do paciente no admirável mundo novo de robôs de assistência à saúde e algoritmos de inteligência artificial para o diagnóstico médico. TEPEDINO, Gustavo. SILVA, Rodrigo da Guia. **O direito civil na era da inteligência artificial.** São Paulo: Thomson Reuters Brasil, 2020, p. 161.
68. Nesse ponto, relevante destacar que o consentimento deve observar que "o fornecimento completo e claro das informações, inclui a utilização de vocabulário apropriado para a compreensão de cada paciente de modo singular, pois somente desta forma ele terá elementos para permitir a sua decisão em relação à conduta médica a ser adotada". (TOMÉ, Patrícia Rizzo. O consentimento informado e a responsabilidade civil decorrente. **Cadernos da Lex Medicinae,** Coimbra, v. II, n. 4, p. 409-419, 2019, p. 414).
69. GOZZO, Débora; PAGLIARI, Isadora Cé. Responsabilidade civil dos médicos e as clínicas de reprodução humana assistida. p. 145-166. In: KFOURI NETO Miguel; NOGAROLI, Rafaella. **Debates contemporâneos em direito médico e saúde.** 2 ed. São Paulo: Thompson Reuters, 2020, p. 152.

Nesse contexto, é importante ressaltar que o emprego da teleconsulta não deve ocorrer sem a obtenção do TCLE.[70] O consentimento do paciente é fundamental, pois está diretamente ligado à sua esfera existencial e representa uma forma concreta de expressar sua autonomia.[71] Esse procedimento para obtenção do consentimento deve ser detalhado, dialogado, funcionalizado, dinâmico e prévio, a fim de assegurar que o paciente esteja plenamente informado e capacitado a fazer uma escolha consciente.[72] Nesse sentido, Pereira esclarece que o direito à informação no contexto da teleconsulta deve ser mais "denso", adaptado ao nível intelectual e cultural do paciente, assegurando, inclusive, a opção pelo atendimento tradicional (presencial).[73]

Portanto, é fundamental adaptar o direito à informação ao nível intelectual e cultural do paciente ou vulnerabilidades, especialmente em situações que envolvem consultas médicas à distância.[74] Essa percepção é essencial para garantir uma abordagem ética e respeitosa na relação médico-paciente, promovendo a confiança e o bem-estar do indivíduo durante o atendimento remoto.

Logo, o consentimento na teleconsulta não é apenas um procedimento burocrático, mas sim, conforme Gozzo, uma expressão de "poder de autodeterminação do paciente".[75]

---

70. Sobre o desenvolvimento dogmático acerca de consentimento do paciente consultar: SOARES, Flaviana Soares. **Consentimento informado do paciente no direito médico**: validade, interpretação e responsabilidade. Indaiatuba (SP), Editora Foco, 2021. Pereira, André Gonçalo Dias. **O consentimento informado na relação médico-paciente**: estudo de direito civil. Coimbra, Editora Coimbra, 2004. GOZZO, Débora; LIGIERA, Wilson Ricardo. O consentimento informado como direito da personalidade. In: GOZZO, Débora; LIGIERA, Wilson Ricardo. **Bioética e direitos fundamentais**. São Paulo, Saraiva, 2012, p. 93-113. DANTAS, Eduardo; NOGAROLI, Rafaella. Consentimento informado do paciente frente às novas tecnologias da saúde (telemedicina, cirurgia robótica e inteligência artificial), **Revista Lex Medicinae**, ano 17, nº 33 (2020), p. 25-63. LIGIERA, Wilson Ricardo. Termos de consentimento informado ou de 'constrangimento desinformado'? A defesa do paciente diante de uma medicina ilícita e antiética. In: AZEVEDO, Álvaro Villaça; LIGIERA, Wilson Ricardo. **Direitos do paciente.** São Paulo, Saraiva, 2012, p. 623-640.

71. MARTINS-COSTA, Judith. Capacidade para consentir e esterilização de mulheres tornadas incapazes por uso de drogas: notas para uma aproximação entre a técnica jurídica e a reflexão bioética. p. 299-346. In: MARTINS--COSTA, Judith; MÖLLER, Letícia Ludwig. **Bioética e responsabilidade**. Rio de Janeiro, Forense, 2009, p. 322.

72. Neste sentido: DANTAS, Eduardo; NOGAROLI, Rafaella. Consentimento informado do paciente frente às novas tecnologias da saúde (telemedicina, cirurgia robótica e inteligência artificial). **Lex Medicinae** – Revista Portuguesa de Direito da Saúde, Coimbra, ano 17, n. 33, p. 25-63, jan./jun. 2020. p. 35.

73. O termo "denso", refere-se à profundidade e detalhamento da informação prestada ao paciente durante a teleconsulta. Isso implica que os esclarecimentos devem ser adaptados à capacidade intelectual e ao contexto cultural de cada paciente, a fim de propiciar a compreensão completa e abrangente das informações. (PEREIRA, André Gonçalo Dias. **O Consentimento Informado na Relação Médico Paciente**: Estudo de Direito Civil. Lisboa: Editora Coimbra, 2004, p. 556).

74. Neste aspecto, pode-se exemplificar o idoso, quando Barletta ensina que "o consentimento do idoso ou das pessoas por ele responsáveis, (....), deve ser cumprido quando implicar rejeição à intervenção médica, medicamentosa ou tecnológica – logo, como manifestação de vontade do paciente que não deseja se submeter ao tratamento proposto, seja diagnóstico, de prevenção ou curativo – sob pena do nascimento do direito subjetivo à indenização por dano moral ao consumidor idoso, configurado como acidente de consumo na forma do artigo 14 do Código de Defesa do Consumidor". (BARLETTA, Fabiana Rodrigues. Notas sobre o consentimento informado do consumidor idoso e a responsabilidade civil do fornecedor de saúde. p. 197, 210. In: NOVAIS, Arline Arquette leite; CABRAL, Hildelize Boechat; MOREIRA, Raquel Veggi. **Tratado de bioética jurídica**. São Paulo, Almedina, 2022, p. 204).

75. GOZZO, Débora; LIGIERA, Wilson Ricardo. O consentimento informado como direito da personalidade. In: GOZZO, Débora; LIGIERA, Wilson Ricardo (Coord.). **Bioética e direitos fundamentais**. São Paulo: Saraiva, 2012, p. 94.

ou seja, o consentimento enquanto exteriorização de sua vontade, reflete os desejos e objetivos do paciente.[76]

5. ANÁLISE DA DECISÃO DO TRIBUNAL DE JUSTIÇA DO ESTADO DE ALAGOAS SOBRE RESPONSABILIDADE CIVIL NO ATENDIMENTO À DISTÂNCIA

Após explorar o panorama da teleconsulta e os deveres éticos que surgem com seu uso, passamos à análise detalhada da decisão paradigmática proferida pelo Tribunal de Justiça do Estado de Alagoas. A questão central deste caso envolve o (in)adimplemento contratual e possíveis falhas na prestação de serviços, tanto pela utilização da telemedicina quanto pela falta de informação e consentimento para o atendimento à distância.

O Tribunal, ao proferir o acórdão, declarou a relação de consumo pelo contrato estabelecido entre as partes, aplicando assim o Código de Defesa do Consumidor (CDC), e reconheceu a falha na prestação de serviço pela frustração da expectativa do paciente. Destacou ainda que, ao contratar um plano de saúde, "jamais se vai pensar que ocorra consulta médica de forma virtual – telemedicina".[77] Embora reconheça que a prática de teleconsulta não seja proibida pela legislação brasileira, o Tribunal destacou que "não se aplica em todas as situações".[78]

É inegável que existem limitações à teleconsulta, pela própria impossibilidade do exame físico presencial do paciente. No entanto, em determinadas especialidades médicas e situações, esta pode ser uma solução viável, desde que indicada de forma responsável e ética, especialmente quando não se tem um médico especialista próximo para realizar a consulta presencial.[79]

No caso em questão, especialmente tratando-se de uma criança que, naturalmente, possui limitações de expressão e capacidade de comunicação, aliadas às possíveis distorções que os meios digitais podem causar na concepção, na percepção e nos sentidos,[80] a realização de um exame físico é crucial como ferramenta para uma prescrição médica

---

76. GOZZO, Débora; LIGIERA, Wilson Ricardo. O consentimento informado como direito da personalidade. In: GOZZO, Débora; LIGIERA, Wilson Ricardo (Coord.). **Bioética e direitos fundamentais**. São Paulo: Saraiva, 2012, p. 94-98.

77. TJAL, **Apelação Cível nº 0712949-64.2012.8.02.0001**, 2ª Câmara Cível, relator Des. Pedro Augusto Mendonça de Araújo, j. 21 fev. 2019, DJe 7 mar. 2019, p. 205.

78. TJAL, **Apelação Cível nº 0712949-64.2012.8.02.0001**, 2ª Câmara Cível, relator Des. Pedro Augusto Mendonça de Araújo, j. 21 fev. 2019, DJe 7 mar. 2019, p. 206.

79. Miguel Kfouri Neto, sobre o tema, escreveu: "Respeitadas as opiniões divergentes e a cautela demonstrada pelo CFM, ao revogar a Resolução, há que se ponderar o seguinte: a telemedicina, inegavelmente, produz e produzirá bons resultados no atendimento à saúde do brasileiro; segundo, os profissionais da saúde, em localidades desprovidas de médico (e são esses locais, em princípio, os destinatários preferenciais da telemedicina), poderão auxiliar o médico, transmitindo-lhe informações que o paciente não saberia ou não poderia expressar; terceiro, já se faz tardia a edição de ato normativo acerca do tema..." **Responsabilidade civil dos hospitais: Código Civil (LGL\2002\400) e Código de Defesa do Consumidor**. 4. ed. São Paulo: Ed. RT, 2019. p. 279-280.

80. HILLIS, Ken. **Sensações digitais**: espaço, identidade e corporificações na realidade virtual. Tradução Leila Mendes. São Leopoldo/RS, Unisinos, 2004, p. 114-118.

adequada.[81] Portanto, sem uma recomendação médica específica de um profissional familiarizado com a criança, e considerando ainda que o atendimento remoto ocorreu em especialidade diversa da pretendida, não se mostra recomendável o atendimento por teleconsulta.

Nesse contexto, faz-se uma breve distinção entre vício e defeito na prestação de serviços de saúde. O vício está relacionado à inadequação do serviço em relação às expectativas legítimas do consumidor,[82] enquanto o defeito diz respeito à prestação de serviço que não oferece a segurança que dele legitimamente se espera.[83]

No caso paradigmático, o Tribunal local fundamentou a decisão colegiada sob o fundamento do defeito da prestação de serviços, conforme dispõe o art. 14 do CDC, ao considerar que o "método telemedicina apenas retardou um diagnóstico preciso do paciente/recorrido"[84] e, consequentemente, comprometeu a segurança na prestação do serviço de saúde. Entretanto, é crucial destacar que, no caso em apreço, também se observa o vício na prestação de serviços, evidenciado pela falta de especialidade médica adequada para atender às necessidades específicas da criança, conforme previsto no artigo 20 do CDC, aspecto não abordado explicitamente na decisão do Tribunal.

Assim, o descumprimento do contrato baseado na falha da prestação de serviços, para amparar a condenação, ainda que tangencialmente, tem como base os seguintes pressupostos fáticos: *i.* não disponibilizar médico especialista em neuropediatria; *ii.* disponibilizar por teleconsulta, apenas no dia seguinte, médico com outro especialista (neurologista), o que compromete a agilidade do diagnóstico; *iii.* risco de agravamento da saúde do consumidor poderia ocorrer tanto pelo atendimento por um médico não especializado quanto pela realização da consulta de modo telepresencial.

Em outras palavras, para a indicação de teleconsulta, é essencial considerar as particularidades do caso, reforçando as noções anteriormente discutidas sobre o atendimento presencial como o "padrão ouro" em consultas médicas. Portanto, embora o plano de saúde tenha adimplido a prestação fundamental, qual seja, executar a consulta disponibilizada por um dos seus médicos em sua rede de credenciados, o inadimplemento se deu quanto ao modo como o serviço ocorreu, pois, a consulta, ao invés de ser presencial, ocorreu por meio telemático (teleconsulta), sem que esta fosse "capaz de trazer segurança no diagnóstico".[85]

---

81. KFOURI NETO, Miguel. **Responsabilidade civil dos hospitais**: Código Civil e Código de Defesa do Consumidor. 5. ed. São Paulo: Ed. RT, 2022, p. 258.

82. SCHAEFER, Fernanda. **Responsabilidade civil dos planos e seguros de saúde**. 3 ed. Curitiba: Juruá, 2010. p. 87.

83. AGOSTINI, Kátia Rovaris de. **Responsabilidade do fornecedor nas relações de consumo:** distinção entre vício de insegurança e de inadequação do produto. Porto Alegre: Editora Núria Fabris, 2014, p. 240-243.

84. **TJAL, Apelação Cível n° 0712949-64.2012.8.02.0001**, 2ª Câmara Cível, relator Des. Pedro Augusto Mendonça de Araújo, j. 21 fev. 2019, DJe 7 mar. 2019, p. 206.

85. **TJAL, Apelação Cível n° 0712949-64.2012.8.02.0001**, 2ª Câmara Cível, relator Des. Pedro Augusto Mendonça de Araújo, j. 21 fev. 2019, DJe 7 mar. 2019, p. 205.

Embora a decisão colegiada não tenha verticalizado o debate sobre o dever contratual de informação ao paciente, há de se ponderar que com frequência tal debate é travado nos tribunais brasileiros, especialmente a partir do julgamento do STJ, em 2018, do REsp 1540580/DF, no qual se consignou que há efetivo cumprimento do dever de informação quando os esclarecimentos se relacionarem especificamente ao caso do paciente, "não se mostrando suficiente a informação genérica (*blanket consent*), necessitando ser claramente individualizado".

Nesse sentido, pondera-se a possibilidade de reconhecer uma situação na qual há falha no processo de consentimento do paciente quanto a, por exemplo, limitação do recurso tecnológico e necessidade de atendimento presencial e especializado para fechar determinado quadro diagnóstico.

Observa-se a importância dos deveres de informação e obtenção de consentimento do paciente, sobretudo quando envolvidas inovações tecnológicas. Ainda que o acórdão paradigma tenha somente tangenciado essa questão, é necessário abordá-la devido à sua relevância.

A obtenção do termo de consentimento informado, livre, inequívoco e específico (TCLE),[86] consagra o direito à informação acompanhado do correlato direito de autodeterminação do paciente quanto ao atendimento.[87] Este consentimento não é apenas uma formalidade, mas sim uma manifestação do poder de disposição sobre o próprio corpo, sendo um direito de personalidade, o que é garantido pelo art. 5º da Constituição Federal (CF). Além disso, o direito à informação é um direito básico dos consumidores, conforme estabelecido pelo art. 6, inc. III do CDC.

O dever de informação do médico emerge dessa prerrogativa de autodeterminação do paciente de decidir o seu destino com base em critérios pessoais e não técnicos, pelo que assume voluntariamente os riscos. É também uma obrigação ética e moral do profissional médico estar ciente das circunstâncias que podem agravar a enfermidade.[88] Nesse sentido, o TCLE não apenas formaliza, mas concretiza o dever implícito na relação médico-paciente de obter um consentimento prévio, seja ele expresso ou tácito.[89]

É importante ressaltar que a ausência de um consentimento informado adequado pode resultar em um 'dano autônomo', conforme reconhecido pelo Superior Tribunal de Justiça no julgamento do Recurso Especial sob o nº 1.848.862. Neste precedente, ficou estabelecido que, independentemente de resultado adverso do atendimento médico, a

---

86. A adjetivação do consentimento visa torná-lo um instrumento efetivo, evitando que seja ilusório ou ineficaz. (BIONI, Bruno Ricardo. **Proteção de dados pessoais**: a função e os limites do consentimento. 2. ed. Rio de Janeiro: Forense, 2020, p. 84).
87. CAVET, CAROLINE AMADORI. Saúde digital: entre os dados e o consentimento. **Lex Medicinae** – Revista Portuguesa de Direito da Saúde, Coimbra, ano 20, n 40, p. 21-35. jul./dez. 2023, p. 30.
88. BANDEIRA, ANA CLAUDIA PIRAJÁ. **Consentimento no transplante de órgãos**. Curitiba: Editora Juruá, 1999.
89. Conforme Recomendação CFM nº 1/2016, o termo de consentimento pode ser verbal, sendo recomendável sua formalização por escrito no prontuário médico.

falta de informação completa sobre os procedimentos propostos, seus riscos potenciais e as alternativas disponíveis pode ensejar o referido dano.

Portanto, além de garantir a legitimidade da atuação médica, o consentimento informado é essencial para proteger os direitos fundamentais dos pacientes, proporcionando-lhes autonomia na tomada de decisões sobre sua saúde e segurança. Esse consentimento prévio, deve ser obtido em qualquer modalidade de atendimento médico, salvo em 03 (três) exceções: I. quando a lei de intervenção suponha um risco para a saúde pública; II, quando o paciente não está capacitado para tomar decisões; neste caso, a decisão será dos familiares ou pessoas próximas; e III, quando a urgência não permita demora por poder ocasionar lesões irreversíveis, ou existir perigo de falecimento, nos termos do art. 22 do Código de Ética Médica.

Assim, evidencia-se a necessidade de o médico fornecer informações adequadas ao paciente sobre a modalidade da consulta (presencial ou telepresencial) e suas respectivas limitações, por meio de um consentimento, preferencialmente expresso. No entanto, esse consentimento não é convencional; o paciente que irá submeter-se a uma teleconsulta deve fornecer um duplo consentimento livre e esclarecido. Como adverte Freire de Sá, "*além do consentimento referente ao tratamento e intervenção médicos, faz-se necessário o consentimento em relação ao uso da tecnologia, pelo qual o paciente também deve ser informado dos riscos e benefícios*".[90]

Nesse sentido, destaca-se que tanto o médico quanto a plataforma de serviços telemédicos devem informar ostensivamente o paciente das limitações do atendimento telemédico. Isso porque o paciente se encontra em uma posição excepcional de vulnerabilidade técnica e informacional, merecendo a força da tutela jurisdicional a seu favor.[91]

É essencial ressaltar que a responsabilidade do médico é a mesma, seja a relação presencial ou telepresencial. O médico não pode se eximir de sua responsabilidade alegando que os serviços foram prestados por meio de tecnologias da informação. Ele deve prescrever o tratamento necessário e buscar informações adicionais para um diagnóstico adequado.[92]

Por isso, o consentimento do paciente é fundamental, pois indica que ele está consciente das condições de um atendimento remoto em comparação ao presencial, incluindo suas limitações. É importante enfatizar que o paciente pode revisar seu consentimento e optar por um atendimento presencial, mesmo após o início da teleconsulta.

---

90. FREIRE DE SÁ, Maria de Fátima; LIMA, Taisa Maria Macena de; NAVES, Bruno Torquato de Oliveira. As transformações da relação médico-paciente em razão da telemedicina. **Revista dos Tribunais**. v. 1033, p. 197-216, nov. 2021, p. 204.
91. Garcia, Marco Aurélio Fernandes; COSTA, José Augusto Fontoura. O (novo) marco civil da telemedicina: a construção de um ambiente regulatório saudável para as novas práticas telemédicas. **Revista De Direito Sanitário**. São Paulo, v. 22. n.22, e0003, p. 1-17, 2022.
92. GARCIA, Marco Aurélio Fernandes; COSTA, José Augusto Fontoura. O (novo) marco civil da telemedicina: a construção de um ambiente regulatório saudável para as novas práticas telemédicas. **Revista De Direito Sanitário**. São Paulo, v. 22. n.22, e0003, p. 1-17, 2022.

Assim, o consentimento prévio do paciente deve estar alinhado com uma explicação clara sobre o uso da teleconsulta, evitando qualquer decepção em relação às suas expectativas. Quando o paciente entra em contato com sua operadora de saúde, ele deve estar ciente de que apenas a consulta por meios telemáticos está disponível para os médicos credenciados realizarem as consultas autorizadas.

Portanto, a teleconsulta reconfigura a dinâmica médico-paciente, e sua adoção deve ser guiada pela recomendação do médico assistente para garantir a segurança física e mental do paciente, sempre respeitando os princípios éticos e legais de conduta.

6. NOTAS CONCLUSIVAS

A teleconsulta, apesar de representar um avanço considerável no atendimento aos pacientes, apresenta desafios significativos, especialmente pela alteração do modelo tradicional do atendimento médico presencial direto.

A mudança desse modelo no campo médico naturalmente implica novos deveres de conduta na relação médico-paciente, destacando-se a necessidade de informação completa e da obtenção do consentimento adequado. Estes aspectos devem considerar as condições e particularidades do paciente, garantindo seu direito à autodeterminação e assegurando que o atendimento seja permeado pela confiança e segurança mútua.

Portanto, fica evidente que a negligência na observância desses deveres de conduta, decorrente do uso de novas tecnologias no atendimento, pode resultar em descumprimento contratual e, consequentemente, na obrigação de reparar os danos suportados.

REFERÊNCIAS

AGOSTINI, Kátia Rovaris de. **Responsabilidade do fornecedor nas relações de consumo**: distinção entre vício de insegurança e de inadequação do produto. Porto Alegre: Editora Núria Fabris, 2014.

BANDEIRA, Ana Claudia Pirajá. **Consentimento no transplante de órgãos.** Curitiba: Editora Juruá, 1999.

BARLETTA, Fabiana Rodrigues. Notas sobre o consentimento informado do consumidor idoso e a responsabilidade civil do fornecedor de saúde. In: NOVAIS, Arline Arquette leite; CABRAL, Hildelize Boechat; MOREIRA, Raquel Veggi. (Coord.). **Tratado de bioética jurídica**. São Paulo, Almedina, 2022.

BIONI, Bruno Ricardo. **Proteção de dados pessoais**: a função e os limites do consentimento. 2. ed. Rio de Janeiro: Forense, 2020.

BOBBIO, Norberto. **Teoria geral da política**: a filosofia política e a lição dos clássicos as lições dos clássicos. Org. Michelangelo Bovero. Trad. Daniela Beccaccia Versiani. 12. reimp. Rio de Janeiro: Elsevier, 2000.

BRANCO, Gerson Luiz Carlos. A proteção das expectativas legítimas derivadas das situações de confiança: elementos formadores do princípio da confiança e seus efeitos. **Revista de Direito Privado**, São Paulo, n. 12, p. 169-229, out./dez. 2002.

CAETANO, Rosângela; SILVA, Angélica Baptista Silva et al. Desafios e oportunidades para telessaúde em tempos da pandemia pela COVID-19: uma reflexão sobre os espaços e iniciativas no contexto brasileiro. **Cad. Saúde Pública**, v. 36, n. 5, p.1-16, mai./2020.

CALDERÓN, Ricardo. **Princípio da afetividade no direito de família**. Rio de Janeiro: Forense, 2017.

CAVET, Caroline Amadori; SCHULMAN, Gabriel. As violações de dados pessoais na telemedicina: tecnologia, proteção e reparação ao paciente 4.0. In: KFOURI NETO, Miguel; NOGAROLI, Rafaella (Coord.) **Debates contemporâneos em direito médico e da saúde**. 2. ed. São Paulo: Thomson Reuters Brasil, 2022.

CAVET, Caroline Amadori. Saúde digital: entre os dados e o consentimento. **Lex Medicinae** – Revista Portuguesa de Direito da Saúde, Coimbra, ano 20, n 40, p. 21-35. jul./dez. 2023.

DANTAS, Eduardo; NOGAROLI, Rafaella. Consentimento informado do paciente frente às novas tecnologias da saúde (telemedicina, cirurgia robótica e inteligência artificial). **Lex Medicinae** – Revista Portuguesa de Direito da Saúde, Coimbra, ano 17, n. 33, p. 25-63, jan./jun. 2020.

FALEIROS JÚNIOR, José Luiz de Moura; NOGAROLI, Rafaella; CAVET, Caroline Amadori. Telemedicina e proteção de dados: reflexos sobre a pandemia da Covid-19 e os impactos da tecnologia aplicada à saúde. **Revista dos Tribunais**, São Paulo, v. 1016, p. 327-362, jun. 2020.

FRADA, Manuel António de Castro Portugal Carneiro da. **Teoria da Confiança e responsabilidade civil**. (coleção teses). Coimbra: Almedina, 2004.

FRANZOLIN, Cláudio José. **Inadimplemento dos deveres anexos decorrentes do contrato**. Tese (Doutorado em Direito) – Pontifícia Universidade Católica de São Paulo, São Paulo, 2005.

FREIRE DE SÁ, Maria de Fátima; LIMA, Taisa Maria Macena de; NAVES, Bruno Torquato de Oliveira. As transformações da relação médico-paciente em razão da telemedicina. **Revista dos Tribunais**. v. 1033, p. 197-216, nov. 2021.

GARCIA, Lara Rocha. **Inovação tecnológica e direito à saúde**: aspectos jurídicos, econômicos, tecnológicos e de políticas públicas. Curitiba: Juruá, 2017.

GARCIA, Marco Aurélio Fernandes; COSTA, José Augusto Fontoura. O (novo) marco civil da telemedicina: a construção de um ambiente regulatório saudável para as novas práticas telemédicas. **Revista De Direito Sanitário**. São Paulo, v. 22. n.22, e0003, p. 1-17, 2022.

GHERSI, Carlos A. Derecho e información. **Revista de Direito Privado**. São Paulo, n. 14, p. 55-59, abr./jun. 2003.

GOZZO, Débora; LIGIERA, Wilson Ricardo. O consentimento informado como direito da personalidade. In: GOZZO, Débora; LIGIERA, Wilson Ricardo. (Coord.). **Bioética e direitos fundamentais**. São Paulo: Saraiva, 2012.

GOZZO, Débora; PAGLIARI, Isadora Cé. Responsabilidade civil dos médicos e as clínicas de reprodução humana assistida. In: KFOURI NETO, Miguel; NOGAROLI, Rafaella (Coord.). **Debates contemporâneos em direito médico e saúde**. 2 ed. São Paulo: Thomson Reuters Brasil, 2020.

HAN, Byung-Chul. **No enxame**: perspectivas do digital. Trad. Lucas Machado. Petrópolis: Editora Vozes, 2018.

HARARI, Yuval Noah. **21 lições para o século 21**. Trad. Paulo Geiger. São Paulo: Companhia das Letras, 2018.

HILLIS, Ken. **Sensações digitais**: espaço, identidade e corporificações na realidade virtual. Trad. Leila Mendes. São Leopoldo/RS, Unisinos, 2004.

HUXLEY, Aldous. **Admirável mundo novo**. Trad. Lino Vallandro e Vidal Serrano. 22. ed. São Paulo: Editora Globo, 2014.

LIGIERA, Wilson Ricardo. Termos de consentimento informado ou de 'constrangimento desinformado'? A defesa do paciente diante de uma medicina ilícita e antiética. In: AZEVEDO, Álvaro Villaça; LIGIERA, Wilson Ricardo. (Coord.). **Direitos do paciente**. São Paulo: Saraiva, 2012.

KFOURI NETO, Miguel. **Culpa médica e ônus da prova**. São Paulo: Ed. RT, 2002.

KFOURI NETO, Miguel, NOGAROLI, Rafaella. O consentimento do paciente no admirável mundo novo de robôs de assistência à saúde e algoritmos de inteligência artificial para o diagnóstico médico. In: TEPEDINO, Gustavo. SILVA, Rodrigo da Guia (Coord.). **O direito civil na era da inteligência artificial**. São Paulo: Thomson Reuters Brasil, 2020.

KFOURI NETO, Miguel. **Responsabilidade civil do médico**. 11 ed. rev. São Paulo: Ed. RT, 2021.

KFOURI NETO, Miguel. **Responsabilidade civil dos hospitais:** Código Civil e Código de Defesa do Consumidor. 5. ed. São Paulo: Ed. RT, 2022.

MAGRINI, Eduardo. **Entre dados e robôs:** ética e privacidade na era da hiperconectividade. 2. ed. Porto Alegre: Arquipélago Editorial, 2019.

MANCIA, Karin Cristina Bório. Telemedicina e as healthtechs – avanços, perspectivas e desafios do setor. In: SCHAEFER, Fernanda; GLITZ, Frederico. (Coord.). **Telemedicina**: desafios éticos e regulatórios. 2 ed. Indaiatuba/SP: Editora Foco, 2024.

MARINONI, Luiz Guilherme; ARENHART, Sérgio Cruz; MITIDIERO, Daniel. **Curso de processo civil:** teoria do processo civil. 2. ed. São Paulo: Ed. RT, 2016. v. 1.

MARQUES, Claudia Lima. **Contratos no Código de Defesa do Consumidor**: o novo regime das relações contratuais. 8 ed. São Paulo: Ed. RT, 2016.

MARTINS, Guilherme Magalhães; TELES, Carlos André Coutinho. A telemedicina na saúde suplementar: desafios e perspectivas à luz dos direitos do consumidor. **Revista de Direito do Consumidor,** v. 142, p. 329-350, jul./ago. 2022.

MARTINS-COSTA, Judith. Capacidade para consentir e esterilização de mulheres tornadas incapazes por uso de drogas: notas para uma aproximação entre a técnica jurídica e a reflexão bioética. In: MARTINS-COSTA, Judith; MÖLLER, Letícia Ludwig (Coord.). **Bioética e responsabilidade**. Rio de Janeiro, Forense, 2009.

MCCALLUM, Shiona. O revolucionário método com realidade virtual que separou gêmeos brasileiros unidos pelo crânio. **BBC News**, 02.08.2022. Disponível em: https://www.bbc.com/portuguese/brasil-62397465. Acesso em: 28 mar. 2024.

ORGANIZAÇÃO MUNDIAL DA SAÚDE. **Global Observatory for eHealth**. Disponível em: https://www.who.int/observatories/global-observatory-for-ehealth. Acesso em: 30 jan. 2024.

PEREIRA, Alexandre Libório Dias. Telemedicina e farmácia Online: aspectos jurídicos da e-health. **Revista da Ordem dos Advogados**, Lisboa, ano 75, n.1, p. 55-77, jan./jun. 2015.

PEREIRA, André Gonçalo Dias. **O consentimento informado na relação médico-paciente**: estudo de direito civil. Coimbra, Editora Coimbra, 2004.

PINHEIRO, Patrícia Peck. **Direito digital**. 7. ed. São Paulo: Saraiva, 2021.

RIBEIRO, Joaquim de Sousa. **O problema do contrato**: as cláusulas contratuais gerais e o princípio da liberdade contratual. Coimbra, Almedina, 1999.

ROONEY, Ane. **A história da medicina:** das primeiras curas aos milagres da medicina moderna. São Paulo: M. Books, 2013.

SCHAEFER, Fernanda. **Procedimentos médicos realizados à distância e o CDC**. 1ª reimpr. Curitiba: Juruá, 2009.

SCHAEFER, Fernanda. **Telemática em saúde e sigilo profissional**: a busca pelo equilíbrio entre privacidade e interesse social. Curitiba: Juruá, 2010.

SCHAEFER, Fernanda. **Responsabilidade civil dos planos e seguros de saúde**. 3. ed. Curitiba: Juruá, 2010.

SCHAEFER, Fernanda. Telemedicina: conceituar é preciso. In: SCHAEFER, Fernanda; GLITZ, Frederico (Coord.). **Telemedicina**: desafios éticos e regulatórios. 2 ed. Indaiatuba/SP: Editora Foco, 2024.

SOARES, Flaviana Soares. **Consentimento informado do paciente no direito médico**: validade, interpretação e responsabilidade. Indaiatuba: Foco, 2021.

TOMÉ, Patrícia Rizzo. O consentimento informado e a responsabilidade civil decorrente. **Lex Medicinae** – Revista Portuguesa de Direito da Saúde, Coimbra, v. II, n. 4, p. 409-419, 2019.

TOPOL, Eric. **The destruction of medicine**: how digital revolution will create better health care. Nova Iorque: Basic Biiks, 2013.

UDA, Giovanni Maria. **La buona fede nell'esecuzione del contratto.** Torino: G. Giappichelli, 2004.

RESPONSABILIDADE CIVIL POR FALHA DO DEVER DE INFORMAÇÃO NA PRESTAÇÃO DE SERVIÇOS DE FERTILIZAÇÃO *IN VITRO*

Fernanda Schaefer[1]

Decisão paradigma: Tribunal de Justiça do Estado de Minas Gerais (TJMG). **Apelação Cível nº 1.0024.13.052326/001**, 10ª Câmara Cível, relator Des. Veiga de Oliveira, j. 6 set. 2016.

Sumário: 1. Descrição do caso – 2. Panorama geral da responsabilidade contratual na prestação de serviços de fertilização *in vitro* – 3. Consequências do inadimplemento do dever de informação na reprodução humana assistida – 4. Análise da decisão do TJMG que afasta a responsabilidade da clínica de fertilização por bebê com síndrome de *down* sem o exame diagnóstico genético pré-implantacional – 5. Considerações finais – Referências.

---

1. DESCRIÇÃO DO CASO

Em 2011 os autores da ação contrataram os serviços da clínica requerida para viabilizar seu projeto parental por meio de técnicas de fertilização *in vitro*. Resultado da primeira tentativa, em 2012, nasceu a filha do casal, diagnosticada com Síndrome de Down (CID-11: LD40.0), "síndrome de defeitos congênitos [...], anomalia citogenética que consiste na trissomia 21 ou seu equivalente, sob a forma de uma translocação não equilibrada",[2] que causa deficiência mental em diferentes graus.

Ao propor a ação, sustentaram, em linhas gerais, que a anomalia genética é evitável quando se opta pelos procedimentos de fertilização *in vitro*, desde que realizado diagnóstico pré-implantacional[3] e que tal exame seria obrigatório em razão do estabelecido por

---

1. Pós-Doutorado no Programa de Pós-Graduação *Stricto Sensu* em Bioética da PUC-PR, bolsista CAPES. Doutorado em Direito das Relações Sociais na Universidade Federal do Paraná, curso em que realizou Doutorado Sanduíche nas Universidades do País Basco e Universidade de Deusto (Espanha) como bolsista CAPES. Professora do UniCuritiba. Coordenadora do Curso de Pós-Graduação em Direito Médico e da Saúde da PUC-PR. Assessora Jurídica CAOP Saúde MPPR. Diretora de Publicações do Instituto Brasileiro de Estudos de Responsabilidade Civil (IBERC). Diretora de Publicações e Membro Fundadora do Instituto Miguel Kfouri Neto (IMKN).
2. BLAKISTON. **Dicionário médico**. 2. ed. São Paulo: Andrei, 1997. p. 964.
3. Segundo a Resolução 1.957/2010, CFM (vigente à época dos fatos): "VI – Diagnóstico e Tratamento de Embriões. As técnicas de RA também podem ser utilizadas na preservação e tratamento de doenças genéticas ou hereditárias, quando perfeitamente indicadas e com suficientes garantias de diagnóstico e terapêutica: 1 – Toda intervenção sobre embriões "in vitro", com fins diagnósticos, não poderá ter outra finalidade que não a de avaliar sua viabilidade ou detectar doenças hereditárias, sendo obrigatório o consentimento informado do casal; 2 – Toda intervenção com fins terapêuticos sobre embriões "in vitro" não terá outra finalidade que não a de tratar uma doença ou impedir sua transmissão, com garantias reais de sucesso, sendo obrigatório o consentimento informado do casal; 3 – O tempo máximo de desenvolvimento de embriões "in vitro" será de 14 dias".

ato normativo do Conselho Federal de Medicina (CFM, Resolução n. 1.358/92[4] – sic), norma que teria sido ignorada pela contratada.

Apresentaram estudo médico que afirma ser a utilização do exame pré-implantacional possível para evitar a fertilização com embriões com síndromes genéticas como a que acometeu sua filha, sugerindo às clínicas que adotassem a prática como protocolo obrigatório. Por fim, destacaram que muito embora o contrato não fizesse menção detalhada sobre as técnicas diagnósticas empregadas, houve omissão da clínica contratada (fato do serviço, art. 14, CDC), que não teria informado aos contratantes a possibilidade de realização do diagnóstico pré-implantacional e a chance de a criança gerada possuir alguma anomalia genética.

O nascimento da criança com a referida síndrome teria obrigado os requerentes a fazer mudanças profundas em suas vidas em razão dos necessários cuidados, além de ter causado significativo abalo econômico e emocional, cujas repercussões por si seriam suficientes para justificar indenização por danos materiais (o que incluiria pensão mensal para a criança até que completasse 70 anos) e morais.

Em contestação, a requerida afirmou que todas as explicações sobre o procedimento, as chances de (in)sucesso e a possibilidade de diagnóstico pré-implantacional teriam sido dadas ao casal e, para tanto, apresentou como prova apenas o termo de consentimento para fertilização *in vitro* assinado pelo casal. Argumentou que a Resolução n. 1.957/10, CFM, vigente à época da contratação, não impunha a obrigatoriedade de realização de diagnóstico pré-implantacional, afirmando ser facultada a sua utilização.

Sustentou, ainda, que o procedimento é diverso da fertilização *in vitro* e oferecido pela clínica de forma complementar, sendo sua indicação feita facultativamente pelo médico assistente e de acordo com as necessidades de cada caso. Por fim, arguiu que não houve falha no procedimento nem danos causados aos pais ou à criança, mas, sim, problema de aceitação com relação à condição da filha.

Em primeira instância, com julgamento antecipado da lide (art. 355, I),[5] o casal teve o pedido de indenização julgado improcedente, sob os argumentos de que: a) não há obrigação legal ou ética de realização do exame pré-implantacional; b) o diagnóstico pré-implantacional é de contratação facultativa; c) os contratantes tinham conhecimento dos riscos do procedimento; d) a Síndrome de Down, embora imponha cuidados diferenciados à criança, não pode ser fundamento para o pedido de indenização, como se a criança fosse um objeto com defeito.

Irresignados, os autores recorreram. O recurso de apelação foi recebido e não provido, mantendo a linha de fundamentação da sentença recorrida, destacando não

---

4. A Resolução n. 1.358/92, CFM, embora mencionada na petição e no contrato assinado já estava revogada quando os serviços foram contratados. O ato normativo vigente no momento da contratação era a Resolução n. 1.957/10, CFM, hoje também revogada. O ato vigente quando da redação deste artigo é a Resolução n. 2.320/22, CFM.
5. Art. 355, CPC. O juiz julgará antecipadamente o pedido, proferindo sentença com resolução de mérito, quando: I – não houver necessidade de produção de outras provas [...].

ter havido falha na prestação do serviço contratado. Não houve recurso aos tribunais superiores.

Diante dos fatos narrados, a partir de revisão bibliográfica e normativa, o presente artigo busca analisar a adequação dos fundamentos da sentença e do recurso, que negaram indenização ao casal sob o argumento de que não houve falha na prestação dos serviços contratados.

2. PANORAMA GERAL DA RESPONSABILIDADE CONTRATUAL NA PRESTAÇÃO DE SERVIÇOS DE FERTILIZAÇÃO *IN VITRO*

O Relatório da ANVISA sobre o Sistema Nacional de Produção de Embriões (Sisembrio[6]) aponta que entre 2020 e 2022 os 187 Centros de Reprodução Humana Assistida (CRHA) brasileiros realizaram 65.862 transferências de embriões, 288.226 embriões estão congelados e 155.894 foram descartados. Os números impressionam, bem como a falta de regulamentação jurídica[7] sobre o assunto.

A reprodução humana assistida (RHA) constitui-se pelo "conjunto de técnicas que favorecem a fecundação humana, a partir da manipulação de gametas e embriões, objetivando principalmente combater a infertilidade e propiciando o nascimento de uma nova vida humana".[8] Dentre os vários métodos de RHA destacam-se a inseminação artificial (IA) e a fertilização *in vitro* (FIV), sendo aquele bem mais simples do que este. Segundo Meirelles,

> A expressão *inseminação artificial*, proposta pelos franceses Donay, Devraigne e Seguy (Oliveira, 1984, p. 578), é destinada a designar a técnica que consiste em ser inseminada a mulher com esperma previamente colhido através de onamismo, e injetado, pelo médico, na cavidade uterina ou no canal cervical, no período em que o óvulo se encontra suficientemente maduro para ser fecundado.
>
> [...] Desenvolvida no sentido de contornar a esterilidade conjugal devida a fator tubário irreversível, a *fertilização in vitro (F.I.V.)* consiste na obtenção de óvulos que são fertilizados em laboratório, sendo os embriões posteriormente transferidos diretamente para a cavidade uterina – nesse caso, a técnica é denominada 'FIVET', sigla do idioma inglês que significa fecundação *in vitro* com transferência embrionária (Bolzan, 1998, p. 57).[9]

Ambos os métodos podem ser realizados de forma heteróloga (heterofecundação – quando pelo menos um dos gametas utilizado é proveniente de doador) ou homóloga (homofecundação – quando ambos os gametas pertencem ao casal) e comportam

---

6. Para acessar o BI do Sistema: https://www.gov.br/anvisa/pt-br/acessoainformacao/dadosabertos/informacoes-analiticas/sisembrio.
7. Não está aqui a defender um legalismo, próprio de sistemas positivistas, que poderia conduzir ao nascimento de leis velhas, dissociadas das novas tecnologias reprodutivas. Se é possível, na análise sistemática do ordenamento brasileiro, dar respostas a muitas situações decorrentes do uso das técnicas de reprodução humana assistida, por outro é lado, é também certo, que a regulação não pode permanecer quase que exclusivamente nos arcabouços éticos do Conselho Federal de Medicina.
8. RIBEIRO, Gustavo Pereira Leite. Breve comentário sobre aspectos destacados da reprodução humana assistida. In: SÁ, Maria de Fátima Freire (Coord.). **Biodireito**. Belo Horizonte: Del Rey, 2002. p. 286.
9. MEIRELLES, Jussara Maria Leal. **Reprodução assistida e exame de DNA**: implicações jurídicas. Curitiba: Genesis, 2004. p. 20.

técnicas diversas que variam com a escolha do médico de acordo com a infertilidade ou esterilidade apresentada, podendo também ser aplicados à maternidade de substituição que "verifica-se, sob o ponto de vista fático, quando uma mulher se dispõe, mediante retribuição em dinheiro ou não, a manter uma gestação em favor de outra",[10] renunciando aos direitos decorrentes da maternidade após o nascimento da criança.

Junto às técnicas de reprodução humana assistida pode ser oferecido o diagnóstico genético pré-implantacional (DGPI), procedimento que auxilia na identificação de anomalias genéticas em embriões obtidos em fertilização *in vitro*, antes de sua implantação.[11] No momento, sua utilização no Brasil é facultativa, limitando-se o uso às situações permitidas pelo Conselho Federal de Medicina.[12]

De início, é preciso esclarecer que a ausência de leis brasileiras sobre reprodução humana assistida não deveria implicar a aplicação exclusiva das normas do Conselho Federal de Medicina pelo Judiciário. Os atos do Conselho servem de orientação ética a uma categoria profissional (médicos), mas não podem ser tomados como atos normativos pelos tribunais porque lhes falta o necessário processo legislativo.[13] Servem, portanto, apenas de elemento no processo hermenêutico construtivo das relações jurídicas como a ora analisada.

O Conselho Federal de Medicina desde 1992 esforça-se para regulamentar eticamente as técnicas de reprodução assistida, atualizando seus atos de tempos em tempos. À época dos fatos, embora a petição e o contrato refiram-se à Resolução n. 1.358/92, CFM, já estava vigente a Resolução n. 1.957/10, CFM.

---

10. MEIRELLES, Jussara Maria Leal. **Reprodução assistida e exame de DNA**: implicações jurídicas. Curitiba: Genesis, 2004. p. 37.

11. "A técnica de DGPI ocorre após o terceiro dia da FIV. Nesse momento, em que os embriões criados em laboratório já terão seis a doze células, são colhidas e analisadas uma ou duas delas. Passadas por volta de 40 horas há o diagnóstico acerca do resultado da presença de alguma anomalia e apenas os viáveis serão implantados" (MONTEIRO, Juliano Ralo. Savior sibling: limites ao poder familiar? *In*: GOZZO, Débora (Coord.). **Informação e direitos fundamentais**. A eficácia horizontal das normas constitucionais. São Paulo: Saraiva, 2011. p. 180-202. p. 184).

12. Embora a técnica possa ser utilizada também para a seleção de determinadas características, no Brasil o Conselho Federal de Medicina atualmente limita o seu uso Item VI, Resolução n. 2.320/22: "1. As técnicas de reprodução assistida podem ser aplicadas à seleção de embriões submetidos a diagnóstico de alterações genéticas causadoras de doenças, podendo nesses casos ser doados para pesquisa ou descartados, conforme a decisão do(s) paciente(s), devidamente documentada com consentimento informado livre e esclarecido. 2. As técnicas de reprodução assistida também podem ser utilizadas para tipagem do Antígeno Leucocitário Humano (HLA) do embrião, no intuito de selecionar embriões HLA – compatíveis com algum irmão já afetado pela doença e cujo tratamento efetivo seja o transplante de células-tronco, de acordo com a legislação vigente. 3. O tempo máximo de desenvolvimento de embriões in vitro é de até 14 (quatorze) dias".

13. Os conselhos profissionais no Brasil constituem autarquias e, portanto, são órgãos da Administração indireta. Não sendo titulares do poder de legislar, sua ação, entretanto, se reveste da agilidade própria da competência normativa da Administração. O Conselho Federal de Medicina, que é uma autarquia, tem-se despido, nos últimos anos, do ranço corporativista que costuma caracterizar os órgãos de classe, adotando feições de órgão da sociedade civil, o que lhe confere uma situação *sui generis*. [...]. embora ínsita à sua natureza a impossibilidade de legislar, as autarquias exercem, na qualidade de entidades da Administração, o poder normativo do Estado, com as características gerais a ele atribuídas: estabelecer normas de alcance limitado ao âmbito de atuação do órgão expedidor, desde que não contrariem a lei nem imponham obrigações, proibições e penalidades que nela não estejam previstas (PITTELLI, Sergio Domingos. O poder normativo do Conselho Federal de Medicina e o direito constitucional à saúde. **Revista de Direito Sanitário**, v. 3, n. 1, p. 38-59, mar. 2002).

De lá para cá outras resoluções se seguiram (são oito até o momento) e uma alteração importante sobreveio com a Resolução n. 2.168/17, CFM: as técnicas de RHA deixam de ter a infertilidade como principal foco (eram tidas como instrumentos auxiliares na resolução de problemas de reprodução humana), para agora terem o papel de auxiliar no processo de procriação. A alteração tem múltiplos significados, em especial o de reconhecer que as técnicas são parte importante do livre planejamento familiar.

Embora apenas eticamente regulada, a reprodução humana assistida é objeto de inúmeros contratos, esses sim, com amplas normas jurídicas que não podem ser ignoradas em casos concretos a partir da aplicação genérica dos atos éticos do Conselho Federal de Medicina.

No caso que ora se analisa, o contrato assinado com a clínica é claramente de adesão,[14] o que por si só revela uma importante debilidade do aderente. Há nele, inclusive, apenas duas possibilidades de contratação de serviços (para se assinalar com um X o que se está a contratar):

> Cláusula 1º (sic): O objeto do contrato é a prestação, pela Contratada, em seu endereço, por intermédio de seus sócios, prepostos e empregados, sob a supervisão técnica do D.r (sic) xxxx[15] e/ou do D.r (sic) xxxx, dos seguintes serviços/procedimentos médicos, cujo detalhamento consta do Termo de Consentimento anexo, que fica fazendo parte integrante deste contrato:
>
> ( ) Inseminação Artificial; _____[16]
>
> (x) Fertilização "in vitro" e transferência de embrião(ões)_____
>
> Parágrafo 1º: O presente contrato é celebrado apenas para a prestação dos serviços/procedimentos médicos acima identificados e, em caso de insucesso dos mesmos, a prestação de novos serviços/procedimentos ficará sujeita a (sic) celebração de novo contrato, sob novas condições.
>
> Parágrafo 2º. O presente contrato não abrange o custo de medicamentos, honorários de médico anestesista, aluguel de bloco cirúrgico e/ou apartamento, bem como de quaisquer exames realizados pela(o)(s) Contratante(S) e necessários para a efetiva prestação dos serviços/procedimentos ora contratados, conforme prescrição médica.

Observe-se que na cláusula que descreve o objeto contratado não há nenhuma descrição sobre o conteúdo do procedimento de fertilização *in vitro* (que pode, inclusive, variar quanto à técnica), nem sequer referência à possibilidade e/ou existência do diagnóstico pré-implantacional. A omissão permanece ao longo de todo instrumento

---

14. Art. 54, CDC. Contrato de adesão é aquele cujas cláusulas tenham sido aprovadas pela autoridade competente ou estabelecidas unilateralmente pelo fornecedor de produtos ou serviços, sem que o consumidor possa discutir ou modificar substancialmente seu conteúdo.

    § 1º A inserção de cláusula no formulário não desfigura a natureza de adesão do contrato.

    § 2º Nos contratos de adesão admite-se cláusula resolutória, desde que a alternativa, cabendo a escolha ao consumidor, ressalvando-se o disposto no § 2º do artigo anterior.

    § 3º Os contratos de adesão escritos serão redigidos em termos claros e com caracteres ostensivos e legíveis, cujo tamanho da fonte não será inferior ao corpo doze, de modo a facilitar sua compreensão pelo consumidor.

    § 4º As cláusulas que implicarem limitação de direito do consumidor deverão ser redigidas com destaque, permitindo sua imediata e fácil compreensão.

15. Os nomes foram omitidos em razão do sigilo processual determinado nos autos.

16. As linhas constantes ao lado do procedimento contrato são utilizadas para rubrica dos contratantes.

contratual que, no entanto, indica outros procedimentos que poderiam ser contratados (além dos descritos na Cláusula 1ª como, por exemplo, injeção intracitoplasmática de espermatozoides (ICSI) e congelamento de embriões excedentes.

O contrato é omisso quanto à possibilidade do diagnóstico pré-implantacional e não explica detalhadamente o que se está a contratar. Parece, portanto, ser equivocada a decisão da Apelação que afirma:

> O que temos no caso em questão é que os autores contrataram a ré para a realização de fertilização 'in vitro' e transferência de embrião (contrato de prestação de serviços de fls. 16/19). No referido contrato não consta a contratação do exame Diagnóstico Genético Pré-Implementação [sic], exame esse que não é obrigatória a realização quando da fertilização 'in vitro'.

A possibilidade de contratação do exame pré-implantacional não consta como opção no contrato apresentado aos contratantes, sequer para que o recusem expressamente. Dessa forma, dois equívocos importantes parecem se manifestar nas decisões analisadas: deixaram claramente de explorar o instrumento contratual como contrato de adesão que é, redigido unilateralmente pelo fornecedor sem possibilidade de alteração pelo consumidor; desprezaram o conteúdo efetivamente transmitido pelas cláusulas contratuais e pelo termo de consentimento apresentados, que não esclarecem o que se está a contratar sob as genéricas expressões "fertilização *in vitro*" e "transferência de embriões".

Ainda, de se destacar, que o termo de consentimento não afirma estarem os pais assumindo qualquer risco de malformação. Ao contrário, apenas afirma que a técnica utilizada não aumenta a chance de que ela ocorra. Impossível, extrair desta cláusula, qualquer conclusão de que os pais compreenderam a técnica, recusaram o exame pré--implantacional e assumiram qualquer risco de ter uma criança com defeitos genéticos.

É preciso esclarecer, ainda, que o termo de consentimento não pode ser confundido com o instrumento contratual e mais, a sua mera existência, não pode ser simplesmente tomada como cumprimento do dever de informação. Há outros importantes elementos a serem examinados.

Por fim, para além de serem de adesão o contrato e o termo de consentimento pela Clínica demandada, é mandatório pensar que embora sejam genericamente contratos de prestação de serviço, possuem um objeto especialíssimo: viabilizar a realização de projeto parental (direito constitucional previsto no art. 226, § 7º, CF). Portanto, é preciso compreendê-lo a partir de sua natureza jurídica como um contrato existencial.[17]

---

17. Segundo Antonio Junqueira de Azevedo, "por força da renovação dos princípios contratuais e da frequência de sua concretização, não se pode mais empregar a palavra 'contrato' sem consciência dessa nova dicotomia [contrato existencial/contrato empresarial]; ela é operacional e está para o século XXI, como a de 'contrato paritário/contrato de adesão' esteve para o século XX" (AZEVEDO, Antônio Junqueira de. Natureza jurídica do contrato de consórcio. Classificação dos atos jurídicos quanto ao número de partes e quanto aos efeitos. Os contratos relacionais. A boa-fé nos contratos relacionais. Contratos de duração. Alteração das circunstâncias e onerosidade excessiva. Sinalagma e resolução contratual. Resolução parcial do contrato. Função social do contrato (parecer). **Revista dos Tribunais**, São Paulo, v. 832, n. 832, p. 113-137, 2005. p. 115).

Trata-se de um contrato que transborda a clássica teoria contratual[18] em razão da essencialidade do objeto e da situação subjetiva existencial dos contratantes. Reconhecê-lo como negócio jurídico existencial é aceitar a intangibilidade da pessoa humana e, por consequência, a necessidade de compreender a vulnerabilidade daquele(s) está(ão) a contratar técnica de reprodução humana assistida para viabilizar seu projeto parental.

Reduzir a análise do contrato firmado entre a clínica e os contratantes à mera intangibilidade e à sua força obrigatória (com parece ter feito a sentença) é desconsiderar a vulnerabilidade dos contratantes não só porque consumidores (art. 1º, CDC), mas especialmente por estarem em busca da realização de um projeto especial: viabilização da parentalidade que, no caso em análise, foi altamente impactada pelo nascimento de uma criança com Síndrome de Down.

A síndrome "é uma desordem genética que causa deficiência mental em graus variados. [...]. A inserção adequada da criança no seu contexto sociocultural é de grande importância para sua adaptação e bem-estar, e a família desempenha um papel primordial como mediadora desse processo".[19] A fim de se garantir certa autonomia e contribuir com o desenvolvimento da pessoa com Síndrome de Down para além dos necessários tratamentos de saúde, a família deve se dedicar ao seu desenvolvimento.

A reorganização familiar para receber a criança com a Síndrome de Down, nem sempre é fácil, a começar pela necessidade de todos os familiares se despirem dos preconceitos.

Segundo Zamberlan e Biasoli-Alves (1996), tanto fatores macrossistêmicos – renda familiar, grau de instrução dos pais e profissão, como microssistêmicos – qualidade das interações e relações entre os membros familiares e pessoas próximas, particularmente no que tange às práticas psicossociais de cuidados implementadas nesses contextos, associam-se na promoção de um desenvolvimento adequado e saudável da criança.[20]

Não há dúvidas, receber a criança com Síndrome de Down traz impactos emocionais e econômicos para o núcleo familiar. "As famílias com crianças DM têm uma sobrecarga adicional em todos os níveis: social, psicológico, financeiro e, também, nos cuidados com a criança".[21] E na grande maioria das vezes esses impactos não foram sopesados quando da idealização do projeto parental, porque, afinal, as pessoas

---

18. "Por uma análise estruturalista do contrato, de cunho liberal e individualista, a atenção era voltada especialmente à preservação e ao cumprimento da autonomia da vontade, sendo que a essencialidade para as partes do objeto contratado pouca relevância possuía. Vale lembrar que, durante esse período, os fundamentos que regiam as relações contratuais eram baseados em torno da autonomia da vontade, sendo que se especificavam em princípio da liberdade contratual ampla, da obrigatoriedade dos efeitos contratuais e da relatividade dos efeitos perante terceiros" (BASAN, Arthur Pinheiro. O contrato existencial: análise de decisão judicial que assegura a sua aplicação. **Revista Brasileira de Direito Civil**, v. 7, p. 9-28, jan.-mar. 2016. p. 5-6).

19. SILVA, Nara Liana; DESSEN, Maria Auxiliadora. Síndrome de Down: etiologia, caracterização e impacto na família. **Revista Interação em Psicologia**, n. 6, v. 2, p. 167-176, 2002.

20. SILVA, Nara Liana; DESSEN, Maria Auxiliadora. Síndrome de Down: etiologia, caracterização e impacto na família. **Revista Interação em Psicologia**, n. 6, v. 2, p. 167-176, 2002.

21. SILVA, Nara Liana; DESSEN, Maria Auxiliadora. Síndrome de Down: etiologia, caracterização e impacto na família. **Revista Interação em Psicologia**, n. 6, v. 2, p. 167-176, 2002.

costumam representar sempre o nascimento de crianças saudáveis e sem deficiências, porque é isso que a mídia e a publicidade afirmam que terão ao usar as técnicas de reprodução humana assistida.

Os sentimentos de ansiedade e incertezas, a incompreensão das complexidades do tratamento, não poderiam ser simplesmente ignorados pelas decisões judiciais sob o amplo argumento de que os contratantes conseguiram realizar o desejo da parentalidade. A premissa não é suficiente para afastar a análise de outras questões importantes da relação contratual.

Os contratos com clínicas de reprodução humana não podem ser vistos apenas como ferramenta típica de atividade econômica (embora essa função seja indissociável do contrato). Devem ser compreendidos também como instrumentos destinados à realização de direitos fundamentais e de personalidade, entre eles, está a realização do projeto parental.

Segundo Antonio Junqueira Junior, a distinção entre contratos de lucro e contratos existenciais é essencial para compreender os novos objetos que se manifestam nas mais diversas relações contratuais. "[...] Ora, as pessoas naturais não são 'descartáveis' e os juízes têm que atender às suas necessidades fundamentais; é preciso respeitar o direito à vida, à integridade física, à saúde, à habitação etc. de forma que cláusulas contratuais que prejudiquem esses bens podem ser desconsideradas".[22]

Isso significa afirmar que para além dos aspectos formais clássicos dos negócios jurídicos, deve-se dar maior atenção à essencialidade da relação negocial e, mais especificamente, à utilidade existencial do objeto contratado[23] e a vulnerabilidade decorrente dessa essencialidade. A filiação, não há dúvidas, é importante como projeto de vida para muitas pessoas,[24] portanto, enquadra-se no conceito de utilidade existencial[25] e, por isso, a análise não pode estar restrita à significação patrimonial do gênero prestação de serviços.

---

22. JUNQUEIRA JUNIOR, Antonio. Diálogos com a doutrina: entrevista com Antonio Junqueira de Azevedo. **Revista Trimestral de Direito Civil**, v. 9, n. 34, p. 299-308, abr./jun. 2008. p. 304.

23. NEGREIROS, Teresa. **Teoria do contrato**: novos paradigmas. Rio de Janeiro: Renovar, 2002.

24. "A sociedade – esta grande fixadora de papéis humanos – continua estabelecendo não só padrões de comportamentos, como posturas a serem vividas numa relação matrimonial. (...) As necessidades de natureza econômica e a consequente atividade profissional não anularam, porém a necessidade da filiação, mas, ao contrário, criaram um novo problema para a mulher: 'ou elas adiam a reprodução para satisfazer outras necessidades, principalmente materiais, ou elas se revoltam contra a tradição para apoiar uma diferente imagem de si mesmas, como iguais aos homens, o que mudará sua experiência de vida, assim como a de seus companheiros. Assim, suas necessidades básicas permanecem insatisfeitas e são frequentemente substituídos por manobras práticas e decisões racionais em completa contradição com seus desejos profundos'" (LEITE, Eduardo de Oliveira. **Procriações artificiais e o direito**: aspectos médicos, religiosos, psicológicos, éticos e jurídicos. São Paulo: Ed. RT, 1995. p. 22-23).

25. Segundo Teresa Negreiros, os tratamentos médicos em geral estão entre os bens que demonstram caráter universal de sua imprescindibilidade para a vida humana. As técnicas de reprodução humana assistida, são atos médicos (tratamentos médicos), que auxiliam no processo de procriação (cfe. Resolução n. 2.320/22, CFM), daí a sua caracterização como essencial àqueles que deseja realizar o projeto de parentalidade biológica (NEGREIROS, Teresa. **Teoria do contrato**: novos paradigmas. Rio de Janeiro: Renovar, 2002).

O que significa afirmar que essas questões, quando judicializadas, devem levar em conta que "em razão da natureza especial do interesse protegido, que é exatamente a pessoa a constituir ao mesmo tempo o sujeito titular do direito e o ponto de referência objetivo da relação",[26] o que também impacta profundamente em como se deve avaliar o (in)adimplemento do dever de informação em todas as fases contratuais.

3. CONSEQUÊNCIAS DO INADIMPLEMENTO DO DEVER DE INFORMAÇÃO NA REPRODUÇÃO HUMANA ASSISTIDA

É possível afirmar que a vulnerabilidade presente no contrato ora analisado não indica apenas um desequilíbrio natural dos contratantes na relação jurídica a impor um tratamento diferenciado (arts. 1º, 4º e 6º, CDC), mas também é fruto da essencialidade do objeto. É condição que impõe um dever informacional centrado nas características pessoais do contratante (idade, condição médica, grau de instrução etc.).

As informações genéricas constantes no contrato assinado pelos requerentes e no termo de consentimento não representam informação qualificada e, tão pouco, suficiente para permitir decisões refletidas ou compreender tudo que se está a contratar. Frise-se, a vulnerabilidade do casal é agravada em razão dos efeitos emocionais decorrentes da incapacidade de conceber de forma natural e pela publicidade feita pela grande maioria das clínicas de fertilização que embora deixem claro que não garantem o sucesso do tratamento, anunciam com frequência a possibilidade de gerar uma criança saudável.

A mercantilização das técnicas de reprodução humana assistida, levou à sua espetaculização, com excesso de dramatização e pouquíssima informação qualificada.[27] Mídia e publicidade exploram tais atos médicos sempre transmitindo a imagem de que seu uso é simples, pouco oneroso e cujo sucesso não é só garantido com o nascimento de uma criança, mas de uma criança saudável. Esse cenário é replicado pelos Centros de Reprodução Humana Assistida que se esforçam em sempre ressaltar suas taxas de sucesso, ocultando maliciosamente os números de tudo aquilo que não deu errado.

As imagens construídas pelo mercado, sem dúvida influenciam o comportamento dos contratantes, mas distanciam-se da prática clínica que se caracteriza por complexidades em diversas dimensões, pela onerosidade que dificulta o acesso, pela possibilidade

---

26. PERLINGIERI, Pietro. **Perfis do direito civil**: introdução ao direito civil constitucional. Trad. Maria Cristina de Cicco. Rio de Janeiro: Renovar, 1999. p. 764.

27. "[...] a reprodução humana, ao ser colonizada pelo Mercado, roteirizou um espetáculo capaz de subverter a realidade e limitar, em alguma medida, a experiência humana à contemplação do não real, à sublimação de imagens e de aparências e ao culto à superficialidade redutora da complexidade ao nível do visível. No Espetáculo roteirizado por Debord, sensações que oscilam de estados contemplativos até algum nível de interação consoante as situações da vida mundana vão sendo, uma a uma, comunicadas ao mundo, como se afere do relato nada novo de que médicos ingleses, pioneiros na reprodução da vida, antes de divulgarem suas conquistas em revistas especializadas, teriam vendido suas histórias a um tabloide londrino" (FROENER, Carla; CATALAN, Marcos. **A reprodução humana assistida na sociedade de consume**. Indaiatuba: Foco, 2020. p. 15).

de insucesso do tratamento ou nascimento de uma criança com diferentes problemas de saúde. A felicidade é o único ideal vendido e a ser alcançado.

Trata-se de um cenário "não só artificial como bastante hostil ao exercício de distintas dimensões da liberdade humana no qual imperam engrenagens que trabalham 'de manera permanente en reducir la inteligencia de sus agentes, em reemplazarla por automatismos que luego podrán ser materia de alternativas infernales'".[28]

Nessas condições, o tratamento dispensado ao dever de informação deve ser diferenciado, o que parece ter sido ignorado tanto na instrução processual, quanto nas decisões analisadas.[29] A simples leitura (sem maiores reflexões) do contrato e do termo de consentimento[30] dão indícios de que a informação não foi transmitida aos contratantes de forma clara, precisa e objetiva.[31] Há diversas e importantes omissões.

Assim, por exemplo, o item 5 do termo de consentimento dispõe que uma das etapas do procedimento contratado é a "seleção pela equipe médica e científica dos embrião(ões) para tal transferência". O que significaria essa seleção para a pessoa leiga? Poderiam os contratantes compreender que essa seleção implica necessariamente que apenas embriões considerados como saudáveis seriam transferidos? Estaria nela compreendida o diagnóstico pré-implantacional? Não há qualquer explicação sobre o significado e

---

28. FROENER, Carla; CATALAN, Marcos. **A reprodução humana assistida na sociedade de consume**. Indaiatuba: Foco, 2020. p. 17.

29. Segundo Basan, "o contrato existencial, ao reconhecer a hipervulnerabilidade da pessoa contratante, possibilita um tratamento diferenciado de proteção, inclusive permitindo um regime de interferência judicial mais acentuado, a fim de proporcionar à pessoa em situação de debilidade condições de justiça contratual, garantindo a tutela da pessoa humana e de seu mínimo existencial" (BASAN, Arthur Pinheiro. O contrato existencial: análise de decisão judicial que assegura a sua aplicação. **Revista Brasileira de Direito Civil**, v. 7, p. 9-28, jan./mar. 2016, p. 25).

30. Deve-se ressaltar que a necessidade de consentimento não decorre apenas de um imperativo ético, mas é também legal, corolário do princípio da boa-fé objetiva e do princípio da informação.

 Apenas a título de exemplo, à época a vigente Resolução n. 1.957/2010, CFM, determinava que: "o consentimento informado será obrigatório a todos os pacientes submetidos às técnicas de reprodução assistida, inclusive aos doadores. Os aspectos médicos envolvendo as circunstâncias da aplicação de uma técnica de RA serão detalhadamente expostos, assim como os resultados obtidos naquela unidade de tratamento com a técnica proposta. As informações devem também atingir dados de caráter biológico, jurídico, ético e econômico. O documento de consentimento informado será expresso em formulário especial e estará completo com a concordância, por escrito, das pessoas submetidas às técnicas de reprodução assistida".

31. Sobre os elementos da informação, ensina Fernanda Nunes Barbosa que "a informação clara seria aquela em que são utilizados os signos qualitativamente mais apropriados, a fim de possibilitar ao receptor interpretar corretamente a mensagem. A informação precisa, por seu turno, seria aquela em que participam os caracteres de exatidão, pontualidade e fidelidade, o que também se dá mediante a escolha certa dos símbolos pelo emissor da mensagem. Tal requisito responde a um princípio de economia de mensagem. Já a informação completa é aquela em que o emissor, na operação de codificação, utiliza signos (sons linguísticos, sinais gráficos, gestual) e símbolos que representem integralmente a novidade. Veraz é a característica da informação que corresponde à verdade daquilo que se pretende dar a conhecer ao outro. É a correspondência entre o que se quer fazer saber e a realidade objetiva. Por fim, a informação compreensível será aquela que mais análise de contexto solicitará, pois requererá do emissor uma apreensão da realidade do receptor, a fim de que a mensagem possa ser por este efetivamente compreendida [...]. O requisito da adequação, segundo Neto Lôbo, diz com os meios de informação utilizados e com o respectivo conteúdo. Os meios devem ser compatíveis com o produto ou o serviço oferecidos [...]" (BARBOSA, Fernanda Nunes. **Informação**: direito e dever nas relações de consumo. São Paulo: Ed. RT, 2008. p. 61-62).

alcance da expressão seleção, o que facilmente poderia conduzir à conclusão lógica de que apenas embriões "normais"[32] (expressão utilizada pela clínica) seriam implantados.

O voto do Relator, ainda afirma que:

> Existe um termo de consentimento assinado pelos autores às fls. 102/105, em que eles assumiram o risco de uma gravidez e, ainda, de ter uma criança com alguma doença/anomalia. Assim eles aceitaram: 'nós, ainda, entendemos e aceitamos que a equipe médica e científica não pode assegurar que a gravidez resultará em uma criança 'normal'. Ainda que, estes métodos não aumentem a chance de malformações [item 3 do Termo de Consentimento].

Indaga-se: o que é uma criança normal? O uso de termo genérico não parece ser adequado para fazer crer que a mensagem foi compreendida. Afinal, qual o seu alcance e sentido? A expressão é inadequada social e tecnicamente (mesmo que à época ainda não estivesse vigente a Lei n. 13.146/15, que institui a Lei Brasileira de Inclusão da Pessoa com Deficiência).

Por fim, o item 7 do termo, escrito unilateralmente pela clínica, estabelece que os contratantes tiveram "a oportunidade para tomar parte no aconselhamento sobre as implicações do tratamento proposto". Não há nenhuma explicação sobre qual seria o conteúdo deste aconselhamento.[33] Talvez até possa constar no prontuário da paciente, mas a apresentação deste sequer foi cogitada.

A explicação sobre natureza e os riscos dos procedimentos, o conteúdo do que se está contratando, deve ser feita de modo que se equilibre termos técnicos (que devem ser explicados em linguagem acessível) e termos populares (respeitado o contexto social), levando-se em consideração as condições pessoais dos receptores da mensagem. O equilíbrio deve ser tal que permita a compreensão e conduza a escolhas refletidas. Deve-se esclarecer as dúvidas quantas vezes forem necessárias. Deve ser garantido tempo para compreensão, reflexão e decisão.

Nota-se que o termo de consentimento disponibilizado pela clínica é lacunoso, cheio de imprecisões (médicas e jurídicas) e pouco ou nenhum esclarecimento faz sobre o que se está a contratar. Sequer identificou a técnica de fertilização *in vitro* que estaria a ser empregada ou ofereceu a explicação sobre o diagnóstico pré-implantacional (cuja existência sequer é mencionada).

O Código de Defesa do Consumidor, ao adotar como princípio das relações de consumo a informação (art. 4º), impõe o dever de informação qualificada capaz de conduzir o consumidor a uma decisão racional e consciente. O documento utilizado pela clínica enquadra-se naquilo que os tribunais vêm chamando de *blanket consent*

---

32. O item 3 do termo de consentimento estabelece que os contratantes entendem e aceitam "que a equipe médica e científica não pode assegurar que a gravidez resultará em uma criança 'normal'. Ainda que, estes métodos não aumentem a chance de malformações".

33. Vale lembrar que "o aconselhamento genético pode ser pré-conceptivo, pré-implantatório ou pré-natal, conforme resulte de diagnóstico realizado antes da concepção; após a concepção *in vitro*, mas antes da implantação; ou depois da implantação no útero, já com testes no nascituro" (SÁ, Maria de Fátima Freire; NAVES, Bruno Torquato de Oliveira. **Manual de biodireito**. 3. ed. Belo Horizonte: Del Rey, 2015. p. 279).

que nada mais é do que um termo de adesão, que se traveste de termo de consentimento, mas que na verdade nada esclarece ou explica.

Se de fato não existe obrigação ética e legal de realizar o exame pré-implantacional, mas o serviço é oferecido pela clínica, necessariamente há dever de explicá-lo, detalhando sua utilidade e recomendação tanto no contrato de prestação de serviços (que é omisso sobre a existência do exame, mas não de outros serviços oferecidos), quanto no termo de consentimento respectivo.

Explicados os riscos da não realização do exame, a recusa de contratação também deveria ser expressa, o que, daí sim, poderia caracterizar aceitação consciente de se gerar uma criança com doenças genéticas, o que no caso analisado não aconteceu.

4. ANÁLISE DA DECISÃO DO TJMG QUE AFASTA A RESPONSABILIDADE DA CLÍNICA DE FERTILIZAÇÃO POR BEBÊ COM SÍNDROME DE *DOWN* SEM O EXAME DIAGNÓSTICO GENÉTICO PRÉ-IMPLANTACIONAL

A sentença destacou que a Resolução n. 1.975/10, CFM, não estabeleceria como obrigação das clínicas de reprodução humana assistida a realização de diagnóstico pré-implantacional. Sustentou que os requerentes declararam ter ciência de que a fertilização não lhes garantiria uma criança sem deformidades ou sem qualquer síndrome. Afirmou, ainda, que

> Não se olvide que uma criança com síndrome de Down necessitará de maiores cuidados e preocupações. Todavia, o seu nascimento não pode ser fundamento de indenizações como se fosse um objeto que veio com defeito, cujo abatimento proporcional do preço é medida que se impõe. As pessoas com essa síndrome são seres humanos e devem ser amados, cuidados e respeitados pelas suas particularidades.

Da sentença de que julgou improcedente o mérito, os requerentes apelaram buscando sua reforma. Recebido o recurso, foi ele improvido com fundamento nos mesmos argumentos da sentença: a) não há norma determinando a obrigatoriedade do exame; b) a Resolução do CFM autoriza a sua realização, mas não obriga.

Ao que tudo indica, tanto sentença quanto o acórdão deixaram de atacar a principal questão: o dever de informação na fase pré-contratual foi adequadamente cumprido? Sim ou não? Não sendo, seria suficiente para caracterizar inadimplemento contratual?

Parece claro dos documentos trazidos aos autos (contrato e termo de consentimento) que não houve informação suficiente para tomada de decisão refletida sobre realizar ou não o diagnóstico pré-implantacional. Ambos os documentos são marcados por um grau alto de generalidade e imprecisão que sequer permitem compreender o próprio objeto que se está a contratar. Se houve explicação verbal do médico, prova dela não foi realizada porque não houve juntada do prontuário médico, depoimento pessoal dos contratantes ou oitiva do médico assistente.

Ao que parece, houve uma confusão importante sobre o real objeto da reclamação dos pais. Não estavam a reclamar da filha nascida, que realizou o seu projeto parental.

RC NA PRESTAÇÃO DE SERVIÇOS DE FERTILIZAÇÃO *IN VITRO*

Se o estivesse, o caminho seria outro, com o uso das *wrongful actions*, buscando a responsabilidade civil da clínica pelo nascimento indesejado[34] ou pela vida injusta.[35]

O casal reclamou da omissão do dever de informação que não lhes permitiu escolher entre realizar o exame pré-implantacional ou não, porque simplesmente não lhes foi oferecido ou não lhes foi explicado com grau de clareza suficiente para fazê-los assumir o risco da sua não realização.

Falharam as decisões ao deixar de analisar o que realmente se estava a discutir: inadimplemento do dever de informação. O consentimento para o uso da fertilização *in vitro* é consequência direta do direito fundamental à autodeterminação. Portanto, se há falha no processo comunicativo entre clínica e contratantes que reflete diretamente na prestação do serviço contratado, essa falha deve ser analisada com o rigor necessário. Segundo Flaviana Rampazzo Soares,[36]

> Tenha-se em mente, convém repetir, que o processo informativo-decisório tem como sujeito a pessoa que deliberará, a envolver o paciente (que pode solicitar que as informações também sejam prestadas à pessoa de sua confiança que venha a indicar, a qual o auxiliará na sua deliberação), ou quem o represente. Com isso, estabelecer-se-á se haverá, por parte do paciente, um *consentimento*, um dissentimento, uma postergação da decisão ou, ainda, uma transferência da faculdade de decidir a terceiro; [...]. O ideal é que o repasse de informação seja realizado de forma individualizada.

Portanto, o dever de informação não se esgota em um termo de consentimento previamente redigido, ele vai muito além. "A sua base fundante está na boa-fé objetiva e no seu desdobramento na confiança"[37] e, por isso, o médico deve se certificar de que o paciente está em condições de receber, compreender e decidir; o paciente estabelecerá a extensão das informações que deseja receber para a tomada de decisão. Processo dialógico que deverá ser feito no tempo devido e com linguagem acessível ao receptor da mensagem.

A informação genérica não é qualificada e, portanto, não cumpre o dever de esclarecer. O consentimento escrito não é suficiente para demonstrar que houve diálogo participativo entre médico e paciente, tão pouco se mostra meio idôneo para comprovar que houve um processo gradual e colaborativo de informação.

Simplificar a questão aqui analisada à mera existência de um termo de consentimento genérico, é ignorar que a atividade interpretativa se realiza em diversas fases

---

34. Sobre o assunto, leia: CARNAÚBA, Daniel Amaral. **Responsabilidade civil e nascimento indesejado**. Fundamentos para a reparação da falha de métodos contraceptivos. Rio de Janeiro: Forense; Método, 2021.

35. "[…] *wrongful birth* (Nascimento injusto ou indevido) e *wrongful life* (vida injusta ou indevida). A primeira consiste na formulação, por parte dos pais da criança, de ação judicial de indenização contra o médico, seja por erro no diagnóstico, seja pela falta de informação aos pais sobre as verdadeiras condições do feto. Em ambas as circunstâncias os pais foram privados da oportunidade de adotar uma decisão informada sobre continuar ou não a gravidez, nos termos do projeto parental. No caso de *wrongful life*, é a própria criança que pleiteia tal indenização. Nessa circunstância, claro que o pedido judicial deve ser formulado pelos representantes do menor, em nome dele" (SÁ, Maria de Fátima Freire; NAVES, Bruno Torquato de Oliveira. **Manual de biodireito**. 3. ed. Belo Horizonte: Del Rey, 2015. p. 279-280).

36. SOARES, Flaviana Rampazzo. **Consentimento do paciente no direito médico**. Indaiatuba: Foco, 2021. p. 160.

37. SOARES, Flaviana Rampazzo. **Consentimento do paciente no direito médico**. Indaiatuba: Foco, 2021.163.

até que se determine o significado global do ato que exige que o intérprete se dispa dos próprios preconceitos (o que no caso concreto não ocorreu nas duas instâncias decisórias que firmaram um pressuposto de que os pais estavam reclamando da criança nascida).

Ignorou-se: a época da emissão do consentimento; a finalidade almejada pelo casal; a compreensão da linguagem técnica e a influência da mídia e da publicidade da clínica sobre o poder decisório dos contratantes. Assim, à luz do art. 46, do Código de Defesa do Consumidor, a anulabilidade do contrato de prestação de serviços, bem como termo de consentimento apresentado é manifesta uma vez não foi dada ao casal a oportunidade de tomar conhecimento prévio de seu conteúdo, bem como os termos neles utilizados dificultam a compreensão de seu sentido e alcance.

Dessa forma, as falhas que afetam a integridade do contrato e do consentimento obtido pela clínica, são suficientes para caracterizar falha na prestação do serviço (defeito do serviço), nos termos do art. 14, CDC, e decorrente responsabilização por descumprimento da autodeterminação do paciente e da boa-fé e por descumprimento do dever informativo do médico. "Assim, basta ao paciente comprovar a relação que o fez se vincular a um médico, a inocorrência de consentimento ou a sua deficiência, o dano decorrente, bem como o liame entre a omissão e o referido dano, para exercer sua pretensão indenizatória",[38] o que parece bem evidenciado nos documentos trazidos aos autos, ainda que a instrução probatória não tenha sido a mais completa possível.

5. CONSIDERAÇÕES FINAIS

Ao que parece, não faltou sensibilidade aos pais ao reclamar judicialmente de falha no dever de prestação do serviço contratado para viabilizar seu projeto parental. Faltou sensibilidade às decisões judiciais que desconsideraram por completo a natureza jurídica existencial do contrato firmado; deixaram de analisar os instrumentos apresentados (contrato e termo de consentimento) pela lupa dos contratos de adesão e do Código de Defesa do Consumidor; desconsideram por absoluto a falta de transparência dos instrumentos; e não perceberam a clara desinformação na fase pré-contratual que levou os contratantes a acreditar que estariam a contratar serviço que lhes garantiria a possibilidade de ter um filho saudável (ou "normal").

Note-se, não estavam os pais a reclamar o nascimento da filha com Síndrome de Down e, eventualmente, até poderiam tê-lo feito a partir das *wrongful actions*. Estavam a sustentar que a ausência do dever básico de informação na fase pré-contratual lhes retirou a possibilidade de escolher ou recusar a realização de um exame que impediria a implantação de embriões com doenças genéticas.

É por tudo isso que se conclui pelas imprecisões das decisões analisadas e, mais ainda, pela incompreensão do que significa o dever de informação na fase pré-contratual

---

38. SOARES, Flaviana Rampazzo. **Consentimento do paciente no direito médico**. Indaiatuba: Foco, 2021. p. 236.

e os impactos do seu inadimplemento no próprio termo de consentimento que nada esclarece no caso analisado.

Por fim, é importante lembrar, que os contratos de reprodução humana assistida não podem ser analisados sob o olhar da clássica teoria contratual. A especialidade do objeto não pode ser reduzida às regras tradicionais do inadimplemento. O exame das provas e do próprio instrumento contratual exige maior cautela e rigor, assim como a vulnerabilidade agravada dos contratantes deve ser objeto de cuidadosa análise.

Não é possível reduzir o dever de informação a frases lacunosas que podem adquirir os mais diversos sentidos não só por aquele que redige o contrato, como por aquele que o lê e contrata. E, ainda que se admitisse que os instrumentos trazidos aos autos cumprem o dever de informar, a interpretação deveria ter sido feita em favor dos aderentes, o que de fato não ocorreu.

REFERÊNCIAS

AZEVEDO, Antônio Junqueira de. Natureza jurídica do contrato de consórcio. Classificação dos atos jurídicos quanto ao número de partes e quanto aos efeitos. Os contratos relacionais. A boa-fé nos contratos relacionais. Contratos de duração. Alteração das circunstâncias e onerosidade excessiva. Sinalagma e resolução contratual. Resolução parcial do contrato. Função social do contrato. (Parecer). **Revista dos Tribunais,** São Paulo, v. 832, n. 832, p. 113-137, 2005.

BARBOSA, Fernanda Nunes. **Informação:** direito e dever nas relações de consumo. São Paulo: Ed. RT, 2008.

BASAN, Arthur Pinheiro. O contrato existencial: análise de decisão judicial que assegura a sua aplicação. **Revista Brasileira de Direito Civil,** v. 7, p. 9-28, jan./mar. 2016.

BLAKISTON. **Dicionário médico.** 2. ed. São Paulo: Andrei, 1997.

CARNAÚBA, Daniel Amaral. **Responsabilidade civil e nascimento indesejado.** Fundamentos para a reparação da falha de métodos contraceptivos. Rio de Janeiro: Forense; Método, 2021.

FROENER, Carla; CATALAN, Marcos. **A reprodução humana assistida na sociedade de consume.** Indaiatuba: Foco, 2020.

JUNQUEIRA JUNIOR, Antonio. Diálogos com a doutrina: entrevista com Antonio Junqueira de Azevedo. **Revista Trimestral de Direito Civil,** v. 9, n. 34, p. 299-308, abr./jun. 2008.

LEITE, Eduardo de Oliveira. **Procriações artificiais e o direito:** aspectos médicos, religiosos, psicológicos, éticos e jurídicos. São Paulo: Ed. RT, 1995.

MEIRELLES, Jussara Maria Leal. **Reprodução assistida e exame de DNA:** implicações jurídicas. Curitiba: Genesis, 2004.

MONTEIRO, Juliano Ralo. Savior sibling: limites ao poder familiar? In: GOZZO, Débora (Coord.). **Informação e direitos fundamentais.** A eficácia horizontal das normas constitucionais. São Paulo: Saraiva, 2011.

NEGREIROS, Teresa. **Teoria do contrato:** novos paradigmas. Rio de Janeiro: Renovar, 2002.

PERLINGIERI, Pietro. **Perfis do direito civil:** introdução ao direito civil constitucional. Tradução de Maria Cristina de Cicco. Rio de Janeiro: Renovar, 1999.

PITTELLI, Sergio Domingos. O poder normativo do Conselho Federal de Medicina e o direito constitucional à saúde. **Revista de Direito Sanitário,** v. 3, n. 1, p. 38-59, mar. 2002.

RIBEIRO, Gustavo Pereira Leite. Breve comentário sobre aspectos destacados da reprodução humana assistida. In: SÁ, Maria de Fátima Freire de (Coord.). **Biodireito.** Belo Horizonte: Del Rey, 2002.

SÁ, Maria de Fátima Freire de; NAVES, Bruno Torquato de Oliveira. **Manual de biodireito**. 3. ed. Belo Horizonte: Del Rey, 2015.

SILVA, Nara Liana; DESSEN, Maria Auxiliadora. Síndrome de Down: etiologia, caracterização e impacto na família. **Revista Interação em Psicologia**, n. 6, v. 2, p. 167-176, 2002.

SOARES, Flaviana Rampazzo. **Consentimento do paciente no direito médico**. Indaiatuba: Foco, 2021.

RESPONSABILIDADE CIVIL DAS CLÍNICAS DE REPRODUÇÃO HUMANA ASSISTIDA PELA COMODITIZAÇÃO DE GAMETAS FEMININOS

Mayara Medeiros Royo[1]

Decisão paradigma: BRASIL. Tribunal de Justiça do Estado de Minas Gerais (TJMG). **Apelação Cível nº 1.0000.16.056693-1/004,** 17ª Câmara Cível, relator Des. Luciano Pinto, j. 30 jan. 2020.

Sumário: 1. Caso paradigmático: descrição e notas introdutórias – 2. Panorama normativo: análise da (im)possibilidade legal sobre a comoditização de gametas humanos na sociedade de consumo – 3. Decisão paradigmática brasileira sobre a comoditização de gametas e a responsabilidade civil das clínicas de reprodução humana assistida – 4. Notas conclusivas – Referências.

1. CASO PARADIGMÁTICO: DESCRIÇÃO E NOTAS INTRODUTÓRIAS

O caso paradigmático escolhido para abordar a comoditização de gametas humanos femininos é o acórdão de apelação cível nº 1.0000.16.056693-1/004, proferido em 2020 pela Décima Sétima Câmara Cível do Tribunal de Justiça do Estado de Minas Gerais. Este acórdão se destaca como uma decisão de referência, pois enfrentou diretamente a complexa questão da mercantilização de gametas humanos femininos, tornando-se um marco jurídico essencial para a discussão deste tema delicado e relevante.

Ao analisar o processo, verifica-se que a ação é decorrente do Procedimento Criminal instaurado pelo Ministério Público do Estado de Minas Gerais nº 0024.14.012103-9, para apuração de uma notícia anônima, realizada em meados de 2014 a 2015, de que uma jovem havia sido internada na Maternidade Odete Valadares após complicações secundárias à estimulação hormonal para doação de óvulos,[2] em um Clínica de Reprodução Humana Assistida no Município de Belo Horizonte.

Após algumas diligências, apurou-se que: i) a clínica realizava comercialização velada de óvulos, envolvendo mulheres jovens e universitárias, as quais recebiam R$ 1.000,00 (mil reais) por cada procedimento de estimulação ovariana; e ii) que a relação

---

1. Especialista em Direito Médico pelo Centro Universitário Curitiba – UNICURITIBA. Pós-Graduanda em Direito Previdenciário e Prática Processual pelo Centro Universitário Internacional – UNINTER. Bacharel em Direito pela Universidade Positivo do Positivo – UP. Diretora executiva do grupo de pesquisas "Direito da Saúde e Empresas Médicas" (UNICURITIBA). Secretária da Comissão de Responsabilidade Civil e Membro Relatora da Comissão de Juizados Especiais da OAB/PR (gestão 2022/2024). E-mail: mayaramedeirosroyo@gmail.com. Membro fundadora e integrante da Diretoria como Conselheira Administrativa no Instituto Miguel Kfouri Neto (IMKN). Advogada.
2. A jovem apresentou Síndrome de Hiperestímulo Ovariano, foi admitida no CTI Maternidade Odete Valadares em 16.08.2014 e transferida para internamento e tratamento no Hospital Risoleta Neves, via Central de Leitos, por sintomas de hiperestimulação ovariana, recebendo alta do CTI para a enfermaria no dia 19.08.2014.

entre as partes era formalizada por um contrato de doação voluntária de gametas, com cláusula estabelecendo que o procedimento não tinha caráter lucrativo ou comercial e cláusula prevendo a inexistência de riscos para a saúde geral.

Em razão disso, o Ministério Público ajuizou a ação civil pública em face da Clínica de Reprodução Humana Assistida,[3] pleiteando a concessão de liminar para busca e apreensão de todos os contratos de doação de gameta feminino formalizados pela clínica ré, visando apurar as doações ilegais, além de apreender todo material genético encontrado pelas jovens identificadas no inquérito, impedindo seu uso até o fim da ação. Requereu ainda que a clínica fosse designada como depositária fiel do material genético e impedida de realizar novas captações de óvulos de terceiros até a conclusão do processo.

Além disso, o Ministério Público pleiteou a suspensão das atividades de reprodução assistida heteróloga (doação de gametas por uma terceira pessoa) da clínica ré, devido à violação do Código de Defesa do Consumidor, e a condenação da clínica para destruir, às suas expensas, todo o material genético adquirido ilegalmente. Por fim, requereu a expedição de ofício ao Conselho Federal de Medicina para adoção de medidas éticas e disciplinares cabíveis e a dispensa no pagamento de custas, emolumentos e outros.

Sobreveio decisão indeferindo a tutela de urgência, a qual foi objeto de agravo de instrumento, cuja decisão foi mantida incólume pelo Tribunal de Justiça do Estado de Minas Gerais.

Em sua defesa, a clínica de reprodução humana assistida argumenta preliminarmente a ilegitimidade ativa e a falta de interesse de agir do órgão ministerial, alegando a inexistência de direitos transindividuais, coletivos, difusos, individuais homogêneos e indisponíveis. Defende a legalidade na doação de gametas conforme a Resolução do CFM nº 2.013/2013, vigente à época, e que os contratos de doação baseados na Resolução do CFM nº 1.957/2010, revogada pela Resolução nº 2.013/2013, não causaram prejuízos às partes, terceiros ou à saúde pública. Que a probabilidade de riscos à saúde no procedimento de reprodução humana assistida heteróloga é mínima, que houve prestação das devidas orientações às doadoras, e que a doação foi realizada de forma voluntária, sem remuneração. Por fim, sustenta a inaplicabilidade do Código de Defesa do Consumidor ao caso.

Encerrada a instrução, sobreveio sentença de parcial procedência dos pedidos, rejeitando a preliminar de ilegitimidade ativa do Ministério Público, frente aos direitos difusos e coletivos indisponíveis, valores máximos da sociedade, diante do quadro fático arguido e das normas aplicáveis ao caso.

Ainda, a sentença determinou a incidência do Código de Defesa do Consumidor[4] e impôs a suspensão das atividades da clínica ré no que se refere à reprodução assistida he-

---

3. Considerando que o processo está resguardado sob o sigilo processual, foi necessário preservar a confidencialidade das partes envolvidas. Portanto, ao longo deste artigo, as partes processuais não serão identificadas, limitando-se a eles de forma genérica, como: Ministério Público, *Parquet*, clínica de reprodução humana assistida ou clínica ré, mulheres, jovens universitárias etc.

4. Na sentença, o juiz considerou que a clínica prestava serviços médicos visando atender aos interesses daqueles que se submeteram ao tratamento e demais procedimentos para alcançar a efetividade na reprodução assistida,

teróloga, devido à doação de gametas de terceiros. Ordenou que a clínica se abstivesse de utilizar qualquer material genético colhido das jovens universitárias, por serem obtidos por meios ilegais e antiéticos, e procedesse à destruição desse material, às suas próprias custas. Que a clínica deve seguir os protocolos pertinentes e comprovar a destruição ou inexistência do material nos autos, no prazo de quinze dias, sob pena de multa diária de R$ 30.000,00, limitada a R$ 1.500.000,00, para cada obrigação.

Por fim, a sentença também rejeitou o pedido de expedição de ofício ao Conselho Federal de Medicina, reconhecendo a independência das instâncias cíveis e administrativas, e condenou a ré ao pagamento das custas e despesas processuais.

Irresignados, tanto o Ministério Público quanto a clínica ré interpuseram recursos de apelação. O órgão ministerial pleiteou pela suspensão das atividades da clínica, no que diz respeito aos serviços de reprodução humana assistida heteróloga realizados pela clínica e pela destruição dos materiais genéticos provenientes de tais atividades, não só com relação às jovens relatadas nos autos. Já a ré reiterou, em sede preliminar, a ilegitimidade ativa do *Parquet* e, no mérito, alegou que não houve remuneração pela doação dos óvulos e os riscos do procedimento foram informados às jovens doadoras.

Os recursos foram julgados em 2020 pela Décima Sétima Câmara Cível do Tribunal de Justiça do Estado de Minas Gerais, sob relatoria do Desembargador Luciano Pinto. Por unanimidade de votos, deu-se provimento ao recurso interposto pelo Ministério Público, para determinar a suspensão das atividades da clínica, em relação a todas as atividades relacionadas à reprodução assistida com gametas femininos de terceiras pessoas (heteróloga), promovendo, assim, a destruição dos materiais genéticos provenientes de tais atividades. Ademais, negou-se provimento ao recurso da ré, condenando-a ao pagamento das custas e despesas processuais.

No que concerne à reprodução humana assistida heteróloga, a Câmara entendeu que foi devidamente comprovada a remuneração das doações de óvulos e que a compra era uma conduta recorrente da clínica. Ainda, entendeu-se que as doações não foram realizadas de forma altruísta, mas sim com caráter comercial, o que viola a resolução do Conselho Federal de Medicina (Resolução nº 2013/2013, vigente à época dos fatos), que veda a doação de gametas com fins lucrativos ou comerciais. Entenderam ainda que a ilegalidade se estendeu para além das doações realizadas pelas pacientes relatadas nos autos.

Em face do acórdão, a clínica ré interpôs o Recurso Especial 1827457/MG, que não foi conhecido. Posteriormente, continuou recorrendo da decisão da Corte Superior através do recurso de Agravo Interno nos EDcl no Agravo em Recurso Especial nº 1.827.457/MG, entretanto, foi negado provimento ao recurso e o acórdão transitou em julgado em 19 de abril de 2024.

---

incluindo os doadores de gametas. Que não se mostra desarrazoado o argumento de que a captação de óvulos é um meio para concretizar a relação de consumo entre a clínica e o destinatário final dos gametas, visando a reprodução assistida. Nesse sentido, o juízo entendeu pela incidência do Código de Defesa do Consumidor no caso em questão, bem como pela aplicação dos artigos 6º e 31 do CDC, em face da natureza do serviço e das alegações de perigo ou nocividade de produtos e serviços relacionados ao caso.

Diante desse contexto do julgado paradigma e da problemática exposta, o presente artigo busca investigar questões fundamentais sobre a temática. Utilizando o método dedutivo e à luz do caso julgado pelo Tribunal de Justiça de Minas Gerais, a análise se concentra em duas questões principais. Primeiramente, foi investigada a viabilidade da comoditização de gametas femininos no atual cenário normativo brasileiro. Em seguida, o objetivo é identificar a forma de apuração da responsabilidade civil das clínicas de reprodução humana assistida diante dessa prática, especialmente à luz do Decreto nº 9.175/2017, que regulamenta a Lei de Transplantes nº 9.434/1997. Ao explorar esses temas, o presente artigo se propõe a contribuir para um debate informado e embasado sobre a comoditização de gametas.

2. PANORAMA NORMATIVO: ANÁLISE DA (IM)POSSIBILIDADE LEGAL SOBRE A COMODITIZAÇÃO DE GAMETAS HUMANOS NA SOCIEDADE DE CONSUMO

A comoditização[5] é um processo de transformação pelo qual bens (materiais e imateriais), serviços, relações sociais e dentre outros, que não eram considerados comerciais, passam a ser transformados em mercadorias. A comoditização não é uma característica intrínseca desses bens ou serviços, mas sim um aspecto fundamental da economia de mercado e do capitalismo. Em outras palavras, é uma construção social e histórica influenciada por fatores políticos, econômicos e culturais, podendo ser aplicada às mais diversas áreas, como: cultura, música, aos lugares, recursos naturais, tradições, educação, religião, emoções, a saúde, parte do corpo, dentre outros.[6]

Na sociedade de consumo, Zygmunt Bauman, sociólogo polonês, argumenta que a comoditização dos consumidores é uma de suas principais características, ainda que disfarçada e encoberta. Que o objetivo crucial do consumo não é a satisfação de necessidades, desejos e vontades, mas sim a comoditização do consumidor, elevando sua condição à de mercadorias vendáveis.[7]

No mesmo sentido, o filósofo Byung-Chul Han aprofunda essa visão crítica ao afirmar que, no capitalismo da informação, a mercantilização atinge níveis ainda mais profundos e abrangentes. Ele destaca que o capitalismo contemporâneo não se contenta apenas em transformar bens materiais em mercadorias, mas também imateriais, como as relações humanas e até mesmo a própria cultura.[8]

Nesse ponto de vista, o referido filósofo esclarece que até mesmo a vida íntima e pessoal é convertida em *commodity*, refletindo uma sociedade onde tudo pode ser comer-

---

5. Comoditização ou comodificação são considerados sinônimos.
6. BECK, Ceres Grehs. CUNHA, Luis Henrique Hermínio. As múltiplas faces da comodificação e a constituição da crítica acerca das práticas de consumo contemporâneas. **Revistas Ciências Sociais Unisinos**, São Leopoldo, v. 53, n. 1, p. 136-147, jan./abr. 2017. https://doi.org/10.4013/csu.2017.53.1.14. p. 137.
7. BAUMAN, Zygmunt. **Vida para consumo**: a transformação das pessoas em mercadorias. Trad. Carlos Alberto Medeiros. Rio de Janeiro: Zahar, 2008. p. 20.
8. HAN, Byung-Chul. **Não Coisas**: reviravoltas do mundo da vida. Trad. Rafael Rodrigues Garcia. Petrópolis/RJ: Vozes, 2022. p. 38-39.

cializado. Han critica a desumanização que resulta desse processo, evidenciando como o mercado invade todas as esferas da vida, apagando a distinção entre o valor intrínseco das coisas (inerente à sua própria natureza e independente de fatores econômicos) e seu valor comercial (preço no mercado).[9]

Partindo dessas análises conceituais, sociológicas e filosóficas, percebe-se que o processo de comoditização também pode ser aplicado na área médica e da saúde, estendendo-se para a reprodução humana assistida e até mesmo para o próprio corpo humano, ou partes dele, como os gametas (espermatozoides e óvulos).

No que se refere aos gametas, é importante esclarecer que são definidos como células sexuais, produzidos por organismos e necessários para a reprodução por fecundação. Nos seres humanos, o gameta masculino é denominado espermatozoide, célula que caminha por meio de um flagelo; já o gameta feminino é denominado como óvulo ou ovócito, e é uma célula que se desprende do ovário e vai à tuba uterina para ali ser (ou não) fecundado pelo espermatozoide.[10] E a transformação de elementos tão íntimos e fundamentais da vida humana em mercadorias ilustra a profundidade com que o capitalismo penetra em todas as esferas da existência, levantando questões éticas e legais sobre os limites dessa mercantilização.

Ao realizar uma investigação do processo histórico e hermenêutico de elaboração do § 4º, do artigo 199, da Constituição Federal,[11] Lucas Oliveira Costa afirma que gametas se enquadram como "substâncias humanas", um comando definitivo generalista, com o intuito de proibir qualquer tipo de comercialização de órgãos, tecidos, sangue e outras substâncias de origem humana, estando os gametas inseridos no escopo da proibição.[12]

O autor esclarece ainda, que entender a definição é essencial para compreender não apenas o papel biológico dos gametas, mas também sua relevância em questões legais e éticas, especialmente em contextos que envolvem sua manipulação, armazenamento e uso em tratamentos de reprodução assistida.[13]

---

9. HAN, Byung-Chul. **Não Coisas**: reviravoltas do mundo da vida. Trad. Rafael Rodrigues Garcia. Petrópolis/RJ: Vozes, 2022. p. 38-39.

10. SILVA, Carlos Roberto Lyra. SILVA, Roberto Carlos Lyra. VIANA, Dirce Laplaca. **Livro** – Compacto Dicionário Ilustrado de Saúde. 2. ed. São Caetano do Sul/SP: Yendis: 2007. p. 301, 360 e 577.

11. Art. 199. A assistência à saúde é livre à iniciativa privada.

   [...]

   § 4º A lei disporá sobre as condições e os requisitos que facilitem a remoção de órgãos, tecidos e substâncias humanas para fins de transplante, pesquisa e tratamento, bem como a coleta, processamento e transfusão de sangue e seus derivados, sendo vedado todo tipo de comercialização. **BRASIL**. **Constituição da República Federativa do Brasil de 1988**. Disponível em: https://www.planalto.gov.br/ccivil_03/constituicao/constituicao. htm. Acesso em: 27 maio 2024.

12. OLIVEIRA, Lucas Costa. **Gametas como mercadorias**: a superação dos desafios éticos-jurídicos da comodificação de gametas humanos. Tese de Doutorado (Doutorado em Direito e Interdisciplinaridade). Universidade Federal de Minas Gerais, Belo Horizonte, 2021. p. 37.

13. OLIVEIRA, Lucas Costa. **Gametas como mercadorias**: a superação dos desafios éticos-jurídicos da comodificação de gametas humanos. Tese de Doutorado (Doutorado em Direito e Interdisciplinaridade). Universidade Federal de Minas Gerais, Belo Horizonte, 2021. p. 37-43.

Na linha de transformar o próprio corpo humano em mercadoria, a comoditização de gametas humanos nada mais é do que a transformação de espermatozoides e óvulos em mercadorias a serem vendidas e compradas no mercado de consumo. Esse processo de comoditização dos gametas humanos é uma questão controversa, que coloca em xeque questões éticas e morais, como a objetificação[14] do ser humano, que pode levar a problemas sociais e legais, tais como: exploração de pessoas vulneráveis, aumento da desigualdade econômica, falta de regulamentação adequada, filiação e sua regulação, transmissão do nome, herança, dentre outros.[15]

No entanto, trata-se de um tema que precisa ser enfrentado, em especial na seara da reprodução humana assistida, pois há uma grande demanda por óvulos e espermatozoides, em razão do aumento da infertilidade na sociedade, sendo, inclusive, considerado um problema de saúde global. Segundo a Organização Mundial da Saúde (OMS), cerca de 17,5% da população adulta, o que equivale a 1 em cada 6 pessoas em todo o mundo, sofre de infertilidade.[16] No Brasil, a Sociedade Brasileira de Reprodução Assistida (SBRA) aponta que aproximadamente 8 milhões de pessoas podem ser inférteis.[17]

Portanto, em um contexto no qual há oferta e demanda e, tendo em vista o caso paradigmático – de uma jovem universitária que se submeteu a um procedimento de estimulação ovariana e comercializou seus óvulos por R$ 1.000,00 (mil reais) –, questiona-se: seria possível, no atual cenário normativo brasileiro, a comoditização de gametas humanos, particularmente, dos gametas femininos?[18]

Embora, a primeira bebê de proveta no Brasil, tenha nascido em 7 de outubro de 1984,[19] e os ciclos[20] de fertilização *in vitro* estejam em ascensão, com realização

---

14. OLIVEIRA, Lucas Costa. **Gametas como mercadorias**: a superação dos desafios éticos-jurídicos da comodificação de gametas humanos. Tese de Doutorado (Doutorado em Direito e Interdisciplinaridade). Universidade Federal de Minas Gerais, Belo Horizonte, 2021. p. 225-230.

15. Corrêa MV, Loyola MA. Novas tecnologias reprodutivas: novas estratégias de reprodução? **Physis**: Revista de Saúde Coletiva, Rio de Janeiro, v. 9, n. 1, p. 209-234. https://doi.org/10.1590/S0103-73311999000100009. p. 221.

16. Organización Mundial de la Salud. Infertilidad. Disponível em: https://news.un.org/pt/story/2023/04/1812312. Acesso em: 27 maio 2024.

17. Associação Brasileira de Reprodução Assistida – **SBRA**. Movimento fertilidade. Disponível em: https://sbra.com.br/fertilidade-o-tempo-nao-para/. Acesso em: 27 maio 2024.

18. O recorte quanto aos gametas femininos, se fez necessário, em razão de que, para ser realizada a captação de óvulos, é necessária a estimulação hormonal por meio de medicamentos que podem gerar efeitos colaterais a mulher, diferentemente, dos gametas masculinos, que Marilena V. Corrêa e Maria Andréa Loyola, ponderam que a hiperestimulação hormonal podem gerar complicações, desde a formação de cistos, hipertrofia ovariana à distensão abdominal, diarreia, vomito, ascite, hidrotórax, dentre outras. Corrêa MV, Loyola MA. Novas tecnologias reprodutivas: novas estratégias de reprodução? **Physis**: revista de Saúde Coletiva, Rio de Janeiro, v. 9, n. 1, p. 209-234. Disponível em: https://doi.org/10.1590/S0103-73311999000100009. p. 211-2018.

19. Anna Paula Caldeira, primeiro bebê a nascer a partir de uma fertilização in vitro (FIV) no Brasil e na América Latina, apenas seis anos após o primeiro bebê de proveta do mundo, a inglesa Lousi Brown. Disponível em: https://oglobo.globo.com/saude/o-globo-90-anos-em-1984-nascia-primeiro-bebe-de-proveta-no-brasil-16616047. Acesso em: 27 maio 2024.

20. De acordo com a Anvisa, considera-se ciclo realizado a fertilização em vitro os procedimentos médicos nos quais a mulher é submetida à produção (estímulo ovariano) e retirada de oócito para realizar a reprodução humana assistida (RHA). Disponível em: https://www.gov.br/anvisa/pt-br/assuntos/noticias-anvisa/2022/divulgado-relatorio-sobre-fertilizacao-in-vitro-no-pais-nos-anos-de-2020-e-2021. Acesso em: 05 ago. 2024.

de 29.318 ciclos em 2022,[21] constata-se que, o arcabouço normativo pátrio carece de uma lei específica para regulamentar a prática de reprodução humana assistida, e quiçá, especificamente, sobre a compra e venda de gametas femininos, seja para a sua vedação ou permissão, tendo por consequência uma insegurança jurídica por tais práticas.

Atualmente, existem vinte e um projetos de lei[22] que buscam, de alguma forma, regulamentar as técnicas de reprodução humana assistida. Dentre estes projetos, há um específico, o Projeto de Lei nº 1184/2003 (PL 1184/2003), apresentado no dia 3 de junho de 2003, que avançou significativamente no debate legislativo, tramitando no Senado Federal e tem atualmente os demais vinte projetos de lei apensados a ele. O referido projeto dispõe sobre a reprodução assistida e define normas para a realização de inseminação artificial e fertilização *in vitro*, e pretende estabelecer a vedação legal da comercialização de gametas no artigo 7º, mas não estabelece nenhuma forma de penalidade para quem o praticar.[23]

Partindo dessa premissa, de ausência de legislação específica, identifica-se um emaranhado de normas que versam direta ou indiretamente sobre a disposição do corpo humano ou parte deles, sendo elas, a Constituição da República Federativa do Brasil de 1988, o Código Civil (Lei nº 10.406/2002), a Lei de Remoção de Órgãos, Tecidos e partes do Corpo Humano para fins de Transplante e Tratamento (Lei nº 9.434/1997), e a Lei de Biossegurança (Lei nº 11.105/2005).

No que concerne à comercialização do corpo humano, suas partes separadas como órgãos, tecidos e substâncias humanas, a Constituição da República de 1988, estabelece a sua vedação, conforme se verifica no dispositivo adiante descrito:

> Art. 199. A assistência à saúde é livre à iniciativa privada.
>
> [...]
>
> § 4º A lei disporá sobre as condições e os requisitos que facilitem a remoção de órgãos, tecidos e substâncias humanas para fins de transplante, pesquisa e tratamento, bem como a coleta, processamento e transfusão de sangue e seus derivados, sendo vedado todo tipo de comercialização.[24]

Embora haja uma vedação constitucional sobre a comercialização, Lucas Costa de Oliveira, ao enfrentar a temática, argumenta que, ao se partir de uma interpretação ampla e generalista do texto constitucional, acaba-se por "ocasionar a ilegalidade da

---

21. Gov.br. Sistema Nacional de Produção de Embriões – SisEmbrio. Disponível em: https://www.gov.br/anvisa/pt-br/acessoainformacao/dadosabertos/informacoes-analiticas/sisembrio. Acesso em: 27 maio 2024.

22. PL 120/2003, PL 1135/2003, PL 1184/2004, PL 2061/2003, PL 4686/2004, PL 4889/2005, PL 5624/2005, PL 3067/2008, PL 7701/2010, PL 3977/2012, PL 4892/2012, PL 115/2015, PL 7591/2017, PL 9403/2017, PL 5768/2019, PL 1218/2020, PL 4178/2020, PL 299/2021, PL 3461/2021, PL 3996/2021, e PL 4224/2023.

23. O projeto está aguardando parecer do relator na Comissão de Constituição e Justiça e de Cidadania (CCJC). Disponível em: https://www.camara.leg.br/proposicoesWeb/fichadetramitacao?idProposicao=118275. Acesso em: 27 maio 2024.

24. **BRASIL. Constituição da República Federativa do Brasil de 1988**. Disponível em: https://www.planalto.gov.br/ccivil_03/constituicao/constituicao.htm. Acesso em: 27 maio 2024.

venda de materiais menos complexos, como na compra e venda de cabelos humanos, prática consolidada no mercado brasileiro e que não gera discussões éticas ou jurídicas".[25]

Entretanto, o autor aponta que a extensão da proibição de comercialização prevista no texto constitucional não é clara e necessita de uma postura ativa do intérprete para a aferição do seu sentido. Inclusive, destaca o posicionamento do Supremo Tribunal Federal, no julgamento da Ação Direta de Inconstitucionalidade nº 3.512-6/ES,[26] que aplicou uma interpretação restritiva ao que se entende por comercialização, dando margem para estabelecer benefícios indiretos para diferentes práticas que se pretenda incentivar, desde que ausente a finalidade lucrativa.[27]

Sobre a finalidade lucrativa e os benefícios indiretos, convém esclarecer que a finalidade lucrativa se refere ao objetivo principal de um serviço/produto para a empresa, qual seja, a de gerar lucro para seus proprietários ou acionistas. Em contrapartida, os benefícios indiretos podem incluir vantagens não financeiras, como a melhoria da imagem institucional, aumento da visibilidade da marca, fortalecimento das relações comunitárias, bem com incentivos fiscais, previdenciários e trabalhistas. Embora não resultem em lucro direto, esses benefícios viabilizam o desenvolvimento sustentável e a responsabilidade social corporativa, permitindo que as empresas obtenham retorno positivo de suas ações.

Já no Código Civil, a disposição do próprio corpo está prevista no Capítulo II, que trata sobre os direitos de personalidade, particularmente, nos artigos 13 e 14,[28] os quais estabelecem, que é vedada a disposição do próprio corpo, quando importar diminuição permanente da integridade física, ou contrariar os bons costumes, admitido para fins de transplantes conforme norma específica. Ainda, estabelece como válida a disposição gratuita do próprio corpo, no todo ou em parte, após a morte, para fins científicos.

No entanto, a crítica à normatização pelo referido Código é que ele não estabelece quais partes do corpo podem ser dispostas quando isso não implica diminuição ou contraria os bons costumes, não ficando claro se isso se aplicaria ou não aos gametas.

---

25. OLIVEIRA, Lucas Costa. **Gametas como mercadorias**: a superação dos desafios éticos-jurídicos da comodificação de gametas humanos. Tese de Doutorado (Doutorado em Direito e Interdisciplinaridade). Universidade Federal de Minas Gerais, Belo Horizonte, 2021. p. 42.

26. Na ação direta de inconstitucionalidade nº 3.512-6/ES, o STF decidiu a constitucionalidade Lei nº 7.737/2004, editada pela Assembleia Legislativa do Estado do Espírito Santo, instituída para conceder o benefício de meia entrada para doadores regulares de sangue, em todos os locas locais públicos de esporte, cultura e lazer mantidos pelas entidades e órgãos da administração direta e indireta do Estado do Espírito Santo. Em síntese, a ação foi julgada improcedente por maioria de votos, e quanto à alegação de comercialização de sangue, entenderam que não constitui uma forma de comercialização, mas sim um estímulo para doadores, em que o estado pode atuar, conforme o chamado domínio econômico com indução. **BRASIL**. Supremo Tribunal Federal. **Ação Direta de Inconstitucionalidade n. 3.512-6/ES**. Relator: Min. Eros Grau. Julgado em 15 fev. 2006, p. 93-94. Disponível em: https://redir.stf.jus.br/paginadorpub/paginador.jsp?docTP=AC&docID=363387. Acesso em: 27 maio 2024.

27. OLIVEIRA, Lucas Costa. **Gametas como mercadorias**: a superação dos desafios éticos-jurídicos da comodificação de gametas humanos. Tese de Doutorado (Doutorado em Direito e Interdisciplinaridade). Universidade Federal de Minas Gerais, Belo Horizonte, 2021. p. 43-48.

28. **BRASIL. Lei nº 10.406, de janeiro de 2002**. Institui o Código Civil. Disponível em: https://www.planalto.gov.br/ccivil_03/leis/2002/l10406compilada.htm. Acesso em: 27 maio 2024.

Ainda, no que concerne à comercialização de gametas, Lucas Costas de Oliveira argumenta que as características que mais impactam essa prática, à luz do Código Civil, são a indisponibilidade e a extrapatrimonialidade.

A indisponibilidade refere-se à impossibilidade de venda do corpo humano ou de partes dele, enquanto a extrapatrimonialidade indica que os direitos da personalidade não podem ser avaliados economicamente, pois estão ligados à própria pessoa e não ao seu patrimônio. O autor argumenta que, como já é permitida a doação altruística de gametas, não há motivo para proibir a venda com base na indisponibilidade do corpo humano, pois a questão central seria a disposição econômica desses materiais.[29]

Quanto às legislações esparsas, a Lei nº 9.434/1997 dispõe sobre a remoção de órgãos, tecidos e partes do corpo humano para fins de transplante e tratamento e dá outras providências, criminaliza no artigo 15, *caput e* parágrafo único, a compra e venda de tecidos, órgãos ou partes do corpo humano, e fixa uma pena de reclusão de três a oito anos, e multa de 200 (trezenos reais) a 300 (duzentos reais) dias-multa, para quem compra e vende, promove, intermedeia, facilita ou aufere qualquer vantagem com a transação.

Todavia, o Decreto nº 9.175/2017,[30] que regulamenta a referida Lei nº 9.434/1997, estabelece em seu artigo 1º, parágrafo único, que o sangue, o esperma e o óvulo não estão incluídos na definição de órgãos, tecidos e células que podem ser doados para transplantes, enxertos ou outras finalidades terapêuticas de forma gratuita e anônima. Portanto, não especifica uma proibição quanto à disposição desses elementos de forma remunerada, o que eventualmente pode dar margem a sua disposição econômica.[31]

A Lei de Biossegurança nº 11.105/2005 também veda, em seu artigo 5º, § 5º, a comercialização do material biológico para fins de fertilização *in vitro*, para pesquisa e terapia, considerando tal prática como crime conforme o artigo 15 da Lei de Transplantes.

Além disso, é importante mencionar que a regulação das pesquisas clínicas é basicamente realizada por meio de atos infralegais, em especial com base em resoluções publicadas pelo Conselho Federal de Medicina – CFM, autarquia federal criada pela Lei nº 3.268/1957, dotada de personalidade jurídica de direito público, com autonomia administrativa e financeira,[32] que ao passar dos anos, busca estabelecer normas éticas para regulamentar a matéria.

---

29. OLIVEIRA, Lucas Costa. **Gametas como mercadorias**: a superação dos desafios éticos-jurídicos da comodificação de gametas humanos. Tese de Doutorado (Doutorado em Direito e Interdisciplinaridade). Universidade Federal de Minas Gerais, Belo Horizonte, 2021. p. 51.

30. **Brasil. Decreto nº 9.175, de outubro de 2017**. Regulamenta a Lei nº 9.434, de 4 de fevereiro de 1997, para tratar da disposição de órgãos, tecidos, células e partes do corpo humano para fins de transplante e tratamento. Disponível em: https://www.planalto.gov.br/ccivil_03/_ato2015-2018/2017/decreto/d9175.htm. Acesso em: 27 maio 2024.

31. **BRASIL. Lei nº 9.434, de 4 de fevereiro de 1997**. Dispõe sobre a remoção de órgãos, tecidos e partes do corpo humano para fins de transplante e tratamento. Disponível em: http://www.planalto.gov.br/ccivil_03/leis/l9434.htm. Acesso em: 27 maio 2024.

32. **BRASIL. Lei nº 3.268, de 30 de setembro de 1957**. Dispõe sobre os Conselhos de Medicina, e dá outras providências. Disponível em: https://www.planalto.gov.br/ccivil_03/leis/l3268.htm. Acesso em: 27 maio 2024.

Atualmente, encontra-se em vigor a Resolução CFM n° 2.320/2022, que veda expressamente o caráter lucrativo e comercial de gametas ou embriões no item 1 do Capítulo IV, não obstante, permita a doação compartilhada de oócitos em reprodução humana assistida (IV-8).[33]

Todavia, por se tratar de ato infralegal, muito se questiona sobre a força normativa das resoluções proferidas pelo Conselho Federal de Medicina. Bruno Torquato de Oliveira Naves e Maria de Fátima Freire de Sá, argumentam que uma resolução não pode inovar originariamente a ordem jurídica e não criam o Direito, mas podem regulamentar o exercício da profissão médica, podendo servir como parâmetro interpretativo, até porque a reprodução humana assistida é uma realidade e sua evolução vem impactando o Direito, obrigando-o a pensar acerca da abrangência e dos limites das novas situações que outrora se apresentam.[34]

Portanto, o Conselho Federal de Medicina está subordinado à lei, não podendo atuar *contra* ou *ultra legem,* e suas resoluções carecem de legalidade *stricto sensu*, pois não são oriundas do processo legislativo.[35]

Diante disso, consta-se que, além de carecer de uma legislação específica que regulamente a reprodução humana assistida e a comoditização de gametas no Brasil, há também posicionamentos doutrinários contrários ao uso comercial do corpo humano e dos elementos corpóreos (incluindo-se, neste rol, os gametas femininos), não obstante o Decreto n° 9.175/2017 que regulamente a Lei n° 9.434/1997, seja omissa quanto a vedação de forma remunerada dos espermas e dos óvulos.

3. DECISÃO PARADIGMÁTICA BRASILEIRA SOBRE A COMODITIZAÇÃO DE GAMETAS E A RESPONSABILIDADE CIVIL DAS CLÍNICAS DE REPRODUÇÃO HUMANA ASSISTIDA

No acórdão do TJMG, utilizou-se como base para análise da problemática apenas a Resolução CFM n° 2013/2013, vigente à época dos fatos, que previa, assim como a atual, que a doação de gametas não pode ter caráter lucrativo e comercial. Como já

---

33. "É permitida a doação voluntária de gametas, bem como a situação identificada como doação compartilhada de oócitos em reprodução assistida, em que doadora e receptora compartilham tanto do material biológico quanto dos custos financeiros que envolvem o procedimento". **BRASIL**. Conselho Federal de Medicina. **Resolução CFM n° 2.320, de 20 de setembro de 2022**. Adota normas éticas para a utilização de técnicas de reprodução assistida –sempre em defesa do aperfeiçoamento das práticas e da observância aos princípios éticos e bioéticos que ajudam a trazer maior segurança e eficácia a tratamentos e procedimentos médicos, tornando-se o dispositivo deontológico a ser seguido pelos médicos brasileiros e revogando a Resolução CFM n° 2.294, publicada no Diário Oficial da União de 15 de junho de 2021, Seção I, p. 60. Disponível em: https://sistemas.cfm.org.br/normas/visualizar/resolucoes/BR/2022/2320. Acesso em: 27 maio 2024.

34. OLIVEIRA NAVES, Bruno Torquato de; FREIRE DE SA, Maria de Fátima. Panorama bioético e jurídico da reprodução humana assistida no Brasil. **Rev. Bioética y Derecho**, Barcelona, n. 34, p. 64-80, 2015. Disponível em: http://scielo.isciii.es/scielo.php?script=sci_arttext&pid=S1886-58872015000200007&lng=es&nrm=iso. Acesso em: 27 maio 2024. https://dx.doi.org/10.1344/rbd2015.34.12067.

35. OLIVEIRA, Lucas Costa. **Gametas como mercadorias**: a superação dos desafios éticos-jurídicos da comodificação de gametas humanos. Tese de Doutorado (Doutorado em Direito e Interdisciplinaridade). Universidade Federal de Minas Gerais, Belo Horizonte, 2021. p. 55.

mencionado, verificou-se que a clínica ré realizava um procedimento padronizado com jovens doadoras, mediante remuneração (R$ 1.000,00 por doação), pagamento este que muitas vezes era denominado como ajuda de custo, mas que, na verdade, consistia no real estímulo para se submeterem ao procedimento.

Além disso, entendeu-se que a conduta ilícita se estendeu para além das "doações" realizadas pelas jovens indicadas nos autos, razão pela qual determinou-se a suspensão de todas as atividades de reprodução humana assistida com gametas de terceiros, determinando a destruição dos materiais genéticos provenientes de tais atividades.

Observa-se que, apesar de o Tribunal ter enfrentado sobre a mercantilização dos gametas, esta ocorreu de forma tangencial, tomando como base apenas as normas infralegais do Conselho Federal de Medicina, e não abordou a questão sob um viés civil-constitucional, tampouco mencionou as legislações esparsas relacionadas ao tema.

Analisando a problemática pela ótica do civil-constitucional, verifica-se que uma das questões gira em torno da invalidade do negócio jurídico (artigo 166, inciso II e VII, do Código Civil[36]) firmado entre a clínica de reprodução humana assistida e às jovens, tendo em vista que a Constituição Federal proíbe a comercialização de gametas em seu artigo 199, § 4º, o que poderia tornar esses contratos nulos ou anuláveis, o que não foi enfrentado no acórdão paradigma.

Sobre a teoria da invalidade do negócio jurídico, os professores Cristiano Chaves de Farias, Felipe Braga Netto e Nelson Rosenvald definem-na como "um fato jurídico que existe, porém, em maior ou menor grau, está em choque com a ordem jurídica. Esse choque decorre de causas anteriores ou contemporâneas à prática do negócio jurídico".[37] Ainda, os autores esclarecem que negócios jurídicos são nulos ou anuláveis, fazendo as seguintes distinções:

> Nulo é a espécie de invalidade mais grave, aquela que, em regra, ofende preceitos de ordem pública, considerados essenciais à sociedade. Já pudemos estudar que a validade do negócio jurídico requer: I – agente capaz; II – objeto lícito, possível, determinado ou determinável; III – forma prescrita ou não defesa em lei (Código Civil, art. 104). Sem a observância desses requisitos de validade, teremos um negócio inválido, sancionado, segundo o art. 166 do mesmo Código, com a nulidade. É nulo, por exemplo, o negócio jurídico com objeto ilícito.[38]

---

36. "Art. 166. É nulo o negócio jurídico quando:
   [...]
   II – for ilícito, impossível ou indeterminável o seu objeto;
   [...]
   VII – a lei taxativamente o declarar nulo, ou proibir-lhe a prática, sem cominar sanção."
   BRASIL. Lei nº 10.406, de janeiro de 2002. Institui o Código Civil. Disponível em: https://www.planalto.gov.br/ccivil_03/leis/2002/l10406compilada.htm. Acesso em: 27.05.2024

37. FARIAS, Cristiano Chaves de; BRAGA NETTO, Felipe; ROSENVALD, Nelson. **Manual de Direito Civil**. Volume único. 8. ed. rev. atual. e ampl. São Paulo: JusPodivm, 2023. p. 435.

38. FARIAS, Cristiano Chaves de; BRAGA NETTO, Felipe; ROSENVALD, Nelson. **Manual de Direito Civil**. Volume único. 8. ed. rev. atual. e ampl. São Paulo: JusPodivm, 2023. p. 436.

Anulável é a espécie de invalidade menos grave, aquela que, segundo a visão tradicional – adiante criticada – atinge interesses particulares, ofende apenas a conveniência das partes. Já percebemos que a invalidade é um gênero que comporta duas espécies. Os primeiros, nulos, são invalidades mais graves. Já os segundos, anuláveis, são invalidades menos graves.[39]

Seguindo nessa linha, Lucas Costa de Oliveira destaca algumas reflexões sobre a dificuldade da aplicação dessa teoria às situações jurídicas que não são estritamente patrimoniais, como é o caso de uma comercialização de gametas. Nesse sentido, argumenta que:

> Uma vez celebrado um contrato de compra e venda de gametas, caso corresponda a um negócio nulo, a consequência seria a desconstituição do negócio jurídico e o retorno ao *status quo ante*. Não obstante, em relação à transferência onerosa de gametas, de que maneira isso seria possível? Se os gametas vendidos tiverem sido criopreservados *in natura*, seria possível transferir a titularidade novamente ao vendedor, com a devolução do pagamento ao comprador. Por outro lado, se os gametas já tiverem sido utilizados para a formação de um embrião *in vitro*, a devolução seria inviável, uma vez estar fundido de maneira indissociável a outro gameta. Impor a destruição do embrião como consequência de um negócio jurídico nulo parece configurar um exercício abusivo de direito – portanto, um ato ilícito.[40]

Na visão do autor, embora o ato jurídico seja considerado nulo por se tratar de objeto ilícito, ele produziu os efeitos desejados pelas partes, que não podem ser apagados do mundo jurídico devido à sua irreversibilidade. Nesse sentido, esclarece que há uma dificuldade em aplicar a teoria das invalidades do negócio jurídico a situações que não são estritamente patrimoniais. O autor critica a determinação de destruição dos materiais provenientes da comercialização de gametas, pois isso pode configurar um exercício abusivo do direito, já que envolve questões físicas, emocionais, éticas e legais, incluindo o descarte de embriões como exemplo dessas complexidades.[41]

Em razão disso, a declaração de nulidade nesses tipos de negócio jurídico seria relevante para fins de apuração da responsabilidade civil da clínica e dos médicos. No que concerne à forma de apuração da responsabilidade civil pela comercialização de gametas femininos, embora não tenha sido objeto de discussão nos autos, cabe mencionar que o *Parquet* ajuizou nova ação civil pública decorrente dos mesmo fatos, em face da mesma clínica, pleiteando a sua condenação em danos morais coletivos, no valor de R$ 200.000,00 (duzentos mil reais), em razão da contratação de mulheres jovens, vulneráveis, para o fornecimento de óvulos de forma irregular e antiética com a destinação do valor ao Fundo Municipal de Saúde, e pleiteou a suspensão das atividades no que concerne

---

39. FARIAS, Cristiano Chaves de; BRAGA NETTO, Felipe; ROSENVALD, Nelson. **Manual de Direito Civil**. Volume único. 8. ed. rev. atual. e ampl. São Paulo: JusPodivm, 2023. p. 436 e 437.

40. OLIVEIRA, Lucas Costa. **Gametas como mercadorias**: a superação dos desafios éticos-jurídicos da comodificação de gametas humanos. Tese de Doutorado (Doutorado em Direito e Interdisciplinaridade). Universidade Federal de Minas Gerais, Belo Horizonte, 2021. p. 69.

41. OLIVEIRA, Lucas Costa. **Gametas como mercadorias**: a superação dos desafios éticos-jurídicos da comodificação de gametas humanos. Tese de Doutorado (Doutorado em Direito e Interdisciplinaridade). Universidade Federal de Minas Gerais, Belo Horizonte, 2021. p. 69-70.

as atividades de reprodução humana assistida. A ação tramita em sigilo e ainda está em fase de julgamento.[42]

Ocorre que assim como no caso paradigmático, a fundamentação não traz alhures a vedação civil-constitucional sobre a comercialização de gametas e as normas esparsas, mas apenas e tão somente as resoluções do Conselho Federal de Medicina como fundamento para declaração de invalidade dos contratos de doação voluntária de gametas, com intuito comercial e lucrativo, o que gera uma insegurança jurídica, pois a questão controvertida não é devidamente apurada e enfrentada, com base no arcabouço normativo, até porque há uma independência entre as instâncias cível e administrativa.

Quanto à apuração da responsabilidade ética-disciplinar, a clínica de reprodução humana assistida pode responder de acordo com as sanções impostas pelo Conselho Federal de Medicina, vez que a Resolução do CFM n° 2.320/2022, veda a comercialização de gametas femininos, podendo sofrer as penas disciplinares[43] por tais práticas, por meio de seu diretor técnico.[44]

No que concerne à apuração da responsabilidade civil, as clínicas que exercem a atividade de reprodução humana assistida respondem de forma objetiva perante os beneficiários das respectivas técnicas, com base no artigo 14 do Código de Defesa do Consumidor.[45]

Sobre a teoria da responsabilidade objetiva, Miguel Kfouri Neto, assevera que a obrigação de reparar os danos decorre independentemente de qualquer ideia de dolo ou culpa e se baseia na Teoria do Risco. Basta apenas a comprovação do nexo de causalidade entre a ação e o dano, podendo ser afastada mediante prova de culpa exclusiva da vítima, caso fortuito ou força maior. O autor afirma que essa teoria é uma resposta às desigualdades econômicas e visa à defesa da vítima e aos seus interesses, à segurança jurídica e à garantia de reparação. A responsabilidade objetiva é aplicada somente nas hipóteses expressamente previstas em lei, como se verifica no caso das clínicas de reprodução humana assistida, especialmente no que diz respeito à comercialização de gametas.[46]

---

42. **Processo: 5132120-75.2021.8.13.0024**, em trâmite perante a 2ª Vara da Fazenda Pública e Autarquias da Comarca de Belo Horizonte.

43. A Lei n° 3.268/1957, no artigo 22, prevê "como penas disciplinares pelos disciplinares aplicáveis pelos Conselhos Regionais aos seus membros são as seguintes: a) advertência confidencial em aviso reservado; b) censura confidencial em aviso reservado; c) censura pública em publicação oficial; d) suspensão do exercício profissional até 30 (trinta) dias; e) cassação do exercício profissional, ad referendum do Conselho Federal." BRASIL. Lei n° 3.268, de setembro de 1957. Dispõe sobre os Conselhos de Medicina, e dá outras providências. Disponível em: https://www.planalto.gov.br/ccivil_03/leis/l3268.htm. Acesso em: 27 maio 2024.

44. A Resolução do CFM n° 2.320/2022, estabelece no capítulo III, I que: "As clínicas, centros ou serviços que aplicam técnicas de reprodução assistida são responsáveis pelo controle de doenças infectocontagiosas, pela coleta, pelo manuseio, pela conservação, pela distribuição, pela transferência e pelo descarte de material biológico humano dos pacientes submetidos às técnicas de reprodução assistida. Devem apresentar como requisitos mínimos: 1. Diretor técnico médico registrado no Conselho Regional de Medicina (CRM) de sua jurisdição com registro de especialista em áreas de interface com a reprodução assistida, que será responsável por todos os procedimentos médicos e laboratoriais executados".

45. PAGLIARI, Isadora Cé. GOZZO, Débora. Responsabilidade civil dos médicos e as clínicas de reprodução humana assistida. In: KFROURI NETO, Miguel. NOGAROLI, Rafaella (Coord.). **Debates contemporâneos em direito médico e da saúde**. 2 ed. São Paulo/SP: Thomson Reuters Brasil, 2022. p. 157.

46. KFOURI NETO, Miguel. **Responsabilidade civil dos hospitais**: Código Civil e Código de Defesa do Consumidor. 3 ed. São Paulo/SP: Ed. RT, 2018. p. 115-118.

Ainda, verifica-se que, a clínica também pode responder quando a técnica de reprodução humana assistida for aplicada sem o devido consentimento livre e esclarecido das doadoras, na medida em que pode constituir lesão autônoma, que por si só gera danos, passíveis de indenização. Nesse sentido, Miguel Kfouri Neto argumenta que, para que haja a responsabilização pela não obtenção do consentimento esclarecido, deve-se estabelecer uma relação clara entre a falta de informação e o prejuízo final.[47]

Analisando a situação fática e levando em consideração que as "doadoras" se encontravam em situação de vulnerabilidade técnica (desconhecimento dos riscos do procedimento e da ilicitude do objeto da relação jurídica) e econômica (universitárias e desempregadas), receberam remuneração por seus gametas, podem ser vistas como vítimas da relação de consumo. Portanto, podem ser consideradas consumidoras por equiparação, conforme previsto no artigo 17 do Código de Defesa do Consumidor.[48]

Além disso, foram induzidas a assinar contrato com cláusula prevendo a inexistência de riscos para a saúde geral, no entanto, conforme se extrai da leitura integral do processo, uma das jovens veio a apresentar complicações secundárias após a estimulação hormonal para fins de "doação de óvulos", vindo a ser hospitalizada por dois dias.

Portanto, as doadoras tiveram seus direitos de personalidade violados em diversos aspectos. Isso porque não receberam informação adequada e clara sobre os procedimentos aos quais seriam submetidas, incluindo os riscos envolvidos, de modo que, a aplicação da técnica de reprodução humana assistida ocorreu sem o consentimento livre e esclarecido das doadoras. Inclusive, a ocorrência de complicações após a estimulação hormonal demonstra uma violação do direito à saúde, à integridade física e psicológica das doadoras.

Ainda, a comercialização ilícita dos gametas reforça práticas abusivas pela clínica em face das jovens, configurando uma relação de consumo, permitindo que as doadoras sejam equiparadas a consumidoras conforme previsto no Código de Defesa do Consumidor, passíveis de indenização pela não obtenção do Termo de Consentimento Livre e Esclarecido – TCLE.

Diante disso, no presente tópico, buscou-se apenas algumas das reflexões sobre a questão, sem a pretensão de esgotar a temática. A análise do acórdão do TJMG revela que, embora tenha sido utilizada a Resolução CFM nº 2013/2013 como base para a análise da questão, as normas constitucionais e legais pertinentes à comercialização de gametas não foram devidamente abordadas, pois não enfrentou a questão sob um viés civil-constitucional, tampouco considerou as legislações esparsas relacionadas ao tema, limitando-se às normas infralegais do Conselho Federal de Medicina.

Por fim, cabe consignar que a falta de uma análise mais aprofundada e abrangente pode gerar insegurança jurídica e prejudicar a correta apuração da responsabilidade civil das clínicas de reprodução humana assistida na prática.

---

47. KFOURI NETO, Miguel. **Responsabilidade civil dos hospitais**: Código Civil e Código de Defesa do Consumidor. 3 ed. São Paulo/SP: Ed. RT, 2018. p. 57.

48. "Art. 17. Para os efeitos desta Seção, equiparam-se aos consumidores todas as vítimas do evento." BRASIL. Lei nº 8.078, de 11 de setembro de 1990. Dispõe sobre a proteção do consumidor e dá outras providências. Disponível em: https://www.planalto.gov.br/ccivil_03/leis/l8078compilado.htm. Acesso em: 27 maio 2024.

4. NOTAS CONCLUSIVAS

Tendo em vista que a comoditização de gametas humanos nada mais é do que a transformação de espermatozoides e óvulos em mercadorias a serem vendidas e compradas no mercado de consumo e embora seja uma questão incipiente, constatou-se que é uma prática que pode ocorrer de forma velada, como aconteceu no caso paradigmático analisado ao longo do artigo e que, portanto, não pode passar desapercebido pelo Direito.

Ainda, do estudo realizado, foi possível constatar que não há uma legislação específica que regulamente a reprodução humana assistida e sobre a comoditização de gametas. Entretanto, verifica-se que há posicionamentos normativos acerca da temática, contrária ao uso comercial do corpo humano e pela vedação ampla da comercialização do corpo e dos elementos corpóreos, como se verifica da Constituição da República Federativa do Brasil de 1988, do Código Civil (Lei nº 10.406/2002), a Lei de Remoção de Órgãos, Tecidos e partes do Corpo Humano para fins de Transplante e Tratamento (Lei nº 9.434/1997), e a Lei de Biossegurança (Lei nº 11.105/2005), o que se aplica aos gametas femininos, não obstante o Decreto nº 9.175/2017 que regulamenta a referida lei, seja omissa quanto a sua vedação de disposição remunerada.

Em razão dessa vedação ampla, a apuração da responsabilidade das clínicas, por meio de seu diretor técnico, pode se dar de forma ético-disciplinar perante o Conselho Federal de Medicina, estando sujeitos a penalidades que envolvem desde de censura até cassação do exercício funcional e suspensão das atividades da clínica.

Ainda, se a clínica descumprir normas e regulamentos sanitários relacionados à reprodução humana assistida, também pode ser responsabilizada administrativamente, o que pode incluir desde advertências e multas até a interdição parcial ou total das atividades da clínica, dependendo da gravidade das infrações cometidas.

Já no âmbito judicial cível, objeto do presente estudo, apurou-se que as clínicas também podem responder de forma objetiva pelos danos causados decorrentes da comercialização de gametas e pela não obtenção do Termo de Consentimento Livre e Esclarecido – TCLE.

Por fim, consigna-se que, a vedação ampla sobre a temática favorece o "turismo médico"[49] para outros países que permitem a comoditização de gametas femininos, enquanto há uma oferta e procura por gametas no mercado de consumo, frente ao aumento da infertilidade, que é considerado um problema de saúde global.

---

49. A antropóloga, Nancy Scheper-Hughes, argumenta que houve um rápido crescimento do "turismo médico" para cirurgias de transplante e outros procedimentos biomédicos e cirúrgicos avançados em diversos países. Entretanto, chama a atenção para o problema de como o mercado reduz tudo – incluindo os seres humanos, seu trabalho e sua capacidade reprodutiva – ao status de mercadorias que podem ser compradas, vendidas, negociadas e até mesmo roubadas. SCHEPER-HUGHES, Nancy. The Ends of the Body – Commodity Fetishism and the Global Traffic in Organs. *SAIS Review*, v. 22 n. 1, 2002, p. 61-80. *Project MUSE*, doi:10.1353/sais.2002.0022.

REFERÊNCIAS

BAUMAN, Zygmunt. **Vida para consumo**: a transformação das pessoas em mercadorias. Trad. Carlos Alberto Medeiros. Rio de Janeiro: Zahar, 2008.

BECK, Ceres Grehs. CUNHA, Luis Henrique Hermínio Cunha. As múltiplas faces da comodificação e a constituição da crítica acerca das práticas de consumo contemporâneas. **Revistas Ciências Sociais Unisinos**, São Leopoldo, v. 53, n. 1, p. 136-147, jan./abr. 2017.

CORRÊA, Marilena, Loyola, Maria Andréa Rios. Novas tecnologias reprodutivas: novas estratégias de reprodução? **Physis Revista de Saúde Coletiva**, Rio de Janeiro, v. 9, n. 1, p. 209-234, jun. 1999.

FARIAS, Cristiano Chaves de; BRAGA NETTO, Felipe; ROSENVALD, Nelson. *Manual de Direito Civil*. Volume único. 8. ed. rev. atual. e ampl. São Paulo: JusPodivm, 2023.

HAN, Byung-Chul. *Não Coisas*: reviravoltas do mundo da vida. Trad. Rafael Rodrigues Garcia. Petrópolis/RJ: Vozes, 2022.

KFOURI NETO, Miguel. **Responsabilidade civil dos hospitais**: Código Civil e Código de Defesa do Consumidor. 3 ed. São Paulo: Ed. RT, 2018.

OLIVEIRA, Lucas Costa. **Gametas como mercadorias**: a superação dos desafios éticos-jurídicos da comodificação de gametas humanos. 2021. Tese (Doutorado em Direito e Interdisciplinaridade) – Universidade Federal de Minas Gerais, Belo Horizonte, 2021.

OLIVEIRA NAVES, Bruno Torquato de; SÁ, Maria de Fátima Freire de. Panorama bioético e jurídico da reprodução humana assistida no Brasil. **Revista Bioética y Derecho**, Barcelona, n. 34, p. 64-80, 2015.

PAGLIARI, Isadora Cé; GOZZO, Débora. Responsabilidade civil dos médicos e as clínicas de reprodução humana assistida. In: KFOURI NETO, Miguel; NOGAROLI, Rafaella (Coord.). **Debates contemporâneos em direito médico e da saúde**. 2. ed. São Paulo: Thomson Reuters Brasil, 2022.

SCHEPER-HUGHES, Nancy. The ends of the body: commodity fetishism and the global traffic in organs. **SAIS Review**, v. 22 n. 1, p. 61-80, 2002.

SILVA, Roberto Carlos Lyra; VIANA, Dirce Laplaca. **Compacto dicionário ilustrado de saúde**. 2. ed. São Caetano do Sul: Yendis, 2007.

LEI GERAL DE PROTEÇÃO DE DADOS E DIVULGAÇÃO DO NOME DE VACINADOS CONTRA A COVID-19

Fernanda Schaefer[1]

Decisões paradigmas: BRASIL. Tribunal de Justiça de São Paulo (TJSP), Foro de São Carlos, Vara da Fazenda Pública, **Apelação nº 1002052-68.2021.8.26.0566**, Juíza de Direito Gabriela Muller Carioba Attanasio, extinta em 17 de abril e 13 de julho de 2023 em razão de cumprimento de sentença. BRASIL. Tribunal de Justiça de São Paulo (TJSP), Foro de Garulhos, 2ª Vara da Fazenda Pública, **Ação Civil Pública nº 1026946-67.2021.8.26.0224**, Juiz de Direito Rafael Tocantins Maltez, extinta em 23 de jun. de 2023 em razão do cumprimento de sentença.

> **Sumário:** 1. Descrição dos casos – 2. Breve contexto histórico-normativo – 3. Divulgação de dados de saúde: entre o interesse público e a privacidade do titular de dados – 4. Análise de decisões que debatem a licitude na divulgação da lista de pessoas investigadas por possíveis irregularidades no recebimento de imunizantes contra Covid-19 – 5. Considerações finais – Referências.

1. DESCRIÇÃO DOS CASOS

As decisões que se propõe analisar no presente artigo, embora estejam relacionadas ao início da vacinação contra a Covid-19, serão aqui discutidas, a partir de referências bibliográficas e normativas, à luz da Lei Geral de Proteção de Dados (Lei n. 13.709/18) e Lei de Acesso à Informação (Lei n. 12.527/11).

Em uma tentativa de coibir os fura-filas (pessoas que não respeitaram por qualquer motivo a ordem de prioridade), diversos municípios[2] publicaram leis que continham punições como enviar o fura-fila para o final da fila da segunda dose e/ou, ainda, optavam por divulgar a lista de todos os vacinados (com diversos dados pessoais e sensíveis associados) com o argumento de que a população em geral pudesse auxiliar no controle e é sobre essa segunda situação que o presente trabalho se concentrará: na (i)legalidade da divulgação do nome de vacinados.

---

1. Pós-Doutorado no Programa de Pós-Graduação Stricto Sensu em Bioética da PUC-PR, bolsista CAPES. Doutorado em Direito das Relações Sociais na Universidade Federal do Paraná, curso em que realizou Doutorado Sanduíche nas Universidades do País Basco e Universidade de Deusto (Espanha) como bolsista CAPES. Professora do UniCuritiba. Coordenadora do Curso de Pós-Graduação em Direito Médico e da Saúde da PUC-PR. Assessora Jurídica CAOP Saúde MPPR.
2. Em rápida busca no *Google* (em 1º ago. 21) foi possível identificar que municípios espalhados por todo o Brasil estão divulgando listas de vacinados. São exemplos: São Benedito (CE); Apiuna (SC); Indiana (SP); Cachoeira do Sul (RS); Formoso (GO); Fortaleza (CE), entre dezenas de outros. Alguns o fazem para atender decisão judicial, outros para dar cumprimento à lei municipal. Alguns possuem sítios específicos para divulgação e outros o fazem por meio do Portal da Transparência. Mas todos os consultados associam o nome a dados pessoais e dados da imunização.

A primeira decisão [chamada neste trabalho de Caso 1] foi proferida no julgamento da Apelação Cível n. 1002052-68.2021.8.26.0566, interposta de sentença de procedência proferida em ação de procedimento comum em que a autora pleiteou do município de São Carlos indenização por danos morais decorrentes da inclusão indevida de seu nome em lista nominal de suspeitos de burlarem a ordem de prioridade na vacinação contra Covid-19 e que a impediu publicamente de receber a 2ª dose do imunizante.

Em primeira instância o município foi condenado ao pagamento de danos morais no valor de R$ 500,00 (quinhentos reais). Para tanto, a decisão levou em consideração que a Secretaria Municipal de Saúde teria autorizado a aplicação da 2ª dose apenas dois dias depois da negativa e que a lista divulgada não traria a expressão fura-fila, mas referia-se somente a inconsistências na aplicação.

Destacou o acórdão que é atribuição do município a verificação do enquadramento do cidadão aos critérios normativos de prioridade. Asseverou a decisão que a alteração da ordem de preferência posterior à realização da vacinação não pode acarretar nenhum prejuízo a quem se enquadrava no critério genérico anteriormente estipulado e dele fez uso. Por isso, a inclusão do nome da autora em lista de suspeitos ou investigados foi considerada inadmissível.

Assim, considerou-se como ato ilícito a divulgação da lista nominal (inclusive na imprensa) sem a possibilidade de defesa prévia, comprovação da prática de conduta irregular e a imposição de obstáculos para o acesso à 2ª dose. Invocando os princípios da razoabilidade, moderação e proporcionalidade, o Tribunal manteve a condenação do município e majorou os danos morais, fixando-os em R$ 5.000,00 (cinco mil reais). A ação foi extinta em 17 de abril e 13 de julho de 2023 em razão de cumprimento de sentença.

O segundo caso [denominado neste trabalho de Caso 2] refere-se à primeira condenação nacional de pessoa que não apenas confessou nas redes sociais que havia furado fila (tomando antecipadamente 3ª dose), mas fez questão de explicar como fazê-lo, revelando a consciência da ilicitude de sua conduta. A Ação Civil Pública foi proposta pelo município de Guarulhos em 19 de julho de 2021, que fundamentou o pedido não apenas no risco sanitário a que a requerida se expôs, já que à época os estudos de intercambialidade das vacinas de diferentes fabricantes eram incipientes (a ANVISA sequer tinha autorizado a 3ª dose), mas também em razão do risco a que expôs toda a coletividade, obtendo de forma irregular 3ª dose, quando grande parte da população ainda não tinha sequer tido acesso à primeira, em razão da escassez dos imunizantes.

Comprovada a conduta ilícita e o flagrante desprezo à coletividade o Município propôs ação pleiteando a condenação em danos morais coletivos, apresentando-os como danos *in re ipsa* que atingem valores e interesses coletivos fundamentais, como o direito à saúde. Diante da impossibilidade de retorno ao *status quo ante*, sustentou que a fixação do valor dos danos morais coletivos deveria refletir no valor da indenização a ser imposta considerada a gravidade dos fatos, os motivos egoísticos que levaram a tal conduta e a necessidade de inibir novas condutas ofensivas. Levando em consideração as condições econômicas da demandada, requereu o arbitramento dos danos morais coletivos em R$ 500.000,00 (quinhentos mil reais) a serem revertidos para o Fundo Municipal de Saúde.

Ainda, a fim de evitar que a requerida se beneficiasse do ato ilícito, requereu em sede de tutela de urgência, fosse determinada a entrega do comprovante de vacinação da 3ª dose, até o julgamento final, a fim de evitar que "viajasse livremente", como havia anunciado nas redes sociais ser sua real intenção. A tutela de urgência para entrega do comprovante de vacinação da 3ª dose e o bloqueio em conta de valores correspondentes a 10% do valor requerido na inicial foram deferidos em 6 de agosto de 2021.

No julgamento do Agravo de Instrumento interposto pela requerente foi consignado que era incontroverso que a agravante tinha burlado as normas de acesso à vacinação (até porque confessou), sendo irrelevante os motivos pelos quais assim teria agido. A sua conduta foi considerada ilícita por desconsiderar políticas públicas de saúde, mantendo-se a retenção de sua carteira de vacinação da terceira dose e o bloqueio de valores em conta.

A sentença, proferida em 17 de dezembro de 2021, julgou procedente o pedido do município ao reconhecer a ilicitude da conduta, fixando a condenação da requerida em danos morais coletivos no valor de R$ 50.000,00 (cinquenta mil reais),[3] considerando que a indenização serviria de "exemplo e de fio condutor a desestimular a prática de burlar regras socialmente necessárias em momento tão delicado como da atual sindemia".

Da sentença, o município apelou sustentando que o mal coletivo causado pela vacinação maliciosamente antecipada afetou diretamente o sistema público de saúde e, por isso, a fixação dos danos morais coletivos deveria também ponderar o momento e o cenário epidemiológico. Argumentou que a imunização é, antes de tudo, um ato de proteção coletiva, mais ainda quando destinada a conter pandemia decorrente de vírus até então desconhecido. A pessoa que conscientemente fura-fila coloca em risco o avanço da vacinação, prejudica a contenção da doença e contribui para a disseminação do vírus. A ação foi extinta em 23 de junho de 2023 em razão de cumprimento de sentença.

A partir desses casos, pretende-se discutir se sob o manto da transparência e o alicerce do interesse social (proteção da saúde coletiva) a ser amparado é proporcional e razoável tornar público dados sensíveis como os dados de vacinação ou se deve prevalecer a privacidade do vacinado.

2. BREVE CONTEXTO HISTÓRICO-NORMATIVO

No final de 2019 um novo coronavírus se manifestou na China. O então desconhecido SARS-CoV-2 mostrava os primeiros impactos no sistema de saúde chinês, o que levou aos primeiros alertas na Organização Mundial de Saúde (OMS). Diante da gravidade dos casos, das altas taxas de infecção e mortalidade, em 30 de janeiro de 2020

---

3. O valor deve ser revertido a um Conselho Estadual do qual deve participar necessariamente o Ministério Público e representantes da comunidade, a ser determinado em cumprimento de sentença (art. 13, Lei n. 7.370/1985).

a OMS declarou Emergência em Saúde Pública de Importância Nacional (ESPIN),[4] ato de caráter sanitário e político que conclama a comunidade internacional a tomar medidas de cooperação (que devem ser compatíveis com os Direitos Humanos) para tentar conter a disseminação da doença e proteger os sistemas de saúde.

Atendendo ao chamado internacional, o governo federal brasileiro publicou a Portaria n. 188/GM/MS,[5] em 4 de fevereiro 2020, reconhecendo o estado de emergência que resultou na publicação da Lei n. 13.979.[6] Em 11 de março de 2020 a OMS declarou a existência de uma pandemia, alerta sanitário que se manteve vigente até (5 de maio de 2023),[7] embora o Brasil, em razão do novo cenário epidemiológico e do amplo programa

---

4. Vide Regulamento Sanitário Internacional (RSI) que entrou em vigor no dia 15 de junho de 2007. Disponível em: https://www.paho.org/pt/documentos/regulamento-sanit%C3%A1rio-internacional-2005.

   Implementação do RSI – 58o. Conselho Gestor – 72a. Sessão do Comitê Regional da OMS para as Américas. Disponível em https://www.paho.org/sites/default/files/2020-09/CD58-INF-1-p-implementacao-rsi.pdf.

   Ratificado pelo Congresso Nacional pelo Decreto Legislativo n. 395/2009 (10/07/09). Disponível em: https://www2.camara.leg.br/legin/fed/decleg/2009/decretolegislativo-395-9-julho-2009-589324-publicacaooriginal--114307-pl.html.

   Tradução do RSI aprovada pelo Congresso Nacional. Disponível em: https://www.gov.br/anvisa/pt-br/assuntos/paf/regulamento-sanitario-internacional/arquivos/7181json-file-1.

5. Disponível em: https://www.in.gov.br/en/web/dou/-/portaria-n-188-de-3-de-fevereiro-de-2020-241408388.

6. Disponível em: https://www.in.gov.br/en/web/dou/-/lei-n-13.979-de-6-de-fevereiro-de-2020-242078735.

   A Lei n. 13.979/20 embora não revogada expressamente, tinha sua vigência indevidamente condicionada à vigência do Decreto Legislativo n. 6, de 20 de março de 2020, que reconheceu o estado de calamidade pública para fins exclusivos do art. 65 da LC 101/00 e tinha prazo de vigência até 31 de dezembro de 2020. Em, 26 de fevereiro de 2021, o STF ao julgar a ADI 6.625 determinou que algumas medidas excepcionais determinadas nos arts. 3º a 3º-J, da norma tivessem sua vigência mantida com fundamento nos princípios da prevenção e da precaução. Voto do Relator Ministro Ricardo Lewandowski disponível em: https://www.conjur.com.br/dl/lewandowski-medidas-covid.pdf.

7. No dia 27 de janeiro de 2023 o Comitê de Emergência do Regulamento Sanitário Internacional (OMS), durante a 14ª Reunião Ordinária, deliberou pela continuidade do nível máximo de alerta para a Covid-19, reconhecendo ser o momento de transição no qual os países devem se conduzir com cautela para mitigar eventuais agravamentos da crise. Reconheceu, ainda, que a doença está permanentemente estabelecida e, por isso, é necessário estabelecer políticas de saúde sustentáveis e de longo prazo. No dia 30 de janeiro de 2023, o Diretor-Geral da Organização Mundial da Saúde acolheu as recomendações do mencionado Comitê: *1 – Manter o ímpeto da vacinação contra a COVID-19 para atingir 100% de cobertura de grupos de alta prioridade, guiados pelas recomendações SAGE em evolução sobre o uso de doses de reforço. Os Estados Partes devem planejar a integração da vacinação contra a COVID-19 em parte dos programas de imunização ao longo da vida. 2 – Melhorar a comunicação dos dados de vigilância do SARS-CoV-2 à OMS. Dados melhores são necessários para: detectar, avaliar e monitorar variantes emergentes; identificar mudanças significativas na epidemiologia da COVID-19; e entender o peso do COVID-19 em todas as regiões.* Recomenda-se que os Estados Partes usem uma abordagem integrada para vigilância de doenças infecciosas respiratórias que aproveite o sistema Global de Vigilância e Resposta à Influenza. *3 – Aumente a aceitação e garanta a disponibilidade a longo prazo de contramedidas médicas.* Os Estados Partes devem aumentar o acesso a vacinas, diagnósticos e tratamentos contra a COVID-19 e considerar *a preparação para que essas contramedidas médicas sejam autorizadas fora dos* procedimentos da Lista de Uso de Emergência e dentro das estruturas regulatórias nacionais normais. *4 – Manter forte capacidade de resposta nacional e preparar-se para eventos futuros* para evitar a ocorrência de um ciclo de pânico-negligência. *5 – Continuar trabalhando com as comunidades e seus líderes para lidar com a infodemia e implementar efetivamente medidas sociais e de saúde pública baseadas em risco (PHSM). 6 – Continuar a ajustar quaisquer medidas remanescentes relacionadas a viagens internacionais,* com base na avaliação de risco, e não exigir comprovação de vacinação contra a COVID-19 como pré-requisito para viagens internacionais. *7 – Continuar a apoiar a pesquisa* de vacinas aprimoradas que reduzem a transmissão e têm ampla aplicabilidade, bem como pesquisas para entender todo o espectro, incidência e impacto da condição pós-COVID-19 e desenvolver caminhos de atendimento integrados relevantes [grifos nossos]. Apenas em 5

de vacinação o tenha declarado extinto com a Portaria n. 913/22, GM/MS[8] (vigente a partir 23 de maio de 2022).

Nesse contexto de muitas incertezas, logo no começo de 2020 uma certeza se apresentou: considerada a natureza do vírus, a forma mais rápida, eficiente e barata de contê-lo seria por meio da vacinação em massa (estratégia também prevista no art. 3º, III, d, da Lei n. 13.979/20). Enquanto especialistas de todo o mundo discutiam os tratamentos viáveis e eficientes, pesquisadores e laboratórios públicos e privados empenhavam-se para desenvolver uma vacina[9] que desse conta não só da cepa dominante à época, mas que também se mantivesse eficaz quando do inevitável surgimento de outras (sub)variantes.[10]

A chegada ao mercado das primeiras vacinas, em agosto de 2020, impôs aos países outros grandes desafios: aquisição (incluído financiamento para o acesso); organização do seu sistema de saúde para aplicação ampla e rápida dos imunizantes e determinação dos grupos prioritários (sobre o qual se concentrará o presente artigo). O Brasil já possuía um Programa de Imunização (instituído pela Lei n. 6.259/75[11] e Decreto n. 78.231/76[12]) bem estruturado, embora algumas adequações para o recebimento, distribuição e aplicação em massa das vacinas contra a Covid-19 precisassem ser feitas.

O Plano Nacional de Imunização é de atribuição exclusiva do Ministério da Saúde e, por isso, era sua atribuição também estabelecer o plano de vacinação contra a Covid-19. Apesar das diversas polêmicas, a primeira versão do Plano Nacional de Operacionalização da Vacinação contra Covid-19[13] (PNO), foi publicada em 16 de dezembro de 2020, antes mesmo dos imunizantes chegarem ao país, traçando as diretrizes obrigatórias para o planejamento e organização da vacinação contra a Covid-19 nas três esferas de governo.

---

de maio de 2023 a OMS declarou o fim da ESPII referente à Covid-19, durante a 15ª Sessão Deliberativa do Comitê de Emergência, levando em consideração o declínio das taxas de hospitalização e internações em unidades de terapia intensiva e o alto índice de imunização com o ciclo completo.

8. Disponível em: https://bvsms.saude.gov.br/bvs/saudelegis/gm/2022/prt0913_22_04_2022.html.

9. Em janeiro de 2023 havia 45 imunizantes avaliados ou em análise pela EUL/PQ da OMS. Vide: https://extranet.who.int/pqweb/sites/default/files/documents/Status_COVID_VAX_12January2023.pdf.

10. A OMS monitora a evolução do SARS-Cov-2 desde janeiro de 2020 e no final do mesmo ano propôs a classificação em Variantes de Interesse (VOIs) e Variantes de Preocupação (VOCs). A classificação auxilia no monitoramento global da doença e na eficácia das respostas à crise causada pela emergência sanitária. Em razão dos constantes estudos e da avaliação dos impactos das variantes, a OMS ajusta periodicamente a classificação. No ajuste realizado em outubro de 2021, a entidade diminuiu a quantidade de variantes classificadas como de interesse (VOI) e criou um subgrupo denominado Variantes Sob Monitoramento (*Variants Under Monitoring* – VUM).

11. Disponível em: http://www.planalto.gov.br/ccivil_03/leis/l6259.htm.

12. Disponível em: http://www.planalto.gov.br/ccivil_03/decreto/1970-1979/D78231.htm.

13. Trata-se de ato normativo de natureza exclusivamente técnica que tem como objetivo geral do PNO "estabelecer as ações e estratégias para operacionalização da vacinação contra a Covid-19 no Brasil" (p. 16) e está dividido em dez grandes eixos que têm como objetivos específicos "apresentar a população alvo e grupos prioritários para vacinação; otimizar os recursos existentes por meio de planejamento e programação oportunos para operacionalização da vacinação nas três esferas e de gestão; e instrumentalizar Estados e Municípios para vacinação contra a Covid-19".

Provocado pelo Supremo Tribunal Federal,[14] o Ministério da Saúde publicou a 2ª versão do PNO,[15] enumerando, agora, quais seriam os grupos prioritários, categorias que seriam posteriormente detalhadas na Nota Técnica n. 155, CGNPI/DEIDT/SVS/MS, de 5 de março de 2021[16] e cuja ordem de preferência seria indicada de acordo com o avanço da campanha nacional de vacinação[17] e a entrega de novos lotes dos imunizantes.

A estratificação de risco foi estabelecida considerando-se: a escassez de imunizantes no mercado; a epidemiologia da doença; a necessidade de manter os serviços de saúde e essenciais em sua plena capacidade.[18] Aos Estados e Municípios coube a tarefa de coordenar, em caráter complementar, as ações e executar diretamente a vacinação (arts. 17, IV, 'a', 'b' e 18, IV, 'a', 'b', Lei Orgânica da Saúde[19]). Por isso, seus respectivos planos de vacinação deveriam seguir[20] as mesmas bases principiológicas e diretrizes determinadas pelo Ministério da Saúde a fim de garantir equilíbrio a todo o sistema nacional e evitar iniquidades (ADI 6421, Rel. Ministro Luís Roberto Barroso).[21]

A vacinação da população brasileira teve início em janeiro de 2021, não tendo sido adotada (por razões mais políticas do que técnicas) como obrigatória,[22] embora

---

14. Vide: Cota n. 01027/2021/CONJUR-MS/CGU/AGU (0019258889) que remete o Ofício n. 00326/2021/SGCT/AGU (0019257973), de 25 de fev. 2021.

15. Hoje o PNO está na 14ª Versão, mas a vacinação contra a Covid-19 ainda não foi incluída pelo governo federal no calendário vacinal. Disponível em: https://www.gov.br/saude/pt-br/centrais-de-conteudo/publicacoes/publicacoes-svs/coronavirus/plano-nacional-de-operacionalizacao-da-vacinacao-contra-a-covid-19-pno-2a-edicao-com-isbn.

16. Disponível em: https://www.gov.br/saude/pt-br/coronavirus/notas-tecnicas/2021/nota-tecnica-no-155-2021-cgpni-deidt-svs-ms.pdf.

17. Conforme Nota Informativa n. 17/2021, CGNPI/DEIDT/SVS/MS, de 19 fev. 2021. Disponível em: https://cdn.sinprodf.org.br/portal/uploads/2021/03/04152821/497141136-Governo-Inclui-Educacao-Em-Grupo-Prioritario.pdf.

18. Para o estabelecimento dos grupos prioritários, o PNO levou em consideração "que não há uniformidade na ocorrência de Covid-19 na população, sendo identificado, até o momento, que o agravamento e óbito estão relacionados especialmente às características sociodemográficas; preexistência de comorbidades, tais como: doença renal crônica, doenças cardiovasculares e cerebrovasculares, diabetes mellitus, hipertensão arterial grave, pneumopatias crônicas graves, anemia falciforme, câncer, obesidade, mórbida (IMC≥40); síndrome de down; além de idade superior a 60 anos e indivíduos imunossuprimidos".

19. Disponível em: http://www.planalto.gov.br/ccivil_03/leis/l8080.htm#:~:text=LEI%20N%C2%BA%208.080%2C%20DE%2019%20DE%20SETEMBRO%20DE%201990.&text=Disp%C3%B5e%20sobre%20as%20condi%C3%A7%C3%B5es%20para,correspondentes%20e%20d%C3%A1%20outras%20provid%C3%AAncias.

20. Muito embora o STF tivesse garantido aos Estados, Distrito Federal e Municípios autonomia para estabelecer as medidas sanitárias de acordo com a sua epidemiologia, a decisão não conferia carta branca aos gestores. Assim, eventual alteração na ordem de vacinação estabelecida no PNO só poderia ser feita com base em estudos científicos que evidenciassem uma maior proteção à saúde coletiva. Vide decisões proferidas nas ADIs 6586 e 6587, ARE 1267879 (com repercussão geral, Tema 1103) e ADPF 770.

21. Disponível em: https://redir.stf.jus.br/paginadorpub/paginador.jsp?docTP=TP&docID=754359227.

22. Há importantes distinções entre vacinação facultativa, obrigatória e compulsória. "Por compulsória entende-se aquela sobre a qual não resta nenhuma margem de autonomia, o indivíduo deve se submeter à imunização, independente de querer a ela aderir. A compulsoriedade justificaria, inclusive, o uso da coação física (como ocorreu na Revolta da Vacina). Já a vacinação obrigatória permite uma certa dose de exercício da autonomia porque não conduz à submissão forçada, embora leis possam trazer restrições ao exercício de diversos direitos caso a pessoa não se submeta à imunização. E a vacinação facultativa é aquela que decorre da livre adesão, sendo ampla a autonomia em se imunizar ou não" (SCHAEFER, Fernanda. Vacinação obrigatória: entre o interesse individual e o social. A possibilidade de responsabilização civil em caso de recusa à imunização. In:

permitida tanto pelo art. 3º, III, 'd' e § 7º, da Lei n. 13.979, de 6 de fev. de 2021, quanto pelo STF nas decisões das ADIs 6586 e 6587[23] (Rel. Min. Ricardo Lewandowski) e ARE 1.267.787-9 (Rel. Min. Luís Roberto Barroso) que reconheceram que direitos e escolhas individuais podem ser eventualmente limitados quando o interesse coletivo assim o exigir para proteção da saúde e da vida (como é o caso da vacinação contra a Covid-19, estabelecida como importante fator de proteção social).

Mas, quando se achava que a chegada das vacinas colocaria um na emergência sanitária, outro cenário, ainda mais desolador se apresentou. O início da imunização não ocorreu sem novas polêmicas. Pessoas, no auge do seu individualismo egoísta e irresponsabilidade social, testaram o sistema de diferentes formas: tornaram-se "fura-filas"; *sommeliers*; criaram comorbidades que nunca tiveram; simularam contratos com parentes para que pudessem ser vacinados antecipadamente como profissionais de saúde; aderiram a discursos antivacinas; criaram-se listas informais chamadas de 'xepas' etc. Os mais diversos relatos de pura cobiça humana foram perturbadores do ponto de vista ético, jurídico e humano.

A fim de combater a insensatez em torno dos diferentes comportamentos, Estados e Municípios começaram a estabelecer diversas sanções aos comportamentos ilícitos que colocavam em risco o equilíbrio do sistema de vacinação. E é sobre a divulgação de dados de vacinados e punições a fura-filas que esse artigo se debruçará.

3. DIVULGAÇÃO DE DADOS DE SAÚDE: ENTRE O INTERESSE PÚBLICO E A PRIVACIDADE DO TITULAR DE DADOS

Segundo o Plano Nacional de Operacionalização da Vacinação contra a Covid-19,

Na Campanha Nacional de Vacinação contra a Covid-19, observada a necessidade de acompanhar e monitorar os vacinados, o Ministério da Saúde desenvolveu módulo específico nominal, para registro de cada cidadão vacinado com a indicação da respectiva dose administrada (Laboratório e lote), além

---

RÊGO MONTEIRO FILHO, Carlos Edison; ROSENVALD, Nelson; DENSA, Roberta (Coord.). **Coronavírus e responsabilidade civil**. 2. ed. Indaiatuba: Foco, 2021, p. 463-476).

23. Nas ADIs se fixaram as seguintes teses:

(I) A vacinação compulsória não significa vacinação forçada, facultada a recusa do usuário, podendo, contudo, ser implementada por meio de medidas indiretas, as quais compreendem, dentre outras, a restrição ao exercício de certas atividades ou à frequência de determinados lugares, desde que previstas em lei, ou dela decorrentes, e tenham como base evidências científicas e análises estratégicas pertinentes, venham acompanhadas de ampla informação sobre a eficácia, segurança e contraindicações dos imunizantes, respeitem a dignidade humana e os direitos fundamentais das pessoas; atendam aos critérios de razoabilidade e proporcionalidade; e sejam as vacinas distribuídas universal e gratuitamente.

(II) Tais medidas, com as limitações expostas, podem ser implementadas tanto pela União como pelos estados, pelo Distrito Federal e pelos municípios, respeitadas as respectivas esferas de competência.

A tese de repercussão geral fixada no ARE 1267879 foi de que "é constitucional a obrigatoriedade de imunização por meio de vacina que, registrada em órgão de vigilância sanitária, tenha sido incluída no plano nacional de imunizações; ou tenha sua aplicação obrigatória decretada em lei; ou seja objeto de determinação da União, dos estados, do Distrito Federal ou dos municípios com base em consenso médico-científico. Em tais casos, não se caracteriza violação à liberdade de consciência e de convicção filosófica dos pais ou responsáveis, nem tampouco ao poder familiar".

da implementação do módulo de movimentação de imunobiológico para facilitar a rastreabilidade e controle dos imunobiológicos distribuídos, facilitando o planejamento e o acompanhamento em situações de Eventos Adversos Pós Vacinação (EAPV) (PNO).

O registro da dose aplicada da vacina é nominal/individualizado. Essa modalidade de registro garante o reconhecimento do cidadão vacinado pelo número do Cadastro de Pessoa Física (CPF) ou do Cartão Nacional de Saúde (CNS), a fim de possibilitar o acompanhamento das pessoas vacinadas, evitar duplicidade de vacinação, e identificar/monitorar a investigação de possíveis EAPV (eventos adversos pós-vacinação). A atualização diária desse cadastro é o que permite o monitoramento e a fiscalização da operacionalização do PNO, da adesão à campanha de vacinação e dos reflexos da imunização nos índices de contaminados, internados e mortos.

O cadastro, no entanto, não é perfeito, porque há enormes diferenças de acesso à tecnologia entre as Unidades de Saúde espalhadas em todo o território nacional. Há aquelas que possuem *Internet* rápida e computadores de alta tecnologia; enquanto em outras o cadastro é feito ainda à mão para depois ser encaminhado para registro em meio eletrônico (o que deveria ser feito em até 48h da aplicação) (e essa foi uma porta importante de fraudes, como a narrada no Caso 2).

O registro dos dados de vacinação em sistemas eletrônicos desenvolvidos e mantidos pelo Ministério de Saúde e Secretarias de Saúde, caracteriza o que a Lei Geral de Proteção de Dados (Lei n. 13.709/18) denomina de tratamento de dados: "toda operação realizada com dados pessoais, como as que se referem a coleta, produção, recepção, classificação, utilização, acesso, reprodução, transmissão, distribuição, processamento, arquivamento, armazenamento, eliminação, avaliação ou controle da informação, modificação, comunicação, transferência, difusão ou extração" (art. 5º, X, LGPD).

O sentido dado ao termo é propositadamente amplo e a lista de atividades de tratamento meramente exemplificativa. Por isso, "sua caracterização não depende de qualquer transformação das informações disponíveis, basta qualquer ação, digital ou analógica, que tenha por objeto quaisquer dado".[24]

Os dados de vacinação, são considerados dados de saúde em seu amplo sentido, ou seja, são dados pessoais capazes de revelar o estado de saúde de seu titular e, por isso, considerado dado sensível. A Lei Geral de Proteção de Dados, define dados sensíveis como "dado pessoal sobre origem racial ou étnica, convicção religiosa, opinião política, filiação a sindicato ou a organização de caráter religioso, filosófico ou político, dado referente à saúde ou à vida sexual, dado genético ou biométrico, quando vinculado a uma pessoa natural (art. 5º., II, LGPD).

Como adverte José Augusto Fontoura Costa, "não há, aqui, uma definição abstrata ou geral de dados sensíveis. Sua delimitação é feita por propriedades pontuais descri-

---

24. COSTA, José Augusto Fontoura. Tratamento e transferência de dados de saúde: limites ao compartilhamento de dados sensíveis. In: DALLARI, Analluza Bolivar; MONACO, Gustavo Ferraz de Campos (Coord.). **LGPD na saúde**. São Paulo: Ed. RT, 2021, p. 91-102. p. 92.

tas em uma lista taxativa, ou seja, que não admite a inclusão de outras categorias por extensão conceitual ou similaridade".[25] No entanto, em razão do art. 11, fica claro que o regime de proteção é ampliado para além da categoria dados sensíveis, para alcançar todas aquelas situações com potencial lesivo (cláusula aberta, importante para os dois casos analisados).

Não há dúvidas: dados de saúde, são sempre dados sensíveis, não só porque a LGPD expressamente assim o reconhece, mas porque sua divulgação pode potencialmente conduzir a situações de discriminação ou causar algum prejuízo ao seu titular, a familiares ou a pessoas próximas. Por isso, o seu tratamento deve ser obrigatoriamente limitado à persecução de um fim bem delimitado e informado ao titular.

Em tempos de alta polarização política e social com relação à vacinação contra a Covid-19, mais necessária ainda é a proteção dos dados de vacinados (ainda que sejam fura-filas), não apenas para garantir sua privacidade, mas também para assegurar sua integridade física e psíquica (mesmo que aquela conduta egoísta tenha desconsiderado por completo o bem-estar geral). Pode-se, então, afirmar que proteger os dados de vacinação é uma forma de proteger o próprio titular desses dados e a estabilidade social.

Isso quer dizer que a privacidade de dados de saúde é absoluta? Não, a privacidade de dados não é um direito absoluto (embora direito fundamental) e a própria LGPD reconhece situações nas quais admite excepcionalmente o tratamento de dados de saúde sem o consentimento do seu titular, das quais se destacam: em cumprimento de obrigação legal ou regulatória (art. 11, II, *a*); necessário à execução de políticas públicas previstas em leis e regulamentos (art. 11, II, *b*), como é o caso do PNI e do PNO; para a realização de estudos por órgão de pesquisa, garantida quando possível a anonimização dos dados (art. 11, II, *c*); para proteção de vida ou da incolumidade física do titular ou de terceiro (art. 11, II, *e*); para tutela da saúde, exclusivamente, em procedimento realizado por profissionais de saúde, serviços de saúde ou autoridade sanitária (art. 11, II, *f*).

A lei, embora exaustiva nos fatos que autorizam a exceção à regra, é propositadamente aberta aos descrever as situações o que exigirá dos operadores do Direito um exercício interpretativo muito maior. Mas, frise-se, embora essas exceções sejam autorizadoras do tratamento de dados dos vacinados sem consentimento, nenhuma delas dá fundamento para a publicização dos dados.

As hipóteses concretas não poderão se apresentar justificadas sob o genérico pretexto do interesse público, devendo o interesse social ser demonstrado objetivamente (inclusive em atos normativos, conforme determina o art. 13, LGPD) para realmente ser autorizador do tratamento de dados de saúde sem consentimento do titular. Sendo a proteção de dados sensíveis expressão da liberdade e da dignidade humana, não se pode tolerar que se transforme um sujeito em objeto de vigilância constante e onipresente

---

25. COSTA, José Augusto Fontoura. Tratamento e transferência de dados de saúde: limites ao compartilhamento de dados sensíveis. In: DALLARI, Annalluza Bolivar; MONACO, Gustavo Ferraz de Campos (Coord.). **LGPD na saúde**. São Paulo: Ed. RT, 2021, p. 91-102. p. 92.

do Estado ou da sociedade, ainda que se esteja a enfrentar uma emergência sanitária internacional.

O tratamento de dados de vacinação é necessário para que a Administração Pública possa monitorar a adesão às campanhas; mensurar a eficácia da vacina em face da epidemiologia da doença; eventualmente ajustar metas do efeito rebanho; adquirir imunizantes; reestruturar o sistema de saúde. Portanto, o fundamento para o tratamento desses dados, ainda que sem o consentimento do titular, estaria mais do que evidenciado pela própria importância da imunização em tempos pandêmicos.

No entanto, por sua natureza especial, é preciso ponderar que os diversos riscos a direitos fundamentais contidos em medidas de identificação pública de todos os vacinados são elevados e não parecem se justificar, ainda que por puro apelo à moralidade social se estivesse a afirmar que só seriam divulgados os nomes daqueles investigados por supostas irregularidades. Segundo Danilo Doneda,[26]

> A proteção de dados pessoais é uma maneira indireta de atingir um resultado último, que é a proteção da pessoa. AO estabelecer um regime de obrigações para os responsáveis pelo tratamento de dados, bem como de direitos para os titulares destes, não se está meramente regulando um objeto externo à pessoa, porém uma representação da própria pessoa. Os dados pessoais, por definição, representam algum atributo de uma pessoa identificada ou identificável e, portanto, mantém uma ligação concreta e viva com a pessoa titular destes dados. Os dados pessoais são a pessoa, e, portanto, como tal devem ser tratados, justificando o recurso ao instrumental jurídico destinado à tutela da pessoa e afastando a utilização de um regime de livre apropriação e disposição contratual destes dados que não leve em conta seu caráter personalíssimo.

Por isso, quando a LGPD autoriza o tratamento de dados de saúde para fins de tutela da saúde não está a dar carta branca para as autoridades estabelecerem formas de controle discriminatórias e violadoras da mais básica privacidade. A utilidade pública deve ser interpretada restritivamente, não podendo os benefícios sociais genericamente serem apontados direta ou indiretamente como contrapartida oferecida ao titular dos dados.

É possível afirmar que autoridades podem impor a vacinação como medida sanitária em episódios de emergência sanitária de importância internacional, nos termos estabelecidos pela ADIn 6421 e ADIs 6586 e 6587, como também podem exigir a apresentação do comprovante de vacinação em algumas situações, em nome da proteção da saúde coletiva.

No entanto, não é razoável e nem proporcional publicizar esses dados para que cidadãos auxiliem na tarefa de monitoramento e controle de conformidade com as políticas pública, atividades típicas de alguns órgãos da Administração Pública (para esses, sim, a LGPD autoriza, inclusive, o tratamento de dados para fins de atividade de investigação e repressão a atividades penais, art. 4º, III, d[27] e a LAI assegura o acesso à

---

26. DONEDA, Danilo. A proteção de dados pessoais nas relações de consumo: para além da informação creditícia. **Escola Nacional de Defesa do Consumidor**, Brasília, 2010. p. 39.

27. "Conforme Rosário (2015), a definição de investigação conjunta é quando dois ou mais órgãos, de natureza administrativa ou judicial, de um mesmo país, sem uma relação hierárquica entre eles, atuam conjuntamente

LGPD E DIVULGAÇÃO DO NOME DE VACINADOS CONTRA A COVID-19

informação a agentes públicos legalmente autorizados, art. 31, § 1º), a quem também caberá zelar pelo sigilo dos dados.[28]

4. ANÁLISE DE DECISÕES QUE DEBATEM A LICITUDE NA DIVULGAÇÃO DA LISTA DE PESSOAS INVESTIGADAS POR POSSÍVEIS IRREGULARIDADES NO RECEBIMENTO DE IMUNIZANTES CONTRA COVID-19

Nas diversas Ações Civis Públicas propostas Brasil afora foi possível verificar como argumentos invocados pelas diferentes autoridades para justificar a divulgação de nome e dados pessoais dos vacinados: total de vidas que podem ser salvas e/ou mortes que podem ser evitadas com a vacinação; pressão da doença no sistema de saúde público e privado; elevada demanda dos serviços de saúde; escassez de imunizantes e limitação de acesso apenas ao sistema público (enquanto vigente a Lei n. 14.124/21); surgimento e taxa de transmissibilidade das novas variantes; definição de grupos prioritários levando em conta a estratificação de riscos; execução e operacionalização do PNI, PNO e Planos Estaduais e Municipais de Vacinação; distribuição das doses segundo estimativas populacionais para cada um dos grupos; necessidade de transparência.

O ato de se vacinar antecipadamente ou de se revacinar (sem ainda ter direito) é evidente fonte de prejuízo coletivo decorrente de conduta egoística altamente reprovável que impacta no planejamento dos municípios, já que o número de pessoas imunizadas é determinante para o avanço de grupos prioritários e faixas etárias em seu território. A ilicitude da conduta também retira do sistema doses que poderiam ser destinadas a indivíduos que ainda não tiveram acesso à imunização. São condutas altamente reprováveis que afetam a meta de redução da circulação viral e da ampliação da cobertura vacinal; afrontam o PNO; comprometem a vacinação de terceiros.

No entanto, esses argumentos, embora muito atraentes para justificar a publicização da lista de vacinados ou de investigados, têm um que de subjetividade e, por isso, são frágeis para autorizar a divulgação de dados sensíveis se confrontados com a Lei Geral de Proteção de Dados (LGPD) e a Lei de Acesso à Informação (LAI).

---

para investigar atos de fraude e corrupção contra a Administração Pública, com o objetivo de produzir provas que possam ser utilizadas nas esferas administrativas, cíveis e criminais, e cujos processos sejam conduzidos sob sigilo de justiça e/ou englobam informações sigilosas'. [...]. Entende-se por investigação administrativa para fins do presente trabalho, toda a investigação administrativa realizada pelos órgãos da administração pública, bem como as Investigações preliminares que precedem os Processos Administrativos Disciplinares e de Responsabilização (PAD e PAR), em andamento nas corregedorias ou órgão equivalente, que tenha por objetivo a obtenção ou a confirmação de fatos, oriundos de procedimentos de tratamento de informações ou denúncias, e que sua realização independa de autorização judicial específica. [...]. A LGPD também amarra em seu Art. 23, "que o tratamento de dados pessoais pelas pessoas jurídicas de direito público deverá ser realizado para o atendimento de sua finalidade pública, na persecução do interesse público, com o objetivo de executar as competências legais ou cumprir atribuições legais do serviço público. Assim sendo, torna-se óbvio que a atribuição de realizar investigações administrativas com finalidade de identificar a ocorrência de ilícitos e irregularidades na administração pública também atende ao previsto neste dispositivo da norma legal" (CHAVES, Joe Luis de Sousa. O impacto da Lei Geral de Proteção de Dados (LGPD) nas investigações administrativas. **Caderno Virtual**, v. 1, n. 50, p. 1-18, 2021.

28. O dever de sigilo é transferido *ex lege* ao órgão público requisitante dos dados (art. 31, § 2º, LAI).

O dever de transparência do PNO estabelecido na Medida Provisória n. 1026, de 6 de janeiro de 2021, convertida na Lei n. 14.124, em 10 de março de 2021,[29] não inclui a divulgação do nome de vacinados e respectivos dados. Ao contrário, determina o uso dos sistemas do Ministério da Saúde para compartilhamento de informações entre os órgãos da Administração Pública para monitoramento e fiscalização das ações e serviços de saúde e epidemiologia da doença.

Assim, é evidente, que órgãos de controle, monitoramento e fiscalização (como os Ministérios Públicos) poderiam ter acesso a dados de vacinados a fim de investigar eventual conduta contrária ao PNO, como de fato o fizeram. No entanto, tal acesso deve ser precedido e seguido de medidas acauteladoras do obrigatório e necessário sigilo.[30]

É preciso aqui esclarecer que "o interesse coletivo, portanto, é característica da informação produzida pela atividade estatal no exercício regular de suas atribuições".[31] No entanto, há informações que por sua natureza, ainda que tenham origem na atividade estatal, "não possuem relevância universal, ou seja, não interessam genericamente a qualquer pessoa indeterminada. Dito de outro modo, a divulgação integral de seu conteúdo pode violar direito humano fundamental de intimidade e privacidade, ou quiçá revelar um fato sem relevância social".[32]

---

29. Disponível em: https://www.planalto.gov.br/ccivil_03/_ato2019-2022/2021/Lei/L14124.htm.

Vide Art. 14. A administração pública disponibilizará em sítio oficial na internet informações atualizadas a respeito do Plano Nacional de Operacionalização da Vacinação contra a Covid-19 e de sua execução, que deverão conter, no mínimo:

I – a relação do quantitativo de vacinas adquiridas, com indicação: a) do laboratório de origem; b) dos custos despendidos; c) dos grupos elegíveis; e d) da região onde ocorreu ou ocorrerá a imunização; e

II – os insumos, os bens e serviços de logística, a tecnologia da informação e comunicação, a comunicação social e publicitária e os treinamentos destinados à vacinação contra a Covid-19.

Parágrafo único. Para fins do disposto no *caput* deste artigo, serão observados, no que couber, o disposto nas Leis nºs 12.527, de 18 de novembro de 2011 (Lei de Acesso à Informação), e 13.709, de 14 de agosto de 2018 (Lei Geral de Proteção de Dados Pessoais).

Art. 15. Os estabelecimentos de saúde, públicos e privados, deverão registrar diariamente e de forma individualizada, em sistema de informação disponibilizado pelo Ministério da Saúde, os dados referentes à aplicação das vacinas contra a Covid-19 e a eventuais eventos adversos observados ou de que tiverem conhecimento.

Parágrafo único. Na hipótese de alimentação off-line do sistema de informação de que trata o *caput* deste artigo, será respeitado o prazo de 48 (quarenta e oito) horas para alimentação dos sistemas do Ministério da Saúde.

30. Nesse sentido, "o diálogo entre a Lei Geral de Proteção de Dados Pessoais e a Lei de Acesso à Informação aponta para solução única: *a viabilidade do acesso, por órgão público responsável pela defesa da ordem jurídica e pelo controle da Administração Pública, a dados pessoais pertinentes ao processo de vacinação, independentemente de consentimento do titular da informação pessoal*. Assim, é individualizada solução coerente e harmônica, que assegura, a uma só vez, a unidade do sistema e a promoção dos valores emanados do topo da pirâmide normativa" (MONTEIRO FILHO, Carlos Edison do Rêgo; CASTRO, Diana Loureiro Paiva. Dados nacionais de vacinação: acesso à informação, transparência administrativa e proteção de dados pessoais. In: RODRIGUES, Francisco Luciano Lima; MENEZES, Joyceane Bezerra; MORAES, Maria Celina Bodin (Org.). **Direito e vacinação**. Rio de Janeiro: Processo, 2022, p. 99-125. p. 111).

31. POLÍZIO JÚNIOR, Vladimir. **A lei de acesso à informação**. Manual teórico e prático. Curitiba: Juruá, 2015. p. 300.

32. POLÍZIO JÚNIOR, Vladimir. **A lei de acesso à informação**. Manual teórico e prático. Curitiba: Juruá, 2015, p. 300.

Por isso, a regra é que informações de interesse coletivo sejam públicas, conforme estabelecido pelo princípio da máxima publicidade disposto no art. 3º, I, da LAI (Lei n. 12.527/11). Porém, trata-se de princípio que encontra limites em outros importantes direitos entre os quais se destacam os direitos fundamentais à privacidade e à autodeterminação que determinam que algumas informações pessoais, por sua natureza, devam permanecer em sigilo, como é caso dos dados de saúde (porque dados sensíveis).

Órgãos e entidades públicas devem garantir o direito de acesso à informação que, quando não estiver disponível em sítios eletrônicos do ente público, será franqueada por "procedimentos objetivos e ágeis, de forma transparente, clara e em linguagem de fácil compreensão" (art. 5º, LAI), devendo o Poder Público promover a eliminação de quaisquer barreiras na comunicação (art. 17, LAI).

A lista de vacinados com seus respectivos dados pessoais é considerada informação de interesse coletivo *lato sensu*, ou seja, é produzida e custodiada pela Administração Pública, porém não goza de amplo dever de informação, subordinando-se ao dever de informação para órgãos de controle e de fiscalização, esses sim capazes de apurar denúncias e punir condutas ilícitas.

As antinomias entre LAI e LGPD são meramente aparentes e ambas dão suporte ao necessário sigilo para as listas de vacinados contra a Covid-19. A medida (legal, administrativa ou judicial) que determina a divulgação de dados de todos os vacinados afasta-se da finalidade das normas, abrindo as portas para condutas discriminatórias e atos de violência que colocam em risco o próprio titular do dado. Nesse sentido, a LIN-DB estabelece em seu art. 20 que "nas esferas administrativa, controladora e judicial, não se decidirá com base em valores jurídicos abstratos sem que sejam consideradas as consequências práticas da decisão".

Por isso, o interesse social, genericamente considerado, não é suficiente para justificar formas de controle a partir dos dados de saúde e tampouco faz desaparecer direitos fundamentais como a privacidade. Se é certo que a emergência sanitária de interesse internacional por si só caracteriza um interesse social na proteção da saúde coletiva, por evidente que seus reflexos não podem simplesmente desconsiderar direitos humanos e direitos fundamentais (conforme bem destacado pelo Regulamento Sanitário Internacional).

O apelo coletivo à divulgação das listas de vacinados é, sem dúvida, sedutor, pois traveste-se de um chamamento à responsabilidade individual em razão da proteção da saúde coletiva, mas não encontra respaldo nem na Lei Geral de Proteção de Dados e tampouco na Lei de Acesso à Informação. Segundo Carlos Edison do Rêgo Monteiro Filho e Diana Loureiro Paiva de Castro,

> A partir da análise das bases legais previstas na LGPD, vê-se que a divulgação pública de dados pessoais pertinentes ao processo de vacinação não pode ocorrer, senão mediante consentimento de cada titular. Se, de um lado, não se encontra base legal para fundamentar o tratamento desses

dados pessoais sem consentimento (sensíveis ou não), de outro lado é certo que a exposição pública da lista de vacinados aniquilaria o direito à proteção dos dados pessoais.[33]

É dos órgãos de controle e de fiscalização o dever acompanhar a correta operacionalização do PNO e, quando for o caso, denunciar as condutas ilícitas. O exercício desse controle não deve ser delegado à sociedade, embora possa ter ela papel importante na identificação de atos realizados em desconformidade com as políticas públicas de imunização.

Da mesma forma, a confecção dessas listas deve ser conduzida pelo dever de cuidado e responsabilidade, evitando-se a inserção de dados errados que possam expor a investigação pessoas que não cometeram nenhuma ilicitude (como no Caso 1 antes mencionado) ou, ainda, que publicizem dados que devam ser mantidos em sigilo. Está aqui a se falar do que se entende por *accountability*,[34] parte importante da governança de dados (plano *ex ante* no qual se insere o *compliance*) e que amplia as zonas de incidência da responsabilidade civil também para os parâmetros regulatórios preventivos.

A Lei Geral de Proteção de Dados (Lei n. 13.709/18/LPGD) estabeleceu como um de seus princípios, o da responsabilidade (art. 6º, X, LGPD), que reafirma a responsabilidade dos agentes de dados (públicos e privados) pelo tratamento de dados pessoais e consequente conformidade com os marcos legais (art. 50, LGPD). "É esse o espírito do princípio da *accountability* descrito no art. 6º, inciso X! O foco é a ampliação do espectro da responsabilidade, mediante a inclusão de parâmetros regulatórios preventivos, que promovem uma interação entre a *liability* do Código Civil com uma regulamentação voltada à governança de dados, seja em caráter *ex ante* ou *ex post*".[35] Para a aplicação dos diversos princípios estabelecidos na LGPD (art. 6º),

---

33. MONTEIRO FILHO, Carlos Edison do Rêgo; CASTRO, Diana Loureiro Paiva. Dados nacionais de vacinação: acesso à informação, transparência administrativa e proteção de dados pessoais. In: RODRIGUES, Francisco Luciano Lima; MENEZES, Joyceane Bezerra; MORAES, Maria Celina Bodin (Org.). **Direito e vacinação**. Rio de Janeiro: Processo, 2022, p. 99-125. p. 111.

34. "Na língua inglesa, entretanto, há outros termos representativos de outros sentidos para o conceito jurídico de responsabilidade. Ao lado de *liability*, colocam-se três outros vocábulos: *responsability; answerability* e *accountability*. Os três podem ser traduzidos para a língua portuguesa como 'responsabilidade', mas seus sentidos, em verdade, diferem do conteúdo monopolístico que as jurisdições da *civil law* conferem à *liability*, como palco iluminado da responsabilidade civil (arts. 927 a 954, do Código Civil). Em comum, os três vocábulos transcendem a função judicial de desfazimento de prejuízos, conferindo novas camadas à responsabilidade, capazes de responder à complexidade e à velocidade dos arranjos sociais contemporâneos. Enfim, tem-se a *accountability*, e a partir dela ampliamos o espectro da responsabilidade, mediante a inclusão de parâmetros regulatórios preventivos, que promovem uma interação entre a *liability* do Código Civil e a regulamentação voltada à governança de dados, seja em caráter *ex ante* ou *ex post*" (ROSENVALD, Nelson; FALEIROS JUNIOR, José de Moura. Accountability e mitigação da responsabilidade civil na Lei Geral de Proteção de Dados. In: FRAZÃO, Ana; CUEVA, Ricardo Villas Bôas (Coord.). **Compliance e políticas de proteção de dados**. São Paulo: Thomas Reuters Brasil, 2022).

35. No plano *ex post* "a *accountability* atua como um guia para o magistrado e outras autoridades, norteando a identificação e a quantificação de responsabilidade e lastreando o estabelecimento de remédios mais adequados (e sua gradação/dosagem)" (ROSENVALD, Nelson; FALEIROS JUNIOR, José de Moura. Accountability e mitigação da responsabilidade civil na Lei Geral de Proteção de Dados. *In*: FRAZÃO, Ana; CUEVA, Ricardo Villas Bôas (Coord.). **Compliance e políticas de proteção de dados**. São Paulo: Thomas Reuters Brasil, 2022. p. 779).

Caberá ao controlador dos dados pessoais, observados a estrutura, a escala e o volume de suas operações, bem como a sensibilidade dos dados tratados, a probabilidade e a gravidade dos danos para os titulares dos dados, implementar programas de governança em privacidade de dados que, no mínimo, possuam as seguintes características: a) demonstre o comprometimento do controlador em adotar processos e políticas internas que assegurem o cumprimento, de forma abrangente, de normas e boas práticas relativas à proteção de dados pessoais; b) seja aplicável a todo o conjunto de dados pessoais que estejam sob seu controle, independentemente do modo como se realizou sua coleta; c) seja adaptado à estrutura, à escala e ao volume de suas operações, bem como à sensibilidade dos dados tratados; d) estabeleça políticas e salvaguardas adequadas com base em processo de avaliação sistemática de impactos e riscos à privacidade; e) tenha o objetivo de estabelecer relação de confiança com o titular, por meio de atuação transparente e que assegure mecanismos de participação do titular; f) esteja integrado a sua estrutura geral de governança e estabeleça e aplique mecanismos de supervisão internos e externos; g) conte com planos de resposta e incidentes de remediação; e h) seja utilizado constantemente com base em informações obtidas a partir do monitoramento contínuo e avaliações periódicas.[36]

A segurança de dados exige conduta proativa e mitigação de riscos[37] (*accountability* e *compliance*), ainda mais quando se está a realizar tratamento de dados sensíveis (como os dados de saúde). A falha nessas condutas justifica a responsabilização do controlador e/ou do operador dos dados (art. 42, LGPD), o que poderia também ter sido levado em consideração quando da condenação do município no Caso 1 (e não o foi).

Deve-se lembrar que em ambos os casos aqui analisados o especial objeto tutelado é a saúde individual e coletiva e, portanto, pouco importa se houve vontade dolosa ou não em divulgar a lista ou tomar antecipadamente doses da vacina contra a Covid-19, o que importa é que as condutas dos agentes decorrem da sua assunção de risco, de atos e comportamentos reais que geram ofensas mensuráveis (individuais e coletivas) e, por isso, indenizáveis.

5. CONSIDERAÇÕES FINAIS

O início da vacinação contra a Covid-19 foi comemorado por grande parte dos brasileiros, que nela depositavam a esperança do arrefecimento da pandemia e a volta da normalidade social. Assim, as notícias de pessoas furando fila, vacinando-se com terceiras e quartas doses enquanto a maioria da população sequer tinha recebido a primeira, causou desestabilização social. A revolta provocada por esses comportamentos egoístas determinou a atuação de órgãos de controle e fiscalização para que a estratificação de riscos e os registros determinados pelo Ministério da Saúde fossem efetivamente cumpridos.

Não se trata, frise-se, de se estabelecer o combate ao indivíduo que age contrariamente ao princípio da solidariedade social, mas sim, de fazer com que todos entendam

---

36. GIOVANNINNI JUNIOR, Josmar Lenine. Fase 4: governança de dados pessoais. In: MALDONADO, Viviane Nóbrega (Coord.). **LGPD. Manual de Implementação**. São Paulo: Ed. RT, 2019, p. 167-188.

37. MORAES, Maria Celina. LGPD: um novo regime de responsabilização civil dito proativo. Editorial. **Civilistica**. Rio de Janeiro: a. 8, n. 3, 2019.

a sua quota de responsabilidade pela saúde coletiva e isso não se alcança divulgando abertamente os dados pessoais e sensíveis de todos os vacinados ou daqueles cuja situação de (ir)regularidade está sob investigação.

Embora os dois casos aqui analisados tenham como ponto comum o processo de vacinação contra a Covid-19, distanciam-se na origem da ilicitude. No Caso 1 o município claramente violou a LGPD ao divulgar a lista de vacinados, conduta que se agravou ao nela incluir pessoas que nenhuma irregularidade cometeram. No entanto, é de fato interessante que nem a petição inicial, nem a sentença tenham lançado esse olhar sobre o assunto, que não foi discutido sob as regras da Lei Geral de Proteção de Dados.

No Caso 2 a própria titular de dados confessou a conduta ilícita, postando em redes sociais o seu comprovante de vacinação. Portanto, embora não haja necessidade de discutir o tratamento de dados feito pelo Ministério da Saúde é interessante notar que a conduta ilícita conduziu a um dano moral coletivo em razão dos possíveis impactos de sua conduta (princípios da precaução e da prevenção[38]) no programa de imunização contra a Covid-19.

Tudo isso leva a uma pergunta, ainda não analisada pelos tribunais brasileiros, mas que merecerá atenção: os municípios que de fato divulgaram listas de fura-filas violaram a Lei Geral de Proteção de Dados e, eventualmente, poderão também ser condenados pode danos morais coletivos e individuais pela divulgação dos dados, independente da comprovação da ilicitude do ato praticado pelos seus titulares? Deixo aqui a provocação para quem sabe discutirmos em uma análise futura.

REFERÊNCIAS

CHAVES, Joe Luis de Sousa. O impacto da Lei Geral de Proteção de Dados (LGPD) nas investigações administrativas. **Caderno Virtual**, v. 1, n. 50, p. 1-18, 2021.

COSTA, José Augusto Fontoura. Tratamento e transferência de dados de saúde: limites ao compartilhamento de dados sensíveis. In: DALLARI, Annalluza Bolivar; MONACO, Gustavo Ferraz de Campos (Coord.). **LGPD na saúde**. São Paulo: Ed. RT, 2021.

DONEDA, Danilo. A proteção de dados pessoais nas relações de consumo: para além da informação creditícia. **Escola Nacional de Defesa do Consumidor**, Brasília, 2010.

GIOVANNINNI JUNIOR, Josmar Lenine. Fase 4: governança de dados pessoais. In: MALDONADO, Viviane Nóbrega (Coord.). **LGPD. Manual de Implementação**. São Paulo: Ed. RT, 2019.

MONTEIRO FILHO, Carlos Edison do Rêgo; CASTRO, Diana Loureiro Paiva. Dados nacionais de vacinação: acesso à informação, transparência administrativa e proteção de dados pessoais. In: RODRIGUES, Francisco Luciano Lima; MENEZES, Joyceane Bezerra; MORAES, Maria Celina Bodin (Org.). **Direito e vacinação**. Rio de Janeiro: Processo, 2022.

MORAES, Maria Celina. LGPD: um novo regime de responsabilização civil dito proativo. Editorial. **Civilistica**. Rio de Janeiro: a. 8, n. 3, 2019.

---

38. Não se está aqui a afirmar a possibilidade de dano de risco, mas sim, da imputação de responsabilidade decorrente de efetivo perigo, de responsabilizar aquele que conhecendo ou não podendo ignorar o perigo de sua conduta para o equilíbrio do PNO, expõe outras pessoas ao risco de não serem imunizadas em tempo razoável.

POLÍZIO JÚNIOR, Vladimir. **A lei de acesso à informação**. Manual teórico e prático. Curitiba: Juruá, 2015.

ROSENVALD, Nelson; FALEIROS JUNIOR, José de Moura. Accountability e mitigação da responsabilidade civil na Lei Geral de Proteção de Dados. In: FRAZÃO, Ana; CUEVA, Ricardo Villas Bôas (Coord.). **Compliance e políticas de proteção de dados**. São Paulo: Thomas Reuters Brasil, 2022.

SCHAEFER, Fernanda. Vacinação obrigatória: entre o interesse individual e o social. A possibilidade de responsabilização civil em caso de recusa à imunização. In: RÊGO MONTEIRO FILHO, Carlos Edison; ROSENVALD, Nelson; DENSA, Roberta (Coord.). **Coronavírus e responsabilidade civil**. 2. ed. Indaiatuba: Foco, 2021.

INCIDENTES DE SEGURANÇA COM DADOS PESSOAIS SENSÍVEIS EM ESTABELECIMENTOS DE SAÚDE: UMA ANÁLISE SOBRE OS PRESSUPOSTOS DA RESPONSABILIDADE CIVIL

José Luiz de Moura Faleiros Junior[1]

Marina Rangel de Abreu Iede[2]

> **Decisão paradigma**: BRASIL. Superior Tribunal de Justiça (STJ), **Agravo em Recurso Especial nº 2.008.070/SP**, relator Min. Luís Felipe Salomão, j. 05 fev. 2022.

> **Sumário:** 1. Descrição do caso – 2. Contextualização dos pressupostos da responsabilidade civil no caso – 3. Hipóteses para o tratamento de dados pessoais relativos à saúde – 4. O dever geral de segurança estabelecido no artigo 46 da LGPD e os incidentes de segurança – 5. Fundamentos para a responsabilização na LGPD: o contraste entre o artigo 42, *caput*, e o artigo 44, parágrafo único – 6. Notas conclusivas: o mérito do AREsp nº 2.008.070/SP – Referências.

1. DESCRIÇÃO DO CASO

O precedente analisado teve origem em razão da prática de crime de estelionato por autor desconhecido que, tendo obtido acesso não autorizado a dados pessoais mantidos em prontuário médico de paciente, entrou em contato com a responsável (filha) da mesma, levando-a a erro ao enunciar detalhes do atendimento clínico que somente poderia saber a partir do acesso ao prontuário, e que a levaram a agir impetuosamente e a realizar transferência bancária para conta de pessoa física indicada pelo criminoso, sob a alegação de que o pagamento seria imprescindível para a realização de procedimento médico de urgência.

Lavrada a ocorrência policial e realizado o acionamento da Ouvidoria da instituição sanitária, foi evidenciada a recorrência de estelionatos semelhantes, o que teria levado à implementação de medidas de cientificação e alerta de pacientes e familiares por

---

1. Doutorando em Direito Civil pela Universidade de São Paulo – USP/Largo de São Francisco. Doutorando em Direito, na área de estudo 'Direito, Tecnologia e Inovação', pela Universidade Federal de Minas Gerais – UFMG. Mestre e Bacharel em Direito pela Universidade Federal de Uberlândia – UFU. Especialista em Direito Digital. Especialista em Direito Civil e Empresarial. Advogado e Professor. E-mail: jfaleiros@usp.br.
2. Especialista em Direito Civil e Processual Civil pelo Centro Universitário Curitiba. Advogada Associada da Maffini Advogados e Sócia-fundadora da MR3 Assessoria e Consultoria Empresarial. Membro da Comissão de Direito à Saúde da OAB/PR. Membro da Comissão de Direito Digital e Proteção de Dados da OAB/PR. Advogada e Professora convidada da Pós-Graduação em Direito Médico e Bioética – EBRADI. E-mail: marina.rangel@maffiniadvocacia.com.br.

meio da veiculação de avisos em cartazes, pôsteres e manuais escritos. Não tendo sido identificado o autor imediato do crime, a ação civil foi proposta com fundamento em dispositivos da Lei nº 8.078/1990 (Código de Defesa do Consumidor) para discussão da responsabilidade civil da instituição hospitalar por defeito do serviço, ampliando-se, já no curso da tramitação processual, para o tema da violação do dever geral de segurança quanto aos dados pessoais da paciente, aos quais o criminoso teve acesso não autorizado, denotando condicionante causal para a perpetração do delito. A partir disso, passaram a ser cotejados dispositivos da Lei nº 13.709/2018 (Lei Geral de Proteção de Dados Pessoais), da Lei nº 13.787/2018 (Lei de Digitalização de Prontuários Médicos), bem como resoluções do Conselho Federal de Medicina e do Conselho Federal de Enfermagem.

Alegou-se violação aos artigos 11, 12, 21, 186 e 927 do CC, ao artigo 14, § 1º, do CDC, aos artigos 5º, incisos I e II, 6º, incisos VII, VIII e X, 11, I e II, "f", e § 1º, 42 e 46 da LGPD e aos artigos 2º e 4º da Lei nº 13.787/2018. Em pauta, foram colocadas questões como a conexão normológica do CDC com a LGPD e a possibilidade de responsabilização da instituição hospitalar por violação ao dever geral de segurança da informação que se lhe impunha a legislação, a despeito da temporalidade do fato (precedente à vigência da LGPD). Também se discutiu o fato exclusivo da vítima como excludente causal, embora sem adentrar minuciosamente às previsões da LGPD (artigo 43) quanto a este tema. Houve revelia da parte ré, mas isto não bastou para sustentar o pleito indenizatório, composto por pedido de indenização por danos materiais emergentes (quantia transferida para a conta bancária indicada pelo estelionatário), e por danos morais (em valor sugerido pela parte autora).

Os pedidos foram julgados improcedentes em primeira instância, sendo mantido o desfecho decisório por ocasião do julgamento colegiado, em 2021, que encerrou a tramitação nas instâncias ordinárias. Após interposição de recurso especial, que restou inadmitido na origem, foi apresentado agravo em Recurso Especial (de nº 2.008.070/SP), que chegou ao Superior Tribunal de Justiça. Na decisão monocrática proferida pelo Ministro Luis Felipe Salomão, o recurso teve provimento negado e a discussão se encerrou em 03 de fevereiro de 2022, sem êxito da parte autora.

O precedente mencionado foi considerado paradigmático por ser um dos primeiros nos tribunais superiores a enfrentar Recurso Especial que fundamentou a quebra do sigilo de prontuário médico também na Lei Geral de Proteção de Dados (Lei 13.709/2018), motivo pelo qual não se pode negar seu valor, pois levou ao crivo do Judiciário discussões envolvendo a proteção de dados pessoais em matéria de saúde e suas variadas repercussões para a responsabilidade civil, merecendo averiguação mais detalhada.

2. CONTEXTUALIZAÇÃO DOS PRESSUPOSTOS DA RESPONSABILIDADE CIVIL NO CASO

Na esteira do implemento do Regulamento Geral sobre a Proteção de Dados europeu (RGPD, ou GDPR na sigla em inglês), a promulgação da Lei Geral de Proteção de Dados pessoais brasileira – Lei nº 13.709, de 14 de agosto de 2018 – representou inegável avanço, mas seu longo período de *vacatio legis* (que somente se findou em setembro de 2020), além de sinalizar a complexidade de adaptação a seus rigores, incitou revisões críticas que já culminaram em alterações legislativas. Inicialmente, foi editada a Medida Provisória nº 869, de 27 de dezembro de 2018, que reformulou densamente o texto original da norma. Posteriormente, tendo sido realizadas diversas audiências públicas com intensos debates acerca das alterações, foi promulgada a Lei nº 13.853, de 08 de julho de 2019, que manteve alguns dos ajustes, efetivou outros e recompôs o texto original em certos pontos.

Até mesmo as sanções administrativas previstas na lei (artigo 52) tiveram prazo de *vacatio legis* diferenciado, que perdurou até agosto de 2021, indicando a enorme preocupação com processos de adequação prática aos ditames da lei. Somando-se a isso, novas leis foram promulgadas e passaram a referenciar textualmente a LGPD, a exemplo da Lei de Digitalização de Prontuários Médicos – Lei nº 13.787, de 27 de dezembro de 2018 – que reforçou a importância dos mecanismos de segurança da informação para a transformação digital.

A responsabilidade civil é um dos mais importantes temas trabalhados na LGPD, e os dispositivos que a abordam, malgrado não tenham sofrido modificações desde que foi promulgado o texto original, constituem tema relevante e que suscita grande número de indagações e reflexões pelo fato de haver normas de conexão, como o artigo 45 da lei, que faz expressa remissão ao Código de Defesa do Consumidor.

Para além de investigar os regimes descritos pelo legislador para que se obtenha respostas quanto à teoria de sustentação da responsabilização das pessoas abarcadas pela nova regulação – se subjetiva ou objetiva – e, nesse aspecto, para que seja possível uma investigação acerca da suficiência das regras contidas nessas legislações, a análise das particularidades da responsabilidade civil nelas contempladas é medida fundamental.

Em questões de saúde, exige-se que sejam estabelecidas diretrizes sólidas para a implementação das políticas de proteção de dados pessoais definidas na legislação, notadamente com o objetivo de prevenir demandas e responsabilidades. Nunca antes se cogitou com tamanha ênfase, por exemplo, o chamado *compliance* digital, manifestado em uma série de deveres relacionados ao proceder ético dos agentes de tratamento de dados que, sabidamente, lidam com a complexidade do desenvolvimento tecnológico para o cumprimento de suas atividades profissionais.[3]

A LGPD brasileira trabalha com um direito fundamental que não é novo: a proteção de dados pessoais.[4] Pela dicção do artigo 17 da própria lei, é assegurada a toda pessoa

---

3. Giovani Agostini Saavedra e Lara Rocha Garcia enfatizam que "Sobreleva-se a importância de agir de forma multidisciplinarmente, com um olhar jurídico e tecnológico, unindo técnicas para garantir a aplicação da Lei. Equipes formadas somente por profissionais das áreas jurídicas e de *compliance* serão insuficientes para abarcar toda a complexidade de transformação de uma empresa." GARCIA, Lara Rocha; SAAVEDRA, Giovani Agostini. Privacidade e Proteção de Dados na Área da Saúde. In: CARLINI, Angélica; SAAVEDRA, Giovani Agostini (Coord.). **Compliance na Área da Saúde**. Indaiatuba: Foco, 2020, p. 116.

4. O tema não é novo e já foi enfrentado, por exemplo, por Danilo Doneda, que há anos já destaca que "[a]través da proteção de dados pessoais, garantias a princípio relacionadas à privacidade passam a ser vistas em uma

natural a "titularidade de seus dados pessoais e garantidos os direitos fundamentais de liberdade, de intimidade e de privacidade", a revelar a amplitude de incidência das normas protetivas que traz. Noutros termos, a privacidade, que é profundamente estudada como direito fundamental desde a publicação do emblemático artigo de Samuel Warren e Louis Brandes, em 1890,[5] passa a ser vista como a moldura perfeita para a compreensão de um direito fundamental à proteção de dados pessoais, e este, ainda que não seja um "novo" direito, modifica algumas das compreensões clássicas sobre a responsabilidade civil.

O AREsp nº 2.008.070/SP merece análise específica justamente por isso: despertou olhares para questões atualíssimas do Direito Digital e da proteção de dados pessoais.

3. HIPÓTESES PARA O TRATAMENTO DE DADOS PESSOAIS RELATIVOS À SAÚDE

Uma análise detida da LGPD revela diversas peculiaridades, muitas delas compreendidas nas entrelinhas dos vários dispositivos da lei, revelando desafios que não são possíveis esgotar nessas brevíssimas linhas. Bem ao contrário, o intuito almejado deve ser o de descortinar algumas questões inquietantes sobre o tratamento de dados relativos à saúde. De início, convém registrar que o tratamento dos dados pessoais é realizado a partir de requisitos estabelecidos textualmente nos artigos 7º e 11 da LGPD. São as hipóteses que se convencionou chamar de 'bases legais', cuja listagem se refere ao tratamento de dados pessoais, nas situações do artigo 7º, e de dados pessoais sensíveis, nas do artigo 11.

Quanto ao tratamento de dados na área da saúde, tendo em vista tratar-se de atividade relacionada a dados eminentemente sensíveis, a base legal mais precisa para a realização do tratamento é aquela descrita na alínea "f" do inciso II do artigo 11, cuja redação também contém condicionantes específicas: deve se dar em *procedimento* realizado por *profissionais da área da saúde, serviços de saúde ou autoridade sanitária*. É importante ressaltar, ainda, que a referida alínea foi objeto de alteração pela Medida Provisória nº 869/2018 (posteriormente convertida na Lei nº 13.853/2019) para incluir os *serviços de saúde* no rol de pessoas autorizadas a se valerem dela, mas, de fato, o detalhe que mais chama a atenção em sua leitura é a amplitude do que se pode considerar *procedimento* para os fins de tratamento de dados pessoais sensíveis relacionados à saúde.

ótica mais abrangente, pela qual outros interesses devem ser considerados, abrangendo as diversas formas de controle tornadas possíveis com a manipulação de dados pessoais". DONEDA, Danilo. O direito fundamental à proteção de dados pessoais. In: MARTINS, Guilherme Magalhães; LONGHI, João Victor Rozatti (Coord.). **Direito digital**: direito privado e Internet. 3. ed. Indaiatuba: Foco, 2020. p. 36. Essa constatação advém de investigações teóricas mais profundas sobre os impactos jurídicos do conceito de informação, pois, ainda que a pessoa em questão não seja a "autora" da informação, no sentido de sua concepção, ela é a titular legítima de seus elementos. Noutros termos, o vínculo que se cria entre informação e indivíduo é por demais estreito. Desse modo, quando o objeto dos dados é um sujeito de direito, a informação passa a ser encarada como atributo da personalidade.

5. WARREN, Samuel D.; BRANDEIS, Louis D. The right to privacy. **Harvard Law Review**, Cambridge, v. 4, n. 5, p. 193-220, dez. 1890.

Nota-se, portanto, a necessidade de elucidação mais aprofundada do termo *procedimento* para que se discuta a extensão dessa base legal, sob pena de não haver condições totalmente claras para que seja utilizada como fundamento do tratamento de dados. Por certo, o labor regulatório infralegal da Autoridade Nacional de Proteção de Dados – ANPD será essencial para aclarar o contexto de incidência dessa base legal.

Outra peculiaridade que se observa é a opção do legislador brasileiro pela alocação dos dados relativos à saúde (considerados em sentido amplo) no conceito de 'dados pessoais sensíveis' (artigo 5º, inciso II, da LGPD). Diversamente, o legislador europeu cuidou de distinguir textualmente os dados genéticos, os dados biométricos e os dados relativos à saúde (artigo 4º, nºs 13, 14 e 15, respectivamente, do Regulamento UE 2016/679, o RGPD). Estes últimos são conceituados pelos europeus como "dados pessoais relacionados com a saúde física ou mental de uma pessoa singular, incluindo a prestação de serviços de saúde, que revelem informações sobre o seu estado de saúde". No Brasil, não se tem tanto detalhamento conceitual, embora seja inegável que prontuários médicos sejam formados preponderantemente por dados pessoais sensíveis, ainda que a eles se somem dados de identificação (e, por isso, não sensíveis).

Caso não haja condições para a aplicação da base legal de tutela da saúde, o consentimento do titular de dados surgirá como alternativa plausível para a realização do tratamento de dados, e isto é o mais usual em atendimentos realizados em hospitais e clínicas médicas, como parece ter sido o caso no precedente analisado.

Em síntese, optou-se por admitir o tratamento, mediante coleta consentida de dados pessoais, inclusive de dados pessoais sensíveis (artigos 5º, inciso X, e 11, inciso I, da LGPD), mas exige-se a observância de finalidade específica (que é, aliás, princípio expresso da lei). Tudo parte da necessidade de um "novo olhar" sobre a informação. Na medida em que o consentimento passa a ser o critério fundamental para a coleta, torna-se essencial que o indivíduo saiba discernir os limites e os riscos que enfrentará ao fornecer seus dados a determinado agente.

Nesse aspecto, merece menção a distinção que se faz entre o consentimento para a realização do atendimento médico e o consentimento relativo ao tratamento de dados pessoais. Sobre o tema, Flaviana Rampazzo Soares explica que "é possível afirmar que o [consentimento do paciente no atendimento em saúde] está sujeito à LGPD no que tange aos dados e informações a ela relacionados, e não quanto ao objeto e objetivo do consentimento em si (que é um específico atendimento), e a incidência da LGPD se circunscreverá ao que disser respeito ao tratamento de dados".[6]

Há outras questões a serem lembradas, como a desnecessidade da forma escrita – embora esta seja desejável em razão dos riscos inerentes à adoção de outras formas[7] –

---

6. SOARES, Flaviana Rampazzo. Consentimento no direito da saúde nos contextos de atendimento médico e de LGPD: diferenças, semelhanças e consequências no âmbito dos defeitos e da responsabilidade. **Revista IBERC**, Belo Horizonte, v. 4, n. 2, p. 18-46, maio/ago. 2021. p. 34.

7. TEFFÉ, Chiara Spadaccini de; TEPEDINO, Gustavo. O consentimento na circulação de dados pessoais. **Revista Brasileira de Direito Civil**, Belo Horizonte, v. 25, p. 83-116, jul./set. 2020. p. 107.

para o consentimento destinado ao tratamento de dados pessoais (cf. artigo 8º da LGPD, que remete ao art. 7º, I, quanto aos dados pessoais não sensíveis), ou a distinção entre os adjetivos "específica" e "destacada", que a lei atribui ao consentimento, no artigo 11, inciso I, da LGPD (para dados sensíveis). Todavia, mais importante ainda é a ênfase que se deve dar à consideração e à valoração das ações de cada agente de tratamento[8] (controlador ou operador, segundo conceitos do artigo 5º, incisos VI e VII, da LGPD), pois podem implicar responsabilização civil solidária entre controladores ou entre controlador e operador, por expressa previsão dos incisos do artigo 42, § 1º, da LGPD.

Isso tem enorme relevância para o contexto da saúde, pois decisões dificílimas são tomadas a todo momento, por vezes sem que se tenha absoluta segurança quanto aos resultados que se poderá esperar – daí a denotar a importância de processos, treinamentos e procedimentos internos de gestão, governança e *compliance*.[9] Sem dúvidas, relatórios, prontuários médicos, exames clínicos e outros documentos que se constituem de dados relativos à saúde (sendo, portanto, sensíveis) são obtidos de fontes diversas, por vezes a partir de sistemas informáticos interoperáveis e que envolvem outros controladores e operadores (clínicas, laboratórios, operadoras de planos e seguros de saúde, outros profissionais ou até mesmo bases públicas, como as do Sistema Único de Saúde), o que torna excessivamente complexa a aferição dos níveis ou alçadas de acesso e, principalmente, a identificação de eventual falha.

Que não se confunda a decisão clínica com a decisão quanto ao tratamento de dados, como já foi registrado anteriormente, mas a linha que as distingue é usualmente tênue. São decisões que dependem de dados, e é sabido que o mero acesso, por exemplo, configura atividade de tratamento (artigo 5º, inciso X, da LGPD). Significa dizer que, embora o consentimento seja desejável, nem sempre poderá ser facilmente obtido pelo profissional da saúde. No mais das vezes, será até mesmo despiciendo obtê-lo, haja vista a complexidade da decisão clínica, a urgência do acesso ao banco de dados e a complexidade da cognição de enorme acervo de dados relativos à saúde do paciente, que instruirão o modo de proceder do profissional. Quanto a isso, não há dúvidas de que o embasamento legal para a atividade será a tutela da saúde descrita no artigo 11, inciso II, "f", da LGPD.

---

8. Nos dizeres de Bianca Kremer, "pode-se vislumbrar o operador enquanto um parceiro técnico especializado, o qual é designado para a execução de tarefas específicas com o objetivo de alcançar metas preestabelecidas, a serem definidas pelo controlador de dados. O operador de dados não controla os dados nem possui poderes par alterar o uso ou a finalidade a que se destinam". KREMER, Bianca. Os agentes de tratamento de dados pessoais. In: MULHOLLAND, Caitlin (Org.). **A LGPD e o novo marco normativo no Brasil**. Porto Alegre: Arquipélago Editorial, 2020. p. 305.

9. Conforme Bruno Miragem, "O caráter multidisciplinar do *compliance* faz com que se possam identificar seus antecedentes em atividades há muito existentes na empresa moderna (...). Falar-se hoje em *compliance*, contudo, compreende a integração, sistematização e expansão destas atividades até então isoladas, coordenando-as a partir de uma configuração dotada de sentido e estabilidade, de modo integrado às várias dimensões da atividade empresarial". MIRAGEM, Bruno. *Compliance* Como Instrumento de Proteção do Consumidor na Saúde Suplementar. In: CARLINI, Angélica; SAAVEDRA, Giovani Agostini (Coord.). **Compliance na Área da Saúde**. Indaiatuba: Foco, 2020, p. 103.

Quanto ao mais, a reiteração de boa parte do conteúdo do artigo 7º no artigo 11, da LGPD indica a intenção do legislador de atribuir especial cautela na definição das hipóteses para o tratamento dos dados pessoais sensíveis. Optou-se por atribuir maior proteção àquela categoria de informações tida por mais valiosa e sujeita a maior risco de aviltamento e vilipêndio em caso de ocorrência de incidente de segurança.

No caso de dados pessoais sensíveis, o contexto em que os dados foram tratados acaba se revelando mais importante do que os dados em si. Na área da saúde, a despeito de eventual controvérsia sobre a natureza do regime de responsabilização previsto no artigo 42 da LGPD,[10] importa salientar que há nuances da prática sanitária usualmente complexas e que devem ser conjecturadas[11] a partir dos limites de previsibilidade de riscos e resultados (elementos expressamente descritos no art. 44, inciso II, da lei, ao tratar do conceito de tratamento irregular de dados[12]), pois a LGPD "pouco trouxe no que diz respeito à proteção dos dados de saúde, focando principalmente na continuidade da exploração econômica pelo setor".[13]

---

10. Defendendo posição objetivista, tem-se MULHOLLAND, Caitlin. Responsabilidade civil por danos causados pela violação de dados sensíveis e a Lei Geral de Proteção de Dados Pessoais (lei 13.709/2018). In: MARTINS, Guilherme Magalhães; ROSENVALD, Nelson (Coord.). **Responsabilidade civil e novas tecnologias**. Indaiatuba: Foco, 2020. p. 122; MIRAGEM, Bruno. A Lei Geral de Proteção de Dados (Lei 13.709/2018) e o direito do consumidor. **Revista dos Tribunais**, São Paulo, v. 1009, nov. 2019. p. 27 et seq; DRESCH, Rafael de Freitas Valle; FALEIROS JÚNIOR, José Luiz de Moura. Reflexões sobre a responsabilidade civil na Lei Geral de Proteção de Dados (Lei nº 13.709/2018). In: ROSENVALD, Nelson; DRESCH, Rafael de Freitas Valle; WESENDONCK, Tula (Coord.). **Responsabilidade civil**: novos riscos. Indaiatuba: Foco, 2019. p. 74; ROSENVALD, Nelson. O compliance e a redução equitativa da indenização na LGPD. **Migalhas de Proteção de Dados**, 19 mar. 2021. Disponível em: https://www.migalhas.com.br/coluna/migalhas-de-protecao-de-dados/342032/o-compliance-e-a-reducao-equitativa-da-indenizacao-na-lgpd. Acesso em: 31 jan. 2023. Em sentido diverso, analisando o referido dispositivo e defendendo a natureza subjetiva do regime de responsabilidade civil em questão, tem-se, por todos, GUEDES, Gisela Sampaio da Cruz; MEIRELES, Rose Melo Venceslau. Término do tratamento de dados. In: TEPEDINO, Gustavo; FRAZÃO, Ana; OLIVA, Milena Donato (Coord.). **Lei Geral de Proteção de Dados Pessoais e suas repercussões no direito brasileiro**. São Paulo: Revista dos Tribunais, 2019. p. 231-232; DANTAS BISNETO, Cícero. Dano moral pela violação à legislação de proteção de dados: um estudo de direito comparado entre a LGPD e o RGPD. In: FALEIROS JÚNIOR, José Luiz de Moura; LONGHI, João Victor Rozatti; GUGLIARA, Rodrigo (Coord.). **Proteção de dados pessoais na sociedade da informação**: entre dados e danos. Indaiatuba: Foco, 2021. p. 228.

11. TOMASEVICIUS FILHO, Eduardo. Responsabilidade civil na LGPD na área da saúde. In: DALLARI, Analluza Bolivar; MONACO, Gustavo Ferraz de Campos (Coord.). **LGPD na saúde**. São Paulo: Thomson Reuters Brasil, 2021. p. 221.

12. No contexto das relações de consume, mas com grande eloquência, mister a menção ao entendimento de Juliano Madalena quanto à natureza *in re ipsa* do dever de indenizar por violação à esperada segurança que descreve o art. 44 da lei: "Em assim sendo, a responsabilidade pelo descumprimento do dever de segurança possui previsão expressa no art. 44 da mesma norma, que refere a responsabilidade do controlador ou operador pela violação da segurança dos dados (...). Portanto, a LGPD ao escolher o sistema de responsabilidade civil subjetiva funda o dever de indezar na culpa e mitiga os efeitos adversos da sua escolha com a possibilidade de inversão do ônus da prova, também prevista no CDC. Entretanto, ao nosso ver, o dano causado pela exposição dos direitos da personalidade é *in re ipsa*: o fato de descumprir com culpa o dever de segurança e gerar dano faz com que se origine o dever de indenizar". MADALENA, Juliano. A responsabilidade civil decorrente do vazamento de dados pessoais. In: MENKE, Fabiano; DRESCH, Rafael de Freitas Valle (Coord.). **Lei Geral de Proteção de Dados**: aspectos relevantes. Indaiatuba: Foco, 2021. p. 258. Esse tema, aliás, já foi objeto de enfrentamento em decisões judiciais brasileiras. Para um resumo panorâmico de seus principais pontos, conferir CARDOSO, João Victor Gontijo. O dano moral 'in re ipsa' e o tratamento indevido de dados sob o prisma dos julgados: REsp 1.758.799/MG e ADI 6387 MC-REF. **Revista IBERC**, Belo Horizonte, v. 4, n. 1, p. 133-153, jan./abr. 2021.

13. CHAVES, João Guilherme Pereira. Responsabilidade civil por danos à personalidade no tratamento de dados pelo setor da saúde. In: TOMASEVICIUS FILHO, Eduardo (Coord.). **A Lei Geral de Proteção de Dados Brasileira**: análise setorial. São Paulo: Almedina, 2021, v. 1. p. 324.

Uma definição clara sobre os limites conceituais dos agentes de tratamento é essencial para que a responsabilidade civil seja melhor trabalhada e analisada na LGPD. Tome-se como exemplo um médico, com vínculo empregatício (de natureza celetista), que atue nos limites de sua competência técnica e com autonomia decisional quanto à escolha do melhor tratamento e, inclusive, com liberdade para tratar dados, acessando-os ou armazenando-os, por exemplo. Sem que se saiba se tal profissional pode ser responsabilizado de forma solidária caso sua atuação cause dano no contexto do tratamento de dados que realiza, eventual solução recairia sobre seu empregador, que assume dever geral de responsabilidade civil por ato de seus empregados, conforme previsto expressamente no artigo 932, III, do Código Civil.[14]

Apesar de a LGPD apresentar previsão específica quanto à viabilidade da ação de regresso (artigo 42, § 4º), é absolutamente fundamental que se possa distinguir controlador(es) e operador(es) em um contexto amplo e permeado por múltiplos agentes sujeitos a frequentes processos de tomada de decisão baseados em dados, como é o caso da saúde.

4. O DEVER GERAL DE SEGURANÇA ESTABELECIDO NO ARTIGO 46 DA LGPD E OS INCIDENTES DE SEGURANÇA

A grande repercussão de recentes crimes cibernéticos – especialmente os estelionatos – tem atraído os olhares da população para a quantidade de dados que circula pela Rede Mundial de Computadores e para os riscos envolvidos nas atividades de tratamento. Além disso, falhas de segurança, muitas delas evitáveis e previsíveis, expõem vulnerabilidades técnicas que acirram irregularidades, evidenciando práticas que não atendem aos requisitos de segurança, aos padrões de boas práticas e de governança e aos princípios gerais da proteção de dados pessoais, propiciando maior recorrência de danos.

Situações assim são noticiadas pela mídia sob a alcunha de *vazamentos*,[15] embora este termo não corresponda a um conceito técnico. Aliás, a despeito de a Lei Geral de Proteção de Dados Pessoais (Lei nº 13.709/2018, ou apenas LGPD) apresentar um rol de conceitos bastante elucidativo (artigo 5º), não há qualquer descrição sobre o que sejam *vazamentos* ou, em termos mais apropriados, *incidentes de segurança*.

Trata-se de uma omissão da lei brasileira, que, nesse aspecto, deixou de se inspirar no RGPD europeu, que prevê, textualmente, o conceito de *violação de dados pessoais*. Tal definição consta do artigo 4º, nº 12, do RGPD: *uma violação da segurança que provoque, de modo acidental ou ilícito, a destruição, a perda, a alteração, a divulgação ou o acesso, não autorizados, a dados pessoais transmitidos, conservados ou sujeitos a qualquer outro tipo de tratamento.*[16]

---

14. "Art. 932. São também responsáveis pela reparação civil: (...) III – o empregador ou comitente, por seus empregados, serviçais e prepostos, no exercício do trabalho que lhes competir, ou em razão dele".
15. Eventos de grandes proporções também já foram noticiados como "megavazamentos". Exemplo recente foi o que envolveu a exposição ilícita dos números de CPF de 223 milhões de brasileiros, quantidade superior à da população do Brasil, atualmente estimada em cerca de 212 milhões.
16. Disponível em: https://www.privacy-regulation.eu/pt/4.htm. Acesso em: 31 jan. 2023.

Na LGPD, uma leitura atenta do texto permitirá concluir que a palavra *vazamento* aparece uma única vez, no §7º do artigo 52, que é fruto da reforma empreendida pela Medida Provisória nº 869/2018, posteriormente convertida na Lei nº 13.853/2019. Não havia qualquer menção a tal palavra no texto originalmente promulgado. Aliás, no referido dispositivo, são citados os *vazamentos individuais* e os *acessos não autorizados*, com expressa remissão ao artigo 46, que inaugura o capítulo da lei dedicado à segurança e às boas práticas e do qual consta que "os agentes de tratamento devem adotar medidas de segurança, técnicas e administrativas aptas a proteger os dados pessoais de acessos não autorizados e de situações acidentais ou ilícitas de destruição, perda, alteração, comunicação ou qualquer forma de tratamento inadequado ou ilícito". Se comparado ao artigo 4º, nº 12, do RGPD, algumas semelhanças serão prontamente percebidas, embora não haja um conceito assertivo no dispositivo da lei brasileira.

No *caput* do artigo 48, evidências mais concretas do escopo protetivo da LGPD podem ser inferidas da expressão *incidente de segurança*. Não há, entretanto, absoluta clareza conceitual sobre a expressão, uma vez que o dispositivo cuida de estabelecer o dever do controlador de comunicar à Autoridade Nacional de Proteção de Dados – ANPD e ao titular a ocorrência do sobredito incidente.

Uma tentativa elogiável de colmatação do abstruso conceito é fruto do labor da ANPD, que editou um guia procedimental para a comunicação de incidentes de segurança, disponibilizado em seu sítio virtual, donde consta que *um incidente de segurança com dados pessoais é qualquer evento adverso confirmado, relacionado à violação na segurança de dados pessoais, tais como acesso não autorizado, acidental ou ilícito que resulte na destruição, perda, alteração, vazamento ou ainda, qualquer forma de tratamento de dados inadequada ou ilícita, os quais possam ocasionar risco para os direitos e liberdades do titular dos dados pessoais.*[17]

De qualquer forma, espera-se a elucidação seja concretizada em ato normativo infralegal, editado pela autoridade brasileira em cumprimento à competência que lhe é imposta pela lei (artigo 55-J, inciso XIII, da LGPD), pois a falta de um conceito expresso não deve conduzir à equivocada interpretação de que certas falhas estejam fora do contexto almejado pelo legislador para a consolidação da proteção de dados pessoais no Brasil.

Também é sempre prudente lembrar que, como prevê o artigo 49 da LGPD, *os sistemas utilizados para o tratamento de dados pessoais devem ser estruturados de forma a atender aos requisitos de segurança, aos padrões de boas práticas e de governança e aos princípios gerais previstos nesta Lei e às demais normas regulamentares.*

---

17. AUTORIDADE NACIONAL DE PROTEÇÃO DE DADOS. **Comunicação de incidentes de segurança**, 22 fev. 2021. Disponível em: https://www.gov.br/anpd/pt-br/assuntos/incidente-de-seguranca Acesso em: 31 jan. 2023.

5. FUNDAMENTOS PARA A RESPONSABILIZAÇÃO NA LGPD: O CONTRASTE ENTRE O ARTIGO 42, *CAPUT*, E O ARTIGO 44, PARÁGRAFO ÚNICO

Optou o legislador por estipular um regime de responsabilidade civil repleto de nuances e particularidades. Em grande sintonia com os artigos 24, 25 e 26 do RGPD europeu, o artigo 42 da LGPD é a principal base estrutural do tema. Pela literalidade do *caput*, observa-se que se falou em dano *patrimonial, moral, individual ou coletivo*, denotando uma amplitude reparatória semelhante à descrita pelo artigo 82, nº 1, do RGPD.[18-19]

Os dois incisos do § 1º do artigo 42 da LGPD brasileira estabelecem as hipóteses em que haverá solidariedade entre operadores e controladores de dados. As duas figuras são designações adotadas pela lei para qualificar os agentes de tratamento.[20] No primeiro caso, tem-se a responsabilidade civil solidária por danos causados pelo tratamento que descumprir as obrigações da legislação de proteção de dados ou que não seguir as instruções lícitas do controlador, hipótese em que o operador se equipara ao controlador. No segundo caso, tem-se a solidariedade dos controladores que estiverem diretamente envolvidos no tratamento, quando forem vários.

A solidariedade sabidamente não se presume, razão pela qual o legislador optou por reservar *locus* específico para suas hipóteses de incidência. E, naturalmente, tem-se um emaranhado de agentes de tratamento na complexa cadeia de decisões e na execução de instruções em operações de tratamento. Nada mais natural do que a solidarização de todos os que estiverem envolvidos em tais situações.

O § 2º do artigo 42 da LGPD estabelece a inversão do *onus probandi* em favor do titular de dados pessoais. Sabe-se que o artigo 45 da LGPD é claro ao preconizar que *[a] s hipóteses de violação do direito do titular no âmbito das relações de consumo permanecem sujeitas às regras de responsabilidade previstas na legislação pertinente*, contudo, a medida é bastante semelhante à contemplada pelo Código de Defesa do Consumidor e revela uma dimensão fundamental para a compreensão da LGPD: a necessidade de sua interpretação sistemática, em conjugação com outras legislações específicas protetivas – como a consumerista – para a aferição de sua total incidência.[21]

---

18. "Artigo 82. (1). Qualquer pessoa que tenha sofrido danos materiais ou imateriais devido a uma violação do presente regulamento tem direito a receber uma indemnização do responsável pelo tratamento ou do subcontratante pelos danos sofridos".

19. VOIGT, Paul; VON DEM BUSSCHE, Axel. **The EU General Data Protection Regulation (GDPR)**: a practical guide. Basileia: Springer, 2017. p. 51. Comentam: "'Damage' under Art. 82 Sec. 1 GDPR explicitly includes material and non-material damages as the consequences of data breaches can vary widely and are often of intangible nature, such as social discrimination, psychological stress or barriers to the free personality development. Individuals should receive full and effective compensation for the damage they have suffered. Moreover, the concept of damage should be broadly interpreted in the light of the case-law of the European Court of Justice".

20. "Art. 5º (...) VI – controlador: pessoa natural ou jurídica, de direito público ou privado, a quem competem as decisões referentes ao tratamento de dados pessoais; VII – operador: pessoa natural ou jurídica, de direito público ou privado, que realiza o tratamento de dados pessoais em nome do controlador."

21. Para uma compreensão abrangente dos desdobramentos da responsabilidade civil por acidentes de consumo ocorridos na Internet, consulte-se: MARTINS, Guilherme Magalhães. **Responsabilidade civil por acidentes de consumo na Internet**. 3. ed. São Paulo: Ed. RT, 2020.

INCIDENTES DE SEGURANÇA COM DADOS PESSOAIS SENSÍVEIS **553**

Naturalmente, o que se tem nessas situações é uma disparidade de conhecimentos técnicos entre o titular e o agente de dados capaz de denotar hipossuficiência muito mais grave do que a usualmente verificada nas relações de consumo. Isso porque os algoritmos empregados nos processos de tratamento são usualmente secretos e extremamente complexos.[22]

Impor um ônus probatório dessa magnitude ao titular significaria ceifar suas chances de êxito meritório posterior. A despeito disso e, no mesmo espírito do Regulamento europeu,[23] a lei brasileira admitiu a inversão do ônus da prova como exceção cabível em três situações: (i) quando for verossímil a alegação; (ii) quando houver hipossuficiência para fins de produção da prova; ou (iii) quando a produção de prova pelo titular resultar-lhe excessivamente onerosa.

O § 4º do artigo 42 da LGPD trata da possibilidade de que seja movida ação de regresso por aquele que indenizar eventual dano causado nos processos de tratamento de dados. É hipótese adequada para prevenir o enriquecimento ilícito e, em virtude da solidariedade estabelecida no § 1º do mesmo dispositivo, sua viabilização atua em sintonia com a regra geral do direito das obrigações, devendo responder cada qual por sua quota-parte nos danos. A previsão existe também no RGPD.[24]

Importa considerar, ainda, que o artigo 43 da LGPD enumera causas excludentes do nexo de causalidade aplicáveis à responsabilidade pelos processos de tratamento de dados. A não realização do tratamento (inc. I) aparece também na legislação europeia (artigo 82, nº 3, *in fine*)[25] e revela consequência natural para a imputação de responsabilidades; não tendo sido determinado agente o realizador do tratamento de dados, não se pode lhe atribuir a responsabilidade pelos danos eventualmente sofridos pelo titular. Por sua vez, as hipóteses de fato exclusivo do titular de dados (vítima) ou fato de terceiro (inc. III) seguem a mesma dinâmica aplicável às causas correlatas da responsabilidade

---

22. Segundo Frank Pasquale: "Deconstructing the black boxes of Big Data isn't easy. Even if they were willing to expose their methods to the public, the modern Internet and banking sectors pose tough challenges to our understanding of those methods. The conclusions they come to – about the productivity of employees, or the relevance of websites, or the attractiveness of investments – are determined by complex formulas devised by legions of engineers and guarded by a phalanx of lawyers". PASQUALE, Frank. **The black box society**: the secret algorithms that control money and information. Cambridge: Harvard University Press, 2015. p. 6.

23. VOIGT, Paul; VON DEM BUSSCHE, Axel. **The EU General Data Protection Regulation (GDPR)**: a practical guide. Basileia: Springer, 2017. p. 207. Comentam: "In consideration of the processor's acting on behalf of the controller, the former's liability is limited to damages that result from breaches of its own obligations under the GDPR (see Sect. 3.10) or where it acted outside or contrary to lawful instructions of the controller. Thus, the processor is privileged as it is only liable in limited cases. The claimant bears the burden of proof in relation to the controller's and processor's liability. However, the claimant does not have detailed insight into the controller's/processor's sphere. Thus, in order to establish the controller's/processor's liability, a plausible submission of facts should satisfy the claimant's burden of proof. Then it will be up to the controller/processor to prove that the conditions for its liability have not been met."

24. "Artigo 82. (5). Quando tenha pago, em conformidade com o n.o 4, uma indemnização integral pelos danos sofridos, um responsável pelo tratamento ou um subcontratante tem o direito de reclamar a outros responsáveis pelo tratamento ou subcontratantes envolvidos no mesmo tratamento a parte da indemnização correspondente à respetiva parte de responsabilidade pelo dano em conformidade com as condições previstas no nº 2."

25. "Artigo 82. (3). O responsável pelo tratamento ou o subcontratante fica isento de responsabilidade nos termos do n.o 2, se provar que não é de modo algum responsável pelo evento que deu origem aos danos".

civil tradicional. A hipótese de demonstração de não violação à legislação (inc. II) é a que causa maior nebulosidade, uma vez que os parâmetros para essa aferição nem sempre são objetivos. Tampouco há uma "régua" que permita aferir concretamente os limites de eventual violação praticada.

Ademais, noutras inúmeras passagens da lei, há dispositivos que trabalham com critérios incertos para a delimitação da observância normativa. Eis alguns exemplos: (i) quanto aos dados reidentificados (ou dados anteriormente anonimizados[26] que perderam tal característica e permitiram que seu titular fosse desvendado), o artigo 12, § 1º, descreve que "[a] determinação do que seja razoável deve levar em consideração fatores objetivos, tais como custo e tempo necessários para reverter o processo de anonimização, de acordo com as tecnologias disponíveis, e a utilização exclusiva de meios próprios"; (ii) no tratamento de dados pessoais de crianças e adolescentes, o artigo 14, § 5º, registra que "[o] controlador deve realizar todos os esforços razoáveis para verificar que o consentimento a que se refere o § 1º deste artigo foi dado pelo responsável pela criança, consideradas as tecnologias disponíveis"; (iii) ao impor o dever de comunicação de "incidente de segurança que possa acarretar risco ou dano relevante aos titulares", o artigo 48, § 1º, exige uma série de medidas cuja aferição também envolverá análise fática.

De fato, o tratamento conferido à segurança e às boas práticas está a revelar verdadeiro dever geral de segurança, extraído do artigo 46 da lei,[27-28] e que se coaduna com o espírito inaugurado por uma legislação que trabalha detidamente com o *compliance*, enfatizando expectativas mínimas, lastreadas em parâmetros de razoabilidade, que possam ancorar um regime jurídico de tutela para tema tão complexo.

A razão pela qual o legislador optou por fixar deveres e, em grande medida, um padrão de conduta para os agentes de dados,[29] não advém de uma observação ontológica (ser), mas de uma expectativa deontológica (dever-ser) da interação entre inovação e

---

26. Sobre o tema, cf. MARTINS, Guilherme Magalhães; FALEIROS JÚNIOR, José Luiz de Moura. A anonimização de dados pessoais: consequências jurídicas do processo de reversão, a importância da entropia e sua tutela à luz da Lei Geral de Proteção de Dados. In: DE LUCCA, Newton; SIMÃO FILHO, Adalberto; LIMA, Cíntia Rosa Pereira de; MACIEL, Renata Mota (Coord.). **Direito & Internet IV**: sistema de proteção de dados pessoais. São Paulo: Quartier Latin, 2019.

27. "Art. 46. Os agentes de tratamento devem adotar medidas de segurança, técnicas e administrativas aptas a proteger os dados pessoais de acessos não autorizados e de situações acidentais ou ilícitas de destruição, perda, alteração, comunicação ou qualquer forma de tratamento inadequado ou ilícito."

28. Com efeito: "Significa dizer que, mais que tutelar a responsabilidade civil pelos danos decorrentes da violação aos deveres de zelar pela segurança dos dados, o que fez o legislador foi estabelecer um critério geral de imputação lastreado na verificação e demonstração do defeito, manifestado na quebra de legítimas expectativas quanto à segurança dos processos de coleta, tratamento e armazenagem de dados". DRESCH, Rafael de Freitas Valle; FALEIROS JÚNIOR, José Luiz de Moura. Reflexões sobre a responsabilidade civil na Lei Geral de Proteção de Dados (Lei nº 13.709/2018). In: ROSENVALD, Nelson; DRESCH, Rafael de Freitas Valle; WESENDONCK, Tula (Coord.). **Responsabilidade civil**: novos riscos. Indaiatuba: Foco, 2019. p. 82.

29. Já no rol de princípios do artigo 6º, citado no início deste breve estudo, se nota esta preocupação: "Art. 6º (...) X - responsabilização e prestação de contas: demonstração, pelo agente, da adoção de medidas eficazes e capazes de comprovar a observância e o cumprimento das normas de proteção de dados pessoais e, inclusive, da eficácia dessas medidas".

regulação em um universo no qual o risco é inerente às atividades exploradas.[30] Por isso, defendendo a natureza objetiva da responsabilidade civil tratada na LGPD, tem-se o posicionamento de Laura Schertel Mendes e Danilo Doneda, com o qual ora concordamos:

> Essas limitações ao tratamento de dados, conjuntamente com a verificação de que a LGPD assume como regra a eliminação dos dados quando seu tratamento esteja encerrado (art. 16) e igualmente o aceno que faz em diversas oportunidades à necessidade de se levar em conta o risco presente no tratamento de dados, indicam que a Lei procura minimizar as hipóteses de tratamento àquelas que sejam, em um sentido geral, úteis e necessárias, e que mesmo essas possam ser limitadas quando da verificação de risco aos direitos e liberdades do titular de dados. Trata-se, dessa forma, de uma regulação que tem como um de seus fundamentos principais a diminuição do risco, levando-se em conta que o tratamento de dados apresenta risco intrínseco aos seus titulares.[31]

Como ensina Maria Celina Bodin de Moraes, revela-se um novo propósito para a responsabilidade civil, cujo eixo se desloca da obrigação do ofensor de responder por suas faltas para o direito da vítima de ter reparadas suas perdas, fator esse que, aliado ao imperativo da solidariedade social (artigo 3º, inciso I, da Constituição da República), impõe a intensificação de critérios objetivos de reparação.[32] A LGPD deve dialogar com outras fontes normativas do risco, seja com o artigo 927, parágrafo único, do Código Civil, seja com os artigos 12 e 14 do Código de Defesa do Consumidor,[33] como se pretendeu no caso analisado.

6.   NOTAS CONCLUSIVAS: O MÉRITO DO ARESP Nº 2.008.070/SP

O AREsp n.º 2.008.070/SP levou ao Superior Tribunal de Justiça, na indicação de dispositivos da legislação federal supostamente violados no acórdão combatido, diversas previsões da LGPD. Também foram apontados artigos do Código Civil, do Código de

---

30. GELLERT, Raphaël. Understanding data protection as risk regulation. **Journal of Internet Law**, Alphen aan den Rijn, v. 18, n. 1, p. 3-15, maio 2015, p. 6-7.

31. MENDES, Laura Schertel; DONEDA, Danilo. Reflexões iniciais sobre a nova Lei Geral de Proteção de Dados. **Revista de Direito do Consumidor**, São Paulo: Ed. RT, v. 120, p. 468-486, nov./dez. 2018, p. 473.

32. MORAES, Maria Celina Bodin de. *Danos à pessoa humana*: uma leitura civil-constitucional dos danos morais. Rio de Janeiro: Renovar, 2003. p. 12.

33. Ressaltando este necessário diálogo e fundamentando a natureza objetiva do regime de responsabilidade civil estabelecido na LGPD, confira-se: MIRAGEM, Bruno. A Lei Geral de Proteção de Dados (Lei 13.709/2018) e o direito do consumidor. **Revista dos Tribunais**, São Paulo, v. 1009, nov. 2019, p. 27 et seq. Com efeito: "Tratando-se de danos a consumidores decorrentes do tratamento indevido de dados, contudo, o art. 45 da LGPD, ao dispor que "as hipóteses de violação do direito do titular no âmbito das relações de consumo permanecem sujeitas às regras de responsabilidade previstas na legislação pertinente", conduzem tais situações ao regime do fato do serviço (art. 14 do CDC (LGL\1990\40)). Neste caso, controlador e operador de dados respondem solidariamente assim como outros fornecedores que venham intervir ou ter proveito do tratamento de dados do qual resulte o dano. Neste caso, incidem tanto as condições de imputação da responsabilidade pelo fato do serviço (em especial o defeito que se caracteriza pelo tratamento indevido de dados, ou seja, desconforme à disciplina legal incidente para a atividade), quanto as causas que porventura possam excluir eventual responsabilidade do fornecedor (art. 14, § 3º), que estão, porém, em simetria com o disposto no próprio art. 43 da LGPD. Outro efeito prático da remissão do art. 45 da LGPD ao regime de reparação próprio da legislação de proteção do consumidor será a submissão de eventuais pretensões de reparação dos consumidores ao prazo prescricional previsto no seu art. 27 do CDC (LGL\1990\40), de cinco anos contados do conhecimento do dano ou de sua autoria".

Defesa do Consumidor e da Lei de Digitalização dos Prontuários Médicos. O debate, por isso, é tão relevante e, a despeito do desfecho de improcedência, foi possível notar a pujança do tema para futuro engajamento jurisprudencial sobre polêmicas concernentes à responsabilização de agentes de tratamento por incidentes de segurança com dados pessoais.

Uma leitura transversal da LGPD, corroborada por sua estrutura principiológica e por regulamentos, como os que venham a ser editados pela ANPD, permite concluir que os agentes de tratamento estão, de fato, vinculados à observância de parâmetros de prevenção contra eventos adversos confirmados e que representem 'resultados e riscos' indesejados, a configurar espécie de tratamento irregular. Isso consta do artigo 44, inciso II, da LGPD, o que realça a constatação de que não há, na lei, um regime subjetivo de responsabilidade civil. Bem ao contrário, entendemos tratar-se de modalidade de responsabilidade civil objetiva especial.[34]

O princípio da prevenção (artigo 6º, inciso VIII, da LGPD) é norma de grande importância para a estruturação dessa conclusão, pois é tal postulado que reverbera seus efeitos quanto à natureza cogente da lei – extraída da utilização do verbo 'dever' (no plural, 'devem') no *caput* do artigo 46 – quanto à adoção de "medidas de segurança, técnicas e administrativas aptas a proteger os dados pessoais", o que é reforçado pelas circunstâncias descritas no rol de incisos do artigo 44, e pelo dever geral de segurança dos dispositivos informáticos, definido no artigo 49, todos da LGPD.[35]

Assim é que, em sintonia com o pensamento de Bart van der Sloot, que reconhece a 'privacidade como virtude',[36] agrega-se aos citados argumentos a indução à conformidade, mediante a regulação da gestão de riscos a partir de uma noção de reciprocidade, que congrega todos os agentes envolvidos nas atividades de tratamento, em atuação cooperativa e motivada pelo rol de princípios da lei, com destaque à boa-fé (artigo 6º, *caput*, da LGPD) e à transparência (artigo 6º, inciso VI, da LGPD), para a garantia de adequada ciência quanto ao tratamento realizado e às adversidades concernentes aos incidentes de segurança (artigos 9º e 48, § 1º, da LGPD).

Logo, sejam os *vazamentos* considerados espécie do gênero *incidente de segurança* – como sugere a ANPD – ou uma categoria *sui generis* de ilícito relativo a dados pessoais,

---

34. DRESCH, Rafael de Freitas Valle; FALEIROS JÚNIOR, José Luiz de Moura. Reflexões sobre a responsabilidade civil na Lei Geral de Proteção de Dados (Lei nº 13.709/2018). In: ROSENVALD, Nelson; DRESCH, Rafael de Freitas Valle; WESENDONCK, Tula (Coord.). **Responsabilidade civil**: novos riscos. Indaiatuba: Foco, 2019. p. 74.

35. Sobre este dever geral de segurança dos dispositivos informáticos, "Daí a necessidade de que os programas de *compliance* de dados não se limitem apenas à previsão de princípios ou regras de comportamento, mas visem também à adoção de tecnologias que possam ser compatíveis com a eficácia de tais regras. É essa uma das principais preocupações decorrentes da ideia de *privacy by design*, em que a escolha da tecnologia utilizada na oferta de produtos e serviços é pensada, desde o início, para a proteção dos dados pessoais." FRAZÃO, Ana; OLIVA, Milena Donato; ABILIO, Viviane da Silveira. Lei Geral de Proteção de Dados Pessoais e Suas Repercussões no Direito Brasileiro. In: FRAZÃO, Ana; TEPEDINO, Gustavo; OLIVA, Milena Donato (Coord.). **A Lei Geral de Proteção de Dados Pessoais e Suas Repercussões no Direito Brasileiro**. São Paulo: Ed. RT, 2019, p. 710.

36. VAN DER SLOOT, Bart. **Privacy as virtue**: moving beyond the individual in the Age of Big Data. Cambridge: Intersentia, 2017. p. 169.

fato é que sua ocorrência será determinada pela concretude danosa de natureza patrimonial, moral, individual ou coletiva (artigo 42 da LGPD), catalisada pela irregularidade da atividade de tratamento, cuja aferição não deverá se pautar por qualquer espécie de culpa, mas pela identificação casuística das situações acidentais ou ilícitas (artigo 46 da LGPD) que permitam concluir, a partir de circunstâncias objetivas (artigos 44, incisos I a III, da LGPD), que o tratamento realizado, em qualquer de suas etapas, até mesmo após o término (artigo 47 da LGPD), não oferece a segurança esperada pelo titular (artigos 44, *caput*, e 49, da LGPD), e desde que o nexo causal não seja excepcionalmente afastado (artigo 43 da LGPD).

O precedente analisado sequer teve tempo de adentrar nessas minúcias, uma vez que a própria LGPD teve vigência já no curso da tramitação processual, mas é inegável que futuras discussões deverão considerar a interação normológica entre todas as fontes citadas para que se possa atingir um patamar de suficiência da investigação circunstancial dos fatos que permitam aferir o nexo de causalidade entre um incidente de segurança e um dano, afastando-se, por evidente, as excludentes causais porventura analisadas.

Dito isso, convém lembrar que, no precedente analisado, o fato exclusivo da vítima foi circunstância preponderante para que se afastasse o nexo de causalidade, a despeito da revelia da parte ré, conduzindo à improcedência dos pedidos inicialmente em sentença proferida em primeiro grau de jurisdição, confirmada nas instâncias superiores.

O acórdão do TJSP proferido no Recurso de Apelação nº 1085328-71.2020.8.26.0100, ao manter a improcedência dos pedidos, reforçou os fundamentos utilizados na sentença e acrescentou que, embora tenha restado incontroverso, por força da ficta confissão, que a demandada falhou quanto a manter em sigilo os dados do prontuário da paciente – já que de alguma forma alguém deles se valeu para telefonar para o quarto onde ela estava no hospital –, o dano ocorreu porque as Autoras não observaram cuidado comezinho, particularidade revelada na própria petição inicial. Chegou-se à dita conclusão em razão de terem as Autoras realizado depósito em conta bancária de terceira pessoa física, sem consultar a instituição hospitalar, apenas seguindo determinações de suposto médico por meio de ligação telefônica, isto é, sem contato presencial com qualquer funcionário do estabelecimento.

De fato, as Autoras poderiam ter averiguado as informações que receberam por telefone antes de efetuarem o depósito dos valores sem qualquer questionamento. Contudo, o crime de estelionato praticado por autor desconhecido apenas pôde ser perpetrado porque obteve acesso não autorizado a dados pessoais mantidos em prontuário médico de paciente e, utilizando-se destas informações, entrou em contato com a responsável (filha) da mesma, levando-a a erro ao enunciar detalhes do atendimento clínico que somente poderia saber a partir do acesso ao prontuário, e que a levaram a agir impetuosamente.

Analisando-se por esta ótica, aliada à leitura transversal da LGPD mencionada, entende-se possível aplicar a norma do artigo 945 do Código Civil, em que se admite a concorrência culposa da vítima para o *evento danoso* com o autor do dano, cuja análise impactará na fixação da indenização.

Sem dúvidas, o precedente será importante *guia* para nortear a boa alocação das discussões mencionadas em futuras ações indenizatórias que tenham por fundamento incidentes de segurança.

REFERÊNCIAS

AUTORIDADE NACIONAL DE PROTEÇÃO DE DADOS. **Comunicação de incidentes de segurança**, 22 fev. 2021. Disponível em: https://www.gov.br/anpd/pt-br/assuntos/incidente-de-seguranca. Acesso em: 31 jan. 2023.

CARDOSO, João Victor Gontijo. O dano moral 'in re ipsa' e o tratamento indevido de dados sob o prisma dos julgados: REsp 1.758.799/MG e ADI 6387 MC-REF. **Revista IBERC**, Belo Horizonte, v. 4, n. 1, p. 133-153, jan./abr. 2021.

CHAVES, João Guilherme Pereira. Responsabilidade civil por danos à personalidade no tratamento de dados pelo setor da saúde. In: TOMASEVICIUS FILHO, Eduardo (Coord.). **A Lei Geral de Proteção de Dados brasileira**: análise setorial. São Paulo: Almedina, 2021. v. 1.

DANTAS BISNETO, Cícero. Dano moral pela violação à legislação de proteção de dados: um estudo de direito comparado entre a LGPD e o RGPD. In: FALEIROS JÚNIOR, José Luiz de Moura; LONGHI, João Victor Rozatti; GUGLIARA, Rodrigo (Coord.). **Proteção de dados pessoais na sociedade da informação**: entre dados e danos. Indaiatuba: Foco, 2021.

DONEDA, Danilo. O direito fundamental à proteção de dados pessoais. In: MARTINS, Guilherme Magalhães; LONGHI, João Victor Rozatti (Coord.). **Direito digital**: direito privado e Internet. 3. ed. Indaiatuba: Foco, 2020.

DRESCH, Rafael de Freitas Valle; FALEIROS JÚNIOR, José Luiz de Moura. Reflexões sobre a responsabilidade civil na Lei Geral de Proteção de Dados (Lei nº 13.709/2018). In: ROSENVALD, Nelson; DRESCH, Rafael de Freitas Valle; WESENDONCK, Tula (Coord.). **Responsabilidade civil**: novos riscos. Indaiatuba: Foco, 2019.

FRAZÃO, Ana; OLIVA, Milena Donato; ABILIO, Viviane da Silveira. Lei Geral de Proteção de Dados Pessoais e Suas Repercussões no Direito Brasileiro. In: FRAZÃO, Ana; TEPEDINO, Gustavo; OLIVA, Milena Donato (Coord.). **A Lei Geral de Proteção de Dados Pessoais e suas repercussões no direito brasileiro**. São Paulo: Ed. RT, 2019.

GARCIA, Lara Rocha; SAAVEDRA, Giovani Agostini. Privacidade e Proteção de Dados na Área da Saúde. In: CARLINI, Angélica; SAAVEDRA, Giovani Agostini (Coord.). **Compliance na área da saúde**. Indaiatuba: Foco, 2020.

GELLERT, Raphaël. Understanding data protection as risk regulation. **Journal of Internet Law**, Alphen aan den Rijn, v. 18, n. 1, p. 3-15, maio 2015.

GUEDES, Gisela Sampaio da Cruz; MEIRELES, Rose Melo Venceslau. Término do tratamento de dados. In: TEPEDINO, Gustavo; FRAZÃO, Ana; OLIVA, Milena Donato (Coords.). **Lei Geral de Proteção de Dados Pessoais e suas repercussões no direito brasileiro**. São Paulo: Ed. RT, 2019.

KREMER, Bianca. Os agentes de tratamento de dados pessoais. In: MULHOLLAND, Caitlin (Org.). **A LGPD e o novo marco normativo no Brasil**. Porto Alegre: Arquipélago Editorial, 2020.

MADALENA, Juliano. A responsabilidade civil decorrente do vazamento de dados pessoais. In: MENKE, Fabiano; DRESCH, Rafael de Freitas Valle (Coord.). **Lei Geral de Proteção de Dados**: aspectos relevantes. Indaiatuba: Foco, 2021.

MARTINS, Guilherme Magalhães. **Responsabilidade civil por acidentes de consumo na Internet**. 3. ed. São Paulo: Ed. RT, 2020.

MARTINS, Guilherme Magalhães; FALEIROS JÚNIOR, José Luiz de Moura. A anonimização de dados pessoais: consequências jurídicas do processo de reversão, a importância da entropia e sua tutela à luz da Lei Geral de Proteção de Dados. In: DE LUCCA, Newton; SIMÃO FILHO, Adalberto; LIMA, Cíntia Rosa Pereira de; MACIEL, Renata Mota (Coord.). **Direito & Internet IV**: sistema de proteção de dados pessoais. São Paulo: Quartier Latin, 2019.

MENDES, Laura Schertel; DONEDA, Danilo. Reflexões iniciais sobre a nova Lei Geral de Proteção de Dados. **Revista de Direito do Consumidor**, São Paulo: Ed. RT, v. 120, p. 468-486, nov./dez. 2018.

MIRAGEM, Bruno. A Lei Geral de Proteção de Dados (Lei 13.709/2018) e o direito do consumidor. **Revista dos Tribunais**, São Paulo, v. 1009, nov. 2019.

MIRAGEM, Bruno. *Compliance* como instrumento de proteção do consumidor na saúde suplementar. In: CARLINI, Angélica; SAAVEDRA, Giovani Agostini (Coord.). **Compliance na área da saúde**. Indaiatuba: Foco, 2020.

MORAES, Maria Celina Bodin de. **Danos à pessoa humana**: uma leitura civil-constitucional dos danos morais. Rio de Janeiro: Renovar, 2003.

MULHOLLAND, Caitlin. Responsabilidade civil por danos causados pela violação de dados sensíveis e a Lei Geral de Proteção de Dados Pessoais (Lei 13.709/2018). In: MARTINS, Guilherme Magalhães; ROSENVALD, Nelson (Coord.). **Responsabilidade civil e novas tecnologias**. Indaiatuba: Foco, 2020.

PASQUALE, Frank. **The black box society**: the secret algorithms that control money and information. Cambridge: Harvard University Press, 2015.

ROSENVALD, Nelson. O compliance e a redução equitativa da indenização na LGPD. **Migalhas de Proteção de Dados**, 19 mar. 2021. Disponível em: https://www.migalhas.com.br/coluna/migalhas-de-protecao-de-dados/342032/o-compliance-e-a-reducao-equitativa-da-indenizacao-na-lgpd. Acesso em: 31 jan. 2023.

SOARES, Flaviana Rampazzo. Consentimento no direito da saúde nos contextos de atendimento médico e de LGPD: diferenças, semelhanças e consequências no âmbito dos defeitos e da responsabilidade. **Revista IBERC**, Belo Horizonte, v. 4, n. 2, p. 18-46, maio/ago. 2021.

TEFFÉ, Chiara Spadaccini de; TEPEDINO, Gustavo. O consentimento na circulação de dados pessoais. **Revista Brasileira de Direito Civil**, Belo Horizonte, v. 25, p. 83-116, jul./set. 2020.

TOMASEVICIUS FILHO, Eduardo. Responsabilidade civil na LGPD na área da saúde. In: DALLARI, Analluza Bolivar; MONACO, Gustavo Ferraz de Campos (Coord.). **LGPD na saúde**. São Paulo: Thomson Reuters Brasil, 2021.

VAN DER SLOOT, Bart. **Privacy as virtue**: moving beyond the individual in the Age of Big Data. Cambridge: Intersentia, 2017.

VOIGT, Paul; VON DEM BUSSCHE, Axel. **The EU General Data Protection Regulation (GDPR)**: a practical guide. Basileia: Springer, 2017.

WARREN, Samuel D.; BRANDEIS, Louis D. The right to privacy. **Harvard Law Review**, Cambridge, v. 4, n. 5, p. 193-220, dez. 1890.

AUTODETERMINAÇÃO E A DIVULGAÇÃO INDEVIDA DE DADOS SENSÍVEIS DE SAÚDE COMO DANO *IN RE IPSA*

Flaviana Rampazzo Soares[1]

Tertius Rebelo[2]

> **Decisão paradigma**: BRASIL. Tribunal de Justiça do Estado de São Paulo (TJSP), **Apelação Cível nº 1016844-03.2020.8.26.0068**, 5ª Câmara de Direito Público, relatora Des. Heloísa Martins Mimessi, j. 5 jul. 2021. Processo tramita em segredo de justiça.

> **Sumário:** 1. Descrição do caso – 2. Considerações iniciais – 3. Direito à privacidade e direito à autonomia: dois importantes elementos a considerar na proteção de dados – 4. Tratamento de dados, dano e seus contornos na divulgação desautorizada de dados – 5. Conclusão – Referências.

1. DESCRIÇÃO DO CASO

Em julho de 2021, o Tribunal de Justiça de São Paulo (TJSP), por meio da sua Quinta Câmara de Direito Público, proferiu julgamento relacionado a questão relevante para quem atua na área de proteção de dados, tanto sob o enfoque teórico quanto prático. No acórdão, discutiu-se a responsabilidade civil do Município de Barueri em decorrência de tratamento indevido e exposição de dados sensíveis em saúde (informação de que o autor da ação e postulante à indenização era portador do vírus do HIV) em acesso público no seu *site* oficial.

Na petição inicial de ação individual, o Autor descreveu que era usuário do Sistema Único de Saúde (SUS) no âmbito da municipalidade para o seu atendimento de saúde, inclusive para o tratamento médico antirretroviral de HIV. Narrou que a sua então supervisora de trabalho, em consulta simples ao portal do município, com a mera inclusão do número de inscrição no CPF e data de nascimento, teve acesso à informação de que o demandante era portador do vírus HIV, à relação completa de todas as suas consultas médicas registradas no sistema, bem como de exames de saúde, dentre outras informações

---

1. Doutora e Mestre em Direito pela PUC-RS. Especialista em Direito Processual Civil. Membro fundadora e Diretora Regional Sul do Instituto Miguel Kfouri Neto (IMKN) – Direito Médico e da Saúde. Foi membro do grupo de pesquisas em "Direito da Saúde e Empresas Médicas" (UNICURITIBA). Advogada e Professora.
2. Especialista em Direito Médico e da Saúde. Fundador e diretor executivo do IBEDIM – Instituto Brasileiro de Ensino em Direito Médico e da Saúde. Membro fundador e Diretor Regional Nordeste do Instituto Miguel Kfouri Neto (IMKN) – Direito Médico e da Saúde. Foi membro do grupo de pesquisas em "Direito da Saúde e Empresas Médicas" (UNICURITIBA). Membro da Comissão Especial de Direito da Saúde do Conselho Federal da OAB. Membro da Comissão Nacional de Direito da Saúde da ABA – Associação Brasileira de Advogados. Membro correspondente da Comissão de Direito Médico e da Saúde da OAB/SP. Advogado e Professor.

sobre o seu estado clínico atual e de histórico registrado no sistema, o que gerou uma série de intercorrências prejudiciais em si e no seu no ambiente laboral, que teria resultado, por fim, na extinção de seu contrato de trabalho por iniciativa de seu empregador.

O autor da ação sustentou a incidência da responsabilidade civil objetiva do município, tendo em vista a presença dos elementos para sua configuração, a saber, conduta tanto de dispor os dados em portal de consulta pública de dados quanto de permitir e não tomar as devidas medidas preventivas e precaucionais para evitar que seus dados sensíveis fossem divulgados ou acessados indevidamente, bem como o nexo de imputação ao município e nexo causal entre a conduta e o dano.

Sustentou a ocorrência de dano material em razão de sua demissão, o que ensejaria a indenização na quantia correspondente a doze vezes o seu último salário, bem como de danos morais, pelo abalo anímico experimentado, no importe equivalente a quarenta salários mínimos nacionais. As tutelas processuais postuladas pelo demandante foram de feição preponderantemente indenizatória (compensação por danos morais e indenização por danos materiais) e inibitórias (exclusão dos seus dados do portal municipal na *Internet*, proibição de divulgação dos seus dados sensíveis e tomada de medidas práticas e técnicas cabíveis para este fim).

Foi deferida liminarmente a tutela provisória, para que o requerido providenciasse, imediatamente, a exclusão do acesso indiscriminado dos dados pessoais sensíveis concernentes à saúde do requerente. A sentença confirmou a tutela provisória concedida, no sentido de que o município deveria adotar as medidas necessárias para impedir o acesso indiscriminado às informações médicas do autor da ação e condenou o demandado ao pagamento de indenização por danos morais, no importe de dez mil reais, sob o argumento de que "o simples fato de divulgar informação sigilosa por si é suficiente a sustentar o pedido indenizatório".

O pedido de indenização por danos patrimoniais foi rejeitado porque estes, se fossem provados, seriam imputáveis a quem efetivamente deu causa à demissão discriminatória, ou seja, não haveria nexo causal entre a demissão e a conduta do município. Interpostos recursos de apelação pelas partes, em segundo grau de jurisdição foi reconhecida a responsabilidade objetiva do ente público.

Afirmou-se no acórdão que o art. 4º da Lei 13.787/2018 estabelece que os sistemas informatizados de guarda, armazenamento ou manuseio de prontuário de paciente devem ter acesso protegido, evitando-se o uso desautorizado. Ademais, indicou-se que o art. 42 da Lei Geral de Proteção de Dados (LGPD – Lei n. 13.709/2018) determina a responsabilidade do "controlador ou o operador" que, no exercício da atividade de tratamento de dados pessoais, violar a legislação de proteção de tais dados e causar a outrem dano patrimonial ou moral a alguém, obrigação esta reforçada quando se tratar de dados sensíveis, como os dados de saúde do autor (art. 5º, II, LGPD). Por fim, consignou-se que o município não teria protegido adequadamente os dados ao permitir o fácil acesso, unicamente com o número do CPF e data de nascimento da pessoa. Para o TJSP, "a ausência de senha de acesso torna a informação, na prática, pública".

Reconheceu-se que, na era digital contemporânea, o sigilo de dados pessoais ganha contornos cada vez mais relevantes e que eventuais vazamentos de dados particulares são evidentes fatos geradores de danos, seja de ordem moral ou material e o legislador tende a buscar a proteção de informações sensíveis, pois dizem respeito aos direitos de personalidade dos indivíduos. Adicionalmente, fundamentou-se o acórdão no direito à intimidade assegurado constitucionalmente e na faculdade conferida ao ser humano de obstar a intromissão nessa sua esfera, impedindo a divulgação da sua condição de saúde, seja estigmatizante ou não, sem que haja o devido consentimento do paciente.

Afirmou-se que o vazamento do prontuário médico do autor, indicando a presença do vírus do HIV no seu organismo, "gerou situação embaraçosa e degradante no ambiente de trabalho, dada a desinformação e o indesejável estigma que, lamentavelmente, ainda grassam no meio social, com relação à citada condição de saúde". Segundo constou no acórdão, "independentemente de ser ou não estigmatizada a doença, a divulgação das condições de saúde sem autorização do paciente já é causa eficiente de reparação".

Por isso, para a referida Câmara, o "*dano moral, nesse caso, dispensa até mesmo provas mais robustas, por ser fato público e notório*, merecendo a devida reparação, de conformidade com o artigo 5º, X, da CF, cumulado com artigo 186 do CC". No tocante aos danos materiais, foi mantida a sentença, pois não teria havido prova de que a demissão teria sido causada pelo vazamento dos dados, o que impediu a aferição do nexo causal pelo Poder Judiciário.

O caso mostrou a deficiência de tratamento adequado dos dados do paciente pelo município e a quebra de dever de sigilo e proteção de dados pelo atendimento de saúde prestado, conquanto tenha aplicado a responsabilidade objetiva prevista no art. 37, §6º, da CF. Diante do cenário exposto, a proposta deste artigo é analisar as implicações jurídicas do vazamento de dados sensíveis no âmbito da responsabilidade civil, utilizando como base a decisão paradigma. O caso específico serve como um ponto de partida para debater a proteção de dados no contexto da saúde pública e a incidência da LGPD.

2. CONSIDERAÇÕES INICIAIS

Em uma sociedade tecnológica, na qual seus partícipes inexoravelmente estão cada vez mais envolvidos em um mundo hiperconectado, o caso sob análise traz um assunto relevante e que permeia o interesse da coletividade, tendo em vista que o uso de dados ou informações, por si ou conjugados, pode repercutir indefinidamente na vida de uma pessoa, inclusive causando-lhe danos intensos.[3]

As diversas atividades humanas sofreram influência das novas tecnologias e, essencialmente, a operabilidade de praticamente todos os sistemas utilizados nessas atividades envolve a coleta, o tratamento e o armazenamento de dados, constituindo

---

3. SOARES, Flaviana Rampazzo. Levando os algoritmos a sério. In: FALEIROS JÚNIOR, José Luiz de Moura; SILVA, Michael César; BRAGA NETTO, Felipe; BARBOSA, Mafalda Miranda. (Org.). **Direito digital e inteligência artificial**: diálogos entre Brasil e Europa. Indaiatuba: Foco, 2021, v. 1, p. 43-64.

grandes acervos informacionais que se convencionou denominar de *Big Data*. E, com isso, modificam-se as relações sociais, comerciais, concorrenciais, de consumo, de trabalho e vetustos preceitos legislativos perdem espaço, propiciam lacunas e abrem campo largo para a proliferação de novos riscos.[4]

Nesse contexto desafiador, o caso sob análise pode ensejar diversos debates. O questionamento que será abordado neste artigo diz respeito aos contornos do dano experimentado pela pessoa natural que tem seus dados pessoais sensíveis violados, se podem ou não permitir a classificação como dano *in re ipsa*.

Esse tema é complexo porque envolve a resposta a diversos questionamentos no âmbito da responsabilidade civil quanto à quebra do sigilo de dados sensíveis, quais sejam: A violação de dados por si gera um dano? Qual seria esse dano? Seria um dano *in re ipsa* ou um dano presumido? Qual é a diferença entre um e outro? Nas hipóteses de incidente de segurança de dados pessoais, qualquer incidente pode ensejar a responsabilidade civil? A resposta pode ser diferenciada se o dado for classificado na modalidade sensível? Qual será o critério de imputação da responsabilidade: objetivo ou subjetivo?

Neste artigo, propõe-se trazer algumas respostas às indagações supracitadas, sem a pretensão de esgotar a temática, tendo em vista a complexidade e amplitude desses debates. Para tanto, adota-se o método de procedimento documental, de abordagem dedutiva e dialética, de natureza aplicada, com técnica de pesquisa baseada na avaliação doutrinária, com tratamento qualitativo.

3. DIREITO À PRIVACIDADE E DIREITO À AUTONOMIA: DOIS IMPORTANTES ELEMENTOS A CONSIDERAR NA PROTEÇÃO DE DADOS

Os dados pessoais sensíveis, assim considerados aqueles que dizem respeito a "origem racial ou étnica, convicção religiosa, opinião política, filiação a sindicato ou a organização de caráter religioso, filosófico ou político, dado referente à saúde ou à vida sexual, dado genético ou biométrico, quando vinculado a uma pessoa natural" (inc. II do art. 5º da LGPD), recebem uma proteção primária fundada em dois importantes sustentáculos, quais sejam, o direito à privacidade e o direito à autonomia.

Tanto privacidade quanto intimidade são parte da esfera pessoal, na qual a pessoa decide o que participará e com quem participará. A primeira está no âmbito do *myself*, ou seja, do que o próprio indivíduo pensa, expressa, sente e planeja para si, sem envolver diretamente aspectos relacionais. A última diz respeito à esfera relacional e intersubjetiva da pessoa em seus aspectos essenciais de vida, os quais, conquanto não sejam íntimos, não despertam (ou não deveriam despertar) o interesse de que passem a ser de domínio público.[5]

---

4. MARTINS, Guilherme Magalhães; FALEIROS JÚNIOR. José Luíz de Moura. *Compliance digital* e responsabilidade civil na lei geral de proteção de dados. In: ROSENVALD, Nelson; MARTINS, Guilherme Magalhães (Coord.). **Responsabilidade civil e Novas Tecnologias**. Indaiatuba: Foco, 2020. p. 263-298 (trecho da p. 264).

5. A explicação dessa diferença, tal como exposto aqui, consta em SOARES, Flaviana Rampazzo. **Responsabilidade civil por dano existencial**. Porto Alegre: Livraria do Advogado Editora, 2009, p. 101-102. No entanto, Abur

Rosenvald e Farias entendem que ninguém deve ser submetido à publicidade não provocada nem desejada, pois a privacidade é, *a priori*, um "refúgio impenetrável", "o direito de viver a sua própria vida em isolamento" e de impedir que "terceiro venha a conhecer, descobrir ou divulgar as particularidades de uma pessoa.[6] Precursores doutrinários mais conhecidos sobre a questão, a partir da publicação do clássico artigo intitulado *The right to privacy*, na revista acadêmica *Harvard Law Review* de 1890, Samuel Warren e Louis Brandeis[7] alertaram para a necessidade de se proteger a privacidade dos cidadãos em uma época em que algumas publicações da imprensa invadiam a vida privada de pessoas por meio da citação de nomes, fatos, dados ou pela divulgação de imagens. Referido texto teve impacto significativo nos debates sobre privacidade e influenciou a criação de regras que visavam proteger os dados pessoais dos indivíduos nos Estados Unidos da América.

No artigo de Warren e Brandeis, além de ser tratada a necessidade de proteção da privacidade, vislumbrou-se a intrínseca ligação entre essa proteção e os avanços da tecnologia. Eles previram que a exposição indevida poderia trazer consequências negativas para as pessoas, incluindo constrangimentos e prejuízos à reputação. Assim, as discussões sobre privacidade também passaram a estar ligadas à tecnologia. Atualmente, o tratamento de dados pessoais é uma questão complexa e de grande importância social, e a proteção da privacidade continua sendo um tema crucial nas discussões sobre o papel do Direito em relação à tecnologia.

No Brasil, a privacidade é um direito fundamental protegido pela Constituição Federal (CF) e por tratados internacionais de direitos humanos (veja-se, exemplificativamente, o art. 12 da Declaração Universal dos Direitos Humanos e o art. 17 do Pacto Internacional sobre os Direitos Civis e Políticos). Referido direito garante a proteção de informações pessoais e à confidencialidade, assegurando aos indivíduos o controle sobre suas informações e o direito de decidir quem tem acesso a elas. Igualmente auxilia na formação de uma rede normativa protetiva ao indivíduo o texto do art. 5º, LXXIX, da CF (incluído pela Emenda Constitucional n. 115, de 2022), o qual prevê como direito fundamental autônomo a proteção dos dados pessoais.

Da cláusula geral da dignidade humana, dentre outros atributos, emanam a privacidade,[8] a honra, a imagem, a identidade pessoal, a autonomia e a proteção de dados pessoais. O poder de autodeterminação do seu titular é igualmente um aspecto essencial

---

sustenta que "o direito à vida privada posiciona-se como gênero ao qual pertencem o direito a intimidade e o direito ao segredo." (ABUR, Gilberto Haddad. **Liberdade de pensamento e direito à vida privada**: conflitos entre direitos da personalidade. São Paulo: Ed. RT 2000, p. 256).

6. ROSENVALD, Nelson; FARIAS, Cristiano Chaves de. **Curso de Direito Civil**: parte geral e LINDB. 15. ed. rev., ampl. e atual. Salvador: JusPodivm, 2017, p. 268.

7. **Harvard Law Review,** Vol. 4, n. 5. (Dec. 15, 1890), pp. 193-220. Disponível em: https://www.cs.cornell.edu/~shmat/courses/cs5436/warren-brandeis.pdf.

8. "O modelo jurídico adotado por diversos países para a proteção dos dados pessoais consiste em uma proteção constitucional, por meio da garantia de um direito fundamental, e na concretização desse direito, por meio de um regime legal de proteção de dados, na forma de uma lei geral sobre o tema". MENDES, Laura Schertel. **Privacidade, proteção de dados e defesa do consumidor**. São Paulo: Saraiva, 2014. p. 47.

do livre desenvolvimento da personalidade dos indivíduos e um dos eixos estruturantes da referida dignidade,[9] de modo que a proteção de dados pessoais, a vida privada e mesmo a intimidade expressam diferentes elementos da personalidade humana.[10] A autodeterminação, por sua vez, é reconhecida como expressão da liberdade no Direito Privado, seja na esfera patrimonial, seja em relação aos aspectos existenciais, cuja gênese constitucional está no art. 5º, II, da CF, que assegura a liberdade como direito e como princípio (art. 1º, III, da CF).[11]

A liberdade contempla a chamada autodeterminação informativa, a qual consiste no "poder do indivíduo em determinar sobre a coleta e utilização de seus dados pessoais", modalidade de direito prestacional e de defesa, inspirado no direito alemão e assentado na sua Lei Fundamental, em especial no art. 2º, § 1º (que trata do livre desenvolvimento da personalidade), combinado com o art. 1º, § 1º (que contempla a dignidade humana).[12]

No contexto da saúde, a proteção de dados sensíveis é ainda mais crucial, já que as informações médicas são altamente confidenciais e podem ter impacto significativo na vida dos indivíduos, porque o uso indevido dessa classe de informação pode causar danos perenes e de grande dimensão aos seus titulares.[13]

No âmbito infraconstitucional brasileiro, a LGPD é o microssistema que estabelece as diretrizes relativas ao tratamento de dados pessoais "tratados" por pessoas físicas ou jurídicas no exercício de suas atividades. Em seu art. 17, a LGPD reconhece a titularidade de toda pessoa natural sobre os seus dados pessoais, "garantidos os direitos fundamentais de liberdade, de intimidade e de privacidade".

O conceito de dado pessoal abrange as informações relacionadas à pessoa natural identificada ou identificável (art. 5º, I, da LGPD), enquanto dado pessoal sensível é uma categoria específica, que se refere à "origem racial ou étnica, convicção religiosa, opinião política, filiação a sindicato ou a organização de caráter religioso, filosófico ou político, dado referente à saúde ou à vida sexual, dado genético ou biométrico, quando vinculado a uma pessoa natural" (art. 5º, II, da LGPD), em listagem meramente exemplificativa.

---

9. SOUSA, Rabindranath Capelo de. **O direito geral de personalidade**. Coimbra: Coimbra Editora, 1995, p. 356-357.

10. SOARES, Flaviana Rampazzo; MARTINS, Guilherme M. Proteção de dados pessoais em e-saúde: seu confronto com a utilidade do fornecimento e uso de dados em aplicativos para dispositivos móveis. **Revista de Direito do Consumidor**, v. 130, p. 1-27, 2020, passim.

11. A respeito, veja-se: BODIN DE MORAES, Maria Celina. O Conceito de dignidade humana: substrato axiológico e conteúdo normativo. In: SARLET, Ingo Wolfgang (Org.). **Constituição, Direitos Fundamentais e Direito Privado**. Porto Alegre: Livraria do Advogado, 2003, p. 107-149.

12. MENDES, Laura Schertel Ferreira. Autodeterminação informativa: a história de um conceito. **Pensar**, Fortaleza, v. 25, n. 4, p. 1-18, out./dez. 2020. A autora refere que o conceito foi moldado pelo Tribunal Constitucional alemão (BverfGE 65,1 (43).

    A proteção de dados é um direito fundamental autônomo, tendo sido reconhecida como um elemento essencial ao livre desenvolvimento da personalidade. A Carta de Direitos Fundamentais da União Europeia (arts. 3º e 8º) assegurava essa autonomia ainda nos anos 2000 e a doutrina passou, inclusive, a "especializar" o corpo, trazendo a ideia de *corpo físico* e *corpo eletrônico*, ambos objeto de proteção, mas cada um com as suas peculiaridades. RODOTÀ, Stefano. **A vida na sociedade da vigilância**; a privacidade hoje. Trad. Danilo Doneda e Luciana Cabral Doneda. Rio de Janeiro: Renovar, 2008. p. 17.

13. DONEDA, Danilo. **Da privacidade à proteção dos dados pessoais**. 2. ed. São Paulo: Ed. RT, 2020. p. 143.

O art. 11, § 1º, da LGPD dispõe sobre dados que, embora não sejam classificados explicitamente como sensíveis, têm o potencial de expor informações sensíveis e, por isso, esses dados exigem um tratamento equivalente ao dispensado aos dados sensíveis. Logo, verifica-se a necessidade de avaliação quanto ao que possa ser considerado como dado sensível sob a ótica funcional e particularizada, a levar em conta a sua "natureza intrinsecamente personalíssima e fundamental", assim como o resultado do seu uso e finalidade alcançado no curso ou após o tratamento.[14]

Ressalta-se, ademais, que a inclusão no art. 6º da LGPD de uma lista de princípios fundamentais – como a finalidade, adequação, necessidade, livre acesso, qualidade dos dados, tratamento transparente, segurança, prevenção, não discriminação, responsabilização e prestação de contas – não é obra do acaso: trata-se de um sistema principiológico que sustenta a necessidade de utilização de dados em acordo com propósitos legítimos ou legitimáveis e, ainda, em benefício do seu titular e da sociedade. Não deve servir ao livre alvedrio injustificado do mercado ou de quem deles queira fazer uso indevido.

Todo esse contexto também está sob o domínio da boa-fé objetiva, a qual exige um proceder escorreito, no qual os figurantes de uma relação jurídica agem tendo em vista os seus interesses, necessidades e objetivos, mas não deve deixar de desconsiderar as circunstâncias de seus atos ou as consequências de sua conduta em relação a esse contexto que o circunda, para que não resultem em situações injustas.[15]

A partir do contexto apresentado, bem como da análise do próprio acórdão paradigma do TJSP, verifica-se a importância do debate que perpassa diretamente por, no mínimo, três direitos fundamentais: liberdade, vida privada e proteção de dados (art. 5º, *caput* e incisos X e LXXIX da CF). Esses direitos serão analisados a seguir, em conexão com o caso paradigma e com possíveis diferentes respostas no âmbito da responsabilidade civil, conforme a natureza dos dados envolvidos.

4. TRATAMENTO DE DADOS, DANO E SEUS CONTORNOS NA DIVULGAÇÃO DESAUTORIZADA DE DADOS

Como visto no relato do caso paradigma, houve tratamento de dados sensíveis relacionados a saúde de um usuário do serviço público de saúde, e o acesso facilitado e indevido ao seu conteúdo, por parte de terceiros. Embora o tratamento de dados sensíveis sem consentimento seja possível, as hipóteses são limitadas às atividades contidas no inc. II do art. 11 da LGPD, quais sejam, o cumprimento de obrigação (legal

---

14. KONDER, Carlos Nelson. O tratamento de dados sensíveis à luz da Lei 13.709/2018. In: TEPEDINO, Gustavo; FRAZÃO, Ana; OLIVA, Milena Donato. **Lei Geral de Proteção de Dados Pessoais e suas repercussões no direito brasileiro**. São Paulo: Ed. RT, 2019. p. 445-463 (trecho da p. 455) e MULHOLLAND, Caitlin. Dados pessoais sensíveis e consentimento na Lei Geral de Proteção de dados pessoais. **Revista do Advogado**. São Paulo, a. 39, n. 144, nov./2019, p. 47-54 (trecho da p. 49).

15. SOARES, Flaviana Rampazzo. O inadimplemento da boa-fé objetiva como dever geral de conduta nos contratos: qual olhar lhe dirige o direito de danos? **Revista IBERC** v. 2, n. 1, p. 01-10, jan./abr. 2019.

ou regulatória) pelo controlador; no exercício regular de direitos; se o compartilhamento de dados for necessário à execução de políticas públicas regulamentadas; se o seu objetivo for o de realizar estudos por parte de órgãos de pesquisa (com preferência à anonimização sempre que possível); no emprego em processos ou em contratos em que isso seja necessário e justificável ou na proteção da vida ou da incolumidade física do titular ou de terceiro.

Como controladora dos dados pessoais, as instituições de saúde tornam-se responsáveis pelo incidente de segurança, devendo responder por ele, como consta no artigo 42 da LGPD.[16] Não se pode perder de vista o art. 46 e seguintes da LGPD, que tratam da segurança de dados, governança e sanções administrativas adequadas em caso de incidentes de segurança. A LGPD impõe rígida obrigação de fazer (obrigação positiva) ao responsável direto ou indireto pelo tratamento dos dados, que deve adotar mecanismos seguros para a salvaguarda dos usuários. O circuito normativo no qual os dados sensíveis estão inseridos é protetivo aos direitos dos seus titulares, e contempla não apenas o direito aos dados, como o direito à proteção contra ingerências indevidas, o direito ao uso de medidas inibitórias quanto ao uso inadequado, além da tutela indenizatória contra danos que o titular experimenta em razão de conduta prejudicial do controlador do tratamento.

No caso sob análise, constata-se que o município de Barueri lidava com dados sensíveis de milhares de usuários do sistema público de atendimento de saúde. Não bastasse isso, inseriu esses dados em página própria na *web*, permitindo que qualquer internauta que tivesse a data de nascimento e um CPF de pessoa cadastrada pudesse ter acesso ao banco de dados de saúde, contendo inúmeras informações sensíveis, como foi o caso, de um usuário portador de HIV em tratamento.

Saber se há dano, se o dano é in re ipsa e qual é a modalidade de responsabilidade adotada são questões importantes a investigar. O questionamento sobre a responsabilidade no âmbito da LGPD ser objetiva ou subjetiva é um tema que suscita inúmeros debates,[17] de modo que há subjetivistas a sustentar que esse critério surgiria da interpretação dos seus arts. 42 e 43, II. Assim sustentam, dentre outros, Gisela Sampaio da

---

16. Art. 42. O controlador ou o operador que, em razão do exercício de atividade de tratamento de dados pessoais, causar a outrem dano patrimonial, moral, individual ou coletivo, em violação à legislação de proteção de dados pessoais, é obrigado a repará-lo.

    § 1º A fim de assegurar a efetiva indenização ao titular dos dados:

    I – O operador responde solidariamente pelos danos causados pelo tratamento quando descumprir as obrigações da legislação de proteção de dados ou quando não tiver seguido as instruções lícitas do controlador, hipótese em que o operador se equipara ao controlador, salvo nos casos de exclusão previstos no art. 43 desta Lei;

    § 2º O juiz, no processo civil, poderá inverter o ônus da prova a favor do titular dos dados quando, a seu juízo, for verossímil a alegação, houver hipossuficiência para fins de produção de prova ou quando a produção de prova pelo titular resultar-lhe excessivamente onerosa.

17. Este tópico do texto tem base no levantamento apresentado no seguinte trabalho: SOARES, Flaviana Rampazzo; FACCHINI NETO, Eugênio. Responsabilidade civil pela violação ao dever de proteção de dados na LGPD. In: PINHO, Anna Carolina. (Org.). **Discussões sobre direito na era digital**. Rio de Janeiro: GZ, 2021, v. 1, p. 237-268.

Cruz Guedes e Rose Melo Venceslau Meireles,[18] Márcio Cots e Ricardo Oliveira,[19] Cícero Dantas Bisneto,[20] Gustavo Tepedino, Aline M. V. Terra e Gisela S. C. Guedes.[21]

Bioni e Dias afirmam que o debate sobre a responsabilidade objetiva ou subjetiva não seria o debate mais importante. O essencial seria "analisar mais de perto e, em detalhes, os elementos normativos que restringiriam ou alargariam a discussão de culpabilidade para fins de responsabilização no tratamento de dados pessoais".[22] A corrente objetivista, calcada na periculosidade inerente da atividade de tratamento de dados pessoais, a partir do texto art. 42 e art. 5, XVII, da LGPD, é integrada, dentre outros, por Mendes e Doneda,[23] Bonna,[24] Dresch e Faleiros Júnior,[25] Glenda Gonçalves Gondim,[26] Wévertton Gabriel Gomes Flumignan[27] e Mulholland.[28] Dresch preleciona no sentido de que a responsabilidade objetiva adquire contornos especiais no âmbito da proteção

---

18. GUEDES, Gisela Sampaio da Cruz; MEIRELES, Rose Melo Venceslau. Término do tratamento de dados. In: TEPEDINO, Gustavo; FRAZÃO, Ana; OLIVA, Milena Donato (Coord.). **Lei Geral de Proteção de Dados Pessoais** – e suas repercussões no Direito Brasileiro. 2. ed. São Paulo: Thomson Reuters Brasil/Revista dos Tribunais, 2020, p. 219-241(trechos em especial das p. 229-231).

19. COTS, Márcio; OLIVEIRA, Ricardo. **Lei Geral de Proteção de Dados comentada**. 2. ed. São Paulo: Revista dos Tribunais, 2019, p. 175.

20. DANTAS BISNETO, Cícero. Dano moral pela violação à legislação de proteção de dados: um estudo de direito comparado entre a LGPD e o RGPD. In: FALEIROS JÚNIOR, José Luiz de Moura; LONGHI, João Victor Rozatti; GUGLIARA, Rodrigo (Coord.). **Proteção de dados pessoais na sociedade da informação**: entre dados e danos. Indaiatuba: Ed. Foco, 2021. p. 217-240 (vide trecho das p. 228-229).

21. TEPEDINO, Gustavo; TERRA, Aline; GUEDES, Gisela. Op. cit. p. 249-250.

22. BIONI, Bruno; DIAS, Daniel. Responsabilidade civil na proteção de dados pessoais: construindo pontes entre a Lei Geral de Proteção de Dados Pessoais e o Código de Defesa do Consumidor. **Civilistica.com**, ano 9, n. 3, p. 1-23 (esp. p. 19), dez. 2020.

23. MENDES, Laura Schertel; DONEDA, Danilo. Reflexões iniciais sobre a nova Lei Geral de Proteção de Dados. **Revista de Direito do Consumidor**. São Paulo: Ed. RT, v. 27, n. 120, p. 469-483, nov./dez. 2018, especialmente o trecho da p. 479.

24. BONNA, Alexandre Pereira. Dados pessoais, identidade virtual e a projeção da personalidade: "*profiling*", estigmatização e responsabilidade civil. In: MARTINS, Guilherme Magalhães; ROSENVALD, Nelson (Coord.). **Responsabilidade Civil e Novas Tecnologias. Indaiatuba**: Ed. Foco, 2020, p. 19-38, em especial na p. 33.

25. DRESCH, Rafael de Freitas Vale; FALEIROS JÚNIOR, José Luiz de Moura. Reflexões sobre a responsabilidade civil na Lei Geral de Proteção de Dados (Lei n. 13.709/2018). In: ROSENVALD, Nelson; DRESCH, Rafael de Freitas Valle; WESENDONCK, Tula (Coord.). **Responsabilidade Civil:** novos riscos. Indaiatuba: Ed. Foco, 2019, p. 80.

26. GONDIM, Glenda Gonçalves. A responsabilidade civil no uso indevido dos dados pessoais. **Revista IBERC**, v. 4, n. 1, p. 19-34, jan./abr. 2021. p. 19-34, em especial na p. 27.

27. FLUMIGNAN, Wévertton Gabriel Gomes. Análise da responsabilidade civil no âmbito do Marco Civil da Internet e da Lei Geral de Proteção de Dados. **Migalhas de Proteção de Dados**, 9 abr. 2021. Disponível em https://www.migalhas.com.br/coluna/migalhas-de-protecao-de-dados/343301/responsabilidade-civil-no--ambito-do-marco-civil-da-internet-e-da-lgpd.

28. MULHOLLAND, Caitlin. Responsabilidade civil por danos causados pela violação de dados sensíveis e a Lei Geral de Proteção de Dados Pessoais (Lei 13.709/2018). In: MARTINS, Guilherme Magalhães; ROSENVALD, Nelson (Coord.). **Responsabilidade Civil e Novas Tecnologias**. Indaiatuba: Ed. Foco, 2020, p. 121. Em outra obra, Mulholland afirma que quem explora os dados "beneficia-se ou aufere lucros através da exploração da IA, objetivamente, por risco criado" e que incide o artigo 927, parágrafo único, do CC, pois os sistema de IA são perigosos "por gerarem, potencialmente, danos qualitativamente graves e quantitativamente numerosos –, o que justificaria a responsabilidade por risco". MULHOLLAND, Caitlin; KREMER, Bianca. Responsabilidade civil por danos causados pela violação do princípio da igualdade no tratamento de dados pessoais. In: TEPEDINO, Gustavo; SILVA, Rodrigo da Guia. **O Direito Civil na era da Inteligência Artificial**. São Paulo: Thomson Reuters Brasil/Revista dos Tribunais, 2020, p. 579-580.

de dados, afirmando que somente o tratamento ilícito ensejaria o dever de indenizar por parte do responsável.[29]

Bodin de Moraes e Queiroz também sustentam que a LGPD apresenta feições peculiares no que tange à responsabilidade, a qual designaram de teoria ativa ou proativa da responsabilidade civil,[30] ao sustentarem que os agentes envolvidos no tratamento de dados devem adotar medidas para prevenir danos. Havendo alguma ocorrência lesiva, significaria que teriam falhado no cumprimento desse dever e então isso ensejaria a possibilidade de responsabilização, de modo que a mesma não resultaria apenas do descumprimento dos artigos de lei pelos agentes que tratam dados, mas sim do descumprimento "das normas de proteção de dados pessoais e, inclusive, a eficácia dessas medidas. Portanto, não descumprir a lei não é mais suficiente".[31]

Schreiber preleciona que a responsabilidade é subjetiva, fundada na culpa, embora o *caput* do art. 44 da LGPD trate de hipótese de responsabilidade objetiva quando o imputado "não fornecer a segurança que o titular dele pode esperar", a ser atestada conforme as circunstâncias, assemelhando-se à ideia de "defeito do serviço" prevista no art. 14, § 1º, do CDC, sem prejuízo da possibilidade de incidência do disposto no art. 927, parágrafo único, do CC, porque o trabalho de tratamento de dados poderia ser subsumido no conceito de atividade de risco inerente.[32]

Konder e Lima sustentam que a LGPD traria um sistema diferenciado do CDC, o que seria extraído do seu próprio texto, ao permitir a aplicação "do regime previsto no diploma consumerista quando o ofensor também for qualificado como fornecedor de produtos ou serviços no mercado de consumo", de modo que incide ao tratamento de dados executado no âmbito de incidência do CDC o regime da responsabilidade objetiva regulamentado pelo próprio CDC, "indicando que o regime da Lei de Proteção de Dados seria outro".[33]

---

29. DRESCH, Rafael. A especial responsabilidade civil na Lei Geral de Proteção de Dados. **Migalhas de Responsabilidade Civil.** 2 jul. 2020. Disponível em https://www.migalhas.com.br/coluna/migalhas-de-responsabilidade-civil/330019/a-especial-responsabilidade-civil-na-lei-geral-de-protecao-de-dados.

30. Bodin de Moraes, assinando o editorial da *Civilística*, a. 8, n. 3 (2019), sustenta que empresas devem ter atitudes diligentes e proativas quanto ao uso de dados pessoais, cabendo-lhes "identificar os próprios riscos e escolher e aplicar as medidas apropriadas para mitigá-los" e que a LGPD contempla um sistema que impõe um dever de prevenção, baseado no risco da atividade e de precaução: "Este novo sistema de responsabilização "proativa", nem subjetivo nem objetivo, parece promissor; agora é tempo de aguardar seus resultados". BODIN DE MORAES, Maria Celina. LGPD: um novo regime de responsabilização civil dito "proativo". Editorial à **Civilistica.com**. Rio de Janeiro. a. 8, n. 3, 2019. Disponível em: http://civilistica.com/lgpd-um-novo-regime/.

31. MORAES, Maria Celina Bodin de; QUEIROZ, João Quinelato. Autodeterminação informativa e responsabilização proativa: novos instrumentos de tutela da pessoa humana na LGDP. **Cadernos Adenauer**, v. 3, ano XX, 2019, esp. p. 118, 119, 129 e 133-134.

32. SCHREIBER, Anderson. Responsabilidade civil na Lei Geral de Proteção de Dados Pessoais. In: MENDES, Laura Schertel; DONEDA, Danilo; SARLET, Ingo Wolfgang; RODRIGUES JR., Otavio Luiz; BIONI, Bruno Ricardo (Coord.). **Tratado de proteção de dados pessoais**. Rio de Janeiro: Forense, 2021, p. 329-330.

33. KONDER, Carlos Nelson; LIMA, Marco Antônio de Almeida. Responsabilidade civil dos advogados no tratamento de dados à luz da Lei nº 13.709/2018. In: EHRHARDT JÚNIOR, Marcos et al. (Coord.). **Direito civil e tecnologia**. Belo Horizonte: Fórum, 2020, p. 423-424.

Embora esse cenário doutrinário aponte divergências quanto ao regime da responsabilidade a ser adotado, e isso possa reverberar em casos práticos, no caso do acórdão sob análise esse debate, conquanto seja importante, foi superado pela adoção da responsabilidade objetiva do Estado, com base no art. 37, § 6º, da CF. Assim, o critério de imputação empregado no julgamento foi o objetivo.

Prosseguindo-se na análise, na responsabilidade por violação de dados é necessário verificar se os danos podem ser considerados in re ipsa, ou se seriam presumidos, o que envolve a análise do conceito de dano extrapatrimonial. Historicamente, a doutrina francesa referia que o dano moral seria aquele que não atinge o patrimônio e causa somente uma dor moral à vítima[34] ou o que alcança o "devedor como ser humano", não lhe atingindo o patrimônio.[35]

A violação de dados pode gerar prejuízo material ou imaterial. Então, se o dano for considerado como uma violação prejudicial a alguém, que atinja negativamente um interesse juridicamente tutelado, de modo total ou parcial, permanente ou temporário, então a mera violação do dever de proteção do dado pessoal seria um dano indenizável, porque, tratando do caso sob análise, as omissões do município ao permitir que acessos a dados sensíveis ocorressem por inserção de apenas dois dados de fácil obtenção (CPF e data de nascimento), inegavelmente caracterizam violação ao dever de proteção dos dados sensíveis do titular.[36]

Se o dano for considerado como uma supressão ou diminuição de uma situação favorável, reconhecida ou protegida pelo Direito,[37] igualmente a violação da proteção de dados seria um prejuízo compensável. A própria doutrina reconhece os problemas que o conceito de dano pode causar na prática, notadamente quando envolvidos direitos diretamente extrapatrimoniais, conquanto se reconheça que "os atributos da personalidade visam à proteção de uma dimensão existencial da pessoa, embora nada impeça que do exercício dos direitos que a resguardam seja passível de proveito econômico".[38]

Schreiber, por exemplo, afirma que o dano moral seria uma "lesão a um interesse jurídico atinente à personalidade humana", conquanto reconheça a existência de duas correntes para conceituar o dano moral: a subjetiva, a qual vincula o dano ao componente anímico (dor, sofrimento ou humilhação) e a objetiva, que contempla conceitualmente "a lesão a um interesse jurídico atinente à personalidade humana".[39]

---

34. MAZEAUD, Henri y Leon; TUNC, André. **Tratado teórico y practico de la responsabilidad delictual y contractual.** Buenos Aires: Jurídicas Europa-América. 1961, p. 424.

35. PONTES DE MIRANDA. Francisco C. **Tratado de direito privado**. Rio de Janeiro: Borsoi, 1959. t. XXVI, p. 30.

36. A título de acordo semântico, este texto considera "indenização" como gênero, do qual a reparação e a compensação são espécies, da qual a compensação por arbitramento é típica para os casos de danos extrapatrimoniais.

37. MENEZES CORDEIRO, Antonio. **Tratado de Direito Civil português**: direito das obrigações; gestão de negócios; enriquecimento sem causa; responsabilidade civil. Coimbra: Almedina, 2010, v. II, t. III, p. 511.

38. MIRAGEN, Bruno. **Direito civil**: responsabilidade civil. São Paulo: Saraiva, 2015. p. 157.

39. SCHREIBER, Anderson. **Manual de direito civil contemporâneo**. São Paulo: Saraiva, 2018. p. 626 e 628.

Independentemente do conceito a ser utilizado, percebe-se que há prejuízo ao titular. A questão a saber é se esse prejuízo é indenizável por si ou se depende de repercussões prejudiciais comprovadas e economicamente mensuráveis. Quanto a isso, a violação não se circunscreve ao dever de proteção dos dados de saúde (sensíveis) do titular, mas igualmente infringe a autodeterminação pessoal do titular, notadamente para questões que afetem negativamente o livre desenvolvimento da sua personalidade, pois o indivíduo sequer teve a oportunidade de ter conhecido a divulgação e de a ela se opor.

Ainda que possa existir pronunciamentos no sentido de que a mera divulgação dos dados não seria qualificada como dano indenizável, porque nem sempre um dado vazado é interessante a terceiros (internet, mercado, Estado ou a outras pessoas) ou ao próprio titular, o caso concreto trata de dados sensíveis relativamente a vírus com elevado estigma social, que necessariamente prejudicou ou prejudicará o titular dos dados indevidamente disponibilizados em rede.

Poder-se-ia sustentar a necessidade de que, se o legislador quisesse limitar o âmbito da responsabilidade civil quanto ao tema da proteção de dados, caberia a ele tratar da questão de modo claro e fazer as suas prévias escolhas axiológicas pertinentes, como, por exemplo, afirmar que o dano seria *in re ipsa* nas hipóteses de violações do dever de proteção de dados sensíveis e seria dano presumido nos casos de violações de dados não sensíveis.

Ainda, uma outra estipulação teoricamente aceitável seria a de especificar que para incidentes de segurança que fossem produto de culpa leve quanto a dados não sensíveis somente se admitiria a tutela metaindividual a ser exercida pelo Ministério Público, e que o exercício da tutela individual seria um caminho permitido aos titulares de danos extraordinários comprovados acima de um determinado patamar qualitativo ou quantitativo.

Poderia adicionalmente fixar patamares indenizatórios; determinar a contratação de seguros obrigatórios ou criar fundos indenizatórios[40] para não sacrificar atividades necessárias e que poderiam estar sujeitas a esses incidentes, ou ainda, admitir-se-ia a hipótese de que o legislador viesse a determinar que os incidentes provenientes de culpa grave ou dolo pudessem ser punidos com maior rigor, permitindo-se inclusive a fixação de indenização punitiva.

Como essas restrições ou balizas não existem, é possível afirmar que, no sistema brasileiro, não há distinção entre dano oriundo da violação de dados sensíveis ou não sensíveis, pois ambos tratam de afronta à autodeterminação pessoal e ao direito fundamental de proteção de dados, a ensejar possível responsabilidade pelo pagamento de indenização por dano moral.

---

40. A respeito do tema, veja-se: SOARES, Flaviana Rampazzo; SIEBENEICHLER DE ANDRADE, Fábio. Os fundos de indenização civil para as vítimas de crime cujo autor é desconhecido ou incerto como exemplo de solidariedade social na responsabilidade civil contemporânea: breves notas de direito comparado. **Revista Brasileira de Direito Civil**, Belo Horizonte. v. 17, p. 43-63, jul./set. 2018.

Nesse caso, as luzes passariam a acender sobre o montante indenizatório, variável conforme alguns fatores, como, por exemplo: irreversibilidade do incidente; possibilidade de repristinação; extensão do dano no tempo; extensão do dano quanto ao número de pessoas ou entes que teve acesso aos dados ou que ainda a eles poderá ter acesso; possibilidade de prejuízos por conjugação posterior de dados; imutabilidade do dado (o dado nunca se desatualiza e, portanto, o vazamento tem maior probabilidade de seguir gerando efeitos nefastos); o dado ser sensível ou não sensível; ser essencial, secundário ou irrelevante.

Para dados previamente disponíveis, sequer seria possível falar em dever de indenizar, sendo admissível utilizar por analogia a premissa disposta na Súmula n. 385 do STJ, segundo a qual "a anotação irregular em cadastro de proteção ao crédito, não cabe indenização por dano moral, quando preexistente legítima inscrição, ressalvado o direito ao cancelamento". Condicionar o exercício da pretensão indenizatória à comprovação de um dano concreto, em especial se esse condicionamento disser respeito a um dano patrimonial, poderia ensejar a perda de sentido da própria proteção concedida pelo sistema jurídico. Por outro lado, condicioná-la à comprovação de um abalo anímico para acolher a pretensão de compensação por danos morais também poderia significar um retrocesso em matéria de danos extrapatrimoniais.

Assim, um caminho possível seria o de tratar o assunto de modo que condutas lesivas que atinjam direito da personalidade relevante tenham maior proteção indenizatória que aqueles não tenham essa feição. Em casos de dúvidas acerca da relevância ou não dos dados, o caminho seria verificar se o dado é irrelevante ou relevante considerando as vicissitudes da própria pessoa do titular e não apenas considerações genéricas. Por isso, se o dado fosse efetivamente irrelevante, não necessariamente haveria ofensa ao livre desenvolvimento da personalidade, e, assim, não seria o caso de compensar.[41]

Portanto, quanto a primeira parte da análise proposta neste artigo, entende-se que o dano na seara da LGPD deveria ter sido melhor tratado na legislação. Sendo omissa em restringir, não há como o aplicador fazer essa restrição, devendo, no entanto, verificar todas as circunstâncias do caso no arbitramento da compensação a ser concedida ao titular dos dados violados. Quanto ao debate sobre o dano experimentado por violação de dados ser *in re ipsa* ou presumido, verifica-se que em parte da jurisprudência esses conceitos são muitas vezes confundidos ou utilizados com atecnia. Tampouco a doutrina costuma deixar nítida a diferença das duas modalidades referidas, as condições de incidência e suas consequências práticas.

Diante desse contexto, torna-se necessário esclarecer o conceito adotado neste texto para dano *in re ipsa* e para dano presumido, com a finalidade de permitir a exata

---

41. "Da mesma forma, a partir do momento em que reconhecida a possibilidade de sua reparação, desenvolve conteúdo que não apenas tem por propósito compensar a dor ou sofrimento pessoal – afetação do estado anímico da pessoa –, mas também que tem lugar em qualquer situação na qual haja um menoscabo da sua personalidade, o qual, dado seu caráter insuscetível de exata apreciação econômica, resolve-se pela via ressarcitória própria da responsabilidade civil (...)". MIRAGEM, Bruno. **Direito civil**: responsabilidade civil. São Paulo: Saraiva, 2015. p. 173.

compreensão seja do teor dos apontamentos apresentados, seja para a melhor compreensão das sugestões que são apresentadas.

Por dano *in re ipsa* compreende-se o prejuízo que se efetiva pela mera violação de um interesse juridicamente protegido. É um dano por si, independe de outras consequências e coincide com a própria lesão. Traz simultaneidade entre ofensa e prejuízo, que não se verifica como subsequente, justamente porque a conduta que viola o direito já traz o potencial de gerar o dever de indenizar.[42] Nas situações de dano *in re ipsa*, outras consequências poderão ser valoradas se configurarem outros tipos de dano extrapatrimonial ou se representarem uma indenização superior à média arbitrada para situações assemelhadas. Para Cavalieri Filho, o dano moral *in re ipsa* "deriva inexoravelmente do próprio fato ofensivo, de tal modo que, provada a ofensa, ipso facto está demonstrado o dano moral".[43]

Nesse sentido, o autor da ação fica dispensado da prova específica quanto ao dano e não se permite prova em contrário por parte do réu, no sentido de que não tenha havido dano. A prova é unicamente de falta de nexo causal, inexistência do fato lesivo, conduta de terceiro ou da própria vítima, inocorrência de ilícito (este último somente na imputação subjetiva de responsabilidade) ou situações que impliquem redução da indenização a ser arbitrada ou outro meio não pecuniário de compensação.

No tocante aos requisitos para caracterização do dano *in re ipsa*, deve haver prova da violação do direito e da conduta lesiva, nexo causal e nexo de imputação, acrescido do ato ilícito (este último obrigatório no fator subjetivo de imputação, não essencial nos casos de responsabilidade objetiva). No que diz respeito à quantificação, por meio da adoção do critério bifásico reconhecido pelo STJ,[44] é possível partir de uma média compensatória arbitrada para casos semelhantes, podendo ser modulada conforme a extensão do conteúdo e o alcance das consequências do dano em cada caso concreto. Em razão disso, se o Autor da ação pretende elevar a indenização média considerando as particularidades do seu caso ou se o Réu objetiva reduzi-la, deverá haver prova específica quanto aos elementos que justificariam esse tratamento diferenciado.

O dano *in re ipsa* é diferente do dano presumido. A presunção do dano significa permitir que, em um caso concreto, o ponto de partida seja a premissa de ocorrência de um dado menoscabo por causa de um determinado evento lesivo, a partir do pressuposto de probabilidade e de verossimilhança.[45] Como se trata de uma presunção,[46] que não é categorizada como absoluta, admite prova em contrário. Ou seja, o réu pode comprovar

---

42. Esse é o entendimento da Corte de Cassação italiana (como exemplificam as seguintes decisões: Cassazione It. n. 20620/2015; n. 124/2016; n. 9348/2019; e n. 17897/2020).

43. CAVALIERI FILHO, Sérgio. **Programa de responsabilidade civil**. 9. ed. São Paulo: Atlas, 2010. p. 90.

44. STJ. 3ª Turma. REsp n. 959.780/ES, j. em 26 abr. 2011.

45. A parte do texto que trata das distinções entre dano in re ipsa e dano presumido estão baseadas em: SOARES, Flaviana Rampazzo. Dano presumido e dano *in re ipsa* – distinções necessárias. **Revista IBERC**, Belo Horizonte, v. 6, n. 1, p. IV-X, 2023.

46. Trata-se de uma presunção de direito material, e não de direito processual. A presunção de direito processual se divide em absoluta ou relativa. A presunção de dano na responsabilidade civil é, em regra, relativa.

que o autor não experimentou o dano alegado, além de exigir que o demandante comprove minimamente o dano. Nas situações caracterizadas como de dano presumido, não sendo elidida e sendo reconhecida a responsabilidade civil, a compensação é devida se houver prova da violação, alegação de dano presumível, elementos mínimos que permitam a presunção, em seu conteúdo e extensão, nexo causal e nexo de imputação, acrescido do ato ilícito (no fator subjetivo de imputação).

Na quantificação nas situações enquadráveis no dano presumido reconhecido em juízo, o método bifásico igualmente poderá ser aplicado, a partir de uma média compensatória para casos semelhantes, com a admissão da modulação conforme a extensão do conteúdo e o alcance das consequências lesivas em cada caso concreto. Se o autor da ação pretende elevar a indenização considerando as particularidades do seu caso ou se o réu objetiva reduzi-la, deverá haver prova específica a respeito das circunstâncias que ensejariam uma ou outra consequência. Com essa diferenciação necessária, reitera-se o posicionamento no sentido de que a violação aos dados sensíveis é qualificada como um dano *in re ipsa* (no acórdão paradigma, o dano foi considerado o dano como *in re ipsa*).

Esse argumento se reforça pelo fato de que a inteligência artificial permite que dados sejam eternizados, ilimitadamente e com amplo acesso. Ela é o meio de facilitação de uso no tempo e no espaço geográfico, de infinitos modos, inclusive em potencial. O cruzamento ou a associação de dados faz com que informações aparentemente insignificantes permitam a montagem de uma representação virtual da personalidade, sobre a qual o titular não tem ciência ou controle. Isso ocorreu na situação do caso paradigma.

Não se desconhecem entendimentos em sentido diverso. Dantas Bisneto, por exemplo, refere dois julgados proferidos na Alemanha, uma decisão judicial de primeiro grau (*Amstgericht* de Diez, 07.11.2018) e outra de segundo grau (*Oberlandesgericht* de Dresden, 11.06.2019), nas quais foi reconhecida a violação da lei, mas as compensações foram arbitradas em montantes baixos (50 e 150 euros, respectivamente), por não ter sido vislumbrada gravidade nas situações narradas pelos demandantes (recebimento de e-mails e exclusão de postagens da rede social) e porque "nem toda violação do RGPD conduz necessariamente à reparação de danos (...) pois os danos morais não podem ser reconhecidos em caso de violações menores, sem graves prejuízos".[47]

A partir da análise dos referidos casos e da legislação brasileira, Dantas Bisneto defende que, no Brasil, "nem todas as violações à legislação de proteção de dados devem ensejar a reparação por danos morais", pois "o fato que servirá de fundamento à pretensão ressarcitória deverá ser grave o suficiente a ponto de macular atributo personalíssimo do ofendido".[48]

Nesse sentido, compreendendo-se a preocupação da doutrina que entende que o dano não seria *in re ipsa*, destaca-se a necessidade de que o caso trate de questão com relevância suficiente a justificar a movimentação do Poder Judiciário. Não se trata da

---

47. DANTAS BISNETO, Cícero. Op. cit. p. 233 e 234.
48. DANTAS BISNETO, Cícero. Op. cit., p. 234.

qualificação do dano como *in re ipsa*, e sim saber se a consequência da violação ocorrida possa ser relevante a ponto de se transformar em dano com contorno juridicamente aceitável. Por isso, é possível que o vazamento restrito de um dado como, *v.g.*, o resultado de um Exame Qualitativo de Urina (EQU) antigo que um médico mostrou pessoalmente por engano a outro paciente possa não ser enquadrado como um dano juridicamente relevante a ponto de ensejar uma demanda compensatória.

Disso resulta a necessidade de que o demandante, preferencialmente já na petição inicial, demonstre quais foram os dados vazados, a importância desses dados, o risco ou o prejuízo para si quanto a circulação e a razão que justifica a tutela judicial pleiteada. Por esse motivo, é oportuna a referência a Noronha, no sentido de que seja demonstrada a violação a um interesse "que seja socialmente tido como sério e útil", com a finalidade de que sejam evitadas demandas frívolas.[49]

No entanto, o controle do titular sobre seus próprios dados e suas informações é um requisito para que possa vivenciar o seu legítimo direito a uma existência livre e autodeterminada e isso, por si, é um dos elementos basilares da liberdade pessoal, que enseja direito de não ingerência alheia indevida, o qual permite tanto o uso de tutela inibitórias quanto reivindicatórias de medidas de defesa e de compensação por danos.

Fazendo uma correlação com uma situação de furto tradicional, Solove observa que os danos relacionados a dados pessoais detêm uma especial característica, que reside no fato de que, enquanto um objeto físico furtado só pode estar materializado em um local, a informação, por outro lado, a cada momento, pode ser multiplicada simultaneamente em várias frentes, inclusive na perversa *deep web*, em progressão geométrica, descontrolada e praticamente inalcançável.[50]

Outro ponto a destacar é a necessidade de coerência da jurisprudência. O Superior Tribunal de Justiça (STJ), no REsp nº 1419697/RS que tratou do *Credit Score*, entendeu ser possível a condenação por danos morais quando dados ou informações forem utilizados abusiva, incorreta ou não atualizada. Como destacaram Menezes e Colaço, os argumentos da Corte, transportados para situações de compartilhamento indevido de dados de usuários, são condutas abusivas ensejadoras de danos morais indenizáveis quando disserem respeito à "preferência sexual, religião, ideologia ou origem racial, ou de dados excessivos, como localização; ou dados cujo cruzamento seja hábil a ferir quaisquer dos corolários da dignidade da pessoa humana".[51]

---

49. NORONHA, Fernando. **Direito das obrigações**. 4. ed. São Paulo: Saraiva, 2013. p. 498.
50. SOLOVE, Daniel J. The new vulnerability: data security and personal information. In: CHANDER, Anupam; GELMAN, Lauren; RADIN, Margaret Jane (Ed.). **Securing privacy in the internet age**. Palo Alto/Calif.: Stanford Law Books 2008, p. 111-136; SOARES, Flaviana Rampazzo; FACCHINI NETO, Eugênio. Responsabilidade civil pela violação ao dever de proteção de dados na LGPD. In: PINHO, Anna Carolina. (Org.). **Discussões sobre direito na era digital**. Rio de Janeiro: GZ, 2021, v. 1, p. 237-268.
51. MENEZES, Joyceane Bezerra de; COLAÇO, Hian Silva. Facebook como o novo *Big Brother*: uma abertura para a responsabilização civil por violação à autodeterminação informativa. **Quaestio Iuris**. v. 10, n. 04. Rio de Janeiro, 2017, p. 2332-2333.

Ademais, no Resp n. 1.758.799/MG, igualmente o STJ responsabilizou uma empresa que compilava dados pessoais e os disponibilizava na rede, determinando a obrigação de indenizar por danos morais (*in re ipsa*) tendo em vista que o demandante não fora avisado de que seus dados seriam coletados, armazenados e compartilhados. Portanto, seguindo a mesma linha, a tendência da jurisprudência do STJ é a de não exigir outra prova além da violação do direito, desde que se trate de um dano qualificável juridicamente.

Exigir do titular do dado sensível que foi exposto indevidamente a prova de um dano decorrente dessa exposição pode significar lhe impor prova impossível ou insuportável ônus, quanto a elementos que todos sabem que geram problemas ao titular, em maior ou menor extensão, além de tirar a força da LGPD e da própria Constituição Federal, que contemplam em seus textos a extensa proteção que envolve os dados pessoais, notadamente os sensíveis. Por outro lado, pode ser difícil a identificação do dano causado por um incidente de segurança, porque dados podem estar em mais de um banco e isso dificulta ou mesmo impede uma adequada investigação do ponto de partida de um vazamento, por exemplo, o que pode comprometer ou dificultar a prova do nexo causal.[52]

Se uma situação de um dado pessoal sensível violado demandar prova de sua ocorrência efetiva e de sua extensão, o acórdão ora analisado não teria o resultado condenatório constatado e inúmeras pessoas que tratam dados pessoais poderiam ser impulsionadas a descuidar dos custos e providências necessários à sua proteção, porque o risco de condenação passa a ser baixo pela exigência de prova.

Especificamente quanto a este último argumento, poderia ser afirmado que ele representaria uma ideia de vindita ou de indenização com finalidade punitiva revestida de dano *in re ipsa*. Entende-se, no entanto, que considerar a violação de dados sensíveis como dano *in re ipsa* significa exatamente dar vida ao texto da lei, aos seus substratos axiológicos (radicados principalmente, como visto, na dignidade humana e no livre direito de personalidade) e aos seus princípios norteadores. O vazamento desautorizado de dados por si já pode significar a frustração de uso segundo as finalidades legítimas, específicas, explícitas e informadas ao titular, como prevê a LGPD.

Adicionalmente, não se olvide que a própria ansiedade, temor e insegurança do titular do dado sensível violado pelo fato desse dado estar disponível na rede virtual e no mundo real já o torna mais vulnerável que o "normal", porque dificilmente essa informação vazada voltará à categoria de dado sensível exclusivo do seu titular, porque a possibilidade de exploração estará à disposição de terceiros independentemente da vontade ou da conduta da vítima da exposição indevida de dados. Vazamentos podem gerar danos patrimoniais e extrapatrimoniais; a afronta à autodeterminação e a violação da privacidade e intimidade dos titulares

---

52. MENKE, Fabiano. GOULART, Guilherme Damásio. Segurança da informação e vazamento de dados. In: MENDES, Laura Schertel; DONEDA, Danilo; SARLET, Ingo Wolfgang; RODRIGUES JR., Otavio Luiz (Coord.). **Tratado de Proteção de Dados pessoais**. Rio de Janeiro: Editora Forense, 2021. p. 339-360, em especial na p. 354.

Isso se reforça no caso do acórdão sob análise, que tratou de situação extremamente prejudicial ao titular dos dados, que alegou ter ficado estigmatizado no seu local de trabalho, por ser portador do vírus HIV e ter tido essa informação exposta indevidamente. A prova pode perfeitamente ser exigida para elevação da indenização, mas não pode ser fator impeditivo à responsabilização daquele que expôs indevidamente o dado sensível.

Não se olvide inclusive que um dado possa ser considerado inútil na época em que foi vazado, mas com o tempo tornar-se tornar relevante (por exemplo, um dado genético que possa ser útil em uma descoberta futura), e isso reforça a necessidade de proteger o titular dos dados e indenizá-lo quando os requisitos de responsabilização estiverem presentes.

Por fim, quanto ao acórdão objeto da análise, do seu teor não foi possível compreender qual foi o conceito de dano adotado ou a razão para ter adotado a teoria do dano moral *in re ipsa*, pois, mesmo que o caso trate de responsabilidade objetiva do município, essa modalidade de responsabilidade não implica condenação necessária, mas sim condicionada ao preenchimento dos requisitos da responsabilidade civil conforme o fator de imputação.

5. CONCLUSÃO

Este texto analisou acórdão proferido pelo Tribunal de Justiça de São Paulo, que tratou de caso no qual o município de Barueri permitiu que usuários da *Internet*, portando apenas dados singelos como número de inscrição no Cadastro de Pessoas Físicas e data de nascimento, tivessem amplo acesso a dados clínicos de um trabalhador usuário do serviço público de saúde.

Mencionou-se que os dados pessoais são revestidos de extensa proteção normativa, calcada na dignidade humana, nos direitos fundamentais e em princípios, além da necessária proteção do livre desenvolvimento da personalidade humana. Destacou-se que a matéria de responsabilidade civil por violação de dados pessoais é tormentosa, não unânime na doutrina e na jurisprudência e objeto de intensos debates. Alguns outros desafios foram abordados, tendo sido apresentadas algumas propostas *de lege ferenda*, que seriam muito úteis caso fossem adotadas, inclusive para dissipar as divergências existentes.

Afirmou-se a possibilidade de separação de situações de dano *in re ipsa* para violações que digam respeito a dados sensíveis, e a classificação ocorre unicamente em razão da natureza dos dados, pois dizem respeito a questões de maior interesse da pessoa e de maior repercussão em caso de vazamento. Reconhecer essa sugestão como uma resposta admissível não é o equivalente a impor uma pena civil ao violador, mas admitir que dados e informações sensíveis são elementos com potencialidade lesiva *per si*, porque, quando ocorre a violação, esta representa uma afronta à autodeterminação informativa, além de respeito a elementos de maior vulnerabilidade humana.

Além disso, a aplicação da teoria do dano *in re ipsa* para dados sensíveis em saúde pode ser um incentivo à criação e manutenção de uma cultura de proteção de dados dessa categoria, estimulando as empresas e instituições responsáveis por coletar, armazenar e processar esses dados a tomar medidas adequadas para protegê-los.

A decisão proferida pelo TJSP enfatiza a gravidade do vazamento de informações de saúde e a necessidade de sistemas seguros para a proteção desses dados. O caso trata não apenas a vulnerabilidade dos dados pessoais sensíveis, mas também a importância da responsabilidade das entidades públicas e privadas no manejo dessas informações. A condenação do município por danos morais reflete a compreensão de que a exposição indevida de dados de saúde pode causar danos profundos e duradouros aos indivíduos, afetando sua dignidade, privacidade e bem-estar emocional.

Ademais, no caso sob análise foi ressaltada a importância da adoção de medidas preventivas e de segurança na gestão de dados, destacando que a simples falta de uma senha de acesso pode tornar públicas informações confidenciais, violando direitos fundamentais. A proteção desses dados deve ser vista como um imperativo não apenas legal, mas também ético, exigindo um compromisso constante de proteção, por parte das instituições responsáveis pelo tratamento de informações pessoais.

A análise do caso de Barueri evidencia a necessidade de reflexão contínua sobre as práticas de segurança da informação e a implementação de políticas eficazes que garantam a confidencialidade e a integridade dos dados sensíveis. Este artigo visa contribuir para essa discussão, oferecendo uma perspectiva crítica sobre os desafios e as responsabilidades envolvidas na proteção dos dados pessoais, especialmente no contexto da saúde pública.

Por isso, é fundamental que as instituições de saúde adotem medidas de segurança eficazes para proteger os dados sensíveis de seus pacientes, bem como que os titulares dos dados estejam conscientes dos riscos, saibam e tenham condições de proteger suas informações de saúde e sejam informados quanto a eventuais incidentes. Destarte, a fiscalização preventiva e corretiva é medida essencial à boa gestão da proteção de dados sensíveis e as sanções legalmente previstas devem ser aplicadas em caso de violações de dados sensíveis em saúde, para garantir a proteção dos direitos dos pacientes e a responsabilização de quem tenha violado os direitos alheios.

REFERÊNCIAS

ABUR, Gilberto Haddad. **Liberdade de pensamento e direito à vida privada**: conflitos entre direitos da personalidade. São Paulo: Ed. RT, 2000.

BIONI, Bruno; DIAS, Daniel. Responsabilidade civil na proteção de dados pessoais: construindo pontes entre a Lei Geral de Proteção de Dados Pessoais e o Código de Defesa do Consumidor. **Civilistica.com**, ano 9, n. 3, p. 1-23, dez. 2020.

BODIN DE MORAES, Maria Celina. O Conceito de dignidade humana: substrato axiológico e conteúdo normativo. In: SARLET, Ingo Wolfgang. (org.). **Constituição, direitos fundamentais e direito privado**. Porto Alegre: Livraria do Advogado, 2003.

BODIN DE MORAES, Maria Celina. Editorial à **Civilistica.com**. Rio de Janeiro. a. 8, n. 3, 2019. Disponível em: http://civilistica.com/lgpd-um-novo-regime/.

BODIN DE MORAES, Maria Celina; QUEIROZ, João Quinelato. Autodeterminação informativa e responsabilização proativa: novos instrumentos de tutela da pessoa humana na LGDP. **Cadernos Adenauer,** v. 3, ano XX, p. 113-135, 2019.

BONNA, Alexandre Pereira. Dados pessoais, identidade virtual e a projeção da personalidade: *"profiling"*, estigmatização e responsabilidade civil. In: MARTINS, Guilherme Magalhães; ROSENVALD, Nelson (Coord.). **Responsabilidade Civil e Novas Tecnologias**. Indaiatuba: Ed. Foco, 2020.

CAVALIERI FILHO, Sérgio. **Programa de responsabilidade civil**. 9. ed. São Paulo: Atlas, 2010.

COTS, Márcio; OLIVEIRA, Ricardo. **Lei Geral de Proteção de Dados comentada**. 2. ed. São Paulo: Ed. RT, 2019.

DANTAS BISNETO, Cícero. Dano moral pela violação à legislação de proteção de dados: um estudo de direito comparado entre a LGPD e o RGPD. In: FALEIROS JÚNIOR, José Luiz de Moura; LONGHI, João Victor Rozatti; GUGLIARA, Rodrigo (Coord.). **Proteção de dados pessoais na sociedade da informação**: entre dados e danos. Indaiatuba: Ed. Foco, 2021.

DONEDA, Danilo. **Da privacidade à proteção dos dados pessoais**. 2. ed. São Paulo: Ed. RT, 2020.

DRESCH, Rafael. A especial responsabilidade civil na Lei Geral de Proteção de Dados. **Migalhas de Responsabilidade Civil**, 02.08.2020. Disponível em: https://www.migalhas.com.br/coluna/migalhas-de--responsabilidade-civil/330019/a-especial-responsabilidade-civil-na-lei-geral-de-protecao-de-dados.

DRESCH, Rafael de Freitas Vale; FALEIROS JÚNIOR, José Luiz de Moura. Reflexões sobre a responsabilidade civil na Lei Geral de Proteção de Dados (Lei n. 13.709/2018). In: ROSENVALD, Nelson; DRESCH, Rafael de Freitas Valle; WESENDONCK, Tula (Coord.). **Responsabilidade Civil:** novos riscos. Indaiatuba: Ed. Foco, 2019.

FLUMIGNAN, Wévertton Gabriel Gomes. Análise da responsabilidade civil no âmbito do Marco Civil da Internet e da Lei Geral de Proteção de Dados. **Migalhas de Proteção de Dados**, 9 abr. 2021. Disponível em: https://www.migalhas.com.br/coluna/migalhas-de-protecao-de-dados/343301/responsabilidade--civil-no-ambito-do-marco-civil-da-internet-e-da-lgpd.

GONDIM, Glenda Gonçalves. A responsabilidade civil no uso indevido dos dados pessoais. **Revista IBERC**, v. 4, n. 1, p. 19-34, jan./abr. 2021.

GUEDES, Gisela Sampaio da Cruz; MEIRELES, Rose Melo Venceslau. Término do tratamento de dados. In: TEPEDINO, Gustavo; FRAZÃO, Ana; OLIVA, Milena Donato (Coord.). **Lei Geral de Proteção de Dados Pessoais** – e suas repercussões no Direito Brasileiro. 2. ed. São Paulo: Thomson Reuters Brasil/ Revista dos Tribunais, 2020.

KONDER, Carlos Nelson. O tratamento de dados sensíveis à luz da Lei 13.709/2018. In: TEPEDINO, Gustavo; FRAZÃO, Ana; OLIVA, Milena Donato. **Lei Geral de Proteção de Dados Pessoais e suas repercussões no direito brasileiro**. São Paulo: Ed. RT, 2019.

KONDER, Carlos Nelson; LIMA, Marco Antônio de Almeida. Responsabilidade civil dos advogados no tratamento de dados à luz da Lei nº 13.709/2018. In: EHRHARDT JÚNIOR, Marcos et al. (Coord.). **Direito civil e tecnologia**. Belo Horizonte: Fórum, 2020.

MARTINS, Guilherme Magalhães; FALEIROS JÚNIOR. José Luíz de Moura. *Compliance digital* e responsabilidade civil na lei geral de proteção de dados. In: ROSENVALD, Nelson; MARTINS, Guilherme Magalhães (Coord.). **Responsabilidade civil e Novas Tecnologias**. Indaiatuba: Foco, 2020.

MAZEAUD, Henri y Leon; TUNC, André. **Tratado teórico y practico de la responsabilidad delictual y contractual.** Buenos Aires: Jurídicas Europa-América. 1961.

MENDES, Laura Schertel Ferreira. Autodeterminação informativa: a história de um conceito. **Pensar**, Fortaleza, v. 25, n. 4, p. 1-18, out./dez. 2020.

MENDES, Laura Schertel. **Privacidade, proteção de dados e defesa do consumidor**. São Paulo: Saraiva, 2014.

MENDES, Laura Schertel; DONEDA, Danilo. Reflexões iniciais sobre a nova Lei Geral de Proteção de Dados. **Revista de Direito do Consumidor**. São Paulo: Ed. RT, v. 27, n. 120, p. 469-483, nov./dez. 2018.

MENEZES CORDEIRO, Antonio. **Tratado de Direito Civil português**: direito das obrigações; gestão de negócios; enriquecimento sem causa; responsabilidade civil. Coimbra: Almedina, 2010. v. II, t. III.

MENEZES, Joyceane Bezerra de; COLAÇO, Hian Silva. Facebook como o novo *Big Brother*: uma abertura para a responsabilização civil por violação à autodeterminação informativa. **Quaestio Iuris**, Rio de Janeiro, v. 10, n. 4., p. 2319-2338, 2017.

MENKE, Fabiano. GOULART, Guilherme Damásio. Segurança da informação e vazamento de dados. In: MENDES, Laura Schertel; DONEDA, Danilo; SARLET, Ingo Wolfgang; RODRIGUES JR., Otavio Luiz (Coord.). **Tratado de Proteção de Dados pessoais**. Rio de Janeiro: Editora Forense, 2021.

MIRAGEM, Bruno. **Direito civil**: responsabilidade civil. São Paulo: Saraiva, 2015.

MULHOLLAND, Caitlin. Dados pessoais sensíveis e consentimento na Lei Geral de Proteção de dados pessoais. **Revista do Advogado**. São Paulo, a. 39, n. 144, p. 47-54, nov. 2019.

MULHOLLAND, Caitlin. Responsabilidade civil por danos causados pela violação de dados sensíveis e a Lei Geral de Proteção de Dados Pessoais (Lei 13.709/2018). In: MARTINS, Guilherme Magalhães; ROSENVALD, Nelson (Coord.). **Responsabilidade Civil e Novas Tecnologias**. Indaiatuba: Ed. Foco, 2020.

MULHOLLAND, Caitlin; KREMER, Bianca. Responsabilidade civil por danos causados pela violação do princípio da igualdade no tratamento de dados pessoais. In: TEPEDINO, Gustavo; SILVA, Rodrigo da Guia. **O Direito Civil na era da Inteligência Artificial**. São Paulo: Thomson Reuters Brasil/Revista dos Tribunais, 2020.

NORONHA, Fernando. **Direito das obrigações**. 4. ed. São Paulo: Saraiva, 2013.

PONTES DE MIRANDA. Francisco C. **Tratado de direito privado**. Rio de Janeiro: Borsoi, 1959. t. XXIV.

ROSENVALD, Nelson; FARIAS, Cristiano Chaves de. **Curso de direito civil**: parte geral e LINDB. 15. ed. rev., ampl. e atual. Salvador: JusPodivm, 2017.

RODOTÀ, Stefano. **A vida na sociedade da vigilância**: a privacidade hoje. Trad. Danilo Doneda e Luciana Cabral Doneda. Rio de Janeiro: Renovar, 2008.

SCHREIBER, Anderson. **Manual de direito civil contemporâneo**. São Paulo: Saraiva, 2018.

SCHREIBER, Anderson. Responsabilidade civil na Lei Geral de Proteção de Dados Pessoais. In: MENDES, Laura Schertel; DONEDA, Danilo; SARLET, Ingo Wolfgang; RODRIGUES JR., Otavio Luiz; BIONI, Bruno Ricardo (Coord.). **Tratado de proteção de dados pessoais**. Rio de Janeiro: Forense, 2021.

SOARES, Flaviana Rampazzo. Dano presumido e dano *in re ipsa* – distinções necessárias. **Revista IBERC**, Belo Horizonte, v. 6, n. 1, p. IV-X, 2023.

SOARES, Flaviana Rampazzo. Levando os algoritmos a sério. In: FALEIROS JÚNIOR, José Luiz de Moura; SILVA, Michael César; BRAGA NETTO, Felipe; BARBOSA, Mafalda Miranda (Coord.). **Direito digital e inteligência artificial**: diálogos entre Brasil e Europa. Indaiatuba: Foco, 2021. v. 1.

SOARES, Flaviana Rampazzo. O inadimplemento da boa-fé objetiva como dever geral de conduta nos contratos: qual olhar lhe dirige o direito de danos? **Revista IBERC** v. 2, n. 1, p. 01-10, jan./abr. 2019.

SOARES, Flaviana Rampazzo; SIEBENEICHLER DE ANDRADE, Fábio. Os fundos de indenização civil para as vítimas de crime cujo autor é desconhecido ou incerto como exemplo de solidariedade social na responsabilidade civil contemporânea: breves notas de direito comparado. **Revista Brasileira de Direito Civil**, Belo Horizonte. v. 17, p. 43-63, jul./set. 2018.

SOARES, Flaviana Rampazzo. **Responsabilidade civil por dano existencial**. Porto Alegre: Livraria do Advogado Editora, 2009.

SOARES, Flaviana Rampazzo; FACCHINI NETO, Eugênio. Responsabilidade civil pela violação ao dever de proteção de dados na LGPD. In: PINHO, Anna Carolina. (Coord.). **Discussões sobre direito na era digital**. Rio de Janeiro: GZ, 2021. v. 1.

SOARES, Flaviana Rampazzo; MARTINS, Guilherme M. Proteção de dados pessoais em e-saúde: seu confronto com a utilidade do fornecimento e uso de dados em aplicativos para dispositivos móveis. **Revista de Direito do Consumidor**, São Paulo, v. 130, p. 1-27, 2020.

SOLOVE, Daniel J. The new vulnerability: data security and personal information. In: CHANDER, Anupam. GELMAN, Lauren; RADIN, Margaret Jane. (Ed.). **Securing privacy in the internet age**. Califórnia: Stanford Law Books, 2008.

SOUSA, Rabindranath Capelo de. **O direito geral de personalidade**. Coimbra: Coimbra Editora, 1995.

WARREN, Samuel D.; BRANDEIS, Louis D. The Right to Privacy. **Harvard Law Review**, Cambridge, v. 4, n. 5, p. 193-220, dez. 1890. Disponível em: https://www.cs.cornell.edu/~shmat/courses/cs5436/warren-brandeis.pdf.

PUBLICIDADE MÉDICA NA ERA DIGITAL E O MÉDICO INFLUENCIADOR

Michael César Silva[1]

Karenina Carvalho Tito[2]

Carolina Silva Mildemberger[3]

Decisão paradigma: BRASIL. Tribunal Regional Federal da 3ª Região (TRF3), **Sentença nº 5019150-55.2021.4.03.6100**, 5ª Vara Cível Federal de São Paulo, relator Paulo Alberto Sarno, j. 22 set. 2021.

Sumário: 1. Descrição do caso – 2. Introdução: a publicidade na era digital e as suas implicações – 3. Breves considerações sobre as normas em publicidade médica – 4. Influenciadores digitais médicos: marketing de influência e sua aplicação na área médica – 5. Análise da decisão do TRF-3 que debate as limitações éticas na publicidade médica – 6. Considerações finais – Referências.

1. DESCRIÇÃO DO CASO

Trata-se de uma ação de procedimento comum no qual se buscava concessão de tutela de urgência para a imediata suspensão da interdição cautelar de entrega da carteira profissional para atuação médica, determinada no Processo Ético Profissional.

---

1. Pós-Doutorando em Direito, Tecnologia e Inovação pela Universidade Federal de Minas Gerais (UFMG). Doutor e Mestre em Direito Privado pela Pontifícia Universidade Católica de Minas Gerais (PUC Minas). Especialista em Direito de Empresa pela Pontifícia Universidade Católica de Minas Gerais (PUC Minas). Professor convidado do curso de Pós-Graduação em Fashion Law da Universidade Mackenzie/SP. Professor convidado do curso de Pós-Graduação em Direito Privado, Tecnologia e Inovação da Escola Brasileira de Direito (Ebradi/SP). Professor Convidado do LLM em Lei Geral de Proteção de Dados da Universidade do Vale do Rio dos Sinos (Unisinos/RS). Professor da Escola de Direito do Centro Universitário Newton Paiva/MG. Professor da Escola Superior Dom Helder/MG. Membro fundador do Instituto Brasileiro de Estudos de Responsabilidade Civil (IBERC). Foi membro do grupo de pesquisas "Direito da Saúde e Empresas Médicas" (UNICURITIBA), liderado pelo prof. Miguel Kfouri Neto. Mediador Judicial credenciado pelo Tribunal de Justiça de Minas Gerais (TJMG). Advogado.
2. Mestre e Doutoranda pela Universidade de Coimbra. Investigadora colaboradora do Instituto Jurídico da Faculdade de Direito da Universidade de Coimbra. Associada do Instituto Brasileiro de Estudos de Responsabilidade Civil (IBERC). Advogada. Professora da Universidade Estadual do Piauí (UESPI). Foi membro do grupo de pesquisas "Direito da Saúde e Empresas Médicas" (UNICURITIBA), liderado pelo prof. Miguel Kfouri Neto. Membro fundadora do Instituto Miguel Kfouri Neto (IMKN) – Direito Médico e da Saúde. Presidente da Comissão de Responsabilidade Civil da OAB/PI.
3. Especialista em Direito Penal e Criminologia pela Pontifícia Universidade Católica do Rio Grande do Sul (PUCRS). Advogada e Jornalista. Foi membro do grupo de pesquisas "Direito da Saúde e Empresas Médicas" (UNICURITIBA), liderado pelo prof. Miguel Kfouri Neto. Diretora de publicidade e membro fundadora do Instituto Miguel Kfouri Neto (IMKN) – Direito Médico e da Saúde.

O autor da ação é um médico especialista em cirurgia plástica que realizava a divulgação dos resultados de suas operações nas redes sociais (Facebook e Instagram) para se destacar no mercado de consumo. No entanto, após denúncia encaminhada pela Sociedade Brasileira de Cirurgia Plástica ao Conselho Regional de Medicina do Estado de São Paulo (Cremesp), apontando que as publicações não estariam de acordo com o Código de Ética Médica e as suas resoluções, fora instaurado o processo sindicante nº 34.771/2021 e, em ato contínuo, o processo ético profissional nº 16.004-251/21.

No processo ético profissional, o conteúdo das postagens foi considerado como sensacionalista e de caráter "erótico", por expor excessivamente as pacientes de forma sensual, além de anúncios de marcas de produtos e promessas de resultados a prática do "antes e depois", o que era proibido pela resolução do Conselho Federal de Medicina (CFM) nº 1.974/11. Logo, o Conselho Regional de Medicina do Estado de São Paulo decidiu pela interdição cautelar total à prática médica, pelo período de 6 (seis) meses, devendo o médico se abster de expor sua atividade médica nas mídias sociais, remover as publicações constantes nas redes sociais, bem como, proceder a devolução de sua carteira de registro profissional ao Conselho.

Em sua defesa inicial, o médico afirmou que houve a retirada das publicações contestadas, porém, a interdição cautelar para entrega da carteira profissional seria uma sanção desproporcional ao caso, uma vez que, não houve dano efetivo à coletividade ou paciente em particular, havendo assim um demasiado prejuízo material e profissional a ser suportado. Ademais, a remoção das postagens já seria uma forma de prevenção ao dano futuro, sendo essa a real finalidade da penalidade. Ainda, não teria havido no processo ético profissional qualquer decisão que fosse capaz de possibilitar e aplicar a penalidade, demonstrando violação à ampla defesa e contraditório.

O pedido de tutela de urgência referente a suspensão do ato de interdição foi deferido pelo magistrado e, logo após, o Conselho profissional apresentou contestação alegando que, inicialmente, foi interposta a penalidade parcial apenas atingindo a publicidade, não estando o autor impedido de exercer a medicina.

No entanto, o médico passou a promover suas postagens ilícitas por meio do perfil da clínica médica o que, consequentemente, resultou em nova denúncia da Sociedade Brasileira de Cirurgia Plástica sobre o descumprimento da interdição parcial. Por conseguinte, o Magistrado revogou, de ofício, a tutela provisória de urgência, de modo que a interdição retornou a seu *status* anterior, ou seja, o impedimento da prática médica com a apreensão da carteira profissional.

Irresignado, o autor interpôs agravo de instrumento contra a interdição cautelar. A antecipação da tutela recursal foi indeferida pela 4ª Turma do Tribunal Regional Federal da 3ª Região, uma vez que "[...] não cabe ao Judiciário interferir em questões relativas ao mérito administrativo resguardado pelo poder discricionário, salvo flagrante ilegalidade, não verificada na hipótese dos autos".[4]

---

4. **BRASIL**. Tribunal Regional Federal da Terceira Região (5ª Vara Cível Federal de São Paulo). **Procedimento Comum Cível 5019150-55.2021.4.03.6100**. Leis 10.927/91 e 11.262 do município de São Paulo. Autor: Edgar

Sincronicamente, foi impetrado mandado de segurança em face do Cremesp, objetivando a interdição cautelar oposta ao médico fosse parcial, de forma a atingir apenas aos atos de publicidade médica, não afetando o registro e o exercício profissional. Entretanto, ante a presença de litispendência com a ação de procedimento comum, foi extinto o processo sem resolução do mérito (artigo 485, inciso V, do Código de Processo Civil), além da condenação por litigância de má-fé, vez que a ação constitucional foi impetrada apenas para viabilizar a tutela já indeferida na ação de procedimento comum.

Foi interposta apelação pelo médico, requerendo o afastamento da litispendência, a revogação da multa de litigância de má-fé e, por fim, a concessão da medida de segurança para declarar a interdição apenas em relação à publicidade ilícita divulgada nas redes sociais. Após a apresentação das contrarrazões pelo Cremesp, houve pedido de extinção pelo apelante – recebido como desistência do recurso –, resultando no arquivamento da ação constitucional.

Nos autos de procedimento comum, a sentença foi julgada parcialmente procedente. Inicialmente, foi entendida como correta a conversão da interdição parcial para total, tendo em vista o descumprimento da determinação do Conselho Profissional acerca da publicidade abusiva promovida pelo médico. Ademais, a medida encontrava-se albergada pela Constituição e Lei nº 3.268/57, exatamente por ser dever do Conselho resguardar a saúde e vida da população e a própria imagem da medicina.

Entretanto, o magistrado observou a inexistência de previsão de julgamento do processo administrativo, estando ainda na fase de instrutória. Além disso, o prazo previsto da suspensão cautelar já estaria superado (art. 22, "d", da Lei 3.268/57[5]). Ainda, baseado no depoimento do Conselheiro Corregedor, a cassação do exercício médico é reservada para casos graves e, portanto, a manutenção da interdição total não seria razoável naquele momento.

Nesse giro, foi reconhecida a necessidade do exercício profissional para subsistência do autor e de sua família, sendo que a manutenção da penalidade violaria o princípio da razoabilidade. Assim sendo, foi mantida a interdição parcial, impedindo o autor de promover novas publicações em qualquer mídia social até a conclusão do processo administrativo, afastando-se apenas a suspensão do exercício profissional, desde que, não ocorresse reincidência na conduta.

Diante dos debates apresentados no julgado paradigma, o presente artigo se propõe a analisar a publicidade médica e suas consequências perante o descumprimento

---

Alberto Lopez Campos. Réu: Presidente em exercício do Conselho Regional de Medicina de São Paulo, Corregedor-geral do Conselho Regional de Medicina do Estado de São Paulo – CREMESP, Conselho Regional de Medicina do Estado de São Paulo. Relator: Paulo Alberto Sarno, 22 de setembro de 2021. Disponível em: https://pje1g.trf3.jus.br/pje/ConsultaPublica/DetalheProcessoConsultaPublica/listView.seam?ca=b50fc479b000ba-ab62cc89429d8653024fe644181f99db8a. Acesso em: 1º mar. 2023.

5. Art. 22. As penas disciplinares aplicáveis pelos Conselhos Regionais aos seus membros são as seguintes: d) suspensão do exercício profissional até 30 (trinta) dias.

do Código de Ética profissional e a possibilidade da responsabilização civil do médico *influencer*, uma figura cada vez mais presente nas redes sociais.

2. INTRODUÇÃO: A PUBLICIDADE NA ERA DIGITAL E AS SUAS IMPLICAÇÕES

A sociedade contemporânea perpassou por inúmeras transformações, especialmente pelo advento da internet e de novas tecnologias comunicacionais, que ensejaram peculiares conformações em sua estrutura socioeconômica. O uso de tecnologias digitais no cotidiano das pessoas modificou, profundamente, o contexto hodierno da sociedade, com consideráveis impactos nas mais diversas áreas do conhecimento.

No campo publicitário, exsurge o denominado *marketing de influência,* pelo qual fornecedores se utilizam de influenciadores digitais com a finalidade de promover produtos e serviços no mercado de consumo. Isso porque as empresas perceberam a tendência do público em acreditar ou adquirir algo quando uma terceira pessoa divulga o produto ou serviço, ainda que exista um vínculo sutil ou escamoteado entre empresa e influenciador.[6]

Nesse cenário, constata-se que, em determinadas situações, a atividade publicitária realizada pelos *influencers* descumpre cabalmente preceitos estabelecidos pelo sistema misto de proteção à publicidade no Brasil, gerando prejuízos aos consumidores e, consequentemente, reflexos quanto à imputação de responsabilidade civil por publicidade ilícita em suas plataformas digitais. No contexto da atividade médica, se verifica a veiculação de publicidade ilícita pelos profissionais da área, por meio de marketing de influência, no mercado de consumo digital.

Tal prática comercial abusiva é vedada pelo Código de Defesa do Consumidor (CDC), pelo Código Brasileiro de Autorregulação Publicitária (CBAP) do Conselho Nacional Autorregulamentação Publicitária (CONAR) e pelo CFM, por causar danos aos consumidores no ambiente digital, notadamente, em função da *vulnerabilidade do consumidor* se apresentar, *ainda mais intensa,* demando, por conseguinte, instrumentos aptos a garantir a efetiva tutela do consumidor no mercado de consumo digital.

Diante desse contexto, verifica-se a necessidade de proceder a uma análise crítica, construtiva e dialógica da referida temática, com a finalidade de se lançar luzes sobre a atuação dos influenciadores médicos nas plataformas digitais, observando a sua eventual responsabilização no âmbito civil, bem como analisar o julgado paradigma diante as regulamentações previstas no CDC, CBAP (CONAR) e CFM, no intuito de apresentar soluções adequadas ao estudo.

---

6. THOMPSON, Marco Aurélio; TOMPSON, Gisele de Andrade. **Como ser influenciador digital**. São Paulo: Érica, 2020, p. 34.

3. BREVES CONSIDERAÇÕES SOBRE AS NORMAS EM PUBLICIDADE MÉDICA

O conceito de publicidade, segundo o Dicionário Aurélio da Língua Portuguesa[7], evidencia a prática de difundir um texto, com o intuito de influenciar alguém a comprar ou adquirir determinado produto. Márcio Carbaca Gonçalez a define como sendo:

> [...] a arte de tornar público, divulgar um fato ou uma ideia, já com objetivos comerciais, uma vez que pode despertar o desejo de compra, levando-o à ação. É um conjunto de técnicas de ação coletiva com o propósito de tornar conhecido um produto, um serviço, uma marca, promovendo assim uma atividade comercial.[8]

No Brasil, os anúncios publicitários devem ocorrer de forma transparente, verdadeira e com respeito à dignidade humana,[9] conforme os parâmetros do Código Brasileiro de Autorregulação Publicitária (CBAP). Nessa perspectiva, Caio César do Nascimento Barbosa, Priscila Alves de Britto e Michael César Silva ao discorrerem sobre a publicidade ilícita divulgada nas redes sociais preconizam que:

> Ademais, é imprescindível a observância na relação jurídica de consumo dos princípios da boa-fé objetiva (preceitos ético-jurídicos de comportamento), da informação (informação necessária e suficiente de todo conteúdo contratual pertinente), da confiança (preservar as legítimas expectativas despertadas) e da transparência (a qualificação da informação fornecida que deve ser clara, correta, ostensiva e adequada). A incidência de tais princípios visa a garantir a futura expectativa do consumidor (padrão ou equiparado), que se encontra em posição de vulnerabilidade (econômica, técnica, e, principalmente, informativa) perante aos anunciantes, fornecedores, celebridades ou influenciadores digitais, notadamente, pela patente assimetria de informação existente na relação de consumo virtual.[10]

Além da publicidade médica estar inserida nos parâmetros supracitados, deve também seguir as orientações do Código de Ética Médica que a define como "qualquer meio de divulgação, de atividade profissional de iniciativa, participação ou anuência do médico".[11]

---

7. FERREIRA, Aurélio Buarque de Holanda. **Dicionário Aurélio da língua portuguesa**. 5. ed. Curitiba: Positivo, 2014.

8. GONÇALEZ, Márcio Carbaca. **Publicidade e propaganda**. Curitiba: IESDE Brasil S.A, 2009. p. 7

9. MILDEMBERGER, Carolina Silva; PEREIRA, Paula Moura Francesconi de Lemos. Publicidade médica nas mídias sociais: proposta de um modelo contemporâneo no Brasil. In: KFOURI NETO, Miguel; NOGAROLI, Rafaella (Coord.). **Debates contemporâneos em direito médico e da saúde**. 2 ed. São Paulo: Thomson Reuters Brasil, 2022, p. 502-503.

10. BARBOSA, Caio César do Nascimento; BRITTO, Priscila Alves de; SILVA, Michael César. Publicidade Ilícita e Influenciadores Digitais: Novas Tendências da Responsabilidade Civil. **Revista IBERC**, Belo Horizonte, v. 2, n. 2, p. 1-21, 2019, p. 8.

11. Merece destaque o conceito apresentado art. 1º, da nova resolução CFM nº 2.336/23:
    Art.1º Para fins desta Resolução, entende-se por publicidade ou propaganda médica a comunicação ao público, por qualquer meio de divulgação da atividade profissional, com iniciativa, participação e/ou anuência do médico, nos segmentos público, privado e filantrópico.
    § 1º Entende-se por **publicidade** médica o ato de promover estruturas físicas, serviços e qualificações do médico ou dos estabelecimentos médicos (físicos ou virtuais).
    § 2º Entende-se por **propaganda** médica o ato de divulgar assuntos e ações de interesse da medicina.

A relação médico-paciente é extremamente delicada,[12] pois ela desponta em momentos de extrema fragilidade, e com característica predominantemente existencial – ainda que, em regra, seja considerada uma *relação jurídica de consumo*, de caráter contratual –, com a participação ativa de ambos as partes. Formada essa relação, surgem os direitos e deveres não patrimoniais como o de sigilo, de confidencialidade, de informação, de cuidado,[13] motivo pelo qual é imprescindível a efetiva troca de informações e comprometimento.[14]

Nesse giro, impõem-se, ainda ao profissional da Medicina, a imprescindível observância aos preceitos normativos delineados pelo CDC, em relação a atividade publicitária, notadamente, os artigos 6º, IV, 31, 36, 37 e 38, com a finalidade de se garantir a efetiva proteção do consumidor no mercado de consumo.

Ademais, o Código de Ética Médica destaca, em seus artigos 111 a 117, os limites da publicidade e seu caráter educacional perante a sociedade,[15] em conjunto com as resoluções do CFM, estabelecendo os critérios norteadores ao conceituar os anúncios, a divulgação de assuntos médicos, o sensacionalismo, a autopromoção e as proibições referentes à matéria. Importante ressaltar que o julgado paradigma foi julgado à luz da Resolução nº 1.974/11, atualmente revogada pela nova resolução do Conselho.[16]

Em âmbito digital e de mídias sociais, destacavam-se as Resoluções nº 2.126/15 e 2.133/2015 – também revogadas –, que buscavam definir o comportamento adequado dos médicos nas redes sociais, proibindo a divulgação de técnicas não consideradas válidas pelo CFM.[17]

Entretanto, essas resoluções não conseguiam atender ao contexto digital por conta da rapidez e fluidez da internet e das mídias sociais, de modo que, o CFM buscou o aperfeiçoamento das normas regulamentadoras da publicidade médica por meio de um processo de consulta pública,[18] em cooperação com os médicos, o que resultou no advento da resolução nº 2.336 de 2023.

---

12. Nesta seara, Thomas entende como diferente o marketing para saúde: "Healthcare is different from other industries in many ways that have implications for marketing. In other industries, there is an assumption that buyers are driven primarily, if not exclusively, by economic motives. This assumption often does not hold in healthcare" (THOMAS, Richard K. **Health Services Marketing**: a practitioner's guide. New York: Springer, 2008, p.15)

13. PEREIRA, Paula Moura Francesconi de Lemos. **Relação médico-paciente:** o respeito à autonomia do paciente e a responsabilidade civil do médico pelo dever de informar. Rio de Janeiro: Lumen Juris, 2011.

14. PAMPLONA FILHO, Rodolfo; GAGLIANO, Pablo Stolze. **Novo curso de direito civil**: responsabilidade civil. 17. ed. São Paulo: Saraiva Educação, 2019, p. 303.

15. Ressaltam-se os seguintes artigos do Código de Ética Médico, relevantes para análise do julgado paradigma:

    Art. 111. Permitir que sua participação na divulgação de assuntos médicos, em qualquer meio de comunicação de massa, deixe de ter caráter exclusivamente de esclarecimento e educação da sociedade.

    Art. 112. Divulgar informação sobre assunto médico de forma sensacionalista, promocional ou de conteúdo inverídico.

16. CONSELHO FEDERAL DE MEDICINA. Código de Ética Médica. **Resolução CFM nº 2.236/23**. Disponível em: https://sistemas.cfm.org.br/normas/visualizar/resolucoes/BR/2023/2336. Acesso em: 14 maio 2024.

17. CONSELHO FEDERAL DE MEDICINA. **Código de Ética Médica**. **Resolução CFM nº 2.126/15**. Disponível em: https://sistemas.cfm.org.br/normas/visualizar/resolucoes/BR/2015/2126. Acesso em: 14 mar. 2024.

18. CONSELHO FEDERAL DE MEDICINA. CFM realiza consulta pública sobre publicidade médica até o início de março. Portal CFM, 31 jan. 2020. Disponível em: https://portal.cfm.org.br/noticias/cfm-realiza-consulta--publica-sobre-publicidade-medica-ate-o-inicio-de-marco/. Acesso em: 17 fev. 2024.

O Conselheiro federal e relator Emmanuel Fortes explicita os contornos da referida resolução do CFM:

> Por muitos anos, interpretamos de forma restritiva os decretos-lei 20.931/32 e 4.113/42, que regulam o exercício da medicina e nossa propaganda/publicidade. Durante décadas, dividimos a prática da medicina em duas, a do consultório e pequenos serviços autônomos e a hospitalar. Depois da releitura desses dispositivos legais, vimos que deixamos de tratar de forma isonômica as duas formas de prática da medicina. A partir dessa revisão, passamos a assegurar que o médico possa mostrar à população toda a amplitude de seus serviços, respeitando as regras de mercado, mas preservando a medicina como atividade meio. É uma resolução que dá parâmetros para que a medicina seja apresentada em suas virtudes, ao mesmo tempo em que estabelece os limites para o que deve ser proibido.[19]

Aliás, a revisão periódica das leis e normas éticas referentes à publicidade médica é essencial para acompanhar a evolução dos costumes da sociedade, o que evita a defasagem e o distanciamento entre o mundo normativo ético e o real. A exposição de motivos da resolução demonstra atenção aos anseios dos profissionais, como também a modernização das normas éticas em razão do desenvolvimento digital das ferramentas de comunicação:

> Passados 11 anos da vigência Resolução CFM nº 1.974/11, esta revisão se tornou imperativa para que a boa medicina continue sendo exercida de forma ética e sua divulgação adaptada à modernidade física e digital. As regras de propaganda e publicidade devem ajustar seu conteúdo e incorporar as novas tecnologias e conceitos oriundos das lacunas criadas com o distanciamento entre as regras antigas e a evolução digital que ocorreu na sociedade depois de 2011.

> Vários conceitos foram alterados, e o dia a dia, mesclado entre o físico e o virtual, impulsiona profissionais liberais, entre os quais os médicos, a utilizar ferramentas de divulgação pessoal ou institucional que não estão inseridos nos antigos conceitos da publicidade/propaganda médica e meios de comunicação tradicionais.[20]

Com isso, algumas restrições presentes na resolução anterior foram adaptadas e revistas pelo CFM, em especial a exposição da imagem[21] do paciente pelos médicos, a reprodução reiterada pelo paciente dos serviços médicos em mídias sociais, divulgação de tratamentos e procedimentos sem o reconhecimento científico, publicação dos valores de consulta e a simulação de especialidades médicas.

A resolução nº 2.336/23 do CFM estabeleceu um capítulo específico sobre o uso da imagem de pacientes ou de bancos de imagens, com a permissão da prática polêmica

---

19. CONSELHO FEDERAL DE MEDICINA. CFM moderniza resolução da publicidade médica. Portal CFM, 12 set. 2023. Disponível em: https://portal.cfm.org.br/noticias/cfm-atualiza-resolucao-da-publicidade-medica/. Acesso em: 14 maio 2024.

20. CONSELHO FEDERAL DE MEDICINA. Código de Ética Médica. **Resolução CFM nº 2.236/23**. Disponível em: https://sistemas.cfm.org.br/normas/visualizar/resolucoes/BR/2023/2336. Acesso em: 14 maio 2024.

21. A respeito do tema, cabe fazer referência à Resolução nº 148/2006 do CRM-PR, que define normas para elaboração de documentação científica de exposição de imagens televisivas de pacientes, destinadas ao público leigo, e que veda a divulgação de qualquer documentação, seja por fotografia ou por imagens dinâmicas de forma comercial pelo profissional médico envolvido no caso (art. 7º). Importante ressaltar que esta resolução não foi revogada explicitamente, porém ao analisar o seu conteúdo, percebe-se que muitos aspectos da proteção à imagem do paciente foram absorvidos na nova resolução.

do antes e depois, desde que, seja feita com finalidade educacional,[22] qual seja, devem apresentar indicações, evoluções satisfatórias e insatisfatórias e as possíveis complicações dos procedimentos.[23]

Nessa seara, foi melhor apreciado o uso das ferramentas de postagens temporárias,[24] seja pelo médico ou pacientes,[25] com a novidade de responsabilização do médico quanto ao compartilhamento. Vale ressaltar que, no caso de *repost* de paciente, o conteúdo deve ser sóbrio, "sem adjetivos que denotem superioridade ou induzam a promessa de resultado".[26]

Merece destaque, ainda, a alteração acerca da permissão de informar os valores de consultas e procedimentos, como também abatimentos e descontos (art. 9ª, III, VI, VII e VIII). Ainda, em todas as resoluções, enfatiza-se o tom das postagens, principalmente, sobre o que se entende como sensacionalismo (art. 11, § 2º), o qual se coaduna com a autorregulamentação ética estabelecida pelo CONAR sobre qualquer tipo de publicidade.

Tendo em consideração as mudanças trazidas, observa-se que, ainda, há limitações éticas essenciais na publicidade e propaganda veiculada por médicos. Logo, as restrições não devem ser consideradas obsoletas ou uma forma de censura que impede o crescimento profissional, notadamente, quando se comparado com outras classes profissionais da saúde que não possuem normas deontológicas mais criteriosas.

Uma publicação aparentemente inofensiva pode assumir graves proporções, levando a consequências indesejadas como sanções do Conselho Profissional pelo não cumprimento das normas referidas, a interdição profissional, ou até mesmo a imputação de eventual responsabilidade civil pela quebra de expectativa de resultado.

Nesse giro, a atualização dos preceitos éticos norteadores da publicidade médica era necessária e, ao contrário da resolução anterior cujo principal foco eram as restri-

---

22. Art. 14. Fica permitido o uso da imagem de pacientes ou de bancos de imagens com finalidade educativa, voltado a:

II – a demonstração de resultados de técnicas e procedimentos, respeitados os seguintes princípios:

b) demonstrações de antes e depois devem ser apresentadas em um conjunto de imagens contendo indicações, evoluções satisfatórias, insatisfatórias e complicações decorrentes da intervenção, sendo vedada a demonstração e ensino de técnicas que devem limitar-se ao ambiente médico;

23. CONSELHO FEDERAL DE MEDICINA. CFM moderniza resolução da publicidade médica. Portal CFM, 12 set. 2023. Disponível em: https://portal.cfm.org.br/noticias/cfm-atualiza-resolucao-da-publicidade-medica/. Acesso em: 14 maio 2024.

24. Art. 6º Em redes sociais, blogs, sites e congêneres, onde ocorrer publicidade e propaganda de assuntos médicos, as informações descritas no art. 4º devem estar dispostas na página principal do perfil (pessoa física ou jurídica) ou equivalente.

§ 1º Os conteúdos temporários estarão sujeitos às mesmas regras de publicidade estabelecidas nesta Resolução.

25. Art. 8º Todos os meios ou canais de comunicação e divulgação de propriedade do médico e estabelecimentos assistenciais médicos são lícitos para a comunicação dos médicos com o público e, salvo prova em contrário, idôneos, devendo-se observar que:

§3º Publicações e postagens de terceiros e/ou pacientes que venham a ser compartilhadas ou postadas pelo médico em suas próprias redes sociais passam a ser consideradas como publicações suas para fins de aplicação das regras previstas nesta Resolução.

26. CONSELHO FEDERAL DE MEDICINA. Código de Ética Médica. **Resolução CFM nº 2.236/23**. Disponível em: https://sistemas.cfm.org.br/normas/visualizar/resolucoes/BR/2023/2336. Acesso em: 20 maio 2024.

ções, a resolução 2.236/23 acrescentou, também, orientações acerca das boas práticas. Portanto, o médico deve ser prudente e acatar as regulamentações do Código de Ética ao produzir conteúdo para o seu paciente, principalmente, no ambiente virtual tendo em vista que é propenso a produzir diversos efeitos, nem sempre aqueles desejados.[27]

4. INFLUENCIADORES DIGITAIS MÉDICOS: MARKETING DE INFLUÊNCIA E SUA APLICAÇÃO NA ÁREA MÉDICA

No cenário contemporâneo de uma sociedade hiperconectada e do hiperconsumo, delineia-se relevante controvérsia relacionada aos contornos hodiernos da atuação dos *influenciadores digitais,*[28] notadamente, em relação à *veiculação de publicidade ilícita,* em suas plataformas digitais.

A prática comercial abusiva de divulgação de publicidade ilícita em redes sociais por *influencers* gera diversas repercussões no Direito Consumerista, em especial, a possibilidade de imputação de responsabilidade civil, pelos eventuais danos ocasionados aos consumidores no ambiente digital.

Tal constatação se fundamenta no fato de que a credibilidade do influenciador digital junto aos seus seguidores (consumidores), bem como, a legítima expectativa despertada (confiança) pela veiculação da publicidade digital induz a aquisição de produtos e serviços.

Na seara médica, se destaca a atuação dos médicos influenciadores (ou *influencers* médicos) que, em consonância com os preceitos legais e éticos, realizam publicidade para promover sua atividade médica no ambiente digital. Nesse contexto, Yasmin Aparecida Folha Machado discorre sobre a promoção de publicidade médica, no âmbito das redes sociais, ao destacar que se deve:

> Compreender que o avanço tecnológico integra a realidade da maior parte dos seres humanos é basilar para prosseguir a questão das redes sociais e medicina. O médico antes de ser profissional é cidadão como os demais e está inserido na dinâmica do uso da web, seja com um perfil pessoal ou utilizando-se de um perfil profissional, ou seja, está incluído nos dados acima mencionados.[29]

Não obstante, "mesmo com disposições proibitivas, alguns médicos, principalmente, relacionados à dermatologia e nutrição, desrespeitam as normativas, abusando do sensacionalismo e atrelando seu perfil pessoal a determinadas marcas",[30] em dissonância

---

27. FARIAS, Cristiano Chaves de; ROSENVALD, Nelson; BRAGA NETTO, Felipe Peixoto. **Curso de direito civil**: responsabilidade civil. v. 3. 9 ed. Salvador: Ed. JusPodivm, 2022.

28. Para um estudo aprofundado sobre a temática dos influenciadores digitais, remete-se a leitura de: SILVA, Michael César; GUIMARÃES, Glayder Daywerth Pereira; BARBOSA, Caio César do Nascimento. **Digital influencers e social media**: repercussões jurídicas, perspectivas e tendências da atuação dos influenciadores digitais na sociedade do hiperconsumo. Indaiatuba: Foco, 2024.

29. MACHADO, Yasmin Aparecida Folha. Redes sociais e a publicidade médica: breve análise entre Brasil e Portugal. **Revista de Direito e Medicina**, São Paulo, n. 5, p. 1-14, jan./abr. 2020, p. 1.

30. SILVA, Michael César; GUIMARÃES, Glayder Daywerth Pereira; BARBOSA, Caio César do Nascimento. **Digital influencers e social media**: repercussões jurídicas, perspectivas e tendências da atuação dos influenciadores digitais na sociedade do hiperconsumo. Indaiatuba: Foco, 2024, p. 205.

com os preceitos ético-jurídicos regulamentadores da atividade publicitária médica realizada nas plataformas digitais. Nesse sentido, Dandara Araruna Romeiro, Igor de Lucena Mascarenhas e Adriano Marteleto Godinho analisam o descumprimento da ética médica na promoção de publicidade realizada pelos profissionais da medicina, ao exporem que:

> De modo geral, na propaganda ou publicidade de serviços médicos é vedado usar expressões como "o melhor", "o mais eficiente", "o único capacitado", "resultado garantido" ou outras com sentido semelhante. Proíbe-se ainda sugerir que o serviço médico ou o profissional é o único capaz de tratar o problema de saúde; assegurar resultados ao paciente ou seus familiares; apresentar de forma abusiva, enganosa ou sedutora imagens de alterações corporais causadas por suposto tratamento; *e mesmo usar celebridades para divulgar seu serviço e influenciar pessoas leigas.*[31]

Destarte, na hipótese de os influenciadores médicos realizarem *publicidade ilícita*, especialmente, *oculta* (clandestina ou velada), em suas plataformas digitais, para divulgação de sua atividade médica, incidem em ofensa aos ditames legais da legislação consumerista brasileira, aos preceitos éticos do CONAR e das resoluções do CFM, tendo, por consequência, a possibilidade de atribuição de responsabilidade civil".

Nessa linha de intelecção, a doutrina se posicionou no sentido de que eventual imputação de responsabilidade civil dos influenciadores digitais gerada pela veiculação de publicidade ilícita nas redes sociais, assumiria a *acepção objetiva*, com fundamento no risco da atividade econômica desenvolvida e no proveito econômico obtido com as postagens. Neste sentido, Caio César do Nascimento Barbosa, Priscila Alves de Britto e Michael César Silva lecionam que:

> Restou determinada a imputação de responsabilidade civil objetiva aos influenciadores digitais, vez que, ao aceitarem vincular sua imagem e fama, em sua plataforma digital, à determinado produto ou serviço, devem buscar todas as diligências necessárias e ampliar seu dever de cuidado e informação para que a publicidade seja lícita, possuindo em mente que podem responder por eventuais danos que venham causar ao consumidor no ambiente digital.[32]

Ademais, insta frisar que o médico, do caso em tela, se qualifica como influenciador digital no segmento da medicina, sendo, portanto, possível atribuir-lhe responsabilidade civil objetiva pela publicidade ilícita promovida nas mídias sociais.

Destaca-se, por oportuno, que *não é vedado realizar publicidade médica*, desde que, observadas as diretrizes e preceitos estabelecidos pelo Conselho Federal de Medicina, pelo Código de Defesa do Consumidor e pelo CONAR (CBAP), que determinam como a publicidade médica deve ser realizada no Brasil.]

---

31. ROMEIRO, Dandara Araruna; MASCARENHAS, Igor de Lucena; GODINHO, Adriano Marteleto. Descumprimento da ética médica em publicidade: impactos na responsabilidade civil. **Revista Bioética,** Brasília, v. 30, n. 1, p. 2 7-35, 2022, p. 30, destaque nosso.

32. BARBOSA, Caio César do Nascimento; BRITTO, Priscila Alves de; SILVA, Michael César. Publicidade Ilícita e Influenciadores Digitais: Novas Tendências da Responsabilidade Civil. **Revista IBERC**, Belo Horizonte, v. 2, n. 2, p. 1-21, 2019, p. 2.

Logo, é fundamental que o médico ao divulgar determinada publicidade atue em consonância com as regulamentações norteadoras do exercício de sua atividade, sob pena de atribuição de responsabilidade pelos prejuízos causados aos pacientes (consumidores).

> O profissional da área da saúde, em especial o médico, é livre para produzir seu marketing mediante publicidade. Entretanto, essa liberdade não é tão ampla como pode parecer; na verdade, é cuidadosamente regulamentada pelo CEM e por resoluções autárquicas, que definem o que pode ou não ser feito em relação à publicidade médica.[33]

Portanto, a referida prática publicitária – marketing de influência – promovida por *influencers* médicos ofende a legislação consumerista brasileira e a autorregulamentação ética estabelecida pelo CONAR, por descumprimento ao *princípio da identificação da publicidade,* previsto no artigo 36 do CDC[34] e no artigo 28 do CBAP.[35]

Por fim, se verifica, ainda, a inobservância dos preceitos normativos do princípio da boa-fé objetiva, bem como, dos princípios da informação, transferência e da confiança, com evidentes prejuízos aos consumidores no âmbito das relações jurídicas de consumo realizadas no ambiente digital.

Nessa perspectiva, a ofensa à boa-fé objetiva se qualifica pelo descumprimento dos preceitos ético-jurídicos norteadores do comportamento das partes na relação jurídica estabelecida, notadamente, no âmbito da atividade publicitária desenvolvida pelo médico-influenciador nas redes sociais. Ademais, a informação e a transparência impõem a disponibilização de *informações* necessárias e suficientes sobre o *conteúdo contratual* durante todo o tráfego negocial, as quais devem necessariamente se apresentar de forma *qualificada,* com a finalidade de assegurar informações corretas, claras, precisas, ostensivas na contratação. E a violação à confiança se observa com fundamento na quebra da *legítima expectativa despertada* pela publicidade ilícita veiculada nas plataformas digitais.

Destarte, nesse sentido, Michael César Silva, Glayder Daywerth Pereira Guimarães e Caio César do Nascimento Barbosa concluem que:

> [...] deve ser atribuída responsabilidade civil objetiva e solidária aos influenciadores digitais pelos danos causados pela divulgação de publicidade ilícita em suas redes sociais, com fundamento no risco da atividade econômica desenvolvida pelo fornecedor e na inobservância aos princípios da boa-fé objetiva e da função social dos contratos, tendo por suporte os preceitos legais estatuídos

---

33. ROMEIRO, Dandara Araruna; MASCARENHAS, Igor de Lucena; GODINHO, Adriano Marteleto. Descumprimento da ética médica em publicidade: impactos na responsabilidade civil. **Revista Bioética,** Conselho Federal de Medicina, v. 30, n. 1, p. 27-35, 2022, p. 29-30.
34. Art. 36. A publicidade deve ser veiculada de tal forma que o consumidor, *fácil e imediatamente*, a identifique como tal; (BRASIL. **Código de Defesa do Consumidor**. Lei nº 8.078, de 11 de setembro de 1990. Disponível em: http://www.planalto.gov.br/ccivil_03/LEIS/L8078.htm. Acesso em: 29 maio 2024).
35. Art. 28. O anúncio deve ser claramente distinguido como tal, seja qual for a sua forma ou meio de veiculação. (CONAR. Conselho Nacional de autorregulamentação publicitária. **Código Brasileiro de Autorregulamentação Publicitária.** 1980. Disponível em: http://www.conar.org.br/codigo/codigo.Php. Acesso em: 29 maio 2024).

pelo Código de Defesa do Consumidor e éticos estabelecidas pelo Conselho Nacional de Autorregulamentação Publicitária.[36]

Em síntese, no contexto de uma sociedade hiperconectada e do hiperconsumo, se impõe a imprescindível observância aos ditames legais e éticos norteadores da atividade publicitária realizada na seara médica, com o objetivo de se garantir a efetiva tutela do consumidor no mercado de consumo digital.

5. ANÁLISE DA DECISÃO DO TRF-3 QUE DEBATE AS LIMITAÇÕES ÉTICAS NA PUBLICIDADE MÉDICA

A presente decisão emanou de um Procedimento Comum Cível no qual o autor, um médico, pleiteou a concessão de tutela de urgência a fim de suspender, de pronto, a interdição cautelar de sua carteira profissional. Contudo, o pedido fora julgado parcialmente procedente, por considerar a medida de interdição cautelar parcial plenamente legítima e em consonância com as disposições legais e constitucionais aplicáveis. Neste sentido, Igor de Lucena Mascarenhas, Eduardo Dantas e Ana Paula Correia de Albuquerque Costa destacam que:

> Diferente do considerado por diversos conselhos e profissões regulamentadas, a Medicina não possui uma previsibilidade acerca da correlação entre as condutas tidas como antiéticas pelo Conselho Federal de Medicina (CFM) e a pena a ser aplicada.
>
> Desse modo, as 117 normas deontológicas trazidas no Código de Ética Médica (CEM) permitem qualquer uma das penas previstas na Lei 3.268/57 (LGL\1957\21). Ou seja, o médico, quando é denunciado, possui seis possíveis cenários: absolvição, advertência confidencial em aviso reservado, censura confidencial em aviso reservado, censura pública em publicação oficial, suspensão do exercício profissional até 30 dias e cassação do exercício profissional, ad referendum do Conselho Federal.[37]

No caso em tela, o médico teria supostamente publicado diversas imagens de cunho erótico, com seu nome exibido em peças de roupa íntima de pacientes/personagens seminus. Outrossim, teria postado imagens consideradas imoderadas, como um simulacro de sanduíche com frios para representar a genitália feminina, a fim de explicar técnica cirúrgica.

Considerado como circunstância agravante, o documento referenciado na sentença proferida pelo magistrado que julgou a ação menciona, ainda, que foram constatados anúncios de marcas de produtos e promessas de resultados considerados mirabolantes, com pretenso objetivo de angariar lucros.

---

36. SILVA, Michael César; GUIMARÃES, Glayder Daywerth Pereira; BARBOSA, Caio César do Nascimento. **Digital influencers e social media**: repercussões jurídicas, perspectivas e tendências da atuação dos influenciadores digitais na sociedade do hiperconsumo. Indaiatuba: Foco, 202, p. 242.
37. MASCARENHAS, Igor de Lucena; DANTAS, Eduardo; COSTA, Ana Paula Correia de Albuquerque. O uso indevido da interdição cautelar médica como mecanismo de antecipação de pena ética em casos de publicidade e sua impropriedade em tempos de pandemia da Covid-19. **Revista dos Tribunais**, v. 1029, a. 110, p. 161-175, São Paulo: Ed. RT, jul. 2021, p. 164.

O processo ético-profissional instaurado pelo Cremesp foi entendido como regular, bem como sua citação para apresentar defesa prévia, que, para o julgador, teria sido adequadamente realizada, mesmo com alegações do autor suscitando o contrário. A argumentação do autor fora rechaçada com base na assertiva de que a citação havia se dado conforme previsto em lei e de que o médico já havia apresentado sua defesa prévia no âmbito administrativo, em respeito aos princípios do contraditório e ampla defesa, consagrados pelo art. 5º, LV, da Constituição da República, demonstrada a observância do devido processo legal.

O juízo ressaltou, também, que a interdição cautelar parcialmente aplicada, inicialmente, fora convertida em interdição total do exercício profissional pelo período de 6 (seis) meses, em razão do descumprimento da determinação do Cremesp para cessar a divulgação de conteúdos abusivos em plataformas de redes sociais. Opôs-se, contudo, à manutenção da interdição cautelar total, que, segundo ele, ao impedir o exercício profissional do autor, não se revelaria razoável naquele momento, "especialmente em face da inexistência de apuração de eventual conduta lesiva com resultado morte ou lesão corporal a paciente".

Ademais, o MM. Juiz entendeu que a medida de interdição cautelar do exercício da medicina é uma medida que deve ser prestigiada, especialmente, na hipótese de conduta incompatível com o exercício da profissão, a fim de evitar danos futuros aos pacientes ou à sociedade. Salientou, ainda, que a interdição cautelar é compatível com a eventual aplicação de penalidade futura de suspensão ou cassação do exercício da profissão.

O magistrado ressaltou que a suspensão temporária do exercício da profissão encontra albergue na lei e Constituição da República, pois é dever do Conselho, verificada eventual postura não condizente com a ética profissional, dispor dos mecanismos necessários para o resguardo da saúde e vida da população, bem como da imagem da medicina.[38] No caso em questão, diante da denúncia oferecida pela Sociedade Brasileira de Cirurgia Plástica, o Conselho, dentro das atribuições que lhe são legalmente conferidas, instaurou o processo ético-profissional, entendendo, cautelarmente, pela aplicação da sanção ou penalidade de interdição.

Enfatizou, ainda, que a suspensão temporária da atividade profissional possui embasamento legal e constitucional, uma vez que é incumbência do Conselho assegurar meios necessários para proteger a vida e saúde pública, bem como a reputação da medicina, em face de comportamentos que destoam da ética profissional. No caso

---

38. Acerca da proteção à imagem da Medicina, merece destaque o entendimento de Igor de Lucena Mascarenhas, Eduardo Dantas e Ana Paula Correia de Albuquerque Costa: "Pelo teor dos artigos 25-31 do CPEP, o médico pode ser interditado cautelarmente justamente para que não cause novos danos, ou seja, em situações em que a manutenção do seu exercício profissional gere prejuízos para a sociedade. Todavia, causa estranheza a possibilidade de interdição quando o médico, simplesmente, esteja acarretando prejuízo 'ao prestígio e bom conceito da profissão', na medida em que tal suposto dano abstrato não possui natureza de extraordinariedade" (MASCARENHAS, Igor de Lucena; DANTAS, Eduardo; COSTA, Ana Paula Correia de Albuquerque. O uso indevido da interdição cautelar médica como mecanismo de antecipação de pena ética em casos de publicidade e sua impropriedade em tempos de pandemia da Covid-19. **Revista dos Tribunais,** v.1029, a.110, p.161-175, São Paulo, Ed. RT, jul. 2021, p. 165).

em apreço, considerando a denúncia realizada pela Sociedade Brasileira de Cirurgia Plástica, o Conselho, no exercício de suas atribuições conferidas por lei, instaurou processo ético-profissional, tendo decidido, de forma cautelar, pela adoção da medida de interdição.

Por fim, ainda, foi ressaltado que a interdição temporária do exercício profissional corresponde a uma medida cautelar, regulada pelos artigos 25 a 31 da Resolução CFM nº 2145/2016, que não se confunde com sanções eventualmente aplicadas ao término do processo administrativo, no qual é garantido ao referido profissional, o amplo direito de defesa e o contraditório.

Assim, como no âmbito judicial, a medida cautelar não possui caráter punitivo, tendo em vista que tem como escopo prevenir danos irreparáveis ou de difícil reparação. Afinal, a medida de interdição temporária do exercício profissional é, como consta da decisão em análise, uma medida cautelar ancorada nos artigos 25 a 31 da Resolução CFM nº 2145/2016, que em nada se confunde, portanto, com qualquer imposição de penalidades, que eventualmente poderá resultar da conclusão do processo administrativo, após exercício da ampla defesa e contraditório. Logo, a medida cautelar não detém natureza punitiva, visando apenas a evitar danos irreparáveis ou de difícil reparação.

Sobre o tema, Igor de Lucena Mascarenhas, Eduardo Dantas e Ana Paula Correia de Albuquerque Costa apontam:[39]

> Entendemos que os requisitos para medidas cautelares, independentemente da esfera e natureza do litígio (ético-profissional, criminal ou cível), devem ser: medida preventiva para ocorrência de novos e possíveis danos, risco concreto para a instrução processual, robustez das provas e indícios de autoria e o perigo da demora.

Destarte, na análise da decisão administrativa, o MM. Juiz concluiu que se tratou de uma resolução correta e bem fundamentada, considerando a existência de indícios robustos de postura incompatível com os deveres éticos médicos por parte do autor, que culminaram na interdição cautelar de seu exercício profissional.

É importante reverberar, na esteira da sentença, que a interdição cautelar deve ser vista como uma medida excepcional e que deve ser aplicada de forma criteriosa e fundamentada, a fim de evitar possíveis abusos ou excessos por parte dos Conselhos Profissionais. Isso porque, a interdição cautelar afeta diretamente a vida e a carreira do profissional, podendo gerar prejuízos irreparáveis, tais como, a perda de clientes e a impossibilidade de exercer a profissão.

Por isso, é fundamental que os Conselhos Profissionais atuem com rigor e responsabilidade na aplicação da interdição cautelar, garantindo sempre a observância do devido processo legal e do direito à ampla defesa e ao contraditório. Além disso, é necessário

---

39. MASCARENHAS, Igor de Lucena; DANTAS, Eduardo; COSTA, Ana Paula Correia de Albuquerque. O uso indevido da interdição cautelar médica como mecanismo de antecipação de pena ética em casos de publicidade e sua impropriedade em tempos de pandemia da Covid-19. **Revista dos Tribunais,** v. 1029, a. 110, p. 161-175, São Paulo: Ed. RT, jul. 2021, p. 167.

que sejam oferecidos mecanismos de revisão e contestação das decisões tomadas, a fim de evitar injustiças ou arbitrariedades.

No caso em questão, fica evidente que o Conselho de Medicina atuou de forma adequada e observando todos os trâmites legais, garantindo ao autor o direito à defesa e à apresentação de documentos e testemunhas. Além disso, a decisão de aplicar a interdição cautelar foi fundamentada em provas robustas e claras, que demonstravam a postura incompatível com os deveres éticos médicos por parte do autor, na medida em que foram acostados aos autos elementos probatórios como fotografias e "prints" coletados das mídias sociais, os quais evidenciam a desconformidade da publicidade realizada pelo profissional com seus deveres éticos enquanto médico.

Nesse giro, verifica-se como adequado o entendimento proferido pelo magistrado de considerar correta a decisão do Cremesp de interdição cautelar do exercício da medicina pelo profissional em questão, uma vez que tal medida é justificável nas hipóteses em que se constata comportamento incompatível com a ética profissional, visando assim a proteger a saúde e a vida dos pacientes e da sociedade em geral. A interdição cautelar temporária, além de encontrar embasamento na lei e na Constituição da República, é um mecanismo necessário para preservar a imagem da medicina, de modo a evitar posturas incongruentes com a dignidade da profissão, como o sensacionalismo e mercantilismo evidentes no caso em apreço.

Ademais, o relatório da sindicância que fundamentou o processo ético-profissional constatou que o médico em questão violou diversos artigos do Código de Ética Médica, como por exemplo, o art. 18, que proíbe a divulgação de imagens que possam ser consideradas sensacionalistas ou mercantilistas, e o art. 75, que trata do respeito à privacidade dos pacientes. O médico teria publicado imagens com cunho erótico que ultrapassaram os limites éticos da publicidade médica,[40] além de ter exposto a privacidade de pacientes.

O art. 75 do Código de Ética Médica,[41] no Capítulo sobre sigilo profissional, afirma ser vedado ao médico fazer referência a casos clínicos identificáveis, exibir pacientes ou imagens que tornem possível reconhecê-los, seja em anúncios profissionais ou na divulgação de assuntos médicos em meios de comunicação em geral, disposição esta que foi afrontada pelo autor da ação ao divulgar imagens de peças íntimas dos(as) mesmos(as), despojados de vestimenta.

Ademais, houve violação, também, ao artigo 112 do mesmo Código,[42] que assevera não poder o médico divulgar informação sobre assunto médico de maneira sensacio-

---

40. Conforme o primeiro artigo da Resolução nº 1.974/2011 do CFM, "publicidade" se trata da comunicação ao público através de qualquer meio de divulgação, de atividade profissional com iniciativa, participação e/ou anuência do médico (CONSELHO FEDERAL DE MEDICINA. Código de Ética Médica. **Resolução CFM nº 1.974/11**. Disponível em: https://sistemas.cfm.org.br/normas/visualizar/resolucoes/BR/2011/1974. Acesso em: 02 mar. 2023.)

41. CONSELHO FEDERAL DE MEDICINA. Código de Ética Médica. **Resolução CFM nº 2.217/18**. Disponível em: https://portal.cfm.org.br/images/PDF/cem2019.pdf. Acesso em: 28 maio 2024, p. 35.

42. CONSELHO FEDERAL DE MEDICINA. Código de Ética Médica. **Resolução CFM nº 2.217/18**. Disponível em: https://portal.cfm.org.br/images/PDF/cem2019.pdf. Acesso em: 28 maio 2024, p. 43.

nalista ou com intuito de se promover.[43] Todavia, no caso em comento, o médico agiu na contramão de tal dispositivo legal ao realizar promessas de resultados inalcançáveis, por meio de imagens de "antes" e "depois" de procedimentos cirúrgicos. Vale ressaltar que tal conduta foi posterior à interdição cautelar parcial e, portanto, reiteração de atos já reprovados anteriormente.

A partir de análise crítica acerca da decisão em tela, é possível inferir que, embora a publicidade médica deva se adaptar aos meios de comunicação disponíveis, hodiernamente, e à expansão das mídias sociais,[44] a publicidade médica realizada em plataformas digitais deve se pautar por limites éticos que preservem a imagem da medicina, a saúde e a vida da população, bem como, deve, ainda, se nortear pela observância aos ditames legais e éticos estabelecidos pelo CDC e pelo CONAR (CBAP), pois, a violação desses limites pode acarretar sanções administrativas, éticas e judiciais.

Logo, os profissionais da saúde devem, por conseguinte, seguir as normas éticas, legais e autorregulamentares, em vigor, para evitar a publicação de conteúdos que possam ser considerados sensacionalistas, mercantilistas ou que exponham a privacidade dos pacientes. A interdição cautelar do exercício da medicina pode ser uma medida justificada em casos de comportamento incompatível com a ética profissional, sem prejuízo de outras penalidades no âmbito penal e cível.[45]

Nesta perspectiva, é relevante analisar os limites éticos e jurídicos da veiculação de publicidade médica nas mídias sociais, com a finalidade de preservar a proteção da imagem da Medicina, a privacidade dos pacientes, a saúde e a vida da população, dentre outros.

A observância das normas éticas, por exemplo, deve ser um imperativo para os profissionais e estudantes da saúde, que devem estar cientes das regulamentações vigentes que regem a publicidade médica, tais como o Código de Ética Médica e as resoluções do CFM vigentes. A obediência estrita dessas normas é crucial para garantir que a publicidade de médicos e profissionais da saúde seja ética e não cause danos à imagem da medicina.

---

43. Ressalta-se que, mesmo pela nova resolução CFM 2.326/23, o caso continua classificado como sensacionalista. O art. 11,§2º, "f", entende como sensacionalismo "[...] usar de forma abusiva, enganosa ou sedutora representações visuais e informações que induzam à percepção de garantia de resultados" (CONSELHO FEDERAL DE MEDICINA. Código de Ética Médica. **Resolução CFM nº 2.236/23**. Disponível em: https://sistemas.cfm.org.br/normas/visualizar/resolucoes/BR/2023/2336. Acesso em: 14 maio 2024).

44. MANFREDINI, Gabriela Bianca et al. Publicidade médica em tempos de medicina em rede. **Revista Bioética**, v. 29, n. 1, 2021, p. 115-127. Disponível em https://revistabioetica.cfm.org.br/index.php/revista_bioetica/article/view/2381. Acesso em: 3 mar. 2023, p.116.

45. "A infração às normas jurídicas atinentes à propaganda profissional, na sua conformação civil, penal, administrativo-disciplinar e ético-profissional, tem como consequência jurídica: (a) a obrigação de reparação do dano civil, material e moral, sanção essa aplicada pelo juiz de direito; (b) a sanção penal, com as penas de detenção e multa aplicadas pelo juiz criminal; (d) a sanção administrativo-disciplinar aplicada pela autoridade competente; e (e) a sanção ético-disciplinar aplicada pelo Conselho Regional de Medicina competente, com recurso ao Conselho Federal de Medicina" (CAMARIM, Lavínio Nilton; MACHADO, Maria Luiza; DAVID, Marcos (Coord.). Ética em publicidade médica. 2. ed. **Série Cadernos CREMESP**. São Paulo: Conselho Regional de Medicina do Estado de São Paulo, 2006, p. 23).

Além disso, é de suma importância evitar conteúdos sensacionalistas ou mercantilistas, isto é, que promovam de maneira agressiva ou sensacionalista a venda de serviços ou produtos médicos. Isso significa dizer que a publicidade médica deve ser informativa e educativa, e não promocional, como preceitua o Código de Ética Médica.

A privacidade dos pacientes, outro ponto importante da análise do caso em comento, sobretudo, após o advento da Lei Geral de Proteção de Dados (LGPD), deve ser respeitada pelo profissional da saúde, evitando exposições de informações confidenciais ou imagens que identifiquem seus pacientes sem o seu consentimento expresso ou que os constranjam de alguma maneira. As publicações devem preservar a privacidade dos pacientes e não expor suas condições médicas ou tratamentos.

Em se tratando da legislação atualmente vigente, a Resolução CFM 2.336/23 explica, em seu art. 14, ll, "i"[46] que se permite o uso da imagem de pacientes ou de bancos de imagens com finalidade educativa, salientando que, caso as imagens sejam de banco de dados do próprio médico, devem ser respeitados o pudor e a privacidade do paciente que cedeu as imagens. Nesse sentido, observa-se que a postura do autor da ação vai de encontro a tal disposição normativa.

A utilização de imagens eróticas, como se constatou na situação que ensejou o processo ora analisado, se apresentou como inadequada no tocante à divulgação de publicidade médica, sendo, portanto, um desrespeito aos limites éticos da profissão, prejudicando a imagem da medicina junto à sociedade.

Por fim, ainda mais importante em uma época de disseminação massiva de *fake news* e desinformação, as informações divulgadas na publicidade médica devem ser verídicas e comprovadas cientificamente, para evitar a disseminação de informações falsas ou enganosas que possam prejudicar a saúde da população.

Para avaliar se uma publicidade médica nas redes sociais está em consonância com os limites éticos, é necessário analisar com rigor o seu conteúdo e verificar se todos os pontos acima foram respeitados. Caso haja violação ética, é importante acionar as autoridades competentes, a saber o Conselho Federal de Medicina e/ou o Conselho Regional do Estado em que ocorrer o ato objeto da denúncia, a fim de que se tomem as medidas necessárias em prol da proteção da imagem da medicina, da privacidade dos pacientes, bem como da saúde e da vida da população.

Insta frisar que, apesar do julgado em estudo, não discorrer sobre a questão de responsabilidade, vislumbra-se a possibilidade de imputação de responsabilidade civil aos médicos pela veiculação de publicidade ilícita na redes sociais, notadamente, a publicidade oculta, no âmbito das relações jurídicas de consumo virtual, com a finalidade de se coibir/reparar eventuais danos causados aos consumidores no mercado de consumo digital.

---

46. CONSELHO FEDERAL DE MEDICINA. **Resolução CFM nº 2.336/23**. Disponível em: https://sistemas.cfm.org.br/normas/visualizar/resolucoes/BR/2023/2336. Acesso em: 28 maio 2024, p. 11.

6. CONSIDERAÇÕES FINAIS

O advento da internet, das novas tecnologias comunicacionais e das plataformas digitais, trouxe dinamismo e agilidade na propagação da informação, potencializando-se as capacidades comunicativas dos indivíduos. Com a evolução tecnológica, a comunicação se tornou transfronteiriça, notadamente, com o desenvolvimento de computadores pessoais, *smartphones, tablets,* dentre outros, que permitiram aos indivíduos terem mais acesso e, com isso, surgiram novas oportunidades mercadológicas, relacionadas à atividade publicitária, com destaque para a utilização crescente do *marketing de influência* pelos fornecedores de produtos e serviços, por meio da publicidade veiculada por influencers.

A criação de conteúdo nas redes sociais para fins de publicidade deve ser feita com responsabilidade e cautela, principalmente, na seara médica. Primordialmente, a publicidade médica deve ter caráter educacional, exigindo-se do profissional da medicina além dos parâmetros gerais de transparência, veracidade e ética, a necessária observância dos deveres intrínsecos à prática médica, tais como sigilo, confidencialidade, informação, cuidado, dentre outros.

Tais parâmetros são encontrados nas normas deontológicas previstas no Código de Ética Médica e suas resoluções. Com a vertiginosa evolução da sociedade digital e das redes sociais, a atualização das normas referentes à publicidade médica era fundamental e iminente. Insta frisar que o caso em estudo foi analisado à luz da antiga resolução do CFM nº 1.974/11, sendo, também, realizado um breve comparativo sob a perspectiva da atual resolução do CFM nº 2.336/23, constatando-se, inclusive, a inadequação ética do profissional da Medicina perante ambas as resoluções do CFM.

É relevante destacar, ainda, que a relação médico-paciente se qualifica como uma *relação de consumo*, devendo, precipuamente, nortear-se pelos preceitos normativos da legislação consumerista, notadamente, o Código de Defesa do Consumidor (CDC). Nesse contexto, os *influencers* médicos devem ter, ainda, mais cautela ao procederem com a promoção de publicidade em suas mídias sociais, em consonância com o arcabouço jurídico e ético aplicável à publicidade no ambiente digital.

Nessa perspectiva, a veiculação de publicidade médica, em plataformas digitais, deverá necessariamente observar a regulamentação sobre a publicidade estabelecida no Código de Defesa do Consumidor (CDC), no Código Brasileiro de Publicidade (CBAP) do CONAR e no Código de Ética Médica do CFM, sob pena de atribuição de responsabilidade civil pelos eventuais prejuízos causados pela atividade publicitária ilícita.

Assim, a publicidade médica encontra regulamentação em 3 (três) esferas a saber: pelo Código de Defesa do Consumidor (CDC), pelo Código Brasileiro de Publicidade (CBAP) do CONAR e pelo Código de Ética Médica do CFM.

A relação médico-paciente é compreendida no ordenamento jurídico brasileiro, como uma *relação jurídica de consumo*, e, portanto, subsume-se aos preceitos normativos do Código de Defesa do Consumidor. Logo, no que refere à veiculação de publicidade, em plataformas digitais, o médico deverá respeitar a previsão legal estatuída pelo CDC, que estabelece o regramento aplicável à publicidade.

Destaca-se, ainda, por oportuno, que a autorregulamentação ética estabelecida pelo CONAR tem por finalidade garantir a efetiva proteção do consumidor perante os anúncios publicitários. Por derradeiro, as normas éticas da classe enfatizam o respeito ao paciente/consumidor, como, também, protegem o próprio profissional das consequências da publicidade antiética.

Não obstante, na hipótese de atuação indevida dos *influencers* médicos em suas redes sociais, de modo a veicular *publicidade ilícita*, em especial, *oculta*, aos seus seguidores – muitas vezes, leigos –, induzindo-os a consumir o produto ou serviço "indicado", poderá ser atribuída responsabilidade civil na vertente objetiva, pela realização de prática comercial abusiva, vedada pelo CDC.

Ademais, no campo ético, poderá, também, haver imputação de responsabilidade pelo descumprimento dos preceitos éticos previstos para a divulgação de publicidade pelo CONAR e pelo Conselho de ética do CFM, de modo a garantir-se a efetiva prevenção ou mesmo a reparação de eventuais danos causados pelos influencers médicos no exercício de atividade médica.

Por fim, o caso em análise, demonstrou a necessidade de se propor soluções adequadas, em relação à utilização inadequada ou indevida do marketing de influência praticado pelos médicos influenciadores digitais, que veiculam em suas redes sociais, publicidade ilícita (abusiva) com evidentes prejuízos aos pacientes/consumidores, notadamente, vulneráveis no ambiente digital, com a finalidade de garantir a efetiva proteção dos consumidores no contexto contemporâneo do mercado de consumo digital.

REFERÊNCIAS

BARBOSA, Caio César do Nascimento; BRITTO, Priscila Alves de; SILVA, Michael César. Publicidade Ilícita e Influenciadores Digitais: Novas Tendências da Responsabilidade Civil. **Revista IBERC**, Belo Horizonte, v. 2, n. 2, p. 1-21, 2019.

CAMARIM, Lavínio Nilton; MACHADO, Maria Luiza; DAVID, Marcos (Coord.). **Ética em publicidade médica**. 2. ed. Série Cadernos CREMESP. São Paulo: Conselho Regional de Medicina do Estado de São Paulo, 2006.

FARIAS, Cristiano Chaves de; ROSENVALD, Nelson; BRAGA NETTO, Felipe Peixoto. **Curso de direito civil**: responsabilidade civil. 9. ed. Salvador: JusPodivm, 2022. v. 3.

FERREIRA, Aurélio Buarque de Holanda. **Dicionário Aurélio da língua portuguesa**. 5. ed. Curitiba: Positivo, 2014.

GONÇALEZ, Márcio Carbaca. **Publicidade e propaganda.** Curitiba: IESDE Brasil S.A, 2009.

MACHADO, Yasmin Aparecida Folha. Redes sociais e a publicidade médica: breve análise entre Brasil e Portugal. **Revista de Direito e Medicina**, São Paulo, n. 5, p. 1-14, jan./abr. 2020.

MASCARENHAS, Igor de Lucena; DANTAS, Eduardo; COSTA, Ana Paula Correia de Albuquerque. O uso indevido da interdição cautelar médica como mecanismo de antecipação de pena ética em casos de publicidade e sua impropriedade em tempos de pandemia da Covid-19. **Revista dos Tribunais,** v. 1029, a. 110, p. 161-175, São Paulo, Ed. RT, jul. 2021.

MILDEMBERGER, Carolina Silva; PEREIRA, Paula Moura Francesconi de Lemos. Publicidade médica nas mídias sociais: proposta de um modelo contemporâneo no Brasil. In: KFOURI NETO, Miguel; NOGAROLI, Rafaella (Coord.). **Debates contemporâneos em direito médico e da saúde**. 2. ed. São Paulo: Thomson Reuters Brasil, 2022.

SCHMIDT, Ana Carolina Fernandes Dall'Stella de Abreu *et al*. Publicidade médica em tempos de medicina em rede. **Revista Bioética**, Brasília, v. 29, n. 1, p.115-127, 2021.

PAMPLONA FILHO, Rodolfo; GAGLIANO, Pablo Stolze. **Novo curso de direito civil**: responsabilidade civil. 17. ed. São Paulo: Saraiva Educação, 2019.

PEREIRA, Paula Moura Francesconi de Lemos. **Relação médico-paciente:** o respeito à autonomia do paciente e a responsabilidade civil do médico pelo dever de informar. Rio de Janeiro: Lumen Juris, 2011.

ROMEIRO, Dandara Araruna; MASCARENHAS, Igor de Lucena; GODINHO, Adriano Marteleto. Descumprimento da ética médica em publicidade: impactos na responsabilidade civil. **Revista Bioética,** Brasília, v.30, n.1, p.27-35, 2022.

SILVA, Michael César; GUIMARÃES, Glayder Daywerth Pereira; BARBOSA, Caio César do Nascimento. **Digital influencers e social media:** repercussões jurídicas, perspectivas e tendências da atuação dos influenciadores digitais na sociedade do hiperconsumo. Indaiatuba: Foco, 2024.

THOMAS, Richard K. **Health Services Marketing**: a practitioner's guide. New York: Springer, 2008.

THOMPSON, Marco Aurélio; TOMPSON, Gisele de Andrade. **Como ser influenciador digital**. São Paulo: Érica, 2020.